COTTA

BAND 50.3 | VERÖFFENTLICHUNGEN DER DEUTSCHEN SCHILLERGESELLSCHAFT

Harry Graf Kessler

Das Tagebuch 1880–1937

HERAUSGEGEBEN VON ROLAND S. KAMZELAK UND ULRICH OTT

UNTER BERATUNG VON

HANS-ULRICH SIMON, WERNER VOLKE (†)

UND BERNHARD ZELLER

COTTA

Harry Graf Kessler

Das Tagebuch Dritter Band 1897–1905

HERAUSGEGEBEN VON CARINA SCHÄFER UND GABRIELE BIEDERMANN
UNTER MITARBEIT VON ELEA RÜSTIG UND TINA SCHUMACHER

COTTA

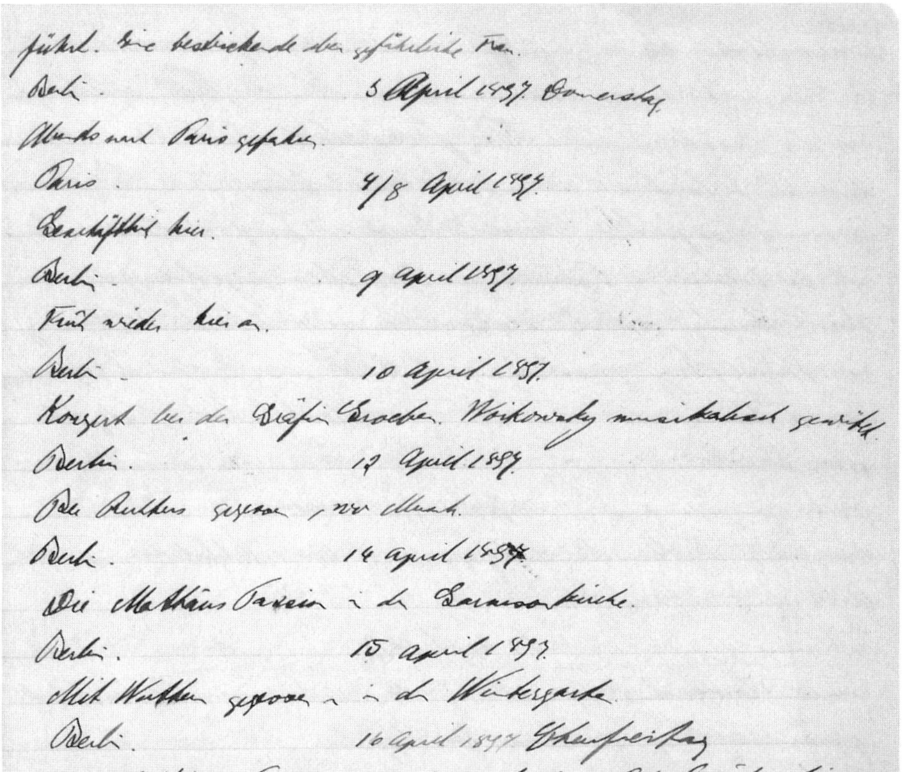

führt. Eine bestrickende aber gefährliche Frau.

Berlin. [illegible] April 1897. Donnerstag

Abends nach Paris gefahren.

Paris. 4/8 April 1897.

Beschäftigt hier.

Berlin. 9 April 1897.

Früh wieder hier an.

Berlin. 10 April 1897.

Konzert bei der Gräfin Groeben. Woikowsky musikalisch gewirkt.

Berlin. 12 April 1897.

Bei [illegible] gegessen, mit [illegible].

Berlin. 14 April 1897.

Die Matthäus Passion in der Garnisonkirche.

Berlin. 15 April 1897.

Mit [illegible] gegessen, in den Wintergarten.

Berlin. 16 April 1897 Charfreitag

Die Matthäus Passion in der Singakademie. Alles Epische hier [illegible] enthalten, das Musikdrama in den Turbae, das Lied in einzelnen Sologesängen, namentlich im wunderbar melancholischen Erbarme dich mein O Gott, die symphonische Durchführung des Themas in den Chöre. Dürer u Bach haben unsere deutsche Christusfigur geschaffen. Einen besonderen [illegible] erhält der Christus noch dadurch, dass er Bass ist während der Evangelist Tenor.

Berlin. 17 April 1897.

Den alten Delbrück zu seinem 80ten Geburtstag gratuliert. Er [illegible] noch so frisch u kräftig wie ein junger Mann. Ich kam gerade als Wildenbruch sein Gratulationsgedicht vorlas; [illegible]

TAGEBUCH HARRY GRAF KESSLER; EINTRÄGE VOM 2. BIS 17. APRIL 1897;
DEUTSCHES LITERATURARCHIV, MARBACH AM NECKAR

Inhalt

Vorwort

In seinem Tagebuch, dessen 3. Band für den Zeitraum 1897 bis 1905 hier vorgelegt wird, schildert Harry Graf Kessler die Politik und Gesellschaft, die Literatur und Kunst seiner Zeit in Begegnungen: Seiner Begegnung mit mehr als 12.000 Personen und mit einer Fülle von Werken in Lektüre, bei Theater- und Museumsbesuchen. Er knüpft daran oft ausführliche Berichte, auch weit ausgreifende Reflexionen. Aus dem Mosaik der Tageseinträge ergibt sich ein Panorama der Zeit zwischen 1880 und 1937. Kesslers Tagebuch ist ein weitgehend narrativer Zeitkommentar. Ihm wird in dieser Ausgabe des gesamten Tagebuchs kein weiterer fortlaufender Kommentar hinzugefügt. Statt dessen werden die Personen, über die Kessler berichtet – viele von ihnen kommen über das gesamte Tagebuch hin vor – im Register der einzelnen Bände erläutert. Dabei stehen die Sachverhalte im Vordergrund, die Kessler erwähnt oder andeutet. Über sie werden dem Leser nähere Informationen gegeben, nicht in erster Linie über die historische Bedeutung der Personen. Da kann der verkürzte Arm von Kaiser Wilhelm II. wichtiger sein als seine Rolle im Ersten Weltkrieg. Der Leser erfährt in der Personenerläuterung, wie sich diese Person in welchem Verhältnis zu Kessler im Fortgang des ganzen Tagebuchs, nicht nur des einen Bandes zeigt. Bei der gewaltigen Personenzahl wurde die Erläuterungstiefe zudem nach einem System differenziert, das in „Zu dieser Ausgabe" mit einer in solchem Zusammenhang zwar nicht vertrauten, aber anschaulichen Metaphorik aus der Bühnenwelt beschrieben ist. Der Verzicht auf einen Stellenkommentar zu Gunsten von Erläuterungen im Register hat zur Folge, daß in den bewußt sparsam gesetzten Fußnoten jedesmal dann die Schlüsselwörter für die Registereinträge angegeben werden müssen, wenn sie sich nicht ausdrücklich in Kesslers Text selbst finden. Wenn also eine Fußnote bei Kesslers Eintrag 'Biberpelz' nichts als Hauptmann erwähnt, so ist das keine Schulmeisterei, sondern zeigt an, daß im Register zu diesem Werk nähere Angaben unter dem Eintrag 'Hauptmann' nachgeschlagen werden können; wenn eine Fußnote zu 'Lothar' den Namen Spitzemberg angibt, findet sich im Register darunter Näheres.

Für die Subskribenten der Ausgabe liegt diesem Band eine CD-ROM bei, auf der die gesamte Transkription des Tagebuches außer den Jahren 1912 bis 1915 in der gegenwärtig in Marbach vorliegenden Form elektronisch lesbar ist. Die beiden Vorkriegsjahre fehlen noch, ebenso die beiden Kriegsjahre, in denen Kessler am Kampfgeschehen beteiligt war. Jene, weil sie nur in schwer lesbarer Konzeptform auf losen Blättern überliefert sind, deren Transkription noch nicht abgeschlossen ist, diese, weil sie der Transkription wegen des Schriftbildes und der Ortsnamen besondere Widerstände bieten. Während diese erste CD-ROM also noch vorläufig und unvollständig ist, wird mit dem Erscheinen des letzten gedruckten Bandes eine vollständig wissenschaftlich erarbeitete Ausgabe mit ergänzenden Dokumenten in digitalisierter Form ausgeliefert, die dann vielfältige Recherchen im ganzen Textcorpus ermöglicht.

Da die Editoren der einzelnen Bände jeweils noch die notwendige, abschließende Textkontrolle vornehmen, werden die Benutzer der CD-ROM gebeten, den bereits in gedruckter Form erschienenen Text nach der Druckausgabe zu zitieren, den übrigen nach Einsicht der in Marbach vorliegenden Fotokopien der Tagebuchhandschrift.

Die Veröffentlichung von editorisch noch nicht abschließend gesichertem Material ist ein gewagter Schritt. Wir tun ihn aus gutem Grund: Kesslers zahlreiche Bekanntschaften und seine Themenvielfalt sind bekannt und werden oft zitiert; die nacheinander erscheinenden Bände liefern nun die Einträge dazu und wecken den Wunsch, einzelne Themenstränge durch das gesamte Tagebuch zu verfolgen. Dieser Wunsch soll schon im Anfangsstadium soweit wie möglich erfüllt werden.

Ursprünglich war statt der *Compact-Discs*, die nur für Subskribenten geliefert werden, eine Veröffentlichung über das Internet geplant, die einen lebendigen Dialog zwischen den Editoren und den Lesern bzw. Benutzern ermöglicht hätte. Die Zeit dafür scheint jedoch noch nicht reif zu sein. Weder der Verlag, der in erster Linie die gedruckte Version im Auge hat, noch das erweiterte Beraterumfeld der Edition ließen sich von diesem „Wagnis" überzeugen. So haben wir den Kompromiß geschlossen, die Transkriptionen wenigstens auf einer CD-ROM zur Verfügung zu stellen, die für Subskribenten mit dem letzten Band durch eine endgültige Version ersetzt wird. Statt des lebendigen Dialogs bieten wir zwei Stadien der Edition an. Auch so können Einsichten der Leser noch in die Bearbeitung der weiteren Bände einfließen.

Der Plan, diese Edition frei zugänglich zu machen, ist nicht aufgegeben: Nach Abschluß der Edition soll das Register mit den Erläuterungen über das Internet abrufbar sein, um auch jenen ein Gesamtregister zu bieten, die nicht die gesamte Ausgabe subskribiert haben, und um es mit anderen Registern verwandter Werke dieses Zeitraums verknüpfen zu können. So ist das elektronische Editionskonzept des Tagebuches von Harry Graf Kessler dreistufig, mit CD-ROM I (vorläufiger Text mit einfacher Suchoberfläche), CD-ROM II (vollständiger, wissenschaftlich gesicherter Text mit Registern, zusätzlichen Materialien und einer modernen Suchmaschine) und dem Zugang zu den Registern und Erläuterungen über das Internet.

Das Tagebuch von Harry Graf Kesslers kann dadurch zugleich als Lektüre und als Quelle dienen, knapp kommentiert und durch die gedruckten Register nach

Namen, Werken und Schreiborten, durch die sogenannte Volltextsuche später auch nach Sachverhalten aufgeschlossen.

R.S.K., U.O.

Einleitung

„Unsere Heimat ist die Gegenwart..." – Von Berlin nach Weimar

> Mir überlegt, welche Wirkungsmittel ich in Deutschland habe: d. Deutschen Künstlerbund, meine Stellung in Weimar inclusive d. Prestige trotz des grossherzoglichen Schwachsinns, die Verbindung mit der Reinhardtschen Bühne, meine intimen Beziehungen zum Nietzsche Archiv, zu Hofmannsthal, zu Vandevelde, meine nahen Verbindungen mit Dehmel, Liliencron, Klinger, Liebermann, Ansorge, Gerhard Hauptmann, ausserdem mit den beiden einflussreichsten Zeitschriften Zukunft und Neue Rundschau, und ganz nach der andren Seite zur Berliner Gesellschaft, Harrachs, Richters, Sascha Schlippenbach, dem Regiment, und schliesslich mein persönliches Prestige. Die Bilanz ist ziemlich überraschend, und wohl einzig. Niemand anders in Deutschland hat eine so starke, nach so vielen Seiten reichende Stellung. Diese ausnutzen im Dienste einer Erneuerung Deutscher Kultur: mirage oder Möglichkeit? Sicherlich könnte Einer mit solchen Mitteln Princeps Juventutis sein. Lohnt es der Mühe?

Auf dem Höhepunkt seiner Weimarer Aktivitäten angelangt, aber den drohenden Niedergang seiner damaligen Pläne, der nur wenige Monate später erfolgen sollte, noch nicht vorausahnend, zieht Harry Graf Kessler am 15. November 1905 im Tagebuch Bilanz. Die in diesem Zitat angedeutete Komplexität der Lebensbeziehungen gilt für den gesamten in diesem Band veröffentlichten Tagebuchzeitraum. Er setzt nach der Rückkehr von Kesslers Mexikoreise im April 1897 ein und stellt, bis Ende 1905, einen überaus facettenreichen, oft einem Puzzle ähnelnden Abschnitt dar.
In der Tat kann Kessler damals auf ein dichtes Netz internationaler Kontakte blicken, das er innerhalb mehrerer Jahre aufgebaut hat und immer wieder bewußt in den Dienst seiner unzähligen Vorhaben stellt. Die aufstrebende Reichshauptstadt Berlin bildet dabei bis 1902 den Mittelpunkt seines Lebens. Mit dem bestandenen Examen zum Gerichtsassessor schließt er im Oktober 1900 die Phase seiner beruflichen Ausbildung ab. Fast zur selben Zeit endet auch sein Engagement für die Zeitschrift *PAN*, deren Erscheinen im Juli 1900 eingestellt wird. Gleichzeitig legt Kessler die Fundamente für zahlreiche spätere Projekte. Das Jahr 1902 bringt einschneidende Veränderungen und kann im Rückblick als eines der Schlüsseljahre in Kesslers Leben bezeichnet werden. Ohne Berlin end-

gültig den Rücken zu kehren, macht er von nun an Weimar für mehrere Jahre zum Dreh- und Angelpunkt seines Wirkens. Als ehrenamtlicher Vorsitzender des Kuratoriums zur Verwaltung des Großherzoglichen Museums für Kunst und Kunstgewerbe, später als Leiter des Museums, unternimmt er den Versuch, Kunst und Leben zu reformieren.

Der hier publizierte Zeitraum umfaßt ca. 900 von Hand beschriebene Tagebuchseiten, die sich über drei rotbraune Lederbände in Quartformat verteilen.[1] Neu ist im Vergleich zu den Tagebüchern früherer Jahre zum einen die beträchtliche Zunahme seitenlanger Aufzeichnungen zu Fragen der Kunst von der Antike bis zur Gegenwart, durch die im Laufe der Zeit eine Materialsammlung entsteht, auf die Kessler bei der Vorbereitung von Vorträgen und Publikationen zurückgreifen kann. Neu sind zum anderen die von ihm – in Form von Verweisungen auf andere Tageseinträge[2] – angelegten Querverbindungen, mit denen er zunächst noch vereinzelt, ab dem 23. Februar 1902 zunehmend Einträge miteinander verknüpft und so Teile des Tagebuchs unter inhaltlichen Aspekten erschließt. Ebenso wie Korrekturen, Bleistiftergänzungen und Bemerkungen wie: „ich habe meine Ansicht jetzt doch geändert" (17.8.1898) und „halte ich nicht mehr für richtig" (1.9.1898) deuten sie auf spätere Überarbeitungen hin. Es gibt in jenen Jahren nur wenige Wochen und Monate, in denen Kessler keine Tagebucheinträge verfaßt. Die beiden größeren 'Lücken' im Jahr 1905 begründet er sogar – als müsse er sich vor sich selbst rechtfertigen: „Seit zwei Monaten infolge sehr bewegten Lebens nichts notiert"(Anfang Februar 1905) und „Durch viel Hin und Her am Notieren verhindert" (März-April 1905).

Kessler als Gesellschaftsmensch und Chronist seiner Zeit

„Ich werde hier leider wieder immer mehr in die Geselligkeit hineingezogen. Resultat, Arbeit = Null", notiert Kessler am 28. März 1897. Den Leser seines Tagebuchs überrascht er mit dieser Feststellung kaum. Berlin, Weimar, London und Paris zählen zu den Städten, in denen er sich zwischen 1897 und 1905 regelmäßig aufhält. Ein Frühstück hier, ein Diner dort, dazwischen der Besuch einer Ausstellung, einer Theaterprobe oder eines schöngeistigen Salons, ein Abstecher in ein Künstleratelier und abends eine Opernpremiere oder gar ein Ball bei Hof. Zahlreiche, oft selbstauferlegte gesellschaftliche Verpflichtungen bestimmen Kesslers Tagesablauf. Er ist weltgewandt und distinguiert und daher ein willkommener Gast. Es scheint ihn nicht ernsthaft zu beunruhigen, daß seine Arbeit

---

[1] 24.12.1893 bis 20.7.1897, 21.7.1897 bis 24.3.1902 sowie 25.3.1902 bis 29.7.1906.

[2] Sie werden in dieser Edition systematisch als Fußnote mit der einleitenden Bemerkung „Verweisung" wiedergegeben.

darunter leidet, und ihn erst recht nicht davon abzuhalten, am 'öffentlichen' Leben seiner Zeit weiterhin rege teilzunehmen. Für Hannah Arendt ist er der „literarische Hansdampf in allen Gassen“[3], in einem Pariser Hotel bezeichnet man ihn als „homme vapeur“[4], und Hugo von Hofmannsthal spricht abschätzig von Kesslers „zehntausend Bekannten“[5]. Kurz: Kesslers große Aktivität und sein internationales Beziehungsnetz sind oft bewundert, manchmal aber auch skeptisch und nicht immer ohne Neid betrachtet worden.
Glaubt man Berichten seiner Zeitgenossen, so verbreitete der Graf in seiner Umgebung nicht selten Unruhe. Es mag daher paradox erscheinen, daß er zugleich ein stiller, bisweilen distanzierter und durchaus kritischer, manchmal sogar zynischer Beobachter des Geschehens und der Menschen ist, die ihn umgeben: „Man macht oft den Fehler, den Geist der Gesellschaftsmenschen für besonders kompliziert und verschlungen zu halten“, notiert er am 10. Februar 1898 in seinem Tagebuch, „in Wirklichkeit ist der der meisten aussergewöhnlich einfach, d. h. arm an Vorstellungen oder Motiven; nur sind die Folgen ihrer Handlungen oft sehr kompliziert und weitreichend, und das verleitet Einen, die Motive auch für ebenso vielfältig zu halten. Das Interesse, das man den Gesellschaftsmenschen als solchen abgewinnen kann, ist also rein äusserlich, indem man sie als Ursachen, als primae causae, betrachtet, nicht innerlich, psychologisch [...]“. Wenn man denn Kessler selbst als „Gesellschaftsmensch“ bezeichnen will, so entpuppt er sich im Tagebuch zugleich als beobachtender, reflektierender, also untypischer Vertreter dieser Gattung.
Kesslers Tagebuch weist in Teilen Züge einer Gesellschaftschronik auf und bietet so dem heutigen Leser subjektiv gefärbte Einblicke in verschiedene, weit über die nationalen Grenzen hinausgehende Gesellschaftsschichten und -kreise der Jahrhundertwende, in denen er aufgrund seiner breitgefächerten Interessen verkehrte. Diese 'Kreise' überschneiden sich gelegentlich und sind oftmals durch ein dichtes Netz verwandtschaftlicher, freundschaftlicher oder geschäftlicher Verbindungen miteinander verflochten. An höchster gesellschaftlicher Stelle im Deutschen Reich rangiert damals das Kaiserhaus mit Wilhelm II. an der Spitze. Kessler wird zu Hofbällen geladen und unterhält besonders gute Kontakte zum kunstsinnigen Vizeoberzeremonienmeister Bodo von dem Knesebeck. Den adeligen Familien in Berlin ist er genauso verbunden wie dem Großbürgertum. Er pflegt Umgang mit Bankiers, Unternehmern, Industriellen und Reichstagsabge-

---

[3] Zitiert nach Wolfgang Leppmann: Harry Graf Kesslers Urlaub von Deutschland, Fürstenfeldbruck 1998, S. 3.

[4] Vgl. Harry Graf Kessler. Tagebuch eines Weltmannes. Bearb. Gerhard Schuster u. Margot Pehle. Marbacher Kataloge 43, Marbach am Neckar 1988, S. 213.

[5] Brief von Hugo von Hofmannsthal an Ottonie Gräfin Degenfeld vom 14.4.1913. In: Hugo von Hofmannsthal: Briefwechsel mit Ottonie Gräfin Degenfeld und Julie Freifrau von Wendelstadt. Hg. Marie Therese Miller-Degenfeld, Frankfurt am Main 1986, S. 262.

ordneten. Besondere Bedeutung kommt den aristokratischen und großbürgerlichen Berliner Salons zu, in denen Kessler regelmäßig zu Gast ist. Freundschaftlich verbunden ist er seinen ehemaligen Kommilitonen Alfred von Nostitz-Wallwitz und Eberhard von Bodenhausen, mit denen er das Interesse für moderne Kunst und die Ideen Henry van de Veldes teilt. Er pflegt die Kontakte zu seinen Regimentskameraden, die er im Kasino oder bei Manövern trifft, und bewegt sich in Diplomatenkreisen, zu denen die Familie des deutschen Botschafters in Madrid Radowitz, Graf Mirbach-Harff und sein Studienfreund Ottobald von Werthern-Beichlingen zählen. Literaten wie Gerhart Hauptmann und Hugo von Hofmannsthal sowie Musiker, darunter Conrad Ansorge, zählen zu seinen Bekannten. Gute Beziehungen pflegt Kessler auch zu Gelehrtenkreisen, so zu dem Historiker Theodor Mommsen, dem Archäologen Reinhard Kekulé von Stradonitz und zu Kunsthistorikern und Museumsmännern wie Wilhelm von Bode und Hugo von Tschudi. Seit der Jahrhundertwende intensiviert Kessler in zunehmendem Maße seine Kontakte zu Künstlern, Kunstkritikern und Galeristen. Während sich sein Beziehungsnetz in dieser Hinsicht bis dahin vor allem auf das Umfeld der 1898 gegründeten Berliner Secession erstreckt, wächst von nun an auch sein Bekanntenkreis im Ausland mit rasanter Geschwindigkeit.
Mit scharfem Blick und manchmal ebensolcher Zunge beobachtet er das gesellschaftliche Treiben überall dort, wo er sich gerade aufhält. Sich der Verschwiegenheit seines Tagebuchs sicher, fallen seine Urteile bisweilen bissig aus. Besonders der Kaiser und dessen Familie sind Ziel seines Spotts. So konstatiert er etwa anläßlich eines großen Berliner Hofballs: „Die Kaiserin in einem glitzernden Drap d'Argent Kleid mit rosa Bändchen sah in ihrer uneleganten Aufmachung aus wie ein billiges Knallbonbon." Die Großherzogin von Hessen wirkt am selben Abend hingegen betörend auf ihn:

> Die Grossherzogin von Hessen steckte wieder pervers schön in einer goldgewirkten mit violetten Jettperlen dicht bestickten Brokatscheide; sie gleicht darin einer Bayadere. Suggestive Art, den Kopf und den Oberkörper zurückzuwerfen, wenn sie aufhört zu tanzen; dabei wirkt sie selbst in der äussersten Lascivität ihrer Bewegungen nie unvornehm. Sie ist wirklich ein bezauberndes Geschöpf. (8.2.1898)

Immer wieder und mit erstaunlicher Akribie hält Kessler auch Unterhaltungen mit seinen Zeitgenossen protokollartig fest und entwirft darüber hinaus – nicht ohne Sinn für Humor – prägnante Kurzporträts, die mitunter schärfer umrissen und aussagekräftiger sind als manch eine Fotografie, so zum Beispiel das des englischen Künstlers und Ästheten Charles Ricketts, von dem er behauptet:

> Ricketts wirkt unter Menschen wie Kohlensäure auf die Weinsäfte; selbst die schweren und die mittelmässigen werden feurig und moussieren. Die Art, wie er die Konversation führt, ist das Wichtige, mehr als was gesagt wird; der Rhythmus den er der Unterhaltung giebt; Temperament und Savoir Faire wie beim Walzer. (26.2.1904)

Doch Kessler ist nicht nur der aus der Distanz betrachtende Außenstehende oder Außenseiter – eine Rolle, in die er aufgrund seiner familiären Herkunft, seines jungen Adels, seiner kosmopolitischen Prägung und breiten Interessen unwillkürlich gedrängt wurde. Als jemand, der überall ein bißchen, aber nirgendwo richtig dazugehört, verhält er sich keineswegs immer passiv, sondern ist gleichermaßen agierender Teil der Gesellschaft, die ihm Halt gibt und aus der er seine eigenen Vorteile zu ziehen weiß. Besonderes Wirkungsfeld sind für ihn dabei die Berliner Salons.

In ihrer grundlegenden Studie zur Berliner Salonkultur des 19. Jahrhunderts umschreibt Petra Wilhelmy den Begriff „Salon“ wie folgt: „Sehr vage formuliert ist ein Salon eine freie, ungezwungene Geselligkeit, deren Grundlage die Konversation über literarische, künstlerische oder politische Themen bildet.“[6] Die Salons bieten Kessler allerdings nicht nur Abwechslung und schöngeistige Unterhaltung, sondern sie übernehmen auch die Funktion eines Stimmungsbarometers und dienen als wichtige Informations- und Kontaktbörse. Hier erfährt er mitunter Neuigkeiten, noch ehe sie über die offiziellen Wege an die Öffentlichkeit gelangen. Durch ihre Nähe zu gesellschaftlich tonangebenden und politisch einflußreichen Kreisen oder sogar zum Kaiserhaus selbst verfügen einige der Berliner Salonnièren über eine große Anziehungskraft und beeindruckende Gästelisten. Eingeladen zu werden und dazuzugehören sind Privilegien, deren sich Kessler sehr wohl bewußt ist. Er selbst ist ein Habitué gleich mehrerer hochkarätiger Salons und Zirkel, derer er sich gezielt zur Verwirklichung eigener Projekte bedient.

Von besonderer Bedeutung für Kessler ist der Kontakt zu der um viele Jahre älteren Cornelie Richter, der Witwe des einst hochgeschätzten und heute in Vergessenheit geratenen Porträt- und Historienmalers Gustav Richter. Kessler ist mit ihren Söhnen, vor allem mit Gustav, genannt Musch, seit seiner Studienzeit befreundet und bezeichnet die Verbindung zu ihr als eine „fast mütterliche Freundschaft“ (22.7.1922). Jahrzehnte später, am Tag ihrer Beerdigung, läßt er die Erinnerung an ihren Salon im Tagebuch wieder aufleben:

---

[6] Petra Wilhelmy: Der Berliner Salon im 19. Jahrhundert (1780-1914), Berlin/New York 1989, S. 25. Zur Berliner Gesellschaft und der Salonkultur der Jahrhundertwende vgl. ferner Ernst Siebel: Der großbürgerliche Salon. 1850-1918. Geselligkeit und Wohnkultur, Berlin 1999 sowie Berlin um 1900. Ausstellungskatalog. Red.: Gesine Asmus, Berlin 1984.

Cornelie Richter, um 1895;
Hans-und-Luise-Richter-Stiftung/Stadtmuseum Berlin

Nachmittags Beisetzung Cornelie Richters auf dem Matthäikirchhof. Die Feier in der Kapelle war wie ein letztes Aufleben oder Aufflackern des Richterschen Salons; die schwarzen Gestalten vor dem kleinen, unter Blumen verschwindenden Sarg, alte Damen, alte Männer, wie vermummt und erstarrt, die früher so elegante, kultivierte, kosmopolitisch-„Hofmässige" Gesellschaft der Richterschen Diners und Soiréen. Die sehr schöne Beethovensche Musik (Grünfeld, Cello), dieselbe wie an so vielen Abenden bei Frau Richter, verstärkte den wehmütigen Eindruck. Es war der letzte Akt einer sehr langen, menschlich sehr lieben und fruchtbaren gesellschaftlichen Kulturgemeinde. (24.7.1922)

Cornelie Richter ist jüdischer Herkunft, Tochter des Komponisten Giacomo Meyerbeer, und war eine der hochgeschätztesten und einflußreichsten Salonnièren im Berlin der Jahrhundertwende. Zu Lebzeiten ihres Mannes hatten beide bereits in rauschenden Atelierfesten Bildende Künstler, Schriftsteller und Musiker um sich versammelt. Nach dessen Tod führt sie die gesellige Tradition fort. Ihre Gäste empfängt sie nicht nur in ihrer Berliner Stadtwohnung, sondern auch in ihrer am Wannsee gelegenen Villa, dem sogenannten Haus am Wehrhorn. In ihrem Salon finden Lesungen, Konzerte und Vorträge statt.[7]

Eine weitere Salonnière, zu der Kessler regen Kontakt pflegt und deren Schönheit ihn fasziniert, ist Helene Gräfin Harrach, die ihrerseits wiederum mit Cornelie Richter bekannt ist. Wie diese ist sie die Gattin eines hofnahen Künstlers, des durch seine Porträts berühmt gewordenen Malers Ferdinand Graf Harrach. Spätestens seit 1904, als sie Palastdame der Kaiserin Auguste Viktoria wird, unterhält sie direkten Kontakt zum Hof, d.h. zum Zentrum der Macht. Am Beispiel der Helene von Harrach lassen sich besonders anschaulich die verwandtschaftlichen und freundschaftlichen Verflechtungen der Berliner Gesellschaft zeigen. Sie ist die Cousine des späteren Reichskanzlers Theobald von Bethmann Hollweg. Ihr Sohn Hans wird Bildhauer und ist mit Eberhard von Bodenhausen und Kessler freundschaftlich verbunden. Ihre Tochter Lori ist wiederum eine enge Freundin der Helene von Hindenburg, die ihrerseits Kesslers Freund Alfred von Nostitz heiraten wird. Laut Petra Wilhelmy führte Helene Gräfin Harrach einen Salon, „der zwar auf einen sehr kleinen Kreis beschränkt war, der jedoch als einer der vornehmsten und kultiviertesten in Berlin galt".[8] Nicht zuletzt aufgrund ihrer familiären Verbindungen verkehrten bei ihr vor allem Künstler und Diplomaten.

Persönlichkeiten aus dem Umfeld des Auswärtigen Amtes sowie Politiker trifft Kessler auch bei der aus Württemberg stammenden Gesandtenwitwe und ehemaligen Bismarck-Vertrauten Hildegard Freifrau Hugo von Spitzemberg, die bekanntlich ihrerseits eine eifrige Tagebuchschreiberin gewesen ist und mitunter von denselben gesellschaftlichen Ereignissen berichtet wie Kessler. Neben ihren zahlreichen Bekannten aus der Bismarck-Ära, die Kessler fasziniert haben dürften, empfängt sie um die Jahrhundertwende Freunde ihrer beiden Kinder, darunter viele angehende Diplomaten. Auf diese Weise wird auch Kessler, der mit ihrem Sohn Lothar (Hortari) seit der Leipziger Studentenzeit befreundet ist, der Zugang zu ihrem Kreis ermöglicht worden sein. Hildegard von Spitzemberg, die von ihren Zeitgenossen wegen ihrer Diskretion geschätzt wurde, interveniert als 'mütterliche Freundin' zu Kesslers Gunsten im Hinblick auf einen möglichen

[7] Zum Salon der Cornelie Richter vgl. Annette Bossmann, Alice Uebe: Cornelie Richter. '... fühlen wie ich ihre Herzen in der Hand halte'. Ein Frauenleben zwischen Tradition und Moderne. In: Juden Bürger Berliner. Das Gedächtnis der Familie Beer–Meyerbeer–Richter. Hg. Sven Kuhrau, Kurt Winkler unter Mitarbeit v. Alice Uebe, Berlin 2004, S. 125-140, Wilhelmy: Der Berliner Salon im 19. Jahrhundert, S. 309 f. sowie Henry van de Velde: Récit de ma vie. I. 1863-1900. Hg. Anne van Loo, in Zusammenarbeit mit Fabrice van de Kerckhove, Paris/ Brüssel 1992, S. 381-389.

[8] Wilhelmy: Der Berliner Salon im 19. Jahrhundert, S. 310 f., vgl. auch S. 438 f.

Eintritt in das Auswärtige Amt, ebenso wie die Familie Cornelie Richters und der hofnahe Bodo von dem Knesebeck.[9]
Ermöglichen die Verbindungen zu Berliner Salonnièren dem kontaktfreudigen Kessler zunächst, seinen Bekanntenkreis kontinuierlich in verschiedene Richtungen zu erweitern, so erlauben sie ihm später, auch selbst in die Rolle des Vermittlers zu schlüpfen und seinerseits der Salongesellschaft interessante Persönlichkeiten, Künstler, Musiker und Literaten, vorzustellen. Hugo von Hofmannsthal führt er genauso in den Salon der Cornelie Richter ein wie Henry van de Velde, der, damals noch am Beginn seiner deutschen Karriere stehend, auf Kesslers Vermittlung hin dort am 17. März 1900 einen Vortrag vor erlesenem Publikum hält und auf diese Weise die höchsten Kreise der Berliner Gesellschaft erreicht.

Studienreisen nach Griechenland und Italien

Im Vergleich zu Kesslers Notizen über die Teilnahme am gesellschaftlichen Leben, die sich bisweilen auf minimalistische Andeutungen wie „Bei Richters" beschränken können, nehmen Reiseaufzeichnungen im Tagebuch der Jahrhundertwende verhältnismäßig viel Platz ein (vgl. etwa August 1898 und Oktober 1899). Wie in den vorausgegangenen Jahren unternimmt Kessler auch zwischen 1897 und 1905 zahlreiche Reisen. Die entsprechenden Tageseinträge erstrecken sich oft über mehrere Seiten. Das Tagebuch erfüllt dabei den Zweck eines Reisejournals, das die einzelnen Etappen der Reise sowie die gesammelten Eindrücke des Verfassers spiegelt. Es dient aber auch als Notizbuch, in dem ausgehend von den gesehenen Objekten umfangreiche archäologische und kunsthistorische Aufzeichnungen, Werkbeschreibungen und Interpretationsversuche festgehalten werden.
Neben Fahrten zu Mutter und Schwester und 'dienstlich' motivierten Reisen in Kesslers Weimarer Zeit sind vor allem zwei Reisetypen hervorzuheben: Zum einen als mehrwöchige Rundfahrten angelegte und in der Tradition der Grand Tour britischer Aristokraten stehende Studienreisen durch Italien, Griechenland und den Westen der heutigen Türkei, zum anderen punktuelle Städtereisen etwa nach London, Paris oder Madrid, bei denen intensive Museums- und Ausstellungsbesuche auf dem Programm stehen. Neben dem privaten, ästhetischen Genuß, der ohne Zweifel zu Kesslers Reisemotiven zählt, geht es ihm um das gezielte Erkunden von Kulturregionen und Museumsbeständen unter kunsthistorischen, archäologischen und ethnologischen Aspekten sowie um die Begegnung mit den Originalen und vergleichendes Sehen. So erreicht er im Laufe

---

[9] Vgl. Das Tagebuch der Baronin Spitzemberg. Hg. Rudolf Vierhaus, Göttingen 1960, S. 397 f. u. S. 411; Wilhelmy: Der Berliner Salon im 19. Jahrhundert, S. 330 ff.

der Zeit eine seine europäischen Zeitgenossen wie uns heute noch gleichermaßen beeindruckende Kennerschaft.

Bei der Auswahl seines Besichtigungsprogramms in Griechenland und Italien geht Kessler sehr systematisch vor. Wie für den deutschsprachigen Reisenden seiner Zeit durchaus üblich, orientiert er sich an der gängigen Reiseliteratur, zu der neben dem handlichen Baedeker fachspezifische Abhandlungen, antike Texte und Museumskataloge gehören. Vor Ort nimmt er meist die Dienste eines lokalen Reiseführers in Anspruch, vor allem, um auf diese Weise aktuelle Informationen zu den gesellschaftlichen und politischen Strukturen der besuchten Gegend zu erhalten. Auch damit steht er ganz in der Tradition des damaligen Reiseverhaltens der vermögenden Gesellschaftsschichten. Im Unterschied zum gewöhnlichen Reisenden verblüfft er aber durch den Umfang und die Art seiner parallel erfolgenden intensiven Auseinandersetzung mit dem Gesehenen im Tagebuch. Kesslers Art zu reisen kann daher fast schon als 'wissenschaftlich' bezeichnet werden. Während er in Griechenland und im Orient auf den Spuren der klassischen Antike wandelt, ist sein Italienerlebnis von der Auseinandersetzung mit der Figur des Heiligen Franz von Assisi geprägt.[10]

Griechenland entwickelte sich im Laufe des 19. Jahrhunderts zum beliebten Reiseziel des durch Johann Joachim Winckelmann geprägten Bildungsreisenden. Die in den ersten Jahrzehnten des Jahrhunderts ohne Bedenken organisierte Demontage bedeutender Tempel und anderer Gebäude und die Verschiffung dieser antiken Überreste nach Nord- und Westeuropa ließen die Sammlungen der Museen von Rom, London, Paris und München mit erstaunlicher Geschwindigkeit anschwellen. Das Eintreffen von Statuen, Friesen und architektonischen Elementen sorgte nicht nur in Fachkreisen, sondern auch in der Presse für Aufsehen und verstärkte in den entsprechenden Ländern die Neugier auf die Fundorte. Diese wurden nach dem Befreiungskrieg der Griechen gegen die osmanische Besatzung für Touristen wieder leichter zugänglich. Unter dem Eindruck der antiken Klassiker, insbesondere der 'Reisebeschreibungen' des Pausanias, schickte man sich folglich an, sein durch Museumsbesuche und Lektüre entstandenes Griechenlandbild mit den Gegebenheiten vor Ort zu vergleichen. Aber auch in Griechenland selbst wurde man sich der Bedeutung des antiken Erbes zunehmend bewußt und begann, den Plünderungen per Gesetz Einhalt zu gebieten.

Parallel zu dieser Entwicklung führten mehr oder weniger seriöse Vertreter verschiedener Nationen in der zweiten Hälfte des 19. Jahrhunderts erste oftmals prestigeträchtige 'archäologische Ausgrabungen' durch, die aus heutiger Sicht eher mit einer Schatzsuche zu vergleichen sind. Sie zogen meist eine Flut von

---

[10] Allgemein zur Reisekultur: Hervé Duchêne (Hg.): Le voyage en Grèce. Anthologie du Moyen Age à l'époque contemporaine, Paris 2003 sowie Hermann Bausinger, Klaus Beyrer, Gottfried Korff (Hg.): Reisekultur. Von der Pilgerfahrt zum modernen Tourismus, München 1991.

Publikationen und Ausstellungen nach sich. Ebenso organisierte sich eine 'wissenschaftliche' Archäologie, die den Erfolg einer Grabung nicht ausschließlich an der Menge der Fundobjekte maß, sondern an neuen Erkenntnissen über eine vergangene Zivilisation interessiert war. Um 1900 war die Archäologie aber auch ein Terrain, auf dem die europäischen Nationalstaaten auf der Suche nach ihren eigenen Wurzeln miteinander rivalisierten. Wilhelm II., der unter anderem Grabungen auf Korfu unterstützt hatte, hoffte insgeheim, daß vom Glanz der rund um Griechenland und die Ägäis gemachten Entdeckungen ein Strahl auf seine eigene Herrschaft falle. Auf seine Veranlassung hin mußten Archäologen und Diplomaten vor allem im Orient nicht selten Hand in Hand arbeiten, so etwa der Berliner Archäologe Theodor Wiegand und der Botschaftsrat in Konstantinopel Hans Freiherr von Wangenheim – übrigens der Schwiegersohn der Baronin Spitzemberg –, als es 1903 um den Erwerb der Mschattafassade ging.[11]
Vor diesem Hintergrund und geprägt durch die Nietzschelektüre sowie die Vorlesungen über Athen und Olympia, die er während seines Studiums bei Kekulé von Stradonitz in Bonn gehört hatte, bereist Kessler Griechenland 1899 zum ersten Mal. Im darauffolgenden Jahr tritt er erneut in direkten Dialog mit der Antike, als er im Anschluß an das bestandene Assessorexamen zu einer mehrmonatigen Reise aufbricht und darüber hinaus Kreta sowie die sagenumwobenen Stätten der heutigen Westtürkei zwischen Milet und Troja erkundet. Von den Erfahrungen dieser beiden Reisen können später Hugo von Hofmannsthal und Aristide Maillol profitieren, in deren Begleitung Kessler 1908 erneut nach Griechenland zurückkehren wird.
Über Jahre hinweg ist der Parthenon Kesslers wichtigste 'griechische' Referenz. Die Kopie eines Details aus dem Parthenonfries wird später den Salon seiner Weimarer Wohnung schmücken. Eugène Druet fertigt in seinem Auftrag Fotografien der Originale an. Kessler selbst bewundert die Überreste auf der Akropolis und studiert den Skulpturenschmuck wiederholt in den Museen von London und Paris. Unter dem unmittelbaren Eindruck einer Besichtigung stehend, schreibt er im November 1900 an Eberhard von Bodenhausen:

> Es ist Etwas Eigentümliches mit diesem griechischen Volk; hier in Athen habe ich es wieder empfunden, dass die griechische Kunst des 5ten Jahrhunderts doch die einzige ist, die mich ganz befriedigt, bei der kein Wunsch mehr übrigbleibt. Ich stehe wie ein Idiot vor einer Säule des Parthenon und staune und staune geniessend Stundenlang. Das kleinste Bruchstück aus dieser Zeit birgt ein Geheimnis, das mich hypnotisiert.[12]

---

[11] Vgl. Das Tagebuch der Baronin Spitzemberg, S. 431.

[12] Brief an Eberhard von Bodenhausen vom 18./19.11.1900, Nachlaß Bodenhausen, Deutsches Literaturarchiv, Marbach am Neckar.

Parthenon; alte Postkarte nach einer Fotografie von Alinari; Privatbesitz

Kessler besichtigt die klassischen Stätten des Altertums, Heiligtümer und architektonische Überreste sowie die bedeutenden Museen mit den Meisterwerken der antiken Kunst, darunter die Museen in Athen und Candia, in denen Skulpturenschmuck und Ausgrabungsfunde konserviert werden. Ithaka durchquert er auf den Spuren Homers. Besonderes Interesse bringt er aber den aktuellen Ausgrabungen entgegen. Er verfolgt sie zum Teil aus nächster Nähe und tauscht sich mit den zuständigen Archäologen, zum Beispiel mit Theodor Wiegand, vor Ort aus.

Das Interesse Kesslers für die archäologischen Ausgrabungen ist nicht zuletzt im Zusammenhang mit den aktuellen Debatten in Berlin zu verstehen. Dort trifft seit der Mitte des 19. Jahrhunderts der Großteil des von deutschen Archäologen in der Westtürkei freigelegten Grabungsguts ein, das sogar den Bau eines eigenen Museums, des sogenannten Pergamonmuseums, nötig macht, in dem unter anderem der monumentale Pergamonaltar und das Stadttor von Milet untergebracht werden. Kessler unterhält Kontakte zu mehreren Wissenschaftlern aus dem Umfeld des Museums, sitzt im Publikum der von der Archäologischen Gesellschaft organisierten Vorträge und nimmt an Winckelmannsfesten teil.

Eines der ersten großen Ziele Kesslers während seiner zweiten, Ende 1900 unternommenen Reise ist die Mittelmeerinsel Kreta, die erst 1913 Griechenland angegliedert wurde. Bis zur Mitte des 19. Jahrhunderts ist die Insel nur selten Bestandteil der Reiseroute eines Griechenlandreisenden gewesen, und lange Zeit beschränkte sich das Interesse der Europäer fast ausschließlich auf deren strategische Lage als Vorposten des Orients. Schuld daran ist nicht zuletzt die instabile politische Situation Kretas gewesen, das anders als Griechenland noch bis 1897/98 unter osmanischer Herrschaft stand und bis dahin regelmäßig blutige Aufstände erleben mußte. Die Angst vor Überfällen auf abgelegenen Straßen, die in einigen Gegenden bestehende Malariagefahr sowie die (scheinbare) Abwesenheit markanter antiker Überreste sind weitere Faktoren, die ein touristisches Interesse an der Insel nur langsam aufkommen ließen. Als Kessler die Insel besucht, wird sie von Russen, Engländern, Italienern und Franzosen kontrolliert. Das Straßennetz ist schlecht ausgebaut, und viele Regionen sind kaum oder nur unter großen Mühen zugänglich. Die Bedingungen sind also wenig einladend für einen an Komfort gewöhnten Aristokraten.

Weshalb Kessler dennoch nach Kreta reist, erklärt sich, wenn man seinen Aufenthalt im Zusammenhang mit der Geschichte der archäologischen Ausgrabungen auf der Insel betrachtet, in der das Jahr 1900 mit dem Beginn der Erforschung einer 'neuen', der später als minoisch bezeichneten Kultur eine besondere Bedeutung einnimmt. Gingen viele Fachleute lange Zeit von einer vollständigen Zerstörung desjenigen Kreta aus, das in den homerischen Texten geschildert wird, so ließen Schliemanns Entdeckungen der 1870er Jahre (Troja und Mykene) Zweifel an der Zerstörungstheorie aufkommen. Zahlreiche europäische und amerikanische 'Archäologen' hatten sich deshalb schon seit den letzten Jahrzehnten des 19. Jahrhunderts privat oder in offizieller Mission als Vertreter ihrer Nation auf Kreta aufgehalten und um Grabungsgenehmigungen gebuhlt. Diese wurden nach der Unabhängigkeit der Insel immer großzügiger erteilt, was schließlich im Jahr 1900 zu einem Boom an Ausgrabungen führte. In aller Munde waren damals die spektakulären, von Arthur John Evans um 1899/1900 begonnenen Grabungen in Knossos, die zur Freilegung der berühmten Palastanlage führten. Erste Interpretationsversuche, ausgehend von dem überlieferten Wissen um den Herrscher Minos, das Labyrinth und die Legende vom Minotaurus, fanden dank der britischen Presse mit erstaunlicher Schnelligkeit Verbreitung. Anfangs betrachtete man die Funde noch in engem Zusammenhang mit den Entdeckungen in Mykene. Erst in den folgenden Jahren kam man zu der Erkenntnis, daß es sich bei den Spuren der auf Kreta entdeckten Zivilisation um noch ältere Fundamente der 'europäischen' Kultur handelte.

Es ist daher vermutlich kein Zufall, daß Kessler Kreta genau zu diesem für die Geschichte der Archäologie und der europäischen Kultur so bedeutenden Moment aufsucht. Er zählt zu den ersten Besuchern der Palastanlage, die in den folgenden Jahren einen unvergleichlichen Zustrom an Fachleuten und interessierten Touristen erfahren wird. Sein erster Weg nach der Ankunft führt ihn unmittelbar zum kretischen Archäologen Hazzidakis, der einen Teil der Funde aus Knossos verwaltet, und anschließend sofort zur Ausgrabungsstätte selbst. Sichtlich beeindruckt zieht er den Palast während der weiteren Reise immer wie-

Mykene, Löwentor; alte Postkarte; Privatbesitz

der zu Vergleichszwecken heran. Der bereits erwähnte Brief an Bodenhausen spiegelt seine große Begeisterung für die soeben in Knossos entdeckten Fresken, deren historische Bedeutung er erkennt und deren künstlerische Qualität seiner Ansicht nach sogar die Funde Schliemanns „in den Schatten"stellt: „[...] es ist das erste Mal, dass wir aus dieser Zeit, 1500 vor Christus, in Griechenland ein Kunstwerk finden, das uns ganz rein künstlerisch bewegt. So zweifellos die Technik aus Aegypten stammt, so sicher ist hier Etwas Neues in die Welt getreten, zum ersten Mal unser hellenisch-europäisches Schönheitsgefühl."[13]

Neben Griechenland stellt Italien eine weitere bedeutende Referenz für Kessler dar. Unter dem Eindruck der Kunstgeschichtsvorlesungen seines ehemaligen Professors Anton Springer hat er sich dort mehrfach aufgehalten, so auch 1898 und 1899. Seine Aufmerksamkeit erregen vor allem die Spuren des Mittelalters und der Frührenaissance. In *Gesichter und Zeiten* begründet er sein Interesse:

> Eine Folge meiner Arbeit bei Springer waren wiederholte Reisen nach Italien in diesen und den darauffolgenden Jahren. Der seltsame Zauber des Landes nahm mich wie so viele andere gefangen. Es war nicht bloß der Süden, die lachende Landschaft, der Himmel, die Milde der Luft, die mich beglückten, sondern mehr noch ein Gefühl der Befreiung aus einer Welt, wo fast alles künstlich, ein Produkt der Dressur war, in einem Lande, wo alles natürlich

[13] Brief an Eberhard von Bodenhausen vom 18./19.11.1900, Nachlaß Bodenhausen, Deutsches Literaturarchiv, Marbach am Neckar.

> schien, vom Herzenstakt des Landmanns bis zu den zartesten Blüten der Kultur in Kunst und Lebensweisheit.[14]

Besondere Begeisterung hegt Kessler in diesem Zusammenhang für Franz von Assisi. Seine Auseinandersetzung mit dem Leben, Wirken und Einfluß des Heiligen kam nicht von ungefähr. Sie war vielmehr ein Phänomen seiner Zeit. Im November 1893 war die von dem französischen, reformierten und liberalen Theologen und Franziskusforscher Paul Sabatier verfaßte Biographie des Heiligen, *Vie de S. François d'Assise*, erschienen und hatte europaweit für großes Aufsehen gesorgt. Die Folge war ein sprunghafter Anstieg des Interesses an der Person des Heiligen Franz und dessen historischer Bedeutung. Binnen kürzester Zeit erfuhr das Werk, das bereits kurz nach seiner Veröffentlichung von der römischen Kurie auf den Index der verbotenen Bücher gesetzt wurde, zahlreiche Übersetzungen und Auflagen. Sabatier gründete im Jahre 1902 die Internationale Gesellschaft für Franziskanische Studien in Assisi und noch heute beschäftigen viele der von ihm aufgeworfenen Fragen die Franziskus-Forschung.

Kessler betrachtet den Heiligen unter dem Einfluß Springers sowie in Anlehnung an Paul Sabatier und den Kunsthistoriker Henry Thode als Ursprung des Naturgefühls, das die Kunst des 13. und der folgenden Jahrhunderte nachhaltig beeinflußt hat: „Franz von Assisi fesselte mich lange Zeit mehr als jede andere geschichtliche Figur", schreibt er in seinen Memoiren, „und sein Naturgefühl erscheint mir noch heute als der Grundton, der nicht nur der Kultur Italiens, sondern auch der ganzen europäischen Dichtung und Kunst ihre besondere, sie von denen der Antike und des Orients unterscheidende Klangfarbe gab."[15]

In der französischen Ausgabe seiner Memoiren geht Kessler in seinem Gedankengang sogar noch weiter. Hier liefert er eine weitere Erklärung für seine Franziskus-Begeisterung, die sich bei der Tagebuchlektüre schon erahnen läßt. So betrachtet er den Heiligen Franz vor dem Hintergrund seiner Nietzschelektüre und der Lebensreformbewegung um die Jahrhundertwende. Er zieht eine Parallele zwischen den Erneuerungsbestrebungen des Heiligen und dessen tiefem Glauben und den Reformbemühungen seiner eigenen Generation. Beider Ziel sei „un renouveau de l'homme", eine Erneuerung des Menschen aus seinem Inneren heraus gewesen. Der Vorbildcharakter des Heiligen liegt somit auf der Hand. Die Veränderungen, die er in Kunst und Gesellschaft bewirkt hat, waren unvergleichlich. Franz, der seinen Weg in völliger Unabhängigkeit von allen offiziellen, normierenden Institutionen wie Staat, Kirche und Gesellschaft gegangen ist, so

---

[14] Harry Graf Kessler: Gesichter und Zeiten. Erinnerungen. Notizen über Mexiko. Gesammelte Schriften in drei Bänden. Hg. Cornelia Blasberg, Gerhard Schuster. Bd. 1, Frankfurt am Main 1988, S. 193.

[15] Ebd., S. 196.

Kessler, sei nur seiner inneren Stimme, der seines „Herzens", gefolgt.[16] Um die Jahrhundertwende gehen auch Kesslers Bemühungen dahin, sich von den kultur- und kunstpolitischen Gegebenheiten des wilhelminischen Deutschland zu distanzieren und seine Reformvorstellungen in Unabhängigkeit von offiziellen Institutionen zu realisieren. Durch den Vergleich mit der franziskanischen Bewegung wertet er die Reformbewegung der Jahrhundertwende nicht nur auf, sondern verankert sie darüber hinaus in einer bedeutenden Tradition: Die von ihm konstruierte Entwicklungslinie läuft vom franziskanisch geprägten Mittelalter direkt auf die Reformbewegung seiner eigenen Generation (und, wenn man so will, auf ihn selbst) zu.
Ebenfalls in diesem Zusammenhang sind die an verschiedenen Stellen des Tagebuchs von Kessler unternommenen Vergleiche zwischen der antiken griechischen und der mittelalterlichen italienischen, franziskanischen bzw. gotischen Kultur zu verstehen. Kessler zufolge betonten die Griechen in ihren Werken die Form sowie die Licht- und Schattenspiele, während die italienische Kunst des Ducento die Emotionen und das Innenleben des Menschen –„Seelenbewegungen" und „Seelenstimmungen" – entdeckte. Seine Überlegungen zu Begriffen wie „Sinnlichkeit", „Gefühl" und „Inneres" sind daher nicht nur vor dem Hintergrund seiner Auseinandersetzung mit den Schriften Wilhelm Wundts, sondern auch im Zusammenhang mit seiner Franziskusbeschäftigung zu verstehen. In Teilen fließen sie in spätere Aufsätze, wie etwa in den 1906 unter dem Titel *Kunst und Publikum* veröffentlichten, ein.
Die besondere Bedeutung dieser beiden historischen Epochen, deren Gemeinsamkeit laut Kessler in der Freiheit liegt, die sie dem Menschen und vor allem dem Künstler gewährten, steht für ihn außer Frage. Zwischen Griechentum und Mittelalter gibt es für ihn keinen Bruch, sondern eine Kontinuität: „Das Mittelalter war der direkte und natürliche Erbe der Antike", notiert er am 17. Mai 1899:

> Die Humanisten haben geglaubt, dass sie die Antike neu beleben müssten; in Wirklichkeit haben sie nur ein lebendes Reis ausgerissen und ein totes an die Stelle gesetzt. Der künstlerische Reichtum von ganz Rom und Byzanz im gothischen Dom; wie der geistige Reichtum der ganzen griechischen Philosophie, von Plato bis Plotinus in den mittelalterlichen Mystikern, Ruysbroeck, Eckhart u. s. w."[17]

Mit dieser These legitimiert er die Reformbewegung der Jahrhundertwende indirekt ein weiteres Mal, denn nun führt er die von ihm etablierte Entwicklungs-

---

[16] Vgl. Harry Comte Kessler: Souvenirs d'un Européen. I: De Bismarck à Nietzsche, Paris 1936, S. 270-274.

[17] Vgl. dazu auch Anton Springer: Bilder aus der neueren Kunstgeschichte. 2. verm. u. verb. Auflage mit Illustrationen. Bd. 1, Bonn 1886, S. 1-40 (Kap. 1. Das Nachleben der Antike im Mittelalter).

linie um eine zusätzliche Stufe in die Vergangenheit zurück und verknüpft sie mit dem Griechentum. Auf seine Reformvorstellungen bezogen, auf die noch einzugehen sein wird, heißt dies aber nicht, daß Kessler ein Mann der Vergangenheit, ein Rückwärtsgewandter gewesen ist, im Gegenteil. Seine Reformen beziehen sich radikal auf die Gegenwart und sollen aus ihr heraus entwickelt werden. Ihm geht es nicht um bloßes Kopieren einer idealisierten Vergangenheit, um die gedankenlose Imitation antiker Formen oder anderer Kunststile. Kesslers Forderungen haben nichts zu tun mit dem Epigonentum, dem nicht nur viele Künstler des 19. Jahrhunderts, sondern auch zahlreiche seiner Zeitgenossen verfallen waren, sondern es geht ihm um eine bewußte Umgestaltung der Gegenwart mit den Mitteln und Möglichkeiten seiner Zeit. In diesem Lebens- bzw. Gegenwartsbezug besteht für ihn die Gemeinsamkeit mit dem Griechentum und dem franziskanischen Mittelalter:

> Man kann nie durch die Theorie zum Leben, durch Antiquarisches zur Kunst kommen; nur durch das Band, das das Leben zwischen uns und die lebendige Kunst flicht, auf diesem Wege dann nachher auch zu älterer und alter Kunst und Litteratur. Daher müssen wir die Kultur und das Leben unserer Zeit in all' ihrer Komplexität und nationaler Mischung akzeptieren. [...] Unsere Heimat ist die Gegenwart, mag sie noch so national gemischt sein. Wiederausgegrabene, hypothetische Vergangenheiten sind Nichts als eine besondre Art des Exotischen. (1.9.1905)

Das „Neue Weimar" und die Reformbewegungen der Jahrhundertwende

Der 1902 erfolgte Umzug nach Weimar und die Aufnahme einer offiziellen, wenn auch ehrenamtlichen Tätigkeit als Museumsdirektor markieren einen Wendepunkt in Kesslers Leben. Die in diesen Jahren unternommenen und mehrfach erwähnten Reformbestrebungen wurden schon zu Kesslers Zeiten gerne unter dem Stichwort „Neues Weimar" zusammengefaßt.[18]

Um die Wende vom 19. zum 20. Jahrhundert war das 'alte Weimar', die einst blühende und international bekannte Goethestadt, auf den Rang einer leicht

---

[18] Vgl. Henry van de Velde: Récit de ma vie. II. 1900-1917. Hg. Anne van Loo, in Zusammenarbeit mit Fabrice van de Kerckhove, Paris/Brüssel 1995, S. 158-165. Um die Jahrhundertwende bilden sich im Deutschen Reich an mehreren Orten regionale 'Reformzentren', in denen ähnliche Ziele verfolgt werden wie unter Kessler in Weimar. Während etwa die Darmstädter Künstlerkolonie auf der Mathildenhöhe unter dem Protektorat des kunstbegeisterten hessischen Großherzogs Ernst Ludwig steht, wirkt in Hagen der vermögende Privatmann Karl Ernst Osthaus. Vgl. Die Lebensreform. Entwürfe zur Neugestaltung von Kunst und Leben um 1900. Ausstellungskatalog. Hg. Kai Buchholz u.a., Darmstadt 2001.

angestaubten Provinzstadt herabgesunken, die ihre besten Zeiten schon hinter sich gehabt zu haben schien und viel vom Glanz der Vergangenheit eingebüßt hatte. Nach dem Tod des großen Mäzens und Kulturförderers Carl Alexander übernimmt dessen junger, noch unerfahrener und als wenig gebildet geltender Enkel Wilhelm Ernst im Januar 1901 die Regierungsgeschäfte. Genau in dieser Übergangsphase trifft Kessler mit einer großen Anzahl von zunächst wenig strukturierten Reformplänen im Gepäck in Weimar ein. Ein als solches deklariertes Manifest seiner Reformideen hat er nie verfaßt. Seine in jenen Jahren publizierten Artikel sowie diverse Korrespondenzen, vor allem der noch unveröffentlichte Briefwechsel mit Henry van de Velde, stellen jedoch eine wahre Fundgrube dar, wenn es darum geht, seinen damaligen Gedanken und Absichten Kontur zu geben. Seine Pläne entwickelt Kessler dabei am deutlichsten in dem Aufsatz, den er anläßlich der Gründung des Deutschen Künstlerbunds verfaßt und der von ihm selbst als „Programm Artikel" bezeichnet wird (31.12.1903). Gerade weil die dort geäußerten Forderungen weit über den Rahmen einer Künstlervereinigung hinausgehen, kann dieser Artikel fast schon als öffentliche Bekanntmachung seiner Weimarer Reformpläne verstanden werden.[19]

Zwischen 1902 und 1906 unternimmt Kessler nunmehr den Versuch, die thüringische Kleinstadt in bewußter Abgrenzung zur Reichshauptstadt Berlin und in Opposition zur kaiserlichen Kunstpolitik zu einem internationalen Kulturzentrum auszubauen, das den Kreativen seiner Zeit die zum künstlerischen Schaffen nötige Freiheit sichern soll.[20] Die thüringische Residenzstadt soll dabei die Funktion einer Modellstadt übernehmen und einem modernen Renaissancehof ähneln, Wilhelm Ernst, in den Kessler zunächst große Hoffnungen setzt, als Protektor und Mäzen der Schönen Künste in die Rolle eines 'zeitgenössischen Renaissancefürsten' schlüpfen. Kesslers ambitioniertes Unterfangen beschränkt sich jedoch keineswegs auf Weimar, sondern sprengt bei weitem die Grenzen der Stadt, denn von hier aus soll in einem zweiten Schritt die gesamte deutsche Kultur erneuert werden. „Bitte stellen Sie sich nur nicht Weimar, den Hof, als ein Museum mit lauter toten Erinnerungen vor", schreibt Kessler 1903 an Hugo von Hofmannsthal, den er zu einem Besuch bewegen möchte: „Es ist im Gegenteil so lebendig, so animiert und rerum novarum cupidus wie wohl kein anderer Ort jetzt in Deutschland. Ich hoffe, wir werden hier am Hofe allmählich wieder ein wirkliches *Publikum* erziehen, was ja sonst in Deutschland fehlt."[21]

Noch ehe Kessler selbst nach Weimar zieht, verfügt er dort bereits über eine Reihe von nützlichen Kontakten und wichtigen Verbündeten, darunter Elisabeth För-

---

[19] Vgl. Harry Graf Kessler: Der Deutsche Künstlerbund. In: Kunst und Künstler (Berlin), Jg. 2 (1903/04), H. 5 vom Febr. 1904, S. 191-196.

[20] Vgl. ebd., S. 191.

[21] Brief an Hugo von Hofmannsthal vom 6.8.1903. In: Hugo von Hofmannsthal, Harry Graf Kessler: Briefwechsel 1898-1929. Hg. Hilde Burger, Frankfurt am Main 1968, S. 51.

ster-Nietzsche und die aufgrund der schlechten Quellenlage bislang von der Forschung wenig beachtete Familie des befreundeten Diplomaten Ottobald von Werthern-Beichlingen. Elisabeth Förster-Nietzsche war Mitte der neunziger Jahre mit ihrem kranken Bruder von Naumburg nach Weimar in die Villa Silberblick gezogen, in der sie auch das Nietzsche-Archiv unterbrachte. Die Bekanntschaft mit Kessler datiert bereits aus der Naumburger Zeit. In Weimar empfängt sie den Nietzsche-Verehrer regelmässig und ermöglicht ihm 'Begegnungen' mit dem schwerkranken Philosophen. Auch anläßlich von Nietzsches Tod im August 1900 läßt sie Kessler rufen, der dafür sorgt, daß dem Philosophen die Totenmaske abgenommen wird. Nicht zuletzt mit ihrer Hilfe gelingt es Kessler bereits 1901, Verbindungen zum großherzoglichen Haus zu knüpfen und durch geschicktes Taktieren am Jahresende die Ernennung Henry van de Veldes zum künstlerischen Berater für Industrie und Kunsthandwerk im Großherzogtum Sachsen-Weimar-Eisenach durchzusetzen.

Was veranlaßte Kessler, seinen Wohnsitz nach Weimar zu verlegen? Der Impuls dazu ist von außen gekommen. Seit Beginn des Jahres 1902 versuchen Weimarer Kreise, allen voran Elisabeth Förster-Nietzsche in nicht ganz uneigennütziger Absicht, auch den inzwischen vierunddreißigjährigen Kessler mit einem offiziellen Amt an das Großherzogtum zu binden. Sein sicheres Auftreten in der Gesellschaft, seine weitläufigen Kontakte, seine umfangreiche Bildung und sein soeben in puncto van de Velde unter Beweis gestelltes Organisationstalent dürften das Interesse an seiner Person geweckt haben und versprachen der Klassikerstadt einen Prestigegewinn. Als ihm zugedachte Aufgaben sind die Leitung der Kunstschule, der Eintritt in das zu gründende Kuratorium zur Verwaltung des Großherzoglichen Museums für Kunst und Kunstgewerbe sowie eine Professur in Jena im Gespräch. Aus seiner Korrespondenz mit Freunden und der Familie geht klar hervor, daß Kessler der Idee, nach Weimar zu gehen, durchaus nicht abgeneigt ist. Er selbst hat recht deutliche – und keineswegs bescheidene – Vorstellungen von der Rolle, die er dort übernehmen könnte: „Im Interesse einer fest zu fundierenden künstlerischen Kultur im Großherzogtum", schreibt er an Bodenhausen, strebe er eine einem Kultusminister vergleichbare Position an, „eine Art Oberleitung, die Alles was für diese Kultur geschieht, mit einander in Verbindung setzt und dem allgemeinen Ziel dienstbar macht. Diese Stellung würde eine reorganisatorische, eine administrative und, wenn ich sie bekleidete, auch eine akademische Thätigkeit zu umfassen haben."[22]

Das Angebot aus Weimar veranlaßt Kessler jedoch, parallel Versuche zu unternehmen, die ihm einst vom Freiherrn Marschall von Bieberstein in Aussicht

---

[22] Brief an Eberhard von Bodenhausen vom 6.4.1902. In: Eberhard von Bodenhausen, Harry Graf Kessler: Ein Briefwechsel. 1894-1918. Ausgew. u. hg. v. Hans-Ulrich Simon, Marbach am Neckar 1978, S. 67 f.

gestellte Möglichkeit einer Anstellung im Auswärtigen Amt zu überprüfen.[23] Eine Zeitlang sieht es so aus, als müsse er die Wahl zwischen einer kulturellen Tätigkeit in Weimar und einer Laufbahn im diplomatischen Dienst treffen. In dieser Situation befragt er Mutter und Schwester, die ihm angesichts seiner „artistic Nature" zu Weimar raten und gegebenenfalls einen späteren Wechsel ins Auswärtige Amt vorschlagen.[24] Wie realistisch dieser Vorschlag gewesen ist, mag dahingestellt bleiben. Kessler wird die Entscheidung jedoch abgenommen, denn das Auswärtige Amt lehnt seine Aufnahme am 20. April 1902 ab. Über die Gründe dafür ist aufgrund unzureichender Quellen viel spekuliert worden. Es muß offen bleiben, ob es an dem jungen Adelstitel oder an den Kontakten zu Künstlerbohème und Secessionskreisen lag, ob er zu kosmopolitisch dachte oder als Quereinsteiger gewissen Kreisen ein Dorn im Auge war, oder aber, ob es dem Kandidaten nicht einfach nur an der nötigen Zielstrebigkeit gefehlt hat. Zweifellos spielte aber auch mangelnde Protektion eine Rolle, die nicht zuletzt durch den frühen Tod des Vaters entfallen war und die die britischen Verwandten mütterlicherseits nicht bieten konnten.

Die Komplexität, welche die Personalfragen des Auswärtigen Amtes kennzeichnet, spiegelt sich zudem in einer Äußerung der Baronin Spitzemberg, die bereits wenige Monate vor Kesslers Assessorexamen bei dessen Verhandlungspartner, dem Personaldezernenten Karl Max von Lichnowsky interveniert hatte. Nach einem Gespräch mit ihm notiert sie:

> Mit Lichnowsky hatte ich Gelegenheit, privatim zu reden und fand ihn sehr wohlwollend für seine Untergebenen gesinnt, vor allem bestrebt, in die Diplomatie möglichst Leute guter Familie zu bringen, was letztens stark in den Hintergrund getreten ist. Freilich ist es schwer, immer den persönlichen, oft nicht zu erklärenden Engouements der Botschafter und anderer hoher Herren, vom höchsten ganz zu schweigen, Widerstand zu leisten. [...] Diese Personalien sind entsetzlich schwierig zu behandeln und, wie man es auch machen mag, Unzufriedene, Gekränkte macht man immer. [...] Die jungen Freunde Montgelas, Kühlmann, Mirbach, Geldern konnte ich dem Prinzen warm empfehlen, auch Keßler die Wege ebnen.[25]

Im Frühjahr 1902 sind die Würfel also gefallen. Von nun an rücken Weimar und damit das kulturelle Engagement ganz offiziell in den Mittelpunkt von Kesslers Leben. Schwerpunkt seiner Beschäftigung ist in jenen Jahren die Bildende Kunst.

---

[23] Vgl. Tagebuch 29.11.1894.

[24] Vgl. u.a. Brief von Alice Gräfin Kessler an Harry Graf Kessler, Beilage zu dem Brief von Wilma de Brion an Kessler vom 11.4.1902, Nachlaß Kessler, Deutsches Literaturarchiv, Marbach am Neckar.

[25] Das Tagebuch der Baronin Spitzemberg, S. 397 f. Vgl. auch 7.11.1901, S. 411.

Er übernimmt den Vorsitz des Kuratoriums zur Verwaltung des Großherzoglichen Museums für Kunst und Kunstgewerbe. Auf dem Programm steht die Reorganisation der privaten Permanenten Kunstausstellung und deren Umwandlung in ein staatliches Museum. Als Museumsleiter eröffnet sich Kessler nun die Möglichkeit, auch selbst zu gestalten und sich damit – ähnlich wie ein Bildender Künstler, Musiker oder Schauspieler – einem Publikum zu stellen. Es kann in diesem Zusammenhang durchaus angenommen werden, daß Kessler damals vorschwebt, das aus der Permanenten Kunstausstellung hervorgegangene Museum seinen Idealvorstellungen von einem Museum für zeitgenössische Kunst anzupassen. Dies deutet sich bereits sehr schnell in seiner An- und Verkaufspolitik an und löst bei seinem 'Vorgänger', dem Oberhofmarschall des Großherzogs und einstigem Mitbegründer der Permanenten Kunstausstellung Aimé von Palézieux, blankes Entsetzen aus.
Seine Gedanken über die Funktion eines solchen modernen Museums und die Zusammensetzung seiner Sammlung faßt Kessler im Aufsatz zum Deutschen Künstlerbund zusammen. Einige seiner Überlegungen lassen unschwer Einflüsse des großen 'Museumspädagogen' und Hamburger Kollegen Alfred Lichtwark sowie den Austausch mit dem Direktor der Berliner Nationalgalerie Hugo von Tschudi erkennen. Vorbilder für eine moderne Galerie im Kesslerschen Sinne sind aber auch die im ausgehenden 19. Jahrhundert entstandenen großen französischen Privatsammlungen wie die von George Viau und Henri Rouart, die er von seinen Parisbesuchen her nur allzu gut kennt.
Das Kessler vorschwebende moderne Museum vereint die Kunst der näheren Vergangenheit mit der seiner unmittelbaren Gegenwart. Es würde „das Bild der gegenwärtigen gärenden, jeden Tag neu nachwachsenden Entwicklung so festhalten, wie noch nie vier Wände ein Stück Leben festgehalten haben", führt er im Künstlerbund-Artikel aus:

> Die jungen fruchtbaren Talente, die es in Deutschland, Frankreich und auch in England gibt, können in ihren besten Werken billig gekauft werden. Hier vereinigt und aneinandergereiht, würden sie mit den älteren zusammen die Brücke sein von unserer fieberhaften, weit verzweigten Entwicklung zur Tradition des 19. und der früheren Jahrhunderte.[26]

Da sich ein solches Konzept nicht von heute auf morgen umsetzen läßt, überträgt Kessler es zunächst auf seine Ausstellungspolitik. Von Beginn an entwickelt er eine rege Ausstellungstätigkeit, die das Tagebuch allein nicht erahnen läßt und durch die sich sein Museum von den meisten Museen jener Zeit erheblich unterscheidet. Vergleichbare Unternehmungen gibt es nur wenige, so etwa in Hagen

[26] Kessler: Der Deutsche Künstlerbund, S. 195.

Eröffnung der Max-Klinger-Ausstellung am 23. Juni 1903
im Großherzoglichen Museum für Kunst und Kunstgewerbe in Anwesenheit des
Großherzogpaars; Fotoatelier Louis Held, Inhaber Eberhard Renno, Weimar

oder Krefeld. Bei den dortigen Initiatoren, Karl Ernst Osthaus und Friedrich Deneken, handelt es sich im weitesten Sinne um Bekannte aus Kesslers Umfeld, die ähnliche Ziele verfolgen wie er selbst. Innerhalb kürzester Zeit präsentiert Kessler eine beachtliche Anzahl von Ausstellungen, in denen er Werke nationaler und internationaler Künstler von höchster Qualität zusammenträgt. Im Laufe der wenigen Jahre seiner offiziellen Tätigkeit zeichnet er somit zum einen die für ihn bedeutenden Etappen der Kunst des 19. Jahrhunderts nach. Zum anderen stellt er die jeweils aktuellsten Tendenzen in Bildender Kunst und Kunstgewerbe vor. Schwerpunkte bilden dabei französische Malerei und Skulptur, englische Buchkunst und Theaterdekorationen von Edward Gordon Craig, das Werk von Künstlern wie Max Klinger und anderen aus dem Umfeld der Secessionen und der Weimarer Malerschule sowie kunstgewerbliche Gegenstände und Möbel van de Veldes.
Bei den Vorbereitungen greift Kessler auf seine Beziehungen zurück, die es ihm mehrfach ermöglichen, dem Weimarer Publikum Werke zu zeigen, die noch nie zuvor in einer anderen deutschen Stadt zu sehen gewesen sind. Viele stehen zum Verkauf und werden mitunter von ihm an interessierte Sammler vermittelt; manchmal ist auch er selbst der Käufer. Einen Teil der Exponate erhält er von den Künstlern. Andere werden ihm entweder von Händlern, unter ihnen die damals wichtigsten Pariser Galerien für impressionistische und zeitgenössische

Kunst – Bernheim-Jeune, Durand-Ruel, Druet und Vollard –, oder von befreundeten Privatsammlern wie Kurt von Mutzenbecher oder den bedeutenden französischen Gauguin-Sammlern Fayet und Fabre zur Verfügung gestellt. Nicht selten schließt darüber hinaus ein Werk aus Kesslers eigener Sammlung eine Lücke. Zu den Veranstaltungen erscheinen Kataloge, deren einleitende Texte – ganz im Sinne der Idee von der Erziehung des Publikums und besonders der angehenden Künstler – einer pädagogischen Absicht folgen und meist von Kessler selbst verfaßt werden. Vergleiche zwischen Katalogtexten und Tagebuch zeigen, daß er sich beim Verfassen der Einleitungen auf seine Tagebuchnotizen stützt.

Mit seiner Ausstellungspolitik sorgt Kessler nicht nur in Weimar, sondern auch weit über die thüringischen Landesgrenzen hinaus für Aufsehen. Bei den Eröffnungen sind gelegentlich sogar Besucher aus dem Ausland zugegen. So reisen etwa Théo van Rysselberghe und André Gide, der auf Kesslers Einladung hin in Weimar seinen Vortrag *De l'Importance du public* hält, im Sommer 1903 anläßlich der Ausstellung deutscher und französischer Impressionisten und Neo-Impressionisten an. Ein Teil dieser Ausstellung wird anschließend von dem Dresdener Kunsthändler Ludwig Wilhelm Gutbier übernommen und in den Räumen der Galerie Ernst Arnold gezeigt.

Kesslers Ausstellungen werden allerdings zunehmend skeptisch betrachtet, was sich nicht nur in den Berichten des preußischen Gesandten in Weimar zeigt, die vom Kaiser persönlich mit abschätzigen Randbemerkungen versehen werden,[27] sondern auch in den Reaktionen der Presse spiegelt. Als er im Sommer 1905 eine umfassende Gauguin-Ausstellung präsentiert, schlägt die konservative Zeitschrift *Die Kunst-Halle* in Berlin Alarm: „[...] *Warnung!* Eine Sammlung von Bildern des in Paris verstorbenen obskuren Malers *Paul Gauguin* [...] rückt langsam gegen – Berlin vor. [...] Auf den Idioten van Gogh folgt jetzt – Gauguin. Unseren Sammlern kann deshalb nur gerathen werden: Haltet Eure Taschen zu!"[28]

Eine solche Bemerkung ist für die damalige Zeit, in der scharfe Debatten über die moderne Kunst auf der Tagesordnung standen, durchaus nicht ungewöhnlich. Die Ausgrenzung der verschiedenen modernen Kunstrichtungen und die Benachteiligung der von der akademischen 'Norm' abweichenden Künstler bei Ausstellungen hatte neben anderen Gründen bereits in den 1890er Jahren zur Bildung der Secessionen in den beiden großen Kunstmetropolen des deutschen

---

[27] Vgl. Harry Graf Kessler. Tagebuch eines Weltmannes, S. 133-135.

[28] Vom Kunstmarkt. In: Die Kunst-Halle, 10. Jg., Nr. 21, 1.8.1905, S. 333, vgl. auch S. 331, zitiert nach: Peter Kropmanns: Gauguin in Deutschland. Rezeption mit Mut und Weitsicht. In: Das verlorene Paradies. Ausstellungskatalog. Hg. Georg-W. Költzsch, Köln 1998, S. 252-271, hier S. 252 u. S. 269.

DER DEUTSCHE KÜNSTLERBUND

VON

HARRY GRÄF KESSLER

DIE öffentliche Meinung hat sich jetzt erklärt. Der Künstlerbund ist überall fast widerspruchslos begrüsst worden. Man empfindet offenbar, dass es Aufgaben gibt, die erfüllt werden müssen, und vertraut, dass der Künstlerbund, so wie er ist, sie erfüllen kann.

Was sind diese Aufgaben? Im Grunde nur verschiedene Formen einer einzigen: dem Künstler seine Freiheit sichern.

Die Reichsregierung und der preussische Kultusminister haben der Kunst den Dienst geleistet, dass sie die Aufmerksamkeit gewaltsam auf die immer gefährdete Stellung persönlich eigenartiger Künstler gelenkt haben.

Denn die bekannte Gruppe, die der Regierung in Berlin die Hand führt, bekämpft nicht, wie sie gerne vorgibt, irgend eine bestimmte Richtung, sondern im Gegenteil die Künstler, die keiner Richtung sich beugen wollen. Was diese Gruppe verfolgt, ist überall Nichts als die Eigenart, und was sie verlangt, die Unterwerfung unter die Jurys und Begutachtungen der bei der grossen Masse der Künstler gerade herrschenden Richtung, die sich immer gern die alte nennt, als ob sie die alten Meister verträte, während sie wirklich nur die alten Rezepte bewahrt, die der künstlerische Mittelstand in seiner Studienzeit auf Akademie gelernt hat.

Dass die Freiheit, und nicht die Richtung in Frage steht, beweist diese Gruppe, indem sie ganz entgegengesetzte Kunstweisen gleichermassen ablehnt, Thoma und Liebermann, Klinger und Uhde, Kampf und Stuck. Denn diese Künstler haben nichts gemein, als dass sie Persönlichkeiten sind und ihrer Eigenart treu bleiben, statt irgend einem Dogma oder Befehl zu gehorchen.

191

Der Deutsche Künstlerbund, Korrekturfahne der ersten Seite des Aufsatzes; Deutsches Literaturarchiv, Marbach am Neckar

Reichs – München und Berlin – geführt.[29] Besonders in offiziellen Künstlerkreisen, im Umfeld der konservativen und gut etablierten Hofkünstler um Anton von Werner, der Allgemeinen Deutschen Kunstgenossenschaft, des Vereins Berliner Künstler und der Königlichen Hochschule für die Bildenden Künste, begegnet man der zeitgenössischen französischen Kunst und den von ihr beeinflußten deutschen Künstlern wie etwa Liebermann und Slevogt mit Ablehnung und Verachtung. Der Galerist Paul Cassirer, wichtiger Stützpfeiler der Berliner Secession und einer der einflußreichsten Vermittler des französischen Impressionismus im wilhelminischen Deutschland, sein Cousin Bruno, der die Zeitschrift *Kunst und Künstler* in den Dienst der secessionistischen Bewegungen stellt, sowie der Museumsdirektor Hugo von Tschudi sind gleichermaßen Ziel von Anschuldigungen und Beschimpfungen. Tschudi, der bereits seit Mitte der 1890er Jahre versucht, Werke der modernen Richtungen für die Berliner Nationalgalerie zu erwerben, wird in seiner Ankaufspolitik nicht nur von Kommissionen, sondern von Wilhelm II. höchstpersönlich eingeschränkt, indem er von 1899 an dazu gezwungen wird, jedes Bild, das in die Sammlung des Museums aufgenommen werden soll, dem Kaiser persönlich zur Genehmigung vorzulegen.[30] Dieser nicht selten politisch und nationalistisch motivierte Argwohn schlägt bisweilen sogar in offene Feindschaft um, die 1911 in Carl Vinnens Streitschrift *Ein Protest deutscher Künstler* gipfelt.

Nicht nur im Rahmen von Kesslers Weimarer Reformbestrebungen, sondern auch im Zusammenhang mit den kunstpolitischen Diskussionen um die Beteiligung der Secessionen an der bevorstehenden Weltausstellung in Saint Louis markiert die Gründung des Deutschen Künstlerbunds in den Räumen von Kesslers Museum am 15. und 16. Dezember 1903 einen Höhepunkt. Sie läßt vor allem in Berlin die Wogen höher schlagen, wo Kesslers zu diesem Anlaß verfaßter Aufsatz sogar die Reichstagsabgeordneten in den Debatten vom 15. und 16. Februar 1904 beschäftigt. Zahlreiche Tagebucheinträge zeugen von vorbereitenden Reisen, von Verhandlungen und den Bemühungen, bereits seit 1902 in Zusammenarbeit mit Henry van de Velde sowie dem Präsidenten der Berliner Secession Max Liebermann einen Club zu gründen, der sich an englische Vorbilder anlehnen und Künstler und Intellektuelle aus allen Regionen Deutschlands zusammenführen soll. Mit dem Deutschen Künstlerbund, dessen Mitglieder bis auf wenige Ausnahmen Bildende Künstler sind, entsteht schließlich eine Art Dachverband der verschiedenen secessionistischen Bewegungen. Kessler selbst spricht von einer „Gegenmacht" zu den offiziellen und konservativen

---

[29] Vgl. etwa: Dominik Bartmann: Berlin offiziell – Kunst und Kunstpolitik unter Wilhelm II. In: Berlin um 1900, S. 183-188; Peter Paret: Die Berliner Sezession. Moderne Kunst und ihre Feinde im Kaiserlichen Deutschland, Berlin 1981.

[30] Vgl. Barbara Paul: Hugo von Tschudi und die moderne französische Kunst im Deutschen Kaiserreich, Mainz 1993, S. 109 ff.

Kreisen. Im Vorfeld ist sicher viel diplomatisches Geschick nötig gewesen, ehe es Kessler gelingt, die zersplitterten Künstlervereinigungen sowie die beiden grossen, um Ruhm und Käufer miteinander konkurrierenden Secessionen zu vereinen und zu einem gemeinsamen Auftreten zu bewegen.
Hauptaufgabe des Bundes ist laut Kessler die Schaffung von Rahmenbedingungen, die es den Künstlern ermöglichen, in vollkommener Unabhängigkeit zu arbeiten, was wiederum deren Individualität fördern würde. Darüber hinaus gehören gemeinsame Ausstellungen an wechselnden Orten sowie die Förderung des künstlerischen Nachwuchses zu den Zielen der Vereinigung, die eine Geschäftsstelle in Kesslers Weimarer Museum unterhält.[31] Der junge Großherzog kann als Protektor gewonnen werden. Kessler übernimmt die Funktion des ersten Vizevorsitzenden und überträgt seinem Mitarbeiter Arthur von Payern Sekretariatsaufgaben. Damit baut er seine Machtposition in Weimar weiter aus.

Reformen im Kunstgewerbe und die Begegnung mit Henry van de Velde

Die Grenzen zwischen Kesslers offiziellem und privatem Engagement sind fliessend. So stellt er auch sein Weimarer Wohnhaus in der Cranachstraße in den Dienst seiner Ideen. Hier führt er Menschen zusammen, darunter Künstler, Schriftsteller, Musiker, Theaterleute und Kunstliebhaber, und regt sie zu gemeinsamen Projekten an. Von dem Kritiker Max Osborn in einer französischen Kunstzeitschrift als „un des plus ravissants musées particuliers d'Allemagne"[32] bezeichnet, beherbergt es darüber hinaus den Großteil seiner Sammlung moderner, vor allem französischer Kunst, deren Ursprung bis in die 1890er Jahre zurückreicht, sowie zahlreiche bibliophile Werke.[33] Den Rahmen für diese in Anlage und Umfang im wilhelminischen Deutschland kaum ihresgleichen kennende Kunstsammlung bilden die Möbel und Wandverkleidungen von Henry van de Velde, der bereits Kesslers Berliner Wohnung in der Köthenerstraße 28 eingerichtet hat.
Mit seiner Wohnungseinrichtung und Sammlung weicht Kessler von dem in seiner Zeit und Gesellschaftsschicht gängigen Geschmack ab, denn um die Jahrhundertwende wird der in den meisten großbürgerlichen Wohnungen vorherrschende und dem Historismus des 19. Jahrhunderts verhaftete Stilpluralismus nur von wenigen in Frage gestellt. Neo-Renaissance und Neo-Barock gehören

---

[31] Vgl. Kessler: Der Deutsche Künstlerbund.

[32] Max Osborn: Le Mouvement artistique à l'Etranger. Allemagne du Nord. In: L'Art et les Artistes. Supplément illustré, 2. Jg., Nr. 19, Paris 1906, S. XVIII.

[33] Vgl. dazu zuletzt Sabine Walter: Die Sammlung Harry Graf Kessler in Weimar und Berlin. In: Die Moderne und ihre Sammler. Französische Kunst in deutschem Privatbesitz vom Kaiserreich zur Weimarer Republik. Hg. Andrea Pophanken, Felix Billeter, Berlin 2001, S. 67-93.

Arbeitszimmer der Wohnung Kesslers in Weimar, Cranachstr. 3 bzw. 15, Inneneinrichtung von Henry van de Velde; Bildarchiv Foto Marburg

neben exotischen Anleihen zu den geschätzten und legitimierten Richtungen, die sich vor allem seit der Gründerzeit verbreitet hatten. Sie imitieren nicht zuletzt den am preußischen Hof herrschenden Geschmack. Besonders die sogenannten Repräsentationsräume wirken auf heutige Augen wuchtig und überladen. Getäfelte und mit Verzierungen versehene oder mit Stoff bespannte Wände zählen ebenso wie mächtige Kronleuchter zur Ausstattung solcher Räume, die zudem von zahlreichen eng gehängten Gemälden überwiegend alter und älterer Meister in breiten verschnörkelten Rahmen geschmückt werden. In bezug auf das Mobiliar spiegelt sich dieser Geschmack sogar in den Wohnungseinrichtungen der bedeutenden Berliner Impressionistensammler, welche die modernen Kunstwerke in ihre – von Kesslers Standpunkt aus betrachtet – unzeitgemäß wirkenden Räume integrieren. Beispiele dafür sind die Wohnungen von Eduard Arnhold und Max Liebermann, der sich am Pariser Platz, obwohl er auf dem Gebiet der Malerei selbst zu den 'Modernen' zählt, mit Möbeln verschiedener Stilrichtungen umgibt.[34]

[34] Zu Wohnungseinrichtungen in Berlin vgl. etwa: Berliner Lebenswelten der zwanziger Jahre. Bilder einer untergegangenen Kultur. Photographiert von Marta Huth. Hg. Jan T. Köhler, Jan Maruhn, Nina Senger, Frankfurt am Main 1996.

Musikzimmer im Haus von Max Liebermann am Pariser Platz 7 in Berlin, um 1925; Fotografie von Marta Huth; Landesarchiv Berlin

Im Gegensatz dazu lautet van de Veldes Motto, sehr vereinfacht formuliert: weniger ist mehr. Im Vergleich mit den oben genannten Innenausstattungen wirken seine Interieurs und Möbel schlicht und wie aus einem Guß, denn er setzt den Akzent auf die komplette Durchgestaltung eines Raumes. Wandverkleidung, Mobiliar, Skulpturen und Gemälde, die – wie in Kesslers Wohnung – entweder einen unaufdringlichen Rahmen erhalten oder in die Wandvertäfelung eingelassen werden, werden harmonisch aufeinander abgestimmt. Die von ihm entworfenen Einrichtungen strahlen deshalb eine gewisse Homogenität aus, die nicht selten die Grenzen zwischen Repräsentations- und Privaträumen undeutlich werden läßt. Hinter diesem künstlerischen Ansatz verbirgt sich, wie oft genug geschrieben wurde, der Gedanke vom Gesamtkunstwerk,[35] der durch Richard Wagner nicht nur in Deutschland in Mode gekommen war.

Um sein Ziel zu erreichen, verzichtet van de Velde in der Regel auf jede Art von überflüssigem Ornament und Verzierungen, die nicht durch die Funktion des gestalteten Gegenstandes oder Raumes gerechtfertigt sind. Vereinfachungen der Formen und Stilisierungen tragen ebenso dazu bei, die gewünschte Einheit zu schaffen. Ähnlich wie die französischen Art Nouveau-Künstler oder Vertreter

[35] Vgl. Jenny Anger: Modernism at Home. The Private Gesamtkunstwerk. In: Seeing and Beyond. A Festschrift on 18th-21st Century Art for Kermit S. Champa. Hg. David Ogawa, Deborah Johnson, Frankfurt am Main u.a., ersch. voraussichtl. 2004.

des deutschen Jugendstils betont der von der Malerei zu 'Design' und Architektur gelangte van de Velde vor allem die Linie, die seiner Ansicht nach bedeutungstragend ist. Die Linienführung kann, wie er damals glaubt, die Stimmung eines Menschen und damit dessen Leben beeinflussen.
Kessler bewundert vor allem das Zeitgemäße an van de Veldes ganzheitlicher Konzeption. Er schätzt die Eleganz und Funktionalität seiner Inneneinrichtungen und Möbel, die auf viele seiner Zeitgenossen jedoch eher befremdend wirken. So glaubt der Kaiser beim Anblick von van de Velde-Möbeln „seekrank" zu werden,[36] während sie von französischen Künstlern wie Aristide Maillol und Maurice Denis als „nordisch", typisch deutsch und damit – trotz allem – als schwer und ungrazil empfunden werden.[37]
Als Harry Graf Kessler van de Velde am 1. November 1897 in Berlin persönlich kennenlernt, verfügt der Belgier bereits über eine gewisse Anzahl von Kontakten zu deutschen Kunstliebhabern. Seine Arbeiten sind einem kleinen Kreis, darunter auch Kessler, spätestens seit der Eröffnungsausstellung von Bings Salon de l'Art Nouveau in Paris bekannt.[38] In Deutschland werden seine Möbel zum ersten Mal im Rahmen der 1897 in Dresden veranstalteten Kunstgewerbeausstellung gezeigt, bei der Woldemar von Seidlitz vermittelnd tätig ist. Parallel dazu entwickelt sich „Bloemenwerf", van de Veldes Wohnhaus in Uccle bei Brüssel, zur Pilgerstätte vieler an moderner Architektur und Reformen auf dem Gebiet der Kunst und des Kunstgewerbes Interessierter. Er hatte es 1895 nach seinen Plänen und unter dem Gesichtspunkt der äußersten Zweckmäßigkeit errichten lassen. Auch Kessler reist nach Uccle, verpaßt den Künstler bei seinem ersten Besuch jedoch knapp (30.10.1897).
Ermutigt durch Begegnungen mit deutschen Kunstliebhabern und erste Aufträge, die sie ihm vor der Jahrhundertwende erteilen, sowie durch den Kontakt zu Julius Meier-Graefe, der sich publizistisch für ihn einsetzt, verlegt van de Velde Ende des Jahres 1900 seinen Wohnsitz nach Berlin. Mit dem Umzug verbindet sich die Aussicht auf einen neuen Wirkungs- und Kundenkreis, zumal er in Brüssel mit der Konkurrenz Victor Hortas zu kämpfen hatte. Natürlich gibt es auch in Deutschland Mitbewerber auf dem Gebiet der Reformbewegungen. Zu ihnen zählen Peter Behrens sowie die in München gegründeten Vereinigten Werkstätten für Kunst im Handwerk. Van de Velde kann jedoch nicht zuletzt von der Faszination profitieren, die von seiner Persönlichkeit ausgeht, und einen soliden und elitären Kreis von Anhängern um sich scharen. In Berlin ist er in jener Zeit besonders auf dem Gebiet der Innenarchitektur und des Kunstgewerbes

[36] Vgl. van de Velde: Récit de ma vie. II. 1900-1917, S. 175.

[37] Vgl. dazu etwa Jean-Paul Bouillon: Maurice Denis, Genf 1993, S. 120; vgl. ebenso Carina Schäfer: Theaterintendant mit Faible für französische Kunst. Die Sammlung Kurt von Mutzenbecher in Wiesbaden. In: Die Moderne und ihre Sammler, S. 95-124, hier S. 105-110.

[38] Vgl. Tagebuch 27. u. 28.12.1895.

Henry van de Velde;
Deutsches Literaturarchiv, Marbach am Neckar

tätig. Neben Privatkunden zählen die Kunsthandlung Keller & Reiner, die Galerie Cassirer sowie der Frisiersalon Haby zu seinen Auftraggebern. Großes Interesse wird ihm aber auch im Westen des Landes entgegengebracht. Während er in Hagen das von Karl Ernst Osthaus gegründete Museum Folkwang einrichtet, das 1902 eröffnet wird, versucht ihn Friedrich Deneken, der Direktor des Krefelder Kaiser-Wilhelm-Museums, für eine Zusammenarbeit mit der dortigen Textilindustrie zu gewinnen.[39]

Mit Kessler verbindet van de Velde eine ähnliche Zielsetzung. Im Laufe der Jahre entwickelt sich zwischen ihnen ein reger und fruchtbarer Gedankenaustausch. Es ist ein Phänomen der Zeit, daß dabei um 1900 die Beschäftigung mit Fragen des Kunstgewerbes großen Platz einnimmt. Bereits im 19. Jahrhundert hatten sich die ehemals fest umrissenen Grenzen zwischen Kunst und Kunstgewerbe zunehmend aufgelöst. Vor dem Hintergrund der fortschreitenden Industrialisierung und der maschinellen Anfertigung von Gebrauchsgegenständen nahm die von England ausgehende Arts and Crafts-Bewegung um William Morris hier eine Vorreiterrolle ein. In den 1890er Jahren erfuhr das Kunstgewerbe auch auf

[39] Vgl. Henry van de Velde. Ein europäischer Künstler seiner Zeit. Ausstellungskatalog. Hg. Klaus-Jürgen Sembach, Birgit Schulte, Köln 1992.

dem europäischen Festland eine Aufwertung, die vor allem durch Bildende Künstler ausgelöst wurde, die sich auf das Gebiet der dekorativen Kunst begaben und Gegenstände des alltäglichen Lebens zu gestalten begannen. Van de Velde ist einer der typischsten Vertreter dieser Bewegung. Seine Interessen und Reformideen erstrecken sich auf fast alle Bereiche des Lebens. Es erstaunt daher nicht, daß er sich zum Beispiel auch in Fragen einmischt, die die Frauenkleidung betreffen. Er entwirft bequeme Reformkleider, die sich von der gängigen Mode seiner Zeit grundlegend unterscheiden und den weiblichen Körper von Korsett und Wespentaille befreien. Sie werden unter anderem von seiner Ehefrau getragen und sorgen bei den Damen und Herren der Berliner Gesellschaft für Gesprächsstoff (8.3.1901).

Kessler legt seine Ideen zum Kunstgewerbe in seiner Besprechung der Londoner Arts and Crafts-Ausstellung von 1903 dar. Die historische Bedeutung der gleichnamigen Bewegung stellt er nicht in Frage, doch hält er sie zum damaligen Zeitpunkt für überholt, da ihm der Gegenwartsbezug der ausgestellten Objekte fehlt. Gleichzeitig formuliert er die Erwartungen, die er an das moderne Kunstgewerbe stellt:

> Aber als Ziel der kontinentalen Kunstbewegung erscheint von Jahr zu Jahr immer deutlicher die Bewältigung des modernen, technisch umgewandelten Lebens. Unsere Kunst will die neue, noch ungeschlachte Welt den Sinnen und Gefühlen anpassen, den Gegensatz zwischen ihr und dem Fühlen aufheben, die Wirklichkeit lieben lehren.[40]

So verlangt er etwa die Einbeziehung und ästhetische Gestaltung technischer Neuerungen, zu denen die „Glühbirne" und der „Telephonkasten" zählen, und begibt sich mit dieser Forderung bereits in die Nähe des heutigen Industriedesigns. Durch eine unaufdringliche Form, die Schönheit des Materials und eine sorgfältige Arbeitsweise werden – laut Kessler – Gegenstände entstehen, die den Anforderungen der Gegenwart entsprechen. In Henry van de Velde sieht er einen Künstler, der diesen Herausforderungen gewachsen ist und der deshalb erzieherisch auf seine Zeitgenossen wirken sollte.[41]

Vom Weimarer Großherzog Ende 1901 damit betraut, die Qualität des Kunstgewerbes in Thüringen zu heben, beginnt van de Velde kurz darauf mit der Aufnahme dieser Tätigkeit und der Umsetzung seiner Reformpläne. Nur wenige Monate nach seiner Ankunft in Weimar ruft er das Kunstgewerbliche Seminar ins Leben. Um sich von der Situation der thüringischen Kunsthandwerker ein Bild

---

[40] Harry Graf Kessler: Die Arts and Craftsausstellung in London. In: Kunst und Künstler (Berlin), Jg. 1, H. 8 vom Mai 1903, S. 312-316, hier S. 315 f.

[41] Vgl. etwa Harry Graf Kessler: Van de Veldes Tafelsilber. In: Kunst und Künstler (Berlin), Jg. 2, H. 11 vom August 1904, S. 458-461.

zu machen, unternimmt er Inspektionsreisen, von denen er in seinen Memoiren berichtet.[42] 1907 gründet er schließlich die Kunstgewerbeschule, aus der später das Bauhaus hervorgehen wird.

Buchprojekte

Im Kontext der Kunstgewerbebewegung ist auch Kesslers buchkünstlerisches Interesse zu verstehen, das, nachdem die Zeitschrift *PAN* ihr Erscheinen eingestellt hat, weiterhin bestehen bleibt und sich zunehmend entwickelt. So werden im hier vorliegenden Tagebuchzeitraum bereits die Fundamente für die Gründung der Cranach-Presse im Jahre 1913 gelegt (vgl. 16., 25.8.1904 und 19.5.1905). Angeregt durch den Austausch mit den führenden englischen Buchkünstlern beschäftigt sich Kessler mit Fragen der Typographie und des Ornaments, mit der Rolle von Illustrationen und der Gestaltung von Bucheinbänden und organisiert im Frühjahr 1905 eine „Ausstellung von Werken der modernen Druck und Schreib Kunst". Bei der Vorbereitung der von 1905 an im Insel-Verlag erscheinenden *Großherzog Wilhelm Ernst Ausgabe Deutscher Klassiker* kommt es zur Zusammenarbeit mit englischen Künstlern, die sich teilweise bis in die 30er Jahre fortsetzt. Kessler unterstreicht die Vorzüge dieser Ausgabe in einem Prospektentwurf, in dem er sie als die „schönste", „bequemste", „haltbarste" und „preiswerteste" aller Klassikerausgaben rühmt.[43] Auch die Idee zu der von Maillol illustrierten und 1926/27 publizierten Ausgabe der *Eclogen* Vergils geht auf das Jahr 1904 zurück. Außerdem betreut Kessler die Prachtausgabe des *Zarathustra* und ist die treibende Kraft bei der Veröffentlichung der ersten Gauguin-Biographie, die von dem Pariser Kunsthändler und Fotografen Eugène Druet verlegt wird.

In Zusammenarbeit mit Druet sowie dem Münchener Verleger Hugo Bruckmann beschäftigt Kessler seit 1903 ein weiteres Buchprojekt.[44] Geplant ist ein umfangreiches Werk, das von Kessler als „Geschichte der französischen Malerei" – manchmal auch als „Geschichte der Farbe seit Giotto" – bezeichnet wird. Viele der die Malerei betreffenden Tagebucheinträge zwischen 1903 und 1908 müssen vor diesem Hintergrund gelesen werden. Ausgehend von seiner fundierten Kenntnis der zeitgenössischen französischen Kunst und der Impressionisten beabsichtigt er, deren Wurzeln freizulegen und – im Sinne einer 'Evolutionstheorie' – Entwicklungslinien nachzuzeichnen, die von der Kunst des 19. und früherer Jahrhunderte bis in seine Gegenwart führen. Ziel ist es, auf diese Weise

[42] Vgl. van de Velde: Récit de ma vie. II. 1900-1917, S. 117-121.

[43] Abb. des Prospektentwurfs in: Harry Graf Kessler. Tagebuch eines Weltmannes, S. 144.

[44] Vgl. Briefe von Hugo Bruckmann an Harry Graf Kessler sowie Briefe von Eugène Druet an Harry Graf Kessler, Nachlaß Kessler, Deutsches Literaturarchiv, Marbach am Neckar.

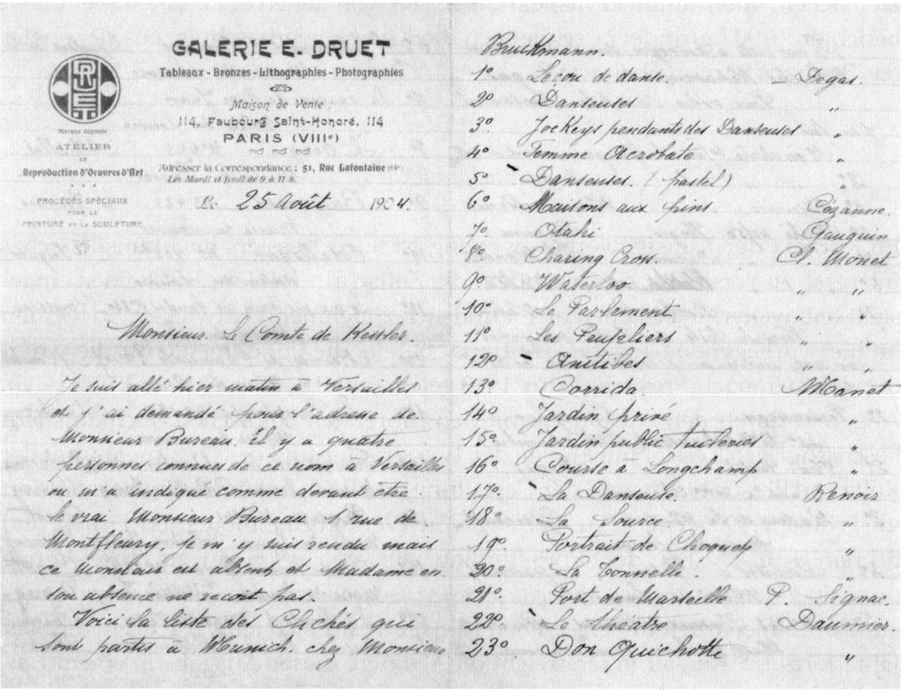
GALERIE E. DRUET
Tableaux - Bronzes - Lithographies - Photographies
Maison de Vente
114, Faubourg Saint-Honoré, 114
PARIS (VIIIe)
Adresser la Correspondance : 51, Rue Lafontaine
Les Mardi et Jeudi de 9 à 11 h.

Marque déposée
ATELIER de Reproduction d'Oeuvres d'Art
Procédés spéciaux pour la peinture et la sculpture

Le 25 Août 1904.

Monsieur Le Comte de Kessler.

Je suis allé hier matin à Versailles et j'ai demandé pour l'adresse de Monsieur Bureau. Il y a quatre personnes connues de ce nom à Versailles on m'a indiqué comme devant être le vrai Monsieur Bureau 1 rue de Montfleury, je m'y suis rendu mais ce Monsieur est absent et Madame en son absence ne reçoit pas.

Voici la liste des Clichés qui sont partis à Munich chez Monsieur Bruckmann.

1°. Leçon de danse. – Degas.
2°. Danseuses – "
3°. Jockeys pendant les Danseuses – "
4°. Femme Acrobate – "
5°. Danseuses. (pastel) – "
6°. Maisons aux pins – Cézanne.
7°. Otahi – Gauguin
8°. Charing Cross. – Cl. Monet
9°. Waterloo – " "
10°. Le Parlement – " "
11°. Les Peupliers – " "
12°. Antibes – " "
13°. Corrida – Manet
14°. Jardin privé – "
15°. Jardin public Tuileries – "
16°. Course à Longchamp – "
17°. La Danseuse. – Renoir
18°. La Source – "
19°. Portrait de Choquet – "
20°. La Tonnelle. – "
21°. Port de Marseille – P. Signac.
22°. Le théâtre – Daumier.
23°. Don Quichotte – "

Auszug aus dem Brief der Galerie Eugène Druet an Kessler vom 25.8.1904 mit einer Liste der von ihm bestellten Fotografien; Deutsches Literaturarchiv, Marbach am Neckar

seiner Idee von einer Kontinuität der Entwicklung Ausdruck zu geben und besonders den scheinbar traditionslosen Impressionismus in dieser Kontinuität zu verankern.

Diese Art der Auseinandersetzung mit der Kunst ist in dieser Zeit, in der sich auch die Naturwissenschaften mit Evolutionstheorien beschäftigen, kein Einzelphänomen. Muthers Überblickswerk zur *Geschichte der Malerei im XIX. Jahrhundert* gehört zu den Vorläufern, und Meier-Graefes 1904 publizierte *Entwickelungsgeschichte* entsteht teilweise parallel zu Kesslers Vorhaben. Aufzeichnungen im Nachlaß von Eberhard von Bodenhausen belegen darüber hinaus, daß auch er sich eine Zeitlang mit einem sehr ähnlichen Projekt beschäftigt hat.[45] Wie aus einem Brief an van de Velde hervorgeht, ist Bodenhausen 1904 von Hugo Bruckmann gebeten worden, „das Buch zu schreiben, das jeder sucht und nicht findet, ein Buch, das nicht eine Orientierung der Geschichte der Malerei wäre, aber der

[45] Vgl. Vorstufen dazu im Nachlaß Bodenhausen, Deutsches Literaturarchiv, Marbach am Neckar.

grundlegenden Gedanken dieser Geschichte."[46] Obwohl Bodenhausen diese Aufgabe reizt, so denkt er doch im selben Brief bereits an Kessler, der ihm als der geeignetere erscheint: „Natürlich könnte Keßler das, wie alles, besser als ich machen, er ist der Einzige den ich weiß."[47] Es ist zu vermuten, daß Kesslers Vorhaben jedoch bereits zuvor, d.h. im Zusammenhang mit der Vorbereitung seiner unter pädagogischen Gesichtspunkten geplanten Vortragsreihe entstanden ist, mit der er dem Weimarer Großherzog die Grundzüge der modernen Kunst zu vermitteln gedachte. Wäre das Buch in seinem geplanten Umfang erschienen, so hätte es möglicherweise eine ähnliche Bedeutung erlangt wie Meier-Graefes *Entwickelungsgeschichte*, die Kessler keineswegs zu imitieren beabsichtigte. Sein Ansatz sollte ein anderer sein. So plante er im Unterschied zu Meier-Graefe Verbindungen zu parallelen Entwicklungen in der Literatur und Musik herzustellen. Die Bestrebungen der Kunst sollten auf diese Weise in einen übergeordneten Zusammenhang gestellt werden.

Schon bevor Kessler den Plan zu seinem „Buch" faßt, hat er begonnen, sich regelmäßig mit Pariser Künstlern auszutauschen. Auf diese Weise erhält er Informationen aus erster Hand. Genauso wie in seinen Weimarer Ausstellungen zeigt sich in Gesprächen mit Bildenden Künstlern, daß sein Interesse nicht nur den Vertretern der zeitgenössischen Richtungen, den Neo-Impressionisten und den heute als 'Nabis' bekannten Künstlern (Maurice Denis, Pierre Bonnard, Edouard Vuillard etc.), sondern auch deren Vorläufern gilt. Zu den Künstlern, die der Entwicklung der Kunst im 19. Jahrhundert entscheidende Impulse gegeben haben, zählen für ihn Ingres und Delacroix, Courbet – den Meier-Graefe in seiner *Entwickelungsgeschichte* vernachlässigt hat –, die Ecole de Barbizon um Corot und Millet, Manet und die Impressionisten, der Bildhauer Rodin sowie die oft als 'Väter der Moderne' bezeichneten Cézanne, van Gogh und Gauguin. Als Folge dieser Gespräche entstehen umfangreiche Tagebucheinträge. Vor diesem Hintergrund erstaunt es nicht, wenn Kessler Hofmannsthal gegenüber verkündet, daß er die Geschichte der Malerei „aus der Mitte der französischen Kultur heraus" zu schreiben beabsichtigt.[48] Trotz zahlreicher ergänzender Museumsreisen und ungeachtet seiner umfangreichen Tagebuchaufzeichnungen erscheint das geplante Mammutwerk schließlich nur in radikal abgespeckter Form: Eine 23-seitige Broschüre mit dem Titel *Impressionisten. Die Begründer der Modernen Malerei in ihren Hauptwerken* begleitet eine Mappe mit 60 Matt-Tonbil-

---

[46] Brief von Eberhard von Bodenhausen an Henry van de Velde vom 29.9.1904. In: Eberhard von Bodenhausen: Ein Leben für Kunst und Wirtschaft. Hg. Dora von Bodenhausen-Degener, Düsseldorf/Köln 1955, S. 214.

[47] Ebd., S. 214.

[48] Brief an Hugo von Hofmannsthal vom 18.10.1908. In: Hofmannsthal, Kessler: Briefwechsel 1898-1929, S. 203.

dern nach Gemälden der Impressionisten und deren Vorgängern und Nachfolgern.
Einer der Gründe, weshalb das Projekt nicht in seinem geplanten Umfang realisiert werden kann, liegt in den von Beginn an auftretenden Schwierigkeiten zwischen den drei Vertragspartnern Kessler, Bruckmann und Druet. Eugène Druet gilt in jenen Jahren als 'die' Adresse für Fotografien nach Gemälden und Skulpturen. Sein berühmter „Procédé Druet", nach dem er die Reproduktionen anfertigt, ist von höchster Qualität und kennt damals keine Konkurrenz, hat deshalb aber auch seinen Preis. Im Zusammenhang mit der geplanten Publikation soll Druet aber nicht nur die Reproduktionen liefern, sondern darüber hinaus auch den Vertrieb des Buches in Frankreich übernehmen. Schnell kommt es zu Unstimmigkeiten zwischen den drei Vertragspartnern, was die Kalkulation, die Übernahme der Kosten, eine französische und eine englische Ausgabe, den Absatz sowie Urheber- und Reproduktionsrechte betrifft. Kessler selbst liefert keinen Text und bestätigt damit die 1904 geäußerte Vermutung Bodenhausens: „Wenn er auch die Absicht hätte, so würde er wohl kaum die Zeit dazu finden."[49] So scheint schließlich nur eine Notlösung in der oben beschriebenen Form möglich gewesen zu sein. Das Ziel, den modernen Richtungen der französischen Malerei eine Geschichte und damit eine Tradition zu geben, kann Kessler in seinem einleitenden Essay folglich nur in Ansätzen verwirklichen.

Der Sturz

Auch seine Weimarer Pläne kann Harry Graf Kessler nicht in vollem Umfang realisieren, denn 1906 wird seinen offiziellen Unternehmungen ein aufsehenerregendes Ende gesetzt. Seinen Gegnern gelingt es, ihn mit dem sogenannten 'Rodin-Skandal' zu Fall zu bringen. In dessen Folge tritt er im Sommer 1906 von seinem Amt als Museumsleiter zurück. Die Angelegenheit ist damit aber noch nicht abgeschlossen. Duellforderungen, eine Pressekampagne und schließlich der mangels eindeutiger Quellen bis heute mysteriös gebliebene Tod – Selbstmord (?) – des Oberhofmarschalls Aimé von Palézieux ziehen die Affäre noch über Monate hin.
Auslöser des Rodin-Skandals ist ein Artikel des in Weimar ansässigen Malers Hermann Behmer gewesen, der am 17. Februar 1906 unter dem Titel *Eingesandt* in der Weimarischen Zeitung *Deutschland* veröffentlicht wird. Mit Empörung reagiert Behmer auf eine im Museum am Karlsplatz veranstaltete Ausstellung von 14 aquarellierten Aktzeichnungen Rodins, von denen eine die Widmung

[49] Brief von Eberhard von Bodenhausen an Henry van de Velde vom 29.9.1904. In: Eberhard von Bodenhausen: Ein Leben für Kunst und Wirtschaft, S. 214.

trägt: „Dédiée à son Altesse Royale" – ein Geschenk des Künstlers an das Museum und damit an den Großherzog. Kessler hatte die Schenkung bereits 1905 entgegengenommen und vom großherzoglichen Kabinettssekretär Hermann Freiherr von und zu Egloffstein ordnungsgemäß bestätigen lassen. Behmer nutzt jedoch die Gelegenheit, um gegen Kesslers Ausstellungspolitik vorzugehen und den von ihm wiederholt konstatierten „Tiefstand der Sittlichkeit der Künstler" und die „Laxheit der Auffassung des Ausstellungsvorstandes" zu beklagen.[50] Nur wenige Tage später vermutet der preußische Gesandte in seinem Bericht an den Kaiser ganz richtig: „Die Gegner des Grafen Kessler sollen angeblich entschlossen sein, ihm aus dem bewegten, Weimar in seinen Grundtiefen erschütternden Vorkommnisse einen Strick zu drehen; schon seit längerer Zeit nämlich werfen sie dem Grafen vor, daß er die neue Kunstrichtung im allgemeinen und van de Velde im besonderen in ungebührlicher Weise protegiere [...]."[51] Die Affäre dringt bis zum Großherzog vor, der Kessler fallen läßt und ihn öffentlich kompromittiert, woraufhin Kessler sein Abschiedsgesuch einreicht.
Wie Renate Müller-Krumbach in ihrer sehr differenzierten Untersuchung gezeigt hat, wird im öffentlich ausgefochtenen Rodin-Skandal nur die Spitze eines Eisbergs sichtbar, der letztlich zum 'Untergang' der Kesslerschen Pläne geführt hat. Es sind die von ihr als „Hintergrundereignisse" bezeichneten Begebenheiten, verletzte Eitelkeiten und Machtkämpfe, die den Sturz Kesslers langsam herbeigeführt haben oder zumindest nicht mehr verhindern konnten.[52] Von Bedeutung ist sicher gewesen, daß Kessler durch zwei Todesfälle – 1904 starb die Erbgroßherzogin Pauline, 1905 ihre Schwiegertochter, die junge Großherzogin Caroline – wenn auch keine engen Verbündeten, so doch einflußreiche Persönlichkeiten verlor, die seine Vorhaben unterstützt hatten. Es sind aber vor allem die Geschehnisse um den Deutschen Künstlerbund gewesen, die Kesslers Position erschüttert haben. Durch die öffentlich manifestierte Opposition des Künstlerbunds zur wilhelminischen Kunstpolitik drängt Kessler den Großherzog – als Protektor der Vereinigung – seinem nahen Verwandten Wilhelm II. gegenüber in die heikle Position des Kontrahenten. Dem auf dem Gebiet der Kunst wenig interessierten Wilhelm Ernst dürfte jedoch keineswegs daran gelegen gewesen sein, die Beziehungen zwischen dem Kaiserhaus und dem Weimarer Hof aus diesem Grund zu belasten.
Gegner macht sich Kessler vor allem in Aimé von Palézieux, der zum einen dem Kaiserhaus nahesteht und zum anderen beklagt, daß Kessler sein Lebenswerk, den Aufbau der Permanenten Kunstsammlung, zerstört, sowie in Carl Ruland,

[50] Zitiert nach: Harry Graf Kessler. Tagebuch eines Weltmannes, S. 132.

[51] Zitiert nach ebd., S. 134.

[52] Renate Müller-Krumbach: Kessler und die Tradition. Aspekte zur Abdankung 1906. In: Gerhard Neumann, Günter Schnitzler (Hg.): Harry Graf Kessler. Ein Wegbereiter der Moderne, Freiburg i. Br. 1997, S. 206-225.

einem angesehenen und „alteingesessenen Kunstbeamten“, der das Goethe-Nationalmuseum und das Großherzogliche Museum leitet. Renate Müller-Krumbach bezeichnet den letztgenannten als „wichtige Hintergrundfigur“.[53]
Während der Vorbereitung der dritten Künstlerbund-Ausstellung, die nach Veranstaltungen in München und Berlin 1906 in Weimar stattfinden soll, kommt es zum offenen Konflikt zwischen Kessler und Ruland. Auf der Suche nach entsprechend großen und repräsentativen Räumlichkeiten für die an Mitgliedern schnell gewachsene Vereinigung stellt Kessler einen offiziellen Antrag zur Nutzung der Räume des Großherzoglichen Museums. Kurz darauf sucht er den Direktor Ruland auf, um ihm sein Vorhaben persönlich zu unterbreiten, worauf dieser laut Kessler mit einem Wutausbruch reagiert. Ruland protestiert energisch, schaltet die Presse ein und läßt sich, als Kessler im Februar 1906 die Genehmigung zur Nutzung der Räume erteilt wird, sogar in den Ruhestand versetzen. „Also geht es zwischen uns auf Tod und Leben“, hatte Kessler am 4. November 1905 nach dem Treffen mit Ruland notiert: „Einer von uns muß in diesem tragikomischen Froschmäusekrieg ins Gras beissen.“ Nur wenige Monate später legt auch Kessler sein Amt nieder und beschränkt sich von nun an auf sein privates mäzenatisches Engagement.

C.S.

---

[53] Ebd., S. 211.

Dank

Folgende Personen und Institutionen haben bei Band III Hilfe geleistet:

Eleanor Appleby, Victoria and Albert Museum (London)
Heike Biedermann, Staatliche Kunstsammlungen Dresden, Galerie Neue Meister
Isabelle Cahn, Musée d'Orsay (Paris)
Alban Cerisier, Editions Gallimard (Paris)
Conny Simone Dietrich (Leipzig)
Marina Ducrey, Fondation Félix Vallotton (Lausanne)
Marc Eichholzer (St-Maur)
Marie El Caïdi, Musée Maurice Denis-Le Prieuré (Saint-Germain-en-Laye)
Ulrich Feldhahn (Berlin)
Günter Fischer, Richard-Wagner-Museum mit Nationalarchiv und Forschungsstätte der Richard-Wagner-Stiftung Bayreuth
Birgitta Fogelvik, Kungliga biblioteket (Stockholm)
Fondazione Giovanni Pierluigi da Palestrina
Jutta Fulsche, Thüringisches Hauptstaatsarchiv Weimar
Anita Gandon, Französische Botschaft in Deutschland, Presse- und Informationsabteilung (Berlin)
Emma Gittus, Assistant to Head of Public Relations, British Embassy Berlin
Volker Graupner, Thüringisches Hauptstaatsarchiv Weimar
Francine Guidi de la Rosa-Dawans, MAMAC (Liège)
Patricia Guinet
Dennis Harrington, Christ Church Picture Gallery (Oxford)
Catherine Heesterbeek-Bert, Bibliothèque des Musées royaux (Bruxelles)
Dr. Konrad Heumann, Freies Deutsches Hochstift (Frankfurt am Main)
Dr. Christoph Hölz, Zentralinstitut für Kunstgeschichte (München)
Jonathan Hopson, Victoria and Albert Museum London, National Art Library (London)
Dr. Libby Horner, Brangwyn Research
Dr. Gerhard Keiper, Auswärtiges Amt, Politisches Archiv (Berlin)
Anke Klare, Geheimes Staatsarchiv Preußischer Kulturbesitz (Berlin)
Dr. Susanne Knoblich, Landesarchiv Berlin
Sabine Knopf (Leipzig)
Dr. Catherine Krahmer (Paris)

Susanne Kröner, Stadtarchiv Naumburg
Dr. Peter Kropmanns, K20 Kunstsammlung am Grabbeplatz (Düsseldorf)
Petra Liebner, Deutsches Rotes Kreuz-Generalsekretariat, Archiv-Bibliothek-Dokumentation (Berlin)
Dr. Dagmar Lohmann-Hinrichs (Siegen)
Dr. Petra Marx, Kunst- und Ausstellungshalle der Bundesrepublik Deutschland (Bonn)
Marie-Thérèse Miller-Degenfeld (Nußdorf u. Paynes Bay, Barbados W.I.)
Agnès Moinet-Le Menn, Ministère des Affaires étrangères, Direction des Archives (Paris)
Marie-Hélène Montout-Richard, Direction de la Culture, Musée des Beaux-Arts (Reims)
Philippe Poindront (Berlin)
Major Dr. Peter Popp, Militärgeschichtliches Forschungsamt (Potsdam)
Rodolphe Rapetti, Musée national Jean-Jacques Henner (Paris)
Dr. Ellen Ritter, Freies Deutsches Hochstift Frankfurter Goethe-Museum; Hofmannsthal-Archiv (Frankfurt am Main)
Antoinette Romain, Musée Rodin (Paris)
Edward G. Russo, Wadsworth Atheneum Museum of Art (Hartford, USA)
Marie-Johanna Schöne (Celle)
Roland Schöne (Hamburg)
Dr. Günter Schürmann (Dortmund)
Ingo Starz, Ludwig von Hofmann-Archiv, Sammlung und Archiv Hüssy (Zürich)
Matthias Thiel, Stiftung Deutsches Kabarettarchiv e.V. (Mainz)
Dr. Volker Tutenberg, Akademie der Bundeswehr für Information und Kommunikation, Fachinformationsstelle und Regionale Fachinformationsleitstelle Ost (Strausberg)
Alice Uebe, Stiftung Stadtmuseum Berlin, Landesmuseum für Kultur und Geschichte
Francisca Vandepitte, Musées royaux des Beaux-Arts de Belgique (Bruxelles)
Eva Maria Waldmann, Institut für Kunstgeschichte (Wien)
Sabine Walter, Stiftung Weimarer Klassik und Kunstsammlungen
Dr. Roswitha Wollkopf, Stiftung Weimarer Klassik und Kunstsammlungen
I. Zandeck, Bundesarchiv-Militärarchiv (Freiburg i. Br.)

Tagebuch. 1897-1905

Berlin. 2 April. 1897 *2.4.1897 Freitag*
Diner bei Richters. Die Kuno Moltke kennen gelernt u. zu Tisch geführt. Eine bestrickende aber gefährliche Frau.

Berlin. 3 April 1897. Donnerstag. *3.4.1897 Samstag*
Abends nach Paris gefahren.

Paris. 4/8 April 1897. *4.4.1897 Sonntag*
Geschäftlich hier.

Berlin. 9 April 1897. *9.4.1897 Freitag*
Früh wieder hier an.

Berlin. 10 April 1897. *10.4.1897 Samstag*
Konzert bei der Gräfin Groeben. Woikowsky musikalisch gewütet.

Berlin. 12 April 1897. *12.4.1897 Montag*
Bei Richters gegessen, wo Musch.

Berlin. 14 April 1897. *14.4.1897 Mittwoch*
Die Mathäus Passion in der Garnisonkirche.

Berlin. 15 April 1897. *15.4.1897 Donnerstag*
Mit Werthern gegessen u in den Wintergarten.

Berlin. 16 April 1897. Charfreitag *16.4.1897 Freitag*
Die Matthäus Passion in der Singakademie. Alles Spätere hier schon enthalten, das Musikdrama in den Turbae, das Lied in einzelnen Sologesängen, namentlich im wunderbar melancholischen Erbarm dich mein O Gott, die Symphonische Durchführung des Themas in den Chören. Dürer u Bach haben unsere Deutsche Christusfigur geschaffen. Einen besondren Ernst erhält der Christus noch dadurch, dass er Bass ist während der Evangelist Tenor.

Berlin. 17 April 1897. *17.4.1897 Samstag*
Dem Alten Delbrück zu seinem 80ten Geburtstag gratuliert. Er noch so frisch u rosig wie ein junger Mann. Ich kam gerade als Wildenbruch sein Gratulationsgedicht vorlas; einzelne Verse nicht übel; aber der ganze Eindruck dieser improvisierten Vorlesung im Salon, während des Besuchs und inmitten der Médisancen und der Papotages eines five o'clock stark komisch; und da es bei Wildenbruch doch schliesslich blos auf den Eindruck ankommt verfehlt. Abends Brahms' Tragische Ouverture und die Neunte im Opernhause. Diese Lebens-

bejahung, die durch ihre Leidenschaft selbst widerwillen in wildesten Schmerz und Verzweiflung umschlägt, ist wohl das Tragischste was je die menschliche Phantasie erdacht hat: Nietzsche avant la lettre.

Berlin. 18 April 1897. Ostersonntag. *18.4.1897 Sonntag*
Nachmittags bei Oriolas. Mit Nostitz gegessen und in ein entsetzlich dummes Palais Royal Stück[1] im Residenztheater.

Berlin. 19 April 1897. *19.4.1897 Montag*
Rennen in Carlshorst. Dungern, Nostitz u Willich bei mir im Union Club gegessen. Mit Dungern vom Rennen zurückgefahren.

Berlin. 20 April 1897. *20.4.1897 Dienstag*
Diner bei Hohenthals zu Ehren des Prinzen Hans. Zwischen dem Prinzen u Nostitz gesessen. Nachher im Casino, wohin spät noch Canitz[2] von einem Diner mit dem Fürsten von Bulgarien[3] kam, der hier ist um den Kaiser seiner friedlichen Absichten zu versichern; Canitz hatte das Diner für den Bulgaren begeistert.

Berlin 22 April 1897 Donnerstag. *22.4.1897 Donnerstag*
Im Joachim Quartett. Brahms, Sextett, Quintett u ein Quartett. Alles beim ersten Hören, etwas grau in grau; Kartons nicht Gemälde; aber doch einzelne wunderbare Fragmente empfunden.

Berlin. 24 April 1897. *24.4.1897 Samstag*
Brahms' Requiem in der Kaiser Wilhelm Kirche. Das ist wirklich ganz grosse Musik, Grufteskälte umweht Einen. „Der Mensch ist wie Gras" gehört zum Grandiosesten was ich überhaupt kenne.

Berlin. 25 April 1897. Sonntag. *25.4.1897 Sonntag*
Mit Werthern, Wied, Stumm, Wilhelm Stolberg, Schwerin gefrühstückt. Gearbeitet. Ein jedes Ding hat einen individuellen und einen allgemeinen Sinn; es begreifen heisst beide ergründen. Oder anders: ein jedes Ding ist zu gleicher Zeit Persönlichkeit und Teil des Ganzen und in beiden Eigenschaften sowohl Ding an Sich als Erscheinung; es giebt ein Nooumenon das dem Phänomenon des Individuums zugrundeliegt, wie es eins hinter dem Phänomenon des Alls giebt. Das Rätsel ist das Verhältnis beider zueinander; und das ist ganz nie zu lösen. Unsere Aufgabe ist aber, das Ding nicht einseitig nach dieser oder jener Eigenschaft zu

---

[1] Gandillot, Associés

[2] Kanitz

[3] Ferdinand I.

werten, sondern es sowohl an seiner eigenen Individualität wie an der Totalität zu messen, soweit uns ein Einblick gestattet ist. – Ich ziehe, um das hier Gemeinte denkbar zu machen, d. h. zu Begriffen zu erheben, das Platonische Symbol der Ideen dem der deutschen Philosophie geläufigen von Subjekt und Objekt vor, weil beim Letzteren das Reelle am einen Individuum zur blossen Vorstellung des andren in Gegensatz gebracht wird; nur dass die Ideen in ihrer Totalität nicht das Weltall ausmachen, sondern im Gegenteil, gerade Das sind, was zum All als Solchem im Gegensatz steht. (Kant, der die Irrealität der Zeit nachgewiesen haben will, postuliert die Unsterblichkeit, die doch nur wenn die Zeit ausserhalb der Vorstellung existiert möglich ist oder überhaupt einen Sinn haben kann; vielleicht das merkwürdigste Beispiel eines Selbstwiderspruchs. Er hätte mit gleicher Konsequenz wie eine unsterbliche eine räumliche Seele postulieren können.) –

Berlin. 28 April 1897. *28.4.1897 Mittwoch*

Koepping Nachmittags bei mir. Wie gewöhnlich beschnupperte er Alles und bedeckte es mit dem Schleim seiner Kritik; dabei Nichts Gerades, kein wirkliches Frontmachen, sondern immer Halbheiten, halbes Lob und halber Tadel. Er ist ein ekliges Geschöpf. – Abends mit Nostitz in Chelius' Oper Haschich; eine gedrängte Übersicht über den Tristan. Man ist ihm schliesslich aber doch dankbar, dass er den Liebestod wenigstens durch eine eigene Komposition ersetzt hat. Die Geschicklichkeit der Mache ist überhaupt zu loben.

Berlin. 2 Mai 1897. Sonntag. *2.5.1897 Sonntag*

Pan Sitzung. Lichtwark, Seidlitz, Bodenhausen etc. und zum ersten Mal Liebermann. Nachher mit Bodenhausen, Liebermann, Lichtwark u Seidlitz bei Durand Ruel und in der Ausstellung gefrühstückt.

Berlin. 3 Mai 1897. *3.5.1897 Montag*

Abends bei Frau Begas Parmentier.

Berlin. 4 Mai 1897. *4.5.1897 Dienstag*

Gesellschaft bei Richters. Harrachs, Hindenburgs, Spitzembergs, Pourtalès, Canitz, Fürstin Antoine[1], u. s. w. Entsetzliche Brandkatastrophe in Paris; der Faubourg St. Germain scheint decimiert zu sein.

---

[1] Radziwill

Berlin. 6 Mai 1897. *6.5.1897 Donnerstag*

Früh bei Flaischlen Johannes Schlaf getroffen. Das Auffallendste an dieser etwas mythischen Persönlichkeit sind die etwas scheu blickenden Augen und die abnorm hohe Stirn, über die das Haar mit Wasser glatt gekämmt ist. Den unteren Teil des Gesichts bedeckt ein Spitzbart. Der Körper ist etwas gebückt. Er behauptet aber, wieder ganz in der Besserung zu sein. – Nachmittags zur Überführung des armen Westerholt nach Potsdam. Im Casino in Berlin gegessen. Nur von der Pariser Katastrophe die Rede. Ein hübsches Wort von einem Pariser Gavroche darüber: C'est le Grand Prix noir.

Berlin. 7 Mai 1897. *7.5.1897 Freitag*

Bei Oriolas gegessen; zwölf Personen, darunter Wildenbruchs. W. hat, trotz seines fetten und professoralen Äusseren in Wesen, Sprache und Bewegungen ein Gemisch von Knabenhaftem und Auswärtigen-Amts-Ton, das ganz absonderlich wirkt; der Haupteindruck ist der des Disharmonischen in der Philisterhaftigkeit. Bei Tisch neben der alten Frl v. Olfers. Sie erzählte von Varnhagen, Humboldt u. s. w., die sie alle noch gekannt hat; namentlich über Humboldts unaufhörlichen Redefluss, der alle Leute zur Unaufmerksamkeit gereizt habe, während, wenn man sich zwang zuzuhören, hier und dort doch bedeutende Gedanken aufleuchteten. Auch von einem Ball 1847 beim Grafen Stolberg, kurz vor der Revolution, bei dem die Eingeladenen vom Volk in der Wilhelmstrasse bei der Anfahrt schon mit Steinen empfangen worden wären und bei dem dann während des Tanzens im Palais Feuer ausbrach; das ganze Treppenhaus stand schon in Flammen, die Diener liessen sich zu den Fenstern an den Tischtüchern in den Garten hinunter, und nur der damalige Prinz Wilhelm verhütete durch sein entschlossenes Auftreten eine Panik. Noch ehe das Feuer ganz gelöscht war, befahl dann der König einen Lancier, in dem er selber mittanzte. Schliesslich von einer Jugendliebe Bismarcks zu einer Comtesse, aus der aber Nichts wurde, weil es zu unsicher sei, ob B. auch Carrière machen würde. Die Comtesse heiratete lieber einen hannöverschen Hofmarschall v. Malortie. Das Alles von der alten rosigen Person mit den klugen Augen und kurzgeschnittenen weissen Locken erzählt, machte einen eigentümlich unzeitgemässen Eindruck.

Berlin. 17 Mai 1897. *17.5.1897 Montag*

Abends zu Fritz Fürstenbergs Hochzeit nach Coblenz abgefahren.

Coblenz. 18 Mai 1897. *18.5.1897 Dienstag*

Mittags hier an. Um ½ 12 Trauung in der Jesuitenkirche u nachher Diner im Monopol, wo die eine kleine Arenfelser Westerholt geführt. Fritz rührend erfreut über mein Kommen. Abends wieder nach Berlin zurück.

Berlin. 19 Mai 1897. *19.5.1897 Mittwoch*
Bei Richthofens gegessen. Dort noch Hollens, beide Solmse, und Salm.

Berlin. 20 Mai 1897. *20.5.1897 Donnerstag*
Dungern Abends zu mir gekommen; zusammen im Ausstellungspark gegessen. – Vielleicht rührt das Bewusstsein von der Unwirklichkeit des Traumes am meisten von dem Unterschied her, der zwischen den Gemeingefühlen, die man während des Traumes empfindet und denen besteht, die man empfinden müsste, wenn der Traum Wirklichkeit wäre; d. h. ein Gemeingefühl ruft durch Association ein Bild hervor, dem sich aber die übrigen Gemeingefühle nicht anpassen und das daher bald wieder vergeht und durch ein Andres von einem andren Gemeingefühl hervorgerufenes ersetzt wird, oder infolge des Zwiespalts als blosser Traum erkannt wird.

Berlin. 21 Mai 1897. *21.5.1897 Freitag*
Sattler bei mir gefrühstückt. Unter Andrem meinte er, er müsse soviele von seinen Gedanken aus diplomatischen Gründen unterdrücken, weil er sonst in gewisse Kreise, die ihn aber gerade als Studium interessierten, nicht hinein käme. Abends Liebesmahl bei uns in Potsdam. Mit Willich auf Du getrunken.

Berlin. 22 Mai 1897 *22.5.1897 Samstag*
Zwei Jahre seit Papas Tod. – Heute wird ein modern denkender Mensch viel leichter an die Existenz Gottes als an eine objektiv-gültige Moral glauben können; wir würden, wenn überhaupt so Etwas wollten, viel eher von der Existenz Gottes auf die Existenz der Moral als von der Existenz der Moral auf die Existenz Gottes schliessen; gerade umgekehrt wie vor 100 Jahren.

Berlin. 23 Mai 1897. *23.5.1897 Sonntag*
Mein Geburtstag. Nachmittags Leistikow bei mir, um mich zu bitten ihm einen Zimmerfries, zu dessen Anfertigung ich ihm neulich geraten hatte, zu bestellen. – Abends mit Werthern, Reuss und Bergen im Bristol gegessen und gefeiert. – Ich weiss nicht, ob nicht das Volk weil naiver ästhethisch viel empfänglicher ist als unsere sog. Gebildeten und ob sich nicht auf die Empfindungen, die jetzt zu Schauerstücken und Kolportageromanen[1] verbraucht werden, die grosse Kunst bauen liesse, die alle Künstler seit vierhundert Jahren vergeblich auf die Gefühle der künstlich entästhetisierten Gebildeten zu erbauen versuchen. Natürlich nicht unmittelbar, sondern durch langsame Entwicklung. Aber nur im Volk findet man z. B. diese Einheit der Empfindung einem Reiz gegenüber in grossen Massen, auch die unmittelbare Hingebung u. s. w. Es scheint mir ein wunderbares, seit der

[1] nachträgliche Einfügung: „auch politische u Zeitungsagitation"

Renaissance vernachlässigtes Material, der edle Naturmarmor für den die Künstler jetzt lieber in künstlichem, rasch vergehendem Stuck arbeiten.

Berlin. 29 Mai 1897. *29.5.1897 Samstag*

Bei Richters in Wannsee gegessen; dort Pourtalès', Harrachs, Nostitz u Knesebeck.

Berlin. 30 Mai 1897. *30.5.1897 Sonntag*

Bei Spitzembergs gefrühstückt mit Erffa, Süsskind u ein Frh. v. Marschall. Erffa über das Vereinsgesetz; man wolle doch sehen, ob die Nationalliberalen den Mut haben würden, auch das blos auf die Sozialisten gemünzte Gesetz abzulehnen. Es sei doch nur begreiflich, wenn sie es ablehnten, weil sie selber eventuell einmal darunter leiden könnten. Die Leute sind wie vernagelt! Dafür dass man auch erwägen könne ob das Gesetz auch nicht allgemein schade, kein Verständnis.

St. Quentin. 1 Juni 1897. *1.6.1897 Dienstag*

Die Stadt französische Provinz, schläfrig und langweilig, aber nicht agressiv geschmacklos wie die deutsche mit ihren neusten von Berliner „Architekten" „geschaffenen" „Palästen". Eine schöne gothische etwas verrestaurierte Kirche und ein spätgothisches Rathaus. Der wahre Anziehungspunkt die Pastelle von de Latour im Museum; in Technik und Auffassung gleich einzig. Jene von einer verblüffenden Genialität. Das Bild wird zuerst in kräftigen breiten Strichen, die wie ein Linien und Farbenschema Dienste leisten, hingezeichnet (No 44[1]), eine Art von Übersichtskarte oder von Skelett, das allmählich zu blühendem Fleisch überarbeitet wird. Dazu werden eigentlich nur die einfachen, ungebrochenen Töne von Weiss, Rot, Grau und Sepia verwendet; die Haut geschaffen durch einfaches Übergehen des Incarnats der Wangen in den graugelben Naturton des Kartons (cf. No 46[2] u 44), dessen Farbe höchstens durch Etwas Sepia verstärkt und vertieft wird; darüber legt sich bei den Frauen das durchsichtige Weiss des Pastells wie Puder. Die Lichter sind wie Säbelschmisse aufgesetzt. (No 19 Studie zu Dachery, 74 zur Pompadour, 52[3] zur Dubarry) und dabei so sicher und mit einer so leichten Hand, dass sie fast unmerklich mit den umgebenden Tönen verschwimmen und man erst bei genauer Zerlegung der Stiftführung die stupende Genialität der Technik entdeckt. Die Kraft der Modellierung und die Le-

[1] Prosper Jolyot de Crébillon

[2] Jean de Jullienne

[3] Marquise de Pompadour

bendigkeit des Lichteffekts, der durch diese Mittel erreicht wird, grenzt ans Wunderbare. (cf N° 62, Studie eines Mädchenkopfes; das Licht auf Stirn, Wangen und Nase; der ganze Kopf ist wie in Licht gebadet; dabei nicht eine Farbe denaturiert; kein grün, kein violett, keine Pünktchen und Flecke). Die besten Stücke wirken durch ihre scheinbare Einfachheit und den Ductus des Strichs wie Improvisationen. Die Studien scheinen mir auch in der That besser als die ausgeführten Bilder; z. B. vgl. die beiden Dacherys mit einander. Bei den grossen vollendeten Porträts merkt man die Absicht den Zeitgenossen zu gleichen, an Glätte ihnen nicht nachzugeben; dabei geht ein Stück Individualität, die Handschrift sozusagen, verloren. – Psychologisch beleuchtet Latour nicht die Tiefen des Einzel Wesens, wie Giorgione, Velazquez, Rembrandt, Goya etc., nicht das Unbewusste, sozusagen Transcendentale, also nicht eigentlich das Individuum als solches für sich allein, sondern das Individuum wie es als Atom des Gesellschaftsorganismus den andren Atomen erscheint. Alle diese Menschen sind nicht unbeobachtet, nicht mit sich allein, sondern nach aussen gekehrt und von aussen bedingt. Und doch ist das Mysterium der Individualität nicht übersehen, sind diese Köpfe nicht leere Masken, sondern gerade ihr Lächeln, ihr esprit, sind bei jedem Einzelnen Ausstrahlung der Individualität und daher bei jedem nicht nur verschieden sondern auch sozusagen äussere Symbole seiner Individualität. Hierin, in diesem Ausdrücken der Individualität in der Gesellschaftsmaske, weiss ich keinen der Latour gleichkäme. Er leistet für das Einzelporträt am vollendetsten das, was überhaupt wohl das Ziel der französischen Kunst des 18ten Jh. war, die Darstellung der zur höchsten Höhe des Raffinements gediehenen vornehmen Gesellschaft, wie es Watteau und Lancret für die Gesellschaftsgruppe, bei der die Bewegung das Charakterisierende ist, und etwa die Conteurs und Moralisten für die Ideen und den Stil gethan hatten. Hiergegen setzt der Aufstand des Individuums als Individuums mit Rousseau ein. – Was man Genialität der Technik nennt ist Nichts als Genialität im Entdecken des Suggestiven.

Paris. 3 Juni 1897. *3.6.1897 Donnerstag*

Ausstellung von Frauen und Kinderporträts in der École des Beaux Arts. Eigentlich individuell tiefe Porträts fehlen in der französischen Kunst des 18 Jh ganz. Ihre Stärke ist ihre Liebenswürdigkeit und Heiterkeit; technisch ihre leichte Hand und die lichte Harmonie ihrer Farben. Psychologisch die Darstellung des Menschen als Glied der „Gesellschaft". Sie ist höchstens inbezug auf Körperformen indiscret, inbezug auf die Seele nie; und das lässt auf den Mann und was er damals im Weibe suchte einen ziemlich sicheren Rückschluss zu. Auch in der Farbengebung, in der Epidermis des Bildes, hat sie, wenn man sie mit der vorhergehenden niederländischen oder spanischen oder mit der nachfolgenden englischen Malerei vergleicht Etwas Tiefenloses, Trockenes, Wohlerzogenes. Das Schönste Französische auf der Ausstellung sind die sechs kleinen Clouets, von einer Feinheit des Colorits, die zauberhaft ist; die leicht, so unendlich leicht sich rötenden Wangen haben mich an eine Stelle von Plato erinnert; der Hintergrund ist meistens tiefgrün; sie sind fast so schön wie van Eycks. Bei den grossen Engländern, Gainsborough, Reynolds, Lawrence, Romney, ist ohne grosse Tiefe schon Etwas Intimeres als bei den Franzosen; nicht das eigentlich Individuelle; aber man fühlt den Einfluss nicht nur des grossen Organismus, der „Gesellschaft", sondern auch des kleineren, mehr persönlichen, der Familie, auf die Physionomie. Gerade deshalb hat vielleicht keine Schule das Individuum, das eigentlich nur Produkt der Familie ist, das Kind, so vollendet dargestellt wie die englische. Wie geputzt und erwachsen sind im Vergleich zu Reynolds' Kindern selbst Bouchers kleine Pompadour oder selbst Chardins Kinder. Mit Goya geht eine neue Welt auf. Die Lola Zimenez (bei Cheramy) steht in jeder Beziehung Technik, Farbe, Psychologie auf der Höhe der drei früheren grossen Seelenmaler: Giorgione, Velazquez und Rembrandt. Er ist wohl der letzte in der Serie, d. h. da Munch technisch unmöglich ist, nicht ausdrücken kann was er sieht. – Wenn man die Liebe als die Sehnsucht nach Ineinanderaufgehen zweier Individuen, also zweier „Dinge an sich", also zweier transcendental (wenn auch vielleicht nicht transcendent) notwendig feindlicher, einander negierender Welten auffasst, so erhöht das ihr Mysterium, und doch liegt darin vielleicht der Schlüssel zum Verhältnis, in dem das Ding an sich des Individuums zum Ding an sich des Alls steht.

Paris. 4 Juni 1897. *4.6.1897 Freitag*

Wieder im Champs Elysées Salon[1]; die Ausstellung des Viel zu Vielen in der Kunst. Selbst das weniger Mittelmässige reicht nicht an unsere besseren Münchener oder Berliner heran: Laurens, le Lauraguais, recht tüchtig, recht dekorativ, aber Herrgott ist so Etwas, die Ferne, die grossen Bergformen, die Wolkenschatten, bei Thoma schöner, wahrer, erlebter; Laurens hat die Darstellung des weiten Hügelgeländes eben als Problem mit dem Verstand erfasst, während Thoma gezeichnet hat, was sich ihm ohne Reflexion ins Auge und ins Gemüt gegraben hatte, und so nicht nur ohne es zu merken das Problem gelöst sondern auch der Lösung eine individuelle Auffassung, Etwas von einem persönlichen Bekenntnis, gegeben hat. Die sogenannten Führer der älteren Kunst haben um die Wette schlecht gepinselt; Bouguereau riesige Porzellan Akte, die manchmal Christus[2] und manchmal ein „von Amor verwundetes Mädchen"(!) darstellen sollen; Bonnat einen witzig mit dem Auge zwinkernden Hasen, der eben von einem Adler verspeist wird, und ein fürchterlich hingehauenes Bildnis des Akademikers Bertrand, Gérôme eine Flucht nach Ägypten und einen Einzug in Jerusalem,

---

[1] Salon de la Société des Artistes Français

[2] Compassion

dessen Farbe das Problem löst, zugleich schmutzig, blass und discordant zu sein; Detaille ein Begräbnis Pasteurs, das in Offizialität der Auffassung mit den Meisterwerken Werners wetteifert. Das Gute, einige Landschaften von Gosselin, ein Heil Antonius von Fantin Latour, ein Struys u. s. w. verschwindet in diesem Wust. Das Interessanteste auf der ganzen Ausstellung ist der Schmuck von Lalique (20 rue Thérèse).

Paris. 6 Juni 1897. *6.6.1897 Sonntag*

Im Grand Prix d'Auteuil; die Schauspielerin Marsy die früher von Lebaudy und jetzt von Castellane, dem Mann der Gould[1], ausgehalten wird gewann ihn mit ihrem Hengst Solitaire. Es ist merkwürdig an all die Voraussetzungen, gesellschaftliche, wirtschaftliche, psychologische etc. zu denken, die dazu gehören, damit eine jüdische Schauspielerin ein Rennen gewinnt. Die Kompliziertheit unsres Gesellschaftsorganismus tritt darin wunderbar zutage.

Paris. 7 Juni 1897. *7.6.1897 Montag*

Zum zweiten Mal im Champ de Mars[2]. Bei Rodin, Puvis und Carrière die grandioseste Technik, aber nicht im Sinne einer lernbaren Handschrift, sondern in dem eines Ausdrucksmittels eigenster Formenanschauung. Das ist was uns in Deutschland fehlt, den Akt richtig (denn es giebt in der Zeichnung eine auf ganz bestimmten und unverrückbaren psychophysiologischen Gesetzen des Auges und des Formengedächtnisses des Beschauers gegründete Richtigkeit) und zugleich ebenso individuell wie etwa eine Landschaft wiederzugeben; alle Akte bei uns sind entweder akademisch oder einfach verkehrt, d. h. blosse Hieroglyphen, deren Bedeutung man zur Not versteht, die aber nicht unmittelbar in Auge und Phantasie des Beschauers das Bild eines nackten Körpers schaffen. Sie leisten dann also nicht einmal das Minimum, das man von einer künstlerischen Darstellung verlangen muss, der Phantasie des Beschauers den Schöpfungsakt abzunehmen, sondern der unglückliche Beschauer muss sich nach seinen Kenntnissen des menschlichen Körpers selber einen Akt erdenken; während Carrière oder Rodin oder Degas uns nicht nur einen nackten Körper überhaupt geben sondern uns befähigen ihn nicht mit unsren sondern mit ihren Augen zu sehen. Ehe das nicht erreicht ist, lässt sich von einem künstlerischen Akt natürlich überhaupt nicht sprechen. – Richard Wagner ist vielleicht das bedenklichste Argument gegen das Gottesgnadentum des Genies; ein nicht wegzuleugnendes Genie als Resultat des Zusammenseins von drei oder vier Talenten; es ist als ob in diesem einzigen Falle das Zusammenschiessen der Elemente zum neuen chemischen Produkt, Genie genannt, nicht ganz geglückt wäre und man dadurch eine

---

[1] Talleyrand-Périgord

[2] Salon de la Société Nationale des Beaux-Arts

Gelegenheit bekommen hätte, in den Vorgang beim Entstehen des Genies einen Einblick zu gewinnen. – Der Künstler appelliert in sehr vielem von dem was er uns anscheinend Neues zeigt, an die Bilder der Aussenwelt, die sich fortwährend, ohne bis zum Bewusstsein durchzudringen, in unsre Augen und unsre Erinnerung eingraben. Der künstlerisch (zum Beschauen) beanlagte Mensch, ist also nicht der, der beständig die äussere Welt in seinem Bewusstsein mit der grössten Deutlichkeit reproduziert, denn diesem hat der Künstler vielleicht wenig Neues zu sagen, d. h. der Künstler kann ihn in wenig neue Stimmungen und Seelenzustände versetzen; sondern der, der mit feiner oder feinster Sinnenempfindlichkeit und einem guten Gedächtnis für Sinneneindrücke begabt ist aber sich dieser Sinneneindrücke, die er empfängt und aufspeichert, nicht deutlich bewusst wird, aus Unaufmerksamkeit, Willensschwäche oder andren Gründen. Daher sind auch grosse Künstler oft so wenig zum künstlerischen Geniessen veranlagt. – Ist dieses richtig, dass die Idee der Pflicht historisch einen ganz andren Ursprung (nämlich einen philosophischen, verstandesmässigen) hat, als die eigentlich religiösen Vorstellungen, die aus dem Gefühl, namentlich dem Furchtgefühl entstehen, und dass jene Idee auch psychologisch später ganz andre Wurzeln und Ramifikationen hat, die nur zufällig mit dem viel älteren und tiefer in der Seele wurzelnden Stamm der religiösen Vorstellung zusammenzuhängen scheinen. Dann wären die Pflichtvorstellungen direkt auf Verstandesmässigem Wege entstandene, die religiösen secundäre durch die Phantasie als Interpretation und Rechtfertigung und schliesslich als Abwehrmittel eines Instinkts geschaffene. Dieses Alles in meinem religiösen Kunstwerk zu berücksichtigen.

Paris. 10 Juni 1897. *10.6.1897 Donnerstag*

Mit Gee im Champ de Mars; sie hat, obgleich sie sowenig gesehen hat, ein erstaunlich gesundes und sicheres künstlerisches Urteil; sie erinnert mich in ihrer Art, gleich das was an einer guten Sache das Gute ist zu erkennen, an Dungern; und vor Allem, sie hat garkeine natürliche Vorliebe für das „Hübsche“, das Ausserkünstlerische.

Paris 11 Juni 1897. *11.6.1897 Freitag*

Endlich Nachmittags nach verschiedenen vergeblichen Versuchen[1] de Feure getroffen; ein hübscher, gesunder, offen und vornehm aussehender Mann von etwa 25, ganz bartlos; er erinnert mich in seiner Art an unsere vornehmen jungen Schlesier. Dieser Mangel an Decadence im Äusseren, bei seiner Kunstweise, hat Etwas Verblüffendes. Mit ihm Verschiedenes wegen des Pan, wegen seiner Aus-

---

[1] Über „Versuchen“ steht „15 rue Bréda“.

stellung in Berlin und wegen einer nordischen Ausstellung, die er in Paris veranstaltet, besprochen. Abends in Armenonville gegessen.

Paris. 12 Juni 1897. *12.6.1897 Samstag*
Vormittags beim Juwelier Lalique. Er empfieng mich in einem mit sehr vielen Massiers, Tiffanys und Affichen von Mucha (!!) decorierten Salon zuerst ziemlich hautain, bis ich ihm den Standpunkt doch klarer machte; aber in seiner Art blickt durchaus der Kollege von Worth und Madame Virot durch, denen es Vergnügen macht, die Herzoginnen und Vanderbilts antichambrieren zu lassen. Er versprach dann schliesslich einige Aquarelle zur Reproduktion. – Es ist nur dann und insofern unkünstlerisch, die Formen zweier verschiedener Stile zusammen anzuwenden, wenn die Erfüllung des künstlerischen Zwecks der einen Form es verhindern würde dass der künstlerische Zweck der andren Form ganz erreicht werde, also wenn die Effekte sich gegenseitig stören, physikalisch ausgedrückt interferieren; z. B. antike Säulen und gothischer Spitzbogen. Alle übrigen Einwände gegen Stilvermengung sind blosse Pedantik, Kunsthistorie, ohne künstlerische Geltung. – War Richard Wagner nicht vor allem ein ganz ungewöhnliches Temperament (sinnlich) mit den nötigen Talenten begabt, um dieses Temperament auszudrücken? Dann würde er nicht durch diese Talente selbst sondern durch das vermöge dieser Talente dargestellte Temperament wirken, also sozusagen hypnotisch, ansteckend! Das Geniale läge nicht in seiner musikalischen oder poetischen sondern in seiner sinnlichen Begabung; eine Don Juan Natur.

Paris. 14 Juni 1897. *14.6.1897 Montag*
Mit Mama beim Grand Prix.

Berlin. 17 Juni 1897. *17.6.1897 Donnerstag*
In Holz' „Sozialaristokraten" im Central Theater. Äusserlichkeiten u Stimmung ausgezeichnet beobachtet; aber um den Konflikt zwischen dem Einzelnen u der Stimmung fühlbar zu machen hätten die Individuen tiefer charakterisiert sein müssen. Sehr wahr und zeitcharakteristisch die Anarchisten Redaktion, die unter einem Porträt Bismarcks, als erstem Übermenschen, ihre Sitzungen abhält.

Berlin. 1 Juli 1897. *1.7.1897 Donnerstag*
Mittags beim Reichskanzler, um mir bei der Krisis Marschalls frühere Zusage zu retten. Hohenlohe empfieng mich sehr liebenswürdig, liess sich die Sache vortragen und versprach mir, gleich darauf mit Rotenhan zu sprechen, damit ich

schriftlich vorgemerkt werde. Sein Blick scheint mir seit zwei Jahren heller und klarer geworden, die Stimme aber noch leiser und belegter; sie hat jetzt Etwas Elegisches. – Moral als die Norm die der Solidarität die günstigsten Bedingungen bietet. Moralisches Prinzip: den richtigen Mittelweg zu finden, der die höchste Entfaltung der Persönlichkeit mit der höchsten Solidarität vereinigt; beide müssen dabei Etwas opfern (auch die Solidarität.) – Aber inwieweit ist die Solidarität Etwas wirklich Bestehendes und inwieweit bloss Fiktion, blos Mythus und Postulat. Dies wäre wissenschaftlich zu untersuchen. Auch zu unterscheiden zwischen der körperlichen und sterblichen Persönlichkeit und der unkörperlichen und mehr oder weniger unsterblichen, die gerade in der Gesellschaft durch ihre Wirkungen oder Gedanken sich ausbreitet und fortlebt. Für jene die Solidarität eventuell quantité négligeable, für diese Existenzvorbedingung.

Kalisch. (Russland) 10 Juli 1897. *10.7.1897 Samstag*

Gestern Abend um 11 Uhr aus dem Sportpark in Friedenau mit Lekow vom Elisabeth Regt und Willy Richthofen im Ballon aufgestiegen. Viel Menschen zur Abfahrt da. Im Moment des Wegfliegens spielte die Musik Muss i denn, muss i denn zum Städtle hinaus. Gleich 400 Meter über dem Tempelhofer Felde das von Lichtergefunkel von Berlin, mit der Friedrichstrasse als Lichtgrat in der Mitte, begrenzt wurde. Müggelsee und andre Wasserläufte unter uns in der fast Sternlosen Nacht wie geschmolzenes Blei in der Landschaft. Auf den Eisenbahnstrecken plötzlich die Lichterreihen und das ferne Brausen der Züge gradlinig durch die Nacht. In der Ferne bald der Lichtschein von Frankfurt. Gegen 1/2 3 fieng es an hell zu werden. Vor uns die Oder; Bis gegen 6 schwebten wir am Fluss lang in etwa 2000 Meter Höhe nachdem die Sonne den Ballon erwärmt hatte. Dann hinter Sabor und Grünberg über den Fluss weg und ostwärts über das Posensche: Lissa, Koszmin. Plötzlich sah ich unten Etwas Weisses, das wie Kürassiere aussah; durch das Glas erkannten wir einen russischen Grenzposten, der eilig aus seiner Baracke herauskam und aufsass. Wir fiengen an uns hinunterzulassen. Als wir schon ziemlich dicht an der Erde waren galoppierte uns ein einzelner Grenzsoldat in weisser Uniform mit dem Carabiner auf dem Rücken entgegen, als ob er den Ballon aufhalten wollte. Wir flogen aber über seinen Kopf hinweg in ein Feld hinein, vor dem sich eine Pappelallee hinzog; der Wind musste uns offenbar in die Bäume hineintreiben; daher noch einen Sack Ballast hinaus und über die Pappelallee in einem Satz weg in ein Kartoffelfeld und Russland hinein, da die Allee die Grenze bildet. Der Ballon machte noch zwei Sprünge, bei denen wir uns jedesmal an den Gondelsträngen hochziehen mussten, um bei Aufstossen nicht die Beine zu brechen, und schliesslich lag er, die Gondel umgekippt und wir auf der einen Brüstung stehend und noch nach Leibeskräften am Ventil ziehend, bis das Gas endlich ausgeströmt war. Gleich umringten uns Grenzsoldaten und Bauern, der Rittmeister und der Vorsteher des Zollamts kamen, auch der Gutsbesitzer, ein Herr von Bronikowski, und die Beamten erklärten uns gleich für gefangen und unsere Sachen für beschlagnahmt. Die Soldaten halfen noch den Ballon zusammenpacken, dann wurden wir abgefahren nach der Zollkammer. Hier telegraphierte der Zolldirektor an den Obersten der Dritten Abteilung in Kalisch, Lekow bekam die Erlaubnis seinen Onkel, der beim Gouverneur[1] von Kalisch Adjutant ist, aufzusuchen und wir wurden vom Zolldirektor zum Thee eingeladen, bei dem die ganze Familie erschien, alle recht gut französisch sprechend. Namentlich eine alte Tante mit einem vollkommenen Vollbart, mit der ich gleich bei der Begrüssung carambolierte, da ich ihr die Hand und sie mir die Stirn küssen wollte, die mich dafür aber bei Tisch über Litteratur, deutsche, französische und russische, Goethe und Dostojewski, ausgezeichnet unterhielt, obgleich sie wie sie sagte nie über Breslau hinausgekommen war. Während des Thees erschien ehrfurchtsvoll begrüsst der Oberst der Dritten Abteilung, ein gewisser Zimmermann, in blauer Uniform, grauem Mantel, sehr feierlich und wir kehrten gleich in die Kammer zurück, wo die Untersuchung unserer Sachen vor sich gieng; jedes Schnippelchen Papier wurde genau gelesen und notiert; die Sache dauerte bis 7 und schliesslich telegraphierte der Blaue nach Warschau es wären an der Grenze drei preussische Offiziere mit Karten von der Grenze im Ballon aufgehalten worden. Ein Oberst von d. Launitz von den Dragonern und Lekows Onkel der Oberst v. Lange fungierten als Dolmetscher, konnten aber Nichts thun, da die Dritte Abteilung über dem Gouverneur steht. Endlich wurde uns mitgeteilt, wir dürften für die Nacht nach Kalisch gehen, müssten aber, wie mir der Oberst Zimmermann ausdrücklich erklärte, uns dort aufhalten, bis Befehle aus Warschau kämen. Spät telegraphierte der Gouverneur von Kalisch noch an den General Gouverneur Fürsten Emeritinsky[2] und bat für uns um Befreiung. Während dieser Zeit zeigte mir Launitz seine Kaserne und den Stadtpark und nachher bei Lange zu Abend. Die Nacht im Hotel. Früh bei Lange gefrühstückt. Endlich um 11 Uhr kam das Telegramm von Emeritinsky, man solle uns freilassen und uns unsere Sachen wiedergeben. Erst noch bei Langes geluncht, dann zu Lekows Mutter aufs Gut gefahren, die gerade jenseits der Grenze wohnt, dann noch zu einem Herrn v Stiegler und schliesslich Nachts über Posen nach Berlin zurück.

Dresden. 15 Juli 1897. *15.7.1897 Donnerstag*

Gestern Abend hier an. Früh und Mittags in der Ausstellung[3] wo Geyger getroffen. Die Meuniers, namentlich das grosse Relief, die Arbeit, machen einen ergreifenden Eindruck; sie haben in der Art der ungewollten agitatorischen,

---

1 Daragan

2 Imeretinski

3 Internationale Kunstausstellung Dresden

erschütternden Kraft Ähnlichkeit mit Hauptmanns Webern. Nachmittags bei Nostitz bei den Garde Reitern gegessen. Wegen der Kegelbahn besprochen, dass sie mit Plakaten tapeziert und zum Zusammenhalten der Buntheit an Pfeilern und Decke mit einer grellen Farbe bemalt werde.

Leipzig. 16 Juli 1897. *16.7.1897 Freitag*

Früh mit Geyger und Seydlitz nach Leipzig gefahren. Geyger über Böcklin: er habe für Nichts als sich selbst Sinn; neulich habe er noch in Orvieto vor den Signorellis erklärt, das sei keine Kunst sondern doch purer Unsinn. G. macht ihm zum Vorwurf, dass er nicht reflectiere, sich selber über seine Sachen keine Rechenschaft gebe. Er selber, Geyger, sei sich bei jedem Schritt zur Vollendung eines Kunstwerks klar was er wolle; er frage sich jedesmal, ob was er thue auch das Richtige sei; er übe beständige Selbstkritik; das habe offenbar auch Signorelli gethan. Böcklin und Dehmel, der auch hereingezogen wurde, thäten das ebenso offenbar nicht. In Leipzig mit Geyger zu Seffner. Wir waren Beide nach den vorhergehenden Lobeserhebungen von Seydlitz etwas enttäuscht. Es ist blos Oberflächenkunst. Geyger meint, dass Klinger Seffner, als den Einzigen Mitfühlenden, den er in Leipzig habe, etwas „mache“. Nachher in der Ausstellung[1] Klingers Christus im Olymp. Geyger im Grossen anerkennend (die plastische Figur links sei das beste plastische Werk Klingers) aber immer wieder im Kleinen und Einzelnen die Anerkennung aufhebend; die Engelchen seien wohl die „unehelichen Kinder“ der Magdalenen u. Ähnlich. Nachher zu Klinger selbst, der Geyger mit grosser Wärme entgegenkam. Klinger zeigte seine Entwürfe zum Museumstreppenhaus. Er hat eine kleine Maquette herstellen lassen, auf der die ganze Decoration in den grossen Zügen entworfen ist. Die grosse plastische weibliche Figur, die auf dem Treppenabsatz stehen soll, ist im Thonmodell in Arbeit. Der Beethoven schon in Marmor grob angelegt. Für meine Pietà macht mir Klinger keine Hoffnung mehr; er habe zuviel zu thun. Abends mit Klinger, Geyger, Seffner, Seydlitz und Graul (!) bis ein Uhr bei Steinmann gesessen. Klinger war ausgezeichneter Laune und redete viel. Er ist etwas dicker geworden als früher, hat schon einen Ansatz zum Schmerbauch; das Gesicht auch weicher, fettiger. Aber wenn er spricht und besonders wenn er lacht, was er viel thut, namentlich über eigene ziemlich mittelmässige Kalauer, die ihm eine kindliche Freude machen, dann vergisst man das vor der merkwürdigen Satyrhaften Dämonie des Kopfes; an den Mundwinkeln, gerade wo der Bart anfängt, gräbt sich eine tiefe, kurze sardonische Falte ein; die Augen werden ganz kleine Schlitze, die mit ihren äusseren Winkeln, wie bei einem Mongolen, schräg nach oben stehen; und darüber steht das sehr feine, krause Haar, in dem das Licht sich zu fangen scheint, wie Flammen kerzengerade empor. Er redete über die ver-

[1] Sächsisch-Thüringische Industrie- und Gewerbe-Ausstellung

schiedensten Gegenstände „Ja Goya, wie der das Weib anfasst; der hat Sachen gesehen, deren kein andrer sich bewusst geworden war; namentlich die hässlichen Bewegungen des Weibes, den kurzen Oberschenkel, die Bewegungen der Kruppe (hierzu Mimik, wie er überhaupt viel gestikuliert; wozu er einmal als er ein Glas dabei umstiess bemerkte: Man ist doch der reine Schauspieler), na! und so Manches Andre; aber das sind gerade die Bewegungen, die den Mann ...... (Mimik).“ Ich fragte ihn, wann er Goya kennen gelernt habe. „Der Goya ist eigentlich ein ganz unbekannter Künstler, auch jetzt noch. Ich habe ihn – es ist eigentlich merkwürdig – durch Pietsch kennen gelernt. Als ich zum ersten Mal in Berlin ausstellte, da erwähnte Pietsch in seinem Artikel den Namen Goya, den ich noch nie gehört hatte. Da dachte ich: Ei, den musst du dir doch 'mal ansehen, mit dem dich Pietsch vergleicht. Ich gieng gleich aufs Kupferstichkabinett und liess mir was von Goya da war geben. Er machte auf mich natürlich gleich einen bedeutenden Eindruck .... Das Merkwürdige ist, dass Pietsch im Jahre vorher in Italien gewesen war und selber damals erst Goya kennen gelernt hatte.“ Über Goyas Gemälde „Ich weiss nicht was sie jetzt auf mich für einen Eindruck machen würden. Ich habe eigentlich nur bei der Weltausstellung in Paris 1878 welche von ihm gesehen. Da hiengen sie im Trocadero dort, wo jetzt die Abgüsse stehen, und da haben sie auf mich eher einen abstossenden Eindruck gemacht. Es waren eigentlich lauter Grisaillen mit Rosa. Aber damals verstand ich noch Nichts von der Maltechnik.“ Ich erzählte, dass ich gestern Uhdes erstes Bild[1] im Gardereiter Kasino gesehen habe. „So! das ist jetzt im Gardereiter Kasino! Das würde ich gern einmal wiedersehen. Als es in Leipzig ausgestellt war, wurde es von allen Seiten sehr angegriffen.[2] Es muss so 1873/74 gewesen sein. Ich drückte damals noch die Bänke der Realschule. Auf mich machte es einen grossen Eindruck, vielleicht gerade weil es so angegriffen wurde und ich es deshalb besonders genau ansah. Es würde mich interessieren zu hören was Sie darüber denken“ ..... „Ja, ja es war wohl sehr schlecht. Ganz so wie sie es beschreiben habe ich es aber nicht in der Erinnerung; nicht so bunt; das ist mir nicht aufgefallen; vorne war ein Reiter auf einem Schimmel, oben ein dunkelblauer Himmel, und über den Soldaten dichte Staubwolken. Das Merkwürdigste ist, dass es Nichts von Uhdes späterer Kunst vermuten liess; es hatte nicht seine Vorzüge und nicht einmal seine Fehler. Aber mir ist es, als ob ein gewisser Schmiss doch drin war.“ Über Volkmann „Den hat Marées auf dem Gewissen.“ Ich warf ein, Marées sei aber doch ein bedeutender Künstler gewesen. „Ja, ich weiss nicht“ und dann kritzelte er lauter kleine und grosse Kreise nebeneinander auf ein Blatt Papier und fragte: „Was ist Das“. Nach etwas Herumraten erklärte Einer „Bockmist“ „Na, wenn Sie in Tuaillons Atelier in Rom gehen, dann können Sie das noch an der Wand da sehen. So lehrte Marées

---

[1] Der Angriff des Regiments von Plotho in der Schlacht bei Wien 1683

[2] Klinger verwechselt es mit „Die Schlacht von Sedan“.

seine Freunde die Lichtverteilung am menschlichen Körper." Im Allgemeinen ist Klinger, im Gegensatz zu Geyger, über andre Künstler sehr anerkennend; er konstruiert sich geradezu aus ihnen bedeutende Menschen, wie aus Seffner und Greiner, die er Beide, wie es scheint, überschätzt. Er liest Seffner jetzt öfter Lionardo vor, z. B. über Malerei u. Bildhauerkunst. Ich fragte ihn, ob er nicht einmal wieder Lust habe schriftstellerisch thätig zu sein, wie in Malerei und Zeichnung. „Nee, Nee, wenn Sie wüssten was ich dabei geschwitzt habe!" Dann zapfte ich ihn wegen seiner Radierungen zum Zarathustra an. Er schien aber nicht recht verstehen zu können oder zu wollen, dass es sich nicht um Illustrationen sondern um freie Phantasievariationen über ähnliche philosophische Gedanken handeln sollte und lehnte jetzt ab. „Ich bewundere und verehre Nietzsche sehr. Er war der Erste, der nach einer Reihe von pessimistischen Philosophen nicht den Optimismus, das wäre nicht das richtige Wort, aber eine eigene Weltanschauung vertrat. Aber gerade weil ich ihn so verehre glaube ich, dass doch Illustrationen zu Zarathustra nicht gehen. Seine Sprache ist so, dass man Alles zu sehen vermeint. Aber die Wirkung ist, wie ich mich ausdrücken möchte Panoramenartig; wenn man ein Einzelnes herausnehmen will, so ist Nichts mehr da. Ebenso geht es ja mit Jean Paul, den ich sehr bewundere; da ist auch Manches so fein in der Stimmung, dass man meint man müsse es zeichnen können; aber wenn man es versucht, dann geht es nicht. Es ist eben eine litterarische Wirkung, die immer wieder auf dem ganzen Vorhergehenden beruht. Warum soll man aber auch, was einmal schon so schön da ist zum zweiten Mal zu machen versuchen. Wenn man Illustrationen zum Zarathustra machen wollte, so käme es mir vor, als ob man nach einem grossen Diner noch ein Dreierbrödchen servieren wollte. Ich warf ein, dass doch auch die Bibel der Quell der ganzen modernen Kunst gewesen sei. „Ja, das ist ganz Etwas Andres. Da sind es immer Ereignisse, die auch der gewöhnliche Mann sich ganz klar vorstellen kann und Jeder wieder anders; da geht immer Etwas ganz Konkretes vor; da kann Jeder eine andre Auffassung, eine psychologische Interpretation haben. Aber beim Zarathustra beruht die Wirkung, auch wo die Form noch so phantastisch und poetisch erscheint doch immer auf Reihen von logischen Schlussfolgerungen. Was giebt es da zu illustrieren? Der gebildete Mann denkt sich was dabei; der der ohne Bildung daran herantritt findet es leer, kann sich dabei Nichts vorstellen. Es sind zu viele Voraussetzungen nötig." Um ihm klar zu machen, dass ich nicht Illustrationen im gewöhnlichen Sinne meine, sagte ich ihm, dass ich mir recht gut sein „An die Schönheit"[1] als eine Illustration zum Zarathustra denken könne; damit war er aber garnicht einverstanden. Die Falte am Mundwinkel grub sich sehr tief und sarkastisch ein; er schwieg einen Moment, und dann sagte er: „Das ist aus einer ganz andren Stimmung hervorgegangen. Aber was soll man darauf antworten?"

---

[1] Vom Tode. Zweiter Teil

Er hatte die Äusserung offenbar als eine Art von capitis diminutio[1] seines Werkes aufgefasst und empfand sie als Taktlosigkeit. Ich setzte ihm meinen Gedanken daher klarer auseinander; die Gereiztheit verschwand auch; aber in der Sache selbst liess er sich nicht überzeugen. Ich erzählte ihm noch von der kleinen Zarathustraausgabe. „Ich halte die bisherige grosse für gerade richtig. Bei einer kleinen, die man sich unter die Nase halten muss, muss man zu aufmerksam sein; bei der alten war gerade das Schöne, dass man die Gedanken schweifen lassen konnte." Es war ein Uhr geworden, und Geyger und ich mussten schnell aufbrechen, um noch den Zug nach München zu bekommen.

München. 17 Juli 1897. *17.7.1897 Samstag*

Früh im Zuge setzte mir Geyger seine Pläne auseinander. Er will seine Villa bei Florenz noch vergrössern und dem Staate, dem preussischen oder sächsischen, schenken, mit der Bedingung, dass er bis an sein Lebensende die Nutzniessung behalte und dass der Staat ihm junge talentvolle Leute schicke die er in allen möglichen Künsten und Handfertigkeiten, Zeichnen, Modellieren, Giessen etc. ausbilden will und die ihm bei seinen grossen Arbeiten helfen sollen. Er will sogar Joachim um Musiker bitten, die während gearbeitet wird spielen könnten etc. Dann will er den Müggelsee und die Müggelberge zu einer Art von National Heiligtum umschaffen. Die Schenkung in Florenz soll ihm den Zutritt zum Kaiser verschaffen, dem er über die Reorganisation des Kunstunterrichts und wie die Kunstschüler für den Staat nutzbar gemacht werden sollen, Vortrag halten will. Die Soldaten sollen zur Ausführung der geplanten Bauten auch herangezogen werden. Er betont dabei das Prinzip der Solidarität aller Einzelnen im Staats Organismus. Schliesslich bat er mich, ob ich ihm nicht zur Vermittlung der Schenkung zunächst die Wege ebnen könnte. Ich versprach z. B. Knesebeck zu sprechen. In München in der Ausstellung[2] macht die Sezession einen gradezu desaströsen Eindruck im Vergleich zu den jungen Kräften in Dresden, die dort wie ein Frühling in der regsten Entwicklung sind, und zu den grossen reifen Früchten der Kunst in Paris: Rodin, Carrière, Dampt, Puvis. Hier bilden sich die Leute ein, dass sie nun Alles können, Nichts mehr technisch zu erstreben haben; sie haben daher „den Naturalismus überwunden" und schwelgen wieder in den schönsten Verzeichnungen und dunklen Saucen; Stuck, Habermann, Exter stehen genau da, wo früher Piloty und Genossen im Verhältnis zur lebendigen, strebenden auswärtigen Kunst. Man hat die Empfindung, dass hier Nichts mehr zu hoffen ist, ausser dass München Dresden und Berlin als warnendes Beispiel diene. Es ist die reinste Parvenükunst, die mit dem bischen was sie den Franzosen

---

[1] Herabsetzung

[2] VII. Internationale Kunstausstellung im Glaspalast in München

und Böcklin abgeguckt hat nun nicht genug protzen kann. Und dabei verschleudert sie noch ihr ärmliches Grundkapital.

München – Bayreuth. 18 Juli 1897. Sonntag. *18.7.1897 Sonntag*

Früh in der Pinakothek. Wie intim die alten Italiener, z. B. Perugino, ihre Heimatslandschaft empfunden haben, und wie grob, wie oberflächlich, wie touristenhaft die deutschen Italienmaler. Daher die „dramatische heroische" Auffassung, die Geyger neulich in Leipzig beim alten Koch bewunderte und die Nichts ist als der Schleier, mit dem sie ihren Mangel an Verständnis und Empfindung für das Intime, Eigentümliche, dessen was sie wiedergeben wollten, zu verdecken suchen.

Bayreuth. 19 Juli 1897. *19.7.1897 Montag*

Parsifal. Mit Mutzenbecher, Behr, Oswald u. Rigal nachher bei Riebenstahl. Sie waren alle erstaunt, als ich ihnen auseinandersetzte wie in Parsifal und Klingsor sich zwei Typen entgegenstehen, der Eine der seine Sünde durch Ausrottung des Triebes zu ertöten sucht, also indem er einen Teil seiner eigenen Persönlichkeit zerstört, der Andre der sie überwindet, indem er sich selber überwindet aber dabei seine Persönlichkeit, sein Ich voll und ganz rettet. Keiner wusste auch nur, dass Klingsor Kastrat ist. Das wirft auf die Wagnerverehrer, diese gehören alle zum innersten, esoterischen Kreis, ein eigentümliches Licht, aber auch auf Wagner, dass man ihn leidenschaflich geniessen kann ohne ihn zu verstehen. Die Gründe sind allerdings nicht schwer zu finden; sie liegen in der Wirkung auf das Geschlechtsleben. Im Grunde genommen war es aber bei Nietzsche ein Rest von Philistrosität, von Nicht Hinausgekommensein über Gut und Böse, dass er Wagnern Dieses vorwarf; warum sollten nach dem amoralischen Standpunkt diese Wirkungen weniger edel sein als andre? – Die Amoralität lässt sich ästhetisch bekämpfen, wegen der Verhässlichung der Welt die sie zur Folge hat; man sieht dann Alles ohne Atmosphäre, ohne Licht und Schatten und Farben; die Vorurteile, gerade auch die moralischen, sind die Saiten der Seele, die am stärksten und harmonischsten bei den Berührungen von aussen vibrieren. Ohne sie bleiben nur ein paar dumpfe, schönheitslose Töne nach, die zu keinem Entzücken zusammenschmelzen. Es ist dasselbe Argument, was inbezug auf die äusserliche, konkrete, viel weniger schlimme Verhässlichung der Welt, die Menschen mit ästhetischen Bedürfnissen vom Sozialismus fernhält. – Der eigentliche Einwand gegen die ganze Metaphysik in Wagners Dramen, vor allem im Ring, ist, dass sie Nichts oder so gut wie Nichts zur künstlerischen Wirkung beiträgt. Das ist mit dem Christentum im religiösen Kunstwerk ganz anders.

Bayreuth. 20 Juli 1897. *20.7.1897 Dienstag*

Soirée in Wahnfried. Nur etwa 50 bis 60 Personen; aber unter Andren die Königin von Württemberg. Risler u. Pohlig spielten, die Miltenburg[1] sang aus Fidelio, etc. Die Cosima ganz in Schwarz mit einer Art von Hut auf und einem schwarzen Gaze Schleier, der ihr bis über die Augenbrauen reichte; darunter das fabelhaft energische Gesicht mit dem gewaltigen Knochengerüst; die Backenknochen und das Nasenbein scheinen wie aus Granit. Nach jedem Stück beglückwünschte sie die Spielenden sehr laut, mit ihrer etwas groben Stimme, dass man es bis in die Nebenzimmer hinein hörte. Es ist merkwürdig, dass diese Frau, die im Leben von mindestens zwei und vielleicht von drei Genies: Bülow, Wagner, Nietzsche gerade als Frau eine Rolle gespielt hat äusserlich Nichts Weibliches hat. Ihre Büste[2] an der Thür zum grossen Componiersaal sieht aus wie die eines jungen Mannes, bis man die Frisur entdeckt; und genau so ist sie jetzt, nur noch prononcierter, mit stärkeren Licht und Schattengegensätzen. Unter all ihren Gästen, Männern und Frauen, sieht sie aus, als wenn sie von einer andren Rasse wäre: ganz Knochen und Willenskraft. Ich fragte Siegfried wegen des Porträtierens für d. Pan, ev. durch Whistler; aber er lehnte ab, auch nur mit ihr darüber zu sprechen. Sie hat eine Art von Idiosyncrasie dagegen, irgendwie von sich sprechen zu machen. – Bayreuth hat ganz den Charakter einer kleinen Residenz mit Wagners als Duodezfürsten; es ist merkwürdig wie sich diese Atmosphäre in Allem bemerkbar macht bis zu den lakaienhaften Bassessen, um nach Wahnfried eingeladen zu werden, und zu den Porträts in Kneipen und Friseurläden hinab.

Bayreuth. 21 Juli 1897. *21.7.1897 Mittwoch*

Rheingold. Van Rooy, der zum ersten Mal auf der Bühne stand, gleich als Wotan den grössten Eindruck gemacht. Seine Stimme ist ebenso schön und ritterlicher als die von Perron. Hans Harrach, der heute zum ersten Mal bei Wagners soupiert hat, erzählte nachher seine Erlebnisse. Isolde fragte ihn, was er von den Kostümen halte; er meinte, er fände sie zum grössten Teil sehr gut. Hierauf Isolde: „Nur zum grössten Teil!? Welche finden Sie denn nicht gut." „Das der Fricka z. B." „Das beweist eben, dass Sie garnichts davon verstehen; ob man das Kostüm der Fricka gut oder schlecht findet, ist eben das Kriterium dafür, ob Einer Geschmack oder überhaupt künstlerische Anlagen hat." Schluss. Es giebt in Wahnfried einen regelrechten Codex, eine Art von künstlerischem, litterarischem und religiös philosophischem Credo, das man unterschreiben muss um nicht in Bann gethan zu werden. Klinger z. B. ist im Gegensatz zu Thoma „geradezu ein Verderb für die moderne Kunst; kein Genie, sondern allerhöchstens ein mühsam sich seine Arbeiten zurechtklaubendes Talent u. s. w. Cosima ist die Einzige, die diesen Glaubensterrorismus noch in geistreiche Formen zu kleiden weiss; bei den Kindern wirkt er direkt plump und papageienhaft. Für den, der Wahnfried kennt ist

[1] Bahr

[2] Kietz

im Falle Wagner-Nietzsche das Problem nicht, warum Nietzsche mit Wagner gebrochen, sondern wie er so lange bei ihm hat aushalten können. – Das Leben der Cosima ist Nietzschesche Moral in Action; er mag auch viel von ihr haben; psychologisch um so erklärlicher, warum sie so schroff gegen diese Weltanschauung auftrat, als sie sie theoretisiert fand, sie mag, vielleicht unbewusst, Angst gehabt haben, dass man sie mit in die Verdammung der Theorie verwickeln würde.

Bayreuth. 22 Juli 1897. *22.7.1897 Donnerstag*
Die Walküre. Eine Aufführung, die mir zum ersten Mal auch in der Wirklichkeit annähernd ein Bild vom Musikdrama gegeben hat; Nichts Opernhaftes mehr; wirklich Anklang an die alte griechische Tragödie. Sie konnte Einen zu den Anschauungen der „Geburt der Tragödie"[1] bekehren. Und doch, das Interesse bei der Trilogie ist immer nur episodenhaft, dreht sich um Das was gerade auf der Bühne vorgeht, ohne dass das Vorhergehende oder Nachfolgende es irgendwie erhöhte. Es ist Wagner nicht gelungen, den Faden, der das Ganze zusammenhalten soll, das Metaphysisch-Philosophische, in Kunst umzusetzen, künstlerisch wirksam zu machen. Daher wirken gerade die für das Ganze wichtigsten Stellen, z. B. die Szene zwischen Fricka und Wotan, wie überflüssige Längen und können unbeschadet der künstlerischen Wirkung gestrichen werden, trotzdem sie, wenn man den Ring als etwas dramatisch Einheitliches fasst, gerade die Höhepunkte der Handlung sind. Dies ist ein durch Nichts zu widerlegender künstlerischer Einwand.

Bayreuth. 23 Juli 1897. *23.7.1897 Freitag*
Siegfried. Wagners grossartiger Gedanke für die neuere Philosophie künstlerische Symbole zu schaffen, sie in Kunst aufzulösen, wie früher die Kirche die Religion in ihrer Liturgie und ihren Domen in Kunst auflöste und so zu Etwas jedem Einzelnen Individuellen, jeden Einzelnen in seinen intimsten Regungen Erfassenden und Umbildenden zu machen. Aber die Absicht ist ihm mislungen, da bei ihm das Philosophische künstlerisch garkeine Rolle spielt, künstlerisch garnicht in Erscheinung tritt; man geniesst Alles, <u>ohne</u> dass die philosophischen Fibern in Einem gerührt werden. Aber das Bedürfnis nach solchem Schaffen von neuen Symbolen, die unsere neuen metaphysischen Anschauungen aus dem Reich des Verstandes in das des Gefühls und der Sinne führen muss vorliegen; denn immer wieder werden ähnliche Versuche gemacht, z. B. Watts, Klinger, Zarathustra, vielleicht schon Cornelius; allerdings ist offenbar irgendwo künstlerisch eine tiefe Kluft zwischen Klinger und Cornelius; aber wo? und steht etwa Watts zwischen beiden?

---

[1] Nietzsche

Bayreuth. 24 Juli 1897. Sonnabend. *24.7.1897 Samstag*
Götterdämmerung. Nachher mit Mutzenbecher, der schönen Frau von Leon, Grunelius etc. oben gegessen.

Berlin – Potsdam. 25 Juli 1897. *25.7.1897 Sonntag*
Früh aus Bayreuth. Abends noch von Berlin nach Potsdam. Bei den Roten Willich und Kracker.

Potsdam. 26 Juli 1897. *26.7.1897 Montag*
Früh mich gemeldet und bei Dungern, der krank zu Bett. Zur 2ten Schwadron gekommen.

Goltzow. 2 August 1897. *2.8.1897 Montag*
Dreitägige Übung gegen die Brandenburger Cürassiere u Rathenower Husaren begonnen. Früh um 2, 30 aus Potsdam, ich von Patrouille Abends um 10 eingerückt; 12 Meilen geritten. Bei Rochows in Goltzow im Quartier mit Wied, Solms, Henneberg u Krohn.

Goltzow. 3 August. 1897. *3.8.1897 Dienstag*
Um 3 ausgerückt. Nachmittags wieder nach Goltzow.

Potsdam. 4 August 1897. *4.8.1897 Mittwoch*
Rückmarsch nach Potsdam.

Weimar. 7. August 1897. Sonnabend. *7.8.1897 Samstag*
Um 5 $^{1}/_{2}$ hier an. Nietzsches' Diener am Bahnhof; in Livreé; auf den Knöpfen fünfzackige Krone. Das Haus liegt oberhalb der Stadt an einem Hügel in einem neugepflanzten noch ziemlich kahlen Garten; aber die Aussicht auf Stadt und Land ist hübsch. Innen ist viel Raum; Parterre Archiv und Empfangszimmer, in der ersten Etage die Privatwohnung von Nietzsche und seiner Schwester, in der zweiten mein Fremdenzimmer; hier kein Federbett mehr aber auch noch kein Tub. Alles andre kulturell dementsprechend; wohlhabend aber ohne Rücksicht auf die raffinierteren Kulturbedürfnisse eingerichtet; darin war z. B. bei Rochows die Einrichtung voraus, obgleich doch noch Alles alt, meistens Empire, ist. In den Empfangsräumen zu ebener Erde sind hier rote Sammetmöbel und eingerahmte Familienphotographieen mit Erinnerungen aus Paraguay untermischt, Spitzenschleier, Stickereien, Indianer Majoliken; Alles in erster Linie des stofflichen Interesses wegen, nicht um einen ästhetischen Gesamteindruck hervorzurufen,

aufgestellt; es ist wie bei einem recht gut situierten Universitätsprofessor oder Staatsbeamten. Frau Förster erzählte mir einige Stunden lang ziemlich weitläufig ihren Streit mit Kögel, Steiner, Hecker und Consorten, ohne dass ich eigentlich sehr viel klüger wurde. Wenn sie eifrig wird, fängt sie an zu sächseln und manchmal wird sie auch larmoyant; wie sie die Sachen sagt klingt oft niais, aber was sie sagt ist meistens gut. Über Cosima z. B. bei einem Vergleich mit der Staël und der George Sand: was sie immer an ihr bewundert habe, sei wie sehr sie mit ihrem Empfinden immer Frau, und zwar liebende, sich unterordnende Frau, geblieben sei, während die beiden andren grossen Frauen des Jahrhunderts eigentlich Männer gewesen seien. Wagner habe sie manchmal sogar vor Gästen schändlich behandelt, ihr z. B. ihren Ehebruch mit ihm vorgeworfen; einmal unter Andrem habe er zu ihr gesagt, wie sie wagen könne, so Etwas vor Elisabeth Nietzsche zu erzählen; ihr, Cosima, schadeten ja solche Geschichten bei ihrem Vorleben Nichts, aber Fräulein Nietzsche sei rein. Cosima habe zu Allem immer geschwiegen. Nietzsche habe oft gemeint, Cosima habe unendlich viel mehr Kultur als Wagner. Während wir sprachen kam ein Verwandter[1] der Nietzsches, der hier im Finanzministerium beschäftigt ist; die Förster fragte ihn, ob er nicht durch seinen Einfluss, ihr die Erlaubnis auswirken könne, ihren Bruder bei seinem Tode im Garten des Archivs beizusetzen. Ich redete ihr, als der alte Geheimrat wegwar, aber wieder so zu, dass sie schliesslich versprach an der Beisetzung im Engadin festzuhalten. Über Nietzsches jetziges Leben spricht sie seit der Übersiedlung hoffnungsvoller. Das neue Haus gefällt ihm. Er hat sich als er ankam die Dekorationen ganz genau angesehen, ist überall fast ohne Unterstützung herumgegangen, dabei immer „Palazzo, Palazzo" sagend. Er wiederhole immer, dass alle Menschen hier so gut seien; habe Freude daran, wenn sie ihm Gedichte vorlese, namentlich wohl wegen des Rhythmus, und falle sogar bei seinen eigenen Gedichten machmal mit einem Verse plötzlich ein; wenn er schlecht geschlafen habe, habe er manchmal kurze schlechte Launen, die damit endigten, dass er die Augen aufschlüge und sage „Meine Schwester ist sehr gut." Das klingt Alles, wenn die Förster es erzählt, als ob sie von einem ganz kleinen Kinde berichte, das eben anfienge, sprechen zu lernen; sie scheint sich so daran gewöhnt zu haben, ihren Bruder als lallendes Kind zu betrachten, dass sie garnicht mehr die entsetzliche Tragik, die in allem dem liegt, zu empfinden scheint; sie freut sich über sein kindliches Lächeln und Stammeln; im Grunde genommen ist das auch nur natürlich und für sie glücklich. Nach Tisch die neuen Ausgaben des Zarathustra und der Gedichte besprochen; die Förster bot mir an für diese an Kögels Stelle als Herausgeber zu figurieren. Ich lehnte ab, und nahm nur das Anerbieten an, den Druck und die Ausstattung zu leiten. Sie will einiges vom Ecce Homo hinzufügen.

---

[1] Schenk

Weimar. 8 August 1897. *8.8.1897 Sonntag*
Früh in der Stadt am Goethehause vorbei; ergreifender Gegensatz zwischen diesem Hause, in dem ein Genie sich zur Gesundheit ausgegohren hat, und dem andren Hause oben auf dem Hügel. Vor dem Frühstück führte mich die Förster in Nietzsches Zimmer. Er lag schlafend auf einem Sopha; der mächtige Kopf ruhte, als ob er für den Hals zu schwer wäre, halb nach rechts heruntergesunken auf der Brust. Die Stirn ist ganz kolossal; das mähnenartige Haar noch dunkelbraun; und ebenso der struppige, wulstige Schnurrbart; unter den Augen sind breite, schwarzbraune Ränder tief in die Wangen eingesunken; man erkennt noch im matten, schlaffen Gesicht einige tiefe, vom Denken und Wollen eingegrabene Falten; aber gleichsam verwischt und allmählich wieder sich glättend. Im Ausdruck liegt eine unendliche Müdigkeit. Die Hände sind wie Wachs grünlich violett geädert und etwas geschwollen, wie bei einer Leiche. Ein Tisch und ein hoher Lehnstuhl waren ans Sopha gerückt, damit der schwere Körper bei einer ungeschickten Bewegung nicht hinunterfalle. Er war von der schwülen Gewitterluft ermattet und, trotzdem die Schwester ihn mehrmals streichelte und kosend „Liebling, Liebling" rief, nicht zu erwecken. So glich er nicht einem Kranken oder einem Wahnsinnigen, sondern eher einem Toten. – Um $^1/_2$ 4 wieder abgereist nach Potsdam zurück. Nietzsches Gedankengang: „Bisher haben alle Menschen die Lüge, „das Ideal", z. B. die Moral, nötig gehabt; gerade das Höhere und Hohe in ihnen erwuchs aus solcher Lüge. Vielleicht kann es aber eine Art von Mensch geben, bei dem Hohes aus der Realität erwächst, die also um edel und gross zu sein die Lüge nicht mehr nötig hat, die mit andren Worten die Wahrheit verträgt; diese Art von Mensch nenne ich Übermensch."[1] Aber warum dieser Hass gegen die Lüge, wenn sie wie Nietzsche zugiebt, der Ursprung von Grossem, Hohem, Schönem, bisher sogar der einzige Ursprung von diesem Allem, gewesen ist und „andre Ziele als grosse Menschen und grosse Werke die Menschheit nicht hat" (Bd XI, 76.[2])?[3] – Die Quintessenz von N.'s Forderung ist, dass auf dem Boden dessen, was wir nunmehr für wahr oder real erkannt zu haben glauben, ebenso Hohes, Feines, Tiefes, Edles in unserer Seele entstehe, wie auf dem von uns als Lüge erkannten Fundament des Seelenlebens unserer Vorväter. Anders gesagt, die Alten haben bestimmte Anschauungen für wahr gehalten und es fertig gebracht, mittelst dieser Anschauungen ihre Seele schön und reich zu

---

1 Nachträgliche Einfügung mit Bleistift: „Wahrheit ist aber nichts andres als was vor dem rein individualistischen Denken Stand hält; dieses einzuerhalten; dann Problem: kann aus dem absoluten Individualismus Grosses erwachsen. So berührt sich das Problem dann auch eng mit Nietzsches übrigem Denken, 21.XII.1900."

2 Die Sorrentiner Papiere (Herbst 1876 bis Herbst 1877): Achtes Hauptstück: Ein Blick auf den Staat

3 Nachträgliche Einfügung mit Bleistift: „Darf man Nietzsches Gedanken dahin ergänzen: dass die Lüge ihre Fruchtbarkeit an grossen Werken u Menschen erschöpft hat? 19 XII 1901"

gestalten; da uns diese Anschauungen nicht mehr wahr erscheinen können, so wäre es ein unwürdiges Spiel und wahrscheinlich auf die Dauer eine Unmöglichkeit, sie blos als Seelenverschönerungsmittel weiterzuverwenden; wir müssen also sehen, wenn wir nicht niedergehen wollen, unsere neuen Erkenntnisse ebenso geschickt und mit ebensolchem oder noch grösserem Erfolge, wie die Alten die ihrigen, zu verwenden, um durch sie aus uns das Höchste und Edelste zu machen was sich aus uns, d. h. aus einem jeden von uns, machen lässt.[1] Was Nietzsche also gegen die Lüge einwendet ist nicht, dass sie eine Unwahrheit ist, sondern dass sie als Unwahrheit erkannt ist, dass sie also als Seelenmedicin notwendigerweise, insofern sie überhaupt noch als solche wirkt, so viele schädliche Nebenwirkungen notwendigerweise[2] hervorruft, dass diese ihre heilende oder veredelnde Wirkung aufheben.

Potsdam. 10 August 1897. *10.8.1897 Dienstag*

Bei Bernhard Stolberg gegessen. Er sagt aus seiner Erfahrung sehr richtig, dass man mit dem alten Glauben nicht, wie er gefürchtet habe, eigentlich seinen moralischen Halt verloren habe; der liegt im Charakter; sondern nur seine Erfahrungs und Erkenntnismöglichkeiten sehr vermehrt habe.

Potsdam. 16 August 1897. *16.8.1897 Montag*

Erster Tag des Regimentsexerzierens.

Potsdam. 17 August 1897. *17.8.1897 Dienstag*

Die grosse Frage ist seit Kant die nach dem relativen Wert (Wichtigkeit) der phänomenalen und der (trotz Fichte notwendig supponierten) transcendentalen Welt. Die Antwort hängt natürlich vom Wertmesser, der angelegt wird, ab. Nietzsche, der als solchen das Subjekt verwendet, verneint die Wichtigkeit der transcendentalen Welt vollkommen. Aber ob eben vom subjektiven Standpunkt aus mit Recht? Fällt die Antwort nicht vielleicht anders aus jenachdem man das Subjekt wie es sich selber erscheint, oder das wie es wirken, d. h. wie es sich als Centrum eines möglichst grossen Kreises von Wirkungen nach allen Seiten hin ausbreiten will oder das, wie es seinen eigenen Fortbestand postuliert, ansieht? Jedenfalls liegt hier eine der Kernfragen des heutigen Denkens. – Der Begriff „deutsch“, „Deutschtum“ als Agitationsmittel, Standarte, auch Sporn eventuell ausgezeichnet. Aber wie kann Einer, der etwas genauer die feinen Fäden der Psychologie oder auch blos die Ursprünge und die Zusammensetzung des deutschen Volks ansieht, diesen Begriff vor sich selber ernst nehmen? Bei allen andren

---

[1] Nachträgliche Einfügung mit Bleistift: „Hier auch die Gesellschaft zu berücksichtigen. Wie passen diese Deduktionen auf sie!“

[2] „notwendigerweise“ ist nachträglich mit Bleistift gestrichen.

Völkerbegriffen ist es ebenso. Das ändert aber Nichts an dem Mangel an Scharfsichtigkeit oder an Ehrlichkeit die man bei Allen, die mit solchen Begriffen dauernd operieren, annehmen muss. – Der Mann mit „Interessen" ist der Mann, der die Heerden vermehren hilft; er ist immer unterwegs, um irgend eine Menge von Trampeltieren, die über viel Zartes und Feines hinwegstampft, zu vermehren. Alles was Einer nicht von grundaus betreibt nur von Übel. Gespräch zwischen Veltheim und Sydow; Veltheim kennt Pferde und hasst ganz offen Bilder; Sydow hat „auch" Interesse für Bilder, bewundert à tort et à travers; viel grössere Sympathie meinerseits für Veltheims Standpunkt. „Interessen" sind nur in Ländern mit ganz alter und abgelebter Kultur von Wert, wo der Einzelne sich nicht leicht verläuft und wo sie das alte Gute erhalten helfen. Dort, wo Neues im Aufkeimen ist, wirken sie in 90 von 100 Fällen verderblich.

Potsdam. 20 August 1897. Freitag. *20.8.1897 Freitag*

Nachricht vom Tode von Carlchen Stosch; ich war sehr erschüttert; er gehörte zu denen, die mir am nächsten gestanden haben; der Erste von diesen, der gestorben ist; eine ganz harmonische, grade Natur, von innen heraus liebenswürdig. Abends zur Beerdigung abgereist.

Schwentnig – Manze. 21 August 1897. Sonnabend. *21.8.1897 Samstag*

Mit Tönnchen Zedliz nach Schwentnig, wo mich zur Beerdigung umgezogen; von dort mit Tönnchen, dem Minister Zedliz und dessen Frau im Krümperwagen nach Manze. Der Sarg stand im grossen mittleren Saal aufgebahrt, darauf Tschapka und Säbel, und viel Blumen drum herum. Der Prediger drosch nur Stroh. Das ganz Ergreifende war, als wir hinter dem Sarge her durch den ganzen reichen, weiten Besitz fuhren, der ihm gehört hatte und zu dessen Herren anstelle seiner Persönlichkeit mit ihrer vornehmen Güte jetzt ein Andrer berufen ist; und nachher, als der Sarg in der Gruft stand und der Wind in den alten Bäumen darüber so laut rauschte, dass man das Reden des Pfarrers nicht zu hören brauchte; diese ganze, stürmische Stimme der Natur, schien endlich für Carlchen den richtigen Ton zu treffen. Die Frl. v. Skall, die in Manze die Wirtschaft führt, erzählt mir von ihm einen Zug, der für ihn charakteristisch ist. Seine Mutter hatte sich selber bis zu allerletzt nicht klar machen wollen, dass er sterbend war. Am Tag vor seinem Tode bat er die Skall, seine Mutter jetzt auf seinen Tod vorzubereiten und zugleich zu sehen, ob es sie zu sehr aufregen würde, wenn er das Abendmahl nähme; wenn dieses nicht der Fall wäre, dann möchte er es nehmen; sonst sollte sie nicht wieder davon sprechen und es stillschweigend lassen. Wenn man annimmt, wie man muss, dass er gläubiger Christ war, so scheint diese Auffassung der relativen Wichtigkeit seiner Pflicht gegen die Kirche und der Schonung seiner Mutter grandios.

Marienfelde. 27 August 1897. *27.8.1897 Freitag*
Von Potsdam ins Paradequartier nach Marienfelde gerückt; Frau Kiepert; 1830.

Potsdam. 29 August 1897 Sonntag. *29.8.1897 Sonntag*
Taufe von Dungerns Töchterchen; Kessler hielt die Rede; die Kleine wurde Afra genannt. Ausser der Familie waren nur noch der Regimentsstab, Willich und Wied da.

Berlin. 3 September 1897. *3.9.1897 Freitag*
Wegen Krankheit (Gicht, Rheumatismus etc.) vom Marsch beurlaubt u daher die Woche in Berlin. Heute war Dungern hier; mit ihm u Nostitz gegessen u nachher im Wintergarten.

Berlin. 4 September 1897. *4.9.1897 Samstag*
Mit Nostitz gefrühstückt. Die moderne Ästhetik hat die Kunstgeschichte gefälscht. Die Kunst geht nicht vom Realismus, von der Nachahmung der Natur, aus. Man kann nachweisen, dass was zum Ziele führt (ich spreche natürlich nicht von den rohen, Zukunftslosen Versuchen von Wilden, die nur eine Vorstufe der Ornamentik nicht des Realismus sind) immer nur das allmähliche Erfüllen der traditionellen, rassensubjektiven Ornamentalformen mit mehr und mehr von dem Blut der Realität ist. Ehe sich nicht diese sozusagen apriorische äussere Form, diese alle Bestrebungen wie ein Knochengerüst organisch verbindende Tradition gebildet hat oder wo sie verloren gegangen ist, führt die Naturnachahmung nie über eine chaotische Haltlosigkeit hinaus.[1] Wenn der Realismus dann den Schatz der Tradition ganz zu Staub abgenutzt hat, ist vorläufig auch die Kunst zu Ende. Man fängt dann mit dem Realismus ästhetisch und philosophisch betrachtet genau dort wieder an, wo der Steinzeitmensch mit seinen Tierdarstellungen auf Knochengeräten begonnen hatte; die Kunst ist wieder vortraditionell geworden.

Drenzig. 5 September 1897. *5.9.1897 Sonntag*
Mit Nostitz und dem dicken Reuss XXXI, der seine Ansichten über Küche und Kunst entwickelte, bei Fritz gefrühstückt. Nachmittags ins Manöver gefahren. In Frankfurt Reitzenstein, Wied und Richthofen getroffen, mit denen von Reppen ins Quartier nach Drenzig. Beim Bauern.

---

[1] Nachträgliche Einfügung mit Bleistift: „Ich bin jetzt andrer Ansicht; die Rasse findet ihre ornamentalen Formen emportastend von der Natur 20.XII.1900"

Drenzig 6 September 1897. *6.9.1897 Montag*
Übung bei Spudlow-Tschernow. Bei Natzmer ordonnanziert, auf meiner kleinen Stute, die sich noch brav hielt. In Reppen gegessen.

Klein Rahde. 7 September 1897. *7.9.1897 Dienstag*
Langweiliger Tag. Wieder in Reppen gegessen, aber ohne Wied. Dies ist das erste Mal, dass ich ohne Dungern im Manöver bin; es ist fast melancholisch.

Reppen. 8 September 1897. *8.9.1897 Mittwoch*
Brigade Manöver; in Reppen einquartiert. Nach Berlin gefahren. Abends mit Nostitz gegessen, mit dem wegen seines Berichts über das Kunstgewerbe 1900 an die Dresdener Regierung. Wenn mein Wunsch durchgeht, bestellt Sachsen zwei oder drei besondre, moderne Zimmer bei Eckmann, Obrist u. s. w.

Berlin. 9 September 1897. Donnerstag. *9.9.1897 Donnerstag*
Früh nach meiner Wohnung gesehen. Alle Realität ist in der Kunst nur künstlerisch als Belebung einer praeexistierenden Form. Abends nach Reppen zurück, wo im Bahnhof mit Reitzenstein, Wied etc. gegessen.

Reichen. 10 September 1897. *10.9.1897 Freitag*
Bei der Brigade ordonnanziert; zuerst bei Natzmer dann bei Schmidt-Pauli. Nach Reichen ins Notquartier. Richthofen, Wied und ich im Zelt geschlafen.

Herzogswalde. 11 September 1897. *11.9.1897 Samstag*
Schon um $^3/_4$ 1 geweckt. Vollmond; man unterschied ganz genau die Farben in der Landschaft, wenn auch etwas geisterhaft; das Rot der Häuser, das Grün der Bäume u. s. w. Grosser Umgehungsmarsch; der Prinz Friedrich Leopold führte die Brigade. Nachher endlose Kritik von Falkenhausen. In Herzogswalde bei Bonins einquartiert. Nach Berlin gefahren.

Herzogswalde. 12 September 1897. *12.9.1897 Sonntag*
Nachmittags nach Berlin zurück. In Herzogswalde ausser der Schwadron und dem Stab noch der Prinz Friedrich Heinrich und Riepenhausen von den 1ten Dragonern zum Abendessen. Richthofen, Wied, Tiedemann und ich schlafen in einem grossen Saal.

Neudorf. 13 September 1897. *13.9.1897 Montag*
In Neudorf Notquartier. Draussen abgekocht. Nachher noch mit Wied eine kleine Stube mit zwei Betten bei einem Schlächter gefunden, zum Schlafen.

Kupfermühle bei Bobelwitz 14 September 1897. *14.9.1897 Dienstag*
Wir sind heute nach Posen herein manövriert; hübsches, hügeliges Land mit Kiefernwald und Seeen, dazwischen in den Niederungen und an den Hängen fruchtbares Ackerland und zum Teil Rübenboden. Ich liege mit einem Zuge detaschiert in der Kupfermühle.

Kupfermühle. 15 September 1897 Mittwoch. *15.9.1897 Mittwoch*
Früh Eckermann. Nachher Pferde Appell. Um $^1/_2$ 1 nach Bobelwitz hinübergefahren, wo der Stab und der Rest der Schwadron liegt, und bei der alten Frau von Dziembowski gefrühstückt. Von dort per Bahn und Wagen zu Willichs nach Gorzyn. Reizende Lage auf einer kleinen Anhöhe über einem von Wald umgebenen See. Die junge Frau v. Willich kannte ich schon aus Eyrichshof her. Sie hat sich das Haus sehr hübsch und „modern" eingerichtet; etwas englisch, ein türkisches Zimmer, und dazwischen die üblichen Articles de Paris oder de Vienne. Im Einzelnen Alles Fabrikwaare, aber in der Zusammenstellung ein gewisser Geschmack, der eine angenehme, helle, heitere Stimmung hervorruft; das ist doch immerhin ein Fortschritt gegenüber der gänzlichen Philisterhaftigkeit und öden Gegenständlichkeit in der Auswahl des Zimmerschmucks, durch die die Einrichtungen von Gutshäusern aus den 50er und 60er Jahren sich auszeichnen. Mit Wied und Richthofen vor Tisch auf den See gerudert.

Biwak bei Lagowitz. 16 September 1897. *16.9.1897 Donnerstag*
Erster Tag des Corpsmanövers. Abends gegen 4 erst im Biwak. Um 9 Retraite. Nachher noch bei den Roten, die nebenan in einem andren Felde biwakierten gesessen. Da Wied auf Patrouille war und Reitzenstein u Willy Richthofen im Dorf, allein im Zelt; dort noch gelegen und Eckermann gelesen.

Biwak bei Meseritz (Langes Vorwerk) 17 September 1897. *17.9.1897 Freitag*
Wied kam in der Nacht zurück. Viel Unruhe. Um 5 Aufbruch. Langweiliger Tag mit ewigem mit Zügen links und kehrt Schwenken. Abends die Schwadron auf Vorposten hinter Meseritz. Das Biwak in einer Schlucht am Wege. Wieder mit Wied allein im Zelt.

Birkholz. 18 September 1897. *18.9.1897 Samstag*
Letzter Tag des Corpsmanövers. Mich nach der Kritik abgemeldet. In Birkholz einquartiert. Wied, Richthofen und ich wollten Abends nach Berlin reisen, hatten aber vergessen, den Wagen zu bestellen, und sind infolgedessen dageblieben.

Berlin. 19 September 1897. *19.9.1897 Sonntag*
Früh mit Richthofen u Wied abgereist nach Berlin zurück über Schwiebus. Hüb-

sche Häuser mit Holzarkaden am Marktplatz. Abends mit Botho Schwerin und Ortenburg bei Albrecht gegessen und dann Mutzenbecher u Bodenhausen vom Bahnhof abgeholt; mit ihnen u Eulenburg dann noch bis spät zusammen.

Berlin. 20 September 1897. *20.9.1897 Montag*

In Wolzogens Unyamwewe. Eine Spürnase für die komischen Situationen, die aus gewissen modernen Verhältnissen und Beziehungen erwachsen und ein hübsches Talent, diese Situationen sozusagen realistisch auszumalen; das ist aber das einzig Moderne und auch das einzig Gute am Stück; im Übrigen ist es ein „Lustspiel" nach der ältesten Schablone; ein langweiligerer Phrasenheld und Leitartikelredner, als der angebliche grosse Afrikareisende Ewert ist mir kaum vorgekommen. Wolzogen würde bestenfalls, wenn er sehr grosse Fortschritte machte, ein deutscher Sardou werden, ich meine den Sardou der Famille Benoiton und der Pattes de Mouche.

Berlin. 21 September 1897. *21.9.1897 Dienstag*

Viel mit meiner neuen Wohnung zu thun. Abends in Halbes Mutter Erde. Fast ein Meisterstück; was dem Stück dazu fehlt ist die Überzeugungskraft der Voraussetzungen, auf denen der Konflikt sich aufbaut. Paul hat Toinette, die er wirklich liebte, in einer Anwandlung von Ehrgeiz und Selbstüberhebung von sich gestossen und sich mit Hella verbunden, die diese beiden Gefühle in ihm anzufachen wusste und daher seinen damaligen Bedürfnissen entsprach; denn seine damalige Sehnsucht gieng mehr nach Sättigung seines Verstandes oder wenn man will seiner Phantasie als nach Befriedigung seines Herzens. Er hat also statt der Herzensheirat sozusagen eine Verstandes- oder Phantasieheirat gemacht. Das Wiedererleben der Heimat giebt den Herzenbedürfnissen, die schon lange in steigendem Maasse gegen die Verstandesbedürfnisse angekämpft haben, plötzlich den Sieg, d. h. jetzt werden sie mit einem Male die stärkeren und werfen sich heisshungrig auf das erste Objekt, das sich ihnen darbietet, die frühere Geliebte, Toinette. So entsteht der Konflikt. Damit er wirklich überzeugend, also dramatisch hinreissend wirkte, müssten aber jene Voraussetzungen entweder in einer jeden Zweifel oder Widerspruch über den Haufen werfenden, die Phantasie suggestionierenden Exposition uns eingeprägt werden, oder aber – und das wäre das viel grössere Kunststück und würde das Werk zum Meisterwerk erheben – der Charakter Pauls müsste in solcher Tiefe und Klarheit entwickelt sein, dass von ihm dieses Hinopfern der Liebe in einer Zeit der geistigen, phantastischen Exaltation wie eine Art von Fatum vorausgesetzt werden könnte, d. h. dass diese Handlungsweise sozusagen als das erschiene, was Nietzsche das typische Erlebnis eines Charakters nennt. Das Stück hat aber, wie es ist, weder dieses noch jenes Fundament und schwebt so gewissermaßen in der Luft; es ist kein organisch aus einer Wurzel gewachsenes einheitliches Gebilde. Das Publikum wird daher nur momentweise, d. h. durch einzelne Szenen, nie durch das Ganze hingerissen, und bleibt, ohne sich Rechenschaft geben zu können warum, zuletzt unbefriedigt. – Wenn man das Drama dramatisch, d. h. bühnenmässig betrachtet, so ist die Charakterschilderung immer nur Mittel zum Zweck; sie dient dazu, das Geschehen als notwendig hinzustellen, d. h. dem Zuschauer den Zweifel zu benehmen an der Wahrheit der Vorgänge, die seinen Augen gezeigt werden; sie ist in dieser Beziehung eine Art von Fortsetzung und Erweiterung der Exposition. Wenn wir Feinschmecker diese Stützen des eigentlichen Baues dem Gestützten selbst vorziehen, so kehren wir in Wirklichkeit das Unterste zu Oberst; es ist ein nebensächliches Bedürfnis seines Organismus, durch den das Drama seinen tieferen menschlichen Wert erlangt hat. Aber andrerseits hat gerade der Umstand, dass die Charakterschilderung beim Drama Bedürfnis ist, während sie bei allen andren Kunstformen entweder als Luxus nebenherläuft oder durch andre Mittel sich ersetzen lässt, dazu geführt, dass das Drama am Meisten von allen Künsten zur Ergründung und Schilderung der Menschenseele gethan hat. An sich ist diese Ergründung nicht Kunst, d. h. nicht Reizmittel der Seele, sondern Wissenschaft, Erweiterung der Erkenntnis, Befriedigung des Wissenstriebes und des Verstandes.

Berlin. 24 September 1897. *24.9.1897 Freitag*

Heute am neuen Dom vorbei; er ist schon zu drei Vierteln fertig und man kann ungefähr sehen, wie er wird. Früh der Toast des Kaisers in Pest. Die Reden des Kaisers werden ein kostbares Document zur deutschen Kunst unserer Zeit sein, namentlich zur neuberlinischen Architektur. Sie geben den Ton an, auf den Alles Übrige gestimmt ist Wildenbruch wie das Kaiserdenkmal[1] und die grossen neuen jüdischen Kaufhäuser. – Es ist der aufgeregte Stil. – Auf der Strasse, vorm Museum, Mommsen getroffen. Es hat Etwas niedrig Komisches, fast Burleskes, dass das Weltgericht über einen Cäsar oder Bismarck in letzter Instanz von solch einem verhutzelten, wackelbeinigen Männchen abgehalten wird. Er bestenfalls ganz Verstand und Geist und sie ganz Wille und ganz Charakter. Was haben sie gemein, dass er ihnen nachempfinden, ihr Leben noch einmal erleben könnte? Er muss es sich übersetzen, zurechtlegen, in seine Sphäre übertragen; und was mit ihm incommensurabel ist, d. h. das, worauf es gerade ankäme, kann er garnicht in Betracht ziehen. Zuletzt kann das Urteil nur Unverstand oder nachgesprochene Phrase sein. Homunculus als Judex am Dies irae, dies illa[2].

Berlin. 26 September 1897. *26.9.1897 Sonntag*

In Bahrs Tschaperl. Er hat im Gegensatz zu Wolzogen aus einer modernen Situa-

---

[1] Begas

[2] Jüngstes Gericht

tion auch ein modernes Lustspiel gezogen. Die Konvention ist aus demselben Grunde für das Drama verhängnisvoll, aus dem die Charakterschilderung ihm notwendig ist; weil man sobald man merkt, dass Etwas konventionell ist, nicht mehr daran glauben kann, ebensowenig wie an eine That, die nicht im Charakter des Thuenden begründet ist. – Das Erste, was ein Kunstwerk thun muss, ist: Interesse erregen. Der Künstler muss die Seele seines Zuschauers, die er gestalten will, erst packen, erst in Händen halten, ehe er Weiteres mit ihr vornehmen kann. – Trotz allen monistischen Strebens kann man vorläufig nicht einsehen, wie über den Unterschied zwischen aktiver und potentieller Kraft hinwegzukommen ist. Das Gesetz von der Erhaltung der Kraft scheint nur für die aktive Geltung zu haben; potentielle z. B. in einem Samen, im Sperma u. s. w. scheint ohne Äquivalent zu verschwinden. Ebensolche Schwierigkeit macht die Entstehung potentieller Kraft; entsteht sie aus aktiver Kraft, die sich sozusagen einkapselt, dann hebt das das Gesetz von der Erhaltung der Kraft eigentlich auf; denn wenn aktive Kraft sich in potentielle umsetzen und als potentielle Kraft dann spurlos verschwinden kann, dann lässt sich der Moment voraussehen, da nacheinander alle aktive Kraft auf dem Wege über die potentielle entschwunden sein wird; also das Nirwâna. Kann sich dagegen nur eine gewisse Spezies von aktiver Kraft in potentielle umsetzen, dann giebt das innerhalb der aktiven Kraft eine grundsätzliche Scheidung; oder, wenn die potentiell umsetzbare aktive Kraft aus der nicht umsetzbaren entsteht, dann ist man auf einem Umwege wieder beim ersten Fall angelangt, wo alle aktive Kraft allmählich in potentielle und dann in Nichts übergieng. Entsteht schliesslich die potentielle Kraft nicht aus der aktiven, dann sind wir wieder beim schönsten Dualismus angelangt; und da jedes Stück potentieller Kraft immer einem Individuum zukommt, dagegen alle Aktive Kraft ihrem Wesen nach unindividuell und sozusagen pantheistisch ist, weil für ihre Existenz die des Individuums, in dem sie gerade verkörpert ist, ganz gleichgültig ist, so läuft dieser Dualismus wieder auf den Gegensatz zwischen Individuum und All, Ich und Nichtich, Subjekt und Objekt, u. s. w. hinaus. Das ist die Achillesverse des Pantheismus. Das Problem lautet kurz: wie verhält sich, zunächst wissenschaftlich und vom Gesetze der Erhaltung der Kraft ausgehend, die potentielle zur aktiven Energie?

Berlin. 30 September 1897. *30.9.1897 Donnerstag*

Beim Rückwege von meinem Tischler in der alten Stadt, in Neukölln, an der Friedrichsgracht u. s. w. gebummelt und das farbige, arbeitsame Leben angesehen, das sich hier auf dem Wasser im Duft der reifen Äpfel entwickelt. Hier ragt ein Stück von den Havelseen, ein Stück Natur, in das gemachte, durch und durch Verstandesmässig und reflektiert entstandene Schlütersche und Schinkelsche und Begassche Berlin. Alles andre in Berlin hätte auch anderswo sein können; hier allein ist Etwas dem Boden selbst Entsprossenes, Wurzelhaftes; ein Stück märkischer Wirklichkeit lebt hier inmitten der nach fremden Vorbildern, also als Copie fremder Wirklichkeiten, aufgebauten Stadt. Der fremde Flugsand hat es schon fast erstickt; es ist eine von Jahr zu Jahr kleiner werdende Insel inmitten von all der umschliessenden Unnatur. – Nachmittags einen Teil meines Umzugs aus der Bernburger 23 nach Köthenerstr. 28 bewerkstelligt. Ich selbst bin für die Nacht ins Bellevue gezogen. Die Erinnerung, an die Zeiten, wo ich hier mit Dungern gewohnt habe, erwachte fast schmerzhaft wieder. Die alten Wunden sind noch immer nicht vernarbt; sie brechen beim leisesten Anlass auf, und wie sehnsüchtig schmerzensvoll!

Berlin. 1 Oktober 1897. Freitag. *1.10.1897 Freitag*
Mein Mexico zu Ende dictiert.

Weimar. 2 Oktober 1897. *2.10.1897 Samstag*
Nach Weimar wegen der Zarathustra Ausgabe. Ich wohne bei Nietzsches. Beim Abendessen waren noch zwei junge Damen aus der Stadt da, ein Frl Baatz[1] und ?. Der Frau Förster meine Pläne gesagt und die Seiteneinteilung aufgezeichnet. Um 10 zu Bett. Ich hatte noch keine Viertelstunde das Licht ausgemacht, als ich plötzlich durch das laute Brüllen des Unglücklichen unten aufgeschreckt wurde. Ich stand halb auf und hörte noch zwei drei Mal die langen, rauhen, wie stöhnenden Laute, die er mit ganzer Kraft in die Nacht hinausschrie; dann war wieder Alles still.

Weimar. 3 Oktober 1897. *3.10.1897 Sonntag*
Vormittags im Goethehause und nach Tiefurt. Im Goethehause die kleine Goethebüste[2] aus Fürstenbergschem Porzellan; es ist die einzige rein künstlerische, ganz ohne Philisterhaftigkeit geglückte Darstellung Goethes. Die Reliquiensammlung in Tiefurt macht einen niederschmetternden Eindruck; Alles was diesen Dingen jemals Existenzberechtigung verliehen oder was Goethe in ihnen geliebt hat, ihre Neumodischkeit, ihre Frische, ihre Beziehungen auf irgend einen Scherz oder einen Liebesabend ist hin und nur ein ekelhafter, Rumpelkammerhafter Rest geblieben. Man sollte das Alles je eher um so besser verbrennen, damit es in der Phantasie derer, die Goethe lieben, ungehindert ein ewig junges Leben führe. – Frau Förster erzählt von einem Diebstahl an den von ihr in Paraguay zurückgelassenen Briefen ihres Bruders; von den 21, die gestohlen waren, hat sie

---

[1] Batsch

[2] Klauer

bis jetzt vier zu Preisen zwischen 50 und 60 Mark von einem Anonymus zurückerhalten. Die Übrigen sind vorläufig verschollen. Sie sagt der Verlust sei ihr deshalb am allerunangenehmsten, weil ihr Bruder oft aus einer Augenblicksstimmung heraus über Personen, die er sonst schätzte und in andren Briefen wieder lobte, verletzende und beissende Urteile fällte; er meinte es nicht ganz so; das Richtige seiner Ansicht lag zwischen dem Lob und dem Tadel; aber durch einseitige Publikation könnte grosses Unheil und vor Allem grosser, unbeabsichtigter Schmerz verursacht werden. Dieses Loben und Tadeln aus einer Stimmung heraus, zur Erleichterung der Nerven, ist auch zur Interpretation von Manchem in den Werken zu brauchen. – Über Kögel kann sich die Förster noch immer nicht recht beruhigen; im tiefsten Grunde würde sie ihn glaube ich gern zurückhaben; sie mag es sich aber nicht vergeben. – Nach Tisch einen Augenblick oben bei Nietzsche. Er lag auf dem Sofa, wie das vorige Mal, aber wach und aufmerksam auf was vorgieng. Er reichte mir ganz von selbst die Hand, als ich ihm die meinige entgegenstreckte. Die Finger sind auffallend lang und fein gebildet; nur die Farbe fast leichenhaft. Er sieht Einen fest und lange an; Irres ist im Blick Nichts; ich möchte den Ausdruck darin vielmehr als den der Treue und zugleich des Nicht ganz verstehen Könnens, des geistigen Suchens ohne Resultat, bezeichnen; wie Einen manchmal ein grosser schöner Hund, ein Bernhardiner, ansieht. Die buschigen Augenbrauen, die über die Augenlider etwas wirr hinunterhängen, vergrössern die Ähnlichkeit. Einmal fasste er sich auch, wie im Schmerz oder wie man beim Nachdenken thut, nach dem Kopf. Im Ganzen ist der Eindruck eher tief schmerzlich als irgendwie schrecklich oder unangenehm. Naumann um 2 an. Er geht auf Alles ein, was ich vorschlage, will aber die Ausgabe zu einer theuren mit beschränkter Zahl der Drucke (500) machen. Ich bedaure Das; aber die Hauptsache ist, dass überhaupt erst einmal so Etwas gemacht werde; dann werden sich die kleinen, billigen Ausgaben wohl anschliessen.

Berlin. 4 Oktober 1897. *4.10.1897 Montag*

In Petzolds „Einzige" im Schauspielhaus, ein exasperierend idiotenhaftes Stück; ein Bastard von „Théatre Rosse" und Gartenlaube. Zu unterscheiden zwischen innerem, psychologischen, Realismus, den alle grossen Dramatiker erstrebt haben, und äusserem, der an sich nur soweit erstrebenswert wie er zur Illusion nötig ist. Die neudeutsche Dramatik hat an ihm hauptsächlich als „Stimmung" ausserdem noch einen mittelbaren Wert entdeckt, als Werkzeug der psychologischen Vertiefung, ein neues Mittel einerseits das Innere Äusserlich, also sichtbar, also im Theater zeigbar zu machen, und andrerseits das Innere in Konflikte zu verwickeln, also zur That zu reizen, also wiederum durch Handlung äusserlich, sichtbar, zeigbar zu machen. „Die Einzige" ist aber im plattesten, äusserlichsten Sinne realistisch und zugleich im gartenlaubenhaftesten Sinne idealistisch; ich habe seit Langem Nichts so ekelhaftes gesehen, wie dieses Gebräu. – Der blos äusserliche Realismus und der verlogene Idealismus leiden dramatisch betrachtet am selben Fehler, dass sie nämlich den Zuschauer von der Wahrheit dessen, was auf der Bühne vorgeht, nicht zu überzeugen vermögen; der eine nicht, weil er die Triebfedern der Handlung überhaupt nicht zeigt, der andre nicht, weil er für die Handlung Triebfedern zeigt, an deren Wirksamkeit der Zuschauer nicht glauben kann; z. B. bei Schiller, bei dem alle Figuren Studenten im ersten Semester sind, und zwar auch die Frauenzimmer.

Berlin. 7 Oktober 1897. *7.10.1897 Donnerstag*

Konzert von Fiedler in der Singakademie; er dirigierte zum ersten Mal in Berlin; die Motive erstaunlich plastisch herausgearbeitet, ganz dramatisch gegen einander auftretend. Brahms' C moll Symphonie (1te), Wagners Faustouverture und die Leonorenouverture III[1]. – Die Frau Förster neulich über Wagner und die Cosima; die Cosima habe eigentlich immer einen viel kultivierteren Eindruck gemacht als Wagner, oder richtiger ihre Kultur, die französischen Ursprungs ist, habe viel raffinierter, abgeklärter, älter geschienen als die seinige; er mehr derb und deutsch.

Berlin. 9 Oktober 1897. *9.10.1897 Samstag*

Premiere von Hirschfelds Agnes Jordan. Das Stück spielt über 30 Jahre von 1865 bis 1896; die Geschichte einer Ehe in lauter Episoden. Im Grunde genommen weiss man in keinem Moment, worum es sich im nächsten Augenblick handeln wird; man ist permanent nicht im Bilde. Auch die Charakteristik äusserlich. Ein mageres Stück; nur einzelne hübsche Einfälle, und dann die Sorma als Agnes und eine kleine Emmy Kaepel als Ludwig Jordan entzückend.

Berlin 10 Oktober 1897. Sonntag. *10.10.1897 Sonntag*

Pan Sitzung im Kaiserhof; Bode, Graul, Flaischlen, Liebermann, Hofmann Bodenhausen und Seydlitz anwesend. Bode wie immer geistreich, nützlich und nervös ausfallend, heute gegen Liebermann, der sehr vernünftig Alles einsteckte.

Berlin. 11 Oktober 1897. *11.10.1897 Montag*

Nikisch Konzert; Brahms' III Symphonie. Die Carreño spielte.

Berlin. 12 Oktober 1897. *12.10.1897 Dienstag*

Mein Manuscript[2] zu Fontane und zu Rosenhagen getragen. Abends abgereist.

---

[1] Beethoven

[2] Notizen über Mexico

Paris. 13 Oktober 1897. *13.10.1897 Mittwoch*
Abends hier an. Zuhause Mamma und Gee.

Paris. 14 Oktober 1897. *14.10.1897 Donnerstag*
Tagsüber bei Bigot, Bing etc. wegen Einrichtungssachen. Abends mit Mamma in Brieux' Trois Filles de Monsieur Dupont. Die ersten beiden Akte sind gute etwas karikierte realistische Kunst; der französische Philister etwa so gesehen wie Th. Th. Heine den deutschen sieht. Im dritten schmeisst das dem französischen Theater von jeher so gefährliche Rationalistische das Stück um; es wird zu einer dialogisierten Dissertation über die Konvenienzehe. Das Problem giebt nicht ein neues künstlerisches Wirkungsmittel oder einen neuen Probierstein der Charaktere oder ein neues Rad im Getriebe der Handlung ab, sondern es ist um seiner selbst willen da, um plaidiert zu werden vor dem Publikum als Richter. Im Grunde genommen ist Dumas fils noch immer das vollendetste Exemplar dessen, was auch alle diese Jungen hier sein möchten; nur können sie es nicht so gut. Von neuen künstlerischen oder technischen Problemen wie bei uns keine Spur. In einer Avantscene die Gräfin Dürckheim mit ihrem Courmacher Biron getroffen.

Paris 15 Oktober 1897. *15.10.1897 Freitag*
Watteaus Zeichnungen im Louvre. Vergleich seiner Studien mit den ausgeführten Bildern. Bei der Beurteilung des französischen 18ten Jahrhunderts vergisst man viel zu sehr die ernste Kraft, die unter der leichten Hülle von Grazie und Witz versteckt war. Es giebt kein Jahrhundert der Geschichte, zum mindesten seit der Frührenaissance keins, das mit mehr Gehalt und Schärfe und Leidenschaft gedacht, gefühlt und gesehen hat. Vielleicht hat nur die Zartheit der Einkleidung so lange ein solches Nebeneinander von Kräften ermöglicht, bis schliesslich doch die Katastrophe eintrat. Verglichen mit den Männern des Rococo sind die der Romantik aufgeregte Kinder. Abends in Bissons „Jalouse" im Vaudeville. Der Effekt der einen Szene geht ganz auf das Einbrechen eines nervösen, tollen Scheidungslustigen Pariser Ehepaars in den Frieden eines Domino Abends in der Provinz bei den Schwiegereltern; darauf sollte die Komik beruhen; die Stimmung müsste also bis ins Feinste und Eindringlichste hervorgerufen werden; aber wie viel weniger gut ist das schon technisch gemacht, als es etwa bei einem von unsren neudeutschen Dramatikern der Fall sein würde. Man merkt wirklich, dass dafür hier einfach die Technik fehlt; wir haben sie, dank Schlaf, Holz und Consorten.

Paris 16 Oktober 1897. Sonntag. *16.10.1897 Samstag*
Mit Gee die alten Hotels in der Ile St Louis, dann die Skulpturen an Notre Dame, St Gervais etc. angesehen. Abends in Petites Folles von Capus. Ein Vaudeville mit sehr viel Esprit; vor Allem feine Ironie; erstaunlich aber, wie stationär hier die

Technik bleibt; es ist damit gerade umgekehrt wie mit der bildenden Kunst, wo hier die grossen Resultate der Carrière, Puvis, Degas etc. dadurch erreicht werden, dass jeder das seiner Art die Welt oder das Weib zu sehen adäquateste Ausdrucksmittel sucht.

Paris. 17 Oktober 1897. *17.10.1897 Sonntag*
Des Jules Case Vassale im Français; ein sehr starkes Stück in der neuen französischen Art, wie die von Hervieu; Dumas im Depeschenstil, aber doch noch Dumas; d. h. das Problemstück so wie Dumas es behandelte. Der Franzose sieht alle Probleme abstrakt, ihre Entscheidung unpersönlich; daher seine Dramatik von Corneille bis heute. Das Persönliche ist nur soweit angedeutet wie es sozusagen zur Localisierung nötig ist; ist für die Lösung des Konflikts nicht viel wichtiger als die Decorationen, die Kleider und die Requisiten; während unsere Auffassung des Problematischen so entgegengesetzt ist, dass in der neudeutschen Dramatik im Gegenteil sogar die Äusserlichkeiten als „Stimmung" sozusagen individualisiert werden und dass bei einer Veränderung dieser Äusserlichkeiten auch die Lösung des Problems eine andre sein müsste; bei uns giebt also nicht das abstrakt Verstandesgemässe sondern das Persönliche schliesslich die Entscheidung. Das ist der Unterschied zwischen Dumas und Ibsen.

Paris. 18 Oktober 1897. *18.10.1897 Montag*
Heute durch Zufall auf den Quais einen Brief von Hohenlohe, in dem er an einen Dritten über Papa schreibt, gefunden; ansonsten drei Briefe von Goltz Pascha und einen von Gottfried Keller; das ganze für 10 Centimes. – Abends in Blanchette im Théâtre Antoine; ein scharfbeobachtetes Bauernstück mit Etwas von Anzengruberscher Kraft im Character des Hausvaters; der unmotivierte glückliche Schluss verdirbt den sonst mächtigen Eindruck. Brieux scheint mir von den jungen französischen Dramatikern der umfassendste zu sein, der, von dem man am ersten erwarten kann, dass er für das tägliche Repertoire, nicht blos für Liebhabervorstellungen, Dumasfreie Stücke schreiben wird. – Die mystische (religiöse) Liebe kennt nicht die Bitternis der irdischen: auf die Psychologie des mystischen Liebenden anzuwenden.

Chartres. 19 Oktober 1897. Mittwoch. *19.10.1897 Dienstag*
Den Tag in Chartres. – Der Geist, der die gothische Bauform erfunden hat, um sich am Widerspiel der Kräfte im Bauorganismus zu ergötzen ist derselbe, wie der, der das Drama wie es Racine und Marivaux und Dumas verstanden geschaffen hat, um seinen Verstand am Widerstreit der psychologischen Kräfte zu erfreuen. Ästhethischen Genuss durch Verstandesoperationen, d. h. durch das Erfassen und Aufzeigen einer Kausalkette bereiten, und ästhetische Freude am Betrachten einer Kausalkette haben, ist die eigentlich französische Beanlagung

zur Kunst. – Zwei Etappen in der Entwicklung des mittelalterlichen Domideals: zuerst wurde aus der massiven Enge des romanischen Kircheninneren nach Weite, Höhe, Freiheit gestrebt; dieses Ideal hat die Gothik erfüllt; dann erweckte die magische Pracht der Glasfenster verbunden mit der jetzt erreichten Leichtigkeit des Baugerüstes den grandiosen Wunsch, einen Dom ganz aus Licht und Edelsteinen wie eine Himmelsburg zu errichten; alles Körperliche von der Wunderpracht der Fenster überstrahlt; lautere, verwirklichte Paradiesespracht. Diesen seraphischen Stil hat nur die Sainte Chapelle annähernd erreicht, aber in zu kleinem Massstabe und so nicht den eigentlichen Zweck; mystische unergründliche Weiten und Fernen von Farben und Licht zu schaffen, in denen Weihrauch und Chorgesänge wie in himmlischen Edelsteinhallen schweben könnten. An diesem Streben ist dann die Gothik zugrundegegangen. – Wenn ich mir die Gralsburg vorstellen wollte, würde ich viel eher an Chartres denken als an Monreale oder an die Capella Palatina[1], weil die Farbe, die dort in den Mosaiken ihre Erdenschwere bewahrt hier in den Fenstern wie überirdisch entkörpert scheint. – Kompliziertheit der Seele, der das gothische Kunstwerk diente im Vergleich zu der, die vom griechischen Tempel und von den griechischen Mysterien befriedigt wurde. In Griechenland nur die apollinische Gestaltenfreude und der dionysische Rausch; hier zahllose nicht zu definierende Bedürfnisse; keine scharfe Trennung mehr zwischen scharfer Verstandes und Sinnen Klarheit und dunklen Naturtrieben, sondern überall ein Verschwimmen Beider, ein Zwielicht der Seele, das eine neue Kunst und neue Künste zu seiner Befriedigung heischt; sündige Triebe, die erlöst, in Kunst aufgelöst, sein wollen; Nerven und Liebe...... Die Seele erscheint durch die lange Nacht des Mittelalters wie ein Lichtstrahl durch Prismen gebrochen und will ihre ganze schillernde Schmetterlingspracht auch im Kunstwerk wiederfinden; alle Nüancen ihrer tausendfachen Sehnsucht wollen berücksichtigt sein; man liest aus der schimmernden, mystischen Pracht des gothischen Domes den neuen Menschen, den Europäer, heraus, der in tausend Jahren langsam geworden ist. Was ist hier nicht Alles an Herbstblumen des Altertums in den starken Seelen der nordischen Barbaren zur Kraft gediehen; die dekadente Pracht des kaiserlichen Byzanz und die subtile Mystik des neuplatonischen Alexandriens, die civitas Dei des Augustinus und die Asketik die einen tausendjährigen ausgekosteten Schönheitstraum verneint hatte; die ganze Quintessenz des Altertums ist es, die wie Dornröschen erwacht, den gothischen Dom zu ihrer Befriedigung fordert; nicht mehr dekadent sondern in mächtigen Seelen zur wunderbaren Blume der mittelalterlichen Kirche erblüht. Man vergleiche einmal Pästum mit Chartres, den schönsten Tempel mit dem schönsten Dom wie wenigen und einfachen Bedürfnissen dort entsprochen wird und welchen hier! – Einfluss des Umstandes, dass im Mittelalter die Überlieferung

---

[1] Palermo

mündlich also durch die Phantasie geschah, nicht trocken und korrekt durch Dokumente. Vieles in der Mittelalterlichen Kunst versucht Märchen und Legenden zu verwirklichen (Schilderungen von Burgen oder Wunderdomen etc), die selbst wieder auf Wirkliches im alten Rom oder Byzanz zurückgiengen. Also eine ganz andre Art zu kopieren, als in der neueren Zeit. Die Farbenempfindung, die Liebe für das satte Blau und das leuchtende Rot, hat sich an den Teppichen von Bagdad oder Damascus gebildet; die Dämonen und Drachen der Wasserspeier sind die Götter der Edda und des urgermanischen Volksglaubens, der auch seine Befriedigung haben wollte. u. s. w.

Paris. 20 Oktober 1897. Donnerstag. *20.10.1897 Mittwoch*

Nachmittags bei Rodin. Er macht eher einen bourgeoisen Eindruck; im Auge Nichts Blitzendes und Geniales wie Klinger, sondern ein Ausdruck der Verschmitztheit und Schlauheit, der aber von dem vielen Zukneifen, um besser zu sehen, kommen kann; der grosse, breite rote Vollbart ist schon stark grau; der Körper klein und dick. Dort auch Legros, der einen Vergleich zwischen Daumier und Rethel andeutete. Abends mit Gee in Lakmé und Phryné. Delibes' Musik geistreich, prickelnd; aber überall wo Tiefe, Leidenschaft, Liebe verlangt wird ohne Ausdruckskraft; Saint Saëns viel weniger graziös, und auch ohne eigentliche Gestaltungsfähigkeit. – Die Deutschen haben mehr grosse und tiefe Sänger der Liebe als irgend ein andres Volk: Goethe und Novalis, Beethoven und Wagner, Schumann und Brahms; und doch haben sie eigentlich nie (ausser Goethe) die Frau darzustellen vermocht und sich nicht einmal eine eigentliche „Frau" geschaffen; was in Deutschland in Unterröcken herumläuft ist fad' oder sans sexe. Bei den Franzosen ist es umgekehrt; die Frauen sind ganz Frauen, ganz charme; aber nicht einer von den grossen Liebeskündern ist Franzose gewesen. Vielleicht liebt der Deutsche so instinktiv, so elementar, dass die Frau der Mühe überhoben ist, ihn anzulocken.

Paris. 21 Oktober 1897. *21.10.1897 Donnerstag*

Wieder bei Rodin und mit ihm wegen der Proust Radierung abgemacht. Abends die Loie Fuller in den Folies Bergère gesehen.

Paris. 22 Oktober 1897. Sonnabend. *22.10.1897 Freitag*

Vormittags bei Rodin und Nachmittags wieder, da er noch immer den mir versprochenen Abzug des Victor Hugo nicht erhalten hatte. Früh empfieng er in einem blauen wattierten Schlafrock, der mit grossen Gypsflecken bespritzt war. Während wir vergeblich auf die Radierung warteten, packte er seinen ganzen Laden aus: zahllose kleinere und grössere Gypsgruppen, fast alle aus dem Danteschen Ideenkreis, zum Teil herrlich und zum Teil für ein fremdes Auge fast formlos; bis er darauf aufmerksam macht, was er gewollt hat; z. B. die kleine

Studie einer dicken nackten Frau, deren Körper „beau comme un vase antique" ist; zwischendurch kam ein Modell, eine lange brünette Frau in Radlerhosen, die sich hinter einem kleinen Wandschirm auszog und deren für mich unsichtbaren Körperqualitäten ich ihn loben hörte. Er macht einen gemütlichen aber immer weniger einen genialen Eindruck; d. h., dass unsere Anschauungen von der äusseren Erscheinungsform des Genies natürlich falsch sind; aber die erste Lüge zieht immer weitere nach sich. Er zeigte mir die Büste, die von ihm eine Schülerin[1] gemacht hat; sehr ähnlich, sehr richtig und sogar prachtvoll modelliert, aber im Ausdruck durchaus ins Geniale umgelogen, was die Farblosigkeit der Skulptur auch erleichtert; die dünnen rotgeränderten Augenlider mit den hellblonden Wimpern, der fleckige Teint u. s. w. stören den Eindruck nicht; aber dass sie und einiges andre fehlen und Einiges im Leben weniger Sichtbare betont wird bewirkt eben einen ganz andren Eindruck als den, den der lebendige Mensch macht. Er klagte, als ich ihn fragte, wann er seine Höllenthür vollenden würde, dass er Niemand finde, der ihm helfen könne; die jungen Künstler seien meist in einem dem seinigen zu fremden Anschauungskreis aufgewachsen; on fait des choses trop différentes autour de moi; und wenn Einer einmal Talent habe, so laufe er gleich weg, sobald er Etwas von ihm gelernt habe; j'ai commencé trop de choses! Dantes Inferno hat auf ihn den grössten Einfluss gehabt; er arbeitete früher, wie er mir sagt, immer mit einem Exemplar des Inferno in der Tasche. Inbetreff der Aufstellung seiner Werke: er liebe nur das plein air, das freie von allen Seiten kommende Licht, nicht das von oben, wie in allen heutigen Ausstellungsräumen; er scheint sein ferneres Ausstellen beim Champ de Mars[2] von einer Änderung in der Beleuchtung abhängig zu machen. – Was die Engigkeit des Gens de lettres Lebens, des blossen Schriftstellertums, ausmacht ist nicht, dass das geschriebene Wort weniger wirkt als die That, sondern, dass der blosse Federmensch nicht, wie der Mann der That, seinen Charakter und Willen im Kampf in der Berührung mit andren Menschen stählen und entwickeln muss. – Gestern Abend in den Folies Bergère in einer Loge neben mir eine grande Cocotte in Schwarz, breitem Federhut und einem grossen Brillanten im Haar und mit mageren Lippen wie eine Salome.

Amiens – London. 23 Oktober 1897. Sonntag. *23.10.1897 Samstag*

Früh aus Paris fort nach London. Wieder einige Stunden in Amiens geblieben. Die mittelalterliche Skulptur ist nur Etwas lokal und zeitlich Vollendetes; man hat anderswo, vorher und nachher, Ähnliches ebensogut ausgedrückt. Formell ist an ihr das Beste, was vom altklassischen Formenschatz wieder lebendig wird (Reims, Sibylle in Bamberg, Niccolo Pisano); was ihren geistigen Gehalt aus-

---

[1] vermutl. Claudel

[2] Salon de la Société Nationale des Beaux-Arts

macht, hat die Malerei (Fra Angelico u. s. w.) ergreifender ausgeprägt. Die mittelalterliche Architektur dagegen ist Etwas Einziges, ein Höhepunkt des menschlichen Vollbringens, neben dem sich Nichts Ähnliches nennen lässt und mit dem es Nichts Verwandtes zu vergleichen giebt, ebensowenig wie mit Shakspeare, Rembrandt oder Beethoven. – In Amiens fehlt die Steigerung der Bewegung und die Leichtigkeit von den Schiffen zum Chor, der in Chartres dadurch erreicht wird, dass die Zahl der Säulen im Bündel dort im Chor verdoppelt wird (Triolen statt einfacher Noten). Amiens ist eleganter und in fast allen Einzelheiten dem Ideal, das auch dem Architekten von Chartres vorschwebte, näher als Chartres; im Ganzen aber ist Chartres Amiens um das Incommensurable, das das Genie vom Talent trennt, überlegen. – Wir, die wir an grosse und geräumige Häuser, Bahnhöfe, Ausstellungshallen gewöhnt sind, fühlen nicht mehr den Kontrast, der den Mystiker erschütterte, wenn er aus den niedrigen Räumen, in denen er lebte, in die fast unendliche Architektur des Domes trat; ebensowenig wie die Leidenschaft, mit welcher der Gläubige den Gegensatz zwischen Gut und Böse an sich erlebte. – An den beiden Enthaupteten am linken Hauptportal Realismus der dünnen, eisigen Lippen. – Das Kunstwerk von Chartres ist erst vollendet, wenn die dunklen Töne der Orgel und der Barytonstimmen es durchschweben; hierher passen eher die hellen Kinderstimmen und der Frauengesang. – Projekt ein Drama „der Einsame" zu schreiben; die Einsamkeit nicht wie in Einsamen Menschen[1] aus den Ideeen (das ist im Grunde genommen Nebensache, Oberfläche, die immer tiefere Wurzeln hat) sondern aus der Charakteranlage, aus der von der Natur gegebenen Individualität begründet; die einsamen Ideeen sind dann nur eine von den Folgen, Äusserungen, Symptomen der Einsamkeit des Individuums, dem Nooumenon des Charakters gegenüber Phänomen, etwa der Grund den es sich selber für seine Einsamkeit erfindet. Mama treibt mich, mich dramatisch zu versuchen. Aber im Grunde genommen ist eben diese meine Konzeptionsart des Dramas undramatisch; der geborene Dramatiker sieht Handlung, Vorgänge, Ereignisse, nicht Charaktere; und wenn er Talent oder Genie hat, dringt er von der Handlung in die Tiefe; er geht von einem Vorgang, der ihm als interessant oder erregend erschienen ist, in die Charaktere zurück, die durch ihr Aufeinandertreffen einen solchen Vorgang plausibel, überzeugend, machen würden, von der Blüte in die Wurzeln, und je tiefer um so fester und ewiger steht sein Werk (Shakspeare); umgekehrt kann es auch Meisterwerke geben (Goethe); aber Nichts eigentlich und notwendig Dramatisches, d. h. zu seiner vollen Verwirklichung die Darstellung auf der Bühne Verlangendes. Schiller hatte das Zeug zum Dramatiker; nur hat er zu seinen Handlungen philosophisch konstruierte oder naiv oberflächliche Motive erfunden, die mit unsren Anschauungen von den seelischen Bewegungen so wenig übereinstimmen, dass sie uns zum Teil

---

[1] Hauptmann

verlogen und zum Teil lächerlich erscheinen; wo das einmal ausnahmsweise nicht der Fall ist (z. B. in gewissen Szenen der Maria Stuart), da ist er vielleicht der dramatischste aller modernen Dramatiker; und ich rechne dabei auch Shakspeare mit ein, bei dem die übermenschlichen Verhältnisse des Fundaments, die notwendig blos in menschlichen Proportionen gehaltene Superstruktur, die Handlung selbst, trotz deren intensiv dramatischen Erfindung, durch den Kontrast zur scheinbaren Unbedeutendheit hinabdrücken.

London 24 Oktober 1897. *24.10.1897 Sonntag*

Nachmittags bei Ricketts, um ihn nach der Type seines Hero α Leander[1] zu fragen. Er sieht etwas Rossetti ähnlich, während Shannon, der während wir sprachen herunterkam, robuster scheint. Abends Jones' „Liars" im Criterion gesehen; Stellenweise die zarteste Poésie, die Einen wie in eine andre Welt versetzt; auch die Männer wirkliche Männer, nicht wie in französischen Stücken (Dumas etc.) fast immer thränenreiche Memmen; dadurch gewinnt die Handlung, das Geschehen, wieder ein festes Rückgrat, eine starke Axe, um die sie sich drehen kann. Sonst ist aber Alles technisch noch genau auf der Stufe des modernen französischen Lustspiels; im Gegensatz zu unsrer neuen Schule, die hauptsächlich in der Technik Fortschritte gemacht hat.

London. 25 Oktober 1897. *25.10.1897 Montag*

Bei Caslon wegen der Type. Abends Cartons Tree of Knowledge im St James's Theatre. Er erinnert im Talent Stimmung zu schaffen an Halbe; aber er weiss mit der Stimmung Nichts anzufangen; sie bleibt für das Drama irrelevant. Man sieht erst hier recht, wie genial der Schritt gewesen ist, den das neudeutsche Drama gemacht hat, als es die Stimmung mit unter die Triebfedern der Handlung einreihte. Die Vereinigung einer künstlerischen Ausführung mit einer spannenden, Geschehnis reichen Handlung, wie sie vom Publikum hier gefordert wird, scheint überhaupt noch die schwache Seite des neuenglischen Dramas zu sein. Was auf das grosse Publikum wirkt würde auch ohne die künstlerische Einkleidung ebenso wirken; diese feingewobene Einkleidung stört, verschleiert, sogar mehr, als sie nützt, d. h. vorwärtsbringt.

London 26 Oktober 1897. *26.10.1897 Dienstag*

In Sullivans Yeomen of the Guard; selbst der melodische Reiz fehlt; und im Übrigen ist das Stück idiotenhaft; aber das Publikum verlangt die meisten Nummern, namentlich die Couplets, zwei und dreimal.

---

[1] Marlowe

London. 27. Oktober 1897. *27.10.1897 Mittwoch*

Hamlet im Lyceum; Forbes Robinson[1] und Mrs Patrick Campbell. Er ist leider etwas alt; sonst kommt er dem Hamlettypus merkwürdig nah; sie hat Etwas Dekadentes, die harten, wie ausgebrannten Augen der Klingerschen Salome.

London. 28 Oktober 1897. Freitag. *28.10.1897 Donnerstag*

In die National Portrait Gallery und die neue Gallerie in Millbank[2]. Watts kommt mit seinen Porträts viel besser weg als mit seinen Allegorieen; in der Millbank Gallerie sind die beiden grossen Karrengäule[3] sein Bestes. Er ist der grosse dekorative Realist; die Allegorieen lassen mich, wenn ich gegen mich selber offen sein will, kalt. – Rossettis Porträt der Mrs Morris und Constables Hampstead Heath sind die beiden Triumphatoren der Millbank Gallerie. Was ist, gegenüber solchen Werken, die ganz neue Aussichten eröffnen, die Einen fürs Leben mit einer neuen Empfindlichkeit, mit neuen Sinnen, einem neuen Stück Seele beschenken, der Wert aller blos guten, blos tüchtigen oder selbst an sich vollendeten Kunst, wie sie z. B. durch Millais' Bilder hier repräsentiert wird? – Bemerkenswert an der Porträtgallerie das Nebeneinander von Watts' Bildern von Newman[4] u. Manning; man sieht in einem Augenblick den Gegensatz der beiden Charaktere und der Strömungen, die sie repräsentierten. Abends nach Brüssel.

Brüssel 30 Oktober 1897. *30.10.1897 Samstag*

Früh zu Van de Velde hinaus, der aber in Berlin ist. Hübsches Haus[5]. Reinlichkeit ist einer der Haupteindrücke, die der moderne Innendekorateur zu erwecken sucht, wie der des 17ten u 18ten Jh. Reichtum. Bei Lemmen, den ich auch aufsuchte, war gerade in der Nacht der Vater gestorben; die Bestellungen wurden aber von ihm angenommen. Nachher in den Museen und nach der Ausstellung in Tervueren: Kopf der sterbenden Anna auf dem Metsys[6]. – Die Eva[7] von Van Eyck repräsentiert ein ganz andres Schönheitsideal der Frau als das „klassische", aber vielleicht ein ähnliches wie das griechische (cf die Aphrodite von Syrakus und gewisse aphrodisische Thonvasen der ältesten Zeit mit den weiblichen Genitalien und Brustwarzen, wo auch der Frauenkörper zur Vase stylisiert ist. (giebt es etwa solche männliche Vasen??)); sie gleicht mit den beiden Umrisslinien der mächtigen Kruppe und des weitvorgestreckten Bauchs wirklich wie Rodin sagt

1 Forbes-Robertson

2 Tate Gallery

3 Dray Horses

4 Deane

5 Uccle, Bloemenwerf

6 Massys, Annenaltar

7 Genter Altar

einem kostbaren Gefäss, das für das wunderbarste auf Erden, das Menschenkind, geschaffen ist. – Leys = Millais, nur dass Millais noch besser, noch tüchtiger, ist. – Von Navez, den ich heute erst kennen gelernt habe, ein fast des Goya wertes Familienbild; blaues Kleid der jungen Mutter. So farbentief hat David wohl nie gemalt; es ist der Vlame, der trotz der akademischen Schulung in Navez durchbricht. Ebenso verbinden de Jonghe oder de Grous im dritten Viertel des Jahrhunderts mit Absichten, die denen unserer Vautier und Knaus gleichen (ländliche u. s. w Genrebilder), das instinktive Farbengefühl; sie schaffen breite Farbenakkorde, die ihren Bildern einen noch heute dauernden Wert geben. – Es ist lehrreich und für mich selbst nützlich zu erinnern, wie wir Khopff bei seinem Auftreten überschätzt haben; und doch ist er nach der Banalität und dem Kunstwert seiner Erfindungen, seiner Zeichnung, seiner Malweise, seines Schönheitstypus einfach ein Bouguereau für „Fins-de-Sexe". – Was der Kunstidiot im Kunstwerk sucht ist eine Bestätigung seiner Sehweise, also eine Befriedigung seiner Eitelkeit; der Künstler soll ihm beweisen, was für ein feiner Naturbeobachter er, der ewig mit sich Zufriedene, der gute Bürger, der Sonntagskunstkenner, ist. Wahre Kunst verlangt aber Entsagung, momentane, damit man nachher um so reicher wieder davongehe. Alle Kunst, die nicht dauernd in die Nerven und Sinne derer, die sie geniessen übergeht, so dass die, die sie erlebt haben, von da an die Welt mit Etwas vom Genie des Künstlers, der sie erschüttert hat, empfinden oder sehen, ist es im Grunde genommen nicht wert, dass sie geschaffen wurde. Abends Capus' Rosine im Theâtre Molière.

Brüssel. 31 Oktober 1897. *31.10.1897 Sonntag*

Auf dem Markt früh die Fischer Vereine, die zu einem Preisfischen zogen; alle in hübschen, kräftig farbigen aber praktischen und garnicht theatralischen Trachten; hellblaue und dunkelblaue Leinewandblusen, hohe schwarze oder gelbe Wasserstiefel oder weisse Leinwandschuhe, Mützen mit den prächtigen belgischen Nationalfarben, schwarz gelb rot, geschmückt. Sobald man nach Belgien kommt, fällt sofort dieses Vereins- und Gildenleben auf, das in der Öffentlichkeit ganz anders als sogar bei uns hervortritt. – Im Wiertz Museum. Bewegungen, Gesichtsausdruck, Körperformen, Zeichnung, Gruppierung, Farben sind auf diesen Riesenschinken vollkommen epigonenhaft; keine Neuheit der inneren Anschauung inbetreff irgend eines von diesen Punkten hat also Wiertz zum Schaffen getrieben; im Gegenteil ist die Abwesenheit jeder individuellen Phantasie auf allen diesen Gebieten vollkommen sicher. Von irgend einer besondren Konzeption der Welt, einer philosophischen Individualität, ist auch keine Spur. Dekorativ sind die Dinger, eine mehr oder weniger geschickte Aufarbeitung der von Rubens, Jordaens u. s. w. gefundenen Effekte. Es bleiben als individuell nur wahnsinnig überreizte Nerven übrig, die sich durch irgend Etwas Luft machen müssen und die zufällig, ohne eigentlich künstlerisches Bedürfnis, die Rubenssche Formenwelt als Entladungsmittel für ihre überflüssige Elektrizität benutzen. Abends fort.

Berlin. 1 November 1897. *1.11.1897 Montag*
Van de Velde aufgesucht wegen der Nietzsche Ausgabe u. meiner Möbel[1].

Berlin. 2 November 1897. *2.11.1897 Dienstag*
Van de Velde mit Nostitz bei mir gefrühstückt. Nachher van de Velde zu Bode und zu Tschudi gebracht, um ihn bekannt zu machen. Abends Geyger bei mir; er zeigte mir das kleine Wachsmodell seiner Nymphe auf einem Fisch[2]; wieder die stupende Durchbildung des Körpers; aber diesmal scheint das Ganze bedenklich „dessus de pendule" zu werden. Nachher Zacconi in den Disonesti[3] gesehen.

Berlin. 3 November 1897. *3.11.1897 Mittwoch*
Zacconi im Lear. Ihm fehlt das eigentlich Hoheitsvolle; sein Lear ist kein König; auch das wirkliche Aufbrausen gelingt ihm nicht, aus Mangel an innerer Leidenschaft; es ist immer nur ein Ärgerlichwerden. In der Sterbeszene aber war er gross; hier, wo beim Verebben des Lebens keine Kraft sondern nur noch mimische Begabung nötig ist, um Schmerz und Sterben so überzeugend wie möglich darzustellen, war er wirklich erschütternd vor Lebenswahrheit.

Berlin 4 November 1897. *4.11.1897 Donnerstag*
Zacconi in den Einsamen Menschen (Anime solitarie); diesmal auch das Ensemble gut, vor Allem die Varini. Alles ins Italienische übersetzt, aber doch künstlerisch; ein Kompliment auch für das Stück. Hauptmann sass in einer Orchesterloge und applaudierte.

Berlin. 5 November 1897. *5.11.1897 Freitag*
Eroica im Opernkonzert. Nachmittags Polenz getroffen, der eben aus der Charité kommt, wo er mit Diphteritis gelegen hat. Nachher van de Velde mit Constantin Meunier bei mir. Meunier a la figure ravagée; er sieht aus als ob er sich lange schlecht genährt hätte; die Gesichtshaut ist, soweit sie nicht durch den langen, zerzausten Vollbart verdeckt wird, gelb, schlaff und runzelig; aber darunter, wie unter einer weicheren Hülle, die Gesichtsformen fest und ernst. Er trägt ein

---

[1] Innenausstattung der Wohnung Kesslers, Köthenerstraße 28

[2] vermutl. „Sirenen-Tintenfaß"

[3] Rovetta

Flanellhemd; dazu Schlapphut und Pelerinenmantel, dessen Pelerine er aber abgeknöpft auf dem Arme hält, für alle Fälle parcequ'il est très frileux. Das Gespräch kam wieder auf Böcklin, von dem van de Velde immer wiederholt: c'est un génie, mais ce n'est pas un artiste. Meunier schränkt noch mehr ein: c'est possible; mais je n'ai jamais réussi à voir quelquechose de bien par lui. Was sie abstösst sind die Farben, die Art zu malen; van de Velde ist sie nicht „savant" genug im Vergleich zu Monet etc. Meunier spricht mit einem stark belgischen also für mein Ohr mit einem deutschen Accent; ihm gegenüber komme ich mir merkwürdigerweise als der französischere vor.

Berlin. 6 November 1897 Sonnabend. *6.11.1897 Samstag*
Hubertusschleppe von der Bornimer Schäferei nach Grube zu. Beim Tyroler Graben gestürzt.

Berlin 8 November 1897 Montag. *8.11.1897 Montag*
Diner bei Philipp Albrecht gegeben: Meunier, van de Velde, Tschudi, Victor Mutzenbecher, Curt Herrmann, Rosenhagen, Koepping. Ich hatte mich zwischen Meunier und Tschudi gesetzt; Meuniers Konversation erinnert mich in der Unmittelbarkeit, in der Art, wie gerade aus dem Individuellen (der Freiheit von Konvention) Allgemeinmenschliches fliesst, an Verlaine. Er spricht unaufhörlich, lässt Einen garnicht zu Worte kommen; ziemlich langsam, mit kurzen Pausen und ruhigen aber ausdrucksvollen Handbewegungen. Was er sagt ist immer interessant; der Kopf wird, wenn er sich so durch das ruhige Produzieren und Vonsichgeben von Gedanken belebt, schön, namentlich die Augen, die einen Ausdruck von grosser Güte und zugleich von Intelligenz annehmen. Er sagt: J'ai toujours mes illusions d'enfant sur les hommes; quoique au fond je sache très bien ce qu'ils valent. Mais d'instinct je suis toujours porté à les croire bons. – Über den Verlust seiner beiden Söhne vor zwei Jahren: Cela a été une de ces douleurs qui vous font douter de l'existence d'un Être Supérieur et Bon. Car je suis resté très religieux, Monsieur; je crois en Dieu; mon art est un art religieux; je tâche d'être humain. „Humain" ist das Wort, das er am häufigsten gebraucht und das er als höchstes Lob über ein Kunstwerk ausspricht. Ich habe das Gefühl, dass er damit unbewusst eine Art von Pantheistischem Sinn verbindet. Über das erste Auftauchen seiner Arbeiter-Skulpturprojekte: J'ai été frappé par certaines attitudes qui m'ont paru belles. Là, dans son milieu, à la Verrerie, au Port, un ouvrier, un débardeur est grand, élégant; c'est là qu'il faut le voir; quand on le prend chez soi comme modèle, c'est souvent un pauvre être qui ne sait que faire de ses bras et de ses jambes. Mais au travail, environné des ses outils, de ses machines, il est vraiment grand. C'est ça que j'ai tâché de rendre; c'est cette atmosphère que j'ai essayé de donner à mes figures. Souvent je suis allé quelquepart pour faire des études; j'en ai fait des douzaines avec beaucoup de soin, et puis une que j'avais

faite sans y penser est la seule que j'ai continuée. Car je ne travaille pas d'après nature; je regarde, je fais des esquisses, et puis je rentre à l'atelier pour faire l'œuvre. On ne peut pas travailler d'après nature; il faut la tranquillité de l'atelier, la réflexion, pour élaguer ce qui est superflu pour exprimer ce que l'on veut exprimer. À l'usine, au port, dans la mine, je vois un geste, une attitude qui me frappent; je tâche de trouver ce qui dans cette attitude est expressif, le détail dont tout le reste dépend, qui donne la note à tout le reste; alors ce détail là je le dessine d'après nature avec le plus grand soin, la plus grande précision qui me sont possibles; mais la figure même, l'œuvre, je la fais à l'atelier. Sans cela on devient copiste, photographe. Ich fragte ihn, ob er zu seinen bekleideten Figuren zuerst Aktstudien mache: Non, jamais!! Pour moi le corps et le vêtement ne font qu'un; le vêtement doit être l'expression du corps; une vieille culotte de débardeur, un sabot de verrier c'est beau, c'est très beau, Monsieur. Avec le temps cela a pris l'âme de celui qui la porte; c'est humain. Maintenant, certainement que pour travailler comme cela, il faut une grande pratique du nu, pour comprendre, pour se rendre compte. Mais il faut apprendre cela d'abord, avant de commencer à faire des œuvres pour son propre compte. – Am meisten scheint er die Parthenonskulpturen und speziell den Theseus zu bewundern. Voilà qui est beau, voilà qui est humain! Et dire qu'on a réussi à me faire prendre ça en horreur quand j'étais jeune. On me faisait copier sans comprendre, et j'ai dû le découvrir de nouveau beaucoup plus tard.

Berlin. 9 November 1897. Dienstag *9.11.1897 Dienstag*

Abends bei Keller u Reiner, wo Meunier seine Ausstellung eröffnete. Ich kaufte den Bûcheron, den ersten Abguss. Ich äusserte meine Bewunderung über die Modellierung des Rückens: Oui, c'est si beau ça, un dos; le jeu des omoplates sous la peau; je ferais ça vingt fois, cent fois; pas un dos différent, le même dos; je ne m'en lasse jamais. Et puis chaque genre de travail développe une partie différente du corps; ça donne une physionomie particulière à chaque ouvrier. Voilà ce que je tache de rendre. – Über Barye und Carpeaux. Carpeaux a été un grand artiste; mais Barye, lui, est éternel, il n'appartient pas à la France mais à l'Humanité, Monsieur. C'est le premier qui depuis les Assyriens ait fait le fauve. Car les Grecs ne l'ont pas fait, le fauve. Quand ils en font un, il a l'air d'un petit chat mal dessiné.

Berlin. 10 November 1897. *10.11.1897 Mittwoch*

Schleppe von der Schafdammbrücke aus.

Berlin. 12 November 1897 Freitag *12.11.1897 Freitag*

Rote Jagd; Hallali bei Schildhorn.

Berlin. 14 November 1897. *14.11.1897 Sonntag*

Essen bei Curt Herrmann: Meunier, Köpping, van de Velde, Liebermann, Tschudi und einige Juden. Ich sass wie gewöhnlich wieder neben Meunier. Ich fragte ihn heute, wie er zur Skulptur zurückgekommen sei. Je ne sais pas, Monsieur, un jour je me suis aperçu que j'exprimerais mieux mon marteleur en le pétrissant dans de la glaise qu'en le dessinant; il m'a paru sculptural et je l'ai fait. Et puis vous savez j'ai commencé par la sculpture. Ich änderte darauf meine Fragestellung dahin, warum er denn als junger Mann die Skulptur aufgegeben habe: C'est que dans ma jeunesse la sculpture, chez nous, était morte, académique tandisque dans la peinture il y avait un mouvement, de Groux, Brakelaere.... Je travaillais chez un des „grands" sculpteurs[1] du temps, qui avait des monuments sur les places publiques, mais qui ne s'est jamais douté qu'il y avait quelque chose chez moi. Alors il m'a semblé meilleur de faire de la peinture. Et puis, plus tard – je me suis marié très jeune – il a fallu continuer, pour gagner la vie. J'avais réussi à me faire un nom comme peintre; tandisque comme sculpteur tout aurait été à recommencer. Mais j'ai passé toute une époque de ma vie à rêver, à ne rien faire; dans une espèce de rêve, d'hallucination; c'est alors probablement que l'idée de mes œuvres a germé en moi. Et puis ensuite, à Louvain, pendant dix ans ç'a été un travail acharné; j'étais tout seul, là, dans mon coin; personne, à Louvain, ne se doutait que j'existais comme artiste; et alors j'ai fait mes œuvres. Mais quand mes fils sont morts je n'avais plus rien pour quoi travailler; alors j'ai abandonné ma situation; je suis venu à Bruxelles; et, maintenant, je suis libre. – Nach Tisch wieder hitzige Diskussion über Boecklin; v d Velde sagt: c'est un grand metteur en pages, un grand évocateur, ce qui lui manque c'est la peinture; il me semble qu'il n'était pas nécessaire qu'il s'exprimât en couleurs, qu'il aurait tout aussi bien pu devenir littérateur. Er will seinen mangelnden Farbensinn wissenschaftlich beweisen: er habe seine Bilder auf die Komplementärfarben hin untersucht und sie nicht gefunden. Meunier ist noch ablehnender: Non, Monsieur, ce n'est pas un peintre. Je n'ai pas besoin de voir cent tableaux pour vous dire ça, j'en ai assez d'un. Tenez ce paysage qui est dans le cabinet de monsieur de Tschudi. Il y a là des arbres qui doivent venir au premier plan et qui ne sont nulle part; il peint une espèce de chose verte, d'un vert crû, sans dégradation on dirait un tapis de billard, avec des petites fleurs dessus comme les enfants en font, et il veut qu'on prenne ça pour du gazon. Non, mon cher monsieur, je vous assure que c'est mauvais, que c'est très mauvais; et je suis sur que vous serez de mon avis plus tard. Un bon peintre ne peut pas faire des choses comme ça; un peintre ne voit pas de cette façon; quelqu'un qui voit la nature comme ça ne sera jamais un peintre.

[1] Fraikin

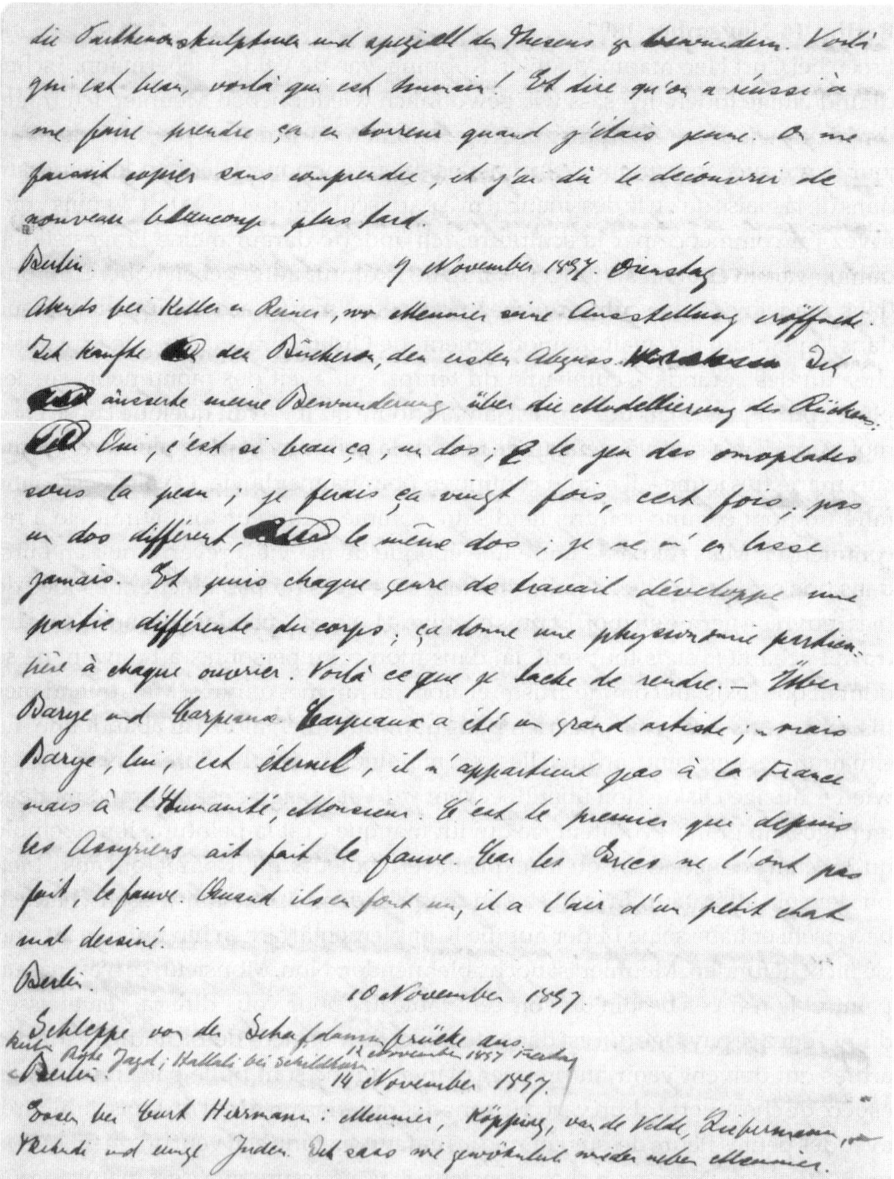
die Parthenonskulpturen und speziell den Theseus zu bewundern. Voilà ce qui est beau, voilà qui est humain! Et dire qu'on a réussi à me faire prendre ça en horreur quand j'étais jeune. On me faisait copier sans comprendre, et j'ai dû le découvrir de nouveau beaucoup plus tard.

Berlin. 9 November 1897. Dienstag

Abends bei Keller u. Reiner, wo Meunier seine Ausstellung eröffnete. Ich kaufte [redacted] den Bücherer, den ersten Abguss. [redacted] Ich [redacted] äusserte meine Bewunderung über die Modellierung des Rückens. [redacted] Oui, c'est si beau ça, un dos; [redacted] le jeu des omoplates sous la peau; je ferais ça vingt fois, cent fois, pas un dos différent, [redacted] le même dos; je ne m'en lasse jamais. Et puis chaque genre de travail développe une partie différente du corps; ça donne une physionomie particulière à chaque ouvrier. Voilà ce que je tâche de rendre. — Über Barye und Carpeaux. Carpeaux a été un grand artiste; mais Barye, lui, est éternel, il n'appartient pas à la France mais à l'Humanité, Monsieur. C'est le premier qui depuis les Assyriens ait fait le fauve. Car les Grecs ne l'ont pas fait, le fauve. Quand ils en font un, il a l'air d'un petit chat mal dessiné.

Berlin. 10 November 1897

Schleppe von der Schafgrabenbrücke aus.

Berlin 12 November 1897 Freitag
Rothe Jagd; Hallali bei Schildhorn

Berlin. 14 November 1897.

Essen bei Curt Herrmann: Meunier, Köpping, van de Velde, Liebermann, von Tschudi und einige Juden. Ich sass wie gewöhnlich wieder neben Meunier.

Einträge vom 8. bis 14. November 1897; Tagebuch Harry Graf Kessler; Deutsches Literaturarchiv, Marbach am Neckar

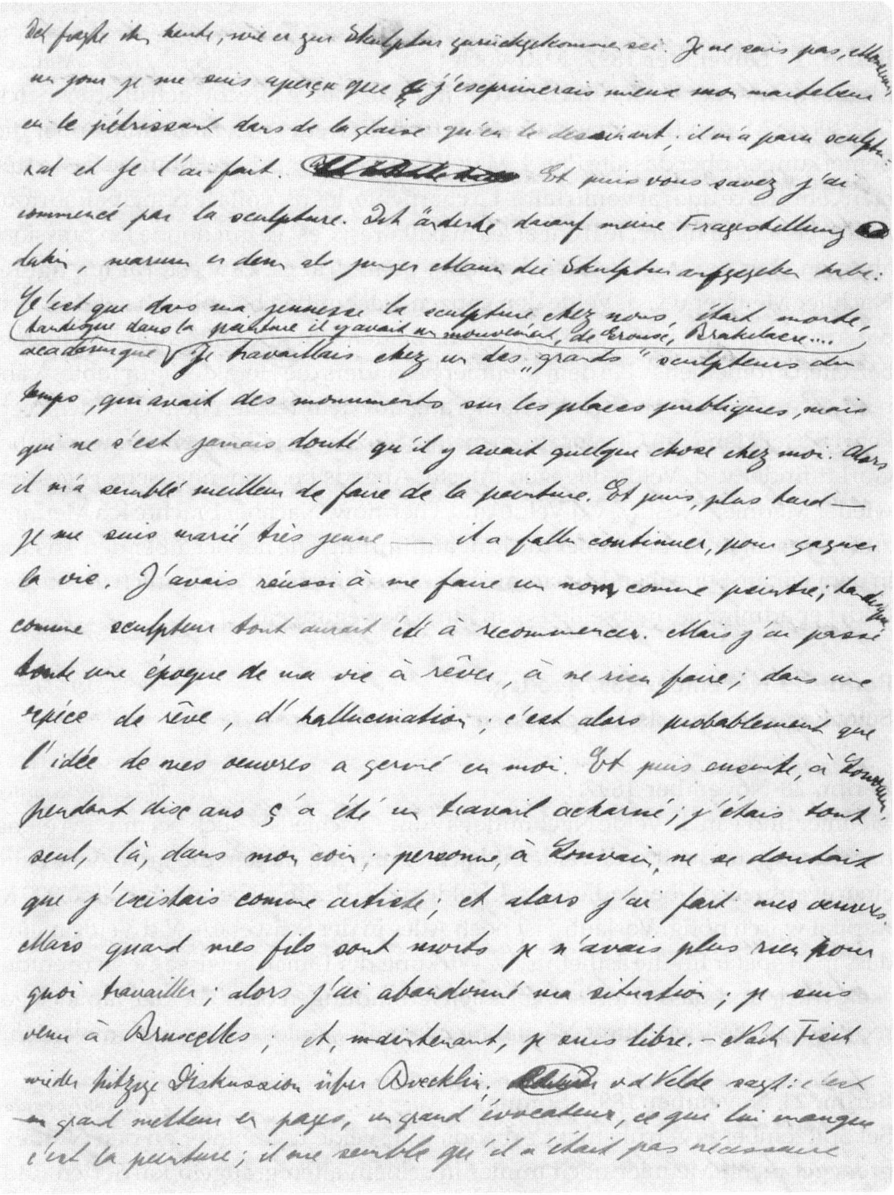
Ich fragte ihn heute, wie er zur Skulptur zurückgekommen sei. Je ne sais pas, Monsieur,
un jour je me suis aperçu que j'exprimerais mieux mon marteleur
en le pétrissant dans de la glaise qu'en le dessinant; il m'a paru sculptural
et je l'ai fait. Et puis vous savez j'ai
commencé par la sculpture. Ich änderte darauf meine Fragestellung
dahin, warum er denn als junger Mann die Skulptur aufgegeben habe:
Ce'st que dans ma jeunesse la sculpture chez nous, était morte,
(tandisque dans la peinture il y avait un mouvement, de Groux, Brakeleer....)
académique Je travaillais chez un des „grands" sculpteurs du
temps, qui avait des monuments sur les places publiques, mais
qui ne s'est jamais douté qu'il y avait quelque chose chez moi. Alors
il m'a semblé meilleur de faire de la peinture. Et puis, plus tard —
je me suis marié très jeune — il a fallu continuer, pour gagner
la vie. J'avais réussi à me faire un nom comme peintre; tandisque
comme sculpteur tout aurait été à recommencer. Mais j'ai passé
toute une époque de ma vie à rêver, à ne rien faire; dans une
espèce de rêve, d'hallucination; c'est alors probablement que
l'idée de mes oeuvres a germé en moi. Et puis ensuite, à Louvain,
pendant dix ans ç'a été un travail acharné; j'étais tout
seul, là, dans mon coin; personne, à Louvain, ne se doutait
que j'existais comme artiste; et alors j'ai fait mes oeuvres.
Mais quand mes fils sont morts je n'avais plus rien pour
quoi travailler; alors j'ai abandonné ma situation; je suis
venu à Bruxelles; et, maintenant, je suis libre. — Nach Tisch
wieder hitzige Diskussion über Boecklin. v.d.Velde sagt: c'est
un grand metteur en pages, un grand évocateur, ce qui lui manque
c'est la peinture; il me semble qu'il n'était pas nécessaire

Eintrag vom 14. November 1897; Tagebuch Harry Graf Kessler;
Deutsches Literaturarchiv, Marbach am Neckar

Berlin. 17 November 1897. Mittwoch *17.11.1897 Mittwoch*

Meunier, van de Velde und Nostitz mit mir bei Albrecht gefrühstückt. Ich übersetzte M. den Rosenhagenschen Artikel. Er freute sich namentlich über die Bemerkungen über das alte Pferd. Mais il m'a bien compris, cet homme là, il a très bien compris ce que j'ai voulu faire. La charpente, les os, voilà le principal; surtout le dos, et dans la figure, le front et les maxillaires; c'est ça qui donne l'expression; ah, mon cher (zu v. d. Velde gewendet), quand j'ai ça, ça y est, j'ai ma figure. Nachher Meunier u v. d. Velde den ganzen Nachmittag bei mir; ich zeigte ihnen die Arbeiten von Stauffer und Geyger, die Beiden sehr gut gefielen; auch Klingers befreiten Prometheus[1], bei dem Meunier besonders die Heraklesfigur lobte, während er am Prometheus bei der Radierung auf dem rechten Bein das Licht verkehrt verteilt fand, im Gegensatz zu meiner Skizze dazu. Klingers Venusbild[2] bei Gurlitt findet v. d. Velde dagegen infecte. Abends bei Bodenhausens gegessen: wieder Meunier, Nostitz, v d Velde und Thermow. Nachher brachte ich Meunier zu Fuss nachhause. Er ist über die Ringaufführung wie neulich über den Tristan, in dem wir am Sonnabend zusammen waren, sehr erfreut; namentlich die Sucher findet er admirable, merveilleuse! in ihren Bewegungen.

Berlin. 19 November 1897 Freitag. *19.11.1897 Freitag*

Beim Regiment in Potsdam gegessen.

Berlin. 20 November 1897. *20.11.1897 Samstag*

Meunier und van de Velde Nachmittags zum Abschiedsbesuch bei mir. Ich gieng nachher mit, und mit v. d. Velde zu Pächter, um mit diesem die finanzielle Seite einer eventuellen Übersiedlung v. d. Veldes nach Berlin zu besprechen. 150,000 M Kapital wären nötig. Vorläufig ist noch Alles in der Schwebe. – V d Velde meint, dass man später für die ästhethische Wirkung der Linien gewisse Gesetze entdecken wird, und dass dann seine Linienverbindungen oder die der Japaner gerechtfertigt, die Vieler ihrer Nachahmer aber als sinnlos erwiesen sein werden.

Berlin. 21 November 1897. Sonntag. *21.11.1897 Sonntag*

Bei Spitzembergs gefrühstückt. Abends v. d. Velde u. Meunier an den Nordexpress gebracht; Meunier noch immer in seinem alten graugelb karrierten Radmantel, von dem er unzertrennlich scheint.

Berlin. 22 November 1897. *22.11.1897 Montag*

Liebesmahl in Potsdam.

---

[1] Brahmsphantasie

[2] Am Strande

Berlin. 24 November 1897. *24.11.1897 Mittwoch*
Joachim Quartett. Die Musik giebt am reinsten, d. h. ohne Beimischung von Gegenständlichem, unser Subjektives, d. h. das was der Mensch immer wieder als das Wahrste, ja als das an aller Erfahrung einzig Unbezweifelbare empfindet, sein Gefühl: sein Leiden und seine Seligkeit; um welchen Kern des Erlebens für Jeden die Welt der Objekte wie Etwas Sekundäres liegt, wie ein Geschöpf des Treppenwitzes, der sich nachträglich zum geheimnisvollen seelischen Werden bewusste Gründe in Gestalt einer Aussenwelt erfindet. Das ist die Thatsache, die Schopenhauers mystisch-transcendentaler Musikauslegung zugrundeliegt. Die Welt des Leidens und Behagens erscheint schon bei den niedrigsten tierischen Wesen, vielleicht schon bei der Pflanze; die Welt der Vorstellungen baut sich auf jener erst auf einer viel höheren Entwicklungsstufe auf. Die Musik appelliert also an viel ursprünglichere, tiefere Schichten unseres Wesens als die andren Künste. Wie erklärt sich nun die Thatsache, dass sie sich von allen Künsten am spätesten entwickelt hat? Sind diese tieferen Schichten erst allmählich ins Bewusstsein aufgerückt? Gehörte ein komplizierterer Apparat an Nerven und Vorstellungen dazu, sie in Bewegung zu setzen? Oder was ist sonst der Grund?

Berlin. 25 November 1897. *25.11.1897 Donnerstag*
Ball bei der Gräfin Beroldingen. Früh nachhause. Ich fürchte mich davor, wieder in diese gesellschaftliche Tretmühle hineinzukommen. – Was den Franzosen in der Kunst fehlt ist das Synthetische; sie kennen nur den analytischen Kunstgenuss, und daher ist auch Alles was sie in der Kunst geschaffen haben, darauf berechnet, so, an der Hand des Verstandes und der Logik, genossen zu werden, von ihrer Genieschöpfung, dem gothischen Dome, herunter bis zum modernen auf Stendhal und Constant fussenden Roman. In diesem ausschliesslich dialektischen Kunstsinn scheinen sie unter allen Völkern einzig dazustehen.

Berlin. 26 November 1897. *26.11.1897 Freitag*
Parforcejagd. Schnee, klarer Himmel; kleines Feld. Kurzer, starker Galopp; Hallali am Grunewaldsee. Bei uns im Kasino gegessen. Ball bei Schmidt Paulis. Nachher mit Pachelbels nach Berlin zurückgefahren; die Pachelbel geht wieder von Rathenow aus aus. Sie tanzt jetzt seit 15 Jahren so oft sie kann, scheut keine Strapazen; Sucht zweifelhaft schöner Frauen, sich bewundern zu lassen; vielleicht, um ihren Mann durch Eifersucht festzuhalten, vielleicht auch, um sich selber immer wieder ihre Schönheit, an der sie dunkel zweifeln, durch Courmacher bestätigen zu lassen; wirklich sehr schöne Frauen selten Gesellschaftssüchtig. – Zu erstrebendes Ziel heute in Deutschland: die philosophische Goethische Kultur mit der Bismarckschen politischen und der fin-de-siècle ästhethischen zu vereinigen; d. h. Persönlichkeiten zu bilden, die alle drei natürlich in sich tragen. Diese natürliche Vielseitigkeit der Interessen, was an englischen

Staatsmännern, Denkern u. s. w. bewundernswert; aber dort das Resultat einer dreihundertjährigen Entwicklung. – Von Zola ein Artikel über Scheurer-Kestner im Figaro; das hohlste, phrasenhafteste Zeug; mit der Zeit tritt seine Victor Hugo Natur immer mehr hervor.

Berlin. 27 November 1897. Sonnabend. *27.11.1897 Samstag*
Ball bei Kurowskis.

Berlin. 28 November 1897. Sonntag. *28.11.1897 Sonntag*
Zu Königsmarcks nach Berlitt. Man fährt jetzt mit der Klingelbahn durch die Dorfstrassen hin. Wunderbar, wie farbig sich Alles vor den stillen dunklen Tönen der Herbstlandschaft macht; eine Ziegelmauer, ein gewöhnliches Kleid, die man in der Stadt kaum als einzelne Note empfindet, werden hier zu einem vollkommenen coloristischen Motiv, stimmen die Landschaft auf ihre Tonart; das kommt daher, weil in der matten Landschaft auch Farbe liegt, die also aus ihrer trüben Unbestimmtheit zum Klingen erweckt werden kann, und gerade die Töne, die mit dem kräftigen Ton einen Akkord bilden; wie wenn die Stimmgabel ins Klavier tönt; während in den breiten, hohen modernen Strassen die Lichtwirkungen einander stören, interferieren, die Farbe sich wirklich in Grau auflöst, so dass sie auch durch kräftige Vordergrundsfarben nicht herausgeholt werden kann. Man sehe sich daraufhin die deutschen Bauernbilder aus der Mitte des Jahrhunderts an, Vautier, Defregger etc., sie sind alle nicht nur im Atelier sondern speziell in der Stadt gemalt. – Bei der Rückkehr die grosse Nachricht von Badenis Entlassung.

Leipzig 29 November 1897. Montag *29.11.1897 Montag*
Nach Leipzig um mit Naumanns zu unterhandeln. – Goethes vielberufene Objektivität war in Wirklichkeit eine überaus starke Subjektivität, die Alles gelten liess, weil sie sich in Alles hineinprojicierte; er trieb mit der ganzen Kraft seines Genies Goethemorphismus. So allein ist Objektivität auch gesund. Was täuscht ist Goethes fast unendlich reiche Natur, die zu fast allen Dingen in sich mögliche Analoga fand. Aber das wahre Wesen dieser sogenannten Objektivität zeigt sich, wenn Goethe Etwas antrifft, das mit ihm wirklich incommensurabel, unassimilierbar ist, z. B. Kleist. – So erscheint die „Objektivität" als die vollentfaltete Blüte des Individualismus; daher kam sie gerade am Ende des 18ten Jh. Objektivität, Pantheismus, Panipsismus (Fichte) sind verschiedene Formen einer einzigen Weltanschauung, die die Expansionskraft des seit Jahrtausenden in der Persönlichkeit sich ansammelnden Reichtums zur Voraussetzung hat. Man muss sich gewöhnen Goethe und Napoleon als verwandte Erscheinungen zu begreifen, die Rousseau ankündigt und Beethoven vielleicht deutet; weltumspannender Egoismus ist ihre Grundnote. Voltaire sind sie als Typen darin überlegen, dass dieser

nur seinen Verstand zum Tyrannen erhob, während sie die Welt ihrer ganzen Persönlichkeit, ihrem Willen, ihrem Gefühl, ihrer Phantasie, ihren Sinnen unterwerfen wollen.

Berlin. 30 November 1897. Dienstag. *30.11.1897 Dienstag*
Diner bei Frl. v. Tiedemann.

Berlin. 1 Dezember 1897. *1.12.1897 Mittwoch*
Hausmann Barth Wirth Trio. Es dur Trio von Brahms. Brahms ist der Musiker des fruchtlosen Ringens, des resignierten und doch noch kämpfenden Pessimismus; das ist sicher auch der Sinn von Nietzsches Äusserung über ihn, die keine Kritik seiner Musik sondern eine Kritik der Weltanschauung, die in dieser Musik zum Ausdruck kommt, ist. Bei Beethoven unterliegt der Held schliesslich ebenfalls; aber er hofft doch während des Kampfes. Wagner scheint mir zwischen Beiden zu stehen, mit ungleich geringerer philosophischer Tiefe, aber mit musikalischen Ausdrucksmitteln, die auch die Beethovens übertreffen; vielleicht hat er deshalb, weil er von seiner eigenen musikalischen Begabung hingerissen wurde, nie wirklich seinem Pessimismus einen musikalischen Ausdruck gegeben. Schon seine fast wahnsinnige Sexualität musste seiner Kunst einen weltbejahenden Sinn geben, wenn auch gerade sie sein Denken – wie das Denken Schopenhauers – durch die Leiden, in die sie ihn stürzte, pessimistisch färbte; anders ausgedrückt: er und Schopenhauer sind mit ihrem Instinkt Weltbejaher, mit ihrem Bewusstsein aber gerade deshalb Weltverneiner, weil sie nicht umhin können, am eigenen Leibe die Qualen zu empfinden, die der weltbejahende Instinkt, wenn er stark ist, dem Individuum bereitet.

Berlin 3 Dezember 1897. *3.12.1897 Mittwoch*
Abendgesellschaft bei Frau Begas. Frau Lepsius zu Tisch.

Berlin. 4 Dezember 1897. *4.12.1897 Samstag*
Diner bei Frau Richter. Spitzembergs, Bodenhausens, Ihnes, Tschudi etc.

Berlin. 5 Dezember 1897. Sonntag. *5.12.1897 Sonntag*
Früh mit Bodenhausen beim Bildhauer Peterich. Bei von der Heydts gefrühstückt. Abends bei Spitzembergs.

Berlin. 6 Dezember 1897. *6.12.1897 Montag*
Konzert in der Philharmonie. Schumanns Faust III; Gesang des Doctor Marianus und der Büsserin.

Berlin. 7 Dezember 1897. *7.12.1897 Dienstag*
Dichtung und Wahrheit zu Ende; zuletzt noch die „Aristeia der Mutter!“ im Anhang zum 4ten Bande, wo dieses Herrliche verborgen und ungelesen vergessen wird. – Abends um 11 bei Josty den alten Menzel, der morgen 82 wird, eine Tasse starken Cafe trinkend getroffen.

Berlin. 8 Dezember 1897. *8.12.1897 Mittwoch*
Joachim Konzert. – Mittags bei Eckmann. Nachmittags Besuch bei Frau Richter u Frau v. Bodenhausen. – Spinozas Tractatus de intellectus emendatione gelesen.

Berlin. 9 Dezember 1897. *9.12.1897 Donnerstag*
Weiberfest von Angus Douglas bei Fritz. Ausserdem der Coburger[1], Mutzenbecher, Saldern, Alvensleben und nachher Stirum[2]. Zigeuner u. getanzt.

Berlin. 10 Dezember 1897. *10.12.1897 Freitag*
Abschiedsessen von Hollen.

Berlin. 11 Dezember 1897. Sonnabend. *11.12.1897 Samstag*
Früh der Antiquar Bertling aus Dresden bei mir, um mir Nietzsches Briefe an Schmeitzner, die ich für die Frau Förster gekauft habe, zu übergeben; mit ihm dann zu Mendelssohns, wo ihm den Preis, 2800 M., bezahlt. – Premiere von Langmanns Bartel Turaser im Lessingtheater. In Wirklichkeit ein gutes Stück im alten, Vorhauptmannschen Stil; vor Allem in der Charakterschilderung viel Talent. Aber dazu Hauptmannsche Arbeiterszenen und Kleineleute Stimmung, die mit dem Übrigen nicht recht zusammenkommt; und für eine Erstlingsarbeit Alles beängstigend ungenial; man hat nirgends die Empfindung, dass das Talent sich in den alten Schranken zu eng fühlt, dass es gegen die Wände stösst, wenn es sie schon nicht einrennen kann. Ich habe nicht den Eindruck eines wirklich grossen Talents, sondern eher eines sehr geschickten und, im Gegensatz zu Sudermann z. B., künstlerisch nachempfindenden Theaterschriftstellers, der noch eine ganze Reihe sehenswerter aber durchaus nicht epochemachender Stücke schreiben wird. Der Beifall ziemlich stark und ungeteilt; Niemand konnte sich durch irgend Etwas in seinem angewöhnten Theaterempfinden verletzt fühlen, nicht 'mal ein „Moderner“. – In Deutschland im 19ten Jh. nur drei grosse

---

1 Alfred

2 Limburg-Stirum

Prosaiker: Schopenhauer, Bismarck, Nietzsche; Moltke ist mustergültiger aber zu kalt; Heine, uns wenigstens, durch seine Nachahmerschaft unausstehlich geworden; bei Keller und Hebbel mehr der Inhalt als die Form, die gross ist. Aber wie steht es mit Jean Paul, den ich nicht kenne?

Berlin 12 Dezember 1897 Sonntag. *12.12.1897 Sonntag*
Bei d Frau Begas mit Oriola gefrühstückt.

Berlin. 13 Dezember 1897. *13.12.1897 Montag*
Abends der alte Graf Lehndorff mir gegenüber im Kasino; ich musste ihm nach Tisch Alles, Papas Tod u s w. ganz genau erzählen.

Berlin. 14 Dezember 1897. *14.12.1897 Dienstag*
Spinozas Ethik angefangen.

Berlin 15 Dezember 1897. *15.12.1897 Mittwoch*
In der Böcklin Ausstellung[1]. Die Entwicklung verfolgt. Die technische Fehlerhaftigkeit haftet ihm bis in seine höchsten Schöpfungen an. Ich glaube dieser Mangel an gewissen elementaren Kenntnissen wird immer als eine Art von Merkmal der ganzen romantischen Malerei Europas erscheinen; man wird sich aber damit abfinden, wie mit gewissen ähnlichen Mängeln bei den primitiven Griechen und Italienern, und das Genie wird, wo es vorhanden war, auch auf die spätere Zeit noch dessen ungeachtet seine Wirkung thun.

Berlin. 22 Dezember 1897. *22.12.1897 Mittwoch*
Abends nach Tisch bei Spitzembergs um mich zu verabschieden. Dort noch einen ganz interessanten jungen Russen, einen Grafen Ungern Sternberg, getroffen.

Paris. 24 Dezember 1897. Freitag. *24.12.1897 Freitag*
Mit dem Nord Express Nachmittags hier an.

Paris. 25 Dezember 1897. *25.12.1897 Samstag*
Mit Mama in die Matinee von Athalie im Français. Man hat von Racines Stücken etwas den Eindruck wie von einer Haydnschen Sonate; klare und feine psychologische Motive entzückend geschickt und künstlerisch durchgeführt. Alles für den Verstand durchsichtig.

Paris. 26 Dezember 1897. *26.12.1897 Sonntag*
Matinée im Theâtre Antoine. Curels Repas du Lion. Hinreissende Beredtsamkeit

---

[1] Akademie-Ausstellung von Werken Arnold Böcklins zur Feier seines 70. Geburtstages

aber kein Stück. Jean de Sancys Charakter ist von Curel verstanden und im ersten Akt wie in einem Roman angedeutet worden; es fehlt aber die Fähigkeit von dem Charakter, so wie er gewollt war, das Publikum zu überzeugen. In Ermangelung fällt das Stück, das keine Axe mehr hat, auseinander. Weihnachtsbescheerung bei uns.

Paris. 27 Dezember 1897. *27.12.1897 Montag*
Nach Montmartre im Trianon; Dehmel, Hyspa, Felicia Mallet etc.

Paris 28 Dezember 1897. *28.12.1897 Dienstag*
Vormittags zu Luce; er wohnt ganz oben in Montmartre in der rue Cortot in einem der ärmlichsten Logis. Zwei kleine Kammern, von denen das eine ihm, seiner Frau (einer hübschen jungen Brünette) und dem Kinde als Schlafzimmer dient, und das andre als Atelier benutzt wird. Man hat den Eindruck der äussersten Armut, des Proletariats. Im Atelier sind die Bilder wie in einem Magazin aufgestapelt; Landschaften, Stadtbilder, Bilder aus den belgischen Kohlendistrikten. In allen die gleiche Kraft des Lichts und der Zeichnung. Er wendet sich allmählich vom Pointillismus ab, versucht dasselbe durch andre Methoden zu erreichen. Er spricht über seine Malerei sehr bescheiden und einfach, schiebt immer Andre, Monet, Seurat, Signac, vor. Trotz der Verkennung nicht einmal im Ton der Stimme eine Spur von Bitterkeit. Er fand bei allen Malern, von denen wir sprachen, immer nur die gute Seite heraus. Er sagte mir gleich ich müsste unbedingt auch Signac und Petitjean besuchen und mir Sachen von Crosse schicken lassen. Nach dem Frühstück zu Petitjean hinaus, der mir, nach dem was ich heute gesehen habe, der grösste französische Monumentalmaler neben Puvis de Chavannes zu sein scheint; dieselbe erhaben heitere Götterwelt in den leuchtenden und harmonischen Farben des Impressionismus. Henri Martin ist, wenn man ihn hier überhaupt nennen will, nur ein schwacher Anempfinder von Petitjean. Auch ein Frauen Porträt in pointillistischer Manier von umfangender Intimität. Er versprach, Sachen nach Berlin zu schicken für uns. Auch er scheint arm, aber nicht im selben Maasse wie Luce, mehr kleinbürgerlich. Für ein grosses Bild forderte er 200-300 frcs; Luce 100. Abends in Mirbeaus Mauvais Berger. Die Fehler sind dieselben wie im Repas du Lion, nur im vergrösserten Massstabe; das Stück ist blos eine Serie von Leitartikeln. Der Franzose hat nie den Instinkt für das Dramatische besessen; er geht auf der Bühne immer auf den Appell ans Raisonnement aus; seine Gefahr ist statt Handlungen Folgen von Tiraden, Pasquillen, Leitartikeln auf die Bühne zu bringen.

Paris. 29 Dezember 1897. *29.12.1897 Mittwoch*
Früh zu Signac, der ein ganz ausserordentlich scheusslich im falschen van de Velde Stil dekoriertes Haus in der rue Lafontaine in unserer Nähe bewohnt. Der

Wohnung und dem Atelier nach scheint er reich zu sein. Er erwärmte sich im Laufe unseres Gespräches allmählich und zeigte mir seine Vorarbeiten zu einem Buch[1], in dem er nachweisen will, dass schon Constable, Delacroix und Ruskin die pointillistische Theorie vorgeahnt haben. Nur habe Delacroix noch mit einer Palette von über 50 Farben zu malen versucht; die ersten Impressionisten, Monet u. s. w. hätten dann ihre Palette auf etwa 20 reduziert; er selbst zeigte mir die seine, auf der nur die reinen Regenbogenfarben sind. Er mischt nur die nächstverwandten Farben; z. B. Rot mit Orange, nicht mit Blau, er vermeide dadurch die tons boueux. Er sagt, er wisse positiv, dass Monet und Pissarro von Constable und Turner, die sie während des Krieges in London sahen, stark angeregt worden seien. In seinen Zimmern schöne Studien von Seurat. Signac hält; im Gegensatz zu Luce und Petitjean, an der pointillistischen Manier fest. Abends Réjane in Sapho[2].

Paris. 30 Dezember 189 *30.12.1897 Donnerstag*

Vormittags wieder zu Petitjean und fast zwei Stunden bei ihm. Er macht mich darauf aufmerksam, dass er wie Poussin und Puvis Burgunder ist; daher die Wahlverwandtschaft. Il me semble que c'est une race de rêveurs; très différente du reste des Français et très rapprochés des Grecs. Wir sprachen von der grossen Ähnlichkeit seiner Kompositionen mit der Puvisschen, die aber auch mir durchaus nicht auf Anempfindung zurückzugehen scheint; denn er ist mit Puvis in dessen Vorzügen verwandt, kein Übertreiber der Puvisschen Manierismen wie Léon. Er sagt, er bewundere zwar Puvis sehr, aber er sei sich eines direkten Einflusses (er ist Schüler von Cabanel) nicht bewusst. Er hoffe auf eine grosse dekorative Aufgabe, um ähnlich wie Puvis sans trouer les murs grosse, erhabene Kompositionen in farbigeren Tönen und stärker vibrierendem Licht als Puvis ausführen zu können. Er erzählt, wie er 1888 auf der von mir erworbenen Dekorationsskizze Le Travail die Überlegenheit des Naturstudiums über das Bücherstudium dadurch symbolisiert habe, dass eine Frau zwei von ihren Büchern aufblickenden Männern eine Blume vorhält, und wie einige Jahre darauf Puvis, natürlich ohne die Petitjeansche Skizze bewusst plagiiert zu haben (bekannt war sie ihm als einem der Preisrichter) ganz dasselbe Symbol gebraucht habe. Er sucht jetzt allmählich von der pointillistischen Manier loszukommen, aber ohne wieder zu den alten Farbenmischungen, die die tons boueux geben, zurückzukehren und ohne die vibrierende Helligkeit der Farbe preiszugeben. Le pointillisme m'a nettoyé les yeux, mais maintenant je voudrais m'en défaire; c'est trop lourd; ça coupe les ailes à l'inspiration. – Bei Vollard Seurats Poseuses gekauft; für 1200 francs!!!! Eins der Meisterwerke der französischen Schule! –

---

1 D'Eugène Delacroix au néo-impressionnisme

2 Daudet

Abends im Theâtre Antoine L'Ecole des Veufs[1]. Ich hatte das Stück schon früher von Antoine in Berlin geben sehen. Es schien mir heute technisch noch naïver als damals. Es ist unbegreiflich, wie man darin jemals einen Fortschritt für das Drama hat sehen können. Am Anfang jedes Akts erzählt eine von den Personen in einem langen Monolog Alles was sich seit dem vorigen Akt zugetragen hat; ebensogut könnte ein Kommentator, eine Art von Prologus, nach jedem Zwischenakt auftreten, oder der Verfasser an die Zuschauer gedruckte Zettel verteilen lassen, in denen der Hergang erzählt würde. Das Gute an dem Stück sind nur einige amüsante Einfälle und Witze; mit dem Drama hat das aber Alles Nichts zu thun.

Paris. 31 Dezember 1897. *31.12.1897 Freitag*

Im Louvre. Guardi, Hogarth, Moreau Parallelerscheinungen zu Goldoni, Fielding, Gresset, Vorläufer des grossen Romans. Aber ob der Realismus, der am Ausgang des Mittelalters allmählich an die Stelle der Mystik getreten war, nicht eben im Roman eine seiner letzten Blüten treibt. Es scheint als ob eine die wirkliche Welt nicht mehr als Inhalt sondern blos als Mittel betrachtende Kunst, eine direkt auf bestimmte Nervenwirkungen ausgehende, eine in ihren Zielen blos noch aesthethische Kunst seit einigen Jahrzehnten hochkommt, eine Kunst, für die die aesthethische Erbauung in derselben Weise das eigentliche Ziel ist, wie die religiöse Erbauung für die mittelalterliche. – Ein Künstler, der Werke schafft, die mir überladen scheinen, beweist dadurch, dass das Einzelne auf ihn einen weniger starken, weniger lang nachzitternden Eindruck macht, als auf mich. Wo meine Seele oder mein Auge schon voll ist, empfindet er noch Leere. – Abends in Rostands Cyrano de Bergerac. Die vierte Vorstellung. Das Haus ist brechend voll (Extrastühle stehen in den Gängen) und enthusiastisch wie bei einer italienischen Opernvorstellung. Das Stück ist ein Monolog; nur eine Figur, neben der die andren weniger als Schatten sind. Der erste Akt ist gut; der zweite und vor allem der Dritte von der leichtesten und wunderbarsten Phantasie erfüllt, wie ein Lustspiel von Musset, der vierte und fünfte weniger reich, aber auch noch mit glänzenden Stellen. Coquelin spielt das Alles mit solcher Grazie und solchem Feuer, dass man die vier Stunden lang kaum zur Besinnung kommt; es ist wie ein tausendfarbiges Brillantfeuerwerk. Nichts ist verkehrter, als die Anschauung, dass der Wille immer durch bewusste Vorstellungen gelenkt wird. Ein jeder kennt Zustände, in denen irgend eine bewusste Vorstellung Einen mit aller Macht nach der einen Seite hinzieht, während man doch mit voller Entschlossenheit nach einer andren Richtung hin handelt. Es bleibt also blos das Dilemma, dass in solchen Fällen der Wille Ziellos, d. h. ohne ein Ziel im Auge zu haben, handelt, oder dass es einen unter der Bewusstseinsschwelle liegenden Vorstel-

[1] Ancy

lungskomplex giebt, der ihn leitet; oder anders, dass es nicht das Bewusste an der Vorstellung, nicht das, was wir immer als das eigentliche Wesen der Vorstellung ansehen, das Erkennen oder Vorstellen von Etwas ist, das den Willen beeinflusst, sondern Etwas, das von der Bewusstheit der Vorstellung verschieden ist, Etwas, zu dem die Bewusstheit als blosse Contingenz hinzutritt.

Paris. 1 Januar 1898 Sonnabend. *1.1.1898 Samstag*
Mit Gee in die Matinée im Français; l'Avare und le Malade Imaginaire. Wie viel tragischer unsere Weltanschauung geworden ist. Coquelin spielt Harpagon ganz im Sinne Molières als Possenfigur und wir empfinden das fast als Brutalität.

Paris. 2 Januar 1898 *2.1.1898 Sonntag*
Bei Auffmordts gegessen. Mit Signac den ganzen Nachmittag Besorgungen, Bilder etc.

Paris. 3 Januar 1898. *3.1.1898 Montag*
Nochmals bei Signac, der mir seine Palette erklärt; er hat nur die 7 Spektalfarben und Weiss darauf; wie er sagt Delacroix 52 Farben, die Impressionisten, Monet etc. etwa 20. Er mischt immer nur die nächstverwandten Farben, Rot mit Gelb, u. s. w.; sonst setzt er die Farben nebeneinander und lässt die Mischung auf der Retina erfolgen.

Hamburg. 6 Januar 1898. Donnerstag. *6.1.1898 Donnerstag*
Willy Kempfs Hochzeit. Früh Standesamtliche Trauung in Hinschenfelde; Nachmittags Trauung in der Wandsbeker Kirche. Bei Tisch Willys Schwägerin geführt; vis à vis Frau v. Ohlendorff und die Gräfin Baudissin; andre Seite Marschall von der Garde du Corps. Rede auf die Brautjungfern gehalten. Gleich nach Tisch fort.

Berlin 9 Januar 1898. *9.1.1898 Sonntag*
Pan-Sitzung; Lichtwark, Seidlitz, Bodenhausen, Flaischlen, Liebermann, Koepping. Bode sich wegen Krankheit entschuldigt. Hartleben scheint überhaupt nicht mehr zu kommen. Die Sache mit den Neo Impressionisten vorgetragen und durchgesetzt. Abends mit Lichtwark, Obrist, Mutzenbecher u Nostitz zusammen. Obrist sehr warm für seine Kunstgewerbe Gesellschaft plaidiert. Er sucht 100 000 M. in 500 M. Anteilen unterzubringen. Auch interessant über Liebermann, den er für einen gänzlich dekadenten und fertigen Künstler erklärt.

Berlin. 10 Januar 1898 *10.1.1898 Montag*

Die wirtschaftliche Entwicklung geht auf Zermalmung der kleinen Zwischenhändler und kleinen Unternehmer, also des gegenwärtigen Mittelstandes; man müsste erstreben, dass der Gewinn, der bisher ihm zugefallen ist, nicht nach oben durch die Aktiengesellschaften und Grosskapitalisten absorbiert sondern nach unten auf die Arbeiter verteilt werde. Dann würden diese allmählich in eine ähnliche Lebenshaltung einrücken, wie sie bisher der Mittelstand hatte. – In Spinoza. In II, Prop 40, Schol. I. Ich glaube nicht, dass Begriffe ursprünglich, d. h. bei Naturmenschen und Kindern, durch associative Synthese entstehen, sondern ich halte sie für die Überbleibsel analytischer Denkvorgänge. Zuerst hält das kleine Kind alle Hunde, die es zu sehen bekommt, für denselben Wauwau; wenn es dann zwischen dem Wauwau Caesar und dem Wauwau Bismarck unterscheiden gelernt hat, bleibt die ursprüngliche Anschauung „Wauwau" als „Begriff" zurück, d. h. als die leergewordene nicht mehr konkrete Hülse von zwei jetzt getrennten konkreten Vorstellungen. Der Begriff, oder vielmehr die dem Begriff entsprechende Anschauung ist also die rudimentärere Vorstellung, die Auffassung des Individuums in seiner Verschiedenheit von andren gleichartigen Individuen das weit Kompliziertere. Die Rolle der Sprache in der Begriffsbildung ist historisch die gewesen, jene rudimentäre Weltanschauung festzuhalten. Die synthethische Begriffsbildung ist erst Sache einer viel späteren, höher entwickelten Menschheit und ebenso die Festhaltung solcher „Abstracta" durch Wörter. Das Verkehrte ist also, beim Kinde z. B. eine Association anzunehmen wo es sich thatsächlich um eine Identifikation handelt, anzunehmen, dass der Denkvorgang so ist; Bismarck sieht Caesar ähnlich, Bismarck erinnert mich an Caesar, folglich gehören Bismarck und Caesar zur selben Tiergattung, die meine Amme „Hund" nennt, wo in der That das Kind zunächst nur Bismarck und Caesar für dasselbe Tier hält, und dann, wenn es Bismarck Bismarck und Caesar Caesar nennen lernt, das Wort Wauwau oder Hund ganz einfach für Beide beibehält.

Berlin 12 Januar 1898. *12.1.1898 Mittwoch*

Theateraufführung bei Greindls. Die Baronin sagt mir inbetreff Tavels, der zuerst mitspielen sollte aber nach der zweiten Probe starb: Oui, ce pauvre garçon, ç'a été très triste; d'abord nous ne voulions plus jouer; mais vous comprenez, on aurait trouvé ça curieux; alors nous avons changé de pièce. – Mittags in der Böcklin Ausstellung.

Berlin. 13 Januar 1898. *13.1.1898 Donnerstag*

Abends in Spinoza. Er löscht aus der Liebe Alles Sexuelle, Triebartige; seine Definition Lætitia concomitante idea causae externae[1] passt ebensogut auf die

---

[1] „Lust, verbunden mit der Idee einer äußeren Ursache"; Ethik III, 6

Liebe zu einem Tisch wie auf die zu einer Frau; das sollte gegen seine Deduktionen über die Liebe, so tief sie sind, vorsichtig machen; sie geben Alle nur einen Teil der Wahrheit; der eigentliche Kern fehlt.

Berlin. 14 Januar 1898. *14.1.1898 Freitag*
In der Böcklin Ausstellung. Abends Ball bei Greindls.

Berlin. 15 Januar 1898. Sonnabend. *15.1.1898 Samstag*
Ball bei Frau v Radowitz. Mit der Tochter Radowitz[1] d. Cotillon.

Berlin. 16 Januar 1898. Sonntag *16.1.1898 Sonntag*
Konzert der Nicklass Kempner. Viel mit Szögenyis. Zum letzten Mal in der Böcklin Ausstellung. In der letzten Zeit ihn auf d. Maltechnik hin studiert. Die Textur eigentlich immer uninteressant und oft schlecht, ohne Saft und Relief. Er erreicht alles blos durch die Valeurs aber ohne Genialität in den Mitteln. Auf d. Feueranbetern ist der Gegensatz des pastosen Auftrags des Weiss auf d. Tempelbrüstung zu der dünnen, armen Farbe der rosa Tempelsäulen ein billiger Kniff; aber er erreicht dadurch wirklich was er will, das Hervortreten der Brüstung, d. Vehemenz des Lichts; diese Lichtwirkung ist durch den Gegensatz zu den dunklen Bäumen, obgleich auch diese wieder in der Textur dünn und charakterlos sind, fast so stark wie auf einem impressionistischen Bilde. Wo er nicht mit Valeurs operieren kann, bei grossen nackten Körpern z. B. (wie auf Dichtung u. Malerei) führt die schülerhaft schlechte Malerei zu wahren Katastrophen. Am schwersten zu enträtseln sind seine Wirkungsmittel beim Meer, überhaupt beim Wasser; es liegt hier Viel auch in den Linien, die den Rhythmus der Wellen ausdrücken. (Horizontlinie der Tritonenskizze von 1875.) Auf den frühen Meerbildern (Triton v 1873, Venus Anadyomene) ist der Auftrag noch pastoser, anscheinend unmittelbarer, der Pinselstrich sichtbarer als später. – Was d. Darstellung anbelangt so hat er nicht die spontane Genialität der Bewegung wie etwa Hoffmann oder Puvis. Die Arme seiner Figuren genieren ihn offenbar; man merkt, dass er am Modell gesucht hat, was er damit anfangen sollte.

Berlin 17 Januar 1898. *17.1.1898 Montag*
Besuch bei der Gräfin Brockdorff.

Berlin 19 Januar 1898. *19.1.1898 Mittwoch*
Mit Obrist gefrühstückt u. Abends ihn, Krüger u Nostitz zu Tisch. O. u. K. sprechen als ob mit ihrem Unternehmen die Weltgeschichte anfangen sollte. Vielleicht leisten sie aber doch Etwas. Nachher mit ihnen zu Bodenhausens.

[1] Thüngen

Berlin. 20 Januar 1898 *20.1.1898 Donnerstag*

Abends bei Frau v Spitzemberg zur Feier ihres Geburtstags. Harrachs, Klinckowströms, Nostitz, Arenberg, Einsiedels u. s. w.; kleiner Rout.

Berlin. 21 Januar 1898. *21.1.1898 Freitag*

Liebesmahl in Potsdam. Nachher musikalische Soirée bei Frau Richter.

Berlin. 22 Januar 1898. Sonntag. *22.1.1898 Samstag*

Besuche.

Berlin. 23 Januar 1898. *23.1.1898 Sonntag*

Nachmittags bei Hindenburgs, wo Grünfeldt u Schelkjen Musik machen. Radziwills, Gfin Harrach, Lady Cavendish mit der kleinen Lascelles[1]; ausser Nostitz u dem alten Ferdinand Radziwill lauter Frauen u Mädchen. Abends mit Bernhard Stolberg, Plettenberg u Dohna gegessen. Dohna ist eben Vortänzer geworden.

Berlin. 25 Januar 1898. Dienstag. *25.1.1898 Dienstag*

Stolberg bei mir im Kasino. Nachher zu Anton Radziwills, wo der alte Sagan[2], sehr frisch u. mit Interesse mich über Mexico ausgefragt. Später zum Empfang auf der österreichischen Botschaft; fürchterliches Gedränge; 800 Menschen, wo 200 kaum Platz haben.

Berlin. 26 Januar 1898. *26.1.1898 Mittwoch*

Meier Graefe u Sattler bei mir gegessen. Meier Graefe über van Gogh. Van de Velde hätte die erste Anregung zu seinen dekorativen Formen aus dem Pinselstrich von van Gogh bekommen. Ferner die Byzantiner hätten in ihren Mosaiken durch ähnliche Mittel ähnliche Wirkungen erreicht wie heute die Pointillisten.

Berlin. 27 Januar 1898. *27.1.1898 Donnerstag*

Zum Kaisersgeburtstagsdiner zum Regiment. Nachher in die Galaoper; Zar u Zimmermann[3]. Das Haus, obgleich im ersten und zweiten Rang fast nur decolletierte Frauen zu sehen, nicht elegant; zu viel und doch kraftlose Farben und zu wenig Brillanten; schlecht serviertes Fleisch. Nachher, unten im Foyer, wo die Uniformen sich darunter mischen, ist der Eindruck vornehmer. Die Kaiserin[4] ganz grau.

---

1 Spring Rice

2 Talleyrand-Périgord

3 Lortzing

4 Auguste Viktoria

Berlin. 28 Januar 1898. *28.1.1898 Freitag*
Menuett Probe im Weissen Saal. Nachher bei Meier Graefes. M. G über die Dreyfuss Sache; er hätte nie patriotische Vorurteile gehabt u immer über d. Militarismus in Deutschland geschimpft. Aber jetzt sehe er, hier herrsche wenigstens Ordnung, während in Frankreich Alles nur die Laxheit des Verfalls sei. Er hat hier die jüdischen Kreise aufgesucht; die Erbitterung gegen die Franzosen soll masslos sein. Es ist möglich, dass diese Sache dem jüdischen Internationalismus, der immer im liberalen Frankreich das Ideal sah, einen dauernden Stoss in Deutschland versetzt; jedenfalls hat er die Juden darauf aufmerksam gemacht, dass die Freiheit für die Börsenjobber auch die Freiheit für die, die die Börsenjobber ausplündern bedeutet. Es ist ein praktischer Kursus der Staatswissenschaft extra für Juden. Mit M. G. über Van de Veldes eventuelle Übersiedelung nach Berlin. MG möchte damit einen grossen Bilderhandel verbinden. Ihm versprochen, den Versuch zu machen v d. V. einen Lloyddampfer zu verschaffen. Abends Ball bei Karl v. d. Heydt.

Berlin. 29 Januar 1898 Sonnabend *29.1.1898 Samstag*
Kleiner Hofball. Beim Kaiser entwickelt sich immer mehr die fast bestialisch energische Mundpartie; im Alter wird sie ganz den Eindruck der oberen Gesichtsteile, vor allem der Stirn, zurückdrängen; blos noch Bulldoggenwille; glücklich, wenn er z. B. in Bülow das Gehirn findet, das dieser Naturkraft die vorteilhafte Richtung giebt. Die Kaiserin ist jetzt ganz alt; fast weiss, und ein von zu vielem Lächeln gealterter, gefurchter Mund. Beim Cercle gestikuliert der Kaiser lebhaft mit dem Munde, die Kaiserin bringt das Lächeln nicht mehr bis in die Augen hinauf. – Bei dem Kampf um die Einladungen zu heute die Gewalt zu merken, die dem Kaiser seine gesellschaftliche Stellung, die Hofbälle, die Tafeln u. s. w geben; die grossen Grundbesitzer müssen ihre Töchter zuhofe bringen, es handelt sich da einfach um einen wirtschaftlichen Vorteil, und durch sie lenkt der Kaiser wieder Millionen von Bauern; der Lehrsatz vom Hebelarm. Der Kaiser muss bedauern, dass die Könige sich diese Macht nicht auch auf die Bürgerlichen, auf Fabrikanten, Kaufleute, Handwerker erworben haben. Das Adeln kann nicht weit genug ausgedehnt werden, um wirklich grosse Bruchteile der nichtländlichen Arbeiter durch ihre Arbeitgeber in den gesellschaftlichen Machtbereich des Monarchen zu ziehen. Während noch, bis in die neuere Zeit, der grösste Teil des Volks landwirtschaftliche Arbeiter waren, war die Macht des Hofs durch dieses Wirkungsmittel viel grösser. – Was den Hofball künstlerisch schöner als andre macht, ist auf dem weissen Hintergrund die Herausbringung der immer etwas blassen Farben der Frauentoiletten durch die kräftigen, reinen Töne der Uniformen, vor Allem der roten Garde du Corps u Cürassierröcke. – Meine Tänze: 1 Française die zweite Szögenyi, 1 Lancier Gräfin Kospoth, Menuett Marie Greindl, 2 Lancier Gräfin Oppersdorff I, Souper die jüngere

Greindl, Schlussreigen Gräfin Oppersdorff II. Elegant von den Frauen nur die Gräfin Harrach Mutter in Goldbrokat, der ihre feine Taille wie in Metall schloss und dem matten Glanz ihrer etwas blassen Haut eine Art von Intonation gab; die Prinzessin Pless, blond, ganz in Blau und Brillanten, und die Grossherzogin von Hessen, die zu ihrem schwarzen, krausen Haar und dicken Lippen Rot und Violett gepaart hatte und sich königlich hält. Daneben sah die Kaiserin wie eine Roturière aus. Dohna u. Goltz tanzten zum ersten Mal vor und gut. – Beim Souper auf dem Tisch die silbernen Leuchter, noch aus der Zeit Fr. Wilhelms II, die Arme in der zartesten Linie bewegt, und zu den Umrissen einer kleinen Urne, die auf dem Säulenschaft des Leuchters steht, in lieblichem, harmonischem Gegensatz. – Dohna erzählt, beim 1 Garderegiment hätte neulich ein Compagniechef, nachdem er den Erlass des Kaisers gegen die Päderastie vorgelesen hätte, der vor allem auf das Überhandnehmen in den höchsten Kreisen aufmerksam machte, eine kleine ganz unschuldige Fürstlichkeit vorgerufen und die übrigen Offiziere nichtprinzlicher Art ostentativ ignorierend gesagt: „Also, Hoheit, ich bitte, lassen Sie das". Der ganze Erlass hat hauptsächlich Zoten erregt.

Berlin 30 Januar 1898. *30.1.1898 Sonntag*

Bei Redens in Potsdam gefrühstückt. Abends mit Meier Graefe u Van de Velde. Ich fragte van de Velde, was an M. G.'s Bemerkung, dass van Goghs Pinselstrich ihn angeregt habe, Wahres sei. Er meinte, das stimme bis zu einem gewissen Grade. Aber sein wahrer Ausgangspunkt, sei Seurats Theorie gewesen, dass es melancholische u. heitere Linien gebe. Er habe darauf die Ansicht gegründet, dass es Linien geben müsse, die auch Etwas Andres als blos Melancholie u. Heiterkeit ausdrückten und habe dann diese erweiterte Liniensymbolik zum ersten Mal auf dem Deckel der Elskampschen Dominicales anzuwenden versucht; jede der vier Linien habe Etwas Verschiedenes bedeuten sollen. Ce n'est qu'ensuite que je me suis aperçu de la qualité décorative de mes lignes. A présent, ce qui me semble le plus important dans mon art c'est d'abord la recherche des complémentaires; c'est à dire que quand je dessine une ligne, tout de suite j'ai la sensation de la nécessité absolue d'une seconde ligne, qui complète la première; peut-être n'est ce qu'un mouvement reflexe, mais pour vous dire toute la vérité, entre nous – peut-être que vous en rirez – il me semble qu'il y a des lignes féminines et des lignes mâles, les unes pénétrant les autres. Deuxièmement il me semble que j'ai retrouvé un principe qui, je le crois, était certainement connu ou bien senti instinctivement par les anciens; c'est à dire, que chaque forme que je crée crée, elle, une forme limitrophe, une forme qui l'entoure et s'ajoute à elle, et que donc une forme n'est vraiment belle que quand la forme limitrophe, elle aussi, est belle. Dans tous mes meubles j'applique ce principe. Wenn er über seine eigenen Werke u. Theorieen spricht, ist V. immer interessant und originell. Sobald er darüber hinausgeht, verliert er vollkommen den Boden unter den Füssen und wird kapriziös und eng. Er findet Ancey tiefer und tragischer als Molière u. s. w. Als ich ihm sagte, dass auf mich Ancey den Eindruck eines grossen Kindes gemacht hätte, an dem mich vor Allem die Naivität und Unschuld gewundert hätten, die seine Art die Welt zu sehen, voraussetzt, war er ganz „horripilé". – Vieles zur eventuellen Übersiedlung V's nach Berlin besprochen.

Berlin. 31 Januar 1898. *31.1.1898 Montag*

Gesellschaft bei Frau Richter. Zur Mühlen gesungen. Viel mit Lori Harrach, der kleinen Hindenburg[1] u. Margitta Dönhoff gesprochen. – Die psychologische Urthatsache Behagen und Misbehagen; aus diesen hat sich Alles andre herausentwickelt, auch die Vorstellungen, als Erklärungen, Deutungen, von Lust und Unlust.

Berlin 1 Februar 1898. *1.2.1898 Dienstag*

Abends Cour. Der Anblick ist hübsch, namentlich in den von Kerzen erleuchteten Sälen; aber vier Stunden Stehen dafür zu viel. Mit Kékulé lange gesprochen. Nachher bei Frau Begas.

Berlin. 3 Februar 1898. *3.2.1898 Donnerstag*

Mit Willich Nachmittags bei Frau v. Bülow. Sie hat sich das Amt im altertümlichen Stil, aber hübsch, eingerichtet; römische, schwere Rococomöbel, an den Wänden Damast, und einige gute Bilder: Lenbachs Schopenhauer u sein Minghetti u. s. w. Im letzten Zimmer ein riesiger Kammin. Sie kam noch irgend einen Biscuit knabbernd herunter und empfing uns so, sehr sans gêne. Es ist ein Gegensatz zur langen, kalten, mädchenhaft dünnen Marschall. Der Accent beim Deutsch Sprechen ist kaum hörbar. Nachher Willich bei mir im Kasino.

Berlin 4 Februar 1898. *4.2.1898 Freitag*

Mit Van de Velde zu Frau Richter, der ihn vorgestellt. Er erzählte mir unterwegs, wie er dazu gekommen sei, Möbel zu machen; zuerst für seine Schwägerin[2]; dann sei der Museumsdirektor[3] ___ zu ihm gekommen und habe ihn gebeten, eine Verandaeinrichtung für seine sehr hübschen, sehr schlanken Töchter zu machen. Il y a avait quelquechose à faire, et c'est la première fois que j'avais une vraie responsabilité en faisant des meubles. – Die Dachauer bei Keller u Reiner. Man

---

[1] Nostitz

[2] Saenger-Sèthe

[3] Mons

fühlt bei Dill den Einfluss der Schotten; aber er scheint mir abgeklärter, heiterer. Ich war nach einer halben Stunde vor seinen besten Bildern ruhig und glücklich geworden, wie vor aller grossen, hohen Kunst.

Berlin. 5 Februar 1898. Sonnabend. *5.2.1898 Samstag*

Ball bei Kurowskis. – Den Tag über Druckbogen korrigiert u meine Vorrede[1] geschrieben. – Die diffuse Melancholie nach Tanzvergnügungen vielleicht eine Folge zahlreicher unter der Bewusstseinsschwelle schmerzender Eifersuchten, auch Abspannung, physische Müdigkeit, die Unmöglichkeit, sein Bestes zur Wirkung zu bringen.

Berlin. 6 Februar 1898. *6.2.1898 Sonntag*

Ball bei Lanza. Die Grossherzogin von Hessen wieder chic à la diable; blau und schwarz; im Haar Diamanten mit einer schwarzen Straussenfeder. Beim Cotillon auf meiner andren Seite die Prinzessin Pless, die der grade Gegensatz zur Grossherzogin ist, blond, weiss, milchig, mit weichem, saftigem Fleisch; das Gesicht hübsch, aber ohne Ausdruck oder Vornehmheit; man versteht vor ihrem angenehmen, geistlosen Glanz Homers Ausdruck vom herrlichen Kuhantlitz der Hera. Sie muss im Bett erfreulich, langweilig, und sentimental sein. – Man schätzt die Geistesgaben der meisten Leute in der Gesellschaft ganz verkehrt, erstens weil man sie nie in einer andren Umgebung sieht, und dann weil sie durch ihre Erfolge in der Gesellschaft grosse und sehr materielle Vorteile erlangen. Die meisten haben nur eine handwerksmässig erlernte sehr genaue Kenntnis ihres Milieus und der Mittel, um darin Erfolge zu erzielen; ihre Intelligenz ist, an sich betrachtet, nicht tiefer oder feiner entwickelt als die eines Bauern, der richtig sein Feld bestellt und mit den Juden um den Getreidepreis feilscht. Es ist das Misverhältnis zwischen den Ursachen und den Wirkungen, die uns hier, wie so oft, täuscht; weil eine sehr kleine Bewegung an diesem Punkt sehr grosse Erschütterungen zur Folge hat, halten wir die primäre Bewegung selbst für bedeutend, während ihre ganze Wichtigkeit nur „kontingent“ (äusserlich) ist, nämlich darin besteht, dass sie gerade an diesem Punkt geschieht. Aber eben deshalb sind die Leiden einer sitzengelassenen dreissigjährigen Frau genau so tief und so ernst zu nehmen wie die eines Kartoffelbauern, dem seine Kartoffeln verregnen; sie sind durchaus nicht frivol.

Berlin. 7 Februar 1898. *7.2.1898 Montag*

Mit Dohna gegessen. Auf dem kleinen Hofball neulich hat der Kaiser ihm sagen lassen, wenn er nicht dafür sorgte, dass die Prinzessinnen mehr tanzten, würde er ihn und den andren Vortänzer sofort acht Tage einsperren lassen. Dohna will ihm

---

[1] Notizen über Mexico

haben antworten lassen, dann bäte er darum, gleich vier Wochen eingesperrt zu werden, damit er den ganzen Kitsch als Vortänzer gleich los sei.

Berlin. 8 Februar 1898. Dienstag *8.2.1898 Dienstag*

Nachmittags bei Frau v. Bodenhausen; dann van de Velde bei mir. Abends grosser Hofball. I Lancier Prinzessin Pless, II Lancier Frl v Kleist, Schlussreigen Margitta Dönhoff. Die Kaiserin in einem glitzernden Drap d'Argent Kleid mit rosa Bändchen sah in ihrer uneleganten Aufmachung aus wie ein billiges Knallbonbon. Die Grossherzogin von Hessen steckte wieder pervers schön in einer goldgewirkten mit violetten Jettperlen dicht bestickten Brokatscheide; sie gleicht darin einer Bayadere. Suggestive Art, den Kopf und den Oberkörper zurückzuwerfen, wenn sie aufhört zu tanzen; dabei wirkt sie selbst in der äussersten Lascivität ihrer Bewegungen nie unvornehm. Sie ist wirklich ein bezauberndes Geschöpf.

Berlin. 9 Februar 1898. *9.2.1898 Mittwoch*

Vandevelde die Möbel[1] gebracht. Abends er u Ullbrich wegen der Zeichnungen bei mir. Ball bei Hohenthals. Souper mit Marie Greindl. Nachher lange mit Lori Harrach gesessen. Die kleine Oppersdorff sagte sehr richtig von der Grossherzogin[2], sie hätte Etwas Ägyptisches.

Berlin. 10 Februar 1898 *10.2.1898 Donnerstag*

Ball bei Szögenys; verhältnismässig klein und weniger voll als gestern bei Hohenthals; 250 Personen. Viele Fürstlichkeiten: d. Grossherzogin v. Hessen, Prinzessin Karl v. Hessen[3], Prinzessin Heinrich[4], Prinzessin Friedrich Leopold[5], Prinzessin Aribert[6]. Auch Herbert Bismarcks. Berlin ist in diesem Winter eine Art von Rendezvous für die Prinzessinen von kleinen Höfen geworden, die sich hier amüsieren wollen; das giebt der Gesellschaft einen eigenen Charakter; neulich den König von Württemberg mit seiner Tochter in einem Taxameter unter den Linden getroffen, und die Grossherzogin von Hessen bei Fritz zum Frühstück neben einer Cocotte. Bisher waren es immer nur die männlichen Prinzchen vom Ersten Garderegiment und von unserer Division, die hier herumwimmelten. – Man macht oft den Fehler, den Geist der Gesellschaftsmenschen für besonders kompliziert und verschlungen zu halten; in Wirklichkeit ist der der meisten ausserge-

---

1 Innenausstattung der Wohnung Kesslers, Köthenerstraße 28

2 Viktoria Melita

3 Margarete

4 Irene

5 Luise Sophie

6 Marie-Luise

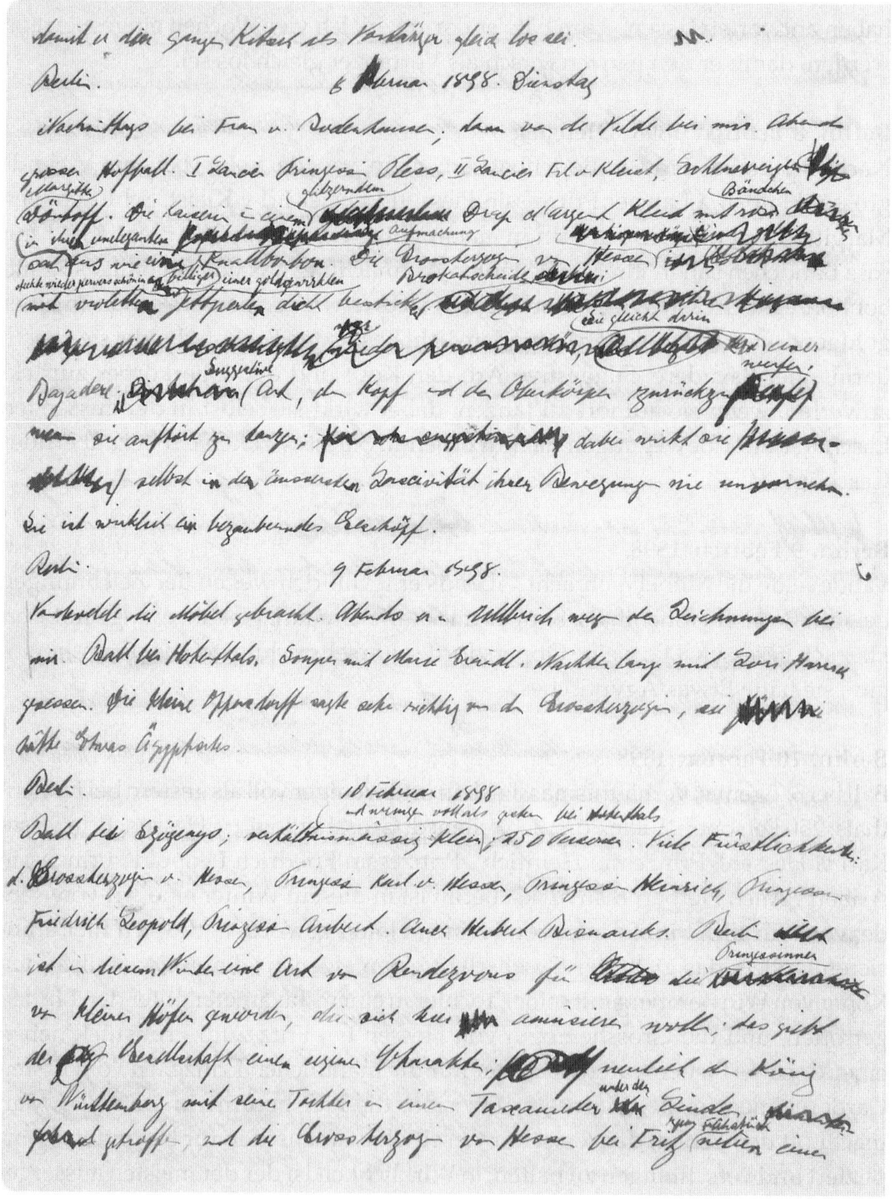

Einträge vom 7. bis 10. Februar 1898; Tagebuch Harry Graf Kessler;
Deutsches Literaturarchiv, Marbach am Neckar

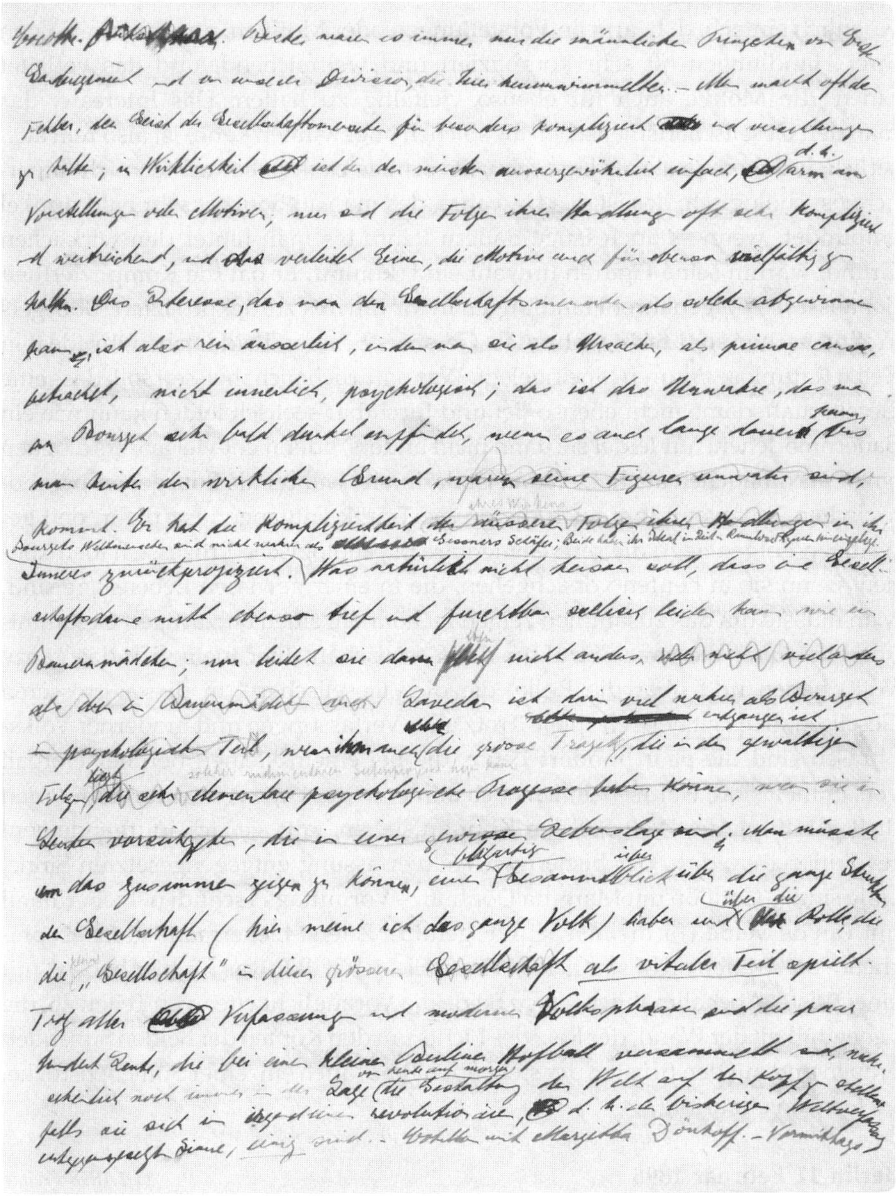

Eintrag vom 10. Februar 1898; Tagebuch Harry Graf Kessler;
Deutsches Literaturarchiv, Marbach am Neckar

wöhnlich einfach, d. h. arm an Vorstellungen oder Motiven; nur sind die Folgen ihrer Handlungen oft sehr kompliziert und weitreichend, und das verleitet Einen, die Motive auch für ebenso vielfältig zu halten. Das Interesse, das man den Gesellschaftsmenschen als solchen abgewinnen kann, ist also rein äusserlich, indem man sie als Ursachen, als primae causae, betrachtet, nicht innerlich, psychologisch; das ist das Unwahre, das man an Bourget sehr bald dunkel empfindet, wenn es auch lange dauern kann, bis man hinter den wirklichen Grund, warum seine Figuren unwahr sind, kommt. Er hat die Kompliziertheit der äusseren Folgen ihrer Handlungen in ihr Inneres zurückprojiziert. Bourgets Weltmenschen sind nicht wahrer als Gessners Schäfer; Beide haben ihr Ideal in Zeit u Raumlose Figuren hineingelegt. Was natürlich nicht heissen soll, dass eine Gesellschaftsdame nicht ebenso tief und furchtbar seelisch leiden kann wie ein Bauernmädchen; nur leidet sie dann nicht anders, oder nicht viel anders als eben ein Bauernmädchen auch. Lavedan ist darin viel wahrer als Bourget im psychologischen Teil, wenn ihm auch die grosse Tragik entgangen ist, die in den gewaltigen Folgen liegt, die sehr elementare psychologische Prozesse haben können, wenn sie in Leuten vorsichgehen, die in einer gewissen Lebenslage sind. Man müsste um das zusammen zeigen zu können, einen blitzartigen Gesammtüberblick über die ganze Struktur der Gesellschaft (hier meine ich das ganze Volk) haben und über die Rolle, die die „Gesellschaft" in dieser grösseren Gesellschaft als vitaler Teil spielt. Trotz aller Verfassungen und moderner Volksphrasen sind die paar hundert Leute, die bei einem kleinen Berliner Hofball versammelt sind, wahrscheinlich noch immer in der Lage von heute auf morgen die Gestaltung der Welt auf den Kopf zu stellen, falls sie sich in irgendeinem revolutionären, d. h. der bisherigen Weltverfassung entgegengesetzten Sinne, einig sind. – Cotillon mit Margitta Dönhoff. – Vormittags Tschudi u. Liebermann mit van de Velde vor meinen Seurat[1] geführt. Zuerst Liebermann ganz absprechend; die Frauen nicht sinnlich: „Wissen Sie, ich will Etwas für hier haben" mit einer Geste. Aber allmählich gaben Beide die Vorzüglichkeiten von Teilen zu, die Lebendigkeit der Wand, der Reiz des Lichts um den Köpfen der beiden Sitzenden Frauen und auf den Brüsten der stehenden Frau, auch einzelner Stilllebenstücke. Im Ganzen ein Erfolg.

Berlin 11 Februar 1898. *11.2.1898 Freitag*

Vandevelde bei mir gefrühstückt. Nachher ihn zu Greindls auf die belgische Gesandtschaft geführt u. eingeführt. Er kam beim Frühstück immer wieder auf die kolossale Gesundheit zurück, die er in Deutschland empfinde; cette sève qui monte partout. Chez vous, l'armée c'est tout à fait différent, parcequ'elle repré-

---

[1] Les Poseuses

sente une idée; mais, chez nous, j'aurais la sensation de me rendre ridicule en endossant un uniforme; je refuserais carrément. Ich glaube, dass er darin ehrlich ist, nichts flaust. – Die elektrischen Vorgänge beim Berühren zweier Metalle (Kupfer u Zinn) sehr rudimentäre Analoga der vitalen Prozesse; vielleicht so am leichtesten die Entstehung des Lebens sich verständlich zu machen; Auslösung latenter Energieen infolge der Berührung, des In einander in Beziehung Tretens zweier Stoffe. Natürlich nur eine Verdeutlichung, keine Erklärung, denn das Eine ist ebenso unverständlich und wunderbar wie das Andre. – Man müsste sich, für das praktische Leben, daran gewöhnen, jeden Menschen einfach als einen Vorstellungskomplex anzusehen, in dem man, dadurch dass man diese oder jene neue Vorstellung in ihm erregt, die Wünsche oder Entschlüsse, die man braucht, hervorbringen kann; auch ganze Volksmengen und Völker so betrachten.

Berlin 12 Februar 1898. *12.2.1898 Samstag*

Diner bei Hindenburgs: Graf u Gräfin Nemes, Fürstin Lynar mit ihrer Tochter, Orsini und ein Herr Schillings. Nachher zum Canitzerdiner u Kneipe.

Berlin. 13 Februar 1898 Sonntag *13.2.1898 Sonntag*

Diner bei Frau Richter. Der amerikanische Botschafter[1], Roths, Oriolas, der Professor Richthofen; Schmoller, Carolaths (der Butterheinrich), Nostitz, vom Raths. Richthofen erzählte nach Tisch, der Kaiser habe Tirpitz, als er nach Ostasien hinausgieng, um sich nach einer Kohlenstation umzusehen, gesagt, er solle Hainan, Amoy etc. daraufhin untersuchen; aber nur nicht Kiaotschau; „Das sehen Sie garnicht erst an; das will ich nicht haben". Tirpitz habe sich aber doch schliesslich von der Vorzüglichkeit gerade von Kiaotschau überzeugt. Oriola über den Umschwung der Stimmung in den Parteien infolge des Eindrucks, den Bülows Persönlichkeit gemacht habe; selbst bis in die weit links stehenden Parteien hinein. O. drückt das Alles wie immer hohl pathethisch und volksrednerisch aus; aber es ist doch wahr. Man fühlt es auch sonst, dass die Stimmung, namentlich seit Kiaotschau, ganz anders auch gegen den Kaiser ist. – White meinte, „Bülow parle très bien, la seule faute dont il doit se garder est de parler trop". – Nachher bei Spitzembergs, wo Humbracht, Stieglitz, Adelmanns. – Durch die Organisierung des Landes zu Konsumgenossenschaft, die zugleich als Produktivgenossenschaften nur das produzieren was ihre Mitglieder brauchen, aber auch Alles produzieren was ein jedes ihrer Mitglieder braucht (hier liegt allerdings schon eine Schwierigkeit) würde alle die Kraft frei, die heute verbraucht wird, um die Bedürfnisse von Nichtvolksgenossen zu befriedigen (Export); diese Kraft würde also dann entweder zur reichlicheren Befriedigung der schon vorhandenen Bedürfnisse, zur völligen Sättigung des ganzen Volkes

[1] White

dienen können, oder dazu, um neuen Bedürfnissen, Luxusbedürfnissen, entgegenzukommen. Die beschränkten Märkte des Mittelalters mögen einer der Hauptgründe der höheren künstlerischen Kultur des Mittelalters sein; die Kraft, die noch nicht über das Land hin verfliessen konnte, blieb aufgestaut und wendete sich daher notgedrungen geistigen (z. B. mönchischen, religiösen etc.) oder künstlerischen Bedürfnissen zu, die ja beide ins Ungemessene gesteigert werden können, während die materiellen Bedürfnisse immer beschränkt sind. Ein Ähnliches Schauspiel zeigt heute Japan; die alten, ganz feinen, Arbeiten werden nicht mehr gemacht, weil die Zeit eines geschickten Mannes heute durch die Exportkultur eine bessere Bezahlung findet; was nicht hindert, dass die Arbeit dieses Mannes früher Sachen schuf, die für sein Land und seine Kultur dauernden Wert behielten, während diese selbe Arbeit heute höchstens dazu dient, Ausländern, (auswärtigen Proletariern) eine billigere Befriedigung ihrer materiellen Bedürfnisse zu ermöglichen und im Übrigen spurlos im Ozean der allgemeinen Kraftanstrengung der Menschheit untergeht. So betrachtet hat die Entdeckung Amerikas die Höherentwicklung unserer Kultur vielleicht um ein Jahrtausend aufgehalten. Man müsste Alles Das in Japan studieren. Also durch Konsumverein-Produktivgenossenschaft wieder einen beschränkten aber sicheren Markt für Alles was materiellen Bedürfnissen entspricht, schaffen und dadurch möglichst viel Kraft für die Verwirklichung aller idealen Sehnsuchten freimachen. Das auch das Ziel der Technik, des immer grösseren Produktionsäquivalents der menschlichen Arbeit.

Berlin. 14 Februar 1898. *14.2.1898 Montag*

Vormittags Vandevelde, dann Bierbaum bei mir. B. mit Nostitz zum Frühstück bei Philipp Albrecht mitgenommen; er bat mich u. Nostitz, bei Seebach zu intervenieren, damit der Lobetanz in Dresden mit den Decorationen u. Figurinen von Peter Behrens gegeben würde. Erzählte auch von seinen neuen Stücken, der Vernarrten Prinzess, einer Oper, die er von Fried komponieren lässt, und einem in der Südsee spielenden Stück, das er für das Deutsche Theater schreibt. Ullbrich die Zeichnungen nach Vandevelde beendet u. mir Nachmittags gebracht. – Der grosse Irrtum, der die Exporttheorie stützt, ist die Verwechselung und Gleichsetzung von Produktivkraft und Kaufkraft eines Volks; also der Irrtum, als ob der Rückgang der Produktion von Dingen, die als solche für das Volk selbst von Wert sind, bei gleichbleibender oder gesteigerter Kaufkraft dieses Volks, den Wert der Volksarbeit nicht minderte, sondern sogar steigerte, oder als ob die Produktion von 1000 Dutzend Strümpfen zu Exportzwecken (in welchem Falle die Strümpfe doch nur Münze, Zahlungsmittel, sind), wenn der Fabrikant sich für das eingetauschte Geld etwa einen französischen Gobelin kauft, gleichzuachten wäre der direkten Produktion eines Gobelins. Im Grunde genommen müsste diese Theorie nichts zu verbessern finden an einem Lande, in dem ausschliesslich Goldminen vorhanden wären und dazu Münzwerkstätten, in denen gegen reichliche Kost und gutes Logis 99 % der Bewohner damit beschäftigt wären, das geförderte Gold für die Goldminenbesitzer in Geld umzuprägen. – Es ist denkbar und sogar schon häufig in der Geschichte vorgekommen, dass die Kaufkraft eines Volks enorm steigt, während seine Produktivkraft zugleich fast in demselben Verhältnis abnimmt; (die hellenistische Welt zur Diadochenzeit, Rom zur Kaiserzeit, Europa nach den Entdeckungen von Vasco da Gama und Columbus, Japan nach 1868 und 1895.). Dieses gegensätzliche Verhalten der beiden Kräfte ist so häufig, dass man fast an ein Gesetz denken könnte; der Grund ist jedesmal die Vergrösserung des Marktes für die Gegenstände, die materiellen Bedürfnissen dienen, und dementsprechend eine Abziehung der Kräfte von der geistigen und künstlerischen Arbeit, die plötzlich im Verhältnis weniger rentabel wird. Also, trotz der angeblich gesteigerten Kaufkraft bringt jetzt geistige Arbeit verhältnismässig weniger ein als vorher, fällt dem nichtmateriellen Schaffen ein geringerer Teil der Gesamtgegenleistungen zu. – Die Hauptsache an einer Moral, an einem moralischen Gebot, ist ihre suggestive Kraft; ob sie unsinnig begründet sind oder auch vernünftig, ist dagegen gleichgültig. Daher der moralische Wert der Persönlichkeit. – Ein Exportfabrikant ist nur entschuldbar, wenn er so dumm oder geschmacklos ist, dass er mit der von ihm verwendeten Menschenkraft Nichts zu schaffen weiss, das dem eigenen Lande von Nutzen sein könnte, oder wenn das eigene Land so dumm und geizig ist, dass es ihm und seinen Arbeitern für das Nützliche oder Schöne, das sie schaffen könnten, nicht ihren Lebensunterhalt gewähren würde, sodass sie gezwungen sind, sich in die Sklaverei des Auslands zu verkaufen und dadurch die Kraft ihres Kopfs und ihrer Arme dem eigenen Volk zu entfremden. – Der Gegensatz des Exportvolks das Künstlervolk, das Alle materiellen Bedürfnisse aus dem Auslande bezieht und mit einem Teil der hohen Werke bezahlt, auf die es seine ganze Kraft verwendet; Utopie gegen Kakotopie, Griechenland contra Manchester.

Berlin. 15 Februar 1898. Dienstag. *15.2.1898 Dienstag*

Ball bei Harrachs-Hohenthals in ihrem Victoriastrassenhaus. Neben Lori Harrach soupiert, mit der Hindenburg[1]. Der Ball erst um $^1/_2$ 4 aus; noch etwas mit der Familie Harrach geblieben.

Berlin. 16 Februar 1898. *16.2.1898 Mittwoch*

Diner bei Frau Richter für Vandevelde. Tschudi, Ewalds, Seckendorff, Greindls, Ihnes.

---

[1] Nostitz

Berlin 17 Februar 1898. *17.2.1898 Donnerstag*

Nostitz Vandevelde ein Frühstück mit den Attachés des Ausw. Amts gegeben: Reuss, Mirbach, Bergen u sw. Später gekommen. Abends im Lobetanz, um Bierbaum mit Seebach bekannt zu machen. Bierbaum trug seine Wünsche wegen der Dekorationen von Peter Behrens vor.

Berlin. 19 Februar 1898. *19.2.1898 Samstag*

Besuch bei Anton Radziwills, um der Fürstin zum Geburtstag zu gratulieren. Ihre ganzen Salons standen dicht voll von Blumen. Sie erzählt, dass als sie vor 40 Jahren nach Berlin kam, es unmöglich gewesen sei, hier Blumen für einen Ball oder ein Bouquett zu bekommen; man habe Alles aus Dresden kommen lassen müssen, und dann auch nur miserable kleine spitze Bouquetts in Papiermanschetten bekommen. – Abends mit Nostitz, Heinrich Plessen, Thermow etc. gegessen. Nachher zum Raout bei Radziwills und Ball beim Grafen Königsmarck-Plaue.

Berlin. 20 Februar 1898. Sonntag. *20.2.1898 Sonntag*

Bei Bodenhausens Thee. Abends zuhause Druckbogen korrigiert.

Berlin. 21 Februar 1898. *21.2.1898 Montag*

Diner bei Greindls; Salis von der englischen Botschaft, Lecomte, Boutirons und Delaroches von der französischen und die Chimay[1], Schwester der Salis. Er, Delaroche, ein Sohn von Paul Delaroche, dem Maler; erzählt, dass ihr wahrer Familienname Benoît sei, Benoît de la Roche; sein Vater habe Hippolyte Benoît de la Roche geheissen, sich aber um den Atelierscherzen über Hippolyte, den Geliebten der Phädra, zu entgehen Paul und im Übrigen Delaroche statt de la Roche genannt. – Den alten Greindl, der, als das Gespräch zufällig auf Nietzsche kam, mir sagte: Mais j'espère que vous n'êtes pas Nietzschéen, durch die Antwort en brûle pourpoint, ich bewunderte ihn allerdings horripiliert. Er war ganz fassungslos, zum Teil über den Inhalt und zum Teil über die Form der Äusserung und wendete sich seinen Chaldäischen Altertümern zu. Sein ganzes Innere, alle seine Vorstellungen, waren offenbar durcheinandergewirbelt; er suchte einen festen Stützpunkt. Im Grunde genommen wirkt jede Wahrheit überall wie eine Bombe; man müsste nur lernen, sie als Triebkraft zu gebrauchen. Bismarck hat sich und Preussen durch sie weitgebracht.

Berlin. 22 Februar 1898. Dienstag. *22.2.1898 Dienstag*

Hofball, 1 Lancier Gfin Harrach, 2ter Lancier Frl v Kleist, Souper Gfin Dönhoff, Schlussreigen Marie Greindl. – Die Kraft jeder Wahrheit, jeder Thatsache, hat

---

[1] Caraman-Chimay

Nichts Mystisches; sie besteht in den unzähligen Wirkungen und Nebenwirkungen, die Jedes Geschehene hat; zahllose Menschen sind unbewusst ihre Bundesgenossen; es ist unmöglich, alle die Millionen von Löchern zu stopfen, durch die sie hindurchsickert; und wenn man auch Dämme und Gebirge aufthürmt, um sie zurückzuhalten, so schafft man nur einen reissenden Strom, der Alles hinwegschwemmt. Als Beleg hierfür ist der Zolaskandal von philosophischem Interesse. Allerdings gehört Das oder Der dazu, der die Wahrheit fruchtbar macht, der ans Pulverfass die Lunte legt; die Wahrheit ist durchaus potentielle Kraft.

Berlin. 23 Februar 1898 Aschermittwoch *23.2.1898 Mittwoch*

Bei Frau Richter u der Gfin Dönhoff. Abends spät Extrablätter mit Zolas Verurteilung. Flaischlen wegen des Böcklin Tagebuchs[1] gesprochen. Er hatte es bei Josty mit. – Eine Wahrheit und eine Persönlichkeit, die Verbindung von Weib und Mann in ihren unendlichen Wirkungen; dagegen jedes für sich unfruchtbar.

Berlin 24 Februar 1898. *24.2.1898 Donnerstag*

Musikalische Soirée bei Hessenthals.

Berlin. 25 Februar 1898. *25.2.1898 Freitag*

Heute von Huysmans im Echo de Paris ein Artikel über Hamburg, der in seiner Verbindung von glänzendem Stil und trottelhaftem Inhalt für eine bestimmte Art von Franzosen sehr bezeichnend ist; es giebt nirgends soviele talentvolle Trottel wie in Frankreich; die niaiserie verbunden mit glänzenden Gaben ist ein spezifisch französischer Typus; Lafontaine, Hugo, Verlaine, von den kleinen Begabungen ganz zu schweigen. – Bei der alten vom Rath Lady Cavendish, die über Mrs Patrick Campbell; Robertson u die Mrs Campbell haben heute auf der Botschaft gefrühstückt.

Berlin 26 Februar 1898 *26.2.1898 Samstag*

Nachmittags Albert Schulz bei mir, der uns in letzter Zeit einige bemerkenswerte, wirklich geniale Dichtungen eingereicht hat. Er ist ein starker, schöner Pommer, mit grossen, klaren Augen, noch sehr jung; seine Grenadier Knochen lassen eine mächtige Gesundheit vermuten. Er scheint sehr schweigsam, wie Stolberg, weil er die Eindrücke erst verarbeitet, ehe er spricht. Er meint, dass die Edda und Vedas den grössten Einfluss auf ihn gehabt haben. Er ist Chemiker und möchte durch chemische Mittel eine Art von Metallmalerei ins Leben rufen. Bei seinen Bildern geht er von der Linie aus, indem er, wie es scheint, einer Art von Instinkt folgt; er will Nichts darstellen, sondern zunächst sein Liniengefühl befriedigen; was die Linien bedeuten oder bedeuten können, sieht er erst nachher hinein;

[1] Schick

dann vollendet er das Bild. Auf die mystische Bedeutung der Linie sei er durch Schelling (Identitätslehre) und Hegel und durch die Araber gewiesen worden. Ihn mit Seurats u Vandeveldes Ideen, die ihn sehr zu interessieren schienen, bekannt gemacht. Bei seinem dichterischen Schaffen geht er analog vor. Die ganzen Oden an den Einödergott u. das Feuerweib habe er an einem Tage gedichtet. – Ob nicht Vieles vom Glanz der Dekadenz daher kommt, dass in verfallenden Gesellschaften nur noch wenige von den Talenten, die produziert werden, sich gesellschaftlichen Zwecken zuwenden, also nur noch wenige ihre Kraft sozusagen anonym in die Gesamtheit aufgehen lassen, während die meisten Begabten egoistische, auf eigenen Ruhm gerichtete Laufbahnen einschlagen, und so eine Art von Raub Blüte hervorrufen, die sich in den nächsten Generationen durch das immer schnellere Auseinanderfallen der Gesellschaft rächt? – Inbezug auf seine Metallmalerei meinte Schulz, gewisse Farben von Böcklin schon schienen ihm nach einem andren Ausdrucksmedium als Ölfarbe zu verlangen; z. B. sein Meer, sein Grün; das könnten Metalloxydationen und Legierungen viel adaequater wiedergeben.

Berlin 1 März 1898. Montag. *1.3.1898 Dienstag*

Bei Diergardts Ball; abgesagt u mit Bredow gegessen.

Berlin. 2 März 1898 Mittwoch *2.3.1898 Mittwoch*

Nachmittags bei der Frau v Bülow, wo great crush u. elegant. Abends bei Bodenhausens gegessen. Nachher bei v d Heydts, wo Soirée.

Berlin. 3 März 1898. *3.3.1898 Donnerstag*

„Abendessen" beim Kriegsminister[1]; über 100 Menschen; ältere Ministerialbeamten und Generäle mit abschreckend garstigen Frauen; die Töchter erben in diesen Familien ihre Uneleganz von Vater und Mutter zugleich. Ich kannte Niemanden. Bei uns in Deutschland kommt zu dem Gegensatz, der überall zwischen der jüngeren und älteren Generation besteht, hinzu, dass unsere 40 bis 70 Jährigen noch aus einem armen Volk ohne Kulturbedürfnissen und ohne Reinlichkeit stammen, während wir in einem allerdings Parvenühaften aber reichen und nach Kultur und Eleganz durstigen Volk aufgewachsen sind. Man empfindet diesen Gegensatz, überall, wo in Deutschland viele alte Herren oder alte Frauen mit Jugend zusammenkommen. In Frankreich oder England giebt es nichts derartiges. Ähnliches habe ich nur in gewissen Parvenüzirkeln in New

[1] Goßler

York gesehen, wo der Vater Viehhändler und die Tochter Marquise ist. – Nachmittags mit Albert Schulz bei Bodenhausens.

Berlin. 5 März 1898. *5.3.1898 Samstag*

Diner bei Wesendoncks; Canitzens[1], Hauswedells, Dönhoffs, Diergardts, Lanza, Bernstorff. Parallele zwischen der Gesellschaft bei Frau Wesendonck, geb. Grfin Hessenstein, deren Mann Professor der Physik und sehr reich ist, und der beim preussischen Kriegsminister. Margitta Dönhoff erzählt bei Tisch, dass ihre schöne Grossherzogin[2] vor einigen Tagen, seitdem sie in Berlin gewesen ist, ihrem Mann[3] bei einem grossen Diner coram publico ein Glas Wein an den Kopf geworfen habe. Es trifft sich, dass sie und der Grossherzog hier bei Aribert Anhalt gewohnt haben, der anscheinend wegen Päderastie den schlichten Abschied erhält. Von Fred Eulenburg, der aus demselben Grunde fliegt u. zur Zeit in Italien ist, soll S. M.[4] gesagt haben: „Wenn der Kerl über die Grenze kommt, lass' ich ihn füsilieren" echt S. M'lich. – Abends in der Zeitung, dass 2,7 Mill Dollars Gold morgen nach New York abgehen; das heisst, dass von dort so viel Waaren oder Waarenrepräsentanten (z. B. Wertpapiere) nach Europa eingeführt worden sind, die jetzt von jenem Gold „bezahlt" werden, oder mit andren Worten, dass Amerika eine Münze mit nur beschränktem Geltungswert (z. B. Strümpfe, oder Getreide) in eine solche mit unbeschränktem, universellem obligatorischen Geltungswert, nämlich in Gold, umgewechselt hat. Das Interesse aller Tauschwertproduzenten, also aller Industriellen, ist dass es ein solches möglichst allgemeingültiges Tauschobjekt gebe, in das sie ihre eine viel beschränktere Geltung besitzende Tauschobjekte umsetzen können. Sie nehmen also eine doppelte Umformung vor; erst wandeln sie Arbeit in ein Tauschobjekt mit beschränkter Geltung um, und dann dieses Tauschobjekt mit beschränkter Geltung in ein solches mit unbeschränkter Geltung. Ihr Gewinn ist der Lohn dafür, dass sie diese doppelte Umwertung vorzunehmen verstehen; ihr Gewinn also eine Art von Geldwechslerlohn; Industrielle eine Art von Banquiers, die von der Provision reich werden die sie dafür nehmen, dass sie Arbeit durch eine fortschreitende Umwertung in Geld verwandeln.

Leipzig 6 März 1898 Sonntag. *6.3.1898 Sonntag*

Früh herübergefahren. Canitzerdiner. Nachher mit Nostitz u. Lothar[5] in der

---

[1] Kanitz

[2] Viktoria Melita

[3] Ernst Ludwig

[4] Wilhelm II.

[5] Spitzemberg

Schönen Helena[1]; reizend ironische und geistreiche Musik, nah mit der intensiv künstlerischen Satire Th. Th. Heines verwandt.

Leipzig 7 März 1898. *7.3.1898 Montag*

Bei Naumann, der mir endlose Geschichten über seine Streitigkeiten mit Frau Förster erzählte. Ausgemacht wegen des Drucks bei Ballantyne. Nachmittags bei Klinger. Er hat zwei neue lebensgrosse weibliche Figuren[2] fertig und den Torso des Beethoven im Groben; dieser schon ganz gewaltig; er scheint in ihm sich endlich einer dekorativen Auffassung der Modellierung, des Licht und Schattenspiels zu nähern ein Weg, der ihn zu Rodins u Meuniers Skulpturauffassung führen würde. Ich erwähnte zufällig Geyger; worauf Klinger sehr scharf und schnell sagte: „Nein hören Sie, mit dem bin ich auseinander, da bin ich ganz fertig mit". Er erzählte dann von Geygers Veruntreuungen, sehr nervös; „ich muss nächstens damit vor die Öffentlichkeit treten, sonst glauben die Leute ich spielte mit ihm unter einer Decke." Er wollte mir alle Papiere vorlegen, um mich um Rat zu fragen. Ich redete ihm möglichst nachdrücklich zu, von seinen Veröffentlichungsideeen abzusehen; da er aber Modell hatte, so gieng das Alles nur sehr schwer vor unsichtbaren Ohren. Er hat offenbar eine so unendlich zarte Haut in moralischen Dingen (das habe ich schon bei seinen Äusserungen über Stauffer bemerkt), dass es ihn nicht ruhen lässt, wenn er von einer Unehrlichkeit weiss; der Eindruck selbst ist schon sehr stark, weil er eine empfindliche Stelle trifft, und nun kommt das äusserst reizbare allgemeine Nervensystem, das durch dies Wissen in beständiger Erregung und Schwingung erhalten wird, bis es, um sich Luft zu machen, handelt. Abends nach Berlin zurück.

Berlin. 9 März 1898. *9.3.1898 Mittwoch*

Rout bei Harrachs.

Berlin. 10 März 1898. *10.3.1898 Donnerstag*

Robertson u Mrs Patrick Campbell in The Second Mrs Tanqueray von Pinero gesehen. Das Stück ist weniger guter Dumas; so die Klasse Sardou-Sudermann. Die Schauspieler gut.

Berlin 11 März 1898 Freitag. *11.3.1898 Freitag*

Musikalische Soirée bei Harrachs. Voiös Miszka[3] spielte. Vorher im Hamlet; Robertson fesselte mich ebensosehr wie im Sommer in London.

---

1 Offenbach

2 vermutl. „Badendes Mädchen, sich im Wasser spiegelnd" u. „Amphitrite"

3 Vörös

Berlin. 12 März 1898. *12.3.1898 Samstag*

Musikalische Soirée bei Haus-Wedells. Robert Weiss sang u. der Prinz Joachim Albrecht spielte, nicht schlecht, und bescheiden. Souper an kleinen Tischen; ich führte drei Damen wegen Herrenmangels: die Gräfin Saurma, Frl. v Radowitz[1] und die Gräfin Dönhoff. Im grossen Musiksaal brannten Kerzen; deren Widerspiegelungen im roten und gelben Marmor der Wände einen merkwürdig günstigen Hintergrund für die Frauen abgaben; da ausserdem nur wenig Menschen, nur etwa 60 bis 70, eingeladen waren, trug das Ganze das in Berlin bei den Massenfesten, die jetzt hier nötig sind, so seltene aristokratische Gepräge; man konnte glauben, eine Elite zu sein, da man ausnahmsweise einmal kein Mob war, während sonst die Grenzen der „Gesellschaft" nur durch die Grösse der Räume gezogen zu sein scheinen. – Vorher in Sudermanns Johannes; eigentlich müsste es einen Untertitel haben: Eine jüdische Familienkatastrophe. Schauplatz: Tiergartenviertel. Schluss: der sozialdemokratische Hauslehrer und Kandidat Johannes der Täufer wird von der reichen Bankierstochter, deren unzüchtige Anträge er ausgeschlagen hat, der Polizei denunziert, die ihn dann endgültig sozial unschädlich macht. Ich behaupte, dass in dem ganzen Stück nicht ein einziger Charakter, nicht ein einziges psychologisches Motiv ist, das nicht in einer jüdischen Tiergartenseele genau so entstehen und sich äussern könnte; ebenso modern wie die die freisinnige Volkspartei repräsentierenden Pharisäer ist auch jedes Einzelne andre der ganze biblische Krimskrams, ist also lediglich Draperie, ohne jede Beziehung nach dem Inneren der Seelen hin. Vielleicht beweist dies aber nur, dass der Dramatiker, der Künstler, in seinem Schaffen von den Seelen abhängig ist, die er beobachten kann, und dass, wenn man grosse Seelenkünstler haben will, man dafür sorgen muss, dass ihnen grosse Seelen zur Beobachtung zur Verfügung stehen. Ein künstlerischer Grund für das Postulat einer moralischen Renaissance.

Berlin. 13 März 1898. Sonntag. *13.3.1898 Sonntag*

Bei der Gräfin Schlippenbach gefrühstückt. Abends Humperdincks Königskinder u nachher bei Frau Richter.

Berlin. 14 März 1898. *14.3.1898 Montag*

Musikalische Soirée bei Frau v. Hindenburg. Nachher noch auf der österreichischen Botschaft. Dort u. Andren auch Herbert Bismarck.

Berlin. 15 März 1898. *15.3.1898 Dienstag*

Theater bei Radowitzs.

---

[1] Thüngen

Berlin. 16 März 1898 *16.3.1898 Mittwoch*
Bei Bredows in Bredow, wo Geburtstag des alten B.

Berlin. 17 März 1898. *17.3.1898 Donnerstag*
In den Biberpelz[1].

Berlin. 18 März 1898. Freitag *18.3.1898 Freitag*
Bei Frau Richter gegessen; mit Arenberg, der vom Tisch in die Fraktionssitzung zur Abstimmung über die Flottenvorlage gieng; Dönhoffs, Sascha Schlippenbach u. s. w.

Berlin. 19 März 1898. *19.3.1898 Samstag*
In Hedda Gabler. Ibsen hat wie Nietzsche das Weib zu viel in Hotels studiert; sein norwegisches „neues" Weib ist vor Allem das Reiseweib. – Dramatischer Fehler in Hedda, dass sie erst durch den Schluss, dadurch, dass sie für ihre kalte Leidenschaft ihr Leben opfert, ihre abstossende Abscheulichkeit für das Publikum verliert. – Im Übrigen ist sie das weibliche Gegenstück zu Othello; sie rächt sich mit den weiblichen Rachemitteln, immer indirekt, wie Othello mit seiner männlichen Kraft direkt . – Nachmittags bei Dönhoffs zum Thee.

Berlin. 20 März 1898. Sonntag. *20.3.1898 Sonntag*
Mit Taxis[2] gegessen. Nachher zuhause gelesen.

Berlin. 21 März 1898. *21.3.1898 Montag*
Abends nach Brüssel abgereist.

Brüssel. 22 März 1898 *22.3.1898 Dienstag*
Früh hier an. Vandevelde an der Bahn, um mich abzuholen. Mit ihm nach Uccle hinaus, wo ich bei ihm wohne. Die Frau ist eine schöne Blondine, die eine Art von präraphaelitischem Kostüm, meistens blau, mit viereckigem Ausschnitt trägt, das ihr sehr gut steht. Die Stimmung des Hauses durchaus hell und gesund. Bei Tisch sind keine Dienstboten im Zimmer, sondern das Essen wird durch ein Fenster aus der Küche, die sehr vernünftig unmittelbar an das Esszimmer angrenzt, hereingereicht; die Frau nimmt es, ohne aufzustehen (das Fenster ist gerade hinter ihrem Platz) aus den Händen des Dieners entgegen und reicht es herum. Das Gespräch ist natürlich, ohne auch vor der Frau Derbheiten zu scheuen und ohne sie zu suchen. Nach Tisch mit Vandevelde in die Libre Esthétique[3],

---

[1] Hauptmann

[2] Thurn und Taxis

[3] Fünfter Salon der Künstlervereinigung „La Libre Esthétique"

wo von Interesse die Skulpturen von Minne, die Batiks von Thorn Prikker und Van Rysselberghes grosses Bild, l'Heure Ardente; die Technik R's. neo-impressionistisch, die Zeichnung ganz klassisch; es ist Übergangskunst, aber daher für das grosse Publikum überzeugender als das eigentlich Neue, und auch an sich mit guten dekorativen Eigenschaften. Mit Vandevelde seinen Entwurf für die Zarathustra Dekoration durchgesprochen; er war mit einigen kleinen Änderungen einverstanden.

Brüssel. 23 März 1898. *23.3.1898 Mittwoch*
Vandeveldes frühstücken in der Küche, damit die Dienstboten sich gezwungen fühlen, auch diesen Raum ebenso rein und ordentlich zu halten wie die Wohnräume; dieser helle, von blanken Töpfen und Schüsseln widerschimmernde Raum giebt diesem ersten Frühstück Etwas sehr Frisches und zugleich Intimes; der Tag beginnt mit einem Bad in den natürlichsten, einfachsten Zuständen. Nach dem Frühstück mit Vandevelde jenseits von Uccle quer durch die Felder zu dem Hause, das jetzt der Bildhauer Minne bewohnt; es ist eine kleine alte Kapelle, in der er sich für sich und seine Frau ein paar Zimmer zurechtgemacht hat. Das eigenhändig drangebaute Atelier scheint für das kolossale Grabdenkmal von Volders, das er darin schafft, fast unmöglich klein; die Köpfe der beiden Figuren stossen an die Decke, und man sieht nicht, wie er sie drehen kann. Auf einer Art von Hängeboden, im Atelier stand die Aktstudie[1], die Minne nach seinem kleinen Knecht zu der einen grossen Figur gemacht hat; ein prachtvoll in der Art der Florentiner jugendfrisches und nerviges Stück; wie ein David von Donatello. Für Minnes Absichten charakteristisch der Gegensatz zwischen dieser mit voller autodidaktischen Meisterschaft vollkommen realistisch modellierten Figur, die er sich als Vorlage gemacht hat, und den vereinfachten ganz breiten, fast assyrisch archaischen Steinformen, die er an der grossen Figur erstrebt. Er selbst ist ein vierschrötiger, untersetzter, blonder Vlaame, mit der eigentümlich hellen, vollblütigen, wie in beständigem Fluss befindlichen Gesichtsfarbe seiner Rasse; von oben bis unten mit Thon bespritzt, und umgeben von einem zahlreichen Nachwuchs an kleinen blondköpfigen Kindern. Ihn gebeten, mir einen Bronceguss des Knabenakts machen zu lassen; und den ersten Entwurf des Voldersdenkmals, von dem nur noch ein kleines, aber ergreifendes Fragment an der Atelierwand hieng, in Stein bestellt. Zum Lunch kam Van Rysselberghe zu Rade angefahren; er macht den Eindruck eines gesunden Sportsmans. Die Frau Vandevelde ist seine Schülerin. Abends zu Tisch Lemmen, der von einem Paradox ins andre geriet; eine nicht sympathische aber sehr drollige Konversation. Er erinnert in der „tournure d'esprit" an Salis und die Chansonniers des Chat Noir.

---

[1] Grabdenkmal von Jean Volders

Brüssel. 24 März 1898. Donnerstag. *24.3.1898 Donnerstag*

Früh bei Van Rysselberghe im Atelier, der schöne Lithographieen und Landschaften zeigte; man hat den Eindruck eines sehr ergiebigen, aber mehr eklektischen als originellen Talents. Geluncht bei Meunier. Er wohnt ganz am andren Ende der Stadt in Schaerbeek, in einem kleinbürgerlichen Vorstadt Viertel, wo noch viel gebaut wird. Die Einrichtung und der Zuschnitt des Hauses sind auch ganz bourgeois. Meunier mit seinem roten Flanellkittel, den er auch beim Essen anbehält, detoniert fast darin. Im Atelier steht das grosse Relief der Moissoneurs[1] jetzt im Thonmodell fertig. Er hat es in einem Monat zusammengebracht, eine Heidenarbeit. Er sagt, dass er jetzt nur noch Einzelheiten sehen kann, sich von der Wirkung des Ganzen keine Rechenschaft mehr giebt. Während wir da waren änderte er immer noch hier und da was, nahm vor Allen Dingen Einzelheiten fort, um das Ganze immer breiter zu machen. Er wischt mit dem Daumen so darüber. Le coup de pouce, voilà ce qui est agréable avec la terre glaise. Et c'est pour ça que je préfère le bronze à la pierre; parceque les praticiens ne peuvent jamais rendre ce qu'il y a de personnel et de nerveux dans la facture, tandisque le bronze conserve tout. Das Modell des ganzen Monuments, das verkleinert auch im Atelier steht, ist in den Einzelheiten schön, namentlich der Säemann, der es krönt; aber im Aufbau noch plump und viereckig; er selbst ist nicht damit zufrieden; er denkt jetzt daran, die Reliefs in einem Saal unterzubringen. Von dem in Rio am Gelben Fieber gestorbenen Sohn wird noch immer kaum im Hause gesprochen; es schmerzt den alten Meunier zu sehr; es ist ihm nicht möglich gewesen, von ihm ein Relief zu machen, wie er es wollte. Die spontane Vorahnung des Todes durch Meunier hat mir die Tochter bestätigt. Allerdings hatte sie die Todesnachricht schon am Tage vorher erhalten, aber verschwiegen. Um 6 aus Brüssel fort.

Paris. 25 März 1898. *25.3.1898 Freitag*

Früh zu Signac, der seine Reise nach London aufgeschoben hatte, um mich abzuwarten. Nochmals Alles mit ihm durchgesprochen. Abends in Le Nouveau Jeu[2]. So viel Esprit auf einmal und von der leichten, inkonsistenten Sorte wirkt zu schnell ermüdend; nach dem zweiten Akt ist man fertig; es ist als ob man einen ganzen Band Vie Parisienne[3] hintereinander lesen müsste.

Paris. 26 März 1898. *26.3.1898 Samstag*

Mit Harrach u Richter bei Foyot gefrühstückt. Nachher zu Meier Graefe, die Wohnung[4] besehen und bei Harrach Thee getrunken.

---

[1] Monument au travail

[2] Lavedan

[3] Balzac, La comédie humaine

[4] Teile der Innenausstattung v. Henry van de Velde

Paris. 27 März 1898. *27.3.1898 Sonntag*

Nachmittags bei Derleth, der hier im Hotel de Lauzun in der Île Saint Louis, dem Hause, in dem Baudelaire gelebt hat, wohnt. Er macht einen freieren und weniger exaltierten Eindruck als früher. Das Schriftstellern hat er, wie er sagt, aufgegeben, schreibt aber noch viel für sich auf; er sucht persönliche Schüler, hat aber bis jetzt nur zwei oder drei, von denen der Bedeutendste wie er meint ein gewisser Artaval ist, der nach Jerusalem gegangen ist. Sein und ihr Ziel: erst den Körper unterzukriegen „wie einen Degen", mit dem man machen kann, was man will; „ihm auch noch das Leiden abgewöhnen", damit er widerstandslos in der Hand des Willens als Werkzeug, als Versuchsstück, als Waffe sei. Was sie darüber hinaus wollen, das, so sagt er offen, wisse er noch nicht; er meint, sei erst das gehorsame Werkzeug da, so würde sich auch sein Zweck zeigen. Jedenfalls aber dürfe man den Körper nicht altern lassen, nicht verfallen lassen; jung sterben; sich das fünfunddreissigste Lebensjahr als Ziel setzen, an dem angelangt man heiter in die Unendlichkeit übergehen könne. Ich fühle in dem viel Angelesenes, viel Litteratur noch; und doch liegt darin wie eine Ahnung des nächsten Bedürfnisses der Menschheit, die Schaffung einer individualistischen, rein aus dem Willen des Einzelnen über sich hervorgehenden Moral. Bei Derleth und seinen Schülern ist ihre passionelle Grundlage die Herrschsucht, der Wille zur Macht als Herrschsucht über sich selbst, wie es bei der bisherigen, sozialen Moral die Genusssucht oder die Furcht vor Leiden war; vielleicht wird die Derlethsche Grundlage für die neue Moral die dauernde sein. Fremdartig und schön ist, noch mehr als was er sagt, wie und wann er es sagt. Wir giengen spät, nach dem Essen, am Fluss bei Notre Dame entlang, im Gespräch über die vorplatonischen Philosophen; er zitierte Empedokles' Definition der Welt: μικτὸν ἀέρος καὶ ὀλίγου πυρὸς[1]; und dann zeigte er mit einer grossen Handbewegung auf den dunklen Himmel mit seinen wenigen leuchtenden Sternen und auf das schwarze Wasser, in dem die Lichter der Stadt sich schwach spiegelten. Ein andrer Gedanke von ihm: Was war, ist nicht mehr; aber Alles, was jemals ist, ist von Ewigkeit her gewesen; wir werden also seiner erst gewahr, es erwacht für uns erst zum Sein, in dem Moment, in dem es vergeht. Wir erblicken es an der Scheidelinie, an der sein Sein in sein Gewesen Sein übergeht. Dann wieder giengen wir in einer belebten Strasse, in der das Volk sich um uns drängte: er sprach von Thales; wie Alles aus dem Wasser geworden sei: „mir ist manchmal, als seien auch Alle diese Menschen Wasser; ich gehe durch sie hindurch wie durch Wasser; ich fühle wie es in ihnen aufsteigt und in ihnen fliesst, und wie es nur Formen sind, durch die ich hindurchschreite. Von Mallarmé, Régnier und den übrigen l'art pour l'art Dichtern: „Ich empfinde ihre Werke wie ein Mensch, der einen Traum hat; ich kann darin nicht handeln, es ist

---

[1] eigentl. μικτὸν ἐξ ἀέρος καὶ ὀλίγου πυρός (ein Gemisch aus Luft und wenigem Feuer); siehe H. Diels, Die Fragmente der Vorsokratiker, 9. Aufl. 1960, Bd. 1, S. 288: Empedokles A 30

kein Wille darin. Und wenn der Traum noch gross wäre, eine Riesenvision, die am Horizonte aufstiege; aber es ist nur wie das bischen Licht, das sich unten da im fliesenden, verfliessenden Wasser spiegelt." Wir standen jetzt am Ende der Ile St Louis, wo der Blick über eine weite Strecke des Flusses und viele Lichter reicht: Sehen sie, sehen Sie, wie in der Nacht Alles Moderne verschwindet; es bleibt nur das Elementare übrig; Licht, Wasser, Luft; wir könnten hier in orientalischen Gärten sein; ich habe diesen Blick einmal aus einem Fenster dort oben gesehen; es war wie die hängenden Gärten der Semiramis. Ich erzählte ihm von meiner mexicanischen Reise, von Charakteren, Handlungen, Thaten. Er wurde dabei ganz exaltiert; seine langen Arme fuchtelten unter dem dunklen, schweren, Toga-artigen Mantel, den er trägt, die schwarzen Augen blitzten; Ja das ist besser als Lesen, besser als Bücher; auch ich werde vielleicht meinen Aufenthalt in Paris abkürzen; wenn Sie so neben mir gehen, so fühle ich über mir die schwere metaphysische Wolke, die mir dort oben die Sterne verbirgt. Es ist wunderbar, wie sein Denken allezeit aus dem, was gerade seine Sinne berührt, seine Augen erfüllt, Nahrung schöpft; er besitzt in fast magischer Weise die Gabe, dadurch Alles Abstrakte mit konkretem, lebendigem, schönem (Sinnen- und Phantasie reizendem) Leben zu füllen. Mir misfällt sogar seine Pose nicht in diesem Zusammenhange; er will dadurch den Gedanken, die er spricht, den adäquaten Körper, Menschen, schaffen, auch äusserlich.

Paris. 28 März 1898. *28.3.1898 Montag*

Den Maler Cross besucht. Er ist seit Seurats Tod der stilisierteste der Neo Impressionisten, mit einer starken Beimischung japanischer Einflüsse; aber doch vielleicht am meisten Originalität neben Signac. Er macht einen gealterten, müde gekämpften Eindruck.

Paris. 29 März 1898. *29.3.1898 Dienstag*

Früh bei Petitjean. Nachher Luce; mein Bild angenommen. Jede Hauskunst, jede Kunst, die täglich vor Augen sein und die Stimmung schaffen soll, muss notwendig die unangenehmen Empfindungen, das „Hässliche", fliehen. Das ist der Ursprung des akademischen, auf „Schönheit" ausgehenden Stils, der sich zu entwickeln begann, sobald die Kunst aus den Kirchen in die Bürgerhäuser zog. Erst die öffentlichen Gallerieen in diesem Jahrhundert haben wieder das „Hässliche" in der Kunst möglich gemacht, weil es sich dort wie in den Kirchen im Mittelalter oder im Freien im Altertum um Ausnahmeaugenblicke handelt, in denen das Kunstwerk wirken soll.

Paris. 30 März 1898. *30.3.1898 Mittwoch*

Heute Abend ganz spät zu Derleth. Am Fluss wieder dieselbe Lichter- und Ewigkeitsstimmung wie neulich, aber Mondschein, und im Hofe des Derlethschen

Palais hinter den hohen Fenstern späte Lichter hin und herziehend. Über die schmale Stiege, die zu Derleths Dachkammern hinaufführt, in der Dunkelheit stolpernd hinauf. Er erwartete mich auf den obersten Stufen. Zuerst zeigte er mir Stellen von Lenau, Hariri und im Neuen Testament, die er heute gelesen hat. „Manche von den grossen Stellen des Neuen Testaments kommen mir vor wie Monologe, wie Monologe, die der Schreibende nur für sich notiert hat. Er steht auf der Höhe für sich allein und spricht mit sich ganz leise und achtet nicht auf das Gedränge, auf die Plebs unten am Fusse des Berges." – In allen seinen litterarischen Urteilen geht Derleth immer von der Persönlichkeit aus; er fragt nicht zuerst: Was ist dort gesagt? wie der Deutsche; noch: Wie ist es gesagt? wie der Franzose; sondern: Wer hat es gesagt? Die Person des Autors interessiert ihn nicht aus Neugier oder aus psychophysiologischen Gründen, sondern sozusagen als die Anfangszahl einer Reihe von Ziffern, die an sich ohne bestimmte Bedeutung ihren Wert erst von jener Anfangszahl erhalten. – Wir giengen wieder am Wasser, immer zu Notre Dame zurückkehrend, spazieren, in der wie in einem Märchen leuchtenden und schimmernden Pracht des Sternenhimmels und der widergespiegelten nächtigen Stadt; sprechend und oft auch lange schweigend und blos schauend: „Ich kenne nicht das abstrakte Denken; die Nacht, das Feuer, die Sterne, das Meer, Opfer, der Opferrauch, das Meer, das sind meine Begriffe; mein Denken ist mythologisch; ich habe von der Kunst noch am meisten gelernt. Auch mein Schüler Artaval lebt in einem Mythus; ich kenne seinen Mythus nicht; aber es ist ein Mythus. Meine Gedanken entwickeln sich nicht logisch, sondern wachsen organisch. Wenn ich heute und morgen und übermorgen Gedanken habe und ich stelle sie dann zusammen, so passen sie ineinander wie die Fragmente einer griechischen Vase. Begriffe interessieren mich nicht; ich verstehe sie nicht. Die Abstraktionen, die „Kausalität", die „Naturgesetze" u. s. w. scheinen mir zufällig, Hülfsmittel einer bestimmten Art des Denkens; ein andrer Gesellschafts- oder Geisteszustand würde andre Abstraktionen nötig haben; es giebt heute schon, nur ganz schwache, Hebel, die man einsetzen kann, um diese heutigen Abstraktionen wanken zu machen. Ausser den grossen mythologischen Wesen, von denen ich mich umgeben sehe, interessieren mich auch die einzelnen Thatsachen des täglichen Lebens; auch als Symbole dessen, was hinter ihnen steckt. Als ich ein Kind war, sass ich am Wege und sah mir die Menschen an, die vorübergiengen; und wenn man mich fragte, was ich that, antwortete ich: ich lerne Menschen kennen. Das gefällt mir an Taine; dass er Thatsachen zusammenstellt. Ich möchte auch im Leben Menschen finden, die mir das Leben zeigen könnten, die gefallenen Mädchen, die Handhabungen der Landwirtschaft, ein Handwerk. Ich habe Schuhmacher danach gefragt, wie sie ihre Schuhe machen; aber sie können Alle darüber nicht sprechen; sie stecken zu sehr darin; sie stehen nicht darüber; sie übersehen es nicht. Ich möchte auch Jemanden finden, der ganz einfach mir raten könnte, was ich thun soll; aber ich finde Keinen. Ich habe keine

Zerstreuung. Alle Zerstreuungen, die ich sehe, genügen mir nicht; die Weiber: eine kleine Lust, eine kleine Putzsucht, eine kleine Eitelkeit, vielleicht eine kleine hündische Treue, dass sie Einem nachlaufen, wie ein Hündchen. Das genügt mir nicht. So ist es mit dem Andren; es genügt mir nicht. Ich habe daran gedacht, um eine Zerstreuung zu haben, Priester zu werden oder ein Handwerk zu lernen. Es ist furchtbar, keine Zerstreuung zu haben; immer allein zu sein, immer zu denken. Ich werde müde, ich werde oft müde; und diese Müdigkeit ist meine einzige Erholung; sie ist wie ein langer Schlaf; sie erfrischt mich. Aber was ich schliesslich will, weiss ich; das wankt nicht. Der Wille muss leuchtend werden. Das Handeln hat damit Nichts zu thun; es gehört zu einem andren „Zustand", wie die Mystiker sagen; es ist überflüssig, wenn der Wille erst alle Fibern des Körpers so durchdrungen hat, wie ich es will; dann strahlt der Wille und hat den Körper nicht nötig; Napoleon hatte diese Art Willen nicht; nur den gesunden Körper; ich bewundere an ihm nur den gesunden Körper. Auch die hypnotische Kraft hat mit dem, was ich will, Nichts gemein; sie gleicht der Phosphoreszenz, den Flämmchen, die von einem toten Körper aufflackern; der Wille, den ich will, dem Licht, das der lebendige Körper am Tage zurückstrahlt. Wenn ein Mensch mit dem Willen, wie ich ihn will, in unserer Gesellschaft erschiene, so müsste es sein, als ob ein Licht durch eine dunkle Stadt getragen würde, die von Ewigkeit her in der Nacht dagelegen hätte; ein ganz neues Element, Niemandem bekannt; und doch dringt der Schein in die Häuser und Alle werden an die Fenster kommen, um das Licht zu sehen, das durch die Strassen getragen wird.

Paris. 31 März 1898. *31.3.1898 Donnerstag*

Mittags fort. Im Zuge Elisée Reclus' „Evolution et Révolution" zu Ende; sehr typisch für den französisch-romanischen Anarchismus, ist in dem ganzen Buch nur von der Sprengung der äusseren, Staats- oder Gesellschaftsgewalt die Rede. Der romanische Anarchist sucht immer die Befreiung von der äusseren Bedrückung, vom Gesetz; der germanische, Stirner, Nietzsche, Derleth, von der inneren, von der Moral. Beim Romanen überwiegt das Problem der äusseren Freiheit das der inneren; den Germanen drängt es umgekehrt zuerst nach innerer Freiheit, und er kommt auf die Idee, die äusseren Bande zu sprengen, erst durch Bedrückungen seines inneren Lebens (Puritaner).

Berlin. 1 April 1898. *1.4.1898 Freitag*

Früh hier an. Abends erstes Repetitor bei Semler. Mit Oberndorf u. Mirbach gegessen.

Berlin. 10 April 1898. Sonnabend. *10.4.1898 Sonntag*

Früh den letzten Korrekturbogen meiner „Notizen", die Vorrede, zu Fontane getragen. Damit ist eine fast anderthalbjährige geistige Beschäftigung abgeschlossen: November 1896 - April 1898. – Abends Beethovens Missa solemnis. Das dreimalige Credo! drückt dieselbe verzweifelnde, bis zur Tortur erzwungene Lebensbejahung wie der letzte Satz der IX aus. – Spät Nostitz an die Bahn gebracht.

Berlin. 11 April 1898 Ostersonntag. *11.4.1898 Montag*

Zuhause. – In jeder Liebe ist etwas Dankbarkeit; sie ist der Stachel, der am längsten schmerzt, wenn Alles Andre entschwunden und überwunden ist. – Vielleicht ist das Weltgeschichtliche am Christentum, dass es einem Triebe, der bis dahin (Plato hatte nur für ein paar Litteraten geschrieben) eine egoistische Wirkung hatte, dem Geschlechtstriebe, als Liebe eine soziale Bedeutung und Wirkung gegeben hat. Das ist, was man bei Buddha u Christus vergleichen müsste: die soziale Bedeutung des von Buddha gepredigten Mitleids mit der der von Christus gepredigten Liebe. – Nietzsche hat den „Fehler" gemacht, den Zarathustra zu schreiben statt ihn zu leben, und hat daher nur Schriftsteller und Essays geerntet. Menschen säet nur ein grosses Menschentum; je weniger sogar ein Grosser schreibt um so besser, umsoweniger riskiert er, in Schriften von Litteraten zu verpuffen statt in Jüngern weiter zu wirken.

Berlin 15 April 1898. *15.4.1898 Freitag*

Mit Alvensleben, dem Adjutanten des blinden Landgrafen v. Hessen gegessen. Er sagt, dass der Landgraf trotz seiner Blindheit deshalb fortwährend reist, weil die Eintönigkeit der Umgebung sich für ihn in der Eintönigkeit der Gespräche seines Hofstaats spiegeln würde; er geniesst die Welt in den Gesprächen seiner Adjutanten sozusagen im Spiegelbild, und empfindet daher mittelbar sehr wohl die Öde des ewig gleichen Orts.

Weimar. 16 April 1898. Sonnabend. *16.4.1898 Samstag*

Mit Mutzenbecher Nachmittags nach Weimar gefahren. Frau Förster an der Bahn; mit ihr hinaufgefahren nach Villa Silberblick. Abends unter Andren ein Frl. v. Schorn, ein Überbleibsel aus dem Lisztschen Kreise, da; auch an ihr wie an Cosima fällt die männliche, resolute, in Nichts zimperliche Art auf; es muss der Ton der Lisztschen Umgebung gewesen sein. Sie erzählt von den Zerwürfnissen zwischen Liszt und Cosima, bald nach deren Heirat mit Wagner; weil sie Protestantin geworden sei. Die Förster u die Schorn sagen Beide, Cosima sei im Innersten eigentlich immer Katholikin geblieben; nur, um heiraten zu können, Protestantin geworden.

Weimar. 17 April 1898. *17.4.1898 Sonntag*

Vormittags geschäftliche Gespräche mit Frau Förster wegen der Prachtausgabe, Übergang in den Spemannschen Verlag, Stiftung des Archivs nach Hamburg (Lichtwark). Nachher oben bei Nietzsche. Er sass am Fenster, das den Blick über das unten im Thal ausgebreitete Weimar hat. Als wir hereinkamen streckte er zuerst etwas zitternd aber ruhig und wie fragend aufblickend seine Hand seiner Schwester entgegen, dann mir, und sah auch mich, während ich seine Hand hielt ernst und ruhig wie ein schönes, treues Tier an; ebenso beim Weggehen. Die Höflichkeits und Umgangsformen gehören zu den letzten menschlichen Dingen, die sein Geist behalten hat; es ist ihm z B. unangenehm, wenn Jemand ihn in gewissen Momenten überrascht u. s. w. Nachmittags nach Belvedere u dann nach Berlin zurück.

Berlin. 18 April 1898. *18.4.1898 Montag*

Abends bei Spitzembergs. – Man übersieht meistens viel zu sehr die Rolle, die die menschliche Persönlichkeit als solche und abgesehen von den formulierten Gedanken und Begriffen, die sie aussprechen mag, als Herz jeder zu einem Organismus zusammenwachsenden Menschengruppe spielt. Vielleicht ist unsere ganze Zivilisation Nichts als eine allmählich alle andren Gruppen überwuchernde Gesellschaft, deren wesentliche Eigenschaften nur die immer mehr zu einer Art von allgemein menschlicher Norm werdenden Wiederholungen eines einzigen einmal zufällig dagewesenen Charakters sind, eines Charakters, der zu den vor ihm dagewesenen vorwiegend handelnden oder von der Phantasie geleiteten Menschen im Gegensatz stand. Man hat diese Gesichtspunkte bisher blos auf die Entstehung von Religionen angewendet; sie sind aber vielleicht ebenso wichtig bei der Entstehung z B. von Wissenschaften, deren bester Wert auch vielleicht auf zufällige Eigenschaften ihres ersten Begründers zurückgeht. Gedanken sind ein ärmliches Surrogat für Handlungen, auch als Wirkungsmittel auf andre Menschen; sie sind von der Produktion von Handlungen ebenso unzertrennlich wie die Menstruation von der Fruchtbarkeit der Frau; sie ersetzen sie aber ebensowenig wie eine Fehlgeburt ein lebendiges Kind ersetzen kann. – Wir glauben manchmal, einen Gedanken zu haben, den wir nie zuvor gehabt haben; meistens ist es aber nur die Metamorphose irgend eines alten Gedankens, der vielleicht mit uns geboren ist. Möglicherweise ist unser Gedankenleben ebenso gesetzmässig und durch individuelle Gesetze vorgeschrieben wie das Wachstum der Pflanze, und haben äussere Anregungen auf seinen Inhalt nicht mehr Einfluss als die klimatischen Vorgänge, Sonne und Regen, auf die Entwicklung der Pflanze. Es sind, mag es warm mag es kalt sein, immer dieselben Fibern; die nicht wechseln, sondern sich nur reicher oder ärmer entwickeln können. – Man wird schwer ermessen können, wieviel es die Menschheit gekostet hat, dass ein grosser Teil ihrer besten Menschen ihre Kraft darauf verwendet haben, sich in Büchern und auf Bücherborten ein ewiges Leben zu sichern, statt durch Handeln ins Leben selbst einzugreifen.

Berlin. 20 April 1898 *20.4.1898 Mittwoch*

Bei Harden, um ihn zu bitten, meine Vorrede als Selbstanzeige aufzunehmen. Er empfing mich in einem braunen, Pyjama artigen Flanellanzug und Pantoffeln, das Weibische und Weichliche in seiner Gestalt und seinem Gesicht trat in diesem Néglígé noch mehr als sonst hervor; Er war sehr liebenswürdig; durchflog die Vorrede und sagte dann, er habe mir zu danken, dass ich ihm so Etwas gebe; ob ich nicht für ihn Artikel schreiben wolle u. s. w. Sein Motiv durchschaue ich nicht ganz. – Vielleicht ist es die babylonische Gefangenschaft gewesen, die dem jüdischen Nationalcharakter den Stempel des Kosmopolitismus aufgedrückt und dadurch die Juden befähigt hat, als Erste die Idee eines internationalen Gottes hervorzubringen; Christus, Paulus; abgesehen von allen andren unabsehbaren Folgen, die dieser Zug ihres Charakters für die ganze Kultur seit zweitausend Jahren gehabt hat und fortwährend weiter hat.

Berlin. 21 April 1898. *21.4.1898 Donnerstag*

Hebbels Gyges im Deutschen Theater. Hebbel ist ein roherer, weniger abgeklärter und feiner, aber philosophisch tieferer Racine; derselbe fast instinktmässige Hang, Alles ins Psychologische, Grüblerische zu zerfasern, die Leidenschaft im Lichte der Vernunft, des ihrer selbst Bewusstseins zu zeigen, das Stadium des Räsonnierens, des Motiv suchens vor die Handlung zu verlegen, statt, wie es im Leben meistens der Fall ist, dahinter. Seine Stücke fesseln ähnlich wie der Fortgang einer mathematischen Rechnung; ohne Leidenschaft zu erregen; aber doch spannend; bis der Schluss sozusagen eine Erlösung und Erleichterung dem Verstande bringen.

Berlin 22 April 1898. *22.4.1898 Freitag*

Heute hat wohl in Wirklichkeit der Spanisch-Amerikanische Krieg begonnen. Abends Soirée bei Hindenburgs: Szögenys, Lascelles, Schwarzkoppen, Radowitzens etc. etwa 20 Leute. Viel Musik.

Berlin. 23 April 1898. Sonnabend. *23.4.1898 Samstag*

Nachmittags Lichtwark bei mir. Mit ihm gegessen und bis spät zusammen. Mit ihm über die von der Frau Förster geplante Stiftung des Archivs nach Hamburg. Später setzte er mir seine Theorie des Linear Ornaments auseinander. Er führt Alles auf die verschiedenen Formen der Spirale zurück: C Form , S Form , A Form , mit Palmette und Knospe verbunden. – Ferner über Blumensilhouette und Fruchtsilhouette in der Kunst; jene in Ägypten entstanden und in Griechenland und überhaupt in Europa meistens üblich; die weichere Fruchtform dagegen im fernen Orient, China etc.

Berlin. 24 April 1898. *24.4.1898 Sonntag*
Schlafs Gertrud in der dramatischen Gesellschaft. – Ich versuche gegenwärtig, eine kleine Bibliothek für meine Dienstboten anzulegen; es ist fast unmöglich, deutsche Bücher zu entdecken, die sie fesseln könnten und dabei nicht ganz flach und schlecht sind. Das Schreiben fürs Volk ist in solche Hände geraten, dass man nicht weiss, was das Schlimmere ist, der Kolportage- und Schauer Roman oder die süssliche Sudellitteratur nach Art der Gartenlaube und des Daheim. Und man kann doch nicht erwarten, dass solche Leute ein archäologisches Interesse an alten Sachen nehmen. Man kommt kaum über die Bibel, Tausend und Eine Nacht, Gotthelf, Raabe, und Übersetzungen von Dickens oder Scott hinaus. Reuter ist, als ob er auf chinesisch geschrieben wäre. Die Folge eines solchen Zustandes muss mit der Zeit der absolute Kulturbankrott sein.

Berlin. 28 April 1898. *28.4.1898 Donnerstag*
Benno Herman u Bredow bei mir zum Frühstück. Diner bei Mutzenbechers; neben Frau v. Schrader.

Berlin. 29 April 1898 Freitag *29.4.1898 Freitag*
Zum Liebesmahl nach Potsdam. In der Kunstausstellung.

Berlin. 30 April 1898. *30.4.1898 Samstag*
Hermans Vortrag in der Urania. Nachher Musik bei der Gräfin Oriola. In der Kunstausstellung; Nichts als Mittelmässigkeit und Effektsucherei (mit Ausnahme vielleicht von Hengeler.) – Vielleicht sind unsere Verwaltung, unsere Parlamente u. s. w. noch so rein von Korruption, weil unsere Frauen sich so schlecht anziehen und die „gute Stube" für die magere Geselligkeit (bis auf verschwindend kleine Hof u Diplomaten Kreise) noch ausreicht; wenn das Bedürfnis nach kostspieligem Luxus (wie in Frankreich) geweckt würde, könnte das auf unseren Staatskörper einen unerwarteten und zerstörenden Einfluss haben; ein weiterer Grund, um den Geschmack zu erziehen, damit er es lerne, sich eine einfache Schönheit der Umgebung und des Lebens (wie in den ländlichen Mittelklassen Englands) zu schaffen und sich darin glücklich zu fühlen.

Berlin. 3 Mai 1898. *3.5.1898 Dienstag*
Diner bei Dirksens. – Der Traum ist Nichts als eine zusammenhangslose sozu-

sagen kapriziöse Fortsetzung genau derselben Thätigkeit, der wir unsere Vorstellung einer von uns selber unterschiedenen, objektiven Welt verdanken: die individuelle Verarbeitung (Umdeutung) äusserer Reize durch die Phantasie. Daher mag es kommen, dass Visionäre, Menschen, die auch im wachen Zustande ihren Blick nur nach innen kehren, die auch wachend sich wenig um die Aussenwelt kümmern, im Schlaf wenig träumen; Przsybyszewski hat mir gesagt, dass er seit einer grossen Reihe von Jahren nie geträumt habe; während Nichts Einen zum Träumen mehr praedisponiert als eine längere hochgespannte Aufmerksamkeit auf Dinge der Aussenwelt. – Dasjenige, an dem man später die Stumpfheit und die Geschmacksverwirrung unserer Zeit am deutlichsten erkennen wird, sind die Bucheinbände unserer grossen Dampf-Buchbindereien und die Häuserfassaden unserer Maurerpoliere. Ich glaube nicht, dass es zu irgend einer Epoche Etwas so Widersinniges, Prätentiöses und Greisenhaft-Gelehrtes gegeben hat wie diese beiden zeitgenössischen Typen. Es ist der richtige Ausdruck unserer beim „Ochsen" kurzsichtig, d. h. Sinnenstumpf, gewordenen Philister.

Berlin. 4 Mai 1898. *4.5.1898 Mittwoch*
In Bredow bei Bredows. Dort noch Bernhard Stolberg, Reinhold Richter, Spitzemberg etc.

Berlin. 5 Mai 1898. Donnerstag. *5.5.1898 Donnerstag*
Bernhard Stolberg bei mir gegessen.

Berlin. 7 Mai 1898. *7.5.1898 Samstag*
Die ersten Exemplare meines Buches[1] erhalten.

Berlin. 8 Mai 1898. *8.5.1898 Sonntag*
Die beiden Bredows u. Reinhold Richter bei mir gefrühstückt.

Berlin. 10 Mai 1898. *10.5.1898 Dienstag*
Bei den Kürassieren in ihrem neuen Kasino gegessen.

Berlin. 11 Mai 1898. *11.5.1898 Mittwoch*
Nachmittags Hofmannsthal mich besucht; es ist ein kleiner, lustiger Wiener mit hoher, detonierender Stimme sprechend, aber durchaus sympathisch und natürlich (? eher affektiert natürlich) in seiner Art und Weise. Berlin misfällt ihm sehr; er findet es so „hart"; man vermutet in den Häusern überall Menschen mit viel Geld und wenig Geist. Er findet es aber doch weniger unliebenswürdig, als er

---

1 Notizen über Mexico

erwartet hatte; er habe geglaubt lauter Menschen zu finden, die sich immer „auf den Rechtsstandpunkt stellten"; darin ist er angenehm enttäuscht.

Berlin 12 Mai 1898. *12.5.1898 Donnerstag*

Hofmannsthal Nachmittags das innere Berlin, die Grachten und die Apfelkähne, gezeigt. Er sah sich aber wenig um, und sprach dafür fortwährend. Er hat einen scharfen Blick für die oberflächlichen Tiefen des Lebens und drückt seine Entdeckungen pointiert und pittoresk aus; seine philosophische Begabung erscheint aber eleganter, als auf die Dauer wünschenswert ist. – Das Reiten ist eine so gute Charakterübung, weil es erfordert, dass man immerfort nicht das Pferd sondern sich korrigiert; ein in seinem innersten Grunde eitler Mensch wird schwer gut reiten lernen. – Die Hälfte des Leidens an der Welt wäre weggeräumt, wenn man lernen könnte, nie Andre besser, klüger, geschmackvoller, kurz anders als sie sind, machen zu wollen; sie nehmen, wie sie sind, und sich korrigieren, gut reiten lernen, ist das Geheimnis des Wenigleidens. Aber allerdings, welcher Verzicht; und warum dann überhaupt noch leben?

Berlin. 14 Mai 1898. Sonnabend *14.5.1898 Samstag*

Hofmannsthal bei mir gefrühstückt u nachher mit ihm zu Richters nach Wannsee hinaus. Er gewinnt sehr bei näherer Bekanntschaft; vor Allem scheint er, wenn er Einen näher kennen gelernt hat, weniger geistreichelnd und oberflächlich zu werden. Heute Nacht, als wir aus Wannsee zurückkamen, hat er mir auf dem Nachhausewege in der Wilhelmstrasse Aperçus über den österreichischen Staat und die österreichische Politik gegeben, die von einer genialischen Anschaulichkeit waren. An der Spitze das Herrscherhaus, das mit keiner Fiber mehr mit irgend einem Volk oder irgend einer Rasse ausser der eigenen Ahnenreihe zusammenhängt; von der Menschheit Abgesprengte, Einsame, in sich selbst, ohne Kontakt mit Andren, hinbrütend, von Pfaffen bewacht und eingekäfigt, Sympathieenlos, ausser mit Lakaien oder Mätressen. So wird ihnen jede erzwungene Berührung mit der Aussenwelt zum Schicksal. Als Typus der Rudolph im „Bruderzwist im Hause Habsburg"[1]. Darunter eine Aristokratie, die, ähnlich, wie das Herrscherhaus von der Menschheit so vom eigenen Volk abgesprengt ist, und die sich oben erhält durch rücksichtsloses Schüren des Nationalitätenhasses; die Schwarzenbergs, Thuns, Lobkowitzs etc. Alles Menschen, deren „Patriotismus" nur ihrem Geschlecht nicht ihrem Volk oder ihrem Lande gilt; und darunter grosse, verwirtschaftete, feindliche Massen, auf denen Jene wie auf den Wellen eines Meeres schaukeln; Tschechen und Juden, Magyaren und Südslaven, Deutsche u Polen; unfähig sich über ihre gemeinsamen Interessen zu verständigen; als Beispiel dass ein Offizier der eine Patrouille reitet sich oft mit den eigenen Vor-

---

[1] Grillparzer

posten nicht verständigen kann, wenn er nicht einen Juden mithat, der natürlich alle Sprachen spricht.

Berlin. 15 Mai 1898. *15.5.1898 Sonntag*
In die Aufführung von Hofmannsthals Donna Dianora[1] auf der Freien Bühne im Deutschen Theater. Nachher wieder in Wannsee mit Spitzembergs u Arenberg. Arenberg hat den petit esprit, der bei Tisch amüsieren kann, die kleine Kombinationsgabe und Schlauheit, die zu einer Intrigue reicht; er kann im Salon und in Leitartikeln imponieren; in der Intimität tritt, je öfter man ihn sieht, um so mehr die Mittelmässigkeit des Verstandes und des Herzens hervor. Heute über Kolonialpolitik und Kunst mit ihm gesprochen; in Beidem vertritt er die absolute Mediocrität.[2] Nur nicht zu sehr hineingehen; kleine Mittel, kleine Eisenbahnen, kleine Kapitalien; es wird Alles schon genügen; ebenso in der Kunst, worüber er allerdings mit Überzeugung absoluten Blödsinn redet. „Millet ist langweilig; Wissen Sie ich habe noch von meinem Vater gehört, dass man, als er lebte, für seine Bilder Nichts bezahlen wollte; und damals haben die Leute doch auch Geschmack gehabt; es ist nur ein Modemaler; wie er im Preise gestiegen ist, so wird er auch wieder fallen. Ich will ein nettes, amüsantes Sujet; wenn ich so eine Schlacht sehe – natürlich muss es nicht gerade eine Blutwurst sein – dann macht mir das Vergnügen; so ein kleines Genre Bild von Werner, das hat doch Jeder gern bei sich; aber so ein Millet, ich kann daran Nichts sehen; mich langweilt das." Er ist ein Typus. Etwas Andres was A. beiläufig sagte, erklärt seine Philistrosität; als er jung gewesen sei, da habe selbst in den vornehmsten Häusern eine für die heutigen Begriffe fast unglaubliche Einfachheit geherrscht; man habe mit Licht und Feuerung genau gerechnet; nur ein Zimmer geheizt, nur eine Lampe gebrannt u. s. w. Dabei ist Arenberg kaum fünfzig.

Berlin. 16 Mai 1898. Montag. *16.5.1898 Montag*
Hofmannsthal wieder bei mir gefrühstückt. Er gebraucht häufig von sich wie eine Art von Berufs Bezeichnung den Ausdruck „Dichter": „ich bin hier ein fremder Dichter", u. s. w., was eigentümlich drollig klingt. Als auf einer im Bau begriffenen Brücke an der Friedrichsgracht ein Brett im Drüberhingehen schaukelte, meinte er: „Es wäre doch zu tragisch, wenn der fremde Dichter an dieser Stelle ins Wasser fiele." Überhaupt ist er eitel und sozial ehrgeizig; er schwebt noch in Gefahr, so zu enden wie Heyse oder Bourget, als Theezirkeldichter und Boudoirphilosoph; sein Temperament ist ganz unrevolutionär, und die Gedanken bequemen sich mit der Zeit meistens dem Temperament an. Ausserdem ist

---

[1] Die Frau im Fenster

[2] Das Wort „absolut" ist an dieser und der folgenden Stelle mit Bleistift gestrichen.

der Dichter für ihn offenbar ein ganz besondres Wesen, von allen Andren durch Abgründe getrennt.

Berlin. 19 Mai 1898. *19.5.1898 Donnerstag*

Im Kasino bei Tisch neben dem neuen Sekretär der Schweizer Gesandtschaft Vogel gesessen; er hatte meinen Namen bei der Vorstellung nicht verstanden und erzählte mir beiläufig, er habe heute ein deutsches Buch über Mexico gelesen, das ihm der mexikanische Geschäftsträger Covarrubias zugeschickt habe, damit er es exzerpiere, da C. selbst kein Deutsch versteht; er müsse ihm aber einzelne Teile verschweigen, da sie zu wenig schmeichelhaft für Mexico und Diaz seien. Er war ziemlich überrascht, als ich mich als der Verfasser entpuppte. – Nachher Empfang bei Greindls.

Dresden. 22 Mai 1898. *22.5.1898 Sonntag*

Papas Dritter Todestag. Mit Nostitz in Schandau.

Dresden. 23 Mai 1898. Montag. *23.5.1898 Montag*

Ich bin heute Dreissig geworden. Nach Berlin zurück.

Antwerpen. 29 Mai 1898. *29.5.1898 Sonntag*

Heute früh aus Brüssel hierher; anheimelnder erster Eindruck von der Stadt; alte kleine Häuser, breite Strassen, grüne Bäume und im Hintergrunde überall Masten; mich überfiel, als ich an den Mastspitzen der weissgestrichenen Segelschiffe in den blauen Himmel und die ziehenden Meereswolken hinaufsah, eine fast unwiderstehliche Sehnsucht, mich auf einige Monate oder Jahre in die Meereseinsamkeit eines solchen wiegenden Segelschiffes einzuspinnen. – Vormittags d. Museum. Im grossen Massys[1] der Christuskopf noch vom Wahrheitshauch der alten Kunst erfüllt; die übrigen Figuren ernst und würdig, ohne dramatisch sehr wirksam zu sein; die Kunst der Komposition, die Breite des Vortrags ein Vorversprechen auf Rubens; im Grunde genommen bewegt mich das Alles wenig; unendlich mehr die kleine Madonna van Eycks und die Verkündigung des Rogier van der Weyden, diese vielleicht die holdeste, reinste, intimste, heiterste der ganzen Kunst. Verkündigung und Madonnenbild, die beiden Augenblicke, die in der Existenz des Weibes das Wunder sind: der Moment, da sie zum ersten Mal weiss: du wirst einem neuen Geschöpf das Licht schenken; und der Moment, da das neue Wesen zum Bewusstsein erwacht und seine Mutter erkennt; Zwiegespräch und Liebkosungen zwischen zwei Wesen, die fast noch ein einziges sind, von denen das Eine Sich ganz dem Andren verdankt; das innigste Zwiegespräch, der innigste Verkehr von Mensch zu Mensch, den es auf Erden giebt. Die christ-

[1] Johannesaltar

liche Kunst liebt es, diesen Verkehr zwischen Wesen zu schildern, die ineinander überfliessen, ineinander aufgehen: Fiesoles Abendmahl, Christus mit den Jüngern in Emmaus[1] u. s. w.; das Betrachten dieser Bilder ist ein Anreiz, sich selbst so einem Andren zu schenken, ein erster Schritt auf dem Wege zum Aufgehen des Individuums in Gott. Wie tragisch und übermenschlich dagegen Klingers beiden Madonnen[2]; jedesmal der eine Teil tot, das Kind, das die Mutter überlebt, die Mutter, die den Sohn, und welchen Sohn, Christus, überlebt; kein Verkehr mehr möglich, der Faden des Lebens, des hohen, geistigen Verbundenseins zerschnitten; zwischen Mutter und Kind die Anangkê; das ist, was an Klinger antik erscheint; in den christlichen Pietàs, Fiesoles, van der Weydens, ist nicht dieses Irreparable, der Schmerz ist heftiger, weil sich noch Hoffnung zu ihm gesellt; bei Klinger, wo er hoffnungslos ist, hat er die Persönlichkeit, alle Leidenschaft, sogar das Weh getötet; die Figuren sind kalt; und auch so führt Klinger sein Weg zur Antike zurück. – Der emotionelle, ästhethische Wert des Selbstopfers zugunsten eines Andren zuerst in griechischen Grabreliefs, in Platonischen Dialogen, Lysis, Phädrus etc., in der Alkestis des wunderbaren Ganzmodernen Euripides, aber immer noch wie durch dünne Schleier verhüllt; dann, sobald das Christliche seinen klassischen Ausdruck findet im XIII, XIV und XV Jh., immer klarer als das Hauptausdrucksmittel des religiösen Kunstwerks erkannt, von der süssen Innigkeit des Madonnenzwiegesprächs bis zu den Heiligen Extasen, in denen sich bei Fiesole das kleine Ich des Individuums in das grosse Ich Gottes, des Vaters, des Sohnes und des Heiligen Geistes auflöst.

Paris. 31 Mai 1898. *31.5.1898 Dienstag*

Bei Derleth bis spät in die Nacht. Er sprach von seinem Verkehr in der letzten Zeit; nur zwei Frauen, eine Anarchistin und eine unendlich fromme russische Prinzess, haben vorübergehend einen Eindruck auf ihn gemacht. „Aber ich habe sie ausgeschöpft; sie haben sich in mich ergossen wie Bäche ins Meer, über meine Seele sich ausbreitend und in ihre Tiefen untertauchend." – Über meinen Stil: Er ist persönlich; er ist wie du bist. Wenn ich daran Etwas auszusetzen hätte, so wäre es, dass ihm der grosse, lebendige Blutstrom fehlt; er ist kalt; es liegt kein Glück darin. – Über seinen Aufenthalt hier und in Rom: Rom und Paris sind Fehler gewesen; es war dazu zu früh für mich; ich weiss nicht, ob das an mir oder an ihnen lag; ich mache eigentlich keinen Unterschied zwischen mir und meiner Umgebung; es lag an uns Beiden. Jetzt gehe ich ans Meer, um mich reinzuwaschen; und dann in die Einsamkeit auf viele Jahre. Ich will das Meer in meine Einsamkeit mitnehmen, wie man weisse Gewänder anzieht. Ich gehe an die

---

[1] Fresken, Florenz, San Marco - Kloster

[2] „Tote Mutter" aus dem Radierzyklus „Vom Tode. Zweiter Teil" u. „Pietà"

belgische Küste; dort soll Alles Nebel sein und Sonnenuntergänge und grosse Meeresmelancholie.

Paris. 1 Juni 1898. Mittwoch. *1.6.1898 Mittwoch*

Nachmittags bei Derleth: Ich fragte ihn, was nach seiner Rückkehr aus der Einsamkeit werden solle: Dann will ich ein andrer Mensch sein als heute; ich denke mir das so, als ob ich in einer warmen Nacht auf einem Wagen mit weissen Pferden bespannt durch das Siegesthor in München einzöge; in einer Nacht, da alles Volk auf den Gassen wäre und die Menschen mit Lichtern an die Fenster kämen, und ich würde auf einem Wagen mit weissen Rossen bespannt durch sie hindurchgezogen, ohne sie zu sehen. – Sein Fenster im Hotel de Lauzun geht auf einen Hof mit grossen, rauschenden Bäumen; und dahinter sieht man den Himmel und Nachts die Sterne; ich sprach davon, und wie dieser Blick die Wohnung verschönte: Ja, die Wohnung ist schön; es ist viel Elementares nah. – Was bei Derleth anzieht ist seine Art zu Sein. Er ist kein Schriftsteller, kein Gelehrter, kein Philosoph, und nicht einmal ein Künstler; sondern hier ist wieder einmal ein Mensch grössten Stils; sein Kunstwerk ist seine eigene Erscheinung, seine Gebärde, sein gesprochenes Wort.

Paris. 2 Juni 1898 *2.6.1898 Donnerstag*

Mit Mamma und Gee in die Stadt und mit Gee in Fervaal[1].

Paris. 3 Juni 1898. *3.6.1898 Freitag*

Bei Derleth und mit ihm einen jungen Maler Schlesinger aufgesucht. Von Derleths Gesprächen behalten: Meine Erlebnisse sind zufällig und liegen blos in mir. Neulich in einem ganz armen und gemeinen Lokal habe ich einige orientalische Tänzerinnen gesehen, und es lag in ihnen das ganze Meer; wie sie auftauchten und untertauchten und schwankten, waren sie wie Schiffe; und die Stoffe, die um sie flossen und wallten und sich blähten, haben mir das Meer und ferne Sonnenuntergänge vorgezaubert. Ich war den Tag in der richtigen Stimmung. Man muss den Menschen höherstimmen; darin liegt wie mir scheint auch das Wesen der Magie. – Ich gehe gern auf die Urbedeutung der Wörter zurück. So ist der „Verstand" Nichts anders als der Körper der Menschen, ein Stück zum Stehen Gekommenes Werden. Alles was ist, ist mit dem Eintritt ins Sein aus dem lebendigen Fluss des Werdens herausgetreten. Wie der Baum, der voller Blüten steht, so ist die Welt; die Blüten, die hervorgetreten sind, haben schon angefangen zu

---

[1] d'Indy

vergehen. Wir sehen nie Etwas zur Zeit, wo es eigentlich ist, sondern immer erst, wenn es gewesen ist, erschienen ist. Wir nehmen nie den lebendigen Fluss des Geschehens selbst wahr, sondern nur das Tote das er emporwirft. (P. n. ich nehme an, dass deshalb Derleth auf die wahrnehmbare Aussenwelt und die Wissenschaft, die deren Erklärung ist, so wenig Wert legt; d. h. weil sie sich blos mit dem Toten, nicht mit dem noch Lebendigen, beschäftigt; während er zum wirklichen, lebendigen Geschehen vordringen möchte, das hinter den Dingen vorgeht.)

Paris. 4 Juni 1898. *4.6.1898 Samstag*

Im Salon[1]: der Cirque Forain von Simon: Wiederaufnahme der grossen realistischen Courbetschen (Enterrement à Ornans) Tradition. Künstlerischer Realismus entsteht dann, wenn die Weltanschauung sich der Einheitlichkeit aller Dinge stark bewusst wird; im 19ten Jh. ist er ein Ausfluss des Pantheismus wie im 15ten des Mysticismus; beiden Epochen das gemeinsam, dass sie die Natur als Eins sehen, als Emanation Gottes oder als Erscheinung des grossen Naturgesetzes. Die klassizistische Tradition empfindet dagegen einen Zwiespalt in der Natur, zwischen schön und hässlich wie zwischen gut und böse, Armuzd und Ahriman. – Die grossen Einflüsse in der französischen Kunst seit 1850 Courbet, Millet, Ingres, Delacroix, Monet. Alles Andre, auch Manet, ist nur secundär. Aber Courbet und Millet heben sich als die beiden grossen geistigen Einflüsse heraus, die die Temperatur, die Substanz selbst der französischen Kunst, die Nervenschichten an die sie sich wendete, geändert haben. Ingres, Delacroix, Monet nur Vervollkommner und Erneurer der Ausdrucksmittel; sie wenden sich an dieselben Schichten der Empfindlichkeit wie Watteau oder Fragonard, erregen diese selben Schichten nur anders. Ich möchte Millet und Courbet in ihren Hauptwerken zu den grossen Meistern der religiösen Kunst, wie die van Eycks, rechnen; eher jedenfalls als Rossetti oder gar Cornelius. – Spät bei Derleth. Er erklärte mir, es sei das letzte Mal, dass ich ihn vor der grossen Verwandlung sehen würde; jetzt gehe er ans Meer und dann in die Einsamkeit; wenn er wiederkehre, werde er ein andrer Mensch sein. Er überreichte mir einige Fragmente, die er für mich notiert hat. Aus seinem Gespräch Folgendes behalten: Man muss den Körper höher bauen. Ich übersetze das Wort μετανοεῖτε in der Bibel nicht mit „thuet Busse" - was soll das heissen? - sondern mit: Ändert Eure Stimmung; die μετάνοια ist eine Änderung der Stimmung. Was ich gestern von den Tänzerinnen und dem Meer sagte, war noch kein Beispiel von diesem höheren Zustand; es verhält sich dazu wie eine Note zu einer Melodie. – Wenn ein Mensch in den höheren Zustand kommt so ändert er damit mit einem Schlage auch seine ganze Umgebung, die ganze Welt; alle Dinge müssen ihm nachlaufen; er wirft einen Lichtschatten, und alle Dinge müssen in diesem Schatten wandeln. Er ist wie ein

[1] Salon de la Société Nationale des Beaux-Arts

Spiegel, der am Meere steht und das Licht auf das Meer zurückstrahlt; die Wellen nehmen seine Farbe an. Dadurch dass er die Dinge anders sieht, werden sie auch anders. So erkläre ich das Problem Christi: Ich bringe gern Christus und Napoleon zusammen; aber Napoleon war der Held, der, „der Widerstand leistet", der die Dinge durch Widerstand zwingen will; durch Widerstand kann man aber die Dinge nicht überwinden. Dagegen, wer nicht widersteht, in den fallen sozusagen die Dinge hinein. So war Christus. – Christus war in den höheren Zustand hinaufgestiegen. Wenn man von dem, der in diesem andren Zustand ist, sagt, dass er höher ist als der Held, so genügt das nicht; er ist anders als der Held. Christus hat durch seine Umstimmung eine neue psychische Substanz in die Welt gebracht, und alle Dinge haben seitdem an dieser Substanz teilgehabt; in jedem Menschen, in jedem Wort, ja in jedem Verbrechen steckt seitdem Etwas von dieser neuen Substanz; sie sind anders als sie vordem gewesen wären. – Der eine Mensch, der sich ändert, ist wie ein Stein, der aus einem festgefügten Gebäude herausgezogen wird; alle andren müssen ihm nachstürzen; der Bau muss einstürzen. Und wenn die Andren ihn auch verachten, es ist gleichgültig. Es ist das Aristotelische: δός μοι ποῦ στῶ ... der Verachtete, der Hinausgeworfene, wendet den Ball. Das tiefste Wort, das ich kenne ist: Ich bin der Weg, und die Wahrheit und das Leben. – Ich glaube an keinen Tod; das ist Alles nur Schein. Es giebt keinen Tod. – Wir haben vor Notre Dame Abschied genommen.

Paris. 5 Juni 1898. *5.6.1898 Sonntag*

Dass die Moral durch Gesetze geschützt ist beschwert und entwaffnet sie, während sie sich in jedem ganz gesetzlosen Verhältnis: dem zwischen Verbrechern, dem zwischen Mensch und Tier, selber schützt; denn hier raubt die kleinste Verletzung dem Verletzer die Vorteile eines geordneten, moralischen Zustandes gleich ganz und lässt ihn nackt und moralisch schutzlos. Die feste, begrenzte, konventionelle Strafe ist zum Schutz des Verbrechers da; der strafende Staat beschneidet des Menschen soziale Verantwortlichkeit, wie der sozialistische Staat seine wirtschaftliche Verantwortlichkeit beschneiden möchte. Der strafende Staat nimmt dem moralisch, d. h. konsequent nach einem einzigen inneren Gesetz, Handelnden den grössten Teil seiner Überlegenheit. Es werden wenige Menschen wagen, einen Hund, ein Pferd, auf dessen Treue sie wert legen, d. h. mit dem sie ein quasi soziales Verhältnis fortsetzen wollen, so zu behandeln, wie sie es täglich mit ihren Mitmenschen treiben; denn dort ist jede Handlung irreparabel und zieht unerbittlich ihre Konsequenzen nach sich. Daher die grossen Charaktere in gesetzlosen Zeiten; der Mensch ist dann zu einem moralischen, d. h. zu einem immer denselben individuellen Gesetzen gehorchenden Handeln gezwungen, oder richtiger, die die nicht so handeln, gehen unter; man muss auf den Menschen, auf seinen Charakter, bauen können: In solchen Zeiten zieht die Moral ihre letzten Konsequenzen; wer ihr nicht gehorcht verschwindet. Nicht der

Gewaltthätigste steigt und erhält sich in gesetzlosen Zeiten, sondern der Charakterstärkste, oder der, der den Andren als solcher erscheint, der, auf dessen Charakter und Festigkeit die Andren am ersten bauen können. – Der Deutsche ist, so paradox es klingt, nicht fleissig, sondern höchstens pflichttreu einer von aussen oder innen auferlegten Arbeit gegenüber; er arbeitet selten um des Werkes selbst willen, sondern um Geld, oder aus Gewohnheit, aus Pedanterie, aus Pflichtgefühl. Daher kommen deutsche Talente so selten zur Reife, und nur Genies, d. h. die die keinen Fleiss nötig haben, ragen aus einem grossen Meer von Philistrosität und Halbtalenten hervor. Der Deutsche ist der geborene Commis, der geborene Kommentator, der geborene Unteroffizier; überall braucht er einen höheren Willen, der ihn treibt; sonst träumt er lieber und trinkt Bier. Daher ist die Kantsche Moral, der Kategorische Imperativ, die echtest deutsche Moral; der Kantianer kann sich vorstellen, dass ihm immerfort, auch bei der kleinsten Handlung, irgend Etwas befohlen wird.

Berlin 7 Juni 1898. Dienstag. *7.6.1898 Dienstag*

Mit Nostitz u Werthern bei Spitzembergs gegessen.

Berlin. 12 Juni 1898 Sonntag. *12.6.1898 Sonntag*

Bei Richters in Wannsee. Dort noch Hauswedels, Schönborns, Bismarcks, Varnbülers etc.

Berlin. 12 Juni 1898. *13.6.1898 Montag*

Offizielles Abschiedsessen für Nostitz im Palasthotel.

Berlin. 14 Juni 1898 Dienstag. *14.6.1898 Dienstag*

Nostitz Werthern, Spitzemberg, Mirbach und mir Abschiedsessen bei Fritz gegeben u. nachher abgereist.

Berlin. 16 Juni 1898 *16.6.1898 Donnerstag*

Musch bei mir gefrühstückt. Abends mit Werthern u Mirbach im Zoologischen Garten.

Berlin. 18 Juni 1898. *18.6.1898 Samstag*

Besuche gemacht. Abends im Kasino. – Die Grausamkeit, der Kultus und der Genuss der Grausamkeit, bezeichnet eine bestimmte Entwicklungsstufe des Menschen; sie steht in der Mitte zwischen der Zeit, wo er überhaupt nicht mitfühlt, „mitleidet", wo er noch nicht gelernt hat, sich fremde Seelenzustände vorzustellen, und der, wo er diese fremden Seelenzustände so stark und deutlich mitempfindet, dass ihr Leiden auch ihm Unbehagen verursacht; sie ist die exstatisch-sinnliche Schadenfreude, die zwischen diesen Empfindungsweisen liegt, ein Symptom von einer der frühsten Bewusstseinsstufen der Menschheit, von einem der ersten Momente, da der Mensch vom sozusagen passiven Mitwerden zum aktiven Erfassen des Werdens, zum Wiederspiegeln und Verstehen des ihn Umgebenden als eines Fremden und doch Interpretierbaren übergeht. Aus diesen Gründen mögen damals die am weitesten Fortgeschrittenen, die am höchsten über der stumpfen Heerde Emporragenden diejenigen gewesen sein, die den „frisson nouveau" der Grausamkeit am tiefsten genossen, und so mag die Grausamkeit als ein Vorrecht der Götter erschienen und zugleich als Berauschungsmittel für die feinsten und höchsten Nervensysteme, für Priester und Könige, in den Ritus aufgenommen sein. Das zu starke Mitempfinden mit Menschen hat zu Tieropfern geführt, und dann sind aus demselben Grunde auch diese gefallen; vielleicht könnte ein für den heutigen Zustand der Menschheit sehr weit fortentwickeltes Nervensystem schon an den Leiden einer Blume die Freude der Grausamkeit geniessen u. s.w. – Werthern neulich Abend erzählt, seine Urgrossmutter habe seinen Grossvater, als dieser ein kleiner Junge von acht Jahren war, Abends bei Sonnenuntergang vor den Altar der Schlosskapelle geführt und ihn schwören lassen, nie eine hässliche Frau zu heiraten. Sie wollte eine schöne Rasse haben. (Um 1820. Einfluss Goethes?)

Berlin. 19 Juni 1898. Sonntag *19.6.1898 Sonntag*

Nachmittags ganz unerwartet Vande Velde bei mir. Ihn Abends bei Curt Herrmann aufgesucht. Er richtet hier mehrere Kunsthandlungen (Keller α Reiner, Cassierer) ein u. möchte selber ein Geschäft mit Gutbier begründen.

Berlin. 20 Juni 1898 *20.6.1898 Montag*

Diner bei Mumm; Radowitzens (Nadine (Mutter) u. Marielise), Gräfin Schlippenbach, Kurowskis, Spitzembergs, Lerchenfeld u Arenberg.

Berlin. 21 Juni 1898 Dienstag. *21.6.1898 Dienstag*

Van de Velde bei mir gefrühstückt.

Berlin. 23 Juni 1898. *23.6.1898 Donnerstag*

Albert Schultz Nachmittags bei mir. Er will auf wissenschaftlicher Grundlage die alten astrologischen Ideeen vom Einfluss der Sterne auf den Menschen wiederaufbauen. Er nimmt an, die Sterne haben wie auf das Auge durch ihr Licht so auch auf den inneren Sinn des Menschen durch eine Art von Magnetismus oder Spirit wie S. sich ausdrückt, Einfluss. Alle Veränderungen im Weltall seien Ausgleichungen, Wiederinsgleichgewichtkommen, derselben strahlenden Kräfte der Sterne, die ganz oder zum Teil auch auf den inneren Sinn des Menschen wirken. Wenn die von den Sternen im Weltall ausgestrahlten Kräfte an einem bestimmten Punkte in einer bestimmten Weise zusammenträfen, dann verdichtete sich dort der Äther und flammte als Sonne auf, weil dort infolge von Gleichgewichtsstörungen eine Sonne nötig geworden sei; und ebenso sei es mit dem grossen Menschen; er flamme dort auf, wo er durch eine Spannung nötig geworden sei. Er glaube fest, dass die Erscheinung Christi mit der Erscheinung eines Sternes am Himmel verbunden gewesen sei, vielleicht eines unsichtbaren, den die Magier nur mit ihrem inneren Sinn empfunden hätten. – Von der Wirkung der Sterne auf den inneren Sinn ausgehend meint S, dass es nicht gleichgültig sei ob man im Angesicht der Sterne, sie anschauend, denke oder ohne sie zu sehen; die Inder hätten mit Recht den Wert der Contemplation betont; die Erinnerungsbilder, mit denen wir arbeiten (wenn es nicht gar blosse Begriffe sind) hätten nicht den gleichen Wert wie die von den Gegenständen, den Sternen, auf die Retina projicierten Bildern; denn diese Letzteren ständen in einer bestimmten Harmonie mit den Wirkungen der Sterne auf den inneren Sinn; der Mikrokosmos im menschlichen Gehirn spiegle dann in der That den Makrokosmos wieder und mache seine Bewegungen mit; beim Arbeiten mit Erinnerungsbildern nicht. – Er nimmt an, dass ein beständiges Emporarbeiten aus dem Chaos, als welchen er den Äther bezeichnet, durch die Materie (den durch Gott geordneten Teil des Chaos) zu Gott vorginge; Gott oder, wie er sich auch ausdrückt, der Spirit, vermehre sich fortwährend. –

Berlin. 24 Juni 1898. Freitag *24.6.1898 Freitag*

Bei der Sascha Schlippenbach gefrühstückt mit Radowitzs und dem früheren Botschafter Solms, der von seinen Erlebnissen mit der Kaiserin Eugenie erzählte. Abends bei Richters in Wannsee gegessen; dort noch Bernhard Bülow mit Frau, Varnbüler, Eichhorn, die Pourtalès und Ihnes. Bülow spricht langsam und gewählt; wenn der Inhalt nicht danach ist, klingt seine Konversation daher leicht affektiert und unaufrichtig. Auf der Fahrt nach dem Bahnhof mit Varnbüler u Bülow im kleinen Wagen meinte B.: je älter er werde, um so breiter finde er seine Ansichten; für Parlamentsreden u.Ä. sei ja Schärfe manchmal ganz nützlich; aber im Inneren werde er immer nachsichtiger. Ich weiss nicht was diesen Worten, obgleich ich von ihrer Richtigkeit und Aufrichtigkeit überzeugt bin, in B's Munde Etwas Jesuitisches gaben. Im Coupé fuhren eine Menge betrunkene Ausflügler mit zurück, zum grossen gaudium der Frau v Bülow, während Bülow selbst auf meiner andren Seite, in Hinblick auf seine Abreise nach Kiel morgen, mit Pourtalès und Eichhorn ernst und leise über die Forderungen an den Reichstag für Erhöhung der Botschaftergehälter in Rom und Wien und für Einrichtung von neuen Sekretärposten bei verschiedenen auswärtigen Vertretungen beriet, in Chili, Mexico, Tokyo und ev. Peru; für Wien ginge es nicht zu fordern, wegen Eulenburgs beständiger Abwesenheiten, die den Einwand nahelegten, es sei doch da wohl nicht so viel zu thun, dass ein neuer Sekretär nötig sei; dazwischen immer die Gassenhauer unserer betrunkenen Ausflügler. – Der Sadismus eine krankhafte Überreizung des Bedürfnisses nach Miterleben, Mitfühlen der Empfindungen des andren Teils beim Liebesakt.

Berlin. 25 Juni 1898. *25.6.1898 Samstag*

Bei Dehmel in Pankow. Wir giengen lange zusammen durch den Park etc. spazieren. Über Schiller: er fange doch an, ihn ganz anders zu schätzen als früher; das Lebenbejahende an seiner Dichtung; die Umsetzung von Gedanken. Er liess allerdings meinen Einwand gelten, dass es doch Etwas Andres sei, ob sich bei Jemandem (wie z B bei Goethe), aus Erfahrungen und Schmerzen des Lebens grosse Gedanken krystallisierten oder ob Jemand, wie Schiller, Gedanken die er bei Andren gelesen hat, seinem Leben einpfropfe und zu erleben trachte; ob mit andren Worten die Gedanken eine reife Frucht des Lebens sind, oder das Leben zu einem schmerzhaften Nachempfinden und Nacherlebenwollen fremder Gedanken wird. – Über das moderne Drama: in der Linie des naturalistischen Dramas (Hauptmann etc.) schiene ihm Nichts mehr zu machen; das Publikum könne auf die Dauer nicht mit diesen ewigen Zerfaserungen von Stimmungen abgespeist werden; das Drama müsse wieder synthetisch werden, grosse, weitwirkende Worte suchen; er selbst habe früher geglaubt, dass der Unterschied zwischen dem alten und dem neuen Drama darin bestünde, dass das neue Drama aus der Szene, wo Richard III die Anna sozusagen von der Leiche ihres Gatten weg gewinnt, ein ganzes Stück machen könne, und habe dies für einen Vorteil gehalten, er sei jetzt andrer Ansicht; mit der Stimmung sei Nichts gethan. Ich brachte vor, dass der Fortschritt in der Gewinnung einer neuen Triebfeder für das Drama bestehe, indem die Stimmung nicht mehr blos für das Publikum dasei sondern, indem man sie auf die handelnden Personen wirken lasse, zu einem wertvollen Mittel umgestaltet sei, die Handlung weiterzubringen; Dehmel meinte dagegen mit einigem Recht, das treffe im Allgemeinen doch nur bei ganz schwachen Charakteren zu; auf starke Menschen wirke die Stimmung garnicht so stark, dass sie eine wichtige Triebfeder des Handelns für sie werden könne. – Über die Lyrik: ihm würden alle Umstellungen, alle poetischen Lizenzen, täglich unangenehmer; diese Verrenkungen der Sprache nur, um irgendwo einen Reim hinzubringen, seien ihm jetzt unerträglich. – Über das Kunstwerk: es genüge nicht das Jemand seine inneren Grübeleien, wenn auch noch so formvollendet, vorbringe; das Werk müsse von seinem Schöpfer loskommen, frei dastehen, damit sich die Andren zu ihm erheben könnten. – Er denkt an die Schöpfung eines symbolistisch-mystischen Balletts, u gab mir einen Lucifer mit. Beim Abendbrot, das wir in der Laube nahmen, Frau Dehmel, eine kränklich aussehende aber intelligente Frau, und Schaefer mit einem mit ihm durchgebrannten jungen Mädchen.

Berlin. 30 Juni 1898. *30.6.1898 Donnerstag*

Zum Frühstück bei mir Frau v. Radowitz (die Madrider) mit der Marie-Lise Radowitz, Sascha Schlippenbach, Tschudi, Mumm, Frau Richter *α* Musch. Die Frau v Radowitz meinte, nachdem sie Alles besehen hatte, sie möchte einmal wissen, wie es in meinem Kopf aussehe; die jetzige Generation sei von der ihrigen so ganz verschieden.

Berlin. 7 Juli 1898. *7.7.1898 Donnerstag*

Dehmel u. Schäfer bei mir gefrühstückt. – Dehmel über das Drama: sein Wesen sei das Erwecken einer Reihe von äussersten Gefühlsanspannungen beim Zuschauer, getrennt durch die notwendigen Abspannungen; die ganze Kunst bestehe in der richtigen Verteilung und Verbindung dieser Affekterregenden Momente. Nachher zwischen Dehmel u Schäfer stundenlange Disputation über den Unterschied zwischen „Künstler" und „Dichter"; Dehmel versteht unter Kunst das Schaffen der anschaulichen Form unter Dichten das Produzieren des geistigen Inhalts; daher Schäfers Kritik, Nietzsche sei kein Dichter sondern ein Künstler, verkehrt; gerade das Umgekehrte sei richtig. Sie blieben discutando bis 8.

Berlin. 21 Juli 1898 *21.7.1898 Donnerstag*

Leute von meinem Regt bei mir zum Frühstück: die Solmse, Valentiner, Richthofen.

Berlin. 23 Juli 1898. *23.7.1898 Samstag*

Mirbach, Otto Werthern, Plettenberg von d. I G. U., Bergen Kahlden bei mir gefrühstückt. Überhaupt in letzter Zeit unzählige Bekannte u. Unbekannte (mit Einführungen) gekommen, um meine Wohnung[1] zu sehen. – Abends nach Italien abgereist.

Verona. 24 Juli 1898. *24.7.1898 Sonntag*

Über d. Brenner. Abends hier an.

Verona. 25 Juli 1898. *25.7.1898 Montag*

S. Giovanni in Fonte: d Taufbecken; angeblich (Burckhardt[2]) um 1200 entstanden; also gleichzeitig mit Franz v. Assisi: Erwachen der Phantasie: Gruppe von Maria *α* Elisabeth: verklärte Ruhe und Sicherheit d. Jungfrau, während Elisabeth d. rechte

---

[1] Innenausstattung v. van de Velde

[2] Der Cicerone

Hand wie betroffen auf d. Brust presst u. wie es scheint (Gesicht etwas lädiert) erschrocken und fast zornig (Runzeln auf d. Stirn, gross aufgerissene Augen, nach unten gezogener Mund) auf die Erde vor sich hinblickt; ein Motiv, das psychologisch originell und soviel ich weiss, auch später nicht wieder verwendet worden ist. – Maria bei der Geburt Christi fast selig ruhend; die Bewegung des Körpers wohl einer antiken Gewand (Porträt oder Grab) Statue entlehnt; das Gesicht aber schon mit einem neuen Ausdruck: klar und ruhig in die Ferne schauend; die antiken Bildhauer müssen solche Blicke nie geschaut haben; sie sind erst in der christlichen Welt entstanden; einer der ersten Anfänge des Madonnentypus. Ähnlich aber weniger ausgeprägt auf der Drei Könige Szene. – Christus auf der Taufszene noch ganz starr u. konventionell. – Über dem Portal der Kapelle ein Fresko der Madonna. Beide: Mad. u. Kind greisenhaft gekniffen; man fühlt dass hier die Phantasie des Kstlers noch garnicht mitgeredet hat, sondern nur die Tradition. – San Zeno. Das eigentliche Wunder beim Christentum sind nicht seine Märtyrer – die hat jeder Glaube; noch seine Verbreitung seit Constantin; Politik und Grausamkeit haben andre Glaubensformen noch schneller verbreitet; sondern die intime geistige Revolution, durch die es im 11ten, 12ten u 13ten Jh. eine neue Art von Mensch, ein bis dahin noch nicht vorhandenes Wesen, den christlichen Übermenschen hervorgebracht hat. Um die „europäische" Kultur zu erklären müsste man eine Geistesgeschichte des 11ten bis 13ten Jahrhunderts schreiben. – Abends nach Venedig.

Venedig. 26 Juli 1898. *26.7.1898 Dienstag*

Mosaiken in d. Vorhalle von San Marco: Erste Kuppel r. Schöpfung u. Geschichte Adams. Jede Spur von Appell an Gefühl und Mitgefühl fehlt; es sind im engsten Sinne Illustrationen, Verdeutlichungen des Bibeltextes, die auf d. Gemütsleben des Beschauers ebensowenig abzielen wie die einer Reisebeschr. beigegebenen Karten. Die die Thatsachen vorstellende Phantasie vorhanden: d. h. d. Künstler vermag sich den Vorgang, d. Bewegungen und allenfalls den Gesichtsausdruck d. Personen (bei diesen d. Darstellung sehr durch technische Schwierigkeiten gehemmt) vorzustellen; die Phantasie erstreckt sich aber blos auf d. äusseren Vorgang; die Phantasie, die Gefühle vorstellt und darzustellen sucht, schlummert noch; also wenn die Vorhalle zu den 1094 geweihten Bauteilen gehört, zur Zeit des Ersten Kreuzzuges. Das Erwachen der Gefühls Phantasie ist wohl der grosse Vorgang, der zwischen 1150 und 1200 in Europa eintritt und die ganze seitherige Geschichte bestimmt hat (höchster gleichzeitiger Ausdruck dieser neuen Art von Phantasie Franz von Assisi): Bei d. cresciem. et multiplicemini[1] über d. rechten Eingangsportal glaubt man im ersten Moment schon eine leise Regung dieser Phantasie zu erblicken: d. Bewegung Adams, wie er Eva mit einem

[1] wachset und vermehret euch

Arm an sich zieht, und d. hohe Friede in d. Stellung der mit aufgestütztem Kopf ruhenden Eva sind an sich schön: es ist als habe d. Künstler Etwas vom Zauber dieser ersten Liebesnacht auf Erden, den ersten Funken der Glut die Francesca und Paolo, Julia und Romeo, Tristan und Isolde entflammen sollte, vorempfunden; aber in Wirklichkeit hat er wenig mehr gethan als die antiken Grabmäler von Ehegatten, wie sie von der etruskischen Zeit an üblich waren, kopieren, und es ist sogar zweifelhaft, ob er auch nur das bescheidene Maass des antiken Empfindens dabei gehabt hat. (Gleich darunter hat er ebenso getreu und gleichzeitig die antike Figur des Guten Hirten für seinen Abel verwendet.) Nur in den sehr schönen, feinen Händen meint man Etwas Unantikes zu sehen, ein neues überkörperliches Ideal von Zartheit und Feinheit. – D. Madonna und d. Evangelisten und Apostel am Hauptportal alle vom starren, asketischen Typus: eingefallene Wangen, herabgezogene Mundwinkel, die oberen Heiligen dazu in überirdischen, weissen Gewändern, wie Bonzen des innersten Tempelhofs. Sie scheinen wie ein Vorwurf für den eintretenden Laien am Portal aufgestellt; man empfindet bei ihnen, wie bei allen übrigen Mosaiken und bei d. ganzen Kirche, nur den Wunsch, die Kluft fühlbar zu machen, die zwischen d. priesterlich-kirchlichen Leben und der ungeweihten Plebs gähnt. – Im Grunde ist d. Marcuskirche barbarisch, d. h. sie wendet enorme Mittel auf, um Etwas sehr Einfaches: den Eindruck von Pracht und Reichtum, hervorzurufen; d. Bedürfnis nach solch massenhaften Reizen zeigt die Stumpfheit d. Nerven, Unfähigkeit, aus d. Einfachen genügend Empfindung zu schöpfen; daher Wiedererwachen der ästhethischen Bewunderung für d. Marcuskirche nach d. Revolution, mit d. Romantik, als d. Bourgeoisie anfieng, d. Alpen nötig zu haben, um landschaftlich gerührt zu sein. Um so Etwas zu geniessen müssen entweder alle Reize sehr schwach wirken oder es muss eine ganz abnorme Aufnahme-, Verarbeitungs- und Harmonisierungsfähigkeit im Beschauer vorhanden sein, wie sie in jedem Jahrhundert nur bei Einzelnen, den Genussgenies, vorkommt. – Für die blos äusserlich vorstellende Phantasie, die bis 1150 überwiegt, zwei Lehrmeister: Beobachtung d. Natur (vor Allem in d. Bewegung, in d. Tieren etc.) und Nachahmung d. Antike (Gewandung, Nacktes); Letzteres z B. bei Niccolo Pisano. – D. letzten Ausläufer der sentimentalen Revolution des 12ten Jh. die weinerlich ekstatischen Barockstatuen (in St Peter in Rom), d. moderne Musik und d. moderne Naturgefühl (Rousseau, Goethe, Byron; dagegen Shelley schon fast darüber hinaus.) Vielleicht ist die Entwicklung heute abgeschlossen; d. verzückten Barockstatuen sagen uns schon lange nichts mehr; d. Musik scheint sich nach Wagner neuen, in Brahms schon keimenden, Gefühlen zuzuwenden; und d. sentimentale Naturgefühl ist bei den beiden grössten modernen Landschaftern, bei Monet und Klinger, von einer heiteren Thatsächlichkeit abgelöst. – In der Frari Tizians Madonna; die Porträts ersten Ranges; die Anordnung, das Kokettieren mit perspektivischen Mätzchen und schönen Gewändern, der gänzliche Mangel an religiösem Ernst in d. Madonna und Petrus geradezu widerlich; auch d. Farbe hauptsächlich in d. Porträtgruppen gut (roter Mantel des Senators neben d. Weiss des Mädchengewandes); im Übrigen mehr oder weniger konventionell. Vor Bellinis Madonna dagegen kann man noch beten; alle Gefühle, die sie auslöst, wenn man sie voll geniesst und voll auf sich wirken lässt, können in eine Andacht aufgehen. Der rechte Seitenflügel inhaltlich Dürers Temperamenten[1] ebenbürtig und weit überlegen im Ton. Die Bellinische Madonna in Murano (wo vorher heute Nachmittag) hat dieselben Qualitäten, aber nicht so vollendet; nur der alte knieende Doge ist ganz ersten Ranges.

Venedig. 27 Juli 1898. *27.7.1898 Mittwoch*

Die Säulen des Tabernakels[2]: Darstellungen aus d. Leben Christi u. d. Madonna. Alle Szenen, selbst die der Passion, ganz unsentimental. Christus jugendlich bartlos; etwa der antike Heroen- oder Wettkampfsiegertypus; ziemlich breites, volles, fast kindliches (Parsifal) Gesicht, grosse Augen, kurzes lockiges Haar. Überall ist er von einem eigentümlichen Zauber der Jugend und Schönheit umweht, wie ein antiker Gott; das Melancholische, Schicksalsschwere aller späteren Christusdarstellungen fehlt ihm ganz. Selbst in der traurigsten Stunde, in Gethsemane, bewahrt er diesen Hauch griechischer Holdseligkeit. Die Frage ist nun, ob diese Darstellungen, mit denen aus stylistischen Gründen sicher die kleinen Thürsturzreliefs des linken Fassadenportals zusammengehören (mindestens aus derselben Schule), wie Burckhardt-Bode meinen aus d. 12ten oder nicht eher aus der späten Antike, etwa 5tes bis 7tes Jh., stammen. Dafür zu beantworten: 1) giebt es andre Darstellungen aus dem 12ten Jh., auf denen Christus noch bartlos erscheint? 2) Ist die Muschel, die hier immer wieder als Hintergrund und Einrahmung der Szenen zwischen zwei Säulen eine Art Nische bildend wiederkehrt sonst in d. Architektur des 12ten Jh. nachweisbar? 3) Sind die Buchstaben der Inschriften nicht antik? Und haben die mittelalterlichen Künstler die Inschriften, namentlich wo es wie hier auf d. Platz ankam, nicht regelmässig abgekürzt, während sie hier voll ausgeschrieben sind? Für mich stylistisch sehr gewichtig 1) die Bildung des Nackten, ist, bis auf zu grosse Extremitäten (Hände), überall noch sehr vollendet; (die Art des 6 u 7ten Jh. die Extrem. zu bilden zu untersuchen). 2. in der Komposition (Anordnung der Figuren in den Szenen) ist noch durchaus der strenge antike Reliefstil innegehalten; der Raum durch die Figuren ganz ausgefüllt; nicht wie auf mittelalterlichen Darstellungen im Vertrauen auf das bequeme Rankenornament oder landschaftliche Zuthaten eine discursive Anordnung genügend befunden (cf. die wunderschöne Verkündigung an d. Hirten auf d. Thürsturz). 3) Christus auf der Kreuzigung ganz aufrecht, mit

---

[1] Vier Apostel

[2] San Marco

ungeneigtem Kopf, und also lebend. 4. Eventuell das merkwürdige halbsymbolische Zeichen, das Christus in der Glorie darstellt. – Die Frage wichtig, weil wenn diese Darstellungen noch aus der späten Antike stammten, sie ein merkwürdiges Zeugnis ablegen würden, darüber, in welcher Stimmung Christus dem 5ten oder 6ten Jh. erschien, einer durchaus heroischen und heiteren Stimmung; von Trauer, Schwermut, selbst Mitleiden keine Rede; eine Art von Ritter St Georg, aber ohne romantische Zuthaten. Stammen sie dagegen aus d. 12ten Jh., so würden sie der urkundliche Beweis für eine gänzlich unerwartete und bisher unmöglich scheinende Geistesrichtung im 12ten Jh. bei einem Teil der unmittelbaren Vorgänger und der Zeitgenossen von Franz von Assisi sein; es wäre dann zu jener Zeit noch möglich gewesen, Christus nicht nur ganz unsentimental zu fassen; das wissen wir aus d. Mosaiken, auf denen er nicht nur unsentimental, sondern ganz vertrocknet und Gefühlsbar erscheint; sondern es wäre eine ganz alte, aus dem Urchristentum stammende, Auffassung noch damals lebendig oder der Keim einer ganz neuen, später sofort spurlos verschwundenen jugendlich heroischen Christusgestalt vorhanden gewesen, die in erster Linie wie die antiken Götter durch Kraft und sinnliche Jugendschönheit, ohne eine Spur von Sentimentalität, auf die Menschen wirkte. Wenn man mit dieser Gestalt den Christus auf d. Taufbrunnen[1] in Verona oder die angeblich nur wenig späteren, doch gerade von d. Antike so stark beeinflussten Christustypen Niccolo Pisanos vergleicht, so scheint die Annahme dass dieses nicht Antikennachahmungen sondern echte Antiken sind, fast zweifellos; vor allem, da diese Art von Auffassung gerade das ist, was man sowohl aus allgemeinen Gründen wie als unmittelbare Weiterentwicklung der Figur des Guten Hirten in der späteren Antike erwarten würde. – Mittelportal der Fassade von San Marco: drei mit Bildwerken geschmückte Bogen: d. innerste, vielleicht aus d. alten Basilika d. 10ten Jh., mit ganz ornamental behandelten Pflanzen, Tieren u. Menschen; jede Kunst entwickelt sich immer wieder aus d. Ornament, nicht aus der Nachahmung der Natur, indem der steigende Realismus den schon lange vorher bestehenden Ornamentalismus allmählich lockert und auflöst. Eva (?) sitzt mit langen symmetrisch über den Brüsten niederhängenden geflochtenen Zöpfen auf einem Drachen; ihre beiden Arme sind symmetrisch zu beiden Seiten erhoben; die Extremitäten (Hände, Füsse) riesig. An ihrem Körper ringelt sich d. Schlange hoch. Die ganze Gestalt erinnert in ihrer Difformität und ihrem stupiden Gesichtsausdruck an gewisse indische Gottheiten. Ähnlich gegenüber Adam (?). Die Darstellungen vorne am selben Bogen schon viel freier. – Am mittleren Bogen des Portals d. Monate; von einer Lebendigkeit und Vollkommenheit d. Durchbildung, die an d. gute französische Skulptur des 12ten u 13ten Jh. erinnert. D. Nackte (allerdings nur Beine) überall gut und naturwahr durchgebildet; d. Bewegungen richtig beob-

---

[1] San Giovanni in Fonte

achtet: Februar ein Alter, der sich am Feuer wärmt; er streckt die eine Hand darüber, während er mit der andren ein Bein (vor Kälte eingeschlafen?) ans Feuer hebt; August, ein junger Mann, der erschlafft von der Hitze in einem Stuhl ruht, den Kopf auf d. Hand gestützt; eine merkwürdige perspektivische Kürzung am rechten Bein fast geglückt. Antiker Einfluss: April wieder d. Figur des Guten Hirten. Draussen am selben Bogen d. 7 Tugenden u. 7 Laster; weibliche Gewandfiguren stark antikisierend und z.T. schön in d. Raum komponiert, wahrsch. im Anschluss an antike Reliefs; z. B. d. Kraft (Fortitudo), ein Weib mit fliegendem Haar, die einem Löwen d. Maul aufreisst. Aus der Zeit um 1094 (Weihung der Kirche) können diese Reliefs kaum sein; dagegen sehr wohl gleichzeitig mit d. Taufbecken in Verona (um 1200); z.B. Behandlung der Frauengewänder ähnlich. – D. vorderste Bogen des Portals schon gothisch. – In d. Akademie u. versch. Kirchen. Im 16ten Jh. wird d. Schönheit schamlos; was ihr im Quattrocento, bei den Lippis und Bellinis, bei Botticelli und Cima den süssesten Reiz gab, der zarte Schleier der Unbewusstheit, geht verloren und weicht einem rohen Protzentum, einem geschäftsmässigen Schönsein, das uns heute gegen alle Werke des Cinquecento mit Ausnahme derer Michelangelos, misstimmt.

Venedig – Padua. 28 Juli 1898. *28.7.1898 Donnerstag*

Nachts schweres Gewitter; früh nach dem Regen im klarsten, hellsten Licht zur Bahn, den Canal Grande hinauf. Venedig ist ein merkwürdiges Gemisch von Mittelalter und Barock oder Rococo; in der Stimmung siegt aber das Letztere, weil d. Beleuchtung alle Töne ins Helle, Graue zieht; es liegt, wie in Paris, esprit, champagnerleichte Sinnlichkeit in diesem Lagunenlicht, das auf dem blassgrünen Wasser und auf blondem Haar am liebsten zu spielen scheint; die Melancholie des braunen Florenz fehlt. Die florentinische Schönheit scheint immer nach einer fernen Heimat auszuschauen; das hat sie unsrem Jahrhundert so verwandt gemacht; die venezianische kennt weder Vergangenheit noch Zukunft, sondern verwandelt in ihrem silbernen, blitzenden Licht Alles in prickelnde Gegenwart. – Nach Padua. Die Verschiedenheit des Gefühls ist es, die die Verschiedenheit der Individualität ausmacht; daher entsteht die Vorstellung von der „Individualität" erst, als man sich die Gefühle vorzustellen anfieng, als d. Gefühlsphantasie erwachte. Welches ist vorausgegangen: d. Empfinden für das fremde Gefühl oder das für d. fremde Persönlichkeit? Die Frage aufstellen heisst sie beantworten; denn man musste erst das sich vorstellen, was den Unterschied zwischen zwei Menschen ausmacht, die verschiedene Wirkung des vom selben Dinge in Beiden hervorgerufenen seelischen Vorgangs, ehe man diesen Unterschied in den Begriff der verschiedenen Persönlichkeit fassen konnte. Das Vorstellenkönnen des fremden Fühlens ist der Schlüssel zum Vorstellenkönnen der fremden Persönlichkeit; erst wenn Einem die Anschauung klar ist, dass zwei Personen demselben Dinge gegenüber verschieden fühlen hat man einen Inhalt für den Ausspruch, dass des einen Person von des andren verschieden ist. Giotto wenn nicht einer der Ersten, in denen in Europa diese Gefühlsphantasie rege wird, so doch Einer von denen, bei denen sie so früh schon am mächtigsten gewesen ist. Den ganzen Tag seine Fresken in d. Arena. I. Joachims Opfer vom Hohen Priester zurückgewiesen. Joachim presst das zurückgewiesene Lamm, als ob diesem die Schmach widerfahren wäre, vom Hohenpriester hinweg, wie beschützend an sich; ein ganz transitorischer Moment des Affektes richtig erdacht und wiedergegeben. II Joachim bei seinen Hirten (der Hund springt ihn erkennend ihm entgegen) auf dem Felde, vor dem Spott seiner Landsleute weichend; nach dem Zorn, der Aufwallung, die Abspannung, die Niedergeschlagenheit; die Bewegung der Figur in jeder Einzelheit nur Ausdruck dieses Gefühls, nicht Verdeutlichung einer Handlung: übereinander gefaltete Arme und gesenkter Kopf drücken das ergebene in sich Versunkensein aus; der auf No I etwas konventionelle Gesichtsausdruck ist hier besser gelungen; das ruhig niederblickende Auge vervollständigt die in d. Körperbewegung ausgedrückte Stimmung. IV Dem Joachim der nun doch in der Einsamkeit Gott das Opfer gebracht hat, das der Priester zurückgewiesen hatte und offenbar in tiefem Gebet davor kniete, erscheint der Engel; Joachims Bewegung die des plötzlichen Aufmerkens; d. Hirte dahinter drückt Dankbarkeit aus; der Engel richtet ruhig majestätisch seine Botschaft aus; die Starrheit ist ihm genommen durch d. sanfte Hand Bewegung, mit der er seine Worte begleitet und die seine innere Sicherheit und Seelenruhe spiegelt. Jede der drei Gestalten ist in jeder Einzelheit geschaffen, um ihren Affekt auszudrücken; nicht um ein Porträt zu bieten, oder um an einer äusseren Handlung teilzunehmen oder um schön zu sein, sondern um das Gefühl auszudrücken, das sie bei dem Vorgang, an dem sie teilnimmt, gehabt haben mag. V Joachims Traum; historisch wäre er nach IV überflüssig; aber noch einmal soll die Stimmung J's geschildert werden; nur auf d. internen, individuellen Vorgang in Joachims Seele ist Wert gelegt; der Thatsächliche Inhalt des Traums wird nur ganz kurz durch d. Figur des Engels angedeutet; d. Seelenstimmung J's, das rein individuelle Gefühl, das ihn erfüllt, dagegen durch seine Stellung vollkommen klar und restlos ausgedrückt. III. Die Verkündigung an Anna; d. Thatsache der Verkündigung genügt Giotto nicht; er stellt sich die Dankbarkeit, die aufgehobene Sorge (Linien am Munde; cf den ganz andren Gesichtsausdruck Marias auf ihrer Verkündigung) vor und nimmt in d. Figur der Anna jede Bewegg und jede Linie so, dass sie dieses innere Gefühl verdeutlichen. – Nun Vergleich zwischen d. Figur der Anna hier und der des Joachim auf IV; wie männlich und brüsk Joachim in derselben Situation erscheint im Vergleich zu der ganz weiblich sanft aus schmerzvollem Dulden zu seliger Dankbarkeit übergehenden Anna. VI Wiederbegegnung von Joachim und Anna; viel weniger d. Ereignis wird geschildert (wie hätten das später die liebenswürdigen Plauderer Benozzo Gozzoli oder Carpaccio gethan!), als die Seelenstimmungen, die es hervorruft. Auch in diesem Moment ist Anna ganz als Weib erfunden, Joachim viel ernster, gehaltener, aufmerksamer; sie umfasst mit beiden Händen sein „liebes Haupt", kann sich an Liebkosungen nicht genug thun, und flüstert ihm währenddessen ihr gemeinsames Geheimnis als erste (wie weiblich) zu, ehe er daran noch gedacht hat. Hier also schon der psychologische Humor, der Humor, der aus dem Kontrast zweier Seeleninhalte, Seelenbewegungen, hervorgeht. VII. Geburt Mariae; nicht die Thatsache, sondern d. darauf folgende Stimmung im Hause der Wöchnerin ist dargestellt, ihre Freude über d. kleine Kind und wie Alles in Erregung und Bewegung ist, es zu bedienen; der Zuschauer soll mitteilnehmen an d. Freude; das ist d. Zweck des Bildes. Es setzt seitens des Zuschauers voraus, dass er sich weniger d. Thatsache vergegenwärtigen will, als d. Seelenbewegung, die sie erregt hat. VII. Mariae Tempelgang: auch hier ist jede Person ganz Ausdruck einer Stimmung: der Hohe Priester ganz liebevolles Entgegenkommen, Anna das Besorgtsein d. Mutter, die kleine Maria, wie sie d. Arme über dem Busen kreuzt, d. Unschuld und Seelenreinheit des kleinen Kindes. Vom Vorgang ist dem Giotto zuerst die Seelenstimmung jedes einzelnen Teilnehmers erschienen, und er hat dann die Gestalten zum Ausdruck dieses Seeleninhalts geschaffen, nicht umgekehrt zur Erklärung einer zuerst festgestellten Komposition hier und da Charakteristisches eingefügt; der Keim des Werks ist eine Anschauung der Gefühlsphantasie nicht der Gesichtsphantasie. IX. Die Freier Mariae; eiliges Herandrängen der Jungen, während Joseph, der sich ganz unbeteiligt glaubt, da er seinen Zweig heimlich zurückgezogen hat, sich ganz im Hintergrunde hält. X. Erwartung des Wunders, das nicht geschehen kann, da der Zweig des von Gott Auserwählten nicht mit auf d. Altar liegt; Joseph (Glorienschein) ganz hinten; in d. Gesichtern wollte Giotto offenbar alle Grade des Erwartens und Hoffens ausdrücken; am besten geglückt der junge schöne Mann im weissen Mantel vorn. Das Ganze ist ausschliesslich ein Seelengemälde, ein Zustandsbild. XI. Das Wunder. Josephs Zweig ist erblüht; eine weisse Taube ist vom Himmel gekommen und hat sich darauf gesetzt; und nun führt ihm der Hohe Priester Maria zu. Der Priester drückt Joseph wie sanft zuredend den Arm und sieht ihn dabei mit erstaunter Bewunderung an, während er im Begriff steht, Marias Hand in die des Gottbestimmten Bräutigams zu legen; keusche Befangenheit Marias; Freude Josephs; Trauer Joachims und der enttäuschten Freier. Wieder ein Seelengemälde; nicht das Wunder selbst, sondern ein etwas späterer Moment, damit die Begebenheit in allen Beteiligten schon den seelischen Reflex voll ausgelöst habe. XII. Vielleicht das schönste Bild des ganzen Marienlebens. Marias Heimkehr in ihr Elternhaus; allein, ohne Joseph (cf. Gold. Legende[1]); Maria ist traurig selig; obgleich ihre eigene Gestalt gerade hier stark ihren Seelenzustand ausdrückt, hatte sich Giotto hiermit nicht genug gethan; er hat unter die Musikanten eine Figur gesetzt, die diese Stimmung noch

[1] Jacobus de Voragine

einmal und mit noch beredterer Poesie ausdrückt: einen jungen Mann, der im blau und weiss gestreiften Gewande (die Marienfarben, um seine enge Beziehung zur Jungfrau auszudrücken), einen goldenen Lorbeerkranz im Haar, die Laute spielt; die Beugung des Kopfes und die breite langsame Bewegung des Bogenstrichs, die das Lautenspiel fordert, sind zum Ausdrücken der schwermütig süssen Stimmung benutzt; das war ein Genieblitz. Selbst die Griechen hatten nie die sanfte Seelenharmonie, die die Musik schafft, so verkörpert, weil sie einen andren Zugang zu ihren Gestalten wählten, nicht von der Seele sondern von der Form ausgiengen. Diese Figur ist einer der ersten beweiskräftigsten Triumphe der neuen Kunst und der neuen Zeit. Auch der Gesichtsausdruck ist hier vollendet gelungen; Giorgione ist nicht viel weiter gegangen. XIII. Die Verkündigung; die Fülle und Tiefe des Seelischen vielleicht geringer als im vorigen Bilde, die Absicht aber nicht blos den äusseren Vorgang, sondern auch die Empfindung der Maria zu verkörpern tritt deutlich zutage; keine Worte sind beigeschrieben; der ganze Nachdruck liegt auf der demütig-grossen Stellung, die Marias Gefühl ausdrückt. Sie kniet vor dem Engel wie er vor ihr (Einfluss d. meditationes des Bonaventura gerade hierin Thode[1] S. 426). XIV D. Heimsuchung: Gegensatz der beiden Köpfe; eins d. Lieblingsmittel Giottos, durch d. Kontrast die verschiedenen Gefühle zweier Personen beim selben Vorgang zu verdeutlichen: d. halbschüchterne, halbschmerzvolle Geständnis Marias und d. eindringliche Interesse d. Elisabeth. Wieder geht Giotto über d. bisher Geschaffene (z. B. an französischen Kathedralen) vertiefend hinaus; nicht in d. äusseren Linien der Komposition, sondern weil er sich d. innere Gefühl der beiden Frauen deutlicher, lebhafter vorstellt (Einfluss der meditationes, der Mysterien?). XV Geburt Christi: aus d. Seele der Mutter heraus empfunden, wie sie sich im Bett aufrichtet, um das kleine Geschöpf anzufassen und zu besorgen (bei ihrer letzten Berührung mit dem Sohn, auf der Kreuzabnahme, ist die Stellung sehr ähnlich; gewollter Kontrast?). XVI Anbetung der Heil. Drei Könige. XVII Darstellung im Tempel; wieder d. Mutter in Maria, d. Seelenvorgang bei Mutter u. Kind, wie d. Kleine zurückwill zu ihr, und sie liebevoll nach ihm d. Arme ausstreckt. D. Marienfigur eine der edelsten des ganzen Cyklus, mit XII, XIII, XIV und XV zusammen eine vollkommene Seelenschilderung der Jungfrau und Mutter, wie vorher Joachim als ganzer Mensch von innen heraus hingestellt ist. XVIII. Flucht nach Ägypten. XIX Mord der Kindlein zu Bethlehem. Hier, wo nicht Etwas Seelisches sondern ein äusseres Geschehnis zu schildern ist, scheitert Giotto, weil ihm seine übliche Konzeptionsweise nicht dienen kann; er kann nicht von einem inneren Vorgang ausgehen, sondern muss bei einer äusseren Thatsache anfangen, die er ev. durch einzelne psychologische Züge lebendig gestalten könnte; dies war auch gerade die Art und Weise, wie die Antike bei allen bild-

[1] Franz von Assisi und die Anfänge der Kunst der Renaissance in Italien

lichen Darstellungen vorgieng; und sie hat solche Kampf- und Mordszenen (Theseushochzeit etc.) auch immer vorzüglich gestaltet. Dass Giotto dieses nicht kann zeigt vielleicht am deutlichsten d. Kluft, die ihn von d. Antike trennt und auch vom rein thatsächlich darstellenden frühen Mittelalter, das hier sicher nur aus technischen Gründen (Unfähigkeit d. Nackte zu gestalten, mangelnde Beobachtung von Bewegungen etc.), nie aus geistigen, gescheitert wäre. – D. Menschheit besteht in Raum u. Zeit aus lebendigen Organismen: Menschen, Völker, Geistesbewegungen, Kulturen, jedes ein Organismus, der einen Keim hat, aus dem sich Organe entwickeln oder an den sich Organe angliedern, ein lebendiges Wesen, das zu seinem Wachstum einer bestimmten Nahrung und einer bestimmten Atmosphäre bedarf. Geschichte schreiben heisst solchen Keim aufdecken, das Entstehen, d. Wachstum und d. Wechselwirkung der Organe zeigen, die materielle Unterlage und die mitbestimmende Umgebung darthun; ob Biographie, Völker- Kultur- oder Geistesgeschichte, es ist immer dasselbe. Ausserhalb dieser Grenzen ist alle Geschichte Hintertreppenklatsch, Kalenderweisheit oder Festberedsamkeit; welcher letzteren ich durchaus nicht ihre utilitarische, belebende Bedeutung absprechen will, die aber nie den Anspruch erheben soll, Wissenschaft zu sein. – Das was an Reise Sehenswürdigkeiten ins Gebiet des Variété Theaters gehört: der grosse Saal[1] in Padua, die Schiefheit des Thurms zu Pisa, d. Heidelberger Fass und überhaupt Alles, was auf Reisen zu sehen ist, wenn es so gesehen wird, wie 99 % der Reisenden es sehen.

Padua. 29 Juli 1898. *29.7.1898 Freitag*

XX. D. Zwölfjährige Christus im Tempel: d. erste Loslösung des Kindes von d. Mutter; sie sucht ihn, als sie ihn endlich gefunden hat, mit ausgestreckten Armen zurückzurufen; Joseph thut dasselbe; aber, als Mann, viel zurückhaltender. D. zweite Motiv, wie d. kleine Christus d. alten Pharisäer durch seine Reden in Erstaunen setzt, hätte einem den äusseren Hergang erzählenden Maler eine Fülle von Stellungen und Linien geboten (cf. Menzel); Giotto hat daraus Nichts gemacht, weil hier seelisch Nichts, oder richtiger nur Etwas ausserhalb aller Erfahrung Liegendes, vorhanden war, aus dem die Figuren erfunden werden konnten. Gross ist Giotto nur, wo er aus seinen eigenen, allerdings hohen und reinen, seelischen Erlebnissen (auch aus denen, auf die er durch Bücher wie die Meditationes aufmerksam gemacht wurde und die er diesen Schilderungen nachempfinden konnte) die Personen seiner Fresken erfinden konnte; überall wo Etwas seelisch Unerfahrbares vorliegt ist er matt in der Erfindung oder hält sich einfach an d. Tradition. Auch d. kleine Christus ist deshalb ziemlich Inhaltslos und ganz gewiss nicht genial erdacht. XXI Taufe Christi. Auch hier konnte kein alltägliches psychologisches Ereignis zum Ausgangspunkt genommen werden; die Psycho-

[1] Palazzo della Ragione

logischen Vorgänge bei Christus, bei Johannes sind, wenn man sie sich überhaupt vorstellen kann, äusserst kompliziert; Giotto hat daher blos traditionell d. Hergang dargestellt. XXII Hochzeit zu Kana; aus demselben Grunde (kein psychologischer Ausgangspunkt) gelungen, d.h. neu konzipiert, nur der das in Wein verwandelte Wasser kostende Kellermeister und sein Knecht; Christus, Maria und d. Hochzeitsgesellschaft boten keinen psychologischen Zugang. XXIII Auferweckung des Lazarus: das Drama spielt sich zwischen dem festen Willen (Etwas Vorstellbares) Christi und dem allmählich wieder zum Bewusstsein erwachenden Lazarus ab (Blick Christi; Gesichtsausdruck des Lazarus); und reflexiv in d. Bewunderung und Verehrung, die die zwei Gestalten vor Christus auf d. Kniee wirft. – Charakteristischer Weise hat Giotto nur zwei Wunder Christi dargestellt; Wunder boten gerade der psychologischen Konzeptionsweise zu wenig, d. h. zu viel des psychologisch Unvorstellbaren, Ungewöhnlichen; während sie dem Schilderer der äusseren Vorgänge gerade den grössten Reichtum an aller Art Motiven darbringen (cf. die Abneigung unserer modernen psychologischen Romanschreiber gegen allzu Ereignisreiche und phantastische Handlungen.) XXIV Christi Einzug in Jerusalem; d. Stimmung d. Volks verkörpert im älteren langbärtigen Mann, der Christus so ernst und durchdringend und ganz in seinem Anblick verloren anschaut, und dem Blinden, der ihn noch nicht sehen kann, aber seine toten Augen ihm mit hingebendem Vertrauen hinwendet. Wieder zwei Gestalten, die nur aus einem mit aller Gewalt d. Seelenzustand des Volkes, nicht seine äussere Bewegung, sich vorstellenden Phantasie hervorgegangen sein können. XXV Christus jagt d. Händler zum Tempel hinaus. D. Christusgestalt ist hier geradezu unbeholfen bewegt, weil d. notwendig darzustellende thatsächliche Handlung Giotto d. Möglichkeit nahm, die Gestalt aus ihrer Seele heraus zu erfinden. Dagegen d. seelischen Reflexe in d. andren Personen: die beiden Pharisäer, die einander zuflüstern, der eine Händler, der Christus halb mit Vorwurf und halb mit Ehrfurcht anblickt; und d. Frau, die bitterlich über das nunmehr besiegelte Schicksal Christi weint. XXVI Judas' Verrat. XXVII. D. Abendmahl. Christus hat eben d. Wort gesprochen; Wahrlich, der der mit mir d. Hand in d. Schüssel taucht, wird mich verraten; und jetzt greift mit ihm zugleich Judas in d. Schüssel. Petrus sieht ihn erschrocken an; d. Apostel zur Rechten Jesu hat nur die Worte gehört, sieht aber vor Thränen, die seine Augen zu blenden scheinen, des Judas Bewegung nicht. Johannes schlummert auf der Brust des Herren. Die andren Jünger, die die Worte nicht gehört haben, blicken still vor sich hin oder (die älteren) sehen Jesus ernst an. Wieder ein Stimmungsbild, in einer Weise konzipiert, die der Antike ganz unmöglich gewesen wäre. XXVIII. D. Fusswaschung: der Blick, den Petrus auf Jesus heftet, ist aus der Anschauung der ganzen Unbegreifbarkeit und Tragik hervorgegangen, die der Vorgang für d. Jünger hat. – Auf diesen Jüngerbildern geniert den Giotto offenbar d. Fülle d. Figuren, weil er bei der Gleichheit der Seelenstimmung nicht für jeden

Teilnehmer eine verschiedene Gestalt fand; Künstler dagegen, die von aussen, vom Bilde, das sich dem Auge darbietet, anfangen, lieben figurenreiche Bilder, weil sie ihnen die Aufgabe, die sie sich gestellt haben, eine möglichste Mannichfaltigkeit der Stellungen, Linien und Farben zu erfinden, erleichtert. XXIX. D. Judaskuss. Wieder konzentriert sich d. ganze Szene in den Blicken, die Christus und Judas wechseln, im Aneinanderprallen der beiden Seelen; für die Kampfes- und Unordnungsszene ringsum gab Giotto seine Erfindungsmethode so gut wie Nichts. XXX Christus vor Caiphas. XXXI Verspottung Christi. Zu keiner von beiden Szenen hat Giotto einen Zugang von der Seite aus gefunden, die ihn sonst zu Grossem führte. Im Einzelnen aber Schönes z. B. Caiphas, der seinen Mantel zerreisst (wie auch auf Crucifixen des frühen 13ten Jh. cf. d. Crucifix N° 4[1] in d. Uffizien.), aber in dem die vollkommneren technischen Mittel des 14ten Jh. Giotto erlaubten, den ganzen Hochmut und d. Überhebung des Pharisäers zum Ausdruck zu bringen. XXXII Christus d. Kreuz tragend: das eigentliche Christus Porträt des Cyklus. XXXIII Kreuzigung: Maria, Johannes, Magdalena, d. römische Krieger, jeder aus einer ganz bestimmten Anschauung ihres Inneren heraus erfunden. Was nachher tausende von Malen, und immer gedankenloser, wiederholt worden ist, ist hier von Giotto oder von seinen unmittelbaren Vorgängern im Ducento entdeckt, erdacht worden, und zwar auf dem Wege der psychologischen Erfindung. Fiesole ist hier wie in der Darstellung des Abendmahls[2] über Giotto hinausgegangen; aber auf Grund der Methode des Ducento und auf dem vom Ducento gewiesenen Weg. XXXIV. Grablegung; letztes Zwiegespräch der Mutter mit dem Sohn; cf. die Verwandtschaft der Stellung Marias hier mit der auf der Darstellung der Geburt Christi. Johannes im roten Mantel ganz flammende Liebe und Verzweiflung; d. Heiligen Frauen mit d. Schmerz Beider wie Obertöne mit d. Dominante mitschwingend. Wenn man diese Darstellung mit älteren (z.B. französischen) vergleicht, erhält man einen Begriff, wie viel mehr vom Inneren der einzelnen Personen d. Phantasie sehen musste, um ihnen äussere Hüllen von so ergreifender Wahrheit zu schaffen. (für d. Antike zu vergleichen d. Art wie d. Niobe Typus sich entwickelt hat.) XXXV. D. Auferstehung und Noli me tangere. Wie ganz ist d. Wunderbare, in unendliche Jenseitsregionen Weisende, das der Vorgang für die, die ihn sehen hat, in den Gestalten der Engel (namentlich des erhaben bewegten, weisenden, links) und der knieenden Frau ausgedrückt. Sie will ihn greifen, so leibhaftig steht er vor ihr; er aber spricht „Noli me tangere; ich bin das Wunderbare!". XXXVI Himmelfahrt. Gestalt der Maria. Welcher Weg vom entmenschten Symbol der byzantinischen Kunst bis zu dieser nur durch die Vollendung ihres menschlichen Kernes zu solcher Grösse verklärten Muttergottes; nicht aus d.

---

[1] Meister des Kruzifix Nr. 434 der Uffizien, Kruzifix mit acht Szenen aus der Passion Christi

[2] Fresken, Florenz, San Marco - Kloster

Reminiszenz oder d. Umbildung des älteren Typus sondern aus d. Anschauung einer grandiosen Entfaltung der weiblichen Seele ist Dieses entstanden. XXXVII Ausgiessung des Heil. Geistes: Johannesfigur. – Das Jüngste Gericht. Die Hölle wieder ein Beweis, wie wenig Thatsachen Phantasie Giotto hatte; hier ist Alles gequält, anekdotenhaft, ohne Tiefe, wahrsch. traditionell; auch Christus ziemlich ausdruckslos. Dagegen d. Engel; an ihre Seelenhoheit reichte Giottos Phantasie noch hinan; so sind sie Gestalten von unaussprechlicher Schönheit und Tiefe geworden. Die zwei oder drei, die links die Heiligen heranführen, verbinden Adel, Grösse der Empfindung mit liebevoller Anmut in einer Weise, wie es später kaum jemals wieder geglückt ist; in ihnen halten sich noch die antike Gesundheit und d. moderne Sentimentalität genau die Wage. Auch die Gruppe des die Kirche weihenden Giotto (?), dem drei Heilige entgegenschweben, wie ein Vers der Faustapotheose, wo ja auch wieder antike und moderne Konzeptionsweise momentan ins Gleichgewicht kommen. Dann in den von Engeln emporgeführten Seligen als Ganzes und im Einzelnen eine Seelenstimmung, die Alles was selbst d. französische Kunst vorher geschaffen hatte, hinter sich lässt. Welcher Absturz von diesen Schöpfungen einer gross mythologischen Poesie zu den reizenden, niedlichen, zartbesaiteten Kindern und Putten der Lippi, Bellini, Botticelli, Cima! – Zusammenfassend: überall Konzeption der Gestalten aus ihrem Inneren, ihrer Psychologie, heraus; wo das nicht möglich, scheitert Giotto. Daher, weil das Einssein von Gott und Mensch in Christo unfassbar, unvorstellbar ist, d. h. in jedem Moment seines Daseins einen psychologischen Widerspruch bedeutet, ist d. Christusgestalt nie sehr über d. Schematische hinausgelangt; erst Angelico hat in ihr durch die Glut der Liebe Alles verschmolzen. Dagegen Joachim und vor Allem Maria, denen Giotto Alles nachempfinden konnte, fast auf jedesmal, wo sie dargestellt sind, restlose Verkörperungen eines tief angeschauten seelischen Zustandes. – In d. Komposition als solcher und in d. Veranschaulichung äusserer Vorgänge scheint mir Giotto kaum über seine Vorgänger hinausgegangen zu sein; wo es sich blos darum handelt, eine reine Handlung (wie d. Tötung der Kinder, d. Vertreibung d. Händler u.s.w.) darzustellen, ist er hülflos traditionell; nur wo ihn seine Anschauung eines inneren Zustandes auf eine Bewegung, eine Gebärde, einen Ausdruck, eine Beziehung zwischen zwei Figuren brachte, ist er neu und gross. – Auch in der Farbe hat er sich wohl an alte Regeln gehalten; sie ist zum grossen Teil symbolisch: d. Jungfrau z.B. vor d. Verkündigung in Weiss (Farbe d. Unschuld), bei d. Verkündigg in Rot, weil sie die Flammen der himmlischen Liebe umlohen oder als Symbol der bevorstehenden Leiden, seitdem im himmlischen Blau. Aus den drei oder vier sehr einfachen Farben, die immer wiederkehren, ergiebt sich eine allgemeine harmonische Wirkung, die aber in Nichts originell ist. Die Farbe hat Giotto sicher kein Kopfzerbrechen gemacht. – Im Santo. Donatellos Reliefs[1]. Konzeptionsweise ganz anders als bei Giotto; das, worüber er grübelte, was er zu erreichen suchte, war d. Wiedergabe der äusseren Wirklichkeit; d. Körper, d. Gewänder, d. Perspektiven u. s. w. sollten richtig sein, d. h. so wie sie dem Auge in der Natur erscheinen. Aber d. Gefühlsphantasie ist seit dem Ducento schon so zu einem Teil des Menschen geworden, das Sentimentale ist schon so in Fleisch und Blut übergegangen, dass es ganz natürlich und fast unbewusst jeder seiner Konzeptionen zugrundeliegt oder sie beeinflusst; der Realismus ist das, was ihm Mühe macht, woran er arbeitet, das Sentimentale die natürliche Quelle seines Schaffens, aus der z B in der Grablegung verbunden mit dem Realismus eine nervenschmerzende, lärmende Hässlichkeit fliesst. Daher die Kluft zwischen ihm u. d. Antike. – Verlauf der modernen Kunst: im 12ten und 13ten Jh. erscheint Etwas ganz Neues: die Gefühlsphantasie, eine neue Art zu erfinden, die von da an gleichberechtigt neben die alte Sinnenphantasie tritt. Im Quattrocento bis gegen Mitte des Cinquecento Reaktion des Alten, des Classizismus (der die „Schönheit", die Sinnenfreude) und des Realismus (der die „Wahrheit", die Richtigkeit) will: Masaccio, Donatello, die Niederländer; eine wirkliche „Renaissance", die aber das im 12ten und 13ten Jahrhundert entdeckte Neue in sich aufnimmt, d. h. es nicht loswerden kann; dann bekommt dieses Neue, das Sentimentale, mit der Gegenreformation (in Italien aus zwei Quellen in die Kunst einbrechend: aus der umbrischen Süssigkeit des Empfindens, die durch Raffael Gemeingut wurde, und zugleich aus dem übermenschlichen Gemütsleben Michelangelos) von 1550 an wieder das Übergewicht im Barock, in der modernen Musik und im modernen Naturgefühl (Rousseau), bis es gegen die schwächliche klassizistische Reaktion des Empire mit der Romantik in unsrem Jahrhundert das Alte sogut wie ganz verdrängt. Die erste und tiefste Veränderung der menschlichen Natur, die durch diese Gefühlsphantasie, durch dieses neue Mitempfinden mit Andren, schon im 12ten Jahrhundert hervorgerufen worden ist, ist die Entstehung der modernen Liebe gewesen. – Nachmittags nach Florenz.

Florenz. 30 Juli 1898. Sonnabend. *30.7.1898 Samstag*

Sta Maria Novella. Die Madonna[2] des Cimabue. Trotz Ruskins[3] und Burckhardts begeisterten Worten sehe ich nur eine sehr leise Regung der neuen Kunst darin; in d. sozusagen kalligraphischen, formelhaften, Bildung der Nase mit der anschliessenden geschwungenen Linie der Brauen und d. grossen, mageren, knochigen Händen kaum ein Unterschied gegen d. grossen byzantinischen Mosaiken; dagegen ist d. Technik allerdings fortgeschrittener als die der ersten Hälfte des

[1] Hochaltar

[2] Duccio

[3] Mornings in Florence

Ducento (ob auch als die byzantinische des 11ten u 12ten Jh. bezweifle ich;); die Lippen und d. Kinn der Madonna sind wirklich Fleisch und Blut, das Kind drückt einen gewissen Ernst aus. D. Neigung im Madonnenkopf, die etwas Leben hineinbringt, zeigen auch andre, ältere Madonnen aus der Zeit zwischen 1200 u 1250; das kann also nicht d. Begeisterung der Florentiner hervorgerufen haben. Bei den Köpfen der Engel fühlt man wieder d. byzantinische kalligraphische Schädelschema hindurch; die Stellungen haben eine gewisse Grazie. Mit den gleichzeitigen und unmittelbar vorhergehenden französischen Skulpturen lässt sich d. Werk in keiner Weise an Wert d. h. an Leben und Neuheit der Empfindung, vergleichen. D. kleinen Heiligenporträts ringsherum obgleich in d. Stellung (starr erhobene Rechte) noch hieratisch, porträtartig; aber nicht mehr als die byzantinischen Arbeiten des 11ten und 12ten Jahrhunderts. – Die 4 Fresken aus d. Marienleben in der Capella Strozzi[1] allerdings von ergreifender Schönheit; aber wie mir scheint, doch nicht, wie Ruskin will von Giotto; die Malweise ist viel feiner, zarter, d. Gesichtstypus länglicher, schmaler, d. Figuren schlanker und länger. Wer sie aber auch gemalt hat, jedenfalls war er von d. Trecentisten einer von den Grössten; er hat den eigentlichen Geist des Ducento und des Giotto in sich aufgenommen, die Art, jede Figur aus dem Hauptgefühl, das sie in dem Moment bewegt, zu erfinden; sie ganz und nur zum Ausdruck dieses Gefühls zu machen; und nie daneben durch „Schönheit“ oder süssliche Sentimentalität rühren zu wollen, wie die Meisten Andren Trecentisten. Daher machen seine Kompositionen denselben einfachen und mächtigen Eindruck wie die Giottos. – Capp. d. Spagn. Triumph d. Heil. Thom. v. Aquino[2]. Was selbst diesen frostigen Allegorieen einen Schein von Leben verleiht, der den byzantinischen immer gefehlt hat, dass jede Figur aus einer Anschauung ihrer Stimmung, ihres inneren Gefühls, heraus erfunden ist; auch matten, oder grüblerisch rationalistischen Künstlerseelen hat Dieses Flügel geliehen. – Akademie. No 101. Berlinghieri: Kreuzigung: in d. Mitte schauerlich garstig und difform d. Crucifixus; um ihn herum 4 Szenen der Kreuzigung. D. Gruppe Johannes und Maria rechts schon ganz im neuen Geiste erfunden, wenn auch die Ausdrucksmittel (Technik) nicht im entferntesten ausreichen. Jede von beiden Figuren soll ganz deutlich eine bestimmte Stimmung, einen bestimmten Moment ihrer Seelengeschichte ausdrücken. Maria steht gebeugt vor Schmerz aber doch gefasst neben Johannes und hält mit beiden Händen seinen rechten Arm, den sie mit ihrer Rechten zu streicheln scheint; es ist, als ob sie zu ihm sagte: jetzt bist du mir allein zurückgeblieben; jetzt musst du mir Sohn sein. Johannes legt (eine so unzählige Male zum Ausdruck ähnlicher Stimmungen bis ins Barock hinein wiederholte Gebärde) die linke Hand aufs Herz (die typische byzantinische Heiligengeste, die auch auf diesem Diptychon öfters wiederkehrt,

---

1 Cione, Fresken im Chiostro dei Morti

2 Andrea di Bonaiuto

ist die wie beim Schwören erhobene mit dem Rücken auf die Brust gelegte Hand; ursprünglich vielleicht aus der antiken Art zu beten entstanden, hat sie mit der Zeit Etwas Abweisendes, nach aussen Weisendes bekommen, während die Gebärde, die hier beim Johannes vielleicht mit am frühsten vorkommt, nach innen, zum Herzen, weist, sentimental ist). Johannes scheint durch seine Bewegung Maria seiner Liebe versichern zu wollen und blickt sie dabei mit unendlich traurig und liebevoll sein sollenden Augen an. Ähnlich erfunden die drei andren Szenen. I. Christus d. Kreuz tragend: Christus wendet sich schmerzensvoll zu einem durch d. Gewandung als Reichen und Vornehmen charakterisierten Mann um, der ihn mit beiden Händen berührt. Vielleicht Nicodemus, vielleicht der, der Christus d. Kreuz dann abnahm und trug; jedenfalls d. Christusfigur unendlich rührend aus einer tiefen Anschauung seines Schmerzes erfunden. II. D. Madonna sinkt ohnmächtig am Fusse des Kreuzes um. Schöne und tief mitleidvolle Figur der Frau links, die sie stützt. III. Kreuzabnahme: d. Madonna küsst dem vom Kreuz heruntergleitenden Leichnam d. Hand; wieder eine ganz aus d. neuen Geist erfundene Figur. – Auf d. andren Tafel Madonna; ringsherum aufgestellt Heilige (neben den alten auch Franz, Antonius u. Clara); in der Anordnung sehr steif; d. Madonna selbst aber mit ihren vollen runden Lippen und dem sich liebevoll an ihre Wange anschmiegenden Kinde denen von Cimabue mindestens gleich. Cimabue hat nur die glattere, wiederaufgenommene byzantinische Technik voraus. Im Übrigen tritt der Geist der neuen Zeit, der in Cimabues Madonnen nur mit Mühe zu entdecken ist, aus dem Berlinghierischen Werk lebendig hervor. Die Porträts (Antonius, Franz u Clara) mögen ja nicht sehr überzeugend sein; obgleich Franz, wenn man ihn aufmerksam ansieht, durch den tiefen eindringenden Blick lebendig wird; aber das ist ja gerade was ich behaupte, dass d Realismus, d. Absicht, d. Natur nachzuahmen, nicht zu den eigentlich bewegenden Kräften oder zu d. Zielen des Ducento gehörte. – Gerade über d. Berlinghierischen Werk eine noch aus d. alten Geist geschaffene Magdalena (N° 99)[1] mit 8 Szenen aus ihrem Leben (u. A. Erweckung des Lazarus u. Noli me tangere); rein erzählend; bei keiner einzigen Figur von diesen Szenen empfindet man, dass d. Kunst ein andres Ziel im Auge gehabt hat, als möglichst deutlich zu zeigen was ein Jeder thut; nicht einen Moment hat d. Anschauung, was d. Einzelne empfindet, d. Erfindung des Künstlers beeinflusst. – Madonna des Cimabue (102): auch in dieser sehe ich nur in der Technik einen Fortschritt oder wahrscheinlich eine Rückkehr zu d. alten byzantinischen Regeln, die im Feuer der Erfindung im Ducento vernachlässigt waren; d. Fleisch ist viel weicher, d. Schatten sind viel verschmolzener als auf älteren Werken des Ducento; ein von d. byzantinischen Madonnen verschiedener Geist lässt sich nur darin entdecken, dass d. Vertrocknete, Greisenhafte fehlt; was aber ein Verdienst der Künstler der

[1] Meister der Hlg. Magdalena

ersten Hälfte des Ducento ist. – Madonna des Giotto (103); ein ziemlich leeres Werk; ich sehe Nichts darin, das zu Giottos Ruhm beitragen könnte. – Giotto (?) 12 kleine Kompositionen aus d. Leben Christi[1]; mit d. Arena Fresken an Tiefe der dramatischen, psychologischen Erfindung nicht zu vergleichen; wenn auch ganz im neuen Geist, der aber hier matt und schon gewohnheitsmässig zu gestalten scheint; man fühlt nicht mehr, dass es Etwas Neues war, so zu erfinden. D. Kreuzigung ist ganz im Sinne des ausgehenden Trecento, geradezu manieriert sentimental und süsslich. – Giotto (?) 10 Kompositionen aus d. Leben des Heil Franz.[2] ebenfalls äusserst matt. – Beide Serien sind in der Erfindung so schwach und zum Teil wieder so übertrieben (z.B. d. beiden Hirten auf d. Geburt Christi), dass ich es für ganz ausgeschlossen halte, dass sie in mehr als d. allerlosesten Zusammenhang mit Giotto stehen könnten; auch Taddeo Gaddi ist zu gross, um dieses geschaffen zu haben; es werden ganz einfach Werkstattarbeiten sein. – Taddeo Gaddi (116) Grablegung[3]; ganz vom Geist Giottos erfüllt (allerdings, wie es scheint, mit einem gewissen Streben nach „Schönheit"); jede einzelne von d. Figuren drückt einen andren Grad und Grund des Schmerzes aus; d. Madonna, die zum letzten Mal mit ihren vor Weinen fast verloschenen Augen das Angesicht des Sohnes sieht; Johannes, der d. Hand küsst, die ihn gesegnet hat, Magdalena, die sich den Füssen naht, die sie mit Myrrhen salbte: d. Mutter, der Freund, und die, der viel verziehen wurde, weil sie viel geliebt hat; rechts und links die ernsten Männer, die den Leichnam ins Grab senken, der Übergang zu den Fernerstehenden. – 127. Agnolo Gaddi: Jungfrau mit Heiligen u unten Marienleben in 8 Szenen[4]. Schon wieder viel mehr erzählend; man fühlt, dass d. überhitzte Gefühlsleben sich schon abgekühlt hat und d. Quattrocento nah ist. D. Vorgang, nicht d. Stimmung der Handelnden, steht im Vordergrunde des Interesses. Der Künstler wählt daher mit Vorliebe immer einen früheren Moment des Geschehens als Giotto, z. B. Joachims Vision; es ist d. Moment gewählt, in dem gerade d. Engel erscheint; Joachim hat ihn noch garnicht gesehen, so dass von der durch d. Erscheinung in ihm hervorgerufenen Stimmung keine Rede sein kann. D. Geburt d. Maria: d. Kind ist gerade geboren u soll gewaschen werden; d. Anna ist lediglich damit beschäftigt, sich d. Hände zu waschen u. s w. Und doch ist d. neue Anschauungsweise schon so in Fleisch u Blut übergegangen, dass auch in diesen Figuren noch d. Gefühlsleben in ganz andrer Weise mächtig hervortritt als z. B. in d. Antike.

---

[1] Gaddi

[2] Gaddi

[3] Gerini

[4] Daddi, Polyptychon von San Pancrazio

Florenz 31 Juli 1898. *31.7.1898 Sonntag*

Uffizien. N° 3. Kruzifix[1] (angebl. 12tes Jh.) mit noch lebendem u aufrechtem bärtigem Christus. Ringsherum 7 Szenen a. d. Passion. Aber rein gegenständlich erzählend. Bei d. Kreuzabnahme u. Grablegung, wo d. Schmerz der Anwesenden u. vor Allem der Jungfrau zum Vorgang gehört, ist natürlich versucht, ihn anzudeuten; aber nur ganz roh und äusserlich; man fühlt, dass d. Künstler sich keine Vorstellung d. Seelenvorgänge, sondern nur d. äusseren Gebärde, gemacht hat; er erfindet also durchaus noch nach d. antiken Methode. Auf d. linken Kreuzesarm Johannes u. Maria, zwei betrübte Personen, die mit ihren über den Bauch gekreuzten Händen und ihren nickenden Köpfen, dastehen, als ob ihnen die Suppe verregnet wäre; von d. Art des Schmerzes oder von irgendwelchen Beziehungen zwischen Beiden keine Rede. No 4. Kruzifix[2]; im neuen Stil (angebl. Sec. 13). Christus tot am Kreuze hängend; die Gestalt wie auf d. Berlinghierischen Kruzifix in d. Akad., ausgebogen; d. Muskulatur durch grobe braune Striche angegeben, während das Fleisch in No 3 viel weicher durch zarte grüne Schatten modelliert ist; 3 steht also technisch in d. Fleischbehandlung viel höher; diese scheint dort noch Zweck an sich gewesen zu sein, d. „Künstler" dachte an die Tradition, an die Lehren seiner Meister; er wollte sich und das Publikum als Techniker befriedigen, sich nicht blamieren; während der Kstler von 4 nur eine in ihm lebende Vorstellung, so gut er es konnte, ohne an die Aufrechterhaltung oder möglichst lobenswerte Verwendung irgendwelcher Tradition zu denken, verwirklichen wollte. Und wie haben, trotz d. Preisgabe der Technik, plötzlich auf d. 8. Passionsszene ringsherum d. Vorgänge und d. einzelnen Gestalten von innen heraus Leben bekommen. Während auf d. Kreuzabnahme No 3 d. Madonna d. Leichnam nur mit einem betrübten Gesicht stützt (blosse Handlung), hebt sie hier mit beiden Händen den leblosen Arm des Sohnes an ihren Mund und küsst ihn; sie thut also Nichts, sondern ist blos noch Ausdruck einer Stimmung; und ebenso die zweite Hauptperson: Johannes, der den andren Arm des Herren liebevoll an seine Wange legt; so wachsen aus der Gemeinsamkeit des Schmerzes (nicht des Handelns) des Jüngers und der Mutter über den toten Christus, also infolge ihrer psychologischen Konzeption, die drei Personen zu einer Gruppe zusammen, die Etwas ganz Neues ist gegenüber der einen letzten Nachklang des römischen Reliefstils bietenden selben Szene auf No 3. Ebenso ist es mit Christi Verspottung; die Gestalt Christi ist aus demselben Geist erfunden wie Dürers Schmerzensmann; wie sie unter der Last des schweren Königsmantels in tiefem Schmerz gebeugt aber nicht gebrochen dasitzt, mit den wunderbar ergebenen Händen, die Augen, die Undarstellbares sagen müssten, von einem Tuch verhüllt, und wie im Gegensatz zu ihr, der

[1] Toskanische Schule, 12. Jh.

[2] Meister des Kruzifix Nr. 434 der Uffizien

Kriegsknecht, der vor Jesus kniet durch Worte und Gebärden mit aller Gewalt versucht, die Beleidigungen, die er ausstösst, dem Gottessohn nahezubringen (to drive them home), das ist so gewaltig, so einfach, so überzeugend, dass alle späteren Jahrhunderte und selbst Dürer nur d. Technik verbessert, am Drama selbst Nichts verändert haben. Bis dahin aber hatte sich nie irgend Jemand so Etwas vorgestellt; cf. auf No 3. die Geisselung, wo man, wenn man die Christusgestalt ausschnitte, nie ahnen könnte, was, oder dass überhaupt irgend Etwas mit ihr vorgeht. In den Jahrzehnten, die beide Darstellungen trennen, ist eine geistige Revolution vorsich gegangen, die den eigentlichen Unterschied zwischen dem modernen Europa und d. Antike ausgemacht hat; hier, in diesen Jahrzehnten, liegt der grosse Einschnitt in der Weltgeschichte. – Auf d. andren kleinen Szenen ähnlich grosse und tiefe Züge: z. B. bei d. Szene der Heiligen Frauen am Grabe Bewegung der Frau, die der Maria ihren Arm um den Hals gelegt hat; wer hätte früher an so Etwas gedacht. Auf d. Grablegung d. wunderschöne Gestalt des Johannes (?), der verzweifelnd seine Hände ringt. – Man bekommt, wenn man immer wieder solche tiefe, ergreifende Werke sieht, denen nur die geläufige Sprache fehlte, um zu den gewaltigsten Äusserungen der Menschheit zu gehören, immer mehr den Eindruck, dass Giotto in der Art seiner Erfindung nur der glückliche Erbe einer grossen Epoche gewesen ist, in deren Stil er mit einer zu den älteren Mitteln zurückkehrenden Technik sein eigenes grosses Talent ausprägte. Den ganzen Reichtum des Ducento hat er nicht einmal ausgeschöpft, das neben Giottos menschlicher Dramatik schon Dürers Übermenschentum geahnt hat. – Das 12te Jahrhundert hatte mit einem Male, sozusagen plötzlich, den ganzen inneren Menschen entdeckt. Sobald das erste Entzücken darüber vorüber war, beginnt der Kampf um die Ausdrucksmittel. Der erste Triumph in dieser Beziehung bedeutet Giotto, dessen Technik (wie die Cimabues) wohl hauptsächlich eine Neubelebung der byzantinischen war: Alles was sich mit diesen Mitteln ausdrücken liess, hat das Trecento ausgedrückt. Dann beginnt, angeregt durch die Entdeckung der echten Antike und zum grössten Teil im „Realismus" sich ergehend, von neuem die technische Arbeit. – Vielleicht ist das d. Geschichte jeder Kunstentwicklung; zuerst fast plötzliches Entdecken von Etwas Neuem, das man zuerst schon zu haben meint und das dann als weit entferntes Ziel auf lange Zeit die Richtung der Arbeit bestimmt; so kommt es zum Kampf um die technischen Mittel. Die Arbeiten des alten Geistes stehen im 12 Jh. technisch höher, weil sie ihre Mittel schon haben; aber wie viel wertvoller sind die neuen, technisch mangelhaften Arbeiten! – Als ich aus den Uffizien kam, plötzlich an der Ecke der via Calzaioli ein grosses Plakat des Corriere Italiano: La morte di Bismarck; in der Zeitung das Telegramm; gestern Abend um 11 Uhr. Nachmittags in Sta Croce am Grabe Michelangelos[1].

---

[1] Vasari

Florenz. 1 August 1898. Montag. *1.8.1898 Montag*

Sta Maria Novella. Orcagnas Paradies[1]: keine eigentlich neuen Erfindungen mehr; er hat sich begnügt, vornehme, selige Menschen ruhig bewegt aufzureihen; aber eben, dass sie bewegt sind, Seelen haben, (d.h. aus einer Vorstellung ihres Inneren heraus erfunden sind), markiert ihre Zugehörigkeit zur neuen Kunst; während ihre äussere Form von den grossen, majestätischen Mosaikengeln der byzantinischen Kunst bestimmt ist. Ich weiss nicht, ob nicht auch d. glatte, verschmolzene Farbenauftrag, der schon bei Cimabue u. Giotto u. noch mehr hier im Gegensatz zum Ducento hervortritt, ein Erbteil von Byzanz ist, das d. Ducento in d. ersten Begeisterung seiner neuen Auffassung weggeworfen hatte, weil es mit harten Linien und Konturen eine höhere Ausdrucksfähigkeit zu erreichen hoffte. Die äussere „Schönheit", die im Trecento erstrebt wurde, war jedenfalls durchaus die byzantinische, höfische „Schönheit", nicht die antike, rein körperliche. Bis auf die Antike zurückgegangen ist mit Bewusstsein wohl erst d. Quattrocento, und zwar ist dann Alles gleich viel kleiner und bürgerlicher. Die ungezwungen majestätischen Engel- und Christus Gestalten des Trecento zehren von den verfeinerten Lebenstraditionen, vom aristokratischen Zwang des byzantinischen Kaisertums; es sind die letzten Nachkommen einer grossen Rasse, deren Ahnenreihe bis zu den Griechen des Perikles zurückreicht, und die hier, ehe sie abstirbt, noch einmal auflebt, verjüngt durch den geistigen Gehalt des westlichen Christentums wie durch frisches Blut. Nirgends ist vielleicht, ausser bei Giotto, diese Vermählung der byzantinischen Adelshoheit mit der neuen westlichen Gefühlspoesie vollendeter gelungen als in Orcagnas grosser Christusgestalt mit ihren langen, aristokratischen Händen, ihren blonden Königs Locken, ihrer ungezwungen feierlichen Bewegung und dazu der inneren Lieblichkeit mit der sie sich den Seligen neigt, die sie umschweben. Das Werk liegt hart an d. Grenze, wo religiöse Kunst in Kultuskunst oder höfische Kunst übergeht; und doch kann es auch die lichtesten religiösen Gefühle auslösen; es kommt eben auf d. Gemüt an, das es betrachtet. Man möchte glauben, dass Goethe bei manchen Versen der Faustapotheose an diese Frauengestalten gedacht hat. – Nachmittags in Fiesole. Nach Dunkelwerden zu Fuss herunter. Der Vollmond stieg neben den Pinien empor. Unten lag im grossen Kreise am Himmel das Thal; und Beide, Erde und Mond, bewegten sich aneinander vorüber, heute wie von Ewigkeit. – Wie sicher weiss ich, dass ich zu dieser Erde gehöre; dass mein Staub einst in Zweige und Blüten emporwachsen und die stille, majestätische Reise durch die Ewigkeit fortsetzen wird. Die Sterne werden in ungezählten Jahrtausenden herabblicken; und auch ich werde noch ein Teil des Alls sein; klein, aber ewig wie Gott. Und auch ich habe das Glück gekannt.

---

[1] Cione

Florenz. 2 August 1898. *2.8.1898 Dienstag*

In der Opera d. byz. Wachsmosaik Buchdeckel; je 8 Szenen aus dem Leben Christi. Lauter asketische, vertrocknete Gesichter; alle mit demselben sich selber übelwollenden Ausdruck. Auf der Auferweckg des Lazarus zwei Gestalten, die vor Christus auf d. Kniee fallen wie bei Giotto in d. Arena. Kreuzigg: Christus schon tot und in der nach links ausgebuchteten Haltung wie auf d. Tafel des Berlinghieri u. d. Cruc. 4[1] in d. Uffizien. Allerdings in Maria u Johannes d. Gefühl nur ganz äusserlich ausgedrückt. Einzelne Gestalten, z. B. David im Limbo, von grosser Feinheit d. Ausführung u noch ganz klassisch. Auch die Bewegungen z. Teil ausdrucksvoll: z. B. d. Mann, der sich bei d. Himmelfahrt d. Augen schützt um Christus zu sehen, oder der, der nach oben weist. Aber an keiner einzigen dieser Figuren empfindet man, dass sie aus irgend einer individuellen Anschauung ihres Gefühls heraus erfunden wäre; d. Kstler hat Nichts gethan als der Trad. folgen oder allenfalls die Figuren Bewegungen zur Erläuterung des Vorgangs machen lassen; d. Bewegungen sind immer nur auf ein Geschehen gerichtet; auf ein Fühlen nur insoweit wie es zum Verständnis des Geschehens notwendig ist. In der neuen Kunst (Giotto) eigentlich gerade umgekehrt: d. Geschehen Mittel um gefühlvoll bewegte Gestalten zu finden.

Florenz. 3. August 1898. *3.8.1898 Mittwoch*

Orsanmichele: auf d. Tod d. Maria[2] wieder wie auf den kleinen byzantinischen Mosaiken Christus mit d. Seele der Maria als kleines Kind auf d. Arm an der Bahre. Im Einzelnen schöne Momente: der Mönch, der die Hand der Jungfrau küsst, und diese Hand selbst, die von einer fast durchsichtigen Zartheit ist. Was haben die Künstler seit 100 Jahren Alles für Mittel gelernt um Gefühle auszudrücken oder zu erregen! Aber trotzdem ist das etwa ein Jahrhundert ältere Relief an Notre Dame[3] würdiger und ernster. Hier wird d. Schmerz z. Teil schon durch Grimassen ausgedrückt, infolge des, die doch immer noch beschränkten technischen Mittel, ausserachtlassenden immer steigenden Bedürfnisses, das Innere des Menschen zum Ausdruck zu bringen. Sta Croce: Giottos Fresken in d. Capp. Perruzzi: Der Lautenspieler auf d. Herodias vielleicht weniger schön und tief als der auf d. Hochzeitszuge der Jungfrau in d. Arena; indifferenter. Aber d. Szene von derselben musikalischen durchaus neuen Harmonie durchzogen, zu der hier d. Grausige in einen grandios phantastischen Gegensatz tritt; gerade die weiche, Giottosche Lyrik der Szene, in die das Furchtbare hineinbricht, macht die Grausamkeit noch fühlbarer, sozusagen Nervenkitzelnder. In der Konzeption sicher die rätselhafteste und modernste Herodias, die bis auf den heutigen Tag ge-

---

1 Meister des Kruzifix Nr. 434 der Uffizien

2 Cione, Marmortabernakel

3 Tympanon des Nordportals der Westfassade

schaffen ist. Die Heiligen Geschichten müssen durch eine solche neue lebendige Anschauung einen ganz andren Einfluss auf d. Geister gewonnen haben. – Die Wunder und d. Auferstehung Joh. d. Ev. Wie hier Giotto schon ganz anders als in d. Arena d. Wirkung des Wunders auf d. Zeugen durchschaut und daher die Figuren viel lebendiger erfinden kann. Die moderne im Gegensatz zur antiken Konzeptionsweise: dem Künstler stellt sich ein Seelenzustand, ein Affekt, eine Stimmung, dar, und hierzu sucht er eine Gestalt. Beim antiken Kstler ist umgekehrt die primäre Vorstellung, der Funke, der zum Kunstwerk wird, die Vorstellung einer Form, einer Gestalt, einer Glieder- oder Linienharmonie; diese arbeitet er eventuell nach d. Seite ihrer Bedeutung hin durch, wie der moderne Kstler seine Seelenanschauung nach d. Seite der Form durcharbeitet; und so kommen sich beide entgegen. Aber selbst wenn sie sich sozusagen treffen, ist d. Werk jenachdem es so oder so angefangen ist, ein ganz andres, weil es von einer verschiedenen Seite erschaut ist. In d. Kapp. Bardi: Porträt Franz' v. Assisi mit 20 kleinen Szenen aus seinem Leben[1]: angebl. v. Margaritone. An Gefühlstiefe und künstlerischer Ausdrucksfähigkeit steht es hinter d. Diptychon des Berlinghieri und d. Kreuzigg N° 4 der Uffizien zurück. D. Gesichter sind meistens ganz unförmig. Aber zur neuen Kunst gehörig, weil nirgends d. Handlung, das Geschehnis, die Hauptsache ist, sondern d. Empfindung der Handelnden. So ungeschickt der Künstler ist, so wendet er doch alle Mühe, die er überhaupt drangiebt, an, um gefühlvolle Gestalten hinzustellen: in d. geneigten Köpfen, den gereckten Armen, den gefalteten Händen, überall das Gefühl, nicht d. Handlung, deren Ausdruck ihn in erster Linie beschäftigt. Cf. d. Szene Franz im Sturm auf See, wie sich die märchenhaft ungeschickt zusammengepferchten Schiffer flehend an ihn wenden, angsterfüllt an d. Köpfe fassen u Franz ganz ruhig mit erhobener Hand nach oben weisend vor ihnen steht. – Die grosse Gefühlsrevolution um 1200 wohl allgemein europäisch; im Trecento beginnt mit Giotto ihre Verarbeitung im speziell italienischen, realistisch-heiteren, Gegenwartsfreudigen Sinne; seine Nachfolger akzentuierten diese Seite noch durch d. Streben nach Sinnenschönheit (Orcagna, die Gaddis, d. Sienesen), für die zunächst d. byzantinische Ideal sehr stark in Betracht kam. Daher tritt d. Stärke der Gefühlsphantasie im Laufe des Jh. allmählich zurück; man stösst bei d. Nachfolgern Giottos selten auf einen eine neue, individuelle Anschauung des Inneren verratenden Zug. Abends an Viale dei Colli bei Bonciani gegessen.

Assisi 4 August 1898. *4.8.1898 Donnerstag*

Früh aus Florenz. Einige Stunden in Perugia. Nachmittags hier an. Ich habe heute sehr deutlich empfunden, was Assisi so unendlich anziehend macht: die gewaltigen Himmelsweiten, die sich von allen Plätzen und Kirchen der Stadt aus

[1] Meister des San Francesco Bardi

aufthun; man sieht über die niedrigen langgestreckten umbrischen Hügelketten hinweg immer in diesen gewaltigen Himmel hinein, und doch ist die Ebene, auf der man all die kleinen weissen Häuser und Kirchen erkennt, nicht entfernt genug, um wie auf Bergeshöhen, die Erde, mit ihrem innigen, heimatlichen Zauber vergessen zu lassen.

Assisi 5 August 1898 *5.8.1898 Freitag*

Relief im Giebel des Dom-Hauptportals. Christus, links d. Madonna, rechts ein Heiliger. D. Mad. säugt das Christkind, das mit einer ziemlich naturalistischen Gebärde die Brust zum Munde führt; d. Mad. hält das Kind mit beiden Händen. Christus drückt mit einer Hand ein Buch ans Herz und weist mit d. andren auf d. Madonna (also nicht d. alte hieratisch-byzantinische Manier, d. Rechte offen und starr erhoben nach oben weisend auf d. Brust zu legen.) D. Heilige drückt ebenfalls mit einer Hand ein Buch an d. Brust. D. Künstler hat Jedenfalls Etwas erzählen wollen; ob das auf die Brust Drücken der Hände und d. Gebärde der Jungfrau auch irgend ein andres Gefühl ausdrücken sollen, ist bei d. Rohheit der Ausführung nicht zu entscheiden. – Oben, die mittlere Fassaden Rosette, wird von drei Figuren gestützt; die Bewegungen sind ungeschickt wiedergegeben, aber richtig gesehen. D. übrigen Skulpturen, Löwen, Pfauen, und sonstige symbolische Tiere, rein ornamental. Es wäre möglich, dass die drei Giebelreliefs, die aus einem andren roten Stein sind, als d. sonstige Fassade u Thurmskulpturen noch vom alten Dom (1028) herrühren; sonst aus d. Generation vor Franz v. Assisi, um 1150. Die Frage hat aber wenig Interesse, da die unzweifelhaft mit d. neuen Dom entstandenen Skulpturen genau denselben Geist ausdrücken, nämlich das in rein ornamentalen traditionellen Epochen immer wieder, namentlich an der Peripherie, sich wiederholende Einbrechen eines rohen Realismus, der rohesten Naturbeobachtung (Bewegungen.) – Nachmittags nach San Damiano u von dort nach Rivo Torto und d. Portiuncula[1].

Assisi. 6 August. 1898. *6.8.1898 Samstag*

In Sta Chiara: d. Crucifixus[2] der zu Franz v. Assisi in S. Damiano geredet haben soll. Er hat gross geöffnete Augen, einen tief ernsten, an den byzantinisch asketischen erinnernden, aber keinen eigentlich schmerzhaften Ausdruck; er hat einen mindestens ebenso ernsten auf byzantinischen Mosaiken oft in d. Glorie. Der Körper hat eine ganz leise Ausbuchtung nach links; im übrigen aber noch im antiken Stil, d. h. mit mehr oder weniger verschmolzenen Farben und grünen Schatten, nicht mit den braunen Linien des Ducento behandelt. Unten stehen links Johannes u Maria, rechts Magdalena, noch eine heilige Frau u Nicodemus.

---

[1] Santa Maria degli Angeli

[2] Umbrische Schule, 12. Jh.

Die Einzige, die etwas Trauer markiert, ist Maria durch ihren leise geneigten Kopf; Johannes scheint auf d. Seitenwunde zu zeigen; Nicodemus erhebt in der starren alten byzantinischen Weise die Rechte. Von einem wirklichen Nachempfinden des Schmerzes seitens des Künstlers keine Rede. – Crucifix[1] des Margaritone (nach Thode des Cimabue) im Chor: Christus ganz nach links ausgebogen, tot am Kreuze hängend; d. Kopf ist auf d. Brust gefallen und drückt unendliches Leiden aus; d. Modellierung mit Braun, aber weich; unten kniet Franz u küsst dem Heiland die Füsse; rechts und links zwei Clarissinnen, Clara (?) und Benedetta[2]. Auf d. rechten Kreuzarm Johannes, stehend, den Kopf auf d. rechte Hand gestützt, d. Ausdruck tiefster Trauer; auf d linken Arm d. Jungfrau. – In einer Seitenkapelle ein Madonnenbild[3] (Triptychon) mit 8 Szenen aus dem Marienleben u. Passion auf d. beiden Flügeln, das vielleicht einen der Übergänge vom antiken zum modernen Stil zeigt. Die Madonna u. vor allem d. Christkind noch ganz greisenhaft u. starr. Die Verkündigung: d. Engel u. Maria stehen; d. Engel soll hohen Ernst ausdrücken; Maria presst die Rechte an die Brust und neigt d. Kopf als Ausdruck der Betroffenheit, des Ernstes. 2) Geburt Chr. Maria nach d. byzantinischen Weise in einer Art von schrägen Mandorle, aber mit einem Gesichtsausdruck, der tieftraurig u. sinnend sein soll. 3) Anbetung der Könige: d. Christkind scheint d. Geschenk, das ihm der vorderste der drei (ganz konventionell geknickt hinschreitenden) Könige reicht, freudig entgegenzunehmen. 4. D. Judaskuss; sehr zerstört. 5 Geisselung: Christus blickt seine Peiniger mit einem tieftraurigen Ausdruck an. Hier ist schon viel mehr als d. blosse Vorgang dargestellt; wenn auch noch nicht so viel ausgedrückt wie auf d. Crucifix 4 der Uffizien. 6. Kreuzigung: Christus tot und ganz nach links ausgebogen am Kreuze hängend; rechts u. links Johannes u Maria. Wieder d. eigentümliche Ausdruck, den d. Künstler für Trauer hatte, in den Gesichtern: gross geöffnete Augen, hochgezogene Brauen; bei beiden Figuren ist offenbar viel empfunden. 7. Kreuzabnahme: Maria küsst Christus eine Hand, Joh. v. Arimathia stützt ihn, Nicodemus nimmt den einen Arm herunter, der Apostel Johannes steht weinend seinen Mantel zum Gesichte führend dabei. 8. Die Frauen am Grabe. Auf dem Grabe sitzt ein Engel u. zeigt nach rechts; links kommen die beiden Frauen heran und scheinen mit gegeneinander gebeugten Köpfen sich zu unterreden. Maria trägt eine Balsambüchse, die andre Frau weist auf d. Engel oder das Grab. Namentlich in d. Maria viel Empfindung. – Die Technik ist in ihren eckigen Gebärden und unverarbeiteten groben Schattenlinien überaus roh, viel roher als die gleicher im alten Stil gehaltener etwas älterer Arbeiten. (z. B. der Crucifix des

---

[1] Meister der Hlg. Clara von Montfaucon

[2] Beata Benedetta

[3] Umbrische Schule, 13. Jh.

Heil Franz[1] hier). Geschaffen sind die Figuren aber aus der Empfindung heraus, also durchaus im neuen Stil. Die Arbeit scheint aus d. ersten Hälfte vielleicht dem ersten Drittel des Ducento, u sehr bezeichnend für die Anfänge des neuen, modern-europäischen Kunststils in Italien. – Nachher nach Spello u Foligno gegangen. Schöner, zum Teil sehr sonniger Weg. In Spello in einer Osteria gefrühstückt. Dort in Sta Maria Maggiore die von Pinturicchio ausgemalte Kapelle: Verkündigung, Anbetung der Hirten, zwölfjähriger Jesus im Tempel u Selbstporträt, das einen schwergeprüften, sorgendurchfurchten Mann und doch darunter noch d. umbrische Weichheit erkennen lässt. Die Gesichter auf d. übrigen Fresken von derselben krankhaft nervösen Anmut wie die von Botticelli, Filippino, Cima oder Carpaccio; in der Heimat des Heil Franz scheint diese Art von Schönheit aber am urwüchsigsten zu sein. Es ist nicht mehr der grosse, aus den Abgründen des Gemüts schaffende Zug des Ducento u. Trecento; aber dafür eine alle Feinheiten und reizenden Momentstimmungen der Oberfläche in süsse Schönheit übersetzende Kunst; und daneben ein prächtiger Realismus (Selbstporträt des Pinturicchio), auf dem die Gefühlsschwärmerei nur wie eine Coquetterie sitzt. – In St Andrea eine grosse Madonna des Pinturicchio, ziemlich matt und unruhig in d. Farben; gegenüber zwischen Barockfiguren eingerahmt ein Crucifix[2], das an das grosse in S^a^ Chiara[3] erinnert, jedenfalls aus derselben Zeit; Franz (bärtig) küsst des Heilands Füsse. Die beiden Füsse aber bereits mit einem Nagel genagelt. – In Foligno am Dom (San Feliciano) romanisches Portal; in der Thürlaibung links (angeblich) Porträt Friedrichs II[4]; ganz steif, mit hieratisch erhobener Rechten; garkein Ausdruck. Als Pendant rechts ein ebenso steifer Bischof. – Zu Fuss zurück aus Foligno; man geht nach Assisi etwa 3 Stunden. – Abends bei Tisch Sabatier, den Verfasser des Lebens des Heil Franz, kennen gelernt; er ist mit Frau u zwei sehr hübschen Kindern hier.

Assisi 7 August. Sonntag. *7.8.1898 Sonntag*

Nachmittags nach den Carceri, einem in einer Waldschlucht des Subasio gelegenen kleinen Kloster, das die Benedictiner Franz v. Assisi überliessen. Es liegt halb in den Felsen hineingebaut zwischen zwei steilen Bergwänden eingeklemmt im dichten Steineichenwald; darunter, in Felsen überall kleine Höhlen, in die sich Franz u seine Genossen zur Kontemplation zurückzogen. Wo der Wald einen Ausblick freilässt, sieht man die ruhigen, langgezogenen umbrischen Hügelreihen und darüber in die gewaltige Himmelsweite. Es hat mehr als ein sentimentales Interesse diese Stätten kennen zu lernen, an denen das moderne Land-

---

1 Umbrische Schule, 12. Jh.

2 Umbrische Schule, 13. Jh.

3 Meister der Hlg. Clara von Montfaucon

4 vermutl. Friedrich I. Barbarossa

schaftsgefühl, die moderne Naturliebe erwacht ist. Franz v. Assisi ist der erste moderne Mensch, ein Rousseau; der unendlich viel tiefere und weitergehende Nachwirkungen als der Schweizer gehabt hat. – Abends wieder viel mit Sabatier. Er hat Etwas Zerrissenes, Ironisches, namentlich wenn er von der katholischen Kirche spricht, das mir nicht ganz gefällt.

Assisi 8 August 1898 Montag. *8.8.1898 Montag*

In der Kirche[1] den grössten Teil des Tages. In den Fresken der Unterkirche fühle ich d. byzantinischen Einfluss viel stärker als Thode; vom neuen aus d. Gefühl Schaffen wenig; am Wenigsten in d. Franziskuslegende[2]. In der Oberkirche die Arbeiten im Chor und in den beiden Querschiffen[3] scheinen mir schwach, bis auf die beiden Kreuzigungen, die allerdings beide ersten Ranges sind. Auf der nach Thode älteren vor allem die Engel und Maria, die vor Schmerz vergehend zusammensinkt, mit ergeben gefalteten Händen. Die andre Kreuzigung ist ein Werk von wirklich gigantischer Kraft; und wie komponiert! Durchaus seelisch, psychologisch-dramatisch nach dem modernen Prinzip, nicht linear u. s. w. nach den Antiken. Zuerst sieht man die Frau, die am Fusse des Kreuzes steht und in gewaltigem Schmerz, als wollte sie Himmel und Erde beschwören, die Arme hochhebt; und ihr gegenüber die beiden Männer, die mit fast parallelen, aber psychologisch tief differenzierten Gebärden zu Christus emporweisen, der jüngere, vordere mit wilder Leidenschaft, den Arm emporreckend, der ältere bärtige dahinter mit majestätischem Pathos den Arm erhebend; und doch ist der Eindruck der Parallelität beider Arme, der durch eine Art von Sinnestäuschung verdoppelten Gebärde, so gross, dass man in einer andren Anwendung die gewaltigen Rufe der Matthäuspassion, das: Barraba! Barraba! zu hören glaubt. Und dann erst entdeckt man, dass dieser so laute, furchtbare Schmerz nur Folie ist zum Schmerzenshöhepunkt des Bildes, zur Gruppe von Johannes und Maria, die Hand in Hand, von überstandenen Qualen still geworden, in lautloser Schmerzensgemeinschaft fast im Hintergrunde stehen. Der Einzige, der die Kreuzigung zu dieser Weltengrösse noch sonst erhoben hat, ist Dürer. Wie lyrisch, wie Märchenzauberhaft erscheint daneben Giottos Kreuzigung in der Unterkirche[4]! – Thode ist sich offenbar nicht klar darüber, was eigentlich das Neue war, das d. Ducento im Gegensatz zur früheren Kunst brachte, nämlich das Schaffen der Figuren aus ihrem inneren Gefühl heraus, was dann allerdings ein näheres Studium der Natur notwendig zur Folge hatte, um die neuen Gebärden und Stellungen, die nicht mehr rein mechanisch nach der Tradition ge-

---

1 San Francesco

2 Meister des Hlg. Franziskus von Assisi

3 Cimabue

4 Fresken, nördliches Querschiff

bildet werden konnten, zu fassen und wiedergeben zu können. Während daher die Naturbeobachtung des 11ten u 12ten Jh. und deren Anlehnung an die Antike, die beide damals durchaus nicht fehlten, unfruchtbar waren, weil sie kein neues, eigenes Ziel hatten, und also nicht aus den alten Bahnen herausführen konnten, wurden Beide im Ducento mit einem Male sehr wichtige Hülfsmittel, um das wirklich Neue verkörpern zu helfen. Dazu mussten ebensogut die ererbten byzantinisch antiken Formen und überhaupt Alles was zur Hand war, wie die Naturbeobachtung helfen. Daher vielleicht tritt in der Franziskuslegende thatsächlich das Neue nicht mehr als in den Szenen aus d. Leben Christi oder der Maria hervor; denn diese mussten genau ebensosehr aus dem neuen Gefühl heraus neugeschaffen werden wie Jene; ja, thatsächlich, tritt in allen ducentistischen Darstellungen der Franziskuslegende und sogar noch in Giottos Behandlung dieser auch äusserlich neuen Szenen[1] das Neue viel weniger als in den Darstellungen der Passion hervor. Äusserlich war allerdings die Franziskuslegende neu und die Passion oder d. Marienleben alt; von innen gesehen waren aber beide ganz genau gleich neu, denn man hatte bis dahin die Passion oder d. Marienleben nie von innen gesehen, was man jetzt (und dies ist z. Teil ein Verdienst des Franz) mit einemmal that; der Stoff scheint aber bei der Passion und d. Marienleben doch dankbarer gewesen zu sein. – Abends wieder nach San Damiano hinunter und, bis die Sonne hinter dem Olivengarten untergieng, an der Brüstung gelesen.

Assisi 9. August 1898. Dienstag. *9.8.1898 Dienstag*

Scirocco. In der Kirche. Giotto. Die Franzlegende ist in einzelnen Figuren reizvoll, aber doch nirgends wirklich packend; es ist sogar merkwürdig, dass dieses Leben, das gelesen einen so unendlichen Zauber ausströmt, selbst Giotto zu keinem einzigen Werk ersten Ranges begeistert hat. Die Allegorien am Kreuzgewölbe in der Unterkirche sind direkt langweilig und nur in einzelnen Gestalten geniessbar. Dagegen sobald die biblische Geschichte oder Legende anfängt, scheint eine ganz neue Welt aufzugehen. Die Geschichten aus d. Marienleben u d. Kreuzigung[2] sind zarter, märchenartiger als die gleichen Szenen in d. Arena. Ganz ersten Ranges, mit den besten Werken in d. Arena u in S^{a} Croce gleichwertig, das Leben der Maria Magdalena[3]. Es giebt ausser der Herodias[4] und dem Brautzug der Maria[5] wohl Nichts, das den eigentlich Giottesken, lyrisch-rätselhaften Zauber so ausströmt, wie die Szene, wo die Magdalena Christus die Füsse

1 Fresken, Assisi, San Francesco - Oberkirche, Langhaus

2 Fresken, San Francesco - Unterkirche, nördliches Querschiff

3 Fresken, San Francesco - Unterkirche, Magdalenenkapelle

4 Fresken, Florenz, Santa Croce - Cappella Peruzzi

5 Fresken, Padua, Cappella degli Scrovegni all'Arena

küsst, und der unendlich anmutige, ernste Johannes Christus so liebevoll zweifelnd und fragend ansieht; und die andren Szenen sind fast auf derselben Höhe. – Abends wieder an einer der Platzbrüstungen, die sich hier überall einem so weiten Blick in den umbrischen Himmel und über die Bergzüge weg öffnen, bei San Pietro, vor dem alten Bischofspalast, das Leben Franzens von Frater Leo gelesen. Es ist derselbe Platz, auf dem Franz seinem Vater[1] die Kleidung vor die Füsse warf; und unten sieht man die Portiuncula, Rivo Torto und das Aussätzigen Spital, von dem aus Franz sterbend Assisi zum letzten Mal gesegnet hat. – Früh war ich noch einmal im grossen Kreuzgang des Sacro Convento[2]; auch hier ist das Schönste dieser riesige Himmel, der durch alle Bogen herein blickt, und unten die reiche, menschliche Ebene. Das ist vielleicht das Einzige was am ganzen Sacro Convento im Geiste Franzens ist. Die ganze Anlage, die Olivenhaine, aus denen das Kloster mit seinen Obstgärten und Terrassen, seinen Kreuzgängen und Wohnräumen: Dormitorien und Fabrik, Bibliothek und Refectorium, mit seinen aufeinandergetürmten wie die Krönung einer Gralsburg emporragenden drei Kirchen aufsteigt, drückt viel eher den grossartig weltlichen Geist des Elias von Cortona aus; als Denkmal dieses in seiner Art auch bewundernswerten Mannes erhält es erst seine eigentliche Bedeutung. Was müssen die Empfindungen eines Novizen gewesen sein, wenn er zum ersten Mal mit der Hierarchie der in dieser Anlage lebenden Mönche zusammen, mit seiner „Familie", mit seinem Regiment, Alle eines Gewandes, eines Gedankens, Alle Brüder, in die helle, farbenleuchtende Oberkirche trat, die mit ihren lichten Wänden und Edelsteinfenstern ein Symbol des Himmlischen Reiches war, das er und seine Brüder erobern sollten, und wenn er dann ausgieng um in den Städten und Dörfern zu betteln?

Assisi 10 August 1898. *10.8.1898 Mittwoch*

Früh in d. Portiuncula wo mich der Bruder Bernhardin Ibald v. Trier führte. Ähnlichkeit des Franzporträts[3] in der Sterbekapelle mit dem des Cimabue[4]. Abends nach Col Caprile. Ursprung der Gefühlsphantasie (wenigstens zum grossen Teil) aus der immer deutlicheren Vorstellung der Seele als Etwas vom Körper ganz Getrenntes (Franziskus: frater Corpus). Sabatier, dem ich die Bemerkung von der Verwandtschaft Franzens mit Rousseau u Tolstoi machte, erzählte mir, dass Tolstoi ihn binnen 10 Tagen nach Übersendung seines Lebens des Franz, um das Übersetzungsrecht ins Russische gebeten habe.

---

1 Bernardone

2 San Francesco

3 Spagna

4 Fresko, Assisi, San Francesco - Unterkirche: Madonna mit Kind, vier Engeln und dem Hlg. Franziskus

Assisi. 11 August 1898. Donnerstag *11.8.1898 Donnerstag*

Nachmittags wieder zu d. Carceri u dort einen grossen Teil der Sprüche des Aegidius. Über den Einsiedlerhöhlen rauscht der Wald und, wo man einen Ausblick hat, ist es auf das ungeheure umbrische Himmels- und Lichtmeer. Als ich zurückkam, gieng die Sonne in gewohnter Pracht in den Feuchtigkeitsschleiern des Trasimenischen Sees unter: Wie man in dieser wahrhaft seraphischen Landschaft, die ganz Himmel und ganz Licht ist, des Heiligen Franziskus Vers auf die Sonne versteht: ed ell' è bell' e radiante con grande splendore de te, Altissimo, porta significazione.[1] Der Wald und diese Unendlichkeit überall sind die Geburtsstätten des modernen Naturempfindens gewesen. – Frater Leos Leben Franzens zu Ende. Offenbar viel Interpoliertes, Hinzugesetztes, neben Ursprünglichem. Aber wie man bei diesen durch Teufelserscheinungen und böse Geister inmitten ihrer höchsten Gefühlsextasen gequälten Heiligen des 13ten Jh. die gothische Kathedrale mit ihrem extatischen Inneren und ihren dämonischen Wasserspeiern etc. verstehen lernt!

Gubbio 12 August 1898. *12.8.1898 Freitag*

Früh in der Carocella aus Assisi fort und durch die Berge nach Gubbio. Von der Gubbianer Chaussee steigt das Sacro Convento erst in seinem ganzen Riesentrotz empor; es ist so eine unheimlich deutliche Verkörperung des Geistes von Elias von Cortona. Unterwegs d. Franziskanerkloster Farneto besucht, wo noch eine durch ein Wunder aus dem Stock des Heil Franz entsprossene Cypresse gezeigt wird und der Felsen, in den er hineingegriffen hat, als ihn der Teufel beim Beten in einen Graben zu werfen suchte. Solche Wundererzählungen trifft man wohl hier in allen Franziskanerklöstern. Es ist derselbe Geist, der Franzens Leben, dessen Wirken und organisches Wachstum, weil es so einfach war, noch heute so klar zu erkennen ist, in wenigen Jahren in eine Perlenkette von Wundern auflöste. Nichts zeigt deutlicher, wie neu, also wie unzeitgemäss, der zur Natur und zur Natürlichkeit zurückkehrende Geist, den Franz als der Grösste vertrat, war, als diese schnelle Umwandlung seines Lebens, d.h. eben des Neuen, das er brachte, in das Alte, Herrschende, das allerdings wieder dadurch, dass es dieses Leben aufsog, Etwas Neues in sich aufnahm, durch das es allmählich von innen heraus verwandelt wurde, während die Thatsache, dass Franzens Leben nicht ganz in Wundern verloren gieng beweist, dass doch schon damals Einige waren, die wie er mit neuem Geist die Welt sahen. – In Gubbio gleich am Eingang San Francesco, Kloster u Kirche; ganz frühgothisch u. praktisch (wie Sta Croce); ein wahres Paradigma des allerfrühsten, rein praktischen gothischen Stils; dreischiffig, mit dreifachem Chor, je auf d. halben Achteck,  einfachen, ziemlich breiten

[1] Und schön ist er [Bruder Sonne] und strahlend mit großem Glanz; von dir, Höchster, trägt er das Sinnbild.

spitzbogigen Fenstern, zwischen denen jedesmal ein sehr flacher u. schmaler Strebefeiler emporsteigt  ; innen ganz verbarockt. – Der Palazzo dei Consoli ist gewiss eines der imposantesten Bauwerke Italiens, mit d. Caracallathermen vergleichbar. Er ist die Krystallisation des bürgerlichen Trotzes des 14ten Jh. hier, wie San Francesco der evangelischen Einfachheit des Franziskanertums des 13ten. Palazzo Rhinghiasci-Brancaleoni[1]; die Sammlung verkauft; aber prachtvolles Barockinterieur; man ahnt den Reichtum, der hier noch im 18ten Jahrhundert herrschte, um einen solchen Grandseigneursitz möglich zu machen. Jetzt ist Alles verlassen, leer, die Sammlung verkauft, der kleine Rhinghiasci-Brancaleoni der mir aufmacht, unterscheidet sich nicht von den Strassenjungen; nachher habe ich ihn mit diesen auf d. Domtreppe u. im Herzogspalast spielend gefunden. Der Dom ganz frühgothisch; innen ein einziges sehr breites Schiff mit spitzer Holzdecke, die durch innere spitzbogige Steingurte gestützt wird; wenn man sich an Stelle der Steingurte eiserne denkt, erinnert die Konstruktion im Kleinen ganz an die Maschinenhalle des Champ de Mars. Das Chorgestuhl (nach d. Inschrift von 1532) noch ganz frührenaissanceartig graziös; reich und doch geschmackvoll geschnitzter Bischofssitz. – Der Herzogspalast ein Juwel der Frührenaissance. Innen Kammine, Fensterpfosten, Thürrahmen von entzückender Feinheit der Zeichnung; Alles in grauem Sandstein, an dem man aber hier noch die Reste der Bemalung, blau und gold, sieht. Die Wände waren natürlich mit Fresken bedeckt (Fragmente); den Boden bilden rote, einfach ornamentierte Ziegelkacheln, die Fensterläden intarsiert (Putten, Blumenvasen etc.); das Ganze erweckt das Bild eines Frührenaissance Interieurs wie Nichts anderes, das ich kenne. Aussen war der Palast verputzt und auch offenbar mit einem bunten Muster bedeckt. Jetzt ist Alles ganz ruiniert und der weiche graue Sandstein widersteht dem Wetter nicht; der Regen wäscht die Ornamente als ob sie aus Stuck oder Gips wären, herunter.

Gubbio – Cittá di Castello Pieve Sto Stefano *13.8.1898 Samstag*
13 August 1898.

Früh noch einmal im Herzogspalast. Dann in Sta Maria: Madonna des Ottaviano Nelli mit musizierenden Engeln und zwei Heiligen; helle blaue und rote Töne mit zarten goldenen Ornamenten überzogen, in deren Mitte die goldenen Heiligenscheine garnicht massiv oder protzig scheinen. Die kleinen Engel ganz neumodisch nach der Art der Zeit mit hohen steifen Halskrausen; das Inkarnat von einer Zartheit u. Durchsichtigkeit wie bei Perugino. Und Alles von einer anmutig naiven dekorativen Wirkung, die auf die Feinheit des Empfindens des Zeitalters ein prachtvolles Licht wirft. Von der schweren Pracht des byzantinisch-romanischen Empfindens ist nur noch d. Liebe zum freundlichen Glanz des Goldes

[1] Ranghiasci-Brancaleoni

geblieben, während die Farbenfreude sich noch an einfachen, hellen Akkorden genugthut. Die Palastfronten leuchteten wohl auch in diesen hellen, heiteren Tönen wie ein Edelmann in bunter Seide inmitten der grauen und braunen Bürgersleute. – Von Gubbio mit d. Sek. Bahn nach Citta di Castello. Dort in d. Pinakothek die Kirchenfahne aus Raffaels erster Zeit: Christus am Kreuz u Erschaffung des Weibes; beide sehr verdorben. Die Gesichter haben eine gewisse Anmut, aber zugleich Etwas Breites in den Backen und Augen, das sie ganz ausdruckslos macht; namentlich der schlafende Adam mit seinem dicken rundlichen Körper, dem breiten Gesicht und einer dicken vorstehenden Unterlippe sieht geradezu idiotisch aus. Künstlerisch haben diese Werke keinen höheren Wert als die gleichzeitigen übrigen umbrischen Durchschnittsbilder, eher weniger. Die Malerei allerdings scheint fein und gut (solide) gewesen zu sein. – Einige gute aber meistens schlecht erhaltene Signorellis. Auf einer Kirchenfahne: Taufe Christi, nackter Mann von hinten gesehen sich d. Hemd ausziehend wie auf d. Berliner Bilde[1]. – Umbrien ist das Vaterland der Anmut wie Griechenland der Schönheit; den Umbrern fehlt jener Zug ins Tiefe und Grosse, die die Werke der Griechen zur Schönheit erhebt. – Die antike Kunst war im 13ten Jh. ganz in Äusserlichkeiten verdorrt, als sie die erwachende Gefühlsphantasie wie ein warmer Strom neuen Bluts belebte. Dem späten Altertum und den byzantinisch romanischen Jahrhunderten hat jede Innerlichkeit gefehlt; sie huldigten der reinen materiellen Formenvollendung und infolgedessen schliesslich der reinen Pracht und dem reinen Ornament. Im Übrigen scheint es mir kindisch glauben zu wollen, dass die altgriechische Schönheit aus der reinen Anbetung der körperlichen Formen hervorgegangen sein könnte. Auch hier muss Etwas den inneren Menschen Berührendes (wie im 13ten Jh. die Gefühlsphantasie) mitgewirkt haben; nur sind wir vielleicht zeitlich zu weit entfernt und mit Urkunden zu schlecht versehen, um uns noch die Vorstellungen und Gefühle, die das Griechentum durch die „Schönheit" befriedigte (wahrscheinlich orgiastische: Aphrodite), erkennen zu können. Wir sehen ihre Werke notgedrungen noch immer durch die Augen des späten Altertums, das nur noch d. Schale erkannte, und uns fehlt zur Seele, zu den übermateriellen, seelischen Bedürfnissen, aus denen diese Formen geboren wurden, fast jede Brücke. Das macht das Interesse des 13 Jh., dass man hier thatsächlich, vielleicht zum einzigen Mal in d. Menschheitsgeschichte, auch die geistigen Wurzeln einer entstehenden neuen Schönheit erkennen können. – Von Cittá di Castello in d. Carocella über Borgo San Sepolcro nach Pieve Sto Stefano; immer am oberen Tiber entlang; Eichenwälder auf den Hügeln, die an den Fluss ziemlich nah herankommen, und im Thal Ulmen mit Vignen und einzelne Cypressen. Pieve liegt ganz dicht am Fluss, mit überhän-

[1] Pan als Gott des Naturlebens und als Meister der Musik mit seinen Begleitern

genden steinernen Häusern. Am Rathaus schöne Wappen in Majolika[1], nach der Art der Robbias aus der Zeit um 1495 bis etwa 1520.

La Verna. 14 August 1898. *14.8.1898 Sonntag*

Um ½ 6 aus Pieve Sto Stefano nach La Verna fort, zu Fuss mit einem Maultier für das Gepäck; ödes Gebirge mit weiten Ausblicken über die umgebenden Bergketten. Nach zwei Stunden, hinter einer Anhöhe, plötzlich Ausblick auf die Kuppe von La Verna, die aus Felsen und Wald in den Himmel ragt; eine Wolke segelte gerade dicht über die Spitze hin. Das Kloster steht am südwestlichen Abhang; rings Hochwald: Buchen und mächtige Tannen, in denen der Wind, der sich an der frei hinaufragenden Kuppe bricht, wie über dem Meere rauscht. Und wieder wie in den Carceri durch den Wald der Ausblick geradehinaus in die Unendlichkeit. Man ahnt die Pracht des Sonnenaufgangs auf dieser einsamen Höhe; und allen Mysterien, die sich an Franz von Assisis Weilen hier knüpfen, fliesst aus der Landschaft eine neue Poesie zu; die wildzerklüfteten Felsenschluchten waren der Schauplatz seines Ringens mit finsteren Mächten, die sein Werk vor ihm selbst verdunkelten, vor den rauschenden Waldbäumen hat er den Schrei, den ersten Schrei des modernen Menschen ausgestossen: Chi sei tu dolcissimo Iddio mio? Che sono io vilissimo verme e disutile servo tuo?[2] Und nach Osten in das Lichtmeer der aufgehenden Sonne gewendet ist er in verzehrenden Gluten seraphischen Glanzes und flammender Liebe in die Abgründe des Unendlichen emporgerafft worden. Wenn es nur als historischer Schauplatz dieser höchsten Liebesextase wäre, und jenes Faustischen Schreis, der die moderne Welt einleitet, müsste der Boden hier heilig sein. – Ich wohne im Kloster in einer kleinen sauberen Zelle, die auf den Wald hinausblickt. Bei Tisch sind noch einige Florentiner Fremde ausser mir. Die Brüder, etwa 70, führen ein ganz behagliches Leben. Mit Franzens Wollen hat das Institut nicht mehr gemein als die Kirche, die Franz reformieren wollte, mit Christus. – Heute war Madonnenfest (Vorfeier) und viel Volks unten, was dem Wald viel von seiner Einsamkeit und Ruhe raubte. – In der Kirche und der Stigmatisations Kapelle grosse schöne Robbien (Andrea): Kreuzigung, Himmelfahrt etc.

Florenz. 15 August 1898 *15.8.1898 Montag*

Um 5 Uhr früh von La Verna nach Bibbiena hinunter, dem grossen Strom der aufwärts steigenden Pilger entgegen. – Geistesgeschichte: Geschichte der Vorstellungen, die die Menschen und die Menschheit eines Zeitalters gehabt haben und von denen sie bewegt worden sind, der absterbenden und der neu keimen-

---

1 am Palazzo Pretorio

2 „Wer bist du, o du mein allersüßester Gott? Wer bin ich, elender Wurm, und dein untüchtiger Knecht?“ I Fioretti di San Francesco

den, Geschichte des Kampfes dieser Vorstellungen mit einander und wie sich an einzelne der neuen Vorstellungen neue Vorstellungskomplexe anreihen, Organismusartig wachsend und immer mehr von den Bildern und Gefühlen, die die Seele erfüllen, in ihren Bereich ziehend, bis sie allmählich altern, an Kraft verlieren, und in der umgekehrten Entwicklung immer mehr von diesen Bildern und Gefühlen wieder aus ihrem Associationsbereich entlassen. Bei einer gesunden Entwicklung gebären solche Vorstellungskomplexe während sie noch in voller Kraft sind, neue Komplexe, die weil die Associationen in ihnen enger und frischer sind, allmählich vom Mutterkomplex die Aufmerksamkeit abziehen, so dass dieser unmerklich, zur rechten Zeit, aufgelöst wird; treten keine solche auflösenden Unterkomplexe auf, so kann es dagegen geschehen, dass ein Vorstellungsorganismus Jahrhundertelang ein kraftvolles Greisenalter hinschleppt, wie die Antike bis ins 12te Jahrhundert, wo sie dann plötzlich durch eine vielleicht von aussen kommende Vorstellung, der Vorstellung des Gefühls, des Gemüts, zerstört wurde. Die Entwicklung eines solchen Vorstellungsorganismus oder mehrerer gleichzeitiger, auf einander fördernd oder hemmend einwirkender Vorstellungsorganismen beschreiben heisst Geistesgeschichte schreiben. Im Grunde genommen Nichts anders, als die Hegelsche Ideeenlehre auf psychologischer Grundlage auf die Geschichte angewendet. – Abends auf dem Viale dei Colli bei Bonciani gegessen in Gesellschaft von Dino Compagni[1]. Dinos Corso Donati vielleicht das erste gross angelegte, tiefe geschichtliche Porträt seit Tacitus[2], aber darin durchaus neu, dass es sentimental ist; d. h. dass es, trotz der Feindschaft Dinos gegen Donati, einen Eindruck von Objektivität macht, weil Dino sich fortwährend in Corso hineinversetzt, ihn apostrophiert, ihn von innen sieht, und daher, obgleich er ihn hasst, mit ihm mitfühlt. Dass also der Eindruck von Objektivität nicht durch anscheinend blosses Erzählen von Thatsachen erreicht wird, sondern durch Mitleid, Mitgefühl. Dinos Donati unterscheidet sich vom Tiberius des Tacitus wie eine Quattrocentobüste von einem Imperatorenkopf; d. h. es steckt viel mehr von der Phantasie des Schöpfers darin als in einem antiken Werk, von der die Seele des Modells nachschaffenden Phantasie. Während der antike Künstler ganz objektiv die äusseren Formen oder Thatsachen nach ihrer materiellen oder rein künstlerischen Wichtigkeit auswählt und unterstreicht, wird der moderne bei seiner Wahl, seiner Komposition, immer auch und in erster Linie von dem was ihm seine Phantasie als die innere moralische Bedeutung des Mannes vorspiegelt, geleitet; er hat also zwei Wegweiser, zwei Herren, statt einem, sein Werk ist viel schwankender, ungewisser, subjektiver. Und wie hier bei der Büste, dem Gemälde, ist es auch in der Geschichtsschreibung. Dino ist in seiner Art ebenso neu und gross wie Cimabue oder Dante

---

1 Chronik der Ereignisse seiner Zeit

2 Annalen

in der ihren. – Dante steht an der Scheide zwischen der antiken und der modernen Epoche; seine ganze Allegorik und seine Dogmatik gehört noch dem spätantiken, byzantinisch-romanischen Geist; seine Menschenkenntnis und das tiefe Gemüt, das aus dem schweren Panzer byzantinischer Theologie hervorleuchtet dem neuen; Dante und Shakspeare sind die beiden Höhengenies dieser neueuropäischen-sentimentalen Epoche gewesen; Goethe gehört mit der Hälfte seines Wesens offenbar schon einer andren Zeit an, deren innerstes Wesen wir noch nicht erkennen, weil wir in ihr leben; er steht zum Sentimentalismus vielleicht wie Dante zum Byzantinismus; daher bei ihm selber die Antike; er sucht das Neue, Unsentimentale, das unbewusst in ihm um Ausdruck ringt, in diese Form zu giessen. – Die Phantasie, die die Höhen und Ungeheuer der gothischen Dome ersann, hat sich auch unsere moderne Seele ausgedacht, mit Abgründen und Ungeheuern der Tiefe, Sünde und Gewissen, Mitleid und Ritterlichkeit. Auch diese Entstehung müsste in einer Geistesgeschichte der Zeit im einzelnen gezeigt werden, nach dem gothischen Dom.

Florenz. 16 August 1898. *16.8.1898 Dienstag*

Früh im Carmine, Capp. Brancacci. Masaccio: Adam u. Eva „schön". Man fühlt, dass Masaccio viel mehr Interesse an den Linien als am Ausdruck gehabt hat: runde, in einem schönen und abwechselungsreichen Schwung verlaufende Linie von Adams Rücken und rechtem Bein; die Vorderseite dieses Beins und Evas Rücken wieder eine „schön" geschwungene Linie, in andrer Richtung (von unten links nach oben rechts); diese wieder geschnitten durch eine Linie, die durch Evas rechtes Bein und rechtem Oberarm zu Adams Kopf geht. Alle diese Linien laufen in dem über dem Paar schwebenden Engel zusammen und weisen sozusagen zu ihm empor. Solche Linienkomplexe kann man auf allen Fresken Masaccios hier finden. Auf dem Zinsgroschen durch rechten Arm des Zöllners, Christus, Christus' rechten Arm bis zu Petrus rechter Hand. Auf Petrus in der Cathedra knien vor Petrus 3 Männer; die Rückenlinien der beiden rechts u links und die Seitenlinien dessen in der Mitte laufen alle in Petrus Kopf zusammen. Auf d. taufenden Petrus rechter Arm u. Rücken des Täuflings und diese Linie schneidend rechtes Bein des Täuflings und rechter Oberarm des nackten Mannes dahinter. u s w. Das Prinzip ist eine an sich „schöne", d. h. dem Auge angenehme, und auffallende Linie durch mehrere Personen (ev. mit Unterbrechungen, die der Aufmerksamkeit immer wieder einen Sporn geben und verhindern, dass das Bild wie ein Schema aussieht) hindurchzutragen und das ganze Bild durch mehrere solche Linien, die einander durchschneiden, wie durch ein Netz zusammenzuhalten, schon ganz äusserlich für das Auge, ohne dass erst die Bedeutung des Bildes erkennbar zu sein brauchte; kurz, es ist das Wiederdurchbrechen, Wiederaufkeimen des ornamentalen Prinzips, das das Ducento u Trecento überwunden, oder vergessen hatte. Dadurch bekommen auch die Gewandfalten eine ganz neue Verwendung; sie können die Verbindung zwischen zwei Stücken einer solchen Linie bilden, oder Nebenlinien, die die Hauptlinie wie Obertöne den Hauptton begleiten und unterstützen u. sw. Dadurch entsteht die sog. „grosse" Form der Gewandungen, die in Wirklichkeit garnicht grösser sind als die Giottos auf d. Sta Croce Bildern, aber deshalb weil sie sich dem allgemeinen Prinzip des Bildes, d. h. der Linienharmonie (dem Ornament) einordnen, ruhiger erscheinen, d. h. das Auge nicht mit neuen Reizen unruhig machen. Diese Linien tragen allerdings bei Masaccio fast immer auch zur Verdeutlichung des Vorgangs bei; aber wie schwach ist in dieser Hinsicht diese Ausdrucksweise, wie gesucht (und auch dem Zuschauer das Suchen zumutend) im Vergleich zu Giottos sofort zu Auge und Herz sprechende Weise. Hat Masaccio diese Ausdrucksweise gewählt, weil ihm die andre, die blos aus dem inneren Menschen hergeleitete und erdachte Gebärde, fehlte, oder hat er diese letztere vernachlässigt, weil er die Linie für genügend hielt? Jedenfalls sind die Gebärden ganz allgemein, unindividuell, die eine Person macht immer genau dieselben runden würdevollen Bewegungen wie die andre und der Ausdruck in den Gesichtern ist entweder nichtssagend oder verfehlt. Eva schreit einfach, ganz allgemein, ohne eine Spur von Individualisierung des Schmerzes, die Apostel sind ganz stuhr (wie auf Giottos frühsten Bildern). Dagegen fängt in d. Vertreibung und dem Zinsgroschen in Ermangelung der inneren psychologischen Stimmungsmalerei zur Kennzeichnung der Einzelnen ein porträtmässiger Realismus an, der in den Petrusbildern noch steigt. Und doch ist trotz Alledem die Richtung des Zeitalters auf das Seelische, Gefühlsmässige, so stark, dass auch die neuen Mittel hier in letztem Grunde dasselbe verfolgen wie die Giotteske Kunst: die Psychologie, das Dramatische des Vorgangs zu erzählen (z. B. verschiedene Auffassung der Vertreibung durch d. Mann und durch d. Weib). Zusammenfassend: das Dramatische des Ducento und Trecento (das übrigens zuletzt in leere Gefühlsschwärmerei übergegangen war) tritt zurück gegenüber dem Bestreben nach realistischen Porträts und nach „schönen", einfachen Linien, die dann die „grossen" Formen nach sich ziehen. Es ist der allererste, leise Anfang des Akademismus; man ahnt voraus, dass wenn das in diesen Bildern zutage tretende Bestreben erst ganz erreicht ist, die Komposition sich nach äusseren, für alle Bilder und Gegenstände gleichen Regeln, nach Rezepten, richten, dass es ein absolut „Schönes", die Schönheit an sich, geben wird. Für die Darstellung wird nicht wie in der byzantinisch-romanischen Zeit die Tradition, nicht wie im Trecento das Bestreben, die Gefühle der Beteiligten möglichst deutlich zu machen, massgebend sein; sondern die Herrschaft wird gewissen, als ganz allgemein angenommenen „Schönheits"regeln zukommen, denen sich Alles andre unterordnen muss und die ebenso tyrannisch und unheilvoll wirken werden, wie in der byzantinischen Zeit die Tradition. – Die

Lippis[1] zeigen alle diese Qualitäten, Linienschönheit, grosse Gewandbehandlung, Porträtmässigkeit in voller Ausbildung; diese Einzelvorzüge haben hier schon zur völligen Entdramatisierung geführt; bei der Auferweckung des Kindes heben ein Paar Leute die Hände hoch; und damit ist Alles gesagt. Dafür hat sich das Psychologische, Gefühlsmässige, das aus der Handlung verbannt ist (durch die Regeln der Linie, der Schönheit u. s w.) im Porträt Bahn gebrochen (expellas furca tamen usque recurrat[2]) Selbstporträt Lippis von einer Nervosität, einem vibrierenden Leben, das eben so neu ist, wie es das Dramatische war als es vom Ducento u Trecento entdeckt wurde. (cf. damit das lederne Selbstporträt Masaccios auf d. Zinsgroschen.). Eins der schönsten Kinderporträts überhaupt das kleine blonde Kind auf d. Auferweckung des Königssohns. Auch im Einzelnen Schönheiten und Zartheiten, die sich d. Künstler jetzt erlauben darf; z. B. der Engel, der Petrus aus d. Gefängnis führt, die aristokratisch-zarte Hand im Vergleich zu d. unartikulierten Gelenken Giottos. – SS. Trinitá. Die Kirche von Niccolo Pisano, gothisch (1250) geräumig, hell, breit, ohne Mystik: Grabmal des Benotii de Federighis Epi. Fesulani von Luca della Robbia (?). Der Kopf des Toten von einer Knappheit der Modellierung und einer erschöpften Ruhe, die ganz eines grossen Meisters würdig sind. Und wie knapp und dem Stein angepasst, wie monumental einfach die Gewandung! Rings herum eine flache farbige Majolikaumrahmung. – Ghirlandajo (Franziskuslegende) ist und bleibt ein grosser Porträtkünstler und nichts weiter. Aber so oder so, es ist immer das Ziel, den inneren Menschen (den Charakter) zu malen, dem eine ganze Richtung des Quattrocento durch den Realismus nahezukommen sucht, wie das Trecento das innere Gefühl durch die Gebärde darzustellen suchte. Auf d. Stigmatisierung Ansicht des Klosters La Verna; Vieles noch wie heute. – Auf Andrea Pisanos Baptisteriumthüren ist jede Person aus der tiefsten Anschauung ihres Gefühls heraus geschaffen. (z.B. Grabtragung und Grablegung, die beide Giottos würdig sind.) Wie ganz anders setzt gleich Ghiberti ein; man sieht schon beim ersten Thürenpaar, wie er nicht mehr blos an die Stimmung, die Seele, denkt, um sie zu schildern, sondern an das Nackte, an schöne Draperieen, und deren Wiedergabe als Selbstzweck verfolgt. Und wie unruhig wird daher gleich Alles; auch der Beschauer denkt mehr an die wohlgeformten Beine und die schöngeworfenen Stoffe, als an das Eine, was bedeutend und einzig in diesen Vorgängen war, was sie des Schilderns wert gemacht hat, an die Grösse der Seelen und an die Tiefe der Empfindungen, die in ihnen zum Ausdruck gekommen sind. Das Abendmahl ist eine Sammlung von schönen Gewandfiguren; wie anders Andreas Grabtragung, wo das Vorherrschen der auch da vom Rücken gesehenen Gewandungen nicht

---

[1] Fresken, Florenz, Santa Maria del Carmine - Cappella Brancacci

[2] eigentl. „Naturam expelles furca, tamen usque recurret." (Die Natur kannst du mit der Mistgabel vertreiben – sie wird stets zurückkommen.) Horaz, Epistulae 1, 10, 24

einen Augenblick von der Stimmung abzieht. Allgemein menschlich betrachtet steht Andrea unermesslich hoch über Ghiberti. Andrea weist noch zu einer Möglichkeit allerhöchster Kunst empor, bei Ghiberti hat schon der Abstieg angefangen. Andrea wird wie Giotto sicher bleiben solange ein menschliches Herz die Werke betrachten kann; bei Ghiberti interessieren uns, wie wahrscheinlich schon seine Zeitgenossen, nur noch Einzelheiten, einzelne Körper und Köpfe. An den Paradiesespforten kehren alle Fehler und alle Vorzüge in verstärktem Masse wieder. – Während der Renaissance sind zu keiner Zeit alle ihre Vorzüge zugleich auf der höchsten Höhe und in einem Stil vereint gewesen, wie es bei der griechischen Kunst wohl im Zeitalter des Phidias der Fall gewesen ist, da ein einziges Werk wie das Parthenon alle Vorzüge der hellenischen Kunst in höchster Ausbildung zeigte. Immer hat, während der Renaissance, eine Epoche einen Teil dessen, was die Grösse der vorhergehenden Zeit ausgemacht hatte, beiseitegeschoben, um den eigenen Bestrebungen einen um so unumschränkteren Raum zu sichern. Man könnte sagen: das Trecento ist die Zeit der seelischen (dramatischen) Schönheit, das Quattrocento die der körperlichen (gegenständlichen, hübsche Gesichter u. s. w.), das Cinquecento die der technischen (des l'art pour l'art, des virtuosen Pinselstrichs, der Farbe); letztere Beiden immer allerdings mit dem ihnen vom Trecento vermachten sentimentalen Untergrund, der dann vom Secento (Gegenreformation) wieder zum stärksten aber jetzt unehrlichen Ausdruck kommt. – Nachmittags im Bargello die beiden Konkurrenzentwürfe von Ghiberti und Brunellesco (1406). Sehr auffallend wie viel leidenschaftlicher, dramatischer, auf Darstellung der Gefühle bedachter, der unterlegene Entwurf des Brunellesco ist, während der siegreiche des Ghiberti schon ganz die Reaktion (Renaissance) zeigt, in erster Linie „schöne“ Formen und Linien will (fast ein Zeitalter vor Masaccio); den „schönen“ Körper des Isaac, den schönen Knecht mit den schönen Bewegungen und dem schön drapierten Gewande links vorne. Abraham würde ungefähr so bewegt sein, wenn er Isaac die Haare schneiden wollte; während der Engel ganz gemächlich heranfliegt. Dagegen Brunellesco (die alte Schule, die thatsächlich aber den reaktionären antik-byzantinischen Bestrebungen Ghibertis gegenüber das Neue repräsentiert): wie nimmt jede einzelne Figur am Vorgang mit ihrem Innersten Teil oder dient als Folie, um die Stimmung der Hauptpersonen klarer herauszubringen! Mit welcher Gewalt stösst Abraham dem Isaac das Messer in die Kehle, wie fährt ihm der Engel in den Arm, wie krampfhaft wirft sich Isaac zurück, während, um das Unerwartete des Vorgangs zu zeigen, der eine Knecht vorne sich noch ganz ruhig einen Dorn aus dem Fuss zieht und der andre erschrocken aufschaut. Cf. damit die Ghibertischen Knechte, die nur ihrer „Schönheit“ wegen da sind und ganz gleichgültig Konversation zu führen scheinen, um Gelegenheit zu schönen Bewegungen zu geben. Wie materialistisch sinnlich muss die Zeit schon geworden sein, damit das Publikum diesem im wahrsten Sinne geistlosen, reaktionären Entwurf den Vorzug geben konnte! – Donatello hat Leidenschaftlichkeit und Realismus zu vereinigen versucht; aber doch nur im Realismus wirklich Grosses geleistet, während seine Leidenschaftlichkeit immer etwas Gewolltes und Krampfhaftes hat; ihm fehlt das rechte Talent dazu, während Giotto fast mühelos den Zugang zum Innersten der bewegten Seele zu finden scheint. – In d. Uffizien: es ist nicht zu leugnen, dass sich auf d. Kreuz N° 3[1] gewisse Anfänge eines über das reine Schildern der Thatsachen hinausgehenden Erfindens aus dem Mitgefühl zu finden sind (Petrus auf Fusswaschung; Maria bei Grablegung); aber wie schwach im Vergleich zu Kreuz N° 4[2], das aus d. Ducento ist; hier wird offenbar bewusst aus d. Anschauung von den Empfindungen der Personen ihre Gestalt und d. ganze Szene erfunden. – Bei Raffaels Julius II sieht man, dass d. Porträt, das noch das Zeitalter der Ghirlandajo und Lippi so unsagbar interessiert hatte, und ihm so ganz Zweck gewesen war, überwunden ist; Raffael hat hier schon nicht mehr blos das Porträt selbst interessiert, sondern mindestens ebensosehr die Farbe, das Sfumato und Chiaroscuro etc. Er steht zum Porträt schon fast so wie das Quattrocento zum Dramatischen. Er hat vielleicht mehr als das Quattrocento die Errungenschaften der Vorgänger festgehalten, ein wirklicher Fortschritt im Porträt ist gegen Ghirlandajo, Lippi, Pinturicchio etc. nicht vorhanden; er hat nur so eben eben den neuen Zielen Nichts geopfert. Abends wieder bei Bonciani auf d. Viale.

Pisa. 17 August 1898. *17.8.1898 Mittwoch*

Früh aus Florenz. – Niccoló Pisano. Bapt. Kanzel: Kreuzigung: Christus (bärtig) tot mit leiser Ausbuchtung nach links. Niccolo hat viel mehr an die richtige Durchbildung eines nackten Körpers als an den Schmerz Christi gedacht, der allerdings ausgedrückt ist (während die byzantinisch romanischen Darstellungen ihn nicht andeuten), aber nur sehr mässig und nur im Gesicht.[3] Dicht am Kreuz links ein bartloser Mann (Johannes?), der ein wenig das Gesicht verzerrt; dies ist die einzige Figur von den zahlreichen der Komposition, die eventuell ein Gefühl ausdrückt; dass die Jungfrau (weiter links) ohnmächtig in die Arme der Frauen zurücksinkt, ist mehr oder weniger traditionell, zeugt für kein mit der Phantasie erschautes Gefühl. Alle übrigen Figuren sind nur ihrer wohlgeworfenen Gewänder wegen erfunden. Bei den andren Kompositionen dieselbe Beobachtung. Darstellung Christi im Tempel: auch hier nur der Vorgang mit ganz teilnahmslosen Personen; den Künstler haben nur die Gewänder beschäftigt; die Auffassung der Jungfrau ganz antik gefühllos; ebenso auf den andren Kompositionen. Gesamteindruck: letztes Ausklingen des byzantinisch antiken Geistes in einem fleissigen Künstler, der sich bemüht hat, die alten, ihm gut

---

1 Toskanische Schule, 12. Jh.

2 Meister des Kruzifix Nr. 434 der Uffizien

3 Nachträgliche Einfügung: „(ich habe meine Ansicht jetzt doch geändert. cf. 25 Mai 99)"

scheinenden Vorbilder getreu zu kopieren. Man muss sich die gleichzeitigen französischen und deutschen Werke ins Gedächtnis rufen, um zu fühlen, wie überwunden, wie veraltet diese Richtung war, die dann allerdings als Reaktion (Renaissance) gegen das damals in Frankreich und bald darauf in Italien entstehende wirklich Neue im Quattrocento (mit Ghiberti, Masaccio etc.) wieder zur Bedeutung gelangen sollte. – An den Kapitälen des Baptisteriums dieselben ornamental-byzantinischen Skulpturen wie an den ältesten Teilen von San Marco in Venedig und am Dom zu Assisi; ganz verkommene („heraldische") Tierformen; die antiken Akanthusblätter noch ziemlich getreu; an einem Kapitäl eine Jagd; die Menschen in kurzen kittelartigen Gewändern, wie oft auf antiken Sarkophagen; plump, aber nicht difform nachgebildet. Niccolos Verdienst ist nur gewesen, was der Künstler dieses Kapitäls mittelmässig nachgebildet hat, verhältnismässig gut, mit mehr Fleiss nachzubilden; es ist aber Alles nur durchaus mehr oder weniger gute spätantike Kunst; kein Funken von irgend Etwas Unantikem, Neuem, ausser der verkommenen Technik, steckt in dem Allem; wenn man nicht die ganz leisen Anzeichen in d. Kreuzigung, in den Figuren Christi, Johannis und Mariae erkennen will. – Am Dom die Bronzethüren von Bonannus (um 1190): Leben Christi, rein erzählend; man sucht ganz vergeblich nach einer Figur, die Etwas Andres als Gebärden, die den Vorgang verdeutlichen, macht; und selbst diese sind meistens recht wenig beobachtet und meistens wahrsch. traditionell; bei der Kreuzigung Christus (bärtig) anscheinend lebendig; Johannes reibt sich das Auge (oder wischt sich eine Thräne daraus); Maria macht ein betrübtes Gesicht und hebt die linke Hand hoch, wie auf d. byzantinischen Darstellungen; das sind die einzigen Spuren von Gefühl (und von einem recht oberflächlichen) im ganzen Werk; aber bezeichnend, dass gerade bei d. Kreuzigung, die in der Entwicklung des Sentimentalismus eine ausserordentlich wichtige Rolle gespielt zu haben scheint. Die Gewandung überall nach antiken Reminiszenzen, aber infolge technischer Schwierigkeiten (die Niccolo dann überwand) leblos. Jedenfalls ist Bonannus nie auf d. Gedanken gekommen, sich vorzustellen, was in d. Leuten vorgieng, die er darstellte; nicht mehr und nicht weniger als Niccolo selbst, der nur technisch wieder mehr konnte. – Camposanto: ein David von Bonamicus[1] (12tes Jh.) ganz ornamental; die letzte Phase der Antike. – Triumph des Todes[2]: vielleicht noch ausschliesslicher als Cimabues und Giottos Werke aus d. Geist der neuen, sentimentalen Kunst entstanden; lauter Stimmungsbilder, Darstellungen von Gefühlen, die sich in Menschen (äusseren Formen) verkörpern; nicht einmal der Gegenstand oder d. Klasse von Gegenständen, zu denen dieses Bild gehört, wäre in d. antiken Kunst denkbar. – Fresken von

---

1 Bonusamicus

2 Buffalmacco

Bonajuti[1] und Andrea Veneziano[2]: Legende des Heil Rainieri; noch immer die Giotteske Innigkeit der Figuren. Spinello Aretinos Leg. der Heil Ephysius u. Hippolytus; hier vereinigt sich die Giotteske Innigkeit, die noch immer Erfindungsprinzip bleibt, mit einer Freude an der Beobachtung des Lebens, die schon den Realismus des Quattrocento anzuzeigen scheint. Sehr schön von Spinello der junge Ephysius vor d. geflügelten Himmelsreiter knieend; Ausdruck im Gesicht des Ephysius: wie voller Vertrauen und Erwartung er zum Engel emporblickt, fast Giottos würdig. Auch Ephysius u. d. Engel nebeneinander kämpfend, beide zu Pferde, beide zugleich ausholend, um d. feindlichen Heerführer niederzustrecken, aber wie verschieden charakterisiert; d. ruhige Sicherheit beim Engel, während d. junge Ritter viel mehr Energie anwendet; und wie versteht man aus solchen Bildern die Ritterlichkeit, die aus Treue und den auf der Kenntnis der Seele des andren aufbauenden Vertrauen besteht. – Thorwaldsens Tobiasrelief; tiefer als in der Zeit Thorwaldsens - Canovas u. ihren Nachfolgern ist d. Skulptur als solche wohl nie gesunken; von Modellierung keine Rede; eine von einem Pfuscher in Stein übertragene Umrisszeichnung; alles ganz abstrakt ohne Rücksicht auf Licht u Schattenwirkungen, auf d. Steinmaterial u s w. Man sieht, dass der Mann, als er die Umrisse glücklich aufs Papier gezeichnet hatte, an Nichts weiter gedacht hat.

Pisa. 18 August 1898. *18.8.1898 Donnerstag*

D. Dom. Trotz des Fortschritts zum Organischen (der verhältnismässigen Klarheit des Aufbaus), der gescheuten Verwendung überkommener Ornamentik und der prächtigen und zarten Farbenwirkung eine engbrüstige Kunst, wie es die gute Antike nie war; die frühe Antike scheint immer einen über das uns noch Erkennbare hinausgehenden Inhalt zu haben, der die Segel ihrer Phantasie schwellt; hier ein ängstliches Kleben am Ufer, Etwas Akademisches, dessen Reiz wohl für uns zum grossen Teil auf unserer Unkenntnis der unmittelbaren Vorbilder beruht. Dieselbe Galvanisierung von Etwas längst Abgestorbenem wie bei Niccolos Skulptur. Auch das Innere ist durchaus noch eine antike Prachtkirche, Kultuskirche; es ist ausschliesslich antiker Geist, der es geschaffen hat, wenn es auch wie das Äussere und wie Niccolos Skulptur durch Fleiss und Selbständigkeit im Einzelnen sowie durch eklektischen Geschmack neubelebt ist. Als Urkunde für die aristokratisch altertümelnde, blaublütige, spätantike Geistesrichtung der Zeit um den Ersten Kreuzzug (Gregor VII, Heinrich IV) unschätzbar. Man versteht, dass Männer, die noch so ganz und ausschliesslich von den Brosamen der Antike zehrten, nie einen Zweifel an der legitimen Erbfolge des Römischen Kaisers und des Bischofs von Rom von Augustus und Petrus her

1 Andrea di Bonaiuto

2 Antonio di Francesco

gehabt haben. Jemehr solcher Urkunden ich sehe um so unumstösslicher wird es mir, dass die Antike bis zur grossen sentimentalen Revolution des 12ten und 13ten Jahrhunderts gedauert hat, und dass diese sentimentale Revolution aus dem alten Römerreich das moderne Europa gemacht hat; d.h. dass was vorher hier und da Neues oder Erneuertes gefunden worden war, wie hier der Begriff des Bauorganismus, anderswo die Technik der Skulptur, anderswo wieder die Naturbeobachtung, ein vereinzeltes Kraft und Zukunftsloses weil Zielloses Experiment bleibt, bis die sentimentale Revolution diesem Allem plötzlich ein Ziel zeigt und es damit zum reissenden, Alles hinwegschwemmenden Strom vereinigt. – Die im Chor eingemauerten Reliefs eines Nachfolgers Niccolo Pisanos; schon unter d. Einfluss des Sentimentalismus I. Verkündigung, Heimsuchung, Geburt Johannis: die Figuren von ihrem inneren Gefühl wie im Sturm bewegt; Maria und Elisabeth eilen aufeinander los; aufmerksam schreibt der Alte den Namen Johannis auf; die Wöchnerin windet sich vor Schmerz (während Maria als Wöchnerin ganz schmerzlos zu sein scheint. II Geburt Christi; d. Hirten auf d. Felde; der Eine rechts reckt sich förmlich empor. III. Darstellung im Tempel: Maria und Simeon um d. Kind sorgfältig bekümmert; Josef sieht sie sinnend an. IV. Anbetung der Drei Könige: der Vorderste küsst durch d. rasche Bewegung ganz nach vorne gestreckt das Kind. V. Flucht nach Ägypten. VI Jüngstes Gericht; grossartig die beiden Figuren links, die das Paradies zu erblicken scheinen und ganz von hoher Freude erfüllt, die Arme nach oben strecken; die Gebärde ganz unkonventionell; man sieht, dass d. Künstler sie aus d. Anschauung des Gefühls geschaffen, erfunden hat; ebenso ist er zu andren Figuren auf dieser Tafel gekommen: einem Mann, der sich mit einer prachtvoll wahren Bewegung mit beiden Händen an den Kopf fasst u. s w. Während offenbar noch versucht wird d. römischen Reliefstil festzuhalten, löst er sich unter dem Impuls des erschauten und nach Darstellung verlangenden Gemüts von selbst auf; überall wird die Linie unruhig und gekrümmt, wie bei Cimabue der byzantinische Stil unter denselben Einflüssen zergeht. Bei beiden Künstlern noch viel vom Alten, aber das neue Gefühlsleben bei Beiden mit gleich leidenschaftlicher Kraft auftretend. – Im Museo Civico (San Francesco, einer schönen, in Restauration begriffenen frühen Franziskanerkirche; gross u. hell, auf ähnlichem Grundriss und im selben praktisch lichten Geist gebaut wie St^{a} Croce, S. Francesco in Gubbio; wie gut stimmt das zu den Bergeshöhen und Himmelsweiten, die Franz für seine Einsiedeleien suchte!) Giovanni Pisanos Kanzel. I. Geburt Christi: freudiger Ausdruck der Madonna, die das Tuch vom kleinen Kinde weghebt, um es zu sehen; eine vollkommen intime, d. h. auf d. Stimmung gestellte Szene, ohne dass d. Anordnung viel von der alttraditionellen, byzantinischen, abwiche. II. Anbetung der Könige: der König, der vor Christus kniet, küsst mit Inbrunst den Fuss (wie auf d. Relief im Dom) III Darstellung im Tempel: mit welcher Sorgfalt hält Simeon d. Kind; hier liegt das Interesse für d. Künstler nicht mehr in d. schönen Gewändern oder antiken

Köpfen; er hat Etwas Seelisches erschaut und will es ausdrücken. Ebenso daneben auf d. Flucht nach Ägypten, wie Maria mit dem kleinen Kinde schäkert und d. Kindchen lacht. IV. Kindermord. Eine Frau sitzt mit d. toten Kinde auf d. Schooss und rauft sich d. Haare. (keine Handlung, – das Kind ist tot – sondern Seelenmalerei, Stimmung.); zwei andre schauen ihre armen toten kleinen Kinder entsetzt an, ob sie doch vielleicht noch leben (jede eine andre Bewegung); eine andre legt weinend ihr Gesicht an das des toten Kindes. Von „Gewändern“ etc. keine Rede mehr; sie sind eben roh. V Passionsszenen (Verrat, Verspottung etc.) Die Verspottung weniger gross u tief als auf d. Kreuzigung 4 der Uffizien, aber durchaus im selben Geist; Christus schmerzhaft resigniert; auf d. Verspottung legt er die Hände übereinander, auf d. Geisselung blickt er sich schmerzhaft um. Dem Akt ist wenig Sorgfalt zugewendet. VI Kreuzigung: hier treten Maria und Johannes schon in Beziehung (bei Niccolo noch nicht); Johannes hält den einen Arm der ohnmächtigen Jungfrau und scheint ihn küssen zu wollen, während die drei Männer, die unten das Kreuz umstehen, mit gespanntester Aufmerksamkeit emporblicken und der Eine (wie auf Cimabues Kreuzigung[1], die übrigens 20 bis 30 Jahre älter ist) den rechten Arm gegen Christus ausreckt, als wollte er zu Christus flehen. VII. Jüngstes Gericht. Keine Figur von so hoher Wahrheit u. Schönheit wie die das Paradies erblickenden Figuren im Dom; aber doch derselbe Geist: d. Überraschung, d. Freude, d. Erwartung ausgedrückt. – Im Ganzen genommen haben diese Skulpturen doch ihren Hauptwert davon, dass sie eben von Giovanni Pisano geschaffen sind, d.h. von einem Künstler, der schon seit der Mitte des Ducento in diesem Geiste schuf. Als gerade dieses Werk entstand (1311) waren dagegen Cimabue und Giotto schon weit darüber hinausgegangen. Es scheint mir aber auch fraglich, ob nicht zur Zeit, als Giovanni zu wirken anfieng, die Malerei dasselbe, was er wollte, schon besser geleistet hatte (Diptychon des Berlinghieri, Kreuz N° 4 Uff.). Jedenfalls ist von Giovanni zu Andrea Pisano (der ein Meister ersten Ranges für alle Zeiten ist) ein ungleich grösserer Schritt als von Cimabue zu Giotto; die Rolle Giovannis wird aus Unkenntnis der gleichzeitigen Malerei sehr überschätzt; seines und seines Vaters Werke haben immer als Sehenswürdigkeiten ersten Ranges gegolten, während die Kruzifixe und Cimabues grosse Kreuzigung in Assisi unbeachtet blieben. Giovanni hat seine Dramatik sehr wahrscheinlich der Malerei entlehnt. Man müsste natürlich um das zu beweisen jedesmal die Vorbilder finden. Vielleicht könnte sie man bei sorgfältigem Suchen noch heute hier in Pisa in den Kirchen oder in Museen finden – Im Museo Civico: Christus[2] (bärtig) grüne Schatten, lebendig und ohne Ausdruck am Kreuz; daneben steht links Maria ohne Ausdruck im Gesicht und hebt die linke Hand etwas hoch, während sie die Rechte aufs Herz legt; rechts steht Johannes

[1] Fresken, Assisi, San Francesco - Oberkirche, südliches Querschiff

[2] Deodatus Orlandi

mit ausdruckslosem Gesicht und legt die rechte Hand an die Wange. – Gegenüber andres Kruzifix[1]: Christus tot; braune Schatten; schmerzhafter Ausdruck im Gesicht; auf d. linken Kreuzarm Maria und Johannes zusammen, einander die Hand reichend. Dann Passionsszenen; sehr viel Gefühl; zB. wie Maria bei d. Beweinung den Leichnam Christi auf d. Schooss hält und die Wange an die seine legt. – Im Museum noch Andres Gleichartiges, Madonna, Kruzifixe etc. – S Paolo all Orto: Fassade fünf Bogen, Pilaster mit korinthischen Kapitälen; wie schmal und engbrüstig die Bogen, dünn die Pfeiler; man sieht, dass sie zur reinen Dekoration geworden sind, von ihrer Tragekraft keine rechte Vorstellung mehr. – San Paolo a Ripa d'Arno: im Stil des Doms u. gleichzeitig. Um 2 fort und an der Riviera entlang nach Genua hinauf. Überall bei der fast tropischen Hitze Menschen im durchsichtigen, blauen Wasser. Spät in Turin.

Aix les Bains MontRevard. 19 August 1898. *19.8.1898 Freitag*

Früh in Aix les Bains an u nach Pugny hinauf, wo Mama u Gee, mit denen zusammen nach d. MontRevard hinauf.

Revard. 20 August 1898. *20.8.1898 Samstag*

Früh mit Mama nachher mit Gee spazieren.

Revard. 24 August 1898. *24.8.1898 Mittwoch*

Gees Geburtstag. Alle zusammen spazieren, wie immer in diesen letzten Tagen. Meier Graefes Nach Norden gelesen. – Wenn man sagt dass die Kunst immer unmoralisch ist, so kann man mit demselben Recht und aus denselben Gründen sagen, dass auch d. Religion immer unmoralisch ist. Beide haben an sich mit d. Moral Nichts zu thun und wo ihnen die Moral in d Weg kommt, werfen sie sie um; mögen sie dann nachher auch neue Moralsätze an Stelle der alten setzen. Darin besteht d. grosse erneuernde Wirkung der Kunst wie der Religion auf das Gesellschaftsleben. Es kann „moralische", d. h. Gesellschaftsfördernde Religionen geben, wie es gesellschaftsfördernde Kunst geben kann; mit dem Wesen der Religion oder der Kunst hat der gesellschaftliche Zweck indessen Nichts zu thun.

Aix les Bains. 25 August 1898. *25.8.1898 Donnerstag*

Früh von Revard herunter hierher ins Hotel Thermal. Nachmittags mit Gee nach Bourget gefahren u nachher bei Rumpelmayer, wo die „Gesellschaft" Nachmittags Thee trinkt; hauptsächlich Engländerinnen, lang und elegant. Abends mit Mama, Gee u Sylvie im Cercle; nachher allein da mit Gee, mit der ein sehr eingehendes Gespräch über religiöse Dinge; ihre Ansichten sind sehr frei, viel freier, als ich dachte, in dogmatischer Beziehung, u berühren sich vielfach mit

---

[1] Pisanische Schule, Anfang 13. Jh.

meinen, auch in d. Auffassung der Person Christi. Sie sagt Stapfer denke eben so; meines Wissens auch Sabatier. Es scheint in der französischen protestantischen Kirche eine sehr starke Gährung zu sein, eine evangelische Bewegung, die auf das christliche Leben, mit Hintansetzung des Dogmas, ausgeht. Ähnlich vielleicht wie Egidy u. s. w., aber mir in den Personen sympathischer. Die Deutschen scheinen schon wieder zum Dogma, nämlich zu einer bestimmten, allgemeingültigen Moral als Dogma, hinzudrängen; und da ist mir noch das bisherige transcendentale und historische Dogma lieber.

Paris. 26 August 1898. *26.8.1898 Freitag*
Mittags aus Aix fort. Abends in Paris; im Zuge Meier Graefes nach Norden.

Paris. 27 August 1898. Sonnabend. *27.8.1898 Samstag*
Im Louvre französische Skulpturfragmente des 12ten u 13ten Jh. aus St. Denis, Bourges etc; fast inkommensurabel, wie weit diese Skulpturen sowohl in d. Technik wie im Inhalt über den armseligen Versuchen des Niccolo u Giovanni Pisano stehen; hier auch Anlehnung an d. Antike, aber ganz frei und ohne sklavische Nachahmung; deshalb wirkliche, geschlossene Kunstwerke. – Nicht zu vergessen, dass bei der Antike nur d. nackte sinnliche Bild in unserem Auge noch antik ist; Alles was das Gehirn dazuthut, alle associativen, intimeren Vorstellungen, die es damit verbindet, z.B. Alles was d. Gefühlsleben interpretiert, durchaus modern und mit den Vorstellungen, die d. antike Kstler hineinlegen wollte, die d. antike Mensch heraussah, durch keine Kette mehr verbunden. Das Absterben dieser antiken Gedankenwelt markiert sich äusserlich im Eintrocknen der Kunst während der ersten elf Jahrhunderte d. christl. Zeitrechng. Wie sollten diese toten, aus Saft zu Staub gewordenen Gedanken plötzlich wieder aufgelebt sein, gerade nachdem eine ganz neue Gedankenwelt sie vollends vertilgt hatte? Im Absterben und Abgestorbensein der antiken Geisteswelt bis 1150 liegt der Beweis, dass keine Brücke die antike mit d. modernen Welt verbindet; die Antike erwacht nur scheinbar wieder zum Leben, als ihre toten Formen, die Muscheln am Strande, mit modernem Geist erfüllt werden. Alles was wir denken, entstammt zu mindestens neun Zehnteln den neuen Keimen, die im 12ten Jh. zu treiben anfiengen, also auch was wir der Antike zugrundelegen zu mindestens $^{9}/_{10}$. – Notre Dame: d. Gefühlsleben in d. franz. Kst. um 1200 zweifellos nicht so stark, wie in d. italienischen zwischen 1250 u 1350; die franz. hat etwas Gemessenes, Grossartiges, das vielleicht noch ein Erbteil der alten Zeit ist, unter dem aber schon die warmen Regungen der Gefühlsschilderung zutagetreten. (Tod Mariae, Adam u Eva, Apostelfiguren, der Engel etc.) – Abends im Jardin de Paris. D. Kleidung der Frau ist dazu da, um der Phantasie des Mannes Flügel zu leihen; anscheinend ist d. Instinkt bei d. Frau so stark, dass sie dieser Flügel für ihr Geschlechts Leben nicht bedarf; bei manchen Tierarten umgekehrt.

Paris 28 August 1898. *28.8.1898 Sonntag*

Trocadero Museum: Abgüsse. Notre Dame du Port, Clermont, 11tes Jh. Anbetung der Könige, Darstellg im Tempel, Taufe Christi; wohl nur der Vorgang (ziemlich zerstört) Jesaias u Joh. d Täufer als Einzelfiguren ganz in spätrömisch byzantinischer Art u Tracht, wie d. Reliefs an San Marco, aber wohl einheimisch-französische Nachahmung. An d. Kapitälen u. A. Adam u Eva, Heimsuchung ganz grotesk schildernd – Autun: Jüngstes Gericht[1]. 12tes Jh. Linteau: Engel die Seligen von d. Verdammten scheidend; d. Formen noch ganz dünn u blutlos byzantinisch; Gewänder, auf denen dünne Striche die Falten markieren; ob Mangel an Naturbeobachtung weiss ich nicht; vielleicht Tradition, Mode, verbildetes Auge, wie unser Akademismus. Was der Künstler selbständig, untraditionell, erstrebt hat, Wiedergabe aller Arten von Verzweiflung u freudiger Überraschung, also Gefühlsschilderung; um dieses, d. h. d. Gefühl, zu schildern, studiert er auch die Natur, die natürlichen Gebärden und Bewegungen des Menschen in Schmerz und in d. Freude. Es herrscht aber innerhalb dieser beiden grossen Stimmungsgegensätze wenig oder keine individuelle Verschiedenheit, sondern nur graduelle, mehr oder weniger Freude oder Entsetzen; die verschiedenen Bewegungen eines u. desselben „Menschen". Auch zwischen den Einzelnen keine Beziehungen, bis auf einen Mann unter d. Seligen, der seine Frau an d. Hand fasst u. sie ziehend nach oben weist; d. Kstler sieht nicht dramatisch; für d. Stimmung des Einzelnen aber sehr tief und schön; z.B. unter d. Seligen d. zweite Figur von links: ein junger Bischof, der sinnend d. Kinn mit der Linken stützt und nach oben sieht; diese Figur ganz Stimmung, in Nichts Handlung. Über diesem Linteau Christus in d. Glorie (Kopf zerstört): links d. Seligen; ein Engel reicht die nackten Seelen durch ein Fenster zum himmlischen Jerusalem hinein; auch hier d. Vertrauen der Seelen zu d. Heiligen, das sich Anschmiegen, wieder durchaus aus d. Anschauung der Stimmung entstanden. Links von Christus (rechts vom Betrachter) die Verdammten, die auf einer Wage gewogen und vom Teufel in Empfang genommen werden. – Die Entwicklung, die auf breite Gewandung, grosse Formen, geläuterte Technik gieng, ist in Frankreich schon um 1200, in Italien erst um 1300 (wenn man Niccolo Pisano der aber eigentlich einer viel früheren Entwicklungsstufe angehört, rechnen will um 1250) eingetreten. Die Franzosen (d. Nordfranzosen) scheinen nie das eigentlich Dramatische, die Wechselwirkung der Gefühle von zwei oder mehr Personen, mit sehr vielem Interesse erstrebt zu haben (übrigens?; ich habe bisher nur sehr wenig gesehen). Sie schaffen im 12ten u 13ten Jh. ihre Figuren allerdings durchaus aus einer Anschauung der „Seele", des Inneren, heraus, wie d. Italiener, gehen aber sofort mehr (wie d. Ital. erst im Quattrocento) auf d. Schaffung von einzelnen Charakterfiguren, die ihnen auch grandios gelingen und die eventuell ein grosser alle-

---

[1] Gislebertus

gorischer (abstrakter) Gedanke alle miteinander an der ganzen Kathedrale verbindet, kein aus dem Inneren der verschiedenen Figuren sie zusammenspinnender Gefühlszusammenhang. (cf. d. Rheimser Könige, Sibylle, Synagoge etc. und cf. diese Könige auch mit dem daneben so leer, seelenlos ausschauenden Mausolos) – Rouen, Kathedrale: Portal St Jean (um 1200): Salome tanzend; an einem etwas erhöhten Tisch unter einem Baldachin Herodes, Herodias (Herodias redet gerade zu Herodes, bittet ihn wohl um das Haupt des Täufers) u zwei Gäste; äusserlich an Giottos Komposition[1] erinnernd; viel weniger dramatische Elemente, weniger Stimmung, aber doch ein Meisterwerk – Ste Trophime Arles, Kirche von St Gilles (Gard); beide 12tes Jh; an beiden Portalen grosse Charakterfiguren, die sich äusserlich noch eng an die spätrömisch byzantinischen Propheten u Heiligenfiguren (San Marco etc) anlehnen, aber schon Seele haben; Vorstufe zu den grossen Rheimser etc. Figuren in Nordfrankreich im 13ten Jh. St Gilles: Passionsszenen: d. Judaskuss; Christus umarmt Judas, der ihn verrät, liebevoll. Hier, im Süden, zweifellos dramatisches Talent. D. Passionsszenen durchweg mit Zügen, die viel tiefer als blos erzählend sind; in dieser Atmosphäre d. Troubadours, d. Albigenser; auch Franz v. Assisis Vater auf seinen Reisen. D. Architektur- u Ornamental-Formen zum Teil noch sehr rein und zart antik (z. B. d. Mittelpfeiler, ein ganz entzückendes Kapitäl rechts mit einem kleinen Kopf, der Sims, etc.) – Nachher in Passy, im Hause, u Marie besucht. – Die ganze Epoche seit d. 12ten Jh. hat an einem von ihr nie bezweifelten Glauben gelitten, dass das Innere des Menschen ausdrückbar sei, und an einem Streben, nämlich dem Streben, dieses Innere auszudrücken. Der letzte Rest dieses Strebens verflüchtigt sich zum Versuch, das Innere des Menschen zu suggerieren (Maeterlinck.)

Paris. 29 August 1898. Montag. *29.8.1898 Montag*

Es giebt für den Menschen nur entweder den Augenblick, den höchsten Genuss des Augenblicks, oder als entgegengesetzten Pol die stärkste Wirkung des Ichs in die räumliche und zeitliche Ferne, den grössten Einfluss oder richtiger die grösste Ausbreitung des Ichs. Zwischen diesen beiden Polen: dem des bis zu seiner höchsten Genusshöhe erhobenen Bewusstseins und dem der bis zu ihrem weitesten Umfang ausgedehnten, zum Teil unbewussten, Persönlichkeit, schwankt ewig das menschliche Streben, der Wunsch, die Sehnsucht, die Moral. Es ist eine Antinomie, die real nie lösbar ist; ideal, d. h durch Phantasievorstellungen, vielleicht am ehesten im christlichen Versprechen eines ewigen seligen Lebens. – Die Abrüstungsnote des Zaren[2] hier von sämmtlichen Blättern mit sauersüssen Artikeln u. einem Hinweis auf Elsass Lothringen empfangen. Wenn Bülow geschickt operiert, ist dies der Keil, der das russisch-französische Bündnis sprengen wird.

---

1 Fresken, Florenz, Santa Croce - Cappella Peruzzi

2 Nikolaus II. Alexandrowitsch

London. 30 August 1898. *30.8.1898 Dienstag*

Früh aus Paris. Im Zuge Dante. – Auf der Strand, spät, fallen jedesmal wieder die vielen betrunkenen frechen Frauenzimmer u Knabengesichter auf. Man darf, wenn man England verstehen will, nie vergessen, dass hier mindestens zwei Rassen nebeneinander leben, Kelten und Germanen, unverschmolzen. Daraus erklärt sich Vieles was Sprung und Widerspruch scheint; nicht als ob jeder Genussmensch oder Trunkenbold ein Irländer und jeder Puritaner ein Angelsachse sein müsste. Es ist ein Irrtum der Rassentheorie, zu übersehen, dass Vorstellungen und Gefühle überspringen und anstecken können. Die Vermischung nebeneinander lebender Rassen vollzieht sich auch durch die Vorstellungen, den Austausch von Vorstellungskomplexen. Überhaupt Fehler der Rassentheorie die Rolle des Instinkts im Vergleich zu dem der Vorstellungen zu überschätzen; aber Gefühl und Motiv doch ein Produkt aus Beiden.

London. 1 September 1898. *1.9.1898 Donnerstag*

Im British Museum. Bei den Griechen (Mausoleum Fries[1]) drückt die Gebärde keine Stimmung (wie um 1200) sondern eine Absicht aus; sie deutet nach aussen nicht nach innen; cf am Parthenonfries die Götter, die absolut nicht handeln können, und doch ist bei einem jeden am dünnsten Faden irgend ein Thun, ein Zeigen etc. herbeigezogen; Phidias kam garnicht auf den Gedanken, eine Stimmung, einen psychologischen Zustand, der nicht das Motiv oder die Begleiterscheinung einer äusseren Handlung ist, auszudrücken. – Von einem akademischen Prinzip, einer Regel inbezug auf Umrisse, Linien, (wie von Masaccio an bei den Italienern) beim Parthenonfries keine Rede.[2] Alles ist blos Form, Relief, Licht- und Schattenspiel, und dieser Form ist alles untergeordnet; die grösste Mannichfaltigkeit und der grösste sinnliche Reiz der Form ist das Ziel. Von den sinnlichen Reizen der Knaben- und Pferdekörper sind alle die festgehalten, die ausgehen von deren blossen Formen, vom Spiel des Lichtes und Schattens auf ihren Rundungen und um ihre Konturen; fallengelassen alle andern Reize des Nackten, und das aus künstlerischen Gründen; daher die Phidiassche Skulptur z. B. „keusch" und zugleich, da sie nur auf Reize der Netzhaut und der Augenmuskeln rechnet, ewig wirksam; andrerseits nicht abstrakt, weil sie durchaus realistisch die Reize wiedergiebt, die die blosse Form eines Körpers auf das Auge ausüben kann; nur wählt sie die aus, deren Wirkung auf die Nerven auch in Stein bestehen bleibt. Sie ist einfach, weil sie allerdings Vieles weglässt; Nichts aber,

---

[1] Halikarnassos

[2] Nachträgliche Einfügung mit Bleistift: „halte ich nicht mehr für richtig. Dec. 1900".

das als Form im Leben wirkt, ist irgendeinem Prinzip zur Liebe ausgelassen; sie ist daher nicht leer, sondern innerhalb ihres Gebietes, das die Form ist, so reich wie das Leben. Das künstlerisch unsinnige Hegel-Tainesche Prinzip, dass das Kunstwerk der Ausdruck einer Idee ist, lautet ästhetisch richtig: der Künstler wählt aus der Wirklichkeit die Reize aus, die er in seiner Technik wiedergeben kann, und bringt diese durch Steigerung (schon die Herauslösung aus ihrem gewöhnlichen Zusammenhang ist übrigens eine Steigerung) der Seele und den Nerven zu deutlicherem Bewusstsein. Damit befindet man sich aber noch im Vorhof der Schönheit; ist erst das ABC des Künstlers ausgedrückt. Wie Phidias diese Reize der Form orchestriert, durch welche Melodieen von Licht und Schatten und welche Zusammenklänge er die grosse Harmonie und Ruhe der Seele herbeiführt, erst das ist an ihm wie an jedem Künstler das wirklich Künstlerische, Individuelle; hier spielt aber irgend eine „Idee", irgend ein Prinzip, irgendetwas verstandesmässig durch Worte Auszudrückendes garkeine Rolle mehr. Man kann nur sagen, wie bei Beethoven die Töne uns in eine unbekannte Welt entrücken, so erschliessen uns hier die Formen ein höheres Dasein. Immer wieder nimmt Phidias am Fries dasselbe Thema auf, variiert es in Licht- und Schattengebung; und erst, wenn es erschöpft ist, ergreift er ein neues, das wieder durch alle Möglichkeiten durchgeführt wird. Der Fries gleicht einer grossen Suite von irgendeinem Johann Sebastian, der Formen fürs Auge statt fürs Ohr geschaffen hätte. Der Fries gehorcht dem Gesetz, das auch die Architektur beherrscht, soweit sie aufs Auge und nicht auf den Verstand wirkt, und ordnete sich so dem Ganzen des Tempels harmonisch ein. So beruhte die Einheit des griechischen Tempels auf den Reizen des Auges, wie der gothische Dom, dadurch dass die Architektur sowohl wie der ganze Schmuck in gleicher Weise auf die Phantasie zu wirken suchten, eine ähnliche Einheit, wenn auch auf total verschiedener Grundlage, erreichte; beide nicht dadurch, dass sie irgendeine „Idee" ausdrückten, sondern indem sie ein bestimmtes Reizgebiet der menschlichen Seele angriffen und in harmonische Schwingungen brachten.

London 2 September 1898. Donnerstag. *2.9.1898 Freitag*

Abends in A Greek Slave[1], Posse „mit Gesang und Tanz"; aber wie entzückend fein und graziös ist hier dieses Tanzen und Singen zugleich; das mag jetzt künstlerisch das Beste und Eigenartigste sein, was die englische Bühne leistet.

London. 3 September 1898. *3.9.1898 Samstag*

In der National Gallery u South Kensington. – Shelley und Turner die beiden grossen Pantheisten der Landschaft. Turners Welt scheint wie die keines andren Malers blos der durchsichtige Schleier der Gottheit zu sein; aus Licht und ver-

---

1 Jones

wehenden Farben. – Abends in Parkers Termagant; eine ziemlich armselige Verskomödie.

London u im Zuge. 4 September 1898. Sonnabend. *4.9.1898 Sonntag*
Früh aus London fort. – Die englische Landschaft ist im Ganzen farblos, ohne grosse Gegensätze oder zeitliche Abwechselung, ein Nebeneinander von schwachen und wenig mannichfaltigen grünen Tönen, die in der Ferne bläulich werden, und ein leises Schwanken zwischen matter Sonnenbeleuchtung und Nebel. Daher wohl wandte sich der Blick der englischen Maler zum Himmel empor, der das einzig Malerische, Grosse, Sinnenerregende in dieser Landschaft ist; dort wechseln in der feuchten und kühlen Atmosphäre Formen und Farben beständig; bald ziehen im Seewind Wolkenkolosse vom Ozean herauf, zur Nordsee hinüber, bald schweben die Nebel weiss und durchsichtig wie zarte und zerfetzte Schleier im blauen Zenith. Im Wasserdampf verblasst der Himmel zum zartesten Hellblau und steigern sich die Sonnenuntergänge zu Schauspielen von unerhörtem Gold und Safran und lichtgrüner Pracht. Was bedeutet dagegen die darunter hingebreitete trübe Landschaft?

Berlin. 5. September 1898. Sonntag. *5.9.1898 Montag*
Früh hier wieder eingetroffen.

Berlin 10 September 1898 Sonnabend. *10.9.1898 Samstag*
Premiere von Omptedas Ehelicher Liebe im Lessingtheater; ein hübsches Problem, aber schwächlich und untheatralisch behandelt. Nachher gab Ompteda bei Ewest ein Souper; dort Polenz, Seebach, Neumann Hofer, Bonn, Harlan; die Theaterleute mit Frauen. – Ermordung der Kaiserin von Österreich[1].

Berlin. 12 September 1898. Montag. *12.9.1898 Montag*
Ompteda und Schäfer bei mir gefrühstückt. Über Bergsteigen; Schäfer meinte, der Mensch habe bei unseren modernen Einrichtungen, die ihm immer und überall das grösste Maass von Sicherheit und Bequemlichkeit böten, zu wenig Gelegenheit seine Kraft und seinen Mut, d. h. also sich selber zu fühlen; dies sich selber Fühlen sei aber das erste Bedürfnis des Menschen; daher suche man jetzt Beschwerlichkeiten, Entbehrungen, Gefahren auf, da das moderne Leben sie im gewöhnlichen Laufe der Dinge nicht böte.

Berlin. 29 September 1898. *29.9.1898 Donnerstag*
Ernst Moritz Geyger, Karl von der Heydt, Thermo und Stolberg bei mir gefrühstückt. Nachdem die andren fort waren Geyger wieder von seinem Müggelsee

[1] Elisabeth

Projekt; er möchte die ganze Gegend zu einem ungeheuren Fest und Weiheplatz umgestalten; die ganzen Wälder in Architekturen und Anlagen einbeziehen; am Kopf des Sees einen grossen Tempel errichten, in dem alle Grossen Deutschlands ruhen könnten und der Kaiser vor Millionen Volks, die in den Wäldern lagerten, und vor der Kriegsflotte, die auf dem See vor Anker gegangen wäre, die Krone nähme. Als Arbeiter zur Errichtung der Gebäude etc. Soldaten.

Berlin. 4 Oktober 1898. Dienstag *4.10.1898 Dienstag*

Abends Werthern im Palast Hotel abgegessen: Nostitz, Guttenberg, Mirbach, Stieglitz, Eyb, Lothar[1].

Berlin. 5 Oktober 1898 *5.10.1898 Mittwoch*

Früh Werthern, der nach Stockholm geht, an den Bahnhof gebracht. Dort Schwarzkoppen getroffen, der mich nach Paris ausfragte. Abends mit Nostitz u Mirbach im Savoy.

Berlin. 6 Oktober 1898. Donnerstag. *6.10.1898 Donnerstag*

Mirbach u. Nostitz bei mir gefrühstückt.

Berlin 7 Oktober 1898. *7.10.1898 Freitag*

Früh Nostitz fort.

Berlin 8 Oktober 1898. *8.10.1898 Samstag*

Von Frau Richter gestern einen Lilienstock bekommen. Eine von den Blüten, die gestern Abend noch geschlossen waren, hatte heute morgen angefangen, sich zu öffnen; die Pistille an ihrer Spitze noch glanzlos und wie mit Flaum bedeckt; in den Staubkapseln der sechs Staubfäden klaffte noch je ein langer grüner Einschnitt. Heute Abend haben sich diese Einschnitte geschlossen, die sechs Kapseln strotzen ringsherum in der vollen Frische ihres Blütenstaubes, und zwei davon haben sich eng an die Pistille angeschmiegt. Nur in diesem Geschlechtsleben sieht man bei der Pflanze deutlich das Wunder der Persönlichkeit, des ganz so nie dagewesenen und nie wiederkehrenden Gewebes von Trieben. Die einzelne Pflanze ist viel mehr als der einzelne Mensch oder selbst als das einzelne Tier blosser Durchgangspunkt in der Fortexistenz der Gattung; das Individuum tritt ausser in der einen Funktion, die zur Erhaltung der Gattung nötig ist, ganz zurück. Und doch genügt diese eine Funktion, deren Anfang und Ende in der

---

[1] Spitzemberg

Zeit liegen, um das Rätsel der potentiellen Kraft, des aus dem grossen Meer des Werdens hervortretenden und zu ihm sozusagen in Gegensatz tretenden Willens, aufzugeben; in der Unendlichkeit des Raums, zwischen den beiden Unendlichkeiten der Vergangenheit und der Zukunft ist einen Augenblick lang Etwas gewesen, das nicht blos das unendliche Werden ist, und dessen Zusammenhang mit dem unendlichen Werden wir noch nicht erklären können. – Der Fehler des Materialismus (der aber ebensogut in psychophysiologischer Verkleidung als Idealismus auftritt) ist es, immer nur das Werden zu betrachten und sich daher mit dem Factum der Persönlichkeit nicht abfinden zu können; der Schopenhauers der umgekehrte, nur die Persönlichkeit anzusehen, und den Willen, der die vom Bewusstsein erleuchtete Seite der potentiellen Kraft ist, ohne Weiteres auch dem Werden anzudichten; während es sehr wohl denkbar (d. h. vorstellbar) ist, dass das grosse Werden sich allerdings nur von Persönlichkeit zu Persönlichkeit, von potentieller Krafteinheit zu potentieller Krafteinheit, von Celle zu Celle, von Willen zu Willen vollzieht, und dass doch das Ganze nicht Wille ist, dass also der Wille immer nur sozusagen die Brücke von einem Etwas zu einem neuen Etwas ist, ein momentaner Zustand dieses Etwas, nicht aber dieses Etwas selbst, nicht die Substanz. Dasselbe gilt natürlich von Hegels „Ideeen".

Berlin. 9 Oktober 1898. Sonntag. *9.10.1898 Sonntag*

Bei Frau Richter in Wannsee. Dort noch Moltke (der Tütü), der über Beethoven säuselte. Er ist älter geworden und sieht jetzt, wenn das Licht ungünstig ist, seinem Schwager, dem alten Perponcher, ähnlich. In seinem bisherigen Kreise, der kaiserlichen Umgebung, in der er als Kunstorakel gilt, hat er die Gewohnheit angenommen, über Kunst mit bedächtiger Miene Nichtigkeiten zu sagen; darunter tritt überall der nackte Fels preussisch verhärteter Unkultur hervor. Solcher Einfluss ist oben schlimmer als unverhülltes Banausentum, weil man auf seine Urteile Etwas giebt. Er gehört mit zu den kulturhistorisch unseligen Faktoren, die die Richtung des Kaisers bestimmen.

Berlin. 10 Oktober 1898. Montag. *10.10.1898 Montag*

Die Blätter melden die Abberufung Bülows von der Vatikan Gesandtschaft; Sabatier hatte mir schon in Assisi gesagt, dass er die grossen „Erfolge", die Bülow errungen habe, deutscher Franziskaner General etc. für bedenklich halte; er habe dadurch Alles gegen sich aufgehetzt: il se fera rouler.

Berlin. 11 Oktober 1898. Dienstag *11.10.1898 Dienstag*

Bei Bernhard Stolberg in Potsdam gegessen. – Bemerkenswert, dass die moderne Kultur in ihren Anfängen, sobald sie sich für Geschichte zu interessieren anfieng, nicht auf ihre eigene Vergangenheit sondern auf die Antike zurückgriff; ehe das Geschehen durch die Phantasie zu Vorstellungen umgemünzt ist, existiert es für den Geist nicht; diese Arbeit war an der antiken Geschichte von den antiken Schriftstellern besorgt; der Moderne fehlte in den Anfängen noch die Technik um das selbständig zu leisten. – Daher ist aber auch die antike Geschichte „klassisch" kalt geblieben, (die alten, einmal geprägten Vorstellungen sind mit ihrem Gefühlston erhalten geblieben), während die mittelalterliche und moderne Geschichte von dem Zeitalter, das sie zu Vorstellungen umprägte, die Sentimentalität angenommen hat. – Bernhard Stolberg bemerkt, die Komik des religiös-moralischen Eifers liege darin, dass die, die ihn entwickelten, sich meistens einbildeten, dass sie selber grosse Verbrechen und Verirrungen begehen würden, wenn sie nicht von der Religion und Moral davon abgehalten würden. In Wirklichkeit hätten diese guten Leute zum Verbrechen nicht die mindeste Anlage, würden also auch ohne Religion nicht viel anders als jetzt leben; denn alle die kleinen alltäglichen Schwächen und Unredlichkeiten, zu denen der Charakter der guten Tanten und Onkel überhaupt ausreichte, begiengen sie so auch, trotz der Religion.

Berlin. 13 Oktober 1898 *13.10.1898 Donnerstag*

In Busch[1]. – Die Quintessenz des staatsmännisch richtigen Verhaltens liegt vielleicht darin, immer das Ziel zu erstreben, das das Volk will (bezw. dem Volk einen ihm nützlichen Willen zu suggerieren), in den Mitteln zu diesem Ziel sich aber Freiheit zu bewahren, und in diesem Punkt nicht nachzugeben; so Bismarck 63/66; aber auch heute mit der Sozialdemokratie. – Daran mag es liegen, dass die wildesten Oppositionsmänner als Minister schliesslich nicht viel anders regieren als ihre Vorgänger; sie müssen sich der Mittel und Wege bedienen, die zur Zeit möglich sind. – Bismarck und Napoleon: Bismarck hat immer ein innerpolitisches Ziel gehabt; die Zusammenschweissung und Festigung Deutschlands; auch seine auswärtige Politik sollte nichts anders, als dieses innerpolitische Ziel fördern; Napoleons Ziel war dagegen immer auswärtig; er wollte möglichst viel nichtfranzösisches Land Frankreich unterwerfen; auch die Verwaltungs und Justizreform war nur ein Mittel, um nach aussen hin machtvoller aufzutreten, einen festeren Absprung zu bekommen. – Das Geschrei der englischen Zeitungen über die durch Bismarck geübte Presskorruption ist unsinnig; Bismarck hat bei jedem Erfolg, den er herbeiführen wollte, alles, was zu ihm mitwirken konnte, ins Auge gefasst; hat immer den ganzen sozialen Körper, den König, den Hof, das Parlament, die Arbeitermassen etc wie soviele Räder betrachtet, die er richtig einstellen musste, damit sie ganz natürlich zum gewünschten Ziel zusammenarbeiteten. Es wäre frevelhaft gewesen, da die öffentliche Meinung, eines der mächtigsten dieser Räder, ganz sich selbst zu überlassen und zu riskieren, dass dieses Rad in seinen ungeordneten Bewegungen die ganze

[1] Bismarck und sein Werk

Maschine in Trümmer schlage; ein Bahnhofsvorsteher lässt auch nicht zwischen seine fahrplanmässigen Züge eine Locomotive ohne Führer hinaus dampfen.

Berlin. 14 Oktober 1898 Freitag *14.10.1898 Freitag*
Diner bei der Gräfin Schlippenbach; Radowitz, Lerchenfeld, Richthofen, Tschudi; ich sass bei Tisch zwischen Lerchenfeld und Radowitz, der mit Leutnanthafter verve eine Anekdote nach der andren erzählte; dazwischen im selben Ton vorgetragen eine melancholisch persönlichere Bemerkung; „Wenn ich so in Spanien in den alten Schlössern und Kirchen herumgehe, bilde ich mir ein, ich wäre hier Botschafter zur Zeit Philipps II; nicht jetzt, wo da ja nichts zu thun ist." Richthofen erzählte Lascelles sei heute morgen wegen der Wendung der Faschoda Frage sehr ernstlich besorgt gewesen; Frankreich könne Lust bekommen, sich daran nach aussen Luft zu machen; Radowitz meinte nein, nicht bis 1901. Nach Tisch lange mit der Nadine Radowitz[1] gesprochen. – Richthofen vom alten Grossherzog von Sachsen[2] eine amüsante Geschichte; bei der Aufführung des Willehalm[3] im vorigen Jahr sei er eingeschlafen und als er im Moment aufwachte, da der Vorhang über dem vom Genius des Vaterlandes geküssten Willehalm niedergieng, habe er nur gehaucht: ma pauvre sœur.

Berlin. 15 Oktober 1898 Sonnabend. *15.10.1898 Samstag*
Diner bei Mumm; dort Radowitzens, Mutzenbecher, Frau v Helmholtz, d. Gräfin Schlippenbach u Hobe Pasha mit Frau.

Berlin 16 Oktober 1898. *16.10.1898 Sonntag*
Pansitzung; nachher Hartleben, Bodenhausen u Flaischlen bei mir gefrühstückt. Um 4 Taufe von Otto Dungerns Jungen in Potsdam; ich Pate, mit den Grossvätern[4], Willich u. Solms zusammen. Von Bernhard Stolberg, der nach Brustawe, u. Otto, der nach Hannover geht, Abschied.

Berlin. 18 Oktober 1898. Dienstag. *18.10.1898 Dienstag*
Radowitz mit der Nadine Radowitz, der Gräfin Schlippenbach, Lothar Spitzemberg, Willichs u Mutzenbecher bei mir gefrühstückt. Radowitz über seine frühe Zeit in Japan 1863/65; in seinem ersten Bericht habe er mit Brandt zusammen versucht, auf ganz wissenschaftlichem Wege festzustellen, ob es überhaupt noch einen Mikado gebe. Die Mischung von burschikoser Nervosität und Kunstinteresse bei Radowitz ist Etwas sehr einziges unter preuss. Beamten. Vor dem Früh-

---

1 Thüngen

2 Carl Alexander

3 Wildenbruch

4 Dungern u. Schmidt-Pauli

stück waren wir zusammen im Kunstgewerbemuseum, wo er grosse Sachkenntnis, Geschmack und Kultur zeigte; Etwas Ähnliches wird Bismarck seinem Vater nachgetragen haben. – Nachmittags mit Vandevelde die Cassiererschen Räume, die er einrichtet, besehen. Abends bei Geyger im Palast Hotel; er spricht wieder von seinen grossen Projekten; mehr noch über Technik: er sei immer möglichst nah an die Natur hinangegangen, habe sie möglichst intim kennen zu lernen versucht; jetzt denke er an einen breiteren Stil; aber wer nicht das Einzelne ganz genau kenne, könne auch nicht die grossen Gesamtwirkungen richtig geben. Von Kind auf sei seine einzige Passion Zeichnen gewesen; er habe schon als kleiner Junge an Nichts Andres gedacht, als an Nachzeichnen von Allem was ihm in den Weg kam; so Porträts, für die er einen Dreier geschenkt bekam. Ich drückte ihm meine Verwunderung darüber aus, dass er für seinen Jungen am Spiegel in Berlin ein so schönes Modell gefunden habe; er meinte: schöne Körper giebt es überall; es kommt nur darauf an, was drin steckt, herauszubringen; ich thue es, indem ich beim Modellieren vor allem der Bewegung nachgehe; ich verfolge, wie jeder einzelne Muskel sich verschiebt, und versuche dann den Moment festzuhalten, wo sie mir am „schönsten" scheint;[1] ich lasse das Modell nie einen Augenblick still stehen; es muss sich immer bewegen; die kleine Person, die mir zur Nixe[2] gesessen hat, habe ich immerfort zum Lachen gebracht, um das Spiel der Muskeln des ganzen Körpers beim Lachen zu beobachten; der ganze Körper lacht mit; der Bauch, die Muskeln an den Rückenwirbeln hinunter u. s. w. Die italienischen Bildhauer sagen mir daher von meiner Arbeit: é un lavoro greco.[3] Von seinem Verhältnis zur Frau Meyer; er habe einige Zeit vorher eine tiefe Erschütterung erlitten, sechs Monate lang allein gelebt, arbeitend oder auf den Havelseeen segelnd; dann sei ihm plötzlich die Frau Meyer nähergetreten. So habe er damals das Bedürfnis gehabt, einmal einem Menschen gegenüber sein Herz auszuschütten. Auch sie sei offenbar früher eine schöne Frau gewesen, geistig hochbedeutend, die offenbar in ihrem Kreise vereinsamt war und in ihm endlich eine Art von höherem Wesen erblickte, für das zu leben sich lohnte. So sei sie dazu gekommen, ihm Geld anzubieten, soviel er brauchte, um nur seinen Plänen zu leben. Schade, dass jetzt auf dieses Verhältnis ein Schatten gefallen sei.

Berlin. 20 Oktober 1898. *20.10.1898 Donnerstag*

Van de Velde mit seiner Frau, Ludwig v. Hofmann, Hartleben u Peter Behrens zum Frühstück bei mir; Frau van de Velde in Violett, wie mein Esszimmer[4]; in

---

[1] Nachträgliche Einfügung mit Bleistift: „(das ist allerdings, wie ich jetzt einsehe, in der That das Geheimnis: in der Natur die neue rhythmisch und harmonisch wirkende Form zu finden. 16.VIII.1900.)"

[2] vermutl. „Sirenen-Tintenfaß"

[3] Es ist eine griechische Arbeit.

[4] van de Velde, Innenausstattung, Köthenerstr. 28

ihrem graublonden Haar trug sie einen von ihrem Mann entworfenen Goldkamm. Peter Behrens meinte, alle Kunst sei unbewusste Mathematik, was wohl heissen soll, dass sie durch geheimnisvolle rhythmische Gesetze regiert wird; er selbst denkt allerdings an zahlenmässig darzustellende Formeln, was unrichtig ist, da die Zahlen Abstraktionen aus Verstandes Operationen sind, während die Kunst an bestimmte rhythmisch gesetzmässige Neigungen der Sinne appelliert. Hofmann persiflierte die Idee in der Behrensschen Fassung.

Berlin. 23 Oktober 1898 Sonntag. *23.10.1898 Sonntag*

Der erste sonnige Tag nach trübem Wetter. Früh zu Hofmann, der meinte: er komme sich vor, als ob er nach einer Krankheit wieder genesen sei. Seine Bilder u Zeichnungen durchgesehen. Ich sage, wie sehr mir immer die intuitive Richtigkeit der Bewegungen bei seinen Figuren aufgefallen ist, wie bei Degas oder Puvis und im Gegensatz z B zu Böcklin. Hofmann: ja, das sei so Etwas wie Behrensens unbewusste Mathematik; er denke nie über die Bewegung nach; sie sei mit einem Male da; gewisse rhythmische Gesetze, Linien Gleichgewicht, seien da im Spiel.

Berlin. 24 Oktober 1898. Montag *24.10.1898 Montag*

Vormittags mit Radowitzens in die Neo Impressionisten Ausstellung, die seit Sonnabend eröffnet ist; der Botschafter zuerst ziemlich ablehnend, aber allmählich überzeugt; viel schneller und zweifelloser die Gräfin Schlippenbach u Nadine Radowitz[1]. So ist es mir auch mit Cheliusens und Peter Behrens gegangen. Das Publikum im allgemeinen ruhig und aufmerksam; man sieht die Leute herumsitzen und den ausliegenden Pan Artikel[2] von Signac studieren. Nachher bei der Gräfin Schlippenbach gefrühstückt mit Radowitzens, Frau v Blücher[3] geb Beaulieu, und Knorring. Die Sehnsucht nach Unsterblichkeit entspringt dem naïven Glauben, dass der Bewusstseinszustand, d.h. das Schaffen, Aneinanderreihen und Erinnern von Vorstellungen, der höchste und glückseligste sei. – Die Ausdehnung der aktiven Kraft, d.h. der Kette von Ursache und Wirkung, über das ganze uns erkennbare Universum ist erwiesen; wo die Kette von Ursache und Wirkung aufhört, hört auch für uns die Erkennbarkeit auf; die potentielle Kraft, die Existenz von Individuen, ist dagegen bisher nur auf der Erde nachgewiesen und es giebt keinen zwingenden wissenschaftlichen Grund, ausser der Analogie, ihr Vorhandensein auch ausserhalb der Erde anzunehmen; oder genauer, ausserhalb der Erde sind bisher nur chemische Individuen, die niedrigste oder einfachste Form der potentiellen Gebilde, der Individuen, nach-

---

[1] Thüngen

[2] Neoimpressionismus

[3] Boehn

gewiesen, man müsste, um auch kompliziertere organische Wesen mit Sicherheit annehmen zu können, nachweisen dass solche höheren Organismen aus den niedrigeren, überall wo diese Letzteren vorhanden sind, mit Notwendigkeit hervorgehen. Darauf reduziert sich die Frage, ob auch die andren Sterne bewohnt sind. Wie die Frage nach dem persönlichen Gott sich heute so stellt: Ist das was allem Erkennbaren zugrundeliegt als Ganzes gefasst Eine potentielle nach eigenen Gesetzen sich entwickelnde Kraft? Oder giebt es unzählige unabhängige Entien (Monaden), die nur wir zu einer Kausalreihe verknüpfen, die aber nur vom Verstande des Menschen durch den der Denkthätigkeit dieses Verstandes innewohnenden Satz vom Grunde zu einander in Beziehung gesetzt werden, während sie objektiv in keiner Beziehung zueinander stehen? – Puvis de Chavannes gestorben. Analogie von Puvis de Chavannes und Racine: die tiefe Beseelung in der Einfachheit; der Traum in die scharfumrissenen Grenzen verstandesgemässer Klarheit gebannt; Abstraktionen, deren Elemente aber lebendig sind, ein Schatz menschlichen Fühlens vom Verstande beherrscht und zu leicht fassbaren Vorstellungen verdichtet. Das Beseligende dieser Kunstweise kommt aber vielleicht nur bei Puvis ganz zur Vollendung, weil die Gesetzmässigkeit und die festen Grenzen, die bei Racine als Zwang und Härte wirken, vom Genuss der Sinne, der vor der bildenden Kunst viel tiefer ist, verwischt werden. Puvis führt wie die griechischen Künstler aus der dyonisischen Nacht menschlichen Fühlens empor zur halcyonischen Seligkeit der im Gleichgewicht der Vorstellungen gefestigten Klarheit.

Berlin. 26 Oktober 1898 *26.10.1898 Mittwoch*

Nachmittags anderthalb Stunden bei Frau v. Spitzemberg, die über Bismarck; seine Umgebung sei immer äusserst minderwertig gewesen; die Fürstin eine beschränkte Frau, auf die Welt eifersüchtig, weil sie ihren Mann so sehr in Anspruch nahm; von der Tochter[1] habe B gesagt: die heiratet noch einmal mit 50 Jahren einen Postschaffner, (aus Dummheit und Mannesbedürfnis); Bill bis spät eine Art von wüstem Studiosus; nur mit Herbert in politicis eine zeitlang eine gewisse Gemeinschaft; die übrige Umgebung dem entsprechend. Sie, die Spitzemberg sei – (und dies sagte sie in einer sehr ruhigen und nicht unbescheidenen Weise) – eigentlich die einzige Frau aus Bismarcks Umgebung gewesen, die ihm Geistiges zugetragen habe, seine geistigen Bedürfnisse verstanden habe. Das: „Nach Canossa gehen wir nicht." habe sie, die Spitzemberg, zufällig, veranlasst, dadurch dass sie zwei Tage vor der Rede Bismarck von ihren Giesebrecht Studien erzählte. Er sei überhaupt sehr leicht anzuregen und zu beeinflussen gewesen, in Äusserlichkeiten; so habe er ihr, als sie noch ganz jung war, einmal eine politische Sache auseinandergesetzt und sie gefragt, ob sie so oder so handeln würde; auf

[1] Rantzau

ihre Antwort: „Ja, aber so können Sie doch nicht handeln, das wäre ja Betrug;" habe er gesagt, „Danke; das wollte ich gerade wissen." (Übrigens bemerkenswert, der Mann dessen moralisches Feingefühl im grossen Staatsgetriebe momentan stumpf geworden ist, und der sich zur Entscheidung einer jungen Frau bedient.) In der Kulturkampfzeit sei in der Umgebung B's eine rohe Horde gewesen, die ihn noch mehr scharf zu machen suchte; sein Schwager Arnim habe prophetische Reden gehalten: nun ist es mit dem Katholizismus bald aus, und bei Diners seien die Frauen aufgestanden und hätten Falk zugetrunken und zugerufen: Falk, stoss zu. Bismarck selbst sei dem gegenüber immer ruhig geblieben und habe nicht mit eingestimmt. Etwas Wahres sei an Bismarcks Behauptung dran, dass der Kulturkampf ohne seinen Willen geführt worden sei. Die Fürstin sei eine religiöse Frau gewesen; ihr Christentum sei aber von der frischen, hausbackenen Art gewesen und habe nicht veredelnd auf sie gewirkt. Sie habe das Gefühl, dass in den letzten Jahren und nach der Entlassung die Umgebung immer minderwertiger geworden sei, Speichellecker, das reine Geschmeiss. Der Fürst habe oft von Dingen und Geschehnissen nichts gewusst, die in Berlin die Spatzen von den Dächern pfiffen; sie selbst habe ihm fünf oder sechs Mal solche Dinge mitgeteilt, über die er dann ganz erstaunt gewesen sei. Schweninger habe ihn aus Gesundheitsrücksichten von den Geschäften ferngehalten, wenn er oft selber die Empfindung hatte, dass er eigentlich in Berlin sein müsste. – Das Gespräch etwas wie wenn man bei der Lektüre von St Simon[1] oder der Sévigné[2] einmal ein paar Fragen an den Herzog von Beauvilliers oder an Madame de Grignan stellen könnte. – Ich habe immer mehr die Empfindung, dass Bismarck mit seiner vollen Persönlichkeit nur bis 66 gearbeitet hat; nachher haben ihn Krankheit und Umgebung immer mehr gehindert und eingeengt.

Berlin. 28 Oktober 1898. *28.10.1898 Freitag*

Vandeveldes mit Frau Begas, Curt Herrmanns u Flaischlen bei mir zum Frühstück.

Berlin 29 Oktober 1898. Sonnabend. *29.10.1898 Samstag*

Premiere von Halbes Eroberer im Lessingtheater. Der Hauptcharakter, der ein Thatmensch sein soll, redet über das Handeln wie ein Nietzsche Professor, und thut nichts. Aber das Publikum war zu roh. – Halbe kann keine Männer zeichnen, weil er selber keiner ist; die Frauen aber besser, als heute irgend ein andrer deutscher Dramatiker: Annchen in der Jugend, die Dreissigjährige in der Lebenswende, die Frau in Mutter Erde und jetzt wieder die einzigen beiden Charaktere zwei Frauen.

---

1 Mémoires

2 Lettres de Mme de Sévigné, de sa famille et de ses amis

Berlin. 30 Oktober 1898 *30.10.1898 Sonntag*

Bei Spitzembergs gefrühstückt mit Hermans u Ernst Bassewitz.

Berlin. 31 Oktober 1898. *31.10.1898 Montag*

Bei Tisch im Kasino neben Franz Arenberg u. über die Anfänge des Kulturkampfes gesprochen; er meint, die Hauptschuld träfe Hohenlohe, der damals Bismarck weisgemacht hätte, dass eine grosse Partei in der katholischen Kirche unter Führung von Döllinger etc. nur auf eine Unterstützung von der Regierung warte, um von Rom abzufallen; die Berichte seien noch auf der Gesandtschaft in München. Bismarck selbst habe immer mehr widerstanden: gesagt, er verstehe nichts von der katholischen Kirche, er wisse garnicht, worauf er sich einlasse etc. Dann wäre die Proklamation von Ratibor gekommen, der eben aus dem Juliusturm seine rumänischen Eisenbahnschulden bezahlt bekommen habe, von Radowitz, der Carriere machen wollte, etc. Arenberg ist über die Schenkung der „dormition de la vierge"[1] sehr erfreut; der Kaiser sei garkein kulturkämpferischer Kopf. Er, Arenberg, habe mit dem Nuntius[2] in München eine grosse Korrespondenz geführt über das Protektorat Deutschlands über die deutschen Katholiken im Orient und ihm auseinandergesetzt, dass Deutschland unter keinen Umständen von dem Recht ablassen könne. – Arenberg: der grosse Fehler des Kulturkampfes habe darin gelegen, dass gerade zu einer Zeit, wo in Deutschland so viele nationale und politische Gegensätze zu überwinden waren, ein neuer, unendlich tiefer Gegensatz geschaffen wurde, der in nie dagewesener Weise Deutschland mittendurch riss. Ich meine, dass wir in Gefahr stehen, mit der Sozialdemokratie genau denselben Fehler zu wiederholen.

Berlin 3 November 1898. *3.11.1898 Donnerstag*

Vandeveldes und Dehmel bei mir zum Frühstück. Dehmel über die englische Kinderkunst (Kate Greenaway, Crane): sie hätte das Poetische, das in den Kindern liege, aus ihnen herausgezogen, aber nichts Poetisches in sie hineingelegt; während gerade dieses Letztere, dem Kinde das Leben zu poetisieren, der eigentliche Zweck der Kunst für Kinder sein müsse. – Von Schäfer meint er, er sei ganz Verstand; kein Herz. Daher fehle seinen Dramen, trotz aller Umarbeitung immer das Letzte. – Ihm Stevenson kennen gelehrt u z. Teil übersetzt. Über die Goethesche Form seiner eigenen ersten Dichtungen: er habe damals nichts Andres

---

[1] Terrain in Jerusalem, der Überlieferung nach Todesstätte der Jungfrau Maria, das Wilhelm II. an diesem Tag dem deutschen katholischen Palästina-Verein überließ

[2] Aloisi-Masella

gekannt als Goethe; es sei merkwürdig, wie er sich ganz naiv dieser ihm dargebotenen Form bedient habe, um das auszudrücken, was er sagen wollte; erst allmählich habe er die sog. dichterische Sprache, Inversionen etc. abgethan und sich aus der Sprache des täglichen Lebens eine eigene Form geschaffen.

Berlin. 5 November 1898. Sonnabend. *5.11.1898 Samstag*
Premiere von Hauptmanns Fuhrmann Henschel; ein Anzengruberstoff mit einer viel grösseren Feinheit des Details als sie jemals Anzengruber zu Gebote stand; die Wucht und Straffheit leidet darunter; obwohl auch Anzengruber kaum Etwas Mächtigeres als den 4ten Akt des Fuhrmanns geschrieben hat. Nach diesem Akt war der Beifall auch frenetisch, wie ich ihn noch nie in einer Berliner Premiere gehört habe. Viele Bekannte getroffen, Liebermann, Ludwig von Hofmann, Mutzenbechers etc. Als ich Liebermann einige Komplimente über seine Ausstellung mit Degas u Meunier bei Cassierer sagte, meinte er „Ja, wissen Sie, mich freut das besonders, weil einige Menschen mir jetzt überhaupt schon die Existenzberechtigung abstreiten möchten; ich werde zum alten Eisen geworfen; am liebsten möchten sie mir die Hände abschneiden, damit ich nichts mehr male." Er dann über Überlassung des Pan an Cassierer. – Mittags in der Neo Impressionisten Ausstellung bei Keller u Reiner die alte Frau Abeken getroffen, deren Memoiren ihres Mannes eben heraus sind; sie zeigte, wie das grosse Publikum überhaupt, sehr viel Verständnis für die N.I.; ihnen imponiert der Fleiss, und dann studieren sie den Pan Artikel[1]. – Rückzug Frankreichs vor England in der Faschodafrage; ein Olmütz und wohl ein Wendepunkt in der diplomatischen Geschichte Europas. Die russische Allianz noch mehr gelockert, dagegen vielleicht Annäherung an Deutschland.

Berlin 6 November 1898 Sonntag. *6.11.1898 Sonntag*
Hallucinatorisches der Hauptmannschen Kunst; man sieht die Vorgänge mit unheimlicher Deutlichkeit, wie im Traum, ohne sich über ihren inneren Zusammenhang Rechenschaft geben zu können; fühlt hinter ihnen eine eherne Notwendigkeit, deren Übergänge und Einzelnheiten nur selten über die Bewusstseinsschwelle emporsteigen. Diese Eigenschaften schienen im Hannele gewollt; sie sind aber Hauptmann da nur zugute gekommen. Vielleicht liegt in ihnen auch ein Berührungspunkt mit Maeterlinck. – Ein Maler, ein Dichter drücken nur sich selbst aus; sie können geboren werden; ein Staatsmann, selbst der genialste, bedarf einer sehr langen und sorgfältigen Erziehung, eines Milieus er wirkt auf und durch die Gesellschaft und muss sein Instrument erst kennen lernen; ein gut Teil seines Genies muss immer anerzogen sein. – Abends im Kasino Götzen, mit dem lange über den cubanischen Krieg. – Seit einiger Zeit, 2 bis 3 Jahren, häufiger

---

1 Signac, Neoimpressionismus

Übertritt von Staatsbeamten in Privatstellungen mit höherem Gehalt; jetzt Burgsdorff, Leutnant von der Schiessschule in Spandau, für 36 000 M zu einer Gewehrfabrik u. Ä. eine zu beachtende Entwicklung.

Berlin 7 November 1898. Montag. *7.11.1898 Montag*
Zum Liebesmahl mit Guttenberg, Goetzen, Fritsch nach Potsdam.

Berlin. 8 November 1898. *8.11.1898 Dienstag*
Bei Cassierer: Degas, Liebermann, Meunier. Degas beobachtet den menschlichen Körper als Mechanismus; ihn interessiert jede Stellung der Maschine, jede Stellungsmöglichkeit; daher Vorliebe für Balletteusen und Vermeiden jeder Änderung der Wirklichkeit etwa aus aesthethischen Rücksichten; denn wenn Eine Linie anders wäre, so müsste die ganze Maschine anders konstruiert sein, oder sie wäre falsch, unpraktisch, arbeitsunfähig; hier sucht Degas also die Befriedigung seines Verstandes. Seiner Sinnenfreude geht er nur in der Farbe nach, und diese wählt er daher fast willkürlich, nur aus aesthethischen Rücksichten. Er schafft umgekehrt wie die Neo Impressionisten, die das Bild in der Linie komponieren, aber in der Farbe der grössten Naturtreue, sogar bis zur Wissenschaftlichkeit, nachgehen. – Nachher bei Liebermann im Atelier, der mir seine dekorativen Entwürfe für Altona u für Schnitzler[1] zeigte.

Berlin 9 November 1898. *9.11.1898 Mittwoch*
Bei Hindenburgs gefrühstückt.

Berlin. 10 November 1898. *10.11.1898 Donnerstag*
Ein gewisser Russell hebt in einem Brief an die Times hervor, wie es sich in der verflossenen grossen Polemik über den Ritualismus in der Anglikanischen Kirche herausgestellt habe, dass heute sehr viel mehr Engländer als vor 50 Jahren die Religiosität als ein Glauben an äussere Ceremonien und wiederkehrende tägliche Wunder (z B Transsubstantiation), die Freiheit von Sünde als ein durch äussere Vorgänge (z B Ohrenbeichte) bewirkte Reinwaschung von Sünde auffassten, während das ernste und angstvolle Messen des eigenen inneren Lebens an einem moralischen Massstab, die Inbrunst des einsamen Gebets heute von viel weniger Anglikanern als Merkmal der Religiosität empfunden werde. Ich sehe darin ein Anzeichen des auch dort zurückgehenden sentimentalen Empfindens, das seit dem Anfang des 12ten Jh die europäische Kultur beherrscht hat; es fragt sich, ob dies Empfinden momentan oder dauernd zurücktritt; und wenn es ein wirkliches Versiegen dieses Lebensquells der modernen Kultur ist, was wird an seine Stelle kommen? – Frankreich ist heute bei zerbröckelnder Gesellschaft das Land der

---

[1] Wandbilder im Schloß Klink in Mecklenburg

zahlreichsten geistig wertvollen Einzelmenschen. Ganz abgesehen von der Frage der inneren Beständigkeit eines anarchischen Volks zeigt aber die Faschoda Demütigung die Unmöglichkeit seiner äusseren Sicherheit im heutigen Staatenkonzert; beim Zusammenstoss zwischen einem organisierten Staat und einem nicht oder schwach organisierten Volk muss dieses untergehen. Vielleicht ist das das schwerste Opfer, das das Bestehen von verschiedenen Staaten dem menschlichen Geist auferlegt: die Unmöglichkeit der moralischen, d.h. antisocialen oder gegen das Soziale gleichgültigen Freiheit, solange es auch nur noch Einen Staat giebt. Und andrerseits ist doch auch das Experiment noch nicht gemacht worden, ob ein anarchisches Volk dauernd fähig bleibt, auch nur grosse Individuen hervorzubringen.

Berlin 13 November 1898. *13.11.1898 Sonntag*

Mit Spitzembergs u. Frau Richter Abends zu Fregoli bei Kroll.

Berlin 14 November 1898. Montag. *14.11.1898 Montag*

Der Figaro spricht heute Morgen von der „aristocratie dirigeante“ à Berlin: die Vorstellung trifft zu. Die grossen Strömungen der Reichspolitik werden von 20 bis 30 Individuen erzeugt, die in drei oder vier Cliquen verteilt hier in Berlin miteinander und gegeneinander intriguieren; etwa die Hälfte davon sind Abends im Kasino: Arenberg, Lerchenfeld, Varnbüler, Hohenthal, Manteuffel etc. Alles Andre, das Parlament, die Zeitungen, die öffentliche Meinung wird von diesen Cliquen geleitet oder ist nur Blendwerk wenigstens in Preussen, und dadurch zum grossen Teil auch im Reich; selbst die Kaiserlichen geflügelten Worte sind nicht viel mehr als Blitze, die wo sie einschlagen, das Wasser vorübergehend erregen, aber an den Strömungen selbst wenig ändern. Wahrscheinlich ist dieser Zustand, solange die Interessen der „aristocratie dirigeante“ mit denen des Staats übereinstimmen, eine von den günstigsten Verfassungen, unter denen ein Land leben kann; am ähnlichsten der Englands von 1688 bis 1832, nur dass hier die Macht der Beamtenschaft durch ihre Spitzen viel grösser ist, vielleicht sogar innerhalb der Cliquen die grösste. – Mittags Dehmel bei mir. Er meinte von Degas: er habe eine moralistische Tendenz infolge des Aufsuchens des Hässlichen, Mechanischen am Weibe; es möge nicht seine Absicht sein; es stecke aber Etwas vom Prediger in ihm. – Von Böcklin im Vergleich zu den Neo Impressionisten sagte Dehmel: die N.I wirkten auf ihn nicht durch ihre Farbe sondern blos durch ihr Licht; während bei Böcklin, trotz seiner mangelhaften Technik, immer die Farben Erfindung ihn erfreue; Signacs Wirkung bleibe auf seine Netzhaut beschränkt; er wirke nicht central, erschüttere nicht den ganzen Menschen; und wenn die Absicht, dieses zu thun, auch für den Künstler verderblich sei, so wirkten doch thatsächlich alle grossen Künstler auch über das Gebiet des angeregten Sinnes hinaus, weil sie grosse Menschen seien. Böcklin erfinde

Farbenwerte; Signac und die Neo Impressionisten seien im höchsten Sinne geschickte Handwerker, die sehr genau beobachteten und wiedergeben. Unter den Jüngeren mache diesen Eindruck des Erfinderischen auf ihn nur Hofmann. – Er teilte mir auch mit, dass er seine Kinderlieder Liebermann zum Illustrieren gegeben habe; ich hatte ihm gestern wegen Hofmann geschrieben.

Berlin. 15 November 1898. Dienstag. *15.11.1898 Dienstag*

Abends im Kasino erzählt Flotow von der österreichischen Botschaft, wie die römischen Fürstinnen und Herzoginnen sich der hundertfachen Millionärin und amerikanischen Apothekerswittwe Ayer hätten vorstellen lassen, aus unwiderstehlichem Kitzel, ihren Ball mitzumachen; die Zuvorkommenheit sei ihnen um so leichter geworden, als sie sich als echte Italienerinnen garnicht bedacht haben würden, den Tag nach dem Ball der alten Ayer als einer „verrückten Amerikanerin, die sie nie gekannt hätten", den Rücken zu drehen. Aber der Aussicht auf einen ausserordentlichen Glanz und Reichtum beim Ball habe keine widerstehen können. – Es giebt eine moralische Inkompetenz des Pöbels zu herrschenden Stellungen, über die keine Schule und kein Examen hinweghilft; d. h., dass die moralischen Qualitäten, die der Herrscher nötig hat, andrer Art sind als die, die den kleinen Mann sozial nützlich, also moralisch, und angesehen, machen; der gewöhnliche Mann ist nicht besser und nicht schlechter als der Aristokrat, aber anders und andren Zielen angepasst. – Die meisten moralischen Paradoxe beruhen auf der Verwechselung der zwei ganz verschiedenen Gebiete der Moral, der Gesellschaftsmoral, des sozial Nützlichen, mit der inneren Moral, deren Norm vielleicht das dem Individuum als solchem Nützliche, das Individuum zu seiner vollsten inneren Blüte Fördernde, ist. Beide Moralen haben ein Jenseits von Gut und Böse, nämlich jedesmal auf dem Gebiet der andren Moral. Vielleicht entsteht jede Religion als Förderungsmittel der inneren Moral, wird aber mit der Zeit immer mehr von der Gesellschaft zu ihren Zwecken gezwungen und mit einem gesellschaftsmoralischen, sozial nützlichen, Inhalt erfüllt. Es wäre dann auf diesem Gebiet, in der Moral, wie in der materiellen Natur: Alles Sein und Werden der Kampf zwischen dem All und dem Ich, dem grossen Ganzen der ewigen Kraft und dem immer neu entstehenden und nach eigenem Dasein ringenden Individuum. Daher auch die Kunst (das religiöse Kunstwerk), die immer eine momentane Blüte des Individuums bezweckt, in dem früheren, individualistischen, mystischen, Stadium einer Religion eine hohe religiöse Wichtigkeit hat, während sie im späteren sozialen Stadium höchstens ein äusserlicher Schmuck ist.

Berlin. 20 November 1898. *20.11.1898 Sonntag*

Haeckels Artikel über Abstammung des Menschen in d. Rundschau. Der bisher unbewiesene Punkt, also die Schwäche, der Entwicklungslehre ist ihr Postulat der zusammenhängenden Entwicklung in der Zeit, das sehr wohl ein gewöhnlicher Anthropomorphismus sein könnte. Die Möglichkeit, dass verwandte Kräfte verwandte Organismen ohne Vorher und Nachher gebildet hätten, ist bisher eigentlich noch nie ernsthaft geprüft worden, da sie für geologisch widerlegt gilt. Man sieht aber nicht ein, warum die einzelnen geologischen Perioden sich nicht jedesmal ihre eigene Flora und Fauna selbständig erzeugen konnten; warum die Verwandtschaft der Formen nicht auf einer Verwandtschaft der Elemente und Kräfte statt auf einer zusammenhängenden Zeugungsreihe beruhen könnte. Eine zehnmalige oder tausendmalige Urentstehung eines Organismus aus der unorganischen Materie ist nicht wunderbarer als die doch auch von den Entwicklungsgelehrten postulierte einmalige Entstehung eines fortpflanzungsfähigen Organismus; denn beide setzen eine Kraft voraus, die fähig ist, die unorganische in organische Materie zu verwandeln; und das Wunder wäre eigentlich viel eher, dass, wenn eine solche Kraft einmal vorhanden war, sie nur einmal in Wirksamkeit getreten oder nur immer wieder denselben Organismus zu schöpfen fähig gewesen sein sollte. Bedenklich ist, dass eigentlich überall immer das vermittelnde Glied „hypothetisch" ist: der Archipithecus, der Archiprimas u. s. w, während die Gebilde angeblich früherer Zeit sich nach Überwindung jeder „hypothetischen" Stufe immer genügend zahlreich vorfinden; was immer mit grosser Sicherheit als Kette proklamiert wird, in Wirklichkeit bisher nur eine Anzahl unzusammenhängender Ringe ist. Alles das sind blosse Bedenken, die aber die Möglichkeit nicht ausgeschlossen erscheinen lassen, dass die vielen unzweifelhaften Thatsachen, die die Entwicklungslehre zutage gefördert hat, einem späteren Zeitalter in einer andren Verbindung untereinander erscheinen.

Berlin. 21 November 1898 *21.11.1898 Montag*

Abends in Deborah von Händel. – Seit einigen Tagen Rohdes Psyche; sehr interessant, solange er Verschollenes wieder zutage bringt: das dionysische Element in der griechischen Kultur, die Mysterien, die Orphiker etc., nachher, bei Sophokles, Plato, lässt das Interesse nach, weil über diese wenig Neues zu sagen ist, und auch weil die historische Behandlungsweise Etwas lebendig Gebliebenem nie gerecht werden kann; was noch lebt, widersetzt sich der Zurückversetzung in seine Entstehungszeit; es erscheint dürftig, als ob Einem statt der Eiche die Eichel gezeigt würde. Alle lebendige Litteratur und Kunst kann nur vom Gegenwartsstandpunkt, impressionistisch, in der Form des Selbstbekenntnisses, behandelt werden; sonst entkleidet man es seines auffallendsten Unterscheidungsmerkmals von andren Sachen, dass es nämlich lebt, während sie tot sind. – Genie haben heisst neue Vorstellungen schaffen, zu seinem eigenen Nutzen oder zu dem Andrer, Vorstellungen, die sich unmittelbar in Handlungen umsetzen (Napoleon, Bismarck) oder Vorstellungen, aus denen sich zunächst neue Vorstellungsreihen, Weltanschauungen entwickeln (Plato, Kant, Hegel.), oder schliesslich Vorstellungen, die nur den inneren Menschen erwecken oder entwickeln (die Künstler: Giotto, Bach). Weil das Genie die Seele des Menschen fortlaufend schafft, kann man es auch die das Göttliche schaffende Kraft nennen.

Berlin 22 November 1898. Dienstag. *22.11.1898 Dienstag*
Dehmels, Schäfer, Begas' und Gloeden bei mir gefrühstückt.

Berlin. 23 November1898. *23.11.1898 Mittwoch*
Bei Ludwig v. Hofmann.

Berlin. 24 November 1898. *24.11.1898 Donnerstag*
Früh bei der Frau v Scharfenberg, die mir ihre Studien zeigte. Sie spricht von der neuen Landschaftsmalerei, die keine Bilder schaffen, sondern Stimmungen ausdrücken wolle; im Gegensatz zu der Älteren, schildernden; ich meine: Gegensatz von Epik u Lyrik. – Sie sagt: früher habe sie gedichtet; das hätten zu viele Menschen verstanden; Worte verstehe schliesslich Jeder; das sei ihr unangenehm gewesen; daher drücke sie sich jetzt in Malerei aus; da könne sie ruhig sein, da verstände sie kaum irgend Jemand. Ihre Studien interessieren mich als eine Verdeutlichung dessen, wie ein tief-mystischer Sinn die Landschaft sieht; ich kann momentan durch eine solche Seele ein Stück Landschaft sehen; ein Bekenntnis in Farben; wertvoll unabhängig von der technischen Vollendung, wie die ungefügsten Worte psychologisch wertvoll sein können.

Berlin. 25 November 1898. *25.11.1898 Freitag*
Diner bei Tschudi: Ludwig v. Hofmann, Wolkensteins, Oettingens u Steinmanns; nachher Frau v. Helmholtz. Die Gräfin Wolkenstein gealtert, aber noch immer le nez retroussé und mit Locken; Wagner und kein Ende; sie erzählt, dass sie sich noch immer den Berliner Börsen Courier, oder, wie sie sich, vielleicht euphemistisch, ausdrückt den Berliner Courier, halte, aus alter Anhänglichkeit, weil er Wagner von Anfang an verteidigt habe, u. s. w. Das Ehepaar Wolkenstein wechselt von Zeit zu Zeit liebende Blicke und sitzt nach kurzer Trennung immer wieder nah beieinander wie zwei alte Turteltauben. Hofmann, mit dem ich nachhause gieng, meinte, eine Gesellschaft sei doch Etwas Schreckliches; er wisse nie, was er reden solle; im gewöhnlichen Leben spreche er nur was absolut nötig sei; aber in solch einer Gesellschaft sei Nichts notwendig; man müsse immer nur viel schwatzen. Über seinen künstlerischen Entwicklungsgang; zuerst Dresden, wo ihm Hähnel Genellische Curven in seine Aktstudien hineingezeichnet habe; dann in Karlsruh bei ___ ; von da aus nach München und dann nach Paris, das das eigentlich Entscheidende gewesen sei; Alles vorher sei verlorene Zeit gewesen.

Berlin. 29 November. 1898 *29.11.1898 Samstag*
Diner bei Esebecks in Potsdam. Nachher musikalische Soiree bei Hindenburgs.

Berlin. 30 November 1898. *30.11.1898 Mittwoch*
Früh Bismarcks Gedanken u Erinnerungen erhalten. In Hartlebens vier Einakter[1] im Lessing-Theater. Vorher im Kasino Abschied von Oberndorf, der nach Camerun geht. – Thuns Rede; man trifft immer mehr Leute, die bedauernd aber wie mit einem unabwendbaren Geschick damit rechnen, dass wir mit Österreichs Erbschaft von Eger bis Triest sitzen bleiben. – In der Loslösung von Aristoteles zur Renaissancezeit (zuletzt noch durch Bacon) wiederholt sich derselbe sozialpsychologische Vorgang wie in Ionien, als im 7ten u 6ten Jh v. C., wie Rohde sagt, eine Weltbetrachtung aufgieng, die, sich selber mündig sprechend, ohne die Leitung altüberkommenen Glaubens ihr Ziel erreichen wollte. – Im Körper des Mannes ist jeder Teil für sich ausgebildet, als Werkzeug zum Handeln; in dem der Frau dagegen ordnet sich Alles Einem Zwecke, der Fortpflanzung, unter; das ganze Individuum ist sozusagen um eines andren Individuums willen da; psychologisch wird es nicht viel Anders sein.

Berlin. 2 Dezember 1898. *2.12.1898 Freitag*
Hans Olde mich besucht.

Berlin. 3 Dezember 1898. Sonnabend. *3.12.1898 Samstag*
Abends S. Fischer bei mir, um mich für künstlerische Bestrebungen seines Verlags zu interessieren; als Anfang den Zarathustra.

Berlin. 4 Dezember 1898. Sonntag. *4.12.1898 Sonntag*
Bei Frau Lepsius Vorlesung von Stefan George; das Gesicht ist härter und knochiger als ich nach dem Stövingschen Porträt vermutet hätte; die Kinnbacken und der Schädel haben in ihrer Breite und Macht Etwas Brutales, dabei liest er mit einer Stimme die zwischen Schnarren und nasalem Predigerton abwechselt, aber rhythmisch nicht unschön. Er leitete seinen Vortrag ein: „Wir lesen zu Anfang aus dem Werke eines verstorbenen Bruders, der mit uns den Traum geschaut hat, Max Perls.“ In dem nasalen Ton ganz wie der Anfang einer Predigt. Während der Vorlesung neben Ludwig v. Hofmann, der gestern seine Ausstellung bei Keller α Reiner eröffnet hat, mit einer von Monet, Renoir, Pissarro gleichzeitig. Er bekennt sich zu Renoir bekehrt, nachdem er ihn bei mir neulich nicht goutiert hatte.

---

[1] Die Befreiten

Berlin. 5 Dezember 1898 *5.12.1898 Montag*

Dehmel Nachmittags 2 Stunden bei mir wegen der Vorlesungen bei Keller α Reiner. Wir kamen zufällig auf Beardsley zu sprechen, und da er ihn noch nicht kannte, zeigte ich ihm die Salome und die Morte d'Arthur. Der Eindruck war sehr stark; er sah sich die einzelnen Bilder lange an und meinte dann: Wenn ich so Etwas sehe, dann wiederhole ich mir den Eichendorffschen Vers: Herr Gott führe uns gnädig zu dir[1]. Dann erwachen in mir alle alten, vergessenen Triebe. Was muss ein Mensch genossen und gelitten haben, um so Etwas zeichnen zu können; oder eigentlich nicht genossen haben. In der jüdischen Ironie liegt keine wirkliche Überwindung des Leidens am Leben, sondern sie ist eine Ausflucht der Schwäche; weil der Jude das Leiden am Leben nicht überwinden kann, sucht er durch Ironie darüber hinwegzutäuschen. In Wirklichkeit hat Beardsley die Lust garnicht genossen; er will es nur glauben machen. Das Eigentliche ist, dass er mit dem Kopf über das Christentum hinaus ist, aber naiv, mit seinem Gefühl, doch den Genuss christlich als Sünde empfindet; daher das Leiden, und weil er es gerne ableugnen möchte, greift er zur Ironie. In seinen Bildern liegt dasselbe und sogar noch viel mehr als in Rops; aber nicht litterarisch ausgedacht, sondern rein künstlerisch gegeben." Th. Th. Heine sehe im Vergleich zu Beardsley doch nur die Oberfläche des Lebens. Im Vergleich zu Beardsleys Bildern seien auch die Wortmaler, die Leute der Blätter für Kunst, Nichts. – Von den Juden meinte Dehmel heute wieder, er glaube sie giengen als Rasse ihrer Auflösung entgegen; er stützt diese Ansicht auf gewisse Krankheiten, die ihnen eigen seien, namentlich Krankheiten des Rückenmarks und des Nervensystems, besondre Formen des Wahnsinns, psychologische Erscheinungen; es sei z. B. auffallend, dass überall wo Etwas Dekadentes, Niedergehendes in der Litteratur oder Kunst in den letzten Jahren erschienen sei, gleich die Juden sich dessen angenommen hätten; dass ferner ihre grossen Denker wie Lassalle u Marx, Lehren aufgestellt hätten, die gerade die spezifisch jüdischen Eigenschaften u. Vorzüge (z B den individuellen Erwerbssinn, den Familiensinn u s w.) am meisten untergrüben. – Von Holz u Stefan George, es sei überraschend aber unzweifelhaft nachweisbar, dass sich Beide, trotz ihrer Gegensätze, von Platen herleiteten. – Es ist immer wieder überraschend, wie leicht Dehmel anzuregen ist, und wie reich dann sofort der Quell seines Geistes fliesst. Als Causeur weiss ich ihm eigentlich Niemanden an die Seite zu stellen. – Im Wagner Konzert L v. Hofmann getroffen, der wieder das Wort irgend eines Dekadenten über Dehmel, er sei ein „siedendes Embryo", citierte; er erzählt, Stefan George sei heute bei ihm gewesen und wolle dem Pan Gedichte anbieten; trotz des „siedenden Embryo". Nach dem Konzert mit Jackson eine Strecke, der eben aus dem Auswärtigen Amt kam, wo er wohl wegen der

---

[1] Die zwei Gesellen

Karolinen bis so spät verhandelt hat. Er müsse gleich das Verhandelte hinüberkabeln. –

Berlin 6 Dezember 1898. Dienstag. *6.12.1898 Dienstag*

Bei Knesebeck gefrühstückt mit Mirbach und Wöllwarth. Knesebeck über den Despotismus des Sultans[1]. Beim Weggehen erzählte Wöllwarth, Hans Harrach wolle zum Katholizismus übertreten und habe seinen Corpsbrüdern sagen lassen, sie möchten dies verbreiten. Was mich im Übertritt zum Katholizismus froissiert, ist das Eintreten des Betreffenden in eine politische Organisation; sonst wäre es nur ein Weltanschauungswechsel wie jeder Andre. – Zu Dehmels Bemerkungen: eine ironische Weltbetrachtung setzt einen moralistischen Untergrund voraus; ich sehe nicht, wie sie jenseits von Gut und Böse möglich wäre.

Berlin. 8 Dezember 1898. *8.12.1898 Donnerstag*

Bernhard Stolberg auf Besuch hier; mit ihm gefrühstückt. Er betonte wieder die Unbefriedigung, die jede pantheistische Weltbetrachtung ihm bereite; er könne nicht über den Gegensatz hinweg, in dem das Individuum, die menschliche Seele, zum grossen Fluss der Dinge stehe; es sei ihm unmöglich zu empfinden, dass dieses Ding, das gegen den grossen Fluss um seine Erhaltung kämpfe, dasselbe sei, wie das, wogegen es sich zu erhalten strebe. – Frau v Hindenburg, bei der nachher, definierte Bismarcks Genie als die Fähigkeit immer das Ganze zu sehen, während alle Andren immer nur Teile sahen; dadurch Erkenntnis der Verhältnisse, in denen das Eine immer zu allem Andren steht. Die Kaiserin Augusta habe dagegen, so gescheut sie gewesen sei, doch einen Frauenverstand gehabt, und habe immer nur ein Einzelnes gesehen; daher der Gegensatz. – Es ist ebenso naiv zu versuchen, die Religion mit Verstandesgründen aus der Welt zu schaffen, wie die Unsittlichkeit mit Polizeiverordnungen ausrotten zu wollen; Beide sind Ausflüsse der menschlichen Natur als Solcher; sie brauchen allerdings Objekte; aber eben deshalb, suchen und finden sie, wenn ihnen das eine entzogen wird, mit Notwendigkeit ein neues. Voltaire und Homais[2] sind Kinder, die versuchen, das Meer mit Nusschalen auszuschöpfen.

Berlin. 10 Dezember 1898. *10.12.1898 Samstag*

Mit Bernhard Stolberg u. Mirbach im Savoy gegessen. Mirbach erzählt, dass als er als Attaché nach London an die Botschaft kam, er in den ersten Tagen gleich eine Einladung von der Herzogin v. Newcastle bekam, die er nicht besucht hatte und die auch mit der Botschaft nicht auf dem Besuchsfuss stand; er gieng aber trotzdem hin, und die Herzogin, die eine Convertitin ist, habe ihn mit den Worten

---

[1] Abd Al-Hamid II.

[2] Flaubert, Madame Bovary

empfangen: „Oh, I asked you, because I knew you were a Catholic!" Mirbach selbst meint, dass bei der Harrachschen Bekehrung sehr viel durch Intriguen geschehen sei. Zu diesen soll auch sein angeblicher Auftrag an seine Corpsbrüder gehören, seine Conversion zu verbreiten; der Auftrag soll nicht von ihm sondern von der katholischen Partei ausgehen, um ihm den Rückzug abzuschneiden.

Berlin. 12 Dezember 1898. Montag. *12.12.1898 Montag*

Dehmel unangemeldet bei mir zum Frühstück. Er brachte die Beardsleys[1] zurück; meinte, er sei doch viel mehr denkender Künstler als er zuerst gemeint habe; die Linie, das ornamentale Gefühl, seien allerdings individuell, nicht erdacht; Alles andre aber ein raffiniert mit dem Verstande Zusammengebrautes. Im Übrigen fördere der Verstand die Kunst, führe sie weiter vorwärts; aber die Kunst selbst fange erst da an, wo der Verstand, das worüber man sich Rechenschaft geben kann, aufhöre. – Über das Komponieren von Gedichten: es sei ihm immer aufgefallen, dass die schönsten Lieder von Schumann, Schubert, Brahms zu mittelmässigen Gedichten gemacht seien, während die schönsten Gedichte von Goethe nicht oder nicht ihrer würdig komponiert seien. Lobte Eichendorff, den er für den vollendetsten der Romantiker, den der das eigentlich Romantische z. B. in der Landschaft am vollendetsten ausgedrückt habe, nannte. Novalis sei natürlich ungleich tiefer. Nachher fragte er mich über altgriechische Poesie; Archilochos, Empedokles. Ich zeigte ihm die Verse des Empedokles... ἄλλος δ'ἐξ ἄλλου δέχεται, στυγέουσι δὲ πάντες[2], die ihn sehr zu frappieren schienen. Über Dante mit grösster Bewunderung, namentlich der Komposition der ganzen Dichtung die Steigerung zum Paradiese hin; er habe daran gedacht, ihn zu übersetzen, spare es sich aber für sein Alter auf.

Berlin. 13 Dezember 1898. *13.12.1898 Dienstag*

Im Fenster einer Kutscher Destille heute gesehen: Hier liegen Gedanken und Erinnerungen des Fürsten Otto v Bismarck aus.

Berlin. 14 Dezember 1898 *14.12.1898 Mittwoch*

Wenn der Zweck der Menschheit Glück wäre, warum sollte ich irgend einem gegenwärtigen, möglichen Glück entsagen? Warum Andrer Glück lieber als mein Glück? Warum ein unsicheres Glück lieber als ein sicheres Glück? Sollte die Zeit allein, oder die Fremdheit des Glücks solche Kraft haben, dass das Glück der Andren moralisch gut, mein Glück moralisch schlecht wäre? Wo liegt der subjektive Unterschied, da objektiv Beides gleichwertig ist? Und doch wieder,

---

[1] „Salomé" u. „The Birth, Life, and Acts of King Arthur"

[2] „Einer nimmt sie [die bösen Dämonen] vom andern auf, es hassen sie aber alle." Siehe H. Diels, Die Fragmente der Vorsokratiker, 9. Aufl. 1960, Bd. 1, S. 358: Empedokles B 115, 12

wenn der Zweck des Lebens nicht irgendein, irgendjemandes Glück ist, wo soll der psychologische Antrieb zum Leben einsetzen? Waren nicht bisher alle Religionen und Philosophieen offene oder verkappte Glücksverheisser, das Jenseits, die Gewissensruhe, die Utilität und selbst noch der Wille zur Macht? So oder so war die Befriedigung eines Triebes Verheissung oder Erklärung; und wenn blos Erklärung, wird das Streben nach einer solchen Befriedigung nicht gerade dadurch als nötig gesetzt?

Berlin. 15 Dezember 1898 Donnerstag. *15.12.1898 Donnerstag*
Bei Frau v Spitzemberg gegessen mit Humboldt, Goltzens und Loen.

Berlin. 17 Dezember 1898. *17.12.1898 Samstag*
Abschiedsessen für Mumm im Kaiserhof.

Berlin. 18 Dezember 1898. *18.12.1898 Sonntag*
Wendelstadt bei mir gefrühstückt mit Schwerin; Ludwig v. Hofmann abgesagt, weil er sich gestern verlobt habe. Nachher war Knesebeck bei mir und fragte wegen des Umbaus der Yacht der Kaiserin[1]; ich riet zu Vandevelde.

Berlin. 19 Dezember 1898 Montag. *19.12.1898 Montag*
Dehmel kam mit einem Kinderbuch von einem Kreidolf, von dem er glaubt, dass er zur Illustration seiner Kindergedichte passen würde, und bat mich mit K. in Verbindung zu treten.

Berlin. 20 Dezember 1898. *20.12.1898 Dienstag*
Knesebeck, van de Velde, Bodenhausen u. Wendelstadt bei mir gefrühstückt; Knesebeck über die Kaiserin Augusta: sie sei bei ihrer Opposition gegen Bismarck doch immer von sachlichen Gesichtspunkten ausgegangen: Erhaltung der Dynastie, u. s. w. im Gegensatz zur Kaiserin Friedrich, bei der das Persönliche viel mehr hineinspielte: englische Verwandte, Rücksichten auf ihre Töchter[2] .... Die Kaiserin Augusta habe es sich sauer werden lassen, obwohl sie ein viel bequemeres Leben hätte haben können. Von Bismarck meint Knesebeck (Wiederspiegelung von Meinungen der Bonbonnière[3]??), er sei die erste grosse deutsche Cäsarengestalt gewesen; Vieles, was an ihm unbegreiflich scheine, z. B. seine Kleinlichkeit gegenüber persönlichen Angriffen, verstehe man daraus, dass er eigentlich immer in einer schiefen Position gewesen sei; er hätte eigentlich Kaiser sein müssen; dann erst hätte er seine ganze Grösse zeigen können (donner toute

---

1 Auguste Viktoria

2 Charlotte, Victoria, Sophie u. Margarete

3 informeller Zirkel der Kaiserin Augusta, der sich regelmäßig in der sog. „Bonbonnière“, einem schmalen Salon im Erdgeschoß des Palais Unter den Linden, versammelte

sa mesure); in seiner untergebenen Stellung habe ihn der kleinste persönliche Widerstand, weil er ihn nicht ohne Weiteres brechen konnte, gleich rasend gemacht. – Bodenhausen hat heute für Van de Velde eine Aktiengesellschaft zusammengebracht, die hier domiziliert; er hat ihm dabei mit dem geholfen, was er zur Ausführung seiner Aufträge am meisten brauchte, Geld und durch keine Geschäftssorgen verkürzte Zeit, und sein Talent wesentlich in den Dienst der deutschen Entwicklung gestellt. – Ich mich spät mit Fischer über einen Vorvertrag für die von VandeVelde zu ornamentierende Zarathustra Ausgabe geeinigt.

Berlin. 22 Dezember 1898. *22.12.1898 Donnerstag*
Mittags Van de Velde und S. Fischer bei mir; Unterredung über die Zarathustra Ausgabe; schliesslich dahin geeinigt, zunächst über Zeichnen einer Type durch Lemmen Ermittlungen anzustellen.

Paris. 24 Dezember 1898. *24.12.1898 Samstag*
Im Louvre die assyrischen Skulpturen. Sie sind die besten Erzieher des Auges zum Verständnis der griechischen Skulptur; alle monumentalen Qualitäten, die die griechische Skulptur gross gemacht haben, sind hier schon aufs Höchste entwickelt, die grosse, auf Fernwirkungen berechnete Modellierung, die Kunst, an dem Stein Licht und Schatten spielen zu lassen, die knappe und gewaltige Kraft, mit der die Formen des Lebens gesehen und übersetzt sind. Man müsste junge Bildhauer, und überhaupt Jeden, der die griechische Skulptur verstehen lernen will, erst eine Zeit lang nach assyrischen und ägyptischen Steinwerken zeichnen und modellieren lassen, statt sein Auge durch das Einprägen der römischen Kopistenskulptur zu verderben; diese hat von den grossen, d. h. monumentalen Eigenschaften, die die griechische Skulptur dem Orient verdankte, so gut wie Nichts übernommen, sondern nur einen auf schwächliche Dilettanten berechneten Auszug bewahrt und auch Nichts Eigenes an die Stelle des Verlorenen gesetzt. Die Geschichte der antiken Skulptur von Assur bis Rom ist die Geschichte der Entwicklung der monumentalen Wirkungsmöglichkeiten des Steins im Sonnenlicht; in der grossen attischen Skulptur erreichen diese Wirkungsmittel ihre grösste Differenzierung und Mannichfaltigkeit, von da an gehen sie allmählich immer mehr in der Jagd nach dem „Hübschen" und dem „Natürlichen" verloren.

Paris. 31 Dezember 1898. *31.12.1898 Samstag*
In Donnay's Georgette Lemonnier. Die wahre Nationalkunst der Franzosen ist die „Gesellschafts"schilderung; von Montaigne und Molière bis Dumas und Donnay haben sie ihr Bestes und Eigenstes in der Darstellung aller Variationen und Finessen des Verkehrs zwischen Menschen der höheren Stände gegeben. Daher das Überwiegen des Typus im Gegensatz zum Einzelcharakter; um die

Verhältnisse zwischen Menschen zu schildern, genügen Typen da es dabei nur darauf ankommt, wie sich das Bild des Einen in den Vorstellungen des Andren spiegelt, und der Eine den Andren gemeinhin nur sehr oberflächlich in gröbsten Konturen, also als Typus, sieht; während wenn man sich Typen an die Stelle der Shakspeareschen Charaktere denkt, vom Drama Nichts übrig bleibt. Eine so lange Blüte der Komödie wie in Frankreich seit den Fabliaux einzig. Es wäre naiv aus der rudimentären deutschen Gesellschaft Etwas Ähnliches erwarten zu wollen; dieses „Gesellschaftliche" ist was man in Deutschland als das Fremde, Undeutsche, an den französischen Theaterstücken empfindet. – Régnard ist Watteau in Aktion. – Erstaunlich, an welch kindischen Zielen Napoleon sein Genie und Hunderttausende von Menschenleben verschwendet hat; seine Anschauung von der Weltlage war gänzlich veraltet, rückwärtsgewandt; die Eroberung des Orients und Indiens wäre modern und nützlich für Frankreich gewesen; die Absicht dazu entsprang aber nur inneren politischen Opportunitätsrücksichten und dem Wunsch, es Alexander und andren plutarchischen Helden gleichzuthun. Im Grunde genommen war Napoleon nur der geniale Schauspieler einer alten Rolle; das Stück, in dem er auftrat, war längst veraltet. Es rächte sich an ihm doch, dass er Korse und ungebildet war. Auf den Gang der Weltgeschichte hat er einen geringeren Einfluss geübt als z. B. Warren Hastings. Hierin ist Bismarck ihm überlegen; es besteht bei ihm ein Gleichgewicht zwischen seinem Genie und seinen Zielen; die geschichtlichen Kenntnisse, die Napoleon fehlten, haben ihm den Weg gewiesen. Was er an Genie besass ist wenigstens nicht vergeudet worden.

Berlin. 22 Januar 1899. Sonntag. *22.1.1899 Sonntag*

Bei Knesebeck gefrühstückt mit Mirbach und dem Prinzen Max v. Baden, der mich sehr eingehend nach Nietzsche und seinem jetzigen Zustand fragte. Abends bei Frau v. Rath ein aesthethischer Thee, d. h. ein Prof. Heusler las isländische Erzählungen vor; dort noch der alte Mommsen, Bamberger, Girke[1], der amerikanische Botschafter White und Diltheys. Ich gratulierte Bamberger zu seinen Artikeln über die Gedanken und Erinnerungen. Er meinte, das Schwerste sei gewesen, sich in den Geist Derer hineinzuversetzen, die das Alles nicht miterlebt hätten, und gerade was Diese nicht wüssten, niederzuschreiben. Ich gieng mit dem schon sehr klapprigen alten Herren durch die helle Mondnacht ein Stückchen nachhause.

---

[1] Gierke

Berlin. 24 Januar 1899 Dienstag. *24.1.1899 Dienstag*

Frühstück bei Meier Graefe im Palast Hotel; Dora Hitz, Koepping, Frl. v Brocken u. Frau Stern. Koepping gegen Van de Veldes Ansprüche auf konstruktive Erfindergabe; es sei Alles bei ihm nur ornamental, in so weit sogar genial, konstruktiv aber direkt schlecht. Wie immer, wenn er negiert, sehr scharfsinnig und aufgeregt; er ist eine tief unzufriedene Natur. Nachher noch: einige der besten Bilder Rembrandts seien garnicht von Rembrandt, sondern von einem andren, mindestens ebenso grossen Meister, für welchen er de Gelder halte; man sehe das an der Handschrift, dem Pinselstrich, z. B am David in der Amsterdamer Jubiläumsausstellung.

Berlin. 27 Januar 1899. *27.1.1899 Freitag*

Zu Kaisers Geburtstag beim Regiment in Potsdam. Lange mit Scheele über Ostafrika. Er meinte, mit einer Kolonisation sei es Nichts, erstens weil wir selber unsere Leute in Deutschland brauchen, und zweitens, weil das Land selbst sich nur in verschwindend kleinen Teilen für europäische Handarbeit eigne. Caprivi hätte ihm, als er hinübergieng, gesagt: „Sie wissen, ich gebe nicht viel um unsere Kolonieen; Kolonieen werden wir uns in Europa erobern müssen"; natürlich gegen England. Zurück im Koupee mit Güssfeldt, der betrunken war, und den ich auf den Esser Schwindel brachte; er schrie schliesslich, vor Aufregung und Betrunkenheit, nur noch immerfort: Eine Gemeinheit, wie sie unsren allergnädigsten Herren eingelappt haben, Eine Gemeinheit sage ich, eine Gemeinheit ..... – Wahrscheinlich wird sich, wenn erst alle Vorgänge und Verhandlungen näher bekannt werden, herausstellen, dass Caprivi, der konservativ war, aus Mangel an thatsächlichen Kenntnissen in die Hände der Bureaucratie geraten ist und deshalb liberal-manchesterlich regiert hat, übrigens wahrscheinlich weniger verderblich, als man heute sagt.

Berlin. 2 Februar 1899. *2.2.1899 Donnerstag*

Diner beim englischen Botschafter[1]. Nach Tisch lange mit Knesebeck über den Fall Bismarck c/a Kaiserin Augusta; Vieles was Bismarck auf bestimmte Persönlichkeiten zurückführe, sei doch ganz anders vor sich gegangen; so habe er mit eigenen Ohren gehört, wie Schleinitz seinem Vetter ___ , der die Reichsglocke mitbrachte, gesagt habe: Wenn du noch ein einziges Mal dieses Blatt über meine Schwelle bringst, dann ist es zwischen uns aus, dann verbiete ich dir mein Haus. Bismarck habe offenbar selbst nicht gemerkt, wie sehr er unter dem Einfluss des

---

[1] Lascelles

von seinen hässlichen Frauenzimmern, Frau und Tochter[1], kolportierten Klatsches gestanden habe. – Von der Kaiserin Augusta: sie habe immer aus Pflichtgefühl gehandelt; ihr Fehler sei gewesen, dass sie nicht einsehen wollte, dass wo keine Verantwortlichkeit sei, auch keine Pflicht sein könne.

Berlin 13 Februar 1899. Sonntag. *13.2.1899 Montag*
Musikalische Matinée bei Frau Richter. Abends las Erich Schmidt bei Frau v Rath im aesthetischen Thee Goethesche Jugenddichtungen vor; die gemeinen Leierkasten, auf denen zur Strafe grosser Dichter Empfindungen auf ewig abgeklappert werden! Dort Girkes, Diltheys, der Butterheinrich[2] mit Frau, Mommsen und der kleine Rhena.

Berlin. 17 Februar 1899. Freitag. *17.2.1899 Freitag*
Die Ilias zu Ende; heute die drei letzten Bücher; grandiose Komposition gerade dieses Schlusses, der doch wieder wohl zu lang ist (etwa 2200 Verse), um als einzelne Rhapsodie hinter einander gesungen zu werden; jedenfalls der Ordner ein ganz grosser Künstler, der gerade darin nur Wenige seines Gleichen gehabt hat (etwa Richard Wagner, der übrigens in der Stoffgestaltung von der Ilias wohl viel stärker als von der Edda beeinflusst ist.) – Homer nebenbei das grossartigste Dokument über die Seele des Naturvolkes und des Naturkriegers, das wir besitzen; man kann daraus allein dem wunderbaren Nebeneinander von Feingefühl und Grausamkeit, von Tiefsinn und Aberglauben, die die Grundzüge des natürlichen Menschen sind, näherkommen. In das Gewebe der Übergänge müsste man an seiner Hand eindringen und von da aus den durch spätere Ingredienzien, wie z. B. Sentimentalität, umgestalteten Menschen und den Mechanismus dieser Umgestaltung und Verschiebung erkennen lernen.

Berlin. 18 Februar 1899. *18.2.1899 Samstag*
Nostitz bei mir gefrühstückt.

Berlin. 23 Februar 1899. Donnerstag. *23.2.1899 Donnerstag*
Der alte Lehndorff mich heute Nachmittag besucht; er sass ziemlich lange und war sehr nett und zutraulich; erzählte von seinen Jungen, die er auf dem Lande bei sich von Hauslehrern erziehen lässt, um sie nicht der Berührung mit andren „greulichen Bengeln“ auszusetzen. Auch ein Fall des: „gebrannt Kind scheuts Feuer.“ – Der beste Beweis dafür, wie sehr sich die Formen der Sinnlichkeit ändern, dass alte galante Erzählungen, z. B. die französischen des 18ten Jh.,

---

1 Rantzau

2 Schönaich-Carolath

eigentlich nicht mehr erregend wirken, jedenfalls nicht mehr in raffinierter Weise, was sie damals thaten.

Berlin. 28 Februar 1899. Dienstag. *28.2.1899 Dienstag*

Bei Knesebeck gefrühstückt mit dem Prinzen Max v Baden, der wieder auf Nietzsche kam. Knesebeck las aus seiner Charakteristik Bismarcks für d. Kapitel des Schwarzen Adlers[1] vor. Nachher Sitzung des Kunstvereins u Abends Dehmels Vorlesung seiner eigenen Gedichte bei Keller α Reiner.

Berlin. 1 März 1899. *1.3.1899 Mittwoch*

Nostitz u Mirbach bei mir gefrühstückt. Massregelung Schells in Würzburg. Innerer Unterschied zwischen der Stellung Roms jetzt u z. Zt. der Gegenreformation; damals Italien geistig und kulturell an der Spitze Europas, heute eine kleine, zurückgebliebene Nation; das muss mit der Zeit den Zustand, dass die grosse katholische Kirche von Angehörigen dieses geistig und wirtschaftlich zurückgebliebenen Völkchens geleitet wird, unmöglich machen; die Probleme, die in Deutschland u Amerika die vitalsten sind, treten den dort aufwachsenden Persönlichkeiten überhaupt nicht entgegen; dem Ultramontanismus entschwindet allmählich die thatsächliche Unterlage. Schell und Ireland nur Symptome, und daher ziemlich gleichgültig, ob sie sich unterwerfen oder nicht. Der politische Inhalt des Katholizismus wird durch diese Entwicklung, die doch unaufhaltbar ist, voraussichtlich immer mehr geschwächt, der Katholizismus aus äusseren Gründen wieder fast ausschliesslich zu einer Religion werden. Gegen den Katholizismus als reine Religion hat der deutsche Staat aber keinen Anlass anzukämpfen. – Utopie zu glauben, dass ein Volk, eine aus Millionen bestehende Gesellschaft, sich jemals selbst leiten kann, entweder indem sie sich ohne Organe behilft (z. B. Referendum) oder indem sie ihre Organe von Eigenliebe und Selbstsucht ganz reinigt und zu blossen Werkzeugen des Gesellschaftswillens macht; eine gewisse Summe von Selbstbestimmung nur dadurch zu erreichen, dass möglichst viele Funktionen an ganz kleine Unterabteilungen des Volks gegeben werden und die grossen Fragen in den Händen einzelner möglichst selbstloser Männer liegen; wie diese Selbstlosigkeit der notwendig absolutistischen Organe zu sichern, eins der grossen Probleme der Staatskunst und was am meisten den Unterschied zwischen verschiedenen Verfassungen (Aristokratie, Monarchie u. s. w.) ausmacht. Anders ausgedrückt: in allen Verfassungen sind die wichtigsten Organe immer absolut, d. h. die grossen Entscheidungen von Einzelwillen

[1] Hengst

zu treffen; die Verfassungen unterscheiden sich nur dadurch, wie sie die Intelligenz und die Selbstlosigkeit dieser absoluten Organe sichern. Der unbeschränkte Markt vernichtet die Konkurrenz; d. h. die Produzenten hören, sobald der Markt für ihre Produkte unbeschränkt wird, auf unter einander zu konkurrieren, und Jeder bekommt bis zu einem gewissen Grade die Möglichkeit, sich ein Monopolgebiet für den Absatz zu sichern, bis sich auch hier wieder Konkurrenten einstellen; aber dann ist meistens schon die Qualität verdorben. – Es ist leichter Tiere oder Pflanzen als Menschen zu lieben, weil man es ihnen nicht zu sagen braucht.

Berlin. 6 März 1899. *6.3.1899 Montag*

Des Kaisers Telegramm an Kipling; wieder finde ich den Zusammenhang seines Thuns in dem Leitgedanken, mit aller Macht das zu fördern, was das nationale (hier Rassen-) Bewusstsein stärken kann; nur grobe Mittel, weil das Feine und Differenzierte seinem Denken und Wahrnehmen entgeht; aber in diesem Gedanken die Einheit seiner Marine und Kolonialpolitik, der Auszeichnung Menzels, des Stils seiner Reden u. s. w. zu finden; selbst der Umschwung in der Sozialpolitik wird durch die vermeintliche Erkenntnis, dass die sozialistische Bewegung zu nationaldeutschen Zielen nicht zu bekehren sei, viel mehr gefördert worden sein, als durch wirtschaftliche Bedenken.

Berlin. 10 März 1899. *10.3.1899 Freitag*

Diner bei Oriolas.

Berlin. 11 März 1899. Sonnabend. *11.3.1899 Samstag*

Hofmannsthal Nachmittags bei mir; er wolle einige Wochen herkommen, um einmal mit eigentlichen Deutschen Fühlung zu nehmen. Sein Wunsch zu erfahren, wie seine Kunst auf Menschen wirke, die nicht den Wiener Litteratur Kreisen angehörten.

Berlin. 12 März 1899. *12.3.1899 Sonntag*

Pansitzung: Lichtwark, Seidlitz, Liebermann, Koepping, Flaischlen. Über Auflösungsfrage; 5ter Jahrgg beschlossen. Frühstück bei Radowitzs. Nachmittags Dehmel bei mir, mit Frau und „Freundin"[1], dem ganzen Harem; ziemlich geschmacklos. Richtige Bemerkung: man müsse Hofmannsthal in seinen Versen das Plaudern abgewöhnen.

Berlin. 13 März 1899. *13.3.1899 Montag*

Jeder Mensch, der sein Leben betrachtet, wird darin immer zwei Fäden finden, welche die Erlebnisse und Vorstellungen aneinanderreihen; der Eine ist die Ent-

---

1 die spätere Ida Dehmel

wicklung des inneren Menschen; der andre verknüpft die Bilder und Interessen des äusseren Lebens, der Gesellschaft, in der und auf die der Mensch zu wirken sucht. Im Grunde genommen werden die Richtung und die Art dieses Wirkens durch jene andre Hälfte des Lebens bestimmt; so dass jede Autobiographie zwei Teile haben könnte; einen ersten Teil der die intime Entwicklung zu enträtseln sucht; und einen zweiten, in dem das Wirken auf die Aussenwelt geschildert ist. Auch zeitlich würde das ziemlich stimmen, da jene innere Entwicklung in der Kindheit und Jugend bei weitem das Wichtigere ist; während in späteren Jahren die äussere Arbeit das Erfassen jenes inneren Lebens leicht verdunkelt.

Berlin. 18 März 1899 Sonnabend. *18.3.1899 Samstag*

Premiere von Hofmannsthals Sobeide u Abenteurer. Kainz im Abenteurer so brillant, dass es schwer ist, das Stück als Solches zu beurteilen. Dehmel über die Sobeide im Zwischenakt empört. – Von Nietzsche in der Zukunft Fragmente über französische Litteratur[1]; das alte, ziemlich abgeschmackte Schimpfen auf Deutschland, hier zugunsten Frankreichs, wie sonst zugunsten Polens u. s. w. Dieses Nichtdeutschseinwollen bringt leider Etwas Komisches in Nietzsches Physionomie, das in dieser ernsten und hohen Natur unharmonisch wirkt; man kann dafür nicht blind sein, so gern man es möchte, dass er in solchen Momenten eine fatale Geistes- und Attitüden Verwandtschaft mit dem Bourgeois Gentilhomme[2] hat. – Der Imperialismus Nichts als der auf den Staat angewandte Individualismus; Weltpolitik und Übermensch Ausflüsse derselben Grundideen. Wo sie gezwungen sind, einander zu bekämpfen, im innerstaatlichen Leben, daher schiefe und unaufrichtige Argumente auf beiden Seiten.

Berlin 22 März 1899. Mittwoch *22.3.1899 Mittwoch*

Mit Hofmannsthal gegessen, der gerade von Hauptmann kam; Hauptmann hatte ihm das Hirtenlied vorgelesen. Hofmannsthal klagt, dass ihm nie Sujets zu Stücken einfielen; ich möchte doch auf welche achten in Memoiren etc. und sie ihm mitteilen. – Über den Miserfolg seiner Stücke; er sei garnicht entmutigt; er hoffe noch Geld, und viel Geld mit dem Theater zu verdienen.

Berlin. 23 März 1899. *23.3.1899 Donnerstag*

Hofmannsthal bei mir gefrühstückt.

Berlin. 24 März 1899. *24.3.1899 Freitag*

Hofmannsthal ins Kasino essen genommen.

---

1 Förster-Nietzsche, Nietzsche und die Franzosen

2 Molière

Berlin. 25 März 1899. *25.3.1899 Samstag*
Hofmannsthal mit Bodenhausen bei mir gefrühstückt.

Berlin 27 März 1899 Sonntag *27.3.1899 Montag*
Hofmannsthal mit Knesebeck, Mirbach etc. bei mir gefrühstückt.

Berlin. 28 März 1899. Dienstag. *28.3.1899 Dienstag*
Hofmannsthal bei mir gefrühstückt. Nachher mit ihm zu Dehmel nach Pankow hinaus. Dort noch Richard Strauss mit seiner Frau, Scheerbart u. Schäfer. Hofmannsthal fällt mir auf die Dauer zur Last; es liegt etwas an seiner Eitelkeit, dass er nie daran denkt, dass er zu lange bleiben kann.

Berlin. 29 März 1899. *29.3.1899 Mittwoch*
Mit Hofmannsthal bei Frau Richter gegessen.

Berlin. 30 März 1899. Gründonnerstag. *30.3.1899 Donnerstag*
H. bei mir zum Abschied gefrühstückt.

Berlin. 1 April 1899. Sonnabend. *1.4.1899 Samstag*
Ludwig von Hofmanns Junggesellenabschiedsdiner aus Anlass seiner Heirat. Palast Hotel. Ausser mir Liebermann, Tschudi, Alberts, Hartleben, u. ein Professor Winter. Liebermann hatte seine Berliner Schnodderschnauze. Hauptmann, der kommen sollte, erschien nicht.

Berlin. 3 April 1899. *3.4.1899 Montag*
Mit MeierGraefe bei Koepping gegessen. – Was das Innenleben des Menschen mit seinem ewigquellenden Fluss von Vorstellungen und Gefühlen am meisten zur Minderung seiner Unruhe und dumpfen Schmerzhaftigkeit braucht, sind Ziele, feste Punkte, nach denen hin es sich ordnen kann; daher der Wert von Hoffnungen, Plänen, Pflichten, Arbeit; der kategorische Imperativ z. B. war vor Allem ein inneres Anaestheticum und Heilmittel. Er befähigte zu muthigen Thaten, weil er gesündere Menschen schuf; dass er solche Thaten auch direkt befehlen konnte, kommt erst in zweiter Linie. Ebenso der puritanische Geist, der kühne Handlungen, nicht nur puritanischen Geistes, gezeitigt hat; siehe den englischen Kaufmann. Überhaupt ist es fast gleichgültig, was für Handlungen ein Glaube befiehlt; es kommt nur darauf an, was für Menschen er schafft.

Berlin. 9 April 1899. Sonnabend. *9.4.1899 Sonntag*
Beethovens Missa Solemnis; ich habe Krankheit und Schmerzen, Alles vergessen.

Berlin. 27 April 1899. Donnerstag. *27.4.1899 Donnerstag*
Von Mama die Nachricht, dass unsere gute liebe alte Marie am Dienstag Abend gestorben ist. Ein sehr tiefer Kummer; eins der letzten Bande, das mich mit meiner Kindheit verknüpfte; und die Frage, was der Sinn dieses langen, treuen Dienerlebens gewesen ist?

Berlin. 3 Mai 1899. *3.5.1899 Mittwoch*
Der höchste religiöse Seelenzustand das Gefühl der Einigkeit mit Gott. Die italienischen Meister (vor Allem Fiesole, aber auch Raffaël in seinen Madonnen) haben das Einigsein selbst in allen seinen Abstufungen und Seligkeiten dargestellt; van Eyck und die Nordischen: Menschen, die nach dieser Einigkeit ringen oder gerungen haben, zerfurchte Gesichter, vom vielen Weinen verdorrte Augen, Seelen die mehr gekämpft als genossen haben. Weil ihnen die Seligkeit so schwer wird, erscheint sie den Nordländern so ungeheuer wertvoll.

Berlin. 5 Mai 1899. *5.5.1899 Freitag*
Meine Kur zu Ende. In Potsdam zum Liebesmahl.

Berlin. 7 Mai 1899. *7.5.1899 Sonntag*
Abends von Berlin nach Brüssel abgereist. – D. moderne Mensch, der sich in der modernen Welt elend fühlte, hat zuerst die äussere Hässlichkeit um sein Glück verklagt; Glaube an Glück infolge von äusserer Schönheit; aesthetisches Streben. Jetzt der Moment nicht mehr fern, da Erfahrung diesen Wahn zerstört; dann Wendung nach innen. Versuch einer Reform der Welt in ihrem Kernpunkt, dem auffassenden Ich; mit derselben Leidenschaft, mit der Rossetti, Ruskin, die Schönheit von aussen erobern wollten, Streben nach moralischer Schönheit, moralischer Vollendung. Aber schwer, darüber zu schreiben; denn Nichts widerwärtigeres, als über die moralische Schönheit Andrer schreiben; Geschmacklosigkeit der Unaufrichtigkeit, die als Sentimentalität fühlbar wird. Die moralische Schönheit verliert, was ihren Wert ausmacht, sobald sie von aussen betrachtet und als Nervenreiz verwendet wird. Wie Alles, wodurch sich das Leben fortpflanzt, ist hier Etwas, das man im Dunklen lassen muss; es aufdecken ist unkeusch. Aber andrerseits also: hier Etwas, das ein Jeder für sich, auch zum Genuss, für sich allein hat; dessen Wert durch die Beziehungen, in denen es zur

Aussenwelt steht zum Teil ausgemünzt, aber nicht geschaffen wird; als moralischer Mensch ist ein Jeder autonomer Mittelpunkt der Welt.

Brüssel 8 Mai 1899. Montag. *8.5.1899 Montag*

Bei Lemmen; bei Frau VandeVelde. Abends mit Lemmen gegessen. Lemmen über Antwerpen: man erkenne dort noch Viel Spanisches schwarzhaariger Typus; die Frauen, die die Häute trocknen, mit ihrer Vorliebe für bunte Farben, grelle Strümpfe; spanische Locken an der Stirn. Alle Antwerpener den äusserlich dekorativen Sinn, Rubens, Lambeaux, Benoit.

Paris. 9 Mai 1899 Dienstag. *9.5.1899 Dienstag*

Hier an. Mama, Gee.

Paris. 10 Mai 1899. *10.5.1899 Mittwoch*

Im Salon[1]: Zuloaga, Rodins Eva, Carrière, Puvis de Chavannes' Porträt seiner Frau, Rodo's[2] Verlaine.

Paris. 13 Mai 1899. Sonnabend. *13.5.1899 Samstag*

Früh mit Gee im Salon. Abends spielte Mama Generalprobe Dame aux Camélias[3].

Paris. 16 Mai 1899. *16.5.1899 Dienstag*

Früh mit Gee an Marie's Grab.

Paris. 17 Mai 1899. *17.5.1899 Mittwoch*

Forain's Interview in der Liberté; vollkommene Direktionslosigkeit des Handelns und Herzensdürre (atrophie eines Teils der Persönlichkeit) als Folgen des moralischen Skeptizismus; Entscheidung nach Würfelspiel; ich erkenne daran die praktischen Folgen dieses Skeptizismus. Und doch, was sonst möglich? Jede äussere Sanktion der Moral durch den Verstand zerstörbar, und jede innere Sanktion von meinen zufälligen Wünschen, meinem bon plaisir, abhängig: blosse fata morgana. Wenn aber dieser Skeptizismus unausweichlich, welcher andre Auslass, welche Direktion möglich? Hier das Problem, wenn das Forainsche Handeln unüberwindliches Entsetzen erregt. Ein neuer, gewollter Trug? Aber dann die grauenhafte Seelenverrenkung und Selbstblendung wie bei Barrès. – Das moderne Elend: Hypertrophie des Herzens und Hypertrophie des Verstandes. Herz u Verstand zerstören sich gegenseitig und machen das Leben unmöglich. Eine Höherentwicklung immer wieder erst durch die grosse Persön-

---

[1] Salon de la Société Nationale des Beaux-Arts

[2] Niederhäusern

[3] Dumas

lichkeit möglich, (Religionsstifter, Philosoph), die Kraft ihres Persönlichkeitseinflusses einen Trug (Suggestion) über die Welt wirft, in dessen Schutz sich die Menschheit wieder um Etwas ins Feinere, Vollere, entwickeln kann. Das der eigentliche Wert der grossen Persönlichkeit. Was hätte die Menschheit Alles nicht gewagt, wenn sie nicht das Christentum als Schutz und Hülle empfunden hätte? Jetzt wieder sind wir zu neuen Flügen bereit, wenn wir die ___ finden, von der wir glauben dürfen, dass sie uns vor dem Sturz bewahrt. – Das Mittelalter war der direkte und natürliche Erbe der Antike. Die Humanisten haben geglaubt, dass sie die Antike neu beleben müssten; in Wirklichkeit haben sie nur ein lebendes Reis ausgerissen und ein totes an die Stelle gesetzt. Der künstlerische Reichtum von ganz Rom und Byzanz im gothischen Dom; wie der geistige Reichtum der ganzen griechischen Philosophie, von Plato bis Plotinus in den mittelalterlichen Mystikern, Ruysbroeck, Eckhart u. s. w. – Früh bei Zuloaga in einem Garni, rue de Londres.

Genua. 18 Mai 1899. *18.5.1899 Donnerstag*
Abends hier an.

Genua – Rapallo. 19 Mai 1899. *19.5.1899 Freitag*
Die genuesischen Höfe und Treppenhäuser wahre Theaterdekorationen. Der virtuos ausgenutzte, fast sinnliche Reiz des Schattens und der milden Kühle giebt ihnen allerdings eine auch heute noch lebendige Seele. Aber als Schauplatz unserer modernen farblosen Lebensvorgänge sind sie mit ihren hängenden Gallerieen und berechneten Durchblicken doch zu sehr Grosse Oper; und die tieferen oder intimeren Kunstwirkungen fehlen ihnen, die in Venedig und Florenz den Kontrast vergessen lassen. Ihre naïve, von Reflektionen unabhängige Schönheit ist wohl mit dem Leben, für das sie geschaffen wurden, unwiderbringlich dahin. – Mittags nach Rapallo. Zu Fuss nach Sta Margherita und später im Boot hinaus und geschwommen. – Der Süden kennt eine Wollust mehr als der Norden: den Schatten. Auch der Abend ist durch das fühlbare Aufatmen und die Stärke der erwachenden Lust – wie z. B. die Kinder nach Sonnenuntergang anfangen zu spielen – fast der Art nach vom nordischen verschieden. – Der Protestant hat den inneren, moralischen Halt viel nötiger als der Katholik, der solange er wirklich Katholik ist, immer noch von seinem Beichtvater und von der Angst vor der Beichte gehalten wird. In der Erfahrung hat sich allerdings ceteris paribus, d. h. wenn man den wirklich beichtenden Katholiken mit dem religiösen Protestanten vergleicht, und den kleinen oder mittleren Versuchungen gegenüber, der innere Halt wohl als der kräftigere erwiesen; (bei starken Versuchungen entscheidet der Charakter, d. h. Etwas das uns vorläufig noch unvorstellbar ist.).

Sestri-Levante. 20 Mai 1899. *20.5.1899 Samstag*
Zu Fuss von Rapallo hierher. Spät Nachmittags in einer Barke hinaus und geschwommen. Bei Tisch eine deutsche Philistergesellschaft, die über Nietzsche, Königsberger Klops und Sudermann diskutierte; Walpurgisnacht; „Im Hause wo die rosa Ampeln brennen."[1] – Alles was Begriff, was tot bleibt, stinkt. Der Philister ist so odiös, weil er in seinen Gedanken mit lauter Leichen operiert; darin haben der englische Cantphilister, der französische bourgeois und der deutsche Gebildete eine gemeinsame Scheusslichkeit, die dort, wo sie ihren Leichen Lebendiges oder Lebendige opfern, zu einem wahren Gottesgreuel wird. Ein Mensch, dessen Worte ihm immer blosse Zeichen für empfundene Wirklichkeit sind, kann kein Philister sein, und wenn er sein ganzes Leben lang nur an Seife und Kaffe denkt. Hier eröffnet sich ein Einblick darin, was an der Geld- und Kapitalwirtschaft den Menschen entwürdigen kann: im Geldmenschen giebt es nichts als Zeichen, wenigstens im kleinen Sparfexen; beim ganz grossen, der mit Konjunkturen und Weltwirtschaft rechnet, ist es schon anders; und eben er hört auf, Philister zu sein.

Sestri Levante – Viareggio. 21 Mai 1899. Sonntag. *21.5.1899 Sonntag*
Früh wieder hinausgesegelt und gebadet. Nachher in der Villa Piuma auf der Sestri vorgelagerten Halbinsel: ein dichter Wald von Pinien und Lorbeerbäumen auf Klippen über dem Meer; vielleicht der paradiesisch schönste Garten, den ich je gesehen habe; fast zu schön: kein Wunsch kann über diese volle Herrlichkeit hinausfliegen; es fehlt die Sehnsucht. Und das ist es, was mir auch den Himmel verleiden würde. Ich hätte in Sestri nicht arbeiten können; die volle Befriedigung der Sinne legt meine Phantasie und meine Schaffenskraft lahm. Nachmittags nach Viareggio.

Viareggio 23 Mai 1899. Dienstag. *23.5.1899 Dienstag*
Gestern Papas Todestag und heute mein Geburtstag. Mein Vater, das Band das mich rückwärts mit der ganzen vergangenen Menschheit verbindet; und ich frage mich, ob ich nicht der Letzte dieser Kette sein werde, ob auch mich einmal Etwas in die Zukunft fortpflanzen wird. Diese alte, triviale Frage wird tragisch, wenn man anfängt an ihrer Bejahung zu zweifeln. Heute ein geeigneter Tag, um einige ernste Notizen aus den letzten Monaten bei Lesung der Evangelien nachzutragen: zu Matthaeus (vor Allem Bergpredigt:) Christus löst zunächst die Beziehungen, die den Einzelnen von der Welt (dem Ausser ihm) abhängig machen: Gewinnsucht, Zorn, Eitelkeit, Liebe zu andren bestimmten Wesen, und stellt ihn ganz allein auf sich und sein Verhältnis zu Gott: ἀταραξία[2]; insofern

[1] Holz, Phantasus, 2. Heft

[2] Gemütsruhe

hat Nietzsche recht, wenn er Christus danach streben lässt, möglichst jede Berührung der Seelenepidermis mit der Aussen Welt zu vermeiden. Dann begründet Christus aber diese Beziehungen neu auf einer Liebe, die nicht den Einzelnen als solchen sondern Alle als Kinder Gottes umfasst, einer Liebe, die sich die Seele nicht von aussen aufdrängen lässt (Leidenschaft, passio) sondern die aus dem Überreichtum des Inneren die Aussenwelt überfliesst (im Gegensatz zur Passio könnte man hier von einer Actio reden. Matth. V 45ff. XXII 37ff.) – Das Kostbarste, was der Mensch hat seine Seele, sein Selbst (Matth. XVI 26. Individualistisch.[1]) – Von dieser Auflösung aller irdischen Beziehungen, also auch derer zwischen dem Einzelnen und allen andren Menschen, kommt auch der tiefdemokratische Zug der Lehre Christi; wo keine Beziehungen sind, da kann auch keine Über- oder Unterordnung sein (Matth XXIII 8ff.). – Der Kerngedanke, von dem Mathaeus Christus von Anfang bis zu Ende beherrscht darstellt, ist das von Johannes d. T. übernommene: ἤγγικε ἡ βασιλεία τῶν οὐρανῶν[2], und zwar als durchaus materielle und thatsächliche Vorstellung (cf. besonders Cap. VI 30 ff und XXIV – Auch die Szene vor dem Hohenpriester XXVI 68 ff und die Spottreden der Vorbeigehenden XXVII 39ff); das ist das „Evangelium". Die Sinnesänderung, die sittliche Vertiefung, ist eine Vorbereitung auf dieses als bevorstehend angesehene Ereignis. Dass diese Auffassung wirklich die Christi gewesen sei, kann nur schwer bezweifelt werden; eine Fälschung oder Falschdeutung des Evangelisten scheint ausgeschlossen; denn zur Zeit, als das Evangelium entstand, muss die Thatsache, dass Christus den nahen Weltuntergang prophezeit hatte, den Christengemeinden schon unbequem gewesen sein; eher müsste damals eine Neigung angenommen werden, sie zu verwischen, da das betreffende Ereignis, der Weltuntergang, nicht eingetreten war, und es immer wahrscheinlicher wurde, dass es in der vorausgesagten Zeit nicht eintreten würde; in der That hat denn auch sehr bald die Fälschung durch Umdeutung ins Geistige, Übersinnliche begonnen. (Jetzt scheint mir allerdings noch ein andrer Ausweg möglich; dass nämlich diese Reden Christi in der vorliegenden Fassung schon sehr früh fixiert worden und dann in der traditionellen Form in das Evangelium übernommen sind; dann könnte bis zu einem gewissen Grade eine[3] Misdeutung vorliegen.) – Marcus: Begriff der „Sünde" spielt im System grosse Rolle (I 4, II 5.); wo hat er sich gebildet? Im griechisch-antiken Leben unbekannt. – Marcus ist fast ausschliesslich Wunderkatalog; steht Matthaeus sehr nach. – Lucas: Lucas stellt offenbar einen schon späten und schwachen Abglanz der Tradition dar mit reichlichen Phantasieausschmückungen. – Das christliche Ideal widerspricht der heutigen Geistesströmung am meisten durch seinen tiefen Individualismus, d. h. der

---

[1] nachträgliche Einfügung mit Bleistift: „schon von Sokrates bei Plato im Phaidon formuliert"

[2] „[Tut Buße, denn] das Himmelreich ist nahe herbeigekommen!" Matthäus 3, 2

[3] nachträgliche Einfügung mit Bleistift: „unabsichtliche"

heutigen Geistesströmung soweit sie auf der Suche nach einer sozialen Moral ist. – Im Christentum waren zwei Saatkörner enthalten: der Individualismus, die Wendung der Persönlichkeit ganz nach innen und zu Gott, was Christus selbst wohl als die Hauptsache ansah; und dann die Liebe, die von der starken Persönlichkeit, wenn sie die Begierde zum Einzelnen unterdrückt hat, über Alle und Alles naturnotwendig ausströmt, wie die Sonne ohne Unterschied Alle erwärmt (Matth. V 45). Die Geistesgeschichte der modernen, d. h. christlichen, Welt ist zu einem grossen Teil die Geschichte des Aufgehens dieser beiden Saatkörner. – Abends in der Pineta[1] mit Meister Eckhart.

Viareggio. 24 Mai 1899. *24.5.1899 Mittwoch*

Scirocco. Abends nach 8 auf der Mole. Dichte Wolken hiengen hier und dort über dem Wasser; durch einen Riss traf die See ein schmaler Schein bleichen Lichts, unter dem die Wellen wegrollten wie schweres Blei. Das übrige Meer war noch nicht ganz dunkel; Welle für Welle sichtbar bis an den Horizont, aber wie eine Welt vor Erschaffung der Farbe, weder ganz farblos noch von irgend einer erkennbaren Farbe. Dieses langsame, fortwährende Heranwogen von der unendlichen Trübe her unglaublich ernst und majestätisch.

Pisa. 25 Mai 1899. Donnerstag. *25.5.1899 Donnerstag*

Den Tag über in Pisa bei entsetzlichem Wind und Staub. – Kanzel Niccolos[2]: im Antlitz des Gekreuzigten doch wirklicher und empfundener (erfundener) Schmerz, ergreifend wiedergegeben; es wäre auch anders wunderbar neben den gleichzeitigen gemalten Kruzifixen. Dagegen der Körper antik blühendes Fleisch. Hat Niccolo aber auch für den Schmerz des Kopfes ein antikes, plastisches Vorbild gehabt? Einen sterbenden Giganten oder Ähnliches? Ich neige eher dazu, dieses nicht zu glauben, wenigstens nicht an ein unmittelbares Kopieren, wegen der grossen Hoheit und Milde des Ausdrucks. – In San Pietro in Vincoli ein altes gemaltes Kruzifix[3]: Christus noch mit 4 Nägeln aber schon gebogen und mit schmerzlichem Ausdruck; also gerade der Übergang. Dem 12ten Jh, das bei der Kreuzigung nur an gewisse symbolische, begrifflich-theologische Verstandesbeziehungen dachte, genügte der lebendige, ohne Merkmale des Schmerzes am Kreuz Hängende; das 13te Jh., das gerade den Schmerz, die inneren Seelenvorgänge sich vergegenwärtigen wollte, bedurfte des gebrochen am Kreuze hängenden, gemarterten Christus. – Drei Etappen des Sentimentalismus in der modernen Welt: I direkter Ausdruck des Gefühls durch dargestellte Menschen und Vorgänge seit Franz v. Assisi und den vorgiottesken Ducentisten. Dagegen Re-

---

1 Pinienwald

2 Pisano

3 Ugolino di Tedice

aktion der „Renaissance“, (quattrocento). II. Erregung des Gefühls durch die Farbe: Chiaroscuro, seit Andrea del Sarto und Correggio über die Venezianer zu den Spaniern und Rembrandt; Gegenreformation. Hiergegen der Klassizismus der Zeit um 1700. Louis XIV. III. Die Musik von Bach zu Beethoven und Wagner. 18tes und 19tes Jahrhundert; Pietismus, Rousseau, Goethe, die Romantik, der Pantheismus. Woher wird die Reaktion kommen?

Viareggio 26 Mai 1899. *26.5.1899 Freitag*
In der Pineta meinen Artikel über das religiöse Kunstwerk[1] angefangen.

Lucca. 27 Mai 1899. *27.5.1899 Samstag*
Den Tag über in Lucca. – Die Fra Bartolommeos im Dom u der Pinakothek; Anfänge des Chiaroscuro; dieses noch kaum bewusste Streben nach dem Zauber, den das Halbverhüllte, Lockende, die Sinne Reizende und nicht Sättigende für das Gemüt hat, fördert offenbar im gleichen Grade wie das ornamentale Gefühl (das Streben nach schönen Linienzügen, wozu cf. die Banderolen auf der Madonna della Misericordia) die Ausbildung des grossen, in breiten und tiefen (chiaroscuro) Falten wallenden Heiligenmantels. Dafür die Gesichter meistens ohne Charakter und im Ausdruck theatralisch konventionell verzückt; in dieser Beziehung ist hier das Quattrocento schon ebenso überwunden, wie bei Filippo Lippi oder Ghirlandajo das Eigene des Trecento, die dramatische Einheit. Der Gottvater, zu dem irgend ein alter Cappuciner Modell gesessen hat, ist ein wahrer Skandal, und die Engel ringsherum könnten den Plafond eines besseren Bordells zieren. Und doch bricht wieder das Sentimentale durch, aber in einer ganz neuen, von der des Trecento ganz verschiedenen Weise. Es sind nicht mehr Bilder (bildliche Vorstellungen) von fremden Leiden oder Extasen, die im Beschauer hervorgerufen mittelbar auch dessen Leiden oder Verzückung hervorrufen; sondern das Gefühl wird direkt, ohne Vermittlung einer zusammenhängenden bildlichen Vorstellung, durch Erregung der Sinne selbst, der Elementarempfindungen des Gesichtssinns als solchen, in Erregung gesetzt. Darin liegt auch der Übergang von dieser Chiaroscuro Koloristik zur Musik. – In einem Nebensaal drei alte Kruzifixe, einer ohne Schmerz mit offenen Augen[2], einer von 1288 datiert und Deodati signiert (die Inschrift jedenfalls aufgefrischt, vielleicht gefälscht) mit dem toten, in der üblichen Weise nach links ausgebuchteten Christus; der Dritte[3] aber, kaum viel spätere, mit einem ganz individuell erfundenen Gekreuzigten; statt der Ausbuchtung der Körper schmerzhaft eingezogen, Arme und

[1] Kunst und Religion
[2] Meister des San Michele Kruzifix
[3] Berlinghiero

Beine in wirklicher Todesstarre, der Ausdruck des Kopfes (leider sehr zerstört) unendlich müder Schmerz; ein ganz hervorragendes Werk. – In San Michele ein entzückender, ganz früher Filippino fast noch nicht manieriert; namentlich Sankt Helena in Blau und Weiss, das Weiss aufs zarteste mit Hellgelb wie mit Gold gehöht; keuschestes Kolorit und Ausdruck. Bei allen Figuren die blassen, feinen Hände. – Im rechten Querschiff alter lebendiger Kruzifix[1], Christus bärtig, aber mit offenen Augen, geradem Körper und 4 Nägeln. An den Seiten 4 Passionsszenen; 2 mal die Geisselung, dann Grablegung und Frauen am Grabe. Von einem psychologischen dramatischen Leben keine Spur; Alles wohl nach byzantinischem Rezept. Man muss seine Anschauung ganz mit dem Geist dieser alten Kruzifixe erfüllen, dem der der gleichzeitigen z. B. hiesigen oder Pisaner Basiliken ganz entspricht, um dann den vollen Gegensatz der Ducento Kunst zu empfinden. – Hinter Sant Agostino Palazzo delle Fanere[2] (?); innen ein nach dem Garten zu offener Säulenhof, in dem eine breite, bequeme Treppe von Stockwerk zu Stockwerk im Freien emporsteigt; die Loggien auf dem Treppenabsatz mit mythologischen Deckengemälden; davor der Garten mit sorgfältig gezogenen Kieswegen, beschnittenen Buchsbaumhecken und Statuenreihen, hinter denen die hohen Baumreihen einer Platanenallee den Bergrücken des toscanischen Apennins kaum verhüllen. Alles zu prächtigem Nichtsthun eingerichtet, die Lauben und Hecken gerade schattig und geheimnisvoll genug, um zu liebeln und Sonette zu dichten, eine ganze Settecento Novelle, die volle Stimmung dieses überreifen Herbstes der Sinne und Gefühle, dieses göttlich sonnigen und unmelancholischen Ausklingens und Ausblühens, mit Casanova und Guardi, Gallieni[3] und der Guiccioli. – In San Frediano die Quercias, Tabernakel[4] und zwei Gräber; echter, breiter Steinstil; Nichts an Licht und Schatten dem Zufall überlassen; Beide immer, so wie sie sind, gewollt; eine feste, sichere Handschrift. – Bei Sta Zita[5] an unsere gute alte treue Marie gedacht. – Der Dom. An der unzusammenhängenden Aussendekoration empfindet man, welche Errungenschaft es war, die ganze christliche Symbolik zu einem mit der Architektur verschmelzenden Organismus zusammenzufassen. Bei Niccolo Pisanos Kreuzabnahme[6] empfinde ich eine historisch interessante Absicht, bewegt, dramatisch, leidenschaftlich zu sein; ich kann aber nicht finden, dass Etwas erreicht ist, das

---

1 Meister des San Michele Kruzifix

2 Palazzo Pfanner

3 Galiani

4 Trenta-Altar

5 Grabaltar der Hlg. Zita

6 Umkreis Nicola Pisanos, Relief am Westportal

sich im Ausdruck irgendwie mit dem Berlinghieri oder dem alten Kruzifix 4[1] in Florenz vergleichen liesse. Die Köpfe sind allerdings so beschädigt, dass viel vom Erreichten verloren sein mag. – Matteo Civitales zahlreiche Werke im Dom hinterlassen den Eindruck eines tüchtigen Künstlers, der das Durchschnittskönnen seiner Zeit sehr gut repräsentiert. Persönlich sind sie nicht, und daher nicht packend. – Quercia's Grabmal der Illaria del Carreto[2]: der Kopf der ganz jungen toten Frau im hohen engen Kragen des Totenhemdes hinreissend schön; hold und rein und ernst über alle Phantasie hinaus; das ist ein Künstler, der Persönlichkeit und packende Kraft hat, ein ganz Grosser, der ebenbürtig neben Donatello wenigstens einen Teil des modernen, sentimentalen Ideals des Trecento, die Darstellung der Einzelpersönlichkeit, in das reaktionäre Quattrocento hinübergerettet. Vor diesem Werk steigen Einem noch heute die Thränen in die Augen. Ich glaube, dass ich Alles was sonst in Lucca ist, um dieses eine Werk preisgeben würde. Es ist eines von den Erscheinungen, auf die zu treffen ein Erlebnis ist, das man nie vergisst; mein ganzer Abend und Spaziergang um die breiten, schattigen Wälle ist davon vergoldet worden.

Viareggio. 28 Mai 1899. Sonntag. *28.5.1899 Sonntag*

Abends nach Pietrasanta gegangen, dort in einer ganz guten Osteria gegessen und im Dunklen zurück.

Viareggio. 29 Mai 1899. *29.5.1899 Montag*

Nachmittags wieder in der Pineta geschrieben. Man täuscht sich, wenn man glaubt, dass die Schönheit einer Gegend lange zum Glück stimmen oder das Auge erfreuen kann. Was an einer Umgebung auf die Dauer bezaubert, sind intime Reize, die fast überall gleich sind, und die Erinnerungen, mit denen sie sich erfüllen lässt. – Barrès über Gallieni[3]; innere selbstgewollte Unfreiheit. Barrès überlegt immer, was er denken soll. Selbstgesetzter Index von Gedanken; etwas wie Nietzsche. – Abends wieder in Pietrasanta gegessen.

Viareggio. 2 Juni 1899. *2.6.1899 Freitag*

Spaziergang Abend bei Sonnenuntergang. Am Strande das fast glatte, leuchtende Meer seine kleinen, eiligen Wellen brechend, rauschend und lebend, und rechts über den Dünen und grünen Pinienwäldern ganz klar die lange Bergkette

[1] Meister des Kruzifix Nr. 434

[2] Guinigi

[3] Galiani

des Apennins, wie eine andre, ferne Welt, in tiefes Violett gehüllt. Es passt, dass hier die Flammen den Leib Shelleys, des grossen Pantheisten, den Elementen zurückgegeben haben. – Ich fühle tief die Schönheit solcher Momente; nur drückt sie keine Prosa aus; man muss das Tiefste aus Andren herausholen können, damit das Wort nicht als jammervolles Gestümper erscheine. Uns, die wir wieder hinter allen Dingen, hinter dem rauschenden, leuchtenden Meer, dem Duft der Wälder, der Stille violetter Bergesreihen, ein tiefes Mysterium fühlen, muss die Welt noch weihevoller und ergreifender sein, als den Christen, die zu wissen glaubten. Ich glaube, dass ich ein Stück Welt, in dem ich geboren wäre, in dem ich mein Leben verbracht hätte und in dessen hellem Sonnenleben ich wieder und immer wieder zu erstehen hoffte, mit einer Tiefe und Inbrunst, fast als Teil meiner Selbst, lieben könnte, wie sie nie ein Christ gegen irgend Etwas in dieser Welt empfinden könnte.

Viareggio. 5 Juni 1899. *5.6.1899 Montag*

Nach Quiesa u Massarosa. In den Wäldern hier überall die feine und reizende Gräser- und Kräuterwelt des Quattrocento, Akanthus, hohe, zarte Distelstauden u. s. w. – Wissenschaft u. Religion, Denken und Handeln; Luzzatti: la scienza e la vita santa.

Lucca. 8 Juni 1899. Donnerstag. *8.6.1899 Donnerstag*

Wieder nach Lucca. Fra Bartolommeo: ein grosser Zug der Linien (Gewänder, Bewegungen) ebenfalls der Trieb durch elementare Sinnesreize sentimental zu wirken, wie im Chiaroscuro. cf. auch St Peter in Rom. – Das schöne Kruzifix[1] in der Academie könnte auch schon später sein, als ich zuerst angenommen hatte, um 1400; die Bildung der Hände, die volle Beherrschung der Perspektive in Zeichnung und Körperteilen, die Sicherheit der Anatomie spricht dafür. Jedenfalls ist es eines der ergreifendsten aller Kruzifixe. – Lange während einer Prozession und während die Orgel spielte vor der Ilaria Guinigi[2]; man muss sie Abends sehen, wenn das Licht durch das Seitenportal von vorne auf das Gesicht fällt; sie ist ein himmlisch schönes Werk – Dantes Beatrice – ; und während das bunte und feierliche Leben des katholischen Gottesdienstes sie umgiebt, tragisch wie eine eben Gestorbene. – Die ganze Stadt ist sehr lieblich; das nahe Land, die mächtigen Platanen, die sie rings auf den Wällen umgeben, der frische Wind, der immer von irgend einer Seite den Geruch der frisch gemähten Wiesen in die alten, engen Strassen und zwischen die romanischen Kirchen und Barockpaläste hereinweht, schaffen eine einzige Stimmung.

---

[1] Berlinghiero

[2] Quercia

Viareggio 9 Juni 1899. *9.6.1899 Freitag*

Nachmittags am Meere bis gegen Porto Marmore zu; ... die unbegreifliche Schönheit des Meeres! – Je länger man eine Landschaft kennt, um so mehr dringt man vom Zufälligen zum Ewigen durch; hinter den Formen, die Einen im ersten Augenblick aufhalten, fühlt man klarer das Leben, das ewige, überall gleiche Symbol des Unfassbaren. Daher liebe ich das Meer; es ist überall in seinem ewigen Wechsel dasselbe; ich kenne es schon; ich brauche nicht erst gegen Äusserlichkeiten, Formen, stumpf zu werden; es spricht zu mir gleich von Gott, oder von Mir. Deshalb, deshalb ist das Meer die Heimat Jener, die keine Heimat haben.

Livorno Ardenza. 10 Juni 1899. Sonnabend. *10.6.1899 Samstag*

Von Viareggio abgereist u zu Hindenburgs nach Ardenza.

Ardenza. 11 Juni 1899. *11.6.1899 Sonntag*

Mit Hindenburgs Fahrt nach d. Romito Felsen.

Porto Ercole. 12 Juni 1899. *12.6.1899 Montag*

Früh aus Livorno hierher.

Porto Ercole. Rom. 13 Juni 1899. *13.6.1899 Dienstag*

Über den Argentaro zum Passionistenkloster[1] gegangen; und von dort nach Orbetello. Abends nach Rom.

Rom. 14 Juni 1899. *14.6.1899 Mittwoch*

Forum; die neuen Ausgrabungen, lapis niger, Boustrophedon Inschrift. Die Entwicklung der Ideeen (Vorstellungs u Gefühlsverkettungen), von der die Geschichte die Aussenseite ist, hängt von individuellen psychologischen Vorgängen ab; daher das Interesse der psychologischen Geschichtsauffassung; die materialistische ist nur ihre Vorstufe, in dem sie eine von den Bedingungen der individuellen Seelenentwicklung beleuchtet; gewisse Vorgänge, z B. den Untergang des römischen Staats, wie er im 2ten Jahrhundert n. C. sich fundiert hatte, kann sie nie erklären, weil er von der andren Seite unterminiert wurde. Die psychologische Geschichtsauffassung dringt dagegen in das Herz der Erscheinungen wohl so tief ein, wie es dem Menschen überhaupt gegeben ist. Auch die feinste und differenzierteste Geschichte bleibt allerdings der unendlichen Komplexität des Lebens gegenüber nur eine roh gemalte Kulisse; es kommt aber darauf an, dass das erweckte Bild ungefähr in Aufbau, Farben u. Beleuchtung dem Eindruck des wirklichen entspreche. – Der dünne Faden, an dem sich die Kultur nach ihrem Absterben in der Antike wieder angesetzt hat, die herüber

---

[1] Convento dei Padri Passionisti

geretteten „christlichen" Ideeen. Aus diesen hat sich wieder ein ähnliches Kulturbild entwickelt, aber mit andren Perspektiven; was in der Antike ganz hinten stand und klein erschien, nimmt den Vordergrund ein und beherrscht das Bild, und umgekehrt.

Rom. 15 Juni 1899. *15.6.1899 Donnerstag*
Am Aventin. In Sta Sabina und San Paolo fuori denselben Eindruck des Christentums in noch ungeknickten Menschen wie voriges Jahr bei den Säulen des Tabernakels in San Marco in Venedig; christliche Vorstellungen in einer von Trieben (wenn auch verfeinerten) und nicht von Gefühlen und Gefühlsphantasieen bewegten, d. h. in einer heroischen nicht in einer sentimentalen, Seele. Helligkeit dieser alten Basiliken, mit ihren langen Fensterreihen im Mittelschiff, durch die Luft und Licht hereinströmte. Den die innersten Fibern der Seele berührenden Klang der Orgel, den Weihrauch, die geheimnisvolle Pracht der farbigen Fenster hat sich die Kirche mit der Entwicklung der neuen Gefühlswelt hinzuerfunden.

Rom. 16 Juni 1899. Freitag. *16.6.1899 Freitag*
Sta Pudentiana; die Mosaik; im ersten Augenblick überrascht die Freiheit der Formengebung; man hält sie für ein Werk des Cinquecento; und in der That möchte ich einzelne von den Köpfen, namentlich den bärtigen und den jugendlichen ganz rechts für mindestens stark restauriert halten; die andren sind im Vergleich viel lebloser u. starrer. Christus (bärtig) scheint aber im Wesentlichen alt zu sein; ebenso, sicher die Komposition. Auch diese passt in die triumphierende, heroische Auffassung des frühen Christentums. – Das Gothische ist der Versuch, die düstere Umwölkung, die sich in der byzantinischen Zeit an den menschlichen Geist gelagert hatte, durch das Gefühl und die Mystik zu durchbrechen, also nach innen; bei diesem Versuch ist der Mensch in Tiefen seiner eigenen Seele gedrungen, die er noch nicht entdeckt hatte; er hat Fibern berührt, die bis dahin stumm gewesen waren. – Museo Cristiano im Lateran. Sarkophag No 55. Noch aus guter Zeit; einzelne Personen wirklich charakterisiert. Der Heiland unbärtig und fast kindlich (wie in Venedig[1]); vielleicht um Unschuld anzudeuten; im Kopf des Pilatus sind die Verworfenheit und das Nachsinnen sehr gut ausgedrückt; ein wirklicher Charakterkopf; Zuchthäuslermund mit dick aufgeworfenen Lippen (cf auch die noch guten Pilatusköpfe auf 164 und 174); vielleicht hier und in der Gruppe der Auferweckung des Lazarus, die gerade auf diesem Sarkophag sehr schön ist (Martha küsst Christus innig die Hand und Christus blickt sich mild um) Ansätze zur Schilderung des inneren Menschen. Die späteren häufigen Wiederholungen der Christus u Marthagruppe werden immer puppenhafter; schliesslich blosse Symbole, Hieroglyphen; auf No 84 aus ganz

---

1 San Marco, Säulen des Tabernakels

roher Zeit Martha ein wahrer Kobold. Wenn der Wert für den Beschauer und für den Künstler im Vorgang und nicht in seiner symbolischen Bedeutung gelegen hätte, hätte er trotz der schwindenden Handwerksfertigkeit wenigstens versucht, zu vertiefen. Diese symbolische Bedeutung aller Darstellungen drängt sich bei Betrachtung der Sarkophagsammlung immer mehr auf. Auf 104 aus noch recht guter Zeit als Gegenstücke: links von den Totenporträts Gott-Christus (als Person der Dreieinigkeit gedacht) an Adam u Eva das Brot dieser Erde verteilend, namlich Ähren und Lamm (Vieh, Fleisch); rechts Christus in genau derselben Stellung und Gruppierung die vervielfältigten Brote, also das Brot des himmlischen Lebens, austeilend. Die symbolische Gegenüberstellung sticht dem Beschauer geradezu die Augen aus. Sehr häufig auf den Sarkophagen auch folgende Reihe: Heilung des Gichtbrüchigen (er trägt sein Bett), des Blinden (Christus berührt seine Augen), Verwandlung des Wassers in Wein und Auferweckung des Lazarus; d. h. Christus giebt dem Menschen Kraft zu neuem Leben, öffnet ihm die Augen, damit er das Eine erkenne, was notthut, wandelt den inneren Menschen aus Wertlosem in Wertvolles, erweckt den Menschen zu ewigem Leben. Diese Symbolreihe mit der des Sark 104 vereint auf No 189, der nach den Porträts zu urteilen noch aus ziemlich guter Zeit sein muss. Häufige Symbole ferner: Christus dem Petrus seine Ableugnung voraussagend (unten der Hahn), d. h. der Mensch soll nicht übermütig auf seine eigene Kraft vertrauen, nur Christus kann ihn wie in den obigen Symbolen wirklich umwandeln und erlösen. Auf wenigen Sark. fehlt Daniel (nackt) in der Löwengrube. Häufige Symbole auch: Moses Wasser aus dem Felsen schlagend, Abraham opfert Isaak. Kurz, bis auf den Pilatustypus, der einem wirklichen sinnlichen Anschauungsbedürfnis zuliebe schon früh geschaffen scheint (vielleicht persönliche Erfahrungen aus den Verfolgungen Motiv), ist hier Alles ausschliesslich Symbol; das Leben, die Anschaulichkeit, alle Kunst kann wegfallen ohne dass von dem wahren Wert für die Besteller u Beschauer das Mindeste verloren gieng. – Vermutung, ob der bärtige Christus in der altchristlichen Kunst den Gott, der unbärtige den auf Erden wandelnden Menschen bedeutet; cf Sta Pudentiana, ferner Sark. 104, wo Christus als Person der Dreieinigkeit bärtig, auf den irdischen Szenen unbärtig gebildet ist; ebenso 151, wo er in der Mitte zwischen zwei Aposteln bärtig thront, auf den Seitendarstellungen unbärtig vor Herodes und vor Pilatus erscheint. Auf 183A ist der Gute Hirt in der Mitte bärtig, an beiden Seiten als Eckfigur unbärtig; vielleicht auch hier um X in seiner göttlichen und menschlichen Natur zu symbolisieren. – Kolosseum, Caracallathermen, ein gewaltiges Stück Staatskunst; die Riesengrösse der Mauern zeugt noch sozusagen für die gewaltigen Kräfte, die diese Staatskunst niederhalten wollte. Die Kaiserfora, die Wasserleitungen reden dieselbe Sprache. Was fehlte diesen Kaisern zur vollkommensten sozialen Fürsorge, ausser dass sie Alles eben zum Auflösen und Niederhalten des Menschen thaten? ausser dass sie auch noch Menschen geschaffen hätten? Aber sobald dieser

Organismus wirklich auf Menschen stiess, Christen und Barbaren, ging dabei auch Alles zugrunde. – Die Keimkraft von Ideeen ist Etwas Unberechenbares. Wer Das noch nicht in sich selber erfahren hat, muss ein sehr armseliges Geistesleben geführt haben. Eine reiche Saat kann im Sand verdorren; und ein einziges ärmliches Samenkorn im Lauf der Jahrhunderte die ganze Fülle eines reichen Bodens in Blüte und Frucht ans Sonnenlicht emporziehen.

Rom. 17 Juni 1899. *17.6.1899 Samstag*

Im Vatikan. Der Laokoon: von Gelehrten für Gelehrte; weil er so rationell ausgedacht war, konnte man auch wieder so viel darüber schreiben; das ist sein Hauptglück gewesen; alle Früchte des Genies kann man nicht wie ein Uhrwerk zerlegen. Die Erinnerung an eine wirklich geniale Komposition, z. B. Giottos, löscht die ganze alexandrinische Herrlichkeit aus. – Der Augustus im Braccio nuovo[1]: Ausdruck des Kopfes, vor Allem die Härte in Lippen und Augen; ich kenne keinen, der in demselben Maasse das militärische, unbedingten Gehorsam fordernde Befehlen ausdrückt; die vollendete Verkörperung eines Willens, des starken, zähen, unerschütterlichen Willens, der die Centralkraft eines Staats, eines Gesellschaftskörpers sein kann. Als Sichtbarmachung des Imperatorentums in seinem tiefsten Wesen ein psychologisches Dokument ersten Ranges, neben und gegen Tacitus. Die Renaissance-condottieri sind viel nervöser, momentaner angespannt; hier empfindet man garnicht, dass ein Nachlassen des Wollens möglich ist. – Hier in Rom führt Alles immer auf den gesellschaftlichen Organismus, den römischen Staat oder die katholische Kirche zurück; erst im Augenblick, wo Etwas über diese Aufklärung giebt, wird, was römisch ist, interessant; so in der römischen Antiken Skulptur nur die Porträtbüsten. Alles Andre hat seine Heimat nicht hier. Der Gegenpol des römischen Geistes, sowohl des antiken wie des modernen, ist der Individualismus, die Anarchie, so furchtbare und riesenhafte Individuen auch gerade Staat und Kirche nacheinander hier gezeitigt haben. Aber diese Menschen sind hier nur Blüten oder krankhafte Auswüchse des Staats, ihr Wert oder ihre Tragik liegt nie in ihnen selber; ob Julius Caesar und Caesar Borgia oder Nero und Caracalla. – Nachmittags an der Via Appia u. Catakomben.

Rom. 18 Juni 1899. Sonntag. *18.6.1899 Sonntag*

Früh in SS. Cosma e Damiano; das Apsismosaik von etwa 530: Christus zwischen Petrus u. Paulus, die je einen Heiligen (Cosmas u Damianus) heranführen; rechts und links SS Theodorus und Felix. Alles Kolossalgestalten, die bei der geringen Höhe der Kirche (vielleicht verschüttet?) in ihrer ganzen Grösse und wirklich überirdisch wirken. Die Formen, Mäntel, Glieder, Hände, Füsse noch breit und

[1] Museo Chiaramonti

frei, kaum ein erster Hauch von Erstarrung fühlbar. Die Christusgestalt sicher eine der grandiosesten der ganzen Kunst; im Typus ausgeprägt jüdisch, Asketikerkopf mit langem braunem Haar und dichtem Bart (dem späteren Johannes d.T. Typus verwandt.); in den grossen dunklen Augen die ganze Glut und der feierliche Ernst des Verkünders; so schreitet die Riesengestalt in einen goldenen Mantel gehüllt, die Rechte erhoben, auf glühenden Wolken vom Himmel herunter. Ich kenne keine künstlerische Darstellung, die zugleich meiner Vorstellung des geschichtlichen Christus so nahekommt; und dabei wahrt diese die ganze Distanz, lässt Alles, was Christus mehr als ein einzelner, zufälliger Mensch bedeutete, mitempfinden. Auch die beiden Apostel sind in Einem Menschen und Übermenschen. – Die überirdische Hoheit der christlichen Gestalten hat die byzantinische Kunst wohl überhaupt vollendeter ausgedrückt, als jede andre, selbst als die französische, in die das Milde schon hineinspielt; Dieses Grandiose, Himmlische ist ihr eigentliches Gebiet, wie das der italienischen (Giotto bis Fra Angelico) die Verkörperung aller zarten Schattierungen des christlichen Gefühlslebens, und das der nordischen, der Eyck, Dürer, Rembrandt die Schilderung der Leidenschaft, des Moralischen, des Kampfs der religiösen Ideale mit der Naturanlage des Menschen. cf die byzantinischen Engel, und auch z B die Verkündigung in SS Nereo ed Achilleo, die das Feierliche, Weltgeschichtliche und Überweltliche des Vorgangs wiedergiebt wie keine der occidentalischen Kunst. In dieser Christusgestalt von SS Cosma e Damiano liegt ein christlicher triumphierender Gott begraben, den ein Phidias ebenso wie seinen Zeus aus der archaischen griechischen Skulptur hätte herausholen können; aber der, der die menschliche mit der göttlichen Vollendung vereinigte hat der byzantinischen Kunst gefehlt. – Der römische Baustil; der prächtigste Parvenüstil der Welt; er erschöpft sich in zwei Gefühlen: der stolzen Genugthuung, oben angekommen zu sein, und dem nicht immer sorgenfreien Wunsch, sich oben zu halten; er kennt daher nur zwei Zwecke: verblüffen oder gefügig machen. Verblüffen oder gefügig machen verblüffen und gefügig machen, blos verblüffen, blos gefügig machen: keins seiner Bauwerke versagt sich einer Erklärung aus einer von diesen vier Absichten. Und er hat seinen Zweck erreicht; nach zwei Jahrtausenden verblüfft, was von seinen Bauten übrig bleibt, die Welt noch immer; ebensosehr und mehr noch sogar als die Brillanten einer jüdischen Bankiersfrau oder die Rennyacht des neusten Milliardärs aus Chicago; er hat, durch sein Dasein, den Beweis geliefert, dass der Parvenü à force d'être parvenu sogar Stil haben kann. Das Alles kommt schliesslich auf dasselbe hinaus, was ich gestern notierte, dass hier Alles eine staatliche, politische oder soziale Absicht hat, Alles mit dem Hinblick darauf entstanden ist, was es dem Staat oder in dem Staat einbringt. Über diesen Gedankenkreis ist der Römer eigentlich nie hinausgekommen; weder der antike noch der päpstliche; die übergrosse Kraftanstrengung, die es die kleine Stadt gekostet hat, die Welt zu unterjochen, und die Jahrhunderte lang die

Gedanken Aller in diese Bahnen bannte, hat sich gerächt; wie in Preussen; eine Gesellschaft kommt von so tief eingegrabenen Vorstellungen nachher nicht mehr los.

Rom. 19 Juni 1899. *19.6.1899 Montag*

Früh wieder in Sta Pudenziana und SS Cosma α Damiano; in SS Cosma α Damiano ist der Ausdruck zwischen den Heiligen den Aposteln u Christus mit sehr deutlicher Absicht abgestuft; das Mürrische, Erkämpfte geht in erhabene natürliche Strenge über. Wie treu der Gesichtstypus der Asketiker dem Leben abgesehen ist, das beweist der Vergleich mit Jan v Eycks Heremitae[1] in Berlin, die genau denselben wie von Licht geblendeten Ausdruck mit hochgezogenen Brauen haben. – Der Christuskopf in der Pudentiana viel weniger grossartig, obgleich auch hier gerade Grossartigkeit erstrebt und bis zu einem gewissen Grade erreicht ist; der Typus ist aber offenbar noch nicht entdeckt. – An den grossen Kirchenmosaiken treten die apokalyptischen Vorstellungen auf, die auf den Sarkophagen zu fehlen scheinen; in der Pudentiana in einem Gewitterhimmel zwischen Wolken die Thierzeichen der Apostel, in S Paolo fuori die 24 Ältesten, in SS Cosma α Damiano und Sta Maria in Trastevere (dieses allerdings erst aus dem 12ten Jh., aber nach älterer Tradition) die Lämmer am Thron Gottes. Christus selbst ist hier überall offenbar der zum zweiten Mal vom Himmel mit der Macht des Vaters Wiederkehrende. Die Kirche wusste sehr genau, was sie that, als sie so die Darstellungskreise schied; an den Sarkophagen die Symbole des Trosts, aber in den Kirchen die Vorstellungen, die die Herzen am tiefsten erschütterten, und das waren in der vorsentimentalen Kirche die apokalyptischen Verheissungen; nachher, als erst das Mitempfinden erweckt war, und das Mit-Leiden unter den religiösen Gefühlen die Hauptstelle einnahm, waren die Passionsszenen religiös viel anregender und traten daher an die Stelle der apokalyptischen Symbole; aber erst dann, d.h. als sie aufhörten, blosse Symbole zu sein und sich unmittelbar an Phantasie und Gefühl wandten. Wenn sich übrigens das Ideal der byzantinischen Christusgestalt voll entwickelt hätte, so wäre noch einmal Dasselbe geschaffen worden, wie der Zeus von Olympia, eine höchste Offenbarung der körperlichen Majestät. Das Neue, das im Christentum lag, hat dagegen in der Darstellung höchster seelischer Momente, des höchsten Leidens und der höchsten Seligkeit, seine Vollendung gefunden. Aber dass die byzantinische Kunst sich auf jenes sinnliche Ideal hinbewegte, ist sehr bezeichnend für den noch durchaus antiken Geist des frühen Christentums. Erst seit etwa 1100 steckt das Neue, das im Christentum lag, auch die nicht ausschliesslich religiösen Gebiete des Geisteslebens an; bis dahin hatte es diesen gegenüber nur negativ gewirkt, indem es ihnen sozusagen das Quellwasser abschnitt. – Nachher am Palatin. Rom ist die

[1] Genter Altar

Hoheschule des Willens; die Tuffsteinblöcke der ältesten Mauer und die Cubicula der Katakomben lehren Dasselbe: dass einige Männer, die nur ihren Willen als Eroberungswerkzeug haben, eine ganze Welt von Reichtum, Wissen und materieller Macht unterwerfen können; eine solche Schwerkraft hat ein ausdauernder Wille, um die Dinge an sich und in seine Bahnen zu ziehen. Die Hauptursache, die den Menschen allmählich über die Tiere erhoben hat, wird ein Seelenbau sein, der ihm ein ausdauernderes und stärkeres Wollen erlaubt, als den Tieren möglich ist. – Für die Geschichtsforschung konzentriert sich das Interesse auf die Beantwortung der Frage im Allgemeinen und im Besondren: was schafft und was zerstört Das, was wirkt? Für die psychologische Geschichtsauffassung lässt sich diese Frage so formulieren: was schafft und was zerstört Vorstellungen, Gefühle, Triebe?

Rom. 20 Juni 1899. *20.6.1899 Dienstag*

Zweimal, früh und Abends, in St Peter; der erste, verletzende von Maderna u Consorten verschuldete Eindruck schwindet doch sehr bald. Der Kuppelraum und die Seitenschiffe umgarnen und umstricken Einen allmählich, und der Bannspruch, mit dem ein grosser Zauberer hier Jeden der naht, belegt, wird um so Sphinxartiger, je leidenschaftlicher man versucht, seine Formel zu enträtseln; das Gerede von Kreisen und Verhältnissen ist eben Gerede und erklärt Nichts; das Wunder ist, dass aus Allem Dem Etwas Neues, Dämonisch Mächtiges und Liebliches entstanden ist; und diese Sphärenharmonie ist Eigenheiten einer übergewaltigen Persönlichkeit – Bramantes oder Michelangelos – entsprungen, die sich nicht auf Begriffe ziehen lassen; St Peter ist das kolossalste Denkmal, das je ein Mensch sich selber, seiner Persönlichkeit, gesetzt hat. Nur Eins ist sicher, dass Dieses Alles mit der religiösen oder symbolischen Kunst Nichts zu thun hat, sondern im höchsten Sinne und in der gewaltigsten Anwendung, die sie je gefunden hat, Das ist was ich ornamentale, rein auf das Auge und seine geheimen Bewegungsharmonieen gerichtete, Kunst nenne. Man kann St Peter geradezu als Urbild und Beispiel der ornamentalen Kunst anführen, um an ihm klar zu machen, was das Wesen dieser Kunstart und ihr Unterschied von der symbolischen Kunst ist. – Dass hier Nichts konkret Religiöses mitwirkt beweist gerade der störende Eindruck der grossen Engel und Heiligen, die man hineingesetzt hat, um konkrete religiöse Vorstellungen zu erwecken; und das liegt nicht blos an ihrer Barockheit; sondern jede konkrete religiöse Vorstellung selbst die feierlichen byzantinischen Engel, würden hier dem Eindruck entgegenwirken, weil es eben ein Eindruck ganz andrer Ordnung ist, als die zu der die Symbole gehören.

Rom. 21 Juni 1899. *21.6.1899 Mittwoch*
Einige unerwartete und schlecht gespielte Takte der Götterdämmerung auf der Piazza Colonna haben mich heute Abend fast krank gemacht. Ich erinnere mich eines Abends in Guadalajara, da es mir ebenso gegangen ist. Wagner ist ein Strudel, an den man sich hüten sollte, unvorbereitet hinanzukommen. Werden spätere Jahrhunderte diese dämonische Macht der Wagnerschen Harmonieen, die stärkste aggressiv unterjochende Geistesgewalt, die es heute giebt, noch verstehen? Ich kenne Menschen, z B. meine Mutter (wegen der Temperamentsverwandtschaft mit mir bemerkenswert), auf die diese Musik noch garnicht wirkt, d. h. die ihr weder feindlich noch freundlich sind, sondern die von ihr nicht berührt werden; sie gehören noch einem früheren Stadium der Nervenentwicklung an. Das deutet aber darauf, dass es auch eine Zeit geben wird, auf die Wagner nicht mehr, wenigstens nicht so wie auf uns, wirken wird. Und doch glaube ich kaum, dass er jemals zum Bernini heruntersinken wird; dazu ist doch zu viel Unerklärliches, aus den Tiefen der Persönlichkeit Hervorbrechendes, Menschliches und daher Ewiges an diesen Tönen. Er scheint eher mit Velazquez, Phidias, Bramante verwandt, den grossen Bethörern der Sinne (ός ὄμματα θέλγει[1]) die sich auf den geheimsten Wahlverwandtschaften zwischen den Reizen eines Sinnesnerven ein ewiges Reich gegründet haben.

Rom. 22 Juni 1899. Donnerstag. *22.6.1899 Donnerstag*
In der Villa Borghese. Die „Himmlische und Irdische Liebe"[2], die Frau, die ihren nackten Leib wie den Weihrauch, den sie aus der offenen Schale verdampfen lässt, der ganzen Natur, von dem sie ihn empfangen hat, wieder zurückgiebt, und die, die das geschlossene Gefäss hütet und ihre Schönheit als Rätsel hinter mystischen Schleiern verschlossen für sich und für den Einen bewahrt. Das Herrliche an diesem Bilde, dass der Gedanke sich nur in Farben und Formen, nie in Worten, ganz ausdrücken liess und dass er hier ganz zum Ausdruck gekommen ist. In Realismus von Farbe und Formen ganz gewaltig auch Correggios Danaë; schon die lichten grauen und blauen Töne des Settecento und noch die Menschengrösse des Cinquecento. Diese grossen, allgemeinmenschlichen Figuren postulieren geradezu die mächtige, abstrakte Formenwelt St Peters, um sich darin zu bewegen; sie selbst sind ganz grosse, majestätische Bewegung an sich, des Leibes und der Seele; an sich, weil bei ihnen jede Vorstellung und jede Willensregung zu denselben ewig majestätischen und doch, weil noch menschlich, ewig verschiedenen Gesten und Gefühlen Anlass giebt. Menschen die innerlich und äusserlich ganz Ornament, ganz Linie, ganz Harmonie Erwecker sind, und doch nie lang-

---

1 „der die Augen einschläfert"; homerische Formel für Hermes, der mit seinem Stab die Augen der Menschen zum Schlaf oder Tod betörend berührt

2 Tizian

weilig, weil immer eine Realität der Anlass ihrer Schönheit ist; wie das Meer, das nie zwei ganz gleiche Wellen wirft, in allen doch die Majestät seiner Tiefe offenbart. – Vielleicht ist es möglich so intelligent zu sein, dass die Intelligenz das Herz ersetzt, ich meine dieselben Handlungen eingiebt, die dem Glauben, der Moral, dem Mitgefühl entspringen würden. Grosse Frage.

Rom. 23 Juni 1899. *23.6.1899 Freitag*
Im Pal. Doria Velazquez' Innocenz X; Farbenorchestrierung und Charakterdarstellung, Beides gleich stark. Abends zufällig Ludwig v Hofmann und seine junge Frau getroffen, die mich zu sich einluden; dort noch Hartleben, Khaynach, und Sor Rodolfo (Pichler). Mit Diesen nachher in eine Osteria und bis spät zusammen, während draussen der Lärm der Johannisnacht vorgieng.

Orvieto. 24 Juni 1899. *24.6.1899 Samstag*
Mittags aus Rom fort, ohne Bedauern. Gegen 5 in Orvieto. Als Ganzes ist die Dom Fassade infolge der Restaurationen hart und unharmonisch; im Einzelnen aber noch Viel Zartes und Feines; Verschlungene Muster in Gold, Rosa und goldigem Gelb, die den Marmor wie eine Damascenerklinge bedecken.

Florenz. 25 Juni 1899. *25.6.1899 Sonntag*
Spät hier an.

Florenz. 26 Juni 1899. *26.6.1899 Montag*
Nachmittags bei Geyger in Marignolle; er zeigte mir den fast fertigen Stier, ein herrliches Werk, wahre Monumentalskulptur; Geygers Villa prachtvoll gelegen: Blick auf die Ebene bis Pistoja, gegenüber Fiesole, während Florenz hinter nur einem Hügel fast verschwindet. Geyger über sein Verhältnis zu den alten Florentinern: Donatello etc.; er habe sie viel betrachtet und bewundert, aber nicht eigentlich studiert; das könne ein Künstler nicht, von einem Andren lernen; sonst verliere er sich gegenüber die Naivität beim Schaffen.

Florenz. 27 Juni 1899. *27.6.1899 Dienstag*
Abends in Fiesole. Das Franziskanerkloster; düster schattiger Garten auf sonniger Höhe, durch die Stämme nach allen Seiten der Blick ins Weite, Unbegrenzte; echt franziskanisch; der Ausdruck einer Lebensform, die Franz geschaffen hat.

Verona. 28 Juni 1899. *28.6.1899 Mittwoch*
Mittags aus Florenz fort hierher.

Berlin. 30 Juni 1899. *30.6.1899 Freitag*
Abends hier an.

Berlin – Weimar. 9 Juli 1899. Sonntag. *9.7.1899 Sonntag*
Nach Weimar, um die Frau Förster zu besuchen. Dort Liliencron kennen gelernt; er sieht unbedeutend und etwas rouéhaft verfallen aus, namentlich die faltige Gesichtshaut; ist auch nicht ganz sicher in seinem Benehmen; ich weiss nicht ob deshalb, weil ihn als alten Offizier das Civil, oder weil ihn die Salon Atmosphäre genierte. Aber unter Allem Dem doch Etwas Herzhaft Sympathisches. Nach Tisch las er einige Gedichte von sich vor, und recht gut. Ausser Liliencron noch Olde und Seidl da. Die Frau Förster erzählte mir, dass Nietzsche vor einigen Wochen einen Schlaganfall gehabt habe, an dem er 36 Stunden lang bewusstlos gewesen sei. Es wäre für sie offenbar ein furchtbar harter Schlag, wenn er wirklich zu leben aufhörte. Abends nach Berlin zurück.

Berlin. 17 Juli 1899. Montag. *17.7.1899 Montag*
Abends nach München fort.

München. 18 Juli 1899. *18.7.1899 Dienstag*
Abends Gee in München auf der Bahn abgeholt.

München. 19 Juli 1899. *19.7.1899 Mittwoch*
Früh mit Gee in der Glyptothek. Nach dem Frühstück in der Pinakothek. Unsinnigkeit der Entwicklungsidee auf dem Gebiete der Kunst, der sog. Kunst„geschichte". Sie ist von der Wissenschaft hier eingeschmuggelt worden, weil das damals die einzige Handhabe war, an der die Wissenschaft die Kunst fassen konnte, und sie doch auch hier gern Etwas zu sagen haben wollte. Die Entwicklungsidee hat hier nichts zu suchen – d. h. insofern die Entwicklung als ein Fortschritt aufgefasst wird –, da es sich immer um die Erregungsmöglichkeiten der menschlichen Seele handelt, die thatsächlich zu allen Zeiten gleich sind und denen die Zeitumstände nur in dieser oder jener Richtung vorarbeiten. Nur innerhalb der einzelnen Erregungsgebiete, Erregungsmöglichkeiten, lässt sich eine Art von Entwicklung konstruieren, nämlich nach der Richtung des Zieles, das als „Ideal" voranleuchtet und nach der Herrschaft über die technischen Mittel, die vervollkommnet wird; welche beiden „Entwicklungs"strömungen übrigens von einander ganz unabhängig sind und sogar im umgekehrten Verhältnis zu einander wachsen können, wie in der christlichen Kunst seit 1200. Im Altertum entwickelte sich die aegyptische Kunst von der Steinmonumentalität zum Realismus, zur genauen Beobachtung der Äusserlichkeiten, die griechische dagegen von derselben Grundlage aus zu einer immer feineren Differenzierung der Formen, d. h. der Nervenreize. Es ist nämlich direkt unrichtig, dass die Griechen ihre grössere Vollendung durch einen näheren Anschluss an die Natur erreicht hätten; im Gegenteil, näher sind die Aegypter an die Natur hinangegangen; die Griechen haben dagegen immer nur die Reize noch differenzieren wol-

len, und die Natur blos hierzu benutzt, als Vorwand gebraucht. Die sog. Knappheit der Formen bei den Aegineten[1] entsteht daraus, dass sie am Anfang dieser Differenzierung der Reize stehen; das alte Gerüst der Steinformen ist noch überall die Hauptsache; aber um jede Form spielen schon leise Variationen des Lichtes und Schattens, Praeludien der Phidiasschen Polyphonie. Ein kleines Relief mit zwei Figuren zeigt diese zweite Stufe, die dann zu der völligen, malerischen, Auflösung der Form in lauter wogende Reize von Hell und Dunkel in den überherrlichen barberinischen Faun führt. Hier ist die Parallele zu Tizian oder Rodin; eine Entwicklung an diesem Punkte angelangt, der später wieder und immer wieder erreicht werden muss, sobald dieselbe Richtung auf Verfeinerung der Ausdrucksmittel, d. h. der Reize, eingeschlagen wird. – In der Glyptothek sieht man die griechische plastische Schönheit wie eine säftereiche Frucht reif und überreif werden. – Zwei Entwicklungslinien der Kunst: Vervollkommnung der Sinnesharmonieen (Ornamentik), Vervollkommnung der Gefühlsharmonieen (Symbolik); dazwischen natürlich ein grosses gemischtes Gebiet. – Die Geschichte überhaupt besteht wohl nur aus einer Unzahl kleiner Entwicklungen, die nebeneinander hergehen, einander durchkreuzen, aber ebensowenig das Recht geben, von einer Gesamtentwicklung zu sprechen, wie unzählige Wellen, die die Meeresoberfläche bewegen, notwendig eine Strömung bezeugen oder auch nur über eine vorhandene Strömung Aufschluss geben. Die Vorstellung von einer Gesamtentwicklung ist deutsche Mythologie.

München. 20 Juli 1899. *20.7.1899 Donnerstag*

Mit Gee nach Neubeuern; dort, ausser Wendelstadts, Frau v Ahlers[2], Kalnein, Degenfeld; Abends zurück.

München – Bayreuth. 21 Juli 1899. *21.7.1899 Freitag*

Früh in der Pinakothek und Sezession. Nachmittags nach Bayreuth.

Bayreuth. 22 Juli 1899. Sonnabend. *22.7.1899 Samstag*

Rheingold. Siegfried Wagner dirigierte, langweilig.

Bayreuth. 23 Juli 1899 *23.7.1899 Sonntag*

Früh mit Gee in Wahnfried Besuch; dort Eva[3], die Frau Thode und die Gräfin Gravina. Mit der Frau Thode über Sabatiers neue Publikation. Nachmittags Walküre. VanRoy prachtvoll. Das Orchester im letzten Akt gut, namentlich feine und reiche Nüancierung der Motive. Das Herrlichste aber der erste Akt mit der

---

[1] Aegina, Tempel der Aphaia

[2] Alers

[3] Wagner

Sucher, trotz ihres Mangels an Stimme. Nachher mit Frau vom Rath, Frau von Wedel und Delbrücks soupiert.

Bayreuth. 24 Juli 1899. *24.7.1899 Montag*
Siegfried; das Orchester im ersten Akt unerträglich langweilig.

Bayreuth. 25 Juli 1899. *25.7.1899 Dienstag*
Götterdämmerung.

Bayreuth. 26 Juli 1899. *26.7.1899 Mittwoch*
Soirée bei der Cosima; nicht übermässig voll; etwa 100 Menschen. Gute Musik und gutes Programm: ein Quartett von Beethoven, dann Schuberts Allmacht von der Schumann-Heink ergreifend gesungen, schliesslich eine Leporello Arie von einem Italiener. Gegen 11 entliess Cosima ihre Gäste, unter denen die Erbgrossherzogin v. Weimar[1], die Erbprinzessin von Anhalt u. s. w., mit unvergleichlicher Grazie und Diplomatie. Während der Musik sitzt sie immer dicht neben den Musikern, als ob sie ihnen Geltung verschaffen wollte, gegenüber ungezogenen Schwätzern. Der Musiker ist währenddem die Hauptsache, nicht die Gäste.

Nürnberg. 27 Juli 1899. *27.07.1899 Donnerstag*
Mit Gee nach Nürnberg. Beim Frühstück Dehmel mit seiner Frau Isi und seinem Rechtsanwalt (blonder Jude) in einem Restaurant getroffen; die Beiden wollen sich jetzt ganz zusammen thun. Die Isi hat für mich Etwas physisch Abstossendes, als ob sie zu einer andren Tierart gehörte. Abends las uns Dehmel bei seinem Rechtsanwalt das erste Buch von „Zwei Menschen" bis auf die fünf letzten Lieder, vor. Lauter Situationen, was beim Vorlesen eintönig wirkt, aus denen aber manchmal der Sturm der Leidenschaft unerhört mächtig weht. Störend die Frau Isi, die dabei sass und bei den Versen, die sie betrafen, also bei fast allen, sich gemüssigt fand, die entsprechende Komödie des tiefen Empfindens, Lachen oder Weinen, zu spielen. Abends zurück.

Bayreuth. 28 Juli 1899. *28.7.1899 Freitag*
Meistersinger: das Orchester unter Richter im Gegensatz zu den Siegfriedschen[2] Darbietungen wunderbar lebendig und fein; das Vorspiel zum III Akt habe ich noch nie so gehört. Auch Friedrichs als Beckmesser prächtig. Abends immer im Theaterrestaurant Cosima mit Familie, einigen Fürstlichkeiten und den bevorzugten Künstlern. Sie wird von Jahr zu Jahr majestätischer, schöner und mit ihrem weissen Haar milder; ihre Umgangsformen sind gross, frei und voller

[1] Pauline

[2] Siegfried Wagner

Grazie wie sie selbst; sie drücken sie aus, ohne der gesellschaftlichen Konvention ins Gesicht zu schlagen; sie versteht es, die konventionellen „gesellschaftlichen" Formen als grosse Künstlerin zu benutzen, durch ihr künstlerisches Genie sich aus ihnen Mittel zu schaffen, durch die sie ihre gesellschaftliche Herrschaft stabiliert; darin ist sie ganz einzig, während andre Künstler, sobald sie sich in der „Gesellschaft" ihres Genies bedienen oder sich dadurch zu Geltung bringen wollen, es nur zur vollendeten komischen Figur und bad manners' bringen. Mir scheint die Cosima ein sozialwissenschaftlich interessantes Menschen Exemplar.

Bayreuth. 29 Juli 1899. *29.7.1899 Samstag*

Parsifal; eine bis auf Terninas Kundry total verfehlte Aufführung; das Orchester unter Fischer weihelos bis zur Blasphemie. Mit Wendelstadts bei Riebenstahl gefrühstückt und im Theaterrestaurant gegessen.

Weimar. 30 Juli 1899. Sonntag. *30.7.1899 Sonntag*

Mittags aus Bayreuth fort nach Weimar. Gee bei Frau Förster einquartiert ich im Erbprinzen. Im Nietzsche Archiv Abends Ansorges, Seidls und der Bildhauer Kramer. Ansorge spielte nach Tisch zwei seiner Kompositionen nach Nietzsche und nachher zwei nach Mombert; trotz seines Mangels an Stimme tief ergreifend. Ein schöner Abend.

Weimar. 31 Juli 1899. *31.7.1899 Montag*

Früh bei der Frau Förster. Über Cosima; sie erzählte, Nietzsche habe wie sie glaube, im Inneren gegen Ende seiner Gesundheit den Gedanken gehabt, sie von Wagner zu befreien; Cosima sei ihm Ariadne gewesen, er Dionysos, Wagner Theseus. Wenn Cosima und Nietzsche und Wagner zusammen gesprochen hätten, hätten Cosima und Nietzsche meistens gegen Wagner zusammen gestimmt; sie hätte sich im Gegensatz zu Wagner in der feineren, auch artistisch feineren, Kultur gefunden. Als er wahnsinnig geworden war, habe Nietzsche an Cosima als „Ariadne" geschrieben. Mit Gee im Goethehaus. Zum Frühstück bei Frau Förster Betherys[1] und ein gewisser Heinitz[2], ein merkwürdig konfus-verschwommener und dadurch unangenehm aufreizender Geist. Alle zusammen dann nach Tiefurt. Abends nach Leipzig.

---

[1] vermutl. Henriette, Gertrud u. Helka Petery

[2] Heynitz

Leipzig. 1 August 1899. *1.8.1899 Dienstag*

Mit Gee im Museum und ihr die Toteninsel[1] und die Salome[2] gezeigt. Nachmittags zu Klinger hinaus. Der Unterkörper des Beethoven, das Gewand, ist vollendet, der Torso und der Kopf schon weit vorgeschritten; man fühlt schon die vorwärtsstürmende Kraft, die die Gestalt ausdrücken wird. Klinger war beschäftigt aber guter Laune; besprengte seine Stein und Marmorstücke, um ihre Farbe herauszubringen, zeigte seine Entwürfe für das Museum. Ich brachte ihn auf die unglückliche Aufstellung seiner Salome und seiner Kassandra unter Gipsfiguren. Ja, meinte er, wir waren schon glücklich so weit, dass alle Gipse herausgeworfen werden sollten; da schenkt Jemand einen von den sog. „seltenen" Abgüssen des David[3], und da mussten wir wieder Alles behalten. An der Aufstellung bin ich selbst schuld; früher war die Salome ganz gut aufgestellt, im oberen Stock; da habe ich die Marmorsockel gestiftet, und die konnte der Bau nicht tragen. Wenn es mit der Ausmalung des Museums Etwas wird, wird das wohl anders werden, da dann überhaupt grosse Veränderungen nötig sein werden. Aber vorläufig stehen wir noch bei den Vorverhandlungen zu den Vorverhandlungen. – Bei Klinger ist die Natur erbarmungslos, und Alles was er schafft, ist ein Stück Natur; die Salome, der Beethoven, seine Landschaften Alles Individualität, nur darauf bedacht, sich selbst auszuleben; Gegensatz zu Böcklin. Abends nach Berlin.

Berlin. 2 August 1899. *2.8.1899 Mittwoch*

Gee und Sylvie im Palasthotel untergebracht; früh Gee von den Museeen nur die griechischen Grab Stelen und die Böcklins gezeigt; Nachmittags mit ihr nach Wannsee zur Frau Richter, wo auch Musch.

Berlin. 3 August 1899. *3.8.1899 Donnerstag*

Früh mit Gee wieder im Museum[4], wo van Eyck, Rembrandt, Giorgione. Nachmittags nach Potsdam, die Lancrets, Watteaus und den Park von Sanssouci. In der Meierei gegessen. Abends Gee abgereist.

Berlin 4 August 1899. *4.8.1899 Freitag*

E. M. Geyger und Musch bei mir gefrühstückt. Geyger eine Empfehlung für Lehndorff nach Graditz gegeben; er will dort Vollblüter zeichnen und modellieren.

---

[1] Böcklin

[2] Klinger

[3] nach Michelangelo

[4] Gemäldegalerie

Regensburg 6 August 1899. *6.8.1899 Sonntag*

Früh hier an. Die Stadt scheint mir eine der malerischesten von allen, die ich kenne; das Grün des Flusses, das Grau des Sandsteins und das Rosa und Schwarz der Ziegeldächer bilden eine Skala, die sich in ihren Werten fortwährend verändert und doch auf denselben Grundakkord gestimmt bleibt. Heute Abend, als sich die letzten verglimmenden Gluten der Wolken in der schon dumpfen, graugrünen Donau spiegelten und in der Ferne vor den Baumgruppen des Wörths die Flussnebel dünn weiss aufstiegen, verschwamm Alles in ein solches Märchengewebe von zarten Tönen, dass man an eine Zaubererscheinung, an eine aus dem rauschend Strom emporgestiegenen Fata Morgana glauben konnte; selbst die seltenen erleuchteten Fenster in den alten Häusern am Flussufer stimmten mit ihrem rötlichen Schein, der über die Wellen entlang glitzerte, in die zarte Symphonie von Rosa und Grau genau ein. – Der Dom ist etwas zu kurz, aber im reinsten und edelsten Stil emporgeführt. Mir scheint sich der tiefste Sinn und die wichtigste Bedeutung der grossen Dome am deutlichsten in dem geheimnisvollen individuellen Leben zu enthüllen, das sie zwischen den Gottesdiensten erfüllt; im Kommen und Gehen der Einzelnen, die auf Minuten in der Weihe des Orts die Tiefe des Gefühls und die Sicherheit des Glaubens und Hoffens suchen; diese leisen, klingenden Schritte, die knieenden Figuren, die Stimmung, die diese einsam Betenden bekunden, offenbaren den wirklichen Zweck, die religiöse Bedeutung der grossen Kirchen viel wahrer, als wenn sie als Schauplätze und Hintergründe pomphafter religiöser Akte erscheinen; hier zeigen sie sich in ihrer Bestimmung als die grossen Stimmungserreger, die dem Gefühl in der Brust Stärke geben, um das Einzelbild des Göttlichen vor dem Ansturm neuer und zersetzender Gedankenbilder durch einen lebendigen Strom des Fühlens zu schützen. Man muss dieses Leben katholischer Kirchen nach der Frühmesse oder gegen Abend beobachten und mitfühlen, um die katholische Kirche und was sie von der protestantischen scheidet verstehen zu lernen. Die katholische Kirche bietet Möglichkeiten des Glaubens, die den Angriffen des Verstandes ganz entrückt sind, weil sie von Vorstellungen nicht abhängen; sie ist daher die Kirche einer viel älteren, skeptischeren Verstandeskultur als die protestantische. – Bei einer Reise sind zwei Dinge notierenswert: die Nerveneindrücke, die die Natur oder Menschenwerke in Einem hervorrufen oder hervorzurufen bestimmt sind, und die Lebensformen, die man enträtselt, d. h. die neuen psychologischen Verbindungen und Bedürfnisse, die Anschauungen, die das Leben an diesem bestimmten Orte gestalten, und das Leben, wie es sich innerhalb dieser Formen entwickelt, mit den notwendigen sekundären Difformationen. Man müsste einmal von diesen beiden Gesichtspunkten aus eine Art von idealer Reise duch Europa schreiben.

Triest. 5 September 1899 *5.9.1899 Dienstag*

Gestern Abend aus Wien. Früh durch den grossen Wald in SüdKrain; über der endlosen Tannenwildnis fern blaue Berggipfel im südlich klaren, tiefen Himmel; dazwischen Strecken steiniger, kahler Haide; kein Dorf, kein Haus, kaum hier und da einiges mageres Weidevieh. Nirgends in Europa habe ich solche Einsamkeit gesehen; sie erinnert an die grossen Brachlande von WestAmerika oder NordMexico. Vor Triest plötzlich tief unten das blaue Meer weithinaus glitzernd und fern in weissen Morgennebel übergehend. – In Triest gleich an Bord. Um 12 die Anker gelichtet. Vom Meer aus sieht der Hügelkranz um Triest kahl und trostlos aus; die Stadt selbst unschön und unbedeutend. Nachmittags an ganz Istrien entlang; Rovigno, mit einem merkwürdigen, dem Marcusturm ähnlichen Campanile; Pola, von dem nur der Leuchtturm an der Südspitze Istriens zu sehen ist. Bei Sonnenuntergang die dalmatinische Küste.

Brindisi. 6 September 1899. *6.9.1899 Mittwoch*

Früh bei Lissa vorbei; von hieraus im Südwesten der langgestreckte, runde Rücken des Monte Gargano am Horizont. Spät Abends in Brindisi. An Land und ein schmutziges und verfallenes Schiffernest hinter dem berühmten Namen entdeckt.

Corfu. 7 September 1899 Donnerstag. *7.9.1899 Donnerstag*

Früh die Albanische Küste und rechts die kleinen nördlichsten ionischen Felseninseln. Gegen 10 Santi Quaranta in Epirus angelaufen; eine grossgestreckte Bucht, die im Süden von Corfu geschützt wird; Hafen von Janina; aber nur zwei oder drei elende Baracken, von denen alle bis auf eine im letzten Krieg von den Griechen zusammen geschossen sind und noch heute nur den endlichen Zusammensturz abwarten. Von hieraus in den Kanal von Corfu; um 1 vor der Stadt Anker geworfen und in Barke ans Land. Nachmittags durch die Ölwälder zum Canone, dem Cap über der Einfahrt des antiken, Hylläischen Hafens; die Bucht schneidet tief in das Land ein, von Anhöhen mit Olivenwäldern fast umschlossen; in der Einfahrt liegt die kleine Insel[1], die das versteinerte Phäakenschiff sein soll, mit einem weissen Kloster und hoch darüber emporstehenden Cypressen; dahinter die majestätisch weite Meerenge zwischen den albanischen Küstenbergen und der vom ganz niedrigen Kap Leukimme zum Itone allmählich in einem gewaltigen Bogen aufsteigenden Insel. Der erste Eindruck der Landschaft ist paradiesisch herrlich; die Luft wie aus lauter Licht, unwahrscheinlich hell und leicht.

---

[1] Pontikonisi

Corfu. 10 September. 1899. *10.9.1899 Sonntag*

Schopenhauer nach einer sehr sorgfältigen und immer wiederholten Lektüre zu Ende. Jede Philosophie ist immer die Rechtfertigung eines Instinkts durch einen Verstand; daher giebt es so selten Jemanden, der ein Recht hätte, zu philosophieren; denn die Verbindung eines starken Verstandes mit einem starken Instinkt ist fast widernatürlich; und überdies muss der Instinkt in irgend einer Weise Widerspruch empfinden, dass er es für nötig oder wichtig hält, sich zu rechtfertigen. Bei Schopenhauer treffen alle diese Bedingungen in hohem Grade zu; seine Philosophie ist daher auch eine der farbenprächtigsten Schöpfungen des menschlichen Geistes, ein wahrer Pfau, mit zahllosen sehenden blinden Augen, inmitten seines schillernden Schmucks. Auf welchem Gebiet hat er nicht neu gesehen? Der Widerspruch, der überall gegen das Ganze und gegen fast alle Teile vom Standpunkt der abstrakten Vernunft möglich ist, lässt vorläufig noch den Wert, die gewaltige Schöpferkraft, den Reichtum an Lebenskeimen, des Schopenhauerschen Werks übersehen. Im Grunde genommen ist der ganze Nietzsche nur eine Auseinandersetzung mit Schopenhauer. Und wieviele Auseinandersetzungen mit ihm von andren Instinkten aus sind nicht noch möglich?

Corfu. 12 September 1899. *12.9.1899 Dienstag*

Früh in Monrepos zu arbeiten angefangen[1], im Schatten eines kleinen Cypressenhains beim gleichmässigen Plätschern der Strandwellen. Die Worte und Gedanken fliessen hier leicht in dieser halkyonischen Stille und Helligkeit.

Corfu. 14 September 1899. *14.9.1899 Donnerstag*

Abends bei Sonnenuntergang oben auf der Höhe der alten Stadt Thukydides' Beschreibung der Kerkyräischen Revolution gelesen. Dasselbe gleichgültige und herrliche Meer hat schon diesen Greueln gerauscht. Die Meerenge verblasst allmählich von leuchtendem Blau zu immer dumpferen, bleiernen Tönen, breit wie ein mächtiger Strom zwischen dem purpurnen Felsengebirge von Epirus und den Olivenhügeln der Insel hinfliessend. Die Farben steigen wie ein mächtiger und verklingender Hymnus empor zum klarer und tiefer werdenden Blau des Himmels; und in die Wellen ragt vor der Stadt der Felsenklotz hinaus, der das Heraim trug; dort begieng die gefangene Aristokratenpartei, um den letzten Martern zu entgehen, gemeinsam Selbstmord, ...

Corfu. 15 September 1899. *15.9.1899 Freitag*

Zum Achilleion hinaus; eine geschmacksbaare und peinigende Schöpfung; der erste hässliche Eindruck, seitdem ich in Corfu bin. Abends dafür kurz nach Sonnenuntergang ein seliger Einklang zwischen dem satten, durchsichtigen Blau des

---

[1] Kunst und Religion

Meeres und dem blassen Lila der schon vom Monde beschienenen Berge Albaniens.

Corfu. 16 September 1899. Sonnabend. *16.9.1899 Samstag*
Früh wieder zur Zufriedenheit in Monrepos gearbeitet. Schönheit alles Dessen, was Wasser ist: Meer, Wolken, Thautropfen; überall geniesst man in der Natur erst am Wasser das Licht: auch die fernen durchsichtigen Dunstschleier, die die Berge verklären. In der Odyssee. Wie anschaulich menschlich hört sich in dieser Landschaft der Wunsch des Odysseus an, auch nur von ferne den Rauch von Ithaka aufsteigen zu sehen: hier, wo jede Küste über das Meer hinweg zu noch einer andren Küste hinüberschaut, von der jedes Zeichen menschlichen Lebens, jede Hütte und Rauchsäule, wie ein Gruss herüberklingt.

Corfu. 20 September 1899. *20.9.1899 Mittwoch*
Zu Fuss nach Péleka, einem Felsennest hoch über dem Meer auf dem andren Ufer der Insel. Die Frauen kommen Einem in den steilen, steinigen Gassen des Dorfs in Blau und Safran gekleidet entgegen, einen Leinen Schleier um Stirn und Gesicht und auf dem Kopf ein hohes Metallgefäss tragend, wie sie Odysseus begegnet sein können. Das Innere der Insel überall reich bebaut, Wein und Oliven, zum Teil untermischt. Unterwegs das 4te Buch der Odyssee. Kunst der Charakteristik bei Helena; ihre grausame Tücke scheint wie eine zarte Untermalung durch das reiche, und von Heimweh nach geliebten Toten verklärte Idyll am Hofe des Menelaus hindurch. Κλαῖεν Ἀργείη Ἑλένη,[1], und unter dem süssen Wohllaut der Verse leuchtet die arglose Falschheit des Weibes hervor. Die Art der Schilderung von Trug und Tücke unter dem Mantel des die Sinne noch acuter einspannenden Idylls dieselbe, wie bei Giottos Salome[2] in Santa Croce.

Corfu. 1 Oktober 1899. Sonntag. *1.10.1899 Sonntag*
Einen wirklich göttlichen Nachmittag auf Pondikonisi, dem „Schiff des Odysseus“ verlebt, auf einer kleinen Terrasse im Schatten der Kloster Kapelle mit nur zwei oder drei alten Cypressen zwischen mir und dem Meer. Simonides- und Archilochus-Fragmente; sie passen in ihrer üppigen und zarten griechisch orientalischen Frühreife zu dem wollüstigen Fluss und Farbenspiel der Wellen. Diese ganz frühe griechisch individualistische Lyrik ist eigentlich mehr orientalisch als hellenisch; eine Vorläuferin der persischen Liebesdichtung. – Der Wert der Ein-

---

[1] „Helena, die Argiverin, weinte“; Odyssee 4, 184

[2] Fresken, Florenz, Santa Croce - Cappella Peruzzi

samkeit liegt in der Möglichkeit, sich selbst zu vergessen, das selbst, das als Bild in unserer Phantasie paradiert, zu verlieren, um das wirkliche Ich der Gefühlswelt zu finden. – Bei der Rückkehr hart und erschütternd eine Karte von Mamma, dass Gees Freundin Mrs Heywood im Sterben liegt. Für die Kleine ein unersetzlicher Verlust, und daher auch mich tief ergreifend.

Corfu. 2 Oktober 1899. Montag. *2.10.1899 Montag*

Den Tag wie immer; vor 7 geschwommen, dann Vor- und Nachmittags in Monrepos gearbeitet. Später am alten Aeskulap Tempel[1] in Hesiod. – Beim Nachhauseweg das Nachglühen des Abends im Hylläischen Hafen; alle Farben von Rot bis Blau und Schiefergrau im Glanz des Wassers; eine reiche und tief ernste Pracht; und jenseits des Wassers der lange Zug der Olivenhügel, über denen der Eliasberg mit seinem kleinen Seitenkegel sich scharfumrissen in des Abends Glut und Pomp abzeichnet. – Die Erfahrung lehrt die Meisten eigentlich immer nur was sie schon wissen; auf das Andre achten sie nicht. – Der Himmel hat im Süden diese tiefe Durchsichtigkeit infolge der grossen Menge von Feuchtigkeit die sich in der Schwebe erhält; bei uns ist es bei klarem Wetter als ob ein Vorhang fortgezogen wäre; es bleibt Nichts übrig, das Tiefe geben könnte; hier legt sich die Luft vor die Fernen, und vor das Firmament selbst, wie ein durchsichtiger Sammet. Es ist immer auch in der höchsten Helle und Klarheit wie ein Chiaroscuro, das alle Schönheit wie ein fernes Paradies von Einem scheidet.

Corfu 3 Oktober 1899 Dienstag. *3.10.1899 Dienstag*

Ein wunderbar klarer und stiller Tag. Das Meer hat Stellen, wo es nur spiegelnder Glanz ist, und geht dann allmählich über in tiefe und satte Farbe. – Abends nach der Kapelle auf der höchsten Stelle der alten Stadt; man sieht hier nach beiden Seiten, östlich die Strasse von Corfu in ihrer majestätischen Breite und westlich den alten Hylläischen Hafen, über dem hinweg der merkwürdige Kegel des Eliasberges. Noch einmal, zum letzten Mal, diese ganze Schönheit in meine Augen gesogen.

Corfu. 4 Oktober 1899. *4.10.1899 Mittwoch*

Doch noch, um den ersten Teil meines Artikels[2] zu Ende zu schreiben, hier geblieben.

Corfu. 7 Oktober 1899. *7.10.1899 Samstag*

Zum letzten Mal Nachmittags am alten Asklepiostempel Theognis gelesen, bis die Sonne untergieng und das Licht auf Wasser und Bergen verlosch.

---

[1] Tempel des Asklepios

[2] Kunst und Religion

Corfu. 8 Oktober 1899 Sonntag. *8.10.1899 Sonntag*
Vormittags zum letzten Mal am alten Platz, unter den Cypressen, in Monrepos gearbeitet. Nachher noch einmal zum Asklepios Tempel, bei Scirocco und einem Wolkentumult. Abends fort.

Pylaros auf Cefalonia. 9 Oktober 1899 *9.10.1899 Montag*
Früh in Argostoli; dann zu Wagen nach Pylaros einer andren Cefaden Insel. Drei Viertel des Weges hoch über dem Meer entlang am Rande fast senkrechter Felsenhänge, an denen nur etwas grünes Gestrüpp und hier und dort ein Olivenbaum klebt; allerdings bei Regen und Wind; aber das Meer brandete deshalb um so weisser und wilder am langen Klippensaum. Man sieht Ithaka zuerst vom Hochthal im Inneren der Insel; doch heute nur einige graue Formen und ein Sonnenblick auf einem Felde im Nebel. – Von Pylaros in einem kleinen Zweimaster vergeblich versucht, nach Ithaka hinüberzusegeln; nach einigen Stunden unnützen Kreuzens wieder zurück und in Pylaros übernachtet.

Vathi – Ithaka. 10 Oktober 1899. *10.10.1899 Dienstag*
Um 4 auf, und um 6 aus Pylaros fortgesegelt, gerade als die Sonne aufging; klarer Himmel, aber noch mit einigen Windwolken. In grossen Schleifen, die bis dicht an Same hinanführten, in 3 ½ Stunden nach Aito auf Ithaka hinüber. Zwischen Same und Ithaka gleicht das Meer einem mässig grossen von Bergen ganz umschlossenen Landsee; einer Art von südlichem Schottland; nirgends ein Durchblick; rings herum Cefalonia, Leukas, Ithaka und der Peloponnes. Das Wasser allerdings vom gestrigen Sturm noch heftig bewegt, mit weissen Wellenköpfen und grossen, dunkelblauen Hochsee Wellen. Von Aito nach Vathi geht der Weg über einen Bergrücken am Aetos. Bis auf die Kammhöhe durch die Olivenbäume tief farbiger Blick nach Same zu mit seiner dunkelblauen Bucht, auf der die Sonne spielte, und dem grossartig wildem Waldgebirge dahinter. Das übrige Cefalonia trostlos ödes rotes Gestein. – Sobald man auf der Passhöhe ist, sieht man gegenüber den Neritos, jetzt ganz kahl, und an seinem Fuss entlang eine tief in die Insel einschneidende schmale Bucht; jenseits, Leukas und Akarnanien. Vathi liegt an einem von dieser Bucht aus quer ins Land abzweigenden langen und tiefen Hafen, der von zwei vorspringenden Vorgebirgen abgetrennt wird; so passt er genau auf Homers Beschreibung des Phorkys Hafens. Dann läge die Stadt Vathi an der Stelle, wo Odysseus am Ölbaum gelandet wurde und endlich den Heimatboden, die Kornspendende Scholle, küssen konnte. Nachmittags nach einer Tropfstein Höhle etwa dreiviertel Stunden nördlich vom Hafen von Vathi, ziemlich hoch oben am Berge; auch diese Höhle passt, bis auf ihre Entlegenheit, genau auf Homers Beschreibung; der Eingang ist von Norden (ziemlich klein und in einem Steinfeld versteckt); nach Süden führt eine Art von ganz engem, ungangbarem Kamin, wie es scheint weiter in den Berg hinein; dies ist der Eingang,

durch den, wie Homer sagt, die Götter die Höhle betraten; und nahe an diesem Eingang ist ein mächtiges Paar von Stalactiten und Stalagmiten zusammengewachsen, der Webstuhl der Nymphen. Die beiden Argumente, die man gegen die Wahrheit der Odysseussage aus Homers Landschafts Schilderung anführen kann, scheinen mir gerade frappant dafür zu sprechen; erstens dass der Hafen von Vathi sehr weit von der alten Stadt Ithaka entfernt ist; gerade wenn die Sage auf Wahrheit beruht, wird der alte, totgeglaubte König sich weit von der Stadt haben landen lassen, um erst Zeit zu haben, die Lage zu rekognoszieren, ehe er sich zu erkennen gab; das entspricht gerade dem Charakter des Odysseus; und dass in der Nähe, wenn auch nicht unmittelbar am Hafen, diese Höhle existiert, die der König natürlich kennen musste, die aber sehr versteckt liegt und deshalb ganz geeignet war, vorläufig seine Schätze zu verstecken, deutet auch darauf, dass die Sage ein lokales, und daher wohl im Ganzen wahres Fundament hatte, nach dem Homer arbeitete, ohne selbst die Insel zu kennen. Die Thatsache dieser wunderbaren Wiederkehr und Rache an den Freiern hat offenbar das gewaltigste Aufsehen unter allen Griechen gemacht, und so sind die ersten Gesänge entstanden, als eine Art von Zeitungen, die mit der grössten Spannung überall gehört wurden; cf. Dreyfussache. Diese ersten Gesänge werden sicher sofort entstanden sein und sich dann allmählich fortentwickelt und fortgeerbt haben wachsend und sich verändernd, bis schliesslich der Meister kam, der ihnen die ewige Menschlichkeit schenkte; Dieser braucht Ithaka nicht gesehen zu haben; doch wird noch soviel von der richtigen Topographie in den Gesängen, die ihm überliefert waren, gesteckt haben, dass Alles ziemlich richtig wurde, bis auf einige Verwechselungen und Umstellungen. Und wie mit der Richtigkeit der Topographie wird es sich mit der Wahrheit der ganzen Geschichte verhalten. – Bei dem Ausflug begleitet von einem Deutsch sprechenden Ingenieur, Kallivinou, der sich selbst und Griechenland in der amüsantesten Weise, ganz unbewusst zum Schauspiel gab. Von Dreyfus: er habe seine Familie und sich so berühmt gemacht wie einen König; Jeder hätte wohl dafür gerne 5 Jahre gesessen. Vor dem Hermes des Praxiteles sehe man sich selbst an und werde ganz neidisch, dass man nicht ebenso gebaut sei. Das neue Stadion in Athen werde viel schöner, als das Antike gewesen sei; Alles schön geschnittene Steine; natürlich, das konnten die Alten nicht so. Über Theotokis: er wolle Alles reformieren: zuerst die Justiz; die Richter sollten unabhängig von der jeweiligen Regierung gemacht werden, indem man sie inamovibel mache; jetzt würde Einer, der nicht so richte wie der Kreis Abgeordnete wolle z B. von Argostoli nach Larissa versetzt; das koste ihn 600 bis 800 Drachmen Umzug etc.; so richte er eben nach dem Willen des Deputierten. Das sei das Verderben des Landes. Gleich darauf erzählt K. aber selbst, dass er vor 14 Tagen nach Argostoli gefahren sei und dort die Richter, durch seinen Einfluss beim Ministerpräsidenten, dazu gebracht habe, einige Schuldige freizusprechen. „Sie werden Das sehr unrecht finden; ich auch; aber was wollen

Sie? Wenn ich das nicht thue, dann thut es ein Andrer im umgekehrten Sinne, gegen meine Freunde, und dann sagt man, dass ich nichts tauge, keinen Einfluss habe." (Also auch charakt. der Glaube blos an die Efficacität der gesetzlichen Reform, kein Glaube an das persönliche Beispiel der Rechtlichkeit, und ausserdem die Eitelkeit als Motiv, hier wie immer.) „Zwei Richter haben doch dagegen gestimmt; sie werden wohl versetzt werden." „Ja, aber von wem denn?" „Vom Ministerpräsidenten". (also das der grosse Reformer, und Einführer der Ehrlichkeit) „Ja warum versetzt sie Theotokis denn, trotz seiner guten Absichten?" „Weil der Deputierte es will, und wenn Theotokis es nicht thut, dann geht der Deputierte zur Opposition über." (das die Reform Partei.). „Ja und wie haben Sie solchen Einfluss beim Deputierten?" „Ich habe die Wahl machen helfen; Diesem 30 Drachmen gegeben, um für ihn zu stimmen, Dem 50 u. s. w.; und da er mir natürlich kein Geld zurückgeben kann, so muss er sich gefällig erweisen." Darauf erzählt K., dass er sich so jetzt eine Stelle bei der Centralleitung des Bahnbaues Athen Saloniki gesichert habe, durch den Einfluss des Deputierten, für den er die Wähler bestochen hat. „Sehen Sie, das ist das Unglück unseres Landes, dass alle Stellen so nur aus politischen Rücksichten vergeben werden, nicht der Tüchtigkeit. Wenn meine Partei (Theotokis) am Ruder bleibt, dann werden wir Gesetze machen, die das Alles ändern werden; sonst ist das Land ruiniert." Über den Krieg 96: Er sei aus Deutschland zurückgeeilt, um als Volontär einzutreten, aber als er in Athen angekommen sei, habe er gesehen, dass die Führung so schlecht sei, dass die Soldaten sich nur lächerlich machen würden. „Sollte ich mich lächerlich machen?" Und um sich nicht lächerlich zu machen, lässt er das Vaterland lieber krepieren. Übrigens seien die Griechen hauptsächlich deshalb geschlagen worden, weil die besten Offiziere, die gescheidtesten, zugleich Deputierte waren und in einem so wichtigen Moment natürlich ihr Abgeordneten Mandat nicht im Stich lassen konnten. Unter den neuen Reformgesetzen ist eins, das die Politik den Soldaten verbietet, und so auch die Wiederholung dieser Katastrophenursache verhindern wird. – Über die Priester, sie hätten hier garkeinen Einfluss aufs Volk, auch in der Politik nicht; der Grieche aus dem Volk denke viel zu frei über Religion, um auf den Popen Etwas zu geben. – Der König[1] könne jetzt machen, was er wolle; denn man habe gesehen, dass er Griechenland nach dem letzten Kriege durch seine Konnexionen gerettet habe. Im Übrigen habe er seine Stellung ausgenutzt, um sich ein hübsches Vermögen zu verdienen. Er habe durch seinen Sekretär Thon Spekulationen in Aktien vornehmen lassen, die ihm Millionen eingebracht hätten; ganz billig gekauft, dann infolge guter politischer Nachrichten hochgetrieben, sofort verkauft, dann nach dem bald wieder eingetretenen Sturz wieder gekauft. (also à la Jay Gould.)

---

[1] Georg I.

Ithaka. 11 Oktober 1899. *11.10.1899 Mittwoch*
Nach der Stätte des alten Ithaka; hinter dem Neritos, ganz im Norden; ca 3 Stunden zu Wagen von Vathi. Der grössere Teil des Weges am Gebirge entlang, oberhalb des Meerarms, der Ithaka von Cefalonia trennt. Von der Höhe Blick auch auf die Bergkolosse des Peloponnes, die schattenhaft hinter den Hügeln von Vathi aufsteigen. An der Küste von Cefalonia die ganz kleine Insel, an der die Freier Telemach auflauerten; wieder ein vollkommen richtiger topographischer Anhalt; denn die Schiffahrt vom Peloponnes her wird damals wie heute durch die Strasse von Viskardo gegangen sein. Die Insel liegt dem Hafen des alten Ithaka gerade gegenüber, an der Kephallenischen Küste. Dieser Hafen des alten Ithaka ist ein kleiner viereckiger Einschnitt zwischen dem Neritos und einer andren Bergkuppe; die beide vorspringend ihn an den Seiten steil einschliessen; am oberen Ende ein kleines flaches Thal, das dann amphitheatralisch zu einer niedrigen Einsattelung emporsteigt, die die beiden Berge verbindet. Hier lag die Stadt mit ihren wahrscheinlich ziemlich weit stehenden Höfen. Die Thalsohle bedeckt jetzt Wein; Oliven und Cypressen wachsen an den Hängen, die oben in rauhes Gestein übergehen. Gegenüber, ganz nah, ist die bergige Küste von Cefalonia, sodass man wie auf einen schönen Gebirgssee hinabblickt; ganz im Süden schliesst Same mit seinen bewaldeten Bergen den Blick auf den Meerarm. – Nur von den Höhen oberhalb der Stadt hat man einen Blick aufs freie Meer zwischen der Nordspitze von Cefalonia und dem Leukadischen Felsen durch. Das scheint mir eine Erklärung des Odyssee Verses, da die Seelen der gemordeten Freier von Hermes geführt παρ δ' ἴσαν Ὠκεανοῦ τε ῥοὰς καὶ Λευκάδα πέτρην[1]. Denn die Griechen glaubten den Hades im äussersten Westen, wo die Sonne untergeht. Nun ist aber dieser Blick auf das offene Meer im Nordwesten zwischen Kephallenia und Leukas hindurch der erste Blick auf das westliche Meer der sich den Seefahrern öffnete, die von Griechenland auf dem gewöhnlichen Wege zwischen den Inseln durch hinausfuhren; und zugleich ist es das letzte, westlichste griechische Land, an dem sie vorbeikamen. So erklärt sich die sagenhafte Bedeutung des Leukadischen Felsens, an dem noch bis in späte Zeit Menschenopfer gebracht wurden. Ursprünglich mag es im Homer sogar nur eine aus der Lage von Ithaka entstandene, rein der Anschauung entsprechende Angabe gewesen sein, dass die Freier am Leukadischen Felsen vorbei zum Hades fahren, aber dann hat sich daran, weil diese Anschauung so gut passte, die allgemeine Sage geknüpft. Jedenfalls ist dieser eine Blick zwischen den beiden Landspitzen hindurch auf das offene Meer gerade hier, wo überall sonst das Meer immer von Küsten umschlossen ist, durch den Kontrast wirklich ergreifend; man kann sich so wohl die Thore denken, durch die die Seelen ins Totenreich fuhren; das Weite, Unend-

---

[1] „Sie gingen entlang den Fluten des Ozeans und am Leukadischen Felsen vorbei"; Odyssee 24, 11

liche ist anschaulich geworden; Man vergleiche damit wie unkonkret, unvorstellbar unser „zum Himmel" oder „zur Hölle" fahren ist. Ein Gutsbesitzer zeigte mir oben auf der Einsattelung eine Stelle auf seinem Gut, wo er die Burg des Odysseus vermutet und graben will. Dann zur Quelle Melanchro und dem Koraxfelsen. Bis zum späten Nachmittag unter den Olivenbäumen Odyssee gelesen, das 16te bis 23te Buch. –

Ithaka. 12 Oktober 1899. *12.10.1899 Donnerstag*

Mit meinem Reformer[1] nach der Arethusaquelle, ganz im Süden der Insel unter einem hohen Kreidefelsen am Meer. In den Dörfern K. überall freundlich begrüsst. Er erzählt mir, dass er durch seinen Einfluss bei den Depütierten den Leuten bei Prozessen u. s. w. viel helfen könne, „er thue viel Gutes", wie er dies nennt. Andrerseits danken ihm wieder die Deputierten ihre Wahl. Er selbst könnte Deputierte sein, wenn er wollte, er zieht aber eine Stelle bei der Leitung des Bahnbaus nach Larissa vor. „Da kann man viel Geld verdienen. Wenn ich einen Teil des Baues unter mir habe, kann ich die Ingenieure ruinieren." Und als ich weiter fragte, erzählte er ganz naiv, wie das Geld „verdient" würde. Er muss über die Abnahme der Arbeiten Bericht erstatten. Nun führen die Ingenieure die Arbeiten billiger aus, und wenn er ungünstigen Bericht erstattet, dann fallen die Ingenieure herein. Statt dessen nimmt er die Arbeiten ab; aber die Ingenieure müssen ihm die Hälfte ihres Gewinns geben. „Das ist Unrecht, gewiss; ich würde es auch nicht thun, wenn die Andren es nicht auch so machten; aber wenn ich es nicht thäte, würden mich alle Andren zusammen fortjagen lassen." Im Grunde genommen ist er auch wirklich nicht mit Absicht unehrlich. Man kann von Niemandem verlangen, dass er sich zum Märtyrer machen lasse. Aber das Ganze beweist, dass eine Gesellschaft, ein Staat, nur von Märtyrern leben kann, von Märtyrern und Genies, Denen die Neues sehen, und denen die Neues thun. Wenn sie diese Beiden nicht mehr produziert, nur noch Genies oder nur noch Märtyrer, oder keines von Beiden mehr, dann muss sie untergehen. – Abends aus Ithaka fort, bei Mondschein, in dem die Formen des Neritos und Neion noch lange über das helle Meer herüber dämmerten. Eine wunderbare Nacht, auf dem Wasser zwischen den Inseln, in der ich so nach Griechenland hinübergefahren bin. – Spät in Patras.

Olympia. 13 Oktober 1899. *13.10.1899 Freitag*

Mit dem Nachmittagszug hierher; durch Achaia, ein ganz flaches Alluvialland, abwechselnd Haide und Wein; im Osten und Süden das Gebirge bis nach Arkadien hin.

---

[1] Kallivinou

Olympia. 14 Oktober 1899. *14.10.1899 Samstag*
Früh zu den Ausgrabungen hinunter. – Das Philippeion und die vielen Denkmäler von Siegen im Kriege über Griechen, die neben denen von Siegen im Wettspiel in Olympia, dem Festplatz aller Griechen stehen, belehren über die Gesinnung des Griechen auch in Politicis; was für psychisch und sozial komplizierte Voraussetzungen, damit dieses möglich war, damit es nicht als roh empfunden wurde und dass die Denkmäler auch ungefährdet stehen blieben. Die ganz Schwachen haben allerdings aus Furcht vor Rache den Namen der Besiegten verschwiegen (cf. Pausanias[1] über die Nike des Paionios.) Aber auch der Krieg unter Hellenen wurde also als ein Teil des allgemeinen Wettstreits aufgefasst. – Im Museum das Vollendetste, Ergreifendste die Metopen[2]: Herakles ist immer ganz bei der Arbeit, mit vollem Ernst beschäftigt; die Gestalt ist wirklich aus dem was sie gerade thut, ohne akademische Nebenrücksichten erfunden wie bei den grossen Franzosen und Italienern des 12ten und 13 Jahrhunderts; sie scheint zu sagen, mit welcher Plage der Mensch das Grosse erkaufen muss. Es liegt Etwas wie eine Weltanschauung darin Wie der junge Herakles auf dem zur Strecke gebrachten Nemeischen Löwen ermüdet ausruht und eine Nymphe oder Göttin, auch ganz jung, ihn teilnahmsvoll und göttlich über solche Mühe erhaben anschaut, ist bezaubernd frisch und tief. Auch sonst, Herakles und Atlas, Herakles und Athene, etc. wie Figuren des Sophokles; dieselbe Einfachheit, die Reinheit, der Ernst, die Milde, die Sparsamkeit der Bewegung, bei der aber Alles bedeutsam ist. Dabei sind die breiten, monumentalen Grundformen im Einzelnen entzückend weich modelliert; ein wahres Sfumato, eine Atmosphäre vibrierender Schatten umhüllt sie. – Die Giebel imponieren, vielleicht wegen ihres Zustandes, mehr im Einzelnen. – Ostgiebel: Pelops: jugendliche Gestalt; breite Monumentalität bei geschmeidiger Elastizität, im Gegensatz zum schwereren und härteren Oinomaos. Der Effekt erreicht durch Verteilung des Körpers in grosse Flächen, innerhalb deren aber dann auf das reichste und mannichfaltigste modelliert wird; dieselbe Freiheit innerhalb der strengsten Ordnung wie beim griechischen Satzbau; und diese Art von Freiheit und Freiheitbewusstseins innerhalb strenger Schranken wahrscheinlich überhaupt altgriechisch. Der Kopf des Pelops, soweit noch zu erkennen, auch von der für diese Epoche des Griechentums (um 450) wie es scheint charakteristischen Fülle des bemeisterten inneren Lebens, was dann die aristokratische Milde und doch Lebendigkeit des Ausdrucks bringt. (Dieses hervorragend bei allen Herakleskköpfen der Metopen und beim wunderbaren, Zeusartigen Kopf des Atlas.). – Dieselben Vorzüge der Auffassung und Behandlung beim Wagenlenker des Pelops, der noch fast ein Knabe ist, ganz schlank und fein; und doch dieses nur durch die Proportionen und die sehr weiche

---

1 Beschreibung Griechenlands

2 Tempel des Zeus

Modellierung innerhalb der einzelnen breiten Gesamtformen erreicht. – Vergleich dieser Leiber mit dem des Hermes. Die einzelnen grossen Formen sind nicht mehr durch so bestimmt tiefe Schattenlinien von einander geschieden; das Gerüst, auf dem sich Licht und Schatten aufbauen, ist nicht mehr so deutlich zu empfinden, wenn es auch noch immer zu sehen ist. Alles fliesst und schwimmt ineinander über; die ewige Melodie des Lichts und Schattens tritt an die Stelle des strengen Satzes; die Klarheit und Reinheit werden geringer, die milde Grazie der alten Skulpturen, die aus einer selbstgewollten Zurückhaltung der Figuren in Gebärde und Gesichtsausdruck entsteht, werden durch eine schrankenlose Schönheit ersetzt. Hier warmes, lebendes Fleisch, ein Wettstreit mit der Natur, dort in menschlicher Zurückhaltung ein blosses steinernes Abbild des Fleisches. Der Hermes hat allerdings einen göttlichen Körper, der aber schon das ganze Unheil aller späteren Skulptur in sich birgt. – Man denkt, wenn man beide Epochen vergleicht, von denen die eine noch so ganz Maass und strenge Sitte auch in der Schönheit, ist, die andre schon fast schrankenlos die individuelle Fähigkeit ausnützt, an des Thukydides Beschreibung der vom Peloponnesischen Krieg verursachten Umwälzung aller Moralbegriffe. – Im Übrigen finde ich nicht, dass der Hermes in seiner Art den barberinischen Faun oder die Venus von Milo übertrifft; er steht am Anfang einer neuen Epoche, die erst im folgenden Jahrhundert vielleicht zur vollsten Reife kam. – Westgiebel: Apollon: mächtige Steinformen, die in ihrer Härte in einem gewollten, hieratischen Gegensatz zu den andren nackten Körpern zu stehen scheinen; auch der Kopf. Die beiden knieend kämpfenden Jünglinge rechts und links, nahe den Giebelecken, sind dagegen ebenso biegsam und weich bei breiten Formen wie die des Ostgiebels. Bei dem links, der einen Kentauren niederringt, realistisch und monumental zugleich erfunden, wie die Muskeln der Brust und der Seiten sich anspannen und dadurch eine ganz neue Licht- und Schatten-Arabeske zeichnen. Die drei oder vier gut erhaltenen Köpfe: Peirithoos (?), eine Jungfrau, eine herrliche Nymphe, und mehrere alte Frauen, bei breiten Formen weich und lichtreich. Die Hauptsache that allerdings wohl die Malerei, aber auch sie muss dieses Spiel von Licht und Schatten geschont haben; sonst wüsste man nicht, warum es mit solcher Kunst und schliesslich mit solcher Virtuosität, wie beim Hermes, ausgebildet worden wäre. Die Kolorierung muss nur wie eine Färbung des Lichts darin eingegangen sein, nichts Materielles gehabt haben. Sie wird daher vor Allem wohl aus sehr reinen Farben bestanden haben; alle Mischmaschtöne, wie sie sogar Klinger anwendet, vermieden haben. Denn alle unreinen Farben geben auch unreine Schatten und Reflexe. – Der stärkste Eindruck, den man hier vom Griechentum in seiner grossen Zeit, zwischen den Perserkriegen und dem Peloponnesischen Krieg, empfängt, ist, wie sehr es auf ethischen Voraussetzungen ruhte, wie sehr es nur innerhalb der sorgsam gehüteten Schranken fester Sitten, Satzungen, Regeln, Konventionen möglich war. Die Macht, die es emporhob und dem verschwindend kleinen Volk den Sieg über das ganze Asien gab, war die einer aus irgendeinem Grunde gesünderen und fruchtbareren sozialen Ordnung (dieses im weitesten Sinne verstanden und auf alle Zweige menschlichen Denkens ausgedehnt.) Daher wäre auch heute wieder ein Griechenvolk möglich, d. h. ohne jede äussere Ähnlichkeit mit dem Griechentum, aber mit dieser Ähnlichkeit, dass seine Superiorität auf einer höheren, zugleich strengeren und freieren Ethik ruhte. Die Gefahr, die Euripides, die Sophisten, Sokrates, der peloponnesische Krieg brachten erscheint so auch ganz anders furchtbar, als wenn man sie blos als eine Gefährdung der „Moral" betrachtet.

Olympia. 15 Oktober 1899. *15.10.1899 Sonntag*

Früh noch einmal ins Museum und dann in der Altis Pausanias gelesen. Seine Beschreibungen und Athletengeschichten machen das Alles hier merkwürdig lebendig; wenn man es sich mit der Phantasie vorstellt, so kommt ein eigentümlich orientalisches Bild heraus, in dem die griechische Seele wie ein Ferment steckt; neuer Wein in alten Schläuchen; der Wein hat denn auch schliesslich den Schlauch gesprengt, und ist dabei selber zugrundegegangen.

Korinth – Athen. 16 Oktober 1899. *16.10.1899 Montag*

Früh aus Patras fort. Westliches Ende des Golfs von Korinth: das tiefblaue Wasser rings von grossen, weichen Bergformen umgeben; am Ufer wächst, wie an denen eines Binnensees, Schilf; das Küstenland bedecken bis an die Haidehänge der Berge Reben und Ölbäume untermischt. Am gegenüberliegenden Ufer thront in Wolkenfetzen halb verhüllt der Parnass. – Nach Korinth zu wird der Golf dann breiter, die Berge des andren Ufers ferner und blauer. Sikyon liegt dem Helikon gegenüber, auf der untersten von einer Reihe wunderlich abgerissener Bergterrassen. – Von Neukorinth im Wagen nach Altkorinth hinauf. Die Stadt lag auf einer Terrasse, die sich zur Felsenwand von Akrokorinth emporzieht; den ganzen Abhang bedeckt eine Schicht von zerbröckeltem Stein und Marmor, ein Geröll aus kleinen und kleinsten Stücken, wie von einem Meer zusammengespült. Darüber steigt die Klippe von Akrokorinth majestätisch empor. Nur einige dorische Säulen von einem Tempel ragen noch aus dem Chaos von Trümmern auf. Darunter scheint sich aber noch Viel von der alten Stadt erhalten zu haben. Sehr beschränkte Ausgrabungen haben eine schöne Stufenstrasse aus grossen weissen Steinfliesen und was wohl der Binnenhof eines Palasts ist, aufgedeckt; in einem Rundbau mit korinthischen Säulen ein feines Marmorpaviment, ein Wasserbehälter, und eine unglaubliche Menge zerschlagenen kostbaren Gesteins; das Einzige was noch den raffinierten Luxus vor Augen führt, der hier die Sinne berückte. – Bei der Weiterfahrt die Isthmuslandschaft tragisch wild; eine öde Haide, Pinienstreifen, als Hintergrund die dunklen Peloponnesischen Bergmassen, vor denen Akrokorinth grandios emporsteigt. Das Meer ist nur ein blauer Saum zwischen den Gebirgen. – Der Saronische Golf zwischen Korinth und Megara unsagbar herrlich. Zartheit und Tiefe scheinen hier die Eigenheit aller Farben und Farbenspiele auf Wasser und Bergen zu sein. Bis Aegina hin heute eine zarte Pracht, wie meine Augen sie noch nie gesehen haben; zuerst auf Schwefelgelb und Rot gestimmt und dann, als der Mond die Übermacht gewann, allmählich in Lila und Hellblau verblassend; rauhe und glatte Streifen liegen im Meer beieinander die Einen blos Farbe die Andren blos Glanz. Nach Megara wurde es ganz Nacht. Die Ölbäume von Eleusis zitterten auf der weiten Ebene am Meer im hellen Mondschein nur als Schatten. Dann über den Parnes nach Athen hinunter.

Athen. 17 Oktober 1899. *17.10.1899 Dienstag*

Früh auf die Akropolis. Nachmittags im Nationalmuseum.

Athen. 18 Oktober 1899. *18.10.1899 Mittwoch*

Vormittags an der Pnyx die Periklesreden und Periklescharakteristik[1] des Thukydides. Von hier ist der Blick auf die Akropolis am schönsten und wehmütigsten. Vielleicht schmerzt am Meisten, dass dieses Höchste an Schönheit, das die Erde je gesehen, in unsren Tagen untergegangen ist. Vor Etwas über 200 Jahren stand es noch fast wie zur Zeit des Perikles. Abends Plato. In den letzten Tagen Euthyphron, Apologie, Krito und heute Lysis. Plato ist doch der, der den unsterblichsten Zauber über die Stadt und die Menschen, ausgegossen hat.

Athen. 19 Oktober 1899. *19.10.1899 Donnerstag*

Früh im Nationalmuseum. Zartheit und Feinheit der Kunst kurz vor den Perserkriegen; sie scheint sich in der raffiniertesten technischen Vollendung verlieren zu wollen. Alle Kunstarten scheinen in gleicher Weise nur das Fleissige, Feine, raffiniert gut Gearbeitete anzustreben: Bronze: 1) Kleine im Perserschutt auf der Akropolis gefundene Athena aus zwei flach zusammengenieteten Bronzeblättern: jedes Haar ausgraviert, die Schuppen der Aegis, die Falten des Kleides scharf und fein wiedergegeben. Der Kopf sehr reizend in seiner etwas befangenen Grazie (der Künstler hat nach archaischer Art das Auge, obgleich der Kopf flach im Profil gezeichet ist, voll und mandelförmig eingesetzt.). Eine zweite kleine Athenastatuette ebenfalls aus dem Perserschutt ist vielleicht archaischer; der Kopfausdruck weniger schön. 2) Lebensgrosser bärtiger Bronzekopf, ebenda gefunden. Schnurrbart, Bart, Haar mit erstaunlichem Fleiss graviert; die Modellierung des Fleisches sicher und schön; im Ausdruck aber noch leise das archaische Lächeln; die Augenbrauen fein gebogene, dünne Linien. Die Augen waren farbig eingesetzt (noch Fragmente der Masse vorhanden.). 3) Halblebensgrosse Zeusstatuette (noch nicht im Katalog aufgeführt; angeblich am Korinthischen

---

[1] Der Krieg zwischen den Peloponnesiern und den Athenern

Meerbusen gefunden.) mit Inschrift. Haar und Bart wieder fein ziselliert, die Stirnlocken gekräuselt, eine Binde um den Kopf. Der Körper soweit er erhalten (rechte Schulter, Teil der Brust und des Bauchs, rechter Oberschenkel, Rücken) sehr kraftvoll und frei. So sehr, dass man vermuten möchte das Archaische in der Behandlung des Haars und in der Stellung (beide Füsse flach aufgesetzt) sei nur der religiösen Konvention zuliebe beibehalten (wie Ähnliches beim grossen Apollo aus dem Westgiebel[1] in Olympia). Auch der Ausdruck des Gesichts ist durchaus ernst und ohne Lächeln. Diesbezüglich Vergleich mit 4) dem Zeuskopf aus Olympia: ebenfalls wie der vorige mit Binde um Haar; das Haar aber hinten lang und eigentümlich modisch mit Spangen frisiert. Der Ausdruck hier viel weniger frei als beim vorigen Zeuskopf; auch die Frisur wird wohl auf eine ältere Epoche deuten. Auch hier wieder die Feinheit der Zisellierung, die aber bei allen diesen Werken mechanisch, schematisch, ohne individuelle Überlegung oder individuelle Ziele des Künstlers ausgeführt ist. Beide Zeusköpfe hatten wie der lebensgrosse Männerkopf eingesetzte Augen. 5) Kleine Statuette eines nackten Mannes, wohl aus Perserschutt; fein ziseliertes Haar; der Körper brillant modelliert. 6.) Schöner Broncekopf eines jungen Mannes mit langem, hinten aufgebundenem Haar, N° 6590, etwa ein Drittel der Lebensgrösse; erinnert an den Apollo in Olympia; die eingesetzten Augen bis auf die Pupillen erhalten; feierlich ernst, aber zugleich milde. Bei diesem ebenso wie beim ganzfigurigen Zeus auffallend die kleinlich mechanische Ausführung, die mit dem hier schon vorhandenen inneren Gehalt eigentlich Nichts zu thun hat. Sie mag vom Publikum noch verlangt worden sein, während den Künstler schon ein andres Ideal erfüllte. Ich vermute, dass das die Zeit zwischen Marathon und Salamis charakterisiert (Salamis ist für den Jünglingskopf spätestes Datum, da auch er zum Perserschutt gehört hat.), in der die phäakisch raffinierten Formen des altgriechischen Lebens noch äusserlich und in den breiten Schichten fortbestanden, während die grosse nationale Erhebung und das neue, mächtige Gefühlsleben, das sie kennen gelehrt hatte, die griechische Seele schon in ihren Spitzen, den Künstlern, Dichtern u.s. w. umgestaltete. Die Perserkriege haben wahrscheinlich das Griechentum davor gerettet, in Lyrik und Spielerei, in einem halborientalischen Raffinement, auszuklingen. Stein und Marmor: kleiner polychromer Frauenkopf aus Eleusis: reizvoll die Weichheit der Modellierung des Gesichts, der Lippen, der Wangen, des Kinnes, bei befangen archaischem Lächeln und schematischem Haar. Was den Wert ausmacht auch hier das Kleine und Sorgfältige der Technik, die Behandlung des Marmors; aber keine Grösse, kein Ideal. Die rechte Kunst für eine reiche, aber sehr fein empfindende Bürgerschaft. Bei den Frauenstatuetten 24 u 26 dieselben Vorzüge; feinste Ausritzung der Falten, Angabe des Gewebes, alle Vollendung der Arbeit, Finish. Der Eindruck dann allerdings sehr reizend. Ver-

[1] Tempel des Zeus

gleich dieser kleinen Frauenstatuetten mit den Bronzen, dem Männerkopf, dem Zeuskopf aus Olympia. Alle sagen Dasselbe: eine Luxuskunst, eine Kunst für Reiche; ohne dass irgend eine Vorstellung oder irgend ein Gefühl dabei besonders wichtig wäre; Man sieht, dass nur die technische Vollendung geschätzt und bezahlt wurde; auf den Gehalt wird man kaum noch geachtet haben. Hierzu nun vgl. Theognis. Vasen: Die aus dem Grabe der Marathonkämpfer: grosse Amphora noch mit den orientalischen Stilmustern: Leoparden etc. Im übrigen Schwarzfigurige Vasen der gewöhnlichen Art und eine frühe mit roten Ornamenten auf schwarzem Grund. Die schwarzfigurigen Vasen überhaupt spiegeln dasselbe reiche, phäakische Leben wie die griechischen Lyriker: tanzende Satyrn, Gelage, Flötenspieler, erotische Tänze, auch, aber seltener, kämpfende Hopliten. Das Anziehende liegt hier in der Andeutung heiterer Szenen und wieder in der technischen, ornamentalen Vollendung, in der reichen Wirkung von Schwarz, Rot und Weiss auf dem Terracottagrunde. Zu alle dem muss man sich die Schwermut von Simonides, Solon, Theognis etc. denken. (Brillant übrigens überall die Bewegung wiedergegeben. cf. die impressionistisch flüchtig aber sicher mit wenigen Strichen hingemalten Zweigespanne mit ihren Lenkern auf der Totenurne 450.). Auch die Totenklagen sind auf den schwarzfigurigen Vasen rein ceremoniell; die Klageweiber heben schön die Arme, die Gewänder fliessen in reichen Falten; aber kein Gefühl. Wie ganz anders berührt die herrliche Vase 1170. Sie ist schon rotfigurig, aber in der Feinheit und Sorgfalt der Ausführung ganz archaisch. Der Kopf der Toten, einer jungen Frau, ist ergreifend schön; ein junger Mann hebt ihn auf einem Kissen empor während eine junge Frau sich darüber beugt; andre junge Frauen stehen klagend herum, oder sind oben am Halse der Vase abgebildet, Gestalten von grosser Schönheit und echter Trauer, nicht schematisch klagend wie die Klageweiber auf den schwarzfigurigen Vasen, sondern jede verschieden bewegt. Ebenso die Männer im Trauerzuge ernst und individuell. Auch dieses Werk möchte ich mit dem jugendlichen Broncekopf zu einer Gruppe rechnen, als Zeugnis jener Übergangszeit in der griechischen Skulptur zwischen Marathon und Salamis. – Nachmittags, nachdem das Vorhergehende schon geschrieben war, ins Akropolismuseum. Ich bin noch ganz niedergeschmettert von der Fülle des Neuen. Hier thun sich Einblicke ins 7te und 6te Jahrhundert auf, die ganz stupende sind, ein Material von solchem Reichtum, dass ich mich noch nicht zu fassen weiss. Diese herrlich feinen und zuletzt auch tiefen Frauen- und Jünglingsköpfe mit ihrer reichen, tiefen Polychromie erstaunen, auch wenn man mit der Phantasie schon Ähnliches konstruiert hat; sie verwirren, als ob von einer reichen und phantastisch-eigenen Welt plötzlich ein Schleier fortgerissen würde. Was würden Winckelmann und selbst Goethe hier gesagt haben? In Griechenland thut sich Einem mit Olympia, Nationalmuseum, Akropolis eine ganz neue Antike auf. Nach Abbildungen und Beschreibungen ist das Bild davon doch nur matt. – Abends Aeschylus' Perser gelesen. Frappiert, wie die griechische Tragödie meiner Kunsttheorie entspricht. Abwechselnd erweckt sie Vorstellungen und erregt sie das Gefühl, um dann das Gefühl wieder an Vorstellungen zu befriedigen, welche Vorstellungen vom Reichtum des Gefühls, in das sie hineinverpflanzt werden, wieder belebt werden.

Athen. 20 Oktober 1899. *20.10.1899 Freitag*

Früh wieder auf die Akropolis. – Bei den Griechen verfeinern sich von etwa 650 bis etwas 500 Ohr und Auge parallel: wie die Lyriker immer reichere, komplizierter verschlungene Rhythmen schufen, bis das Ohr für alle Feinheiten auch des nicht mehr zählbaren Rhythmus, der Harmonie, geschärft und damit für die griechische Prosa reif war, so bildeten die Plastiker und Ornamentiker immer mannichfaltiger das Spiel der Linien und Formen, der Schatten und Lichter aus, bis das äusserste Raffinement der spätarchaischen Kunst dem durch gewaltige Ereignisse befruchteten Gefühlsleben die volle Gleichheit von Wollen und Können darbot. – Die Verbindung von dorischem Stil am Äusseren des Gebäudes mit dem ionischen im Inneren wie bei den Propyläen analog dem Strophenwechsel in der Lyrik. – Nichts unterscheidet die griechische Kunst, wenigstens bis in die Mitte des 5ten Jh., von allen andren Kunststilen mehr als die enge Verbindung zwischen Ornament und bedeutsam Figürlichem[1], d. h. zwischen dem das Gefühl anregenden und dem in das Gefühl Vorstellungen Hineinstellenden; z. B. an den Tempeln die Mäander, Palmetten, Verzierungen aller Art, die sie in tiefen Farben schmückten, ganz abgesehen von den Linien der Architektur selbst, und dazwischen dann die Metopen, Friese, Giebelgruppen, wie die Handlung inmitten des Chors der Tragödie. Vielleicht ist dieses Nebeneinander nur der Anblick, der dadurch gewährt wird, dass sich zum ersten Mal, im Gegensatz zum Orient, das Figürliche vom Ornamentalen loslöst, d. h. eine in ihrem Inhalt wirklich symbolische[2] Kunst geschaffen wird. – Die Athena Weihbilder aus dem Perserschutt. Jede Linie in ihnen durch ornamentale Rücksichten gebunden, durch eine Art von rhythmischem Gesetz, wie das Wort im Vers. Diese Rücksicht auf Auge und Ohr ist offenbar die einzige Qualität, die der frühe Grieche wie jede frühe Kultur und jede vorgriechische Kultur, als künstlerisch empfindet. Durch die Kombination dieser Ornamentalmotive: Zickzack der über die Schultern an beiden Seiten herabfallenden drei oder vier langen dünnen Haarsträhnen, Schlangenlinien des Hemdstoffs, Senkrechte Falten des Himation etc.) wird das Auge nach starren Gesetzen mannichfaltig bewegt, es fühlt sich zugleich handelnd und gebunden; wie der Mensch von den ewigen Naturgesetzen, durch die die Götter walten; daher das Hieratische, Feierliche; die lyrischen Strophen und Antistrophen wirken durch ähnliche Mittel. Ausserdem war nun die ganze Ge-

[1] nachträgliche Einfügung mit Bleistift: „(Poesie)"

[2] darüber nachträglich mit Bleistift: „poetische"

wandung dicht mit farbigen Ornamenten bedeckt. Die in der Farbe am besten erhaltene Statuette (675)[1] funkelt noch heute wie ein Juwel: das Hemd dunkelgrün mit einem breiten violetten oder grauen Mäander als Saum, das ἱμάτιον[2] reich und symmetrisch mit Blumen besät und wieder von einem breiten violetten Mäander eingefasst, das Unterkleid tiefrot gestimmt, mit einem doppelt in einander greifenden Mäander; auf dem Diadem eine Art von Palmettenornament , in den Ohren grosse runde Ohrringe mit einer ähnlichen, aufgemalten Verzierung. Das Haar, das dunkelrot gefärbt war, wirkt ebenfalls als Ornament. Und inmitten dieser Fülle von Sinnenreizen dann im Gesichtsausdruck das Symbolische, Deutbare, das was jeder individuell versteht. Vom Gesichtsausdruck aus hat auch die Entwicklung eingesetzt, die zur vollen Befreiung des Symbolischen[3], zur Herrschaft des Symbolischen[4] über das Ornamentale als blosses Mittel, geführt hat. Bei der grossen Mehrzahl der Athenastatuen wird der ernste, feierliche Eindruck nur durch die Symmetrie und Strenge des Ornaments hervorgebracht. Im Gesicht nur das konventionelle archaische Lächeln; es scheint kaum, dass der Künstler Etwas Andres überhaupt für möglich gehalten hätte: Künstler und Käufer sehen nur auf den Reichtum und die Feinheit der Farben und der Linienkomplexe die zueinander in Beziehung gesetzt werden. (Ist es beim Kontrapunkt nicht ähnlich gewesen? Frage? Zu studieren: dann hätten wir in der Musik genau dieselbe Entwicklung wie in der griechischen Skulptur: erst die grösste technische Vollendung und Verfeinerung und dann vermöge eines grossen Gefühlszuwachses, der hier vom Wiedererwachen des religiösen Lebens ausgieng, plötzlich grosse Kunst.). Die Modellierung des Gesichts ist an sich, wo die Epidermis noch gut erhalten ist (z B. 673, 680) äusserst fein und weich: wunderbar schwellende Lippen, zarte Gesichtskonturen; eine vollendetere technische Behandlung des Marmors lässt sich nicht denken; er ist wie Elfenbein so schmiegsam und weich geworden; so dass es nur des Wollens bedurfte, d. h. einer neuen Anschauung, Vorstellung um Etwas ganz Anderes zu schaffen als das starre Lächeln. Die Nullität des Ausdrucks liegt also nicht an dem technischen Ungeschick, sondern an einem Manco in der Phantasie[5], (der vom Gefühl beflügelten, getragenen, geschaffenen inneren Vorstellungswelt.). Dieser Übergang lässt sich an den spätesten der Athenabilder verfolgen. Bei der grossen Statue des Antenor ist das Gesicht leider fast ganz zerschlagen. Das archaische Lächeln scheint aber gefehlt zu haben. Ebenso bei 685. Das Neue bringen deutlich 684 u 686[6], die wieder wahrscheinlich der merkwürdigen Epoche kurz vor Salamis

[1] Kore von Chios

[2] Oberkleid

[3] darüber nachträglich mit Bleistift: „Poetischen“

[4] darüber nachträglich mit Bleistift: „Poetischen“

[5] darüber nachträglich mit Bleistift: „(Poesie)“

[6] Kore des Euthydikos

angehören: Haar und Gewand etc. sind genau wie bei den andren hieratisch ornamental (bei 686, wohl der jüngsten [keine Ohrringe] allerdings auf dem Hemd Viergespanne aufgemalt.); der Gesichtsausdruck hat aber angefangen Etwas zu bedeuten. 686 ist entzückend jung und frisch, 684 hat die Ruhe, die Grösse, den Ernst, die Milde der Gottheit und Jungfrau; es ist ein wirklich heiliges Werk; αἰδώς[1] erweckt es noch heute wie zur Zeit von Marathon. Aus dieser Zeit auch ein schöner, kleiner Kopf 644, ein ganz junger wie es scheint behelmter Krieger. Ferner, vielleicht nur etwas älter, ein kleiner bärtiger Kopf 621; und vor allem der sehr schöne Jünglingskopf 689[2] (der noch schönere 699[3] ist vielleicht um ein paar Jahrzehnte jünger?) mit langem, in Flechten geflochtenem Haar, das nach vorn unter einer Stirnlocke zusammengebunden ist; die (gemalten) Augen haben einen träumerisch schwermütigen, milde ernsten Ausdruck, der für diese Zeit und bis spät ins 5te Jh hinein charakteristisch ist, und der dann in die schwärmerische Schönheit des Skopasischen und Praxitelischen Blicks übergeht. Das Neue in den Athena und Jünglingsköpfen ist nur der Ausdruck, der auch die andre Bildung des Auges zur Folge hat. Aber was für eine andre Welt thut sich auf in diesen Köpfen, wenn man sie alle, auch die Bronceköpfe im Nationalmuseum, namentlich dort den herrlichen kleinen Jünglingskopf, zusammen überblickt. Nach dem raffinierten, ins Kleine und Reizende auslaufenden 6ten Jh. (und das trotz seines urgründigen Pessimismus) jetzt die ernste und tieffühlende Welt des Aeschylus, als ob aus unzufriedenen Kindern Männer geworden wären. Für die Buntheit der Bemalung (und also die Art des Eindrucks, den man in einem griechischen Tempelhain hatte) zu bemerken: ein Reiter oder eine Reiterin[4], deren Beine in einem wahren Harlekinstrikot stecken; in eng über Unter- und Oberschenkel gezogenen Strümpfen aus abwechselnd roten, blauen und grünen Parallelogrammen (Losanges); man sieht hier, wie die Farbe aus einer ziemlich dicken, flach aufgestrichenen Schicht von irgend einem Stuckartigen Material bestand. Ein andres Pferd, auf dem ein junger Reiter sitzt[5], hat eine blaue Mähne; da Pferd und Reiter sehr schön modelliert sind, wenn auch noch in der feinen, weichen archaischen Weise, so kann das Denkmal nicht früher entstanden sein als am Ende des 6ten oder am Anfang des 5ten Jh. Ferner die Architekturfragmente: eine Fülle von vielfarbigen ornamentalen Motiven auf den Marmor aufgemalt, meistens in Schwarz und Rot, manchmal auch in Gelb und Braun. Prachtvoller Löwenkopfwasserspeier[6] (N° 69), wie heute noch am Parthenon,

---

1 Ehrfurcht

2 sog. „Blonder Jüngling“

3 Phidias, Werkstatt

4 sog. „Persischer Reiter“

5 sog. „Rampinscher Reiter“, Phaidimos zugeschrieben

6 Phaidimos zugeschrieben

mit Strahlenartiger schwarzer Mähne, roten Lefzen, die von schwarzen Bart Borsten umrahmt werden, und gemalten Augen; daneben auf dem weissen Marmor das Stück einer schwarzen Palmette. Diese Farbenakkorde mit ihrem stets wiederkehrenden Schwarz sind so schwer und schwermütig, wie es seitdem in der europäischen Architektur Nichts gegeben hat. Mit dem sie umschattenden Hain muss die Stimmung sehr ähnlich wie in Japan gewesen sein. Ionisches Kapitäl. Reste der Bemalung: oben auf dem flachen Aufsatz eine Grecque in Grün, auf dem unteren runden Teil der Eierstab in Grün und einer andren Farbe blos aufgemalt. Auf einem andren Kapitäl ist selbst die Volute blos aufgemalt; und dieses Kapitäl zeigt sehr deutlich die Entstehung aus dem dorischen Stil; über ein gewöhnliches dorisches Kapitäl ist einfach die Volute hinübergelegt. . – Nachmittags nach Dipylon, Akademie und Kolonos hinaus, mit dem Phaedrus. Wie oft mag Plato durch dieses Thor hinausgewandert sein! – Abends bei Mondschein bis zur Pnyx und Blick auf die Akropolis.

Athen. 21 Oktober 1899. *21.10.1899 Samstag*

An den Vasen lässt sich die allmähliche Ausbildung des Auges, d. h. der Feinheit seines Gefühls und seiner Gefühle, mehr im Zusammenhang verfolgen als an den lyrischen Dichtungen die des Ohrs, weil bei der Dichtung mit der Musik zu viel von den Urkunden der Entwicklung verloren gegangen ist. Wie in die Tanz- und Bewegungsrhythmen und Laute allmählich Worte und ganze Dichtungen hineingekommen sind, das ahnt man sogar am deutlichsten aus der Analogie bei den Vasen. Bei den Dipylon (geometrisch ornamentierten) Vasen verschwindet das Figürliche, wo es überhaupt vorhanden ist, in der Fülle des Ornamentalen; der Mensch tritt verhältnismässig selten auf (Reiter, Wagenlenker u. s. w.), und dann auch nur ornamental aufgefasst, ganz abstrakt. Der orientalische Einbruch (angeblich vom 8ten Jh. an.) mit seinen Panthern, Lotosblumen, Flügeltieren u. s. w. scheint weniger die Phantasie als das Auge beeinflusst zu haben. Während seine Gestalten als toter Schatz übernommen und eine Zeit lang ohne Fortentwicklung weiter verwendet wurden, lernte das Auge dagegen an ihnen organische Formen fühlen und gieng diese formelle Schulung in lebendiges Fleisch und Blut über. So wurden zum Teil neue Tierornamente erfunden, wie das herrliche attische Schwanmotiv auf Vase 995, und dann weiter das griechische Leben selbst allmählich in die neugelernten Rhythmen gegossen; z. B. auf der kleinen Vase 281 vorne ein Schiff mit Ruderern und Steuermann, auf der Rückseite ein orientalisches Flügeltier; auf 284 Speerträger, 271 Tänzer (diese ganz orientalisch in der Form, aber wohl sicher kein orientalisches Motiv); 664 Kentaur, ein Satyr mit (echt griechisch) einem riesigen Phallus, und mehrere andre Figuren; 1002 grosse Grabamphora: ein Kentaur den ein Mann ersticht. Alle diese Vasen haben im übrigen orientalische Ornamente. Noch im Marathongrab eine grosse Amphora mit orientalischen Leoparden; dann Sirenen (vielleicht schon ein griechisches Motiv) und andre griechische Figuren. Auf allen Vasen des geometrischen Stils hat schon das Organische, Nichtgeometrische, also Tierische und Pflanzliche entschieden das Übergewicht, wenn auch noch rein ornamental aufgefasst. Auf den schwarzfigurigen Vasen tritt dann das Ornament ganz zurück; es umrahmt noch immer die Szenen (dem damaligen Griechen scheint eine von Ornamenten oder Rhythmen nicht umrahmte Darstellung des Menschen kaum als Kunst gegolten zu haben.); aber bei Weitem die Hauptsache sind doch diese Szenen selbst, die jetzt ganz frei aus dem griechischen Leben wählen, was den Käufer seinem Inhalt nach locken kann. (Die schwarzfigurigen Vasen, auf denen kein Ornament erscheint, sind, wenigstens in der Sammlung des Nationalmuseums, verhältnismässig selten, und meistens ganz klein, wenn auch oft gerade sie sehr geistreich und flott erfunden. (504, 474, 459, 469, 495.) Grössere Vasen der Art 48, 455; ferner mehrere Schalen. Die unornamentierten Gefässe sind deshalb merkwürdig interessant, weil sie den Anfang von Etwas ganz Neuem im griechischen Geist bezeichnen, das Herauswachsen aus einer uralten Gewohnheit. Aber bei den Griechen fährt der Rhythmus in die Figuren selbst hinein, statt, wie in Aegypten, dem nüchternen Realismus Platz zu machen. – Nachmittags nach Eleusis. Der Tempelplatz in den Fundamenten recht gut erhalten: Grosse Propylaeen, kleine Propylaeen und die Fundamente des grossen, viereckigen, zum Teil in den Felsen gehauenen Mysteriensaals[1]. Im Museum eine sehr schöne stehende weibliche Gewandstatue[2] Phidiasschen Stils. Von Eleusis zu Fuss auf der Heiligen Strasse nach Athen zurück (nur etwa 22 Km.); sie führt durch einen wilden Felsenpass über den Parnes; die Steigung ist nicht bedeutend, aber die Landschaft ist wie im Hochgebirge; gewaltige, breitgelagerte Felsenmassen steigen zu beiden Seiten empor, kahl bis auf wenige Pinien, eine grosse, öde Natur. Im Grunde hütet ein Kyklopisches Bollwerk die Strasse, und dahinter sind in einen kleinen Felsen als Reste eines Heiligtums der Aphrodite noch die Nischen erhalten, in denen die Weihgeschenke, Marmortauben, standen. Auf der Passhöhe, hinter dem Kloster Daphni, öffnet sich dann der Blick über die Ebene von Athen zwischen Parnes, Pentelikon und Hymettos, lauter kahlen, breitgestreckten, mächtigen und ruhigen Gebirgsstöcken bis zum Meer hin; die Landschaft ist erhaben öde aber doch durch die Weichheit der Linien und des Lichts lieblich. An den Hymettos gelehnt steht ganz klein aber scharf umrissen die Akropolis mit dem Parthenon, und darunter dehnt sich in die Ebene hinein die grosse, weisse Stadt aus. Von dieser Entfernung aus, von der aus nur die Umrisse zu erkennen sind, ist der Anblick wohl kaum anders als im Altertum. Er ist unvergleichlich viel majestätischer als der von Rom. – Abends bei Mondschein auf die Akropolis; ich bin kein Freund dieser Mondscheinromantik; aber hier, auf dem weissen

---

1 Weihetempel

2 Demeterstatue, Agorakritos zugeschrieben

Marmor der Akropolisbauten, namentlich in den Propyläen und im Säulenumgang des Parthenon, ist das Schauspiel auch als Farbenwirkung zauberhaft; Weiss und blasses Blau und Grau heben sich an den zarten Linien des Gebälks und der Säulen von den grossen Schatten des Erdbodens und dem schimmernden Himmel ab; immer feinere, reichere Töne empfindet das Auge, je mehr es sich an diese Pianissimo Reize gewöhnt. Wie eine sehr leise, aber doch grosse und tiefe Musik schwebt das Ganze über der attischen Ebene und dem fernen, bleigrauglänzenden Meer.

Athen. 22 Oktober 1899. Sonntag. *22.10.1899 Sonntag*

Früh im Nationalmuseum. Wahrscheinlich giebt Nichts ein richtigeres Bild von Dem, was die Phantasie der grossen Menge in Hellas am Alltag erfüllte als der Gesamteindruck, den man von einer grossen Vasensammlung empfängt. Hier ist nicht nur die Auffassung des einzelnen Sujets immer auf den Käufer berechnet, sondern auch proportional werden die verschiedenen Sujets wohl ungefähr in dem Umfange vertreten sein, den sie in der griechischen Alltags-Gedankenwelt einnahmen. Auch der Wechsel im Lauf der Zeit vom rein spielerisch-Ornamentalen zum Bedeutungsvollen[1] und Witzigen wird nicht blos eine Folge der wachsenden technischen Geschicklichkeit sein, sondern auch die allmähliche Bereicherung des Vorstellungsinhalts[2] des Durchschnittsbewusstseins spiegeln. Zuerst überwiegen (schwarzfigurige Vasen) durchaus die mythischen Sujets, und unter diesen die kleinen Daemonen, Satyrn, Nymphen, Sirenen etc; in dem, was sich der Grieche des 6ten Jahrhunderts bei seinen Alltagsbeschäftigungen dachte, nahm die Vorstellung dieser kleinen störenden oder fördernden Kobolde wohl einen breiten Raum ein; sein eigenes Handeln erschien ihm noch nicht oder doch viel schwächer und seltener als Bild, als Vorstellung; von sich fühlte er nur das Wollen, ein Bild machte er sich hauptsächlich von den ausser ihm liegenden fördernden oder hemmenden oder erfreuenden Wesen. Dann fängt er aber an, immer deutlicher sich selbst nicht nur zu fühlen sondern auch zu sehen[3]. Vom Anfang des 5ten Jahrhunderts an (Periode der rotfigurigen Vasen) nehmen Darstellungen aus dem Alltagsleben denselben Raum ein wie die aus der kleinen Mythologie. Das Hauptmanko ist blos Alles Traurige, Düstere, was der Grieche empfunden haben mag, und was schon aus Aberglauben auf den Vasen fehlt. Die vertretene, helle Seite des Vorstellungslebens zeigt sich als unerschöpflich phantastisch und witzig und schnell beobachtend; auch hier ist wieder die Ähnlichkeit zwischen Griechenland und Japan gross. – In der Dichtung kann man eine ähnliche Entwicklung wie bei den Vasen konstruieren: zuerst (Epos) sieht der

---

1 darüber nachträglich mit Bleistift: „Poetischem"

2 nachträgliche Einfügung mit Bleistift: „und des Gefühlslebens"

3 nachträgliche Einfügung mit Bleistift: „und das Bild mit Gefühlen zu begleiten"

Mensch, und speziell der Grieche, nur das Nichtich; nur was in der Aussenwelt vorgeht, interessiert ihn. Dann (Lyrik) fängt er an sich selbst bewusst zu fühlen, seine eigenen Gefühle mit Interesse zu verfolgen. Mit dem Moment, da er sich dann auch noch sieht, also zugleich fühlt und sieht, ist die Person des Dramas entstanden. (Sophokles.) – Den Nachmittag auf der Akropolis. Wenn man direkt von den älteren (geometrischen und schwarzfigurigen) Vasen kommend den dorischen Tempel betrachtet, empfindet man sehr deutlich das rhythmisch-Ornamentale seiner Komposition. Die drei Stufen der Krepis bilden eine Trias von Horizontallinien, auf denen als mächtiges Vertikalmotiv die Säulenreihe steht, in jeder Säule wiederholt und vermannichfaltigt durch die Kannelüren und gemildert durch die sanfte Biegung des Schafts nach oben zu; hier leiten nun die feinen Ringe am ___ zum fest aber weich gezeichneten Echinus über; und die Reihe der ______ bildet ein horizontales Ornamentalmotiv, das auf die breiten und ununterbrochenen Horizontalstreifen des Architravs vorbereitet. Dieser selbst wird nicht kahl, als Hiatus das Ornamentalganze unterbrochen haben, sondern mit einem aufgemalten Muster geschmückt zwischen dem oberen Teil des Tempels und dem unteren zugleich getrennt und vermittelt haben. In diesem oberen Teil wiederholt sich nun, aber nur noch wie eine Art von Begleitung und durch Variationen kompliziert, das Ornamentalmotiv des unteren: die Triglyphen mit ihren Kannelüren wiederholen und verdoppeln sozusagen das Motiv der Säulenreihe, während als Fiorituren die sechs Trôpeten der ___ hinzukommen, und nun auch das Menschliche und Symbolische[1] wie auf den Vasen einsetzt in den Figuren der Metopen und des Giebelfelds. Dadurch dass alle diese Ornamentalmotive im Tempel auch noch eine konstruktive Bedeutung haben, bekamen sie hier ein Leben, das weniger deutlich als die rein ornamental sinnliche Wirkung empfunden, doch dunkel im Untergrund des Bewusstseins den religiösen Eindruck, den Eindruck, dass hier eine lebendig wirkende Kraft ihr Walten habe, erhöhen konnte. Ganz herrlich und einzig ist am Parthenon die Grazie der Linien und Proportionen, wie klein der Echinus und wie fest und kräftig er doch noch ist; wie die Kannelüren und mit ihnen die Umrisse der Säule sich im Emporsteigen leise nach innen biegen und dann kurz unter dem Kapitäl sanft nach aussen wenden, weich in die Ringe die das Kapitäl abgrenzen, auslaufend, um die kräftige Schräge des Echinus vorzubereiten. Keine Architektur, ja keine Kunst, hat je durch so einfache Mittel gewirkt, weil keine andre je eine solche ornamentale Erfahrung dem Genie zur Verfügung stellen konnte. Man findet hier überall Dinge, die ganz einfach scheinen, und die die Arbeit und das leidenschaftliche Interesse von Jahrtausenden und von zahllosen Geschlechtern vorraussetzen. Die Polychromie, das Schwarz und Rot, die schwermütige Pracht des grie-

---

[1] darüber nachträglich mit Bleistift: „Poetische"

chischen Tempels[1] muss auf diesen zarten und schlanken Formen besonders ergreifend gewirkt haben. Uns ist nur was aus Licht und Schatten geschaffen war, übrig geblieben.

Athen. 23 Oktober 1899. *23.10.1899 Montag*

Nach Laurium und Sunium. Das Innere von Attika, die Mesogaia, ein steiniges, aber Oliven- und Weinreiches Land, mit Haidestücken untermischt. Hinter Laurium fährt man zu Wagen durch ganz öde und einsame Haide bis zur äussersten Ost Spitze von Attika; hier steht der Tempel, hart über dem Meer auf einem Klippenkap. Der Bau selbst, die Säulen und Werkstücke, sind mit denen des Parthenon an Grazie nicht zu vergleichen; die Lage aber sehr herrlich; heute bei starkem Wind, hellem Sonnenschein und bewegtem Meer, dessen wechselndes Blau und Schaumköpfe dicht unter den weissen Marmorhallen hinauswogen auf die hohe See klingt aus dem Ganzen laut die griechische Naturreligion, Naturphantasie. – Auf der Fahrt das Symposion[2] gelesen; mit welcher Bewunderung, heute noch mehr als vor zehn Jahren!

Athen. 24 Oktober 1899. *24.10.1899 Dienstag*

Im Nationalmuseum die sog. archaischen Apollostandbilder. In der Bildung des Nackten hängen die Griechen ganz vom Orient ab; die Bestimmtheit der Umrisse, die straffe Herausarbeitung der Muskeln, die anatomische Zerlegung des Körpers in einzelne Teile, die durch Schattenlinien abgezirkelt werden, haben sie mit der grossen assyrischen Skulptur gemein, also wohl von ihr gelernt; die Haltung der Apollobilder, das vorgesetzte Bein, die steif herabhängenden Arme, scheint eine Reminiszenz von dem zu sein, was in Aegypten für „de bon ton" bei einem Gotte galt; wenigstens gleicht sie der Bewegung der aegyptischen Gottheiten ungefähr so, wie die eines Bauern der eines geborenen Königs gleichen kann. Was den Griechen viel eigener ist, ist die Ornamentik, wie sie auch an diesen Apollobildern an den kleinen abgezirkelten Stirnlocken und sonstigen Frisur hervortritt, und wie sie auf den geometrischen Vasen und in der Gewandung und Haartracht der weiblichen Statuen erscheint. Zu untersuchen wäre 1) welche Motive hier den Griechen ganz eigen sind; 2) welche sie umgebildet haben; 3) die Richtung, nach der hin sie diese letzteren umgebildet haben. Vielleicht liesse sich dann die Verwandtschaft dieser Ornamentik mit der nordischen überhaupt nachweisen, wie sie später namentlich wieder in Irland geübt worden ist, und deren Merkmal das Kalligraphisch-Geometrische, Nichtorganische, Nichtkopierte sondern von innen heraus Konstruierte ist. Das durch diese Orna-

---

[1] darüber nachträglich mit Bleistift: „seine so von Schwarz unterbrochen reinen und doch tiefen Farben, klares Rot, Blau, Grün"

[2] Platon

mentik ausgebildete Gefühl für die feinsten Bewegungen und Reizungsunterschiede der Augen Nerven und Muskeln scheint dann auch eine Belebung des Nackten gefordert und ermöglicht zu haben. Daher wurden dann zunächst innerhalb des orientalischen Körpergerüsts die einzelnen Flächen durch Licht und Schatten vermannichfaltigt, und dann das Gerüst selbst aufgelöst, während sich in den Linien und Schatten der Gewandung der ganze Reichtum der Linien- und Formen Phantasie ausblühen konnte. Für die Farbe hatte die geometrische Ornamentik das Auge nicht ausgebildet; so erklärt diese Entstehungsweise des griechischen Formgefühls auch, dass im Colorit die Griechen nur auf die grossen Harmonieen geachtet zu haben scheinen. – Für den Ursprung der griechischen geometrischen Ornamentik wichtig die Beantwortung der Frage: Lassen sich die speziell nichtorientalischen Ornamental Motive der Dipylonvasen schon auf den Vasen und Goldgeräten von Mykenae nachweisen? Sind diese mit den späteren griechischen und andrerseits mit den nordischen verwandt? Eine vergleichende Ornamentik würde ähnliche Aufschlüsse geben wie die vergleichende Sprachwissenschaft, wenn sich Merkmale finden liessen, nach denen das allgemein Menschliche, d.h. das aus der blossen Struktur des Auges immer und überall Entstehende, vom Individuellen zu unterscheiden wäre; sonst allerdings, lässt sich das Individuelle nicht verfolgen und wiedererkennen. Das Figürliche ist jedenfalls auf dem Mykenischen Goldgerät viel stärker vertreten als auf den Dipylonvasen, dagegen auf der mykenischen Keramik fast nur geometrisch ornamentale Motive.[1] Waren die Goldkünstler Orientalen, oder im Orient gebildet, oder stammte wenigstens ihre Tradition aus dem Orient, während die Keramik mehr autochthon war? Auf allem Edelmetallgerät herrscht eine ganz erstaunliche Vollendung; namentlich Tiere in deutlich orientalischer Stilisierung und zum Teil ohne jede beigefügte Ornamentik: so auf Goldbecher 656 auf dem goldintarsierten Dolch 395. Auf 394 eine in Gold eingelegte Jagdszene (An den goldenen Dolchgriffen [mit den Dolchen nicht verbunden] Linienornament.); auf dem Fragment einer Silberschale eine Stadtbelagerung. (N° 481); diese letztere ist nicht einmal ornamental aufgefasst, sondern rein darstellend, so realistisch, wie der Künstler es eben konnte. – Auf den beiden prachtvollen Goldbechern aus Vaphio bei Amyklae überwiegt auch das Darstellende (auf dem einen wilde Stiere auf dem andren Zugstiere), wenn auch die Bäume, die Erde, die Netze, kurz Alles was sich von Natur dazu eignet, ornamental umgeschaffen sind. Die zahmen Stiere sind sehr schön und wahr, wie sie die griechische Kunst in ihrer besten Zeit wohl kaum anders geschaffen hätte. – Nachmittags nach Megara; hauptsächlich um des Theognis willen. Die Stadt macht noch heute auf ihren zwei Hügeln von Weitem einen sehr stattlichen Eindruck und die Lage ist herrlich; gegenüber, durch einen schmalen Meerarm getrennt, Salamis, und in der

[1] nachträgliche Einfügung mit Bleistift: „(nicht richtig)"

Ferne die Inseln und blauen Fluten des Saronischen Meerbusens. – Nach dem Heiligtum des Zeus Aphesios hinaufgegangen. Unten liegt Megara, wie Athen und wie Eleusis als einziger bedeutender Ort auf einer mit Ölbäumen und Wein bepflanzten Ebene, die auf drei Seiten von hohen Bergen eingeschlossen wird und nur nach dem Meer zu offen ist; gegenüber Salamis, dann Eleusis, dann in der Ferne der Piraeus und Athen. Man sieht hier die Entstehungsursachen der griechischen πόλις[1] und die Bedingungen, die ihre Entwicklung bestimmten. Diese kleine Ebene forderte einen Ort, der Alle, die von ihr lebten, in seinem Schutz vereinigte. Mehrere gleich grosse Orte hätten einander in diesem geschlossenen Käfig aufgegessen. Der eine Ort war aber in seiner Bergumwallung verhältnismässig sicher und abgeschlossen. Andrerseits ist eine jede von diesen Ebenen für sich allein nicht gross genug, um eine sehr grosse Stadt zu ernähren; nur durch Unterjochung und Ausbeutung andrer Städte oder vom Meer her, durch Handel, konnte sich die Stadt über ein durch die Ertragsfähigkeit ihrer Ebene bestimmtes Maass hinaus vergrössern; die griechischen πόλεις[2] sind daher auch beständig auf Beides bedacht gewesen. Die natürliche Festigkeit der einzelnen Städte hinter ihren Gebirgsumwallungen erschwerte aber eine dauernde Unterjochung, und ein gleiches, wenn auch weniger ernstes Hindernis, bot bei den Inseln das Meer. Daher die ewigen und ewig unentschiedenen Kämpfe zwischen den einzelnen Städten. Griechenland ist zum Teil infolge seiner geographischen Gliederung nie politisch zur Ruhe gekommen. Denn andrerseits liegen diese Ebenen einander so nah, dass sie einander wie ein beständiger Anreiz zur Eroberung vor Augen lagen; man kann in fünf Stunden bequem zu Fuss von Megara nach Athen gehen. Sehr wichtig ist auch die Allgegenwart des Meeres; es durchdringt hier sozusagen das Land; man begreift vor einer solchen griechischen Landschaft, welche Macht über Griechenland Athen seine Flotte und Seeherrschaft gab, und muss dagegen umso mehr staunen, über die Macht, die Sparta trotz seiner Binnenlage ausüben konnte. Geographisch war diese Machtstellung unnatürlich oder wurde es, sobald irgend ein griechischer Staat eine Flotte baute; sie lässt sich nur aus dem uralten Ansehen und vor Allem aus wirklich hohen moralischen und staatsmännischen Eigenschaften erklären. Man hat es hier anschaulich vor Augen, dass Sparta Etwas Besondres sein musste, um überhaupt herrschen zu können; Seine ungünstige Lage hat es aber wohl daran gehindert, eine dauernde und Griechenland einigende Herrschaft zu begründen, wie Rom in Italien – Auch der Wettstreit der Staaten untereinander wird aus diesem nahen Zusammenliegen verständlich; der beständige Verkehr miteinander und der beständige politische Argwohn gegeneinander waren ein guter Nährboden für jede Art von Rivalität.

---

[1] Stadt

[2] Städte

Athen. 25 Oktober 1899. Mittwoch. *25.10.1899 Mittwoch*
Auf den Vasen mykenischen Stils überwiegt das Ornamentale; es ist aber auch Viel Reproductives darauf, das allerdings in ornamentale Formen gegossen (stilisiert) ist. Grosse Amphora 58 aus Kreta mit einem Polypen, dessen vier (zwei nach jeder Seite) Arme in ein schlangenartig den Bauch der Vase umringelndes Motiv auslaufen. Auf Vase 1 Pflanzenmotiv; Vase 21 ein Rand von Schnecken, die zu einer blossen Linie stilisiert, aber noch vollkommen erkennbar sind. (wie die Bienen auf den mykenischen Goldblättchen.); auf 840 irgend ein Hahnen Kamm-artiger Meerorganismus mehrmals wiederholt. – Auf dem mykenischen Gold und Silber ist dagegen das Figürliche sehr stark vertreten. Auf den zahlreichen goldenen Siegeln ausser orientalisch stilisierten Tieren allerlei Szenen anscheinend des täglichen Lebens, die Männer meistens ganz nackt[1] (was auf orientalischen Darstellungen wohl ausser bei Sklaven kaum vorkommt), die Frauen in merkwürdig modernen Jupons, die allerdings mit der späteren griechischen Tracht keine Ähnlichkeit haben.[2] – Noch einmal die Skulpturen: man staunt immer wieder über die Fülle des rein linear Ornamentalen auf Vasen und Statuen des 7ten und 6ten Jh. Nachmittags auf der Akropolis. Die Symphonie von Licht und Schatten am Parthenon im Sonnenlicht: z B an der Südseite der Südwestecke, wo noch eine ziemlich gut erhaltene Metope an ihrem Platze ist. Der Schatten der Werkstücke sind massiv und gradlinig, die breiten Linien der Kannelüren streben nebeneinander alle gleich grade an jeder Säule empor, in der Tiefe ihres Schwarz jedesmal infolge der Reflexe und des diffusen Lichts immer wieder von Schattentönen eine Skala durchlaufend; darüber die vertikalen Zwillingsschatten der Metopen, deren Reihe die feine, schwarze Horizontallinie des Gesimses oben abschliesst. Und zwischen diesen streng geometrischen Vertikal und Horizontalschattenlinien dann in der Metope die ganze Phantasie des weichsten und mannichfaltigsten Spiels von Hell und Dunkel. Aber auch dieses ist nur deshalb zu ertragen, weil es aus demselben ornamentalen Geist geboren ist, wie die strengen Linien der reinen Architektur; und zu dieser Architektur passt nun die ganze griechische Skulptur. Sie lässt sich nur verstehen als eine Variation über ein streng ornamentales, ja geometrisches Grundthema. Herausgerissen aus dieser Umgebung, wie sie in den europäischen Sammlungen erscheint, ist sie ein unauflösbares Rätsel. – Das Viele Schwarz in der Architektur Ornamentik wird auch als eine Art von gemalter Fortsetzung der Schattenwirkungen aufzufassen sein; es setzt die Polychromie in ein Verhältnis zur Licht und Schattenwirkung. – Der dorische Tempel ist das Instrument, das die Gefühle, die Linien, Proportionen, Licht wecken können zu einer Symphonie zusammenstimmen soll; gerade diese Gefühle waren die, die von der Landschaft erweckt, die Griechen religiös

---

[1] nachträgliche Einfügung mit Bleistift: „(?)"

[2] nachträgliche Einfügung mit Bleistift: „(auch nicht richtig)"

stimmten: die mächtigen Proportionen der griechischen Berge, die majestätischen Linien ihrer Gebirgsmassen, das Licht das auf ihnen und auf dem Meere wandelt, der Schatten des Waldes mit seiner Frische und rieselnden Quellen. Die von der Natur in der griechischen Seele erregten Gefühle wurden im Tempel durch das Mittel der raffiniert ausgebildeten Ornamentalrhythmen differenziert, reicher und bewusster gemacht. Die dorischen Tempel singen in Rhythmen was fessellos in der griechischen Landschaft ewig wird. – Zum Abschied auf der Akropolis, im Parthenon, einen wolkenlosen Sonnenuntergang. Am Tage sind hier die Farben der Landschaft matt; Abends aber vertiefen sie sich allmählich zu durchsichtig deutlichen Tönen; die kahlen Felsen des Hymettos gehen in Rot und dunklen Purpur über; Aegina und die Argivische Küste steigen dunstbefreit auf einem Hintergrund von feurigem Rosa aus dem lichtblauen Meer auf; und hinter Salamis geht die Sonne in einem Staub von Rubinen und Blitzen unter. – Den Oedipus auf Kolonos[1] gelesen.

Athen 26 Oktober 1899. Donnerstag *26.10.1899 Donnerstag*

Um 7 zum letzten Mal auf die Akropolis. Der frühe Morgen ist hier in Athen Tag für Tag eine neue Wollust; Frische und Klarheit umfangen Einen wie ein Bad; Luft und Licht sind leicht, der Schatten noch so kühl wie die Nacht. – Im Parthenon auf das Baugerüst zu dem an Ort und Stelle gebliebenen Friesteil hinauf; er wirkt unmittelbar weniger stark als die Stücke in London und im Akropolismuseum, weil die Epidermis fast ganz zerstört ist. In der Zeichnung aber noch die herrliche Bewegung der Pferde und Knaben zu erkennen; ein nacktes, springendes Pferd gehört zum Allerschönsten. – Dass die Kannelüren rund und nicht wie die Einschnitte der Triglyphen spitz sind, vermannichfaltigt an jeder Säule die Breite und Schwärze der vertikalen Schatten; keiner gleicht dem Andren, während die drei Vertikallinien der Triglyphen ganz gleichmässige breite schwarze Streifen sind. Das Gleichgewicht zwischen der unteren Säulenreihe und der oberen Metopen- und Triglyphenreihe wird aber dadurch wieder hergestellt dass die gleichmässig sich wiederholenden harten Triolen der Triglyphen mit der Phantasie und Mannichfaltigkeit von Licht und Schatten auf den Figuren der Metopen abwechseln. – Die griechische Architektur ist nicht kalt, sondern atmet das bewegteste, zarteste Leben. Es giebt am Parthenon keine tote, nicht von der Phantasie belebte Stelle; die Linien, die Schatten spielen innerhalb der überall gewahrten rhythmischen Ordnung; da die Nüance allein der Erfindung freistand, hat gerade ihr hier das Genie gedient. Die Nachahmungen, die diesen Blütenstaub fortgewischt haben, stellen statt eines lebenden Körpers das tote Skelett des Lebens vor Augen. – Mittags aus Athen fort nach Patras. Am Tage in Griechenland ein eigener Akkord zwischen dem staubigen Gelb und Grau des Landes und

[1] Sophokles

der Farbe des überall dazwischen hineindringenden Meeres. Wo es fern ist, ist es hartblau wie Porzellan, in der Nähe zerstäuben die Farben in ein nie ruhendes Spiel von Tönen und Lichtern, die der leiseste Wind vor sich hertreibt. Der matte Ton alles Landes rings herum stösst zuerst trotzdem von der griechischen Tageslandschaft ab; sie gewinnt Einen aber dann allmählich durch ihre Grösse und durch die Allmacht des Lichts auf diesen nackten Schluchten und Felsen. Das Licht auf Gebirgen, Meer und Himmel ist das Einzige, was in diesem fast zur Wüste verdorrten Lande wird und lebt, ἔρημας δι' αἴθερος[1], bis am Abend auch auf den Bergen die Farbe erwacht. Heute färbten sich die Felsenwände des Parnass braunrosa und an den höchsten Spitzen fast weiss über dem zarten Blau des Korinthischen Meerbusens. – Unterwegs den Charmides[2]. Abends aus Patras fort.

Corfu. 27 Oktober 1899 *27.10.1899 Freitag*

Den Tag in Corfu vor Anker. Noch einmal mit Herodot[3] zu meinem alten Asklepios Tempel hinaus.

Neapel. 28 Oktober. 1899. *28.10.1899 Samstag*

Früh in Brindisi. Nach Neapel.

Neapel. 29 Oktober 1899 *29.10.1899 Sonntag*

Früh im Museum die pompejanischen Wandgemälde. Die grösseren mythischen Darstellungen sind doch sehr mässige Dekorationsmalereien, die von den etwa guten Werken, die sie wiedergeben, gerade was an ihnen dem römischen Banausen auffallen konnte, aufbewahrt haben; man beurteilt die griechische Malerei ungefähr ebenso richtig nach dieser Schundwaare wie die französische nach den Taschentüchern und Bettvorlegern, die mit Millets Angelus geschmückt sind. Selbst die Briseis[4] ist in dieser Kopie schandbar vulgär; sie und Achill machen „interessante" Augen, die für eine Sichelsche Schönheit passend wären. Ich schäme mich, sie vor 10 Jahren, frisch vom Gymnasium weg, schön gefunden zu haben. Dieses gemeine Augenaufreissen kehrt bei allen Darstellungen wieder; das genügt als urkundliches Abbild von dem, wie sich die römische Provinzialbourgeoisie des ersten Jahrhunderts den grossen oder bedeutenden Menschen vorstellte, d.h. wie sie sich ihn eigentlich überhaupt nicht mehr vorstellen konnte, sondern statt seiner nur eine Art von Kulissenreisser. In der griechischen Kunst (Skulptur) der grossen Zeit ist gerade das Auge, selbst wo die Farbe jetzt ganz

---

1 eigentl. ἐρήμας δι' αἰθέρος (durch den einsamen Aether); „Stärker glüht am Tage kein andres [...] Gestirn durch den einsamen Aether [als die Sonne]." Pindar, Olympien 1, 7

2 Platon

3 Historiēs apodexis

4 Wandgemälde, Pompeji, Achilles und Briseis

zerstört ist, unendlich mild und ruhig und reich an nur Halbgesagtem. Aus Griechenland kann also diese gemeine Vorstadttheatralik nicht stammen. Die kleinen Darstellungen (Faune, Tänzerinnen, namentlich der herrliche kleine Fries 9183[1], 9165[2]: Vorbereitungen zu einem Gastmahl, unter Andrem Toilettenszenen, ganz klein auf schwarzem Grund) sind dagegen noch wie ein Abglanz der Diadochenzeit, der Tanagra- und Myrinafigürchen. Auf diesem Gebiet war auch der Trimalchio[3] de visu erfahren. – Nachmittags in Pompei; das Haus der Vettier u. s. w.

Neapel – Rom. 30 Oktober 1899 *30.10.1899 Montag*

Früh noch einmal im Museum. Die griechischen und campanischen Vasen. Schon diese italischen Vasen sind im Vergleich zu den griechischen Werken überladene, auf den äusseren Effekt, ohne künstlerisches Gewissen gearbeitete Waare. In den beiden griechischen Zimmern ist eine ganz andre Luft. Nicht zu begreifen, dass diese griechischen Schwarz- und Rotfigurigen Vasen, die zu den delikatesten, anziehendsten, amüsantesten Werken des Altertums gehören, in den Museen immer in dunklen, staubigen Aktenschränken versteckt werden. Hier kann man bei ganzen Reihen nur die Beine der Figuren sehen. Nur in Athen sind sie einigermaassen günstig aufgestellt. Nachmittags nach Rom.

Rom. 31 Oktober 1899 *31.10.1899 Dienstag*

Früh auf dem Forum die neu ausgegrabene Basilica Aemilia und ein schönes Marmorpaviment. Nachher im Appartamento Borgia. Pinturicchio gewinnt, wenn man mehr von ihm sieht; im Gegensatz zu Perugino. Das Innere der Peterskuppel hält sich selbst im Vergleich zum Parthenon; nur muss man so gerecht sein, die barbarische Dekoration wegzudenken. – Nachricht von der englischen Niederlage bei Lombards Kop. Die italienischen Zeitungen versuchen als arme Klienten Englands eine anständige Haltung zu bewahren, mit einem Auge auf zukünftige Trinkgelder.

Berlin. 4 November 1899. Sonnabend. *4.11.1899 Samstag*

Früh zurück. Abends Liquidationssitzung des Pan.

[1] Wandgemälde, Pompeji, Nr. 9183

[2] Wandgemälde, Pompeji, Nr. 9165

[3] Petronius, Satiricon

Berlin. 7 November 1899. *7.11.1899 Dienstag*
Diner bei Frau Richter; Pourtalès', Spitzembergs, H. Hindenburg und Knesebeck.

Berlin 9 November 1899. *9.11.1899 Donnerstag*
Bei Knesebeck gefrühstückt mit Frau Richter und Vater u. Sohn Hindenburg.

Berlin. 10 November 1899. *10.11.1899 Freitag*
In Herodot; 7tes u 8tes Buch. Die Griechen haben die Perser durch ihre moralischen Eigenschaften besiegt; und doch waren sie in einzelnen Moralpunkten (Bestechlichkeit, geschlechtliche Sittlichkeit u. s. w.) durchaus amoralisch. Man verliert hier den Glauben an den Zusammenhang und die notwendige Wechselwirkung der einzelnen Moraleigenschaften; sie zeigen sich als unabhängig von einander, oder gehören wahrscheinlich nur in einzelnen von einander unabhängigen Gruppen zusammen.

Berlin. 24 November 1899. Freitag. *24.11.1899 Freitag*
Bei Frau v. Rath gefrühstückt mit der Prinzessin Altenburg.

Berlin. 26 November 1899. Sonntag. *26.11.1899 Sonntag*
Frühstück bei Frau v. Spitzemberg; Gräfin Schönborn u. Lindenau.

Berlin. 29 November 1899. *29.11.1899 Mittwoch*
Aus einem heute in der Münchener Allg. abgedruckten Brief Lavaters an Goethe: „Ich habe die Beruhigung es von dir zu wissen, dass du viel Leben aus Deinem ausbreitest".

Berlin. 30 November 1899. Donnerstag. *30.11.1899 Donnerstag*
Zum Frühstück Dehmel mit der Isi bei mir. Nachher las er die letzten Stücke des ersten Teils der zwei Menschen vor. Er, wie er im letzten Stück das Schmelzen des Intellectuellen vor der Glut des Intuitiv-Leidenschaftlichen hat zeigen wollen. Der erste Teil ein Verstandesmässiges Grübeln beider Teile, bis sie sich im Intuitiven finden; der zweite Teil ein Aufgehen von Mann und Weib ineinander im Sinnlich-Intuitiven; der dritte Teil: ein jeder von Beiden findet sich selbst wieder und hält nun dem Andren aus seinem Ich heraus das Gleichgewicht. Mit Dehmels die Photographieen von Olympia und Athen; ihnen zugeredet nach Griechenland zu gehen.

Berlin. 11 Dezember 1899. *11.12.1899 Montag*
Im Reichstag in der Diplomatenloge bei Bülows Marinerede; er spricht geschickt aber stark pastoral; durch diese Emphase giebt er auch blauem Dunst den Anschein gewichtiger Konsistenz.

Berlin. 14 Dezember 1899 Donnerstag. *14.12.1899 Donnerstag*
Bei Ludwig v Hofmanns' gegessen mit Dora Hitz, Gerhart Hauptmann und dessen Fräulein[1]. Hauptmann bei Tisch schweigsam, nachher unterhielten wir uns ziemlich lange. Er ringt beim Sprechen mit dem Wort, zieht die Stirn in tiefe Falten und beugt den Kopf vor; was er sagt hat mehr Gewicht durch diese Art, es zu sagen, als durch seinen Inhalt. Wir sprachen über Zacconi, Rittner und den neuen Schauspiel Stil; er meint, vorläufig sei es mit Shakspeare allerdings noch Nichts; aber er glaube, wir würden die Entstehung eines neuen, intimen Shakspearestils noch erleben. Das Gespräch kam dann auf ein von Strauss komponiertes Gedicht von Dehmel (Du wirst nicht weinen), das Hofmann nicht gefiel, das ich aber dann vorlas, worauf Hauptmann und Hofmann Beide es doch sehr zu bewundern erklärten.

Paris. 31 Dezember 1899. Sonntag. *31.12.1899 Sonntag*
Hier steht zum letzten Mal die alte Jahrhundertzahl. Nachmittags mit Gee im Bois spazieren; herrlich klares, warmes Wetter. Bei Onkel Auffmordt gegessen. Dann das alte Jahrhundert in einem Gewitter, bei Donner und Blitzen, in das neue hinübergegangen.

Paris. 1 Januar 1900. Montag. *1.1.1900 Montag*
Nachmittags wieder mit Gee im Bois. Abends in Gide's Nourritures Terrestres. Ein schöner Satz, der das Geheimnis des künstlerischen und mystischen Lebens zusammenfasst: A travers indistinctement toute chose, j'ai éperdument adoré. Neulich im Luxembourg Moreaus Aquarelle; zu seinem Reiz tragen Verzeichnungen und Manier Viel bei; dieser ewige Akkord von Tiefrot und Tiefblau...

Paris. 2 Januar 1900 Dienstag *2.1.1900 Dienstag*
Mit Gee Nachmittags in Glucks Iphigenie in Tauris, in der Renaissance.

---

[1] die spätere Margarete Hauptmann

Paris. 4 Januar 1900. *4.1.1900 Donnerstag*
Abends mit Gee in der Komischen Oper Glucks Orpheus; Inscenierung im Stil von Puvis de Chavannes.

Paris. 5 Januar 1900. *5.1.1900 Freitag*
Mit Mammas Bild zum alten Henner.

Berlin 11 Januar 1900. *11.1.1900 Donnerstag*
Bei Hindenburgs Abends Musik.

Berlin. 14 Januar 1900. *14.1.1900 Sonntag*
Bei Harrachs gefrühstückt. Diner bei Karl v. d. Heydt. Neben der Gräfin Gneisenau, die sehr blond und ausgezogen in schwarzem Tüll und Flittersilber; etwa 28, fünf Jahre verheiratet, total verdorbene Phantasie; will auf den Presseball, um die Demi Monde Damen von nah zu sehen, und vertraut mir gleich hinterher, dass sie sich nach Maeterlincks Trésor des Humbles alle Mystiker hat kommen lassen, Platón, wie sie ihn ausspricht, Plotinus u. s. w; sie habe mit Platón angefangen, sei aber durch das Gastmahl, das, wissen Sie, ein grässliches Ding sei, neulich nicht durchgekommen; dann wieder Bedauern, dass es in Berlin keine richtige Demi Monde gebe; sie kennt die ganze französische Pornographie, À rebours[1], Prévost (natürlich,) Aphrodite[2], Fécondité[3]. Florenz hat sie gelangweilt, „da wir dort Niemanden kannten" und die selben Bilder wie da hat man ja schon tausendmal anderswo gesehen. „Mein" Hauptvergnügen ist, Menschen zu verführen, dass sie Etwas Schlechtes thun, und sie dann in meiner Macht zu wissen. (Wo hat die blonde Gans das aufgelesen?) Ich empfahl ihr als Lectüre Paul Adam und die Übersetzung von Tausend und eine Nacht von Mardrus. – Sie ist eines der ersten deutschen Exemplare der petite femme vicieuse, des Weibchens, das die Kunst als Bordell benutzt.

Berlin. 15 Januar 1900 Montag. *15.1.1900 Montag*
„Wenn Wir Toten erwachen" gelesen; Problem des Künstlertums: Lebenwollen, Liebenwollen, und vor Schaffensdrang nicht leben können, Egoismus. Es spielt sich Alles wie hinter einem Schleier ab, im Hintergrunde, in der Vergangenheit; die Linien dadurch feiner und stimmungsvoller, vielleicht auch schärfer scheinend. Der wahre Grund aber, warum Ibsen immer mehr das eigentlich interessante Geschehen von der Bühne fort in die Vergangenheit verlegt, dass was ihn interessiert immer weniger die Begebenheit selbst ist und das, wodurch sie in der

---

[1] Huysmans
[2] Louÿs
[3] Zola

Seele motiviert und unmittelbar begleitet wird; und immer mehr das Bild, das sie in der Seele der Beteiligten hinterlässt und die seelischen Welten, die sich von ihm aus fortpflanzen. Nichts von Mystizismus, sondern ein Blick, der einen längeren Seelenablauf umfasst und darstellen will. Shakspeare interessiert es, wie Einer zu seinen Handlungen kommt, Ibsen, was er aus seinen Handlungen macht; Protestantismus dieser Auffassung; Gewissen.

Berlin. 29 Januar 1900. Montag. *29.1.1900 Montag*

Bei Curt Herman zum Essen, um Muther kennen zu lernen. M., ziemlich überraschend, ein seichter, haltloser Schwätzer. Auf meine Frage, warum er seine „Geschichte" nicht neu auflege: das sei zu schwer; in dem (vor 5 Jahren erschienenen!) Werk müsste jeder Satz genau umgekehrt lauten, dann würde er richtig sein; so schnell habe die Zeit sich geändert (Dieser naive Glaube an den „überwundenen Standpunkt" erfüllt also auch M.).

Berlin 9 Februar 1900. *9.2.1900 Freitag*

Bei Knesebeck gegessen; nur Frau Richter, der alte Harrach, Hindenburg und Wangenheim; ein schöner harmonischer Abend.

Berlin 17 Februar 1900. *17.2.1900 Samstag*

Essen bei Ludwig v. Hofmann mit Eckmanns, Mosson etc. Japanische Schnitte.

Berlin. 22 Februar 1900. Donnerstag. *22.2.1900 Donnerstag*

Bei Tschudi gegessen mit Liebermann und Luschans. – Früh bei Bode, wegen der Fusion des Pan mit der Insel. Er liegt noch immer auf dem Sofa, sieht aber leidlich wohl aus. – Lichtwark: der Nutzen der Kunst für ihn ein kommerzieller!

Paris. 6 März. 1900 *6.3.1900 Dienstag*

Mit Gee Abends im Théâtre Antoine. Poil de Carotte[1].

Paris. 8 März 1900. *8.3.1900 Donnerstag*

Mit dem Nordexpress fort. Vorher bei Noel gefrühstückt. Als ich gegen 12 ½ aufstehe, sagt mir der alte Josèphe: Monsieur, le Français brûle. Ich laufe die rue

[1] Renard

de Richelieu hinunter; am fernen Ende der Strasse schon eine grosse Rauchwolke am Himmel, dann das Theater selbst, aus dessen oberen Etagen blasse, graue Flammen und viel Rauch aufsteigen. Zuerst bleibe ich draussen, dann, als Retter ins Theater hinüberlaufen und anfangen, lächerliche Sachen, alte Plüschsofas u. Ä. zu retten, gehe ich auch hinüber, durch das dunkle Vestibül und die Haupttreppe hinauf. Oben das Feuer. Die Flammen fangen schon an, aus dem Zuschauerraum durch die Logen in den runden Gang zu schlagen. Plötzlich fliegt knatternd eine Logenthür auf, dann eine zweite, dann eine dritte; der riesige Zuschauerraum steht offen. Der ganze Saal ist ein Wirbel von glühendem Staub, ein einziges hellrotes Lichtmeer, in dem nur zitternde Feueratome nach oben wogen, undifferenziertes Element; keine Flammen; diese verdichten sich nur an der Peripherie, wo das Feuer aus den Logen durch seidene Vorhänge knisternd hervorbricht und in langen Zungen die Decke des Ganges leckt. In der Büstengallerie springen klirrend nacheinander die Œil de Bœufs und ein flüchtiger Feuerschein fällt schon auf Houdons Voltaire, der ironisch lächelnd dem Verderben entgegengeht. Bilder, Büsten, Tische, Sofas werden wie von einer plündernden Menge in wahnsinnigem Durcheinander durch das Foyer und die Treppe hinunter getragen. Der grosse Voltaire ist aber nicht zu bewegen. Als ich weggieng, glaubte ich ihn zum letzten Mal zu sehen.

Berlin. 9 März 1900. *9.3.1900 Freitag*

Diner bei Bodenhausens mit VandeVelde. Vormittags Verhandlg mit Heymel u Meier Graefe[1].

Berlin. 10 März 1900. *10.3.1900 Samstag*

VandeVeldes erster Vortrag bei Keller α Reiner. Nachher mit ihm zu Frau Richter, wo ihn der Cosima Wagner vorgestellt. Quartett von Beethoven. VandeVelde sagt von der Cosima, wie sie dasitzt: C'est vraiment comme la Musique incarnée.

Berlin. 11 März 1900 Sonntag. *11.3.1900 Sonntag*

Mit Heymel u Schroeder verhandelt. Nachher Beide bei mir mit Bodenhausens u Flaischlen. Abends Soiree für die Cosima bei Frau vom Rath. VandeVelde mit hingenommen.

Berlin. 13 März 1900. Dienstag *13.3.1900 Dienstag*

Diner bei Frau von Hindenburg für Cosima mit Siegfried, Eva, Knesebeck, Platen Frl v Owe. Nach Tisch in VandeVeldes Vortrag und dann zu Hindenburgs zurück.

---

[1] Fusion PAN u. Insel

Berlin. 14 März 1900. *14.3.1900 Mittwoch*
Diner bei Lascelles.

Berlin. 15 März 1900. Donnerstag. *15.3.1900 Donnerstag*
Van de Velde, Tschudi, Hermans, Hindenburg bei mir gefrühstückt. Soiree bei der Gräfin Schlippenbach für Cosima. Cosima ist hier gesellschaftlich souverän; eine solche Stellung ist einzig; die Fürstinnen, Botschafterinnen, Comtessen, Alles zittert vor ihr und wird rot vor Freude, wenn Cosima sie gnädig anredet. Diese gesellschaftliche Macht ist ebenso wunderbar wie ihre künstlerischen Leistungen.

Berlin. 16 März 1900. *16.3.1900 Freitag*
Bei Spitzembergs mit Nostitz gefrühstückt. Abends Premiere des Bärenhäuter[1]. Angenehm überrascht. Einige Minuten in Cosimas Loge, wo mich am Katzbuckeln der alten Exzellenzinnen erfreut.

Berlin. 17 März 1900. *17.3.1900 Samstag*
Vande Velde bei Frau Richter Vortrag für die Hofgesellschaft gehalten; Ratibors, Henckels, Harrachs, Hindenburgs, Lascelles, Knesebeck etc. etwa 100 Menschen. Erfolg und Widerspruch, aber Interesse.

Berlin. 19 März 1900. Montag. *19.3.1900 Montag*
Konzert von Strauss; Tod u Verklärung, Heldenleben. Nachher zu Harrachs.

Berlin. 21 März 1900 Mittwoch. *21.3.1900 Mittwoch*
Nachmittags zu Lascelles. Lady Edward Cavendish sagte über Cosima u. ihre soziale Stellung: Oh, but you know, she is a Queen.

Berlin. 22 März 1900. *22.3.1900 Donnerstag*
Im Deutschen Theater: Wenn Wir Toten Erwachen[2]. Mässige, stillose Aufführung.

Berlin. 23 März 1900 Freitag. *23.3.1900 Freitag*
Nachmittags in Beethovens Missa Solemnis. Das ganze Weltall scheint in den ersten Chören von Stern zu Stern Antwort zu geben; keine andre Musik giebt so den Eindruck des unendlichen Raums. Nach Tisch bei vom Raths, wo Kuno Fischer, Mommsen, Erich Schmidt, Dilthey, Hindenburgs. Ein kleiner Grieche spielte. Währenddem, Kuno Fischer mit Dilthey im Musikzimmer ganz laut in

---

[1] Siegfried Wagner

[2] Ibsen

höchster Erregung über die „unerhörten Affronts", die ihm hier in Berlin angethan, dass er weder zum Sprechen bei der Akademiefeier zugelassen noch zum Auswärtigen Akademiemitgliede ernannt sei. Es sei „ein Faustschlag ins Gesicht, eine unerhörte Intrigue, horribel, ganz horribel u. s w", in diesem Tone während der ganzen Musik, so dass Alle, die im Saal waren, es hören konnten. Man lächelte. – Nachher zum Rout bei Harrachs.

Berlin. 24 März 1900 Sonnabend. *24.3.1900 Samstag*

Diner bei Goetzens; Dirksen, Boutirons, Hülsen, Senden. Goetzen nach seiner Bibliothek zu schliessen, ein Mann von wahrer Kultur: Burckhardt, Mommsen, Taine u. s. w.

Berlin. 26 März 1900. *26.3.1900 Montag*

Bei vom Raths gefrühstückt. Ausser mir nur Kuno Fischers und Diltheys. Zwischen ihm, Fischer, und seiner Frau gesessen. Er heute gut aufgelegt. Erzählte von Rachel, die er 1848 in Phèdre erlebt habe, gleich nach der Juli Revolution; sie sei ohne Vergleich die grösste Schauspielerin, die er je gesehen habe; wie sie auftrat, habe man ihr schon die durchweinten Nächte angesehen; dann ihr Geständnis an Hippolyte, ganz tonlos, fast wie eine gelernte Lektion. Nach dem Stück habe sie die Marseillaise sagen müssen; und auch das sei grossartig, von höchster dramatischer Kraft gewesen, wie sie vor der Tricolore gekniet und sozusagen zu ihr gebetet habe. – Über die Reform des Unterrichts und den Wunsch des Kaisers, die humanistische Bildung durch eine naturwissenschaftliche zu ersetzen: der Kaiser übersehe ganz, dass schon an sich ein Unterschied sei zwischen einem Fach, das schon seit drei Jahrhunderten gelehrt werde, und einem, das erst ganz neu in die Schulen eingeführt werde. Bei den humanistischen Wissenschaften seien die Grundbegriffe jetzt absolut klar; auch der nicht über den Durchschnitt emporragende Gymnasiallehrer könne sie seinen Schülern ganz klar überliefern; bei den Naturwissenschaften sei das durchaus noch nicht der Fall; hier hätten nur einzelne, ganz seltene Geister eine klare Anschauung von den Grundbegriffen; und doch sei dies die Vorraussetzung des fruchtbaren Lehrens. Er habe viele Lehrbücher der Physik gelesen, aber bei fast allen gefunden, dass diese Klarheit der Grundbegriffe fehle, und die Darstellung deshalb nicht durchsichtig werde. Das sei, was er bei Helmholz so hoch schätze, dass er über die Grundbegriffe ganz klar gewesen sei; deshalb stehe Helmholz z.B. über Dubois Reymond. – Trotz dieser einzelnen interessanten Bemerkungen die Hälfte der Zeit wieder mit Wutausbrüchen über die „horriblen Affronts" ausgefüllt, die ihm in Berlin angethan worden seien; er fühlt und spricht wie eine sitzengebliebene Cocotte oder ein durchgefallener Ballettmeister. Dilthey nachher nachhause begleitet. Über „Wahrheit". Dass ich leide, Freude empfinde, wahrnehme, <u>sei</u> wahr trotz Kant; hier sei die Wahrheit; der Intellekt, der Wille schon Abstraktionen; „<u>Leben</u> ist die

Hauptsache", denn hiervon allein wüssten wir, dass es wahr sei. So weit unsre Wahrnehmung reiche, so weit reiche auch wirklich Wahrheit; denn jede Wahrnehmung sei ein unbezweifelbares Faktum. Ich zog daraus die Folgerung, dass dann nach seiner Ansicht also ein wirklicher Fortschritt der Erkenntnis möglich sei, nicht blos wie auf Grund der Kantschen Phänomenologischen Anschauung eine Bereicherung innerhalb eines ein für allemal abgegrenzten Kreises; und Dilthey bejahte, dass dieses in der That seine Ansicht sei.

Berlin. 27 März 1900. Dienstag *27.3.1900 Dienstag*

Soirée bei Hindenburgs. Früh meine erste Assessorarbeit bekommen. Prioritätseinräumung.

Berlin. 28 März 1900. *28.3.1900 Mittwoch*

Diner bei Harrachs mit Daisy Pless, Solms, Lascelles. Nachher bei Greindls Vortrag über die Belgien Expedition.

Berlin 29 März 1900 *29.3.1900 Donnerstag*

Mit Bernhard Stolberg gegessen u. in den Bärenhäuter.

Berlin. 30 März 1900. *30.3.1900 Freitag*

Mit der Gräfin Schlippenbach, Heykings, Lepel und Dirksen im Bristol gegessen.

Berlin. 31 März 1900. Sonnabend. *31.3.1900 Samstag*

Rout auf der englischen Botschaft. – Nachmittags bei Ihne u. sein Museumsmodell[1] besehen.

Berlin. 1 April 1900. Sonntag. *1.4.1900 Sonntag*

Früh Frau v. Heyking mir von ihren Gedichten vorgelesen; fast naiver, weiblicher Nihilismus. Nachher mit Kühlmann gefrühstückt. Bei Frau Richter Knesebeck; manchmal tritt das: Sich aus Impotenz überlegen Fühlen, bei K. fast unangenehm hervor. Abends Björnsons Über Unsere Kraft. Grosser Eindruck. – Was einmal psychologisch möglich gewesen ist, muss immer wieder psychologisch möglich sein; daher Religion auf jeder Kulturstufe, mit jedem Vorstellungskomplex; nur ist es verkehrt die Religion eines Vorstellungskomplexes, eines Weltspiegelbildes, auf einen ganz andren, veränderten Vorstellungskreis pfropfen zu wollen.

---

[1] Kaiser-Friedrich-Museum

Berlin. 5 April 1900. *5.4.1900 Donnerstag*
Bei Frau vom Rath gegessen; Aribert Anhalts, Ratibors, Lascelles, Radziwills und nachher schlechte englische Musik, der Aribert zu Ehren.

Berlin. 6 April 1900. *6.4.1900 Freitag*
Schröder zum Verhandeln hier[1]. Abends mit ihm soupiert; er macht den Eindruck eines mässig begabten und stark verwichsten Unterprimaners; nervenkrank, fahrig und unreif; er weiss Nichts, aber wendet darauf Begriffe an, die er nicht versteht, was dann geistreich klingt. Zum Grauen und Lachen, dass solch' ein Mensch eine geistige Verantwortlichkeit trägt. Im Übrigen hat er eine entschiedene Begabung für die Langeweile: er schätzt Goethe vor Allem als den Verfasser der klassischen Walpurgisnacht und im Altertum in erster Linie Horaz und Cicero, den er „rasend dekadent, wie Beardsley" findet; Cicero ist ausserdem so ganz „bourgeois"; und S will im Gegensatz zur Bohême zielbewusst bourgeois sein.

Berlin. 12 April 1900 Gründonnerstag. *12.4.1900 Donnerstag*
Obrist getroffen und mit ihm gegangen. Er klagt über die mangelnde materielle Unterstützung der Handwerkskünstler in Deutschland; Alle bewunderten und beschwärmten sie, aber kaufen thäte Niemand. Er habe in sechs Jahren zwei Aufträge bekommen, und dabei rissen sich alle Kunstblätter und Kunstausstellungen um seine Arbeiten. Er führt das auf den Hang zur Kontemplation der Deutschen zurück; sie hätten nicht das Bedürfnis, was ihnen gefiele auch zu besitzen, die Bewunderung rege nicht den Entschluss zu kaufen an. – Nietzsche überschätzt die Wirkung der Vorstellungen (Gedanken) auf den Willen. Ganz abgesehen vom Charakter, können eine Thätigkeit, eine Umgebung, tausend zufällige Eindrücke mehr thun, das sichere, siegreiche Wollen hervorzurufen, als eine bewusste, gedankliche Lebensbejahung. Sogar der Gedanke selbst wirkt nicht immer in seiner logischen Axe. Ein Gedanke, der das Leben verneint, kann den Instinkt zum Leben stärken; ich meine nicht blos durch Widerspruch, sondern gerade auch wenn man sich ihm ganz hingiebt. Und umgekehrt kann die gedankliche Lebensbejahung die echten Lebensinstinkte in einem Organismus hintöten. Hier hat Nietzsche zu einfältig, zu abstrakt, nicht fein genug gedacht, und das Leben ist ihm entwischt. Seine Kritik des Christentums ist deshalb hinfällig.

Berlin. 13. April 1900. Charfreitag. *13.4.1900 Freitag*
Matthaeuspassion.

---

[1] Fusion PAN u. Insel

Berlin. 15 April 1900. *15.4.1900 Sonntag*

Geburtstag der Frau Begas. – Bei Frau vom Rath gegessen mit Erich Schmidt und Diltheys; wie immer, wenn Professoren zusammensind, Viel Hässliches zutage gekommen, Neid und formloser Klatsch; man müsste aus aesthetischen Rücksichten keine Professoren an seinem Tisch sehen. Namentlich Erich Schmidt ist ein beklagenswertes Gemisch von Schauspieler, Schullehrer und schlechten Manieren.

Berlin. 16 April 1900. Montag *16.4.1900 Montag*

Bei Mutzenbechers zu Tisch mit Varnbülers, Hindenburgs, König etc.

Berlin 19 April 1900 Donnerstag. *19.4.1900 Donnerstag*

Die Duse in der Gioconda[1]. Sprachliche Schönheit des Stücks.

Berlin. 23 April 1900. Montag. *23.4.1900 Montag*

Mit Mommsens, Lichnowsky, Gräfin Oriola bei Raths gegessen. Nach Tisch über eine Stunde mit Mommsen gesprochen; er macht mit seiner Stimme, die spitz wie eine Stecknadel ist, kluge oder bissige Bemerkungen, zitiert viel; münzte auf Chamberlain Byron's This minister is renowned for ruining Britains greatness. Von Macaulay meint er, er werde mit Unrecht in England misachtet; er sei sehr talentvoll gewesen; namentlich die Essays und die ersten beiden Bände seiner Geschichte seien wertvoll; nachher sei er in der „Geschichte" über den Stoff nicht mehr Herr geworden. Carlyle dagegen sei dunkel und konfuse; ein Barbar; der Stil unausstehlich. Tocqueville habe keine Seite geschrieben, die gleichgültig sei. Auf Fustel de Coulanges giebt er wenig; zu sehr Phantast, viele Einfälle, aber wenig Wertvolles; auf den würde ich mich nicht verlassen. Zu meiner Frage, ob die Franzosen je den Deutschen an minutiöser Gründlichkeit gleichkommen würden, meinte er, sie hätten uns schon übertroffen; eine solche Arbeit wie Chuquet's Werk über die Revolutionskriege hätten wir nicht; es sei unleserlich vor lauter Detail. Über die Papyrusfunde, als ich die Hoffnung aussprach, dass uns Sappho, Archilochus oder der ältere Simonides[2] geschenkt würden, meinte er: was wir vom täglichen Leben der Alten durch die Papyrusfunde erführen, die Masse der kleinen Details, sei vielleicht wertvoller als manche Dichtung; er habe das lieber als Bacchylides[3]. Die Πολιτεία Ἀθηναίων[4] hält er unzweifelhaft für das Werk des Aristoteles, aber mit dem Vorbehalte, dass er ja nicht griechischer Philologe sei. Schliesslich Bissiges: Jemand erzählte von Mrs Adams, die Her-

---

[1] D'Annunzio

[2] Semonides

[3] Bakchylides v. Keos

[4] Athenaion Politeia

mann Grimms Werke ins Englische übersetzt habe: Mommsen: dann seien sie vielleicht leserlich geworden, in der Übersetzung. Als die Rede auf Amerika kam, fragte Mommsen Lichnowsky, ob es drüben einen Mittelstand gebe. Lichnowsky darauf: „Drüben ist ja Alles Mittelstand, Alles!" Mässig taktvoll für einen Diplomaten.

Berlin. 26 April 1900. *26.4.1900 Donnerstag*
Von Liliencron einen desperaten Brief; 50 M. geschickt.

Berlin 29 April 1900 *29.4.1900 Sonntag*
Nach dem Grunewaldsee zufuss. Abends bei Frau Richter mit Spitzembergs, Hindenburgs und Knesebeck, den versucht für Liliencron zu interessieren.

Berlin 30 April 1900. *30.4.1900 Montag*
Eben war Mommsen bei mir; der alte Herr war meine Treppe geklettert und sah sich Alles, Bücher, Vandevelde, Seurat, Signac mit Kritik und Amüsement an. Ich war sehr gerührt, dass der alte Mann selbst zu mir gekommen war. Über sein Bild von Knaus, es sei schlecht; Knaus sei kein Porträt Maler. Dagegen das Lenbachsche gefiele ihm. – Abends bei Hindenburgs gegessen; Treuttler, der General Erkert und der junge Lerchenfeld. Nachher Musik u mehr Menschen. Der General Erkert über Russland: Es erstarke nur an der Peripherie, während das Centrum, das reine Russland immer mehr versänke. Die wirklichen Russen giengen wirtschaftlich immer mehr zurück; der wirtschaftliche Aufschwung käme nur den Polen, Belgiern, Engländern, Juden, Finnen zugute; selbst die Armenier, Perser und Mandschus, stiegen relativ schneller als die wahren Russen empor. In vierzig oder fünfzig Jahren würde es einen Kaiser, ein paar unverhältnismässig reiche Russen, und sonst nur noch Bureaukraten, Offiziere und Proletarier geben; Alles andre hätten dann die Grenzvölker an sich gebracht. Jetzt schon bestehe die ganze hohe Beamtenschaft, die Umgebung des Kaisers[1] u. s. w fast nur aus Misch-lingen; bei Schuwalows polnische Mütter, Imeritinsky ein Kaukasier, Lieven, Richter u. s. w. Deutsche. Aber selbst diese Mischlinge würden mit der Zeit ausgehen; und sie seien doch das Einzige, was noch zuverlässig sei und das Reich zusammenhalten könne.

---

1 Nikolaus II. Alexandrowitsch

Berlin. 1 Mai 1900. Dienstag. *1.5.1900 Dienstag*

Berg[1] Abends im Kasino von seinem eben verstorbenen Vater; lebte seit über 20 Jahren einsam in Helgoland; beschäftigte sich nur mit Homer, Goethe, geschnittenen Steinen und Abgüssen; von der Politik ganz abgewandt; arbeitete an seinen Klassikern bis drei Uhr Morgens, ohne je Etwas zu publizieren; nur sich zur Freude; eine von den von Goethe in Deutschland ausgestreuten Naturen. Man trifft sie noch viel, auch von jüngeren Jahren z B Knesebeck; sie verkörpern eine ganz bestimmte Kultur, Das, was sonst in Deutschland fehlt. Aber ein jeder von ihnen bleibt isoliert; die Selbstfreude und deshalb die Selbstgenügsamkeit, eine Art von unbewusster Resignation, sind der Kern ihres Wesens, und deshalb wirken sie nicht weiter um sich herum. Die Goethesche menschliche Vollendung, wie sie sich in ihnen verkörpert, ist ihrem Wesen nach unaktiv, unfruchtbar inbezug auf Andre. Sie sind die echtesten Kulturkeime, die es heute in Deutschland giebt, und viel zahlreicher als man gewöhnlich meint; aber es kommt trotzdem zu keiner sozialen Kultur, weil das Goethesche, je vollendeter und reicher es sich entwickelt, um so individualistischer wird. – Dieses zur Wertung des Goetheschen nicht unwichtig. – Von Dehmel Karte aus Olympia.

Berlin. 3 Mai 1900. Donnerstag. *3.5.1900 Donnerstag*

Abends mit Richters und Knesebeck in Borkmann[2]. Knesebeck sagt mir, dass er wegen Liliencron mit dem Kultusminister[3] gesprochen habe; dieser wolle Etwas thun.

Berlin. 4 Mai 1900. *4.5.1900 Freitag*

Abends zum Zapfenstreich vor dem Schloss; immer eines von den schönsten und mächtigsten unter allen Schauspielen; vielleicht der künstlerischeste Ausdruck des Preussentums; in der weiten Dunkelheit des Lustgartens das allmähliche, Blitzartige Aufleuchten der sich entzündenden und heranrückenden Lichter und Farben; die langen Reihen der Bajonette, die mit der Musik über die Schlossbrücke herankommen; in Reih und Glied immer mehr helle und farbige Punkte, und doch bleibt die Nacht über Alles Meisterin. Die Farben heben sich von dem Schwarz wunderbar zart ab, namentlich im Schein der Magnesiumfackeln das Grau der Schlossmauern mit den grossen undeutlichen Barockformen, zwischen denen die erleuchteten Fenster rosa hervorscheinen und die bronzenen Pferde blassgrün fast schon mit dem Grau und Schwarz der Nacht verschwimmen; Alles im Dampf der Fackeln, der über die dichtgedrängten Helme und Federbüsche der Infanterie fortzieht.

---

[1] Kurd od. Walther

[2] Ibsen

[3] Studt

Berlin. 5 Mai 1900. Sonnabend. *5.5.1900 Samstag*

Mommsen besucht. Er wohnt ganz umringt von römischen Andenken; der Salon im „guten Stuben" Stil; sehr viele Stiche in schwarzen Holzrahmen, Familienphotographieen u. s. w. In einer Ecke eine verunglückte Büste von ihm selbst von Begas. Er kam auf die neu entdeckte altrömische Stele. „Mir sind die Buchstaben wertvoller, als was sie enthalten mögen"; die Inschrift sei zweifellos ein paar Jahrhunderte älter als die Zwölf Tafelgesetze; das bewiesen die mit ihr zusammen gefundenen Reste von Figuren, Scherben u. s. w. Nur sei es bemerkenswert, dass die Schrift die engste Verwandtschaft mit der griechischen zeige; das R noch ohne den Strich, der es vom griechischen P unterscheide; das M mit vier Strichen; die Boustrophedon Anordnung; so seien die allerengsten Beziehungen zwischen Griechenland und Rom schon in dieser ältesten Zeit nachgewiesen. Das Rätsel scheine, warum sich in Rom die Kultur erst so viele Jahrhunderte später entwickelt habe, während in Caere ganz in der Nähe die mannichfaltigste Kunstübung sich nachweisen lasse. Offenbar habe in Rom ein ähnliches Verhältnis wie in Sparta geherrscht; die Kultur sei mit Gewalt zurückgedrängt worden; man habe sie mit allen Mitteln verhindert; deshalb seien auch keine Berichte aus dieser ältesten Zeit auf uns gekommen. Es sei überraschend, wie jung alle Nachrichten in Rom seien; das hänge eben offenbar mit jenem gewaltsamen Zurückdämmen der kulturellen Entwicklung zusammen. – Er spricht heute mit einer hüstelnden, fast unhörbaren, entseelten Stimme.

Berlin. 6 Mai 1900. Sonntag *6.5.1900 Sonntag*

Bei vom Raths gefrühstückt mit dem alten Kramm, der gerade von der Eidesleistung kam. Mit Kühlmann u. Wulffen nach Wannsee. Kühlmann über die Bagdadbahn; sie sei ein durchaus schlechtes Unternehmen, geschäftlich aussichtslos, weil nur durch Sand führend. Solang Alles in der Türkei ruhig bleibe, werde die Zinsgarantie wohl bezahlt werden, aber sobald irgend eine politische oder elementare Störung eintrete, in 10 bis 20 Jahren, würden wir davon hören. Nur der Kaiser habe die Deutsche Bank hineingehetzt, weil er vom blossen Hurrahstandpunkt ausgehe.

Berlin. 7 Mai 1900. Montag. *7.5.1900 Montag*

Im Kasino gegessen. Arenberg bei Tisch für die Lex Heinze; bei der Gelegenheit er Zoten zu erzählen angefangen, was einen allgemeinen Zotenwechsel bei den älteren Exzellenzen anregte. Arenberg meinte, heute könnte man doch sprechen; von den Muckern sei keiner da.

Berlin. 9 Mai 1900 *9.5.1900 Mittwoch*

Bei Knesebeck gefrühstückt mit Hindenburgs u Richters. Knesebeck über die Liliencronsche Angelegenheit; er hofft beim Kultusminister auf Erfolg. – Abends bei uns im Kasino in Potsdam gegessen. Dittmar von der Eidesleistung des Kronprinzen[1]; es seien mindestens 15 Kerls von der Leibkompagnie vor Hitze und Strammheit und den schweren Helmen umgefallen; wenn Einer wieder zu sich gekommen sei, habe er sofort immer wieder versucht stramm aufzustehen; dann habe ihn aber der nächste Sergeant mit Gewalt auf der Erde festgehalten; „Willst du wohl unten bleiben Kerl, dass du uns nicht nochmal schlapp wirst." Es sei eine famose Disziplin unter den Kerls gewesen. – Mit Hollen über Liliencron: sein Einwand gegen L.: „ihn lobten immer die freisinnigen Zeitungen."!

Berlin. 17 Mai 1900. Donnerstag. *17.5.1900 Donnerstag*

Meine zweite Arbeit bekommen. – Wenn alle Wissenschaft blos beschreibt und veranschaulicht, nicht erklärt, so können psychologische Vorgänge immer nur durch psychologische, nie durch physiologische, Thatsachen und Beschreibungen ergänzt und bereichert werden; jede physiologische Thatsache bildet einen Einbruch, eine Unterbrechung der wissenschaftlichen Darstellung eines psychologischen Vorgangs. Der hypothetische und allerdings wahrscheinliche Parallelismus beider Reihen ist für die Wissenschaft vollständig erschöpft mit dem Ausspruch der Hypothese, dass dieser Parallelismus existiert, und mit der aus dieser Hypothese abgeleiteten Zulässigkeit, aus physiologischen Vorgängen auf begleitende psychologische (und vice versa) zu schliessen; man gewinnt damit ein weiteres Hilfsmittel, um die psychologische Reihe zu ergänzen und zu vervollständigen; dieses Hilfsmittel steht aber wegen seines hypothetischen Charakters hinter der direkten Beobachtung des psychologischen Vorgangs (z. B. im Satzbau, in der ausgesprochenen, niedergeschriebenen oder beobachteten Gedanken und Gefühlsfolge u. s w.) zurück. Hier gar von einer Erklärung zu sprechen, ist ein grober logischer und philosophischer Fehler; nämlich genau derselbe Fehler nur in umgekehrter Gestalt wie der, die Bewegungen und das Leben des Körpers aus der „Seele" zu „erklären". Dieses ad notam zu nehmen.

Berlin. 1 Juni 1900. *1.6.1900 Freitag*

Der alte Dohna (81 Jahre) erzählt im Kasino, wie er als Fähnrich den ersten Begriff von einer Eisenbahn im Guckkasten eines Buchhändlers (Gropius ?) hinter der Universität zu Weihnachten bekommen habe. Um die Eisenbahn in natura zu sehen, sei er dann als Garde Dragoner Leutnant zu Pferde nach Zehlendorf hinausgeritten und sei dort auf die Eisenbahn gestiegen und nach Potsdam gefahren. Auf der Rückfahrt habe er aber oben drauf sitzen müssen, und das Ding habe

---

[1] Wilhelm

ganz bedenklich hin und hergeschwankt, so dass er froh gewesen sei, als er wieder herunter gewesen wäre. In der Messe habe er dann Allen seine Abenteuer erzählen müssen.

Berlin 7 Juni 1900 *7.6.1900 Donnerstag*
Meine zweite Arbeit abgegeben.

Berlin. 10 Juni 1900. Sonntag *10.6.1900 Sonntag*
Bei Knesebeck gefrühstückt.

Berlin. 13 Juni 1900. *13.6.1900 Mittwoch*
Bei Raths mit dem alten Delbrück gegessen.

Berlin. 16 Juni 1900. *16.6.1900 Samstag*
Bei Delbrücks gegessen mit Spitzembergs, die gerade von Constantinopel zurück sind, und dem Staatssekretär Tielemann[1], der mit mir über mein Mexikobuch.

Berlin. 17 Juni 1900. *17.6.1900 Sonntag*
Bei Spitzembergs gefrühstückt. Während des Frühstücks kam Arenberg, der sagte, Bülow fasse das Gerücht von der Ermordung Kettelers sehr ernst auf. Abends in Wannsee bei Frau Richter mit Spitzembergs, Erffas u Knesebeck.

Berlin. 18 Juni 1900. *18.6.1900 Montag*
Radowitz bei der Gräfin Schlippenbach getroffen, der an die Ermordung von Ketteler noch nicht glaubt. Abends bei Herbert Hindenburg zu Tisch mit Lerchenfeld jr. Abgereist.

Paris. 31 Juli 1900. *30.6.1900 Samstag*
Mamma in der Dame aux Camelias[2]; sehr ergreifend im 3ten und 5ten Akt. Kleid des 2ten Akts, weiss mit Silber sehr schön. –

Paris. 5 Juli 1900. Donnerstag. *5.7.1900 Donnerstag*
Mit Gee und Hindenburgs zu Rodin nach Meudon. Er hat dort in seinem Landhause ein Atelier, scheint aber eher im Garten zu arbeiten. Aus dem Gespräch: J'ai commencé à m'affranchir par Michelange; à une certaine époque, on m'a même

---

[1] Thielmann

[2] Dumas

reproché de le copier. Mais j'arrivais par lui à la nature. La nature, la vie, tout est là.[1] – Er zeigt eine Gruppe, indem er ihr irgendeine Benennung giebt; Frau v. Hindenburg sagt, sie dächte dabei an das und das, Etwas Andres als Rodin gesagt hatte: Oui, oui, c'est vrai ..... Du reste, je prends assez volontiers des collaborateurs pour les noms de mes groupes. Ich war mir nicht ganz klar darüber, ob er selbst die Ironie in seiner Bemerkung empfand. – Abends mit Gee in das Loie Fuller Theater, wo die japanische Schauspielerin Sada Yacco; sie spielte in einem kleinen Drama: Ritter und Gesha; sie sucht als Gesha ihren Geliebten in einem Tempel auf, in dem er sich vor ihr mit seiner Braut versteckt hat; zuerst bethört sie die Priester durch ihr Tanzen, dann dringt sie in den Tempel ein und entdeckt dort die Gesuchten an deren Gesang; ein Kampf entspinnt sich zwischen ihr und den Priestern, die sie verhindern wollen in das Gemach einzudringen, die Braut stürzt hervor, wird von der Gesha getötet, und schliesslich stirbt die Gesha in den Armen des Geliebten, den sie in einem der Männer, die sie entwaffnen wollen wiedererkannt hat. Ihre Erscheinung, da sie mit aufgelöstem Haar nach der Entdeckung aus der Kulisse hervorstürzt, wahrhaft furchtbar. Dann die Sterbeszene, wie sie in kleinen Stössen, das Leben aushaucht, während das Gesicht immer haltloser und schlaffer wird und die blasse Hand sich am Halse im aufgelösten schwarzen Haar krampft. Im letzten Moment drehen sich die Augen ganz nach oben, so dass nur noch das Weisse zu sehen ist; jede Zuckung ist wie im Tanz geregelt; dadurch eine Ausdrucksfähigkeit der Linie, der Muskelbewegungen des Gesichts, die den Zuschauer zwingt, in drei Minuten einen ganzen Todeskampf durchzuleben. Die Intensität des Miterlebens ist infolgedessen einzig; kein noch so realistischer Todeskampf eines europäischen Schauspielers, des Zacconi oder der Duse, giebt eine so starke momentane Empfindung. Es ist wie Extract. Man empfindet nicht mit, kein Mitleid, sondern man sieht, erlebt den Vorgang, über den man erst nachher zur Besinnung, also eventuell zum Mitleid kommen könnte. Die Spannung ist ganz auf das dem Auge Gebotene gerichtet, auf den physischen Vorgang, der allerdings ein furchtbarer ist; die sentimentale Berechnung aber fehlt ganz, weil das Sentimentale in Japan nicht zu erwecken wäre. Ich kann nicht leugnen, dass diese Art der Kunst, die mit der griechischen so nah verwandt ist, mir vollkommener, weil in sich geschlossener, scheint, als die europäische; das Vague, Nebelhafte, das aller sentimentalen Kunst anhaftet, fehlt ihr ganz; der Künstler weiss genau, was er erreichen wird, und er erreicht es bei Jedem gleichmässig. Ich habe eine ähnliche Intensität des künstlerischen Genusses wie heute von der Bühne herab noch nie empfunden.

[1] Verweisung mit Bleistift: „cf. was Geyger mir gesagt hat. 18.X.98"

Paris. 7 Juli 1900. Sonnabend. *7.7.1900 Samstag*
Gee abgereist, nachdem Mamma schon am Dienstag gefahren war.

Paris. 8 Juli 1900. *8.7.1900 Sonntag*
Der Gesamteindruck der Ausstellung[1], der unglücklich ist fängt an sich bei mir abzustumpfen; trotzdem bleibt das zusammenhanglos wilde Liniengewirr der Gebäudeumrisse und Ornamentik störend; immer wieder erfreut dazwischen die ruhige Grösse des Eiffelturms. Im Einzelnen so viele Schätze, wie sie wohl nicht so schnell und zu einem so vorübergehenden Zweck auf einem kleinen Fleck Erde zusammengetragen worden sind: die französische Centennale, die kunstgewerblichen Reichtümer des Petit Palais, die unwahrscheinlich schönen vlämischen Wandteppiche, die die Spanier herbeigeschafft haben, die altjapanischen Bilder und Holzbildwerke, die Potsdamer Watteaus und Lancrets, die Raeburns und Gainsboroughs im englischen Pavillon, und daneben alle Stufen der menschlichen Technik von den Matten und der rohen Töpferwaare der sehr schönen Kolonialausstellung bis zu der Serumbereitung und den Nernstlampen auf dem Champ de Mars. Einen ähnlichen Überblick über Alles was die Menschheit von den ersten Anfängen einer Gesittung an bis zum neusten Moment geschaffen hat in solcher Fülle und Ausführlichkeit und mit solchen Glanzstücken im Einzelnen hat es noch nie gegeben und wird es wohl nie wieder geben; in ihrem Inhalt ist diese Ausstellung die imposanteste aller Schaustellungen der Menschheit als Ganzen. – Ich beschränke mich immer mehr auf Einzelheiten, namentlich Kunst.

Paris. 14 Juli 1900. *14.7.1900 Samstag*
Mit Tschudi früh zu Zuloaga hinaus. Grosse Charakterwahrheit seiner Menschen; im Dorfstiergefecht, auf dem etwa sechzig Personen sind, und jede einzelne ein ganzer Mensch. Seine Malerei ist tüchtig und einwandfrei, aber im Vergleich zu dieser menschlichen Wahrheit bis jetzt weniger bedeutend.

Paris. 16 Juli 1900. *16.7.1900 Montag*
Ingres: Was ihn vor Allen auszeichnet, die Feinheit der Modellierung; er bemerkt und zeigt die subtilsten Wandlungen der Form; die Erscheinungen lösen sich ihm deshalb in unendlich mannichfaltige Schattierungen von Hell und Dunkel auf. Diese an sich rein visuelle Differenzierung wird, wo es sich um die Formen eines von Empfindungen und Willen belebten Körpers handelt, zu einer psychologischen Subtilität, die gerade die zartesten Verschiedenheiten der Seelen durch die virtuose Wiedergabe der Form aufdeckt. Er erreicht auf diesem Wege eine Feinheit der psychologischen Zergliederung, die ihn darin Stendhal gleichstellt. So

[1] Weltausstellung

bei den schier wunderbaren Zeichnungen aus der Bonnatsammlung: Portrait supposé d'une princesse de la famille Bonaparte (1815) (cf die psychologische Bedeutung, die hier die Bauchform der etwas korpulenten Frau gewinnt), la famille Starmaty (1818) Portrait de Mad. Ingres (1852), Portrait de Mme Place, oder als Gemälde das Portrait der Mme de Senones (Nantes.). Da die Form im Hell und Dunkel zur Erscheinung kommt, nähert sich Ingres den Lichtkünstlern, Lionardo, Prudhon. Der Vergleich mit Prudhon ist in der Ausstellung leicht. Aber den Prudhon interessiert wirklich das Licht, er denkt immer an einen bestimmten Lichteffekt, der ihn künstlerisch erregt; Ingres geht dagegen geht vorurteilslos der Form nach; das Licht interessiert ihn nur als Ausdrucksmittel. Prudhon wirkt deshalb im Vergleich zu Ingres eintönig; es sind immer wieder ähnliche Lichteffekte, die ihn fesseln; während die Natur, der Ingres sich ergiebt, unerschöpflich reich an neuen Formen ist. Realist und Idealist. Warum bleibt aber Ingres trotzdem Künstler? Das ist für mich die Frage. – Daumier: er vertritt den Rhythmus des breiten Ausschnitts mit gleicher Meisterschaft wie Millet, auch Form, wie Ingres, aber Flächenrhythmus im Gegensatz zur Modellierung, der Ingres nachgeht; ein gröberes aber monumentales Mittel; für mythische Sujets psychologisch genügend fein und unvergleichlich an Gewalt. So hier der Don Quichotte (Sammlg Dollfus), der Hirte Phabus mit Oedipus (Slg Boy), der Malade Imaginaire (Sammlg Esnault-Pelterie), le Drame, les Saltimbanques die Wirkung besteht in dem Kontrast zwischen dem Kühnen, Grossartigen der Form und der kleinlichen Komik des Inhalts; Beides wächst jedesmal zu einer einzigen, gewaltigen Poesie zusammen, die das Lachen der Götter auslöst. Millet ist viel weniger reich vertreten: Le Retour des Champs (Samlg Dollfus), l'Homme à la Houe (Rouart), Après l'Orage, ein Pastell zum Louvrebild[1] (Cahen.). Der Fortsetzer Beider, was den Flächenrhythmus anbetrifft ist Degas.

Paris. 17 Juli 1900. *17.7.1900 Dienstag*

Mamas Geburtstag. – Schwierigkeiten der Fragen: 1) Worin das Neue der Landschaft von 1830 in Frankreich bestanden hat? 2) Wo und wie dieses Neue entstanden ist? Zu 1: In die Augen springt, dass der Ton anstelle der Form in die erste Reihe rückt; der Nüancenakkord beginnt, die Künstleraufmerksamkeit stärker auf sich zu ziehen als der Umriss, allerdings ohne dass dieser sein Recht verliert. Michel (1763-1843) scheint einer der Ersten zu sein, die ihre Wirkung aus den Valeurs ziehen. – Dann tritt an die Stelle der anekdotenhaften Belebung der Landschaft die sentimentale; was Greuze ins Verderben zog, befreite die Landschaft. Litterarischer Reiz wird weiterverlangt, (erst von den Impressionisten ganz vernachlässigt), aber ein litterarischer Reiz andrer Art als der der aus den galanten Romanen hervorgegangen war. Rousseau, Werther, der Pantheismus

---

[1] Le Printemps

und bald die Romantiker verdrängen Crébillon; die Staffage wurde entbehrlich, da die Landschaft selbst litterarische Reminiszenzen zu erwecken begann. – Beide Veränderungen wirken im Sinne einer Vereinfachung und Vereinheitlichung des Sujets. Die Landschaft leert sich (bei Michel finden sich kaum eine oder zwei kleine Figuren; auf seinem Orage überhaupt keine menschliche Gestalt.) und breite Flächen, weite Himmel werden bevorzugt, weil sie dem Spiel der Nüancen eine ungehinderte Entwicklung erlauben. – Immerhin bleibt die Entwicklung dunkel, die von den letzten kleinen französischen Landschaftern der alten Zeit (Bertin, Moreau, Hubert Robert) oder weiter zurück von Watteau, der schon vor Rousseau Rousseausch empfindet und doch so wenig mit den neuen Landschaftern gemein hat, und namentlich von Lancret, Pater, Fragonard zu Corot und Daubigny führt; sie ist ohne die Engländer nicht zu verstehen; Bonington, aber wohl auch Crome, Morland, Constable sind ein unentbehrliches Glied der Kette. (Allerdings zu fragen, wie deren Einfluss vermittelt wurde? Bonington hat in Frankreich gemalt; aber die Andren?[1]). Diese hatten den Himmel entdeckt. Und vom Himmel aus scheint sich das ewige Spiel der Töne über die Landschaft selbst verbreitet zu haben. Während Bonington, Constable und Turner in England der Endpunkt der Entwicklung sind, sind sie in Frankreich Anreger einer neuen Entwicklung. Bei Corot senkt sich das Farbenspiel der Luft schon auf seinen frühen römischen Bildern auf die Landschaft durch. Namentlich am Haus, an der Wand in der Landschaft empfindet und giebt er das Licht gleich von Anfang an mit einer Zartheit, die an Ingres erinnert. Nur hat Ingres, der der Form und nicht dem Ton nachgieng, die Empfindlichkeit seines Auges diesen Landschaftsnüancen nicht zugewandt; man vergleiche mit Corots Rom, wie es in wechselndem Licht lebend auf seinen Bildern steht, die Stadt[2], die Ingres dem Bildnis Granets zum Hintergrund gegeben hat; hier sind die Töne tot, ohne Beziehung zu einander und deshalb grau, schwingungslos; eine Theaterdekoration. Schon diese frühen Corots geben im Vergleich zu den Engländern Etwas Neues; mit der englischen Errungenschaft hat sich offenbar die Feinheit des kultivierten französischen Auges verbunden, die Subtilität des Helligkeitsempfindens, die bei Ingres und Prudhon und früher bei den Kleinmeistern des 18ten Jh wie St Aubin so süsse, zarte Sachen für das Auge geschaffen hat. So schreitet Corot zum Impressionismus vor, zum Auflösen Alles Sichtbaren in den flüchtigen Schleier der Lichttöne; das namentlich bei seiner graugrünen, fast gespensterhaften Wiedergabe der Baumgruppen. – Trotz Allem ist Corot nur ein Anfang; die unendliche Fülle der Lichtfarben zu bezwingen getraut er sich nicht; es bleibt eine unendlich reichere Orchestration der Landschaft abzusehen. – Dau-

---

[1] Nachträgliche Einfügung mit Tinte: „(Ich lese jetzt (Aug. 1900) dass Constable auf Delacroix' Anregung 1824 im Salon ausgestellt hat. (Michel. Journ. des Débats))"

[2] Aix-en-Provence

bigny scheint dieser vibrierenden Unruhe des Lichts und namentlich den schmetternden, kaum von der Luft gebändigten Tönen des Grüns mit mehr Kühnheit nachgegangen zu sein (Le Ruisseau 1874, Sammlg Sarlin, Ruisseau sous bois, Samlg Vasnier), deshalb auch gewissen vorübergehenden Lichteffekten (Mondaufgang, Sammlg Gallimard.) Den Abend liebt er für seine Farbentöne, während Millet in ihm die Grösse sieht, zu der sich die Form in der Dämmerung vereinfacht. Daubigny steht in der Kühnheit seiner Tonsetzung hinter Manet, Monet weit zurück, bewegt sich aber auf sie zu. Von Manet (Einfluss Jongkinds?) setzen ihn die „Portraits en plein air" (Samlg Pellerin) sozusagen fort. (Die Monets aus dieser Zeit sind im Stil Manet gleich, z. B. die Eisenbahnbrücke von 1874.) Manet öffnet seine Augen dem unendlichen Reichtum der Lichtfarben (z. B. der Combat de Taureaux, Sammlg Aude, Argenteuil, Sammlg Pellerin, das herrliche Déjeuner dans l'Atelier, Sammlg ___; die Blumenstücke und Stillleben. Monet und Renoir gelangen dann aber auf diesem Wege noch weiter. Während bei Manet die Lichtfarben reich, aber sachlich und fast trocken nebeneinander aufgezeichnet sind, führen Monet und Renoir seit der Mitte der 70er Jahre die Vibration des Lichts in die Malerei ein. (cf von Monet: Vetheuil 1879 Slg Donop de Monchy, l'Église de Varangeville 1882, les Glaçons[1] 1889, Renoir: la Seine à Argenteuil.), wobei wohl Delacroix und dann Turner (1870/71 während des Krieges Monet bekanntgeworden) nicht ohne Einfluss gewesen sind. Renoir hat ausserdem in diesen Tönen die zartesten, schmiegsamsten Ausdrucksmittel für die noch halbromantische, noch etwas sentimentale aber schon von Ironie und Skepsis leise vibrierende Frauenseele der Siebenziger Jahre für sich entdeckt. (la Loge 1874, Sammlg Aude, lauter Rosa und Schwarz, aus dem die blauen, schwimmenden Augen der jungen Frau herausleuchten, die Danseuse von 1874 Durand Ruel; die übrigen, späteren hier ausgestellten kleinen Frauenporträts, wie die Couseuse.). – Abseits und doch ein Luftmaler, aber namentlich ein Maler der sozialen Atmosphäre, steht der grosse Fantin. Für mich ergreifend das Porträt Rimbauds auf dem Gruppenbild der Samlg Blémont; calme orphelin, riche de ses seuls yeux tranquilles, dabei wird Verlaine an Rimbaud gedacht haben.

Paris. 18 Juli 1900. *18.7.1900 Mittwoch*

Fremde Schulen: Amerika: Sargent, Whistler und ihre Schule, eine trockene Kühnheit, die ganz aus dem Verstande hervorgeht, sicheres und feines Empfinden für den Linienrhythmus und die Valeurs; aber nicht intuitiv, sondern auf Grund von Überlegungen und Berechnungen; man wird deshalb eher angeregt, die Richtigkeit der Tonakkorde und Linienrhythmen nachzuprüfen als sie zu geniessen. Nur Muhrmann macht vielleicht eine Ausnahme. – Die Land-

[1] La Débâcle, temps gris

schafter: Inness u. s. w. sind, geschmackvoll wie ein schönes Stück Kunstgewerbe aber ohne innere Romantik, wie wir sie seit Rousseau, Constable, den Barbizonern, Schwind in der Landschaft empfinden. Überall fehlt das Gemüt. – Die Schotten: Lavery, Cameron u. s. w. haben von Whistler gelernt, aber, vielleicht an ihren Modellen, Etwas weniger Rationelles gefunden; sie erwärmen mehr. – Deutschland; das unqualifizierbare Sich Vordrängen Lenbachs mit seiner Gchnas- und Magnesiumlicht Kunst hat der Ausstellung jeden Ernst genommen; sie ist mit ihren dunklen Wandbehängen und den gemeinen Augen von Lenbachs Frauenporträts ein düsterer Tingeltangel. – Italien nur Segantini. – Japan: die europäische japanische Malerei fühlt offenbar die Farbe nicht; alle Töne sind wie bei Dilettanten stumpf und tonlos. Die Skulptur dagegen in der Breite und Sicherheit der Form dem europäischen Durchschnitt weit überlegen; hier hat Alles künstlerische Bedeutung, spricht mit. – Das Interessanteste bieten die skandinavischen Völker: Finland: eine Fülle künstlerisch-psychologischer Talente; der Farbe und Linienführung fehlt zwar das Raffinement; sie sind aber an sich gesund und richtig; den Wert verleiht aber die ethische (nicht wie in England etwa die moralische) Bedeutung der Sujets. (Namen die wiederkehren und auffallen: Järnefelt, Enckell, Ellen Theslaff, Gallén, Edelfelt); diese ethische Seite vertiefen sie ganz naiv (wie die Quattrocentisten), weit mehr als irgendeiner von den südlichen, kontinentalen Meistern, vielleicht mit Ausnahme von Fantin Latour. Es ist eine durch und durch individualistische protestantische Kunst, männlich und grad. Die Form fesselt den nordischen Künstler nicht an sich selber, wie z B Ingres, sondern wegen der ethischen Bedeutung, die er ihr ansieht; er giebt dem Beschauer weniger feine Unterschiede der Individualpsychologie zu lesen; die Charaktere, die er schildert, sind durch den ethischen Kampf aber tiefer eingegraben; auch eine breitere Übersicht differenziert sie schon. Schweden und die übrigen skandinavischen Länder streben im gleichen Sinne nach ethischer Wahrheit. Schweden besitzt mehr malerische Tradition als Finland; c'est plus savant; Zorn ist auch als Maler wirklich bedeutend. Unter den Porträtisten ragen hervor: Björck, Hanna Pauli geb. Hirsch, Nabot Tornros (ein merkwürdiges schwarzes Frauenporträt) Georg Pauli. Dänemark: Irminger tief intim wirkende Interieurszenen zwischen Mann u. Frau; überhaupt in Dänemark die malerischen Wirkungen der Interieurluft von auffallend vielen Künstlern verfolgt: Paulsen, Johansen, Hammershöj (schwarze Frauen in weissen Zimmern), Ilsted (blondes Mädchen vor blauem Schrank in weissem Zimmer mit sehr zarten Lufttönen); Porträts: Find (junger Mann in Schwarz,) Kroyer, Christiansen (Karrikatur). – Norwegen hat offenbar ungünstig ausgestellt. – Russland: Répins Portraits, effekthaschend und oberflächlich nach dem ruhigen graden Ernst der Skandinavier.

Paris. 19 Juli 1900. *19.7.1900 Donnerstag*

Einfluss von Rubens auf Watteau, dann wieder auf Gros, Delacroix, und durch Vandyck auf die Engländer Gainsborough, Raeburn, Constable, Turner. Man mag Rubens selbst goûtieren oder nicht; jedenfalls setzt in seiner Person das Reis der modernen europäischen Kunst an. – Im englischen Pavillon die Raeburns: Mrs Gregory, Kleid weiss mit grüner Schleife auf nebelgrauem Hintergrund; ferner von ihm (N° 26) Mann u Frau: die Frau gelbe Handschuhe haltend, die auf ihr weisses Kleid fallen, ein Zauber an Farbe, Durchsichtigkeit des Fleisches. Wie roh wirken im Vergleich dazu die Gemälde von Burne Jones im Nebenzimmer. Die Schotten sind heute die wahren Erben dieser grossen von Rubens und Vandyck herkommenden Tradition; sie haben nur Etwas Japonismus und Etwas Whistler als Satz hineingemischt. Von Gainsborough besonders fein in perligen Tönen das Porträt der Madame Lebrun.

Paris. 21 Juli 1900 Sonntag. *21.7.1900 Samstag*

Mamma und Gee Abends aus London zurück, an der Bahn abgeholt.

Paris. 22 Juli 1900. Montag. *22.7.1900 Sonntag*

Abends zum fünften Mal in Sado Yacco, mit Mamma und Gee. Sie verbindet Alles, was ein Todeskampf an Rhythmen und Farbenharmonieen hervorbringt, zu einer Art von furchtbar schönem Tanzbild; die Zusammenstellung wirkt durchaus wahr, wie ein wirklicher Todeskampf, und erregt doch anders, weil sie die Gefühlsbewegung an das Auge nicht an die Phantasie knüpft, Sinnesgefühle nicht Mitleid erregen will. Die das Auge treffenden Reize sind künstlerisch so richtig, die Sinnesgefühle verbinden sich deshalb so rein und so mächtig, dass sie selbst bei uns sentimental erzogenen Europäern die Phantasiegefühle, das sentimentale Mitgefühl, zurückdrängen, nicht entstehen lassen; man fühlt nur mit dem Auge den Todeskampf nach. – Über den Pont de Grenelle nachhause gefahren. Von hieraus das Bild der Ausstellung am grandiosesten, phantastischsten, ein Lichtermeer am stillen Fluss, aus dem wie aus einer Flusswiese unermesslich hoch ganz in Licht gezeichnet der riesenhafte Eisenturm emporsteigt; die Lichtkegel seiner Scheinwerfer gleiten wie die Schenkel eines Riesenzirkels von der Turmspitze fast körperhaft nebelweiss über die Häuser von Vorstädten im Umkreise.

Paris 27 Juli 1900. *27.7.1900 Freitag*

Noch einmal zum Abschied in die Ausstellung. – Ingres: süsse Naivität und Frische der Gebärden in seiner Francesca da Rimini (Rom 1819, Hôtel Pincé à Angers und Skizze dazu bei Bonnat); Einfluss des Quattrocento; dieser auch auf

Charles V rentre à Paris (1821 Slg. Bessonneau.) David: Mort d'Ugolin[1], datiert 1786 in ganz kalten, grauen, klassizistischen Tönen. Wenn man bedenkt, dass zu gleicher Zeit Fragonard noch seine zartesten Farbenspiele malte, sieht man die Kluft, die im Begriff stand, sich in der französischen Kultur aufzuthun. Übrigens ist Gros' Bataille de Nazareth, in der schon der Einfluss von Rubens wieder anfängt, bereits von 1801. – Corot: vielleicht das Lehrreichste hier die Jardins de l'Académie de France à Rome wegen der genauen Beobachtung der verschiedenen Lichteffekte auf den weissen Häusern der unten liegenden Stadt und der daraus geschaffenen Tonharmonie; schon Impressionismus.

Brüssel. 28 Juli 1900. *28.7.1900 Samstag*

Mittags nach Ankunft zu Lemmen, mit dem Einiges besprochen. Dann zu Vandevelde, der mich zum Wohnen draussen mitnahm.

Brüssel 29 Juli 1900. *29.7.1900 Sonntag*

Vormittags mit Vandevelde zu Meunier, der umgezogen ist. M. allein getroffen. Zeigte die nun vollendete Skizze zu seinem grossen Arbeitsdenkmal: Er hat als Basis eine Art von Glacis gewählt, das jedenfalls gegen früher eine grosse Verbesserung ist. Vandevelde und ich rieten ihm, die sitzenden Figuren davor wegzulassen, um die grosse, einfache Wirkung des Glacis nicht zu stören. Meunier meinte: Dans toute sculpture, la peinture entre pour moitié. Wieder von irgendjemandem, den er portraitiert lobend: il est vraiment bon, humain, si humain! Er selbst ist in seinem Wesen und Auftreten einer der gütigsten Menschen, die mir begegnet sind; die Herzlichkeit strahlt ihm aus den Augen. – Vandevelde mir Pläne zu Häusern gezeigt, die er baut. Auf meine Frage meinte er, Architektur sei ganz leicht; es handle sich nur um einige ganz einfache Kenntnisse; die Widerstands- und Kraftberechnungen lasse sich auch der gelernte Architekt im Büreau machen. Er meinte noch, mit Beziehung darauf, dass er sich jetzt auch in Kleidern versucht, er baue lieber 10 Häuser als ein Kleid. Abends aus Brüssel fort.

Berlin. 30 Juli 1900. *30.7.1900 Montag*

Früh um ½ 5 in Hannover bei der Einfahrt in den Bahnhof durch Kavalleriemusik geweckt; aus dem Bett gesprungen und gegenüber ein langer Zug voll ostasiatischer Truppen, die abfuhren; die Männer in ihren grossen Strohhüten ziemlich verschlafen in den grauen Morgen herausblickend; Reisig und grünes Laub an den Waggons, um den Fenstern; dazu das Trompetengeschmetter.

---

[1] Dufau

Hannover 1 August 1900. *1.8.1900 Mittwoch*
Polterabend für Lothar Spitzemberg bei Altens in Linden. Schönes Haus und schöner alter Park, der mit Lampions beleuchtet als weiterer Ballsaal diente.

Hannover. 2 August 1900. *2.8.1900 Donnerstag*
Lothars Hochzeit. Ich Brautführer. Vorher mit Dungern gefrühstückt. Victor Eulenburg wegen des Newyorker Schwindlers gesprochen.

Berlin. 5 August 1900. *5.8.1900 Sonntag*
Bei Richters in Wannsee.

Berlin. 9 August 1900 Donnerstag. *9.8.1900 Donnerstag*
Bei Tschudi gegessen mit Knesebeck, Köpping, Weddekop, Sarre etc. Mit Köpping über Rembrandt u. Velazquez. Er stellt Rembrandt weit über Velazquez, sowohl was die Komposition wie was die künstlerische Ausführung anbetrifft. Wenn man ein kleines Stück aus einem Bilde von Velazquez herausschneide, so werde man das ja recht hübsch gemalt finden, aber es sei und bleibe blos ein interessantes Fragment; ein kleines Stück aus einem Rembrandtschen Bilde könne man sich aber einrahmen und hinhängen und es sei dann ein grosses Kunstwerk; so geistvoll und künstlerisch sei da Alles bis ins Einzelne ausgeführt.

Berlin 10 August 1900. *10.8.1900 Freitag*
Der Dr Schrader führte mich im neuen Pergamonmuseum herum. Herrlicher Fluss des Frieses[1]; noch starkes ornamentales Empfinden in den Linien; wahre Licht-Skulptur. Stück der Athenahalle; ein sehr liebliches Fragment griechischer Architektur in Berlin.

Berlin. 12 August 1900. Sonntag *12.8.1900 Sonntag*
Früh unter den Linden Yorck getroffen, der mir mitteilt, dass er mit Waldersee nach China geht. Nachmittags in Wannsee mit Herman, Knesebeck u einem Dr Brahm.

Berlin. 13 August 1900 *13.8.1900 Montag*
Herman bei mir im Kasino gegessen. Dort noch Yorck, Böhm, Knesebeck, Güssfeldt.

Berlin. 14 August 1900. *14.8.1900 Dienstag*
Mit Knesebeck nach Charlottenburg. Das Schloss besehen. Mit ihm im Zool.

---

[1] Pergamonaltar

Garten gegessen. Er erzählt, wie Bülow, der jetziger Staatssekretär, bei der Attacke in der Schlacht von St Quentin sein Flügelunteroffizier gewesen sei.

Berlin. 15 August 1900. *15.8.1900 Mittwoch*

Ansorge Nachmittags bei mir, um über einen neuen Plan zum Vertrieb seiner Werke zu sprechen. Ihm geraten, auch bei Keller α Reiner Vortragsabende zu veranstalten.

Berlin. 16 August 1900. *16.8.1900 Donnerstag*

Die Anfänge der Kunst von Grosse zu Ende. Wenn seine Thatsachen richtig, daraus zu entnehmen: 1) dass die Rudimente der Kunst (Rhythmus, frühste Poesie und „Darstellg") sich nicht zahlreicher an religiösen Geräten oder Gebräuchen als an nichtreligiösen zeigen; dass die Kunst also bei frühen Völkern ohne Unterschied an religiösen und nichtreligiösen Dingen auftritt. 2) dass die Weiterentwicklung der ersten Rhythmen ebenfalls unterschiedslos an beiden geschieht. Indessen giebt es, soviel ich weiss, kein Beispiel dafür, dass diese selbständige Weiterentwicklung der Kunst sehr weit oder hoch führt. Alle grossen Kunstentwicklungen hängen mit religiösen Bewegungen zusammen; man kann also wohl à priori annehmen, dass das Eingreifen der Religion die Kunst irgendwie fördern muss. Hier setzt mein Artikel ein. Ferner bestärkt mich Grosse in meiner Ansicht, dass der Rhythmus der Anfang der Kunst ist; wenn er auch selber das Ornament aus der Naturnachahmung ableiten will. Er führt aber zahllose Thatsachen an, die darthun, wie stark die primitiven Völker auf Rhythmus ausgehen und wie gering sie den Inhalt der Kunst schätzen. Ferner bringt er Vieles bei, aus dem hervorgeht, wie gering sie den Inhalt des Kunstwerks schätzen; auch zeigen dieselben Stämme, die die Naturnachahmung angeblich aus Trägheit oder aus andren äusseren Ursachen „stilisieren", eine ganz überraschende Fähigkeit Vorgänge, Menschen, Tiere, naturgetreu wiederzugeben. Hält man diese Thatsachen zusammen, so kommt man zum Schluss, dass, wenn wirklich die Ornamente stilisierte Natur sind, die Stilisierung auch aus inneren Gründen, sei es bewusst oder sei es instinktiv, erstrebt wird, aus dem Streben nach Rhythmus hervorgeht. Die Naturvölker würden dann also die Naturformen einfach als Hülfsmittel für ihre noch arme Phantasie benutzen, um an ihnen sich emportastend zum Rhythmus zu gelangen; erst den daraus gewonnenen Rhythmus würden sie dann als Kunst empfinden; d.h. die nachgeahmte Form würde eine ähnliche Rolle spielen wie das wirkliche Stück Natur, Muscheln, Zähne u. Ä., das auch in Halsbändern u s w zu rhythmischen Reihen verknüpft wird. Die Thatsache der Naturnachahmung hätte nur kunsthistorisches nicht aesthetisches Interesse. – Die Farbe mag zuerst auch nur zur Hervorhebung des Rhythmus gedient haben. Aus dieser Verwendung dann erst später Versuch harmonischer Wirkungen. Ebenso in der Musik der Ton. cf im Völkermuseum die kleinen Franzen an den Aleutenseegedärm Bekleidungen u. Ä. – Abends im Kasino der alte Dohna erzählt, wie er im Kriege 66 die 3ten Kürassiere geführt habe, und der alte Wrangel, damals 82 Jahre alt, „sein" Regiment als „Kriegsfreiwilliger" begleitet habe. Bei einem Nachtmarsch sei der alte Herr doch bedenklich auf seinem Pferde eingenickt und er, Dohna, habe ihm dann durch seinen Adjutanten bestimmen lassen, in einem Dorfe zurückzubleiben. Meldungen u. s. w. habe der alte Herr sich verbeten gehabt; er habe zu Dohna gesagt: Du oder Sie (er dutzte und sietzte ihn abwechselnd), aber Du führst das Regiment, ich reite nur so als Freiwilliger mit. Er habe auch immer sehr aktiv für das Regiment zu sorgen gesucht, wo er konnte; z B. für Brot, als das einmal knapp wurde. Dann der alte Dohna über das frühere Lokal des Kasinos. Als er 1837 eingetreten sei, sei es U. d. Linden 18 gewesen; nachher an der Ecke der Wilhelmstrasse u. Linden, nach dem Brandenburger Thor zu; namentlich sei dort der grosse Altan schön gewesen, auf dem man gesessen habe. Manteuffel erzählte über seine Erlebnisse 70; wie er Toul zur Übergabe aufgefordert habe, und da die Franzosen trotz der Parlamentärflagge schossen, unter dem Kugelregen habe warten müssen, weil sein verflixter Trompeter, Namens Kamkel, durchaus sein Liedchen zu Ende blasen wollte. Auch über Fritze Königsmarck, der jetzt glücklich ins Hauptquartier für China gekommen ist, und der neulich im Unionclub ganz rabiat gewesen sei, weil er beim Expeditionscorps nicht angekommen war; „er nehme den Abschied und trete als Gemeiner ein etc." So zieht das ganze Jahrhundert in diesen paar Menschen vorüber.

Berlin. 17 August 1900. Freitag *17.8.1900 Freitag*

Nachricht, dass die Verbündeten Peking am Mittwoch d. 15ten besetzt u. die Gesandten befreit haben; leider wohl nur wenige Deutsche bei den Entsatztruppen. – Abends im Kasino wieder nur vier oder fünf alte Herren; deshalb Reminiszenzenaustausch, insbesondre über den Feldmarschall Manteuffel. Der alte Dohna erzählte, Manteuffel sei bei den Gardedragonern Regimentsadjutant gewesen, als er, Dohna, bei dem Regiment als Fähnrich eingetreten sei. Manteuffel habe die Fähnriche zusammengenommen, ihnen eine scharfe Rede gehalten, wie sie sich zu verhalten hätten, und namentlich betont, auf das Geld dürfe es nie ankommen. Das sei überhaupt seine Maxime gewesen, damals wie später, so dass er direkt verderblich auf die Fähnriche eingewirkt habe. Brünneck erzählte dann, wie schon damals Manteuffel gezeichnet habe: „Manteuffel, m. Z. w. k." d. h. meine Zeit wird kommen. Man habe auch immer im Regiment von ihm geglaubt, dass aus ihm Etwas werden würde, obgleich ihm eigentlich Alles dazu gefehlt habe: keine Connexionen, er sei ausserdem hässlich gewesen..... Brünneck auch weiter: als Manteuffel 1871 nach dem brillanten Zug nach Süden vom König belobigt wurde, habe er frei heraus gesagt: Das habe nicht ich mir ausgedacht, Majestät, sondern mein Chef hier, Wartensleben, hat es mir vorgeschlagen;

ich habe es nur ausgeführt. Dohna fügte hinzu: er habe auch oft gesagt: Mit der Strategie sei es bei ihm Nichts, er müsse Einen haben, der ihm dabei helfe. Die Ausführung sei dann seine Sache. Er habe mehr wie ein Prinz geführt; nur immer die Verantwortung übernommen; das aber famos gemacht. Brünneck: Das Alles habe aber immer nur Untergebenen gegenüber gegolten. Sobald eine Rivalität möglich war, sei der Neid auch schon dagewesen. So namentlich gegen Werder. Brünneck war im Kriege bei Werder Adjutant. Werder sei zwar kein Licht, aber ein braver, tüchtiger Mann gewesen. Noch drei Jahre nach dem Kriege habe Manteuffel ihn, Brünneck, bei der Denkmalsenthüllung[1] in Mars la Tour geschnitten, als er Werders Namen nannte. Manteuffel habe seine Versöhnungs Politik in Elsass Lothringen nicht nur aus persönlicher Eitelkeit getrieben, sondern habe sie sich im voraus ausgedacht. Jedesmal, wenn er eine neue Stellung bekam, sei es seine Gewohnheit gewesen, bei den Dragonern unangesagt zum Essen zu kommen. So auch, als er Statthalter wurde. Zufällig sei Brünneck mit nur zwei oder drei andren Herren im Kasino gewesen; da habe Manteuffel an dem Abend seine ganze Politik, wie er sie später durchführte, ihnen skizziert.

Berlin. 19 August 1900. *19.8.1900 Sonntag*

E M Geyger bei mir u mit mir im PalastHotel gefrühstückt. Nachmittags mit ihm in Wannsee bei Richters, wo noch Knesebeck α Musch.

Berlin. 20 August 1900 Montag. *20.8.1900 Montag*

Bei Herbert Hindenburg gefrühstückt. Er erzählt, wie Kühlmann ins Ausw. Amt gekommen ist. Sein Vater, der lange Jahre Ingenieur der anatolischen Bahnen gewesen war, schrieb in den Zeitungen Artikel gegen die Fortsetzung der Bahn nach Bagdad, die ihm für die Finanzen der Gesellschaft verderblich schien. Da der Kaiser an dem Projekt festhielt, berief man den Sohn Kühlmann ins Amt, um dem Vater zu schmeicheln und ihm andrerseits ein Pfand abzunehmen. Seitdem schweigt er; für die Actionäre wird die Berufung ev. theuer. Man sieht hier, wie aus starken Gefühlen, (Patriotismus, Ehrgeiz, Kinderliebe) kleine Gemeinheiten werden. Die Gemeinheit, Unmoral, entsteht so aus der Kreuzung von Gefühlen, die an sich nichts Gemeines oder Unmoralisches haben. Die Gefühle selbst, aus denen die kleinen und grossen Canaillerieen entstehen sind durchaus unschuldig; in ihnen einzeln genommen liegt also die Gemeinheit Nichts. Es fragt sich also, ob selbst die höchste Veredelung aller einzelnen Menschen irgend Etwas zur Veredelung der Menschengesellschaft thun würde, da das Gemeine und Hässliche ebenso leicht aus der Kreuzung von zwei edlen wie aus der von zwei schon an sich unedlen Gefühlen oder Willensstrebungen entstehen kann. Ich gebe zu, dass man trotzdem auch glauben kann, dass sehr hoch veredelte Menschen,

[1] Bogino

schon aus sich heraus die Entstehung eines gemeinen Resultats zu verhindern suchen würden; aber das ist eine Hypothese.

Berlin. 24 August 1900. Freitag *24.8.1900 Freitag*
Geyger, Hindenburg u Mutzenbecher bei mir gegessen. Geyger viel über sein Denkmal des Krieges, mit schiessenden Kanonen, Rauchsäulen etc.

Berlin. 25 August 1900. Sonnabend. *25.8.1900 Samstag*
Nach Tisch im Casino sagt mir Castenskjöld[1], der die Wolffschen Telegramme durchsieht: Wissen Sie, dass Friedrich Nietzsche gestorben ist? So die erste Nachricht. Zuhause Telegramm der Frau Förster: Heute Mittag ist mein heissgeliebter Bruder unerwartet verschieden. Montag Nachmittag 5 Uhr Trauerfeier im Nietzsche Archiv. Bitte kommen Sie wenn möglich Montag früh. Elisabeth Förster Nietzsche.

Weimar. 26. August 1900. Sonntag. *26.8.1900 Sonntag*
Mittags hier an. Gegen 3 hinauf zum Nietzsche Archiv. Frau Förster empfängt mich im Archivzimmer. Nietzsche ist dort aufgebahrt; schon im Sarge, der offen unter Palmen und Blumen dasteht. In dem weissen Damast und Leinen liegt der Kopf etwas nach links geneigt, elfenbeinweiss mit halboffenen Augen, die ganz blass im erstarrten Gesicht noch zu schlafen scheinen. Der Ausdruck ist von der letzten Krankheit jammervoll schmal und abgezehrt; aber den Schmerz des Mundes verdeckt wulstig der grosse frostgraue Schnurbart; und diese Grösse der Form erscheint überall durch die Abzehrung hindurch; die breit gewölbte Stirn, die derben und starken Schläfen- und Backenknochen, treten noch klarer als bei Lebzeiten unter der Haut hervor; der Gesamtausdruck ist trotz des Jammers Kraft. – Die Schwester ist sehr erschüttert, wenn ihr auch das Werk geblieben sei, so sei ihr doch als Frau die Gegenwirkung lebendiger Liebe Bedürfnis; die sie noch bis zuletzt von ihrem Bruder empfunden habe. – Abends mit dem alten Heinze und Stoeving zusammen. Heinze ist in Pforta Nietzsches Lehrer gewesen. Nietzsche sei im Griechischen und Lateinischen kein auffallender Schüler gewesen; überhaupt kein „Streber", sondern eine sinnige Natur. Sachen, die ihn nicht interessiert hätten, wie die Anabasis[2] oder Cicero, habe er nur so weit es nötig war, gearbeitet. Wilamowitz, der einige Klassen tiefer sass, habe entschieden zu den klassischen Studien mehr Anlage gezeigt. Erst als Sophokles und Homer drankamen, sei Nietzsche mit mehr Eifer dabeigewesen. In Mathematik sei er direkt schlecht gewesen; nur im Deutschen vielleicht der beste seit vielen Jahren in Pforta. Er habe damals auch viel nebenher geschrieben, wie sich jetzt

---

[1] Grevenkop-Castenskiold

[2] Xenophon

zeige, und das habe ihm Zeit genommen, die für die Schularbeiten verloren war. Der Angriff von Wilamowitz sei eher gegen Ritschl als gegen Nietzsche gerichtet gewesen; er sei dazu von den Berlinern und hauptsächlich wohl auch von Mommsen angestiftet worden.

Weimar. 27 August 1900 *27.8.1900 Montag*

Vormittags mit Stoeving und einem Gipsarbeiter zusammen die Totenmaske genommen, da Klinger und Geyger, an die nacheinander telegraphiert, nicht kommen können. Der Kopf wurde etwas aufgerichtet, so dass er grade lag; ein junger Lehrling, der mit den Trauerdecorationen beschäftigt war, half beim Eingipsen; in einer halben Stunde war die Maske fertig. Um 5 die Trauerfeier. Der Sarg stand noch offen da, das Gesicht aber mit dem Leichentuch bedeckt. Lichter brannten. Ein Frauenchor sang das Lied von Brahms „Wenn ein müder Leib begraben". Horneffer und Breysig redeten, Horneffer mit Takt und Feuer, Breysig ohne Beides und viel zu lange und confuse; dann aber die herrlich tragische Motette Palestrinas „Quare fremuerunt gentes"[1] von den Frauenstimmen a capella. Als die meisten Anwesenden fortgegangen waren, deckte ich noch einmal im Auftrage der Schwester den Kopf auf; er lag noch vom Morgen her grade in den Kissen da; das wunderbar weiche, kastanienbraune Haar fällt lang nach hinten zurück; die Stirn bleibt in ihrer Kraft und namentlich über den Augenbrauen herrlich zarten Modellierung frei; darunter die tief eingesunkenen Augenhöhlen in denen sich die toten Augen wieder geöffnet haben, und die ganz dünn zusammengekniffene Nase vom Schmerz sprechend; die Stirn aber beherrscht Alles. – Mittags mit Heinze und Peter Gast gegessen. Gast erscheint als der typische Musiker, mit einem durch starkes Sächseln unterstützten Stich ins Weichlich-Gutmütige. Abends wieder mit Heinze zusammen; dazu gesellten sich Raoul Richter, Breysig, Stoeving und Gersdorff. Gersdorff ist preussischer Kammerherr, Landwirt u.s.w und fällt in keiner Weise aus seiner Klasse heraus. Was er sagt, ist gesund aber ohne tiefere Bedeutung. Heinze erzählte viel von Nietzsche; unter Andrem, dass er Nietzsche einmal etwa um 1883 in Leipzig das Versprechen abgenommen habe, statt Aphorismen wieder wenigstens <u>Ein</u> zusammenhängendes Buch zu schreiben. Das sei so gekommen, dass Nietzsche ihn gefragt habe, warum man seine Bücher nicht mehr kaufe, worauf Heinze gemeint habe, das liege wahrscheinlich an ihrer aphoristischen Form. Im nächsten Jahr habe Nietzsche ihn aber gebeten, ihn von seinem Versprechen zu entbinden; er habe versucht, zusammenhängend zu schreiben; „Ich <u>kann</u> es aber nicht." Heinze meint, ihm seien die Gedanken in solcher Fülle zugeströmt, dass er nie Zeit gehabt habe, einen einzelnen Gedanken zu verfolgen. Nietzsche habe ihm gesagt, dass er manchmal schreibe, schreiben müsse, ohne selber zu wissen, was

[1] Ingegneri

er eigentlich schreibe; erst nachher, wenn er es wieder durchlese, werde ihm der Sinn klar. – Bis spät Nachts noch mit Stoeving u Breysig gesessen. An der zur Trauerfeier zusammengekommenen Gesellschaft fällt nicht nur der Mangel an berühmten, anerkannten Namen auf, sondern noch mehr und bedauerlicher der Mangel an in sich wertvollen und bedeutenden Menschen. Stoeving, Heinze, Gersdorff, Gast, u s w lauter ganz gute, aber ganz mittelmässige Menschen; Nichts an Geist oder Charakter, das hervorragt, auch nicht die kräftige Einheit einer jungen Saat; vorläufig weder so noch so Zukunft. – Von Klinger Telegramm, ich möchte Kranz für ihn am Sarge niederlegen.

Weimar – Röcken. 28 August 1900. Dienstag. *28.8.1900 Dienstag*
Goethes Geburtstag. Früh in das Goethehaus; die kühle Einfachheit und Abwesenheit alles Lauten, Zudringlichen wirkt beruhigend der Tragik des Nietzschehauses entgegen. Mittags mit Gersdorff, Heinze und Raoul Richter gefrühstückt und dann zu Bahn nach Weissenfels. Die ganze Nietzscheverwandtschaft fährt mit; Oehlers, Schenks, lauter correkter Mittelstand, Beamte, Juristen und Ähnliches. Von Weissenfels zu Wagen nach Röcken gefahren. Der Tag hell, fast herbstlich in der weiten, abgeernteten Ebene. Nach einer Stunde schneller Fahrt in Röcken angekommen, das mehr als andre Dörfer in hohen Bäumen bis auf den Kirchturm verborgen liegt. Zu Oehler allein auf den Kirchhof, um Klingers Kranz niederzulegen, während die Übrigen am Gasthof warteten. Das Grab ist unmittelbar an der Kirchenwand ausgegraben und mit Ziegelsteinen gefüttert, die einen hellblauen Anstrich bekommen haben. Der Kirchhof drängt sich ganz klein und von Laub beschattet, an die Kirche; Pflaumenbäume stehen ziemlich eng über den Gräbern, aber nicht zu dicht, so dass die Sonne hindurchdringt; in den Ästen hängen die Pflaumen, dicht und reif. Hinter der Kirche noch verborgener in Laub und Bäumen das Pfarrhaus, in dem Nietzsche geboren ist; einige Steinstufen – die Steinstufen, auf denen Nietzsches Vater ausglitt und sich seine Todeskrankheit holte – führen zur Thür hinauf, über der die Zahl 1825 steht. Die Wände sind weissgetüncht und ganz schmucklos; mit grünen Fensterläden; man fühlt hier die grösste Abgeschiedenheit. An der Trauerfeier war im Sinn Nietzsches die sonnige Stille dieser Natureinsamkeit; das Licht spielte durch die Pflaumenbäume an die Kirchmauer und bis in die helle Gruft hinein; eine grosse Spinne spann ihr Gewebe über dem Grab von Ästchen zu Ästchen in einem Sonnenstrahl. Sonst war der Gang der Feier dem Christlichen nachgebildet. Die Kirchglocken läuteten, ein Chor sang in geistlichem Ton, auf dem Sargdeckel war sogar ein silbernes Kreuz geblieben. Das Ergreifendste, als nach den übrigen Reden unerwartet ein junger Student Betz hervortrat und sehr bewegt dem toten Meister einige Worte nachrief. Nachher trat ein Jeder an die Gruft und warf mit einem Spruch aus dem Zarathustra drei Handvoll Erde hinein; den Spruch liess ich, da es mir theatralisch schien; bei Einigen nur klang es von Herzen. Dann war

die Feier beendet. Bei der Rückfahrt wurde der Tag gegen Abend zu noch goldiger; mild und tief und klar über Feld und Ferne; Zarathustra Stimmung. – Von Weissenfels nach Berlin zurück mit Raoul Richter, Stoeving und Breysig. – Heinze und Gersdorff erzählten beim Frühstück noch von Nietzsche: Koberstein, der ihn im Deutschen unterrichtet habe, habe gesagt, er sei der beste Schüler gewesen, den er je gehabt habe; aus dem würde noch einmal Etwas. Ebenso habe auch Ritschl noch nach der Geburt der Tragödie gesagt, Es sei schade, dass er dieses entsetzliche Buch geschrieben habe; sein begabtester Schüler sei Nietzsche aber doch gewesen. – Bei der Trauerfeier auch Nietzsches alte Kinderwärterin[1], die ihn als kleines Kind gepflegt hat; ein altes zusammengeschrumpftes Weibchen in schwarzem Sonntagsstaat; sie erzählt, wie bei ihrer Hochzeit sie: Nietzsche und seine Schwester, als „so“ kleine Dingerchen ihre „Brautjungfern“ gewesen wären.

Berlin. 31 August 1900. *31.8.1900 Freitag*

Bei Bodenhausens gegessen, mit Van de Velde. Er hat vor drei Wochen beim Empfang von schlechten Geschäftsnachrichten einen Nervenschlag gehabt, der ihn im Gehen noch lähmt. Er sieht im Gesicht recht eingefallen aus.

Berlin. 2 September 1900. *2.9.1900 Sonntag*

Bodenhausen und Van de Velde ins Pergamon Museum gebracht; Schrader führte uns. Der Eindruck auf Van de Velde überraschend und enorm stark. Er sagte, dies sei das erste Mal, dass ihm das Griechische aufgehe; jetzt erst, in diesen Architekturbruchstücken, verstehe er die griechische Ornamentik, die er in den römischen und Renaissance Nachahmungen immer sinnlos gefunden habe. Die „exécution“ sei eben Alles; man fühle, dass ihnen im Grunde die Pflanzen und Tiermasken ganz gleichgültig gewesen seien; die Ausführung sei Alles gewesen, durch die sie den grossen ornamentalen Fluss von Licht und Schatten erreicht hätten. Er fühle, dass sie das geschaffen hätten, wonach er strebe; nicht, dass er ihre Formen und Formeln je nachahmen würde; aber der Geist, die Wirkungsweise wäre die, die er suche. Von Rodin: Ja, er habe wohl die Auflösung des Steins in Licht wiederentdeckt, die die Griechen, wie hier, erreicht hätten. Rodin wisse aber eigentlich Nichts mit seinen herrlichen Formen anzufangen; während hier diese Licht Formen in den grossartigsten ornamentalen Fluss eingeordnet seien. Er sagte dann noch: er sei immer der Meinung gewesen, die Menschen strebten danach, durch die Kunst alle Materie allmählich in Immaterielles überzuführen,

---

[1] Müller

so den Stein in Licht, die Oelfarbe durch die Malweise von Rubens und dann der Néo Impressionisten in Farbenschwingungen u. s. w. Sowohl Vande Velde wie Bodenhausen, denen Beiden hier zum ersten Mal das Griechische verständlich gegenübertrat, waren ganz überwältigt. Nachher bei mir gefrühstückt, wo noch die Frau v Bodenhausen dazukam, und Alle zusammen nach Wannsee zu Richters hinaus mit Knesebeck. – Van de Velde bemerkte noch: er sei in seiner Ansicht, dass die vollkommene Anpassung einer Form an ihren Zweck auch immer Schönheit schaffe, stutzig geworden durch die Verschiedenheit der Formen, die er bei Maschinen mit derselben Bestimmung auf der Weltausstellung gesehen habe; es sei nicht zu läugnen, dass einige dieser Maschinen schöner seien als andre, während sie alle gleich gut ihren Zweck erfüllten. Von dieser Erkenntnis aus muss er eigentlich meiner Ästhetik näher kommen; denn sie enthüllt seinen Fehler, die Schönheit der äusseren Form, die nur von Rhythmus oder Harmonie abhängt mit der Schönheit, die sie für die Phantasie besitzt, zusammenzuwerfen.

Berlin. 6 Sept. 1900 Donnerstag. *6.9.1900 Donnerstag*

Früh in einer biologischen Abhandlung[1] (Münch. Allg.) die Darlegung, dass bestimmte Substanzen (Gifte (Arsenik)) zur grössten Gesundheit und Vervielfältigungskraft des Menschen nötig seien; Das mit den Worten ausgedrückt diese Substanzen seien nötig zur höchsten Virulenz des Menschen. So Nietzsches Ethik merkwürdig anschaulich gefasst. – Mittags mit Van de Velde und Bodenhausen im Pergamon Museum photographiert. Vande Velde meint, die wunderbar persönliche Wirkung der einfachsten griechischen Kannelur liege an den Werkzeugen, mit denen man den Stein bearbeitet habe; an der persönlichen Freiheit, die diese offenbar den Arbeitern gelassen hätten. Nachmittags Knesebeck und nachher VandeVelde mit seiner Frau bei mir; V. teilt mir mit, dass er mit Hirschwald abgeschlossen habe und im Oktober nach Berlin übersiedle. – Gestern bei Pächter für 135 M. eine japanische Holzfigur von grösster Schönheit gekauft; angeblich die Nonne Daishi Denkio; jedenfalls aus der besten Zeit der altjapanischen Kunst; eine Verkörperlichung tiefster Mystik; im Gesichtsausdruck, in der Suggestivität der fast geschlossenen Augen, in der Majestät und Rhythmik des Linienflusses ein erhabenes Werk religiöser Kunst; sie erinnert mich an Meister Ekkhards Swester Katrein. Seit 5 Jahren stand sie unbeachtet bei Pächter im Keller (!), wo sie mir zufällig bei der Besichtigung eines Crossschen Bildes in einer halbdunklen Ecke auffiel, zunächst durch den strengen Stil der Gewandung, bis sie ans Licht gezogen ihre ganze Herrlichkeit enthüllte.

Berlin. 10 September 1900. *10.9.1900 Montag*

Nachmittags wie gewöhnlich im Tiergarten geritten. Ich habe Zeiten, in denen

---

[1] O. L., Neues vom Arsenik

mein Interesse an meinem Gesamtleben, an aller Zukunft und Vergangenheit, auf Null steht, während die Augenblicksinteressen ebenso lebhaft anziehen wie jemals; die Existenz verläuft dann in einer Aufeinanderfolge von Anregungen ohne Zusammenhang; galvanisierte Froschschenkel. Fragmentarisches Auflodern der Lebenslust auf einem eintönig grauen Untergrunde.

Berlin. 12 September 1900 Mittwoch. *12.9.1900 Mittwoch*
Mich auf dem Bezirkskommando für Ostasien gemeldet und untersuchen lassen. – Van de Velde sprach neulich mit Begeisterung von den grossen Chokoladenmaschinen, die hier in der Leipziger Strasse in einem Schaufenster stehen, die Formen, in denen die Chokolade halbflüssig herausquelle. „C'est vraiment extraordinaire; il faut que je dessine ça." Es ist die Art, wie er auf seine Linien kommt.

Berlin. 13 September 1900. *13.9.1900 Donnerstag*
Im Kasino gegessen. Ein Glück, dass man für die Zukunft und nicht für die Vergangenheit arbeitet; es giebt so wenige Vergangenheiten, denen man sein Leben geopfert haben möchte. – Merkwürdig, dass, wie mein Tagebuch zeigt, das Gerücht von der Ermordung gerade Kettelers (nicht aller Gesandten in Peking) zwei Tage vor der That mit aller Bestimmtheit hier in Berlin aufgetaucht ist; wenn wirklich der Mord erst am 19ten stattgefunden hat. – Hermann Bahr mir geschrieben und mich um eine Unterredung angegangen; ihn auf Sonntag zum Frühstück eingeladen.

Berlin. 14 September 1900. *14.9.1900 Freitag*
Folgende Bücher würde ich nach China mitnehmen: Homer, Thukydides, das N. Test., Pascal, Shakespeares Heinrich IV und V, Faust, Eckermann, Schopenhauer (Welt a. W. u. V und Parerga), Zarathustra und Jenseits v. G. u Böse, vielleicht noch Theognis, Dante, Ekkhart, die Fioretti; Das ist ungefähr, was noch neben der starken Wirklichkeit des Kriegs bestehen könnte. Diese Liste von denen, die mir nahestehen, fehlt Plato, der allerdings dort nicht passen würde.

Berlin. 16 September 1900. Sonntag. *16.9.1900 Sonntag*
Hermann Bahr zum Frühstück. Er überrascht durch den Ernst seines Aussehens und Sprechens, im Vergleich zu der etwas frivolen Weichlichkeit seiner Schriften. Er trug mir den Plan des Grossherzogs von Hessen vor. An die Künstlerkolonie in Darmstadt soll sich ein Theater anschliessen, wo sie Maeterlinck, Hofmannsthal und d'Annunzio aufführen wollen. Bahr ist berufen, den Plan ins Werk zu setzen. Er sieht von Berufsschauspielern prinzipiell ab; will Menschen, denen es schon im Leben eine Art Bedürfnis ist, Verse von Hofmannsthal oder Maeterlinck laut vorzutragen, und die ihrem Äusseren nach die Personen der Dichter verkörpern

könnten; diese sollen, zunächst in einer engen Gemeinschaft zusammenleben, damit sich unter ihnen eine eigene Lebensatmosphäre, ein Lebensstil, herstelle, während sie gleichzeitig ihren Körper und ihre Bewegungen durch Spiele, Tänze u. s. w ausbilden. Dann soll aus diesem neuen Leben heraus der neue Darstellungsstil natürlich emporwachsen. Er sucht mich auf, damit ich ihm helfe, Menschen zu finden. Der Grossherzog soll sich gerade für die Lebensseite des Plans brennend interessieren. Später kamen Bodenhausen u. Tschudi. Mit Tschudi zu Richters nach Wannsee.

Berlin. 10 Oktober 1900. Mittwoch. *10.10.1900 Mittwoch*
Mein Assessor Examen bestanden. Von Stölzel, Mencke, Kayssner geprüft.

Berlin. 11 Oktober 1900. *11.10.1900 Donnerstag*
Steinmann, Musch Richter u Bredow zum Frühstück. Dehmel kam unerwartet.

Berlin. 15 Oktober 1900. Montag. *15.10.1900 Montag*
Nach Röcken mit Frau Förster, die in Weissenfels getroffen.

Berlin. 19 Oktober 1900. Freitag. *19.10.1900 Freitag*
E.M. Geyger die Zeichnung, die er seit einigen Tagen von mir macht, fertiggestellt. Er, Van de Veldes, Ludwig v. Hofmanns u Richters bei mir gefrühstückt. Gestern Bülow Kanzler geworden. (Ernennung vorgestern.)

Berlin. 23 Oktober 1900 *23.10.1900 Dienstag*
Bei Tisch im Kasino Haus-Wedell erzählt, dass unerwarteterweise, zum ersten Mal seit Jahren, sich ein Überfluss an Arbeitern für die Herbstkampagne in seiner Zuckerfabrik eingestellt habe. Arenberg für die Rheingegenden Dasselbe bestätigt.

Berlin 24 Oktober 1900. Mittwoch *24.10.1900 Mittwoch*
Abends aus Berlin fort nach Wien.

Wien. 25 Oktober 1900. Donnerstag *25.10.1900 Donnerstag*
Den Tag über in Wien. In der MuseumsWerkstatt den grossen Bronze Athleten aus Ephesus, der vor kurzem wieder zusammengesetzt worden ist. Gesicht und Hals leider durch Feuer und Sturz aus der Form gebracht; aber Hände, Füsse, Schultern entzückend zart und doch kraftvoll gebildet; d. h. kraftvolle Formen

bis ins Feinste durch und zu Ende gebildet; vielleicht Praxiteles nah. Abends aus Wien fort.

Fiume. 26 Oktober 1900. *26.10.1900 Freitag*
Früh in Fiume an. Die Stadt sieht wohlhabend und rein aus; grosse neue Steingebäude, mit der üblichen südlichen Prunksucht etwas breit und leer gebaut, aber ordentlich und rein gehalten. In den Strassen viele kroatische Bäuerinnen im bunten Kopftuch und dazwischen k. u. k. Militär und Hafenvolk, Matrosen und Lastträger. Ein ganz andres Bild von Betriebsamkeit und wohlhabendem Leben als z. B. in Brindisi. Ringsum schöne Landschaft, bewaldete Hügel und Bergrücken; diese umschliessen mit hohen Inseln zusammen den Golf ringsherum. Spät Nachts auf der Carniolia abgefahren.

Auf See. 27 Oktober 1900. *27.10.1900 Samstag*
Den ganzen Tag die dalmatinische Küste im Osten; Mittags zwischen Lissa und Cúrzola hindurch.

Auf See. 28 Oktober 1900 *28.10.1900 Sonntag*
Früh in Durazzo (dem alten Epidamnus), Nachmittags in Valona angelegt. Beides weite, schöne Rheden. In Valona an Land und zur Stadt hingefahren, die etwa eine halbe Stunde vom Meer entfernt liegt. Die elende türkische Wirtschaft wird in Schmutz und Verfall des Nests sichtbar und riechbar; es lohnt nicht, fleissig oder ordentlich zu sein, da der Pascha jeden Augenblick Alles nehmen kann; so sagen die Leute.

Auf See. 29 Oktober 1900 *29.10.1900 Montag*
Früh in Korfu an Land und bis zum Asklepiostempel im Olivenhain hinter Monrepos. – Man muss erkennen, dass keine Handlung an sich, ausserhalb der Wirkung z B. auf die menschliche Phantasie, gross ist; dass auch die grosse That aus lauter einfachen Entschlüssen und Handlungen besteht; dann hat es Nichts auf sich, nur einfache Handlungen zu vollziehen; Mittel zur Ataraxie. Aber man erkennt dann auch, wie unzertrennlich das Gelingen von Grossem von der Fähigkeit ist, das Alltägliche vollkommen zu erfüllen; Vorstufe zum kategorischen Imperativ.
– In Ed. Meyer[1]. Die eigentliche Quelle des griechischen Pessimismus im 7ten u 6ten Jh ist der Gegensatz zwischen der Idee der Gerechtigkeit die sich allmählich gebildet hat, und dem wirklichen Lauf der Welt, der dem Wirken der allmächtigen Gottheit zugeschrieben wird. Um das Rätsel dieses griechischen Pessimismus zu lösen, wäre zu zeigen, wie sich die Idee der Gerechtigkeit im griechischen

---

[1] Geschichte des Altertums

Vorstellungsschatz gebildet hat. (cf Meyer S. 598) Was den Griechen des lyrischen Zeitalters zur Verzweiflung bringt, ist, dass die Allmacht (Schicksal oder Zeus) nicht gerecht ist, nicht der Forderung entspricht, die ein Jeder für sein Leben auf Grund der neuen ethischen Anschauungen an sie zu stellen sich für berechtigt hält. Erst die Gerechtigkeitsvorstellung giebt dem Griechen einen Boden, von dem aus er sich gegen das Unglück empören kann. – Abends in Argostoli angelegt.

Canea. 30 Oktober 1900. *30.10.1900 Dienstag*

Früh an der messenischen Küste; Sphakteria, Gythium, dann die hohen Bergmassen Lakoniens Taygetos, Taenaron, die sich hinter der kurzen messenischen Halbinsel lang nach Süden hin fortziehen und im Taygetos zu einer kühnen, rauhen Spitze aus dem Meer aufsteigen. An das Vorgebirge Taenaron schliesst sich Kythera an, auch wild und kahl, aber niedriger hingestreckt, und dann folgt gleich das kleinere Cerigotto, und ehe noch Malea verschwunden ist, am Horizonte Kreta. So sind Kreta und Lakonien Nachbarn, wodurch Manches in ihrer Entwicklung beleuchtet wird. – Abends vor Canea vor Anker gegangen. – Meyer zu Ende. Viele wertvolle Gedanken und Aufschlüsse: Entwicklung des Gottes aus dem Dämon durch den Kultus (S 96); und Loslösung der so geschaffenen Gestalt vom localen Kultus durch das Epos (S. 422.). Organisches Erwachsen des Spartanischen Staats aus der Weiterbildung der alten dorischen Wehrgemeinde (S. 322) (Einfluss des Tyrtaeos S. 561); dass gerade diese alte soziale Form zu fortwährenden Eroberungen drängt, um der wachsenden Bevölkerung immer aufs neue Landhufe zuzuweisen (S. 559). Die grosse religiöse Bewegung hat ihren Hauptsitz in Athen (747) während die aus denselben Bedürfnissen hervorgehende philosophische Bewegung ihren Mittelpunkt in Milet hat (754.). Der entscheidende Wendepunkt der griechischen Geschichte sei, dass die religiöse Bewegung nicht wie bisher in allen andren Kulturen zur Alleinherrschaft gelangt, sondern dass gleichzeitig eine Gegenströmung, eben die ionische Philosophie, entsteht, die die religiöse Bewegung bricht. (751)

Auf See. – Canea–Rethymno 31 Oktober 1900. *31.10.1900 Mittwoch*

Früh in Canea an Land. Nach der Schilderung des Kapitäns angenehm überrascht. Eine ziemlich grosse Stadt; die Häuser nach italienisch-venezianischer Art schmal und hoch mit grünen Fensterläden und roten Ziegeldächern; dazwischen Minaretts und ein buntes orientalisches Menschengewimmel; fast Alles trägt den Fez und die weite, fustanellaartige Hose (wraki); Blau und Rot herrschen im Strassenbild vor, wie überall im Mittelmeer-Orient. Die Männer sind hohe, schlanke, muskulöse Gestalten; Frauen sieht man nur Wenige; dagegen verhältnismässig viele Neger und Negerinnen; hier und dort auch einen französischen oder russischen Soldaten – Mittags weitergefahren. An der Sudabucht vorbei. Nachmittags in Réthymno an Land. Der Fleck ist eine Versammlung von dicht um einen kleinen Fischerhafen aneinandergedrängten weissen Häusern und Minaretts. Die Barken und Segelschiffe, die in dem kleinen Hafenbecken liegen, sind mit ihrem weissen Anstrich und hellfarbigen Verzierungen ebenso tadellos rein wie die Bevölkerung orientalisch bunt und abgerissen; unter der leichten, klaren griechischen Sonne vom blauen Meer und fernen Küstenvorgebirgen umgeben, ein sehr ansprechendes und heiteres Bild. Oberhalb der Stadt eine mächtige venezianische Festung, deren Mauern zum Teil noch in die griechische Zeit zurückreichen mögen. Auffallend wieder die ganz selten schöne Rasse; die kretischen Gendarmen lauter Prachtgestalten, die Mann für Mann dem Ersten Garderegiment Ehre machen würden. Möglicherweise spricht hier noch Althellenisches Blut mit. Ein Offizier von der kretischen italienischen Gendarmerie, den ich bei Tisch sprach, meinte, es läge daran, dass die jungen Leute hier nie mit Weibern zu thun hätten; bis sie heirateten, – und das meistens sehr spät –, wären sie ganz enthaltsam. Ausserdem fehlt wohl der Alkohol. Der Gendarmerieleutnant schilderte im Übrigen die Zustände als ziemlich trostlos. Die neue Regierung hat möglichst viele gut bezahlte Beamtenstellen geschaffen, die nach den Konnexionen verteilt werden. Der Fürst[1] hat 5 Räte, die je 50 englische Pfund monatlich beziehen, jährlich also 12,000 M; darunter giebt es Praefekte zu je 300 francs monatlich, Unterpraefekte u Richter zu je 200 francs; der Leutnant will ausgerechnet haben, dass je 20 bis 30 Einwohner einen Beamten zu erhalten haben. Daher Exmissionen wegen rückständiger Steuern u. s. w. Die Leute, die diese schönen Gehälter beziehen, hatten bis dahin das Vieh gehütet oder Stiefel gewichst. Viele können nur eben notdürftig ihren Namen unterschreiben; dabei alle zu bestechen; es komme vor, dass wenn ein Gendarm Jemanden arretiere, ein guter Freund den Arrestaten damit tröste, dass er ihn für einen halben Napoleon d'or befreien werde; und meistens gelinge es auch. Wenn ein neuer Tisch für ein Ministerium nötig würde, mache der Minister (d. h. der fürstliche Rat) selbst den Kontrakt, – um sich die Tantiemen nicht entgehen zu lassen. Der Leutnant will bemerkt haben, dass wenn für die Gendarmerie Etwas gebraucht werde, und ein Kostenanschlag gemacht werde, die Sache schliesslich meistens das Dreifache koste, – eben wegen der Tantiemen. Die Rechtsprechung sei überall ganz parteiisch, nur nach Parteirücksichten. Was vor Allem nötig gewesen wäre, wäre ein ausländisches, unabhängiges Richterpersonal. – Die antiken Orakel entsprechen sozial ziemlich genau unseren Versicherungsanstalten. Man vergleiche die von diesen aufgesammelten Kapitalien und deren Verwendung (das, worin diese Kapitalien sich umsetzen,) mit den antiken Tempelschätzen und Weihgeschenken. Gewiss war die Notwendigkeit, Versicherungsgelder in Kunst anzulegen, eine von den gestaltenden Kräften der antiken Kultur. In unserer Zeit noch stehen Unternehmungen wie die „Arrière Boutique" des Heil. Antonius v. Padua in der

[1] Georg, Prinz v. Griechenland

Mitte zwischen antikem Orakel und moderner Versicherungsanstalt, ich meine als soziale Funktion betrachtet. – Abends spät vor Candia an; an Bord geblieben.

Candia. 1 November 1900. Donnerstag. *1.11.1900 Donnerstag*

Candia von der See aus ein imposantes Bild. Stadt und Hafen sind in ihrer ganzen Front durch steinerne Festungsmauern von der See abgeschlossen; in der Mauerfront ist für Schiffe nur eine schmale Durchfahrt; und hier tritt Burgartig eine Bastion[1] vor, die an ihrer Meerseite den Löwen von San Marco trägt. Hinter diesem Steingürtel zuerst ein Gewirr von Mastspitzen und dann die Stadt, über deren amphitheatralisch ansteigenden Häusermassen die Kuppel und das Minarett einer Moschee am höchsten emporragen. Die Rhede ist nach dem Meer zu im Halbkreis weit geöffnet; auf der Landseite ziehen sich rauh zerklüftete kahle Höhenrücken hinter die Stadt in der Ferne herum. – Gegen 8 an Land und in einem ziemlich miserablen Hotel das sich London Hotel nennt, untergekommen. Zum Antikendirektor Hazidakis, der mir die Funde von Knossos zeigte. Die Kunst hier übertrifft weit die von Mykenae. Vieles unübertrefflich gross und schön. Ein Lebensgrosser Stierkopf aus einer Wanddekoration; von höchster Kraft der Modellierung, die Nüstern, die zu schnauben scheinen, das Auge, das Ohr als Form von einer monumentalen Wucht, wie ich sie kaum sonst gesehen habe. Ebenso vollendet ist ein marmorner Löwinnenkopf. Die Feinheit, bis zu der die mächtigen Formen durchgebildet sind, erinnert an die griechische Kunst der späteren Zeit. Ganz prachtvoll muss eine Freskenfolge gewesen sein, Lebensgrosse junge Mundschenke und Weiberreihen, von denen ich ein Stück hier in Candia und die andren Fragmente Nachmittags in Knossos gesehen habe. Hier ist der Kopf und Oberkörper eines Mundschenks. Der Gesichtstypus des noch bartlosen jungen Dieners ist ausgesprochen griechisch mit gerader, edler Nase und vollen Lippen; das Haar schwarz. Die Körperformen sind in breite kräftige Flächen umgesetzt und heben sich dunkelgebräunt von dem weissen Untergrund der Freske ab. Der Diener hält mit beiden Händen ein langes, schmales, trichterartiges Gefäss vor sich hin. Der Oberkörper ist nackt; um die Hüften ist, (wie die Fragmente in Knossos zeigen,) ein gemustertes Lendentuch nach vorn zusammengeschlagen, das von einem eng den schlanken Leib umschliessenden Gürtel gehalten wird. Die Beine und Füsse sind bloss; nur ein zierliches kleines blaues Band ist um die Fussknöchel zu einer Schleife gebunden. – Ausser diesem grossen Gemälde sind Fragmente von ganz kleinen etwa 10 cm hohen Darstellungen erhalten, die ebenfalls im Fresco die Wände geschmückt haben müssen; tanzende Jünglinge und

---

[1] Castello del Molo

tanzende oder schreitende Frauen; diese in langen, bis auf die Knöchel reichenden Röcken, alle Figuren braun oder weiss oder rot auf hellblauem Grunde oder schwarz und weiss auf dunkelrotem Grunde. Von grossem Interesse die Darstellung eines Architekturfragments, von der eine Säule ganz erhalten ist; etwa ; auf einer viereckigen Basis ein ziemlich schlanker Schaft, der in ein Kelchkapitäl ausläuft, unter dem ein Ring die Säule abschliesst: Ring und Basis blau, Säule und Kapitäl rot. Von dem Palast von Phaistós zeigte mir Hazidakis ein Karniesfragment in natura, mit einem in verschiedenen Farben gemalten Eierstab. Massenhaft sind Inschriften und Aufzeichnungen auf Thontafeln gefunden. – In der Vorhalle des Museums eine herrliche, karyatidenartige weibliche Marmorfigur etwa aus dem 5ten Jh. mit den Olympiagiebeln gleichzeitig. – Nachmittags nach Knossós geritten. Zuerst in Evans' Haus, was von Funden vorläufig noch dort geblieben ist. Zahlreiche von den langen, trichterformigen Gefässen, wie sie die Mundschenke auf dem Fries halten; in verschiedenfarbigem, vollendet schon bearbeitetem Marmor; in der schmalen unteren Spitze ist immer ein kleines Loch, das der Mundschenk wohl mit dem Finger zuhielt; das Gerät diente offenbar zum Nachschenken. Einzelne Fragmente von ähnlichen Gefässen in mykenischer Thonwaare. Fragment eines andren Marmorgefässes mit Spiralornament, von einer künstlerischen Feinheit der Zeichnung und der Marmorbearbeitung, die sicher nie übertroffen worden sind. Unterteil einer kleinen marmornen sitzenden aegyptischen Königs(?)statue mit hieroglyphischer Inschrift auf dem Sockel. – Von Evans' Haus zum Palast hinauf. Knossos liegt auf einem niedrigen Hügel um den ringsherum höhere Hügel und Berge in Terrassen aufsteigen; nur eine ganz kleine Ecke blauen Meers ist vom Palast aus sichtbar; die Stadt liegt fast wohlig im Schooss der Berge, ἐν μυχῷ γαῖας[1], wie Homer vielleicht gesagt hätte. – Im Palast fallen zunächst die ganz kolossalen Vorratskammern auf; ein langer Korridor, in dessen eine Seite Kammartig etwa zwanzig lange, schmale Räume münden, in denen Rand an Rand Mannshohe irdene Amphoren standen und zum Teil noch stehen. Im Boden selbst sind noch ausserdem kleine viereckige Gruben ausgegraben, in denen etwa trockene Vorräte aufbewahrt worden sein mögen. Man bekommt hier eine Idee vom Hofhalt eines solchen homerischen oder vorhomerischen Herrschers, der fortwährend wie Alkinoos seine adligen Gemeindegenossen um sich zum Gelage versammeln musste. Der Männerraum, der an diese Kellereien unmittelbar anstösst, ist denn auch von ganz gewaltigen Abmessungen und ausserdem aus den riesigsten aber wunderbar sorgfältig bearbeiteten Steinblöcken gefügt. Hier mag der Monumentalschmuck, die grossen Reliefstiere und der Knaben- und Mädchenfries seinen Platz gehabt haben. Nach dem Vorhof zu scheint der Raum nur durch Säulen abgeschlossen gewesen zu sein; diese müssen, nach den Basen zu urteilen, ebenfalls von mächtigen Dimensionen

1 eigentl. ἐν μυχῷ γαίας (in einem Winkel der Erde)

gewesen sein. Wenn man sich all die Pracht die hier entfaltet wurde, zusammendenkt, so scheint Homers Schilderung des Palasts des Alkinoos der Wahrheit nicht fern zu sein. Im inneren Palast eine auf das sorgfältigste ausgestattete Badekammer, mit einem Badebassin, in das man durch Stufen hinuntersteigt; auf die Höhe der materiellen Kultur wirft das ein weiteres Licht.

Gortyn (Hagion Deka.) 2 November 1900. *2.11.1900 Freitag*

Früh aus Candia fort und quer durch die Insel nach Gortyn geritten, in etwa 6 Stunden. Der Weg geht ziemlich hoch über die Berge und Hochplateaus des Inneren fort, rechts immer am Felsenstock des Ida entlang. Die Hochtäler, soweit sie bebaut werden, üppig fruchtbar; aber Brachland, das zur Haide geworden ist, grenzt unmittelbar an die wie es scheint zufällig hingestreuten Oel und Wein Vierecke. An mehreren Stellen statt der Haide grosse Trümmerfelder mit zersplittertem Stein und Marmorschutt. Im Centrum der Insel ein Pass mit natürlichem, riesigem Felsengeröll. Dann durch eine Giessbach Schlucht nach Gortyn hinunter. Beim Austritt öffnet sich weit eine Ebene, die gegenüber auf der Südseite wieder von einem Randgebirge begrenzt wird und nur nach Westen hin, gegen das Meer zu, offen ist; die Form der Landschaft erinnert an die athenische Ebene wie man sie von Daphni sieht; Gortyn aber liegt an der Nordseite unmittelbar unter Einem, wenn man aus dem Gebirge hinauskommt; nicht am Meer, sondern ziemlich weit Landeinwärts. Das Trümmerfeld ist überraschend ausgedehnt; ausgegraben bisher nur Wenig; dem Dorf zunächst ein korinthischer Tempel aus römischer Zeit mit prachtvollen Monolithsäulen von weissem schwarz geäderten Marmor. Dann einige hundert Meter weiter eine byzan-tinische Kirche, nach der Schönheit des Mauerwerks zu schliessen aus einem antiken Gebäude umgebaut. Die berühmte Inschrift ist innen in die Apsis einer Basilika eingemeisselt, über die Wandfläche hin; nur die Hälfte des Halbrunds ist bisher ausgegraben. Gleich oberhalb, jenseits eines Giessbachs, der hier aus dem Gebirge tritt, ein Theater am Bergabhang; der Hügel wird die Akropolis gewesen sein. Der Reichtum der Stadt, den die Trümmer erkennen lassen, und ihre Jahrtausendelange Blüte überraschen nicht, wenn man sich die grosse, flache Ebene bebaut denkt; sie muss zu den fruchtbarsten Landschaften der griechischen Welt gehört haben. Das elende Dorf Agion Deka selbst, das in einer Ecke ihres Trümmerfelds steht, zeugt für die Dauer und Höhe ihrer Blüte; fast in jedes Haus sind Inschriften in frühen, ungelenken griechischen Schriftzügen mitverbaut; die Viehtränken sind Marmorsarkophage römischer, allerdings geringer Arbeit; Torsi römischer Feldherrnfiguren stehen auf den Höfen und Feldern herum; und noch byzantinische, gewundene Säulen aus gutem Material zeugen von dem spät erhaltenen Wohlstand. Mein Wirt, Manoll Iliadis, benutzt eine bärtige Hermesherme aus dem griechischen δικαστήριον[1] zum Anbinden der Pferde.

---

[1] Gerichtsgebäude

Gortyn. 3 November 1900. *3.11.1900 Samstag*

Früh zuerst nach dem Labyrinth geritten, das einige hundert Meter hoch am Gebirge zwischen Gortyn und Phaistos, also westlich nach dem Meer zu, liegt. Es ist ein unterirdischer Steinbruch, der noch aus der mykenischen Zeit stammen wird; kreuz und quer sind die Gänge in das Gebirge hineingetrieben, bald Mannshoch, bald so niedrig, dass man kriechen muss; man soll 10 bis 15 Stunden brauchen, um sie alle zu begehen. Starke viereckige Steinpfeiler sind stehen geblieben, um die Decke zu tragen, die ganz wagerecht und rein ausgehauen ist; die Meisselschläge sind meistens sichtbar geblieben, auch die Formen und Maasse der gewonnenen Blöcke, die denen der „kyklopischen" Bauwerke entsprechen. Grosse Mengen von Steinsplittern aller Grössen liegen zu beiden Seiten der Gänge aufgeschichtet. Wir drangen bis zu einer grossen, hohen Kammer vor, die das Ziel aller Fremden zu sein scheint; Idioten aus allen Ländern und Zeiten haben sich hier durch Kritzeleien kundgemacht. Ich zweifle nicht daran, dass dieser oder irgendein ähnlicher Steinbruch auf Kreta der Sage vom Labyrinth zugrundeliegt, und nicht etwa der Palast in Knossos, wie man jetzt behaupten will. Aber irgendwelche Umbildungen des Felsens oder Darstellungen wie in den unterirdischen Tempeln von Yucatán oder Ostindien habe ich nicht erkannt; im Gegenteil ist Alles höchst steinbruchsmässig kunstgerecht glatt und viereckig ausgehauen. Hier stammen offenbar die mächtigen Steinblöcke der kretischen Königsburgen her, die der Sitz der ersten europäischen Kultur gewesen sind. Vielleicht weist diese Technik der Steingewinnung auf die Herkunft dieser Kultur aus Aegypten hin; ich glaube wenigstens, dass dort die Steinbrüche ähnlich angelegt worden sind. Der König von Gortyn oder Phaistos mag Baumeister aus Aegypten geschenkt bekommen haben. Auch beweist dieser Bruch, wie sehr schon die kretische Kultur auf Sklavenarbeit fusste; freie Bauern werden sich zur Arbeit in diesen Latomieen kaum verstanden haben. In der That war ja auch im Altertum eine hohe Kultur ohne Sklavenarbeit undenkbar, da die einzige Kraft, die zur Verfügung stand, die des Menschen war. Bei uns fragt es sich, ob die Knechtung der Naturkräfte eine Kultur ohne Menschenknechtung ermöglicht hat und wir sie erringen werden; An der sozialen Zukunft arbeiten jetzt die Physiker intensiver als die Politiker, Regierungs- oder Volksmänner; jene schaffen die Thatsachen, diese höchstens die Gesinnung, die die Thatsachen kulturell nutzbar macht. Das Ziel heutiger Politik kann nur eine Kultur sein, die in dem Anteil möglichst Vieler an der menschlichen Arbeitsersparnis ihre Wurzel hat; die Sozialdemokraten gehen fehl, weil sie zuerst Alles zerstören wollen, aus dem eine Kultur später erwachsen könnte; sie das Ziel, eine Kultur, also wohl sicher nicht erreichen würden. – Gefrühstückt in Mires, wo Markttag; die ganze Bauernschaft der Umgegend war zusammengeströmt; zahlreiche prächtige Gestalten, fast Alle noch im wraki, das immer blau getragen wird; dazu eine rote Schärpe und eine Diademartige Kopfbinde. Schön bei den jungen Leuten vor Allem die

Haltung, die stolz und grade ist, ohne steif zu sein; in dieser Verbindung sind sie unsrer Garde überlegen. – Dann nach Phaistós, das noch eine Stunde weiter nach dem Meer zu liegt. Der Palast ist wie der von Knossos auf einem nicht sehr hohen Hügel erbaut, der unmittelbar in eine etwas höhere Kuppe übergeht. Er steht auf einer von einer niedrigen Stufe vorbereiteten Terrasse, die aus Einer mächtigen Quaderlage besteht. Man glaubt auch hier schon, obgleich erst etwa die Hälfte ausgegraben ist, dieselbe Dreiteilung des ganzen Raums wie in Knossos wahrzunehmen: von der Front aus gesehen rechts die inneren Palasträume, die durch einen 20 Fuss (mein Fuss) breiten Gang von den Vorratskammern getrennt sind; dann die Vorratsräume, die regelmässig zu beiden Seiten eines 16 Fuss breiten Gangs aufgereiht sind; dieser Gang läuft dem ersten parallel in die Tiefe des Palasts hinein, wird aber nur von einem inneren Hof, in den er ausmündet, zugänglich gewesen sein; in der Front zeigt sich kein Eingang. Noch weiter links werden sich unter dem Schutt wohl der grosse Vorhof und die Megara finden. Die Vorratskammern sind wieder wie in Knossos schmale, tiefe Gelasse, in denen die πίθοι[1] voll Wein oder Getreide standen; hier sind von ihnen nur noch zwei am Platz. Die Vorratsräume sind hier wohl alle zusammen kaum halb so gross wie in Knossos. Der Saal, in den im Inneren des Palasts der Vorratsgang mündet, misst 37 Fuss im Quadrat; in der Mitte stehen noch die Basen von zwei Säulen. Dass Dieses der grosse Männersaal gewesen sein sollte, kann ich kaum glauben; der in Knossos ist bedeutend grösser und liegt auch in einem andern Teil des Palasts. Aus diesem inneren Saal oder Hof führt links eine Treppe zwischen grossen Kammern (wohl Schlafkammern) empor und in die Richtung, in der ich den Männersaal vermute. An dem Unterteil einer rings in eine innere Kammer wie im Baderaum von Knossos herumlaufenden Bank ein merkwürdiges Metopenartiges Ornament. Viereckige vortretende und zurücktretende Steinplatten wechseln ab, die vortretenden mit einem dreifachen System von Vertikallinien, die zurücktretenden mit zwei Gruppen von Wagerechten 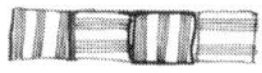. – An den Werkstücken vielfach Zeichen, die wohl sicher Buchstaben oder Zahlen sind, wie übrigens auch in Knossos. – Von der Palastterrasse aus ist vom Meer nur eine ganz kleine Ecke zu sehen; dafür der Blick über das Land hin selten reich und weit; bis fern hinter Gortyn nach Osten hin zwischen dem nördlichen und südlichen Gebirge die reiche Ebene; nach links im Norden der mächtige langgestreckte Ida, zu dessen Füssen eine zweite, kleinere Ebene bis zum Meer hinzieht; und überall im Thal fliessendes Wasser, Wiesen, Wein und Oel. – Die primäre Thatsache jeder bisherigen Kultur ist wohl die Unterjochung und Ausnutzung irgendeiner Menschenschicht gewesen, durch Gewalt oder durch Rechtsfesseln; bis zu dieser Thatsache muss die Erkenntnis vordringen, um den Organismus einer Kultur zu verstehen. Die heutigen Bauern von Gortyn unterscheiden sich

---

1 Pithoi (große Tonkrüge)

von seinen alten Bewohnern im letzten Ende deshalb, weil ihnen keine Kraft Zeit und Tauschwert einer Kultur zur Verfügung stellt. Die ökonomische Grundlage der kretischen Kultur deutet sich in den gewaltigen Vorratskammern und im Labyrinth an. – Von Phaistós in etwa zwei Stunden nach Gortyn zurückgeritten.

Candia. 4 November 1900. *4.11.1900 Sonntag*

Gleich nach 6 aus Gortyn aufgebrochen. Herrlicher Ritt durch den frischen Morgenwind gebirgauf; während wir auf der Höhe ritten, leuchteten nacheinander zuerst der Ida und dann die niedrigeren Bergreihen jenseits der gortynischen Ebene in lichtem Braunrosa dem Tag entgegen. Die Formen des Gebirgs übertreffen hier weit, was man von seiner Höhe, wohl kaum mehr als 8000 Fuss, erwarten könnte; in der Morgensonne, wenn Berg und Thal in starken Gegensätzen einander gegenübertreten giebt sie den Cordilleren Nichts nach; und auch im Mittag, wenn die Ferne blau wird, ist in griechischer Schönheit Alles verklärt. – Im Gebirgsort Arcánes Rast gemacht. Das Thal, in dem er liegt, ist üppig fruchtbar mit Wein und Oel bestanden; an einem Bach wachsen hohe, frisch grüne Laubbäume, während das Meer weit unten in der Ferne kaum vom Himmel an durchsichtiger Zartheit zu unterscheiden ist. Die Küche ist in diesen grossen kretischen Orten überall schmackhaft und gut; ein alter, von der Türkenwirtschaft kaum unterdrückter Wohlstand erkennbar. Im Altertum bildete das Thal von Arcánes das reiche Hinterland von Knossos, das ihm einen guten Teil seiner Blüte verdankt haben wird. Man reitet durch einen kurzen Gebirgspass in das Thal von Knossos hinunter. In Knossos zum Vergleich mit Phaistos das Megaron gemessen: die Länge misst 59-60 Fuss (mein Fuss) die Breite ursprünglich 2 Mal 24 = 48 Fuss; es ist also bedeutend grösser als der innere Hof von Phaistós. Die grossartige Wirkung beruht aber auch darauf, dass der äussere Vorhof, die Vorhalle und das Megaron im Durchblick Ein Raum zu sein scheinen. Hazidakis, den dort getroffen, sagt mir, dass die Mundschenkfreske an der Wand des grossen Vorhofs gefunden wurde, im Eingang. Das Stierfragment stammt aus dem Innenpalast, der am kostbarsten ausgestattet gewesen zu sein scheint. Nachmittags wieder in Candia angelangt; da kein Dampfer geht, muss ich bis Mittwoch oder Donnerstag hier bleiben.

Candia. 5 November 1900. *5.11.1900 Montag*

Ilias gelesen. – Ich möchte, was ich am 3ten gesagt habe, dahin modifizieren, dass jeder Kultur zwei primäre Thatsachen zugrundeliegen: 1^{tens} die Unterjochung und Nutzbarmachung einer Kraft (bisher fast ausnahmslos einer menschlichen Kraftquelle); 2^{tens} aber das Entstehen eines Gefühlsbedürfnisses, das keine Beruhigung ausser in künstlerischer Bindung finden kann. Natürlich ist Dieses im Bilderbogenstil geredet; beide Thatsachen erscheinen jedesmal in zahllosen Einkleidungen; diese sind es, die die Besonderheiten der einzelnen Kultur chemisch ausgedrückt so labil machen.

Candia. 6 November 1900. Dienstag. *6.11.1900 Dienstag*
Heute Abend Vollmond und treibende Sturmwolken. Meeresbrandung an der Festungsfront. Die langen Festungslinien schwarz im wogenden Schaum stehend. Stolzes Denkmal von Venedigs Seemacht. – Die Levante; nur Diese erklärt Venedig, den tiefen Unterschied vom übrigen Italien. Venedigs Erbschaft die einzige Tradition, die das neue Italien praktisch erfasst hat. Rom Nichts Realpolitisches.

Candia. 7 November 1900. *7.11.1900 Mittwoch*
Die Ilias zu Ende; die an Schönheiten so reichen letzten Bücher. Die Ilias ist im Gegensatz zur Odyssee allerdings nur eine Sammlung von herrlichen Fragmenten. Was von der homerischen Poesie bleibt, sind, abgesehen von den ergreifenden oder gewaltigen Einzelbildern, die Komposition der Odyssee und die Gestalten von Achill und Helena; diese sind nicht nur die beiden feinsten psychologischen Gewebe der homerischen Poesie sondern Erscheinungen, mit denen man wie mit Hamlet nie fertig wird. Achill, der herrlichste der Helden und zugleich der Träger des homerischen Pessimismus, den seine Schwermut immer wieder an das endlose, aufrauschende Meer treibt, der die Musik und die Sagen der vergangenen Menschengeschlechter liebt; der in den Umgangsformen ritterlichste Held, wie er den Abgesandten Agamemnons oder wie er Priamus begegnet, und doch der rohe Schänder von Hektors Leiche. In ihm und in Helena hat die menschliche Phantasie zum ersten Mal unergründliche Seelen geschaffen; geschaffen, weil was sie vor Augen stellt, wie was die Natur schafft, trotz seiner Unbegreiflichkeit überzeugend wahr ist.

Auf See. 8 November 1900. *8.11.1900 Donnerstag*
Früh an Bord und von Kreta fort. – Nachts bei Mondschein Milo auf glänzendem Meer bergig in hellen Dunst gehüllt.

Athen. 9 November 1900 Freitag. *9.11.1900 Freitag*
Bei Sonnenaufgang im Piraeus an. Im Wagen nach Athen gefahren. Auf die Akropolis. Aristoteles' Πολιτεία Ἀθ.[1] zu Ende; ein glänzendes Stück Verfassungsgeschichte.

[1] Athenaion Politeia

Athen. 10 November 1900. *10.11.1900 Samstag*

Aristophanes' Wolken gelesen. Entzückt und erstaunt von der Gewalt des Spotts und der hinreissenden Schönheit und Grossartigkeit der Poesie; es ist eine unter den Formen des menschlichen Schaffens einzige Mischung; am ersten gleicht sie gewissen Szenen des Sommernachtstraums; aber die Wut und ätzende Schärfe der Satire giebt doch einen andren Ton und auch das Persönliche. Jedenfalls gehört Aristophanes neben Shakspeare, und unter die ganz einzig und für sich dastehenden Phaenomene. Swift, Goya, einige Japaner wären mit ihm zu vergleichen; aber er hat auch die tief ergreifende, reine, selige Formenschönheit und gerade die Mischung von süssester Musik und wütendem, phantastischem Spott ist was den frisson nouveau giebt. Aristophanes ist, was Heine nicht war. – Nachmittags nach Daphni am Wege nach Eleusis gegangen. Das Kloster ist mit seinen übereinander emporsteigenden byzantinischen Bogenlinien und der Verbindung von roter Backsteinornamentik mit Steinquadern sehr reizvoll und leicht. In der Kirche grosse Reste von Mosaiken. In der Kuppel kolossaler Christuskopf vom selben strengen, gewaltigen jüdischen Typus wie der in der Apsis von SS Cosma e Damiano in Rom. In den Mosaiken der Querschiffe glaube ich (im Gegensatz zu denen der KuppelZwickeln) den Einfluss occidentalischer, franziskanischer Stimmungen zu sehen. Kreuzigung: Christus tot mit nach links gesenktem Kopf und geschlossenen Augen am Kreuz hängend; Maria links Joseph rechts am Kreuz durch Handbewegungen und Gesichtsausdruck ihren Schmerz zeigend. Diese Kreuzigung ist ganz besonders schön, zart und fein ausgeführt und von einer Wehmut durchzogen, wie sie mir an byzantinischen Mosaiken fremd ist; die drei übrigen Querschiffmosaiken stellen dar: den Einzug in Jerusalem, den ungläubigen Thomas und die Auferstehung. Sehr merkwürdig ein grosser, jugendlicher Heiliger, der durch die Beischrift als Ἀγιος Βακχος[1] bezeichnet ist; nach Eleusis zog der Dionysische Schwarm.

Athen. 11 November 1900. *11.11.1900 Sonntag*

Im Museum mir aufgefallen, dass das Hüfttuch der jungen Weinschenken in Knossos in Form und Darstellung fast genau dem der Männer auf den alten aegyptischen Darstellungen entspricht; nur die Schleifen und Zierraten an Knöcheln und Gelenken sind mit hellenischem Schönheitssinn zu der aegyptischen Livree hinzuerfunden. – Auf der Akropolis. Die dem Dionysos geweihten Theater liegen in Griechenland neben den dorischen Tempeln der Ortsgottheiten wie in Europa die gothischen Franziskanerkirchen neben den romanischen Domen des offiziellen Kults. – Euthyphron und Apologie[2] gelesen.

---

1 Heiliger Bakchos

2 Platon

Athen. 13 November 1900. Dienstag. *13.11.1900 Dienstag*

Vormittags auf der Akropolis beim Erechtheum gelesen; stürmisches, finsteres Wetter; die Feinheit der ionischen Formen in dieser düster bewegten, von Wolken umschlossenen Gebirgs- und Meereslandschaft fast erhaben, während sie an sonnigen Tagen gegen die Grösse des griechischen Himmels zierlich scheinen.

Athen. 14 November 1900. Mittwoch. *14.11.1900 Mittwoch*

Den Phaidon[1] gelesen und vor Thränen mit Mühe zu Ende gelesen; der Mangel an Pathos ergreift mehr als jedes andre Mittel; es ist sicherlich die künstlerisch vollendetste Sterbeszene der ganzen Litteratur. Man vergisst im Allgemeinen über andren Sachen zu sehr, wie viel vom Christentum im archaischen Griechenland und insbesondre in Athen entstanden ist; die Hälfte mindestens aller christlichen Anschauungen stammt hierher. Die griechische Lyrik, die Mysterien, Sokrates haben dazu ebenso Viel, wenn nicht Mehr, beigetragen als die Propheten. Das Sittengesetz Israels, die 10 Gebote, ihr Alter und ihre feste Begründung sind wohl der einzige Vorteil der Juden vor den Griechen gewesen, die immer nach einer Ethik gesucht haben. Dann die Person Jesu. Im Übrigen sind Eleusis und der Parthenon in einem noch höheren Sinne ehrwürdige Reliquien der europäischen Religion als es der Tempel Jerusalems sein würde.

Athen. 15 November 1900 *15.11.1900 Donnerstag*

Blick von der Akropolis. Man kommt durch die moderne Geschichtsauffassung dazu, der Landschaft gegenüber fast ebenso zu empfinden wie die Alten, ihr dankbar zu sein für die Geschlechter und Werke, die aus ihr entstanden sind; der attischen Ebene, den Gebirgszügen und Ölbäumen, für die Kultur, die sie grossgezogen und bestimmt haben, trotz aller Greuel, durch die das gegangen ist; die Dankbarkeit gegen die Umwelt im vollen Bewusstsein der Tragik des Werdens entsteht neu, wie so oft die grossen einfachen Gedanken und Gefühle der Vorzeit auf neuen Stufen menschlichen Denkens wieder aufspriessen. Hier drängt sie stärker empor, weil was vom alten Athen durch die Geschichte geweiht ist, die Pnyx, der Musenhügel, der Areopag, Alles wieder zu Landschaft geworden ist; so wächst die Geschichte aus der Landschaft heraus; Nichts trennt sie für das Auge von Berg und Thal. – Zu untersuchen wäre, wie weit schon im Altertum sentimentale Strömungen existiert haben; daraufhin also die Mysterien, Orphik, bakchischen Kulte. Dem Tode gegenüber z B. verhielten sich die Griechen durchaus sentimental.

Athen. 16 November. Freitag *16.11.1900 Freitag*

Nachmittags am Dipylon. Folgende Inschrift bemerkt: Σῶμα μὲν ἔνθαδέ σον

[1] Platon

Διόνυσι ἡ γαῖα καλύπτει Ψυχὴν δ' ἀθάνατον κοῖνος ἔχει ταμίας[1] u. s. w. Ich kann die Buchstaben nicht datieren, ich vermute aber, dass sie dem 4ten oder 3ten Jh. v. Ch. angehören; jedenfalls ist die Inschrift nicht christlich. – Das grosse Interesse der Griechen am Stoff unverkennbar. Auch aus den Vasen zu entnehmen. Darstellungen griechischen Inhalts verdrängen die gegen Ende der Dipylonzeit eingedrungenen formgeschlossenen orientalischen Motive, sobald der Künstler es fertigbringt jene ebenso formsicher wie die orientalischen auszuführen. Dieses setzt voraus 1) dass Künstler und Publikum die Formsicherheit der orientalischen Motive verstanden und schätzten 2) dass die Künstler während der Herrschaft der orientalischen Formen daran arbeiteten, griechische Stoffe in gleiche Rhythmen zu kleiden; was wieder voraussetzt, dass sie und das Publikum dem Stoff Wert beimassen. Dieses wird dann durch das vollkommene Verschwinden der orientalischen Motive bestätigt, sobald die Griechen den Kniff gelernt haben. Aber gerade dieser Kampf beweist auch, wie sehr die Griechen den Rhythmus schätzten und seine geschlossene Sicherheit an den Werken des Orients erfasst hatten. Denn sonst wäre es nie zum Kampf und zur Durchdringung gekommen; die orientalischen und griechischen Darstellungen hätten einander der Mode folgend nur verdrängt, die griechischen wären höchstens mit der verbesserten Technik realistischer geworden. So ist der Orient den Griechen aber ein wirklicher Lehrmeister geworden (Dieses auch für uns ad notam zu nehmen). Dass aber die Griechen den orientalischen Rhythmus so scharf zu erfassen und so frei umzugestalten vermochten, liegt m. E. an der enormen rhythmischen Übung, der sie sich selbst durch Jahrhunderte unterzogen hatten; Dipylonstil, Lyrik, Musik, Tanz. Was sie dem Orient absahen war im Resultat die Methode, wie man Leben in rhythmische Formen schliesst, und die Geschlossenheit selbst der rhythmischen Form. Sobald sie das gelernt hatten, hatten sie eigene Rhythmen, nach denen sie weiter schaffen konnten. – Das Interesse am Stoff würde bestätigt werden, wenn es richtig wäre, dass gewisse griechische Mythen (Gorgo, Phoenix) orientalischen Darstellungen entsprungen sind, indem die Griechen sich diese deuteten; das entspräche übrigens dem Wirken der Phantasie aller Völker.

Athen. 17 November 1900. Sonnabend. *17.11.1900 Samstag*

Die Vasen sagen offenbar nicht immer Alles. Z. B. in der mykenischen Periode entdeckt man auf ihnen keine Spur von orientalischen Motiven, während wir aus den Funden wissen, wie stark andre Kunstzweige, die Gold-, die Elfenbein-, die Alabaster-Technik, die Luxuswaffen, die Wandmalereien vom Orient beeinflusst wurden. In der Keramik dagegen dringt der Orient gegen Ende der Dipylonzeit (Ende des 7ten Jh.) zum ersten Male ein. Daraus, dass in der mykenischen Zeit nur

---

[1] „Deinen Leib, Dionysíos, birgt hier die Erde,/Die Seele indes, die unsterbliche, hat der allen gemeine Gebieter." Unveröffentliche Versinschrift, 4. Jh. v. Chr. oder später

die kostspieligen Arbeiten orientalisch beeinflusst sind, wird zu schliessen sein, dass nur die Reichen in dieser Periode an der orientalischen Kultur Teil und Geschmack hatten. Gegen Ende der Dipylonzeit dringt der Orient dagegen in das griechische Volk ein; denn jetzt nimmt ihn auch die billige Volkswaare, die Töpferei auf. Dem wird entsprechen, dass in der mykenischen Zeit die orientalischen Formen dem Volk Nichts sagten, dass gegen Ende des 7ten Jh. dagegen die Phantasie und das Formgefühl breiter Schichten sich genügend gebildet hatten, um sie zu schätzen. Homer, die Lyrik, die Dipylonornamentik werden Faktoren dieser Entwicklung sein. Das Resultat dieser Deduktion, dass vor Ende des 7ten Jh. in Griechenland nie ein stärkerer Einfluss des Orients auf die breitere Kultur stattgefunden hat, bedeutsam für die Entstehungsgeschichte z B. des homerischen Geistes; man wird die Bildung der Aöden wohl mit der der Volkstöpfer etwa gleichstellen können, wenn sie auch in den Palästen, in denen sie sangen, Manches Orientalische sahen. Nachher ist der Orient intim in den griechischen Geist eingedrungen; daher sicher zum Teil der Gegensatz des lyrisch-religiösen Zeitalters zu Homer. Der Gegensatz zwischen der Kultur der Könige und des Volkes in der mykenischen Zeit wird bestätigt durch die Sagen, dass die alten Herrschergeschlechter orientalischen Ursprungs gewesen seien; so mag sich im Volksgeist ihr orientalischer Prunk gespiegelt haben. – Das Eindringen des Orients in das Volk, die regeren Beziehungen von Handel und Politik zum Orient, die beginnende Emancipation der breiteren Schichten das Influss kommen der ganzen griechischen Kultur werden in Wechselbeziehungen zu einander stehen. Die Dipylonzeit endet gegen Schluss des 7ten Jh. (so von Naville bestimmt nach zwei kleinen ägyptischen Figuren in Athen, die mit den spätesten Vasen des reinen Dipylonstils gefunden sind); Solon 594. Ähnliches gleichzeitig in andren Städten. – Man wird wohl mit der Zeit dazu kommen, ziemlich genau verschiedene Typen der Kultur zu unterscheiden: Kultur beschränkt im Umkreis einer reichen, materiell ganz von Andren lebenden, privilegierten Klasse; Kultur breiter, arbeitender, aber ebenfalls thatsächlich (z B durch das Erbrecht) privilegierter Schichten; Kultur des ganzen Volkes (wenn es diese im höheren Sinn je gegeben hat; vielleicht Japan.). Man wird dann auch die Werke, die sie produzieren oder erhalten, vergleichen können und danach den Gang der Entwicklung zu leiten versuchen dürfen, soweit einzelne bewusste Eingriffe die Entwicklung von Naturkräften beeinflussen kann. Geschichte hat blos als Hülfswissenschaft der Politik einen Sinn; die Politik aber, wie mir scheint, nur als Befreierin der zu einer Kultur tragenden Strömungen, nämlich zu einer Umwelt und Innenwelt, die den inneren Menschen am höchsten bringen kann. – Mykenae. Das sog. Spiralornament auf den Goldplättchen aus der Schnecke entwickelt; die Urform noch deutlich auf den Töpferwaaren; diese ist dann zu einem rein ornamentalen (rhythmischen) Gebilde geworden. Es ist ein aus dem Volk emporgedrungenes Ornament. Der Polyp entwickelt sich ähnlich; auf einer grossen Amphora aus

Kreta ist er erst phantastisch weitergebildet, auf den Goldplättchen bewusst symmetrisiert. Ebenso die Biene. Die Entwicklung geht dahin einfache, leicht fassbare Gebilde zu schaffen; z B. aus den Armen des Polypen, aus den Windungen der Schnecke, aus den einzelnen Abteilungen des Palmenblatts; ähnlich wie Versfüsse aus den mannichfaltigen Längen u Kürzen der Sprache werden. Es ist als ob ein Trieb die primitive Kunst zu diesen Vereinfachungen und Geometrisierungen der Natur hindrängte. Vielleicht wäre für diese ganz einfachen Gebilde, deren Vorzug vor der Natur für das Auge in ihrer Einfachheit besteht und Regelmässigkeit besteht, ein andres Wort als Rhythmus zu gebrauchen, um Rhythmus für die Verbindung mehrerer solcher einfacher Gebilde aufzusparen. Denn das ganz einfache Gebilde dieser Art klärt blos das Gefühl, es regelt noch keinen Gefühlsablauf; seine Wirkung ist sozusagen momentan, Punktförmig, nicht eine psychologische Linie. Aber sein Wert liegt schon darin, dass es ein Gefühl einfach und rein darstellt, wodurch es die Möglichkeit von organischen Gefühlsverbindungen, von höheren Rhythmen, schafft. – Die Behauptung, dass die Metalltechnik die mykenische Töpferarbeit beeinflusst habe, will mir nicht einleuchten. Ich finde nur allgemein ornamentale Fortbildungen natürlicher Formen (Schnecke, Polyp, Fischschuppen, Seeschwämme, Schlange); sodann Nachbildungen in Farben der eigentümlichen mit dem Messer (wahrsch. Steinmesser) eingeritzten Kerbornamentik der troischen und kyprischen Töpferei; schliesslich die von der Umdrehung der Drehscheibe eingegebenen Kreislinien um Bauch und Hals des Gefässes. Ich habe nicht ein einziges aus der mykenischen Metallornamentik zu deutendes Ornament auf mykenischen Töpfen auftreiben können; aus der Keramik dringen im Gegenteil einzelne wie die Schnecke in die Metalltechnik empor. – Ganz offenbar ist, dass die mykenischen Töpfer nicht auf Realismus ausgehen, sondern dem Trieb nach der rhythmischen Form folgen. Sehr krass tritt dies auf einem Topffragment aus Tiryns hervor, das zwei Männer, ein Pferd und einen Hund darstellt und durch Punkte und Liniensysteme in eine Art von Rhythmus zwingt, genau so wie 1000 Jahre später unendlich vollkommener die Künstler der Akropolis Weihgeschenke.

Athen. 18 November 1900 Sonntag. *18.11.1900 Sonntag*

Zu Fuss nach Phaleron und von dort an Munychia vorbei nach dem zweitgrösseren Hafen Zea und dann zu Piraeus. Von der Höhe oberhalb Munychia Blick auf das auch von hier gesehen grossartig gelagerte Athen.

Athen. 19 November 1900. *19.11.1900 Montag*

Die Welt des griechischen Mythus unterscheidet sich nicht wesentlich von der der heute noch bei uns im Land Volk lebenden Zwerge, Spukgeister, Märchenprinzessinnen. Das Glück dieser Erscheinungen bei den Griechen ist gewesen, dass 1) sie konkurrenzlos dastanden, als den Griechen das Bedürfnis erwuchs, die orientalische Formenwelt mit Eigenem zu füllen 2) die Griechen den Schritt gewagt haben, diesen Wein in die alten Schläuche zu giessen. Auch von diesem Gesichtspunkt aus ist der Moment des Übergangs vom Dipylonstil zu den orientalisch beeinflussten und dann zu den schwarzfigurigen Vasen so reizvoll wie wenige in der Kunstgeschichte. Man erlebt die Entstehung der griechischen Schönheit. Man lernt hier die griechische Schönheit nicht als Etwas Gegebenes kennen, sondern als Etwas, das vielleicht noch avortieren konnte. Natürlich hat die Epik und Lyrik zu dieser Entwicklung wesentlich beigetragen, indem schon sie die griechische Fabelwelt der Anschaubarkeit wesentlich näherbrachte; aber was die Vasen Kunst am lebendigsten und meisten dargestellt hat, die dionysische Welt der Satyrn, Zwerge usw, wird in der uns bekannten Dichtung kaum berührt und scheint direkt aus der Volksphantasie in die Kunst geschlüpft zu sein. – In der Vasenmalerei müssen diese Gestaltungsprozesse am intensivsten vorsich gegangen sein; denn für ein Mal, wo die Aufgabe an den Steinkünstler herantrat, mythologische Figuren zu gestalten, (wie bei Typhon oder dem Herakles auf der Akropolis[1]), muss sie sich mindestens tausend oder mehr Male dem Töpfer gestellt haben. – Bei uns gab es eine Kirche, und Diese hat das erwachende Formgefühl gleich für ihre Gestalten in Beschlag genommen. Dazu kommt, dass das Volk selbst nur für die durch die religiösen Bewegungen (Franziskanertum, Protestantismus) emporgehobenen Vorstellungen nach einer künstlerischen Gestaltung verlangt zu haben scheint. Allerdings hängen auch in Griechenland die Satyrn u. s. w eng mit der griechischen religiösen Bewegung zusammen; aber Diese bewegt sich in Griechenland in einer enger an die uralten Volksphantasieen sich anlehnenden Richtung als bei uns. – Der Reiz jeder lebendigen Entwicklung, die zu Grossem geführt hat, liegt darin, dass es immer so scheint, als ob in dem beobachteten Moment, das Resultat noch nicht gesichert war; dass wo man das Leben fasst, nie sämmtliche Fäden des Zukunftsgewebes vor Augen liegen, immer doch noch der Zufall zu walten scheint. Wenn wir die Wahrheit uns eingestehen, giebt es kein Müssen für unser Auge in der Weltgeschichte; die Notwendigkeit ist blos ein logisches Postulat, allerdings ein unabweisbares wie Raum und Zeit.

Athen. 21 November 1900. *21.11.1900 Mittwoch*

Wieder bei den Vasen im Museum. Dipylonstil: die lineare Ornamentik und auch die Flächenverteilung namentlich bei den späten (im Kerameikos gefundenen) Vasen absolut sicher und richtig; nur die Darstellungen (Gespanne, Krieger, Tänzer u Tänzerinnen, Tiere) sind lächerlich und kindlich. Hier war es, wo der Orient half. Aber warum diese Unfähigkeit? Offenbar wollte der Künstler die Natur seinem ornamentalen Schema einfügen wollte und dabei weder der Natur

---

[1] Hekatompedon

noch dem Ornament gerecht zu werden verstand. Aber woran fehlte es dem rein griechischen Künstler? Hier ist der Kernpunkt der Frage nach der Entstehung der griechischen Schönheit. Flächenverteilung und Rhythmik abstrakt betrachtet besass er; Diese kann er also nicht vom Orient bekommen haben. Zunächst lernt er vom Orient offenbar, dass er den Figuren ruhig mehr Körper geben kann, ohne den Rhythmus zu stören. Das kann aber nicht Alles gewesen sein. Was ihn frappierte war offenbar 1) die Breite und Grossartigkeit, die Ruhe und Würde und 2) die rhythmische Sicherheit bei der Figurendarstellung. Diese letztere zu schätzen befähigte ihn von vornherein sein eigenes Ornamentales Können. (Dipylonornamentik) Der Gang ist wie die Vasen zeigen der gewesen: er setzte die orientalischen Figuren wie sie waren an die Stellen, die die griechischen Darstellungen eingenommen hatten, in seine Dipylonornamentik hinein; dann später füllte er das so gewonnene Schema in Konturen und Flächenverteilung möglichst genau mit griechischen Stoffen aus (z B Frauenreigen auf einer kleinen böotischen Vase); dann variierte der traditionelle griechische Rhythmus die so gewonnenen Schemata mit der Fülle des Stoffs ins Unendliche. – Auf den griechischen Geschmack und den Gang der treibenden Kräfte fällt Licht auch vom Kostüm. Auf den ältesten schwarz-rotfigurigen Darstellungen griechischen Inhalts (nach meiner Annahme etwa zwischen 650 u 600) über dem Chiton ein hässlicher Schlafrockartiger Ärmelrock, eine Art Hauskleid (Peleus u. Neoptolemos auf dem Achilleusteller aus Attika). Die Weibertrachten Röcke ähnlich den mykenischen, aber ohne Volants, Jacke (sie schnüren sich offenbar) und darüber einen dem Männerüberrock ähnlichen Paletot mit langen herunterhängenden Ärmeln (etwa wie heute die Albanerinnen). Daraus ist dann im Laufe von 100 Jahren die griechische Kleidung geworden. Die späteren schwarzfigurigen Vasen (von etwa 550 an, wie ich annehme) zeigen sie voll ausgebildet, nur ist das Himation der Männer meistens noch sehr kurz. cf die herrlichen Klageweiber auf den Totenamphoren. Alles hat sich erweitert und in rhythmische und ausdrucksvolle Falten gelegt, die Schneiderarbeit ist verschwunden; der Mensch hat offenbar gelernt sich zu bewegen und die Schönheit der menschlichen Bewegungen zu verstehen (cf die Klageweiber) wie er zur gleichen Zeit in die Sicherheit der orientalischen Formen eindrang. Es ist gewissermassen ein Trost, dass die Griechen Alles gelernt haben, dass sie geworden sind.

Schema der griechischen Kultur:

Bis etwa 1100 (?): Kretisch-mykenische Kultur; zwei Kulturschichten; die Könige und Herren orientalisch raffiniert, die Masse Naturvolkkultur; mit dem Verschwinden der Herrenklasse (offenbar in einer gewaltsamen Katastrophe) ist die höhere Kulturform deshalb fort; nur die Naturvolkkultur des Volks entwickelt sich weiter. Deshalb:

Bis etwa 700 Dipylonstil, Volkslied, Epik: Homer, Hesiod.

Zwischen 700 u 650 Ende der Epik; Ende des Dipylon- (rein griechischen Volks-)

stils; Eindringen der ersten orientalischen Motive. Anfänge der Orphik und des Dionysischen Einflusses (jüngste Gesänge der Ilias u Odyssee; Nekyia) Die Nacktheit eingeführt bei den Spielen. Anfänge der Lyrik (Archilochus)
650 bis Marathon: Religiös-sentimentales Zeitalter. Lyrik; Vermannichfaltigung des Rhythmus; Mythus; Pessimismus. Dionysosdienst, Prophetik. Kommerzielle Entfaltung; Bildung und Emancipation eines nichtgrundbesitzenden Mittelstandes (Solon; Kleisthenes; Pisistratus; die Tyrannis); Orientalischer Stil, aus dem sich seit etwa 600 das griechische Schönheitsgefühl entwickelt. (Anfänge gleichzeitig mit Drakon u Solon.) Gegen Ende der Zeit hohe Durchbildung der Technik; äusserste Feinheit und Zierlichkeit (Schatzhäuser der Knidier u Athener in Delphi) Überkultur. In Ionien Geburt der Wissenschaft: individualistisch freie Betrachtung der Natur.
Marathon – Tod des Perikles (429). Athen. Gewaltige Entfaltung der griechischen Phantasie durch die Leidenschaft, die Ängste und Siegesjubel der Perserkriege. Aeschylus, die Skulpturen von Olympia.
Dann milder und feiner Werden der Phantasie: Sophokles, der Parthenon, Phidias (um 450-440). Rotfiguriger Vasenstil.
Peloponnesischer Krieg – Chaironeia (338). Die Greuel des Krieges und der Revolution beschleunigen die Auflösung der alten ethischen Normen. Individualismus. Sokrates. Das souveräne Spiel des Ichs mit Begriffen, Technik und Phantasie; jetzt erst, wo er rücksichtslos ausgeschüttet wird, tritt der ganze Kulturreichtum Griechenlands zutage. Die Reliefs der Nikebalustrade[1], das Erechtheum, Praxiteles. Euripides, Aristophanes, Plato. Mit Plato und Sokrates wendet sich der Individualismus nach innen und erzeugt eine individualistisch freie Ethik als Ersatz der verloren gegangenen alten, sozial-traditionellen; zugleich auch die Mystik.
Chaironeia – Zerstörung Korinths: 146. Diadochenzeit.

Delphi. 21 November 1900. *21.11.1900 Mittwoch*

Früh in Itea an und den grössten Teil des Weges nach Delphi zu Fuss hinaufgegangen, in etwa 2 1/2 Stunden; zuerst durch das überaus dicht mit Ölbäumen bestandene Thal von Amphissa dann steil nach Krissa hinauf nach dem neuen Dorf Kastri, das seit den Ausgrabungen der Ersatz für das alte auf den Ruinen selbst gewesene Dorf ist. Von hier aus geht man um einen Felsenvorsprung herum und steht dann vor Delphi. Delphi hängt an einer Thalwand steil über einer Art von Cañon, der tief durch das Gebirge schneidet; weit unten in der Thalsohle sieht man das graue Flussbett zwischen Ölwald an schroffen Felswänden vorbeiziehen; die Stadt und das Heiligtum steigen an den beiden Innen-

---

[1] Tempel der Athena Nike Apteros

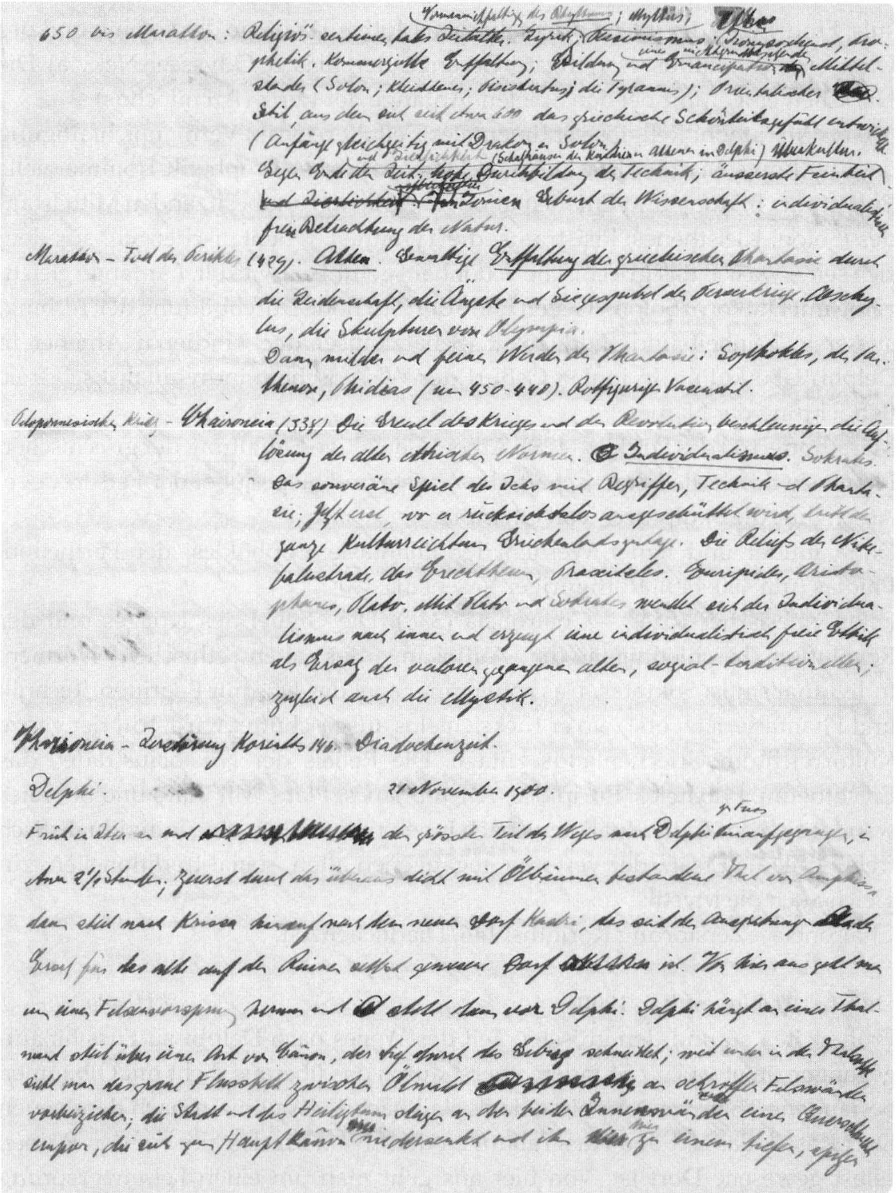

Eintrag vom 21. November 1900; Tagebuch Harry Graf Kessler;
Deutsches Literaturarchiv, Marbach am Neckar

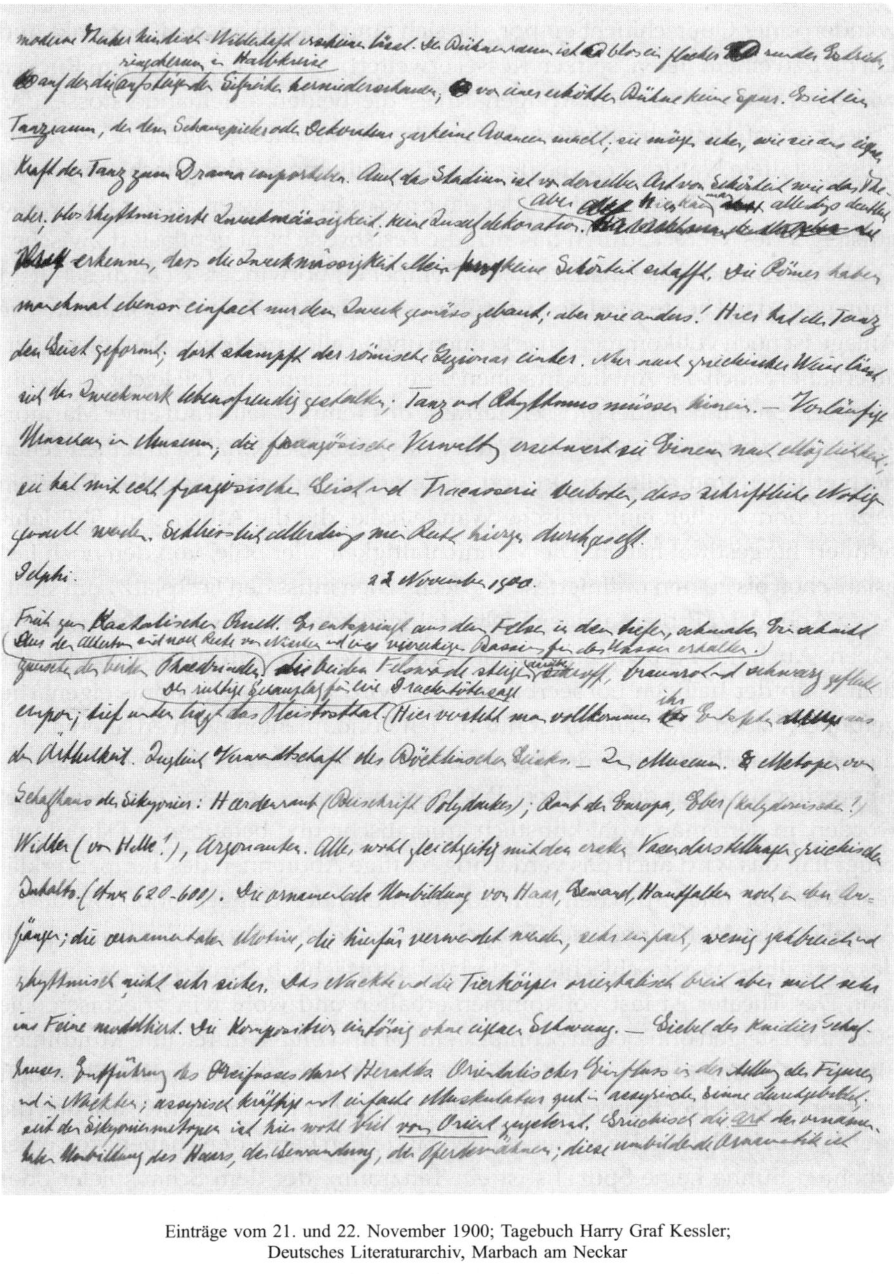

Einträge vom 21. und 22. November 1900; Tagebuch Harry Graf Kessler; Deutsches Literaturarchiv, Marbach am Neckar wänden einer Querschlucht empor, die sich zum Hauptkañon niedersenkt und ihn hier zu einem tiefen, spitzen Kessel erweitert; den Ort begrenzen im Rücken wie die Hohlseite eines mächtigen Knies die beiden aufeinanderstossenden Phaedriadenfelsen schroff und schwarzrot gefleckt emporsteigend. Eine wilde, grossgestaltete Natur ist es, die der religiöse Mittelpunkt der griechischen Welt gewesen ist. Der Tempelplatz bildet ein grosses in Terrassen an der Bergwand aufsteigendes Viereck, durch das sich die Feststrasse bunt gepflastert zwischen Denkmälern und Schatzhäusern zum Tempel emporwindet. Über diesen liegt dann noch das Theater und hoch darüber ganz oben am Berge das Stadium. Die Anlage ist noch vollkommen zu erkennen und in allen niedrigen Bauteilen überall erhalten; auch der Anblick in seinen Besonderheiten zum Teil leicht zu rekonstruieren. So stand vor der grossen Terrasse des Tempels selbst auf einer Marmorsäule eine gigantische, geflügelte Sphinx; das ganze Denkmal ist in seinen Teilen noch erhalten und sollte an Ort und Stelle wiederaufgebaut werden. Daneben reizend und zierlich eine ionische Wandelhalle, die die Athener im 5ten Jahrhundert hergestiftet haben. Die Mannichfaltigkeit aller Stile, von den noch fast asiatischen bis zu den raffiniertesten griechischen muss den Festplatz zum sichtbaren Abbild der Proteusartigen Vielgestaltigkeit der griechischen Welt gemacht haben. Auch der Farbenglanz, der sich von Gold und Schwarz durchsetzt aus dem Laub der heiligen Lorbeerbäume hob wird in der Bergwildnis eigenartig gefunkelt haben. Der Tempel ist nur in den Fundamenten noch erhalten; unter diesen aber auch was über der Felsenvertiefung, aus der zur Pythia die Dämpfe emporstiegen; unter dem Tempel Paviment war so ein grosser Raum gebildet worden, in dem man wohl künstlich aromatische und betäubende Dämpfe erzeugt hat; das wird auch das verdächtig häufige Abbrennen des Tempels erklären. Reste von unterirdischen zum Adyton führenden Gängen sind aufgedeckt. Auffallend ist die Kleinheit des Tempels im Vergleich z. B. zum Parthenon; auch das verhältnismässig schlechte Material; hauptsächlich Paros, nur wenig Marmor. Das Theater ist fast vollkommen erhalten und wohl rein griechisch. Die Sitzreihen steigen ohne jeden Schmuck empor und bilden durch ihre Rundlinien allein ein Ornament, das allerdings jedes moderne Theater kindisch-Wildenhaft erscheinen lässt. Der Bühnenraum ist blos ein flacher runder Estrich, auf den die ringsherum in Halbkreise aufsteigenden Sitzreihen herniederschauen; von einer erhöhten Bühne keine Spur. Es ist ein Tanzraum, der dem Schauspieler oder Dekorateur garkeine Avancen macht; sie mögen sehen, wie sie aus eigener Kraft den Tanz zum Drama emporheben. Auch das Stadium ist von derselben Art von Schönheit wie das Theater; blos rhythmisierte Zweckmässigkeit; keine Zusatzdekoration. Aber hier kann man allerdings deutlich erkennen, dass die Zweckmässigkeit allein keine Schönheit schafft. Die Römer haben manchmal ebenso einfach nur dem Zweck gemäss gebaut; aber wie anders! Hier hat der Tanz den Geist geformt; dort stampft der römische Legionar einher. Nur nach griechischer

Weise lässt sich das Zweckwerk lebensfreudig gestalten; Tanz und Rhythmus müssen hinein. – Vorläufige Umschau im Museum; die französische Verwaltung erschwert sie Einem nach Möglichkeit; sie hat mit echt französischem Geist und Tracasserie verboten, dass schriftliche Notizen gemacht werden. Schliesslich allerdings mein Recht hierzu durchgesetzt.

Delphi. 22 November 1900. *22.11.1900 Donnerstag*

Früh zum Kastalischen Quell. Er entspringt aus dem Felsen in dem tiefen, schmalen Einschnitt zwischen den beiden Phaedriaden; aus dem Altertum sind noch Reste von Nischen und eines viereckigen Bassins für das Wasser erhalten. Die beiden Felswände steigen darüber schroff, braunrot und schwarz gefleckt empor; tief unten liegt das Pleistosthal. Der richtige Schauplatz für eine Drachentötersage. Hier versteht man vollkommen ihr Entstehen aus der Örtlichkeit. Zugleich Verwandtschaft des Böcklinschen Geistes. – Im Museum. Metopen vom Schatzhaus der Sikyonier: Heerdenraub (Beischrift Polydaikes); Raub der Europa, Eber (kalydonischer?) Widder (von Helle?), Argonauten. Alles wohl gleichzeitig mit den ersten Vasendarstellungen griechischen Inhalts. (etwa 620-600). Die ornamentale Umbildung von Haar, Gewand, Hautfalten noch in den Anfängen; die ornamentalen Motive, die hierfür verwendet werden, sehr einfach, wenig zahlreich und rhythmisch nicht sehr sicher. Das Nackte und die Tierkörper orientalisch breit aber nicht sehr ins Feine modelliert. Die Komposition eintönig ohne eigenen Schwung. – Giebel des Knidier Schatzhauses. Entführung des Dreifusses durch Herakles. Orientalischer Einfluss in der Stellung der Figuren und im Nackten; assyrisch kräftige und einfache Muskulatur gut im assyrischen Sinne durchgebildet; seit den Sikyoniermetopen ist hier wohl Viel vom Orient zugelernt. Griechisch die Art der ornamentalen Umbildung des Haars, der Gewandung, der Pferdemähnen; diese umbildende Ornamentik ist gegen Sikyon sehr viel ausgebildeter und mannichfaltiger. Griechisch auch die bewegte und klare Komposition, der Gegensatz zwischen dem schlanken Apollo und dem schwereren Herakles. Was der Komposition noch fehlt der geschlossene, rhythmische Linienfluss. Der Giebel wird wohl nicht lange vor 550 entstanden sein. – Fries des Knidierschatzhauses; vier Seiten: Langseiten 1) Olymp und Troerschlacht 2) Gigantomachie; kurze Seiten: 1) Entführung einer Frau (Hippodameia?) auf einem Wagen 2) Himmelfahrt des Herakles. Die ornamentale Umbildung weit fortgeschritten gegen über dem Giebel an Mannichfaltigkeit, Feinheit und ornamentaler Sicherheit. (z B. die Falten an Hals u Bauch der Pferde geben ganz neue ornamentale Formen), das Nackte hat die orientalische Strenge verloren; das feine griechische Formengerüst beginnt sich zu bilden; Weichheit und Mannichfaltigkeit des Lichtspiels wird schon als Fortschritt empfunden und gesucht.

Verwandt ist der Fries mit den Aegineten[1]. Auch die Komposition hat jetzt neben der Klarheit und Bewegtheit ornamentale Sicherheit erlangt (Troerschlacht). Technische Kunststücke wie die Verkürzung des Viergespanns des Aeneas mit Hülfe der Malerei. Überhaupt scheint die Malerei bei der Wirkung eine grosse Rolle gespielt zu haben. Man wird sich eine Miniaturenartige Wirkung zu denken haben, wie die der alten illuminierten Manuskripte mit vielem Gold und reinen und fein aufgetragenen Farben. Hervorragend schön ausgeführt ist der Olymp, eine Vorstufe der Darstellung auf dem Parthenonfries. Die Götter sehen der Schlacht vor Troia zu; beigeschrieben sind die Namen Ares, Aphrodite, Apollon, Athena, Hera etc. Sie sitzen auf Sesseln hintereinander wie im Theater und schauen höchst vergnügt dem Morden zu; eine Göttin, zu der sich Apollo umdreht, klatscht sogar in die Hände; wenige Gedanken scheinen die griechische Phantasie mehr beschäftigt zu haben als dieser des Ergötzens der Götter am menschlichen Unglück. (als weniger bekannte Stelle Hymne Εἰς Απολλωνα Πυϑ.[2] 11ff.) Der Sessel des Zeus ist mit kaum 3-4 cm. hohen Figuren von Satyrn u Nymphen dekoriert; eine wahrhaft verschwenderische Sorgfalt. Zeit des Frieses nach meiner Schätzung etwa 520. – Metopen des nach Marathon geweihten Schatzhauses der Athener. (Inschrift auf Marathon noch an Ort u. Stelle.). Trotz der ganz enormen Sorgfalt, mit der der Knidierfries gearbeitet ist, erscheint sein Nacktes wie aus gröberem Stoff im Vergleich zu dem der Athenermetopen. Auch hier ist das Gerüst des Nackten noch vollkommen scharf, aber innerhalb dieser den Körper zerteilenden Schattenkonturen die Formen schon weich und fliessend. Also eine ganz deutliche Entwicklungsreihe führt von dem schlecht dem orientalischen nachgemachten Nackten der Sikyoniermetopen (etwa 620) durch das gut dem Orient nachgemachte des Knidiergiebels (etwa 560-550), zu dem schon griechisch fliessenderen Nackten des Knidierfrieses (etwa 520) und schliesslich zu dem auch in den Formen selbst schon weich und harmonisch werdenden der Athenermetopen (etwa 490.). Die Entwicklung geht der der schwarzfigurigen Vasen ganz analog parallel. Auch die ornamentale Mannichfaltigkeit der umgebildeten Teile, Haar, Gewänder etc. hat in den Athenermetopen noch eine Steigerung gegenüber dem Knidierfries erfahren; das einzelne ornamentale Stück ist noch feiner und reicher und vielfältiger durchgebildet (z. B. Gewand des Theseus, der mit Athena spricht); der Marmor ist fast wie Elfenbein bearbeitet. Die Physiognomieen dagegen noch archaisch ausdrucksarm; der Künstler schildert nur Begebenheiten keine Menschen; er ist am Ende angelangt, wenn er die Begebenheit und die dabei vorkommenden Gewänder, Haartrachten, usw. in ornamentale Formen gebracht hat; die Innenphantasie ist noch kein notwendiger Teil der Erzählung (sie existiert natürlich schon bei

[1] Aegina, Tempel der Aphaia

[2] „Auf den Pythischen Apollon"; gemeint ist der homerische „Hymnos auf Apollon".

Homer und bei allen Lyrikern.). Da die technische Beherrschung des Marmors schon vollendet ist, so darf man den Umschwung, der jetzt folgt, als einen geistigen ansehen und mit den Perserkriegen in Verbindung bringen. – Hier scheint mir nun der Wagenlenker zu stehen, als Brudergestalt zu den beiden jüngsten Athenaweihbildern auf der Akropolis. Das Gesicht hat schon einen individuellen Ausdruck, der aber ach wie leise, wie knospenhaft durch die Form hindurchschimmert! Ebenso ist es mit dem Nackten überhaupt und der Faltenbildung des Gewands. Überall unter der zierlichen Sorgfalt der Modellierung schon die grosse Form; nicht die alte orientalische grosse Form, sondern eine nach eigenen griechischen Rhythmen erwachsende. In diesem Erblühen liegt zum grossen Teil der merkwürdige, Frühlinghafte Reiz der Figur. – Ganz beherrscht dann den Gesichtsausdruck der in der Haar und Gewandbehandlung noch archaisch ornamentale Künstler der drei Grazien oder Horen-Karyatide an der grossen Säule[1]. Die grosse griechische Form ist hier schon ganz erreicht in den schlanken und zarten und doch so kräftigen Mädchenkörpern unter dem kurzen, dünnen vom Wind angeschmiegten Gewand. In Manchem erinnern diese Figuren an die Nike des Paionios, ohne jedoch wohl im Stil nah mit ihr zusammenzuhängen. Das Herrlichste hier im Museum dann wohl ein junger Hermes, der dem Praxiteles sehr nah stehen muss, ich vermute ein Originalwerk von ihm ist. Der Kopf fehlt; die Figur ist an eine alte, bärtige Hermes gelehnt; die Formen sind noch fast knabenhaft schlank und von einer entzückenden Feinheit der Durchbildung; namentlich alle Attischen, Kniee, Schulterblatt dabei aber muskulös und spannkraftig; das ganze Formengerüst ist in ein wogendes weiches aber nicht weichliches Lichtspiel aufgelöst; ein wahrhaft göttliches Werk. Mir scheint es vollendeter, meisterhafter als der Hermes von Olympia. – Gleichzeitige Marmorkopie[2] eines Bronzestandbilds von Lysipp; junger Mann; fast überschlank, aber noch so, dass die Schlankheit als Reiz wirkt; der Kopf auffallend klein; der Blick sentimental nach oben gerichtet (Skopasisch?); Lippen schwellend; dieses Beides wie bei dem schönen Frauenkopf in Athen. Trotzdem das Werk wahrscheinlich Kopie eines Bronceoriginals ist, Bestreben ein wogendes Spiel des Lichts hervorzurufen; z B. bei der Haarbehandlung deutlich. – Von den Giebelgruppen des Alkmäonidentempels sollen einige Fragmente von grossen Pferden u eines mit einem Schlangenartigen Ungeheuer kämpfenden Löwen herrühren.

Lebadeia. 23 November 1900. *23.11.1900 Freitag*

Von Delphi um 6 fortgeritten und durch die Phokischen Berge nach Böotien hinunter. Der Weg windet sich am Abhang der grossen Schlucht, in der Delphi liegt, durch Weinfelder hinauf. Zwei Stunden von Delphi, hinter dem Ort

---

[1] Tänzerinnen-Säule

[2] Statue des Agias

Arachova, zum letzten Mal Blick zurück auf das mächtige Felsenthal und die Bergmassen hinter Amphissa, die es in der Ferne schliessen; vorwärts sieht man hier schon ein helles Stück des Kopaissees zwischen Gebirgszügen ausgeschnitten. Dann steil hinunter durch ein Hochthal des Parnass bis dort, wo der Weg nach Daulis sich von dem nach Lebadeia und Theben trennt. Diese Stelle ist die sogenannte Σχιστὴ ὁδὸς[1], wo die Ermordung von Laius durch Oedipus spielt; ein Felsensporn tritt in einem tiefen, grünen Thalgrund zwischen die beiden Gebirgspfade; auf dem Felsengrat stehen Reste von einer Raubburg. Eine halbe Stunde vor Daulis öffnet sich dann der Blick auf die grosse Böotische Ebene, die ganz mit grünen und bestellten dunklen Vierecken bedeckt ist; im grossen Zuge umrahmt sie das Gebirge, das hier grün ist; ein ganz andres Bild als die, die ich bisher in Griechenland gesehen habe; es erinnert eher an Mitteldeutschland, an die Taunusgegend; auch die Erdkrume ist hier schwer und schwarz oder rot. Nur das Licht strahlt noch tiefer und sanfter als am Main. Auf der Höhe am Wege rechts über Daulis stand das Phokikon, das Versammlungshaus der Phokischen Stämme. Daulis liegt auf einem Hügelvorsprung über der Ebene, ein reiches, grosses Dorf mit gutgebauten Steinhäusern, Wein und Olivengärten. – Während wir Mittags Rast machten, Dorfhochzeit; Männer und Frauen tanzten auf der Strasse den Hochzeitsreigen, die Männer um die Frauen herum mit angefassten Händen zur Flöte und Pauke; die Braut und der Pope mit, Dieser sogar mit besonders graziösem Pas, so oft er den Reigen führen musste. Die χόροι[2] des Hesiod der Dipylonvasen werden nicht viel anders gewesen sein. Auch die Kleidung der Männer hat sich in Wirklichkeit wenig geändert; sie haben nur dem Chiton, den sie genau wie die Griechen von den ältesten Zeiten an tragen, die hässlichen slawischen Hosen untergezogen; sie brauchten nur diese fortzulassen, um genau so gekleidet zu sein wie die Bauern Hesiods. Im Gebirge die Hirten, die man zahlreich mit ihren Heerden trifft, sind sicher geistig von den uralten kaum verschieden, bis auf ein paar Heiligennamen, die sie hinzugelernt haben; meistens gutmütig und erschrocken aussehende, verwilderte Gesellen, die Einem oft mit einem müden Schaf oder Lamm über den Schultern wie der Hermes Kriophoros im Gebirge begegnen. Der Parnass kann nur diese eine Art von Bevölkerung tragen und wird sie solange hier Menschen wohnen, deshalb fort tragen. Von Daulis in die Ebene hinab: Wein und viel Baumwolle. Der König der Ebene ist der Parnass, der sie im Westen schliesst. Von ihm aus zieht sie langgestreckt nach Osten zwischen niedrigeren Höhenzügen hin; in dem nordlichen öffnet sich dem Blick allmählich das grosse Einfallsthor aller Eroberer nach Griechenland; es mündet in die Ebene fast gegenüber von Chäroneia; dieses erreichen wir von Daulis aus in zwei Stunden. Ein ärmliches Dorf steht an der

---

[1] Weggabelung

[2] eigentl. χοροί (Chortänze)

Stelle der alten Stadt; ein Felskegel überragt es, auf dem Bruchstücke von schönen antiken Festungsmauern sichtbar sind. Jenseits des Dorfs liegen auf offenem Felde vor einer viereckigen, ausgemauerten Vertiefung die Bruchstücke des Löwen, den die Thebaner nach ihrer Niederlage hier ohne Inschrift aufstellten. Wenn irgend ein Ort von der Weltgeschichte geweiht ist, so ist es dieser. Athen, das 150 Jahre lang von Aeschylus bis Demosthenes mehr Männer ersten Ranges produziert hatte, als sonst irgend ein Kulturkreis, hat nach Chaironeia plötzlich aufgehört, Geisteshelden hervorzubringen; dem Hellenismus aber war der Weg gebahnt; Rom und das Christentum steigen als Möglichkeiten aus den Trümmern der Athenischen Schaffenskraft auf. Hat die Menschheit hier gewonnen oder verloren? Ich glaube allerdings das Zweite. Aber wo sonst steht man überhaupt vor einer Frage von dieser Grösse? Hinter Chaironeia streckt sich die Ebene nach Orchomenos und den Kopaissee fort; wir aber sind über einen Bergrücken südöstlich in das kleine Thal von Lebedeia hinübergeritten. Lebedeia ist ein grosser, wohlhabender Ort an der stark fliessenden Herkyna. Der Fluss entspringt kaum zwei Minuten von den letzten Häusern der Stadt entfernt in einem grossen Bassin und treibt gleich an seiner Quelle hier eine Baumwollfabrik. Früher lagen hier das Heiligtum und die Grotte des Trophonius. Bei Lampenschein noch hinauf und was als die Reste der Grotte ausgegeben wird, angesehen.

Theben – Chalkis 24 November 1900. *24.11.1900 Samstag*

Früh im Dunklen aus Lebadeia fort. Bei Tagesanbruch auf der kleinen Alluvialebene von Koroneia, die sich halbkreisförmig vom Kopaïs in das Gebirge hineinzieht. Von den Thermopylen und Chaironeia bis Plataea und Tanagra zieht sich so die Schlachtfelderlinie hin, über Koroneia, Haliartus, Leuctra. – Der Kopaïssee ist, soweit man ihn von dieser Seite aus überblickt, ausgetrocknet; eine grosse Nebelschicht in der Morgenfrühe täuscht eine Wasserfläche vor; sobald die Sonne höher steigt, bleibt aber nur eine gelbe, dürre Ebene übrig; in Haliartus hat die englische Gesellschaft ihren Sitz, die den Seeboden drainiert und bewirtschaftet. Hinter diesem Ort Rückblick auf die grosse, flache Ebene, die von einem Rand niedriger Höhen eingeschlossen wird; nur wo wir herkommen, thront mächtig der Parnass. Dann über einen niedrigen Höhenrücken in die Ebene von Theben hinüber. An der Einmündung der Strasse von Onchestus steht ein Priester und repariert selbst mit der Kelle in der Hand einen kleinen Heiligenschrein. Der Priester ist in Griechenland vom gewöhnlichen Volk wenig differenziert; weit weniger als der protestantische oder katholische Pfarrer; er schwatzt, tanzt, arbeitet mit den Leuten; sie haben ihn „in ihrem Kreise". Frage, wie die Wirkung ist? – Nach Theben zu erweitert sich allmählich die Ebene zwischen ihren niedrigen Randgebirgen, über die nur der Parnass, der breite Rücken des Helikon und der Kithäron höher emporsteigen. Alles Ackerland, kein Wein oder Öl wie sonst in Griechenland. Schliesslich erscheint Theben über die Ebene auf einer flachen Höhe kaum emporgehoben. Durch die Strassen der Vorstadt zur Kadmeia hinauf, auf der der Hauptteil des elenden Nests jetzt wie schon zu Pausanias Zeiten liegt. Die Kadmeia ist nur die mittlere von drei an dieser Stelle in das böotische Thal vorspringenden Hügeln; diese und die beiden dazwischen liegenden Thäler sind der Boden der alten Stadt. Der Blick von oben ist romantischer als die etwas eintönige thebanische Ebene es erwarten lässt. Alles überragt der mächtige, lang aufsteigende Rücken des Helikon, der einen Zug ins Grossartige in das Bild hineinbringt; zu seinen Füssen eine wild zerrissene, weil niedrigere Gebirgswelt und im Hintergrund der Parnass. An der Ebene ziehen sich mässig hohe Gebirge hin, zwischen denen ein blaues Stück des Kopaissees sichtbar ist; jenseits der böotischen Hügel steigt Euboea hellgrau im blauen Himmel auf. – Im Museum wenig Frappierendes, nur ein sehr schönes eingraviertes Grabrelief eines jungen Kriegers etwa aus dem Ende des 5ten oder Anfang des 4ten Jh. Um 2 weitergefahren nach Chalkis. Sehr schöne Fahrt; zuerst durch den nordöstlichen Teil der Thebanischen Ebene; rückwärts der Kithäron, an dessen Fuss Plataeae liegt, und mehr nach dem Meere zu das Gebirge hinter Tanagra. Dann einen Höhenrücken hinauf und gerade im letzten Licht noch der Blick auf Chalkis, das weit unten wie auf einer Landenge zwischen zwei blauen Wasserstreifen liegt; diesseits und jenseits zwischen aufsteigenden Gebirgsmassen. Gegen Abend zu war auch die böotische Haide immer grossartiger und bewegender geworden; das Grün der Pinien und niedrigen Gesträuche bleibt noch spät farbenrein, während die Berge immer blauer und Fernendunstiger werden und nur in Umrissen noch sich scharf und zart gezeichnet am Abendhimmel hinziehen.

Chalkis – Athen. 25 November. 1900. *25.11.1900 Sonntag*

Gegen 10 mit dem Dampfer aus Chalkis fort, das an einem grossartigen natürlichen Hafen liegt, der zwischen dem Festland und Euböa wie ein See eingeschlossen liegt. Die Einfahrt von Westen her ist an der schmalsten Stelle, die überbrückt ist, kaum 45 Meter breit, dabei sehr tief und vom Meer in einem reissenden Strom durchströmt. Hinter Chalkis und nach Osten zu die Lelantische Ebene, die sich in einer grossen, flachen Zunge in das Meer hineinerstreckt. Gegenüber auf dem Festland die ebenfalls ganz flache weitgeschweifte Bucht von Aulis. Noch auf der Lelantischen Ebene dann Eretria gegenüber vom Hafenplatz von Tanagra. Die ganze Meerstrasse mit den sie zu beiden Seiten begleitenden Hügel und Gebirgsketten überaus majestätisch. Nachmittags an der Bucht von Marathon vorbei; Hakenförmig wird sie durch die kurze Halbinsel Kynuria von der Meerenge abgeschlossen; die Ebene zieht sich lang und schmal zwischen ihr und dem Fuss von Hügeln hin, nur das Thal von Marathon mündet in sie weit geöffnet ein. Wo am Hakenende der Bucht der Sumpf war, scheinen jetzt dichte Bäume oder Gestrüpp zu stehen; die Griechen drangen von Osten her gegen dies von Hügeln umschlossene Hakenende vor, in das die Perser ihre Flotte gebracht hatten; die

Landmacht kämpfte davor zum Schutz der Schiffe. Sobald die Perser vom Thal von Marathon abgedrängt waren und ins Wanken kamen, allerdings eine Mausefalle. Laurium angelaufen, um Sunium herum und dann bei strömendem Regen in Piraeus an.

Athen. 27 Oktober 1900. *27.11.1900 Dienstag*

Die einfache Form ist immer ein Resultat; sie entsteht durch die Vertiefung und Vermählung vielfältiger Formen; die Mozartsche Melodie hat das Mittelalter und Bach zu Voraussetzungen. Am Anfang ist nur die Unform, die allerdings auch simpel oder wenn man will einfach sein kann; die hohe Form wird aber gezüchtet, nicht erfunden u. deshalb ist auch eine lange fortlaufende Arbeit nötig, um auf einem Gebiet eine neue, kultivierte Einfachheit zu entwickeln. – Vasen Formen; Trojanische: neben Monstruositäten (z. B. die „Menschen"förmigen oder die Amorginischen Tierformen) schon sehr hohe Formen, bei den Kannen am Ausguss, am Ansatz des Henkels, bei den Krügen und Gefässen in der Biegung des Randes; die Form ist der Ornamentik weit voraus; sie hatte natürlich ältere Traditionen. Dieses setzt sich bei den mykenischen Vasen fort. Einzelne myk. Vasen und Gefässe sind schon so fein geschweift und ausgebuchtet wie die besten späteren. Gegenüber den trojanischen auch eine grössere Mannichfaltigkeit der Gefässe, die der höheren Entwicklung und Differenzierung der Bedürfnisse entspricht. In den Vasen des vollausgebildeten Dipylonstils (Kerameikosfunde, 7tes Jh.) sehe ich eine grössere Sicherheit, Waarenmässigkeit und handwerksmässige „Fertigmachung" der Form, die an sich wohlgefällig und kultiviert aussieht; dagegen den myken. Vasen gegenüber weniger Natürlichkeit (d. h. Werden der Form aus der Technik), deshalb weniger Grazie. Die myk. Vasen sind ungleicher; es sind aber unter ihnen, wie mir scheint, mehr vollendete, hohe Formen. Der Rand der flachen, weiten Schalen ist z B im Kerameikosstil meist grade und deshalb hart und unnatürlich, während die mykenischen Gefässe fast immer eine kleine, zartgeschwungene Schweifung zeigen. Die Kerameikosformen haben deshalb Etwas Dünnes, Kaltes. Immerhin giebt es auch hier sehr hohe und definitive Formen. – Der orientalische Einfluss hat die Formen allgemein gedrückt, niedergepresst. Die korinthischen Gefässe sind schwer und niedrig; die Formen haben aber zugleich auch eine noch grössere Festigkeit und Sicherheit als die der Dipylonwaare. In Attika eine grössere Schlankheit, die dann zu den Formen des schwarzfigurigen Stils führt. Diese bieten einen Kompromiss zwischen Schlankheit und breiter Festigkeit, zwischen den altgriechischen und den schweren orientalischen Formen; sie sind das Vollendetste der griechischen Töpferarbeit. Hier erscheint zuerst (Marathongrab) ganz fertig die Lekythosform, deren orientalisches Rudiment mit einem winzigen Henkelchen in den böotischen Vasen orientalischen Stils zu sehen ist, entstanden wohl aus der orientalischen Wasser Gourde (Pflanze), die am Bindfaden hing; hierzu das Henkelchen. Diese Form wird auf einen Fuss gestellt und bekommt einen ausgebildeten geschweiften Henkel; sie nähert sich dadurch der alten griechischen Kanne und wird so zum Lekythos. Überall tritt jetzt (im Gegensatz zum Dipylonstil) auch wieder die geschweifte an die Stelle der graden Linie; hierin mag der Orient nachwirken; die Frage ist wichtig wegen der Architektur; dem dorischen Stil giebt erst diese leise Schweifung der Graden sein Salz. – Bei der rotfigurigen Waare empfinde ich gegenüber der schwarzfigurigen eher einen Rückschritt der Form; sie wird allmählich handwerksmässiger, weniger frei und mannichfaltig, die Schweifung schwerer und mit mehr Nachdruck vorgetragen. Die schönsten, frühsten rotfigurigen Vasen haben allerdings noch Nichts von der alten Grazie verloren; allerdings auch Nichts zugewonnen. Die höchste Verfeinerung der Technik bezeichnet auch hier etwa Marathon. Das geistige Wachstum, das dann einsetzt, hat natürlich die Vasenformen nicht berührt, während es bei der Skulptur auch eine reichere Ausbildung der Form mit sich brachte. Auch dies ein Beweis, dass was um 490 einsetzt, in erster Linie eine innere Bewegung ist. Ein weiterer Beweis liegt für mich auch darin, dass der grosse Aufschwung des 5ten Jahrhunderts im Wesentlichen auf Athen beschränkt blieb, das die Perserkriege mit der grössten Seelenbewegung gefolgt war und den grössten Stolz davontrug; der durch Kimons Kriegsfahrten (Eurymedon) erhalten und noch gesteigert wurde. Natürlich war auch der Reichtum Athens nötig, um der Bewegung die materielle Grundlage zu geben. Aber die Hauptsache ist in dieser Bewegung doch das Innere; während der Verfeinerung des 6ten Jh. der wachsende Reichtum als Haupttriebfeder diente.

Mykenae – Argos – Nauplia. 28 November 1900. *28.11.1900 Mittwoch*

Früh aus Athen fort. Um 12 in Mykenae und zur Burg und alten Stadt hinauf, die auf einem der letzten Hügelausläufern des die Argioische Ebene vom Isthmus trennenden Gebirges liegt. Am Wege hinauf das sog. Schatzhaus des Atreus. Es überrascht, selbst wenn man Gigantisches erwartet hat. Der Thürsturz ist eine wahre Felsplatte; ich erinnere mich selbst an den Pyramiden keines ähnlich grossen Steins. Feierlich berührt die Fügung dieser Steinkolosse; zwei ganz schlichte, hohe Wände, zwischen denen man in den eigentlichen Grabbau gelangt. Die Blöcke sind so eben behauen und aneinandergefügt, dass die Wirkung fast graziös ist trotz ihres feierlichen Ernstes. Der Aufgang zur Burg führt noch zwischen zwei weiteren solchen Riesengräbern durch, die wohl die sind, die Pausanias als Gräber des Aigesthos und der Klytaemnestra bezeichnet; dann steht zwischen zwei gewaltigen Festungsmauern, die darauf zuführen, eingeklemmt das Löwenthor; die Gräber von Vorfahren lagen vor und um die Burg herum wie zum Schutz; und Gräber und Burgmauern sind als Bauwerke einander würdig. Das eintönig Gigantische der Bauart und der überall hervortretende Totenkult machen einen wahrhaft tragischen Eindruck. Alles redet von

Pomp und Gewalt, Reichtum, Macht und Unterdrückung; die grossartig wilde Gebirgslandschaft, in die die Burg hineinblickt, erhöht den düsteren und mächtigen Eindruck. Hinter dem Löwenthor liegt gleich der Heilige Bezirk der Burggräber, die die Schätze des Nationalmuseums bargen; dann oben auf dem umschlossenen Hügel der Palast. Dieser war, soweit sich das bei der Zerstörung erkennen lässt, kleiner als die von Knossos oder Phaistos. – Von Mykenae nach Argos gefahren, etwa 1 ½ Stunden. Argos ein grosses, schmutziges Dorf. Es liegt am Fusse der Peloponnesberge und kehrt ihnen im Gegensatz zu Mykenae den Rücken zu; der Blick geht hinaus aufs Meer, ist aber viel weniger grossartig als von Mykenae. Die Akropolis ist ein toter, steiler Felshügel, der nie wie die von Athen mit der Stadt in engerer Beziehung gestanden haben kann. Am Fuss ist ein Theater in dem Felsen ausgehauen. Es überrascht durch seine enorme Grösse, wie das Dionysostheater in Athen, wenn man es im Geist wiederherstellt, wie alle Anlagen in Griechenland, die Δῆμος[1] dienten. Sie machen anschaulich, wie viel grösser als bei uns der Kreis derer war, die an allen Vorgängen des öffentlichen oder kulturellen Lebens Anteil hatten, und wie viel geschlossener er an solchen Ereignissen teilnahm. Bei uns sind die einzelnen Vorrichtungen lächerlich klein (z B. die Reichstagstribünen,) und wo zahlreiche in einem Gemeinwesen demselben Zweck dienen, wie Kirchen, Theater, da müssen sich die Teilnehmer zersplittern. Der δῆμος[2], wie er sich in diesen Dokumenten zeigt, imponiert doch; die Muschelgehäuse die das Tier zurückgelassen hat, bezeugen einen gewaltigen und geschlossenen Organismus wie unsere Kultur selten einen hervorbringt. Das erklärt wohl auch, wie eine ganze Stadt in Einem Stück so hoch gehoben werden konnte wie Athen im 5ten Jh. Wo sich bei uns ein grösserer innerlich wirklich geschlossener Sozialorganismus bildet, z B eine religiöse Sekte, ist er immer spezialisiert und einrangiert, nicht wie die griechische Stadt ein frei unter andren gleichen Wesen sich Bewegendes oder an einer fortlaufenden Reihe wechselnder Zwecke zur vollen Durchbildung gelangendes. Das ist auch einer von den Vorzügen jeder souveränen Aristokratie, dass sie das ist. Solche kleinen souveränen Gesellschaften, die mit andren gleichartigen in Beziehungen stehen, sind eine eigene Klasse von sozialen Erscheinungen und wohl die fruchtbarste menschliche Daseinsform. – Von Argos nach Tiryns. Der Hof und Männersaal sind in der Anlage ganz ähnlich denen in Knossos; im Übrigen ist der Palast selbst weniger gut erhalten. Die Befestigung dagegen wie in Mykenae ganz gewaltig. – In Nauplia zu Nacht geblieben.

Nauplia. 29 November 1900 *29.11.1900 Donnerstag*

Ganz früh im ersten Licht an dem Fuss des Itschkaleh an der Bucht entlang; eine

---

1 Gemeindevolk als Souverän

2 Volk

kleine venezianische Feste liegt auf einem Felsen mitten im Hafen; gegenüber an der andren Küste zieht sich das peloponnesische Gebirge hin, vor dem man die zwei Burgfelsen von Argos liegen sieht; ein wunderschöner Meereswinkel. – Nachher nach Tiryns hinaus. Die Mauern sind gewaltig, aber weit weniger schön gebaut als in Mykenae, Knossos, Phaistos; grosse, aber unregelmässige Felsblöcke mit Füllsel dazwischen. Ich vermute, dass sie aus einer späteren Zeit stammen als die der andren Burgen, als die kretisch-mykenische Kultur schon verfiel oder ihr die Arbeitskräfte, Sklavenmengen, ausgiengen. Dafür dass hier nicht ein früheres Entwicklungsstadium vorliegt, spricht neben Andrem der innere Grund, dass vereinzelt ebenso grosse und schön bearbeitete Steine wie in Mykenae vorkommen, z. B. die Thorsteine und die meisten Thürschwellen; die Erbauer besassen also das vollendete Können, sparten aber damit aus Mangel an Arbeitskräften. – Der grosse Vorhof, Innenhof und Männersaal mögen doch zusammen ebenso gross sein wie in Knossos; das hier noch fest umrissene Megaron täuscht. In Einer Flucht lagen (wie wohl in Knossos auch) hier hintereinander zunächst der grosse Vorhof, in den man seitwärts durch einen Thorbau eintrat, und dann eine Steinschicht höher durch ein Propylaion, von dem Säulenreste übrig sind, ein zweiter fast ebenso grosser Innenhof, in den fast unmittelbar vor dem Eintrittspropylaion der grosse Altar eingesenkt ist und in der Mitte der gegenüberliegenden Seite das Propylaion des Megaron sich öffnet; zu diesem Propylaion, das den grösseren Teil dieser ferneren Hofseite einnimmt und rechts und links nur von zwei Durchgängen nach andren Räumen flankiert war, führten eine oder zwei Stufen hinauf, von denen die obere aus schönem rotem Stein oder Marmor ist; dahinter sind aus demselben Stein zwei Säulen, die das Dach des Propylaion tragen, während an den Wandfundamenten noch Reste einer weissen Alabasterbekleidung erhalten sind. Wenn man bedenkt, dass in Knossos die Weinschenkenfreske ein Propylaion schmückte und sich hier Etwas Ähnliches hinzudenkt, so bekommt man ein überaus prächtiges Bild von dem, was einst hier gewesen ist. Hinter dem Propylaion kommt ein gleich geformter und gleichgrosser Querraum, der oben offen gewesen sein mag, und dahinter liegt dann schliesslich das Megaron, das etwa 43 Fuss (m.F.) tief und 35 breit ist[1] und dessen Decke von 4 Säulen getragen wurde. Man sah von ihm aus also, wenn alle Säulenintervalle offen waren, durch die zwei Propylaeen und über den Innenhof und grossen Hausaltar hinweg bis auf den äusseren Burghof. Im Megaron selbst könnte man bequem höchstens 20 bis 30 Menschen setzen. Die Thür, die aus dem Innenhof neben dem inneren Propylaion links hinausführt, führt in einen grossen, schönen Baderaum, der aber viel weniger gut erhalten ist als die in Knossos und Phaistos. Durch die Thür rechts neben dem Innenpropylaeon kommt man in einen kleinen Hof an dem sich gradeaus und rechts zwei grosse Zimmer öffnen;

---

[1] nachträgliche Einfügung: „(Knossos 59 tief, 48 breit;)“

das, das gradeaus liegt, wird als Megaron der Frauen bezeichnet. Als Vorratsräume scheinen die mächtigen Gewölbe in den Fundamenten der Burg gedient zu haben, die auf denselben kammartigen Grundriss gebaut sind wie die in Knossos. Die ganze Anlage des Palasts ist überaus klar und einfach und gleicht in Hauptstück, Vorhöfen und Megaron genau der des Palasts von Knossos. Knossos und Phaistos sind mit ihrem dreigeteilten Gesamtgrundriss dann allerdings noch mathematisch klarer. – Wenn man die kleine souveräne mit andren in Wechselwirkung stehende Gesellschaft für die fruchtbarste Form der Menschengemeinschaft hält, so hat Griechenland schon geographisch Alles, um solche Gesellschaften zu bilden und zu erhalten; lauter kleine ziemlich gleich grosse Thäler, die gegeneinander durch das Gebirge abgetrennt und geschützt aber nicht abgesperrt werden; das Meer ebenfalls als Schutz und zugleich Möglichkeit unbegrenzter Expansion und Anreiz zu immer neuen Anpassungsversuchen des Organismus an wechselnde politische Bestrebungen; in jedem solchen Gebirgsthal bewegte sich Δῆμος[1]; unter Verwandten, die nur durch die Gebirgspässe von ihm getrennt waren; er besass in seinem Thal seine Götter, Sage, Geschichte, Theater, Markt, auf dem er sich tummelte, und Hafen, von dem aus er mit der unverwandten Ferne, dem Orient und den Barbaren in Verbindung stand. Wenn man ihn so in seinem Rahmen sieht und dann die Theater, Stadien, Tempelplätze, auf denen er seinen riesigen Leib immer wieder zur Einheit zusammenführte, die Grösse und die enge Zusammenknetung des einzelnen Kulturbodens, dann versteht man erst, wie so viele verschiedene vollkommen ausgereifte Incarnationen derselben Kultur gleichzeitig auf dem engen Boden Griechenlands möglich waren. Ein griechischer Staat war in Vielem rein zahlenmässig grösser als ein europäischer; in der Litteratur z B. die 14000 Bürger Athens gegenüber dem Berliner Premièrenpublikum inclusive Schriftsteller, kaum ein rundes Tausend für ganz Deutschland, das als sozialer Organismus an der Litteraturbewegung mitbildet.

Tripolis 30 November 1900 *30.11.1900 Freitag*

Mittags aus Nauplia fort nach Tripolis; durch die argioischen Pässe nach Arkadien hinauf, zuerst in das kleine Thal von Hysiae, dann in die grosse flache Hochebene, auf der Tegea und Mantineia lagen; ein kahles aber wohl fruchtbares Plateau, über das die Randgebirge nicht sehr imposant emporragen. Tripolis ein elendes, ödes Nest von 10000 Einwohnern.

[1] Gemeindevolk als Souverän

Sparta. 1 Dezember 1900. *1.12.1900 Samstag*
Bei Kälte, Nebel u Regen nach Sparta gefahren. Von Tripolis 8 bis 9 Stunden; öde, steinige Gebirgslandschaft, bei dem trüben Wetter trostlos. Das Thal von Sparta dagegen trotz der Wolken, die den grössten Teil der Berge verhüllen, sehr schön; reichere Vegetation thut hier auch Viel, den Anblick angenehmer zu machen. Trotz des Regens noch zum sog. Grab des Leonidas, einem kleinen Tempelchen in der Art und Grösse der Schatzhäuser in Delphi u. Olympia.

Sparta. 2 Dezember 1900 Sonntag. *2.12.1900 Sonntag*
Früh an den Eurotas, der nach dem Regen reissend und gelb zwischen seinen Schilfufern zuthale rauscht; aus dem Schilf mussten die Spartanerknaben sich ihre Streu brechen. – Das Theater; in der Nähe die alte Akropolis; aber nur lauter unbedeutende Erdwellen. Blick auf das Thal, soweit man es in dem Regen und den treibenden Nebelmassen erkennen kann. Die dunklen Wände des Taygetos bis tief unten mit Schnee bepudert; das Thal dicht bewachsen, Oliven, Maulbeerbäume, Silberpappeln, Cypressen. – In Stadtgärten zwei schöne Mosaiken: das Eine Achill auf Skyros, das Andre den Raub der Europa darstellend. Ungewöhnlich die Grösse der Steine, aus denen die beiden Bilder zusammengesetzt sind; ein Jeder etwa einen Centimeter lang, sehr richtig nur auf die Fernwirkung berechnet; diese durchaus Flächenhaft; trotzdem aber grosse Diversität und kräftige Modellierung der Nackten, z B. des Körpers einer nackten Frau auf dem Achilleusmosaik ich dachte an Marées. – Im Museum von Interesse sehr alte Votivreliefs u. Stelen. Auf einer Votivstele vorn und hinten ähnliches Motiv, ein Mann, der mit dem linken Arm eine vor ihm stehende Frau um den Hals fasst und mit der rechten ihr ein Schwert in die Brust stösst (Letzteres nur noch auf der einen Seite klar zu erkennen); vielleicht Orest u Klytaemnestra; an den beiden schmalen Seitenflächen Schlangen, Zeichen der Erdgottheiten. Stil des Anfangs des orientalischen Einflusses bei griechischem Inhalt; übertrieben schwere Formen; der Oberleib viel zu kurz; das Haar bereits ornamental umgebildet; alles natürlich durch Malerei ergänzt zu denken; ich schätze die Entstehungszeit auf 700-650. Jedenfalls interessant, dass der orientalische Einfluss schon in diesem Stadium nach Sparta drang. Sonst noch viele Dioskurenreliefs aus allen Zeiten, zwei mit einer Frau (Idol? Helena?) zwischen ihnen. – Nachmittags trotz des Regens nach Mistra. Weg durch das schöne Thal, das in der That weit reicher, dichter und mit mannichfaltigeren Hölzern bewachsen ist als die andren griechischen; es ist von Sparta bis Mistra ein einziger grosser Garten, Oliven, Wein, Maulbeerbäume, Orangen, Eichen, Gruppen von Silberpappeln, Cypressen; bei schönem Wetter mit dem Hintergrund des mächtigen beschneiten Taygetos wäre es ein Paradies. Mistra ein imposantes altes fränkisches Bergnest; Überrest einer raffinierten und eigenartigen Kultur; die Pantianassakirche mit ihren Kuppeln und Säulchen und schönen Fresken muss ein Juwel gewesen sein. Von der

Loggia, durch die leichten Säulen hindurch, Blick weithin über das Thal von Sparta und den Parnon. Schon diese Loggia, die mit der Kirche nach dem Thal zu parallel läuft, eine eigene und feine Erfindung. Es wird aber eine ausschliesslich importierte, byzantinisch-französische Kultur gewesen sein, die mit den fremden Eroberern verschwand, keine Zukunft oder Entwicklung ausser bei starker Kolonisation durch Franzosen haben konnte. – Jede Überlegenheit eines Menschen oder eines Volks ist immer in ihrer Wurzel eine moralische; nur muss man hierbei nicht an unsere Moral, oder überhaupt an irgend eine bestimmte Moral denken. Es giebt keine Handlung die in einer hohen und erhabenen Moral nicht sowohl erlaubt wie verboten sein kann; es kommt nur auf das Endresultat, auf die Gesamtspannung an, die für den Menschen aus der Beachtung sämtlicher Gebote und Verbote einer Moral folgt; nur nach dieser Gesamtspannung, in die sie die Seele bringt, lässt sich die Stufe bestimmen, auf der eine Moral steht, nicht nach irgendwelchen Einzelgeboten. So erklärt es sich, dass Menschen oder Völker, die in Einzelnem nach unseren Moralbegriffen sehr lax oder sogar widermoralisch waren, doch zweifellos gerade durch ihre moralische Überlegenheit hochgekommen sind, z B die Griechen oder die Juden. Noch Nietzsche ist in diesen Fehler verfallen, an Wertungen zu glauben, die an sich einer hohen Moral eigen sein müssten; zum Teil erklärt sich aus diesem Fehler seine verkehrte Beurteilung des Xums. Er hielt den bewussten Willen zur Macht für einen an sich moralischen Willen. Derartiges giebt es aber nicht.

Sparta–Tripolis. 3 Dezember 1900. *3.12.1900 Montag*

Früh noch einmal zum „Grab des Leonidas"; das Bauwerk ist sicher weit älter als Leonidas und noch aus der archaischen Zeit; Tyrtaus mag es schon gesehen haben, die grauen Steinkolosse in dem Ölwald, vor den dunklen Wänden des Taygetos, sind ein würdiges Denkmal des Sparta der Messenierzeit; streng, kräftig, knapp, geschlossen, düster. Man muss doch immer wieder staunen, dass dieselbe Wurzel gleichzeitig zwei so verschiedene und einzige Früchte wie Sparta und Athen tragen konnte. Die Elemente des Innenlebens müssen in Beiden dieselben gewesen sein, nur in andrer Anordnung und daher Wechselwirkung und Produktion, dort ganz auf den Willen und hier auf die Vorstellungs- und Formulierungsfähigkeit gerichtet. Aber Sparta ist kaum weniger wunderbar und des Studiums wert, wenn Einem der Mensch von Interesse ist und was er als Höchstes erreichen kann. – Den Tag über auf dem Wege nach Tripolis im Fahren Thukydides das zweite und dritte Buch.

Athen. 4 Dezember 1900 *4.12.1900 Dienstag*

Von Tripolis nach Athen. Einige Stunden in Korinth geblieben. Ich reise immer mit dem Pausanias bei der Hand; dann sieht man, wie eng überall die Sage mit dem Boden zusammenhängt. Und wie mit dem Mythus ist es mit der ganzen griechischen Kultur. Je weiter man in sie eindringt, um so mehr erkennt man, dass Nichts dem Griechentum ferner steht als der Humanismus, die abstracte Fremden-Nachahmung. Griechisch ist nur, von den Griechen zu lernen, wie sie ihre Kultur geschaffen haben, nicht nachzuahmen, was sie geschaffen haben. Die geringe Entfernung von dem Alltäglichen, dem vor Aller Augen Liegenden, zum Allerhöchsten, die beständige Association zwischen dem Gewöhnlichen und dem Göttlichen ist einer der allgemeinsten Züge des griechischen Vorstellungsablaufs. Was mit beiden Füssen im Fremden, Ungewohnten, Weithergebrachten steht, ist im Kern ungriechisch. Goethes Lyrik ist deshalb griechischer als seine Iphigenie. Man muss sich einmal mit dem Pausanias in der Hand in Griechenland überzeugt haben, was einem Griechen die Musen, oder Apoll, oder Zeus bedeuteten und was sie uns bedeuten, um den ganzen Gegensatz zwischen „Griechisch" und „Antik" zu erkennen. „Antik" ist in der That der Gegenpol zu „Griechisch"; denn Griechisch bedeutet eine Mischung des gerade Modernsten, des ewig Alltäglichen, mit Erhabenem, Sinnlich Bezauberndem, Schwermütigem, Göttlichem; eine Vermischung von Hand und Verstand mit Herz und Rhythmus. Allerdings ist es wert, in die griechische Kultur einzudringen; aber um zu sehen, wie hoch diese Vergöttlichung des alltäglichen Lebens führen kann. – In Korinth bemerkt, wie das sog. Palmettenornament entstanden ist. Die Dächer sind so konstruiert, dass sie ganz aus parallelen Dachrinnen bestehen, deren nebeneinanderlaufende Ränder durch übergestülpte runde Dachziegel aneinandergehalten werden; so entsteht ein Querschnitt  das Schema der Palmette, das natürlich am Rand des Daches sichtbar wird.

Athen. 5 Dezember 1900. *5.12.1900 Mittwoch*

Abends von Piraeus mit dem Messagerie Dampfer nach Smyrna fort. Klare Vollmondnacht.

Smyrna. 6 Dezember 1900. *6.12.1900 Donnerstag*

Früh an der Nordküste von Chios; dann vorbei an der Meerenge zwischen Chios und dem Festland, in die man tief hineinsieht, und in den grossen, tiefen Golf von Smyrna eingefahren. Links, nördlich, im Nebel Lesbos und das Vorgebirge, an dem Phokaea lag, rechts die Bucht von Klazomenae, bis sich die innere, fast ganz vom Land umschlossene, grosse Bai von Smyrna aufthut. Die Stadt liegt am Fuss eines mächtigen Gebirgsstocks auf Hügeln rechts im Innenwinkel der Bucht, während links, an der Nordseite, eine kleine Ebene, die sich am Gebirge in das Meer vorstreckt das Fruchtland des alten ionischen Smyrna gewesen sein muss;[1] ein grosser Ort, Cordelio, liegt jetzt auf dieser Landzunge, durch den innersten

[1] nachträgliche Einfügung mit Bleistift: „(ein Irrtum, wie ich jetzt gesehen habe; das Fruchtland Altsmyrnas lag bei Burnabad, im Grunde der Bucht)"

Winkel der Bucht vom neuen Smyrna getrennt, ihm gegenüber. – Bei uns hat „Freiheit“ einen individualistischen Sinn; es bedeutet die ungehinderte Bethätigung des Einzelnen. Das verstanden die Griechen, die bei Marathon fochten, unter Freiheit nicht; ihnen war sie die Selbstbestimmung eines Staats oder genauer einer Gemeinschaft. Man könnte das Wort, wie es die Griechen verstanden, mit Souveränität übersetzen. Und wenn es richtig ist, dass gerade in der kleinen souveränen Gemeinschaft die Menschheit am fruchtbarsten ist, so war es in der That ein kostbares Gut, um das bei Marathon und Salamis gefochten wurde. Aber die Vorstellung vom Individuum hat sich erst fünfzig bis hundert Jahre später klargerungen, und damit erst die Grundlage, aus der unser Freiheitsbegriff erwachsen konnte. Mir ist es nicht sicher, ob das Altertum diesen überhaupt klar gefasst hat. Darauf bei der Lektüre zu achten.

Smyrna. 7 Dezember 1900 Freitag. *7.12.1900 Freitag*

Nachmittags zu einer Gemeinschaft von „tanzenden Derwischen“; sie haben mit dem, was man auf Ausstellungen und sonst unter diesem Namen zu sehen und zu hören bekommt, nichts gemein. Hier ist es ein Gottesdienst, der sich durchaus würdig in Formen bewegt, die speziell dem Christentum allerdings fremd sind, die sich aber mit denen vieler hellenischer Kulte (Dionysos, Kybele, Demeter u s w.) offenbar berühren. Es ist der in den Dienst von Religion und Mystik (Gottesbewusstsein) gestellte reine Rhythmus; beim Mohammedanismus besonders passend als der Religion, die am radikalsten die Vorstellung aus dem religiösen Leben verbannt hat. Der Gottesdienst geht in einem schlichten weissen Raum vor sich, der nur mit einigen Koransprüchen geschmückt ist. Als ich kam hatte er schon angefangen. Die Brüderschaft sass im Viereck auf dem Erdboden an den Wänden des Saals und sang, aber nur Rhythmen, ohne harmonische Färbung. Ich habe so gut es gieng die Rhythmenfolge notiert: 1) 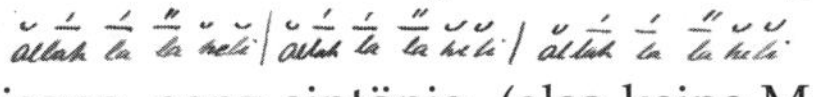 u. so fast etwa fünf bis zehn Minuten, unisono, ganz eintönig, (also keine Melodische Färbung) nur von Zeit zu Zeit singt Einer eine kurze melodisch sein sollende Tonfolge in den Rhythmus hinein, während die Andren mit ihrem Rhythmus fortfahren. Die ganze Zeit beugen sich Alle fortwährend dem Takte folgend vor und rückwärts, die Meisten haben die Augen geschlossen. Nachdem dieser erste Rhythmus 5 bis 10 Minuten gedauert hat, sagt ein Vorsprecher allein einige Worte, wohl ein Gebet; währenddem hören die Andren auf, zu singen und sich zu bewegen. Dann setzt wieder unisono und von der noch immer sitzenden Gemeinde mit denselben Vorwärts und Rückwärts Bewegungen begleitet ein neuer Rhythmus ein: 2) 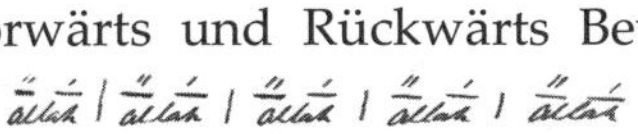 u. so fort ganz langsam am Anfang, dann allmählich schneller, bis nach etwa 5 Minuten ganz deutlich ein trochäischer, korybantisch wilder Rhythmus daraus wird 3) 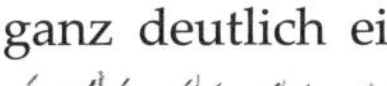 und so fort immer rasender mit immer stärkerem Hin und Herwerfen des Kopfes und des ganzen Körpers; es klingt wie Hóllah, Hóllah, Hóllah. Nach diesem hochgesteigerten rhythmischen Ausbruch Pause; kurze Melodie, die ein Sänger allein singt; die Andren sitzen schweigend mit geschlossenen Augen; der Gesichtsausdruck der Meisten der tiefer Ergriffenheit. Nachdem die Melodie zu Ende ist, stehen Alle auf und fassen einander bei den Händen an; sie fangen an ganz langsam vor und zurückzutreten und stossen dabei ein langgezogenes, tiefes ū aus. Nach einiger Zeit beginnt der Kreis sich zu drehen; die Männer haben einander nicht mehr an den Händen sondern um die Schultern gefasst. Innerhalb des äusseren Kreises bildet sich ein zweiter, innerer, und in der Mitte dreht sich ein einzelnes Gemeindeglied mit hoch erhobenen Armen langsam um sich selbst. Das lange, düstere ū geht allmählich in eine Art von harmonisch differenzierten Rhythmus über (sozusagen der erste Keim einer Melodie). Der Rhythmus, der <u>sehr</u> langsam ist, ist <u>etwa</u> folgender (hier bin ich nicht ganz sicher) 4) 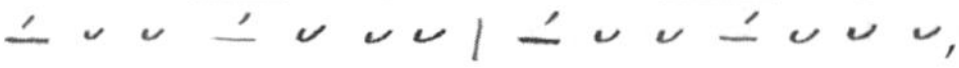 vielleicht aber auch  u. so fort. Wieder steigert sich allmählich die Schnelligkeit und führt zu einem sehr klaren und starken Rhythmus 5) 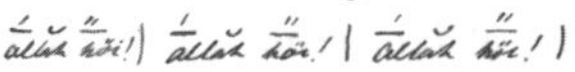 u. so fort. Durch die starke Bevorzugung der letzten Länge (auf hói!) wird doch Etwas Andres als blos ein Anapaest aus dieser rhythmischen Form; überhaupt spielt die Betonung und das plötzliche Abbrechen des Lauts (Ausrufungszeichen) bei allen diesen Rhythmen eine Rolle, die schwer in ein Schema zu bringen ist. Während der ganze Kreis vor und zurücktretend die Körper vor und rückwärtsbeugend sich langsam dreht, werden der Rhythmus und die Körperschwingungen immer wilder; die Gesichter mit den geschlossenen Augen immer ekstatischer, bis die Wörter ganz verschwinden und nach einem neuen Rhythmus nur noch unarticulierte Laute ausgestossen werden, die wie schweres Keuchen klingen: 6) sehr schnell und guttural 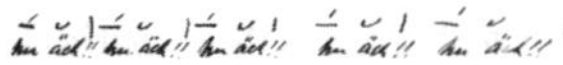 und so fort. Schliesslich in höchster Steigerung der Leidenschaft, gehen Töne und Rhythmus über in: 7) 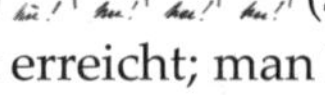 (schnell) Damit hat die ganze rhythmische Folge ihren Höhepunkt erreicht; man kann sagen, es ist das volle Eingehen des Rhythmus in das Meer der Einheit erreicht. Allmählich klingt der Gottesdienst ab in ein langgezogenes, weiches, tiefes 8)  immer langsamer, bis auch Dieses in vereinzelten Tönen aufhört. Dann wenden sich Alle mit erhobenen offenen Händen, in der griechischen Adorantenstellung, zum Gebet. Sie haben Gott geschaut und danken ihm, so könnte man sagen. So schliesst die Feier höchst ruhig ernst und würdig. Der Gesamteindruck, den sowohl das Verhalten wie der Gesichtsausdruck der Teilnehmer hinterlassen, ist der eines wahren und tiefen Gottstrebens.

Smyrna. 8 Dezember 1900. Sonnabend. *8.12.1900 Samstag*

Regen; im Bazar hier und dort; meistens deutsche und französische Schundwaare; Wertheim bis auf die Kameele und die Ausdehnung. Was gut und einheimisch ist, ist alt oder nach alten Mustern gearbeitet; wie die Gebäude; die anständigen sind immer halbe Ruinen; man kann sich die Zeit garnicht vorstellen, da an Etwas hier gebaut wurde; jetzt reicht es schon nicht mehr zur Reparatur aus. Das Ein Factum. Zweites Factum: Schönheit und Gesundheit der Rasse; alle Türken fast ohne Ausnahme physisch Prachtkerle; die ausgemergelten Levantiner (Griechen und Armenier) und die gelben Juden dagegen verächtlich; äusserlich auch ins Gewicht fallend, dass der Türke sich wäscht. Drittes Factum: Religiosität der Türken, wenigstens vieler Türken. 2 und 3 in Verbindung mit 1 ergeben, dass physische Kraft des Einzelnen und Religion nicht genügen, um eine Gemeinschaft produktiv zu machen; was zu merken, namentlich für mich. Im mindesten kann, wie sich hier zeigt, eine mit 2 u 3 ausgestattete Gemeinschaft durch andre begleitende Umstände an jeder Produktivität gehindert werden; d.h: es giebt Verhältnisse, die stärker sind als die von 2 und 3 zu erwartende Produktivkraft; solche Verhältnisse können verhindern, dass sich die Kraft überhaupt auch nur im Keime niederschlägt. Menschlich von Bedeutung zu erforschen, was in der Türkei 2 und 3 schon seit mindestens 200 Jahren am Wirken hindert. Eines wahrscheinlich, dass der Mohammedanismus, wie ihn die Türken befolgen, Alles durch Zwangsmittel im Rudimentärzustand erhält durch die regulierte Feindschaft gegen die Vorstellung; er unterbindet an dieser Stelle die Wurzel sowohl des Denkens wie der Kunst; vielleicht ist dieser Knoten, was dem Türkentum in der modernen Luft das Leben abschnürt, der entgegengesetzte Pol des Götzendienstes, der Alles erstickenden Wucherung von erstarrten und geheiligten Vorstellungen. – Bemerkenswert, wie in Griechenland und hier im Handel das Englische zurücktritt. Man trifft in allen Hotels in Patras, Kreta, Athen, hier und auf allen Dampfern fast nur Handlungsreisende, aber nur Deutsche, Österreicher, Italiener und allenfalls Franzosen; nie einen Engländer. Beweis, dass dies nicht nur ein mir begegnender Zufall ist, dass die Hotels, die nicht ausschliesslich für globe trotters arbeiten, keine englischen Zeitungen hatten, sondern nur deutsche, italienische und französische. Das Deutschtum ist hier gegenwärtig ein Privileg; es erleichtert Türken gegenüber Alles. Allerdings hat das nur indirekt (Zollscherereien, Pässe) mit dem Handel zu thun, da es türkische Händler nicht geben soll, und die Griechen, Armenier, Juden kaufen, wo es für sie am vorteilhaftesten ist. Danach der Wert der Kaiserreisen abzuschätzen.

Smyrna. 9 Dezember 1900. Sonntag. *9.12.1900 Sonntag*

Nachmittags wieder zu einer Feier der Derwische in einem andren Kloster unter dem Kastell; zum Teil aber dieselben Tänzer: Wieder nach dem Anfang der Feier gekommen. Sie verläuft ganz anders als am Freitag. Nur etwa 9 Männer nehmen zunächst aktiv Teil; alle in Weiss gekleidet, bis auf einen ganz jungen etwa 17 Jährigen, der einen weiten braunen Mantel umhat. Die andren tragen weisse Jacken, lange weisse faltenreiche Röcke und eine sehr hohe gelbgraue Filzmütze. Statt wie neulich einen Reigen zu bilden, drehen sich die neun in Weiss Gekleideten mit ausgestreckten Armen und geschlossenen Augen einzeln um sich selbst; alle zusammen bewegen sich so langsam um den Saal herum. Die wie schlafenden Gesichter über den weissen kreisenden Gewändern scheinen ruhig dahinzuschweben, feierlich verklärt. Eine Art von Flötenmelodie mit undeutlich rhythmischen Trommelschlägen begleitet die Bewegung; die Tänzer selber singen nicht. Immer nach etwa 8 bis 10 Minuten steht die Bewegung, die Tänzer schreiten hintereinander am Vorsteher vorbei, verneigen sich tief und nehmen dann einzeln nacheinander wieder den Tanz auf. Nachdem die Tanzbewegung sich so mehrere Male entrollt hat, endigt sie ganz, es wird gebetet, dann knieen und prosternieren sich die Tänzer, und der junge in Braun Gekleidete, ein Neophyt wie es scheint, tritt vor und sagt in der Adorantenstellung, was wohl ein Glaubensbekenntnis ist. Dann hängen sich die Brüder über ihre weissen Gewänder lange schleppende Mäntel, und schreiten am Vorsteher und aneinander vorüber, indem ein Jeder dem Andren die Hand küsst. Nachdem der Letzte sich aufgestellt hat, wird wieder kurz gebetet, dann sagen Alle ein langes, tiefes $\overline{\text{uuuu}}$, der Vorsteher spricht noch einige Gebetsworte, und die Feier ist zu Ende. Ich musste bei diesem letzten Teil lebhaft an die Gralsfeier im Parsifal denken. Ein Aufzeichnen von Rhythmen war heute unmöglich; ein ruhiges, zahlenloses Schweben macht das Wesen des Tanzes dieser Feier aus; zeitlose Seligkeit des Vollendeten, statt des Ringens zu Gott empor durch den Rhythmus wie neulich bei der populären Feier. Aber auch heute war der Tanz, wie mir scheint, nicht Schauspiel, etwa Darstellung des vollendeten Seligkeitszustands, sondern durchaus Selbstzweck für die Tanzenden; um die Gemeinde, wenn die paar Zuschauer (meistens Türken der ärmeren Klasse und Kinder), schienen sich die in Weiss Gekleideten nicht zu kümmern. – Von der Terrasse vor dem Versammlungsgebäude herrlicher Blick auf Smyrna, die Bucht und den Sipylos. Ich nehme fast an, dass die Bruderschaft aus dieser aristokratisch schönen Residenz in das arme Stadtviertel, in dem die Freitagsandacht stattfindet, wie zu einer Art von Missionszweck hinabsteigt.

Milet. 10 Dezember 1900 Montag. *10.12.1900 Montag*

Früh aus Smyrna fort nach Milet. Mit der Eisenbahn nach Sokkia, zuerst quer durch die grosse ionische Halbinsel nach Ephesus. Bis kurz vor Ephesus grosse Ebene von durchaus kontinentalem Charakter (Kaystrosthal); keine umgrenzten Landschaften wie die griechischen Thäler. Hinter Ephesus Gebirgspässe, die aber wieder in die breite, ganz flache Alluvialebene des Mäander und von Milet hinüberführen; am Mäander zieht das weite, flache Land zwischen zwei langgezogenen Bergketten hin ohne irgendeine sichtbare Abgrenzung gegen das Innere oder das Meer. Der Gesamtcharakter von Ionien im Gegensatz zu Griechenland: ein weites, offenes Land, das von den zur Küste ziehenden Gebirgsketten in Landschaften quergeteilt wird, aber überall durch breite, flache Flussthäler in ununterbrochener Verbindung mit dem asiatischen Hinterland und dem westlichen Meer steht. Wenn man, wie richtig, das Aegaeische Meer und seine Küsten und nicht die griechische Halbinsel, als den geographischen Träger der griechischen Kultur und Geschichte ansieht, dann ergiebt sich also zwischen seiner westlichen und seiner östlichen Hälfte ein bemerkenswerter Gegensatz wie zwischen den Gliedern eines Organismus; was im ständigen Wechsel der östlichen Durchgangsländer im Keim entstand, hatte die geschlossenen Thäler Griechenlands zum Ausreifen. Vieles Andre erklärt sich hieraus. – Von Sokkia zu Pferde nach Milet; 5 bis 6 Stunden durch die Mäanderebene; Sumpf, Acker und Wiesenland; bei trübem Wetter und Nebel bis auf die fernen Gebirge dem märkischen Bruch ähnlich. Gegen Dunkelwerden an der Mäanderfähre, die unmittelbar am grossen Theater von Milet hinüberführt. Dann noch etwa eine Stunde zum Deutschen Haus bei Akkiöi hinauf. Dort von Wiegand empfangen; ausserdem noch da Heberdey, der Leiter der Ausgrabungen in Ephesus, Dr Frederich, Dr Grosse und ein Dr Kinck, ein dänischer Archäologe. Das Haus hübsch und hell eingerichtet mit Klingerschen und Dürerschen Blättern an den weiss gekalkten Wänden. Spät klärte das Wetter sich auf; Mondschein; Blick über die Mäanderebene bis Samos.

Priene. 11 Dezember 1900. *11.12.1900 Dienstag*

Früh mit Heberdey u. Kinck unten in Milet. Die Stadt lag auf zwei Hügeln, die in Form einer Hummerscheere ins Meer vorsprangen und der Haupthafen, die jetzt so genannte Löwenbucht, umschlossen; draussen bildete die Ausbuchtung der Halbinsel nach rechts und links zwei weitere, offene Häfen; Auch ein vierter soll noch gewesen sein. An der Stelle, wo die beiden Schenkel der Scheere zusammentreffen, hinter dem Hafenquai, ist niedriges flaches nach dem Festland hinstrebendes Land. Hier hat Wiegand den Sitzungssaal der βουλή[1] mit einem grossen Säulenvorhof davor aufgedeckt. Auf dem westlichen Hügel, der nach dem Meer zu das Theater trägt, wird die Akropolis vermutet. Bis jetzt sind an Funden nur einige archaische Frauenstatuen bemerkenswert. – Mittags mit Wiegand, Heberdey und Kinck nach Priene hinübergeritten. Von Milet aus bildet der mächtige, viereckige Burgfelsen, der aus der Mykale vorspringt, ein sehr auffallendes Wahrzeichen. Man reitet etwa 3 Stunden hinüber; im Altertum war hier Meer, das sich noch weit tiefer, bis an den Latmos, in das Land hineinerstreckte. In Priene Wiegand uns geführt. Die Stadt liegt von einer starken, schö-

[1] Rat

nen Quadermauer umschlossen, an einem steilen Abhang unter dem Burgfelsen. Durch das Südthor hinein und zum Stadion, das nur auf der einen Längsseite Sitze gehabt zu haben scheint, während es nach der Ebene zu offen war. In Verbindung damit etwas höher am Abhang eine Palästra[1]; grosser Hof von Säulenhallen umschlossen; die nach Süden offene Halle bedeutend tiefer als die andren und mit grossen Kammern versehen; die eine von diesen in der Südwestlichen Ecke ein Loutron; sehr schöne Wascheinrichtung mit herrlich hineinkomponierten Löwenkopf-Wasserspeiern. Steil hinauf zum Athenatempel, von dem nur die mächtigen Fundamentmauern aufrecht stehen, und dann zum Theater. Hier das vollkommen erhaltene Bühnengebäude. Auch der Zuschauerraum mit einer Proedrie, die den Rand des Orchesters einnimmt, intakt.

Priene–Smyrna. 12 Dezember 1900. *12.12.1900 Mittwoch*

Ganz früh auf die Agora hinauf: ein sehr grosser, rechteckiger Platz, von Säulenhallen umschlossen; die nach Süden offene, nördliche Halle in jeder Weise ausgezeichnet; grosse Vorterrasse mit hinaufführenden Stufenreihen, Läden in der Hinterwand, am Ostende hier auch das hübsche, viereckige Ekklesiasterion und daneben wahrscheinlich das Prytaneion. Von der Agora führt eine schnurgrade Strasse nach dem Ost- und nach dem Westthor; diese Strasse wird wieder durch schmälere Querstrassen, die Bergauf laufen, geschnitten; die ganze Stadt ist auf einen Rostgrundriss gebaut. Auch die Häuser scheinen sehr gleichmässig sowohl im Plan wie in der Ausführung gewesen zu sein; nur in der Grösse und im Material herrscht ein sichtbarer Unterschied zwischen Reich und Arm; die Häuser der Reichen sind in der schönsten, kräftigsten Rustika aufgeführt, während die kleineren, ärmeren Häuser wohl aussen mit Bewurf bekleidet waren. Der Grundriss ist überall der, dass man durch einen Gang in einen Zentralhof kommt, um den eine Säulenhalle herumläuft; die gegen Süden offene Halle ist wie bei der Palästra und wie bei der Agora tiefer als die Andren und öffnet sich rückwärts in ein Propyläon, das in ein grosses, viereckiges Zimmer führt, den Oikos, den Hauptraum des Hauses; in der rechten und linken Seitenwand des Propyläons sind ausserdem Thüren, die in zwei weitere Kammern führen. Auf den drei andren Seiten des Hofes öffnen sich die Zimmer, wohl Schlafzimmer, unmittelbar hinter der Säulenhalle. Wiegand weist sehr richtig darauf hin, wie nah diese Anlage: Eintrittsgang, grosser Hof, Propyläon und Oikos, mit dem Plan der Paläste in Tiryns und Knossos verwandt ist, und bemerkt auch, dass Haus, Agora und Tempel in Griechenland nur Variationen eines und desselben Grundplans sind. Die Griechen sind das Volk des geringsten Kraftaufwandes gewesen. Zu bemerken aber auch, wie wenig Abgeschlossenheit diese Hausanlage dem Einzelnen gewährte. Der antike Mensch hatte vor seinem Nebenmenschen viel

[1] Unteres Gymnasium

weniger Geheimes als der moderne. Überall tritt in den äusseren Formen der Antiken diese geringere Rücksicht auf das Individuum hervor. Ganz Priene samt den Häusern ist wie aus einem Guss nicht für einzelne Menschen sondern für eine Gemeinde aufgebaut; jedem Bedürfnis der Gemeinde in der prächtigsten Weise Rechnung getragen keine Rücksicht auf eine differenzierte Befriedigung desselben Bedürfnisses genommen, ausser wie sie vom grösseren oder geringeren Reichtum gewährt wird. Schon die Idee, eine ganze Stadt einheitlich für eine ganze Gemeinde aufzubauen, wie es in Priene geschehen zu sein scheint und jedenfalls im Altertum oft vorgekommen ist, wäre heute undenkbar. Wenn man sich hier in Priene eine moderne Stadt, in der nicht ein Haus dem andren gleicht, vorstellt, so sieht man fast mit Augen, was vielleicht den grössten Unterschied zwischen der antiken und der modernen Welt ausmacht. Jedenfalls verdankt die antike Kultur diesem Zusammenlegen der Bedürfnisse einen grossen Teil ihrer Pracht und Aufwandsmöglichkeiten; man denke an Fälle, in denen ein solches Summieren des Bedürfnisses auch bei uns notwendig ist; was ein Eisenbahnbau deshalb kosten darf. Mittags nach Sokkia geritten und von dort nach Smyrna, da mein Gepäck, das auf einem Kameel verladen war, vorläufig abhanden gekommen ist.

Smyrna. 13 Dezember 1900. Donnerstag. *13.12.1900 Donnerstag*
Früh nach AltSmyrna und dem Tantalosgrab. Beides liegt auf den Höhen jenseits der Bucht. Tantalosgrab: die Grabkammer schöne, grosse (etwa ½ Meter grosse) rechteckige Steine, aber mit Mykenae nicht zu vergleichen. Der Tumulus, der darüber geschichtet ist, besteht aus nur ziemlich kleinen, unregelmässigen Blöcken, die ineinandergeschoben sind. Hoch über der Nekropolis jenseits eines breiten Sattels die sogenannte Akropolis; auf dem obersten kleinen Plateau eines Hügels Steinmauern aus regelmässigen rechteckigen Blöcken, die aber ebenfalls bedeutend kleiner als in Mykenae oder Tiryns sind. Man kriecht durch ein schmales, durch Geröll fast bis oben gesperrtes Thor in die Burg hinein. Die ganze Anlage ist klein, aber ein wahres Adlernest. Ob sie wirklich die Akropolis einer Stadt gewesen ist, bezweifle ich; vielleicht war es nur eine kleine Bergfeste. Herrlicher Blick auf Smyrna und seine Fruchtebene.

Ephesos. (Ayasuluk) 14 Dezember 1900. *14.12.1900 Freitag*
Früh aus Smyrna hierher. Den Tag über in den Ruinen. Ephesos bestand wie Priene aus langen, breiten, rechtwinklig einander schneidenden Strassen; die grossen scheinen zu beiden Seiten, wo wir Trottoire haben, Säulenhallen gehabt zu haben. Eine Hauptverkehrsader, die Heberdey diesen Sommer aufgedeckt hat, ist ungemein breit und prächtig; sie läuft schnurgrade vom Hafen, wo sie am Quai unter einer Art von Marmorpropyläon ihren Anfang nimmt, zwischen zwei Säulenreihen auf die linke Fassade des Theaters zu und mündet hier fast im

rechten Winkel in eine andre Strasse, die am Fuss des Pion am Theater und Stadion vorbeiführt. Zwischen dem Theater und dem Stadion, die den Pion rechts und links einfassen, stieg die alte Stadt amphitheatralisch in einer Rundung des Hügels empor, südlich überragt und schliesst sie eine mächtige langgestreckte Klippe, zu der steile Hänge emporsteigen, der Koressos. Die ganze Stadt liegt so zwischen Pion und Koressosklippe in einem stumpfen Hügelwinkel, der sich nach der Kaystrosebene und dem Meere zu breit öffnet. In dem flachen Teil, der zwischen dem Pion und dem Hafen liegt, hat Heberdey Reste von prächtigen Hallen, Brunnen, Gymnasien aufgedeckt; fast Alles weisser Marmor als Baustein mit Panellierungen von kostbaren, vielfarbigen gemaserten Sorten. Sehr reich besonders eine tiefe grosse Loggia an der Agora zwischen zwei nach links von der Hafenstrasse rechtwinklig abgehenden Querstrassen. In dieser Halle ist der Wiener Bronceathlet gefunden worden. Auch wohl am Markt ein überaus prächtiges Gymnasium mit vielen Basen von Weihgeschenken in der Vorhalle. Je mehr griechische Städte mit ihrer feinen, schönen Pracht man sieht, um so bemerkenswerter scheint es Einem, dass sich der Mensch gegen diese Kultur aufgelehnt hat. Hier in Ephesos liegt der Gedanke an Paulus nah. Der Mensch muss doch seit Sokrates schon nicht mehr seine ganze Rechnung bei dieser Kultur gefunden haben. Was sich auflehnte waren vermutlich die individuellen Bedürfnisse, die in dieser durch und durch gesellschaftlich-politischen Kultur nicht zu ihrem Rechte kamen. Alles ist für Δῆμος[1] geschaffen, für den Einzelnen an sich im Verhältnis dazu verschwindend wenig, auch in Ephesos. Ein Vergleich des Verhältnisses zwischen der gesamten Grundfläche der Privathäuser und der der öffentlichen Hallen Tempel und Gebäude in Ephesos mit demselben Verhältnis in einer modernen Stadt würde Dieses wahrscheinlich zahlenmässig klarmachen; die alte Kultur hat sich äusserlich unter Umgehung des Individuums eigentlich immer zwischen Sozialismus und Cäsarismus hin und herbewegt. Die Läden sind langgestreckte, gleichmässige Säulenhallen in den Strassen; der einzelne Kaufmann war nur eine vorübergehende Erscheinung, ein Ephemeron; er mietete nur in dem gross angelegten Gehäuse der Gemeinde; so ist es auch mit der Anlage des Theaters; eben hier zeigt sich an den eingemeisselten Platzberechtigungen Eine Form des Kampfes, durch den das Individuum sich zur Geltung zu bringen suchte. Man findet diesen selben Kampf des Individuums gegen die altüberlieferten gesellschaftlichen Lebens-formen und -Einrichtungen überall im Altertum vom Ende des 5ten Jh. an, ohne dass eine grundsätzliche individualistische Umgestaltung dem Altertum jemals gelungen wäre. – Nach dem sog. Paulusgefängnis, einem Turm auf dem letzten Vorsprung des Koressos nach dem Teil zu, der im Altertum Meer war. Von hier aus sieht man den alten Hafen deutlich als Schilfsumpf in der Ebene abgezeichnet; auch zeigt

---

1 Gemeindevolk als Souverän

sich der gewaltige Mauernzug des Lysimachos, der auf dem Grat des Koressos hinlaufend diesen mit seiner gegen die Stadt abfallenden mächtigen Klippe einschliesst. Man hat hier, an dieser Mauer, sowohl wie im Theater, im Gymnasium und anderwärts Gelegenheit, den vielgerühmten römischen Quaderbau unmittelbar mit dem hellenistischen zu vergleichen; der römische ist hier in Ephesos aus der guten Zeit unter Domitian, Trajan etc; trotzdem fällt er überall durch seine Rohheit auf. Die Griechen verwenden ebenso grosse und schwere Steine; aber die griechische Mauer sieht leicht und künstlerisch aus, die römische kalt und ungeschlacht. Gründe: 1) die griechischen Quadern halten sich ohne pedantische Genauigkeit innerhalb bestimmter, gleichmässiger Grössen; die römischen sind planlos verschieden. 2) die griechischen sind selbst an Festungsbauten (hierfür cf. die wunderschöne Stadtmauer von Priene) immer sorgfältig gerauht (meistens innerhalb eines schmalen, glatten Rahmens) und oft convex gerundet; Beides kann keinem andren Zweck dienen, als den toten, einförmigen Glanz der Steinmauer in ein mannichfaltiges Lichtleben aufzulösen. Dieses Lichtspiel wird dann durch die gleichmässige Grösse der Quadern geregelt und sozusagen rhythmisiert. Am Theater haben die Römer die convexe Rundung der Quadern nachgeahmt; aber die ganz ungleichmässigen und regellosen Grössen der Steine lassen keine künstlerische Wirkung aufkommen. – Das alte ionische Ephesos, Heraklits Ephesos, lag dicht beim Bahnhof Ayasuluk; ein Hügel, den ein türkisches oder seldschukisches Fort krönt, wird die Akropolis gewesen sein. Davor liegen die Trümmer des Artemisions, die die Engländer nicht ausgegraben sondern durchwühlt haben; Nichts ist mehr zu erkennen. In der Nähe eine grosse, schöne Moschee aus der Seldschukenzeit, angeblich 1375 gebaut; zwei Kuppeln über Pendentivs, innen mit glasierten Ziegeln überzogen, blau mit rotgelben und weissen Ornamenten.

Laodicea. 15 Dezember 1900. *15.12.1900 Samstag*

Früh noch einmal bis ans Theater in Ephesos. Um 10 nach Laodicea und Hierapolis fort. Von Magnesia an fährt man das Mäanderthal hinauf an Tralles, Nysa, Antiochia vorbei; grosse, breite Ebene, die, wo sie bebaut ist, üppig fruchtbar aussieht. Nichts markiert den Übergang von Ionien nach Phrygien hinein; das Gebirge läuft nur in weiter Entfernung zu beiden Seiten des Thales hin. Laodicea ist noch als Trümmerfeld gross; auf Hügelterrassen am Südufer des Lykos; an der Seite, die zum Lykos abfällt zwei grosse Theater, von denen das Eine unter dem Schutt fast vollständig erhalten scheint; namentlich das Bühnengebäude wird bis ziemlich hoch hinauf noch dasein. Am andren Rand der Terrasse ein Stadion oder Amphitheater, an das sich nach der Fläche der Stadt zu ein zweites Gebäude anschliesst, dessen schwere Bogen und Mauertrümmer noch hoch aufragen. Vor diesem Gebäude zeichnet sich im Schuttfeld ein grosses vertieftes Rechteck ab, und gegenüber, auf der andren Seite des Platzes öffnet sich ein kleiner, Theaterähnlicher Bau in den Dimensionen der Bouleuterien in Priene und Milet. Wenn dieses wirklich das Bouleuterion war, so mag der Platz die Agora gewesen sein. Sowohl die Agora wie das Stadion öffnen sich nach einem mächtigen Bergklotz zu, der wohl der alte Kadmos ist. An seinem Fuss lag Kolossae. Sein oberster Kamm ist jetzt aus gletscherweissem Schnee; hinter der Stadt im Südwesten einige Meilen entfernt setzt er sich in einem hohen ebenfalls schneebedeckten Gebirgszug fort. Sonst sieht man nur mässig hohe Hügelkomplexe bis in die Ferne aufragen; eine weite, stille, ruhige Landschaft, schon ganz Orient, gegen Abend bis auf die Schneeberge in den Wüstenfarben, Gelb und Kupfer, glühend; mit Griechenland nur durch die Leichtheit und Klarheit des Lichts verwandt. – Was an Bauten in Laodicea erhalten ist, scheint aus römischer Zeit zu stammen. Geschichtlich beherrscht die Gestalt Pauli dieses obere Mäanderthal, Antiochia, Laodicea, Kolossae.

Laodicea–Hierapolis. 16 Dezember 1900. *16.12.1900 Sonntag*

Früh nach Hierapolis hinübergeritten; von Laodicea quer über das Lykosthal knapp zwei Stunden. Trotzdem wieder eine grosse Stadt aus derselben, römischen, Zeit und wieder dieselbe massive römische Kaiserpracht wie in Laodicea: starke Stadtmauer, grosses Theater, mächtige Thermen, Hauptstrasse mit Hallenanlagen und den Resten von schweren, grossen, öffentlichen Gebäuden zu beiden Seiten. Einzig aber ist die Lage. Die Ruinen stehen hoch über dem Thal auf einer Hügelterrasse, deren Ränder und Abhänge heisse Quellen mit einer weissen Kalkkruste bekleidet haben; das Wasser quillt über sie in dampfenden Wasserfällen, oder sammelt sich auf weissen Terrassenstufen zu hellblau glänzenden Teichen; Oleander steht an den Ufern. In der Ferne aber, jenseits des Lykosthals, dehnt sich die lange Bergkette des Baba Dagh und tritt mächtig der Riesenklotz des Kadmos vor; dieser ganz mit Schnee bedeckt und in Gestalt und Färbungen der Jungfrau ähnlich. Trotz dieser Winterlandschaft habe ich im Freien baden können; die Nächte sind in dieser Jahreszeit kalt, und morgens liegt Reif auf den Feldern; am Tage in der Sonne ist es aber wie bei uns an schönen Maitagen. – Vor diesen Denkmälern der Grossartigkeit und des Reichtums des römischen Provinziallebens erstaunt man immer von Neuem darüber 1) dass dieses Leben keine drei Jahrhunderte mehr vor sich hatte; man sieht daran, dass keine Höhe der materiellen Kultur eine Gesellschaft vor dem Untergang schützt 2) aber darüber, wie klein in der römischen Kaiserzeit die geistige Produktivität im Verhältnis zur materiellen gewesen ist; die Namen verzweifelter Männer zweiten Ranges, wie hier der Epiktets, associieren sich mit den Namen der grossen Provinzialstädte; das ist Alles; sonst geht Alles in der Thätigkeit von Verwaltungsbeamten, akademischen Baumeistern, Händlern, Fabrikanten, Schulmeistern auf. Man vergleiche diese Bauten und diese geistige Bilanz mit der umgekehrten Rechnung von Epochen wie das griechische sechste und fünfte Jh. oder das christliche 13te, wo neben einer Überfülle geistigen Lebens nur einzelne grosse Bauten hervorragen, die dann aber der Ausdruck und die Quintessenz des ganzen Geisteslebens sind. Es sind das die Antipoden in kultureller Beziehung. – In Laodicea (Gondjili) vorzügliches Hotel.

Smyrna. 17 Dezember 1900. *17.12.1900 Montag*
Früh aus Göndjeli fort nach Smyrna.

Smyrna. 18 Dezember 1900. *18.12.1900 Dienstag*
Gaudin, der Direktor der Cassaba Eisenbahn, mir seine Sammlung gezeigt. Interessante trojanische Vasen aus einer Nekropolis in Mysien, die er ausgräbt aber mir nicht nennt; schöne Terracottaköpfe aus Smyrna. – Die „Moral", d. h. der imperativische Kitt einer Gesellschaft, wird durch zwei Arten von Menschen aufgelöst: die, die sagen: „Der thuts auch", und die, die sagen: „Gott, der arme Teufel ...!" Die Gifte, an die eine Gesellschaft stirbt, sind diese Beiden, die Schamlosen und die Gutmütigen. – Gegen diese Gifte hilft wohl nur eine innere Zwangsidee, Etwas Undiscutierbares, Stärkeres, das die Bildung solcher Urteile überhaupt verhindert. Hier ist es, wo die „Moral" die Religion brauchen kann und vielleicht nötig hat. Oder, anders angesehen, die individuelle Betrachtungsweise, die dem Verstand das letzte Wort lässt, genügt nicht, um die Gesellschaftsgifte zu paralysieren.

Somat. 19 Dezember 1900. Mittwoch. *19.12.1900 Mittwoch*
Mittags aus Smyrna fort nach Pergamon. Heute mit der Eisenbahn bis Somat. Zuerst am Hermos entlang hinauf; Mündungsdelta; dann hinter Menemen ein hübscher GebirgsPass, mässig breit mit grünen, steindurchsetzten Hügeln zu beiden Seiten; kein grosses Thal aber eine bequeme Heeres und Handelsstrasse. Man steigt dadurch zu einer weiten Ebene hinauf, an deren Südrand der Sipylos schroff emporragt; sonst sieht man Hügelzüge nur in weiter Ferne. Es ist dieselbe offene, kontinentale Landschaft wie die der Kaystrosebene bei Metropolis, und das kurze, engere Thal, durch das der Hermos sich zum Meer ergiesst, entspricht dem Kaystrospass oberhalb von Ephesos. – Magnesia mit vielen Cypressen und weissen Minaretts liegt unmittelbar unter der Felswand des Sipylos, wo er zur Ebene abstürzt; die lange, senkrechte Klippe steigt über der Stadt hoch empor. Der Berg setzt sich nach Osten in einem niedrigeren Felsvorsprung fort, der wohl der Stuhl des Pelops, der Sitz der Tantaliden, war. In der Ferne sieht man schon die Berge von Sardes. – In Somat beim Stationschef einlogiert.

Pergamon. 20 Dezember 1900. *20.12.1900 Donnerstag*
Um $^1/_2$ 7 aus Somat fort. Die Strasse nach Pergamon führt das Kaikosthal hinunter: welliges Land, das sich bald zur flachen Ebene weitet, Parkartig mit einzelnen

Bäumen und Baumgruppen bestanden, Oliven, Eichen, Pinien, Pappeln. Das Gebirge schliesst in der Ferne rings die Ebene ein. Die Bodenform gleicht der des oberen Kaystrosthals und der Hermosebene bei Magnesia. Diese weiten, runden Flachthäler hinter dem Küstengebirge sind für West Kleinasien typisch; ihre Landschaften besitzen einen eigenen ganz bestimmten Charakter. Nur das Mäanderthal ist anders geformt. – In Pergamon auf Gaudins Empfehlung bei einem Kaufmann Sofiano einlogiert. Die Stadt ist von antiken Resten ganz durchsetzt; eine grosse römische Ruine mit zwei runden Nebenbauten beherrscht sie; der Selinus, der das Griechenviertel von dem Türkenviertel trennt, ist noch stellenweise von den Resten einer im Altertum wohl durchgehenden Überwölbung eingedacht; grosse Teile der Stadt überhaupt sollen auf antiken Gewölben stehen. Die Akropolis ist zu zerstört, als dass man mehr als ihren Organismus erkennen könnte. Suggestiv dieser allerdings. Rechts und links vom oberen Burgeingang Königspalast und Athenaheiligtum mit Bibliothek, sodass die Bibliothek in der engsten Nachbarschaft des Palastes ist und zugleich zum Heiligtum gehört, aus dessen grosser Umfassungshalle im zweiten Stock man in die Bibliothek gelangte. Diese fällt durch ihre Kleinheit auf, wenn die Räume, die als solche bezeichnet werden, sie wirklich ganz ausmachten; vier mittelgrosse Säle fassten diese zweitgrösste Bibliothek des Altertums; das giebt einen Masstab für antike Büchersammlungen. Vor dem Athenaheiligtum, eine Terrasse tiefer nach der Stadt zu, liegt der grosse Altar, der deshalb eher wie ein Altar der Athena als des Zeus erscheint; darunter wieder eine Terrasse tiefer die Agora; neben dem Altar, wie dieser unmittelbar unter dem Athenaheiligtum und der Bibliothek und ebenfalls der Stadt zugekehrt das Theater, vor dem unten eine lange, schmale Terrasse vorbeiführt, an deren Ende ein entzückend feiner ionischer Tempel[1] auf einer hohen Stufentreppe steht. Ganz oben, Alles überragend, ist später das Traianeum auf gewaltigen Gewölbefundamenten errichtet worden. Hier, in einem besonders stillen und geschützten Winkel, stand die schöne Exedra, die jetzt in Berlin ist; der Blick geht von ihrem Standpunkt aus thalabwärts bis ans Meer und dann nach Lesbos hinüber, gerade gegen Sonnenuntergang. Die Aussicht von der Akropolis ist nach jeder Seite ganz verschieden; besonders lieblich nach dem Kaystros zu, dessen breites Thal und lange Hügellinien an den Main erinnern. Nach dem Ketios und dem Selinus, die den Burghügel abschneiden, sind die Schluchten dagegen wild und romantisch. Die des Selinus nimmt in ihre Mündung die Stadt auf; die wie in einer Mulde unter der Akropolis liegt, Minaretts, Cypressen und Ziegeldächer eng gedrängt bis an die grosse römische Thermenruine, die nach der Ebene hinaussteht. Am Fuss des Burgberges hat Conze in diesem Jahr das alte Burgthor und eine zweite Agora ausgegraben. Hier auch ein Schuppen für die Fundgegenstände. Bemerkt einen kleinen weiblichen Marmor-

---

[1] Tempel des Dionysos

kopf, der mich durch den weichen, breiten Stil an den Berliner Venuskopf[1] erinnert; etwa 15 cm hoch; eine sehr schöne Arbeit.

Pergamon – Somat. 21 Dezember 1900. *21.12.1900 Freitag*

Früh wieder auf der Akropolis. An der unteren, neu ausgegrabenen Agora Reste einer in Rot, Schwarz und Gelb bemalten Stuckbekleidung und von Marmortäfelungen der Hallenwand; die schöne hellenistische Quadermauer, die wir bewundern, war also nicht einmal zu sehen. – Im Bazar, der nur mit Tüchern überspannt nicht mit Holz überdeckt ist, wie in Smyrna; mannichfaltigere Sonnenwirkung; was verkauft wird, ist aber fast Alles deutsch oder österreichisch; so sagt Sofiano. Der bedeutendste Krämerladen ist in vier oder fünf hohen Kuppelräumen einer römischen Thermenanlage untergebracht. – Türkische Verwaltung: die Richter werden nur auf zwei Jahre angestellt, dann müssen sie sich durch Bakschisch in Constantinopel eine neue Anstellung erkaufen; eine bessere Stellung für eine solche zweijährige Amtsperiode soll etwa 200 türkische Pfund Bakschisch kosten. Der Richter presst das Geld seinerseits wieder aus den Parteien heraus. Sofiano sagt, dass er um 100 £ u weniger überhaupt keinen Prozess anfängt; er würde mindestens 100 £ an den Richter zahlen müssen; deshalb gebe er solche Summen lieber gleich verloren. Er fragt, ob bei uns die Richter keine Trinkgelder nähmen. – Um ½ 2 aus Pergamon fort. In Somat wieder beim Bahnhofsvorsteher. – Es giebt wohl bei fast allen Leuten einen Ehrlichkeitskoeffizienten, ein bestimmtes Gewicht an Verlockungen; das die Wagschale mit ihrer Moral emporschnellen lässt; nur ist die Schwere dieses moralischen Gegengewichts fast unbegrenzter Steigerungen fähig, z.B. durch Religion, wie sie auch andrerseits fast auf Null hinabsinken kann; Dieses Letztere ist in der Türkei der Fall; das kleinste Gewicht an Bakschisch genügt schon, um den ganzen Menschen über die Spähre seiner Moral hinauszuheben.

Smyrna. 22 Dezember 1900. *22.12.1900 Samstag*

Aus Somat hier zurück.

Smyrna. 23 Dezember 1900. *23.12.1900 Sonntag*

Mehrere Handlungsreisende die Fortschritte des Französischen im Orient bestätigt. Vor 10 Jahren war Italienisch hier die Geschäftssprache, seit 5 bis 6 Jahren Französisch. Ursachen, die mir auch der Eisenbahndirektor Gaudin, ein Franzose, so angiebt 1) die von der französischen Regierung unterstützten katholischen Schulen; die italienische hat mehrere Jahre lang ihre Schulen aus budgetären Rücksichten nicht unterstützt; jetzt da sie wieder anfängt, ist es fast zu spät. 2) die Anziehungskraft der Pariser Kultur; Alles will hier französisch leben,

[1] Schöner Kopf aus Pergamon

denken, geniessen; infolgedessen französisch sprechen und womöglich Franzose oder französischer Schützling werden. – Während die Geschichte der Ethik sich bisher vorzugsweise mit den von Einzelnen erdachten ethischen Systemen befasst hat, ist für die Kritik und Wertung ethischer Normen in erster Linie die gewordene d. h. geübte Ethik wertvoll; diese muss in die erste Reihe gerückt werden, die Systeme Einzelner sollten als Ausflüsse oder Reaktionen der Volksethik ihrer Zeit betrachtet werden, bis sie selbst wieder in Praxis und Volksethik übergegangen sind.

Smyrna. 24 Dezember 1900. Weihnachtsabend. *24.12.1900 Montag*
Weihnachtsessen im Hotel. Nachher auf dem Quai betrunkene englische Matrosen von dem englischen Geschwader von türkischen Polizisten mit Handschellen fortführen sehen.

Smyrna. 25 Dezember 1900. *25.12.1900 Dienstag*
Abends im Club. Früh im Museum. Frauenkopf, überlebensgross, in der weichen, schmelzenden, noch lichtdurstigen hellenistischen Art. Kleiner Gigantenkopf mit Hand in der pergamonischen Art aus Pergamon. Mit Pittakis, dem Direktor, unterhandelt.

Smyrna. 26 Dezember 1900. *26.12.1900 Mittwoch*
Die Matrosen vom englischen Geschwader, das seit einiger Zeit hier ankert, eine wilde Gesellschaft. Nachmittags zwischen 4 und 5 in einem Café am Quai etwa 50 meistens betrunken, zum Teil unter den Tischen liegend, fast Alle schreiend, auf die Stühle kletternd u. s. w.; dabei viele Unteroffiziere im Lokal. Was bei allen Gelegenheiten auffällt, die Direktionslosigkeit, der Mangel an Halt, sobald sie Whisky im Leibe haben; auch der Mangel an Disziplin; sie behandeln die Unteroffiziere wie Gleichgestellte. Und doch ist diese Kerls Bande die Kraft, auf der das grösste Weltreich aller Zeiten gebaut ist. Im entscheidenden Moment funktioniert der Apparat doch. – Der ethische Willensakt ist eine nicht ursprüngliche (wie z. B. die Handlung des Essen, wenn Einen hungert) sondern gewordene Gewohnheitsassociation zwischen einer bestimmten Vorstellung und einer bestimmten Handlung; er ist mit andren Worten Nichts als ein erworbener, d. h. im Laufe der Individualexistenz entstandener Trieb (ein künstlicher Trieb). Ethisch ist also eine Handlung, (d. h. ein an eine aufleuchtende Vorstellung sich anschliessender Willensakt,) insofern sie aus einer erworbenen dauernden Anlage zur Association ähnlicher Willensakte mit ähnlichen Vorstellungen hervorgeht. Das drückt auch der griechische Stamm ἦθος[1] richtig aus. Die Ethik hat daher folgende Aufgaben: 1° darzustellen: erstens diese erworbenen Triebe selbst; zwei-

[1] Sitte

tens die Kombinationen von solchen erworbenen Trieben, die es historisch gegeben hat, d. h. die realen Moralsysteme; als deren Ausfluss oder Reaktion auch die mit dem Verstand ersonnenen (vergleichende Ethik). 2° zu antworten auf folgende Fragen: Erstens, wie entstehen erworbene Triebe? (wie werden Triebe erworben?) und als praktisches Korollar zu dieser Frage: wie kann man Triebe schaffen? Zweitens welche Folgen haben die verschiedenen Kombinationen von erworbenen Trieben (die verschiedenen Moralsysteme) a) für den Einzelnen? b) für die Gesellschaft? Drittens warum ist unter gegebenen Verhältnissen (abstrakt ist diese Frage unstellbar) die eine Kombination wertvoller als die andre? Wertvoll ist eine Kombination (Moral) a) vom Standpunkt des Individuums, wenn die Triebe so ineinandergreifen, dass sie einander und den gesammten Willensorganismus (d. h. sowohl die potentielle Kraft wie die Ausdauer des Willens) stärken, erhalten und fortgesetzt erneuern; b) vom Standpunkt der Gesellschaft, wenn die von dem Triebkomplex geleiteten Menschen Dasselbe für den Gesellschaftsorganismus leisten, d. h. diesen stärken, erhalten und fortgesetzt erneuern. Diese dritte Frage: warum ist diese Kombination (Moral) eher als eine andre zu erstreben, steht immer im Mittelpunkt der moralisierenden Ethik; für die wissenschaftliche ist sie dagegen offenbar weniger wichtig als Frage 1 und 2. Ausserdem ist zu bemerken, dass diese Frage 3 nur so, wie ich sie formuliere, zu stellen ist; man kann nicht nach der Vorzüglichkeit des einzelnen erworbenen Triebes fragen; nur innerhalb einer Kombination lässt er sich werten. Dieses geht schon aus der Erkenntnis hervor, dass die Moral überhaupt eine Kombination, ein ineinandergreifendes Spiel oder Räderwerk ist; da erst das Resultat des Spiels den Wert bestimmt, so kann derselbe Akt (dasselbe Rad) in einer Kombination wertvoll oder wenigstens unschädlich sein, in einer andren dagegen den Willensorganismus schwächen oder zerstören. – Zu der Gleichsetzung der ethischen Anlage mit dem erworbenen Trieb ist zu bemerken, dass es nicht als Wesensunterschied angesehen werden kann, ob die Handlung dem Bewusstsein als die Folge von Begriffen, Worten, einer Gedankenreihe erscheint, oder ob sie sich ohne dieses Zwischenglied an die Triebvorstellung anschliesst; im ersteren Fall kleiden die Begriffe den Triebvorgang nur vor dem inneren Auge ein; bestenfalls summiert sich die Triebkraft mehrerer in der Gedankenreihe auftauchender Vorstellungen; aber die Handlung ist immer die Erscheinungsform einer Triebassociation nicht die Folge eines Räsonnements.

Smyrna. 27 Dezember 1900. Donnerstag. *27.12.1900 Donnerstag*

Pittakis mir erklärt, warum seine Schule die evangelische heisst. Sie ist orthodox griechisch; ihre Gründer gebrauchten „evangelisch" in gleicher Bedeutung wie christlich. Als sie um die Mitte des vorigen Jahrhunderts in Smyrna eine griechisch-nationale Schule gründen wollten, war das religiöse Schild das einzige, das den Türken die Erlaubnis ablisten konnte; denn vor der Religion auch der

Griechen hätten die Türken solche Ehrfurcht gehabt, dass sie deren Unterricht nicht versagen wollten. Unter diesem religiösen Mantel sei die nationale Schule allein möglich gewesen. Ein gewichtiges Zeugnis für den religiös toleranten Sinn der Türken. – Pittakis hat sich mir zur heimlichen Vermittlung von Ankäufen für das Berliner Museum angeboten. – Abends im Café wieder wüste Szenen der Engländer; seit vier Tagen die fortgesetzte Exkneipe. Und doch ist mir diese Wüstheit, die überschäumende Kraft ist, lieber als die sture Mässigkeit des Levantiners. Die Rassen, die sich die Welt genommen haben, sind immer nicht anders gewesen; wir, die Engländer, die Russen, wenn wir auch mehr Direktion im Leibe haben, im Altertum die homerischen Helden, die Athener, Römer. Auch sieht man viel Fürsorge der Nüchternen für die Andren; sie üben sie oft mit viel Takt und Zartheit. Im Ganzen den Eindruck einer wüsten aber praktisch fähigen Gesellschaft; uns gerade in der Betrunkenheit wie nah verwandt! Unbegreiflich bleibt nur, dass man ihnen nicht mehr Direktion beibringt, um solche öffentlichen Schaustellungen zu vermeiden. – Aber wie soll für diese englische, deutsche Rasse und für die Levantiner dieselbe Ethik gelten können, d. h. das Beste herausziehen.

Smyrna. 29 Dezember 1900. *29.12.1900 Samstag*

Nachmittags aus Smyrna fort auf dem Ägypter, Prinz Abbas. Abends in Mytilene angelegt. Bei Mondlicht die im Halbkreis weit geöffnete, von Hügeln umzogene Bucht.

Troia. 30 Dezember 1900. *30.12.1900 Sonntag*

Bei Sonnenaufgang bei Tschanak Kalessi an Land. Mit dem Wagen in 4 Stunden nach Hissarlik gefahren. Der Weg zum Teil hoch über dem Hellespont. Vor Renkeni (Ophrynion) weiter Blick; man sieht den Hellespont wie einen gewaltigen Strom ins Meer münden; gerade am Ausfluss streckten sich von den Chersonnes und der troischen Ebene zwei schmale Landzungen gegeneinander vor; jenseits der Chersonnes, ganz nah, lang und hügelig Imbros; dahinter der mächtige Bergstock von Samothrake; ganz fern, ein helleuchtender weisser Kegel wohl der Athos. Das Land ist hügelig und offen; Baumgruppen und einzelne Bäume stehen Parkartig wie im Kaikosthal, aber fast nur Eichen; sehr selten ein Ölbaum; die Vegetation macht keinen südlichen Eindruck mehr. Von Renkeni fahren wir das Simoeisthal hinunter, das sich allmählich weit und flach öffnet. Troia ist das letzte Cap seines südlichen Randgebirges nach dem Meere und der Strandebene zu; diese ist dann bis zum Hellespont noch etwa eine Meile breit. Die Mauern schneiden die Stadt, d. h. den Vorsprung, auf dem sie lag, polygonal von dem Hügelzug ab; die mykenischen Mauern sind aus mässig grossen Steinblöcken, deren Grösse von unten nach oben abnimmt und deren Steine zu nicht sehr regelmässigen Rechtecken behauen, aber sorgfältig ineinandergepasst und geglättet sind; an jeder Ecke der vielseitigen Mauer Polygons, etwa alle neun Meter, tritt die folgende Polygonseite etwas vor, so dass ein Vorsprung von etwa 10 - 15 cm. entsteht. Die Mauer ist in ganzer Höhe, soweit sie erhalten ist, nicht senkrecht sondern steil nach innen geneigt. An Steingrösse kann sie sich mit denen von Mykenae oder Tiryns nicht messen; sie ist aber schön und kunstvoll, namentlich im Vergleich zu der noch älteren Mauer, die weiter innen den Hügel umzieht und ebenfalls mächtig und hoch aber aus lauter kleineren unregelmässigen Steinen geschichtet ist. Vom Königspalast nur rotgebrannte, rauchgeschwärzte Ziegelmauern mit verkohlten Holzbalken übrig. Gross und lieblich zugleich aber von ihm aus der Blick; unten weit und flach nach dem Hellespont zu die Ebene, die Thäler rechts des Simoeis, links des Skamander; der Hellespont und das Meer nur ein ferner schmaler blauer Streifen; aber darüber Imbros und der Schnee bedeckte graue Kegel von Samothrake. – Aus der Ebene steigt der Burghügel, das Cap von Ilion, niedrig aber unvermittelt, wie Tiryns, auf; hier unten hat man ganz den Eindruck einer Binnenebene, um die sich niedrige Hügelwellen rings herumziehen; nur Samothrake steigt fern aber schroff hoch empor. Die Landschaft ist aber auch hier eigentümlich lieblich. Troia ist neben Priene mein schönster, stärkster Eindruck in Kleinasien. – Prachtvoll ist handelspolitisch die Lage als Zwingburg dieser grossen, fruchtbaren Ebene an der Einfahrt einer der wichtigsten Handelsstrassen; gegen die griechische Welt konnte Troia Pontus und Propontis leicht abschliessen, bot ihr aber andrerseits bei der Ein- und Ausfahrt die reichste Verproviantierungs- und Tauschmöglichkeit. – Abends um 7 wieder in den Dardanellen angelangt.

Auf See. 31 Dezember 1900. *31.12.1900 Montag*

Bei Sonnenuntergang mit dem Russen aus Tschanak Kalessi fort, an Abydos und Sestos vorbei und bei Mondschein den breiten Dardanellenstrom hinauf.

Constantinopel. 1 Januar 1901. *1.1.1901 Dienstag*

In der Dämmerung und dann während die Sonne aufgieng an Constantinopel hinangefahren. Es liegt hübsch, ohne sich aber mit Neapel oder Hongkong oder Corfu vergleichen zu können; niedrige häuserbedeckte Hügelreihen, die aus dem Meer auftauchen; viel Leben und Schiffe auf dem Bosporus; hohe, dicht bewohnte Ufer mit Cypressenwäldchen zu beiden Seiten. New York ist mindestens ebenso schön. – Vormittags in der Hagia Sofia und zum Alexandersarkophag.

Constantinopel. 2 Januar 1901. *2.1.1901 Mittwoch*
Constantinopel enttäuscht zuerst, weil man erwartet, aus dem Meer die Hauptstadt des Orients und Südens aufsteigen zu sehen, und statt dessen halb den Norden findet; fast Zwielicht anstelle des südlichen Lichts, gebrochene statt der ungebrochenen Farbe. Von der Brücke über dem Goldenen Horn bilden Stadt und Meer eine Harmonie von Graugrün und verwaschenem Rot; dazwischen schwarze Masten und Möwenschwärme. In den engen und winkligen Gassen Stambuls ist Alles grau und braun; sie verschwimmen in einem eigentümlichen, feuchten Zwielicht. Und doch ist dies Byzanz. Riesige Backsteinruinen von spätrömischen Aquädukten oder Bädern ragen aus den Strassen empor; Minaretts und Moscheen aus Marmor mit vielen Kuppeln und Hufeisenfenstern unterbrechen die Budenreihen; und im Zwielicht der Läden und Bazare dominiert in den aufgestapelten Waaren ein tiefes Rot. Stambul, Byzanz, ist halb Amsterdam und halb Damaskus; es ist, in der Wirklichkeit aufgebaut, die Stadt Rembrandts.

Constantinopel. 3 Januar 1900. Donnerstag. *3.1.1901 Donnerstag*
Über Nacht hat es geschneit; die Stadt liegt im Schnee; sie gleicht so noch mehr einer Rembrandtphantasie; rauchgrau und grün das Wasser; weiss die Dächer; über dem Schnee aber der Orient in Moscheen und Minaretts märchenhaft und zartgrau in den weissen Schneehimmel aufgebaut. Die schwarzen Schiffsrümpfe und weissen Verdecke der Segler im Hafen, den Tausende von Möwen beflattern, ganz die Nordsee; aber im Schnee Matrosen im Turban oder roten Fez. – Aus dem Schneegestöber in die Hagia Sofia. Das Gold der Mosaikgewölbe wirkt stärker nach dem Grau und Rauchgrün der Aussenluft; trotz der Abdämpfung der Mosaiken und der Marmortäfelung welche Farbe nach den nordischen Halbtönen! Grün, Rot und Elfenbeingelb neben dem Gold, Alles mild im Alter und Zwielicht; der Teppiche verblichenes Rot und Blau auf dem Fussboden klingt als dunkelster Ton in die Harmonie. Phantastischer lässt sich kein Kontrast denken als der dieser morgenländischen und spätrömischen Pracht zu der Nordseelandschaft draussen. Und dann der Eintritt aus der Vorhalle in den inneren Riesenraum mit seinen Kuppeln und Arkadenreihen; Mysterium des Lichts in diesem Raum; Weite seiner Zwielichtwelt, in die die Strahlen aus den goldenen Kuppeln durch zahlreiche kleine Fenster hoch von oben fallen nur Eine Lichtflut die in den Raum fällt, ist gross und Eins; die, die das unsichtbare Frontfenster breit in die Apsis wirft. Hier in Byzanz ist irdische Pracht göttlich erleuchtet; fest auf die Erde gegründete, nicht ganz ins Visionäre strebende wie die der gothischen Kirche; in der Architektur bleibt Nichts dem Verstand ein Geheimnis; das Mosaik ist materieller Glanz, auf dem das Auge ruht, nicht wie das Glasfenster durchscheinender Edelstein, hinter dem das Auge die Lichtquelle sucht. Nur das im Raum unter den Mosaikkuppeln und Arkaden verteilte Licht wirkt mystisch in der allgemeinen Majestät. – Im Einzelnen Vieles ungeschickt und sogar plump;

z. B. wie zwischen den Säulen der Seitenschiffe und denen des Mittelraums kleine, lächerlich kurze und wie gequetschte Halbbogen geschlagen sind, als Stützen für die Empore. Zwischen diesen beiden Säulen selbst fehlt es in der unangenehmsten Weise an irgendeiner fassbaren Proportion. Derselbe Mangel an Proportion und dieselbe zusammengequetschte Bogenlinie wiederholt sich im Unterbau der Seitennischen. Auch die Kapitäler und die Ornamentik sind nicht blos umgebildete sondern in der That heruntergekommene Formen des Römischen. Ebenso die viereckigen Säulenbasen, die ganz unverständlich Profile aufeinanderbauen. Der Grundfehler ist überall der Mangel an Proportion d. h. an Rhythmus; ein Gefühl scheint aus dem Zusammenklang der einzelnen vom Auge überschauten Grössen nicht mehr hervorzugehen; sie können deshalb ohne Rücksicht auf einander bestimmt werden; so erkläre ich mir diesen Verfall. Ähnlich ist es mit dem fast völligen Flachwerden der Ornamentik und Kapitälbildung; es bedeutet den Verlust des plastischen Sinns, des Gefühls und der Freude an der Form: Man hat hier den merkwürdigen Fall eines mit unverstandenen, heruntergekommenen Mitteln ausgeführten genialen und majestätischen Gesamtwerks. – Für 60 frcs bei einem Antiquitätenhändler eine kleine hellenistische Replik des Pariser Alexanderkopfs gekauft; sie soll aus Ismid (Nikomedia) stammen.

Constantinopel. 4 Januar 1900 *4.1.1901 Freitag*

Sultan Ahmed Moschee; schöne, reine Wirkung einer Wandtäfelung aus weissem Marmor, über der ein Fayencefries steht; der Fayencefries ist auf weissem Grunde dunkelblau und rot gemustert. Motive des Musters hauptsächlich Blumen, und besonders Nelken.

Constantinopel. 5 Januar 1900 *5.1.1901 Samstag*

Alexandersarkophag: eine gewisse Rohheit der Modellierung ist nicht zu verkennen; die Formen sind fein und schön angelegt, dann aber nicht völlig sorgfältig durchgeführt; z B. Hände und Füsse flach und ohne Leben der Form, die Falten eckig und zum Teil an vollkommen offen nach vorn liegenden Stellen nur eingeritzt; wie oberflächlich die Mähne des grade im Centrum der Schlachtkomposition sich bäumenden Pferdes oder des Pferdes, das Alexander reitet! Auch die Köpfe und Gesichter, sogar Alexanders (z B. sein Mund), sind nur so so wiedergegeben; den Feinheiten der Form ist der Künstler nirgends nachgegangen; nicht einmal so weit wie bei meinem kleinen Alexanderkopf. Gerade die Weichheit und der Schmelz der Form, die eine Eigentümlichkeit der Diadochenzeit sind, fehlen ganz. Da andrerseits aber die Komposition durchaus genial im Stil der pergamenischen Gigantomachie ist, so komme ich zum Schluss, dass der Künstler, der diese Reliefs so oberflächlich und lieblos ausgeführt hat, sie nicht erfunden hatte, mithin dass die Sarkophagreliefs Kopieen sind. Das Original muss sicher hellenistisch gewesen sein; ob auch ein Sarkophag bezweifle ich; dagegen spricht die mächtige und grossartige Komposition, von der hier möglicherweise nur einzelne Gruppen erhalten sind, und die, soweit sie den Schlachtszenen zum Vorbild gedient hat, eher von irgendeinem mächtigen Siegesdenkmal zu stammen scheint; auch die Anordnung der Szenen auf dem Sarkophag ist recht ungeschickt; je eine grosse und eine kleine Seite giebt eine Schlacht, der Rest, ebenfalls asymmetrisch in zwei geteilt, Jagden wieder. Verdächtig für die Originalität der Komposition ist auch die nahe Verwandtschaft einzelner Gruppen mit dem Dariusmosaik[1] in Neapel. Ob die hier erhaltene Kopie selbst noch aus der hellenistischen Zeit stammt, scheint mir ebenfalls durchaus nicht ohne Weiteres sicher. Wenn es sich nicht um ein Grabdenkmal handelte, würde ich die Frage sogar eher verneinen, wegen der Härte der Ausführung; es mag aber sein, dass man diese Denkmäler, die nur dem Prunk eines Augenblicks dienten und dann in ewige Nacht verschwanden, schon in der Diadochenzeit mit weniger Sorgfalt ausführte als andere Werke. Das scheint sich auch an den übrigen hier aufgestellten Sarkophagen zu zeigen. – Nachmittags einige Moscheen besucht: Bajesid, Suleimanie, Mahmud II. d. Eroberer. Sehr ernst und schön das Innere der Suleimanie; auch prachtvolle Glasfenster, die mit den schönsten von Chartres konkurrieren können; von einem dunklen, Edelsteintiefen Glanz, der durch die Ordnung und den Kontrast der Farben ebensosehr wie durch die Qualität des Glases erreicht ist; dasselbe Geheimnis wie bei den Teppichen. Diese Fenster sind nach Meyer von einem Serchosch Ibrahim (einem „betrunkenen Ibrahim") ausgeführt und zwar zwischen 1550 und 1566, da die Moschee aus den Jahren stammt; zu dieser Zeit war das Geheimnis der Glasmalerei bei uns schon seit Jahrhunderten verloren; es scheint in der That nur eine Gabe des Orients und der Kreuzzüge gewesen zu sein. – Die Kluft in unserer Kultur zwischen der Vorstellungswelt des Volks und der Gebildeten hat ihre Ursache nicht nur in den Fortschritten der Wissenschaft, die sie vom Volksbewusstsein seit dem Mittelalter immer weiter fortführen, auch nicht nur in ihrer wachsenden Masse, sondern weiter noch in ihrer steigenden Kompliziertheit. Jedes Wissen ist heute fast unendlich verwickelt und nüanciert, und zwar nicht blos an seiner Peripherie sondern schon in den Grundbegriffen, so dass ein allgemeines Erfassen wissenschaftlicher Vorstellungen nicht mehr ohne Diskrepanz von dem möglich ist, was die Wissenschaft wirklich sagen will. Die Delikatheit der heute gewonnenen Erkenntnisse bildet für die Einheit der Volkskultur ein viel schwerer zu überwindendes Hindernis als ihre wachsende Masse; denn diese könnte durch Auswahl vereinfacht und erleichtert werden; das aber verbietet gerade die Wissensnüancierung. Hinzukommt, dass die Komplexität aller begründeten Erkenntnis schon anfängt, eine neue Kluft in die Kultur zu reissen, nämlich zwischen denen,

---

[1] Alexandermosaik

die nur im allgemeinen gebildet sind, und denen die Etwas wirklich wissen. Der blos Gebildete wird dadurch bald an Kulturwert nicht nur hinter dem Gelehrten zurücktreten, sondern auch hinter dem Mann aus dem Volk, der die traditionellen Vorstellungen von Geschlecht zu Geschlecht fortpflanzt. Und hier droht schon eine weitere Gefahr. Wird es in 50 Jahren überhaupt noch Volk geben, das einen traditionellen Bewusstseinsinhalt festhält? Denn während die Bildung fortgesetzt an Gediegenheit abnimmt und abnehmen muss, dringt sie gleichzeitig immer tiefer ins Volk hinab. So bleibt schliesslich anstelle des Volks nur eine grosse Masse mit halbentwerteter Bildung zurück, der auf der andren Seite die kleine Schaar der Spezialisten gegenübersteht; die Spezialisten aber gehören ausserhalb ihres kleinen Fachs selbst nur zu den Gebildeten. Hier, in dieser wachsenden Kompliziertheit jeder Erkenntnis, droht also in der That der ganzen europäischen Geistesentwicklung eine Gefahr, gegen die ich ein Mittel vorläufig nicht zu erkennen vermag, d. h. vorausgesetzt, dass der Vorstellungsinhalt des Bewusstseins ein Lebensnerv der Kultur ist und immer sein muss.

Constantinopel. 6 Januar 1900 Sonntag. *6.1.1901 Sonntag*
Zu Wiegands nach Arnautkjöi hinaus. Abends mit ihnen in die Hagia Sophia; 15ter Ramasan; Beleuchtung.

Constantinopel. 7 Januar 1900. *7.1.1901 Montag*
In Tschinilikiosk. Der Alexanderkopf[1] aus Pergamon gleicht im Typus dem meinen, wenn meiner auch eine geringe Arbeit ist. Prachtvoller Broncekopf; archaisch.

Constantinopel. 8 Januar 1900. *8.1.1901 Dienstag*
Früh in der Rüstempaschamoschee; die schönsten Fayencen, die ich bisher hier gesehen habe. Wiegand bei mir gefrühstückt.

Constantinopel. 9 Januar 1900. *9.1.1901 Mittwoch*
Bei Wiegands in Arnautkjöi gefrühstückt. Dort noch Oppersdorff; mit O. nachher Fahrt durch Constantinopel. – Wenn eine neue Gefühlsskala auftaucht, sind folgendes die Thatsachen, die vorgehen, oder richtiger, die sich auch nachträglich noch feststellen lassen. 1) Vorstellungen associieren sich mit Gefühlen, die sie bis dahin nicht wachriefen; andre Vorstellungen wieder verlieren ihren früheren Gefühlskoeffizienten 2) Verschiebungen treten ein innerhalb der Gefühlswelt selbst, und zwar a) im Stärkeverhältnis der einzelnen Gefühlsfarben gegeneinander; solche, die früher nur schwach zu erscheinen pflegten, tauchen stark auf, während früher stark und klar hervortretende nur noch schwach und nebelhaft

[1] Pergamonaltar

erscheinen; b) in der relativen Häufigkeit der einzelnen Gefühlsfarben; Gefühle, die früher oft auftraten, werden seltener, andre wieder erscheinen jetzt häufiger. Dieses kann sowohl an einer Vorliebe der Seele für diese Gefühle selbst liegen, wie auch daran, dass Vorstellungen, die mit diesen Gefühlen associiert sind, häufiger angeregt werden; z. B. die Vorstellungen einer neuen religiösen Richtung. c) in der relativen Dauer der verschiedenen Gefühlsfarben; nämlich bestimmte Gefühls farben können, abgesehen von ihrer Stärke oder davon, dass sie oft neuerregt werden, für die Seele dadurch wichtig werden, dass sie nunmehr durch lange Zeiten andauern, die Gesamtfarbe des Seelenlebens durch lange Zeiten auf sich stimmen. – Diese Veränderungen des Seelenlebens lassen sich direkt durch Urkunden feststellen; durch die Vorstellungen und Vorstellungsverbindungen, die die Litteratur und Kunst bevorzugen, sowie durch die Gefühlsstimmung, in die sie sie einkleiden. Ob auch wirkliche Änderungen und Neuschöpfungen von Gefühlsfarben oder -nüancen vorkommen (d.h. möglich sind und thatsächlich vorkommen), lässt sich dagegen wohl nur indirekt erschliessen. Diese Schlüsse scheinen mir aber einem sicheren Beweise gleichzukommen. Sie sind folgende. Der Kontrast verändert die Gefühle noch gründlicher als die Empfindungen; wenn also eine Gefühlsfarbe anfängt, öfter oder stärker hervorzutreten, so müssen alle diejenigen Gefühle, welche erst jetzt neben die kräftigen Erscheinungsformen des bevorzugten Gefühls treten oder erst jetzt überhaupt in die Nachbarschaft dieses Gefühls kommen grössere oder kleinere Veränderungen erleiden, also jetzt in Nüancen auftauchen, die ihnen früher nicht eigen waren. Kehren nun einzelne dieser neuen Kontraste und die daraus resultierenden neuen Gefühlsnüancen häufig wieder oder pflegen sie grade bei starken Gefühlswallungen einzutreten, so kann ferner dann, was blos eine Kontrast-Nüance war, eine stabile und selbständig wiedererscheinende Gefühlsfarbe werden. Schon jede neue flüchtige Nüance, noch mehr jede stabile Gefühlsfarbe verändert aber wieder jede andre Gefühlsfarbe, neben die sie tritt; so dass die geringste neue Gefühlsfärbung notwendig die Gefühlsstimmung schon etwas verschiebt; und eine neue Grundfarbe, die die Kraft erlangt hat, sich selbständig zu wiederholen, als neues Element die ganze Gefühlswelt auch dauernd verändern muss. Man ist also berechtigt wahre Revolutionen in der Gefühlswelt anzunehmen.

Constantinopel. 10 Januar 1901. Donnerstag. *10.1.1901 Donnerstag*

Nachmittags nach Eyub. Das Dorf liegt ganz hinten am Goldenen Horn jenseits der Stadtmauer und besteht aus Gräbern, Wohnhäusern und Läden untermischt, Alles um die sehr heilige Moschee und Grabstätte des Eyub[1] gruppiert. Ungläubige dürfen nicht einmal den Vorhof der Moschee betreten; man wird an der

[1] Abu Ayyub Khalid ben Zaid al-Ansari

Pforte zurückgehalten, kann aber hineinsehen, wo Tausende von Tauben um den Brunnen flattern und auch die Menschen ein sehr buntes Leben entwickeln. In den Dorfstrassen wird man als Giaur[1] angestaunt; die Schuljungen lachen über den europäischen Hut. Oberhalb des Orts grosser Friedhof, von dem schöner Blick das Goldene Horn hinunter und rechts auf Stambul links auf Pera und seine Vororte. – Von hier nach dem Aiwan Serai Thon gegangen und dann an der Stadtmauer entlang und zur Kahrije Moschee; prachtvolle christliche Mosaiken und Fresken aus dem 14ten Jh. Dann weiter an der Stadtmauer draussen vom Adrianopeler Thor bis zu dem des Heil. Romanus. Gerade über diesen Teil der Mauer, der sich zwischen beiden Thoren in das Thal des Lykos hinabsenkt, sollen die Türken 1453 in die Stadt gedrungen sein; die Mauer ist auf der ganzen Strecke auch stark zerstört. – Abends Karagöz. Schattenspiel mit derben Spässen, aber solange ich blieb, Nichts geschlechtlich Unanständiges. Decorativ sehr gut die Farben der Figuren, des Karagöz und seines Genossen und Intimus: lauter reine Farben, unter denen Rot u Grün dominieren. – Gestern hier ein Pestfall.

Constantinopel. 11 Januar 1901. *11.1.1901 Freitag*

Nach Scutari. Auf den Bulgurlu, von dem prachtvolle Aussicht, die namentlich nach dem Golf von Ismid und den Prinzeninseln zu sehr schön ist. Dann durch den grossen Kirchhof bis nach Haidar Pascha; nicht sehr grosser, offener Hafen, an dem auch Kadiköi, das alte Chalkedon, liegt. Am Bahnhof und in den Eisenbahnwagen erstaunt, die Anzeigen nur auf türkisch u. französisch, nicht auf deutsch, zu finden. – In der Stadt die Tschinili Dschami. Sehr schöne Fayencen; bemerkenswert namentlich ein Effekt: auf weissem Grunde Muster von blassem Ultramarin und Türkisblau kombiniert; das Türkis sieht in der Verbindung fast grün aus. Derselbe Effekt bei den Inschriften, die weiss auf Ultramarinblauem Grunde sind und Türkisblaue Füllungen haben. Am Mihrab kommt noch Ewas Rot und wirkliches Grün in die Ornamente; und dieses einfache Mittel schafft beim Mihrab eine Art von erhöhter Pracht. – Als ich gegen Sonnenuntergang über den Bosporus zurückfuhr, standen die bithynischen Berge blaurosa über dem Marmarameer; auf Pera strahlte das Licht blassrot; der ganze Orient ist mit den schönen Tagen zurückgekehrt.

Constantinopel. 12 Januar 1901 Sonnabend. *12.1.1901 Samstag*

Ein ganz klarer, südlicher Tag; warme Sonne in der das Marmarameer weithin lässig glitzert; einige Segelbarken gleiten in der Ferne schwarz über das blaue Wasser; alle Berge Kleinasiens sind duftblau. Der klarste Süden statt Amsterdams. Früh am Palast des Sophianus unten am Ufer des Marmarameers; er steht unmittelbar am Meeresufer und schaut über die Flut hinaus nach Brussa und den

---

[1] arab.: Ungläubiger

Prinzeninseln. Marmorfenster und Kapitäler helfen der Phantasie, die Pracht des kaiserlichen Byzanz sich wiederhinzudenken. – In der Nähe die kleine Agia Sophia von Justinian erbaut; bewundernswert wie in der grossen die Lichtwirkung, ihre Ruhe und gedämpfte Verteilung, was man Raumwirkung nennt; ganz schlecht und heruntergekommen die Einzelheiten des Gebälks und der Kapitäler – Dahinter die Mehmed Pascha Moschee; ihre Fayencen noch prachtvoller als die von Rüstem Pascha; die ganze Wand hinter und um den Mihrab und auch die Pendentifs der Kuppel sind mit ihnen getäfelt; als Muster Riesengrosse blasse und rote Blumen mit grünem Blattwerk auf weissem Felde, dazwischen grosse Koraninschriften weiss auf blauem Felde mit Grün gehöht; die Glasuren von einem milden Glanz und einer Tiefe, die ein Wunder sind. Sehr bemerkenswert auch der Innenumgang des Moscheeraums: die Stalaktitenkapitäler der Säulen mit Gold, Rot und Schwarz bemalt; die Spitzbogen in Streifen von rotem und weissem Marmor; der Plafond dekoriert mit einem weissen Gitterwerk auf rotem und schwarzem Grunde; die Rückwand mit prachtvollen Fayencen in-krustiert; das Ganze vielleicht das vollkommenste Ensemble türkischer Architektur, das ich gesehen habe. In der Rückwand der Moschee u. über dem Eingang auch prächtige Glasfenster, fast so schön wie in der Suleimanieh. – Nachmittags im Museum. Alexandersarkophag; ich empfinde auch heute noch die Ausführung als roh und sorglos; die Diadochenzeit konnte weit vollendeteres leisten. Genial bleibt aber die Erfindung, die deshalb aber natürlich doch entlehnt sein kann. Rein künstlerisch bedeutet sie keinen Fortschritt über das Griechische hinaus; giebt aber dem nun einmal bestehenden Wunsch nach historischem Realismus, d. h. dem Gefühl der Zeit, eine grossartige Befriedigung. Rückschritte sind insbesondere die kaum noch in Eins zu fassende Vielheit der Linien und Formen; kein klarer und einheitlicher Rhythmus kann zustandekommen; deshalb siegt notwendig das Interesse am Stoff über die künstlerische Betrachtung. Grossartig sind dagegen allerdings die Vorstellungen, die nun einmal der Phantasie geboten werden; insbesondere die Macht des Lebens und der Bewegung. Wenn man mit modernen Schlachtendarstellungen vergleicht, hier Nichts Sentimentales; Alles blos dargestelltes Geschehen; selbst die Toten rein pragmatisch ohne Appell an das Mitgefühl; gerade deshalb ist aber vielleicht das Vorwiegen des Stoffs beleidigender als in modernen Werken; die starken Gefühlstöne, die moderne Darstellungen heranziehen stellen wieder ein Gleichgewicht zwischen Gefühl und Vorstellung her; das Sentimentale im guten Sinne besteht darin, das Gefühl zu bemeistern und künstlerisch nutzbar zu machen, genau wie das Ornamentale; hier läuft das vom Stoff erregte Gefühl fast noch neben dem Werke her. – Der herrliche archaische Jünglingskopf und Torso. Mit der ornamentalen Vollendung jedes einzelnen Teils (Haar, Gewandfalten etc.) eines solchen archaischen Werks ist es wie mit der „schönen Farbe" Dürers; das Auge und das Gefühl verweilen bei den einzelnen Teilen; aus dem Gleichgewicht zwischen Gefühl und Vorstellung, das die einzelnen Teile hervorrufen, wächst das Gleichgewicht der Seele vor dem gesamten Werk zusammen. Später wird es anders. Wie mit der archaischen Ornamentalbildung und der schönen Farbe ist es auch mit dem Triller u. s. w. in der Musik; auch wohl halb archaisch halb dekadent. Alle diese Erscheinungen müssten psychologisch untersucht werden. – Säulenfragmente angeblich der Agia Sophia. Hirten und eine Taufe Christi zwischen Weinreben, die sich um eine Säule winden; ähnlich den Säulen vom Tabernakel in San Marco. Der Kopf Christi bei der Taufe leider abgeschlagen; aber aus der ganz nackten Figur (auch Geschlechtsteile), die heroisch blühend und ziemlich voll gebildet ist, spricht dasselbe Christusideal wie aus den Figuren von San Marco. – Nachher nochmal in die Kahrije Dschami. Schöne Gradation von den hellen Mosaiken des Exonarthex zu den bedeutend tieferen des Esonarthex. Majestätisch-jugendliche Engelgestalten an Orcagnas Paradies[1] erinnernd sowohl auf den Kuppelmosaiken des Esonarthex wie auf den Fresken der Kuppel in der kleinen Seitenkapelle. In diesen schönen und hehren Engelsgestalten wie in dem grandiosen Christustypus hat sich die spätrömische und byzantinische Zeit noch wirklich schöpferisch gezeigt. Nachher an der Stadtmauer entlang bis Jedikule zurück; klarer, leuchtender Abend bis über das Marmarameer nach Kleinasien hinüber. – Eine Beobachtung, die der Vergleich von Armeniern, Griechen, Juden, Deutschen eingiebt: dass die Ehrlichkeit der Menschen mit ihrem Besitz zunimmt, oder richtiger, dass das Objekt, bei dem sie unehrlich werden, in einem ganz bestimmten Verhältnis zu der Grösse ihres Vermögens steht. Dieses Verhältnis verändert sich nur noch dadurch, dass man das genannte Objekt mit der Stärke der moralischen oder religiösen Ideen multiplizieren muss; nur wo diese Stärke = Unendlich ist, lässt sich kein Unehrlichkeitskoeffizient ausrechnen.

Constantinopel. 13 Januar 1900 Sonntag. *13.1.1901 Sonntag*

Trauerfeier für den armen Prittwitz in der Krankenhauskapelle. Nachmittags mit Oppersdorff u dem Korrespondenten der Frankf. Zeitung Weitz zusammen. W. scheint über Balkanverhältnisse unterrichtet u. wird von der Botschaft beschützt und benutzt; so Oppersdorff. W. sagt, dass der Sultan[2] ganz unter russischem Einfluss stände; in Russland erblicke er die wirkliche Macht; Deutschland habe nur ideellen und kommerziellen Einfluss; es stütze sich auf gewisse Imponderabilien, die es zugunsten des Sultans stärken könne, und dehne seinen Handel aus. England fürchte der Sultan am meisten. Auf meine Frage, warum es in den Zeitungen etc. immer so dargestellt würde, als habe Deutschland hier die Vormacht, meint W. das geschehe, zum Teil zu diplomatischen Zwecken zum Teil, um dem Kaiser nicht seine Illusionen zu zerstören. An die wirtschaftliche Zu-

---

1 Cione, Fresken, Florenz, Santa Maria Novella - Cappella Strozzi

2 Abd Al-Hamid II.

kunft der Bagdadbahn glaubt W; allein die englisch-indische Post mache 350,000 £ im Jahr aus. W. glaubt, dass innerhalb von 2 Jahren ein Aufstand in Macedonien ausbrechen wird; nicht aber, dass die Türkei darunter zusammenbricht; sie könne noch 100 Jahre bestehen. Die Kraft, die sie zusammenhält, liege in der Religiosität und in dem auf dieser beruhenden blinden Gehorsam des Türken gegen den Sultan als Kalifen; deshalb suche der Sultan auch mehr seine geistliche als seine weltliche Macht zu stärken. Allerdings sei dies vielleicht eine kurzsichtige Politik; denn mit der weltlichen Macht sinke zugleich auch seine geistliche Autorität, und zwar zugunsten gewisser Rivalen, die ihm das Kalifat streitig machen, in Marokko, in Arabien. W. meint, die Botschaft könnte hier viel mehr für Deutsche thun, z B indem sie sie als Beamte bei der Dette Publique u. s. w unterbrächte, wenn sie nicht für Krupp zu sorgen hätte; aber wir müssen Krupp füttern. – W. zeigt mir sein Hauptquartier, das er ¾ des Jahres bewohnt; ein Zimmer im Pera Palace, das natürlich viel zu klein ist, um Bücher unterzubringen; Schluss auf den Kulturzustand eines Deutschen, der in Konstantinopel ohne Bücher lebt; Geisteszustand, aus dem heraus Urteile dann erwachsen.

Constantinopel. 17 Januar 1901. Donnerstag. *17.1.1901 Donnerstag*
Abends wieder in der Hagia Sophia. Das Volk füllt dichtgedrängt die Moschee; von der Empore sieht man die Kronleuchter wie Lichtkreise über dem Meer von Gesichtern und Turbanen schweben; diese aber nur undeutlich unter dem blendenden Lichtschein; die Menge wirft sich fortwährend von der Liturgie bewegt automatisch nieder und erhebt sich wieder; man hört die Bewegung noch deutlicher als man sie sehen kann; sichtbar ist nur ein verschwommenes Hin und Her der weissen Flecke, die Gesichter sind. Die höheren Räume und Kuppeln sind nur von einer einfachen Reihe von Lampen eingefasst.

Constantinopel. 21 Januar 1901. Montag. *21.1.1901 Montag*
Mit Weitz, dem Korrespondenten der Frankf. Ztg., den Bosporus hinauf nach Therapia und Bujukdere; klares, kaltes Wetter. Er unterhält, wie mir Oppersdorff sagt und ich auch gesehen habe, enge Beziehungen zu den Botschaften und den Regierungskreisen hier. Folgendes aus seiner Unterhaltung mir gemerkt: Präponderierender Einfluss Russlands hier; d. deutsche Einfluss reicht politisch nur so weit, wie Russland glaubt, anderweitig ein Interesse zu haben, uns nicht zu kontrekarrieren; wirtschaftlich begünstigt Russland uns gegenüber England, weil es nicht in der Lage ist, selbst die erste Rolle zu spielen und uns weniger fürchtet als England. – Wirtschaftlich spielen die erste Rolle in der Levante die Griechen; ihr Gebiet reicht bis Odessa, über Syrien hinaus bis Persien und in Aegypten bis Khartum; fast dieselben Grenzen wie nach Kimon. Unterschätzung dieses enorm wichtigen Faktors in der deutschen Politik. – Russen und Griechen trotz der religiösen Gemeinschaft kirchlich verfeindet, weil die

Russen keinen starken Machtfaktor in der Levante dulden wollen; und einen solchen im griechischen Patriarchat erkennen. Sie begünstigen deshalb die Einsetzung eines arabischen Patriarchen in Antiochien, und haben diese auch durch Gift und Bakschisch erreicht. Überschwemmung Syriens mit russischen Pilgern. Frankreich in Syrien durch die Russen schon ganz verdrängt – Über Bülow, den er aus Bukarest kennt, er sei eine aalglatte Natur; er werde jedenfalls nie wagen, dem Kaiser direkt entgegenzutreten. Abends mit Oppersdorff im Klub gegessen.

Constantinopel. 22 Januar 1901. *22.1.1901 Dienstag*

Mit Oppersdorff und Winkel im Club gefrühstückt. – Abends lange mit Mutran Bey über Syrien. Er ist einer der grössten Latifundienbesitzer dort zwischen Libanon und Antilibanon. Er bestätigt den Kampf den Russland gegen Frankreich in der Levante führt; und zwar habe es die Kraft zu diesem Kampf erst durch die Allianz mit Frankreich und das französische Geld bekommen. Persien sei schon ganz russisch; in Constantinopel sei heute der russische Einfluss der stärkste, während er zu Anfang der Regierung Alexanders III nicht gezählt hätte. Der Deutsche Kaiser habe Deutschland bei seiner letzten Reise sehr geschadet, durch die zu starke Betonung seiner Sympathie für die Türken, was alle andren Rassen verschnupft habe, durch sein fortwährendes Pochen auf den Protestantismus, das die Katholiken geärgert habe, und durch seine „sordide avarice“; er habe in Syrien einem Syrischen Clansman, dessen silberne Pferdeaufzäumung im Werte von 800 frcs er bewundert und deshalb geschenkt bekommen habe, einen Louis d'Or überreichen lassen; der Syrer sei natürlich wütend gewesen, sowohl wegen der Beleidigung wie aus Enttäuschung, weil er mindestens eine kleine persönliche Erinnerung erwartet hatte; ebenso habe er es mit dem Gouverneur von Damaskus[1] gemacht; dieser hatte seit 15 Jahren an der Ausstattung eines Empfangsraums gesammelt; der Kaiser bewundert sie; der Gouverneur bietet sie ihm an; der Kaiser akzeptiert und ruiniert fast den armen Mann durch die Annahme des Geschenks, ohne ihm ein gleichwertiges Gegengeschenk zu machen. Mutran ist Katholik und offenbar sehr franzosenfreundlich; doch scheinen dieses Thatsachen zu sein. Er will ein autonomes Syrien und sagt, dass nur das französische Volk fähig sei, aus „générosité“ noch einen Krieg zu führen; allenfalls würden sich auch Russland, Österreich und England interessieren lassen; Deutschland kämpfe aber nur für seine eigenen Interessen; deshalb brauche man sich in der Levante um Deutschland nicht zu kümmern. Man sieht in diesen Anschauungen die Früchte einer zu starken Betonung der Realpolitik; dadurch dass wir den Mund damit so voll nehmen, machen wir es geschickten Feinden und Rivalen wie Frankreich leicht, uns diesen auf fremde Unterstützung rechnenden Völker als quantité négligeable hinzustellen. – Als Beispiel der Ge-

[1] Nazim Pasha

schicklichkeit der Russen, wie sie Syrer (sic), Armenier, Georgier etc. in ihren Staatsdienst, z B als Militärs, einstellen; Mutran erzählt, ihm selbst sei der Eintritt mit Aussicht auf gute Carriere angeboten worden. Der Russe passt sich äusserlich an, bleibt aber im Inneren immer Stockrusse; wir Preussen sind äusserlich steifbeinig, in der Seele aber um so weicher.

Constantinopel. 23 Januar 1901. Mittwoch. *23.1.1901 Mittwoch*
Mit Weitz nach den Prinzeninseln. Um 9 von der Brücke fort; bei dem belgischen Sekretär Van den Steyn in Chalki gefrühstückt. Den ganzen Tag klares Licht, zarte, schimmernde Töne, ein Reichtum von Farbe in lauter Nüancen, wie ihn Corot in seinen römischen Bildern gegeben hat. Bei der Rückfahrt stieg auch zum erstenmal Constantinopel so vor mir aus dem Meer auf, wie ich es bei der Ankunft erwartet hatte; die Hunderte von weissen Hausmauern schimmernd am Meeresrand, Minarettspitzen, Masten, dahinter das unordentliche, Cityartige Gewirr der Häuser von Galata und Pera hoch aufsteigend, und dann fern am Ufer des Bosporus die langen Palastreihen, Dolma bagtsche, Tschiragan, die in den Reflexen des Nachmittagshimmels und des Wassers, das an ihre Stufen spült, zartblau und goldgelb leuchteten. Auch die Bewegung an der Bosporuseinfahrt war heute besonders lebhaft; eine Heerde von Hunderten von Delphinen tummelten sich im Wasser; Möwen waren zahllos; die Schiffe zum Ramasan über die Toppen geflaggt; auf allen Seglern Reihen von farbigen Fähnchen im Wind flatternd. Auf den Kriegsschiffen und Botschaften war schon von Weitem die Halbmastflaggung erkennbar; durch sie den Tod der Königin Victoria erfahren. – Empfindung, dass mit dem Tode der Königin ein grosses Zeitalter der europäischen Entwicklung abschliesst; sie hat am längsten und gleichmässigsten während dieses Zeitalters im Vordergrund gestanden. – Vom Standpunkt des Individuums aus sind die höchsten (τελειότατα)[1] Wirksamkeiten die des Künstlers und die des religiösen Schöpfers; weil sie dauernde Möglichkeiten schaffen. Denn sie sind die dauerhaftesten; und deshalb die, die dem Individuum und den in ihm zur Entstehung gekommenen Seinsformen das längste Fortleben (in Andren) versprechen. Nach diesem Maasstab gemessen stehen am Niedrigsten die Menschen,[2] die nur für den Moment oder nur für sich, also für ihre eigene Lebenszeit, sorgen; obgleich hier die Intensität vielleicht gegen die Zeitkürze abgewogen werden könnte. Zwischen beiden Gruppen reihen sich die Politiker und die Gelehrten ein; die Politiker, weil ihre Wirksamkeit an dem Fortbestehen ihres Volkes ihre Grenze findet; mag dieses Volksleben sich auch ideell verlängern, wie es für Griechen und Römer der Fall ist; die Gelehrten, weil ihre Vorstellungsschöpfungen sich allmählich in neue Bilder ihrer Nachfolger auflösen (resolvie-

[1] vollkommensten

[2] Darüber: „Alle Andren schaffen nur vorübergehende Thatsachen; die kurzlebigsten“

ren). Eine Abart des Politikers, ist wer für seine Familie arbeitet. Diese Wertungen gegen sozialethisch gewonnene zu kontrastieren. – Unter Diplomaten, Gelehrten, Politikern, überall, wo Viele um vorhandene Stellen konkurrieren, führen die kleinen Mittel schneller zum Ziel als die grossen; deshalb auch sicherer; daher der ungeduldige Neid, die Intrigen, die hässliche Kleinlichkeit, die sich hier überall als nackte Wirklichkeit enthüllen, so oft ein Blick hinter die mehr oder weniger guten Formen und die Phrasen einer „Gesinnung" sich aufthut. Die „Stelle" ist auch, was die Gesellschaft unter Künstlern verdirbt.

Constantinopel. 24 Januar 1901. *24.1.1901 Donnerstag*
Abends im Club mit Oppersdorff, Dalwigk u. Suhle gegessen. – Weitz sagt, was mir sehr einleuchtet, dass man im Orient, um die Politik zu verstehen, immer fragen müsse: 1) was gebietet die religiöse Lage? 2) was gebieten die Finanzen?

Constantinopel. 25 Januar 1901. *25.1.1901 Freitag*
Früh zum letzten Mal in der Hagia Sofia. Dann von meinem kleinen Hunde Abschied. Um 1/2 3 fortgefahren. Durch Thrakien; welliges, ganz ödes und kahles Land; kein Haus und kein Mensch weithin zu sehen; die absolute Einöde.

Belgrad. 26 Januar 1901. *26.1.1901 Samstag*
Früh in Sofia. Den Tag über durch Serbien von Pirot und Nisch bis Belgrad. Hübscher Typus des Bauernhauses: an der einen Seite ist wie eine Art von Veranda oder grösserer Windfang eine hölzerne Säulenhalle mit Rundbogen unter dem Giebeldach vorgebaut; meistenteils asymmetrisch so dass sie an der einen Ecke des Hauses mit einem Erkerartigen Fenster abschliesst . Abends in Belgrad.

Berlin. 27 Januar 1901. *27.1.1901 Sonntag*
Nachmittags um 5 hier wieder an.

Berlin. 29 Januar 1901. *29.1.1901 Dienstag*
Sitzung des Kunstvereins. Tschudi erzählt nachher von der Gräfin Bülow: als er im vorigen Jahr einmal vor ihr vom Kstverein sprach, habe sie ihm gesagt, sie wolle beitreten; er habe sie also angemeldet, sie habe aber dann trotz mehrfacher Mahnung ihren Beitrag nicht bezahlt; da er glaubte, dass sie es nur vergessen habe, habe er ihr zur Bequemlichkeit einen Diener zuschicken lassen, um den Beitrag abzuholen; sie habe dann auch an den Diener bezahlt, dann aber gesagt, jetzt solle es genug sein; ein andres Jahr wolle sie nicht wieder bezahlen. Bei der Bülow scheint mir die Geschichte für ihre Art kennzeichnend; gedankenlose Liebenswürdigkeit aus Gefallsucht, dazu genierte Geldverhältnisse, Unordnung, die sich nach südlicher Art trotzdem mit Sparsamkeit verträgt, wie mit

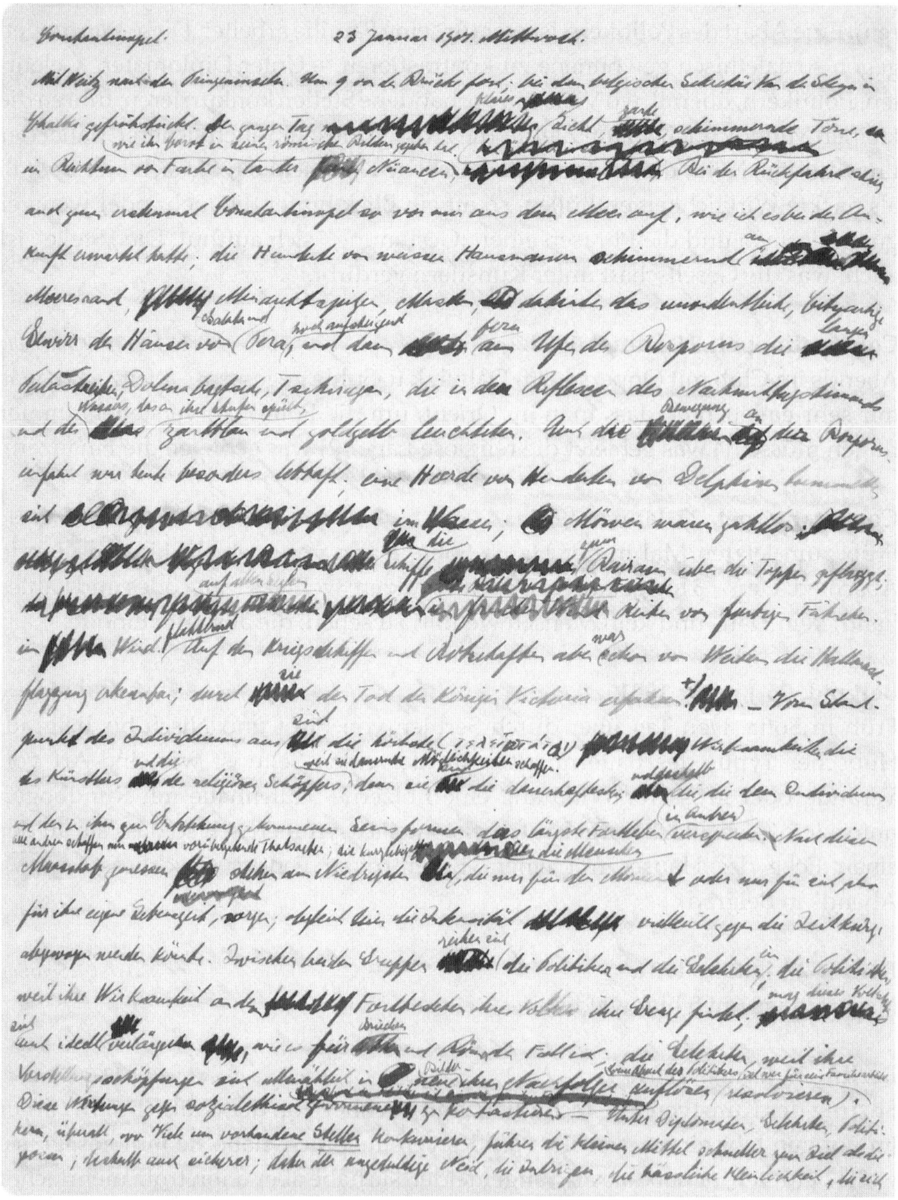
Konstantinopel. 23 Januar 1901. Mittwoch.

Eintrag vom 23. Januar 1901; Tagebuch Harry Graf Kessler;
Deutsches Literaturarchiv, Marbach am Neckar

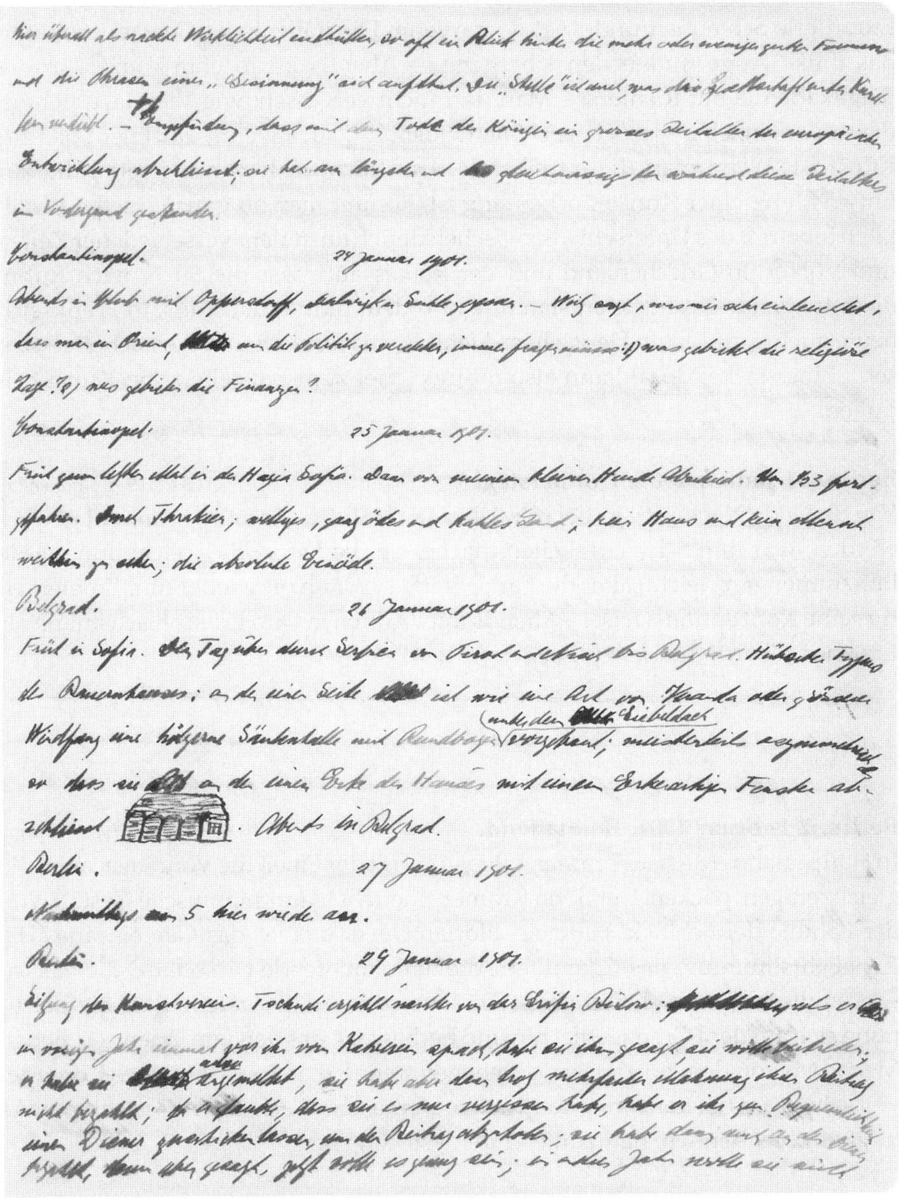

hier überall als nackte Wirklichkeit enthüllen, so oft ein Blick hinter die mehr oder weniger guten Formen und die Phrasen einer „Gesinnung" sich aufthut. Die „Stelle" ist auch, was [illegible] – Die Empfindung, dass mit dem Tode der Königin ein grosses Zeitalter der europäischen Entwicklung abschliesst; sie hat am längsten und [illegible] während dieses Zeitalters im Vordergrund gestanden.

Konstantinopel. 24 Januar 1901.

Abends in Yildiz mit Oppersdorff, [illegible] gegessen. – [illegible], was mir sehr einleuchtet, dass man im Orient, um die Politik zu verstehen, immer fragen müsse: 1) was gebietet die religiöse Lage? 2) was gebieten die Finanzen?

Konstantinopel. 25 Januar 1901.

Früh [illegible] Sofia. Dann von meinem kleinen Hunde Abschied. Um 1/2 3 fortgefahren. Durch Thrakien; welliges, ganz ödes und kahles Land; kein Haus und kein Mensch weithin zu sehen; die absolute Einöde.

Belgrad. 26 Januar 1901.

Früh in Sofia. Den Tag über durch Serbien von Pirot und Nisch bis Belgrad. Hübscher Typus der Bauernhäuser; an der einen Seite ist wie eine Art von Veranda oder geräumigem Windfang eine hölzerne Säulenhalle mit Rundbogen (unter dem Giebeldach) vorgesetzt; [illegible] so dass sie an der einen Ecke des Hauses mit einem erkerartigen Fenster abschliesst [illegible]. Abends in Belgrad.

Berlin. 27 Januar 1901.

Nachmittags um 5 hier wieder an.

Berlin. 29 Januar 1901.

Sitzung des Kunstvereins. Tschudi erzählt manches von der Gräfin Bülow: [illegible]

Einträge vom 23. bis 29. Januar 1901; Tagebuch Harry Graf Kessler;
Deutsches Literaturarchiv, Marbach am Neckar

Etourderie Schlauheit und l'Art de parvenir. Die italienische Gewandtheit und das flinke Auge finden den Übergang. – Abends im Joachimkonzert in der Singakademie mit Richters. – Man darf nicht vergessen, wie Viel dazu gehört, damit der einzelne Mensch sein Talent ausnützt; auch wenn sein Talent das zur Kunst ist. Wenn man diese treibende Kraft nicht in Rechnung setzt, die zur Entwicklung einer Kunstepoche nötig ist, kommt man zu ganz schiefen Resultaten inbetreff des Unterschieds zwischen dem Kunsttalent verschiedener Zeiten und Völker. In Griechenland und der Renaissance war die Sucht nach Ruhm diese treibende Kraft; sie entstammte also dem Individualismus. In Frankreich heute auch zum Teil. In Deutschland fehlt Etwas fortwährend Anstachelndes zu sehr. Eine starke Moral kann also indirekt Viel zum Entstehen von Kunst beitragen.

Berlin. 31 Januar 1901. Donnerstag. *31.1.1901 Donnerstag*
Van de Velde Nachmittags bei mir. Über seine Stoffe, die jetzt in Crefeld gewebt werden; was ihm Schwierigkeiten mache, sei die Farbe; die Zeichnung werde ihm immer ganz leicht; aber die Farbe werfe sie dann oft wieder um. Zu merken für seine Konzeptionsweise. – Abends mit Wulffen in Otto Ernsts Flachsmann als Erzieher: alberne Tendenzposse.

Berlin. 2 Februar 1901. Sonnabend. *2.2.1901 Samstag*
In Hauptmanns Michael Kramer. Intensität, mit der Einen die Vorgänge, auch die gleichzeitigen, packen. Der Sohn Kramer eine echt Hauptmännische Gestalt, von der Familie der Schluck, Hannele, Florian Geyer u. s. w. das Gemeinsame, die Zwielichtstimmung des Charakters, die halluzinierende Dissonanz, die das ist, was englisch „weird" heisst. Diese Dissonanz dadurch erreicht, dass die Zeichnung sich auf dem Grenzgebiet hin und herbewegt, das den von innen gesehenen Menschen von dem von aussen gesehenen trennt; d. h. sein tragisches Konterfei von seinem im tieferen Sinne komischen. Der rasche Wechsel der Gesichtspunkte trägt zur blendenden, halluzinierenden Wirkung bei.

Berlin. 3 Februar 1901. Sonntag. *3.2.1901 Sonntag*
Bei Spitzembergs gefrühstückt. Nachher bei Richters gutes Bild von Musch Richter. Bauernfamilie. Tolstois Macht der Finsternis im Deutschen Theater. Künstlerisch besteht das ganze Werk nur um des letzten Aktes willen; dieser ist allerdings ganz gewaltig. Aber nach Michael Kramer fühlt man doch sehr, dass Dieses nur eine Übersetzung ist; die Kraft und Poesie der lebendigen Sprache, die Hauptmann so magisch verwendet hat, fehlt empfindlich. – Brief von Raoul

Richter. Er war als junger Mensch die Naseweisheit in Person; weil er die Bescheidenheit erst hat lernen müssen, legt er jetzt einen etwas lächerlichen Wert auf sie; seine eigene Unbescheidenheit drückt sich jetzt darin aus, dass er die Bescheidenheit gepachtet zu haben glaubt.

Berlin. 4 Februar 1901. *4.2.1901 Montag*

VandeVeldes, Ansorges, Heymel und Richters bei mir gefrühstückt. Ansorge gespielt: seinen Weidenwald nach Rossetti und andre Lieder; dann auch Chopin, Liszt, Schubert; grösste Stimmungskraft, aber ohne Sentimentalität; das namentlich bei Chopin eigen und fast neu. VandeVelde, der kürzlich in Leipzig war, von Klingers Liszt, der ein grossartiges Werk sei; einfacher und deshalb grösser als der Beethoven, an dem die vielen Details und die bunten Materialien störten. VandeVelde, der bisher Klinger ablehnte, meint jetzt, er sei eigentlich ganz Bildhauer, nicht Maler. Als Persönlichkeit habe er auf ihn einen grossen Eindruck gemacht, un faune pas passionné, un faune convenable; in seinem Gespräch habe er durchaus geniale Blitze, mais avec des gestes de petit enfant; Das charakterisiere seine Persönlichkeit. – Abends im Kasino Bernstorff, der alte Richthofen und der alte Sommerfeld über den Kaiser in England und die Kanalvorlage; der alte Richthofen, es thue Einem ordentlich weh, wenn man in der letzte „Woche" den Kaiser in englischer Dragoneruniform sehe; es thue Einem wirklich ordentlich weh. Bernstorff meinte, die Kanalvorlage hätte eher Chancen durchzugehen. – Das politische Denken spinnt sich nicht fort durch das Bilden von Urteilen, sondern durch die Subsumtion von Begriffen unter Vorurteile.

Berlin. 5 Februar 1901. *5.2.1901 Dienstag*

Bei Heymel gegessen; nachher mit ihm im Kasino.

Berlin. 7 Februar 1901. *7.2.1901 Donnerstag*

Bernhard Stolberg bei mir gefrühstückt.

Berlin. 8 Februar 1901. Freitag. *8.2.1901 Freitag*

Nachmittags bei der Gräfin Harrach und Frau Van de Velde. Abends mit Bernhard Stolberg im Meister Oelze[1]. Gewaltige, fast zu starke Wirkung.

Berlin. 9 Februar 1901. *9.2.1901 Samstag*

Frau Wagner in der Nat. Gallerie getroffen. Sie sprach mit mir über Ansorge; bat mich, ihn zu einem Besuch bei ihr aufzufordern. Abends im Überbrettl. Halbheit. Schauderhafte Dekoration, schmutzig-rosa im schlimmsten Gutenstubenstil; deshalb wirkt Nichts. Geldmangel, wie Heymel sagt.

---

[1] Schlaf

Berlin. 10 Februar 1901. *10.2.1901 Sonntag*

Gegessen bei Sascha Schlippenbach mit Frau Wagner; ausserdem da nur noch die Gräfin Harrach, Arenberg, Lichnowsky und Knesebeck; nach Tisch kamen Eva Wagner und Tschudi. Zum ersten Mal mir aufgefallen der Anflug von französischem Accent in Frau Wagners Deutsch. Was sie sagt, ist fast immer intelligent, d. h. mit dem Verstande wohl durchdacht; nur hat man die Empfindung, dass es schon lange vorher durchdacht ist; es fehlt deshalb etwas die Schmiegsamkeit der Gedanken in der Konversation. Über die Judenfrage: sie sehe in den Juden eine Gefahr, weil sie anders seien als die Deutschen; weder schlechter noch besser, aber anders; durch ihr Zusammenleben mit uns würden deshalb Dinge in der Moral, in der Ehrbarkeit etc. in Frage gestellt, über die man mit dem Verstande garnicht nachdenken dürfe, wenn sie nicht Schaden leiden sollten. – Dass man Menschen beim ersten Zusammentreffen am besten und richtigsten erkenne; alle weitere Bekanntschaft verdunkele nur das erste Bild. So sei es ihr sogar mit Mottl und mit Heinrich von Stein gegangen, „den ich, ich kann wohl sagen, zärtlich geliebt habe, aber wie er so das erste Mal zu mir ins Zimmer trat und mir die Hand reichte, da stand sein Bild so klar und vollständig vor mir wie nie wieder." Die Männer, Arenberg, Tschudi, waren andrer Ansicht. Für ihre Person, wie ich glaube, mit Recht. Denn Cosimas Wahrnehmung ist echt frauenhaft; für die Frau ist der erste Eindruck der richtigste, weil sie mit dem Gefühl urteilt, d. h. ihr Urteil immer wieder ihrem Gefühl anpassen muss; davon nicht loskommt. Das Gefühl aber das ein Andrer erregt, ist beim ersten Zusammentreffen am wenigsten durch Begriffe und Vorstellungen getrübt. – Gegen Klinger scheint Frau Wagner persönlich rachsüchtig; er sei nur ein guter Radierer; hierzu viel Talent; aber warum musste er mit einem Male bildhauern? Seine von der Nat. Gallerie gekaufte Armlose Frauenstatue[1] sei hässlich und unglaublich unanständig. Dies sagte sie Arenberg, als Centrumsabgeordneten, wie mir schien, mit Absicht. – Intelligente Bemerkungen über Goethe und seine staatsmännische Thätigkeit. Man fühlt bei Cosima überhaupt den Zusammenhang mit Weimar; dieses wird ihre Gesinnung und ihren geistigen Habitus neben Frankreich stark mitbestimmt haben; Weimar und Paris die beiden Quellen ihrer eigenartigen geistigen Kultur, durch die sie für Wagner und Nietzsche solche Bedeutung gehabt hat; dazu mystische Vorlieben, für Meister Ekkhard namentlich, von dem sie heute mit Begeisterung sprach. Als Untergrund aber fühlt man trotz des starken Verstandes das ganz Frau sein; das Geschlecht durchdringt ihr ganzes Wesen; ich fühle dieses im Unausdrückbaren des physischen Anziehens und Abstossens bei ihr sogar stärker als bei den meisten Frauen, trotz ihrer weissen Haare und des männlich grosszügigen Profils. Vielleicht würde sie sonst Blaustrumpf sein und geblieben sein. Hier ein Ausblick in die Frauenfrage. – Noch eine Äusserung von

---

[1] Amphitrite

Frau Wagner: Sie habe Fiedler nach einer Aufführung der Matthäuspassion ihre Verwunderung darüber ausgedrückt, dass er so ergriffen sei; obgleich er, wie er selbst sage, kaum imstande sei, ein Motiv von einem andren zu unterscheiden; er habe geantwortet, das bewirke allein die Erhabenheit (?) der Musik. Das habe sie sehr frappiert; es habe sie immer interessiert, gerade wenn die Musik auf Nichtmusikalische wirke; das beweise, dass sie Etwas Allgemeinmenschliches habe; während die bildende Kunst wohl immer eine speziell artistische Anlage verlange. Sie glaube überhaupt nicht, dass das pedantische Verfolgen der Motive in der Musik zum künstlerischen Genuss gehöre. Auch Wagner soll so gedacht haben.

Berlin. 11 Februar 1901. *11.2.1901 Montag*

Gefrühstückt bei Curt Herrmanns mit Vande Veldes und dem Maler Baum. Bei Van de Veldes gegessen. Er will nicht daran glauben, dass erst eine religiöse Erneuerung die Kunst ganz erneuern könne; je dois me défendre de croire ça; das sei schrecklich für ihn, das zu glauben, es würde ihn lähmen. Er meint, dass auch die Erneuerung unserer wissenschaftlichen, sozialen etc. Begriffe das Gefühlsleben erneuern könne. Im Ganzen war er übermüdet, sarkastisch, zum bösen Lachen aufgelegt; wogegen die Frau immer dieselbe blonde Ruhe und ihre wie ein Balsam wirkende Gleichmässigkeit bewahrt.

Berlin. 12 Februar 1901. Dienstag *12.2.1901 Dienstag*

Peter Behrens bei mir gefrühstückt. Grosses Diner bei Frau Richter; Harrachs, Gräfin Bülow, Hohenthals, Vandeveldes, Tschudis, Platen, etc. Frau VandeVelde in einem Kleid von ihrem Manne; die Gräfin Harrach trotz der Rhythmenwidrigkeit und Unnatur des modernen Frauenkleides hehrer und graziöser. Dies nach seinen Ursachen zu überdenken.

Berlin. 13 Februar 1901 Mittwoch. *13.2.1901 Mittwoch*

Bei Knesebeck gefrühstückt mit VandeVliets, Mülinen und dem Grafen Hahn vom Pr. Heinrich. Abends bei Willichs in Potsdam.

Berlin. 14 Februar 1901. *14.2.1901 Donnerstag*

Bei Tschudi in der Nat. Gallerie; Liebermann getroffen; dieser feucht-schnoddrig wie immer, namentlich gegen Leibl; als Stilprobe, über ein Bild von Zorn: „Wissen Se ... dat ist so schön, dat ist zum Onanieren schön." u s w in infinitum. „Den Rodin den können Se ruhig vor dem Cornelius Monument[1] aufstellen; der alte Cornelius, det war en ganz vernünftiger Kerl; der hätte auch jesehen, wat daran

---

[1] Calandrelli

Jutes ist; nur wenn Se ihm den Klinger (Frauenstatue[1]) hinstellen, denn kotzt er sich von seenem Postament herunter."

Berlin. 15 Februar 1901. *15.2.1901 Freitag*
Besuche bei Hofmanns, Tschudis u. Frau Vandevelde. Bei dieser Greindls und Wiegand getroffen, der mir mitteilt, dass seine Geldforderungen für Milet wohl durchgehen werden. Im Museum Vormittags die Sachen aus den aegyptischen Graebern der allerersten Dynastieen; genau dieselben Thon- und Steingefässe wie in Kreta (Knossos); mykenische Thonwaaren, feinbearbeitete Alabaster und Steinvasen; auch die eigentümlichen mit weissen Strichen bemalten Thongefässe wie sie Gaudin in seiner Nekropole gefunden hat; nur in Aegypten der Thon rot, dort schwarzgebrannt. Da diese aegyptischen Gräber aus der Zeit um 3000 stammen, Knossos u die mykenische Kultur bisher frühstens um die Zeit des Neuen Reichs, also etwa 1600/1500 angesetzt wird, man aber doch kaum annehmen kann, dass sich die aegyptisch-mykenische Kultur 1500 Jahre lang auf genau derselben Stufe gehalten hat, so ist hier ein Dilemma zu lösen. – Frau Vandevelde Einzelheiten über VdV's Leben: er hat fünf Jahre lang allein in einem Bauernhause gelebt von ___ frcs täglich; während der Zeit in einem Winter die grosse Stickerei[2] selbst gemacht. Seine Mutter, von der er allein wusste, dass sie todkrank sei, zwei Jahre lang gepflegt; dabei viel gearbeitet. Düsteres Leben, auch pekuniär unsicher, bis er sie geheiratet habe.

Berlin. 16 Februar 1901. *16.2.1901 Samstag*
Gefrühstückt bei mir der Fürst Salm, Tschudi, Kageneck, Geyger, Osten. Abends Canitzer Diner.

Berlin. 17 Februar 1901 Sonntag. *17.2.1901 Sonntag*
Frühstück bei Frau Begas: Dora Hitz, Baum, Frau Löwenbruck. Abends grosses Fest bei Curt Herrmann. Corinth kennen gelernt.

Berlin. 18 Februar 1901. *18.2.1901 Montag*
Frühstück bei der Gräfin Schlippenbach; Frau Sucher, Dönhoffs, Radowitzens. Neben Frau Sucher gesessen; sie habe ihre Bewegungen nicht einzeln einstudiert; sondern viel gelesen und nachgedacht, auch Antiken gesehen, vor Allem aber sich ganz in die Figuren hineingedacht. – Abends bei Greindls gegessen mit Sarres (Maria Humann). – Die Baronin Greindl über Frau VandeVeldes Kleid neulich; est ce que vous trouvez ça joli; elle avait l'air si mal habillée, pauvre femme, que j'en avais vraiment pitié; on aurait dit une vieille robe fanée; tout le

[1] Amphitrite

[2] Die Engelswache

monde me demandait, qui c'était, quand on a vu que je parlais avec elle, u s w. Sie hat nicht ganz unrecht. Man müsste dem Widerstreit zwischen konventionellem Geschmack und individueller Kunst auf den Grund kommen; zunächst hier im Salon, wo er sich in zwei Frauentypen wie die Gräfin Harrach und Frau Vande-Velde verkörpert und in lebendigen Wesen zu seiner grössten Intensität entbrennt. Von einer Lösung hier würde aber auf das ganze Gebiet dieses Kampfes Licht fallen.

Berlin. 19 Februar 1901. Dienstag. *19.2.1901 Dienstag*
Ludwig v Hofmanns, Wiegand u Schrader bei mir gefrühstückt. Fragen der Technik; Ölmalerei befriedigte ihn nicht ganz; aber gewisse wertvolle Wirkungen liessen sich nur durch Öl erreichen.

Berlin. 21 Februar 1901. *21.2.1901 Donnerstag*
Harnacks Wesen des Christentums zu Ende. Seiner Fassung vom Inhalt des Evangeliums (S. 33) stimme ich im Allgemeinen zu. Bedenken: er hält offenbar ein ganz undogmatisches Christentum für möglich und glaubt auch ein solches aufgestellt zu haben: S 45: „Die bessere Gerechtigkeit und das Gebot der Liebe ... das ganze Evangelium kann in diesen Ring gefasst werden; man kann es als eine ethische Botschaft darstellen, ohne es zu entwerten." Im Widerspruch hierzu S. 91: „Nicht der Sohn, sondern allein der Vater (dieser also notwendig; ego.) gehört in das Evangelium hinein." Dieses, die Bejahung eines persönlichen Gottes ist doch unbestreitbar ein Dogma, eine Vorstellung, eine Lehre, die ebenso wie alle Lehren, deren Notwendigkeit Harnack bestreitet, intellektuell bejaht werden muss; zu der man sich notwendig auch intellektuell stellen muss. Dadurch wird wieder ein intellektueller Vorgang zu einer Voraussetzung des Christseins. Davon kommt Harnack nicht los; und es fragt sich in der That ob das Christentum davon los kommen kann; ob nicht die Vorstellung von einem persönlichen, erkennenden und bewusst wollenden Gott dem Evangelium erst einen allgemeineren Sinn giebt, ob das Christentum nicht, wenn es diese Vorstellung aufgiebt, zu einem blossen Rezept der geistigen Hygiene wird. Eine wichtigere Frage giebt es heute für das Christentum nicht. – Ferner stimme ich mit Harnacks Behauptung überein, dass das Christentum nicht lebensverneinend sei; nicht aber mit seiner Begründung dieser Behauptung. Er (S 53) führt Handlungen Christi und der Jünger an. Diese treffen aber nur die Frage, ob Christus äussere Weltflucht gepredigt hat, d. h. Mönchtum, nicht die, auf die es uns wirklich ankommt, ob er innere Weltflucht gepredigt hat, Gleichgültigkeit gegen die Welt, Interessenmangel. Dieses détachement intérieur hat er aber m. E. in der That gepredigt. Trotzdem ist meines Erachtens seine Anleitung keine Weltverneinung; denn er bejaht die Seele, das Individuum. Was wie Weltverneinung aussieht, ist nur die Konsequenz der stärksten Selbstbejahung; er lehrt das Indivi-

duum (die „Seele") sich mit der grössten Intensität bejahen, sich wollen und vollendet wollen. Dieses führt dann aber noch weiter; denn, indem er hier ja sagt, gelangt er so auf einem Umwege dazu, auch die übrige Welt wieder zu bejahen, mit der Liebe nämlich, die durch die grundlegende Isolierung der Seele von ihrer Umgebung angesammelt sich in gesteigerter Glut nunmehr über die ganze Welt ergiesst. – Ganz schief stellt Harnack Plato (S 43) und Franz v Assisi (S. 61 u. 175) dar; von Plato sagt er unrichtig, dass seine Botschaft den Wissenden galt; während der δεύτερος πλοῦς[1] (Phaedon) gerade von der Wissenschaft fort führt und zwar ebenso wie Christi Lehre ins Innere der Menschen, zur Ethik, allerdings auf intellektuellem Wege, an der Kette von Schlüssen u. Vorstellungen; hierin von Christus dem Grade nach unterschieden. Von Franz weiss er nicht, dass er nicht betteln lehren wollte, sondern in Heiligkeit arbeiten; dass er also ebenso wie Luther und schon lange vor Luther das ganze Leben heiligen wollte durch die innere Heiligkeit der Handlungen. In diesem Wertmasstab nach dem Inneren, der auf alle Verhältnisse des Lebens und auf alle Erkenntnisse der Wissenschaft anzuwenden ist, treffen sich also Plato, Christus und Franz v Assisi; hier ist der Kernpunkt und zugleich der gemeinsame Punkt ihrer Lehren; aus dem mystischen Born der individuellen Seele entspringt für sie der Glanz und der Wert der Welt; und Alles was aus dieser Wunderquelle gespeist wird, was an diesem Wasser des Lebens teilhat, ist in dem Maasse, in dem es daran teilhat, kostbar. – Konzert der Frau Saenger Sethe. Nachher bei Frau Richter, wo Ansorge gespielt. Nachmittags bei Liebermann u. mit ihm spazieren. Er sei durch das Reiten zum Malen gekommen; von Steffeck beim Reiten aufgefordert worden, bei ihm im Atelier zu malen. Über Klinger: ihm fehle, wie allen Deutschen, der Sinn sowohl für die Form wie für die Farbe; dagegen habe er moralische Qualitäten; man merke in jedem Strich, dass ein ganzer Kerl dahintersteckе. Schon bei Gussow habe er sich unglaublich ungeschickt gezeigt, ein Blatt in Form zu bringen (mise en page); und doch habe er gerade damals das Beste gemacht, was er überhaupt geleistet habe: den Handschuh. – Über Th Th Heines Zeichnungen, die bei Cassierer sind: Wissen Se, dat finde ick besser als Menzel; dat is' wie Holbein so gut; da steckt eine wahnsinnige Arbeit drin. Aber en merkwürdiger Kerl is' es; affektiert; er sagt immer jrade det Jejenteil von Dem, wat er jlaubt, dat man von ihm erwartet.

Berlin. 22 Februar 1901. *22.2.1901 Freitag*

Konzert von Ansorge. – Jede Rechtfertigung ist im letzten Grunde eine ethische; d. h. eine Begründung auf dem Wesen des Menschen und den Zwecken und Zielen, die diesem gesetzt werden. Das gilt von der Kunst wie von allem Andren,

---

[1] „die zweite Fahrtmöglichkeit"; Phaidon 99b

und auch von dem Grundsatz l'Art pour l'Art; er rechtfertigt sich aus der Persönlichkeitsmoral, aus dem Endzweck, sich auszuleben.

Berlin. 23 Februar 1901. *23.2.1901 Samstag*

Frühstück bei der Gräfin Harrach; Sophie, Elisabeth u. Lori Oppersdorff. Bei Ludwig v. Hofmanns gegessen; dort noch Grönevolds, Corinth, Wiegand u s w. Hofmann interessiert sich jetzt mit Begeisterung für die Naumburger Skulpturen, wohl im Zusammenhang mit den Illustrationen zu Grimms Märchen, die er für Cassierer machen soll; er hat Hasak u. s. w. – Geschmack nur in einzelnen Dingen ist ebensowenig Geschmack wie Moral nur in einzelnen Dingen Moral ist; die „guten Werke" gelten in der Kunst ebenso wenig oder eben so viel wie in der Ethik. Es gilt nicht, von aussen heraus einzelne aesthetische Bedürfnisse sich anzueignen oder anzuheucheln, sondern eine Umkehr von Grund aus zu erleben; eine ganz neue Art der Gegenwirkung zwischen Ich und Welt sich zur Gewohnheit machen. – Im Altertum geht die Musik sofort in den Tanz, die Gebärde über, seit dem Mittelalter schlägt sie nach innen wird zu einer Stimmung, einer Seelenbewegung. Frühes Denkmal, der Fiedler Giottos auf dem Hochzeitszug der Jungfrauen in Padua[1]; Gegensatz die antiken Tänzerinnen und Mänaden. Psychologisch der Unterschied, dass im Altertum die angeregte Seelenbewegung bis zur Erde verläuft, wo das Gefühl sich zum Wollen und Handeln verdichtet, seit dem Mittelalter aber sozusagen stecken bleibt, im Sande, in die „Seele", verläuft.

Berlin 24 Februar 1901. Sonntag. *24.2.1901 Sonntag*

Nachmittags Musik bei der Frau Richter; Radziwills, Dönhoffs, Harrachs, Knesebeck, Van de Veldes. Van deVelde über seine Reise nach Brüssel; er ist nach Uccle gefahren, um seine Schwiegermutter[2] zu besuchen; mais j'ai ressenti une si immense tristesse (beim Anblick seines Hauses), que j'ai dû m'en aller après dix minutes. – Es giebt zwei unvergleichliche Augenblicke im Menschenleben: die erste Jugend, das erste Aufflammen der Begabung, und das hohe, klare Alter; Alles Andre, was davor oder dazwischenliegt, ist im Vergleich hierzu nur Vorbereitung und Übergang.

Berlin. 25 Februar 1901. *25.2.1901 Montag*

Bei Vom Raths gefrühstückt mit Frl. v Olfers, Hertel und dem Grafen Harrach. – Die religiöse Schwierigkeit unsrer Zeit besteht darin, dass Alles Intellektuelle durch die fortwährend wechselnde und fortschreitende Wissenschaft in Fluss und Unsicherheit geraten ist, während die Religion, selbst die Harnacks, doch

---

[1] Fresken, Cappella degli Scrovegni all'Arena

[2] Sèthe

eines Vorstellungs inhalts nicht entraten kann; und diesen fest und sicher braucht. Dieser Gegensatz zwischen dem Grundprinzip der Wissenschaft und dem der Religion besteht wirklich; wurzelt in der Psychologie; im Wesen der Vorstellungen und ihrer unzerstörbaren Verbindung untereinander etc. einerseits und in dem der Religion andrerseits; ihn hat auch Kant nicht mit seinen Grenzbestimmungen aus der Welt geschafft; denn jenseits der Grenzen des Phaenomenon liegt nur das Unvorstellbare, oder genauer das Unvorgestellte; alle Vorstellung aber unterliegt Einem und demselben Gesetz, das das der Verbindung und der Causalität, also das der Wissenschaft, ist. Das non liquet, das die Religion aus der Erkenntnistheorie schöpfen will, steht ihr also nicht zu, insofern es zugunsten religiöser Vorstellungen, Gott, Unsterblichkeit, Seele, gelten soll.

Berlin. 28 Februar 1901. Donnerstag. *28.2.1901 Donnerstag*
Harrachs und Vandeveldes bei mir gefrühstückt. Nachmittags bei Lascelles zum Thee.

Berlin. 1 März 1901. *1.3.1901 Freitag*
Abends Frau Förster-Nietzsche vom Bahnhof abgeholt.

Berlin. 2 März 1901. Sonnabend. *2.3.1901 Samstag*
Gefrühstückt bei mir Frau Förster, Frau Richter, die Gräfin Harrach und die Gräfin Lori Harrach, Vandevelde, Horneffer und Herbert Hindenburg. Abends in Horneffers Vortrag in der Ak. f. Musik. – Der erste Probedruck von Lemmens Type[1] aus Leipzig angekommen, über Erwarten schön. Vor dem Frühstück ihn Frau Förster und Vandevelde gezeigt. Auch Vandevelde bewundernd; er sagt sehr treffend von dem Probedruck il dégage réellement de la lumière; irgendein Verhältnis zwischen dem ausgesparten Weiss und dem Schwarz, das dieses bewirkt. Abends Vandevelde: solche Typen, wie die Lemmens, seien nur für Meisterwerke qui sont déjà établis dans l'éternité; für die Tageslitteratur sei eine Type noch zu schaffen. Er meint, man könnte vielleicht 10 oder 12 der schönsten Handschriften (wie die Mallarmés, Lemmens, Dehmels, die seiner eigenen Frau) nehmen und daraus eine „moyenne" herstellen (vielleicht mit Hülfe der Photographie), und mit dieser Type dann die wertvollere, persönliche, Tageslitteratur drucken.

---

[1] Also sprach Zarathustra. Ein Buch für Alle und Keinen

Berlin. 3 März 1901. *3.3.1901 Sonntag*

Früh klarer warmer Frühling; im Tiergarten, im frühen Licht, Seligkeit des Seins. Frau Förster mit Vandeveldes und vom Raths bei mir gefrühstückt.

Berlin. 4 März 1901. *4.3.1901 Montag*

Frau Förster-Nietzsche, Spitzembergs, Watsch Hermans und Mutius bei mir zum Frühstück. Nachher mit Frau Förster die Bilder von Heine u. von Ludwig v Hofmann bei Cassierer und Keller α Reiner besehen u dann zu Stoeving, wo sehr anfängerhafte Nietzsche Büste. Frau Förster erläutert die Erzählung von einer Szene zwischen Wagner und Cosima, die sie mir früher einmal gemacht hat, dahin, dass Wagner der Cosima bei einem Streit vor der Frau Förster gesagt habe: „Weisst du denn auch nur, wessen Kind Isolde ist?" Cosima habe Dieses mit engelhafter Geduld getragen. – Diner bei vom Raths; Podbielskis, Mommsen, Finckenstein, der alte Korpskommandeur Wartensleben, de Sennes[1]. Bei Tisch neben Mommsen, auf dessen andrer Seite die hübsche kleine Mad. de Senne, geb. Pourtalès, sass. Sehr komisch, wie die sehr hübsche kleine Frau den uralten Mommsen behandelte, mit einem Gemisch von Staunen, Ekel und Höflichkeit; wie ein kleiner feiner Vogel irgendein antediluvianisches Meerungetüm, Minutenweise sich ihm zuwendend und über irgendeine witzige Fachbemerkung Mommsens hell auflachend und dann wieder ganz lange auf den in seinem Stuhl ganz zusammengesunkenen alten viel redenden Herren stumm hinuntersehend. – Mommsen über seine Begasbüste: Ich hoffe die wird mir einmal von meinen Höllenstrafen abgezogen. Über seine Römische Geschichte: er sei ursprünglich Romanist gewesen und habe sich dann beim Studium des römischen Rechts auch für die römische Geschichte zu interessieren angefangen; so sei er dazu gekommen seine römische Geschichte zu schreiben. „Aber wie es so zu gehen pflegt, wenn man über Sachen schreibt, von denen man Nichts weiss (?), so habe ich da ein <u>schlechtes Buch</u> geschrieben." Auf meinen Protest „Das Eigentliche kam erst nach; in meinem Staatsrecht. Sehen Sie, es giebt so eine römische Geschichte für die Damen und die reiferen jungen Herren, das ist die Geschichte der römischen Republik; dann giebt es aber eine römische Geschichte für <u>Männer</u>; damit meine ich die des römischen Kaiserreichs. Die habe ich versucht in meinem Staatsrecht zu geben." Auf meine Frage, warum er den 4ten Band nicht schreibe? „Weil ich das nicht <u>kann</u>. Vielleicht kann es ein Andrer; der mag es versuchen; ich kann es nicht. Wie wollen Sie eine russische Geschichte schreiben, wenn nur einige Fragmente von offiziellen Berichten und etwas Hofklatsch erhalten wären? Was sich darüber sagen lässt, habe ich in meinem Staatsrecht gesagt. Dann ist noch die Geschichte der Provinzen; die habe ich in meinem fünften Band versucht." Darüber, dass er nie in Athen oder im Orient gewesen

---

[1] Seynes de Maysonade de Larlenque

ist: Ich bin nie über Corfú hinausgekommen, obgleich ich sehr wünschte, nach Athen zu fahren. Aber ich war Romanist, und so reichte mein Gebiet nicht über Corfú hinaus. Wenn man eine grosse Aufgabe hat und nur beschränkte Mittel und Zeit, da muss man auf Vieles verzichten." Dieses sagt er auch von seiner Lektüre. Wenn man irgend Etwas im Kopf verarbeite habe man für Nichts Andres Zeit oder Sinn, „like a woman with child." – Schliesslich bot er mir an, mich in die Archäologische Gesellschaft einzuführen. – Nachher im Kasino, wo Claus Below, retour de Péking. Er sagt, er habe sich immer erst nach Sonnenaufgang schlafen gelegt und dann jeden Tag gedacht, ob es nicht vielleicht der letzte wäre; aber schliesslich habe man sich auch daran gewöhnt. Am meisten aufgeregt sei er gewesen an den Tagen unmittelbar vor Kettelers Ermordung.

Berlin 5 März 1901. *5.3.1901 Dienstag*

Frühstück bei Frau vom Rath mit Frau Förster. Abends grosser Rout bei Harrachs. Vormittags mit Frau Förster in der Nationalgallerie und Tschudi die Totenmaske Nietzsches[1] übergeben.

Berlin. 6 März 1901. *6.3.1901 Mittwoch*

Lichtwark mich Vormittags besucht. Über seine Wirksamkeit in Hamburg: sein Weg, um die künstlerische Empfänglichkeit des Volks zu heben, jetzt der, dass er zunächst die Lehrer ausbildet; besonders die Volksschullehrer. Er habe früher geglaubt, man könne schneller vorgehen, gleich die reifen Männer der höheren Stände gewinnen; darin habe er sich aber geirrt. Jetzt baue er von unten auf. Über die praktischen Erfolge spricht er sehr befriedigt; die Kinder u Arbeiter seien überraschend empfänglich für Kunst, Litteratur, Musik. Es sei wunderbar, wenn so ein Arbeiter, der musikalisch sei, zum ersten Mal Haydn oder Händel höre. – Mit Lichtwark zur Frau Förster und mit ihr und ihm ins Museum, wo die Van Eycks, die neuen Vandycks u. den pergamenischen Altar. Lichtwark empfindet die niederländische Kunst stark und tief und zeigt sie wunderbar; er weiss mit Einem Wort oder blos einer Gebärde den künstlerischen Kernpunkt des Bilds zu zeigen; in die psychologische Phantasie und die Landschafts- oder Milieu-Stimmung des Künstlers dringt er blitzartig ein; auch die Farbe fühlt er noch. Weit weniger unmittelbar die Vorzüge der Griechen; Licht und Linienfeinheit. Im Pergamonmuseum seine Bemerkungen blos rationalistisch und hausbacken. – Nachmittags Mommsen besucht. Im Hausflur neben der Thür wie ein Bewohnernamen ein römisches Inschriftenfragment: Fulgus condit ... (Fragment von conditum)[2]. Ich machte Mommsen darüber ein Kompliment, über das auch er herzlich

---

[1] Klinger

[2] eigentl. fulgur conditum („bestatteter Blitz"); Weiheformel für eine vom Blitz getroffene Stelle

lachte. – Abends Vortrag Lichtwarks: Über das Deutsche in der Kunst. Er redet fesselnd aber nicht gut. Nachher bei Harrachs, kleine Soirée. Zur Mühlen sang.

Berlin. 7 März 1901. *7.3.1901 Donnerstag*

Vormittags zu VandeVelde hinaus und dort gefrühstückt. Von seinem Zusammentreffen in seiner Ausstellung mit Lichtwark. Das Erste, was Lichtwark ihm gesagt habe: Devant des meubles, je commence toujours par me mettre à la place de ma bonne, qui doit les nettoyer. Vandevelde: er habe ihm geantwortet: Eh bien moi, je préfère me mettre à la place de l'artiste qu'à celle de la bonne de l'artiste. Sie seien dann sehr heftig aneinandergeraten. Vandevelde sagt: vraiment, quand il a commencé à me dire des choses pareilles, je me suis demandé, s'il se payait ma tête. Am nächsten Tage sei dann aber Lichtwark wiedergekommen und habe ihm über seinen Schmuck viel Anerkennendes gesagt. – Vande Velde für meinen Artikel interviewt. Folgendes zu notieren: Über den Einfluss von zwei Linien aufeinander: wenn auf einer Fläche, die er decorieren wolle, noch keine Formen seien, und die Fläche nicht selbst eine prononcierte Form habe, dann werfe er die ersten beiden Linien aus freier Phantasie hin; sobald diese beiden Linien aber sich einander näherten, so nähmen sie aufeinander Einfluss, so dass ihr weiterer Verlauf wie durch ein geheimes Gesetz bestimmt werde (fatalité); er vergleicht dieses mit dem Brechen einer Woge am Felsen; die stärkere Linie schreibe durch ihren weiteren Verlauf der schwächeren einen bestimmten Abstand und eine bestimmte Curve vor. Durch dieses Zusammenwirken der beiden Linien entstehe die neue Ornamentalform, die für ihn, Vandevelde, charakteristisch sei: Jede Fläche enthalte, wenn sie eine hervortretende Form habe, in dieser Form den Keim eines bestimmten Linienornaments, aber nur Eines einzigen; dieses sei also das notwendige Ornament dieser Fläche. Deshalb Alles Figürliche zu verbannen, weil die naturalistische Form das Erreichen dieser notwendigen („natürlichen") Ornamentalform verhindere. Das notwendige Ornament habe aber für den Beschauer zur Folge die sérénité, da der Anblick dieser notwendigen Form ihn vollkommen befriedige und deshalb kein Weiterstreben, keine Unruhe aufkommen lasse. Diese sérénité sei aber das Ziel seiner Kunst; „Je tends vers de la sérénité." Dieses meine er auch damit, wenn er von der Kunst verlange, dass sie „sain" und „moral" sei. Moral c'est „selon la beauté", immoral ce qui est laid, ce qui n'est pas selon la raison, la raison d'être. Que les choses s'accomplissent comme elles doivent s'accomplir. Je ne suis pas libre dans l'ornement; si j'ai fait quelque chose qui doit être comme ça je suis tranquille. Er verneint entschieden, dass seine Kunst ein andres Ziel als die vollkommene Schönheit habe; kein moralisches im Sinne von Ruskin und Morris. Dagegen stimmt er mir bei, dass die Sérénité, wenn sie erreicht werde, allerdings ein ethisches Resulthat auch im Ruskinschen Sinne habe, indem sie den Menschen, der in ihr lebt, kräftige, d. h. die Kraft spare, die die Hässlichkeit zur Gegenwehr verbraucht. Also durch sérénité, économie de forces. Insofern hat auch seine Kunst ein ethisches Resulthat. Er betont immer wieder die fatalité, die sein Schaffen leite; die Gesetzmässigkeit seiner Ornamentik. Hierzu ich: das Gesetz, unter dem er schafft, das der rhythmischen Notwendigkeit. Dieses Gesetz durchbricht auch, wie er jetzt anerkennt, seine bis vor kurzem festgehaltene Anschauung, dass das absolut Zweckmässige auch absolut schön sei. Er erkennt an, dass es eine beauté de proportions neben der utilité gebe (Maschine von Siemens u. Halske). Er stimmt mir bei, als ich bemerke, dass die Proportionen auch Rhythmen seien, dass er also nicht blos die utilité erstrebe, sondern l'utilité dans le rhythme. Meine Frage, über seine Konzeptionsweise beim Erfinden seiner Linien, ob er dabei wie die Gothiker von der Vorstellung der in den gegeneinander strebenden Teilen wirkenden Kraftlinien ausgehe, verneint er; er konzipiert aus der rhythmischen Notwendigkeit heraus, nicht oder fast nicht aus der poetisch-konstruktiven, die die Gothiker leitete. Er steht also den Griechen und Japanern nach meiner Ansicht weit näher als den Gothikern. Er stimmt dieser Ansicht zu, meint aber, dass Etwas eher Gothisches als Griechisches in seinem Bestreben liege, de relier entre eux die notwendigen organischen Teile eines Gegenstandes oder Gebäudes (ich halte dieses Prinzip des relier zwar für überflüssig und deshalb falsch, wenn nur die einzelnen Teile sich durch richtige Proportionen zu einem Rhythmus zusammenschliessen; glaube aber, dass das Grundprinzip auch dieses Verbindenwollens ein rhythmisches ist.) – Ich frage ihn, wie er dazu gekommen sei, vor dem Meer zu studieren. Er antwortet: die rhythmes inédits des Meeres hätten ihn angezogen und deren „rapport" mit der revolutionären Rhythmik der jungen französischen Dichter, Kahn, Laforgue, Verlaine, die den vers libre ausbildeten. Le rhythme inédit de la mer m'a attiré; je me suis senti bousculé par ce monde totalement nouveau (etwa 1889, 1890). Er glaubte damals im Anschluss an Seurat, (dessen Chahut) que les lignes avaient une signification, lignes graves, lignes tristes, lignes gaies, je pensais que ça (diese Bedeutungen) pouvait aller à l'infini, qu'on pouvait tout exprimer par des lignes. Und dieses, Alle Symbolik Alle Bedeutungen des Lebens, habe er in den Wellen und Rhythmen des Meers gesucht. Maintenant je ne crois plus ça, fügt er hinzu; dies der Punkt, wo er über Seurat hinausgeht. Ausserdem habe Japan, die japanische Linienrhythmik, auf ihn gewirkt. Man kann also hier eine doppelte Einflussreihe konstatieren: eine litterarisch-symbolistische, die von der Rhythmik der Sprache und der Symbolik Seurats ausgeht, und eine rein künstlerische von Japan. Seine ersten Versuche einer symbolischen Linienrhythmik in der von ihm herausgegebenen Zeitschrift: Van nu en straks. – Sein Verhältnis zum Sozialismus nur vorübergehend; er habe geglaubt, dass die grossen Massen künstlerisch noch weniger verdorben seien als die höheren Stände; ein unbeschriebenes Blatt. Er habe aber bald seinen Irrtum eingesehen. Jetzt sei er eher für Anarchie, wenn diese möglich wäre, was er nicht wisse. Jedenfalls glaube er, dass Schönheit unter jeder Regierungsform möglich sei, und dass jeder individuell den Kampf gegen die Hässlichkeit aufnehmen sollte; dann würde man schon Etwas erreichen. – Résumé: er ist ein grosser Rhythmiker; als solcher künstlerisch zu verstehen und daraus (wie bei den Griechen) folgt seine ethische, vereinfachende, kraftsparende, die Produktivität steigernde Wirksamkeit.

Berlin. 8 März 1901 *8.3.1901 Freitag*

Frühstück bei Frau Richter mit Frau Förster, Varnbülers und Knesebeck. Rede von Frau VandeVeldes Kleidern; die Varnbüler findet sie hässlich, aber wenn V. die Absicht gehabt habe, mit ihnen Aufsehen zu machen, so habe er seinen Zweck erreicht; denn man spräche in Gesellschaft jetzt von Nichts Andrem. Auch Knesebeck findet die Kleider „scheusslich", geschmacklos und den Gelegenheiten nicht angemessen. Das Kleid bei der Matinée der Frau Richter sei ein Kleid „von Kameelshaaren" gewesen, das so ausgesehen habe, als ob die Frau 48 Stunden Eisenbahn gefahren sei. Jemand: Wenn meine Frau arbeiten sollte, so würde ich dieses Kleid verstehen; aber im Salon sollen wir doch nicht arbeiten. Vom Stil Vandeveldes in Möbeln Alle übereinstimmend, dass er sich nicht zu Luxusräumen eigne; die Frau v Varnbühler findet dieses auch, möchte sich aber einen Raum für sich, ein Boudoir, von ihm einrichten lassen; eine solche Ruhe verbreite sein Stil. Axel Varnbüler: wozu auch noch Luxuskunst, Kunst für Aristokraten? Damit sei es doch bald vorbei. Indem wir durch unser Gefühl und unsren Geschmack gezwungen würden, mit dieser Kunstrichtung mitzugehen, wirkten wir zur sozialen Revolution mit. „Wir stellen uns selbst ein testimonium paupertatis damit aus; aber wir können ja nicht anders; wir bringen ja Nichts hervor." In diesen Gesprächen resümiert sich das Anziehende und zugleich Unangenehme, das Vandeveldes Ideen, seitdem ich ihn in die hiesige Gesellschaft hineingebracht habe, für diesen ganzen Luxusklüngel haben. Alle Konventionen, über die man früher nie nachgedacht hatte, werden Gegenstände des Zweifels; man affirmiert sie deshalb um so lauter, und die Feineren, wie Axel Varnbüler, merken das sozialistische Gift, das zersetzend emporsteigt; sie riechen den Gestank des Teufels. – Nachher mit Knesebeck spazieren und einige Besuche. Er über den Pressfeldzug gegen den Kaiser: „Was ich bedaure, ist dass ich jetzt glaube, dass der Kaiser nie lernen wird, gewisse Seiten des deutschen Empfindens nachzufühlen."

Berlin. 9 März 1901 *9.3.1901 Samstag*

Nachmittags bei der Frau Förster im Christlichen Hospiz. – Nachher Bodenhausen mich besucht; über seine spätere Carriere; ich ihm geraten, Kunstgeschichte in Heidelberg zu studieren. Er über Vandevelde in geschäftlicher Beziehung; V. thue Sachen, die man bei jedem Andren als Betrügereien bezeichnen würde; habe durch solche Handlungen die Gesellschaft um Tausende geschädigt. Auch in der Miete von Bodenhausens Wohnung habe er sich inkorrekt benommen; habe sie für den ganzen Winter zu 1000 Mark gemietet, sei dann aber erst am 15 Oktober eingezogen am 1 März ausgezogen und wolle jetzt nur die Monate und Tage bezahlen; ausserdem habe er thatsächlich nur 2 Monate bezahlt. Ihm fehle offenbar jedes Verständnis für Korrektheit in Geldsachen. Sein Familiensinn sei so stark, dass er, der sonst ein so mimosenhaft zartfühlender Mensch sei, in Geldsachen mit der grössten Brutalität vorgehe. Ich kann diese Rücksichtslosigkeit im Geldpunkt allerdings nur bestätigen; er macht einen Anschlag und verlangt nachher das Fünffache. Übrigens V's Benehmen gegen Bodenhausen um so brutaler als er weiss, dass bei Bodenhausens das Geld knapp ist.

Paris 19 März 1901. *19.3.1901 Dienstag*

Mir ein Zimmer zum Arbeiten 2 rue des Bernardins an der Ecke des Quai de la Tournelle gemietet; prächtige Aussicht auf Seine, Notre Dame u. St Gervais.

Paris. 28 März 1901. *28.3.1901 Donnerstag*

Bei Auffmordts gegessen mit Charles Bal, der am Pariser Herald arbeitet und über Pariser Pressverhältnisse Folgendes mitteilt: Auflage: die grösste die des Petit Journal 350,000-400,000; dann kommt der Matin mit etwa 200,000. Der „Journal" druckt zwischen 90,000 u 100,000 Exemplare; der Figaro seit dem Dreyfusfall, der ihm sehr geschadet hat, nur noch etwa 30,000. Am Petit Journal und am Matin, die politisch verfeindet sind (der eine nationalistisch, der andre ministeriell) hat das finanzielle Hauptinteresse derselbe Mann: Marinoni; sie haben auch denselben Verwalter, Poidatz der administrateur beim einen und secrétaire de rédaction beim andren ist. Zeitungen wie der Figaro oder der Journal (deren Auflage etwa gleich viel einbringt, da der eine, der dreimal so viel Käufer hat, nur ein Drittel so viel kostet) halten sich nach Bal nur durch affaires en dessous; z B. die Verpachtung des Börsenberichts für etwa 300,000 bis 400 000 francs im Jahr. – Hierher gehört auch, was ich seit einiger Zeit beobachte: die Aurore, die ich jeden Tag bei einem andren Zeitungshäuschen kaufe, ist immer und überall versteckt; sie liegt nicht unter den übrigen Zeitungen aus sondern irgendwo hinter dem Réchaud oder in einer Schublade. Manchmal hat die Zeitungsfrau eine Entschuldigung, dass sie nicht mehr gekauft werde, seitdem sie 10 cent. kostet, oder dass der Zeitungsträger sie so dumm hingelegt habe u. s. w; natürlich nur Verlegenheitsausflüchte.

London 14 April 1901. Sonntag *14.4.1901 Sonntag*

Früh aus Paris. In Calais einen Zug überschlagen um Rodins Denkmal zu sehen. – Piccadilly Sonntag Abend. Über Wert und Schädlichkeit der Heuchelei; sozial: sie verlängert die Dauer der moralischen Tragbalken einer Gesellschaft, aber auch die der moralischen Vorurteile. Man nimmt allgemein an, dass die sexuellen Ausschweifungen schlimmere Folgen als alle andren für das Individuum und für die Gesellschaft haben. Mir noch fraglich. Bewiesen wird immer durch das Beispiel der antiken Welt; aber dass diese an ihrer sexuellen Freiheit zugrundegegangen ist, ist bisher blos eine Behauptung; ich möchte, dass einmal versucht würde, so genau wie möglich nachzuprüfen, welchen Einfluss die sexuelle Freiheit auf die antike Gesellschaftsentwicklung wirklich gehabt hat. Des Weiteren dann zu untersuchen, inwieweit (wie? wodurch?) die sexuelle Ausschweifung mehr als das sich Überessen oder Überarbeiten schadet a) dem Individuum b) der Gesellschaft. Aus dem Stegreif auszuführen: 1) dass das Sexuelle stärker anzieht und mehr Leute anzieht als andre Kraftverausgabungen 2) dass es sozusagen „billiger" ist, mehr à la portée de tout le monde als Trüffeln 3) vielleicht dass es tiefer in das Räderwerk der Persönlichkeit eingreift. Aber das Alles sind bisher jedenfalls blos Vorurteile; nachgeprüft hat sie ernsthaft noch Niemand. Aber selbst wenn sie sich bestätigten, würde dann eine solche Intensität der sozialen Ächtung und der polizeilichen Einmischung, wie sie auf sexuellem Gebiet besteht, gerechtfertigt sein? mehr gerechtfertigt als auf dem der viel rascher und auf viel mehr Generationen verwüstenden Trunksucht? Das Bild, das wir uns vom Untergang der antiken Welt gemacht haben, und das daher stammende christliche Anathema sind eigentlich die einzigen realen Grundlagen dieser Andersbehandlung des Sexuellen; deshalb ceterum censeo nachzuprüfen, wie die antike Decadence mit der seit Jahrtausenden bestehenden fast vollkommenen sexuellen Freiheit in der Natur und „Widernatur" zusammenhängt? Man führte früher, und führt unter Katholiken und Orthodoxen wohl auch heute noch, diesen Untergang ausserdem und sogar in erster Linie darauf zurück, dass den Alten die richtige Metaphysik, der richtige Glaube, nämlich der christliche, gefehlt habe. Vielleicht ist es um die Ansicht, dass sie verkommen sind, weil ihnen die richtige Moral, die richtige Lebenspraxis in sexuellen Dingen, gefehlt habe, ebenso schwach bestellt. – Moral die Hygiene der Produktivität. Dabei zu berücksichtigen auch die gesellschaftlichen Wurzeln, die produktive Individualitäten erst möglich machen, und die Notwendigkeit des Fortbestehens einer zur Rezeption und Verwertung des Produzierten fähigen Gesellschaft. Aber selbst dann wird man dazu geführt, sehr verschiedene Hygienen (Moralen) für verschiedene Persönlichkeiten anzunehmen. – In Dover und Folkestone die kleinen schmucken englischen Homes. Es befremdet, dass die Besitzer dabei sind, ähnliche Heime und Gutshäuser in Südafrika zu zerstören. An ruhmsüchtige Soldatenkönige war man gewöhnt; aber Beute-Ruhm und Blutsüchtige middle classes, wie sie jetzt in England einen Krieg führen, sind eine neue Gedankenassociation; sie ist grotesk-furchtbar. Im Übrigen giebt diese Erscheinung, die der der Dreyfushetze in Frankreich genau entspricht, Manches zu denken.

London. 15 April 1901. *15.4.1901 Montag*

Abends in eine Aufführung von Twelfth Night in Her Majesty's; Tree spielte den Malvolio. Ich habe immer wieder angefangen zu lachen, um immer wieder fast zum Weinen überzugehen. Shakspeare hat hier das eminent Tragische, die Gefühle, zur Kömodie gemacht, in dem er ihnen konsequent falsche Objekte vorschiebt, d. h. sie durch die dem Zuschauer bekannten wirklichen Beziehungen zwischen den Figuren persiflieren lässt; da diese Beziehungen zwischen Personen das im künstlerischen Sinne eigentlich Komische sind, so ist also hier in der verwegensten Weise das Komische aus dem Tragischen herausgeholt, dem Tragischen das Komische wie ein Mantel übergeworfen; das Komische, die Beziehungen zwischen den Menschen, ist nicht wie z B in Tartuffe oder Geizigen bis ins Tragische gesteigert, sondern gerade umgekehrt das eigentlich Tragische, die innere Gefühlswelt, durch die Verfälschung ihrer vermeintlichen Aussenwelt, ins Komische transponiert; man wird fortwährend zum Lachen über Dinge gebracht, die Einen sonst immer tragisch affizieren. Da aber die Aussenwelt, wie Shakspeare mit Montaigne dachte (Hamlet), überhaupt nur Schein und Täuschung ist, so hat Shakspeare hier einmal vorgeführt, wie alle Tragik, d. h. das Dasein und unser Ich selbst in Dem, was ihm am nächsten geht, für den entschleierten Blick nur ein Stoff zum Lachen ist. Es ist das Götterlachen, das wir in diesem Stück nicht aushalten und das uns unversehens immer wieder zum Weinen wird, weil wir blos Menschen sind. Wie viel tiefer und gewaltiger ist diese Komik als die Molières, die in den Ernst ausmündet, während Shakspeare sich über den Ernst des Menschendaseins weit erhebt! Sehr unterstrichen wird die Bedeutung des Stücks durch den Maskenzug, mit dem man es hier enden lässt, und in dem alle Figuren Hand in Hand wie eine Art von Totentanz abziehen; zuletzt bleibt der Narr allein zurück und epilogisiert mit einem hohen Flötenton. Der Maskenzug wird übrigens wohl noch alte Shakspearesche Tradition sein, da das Stück wie der Titel besagt, zu einem Karnevalsscherz gedichtet ist.

London. 17 April 1901. Mittwoch *17.4.1901 Mittwoch*

Früh nach Southampton, um Pagenstecher zu sehen; an Bord des Kaiser Wilhelm d. Gr. mit ihm gesprochen. Dann zurück nach London. In Winchester einen Zug übersprungen. Der Dom ist nach englischer Art ganz von Rasen und hohen Bäumen umgeben. Das Innere hell, gross und reich aber etwas zu niedrig für die Länge; die Architektur, wo es nur möglich ist, in Rechtecke aufgelöst, was ebenfalls zum emporstrebenden Gothischen nur halb passt und den Eindruck verstärkt, dass der Bau in den Maassen gedrückt ist. Trotzdem ist der Blick namentlich vom Hochchor nach dem grossen Fenster in der Eingangswand schön, nur dass diese Schönheit wie gewöhnlich englische Schönheit etwas kurzatmig ist. – Abends Irving im Coriolan gesehen; er ist ganz alt geworden und scheint, seine Zähne verloren zu haben; wenigstens murmelt er nur noch in den Bart und spielt den jungen Löwen Coriolan als altersschwachen Ziegenbock; um Shakspeares Handlung mit diesem Spiel in Einklang zu bringen, fasst er Coriolan als halb geistesgestört auf!! Damit lässt sich dann allerdings jedes Spiel rechtfertigen. Ein Jammer, dieses Hohe Lied vom Helden so verschandelt zu sehen. Die Londoner Kritik scheint das Stück nur aus Irvings Aufführung zu kennen und zieht deshalb über Shakspere her, der im Coriolan ein ganz schwaches, flüchtig zusammenkompiliertes Stück geliefert habe! Von der Ausstattung die Alma Tadema entworfen hat, zu bemerken die Senatssitzung, wo aus den zahlreichen uniformartig gleichen weissen Senatorentogen mit rotem Rand ein schöner Effekt gezogen ist, und ähnlich die Rückkehr des langen Zuges schwarz drapierter Frauen auf das Forum; auch die letzte Szene in Antium, wo das reiche griechisch-ionische Kostüm als Kontrast zum einfachen römischen der andren Szenen verwendet ist.

London. 19 April 1901. *19.4.1901 Freitag*

Primelntag; Beaconsfields Statue[1] reich geschmückt; an einer Seite das Motto der Primelnliga: Imperium et Libertas; vorne God Save our Emperor King. Viele auch arme Leute mit Primeln im Knopfloch. In den Zeitungen Beaconsfield gefeiert als Versöhner der Arbeiterklasse und der Kapitalisten durch das Ziel, das er aufgesteckt hat: Imperium et Libertas.

Der mit Primeln geschmückten hageren Judengestalt steht schmucklos, kurz und gedrungen der wirkliche Begründer des englischen Weltreichs gegenüber, Cromwell. Im Übrigen überschätzt man wohl die Bedeutung der ersten englischen Revolution; das moderne England des 18ten und 19ten Jh. ist ein Kind der zweiten gewesen. Der Unterschied zwischen beiden ist, dass die erste zugunsten der mittleren und zum Teil der unteren Klassen gemacht wurde, die zweite zugunsten des Adels und insbesondere der grossen Whig Häuser. Diese haben dann auch die Herrschaft mehr als anderthalb Jahrhundertelang geführt und die moderne Staatsform ausgebaut. Eine kleine Hocharistokratie hat heute noch weit mehr Anteil an der englischen Regierungsgewalt als man in Europa gewöhnlich glaubt. Und da ein Ministerium notwendig eine Majorität von Nullen umfassen muss, so sehe ich auch nicht ein, warum diese Nullen nicht wenigstens aus guten Familien mit starken staatsmännischen Traditionen gewählt werden sollten. – Heute wie gestern viel bei den Vasen im Britischen Museum. Aus der griechi-

---

1 Raggi

schen Kunst vom 9ten bis zum 5ten Jh., wie sie die Vasen zeigen, lassen sich zwei Begriffe abstrahieren: die Linie, die Form; die Linie aus dem aufgemalten Ornament, die Form aus der Gestalt der Vasen. Beide entwickeln sich in dieser Zeit. Frage: hängen beide Entwicklungen zusammen? A priori wahrscheinlich. Aber an welchem Punkt? Welche Gruppe psychologischer Thatsachen ist beiden gemein? An der Erfindung und am Genuss sowohl der Linie wie der Form hat jedenfalls die Muskelthätigkeit des Auges Teil. Beim Ornament verbindet sich die Muskelempfindung mit der Farbenempfindung. Bei der Form dagegen finde ich bei den Vasen jedenfalls Nichts Andres als Muskelempfindungen: die Reise des Auges an der Form entlang und um die Form herum, die nicht einmal durch ein Lichtspiel wie bei der Skulptur geschmückt ist. Was sich vom 9ten bis zum 5ten Jh entwickelt ist also die Feinheit und die Vielheit der Muskelempfindungen und ihrer Begleitgefühle; immer zahlreichere und immer feinere Nüancen der Muskelempfindung lösen bestimmte, klare Gefühle aus; schon in der Dipylonzeit sind die möglichen psychologischen Kombinationen dieser Klasse geradezu zahllos. Hierauf fusse ich um noch weiter zu folgern, nachdem ich zunächst noch festgestellt habe, dass es sich um Verschiedenheiten der Muskelbewegung handelt, die wie jede Bewegung nur in der Zeit möglich, also von der Zeit abhängig ist im Gegensatz zu den verschiedenen Qualitäten der Reize der Augen Nerven, die sich ohne Rücksicht auf die Zeit, unterscheiden. Wenn man dieses festhält, so ergiebt sich, dass die griechische Entwicklung folgendes bedeutet: eine fortgesetzte Vermannichfaltigung und Verfeinerung der Mittel, die diejenigen Gefühle zur Klarheit und zum Gleichgewicht der Kunst erheben, welche den Verlauf der Empfindungen u zwar speziell der Muskelempfindungen begleiten. Diese den zeitlichen Ablauf der Gefühle ohne Rücksicht auf ihre Qualität ordnenden Mittel nenne ich aber Rhythmus. Deshalb nenne ich mit Recht die griechische Entwicklung eine Entwicklung des Rhythmus. Die Verdoppelung, Wiederholung derselben Empfindung u. s w sind, wenn man den Rhythmus so auffasst, nur Mittel des Rhythmus nicht sein Wesen selbst. Die Muskelbewegungen können im Übrigen infolge von Übung so schnell ablaufen, dass man garnicht mehr merkt, dass sie Zeit nötig haben, obgleich man die Verschiedenheit zwischen verschiedenen Bewegungen sehr deutlich und fein empfindet; ähnliches Phänomen wie beim Lesen ganzer Worte, Sätze, scheinbar in einem Augenblick. Aber Anfangen muss ein Jeder damit, dass er die Rhythmen mit dem Auge langsam verfolgt; und hierbei merkt man, dass es sich um Bewegungen, also um zeitliche Vorgänge, handelt.

London 20 April 1901. Sonnabend. *20.4.1901 Samstag*

Wieder die Vasen. Besonders fein und zart die Linienempfindung bei Epiktetos, der um 500 geblüht haben soll (Gelage; Knabenfiguren); dieses stimmt zu der grossen Verfeinerung der übrigen ionischen Kunst kurz vor den Perserkriegen.

Duris und Brygos, die ein bis zwei Jahrhunderte jünger sein sollen, scheinen mir schon nicht mehr so sorgfältig und zart die Linie zu empfinden. – Parthenonmetopen. Der Genuss der Form bei der Skulptur folgt daraus 1) dass das Auge sich über sie hinbewegt, auf ihr herumtastet 2) die Verhältnisse von Licht und Schatten untereinander auf sich wirken lässt. Dieser zweite Genuss folgt, jedenfalls in der Hauptsache, wie der erste aus dem Verhältnis successiver Eindrücke zu einander. Andrerseits unterscheiden sich diese beiden Genüsse dadurch von einander, dass der erste aus den Empfindungen der Augenmuskeln der zweite aus denen der Augennerven erwächst. Beide aber halte ich in meinem Sinne für rhythmisch. Dass die erstere dieses ist, habe ich gestern nachgewiesen. Inbetreff der zweiten begründe ich meine Ansicht folgendermassen. Hell und dunkel unterscheiden sich blos durch die Stärke der Empfindung; dies gilt namentlich von den mittleren Stufen wie die Skulptur sie verwendet; es sind blos Quantitätsgrade der Lichtempfindung. Auch die Gefühle, die diese Grade begleiten, werden sich deshalb also wohl nur quantitativ, nicht qualitativ, von einander unterscheiden; wieder ist dieses namentlich von den Gefühlskoeffizienten der Lichtempfindungen mittlerer Stärke am sichersten. Es handelt sich also bei den Verwandlungen des Gefühls durch die successiven Helldunkelempfindungen lediglich um das in seiner Stärke variierte Lichtgefühl (was auch immer die Komponenten dieses Gefühls sein mögen); mithin um die Aufeinanderfolge verschiedener Stärkegrade eines qualitativ gleichen Gefühls; um ein Spiel mit der Quantität nicht mit der Qualität des Gefühls. Das Wesen der Harmonie aber besteht im Gegensatz zum Rhythmus, in der Mischung von Gefühlsqualitäten. Ausserdem wirken die verschiedenen Grade der Lichtempfindung durch das räumlich-zeitliche Verhältnis, in das sie zueinander gebracht sind; hierin liegt aber das Wesen selbst dessen, was ich rhythmisch nenne. – Beaumarchais' je me hâte d'en rire, de peur d'être forcé d'en pleurer[1] ist der Stimmungsausdruck der ganzen französischen Komödie von Molière bis heute; Molière grenzt, wie Goethe richtig sagt, immer ans Tragische; und dasselbe möchten auch die andren französischen Komiker. Der Franzose nimmt die sozialen Beziehungen, den Stoff der Komödie, im Grunde ernst. Gerade im Gegensatz zu Shakspeare, der in seinen Komödien gezeigt hat, dass für ihn das Tragische, die menschliche Gefühls und Leidenswelt, ans Komische grenzt, sich bis zur Komödie erheben kann.

London 21 April Sonntag. *21.4.1901 Sonntag*

Die Empfindungen, die durch verschiedene Bewegungen des Augenmuskels hervorgerufen werden, sind wahrscheinlich auch qualitativ verschieden, nicht blos verschieden in der verschiedenen Anordnung der Stärkegrade einer qualitativ einheitlichen Empfindung (Muskeldruck u s w.). Aber jedenfalls sind diese

[1] Le Barbier de Séville, ou la Précaution inutile, 1. Akt, 2. Szene

Qualitäten (krumm, eckig, grade) nur in der Zeit wahrnehmbar, im Gegensatz zu den Qualitäten der Sinnesempfindung (rot, grün); ihre Ordnung zu einander und zu einem Kunstganzen ist also notwendig eine successive; eine zeitlose Mischung, wie sie zwischen den Empfindungen rot und blau denkbar ist, ist zwischen den Empfindungen die eine stark geschweifte und eine schwächer geschweifte Linie hervorrufen unmöglich. Das Mittel aber, durch das Empfindungen, die in der Zeit aufeinander folgen, zu einem Kunstganzen in der Zeit geordnet werden (d. h. so geordnet werden, dass ein klarer Gefühlsablauf sie begleitet) nenne ich per definitionem Rhythmus. Aus dieser Definition folgt übrigens, dass auch Gefühls Qualitäten sich rhythmisch ordnen können, nicht blos Gefühlsquantitäten. – Rhythmus ist Ordnung des Gefühlsverlaufs; Harmonie Klärung eines Gefühlsmoments. Rhythmus ist Ordnung von Empfindungen in der Zeit, so dass ihr zeitlicher Abstand von einander Klarheit des Fühlens, das sie begleitet, zur Folge hat; Harmonie ist Auswahl von Empfindungen, so dass die Mischung der Gefühle, die sie hervorrufen, ein klares Gesamtgefühl wird. – Beim Rhythmus ordnet der Künstler den Ablauf des Gefühls, indem er den Zeitpunkt festsetzt, an dem jede Empfindung auf jede andre folgen soll. Rhythmus ist also Ordnung des Gefühlsablaufs durch Festlegung der Zeitfolge der Empfindungen. Dadurch unterscheidet er sich von Grund aus von der Harmonie, auch wenn diese Gefühle mischt, die von successiven (nicht gleichzeitigen) Empfindungen geweckt werden; denn der Harmonie ist die Zeitfolge der Empfindungen, d. h. der Zeitpunkt, an dem jede der Empfindungen auftritt, gleichgültig; aber diese weil sie per definitionem nicht einen Gefühlsablauf regieren, sondern nur einen bestimmten Gefühlszustand (moment) herstellen will. Sobald aber diese Zeitfolge (der Abstand der verschiedenen Empfindungen) nicht mehr gleichgültig ist, handelt es sich um das, was ich Rhythmus nenne, denn dann ist es der Gefühlsablauf (das Gefühl in seinem Ablauf) der gestaltet wird. Es handelt sich hier nicht um blos begriffliche Unterscheidungen und Spitzfindigkeiten sondern um Realitäten, die man in der menschlichen Natur vorfindet, sobald man sie unter den Einwirkungen der Kunst studiert. Das Ziel ist allerdings in beiden Fällen dasselbe: die Klarheit des Gefühlsprozesses. Der Unterschied besteht aber darin, dass das eine Mittel auf die Klarheit eines Gefühlsablaufs zielt, das andre auf die Klarheit einer Gefühlsmischung. Der Rhythmus will, dass in diesem Moment dieses Gefühl eintreten soll und in jenem späteren in seinem relativen ZeitAbstand fest bestimmten Moment jenes andre Gefühl, weil er von dieser Ordnung in der Aufeinanderfolge klares Fühlen erwartet; nämlich davon, dass sich das zweite Gefühl zum ersten in einem bestimmten Moment von dessen Ablauf geselle, und wieder ähnlich ein drittes zum zweiten; die Harmonie will dagegen, dass sich zu diesem Gefühl jenes andre geselle, ohne Rücksicht auf irgendeinen bestimmten Zeitabstand (auf irgendeinen vorhergehenden Ablauf des ersten Gefühls). Vielleicht ist Folgendes richtig: Rhythmen sind zeitlich geordnete Harmonieen d. h. der Rhythmus erzeugt durch zeitliche Ordnung Harmonieen (harmonische Gefühlsmischungen); oder Harmonieen, die zustandekommen, weil zwei Gefühle in einem bestimmten Stadium ihres zeitlichen Ablaufs zusammentreffen. Dann wäre die Harmonie das Ziel des Rhythmus; die zeitliche Einordnung der Empfindungen sein Mittel. Der Rhythmus wäre ein Mittel, eines von den möglichen Mitteln, um Harmonie zu erzeugen. Daneben existieren noch andre: das beweist der musikalische Akkord, bei dem gleichzeitige, also sicher nicht rhythmisch geordnete (? Schwingungszahl) Empfindungen eine Harmonie erzeugen. Wie soll man dann aber die künstlerische Gestaltung der reinen Quantitätsschwankungen des Gefühls nennen? – Jedenfalls aber beruht der Rhythmus auf einem verfeinerten Empfinden für die Stadien, die der von einer Empfindung hervorgerufene Gefühlsprozess in der Zeit durchläuft; diese Stadien aber können lediglich in einem Stärkewandel bestehen (ist dieses richtig? zu prüfen), d. h. in Quantitätsdifferenzen; der Rhythmus fusst also auf einem feinen Empfinden für die Quantitätsdifferenzen, die irgendeine hervorgerufene Gefühlsqualität durchläuft, auf einer klaren Apperception der Stärkewelle, die sie beschreibt. Insofern ist auch nach dieser Anschauung der Rhythmus ein Gestalten mittelst der Stärkegrade des Gefühls. – Der Rhythmus reguliert den Gefühlswechsel (also zeitlich, da ein Nacheinander); er ordnet Gefühlsverläufe in ein Nacheinander. Wann ist aber eine Folge von Gefühlsverläufen rhythmisch, d. h. künstlerisch? – Der Rhythmus ordnet die einzelnen Teile (Atome) des Gefühlsprozesses hintereinander nach ihrer Stärke und nach ihrer Qualität, d. h. er bestimmt einem jedem von ihnen den Abstand, den er von jedem andren einhalten soll. Er ordnet also die Aufeinanderfolge sowohl der Stärken (Quantitäten) wie der Qualitäten; seine Norm ist die künstlerische Wirksamkeit gerade dieser Aufeinanderfolge; künstlerische Wirksamkeit gleich Klarheit des Gefühls inbezug auf Stärke und Qualität und enge Verbindung mit der Empfindungsreihe. – Die eigentlich regierende Aristokratie war in England nach der Revolution Whig („liberal"), weil der gefährlichste Feind ihrer Regierungsgewalt die Königliche Gewalt war; Whig sein hiess, die Vorteile der Revolution, die zugunsten der Aristokratie stattgefunden hatte, der Aristokratie dem König gegenüber erhalten wollen. – Imperium et Libertas, wohl die notwendige Politik des starkbevölkerten Industriestaats; Imperium, um sich zu ernähren, Libertas, um im Inneren einig zu bleiben oder die Einigkeit wiederherzustellen, die zur Sicherung eines Imperiums, also des täglichen Brotes, nötig ist. Perikles der erste historisch noch klar in seinen Motiven erkennbare Staatsmann, der diese Politik proklamiert und durchgeführt hat; in sie gehören seine Kunstschöpfungen als Versöhnungsmittel mit hinein. Beaconsfield und Chamberlain in England. Bei uns die „Weltpolitik". Ob die Notwendigkeit einer solchen Politik nicht schon ein Zeichen ist, dass die Grundlagen des Staats anfangen, im Inneren unsicher, von Aussen leicht verletzbar zu werden, eine andre Frage. Ein solcher Staat braucht eine ganz andre Gewalt, um seine Existenz zu behaupten als ein sich selbst genügender; jede wirkliche Niederlage zerrüttet ihn viel tiefer. Der athenische Imperialismus endete mit der sizilischen Niederlage, deren furchtbare Wirkungen nur daraus zu verstehen sind, dass Athen sich in diesem Stadium der Entwicklung befand. Eine Niederlage zur See würde das Ende des britischen Reichs bedeuten.

London 22 April 1901. *22.4.1901 Montag*

Der Reliefgenuss ist der Genuss des Rhythmus, den der Künstler in die Übergänge zwischen einer näheren und einer entfernteren Einstellung des Auges (des Augenmuskels,) hineinbringt. Dazu kommt der Rhythmus in den Bewegungsmuskeln des Auges, den die Linien des Reliefs auslösen, die das Auge verfolgen muss, (wie den Einstellungsrhythmus die Tiefendifferenzen). Der Gesichtsnerv schliesslich findet seine Befriedigung an den Lichtwirkungen der Skulptur. Der Reliefgenuss besteht also aus drei Elementen, die von der Natur des Auges vorgeschrieben sind, d. h. von der Thätigkeit, die das Auge notwendig vor einer ausgedehnten unebenen Fläche entfalten muss, um diese Fläche wahrzunehmen. Alle drei Thätigkeiten müssen rhythmisch geordnet sein, und die drei Rhythmen müssen auch untereinander zusammenstimmen. Wenn eine von ihnen künstlerisch nicht berücksichtigt wird oder wenn die drei Rhythmen nicht untereinander zusammenstimmen, dann entsteht ein peinliches Gefühl der Leere oder ein direktes Unlustgefühl, weil die eine von den Bewegungen, die das Auge auszuführen gezwungen wird, unrhythmisch ist oder mit den andren Rhythmen falsch zusammenstimmt.

Paris. 7 Mai 1901. *7.5.1901 Dienstag*

Hervieus Courre du Flambeau gesehen; in der Hauptrolle Réjane. Das Stück in seiner Art ein Meisterwerk; aber diese Art schrecklich; sie ist das Mathematisch-Sentimentale: das ganze Gefühlsgewebe nicht nur auf Begriffe gebracht, was ja das Wesen der Moralistenlitteratur ist von Larochefoucauld bis Stendhal und Bourget, sondern noch darüber hinaus auf abstrakte, sozusagen mathematische Formeln. Es ist Einem, als ob man vier Akte lang mit a+b=c gefoltert würde; ein Alptraum. Letzte Entwicklungsstufe eines litterarischen Wirkungsmittels, dessen Vertreter Larochefoucauld, Racine, Marivaux, Voltaire, Stendhal, Constant, Dumas, Bourget gewesen sind; und dieses auch noch in spezifisch französischer sentimentaler Beleuchtung: dieses Mittel heisst: de vous faire éprouver des sentiments en les analysant, d. h. indem man sie in Vorstellungen (Begriffe) transponiert. Das Procédé Dantes, Shakspeares, Goethes, Ibsens erregt dagegen das Gefühl direkt durch Suggestion (im Klang, Rhythmus, in der Situation d. h. im Kontrast zweier angedeuteter Gefühlslinien, die einander gegenübertreten.). Deshalb vielleicht finden die Franzosen diese Dichter pas clairs, nuageux. Recht haben sie, insofern die Germanen und Italiener auf die Vermittlung des Begriffs verzichten.

Paris. 9 Mai 1901. *9.5.1901 Donnerstag*
Soirée bei Radolins. Mit Mamma und Gee dort.

Paris. 12 Mai 1901. *12.5.1901 Sonntag*
Vorstellung von Le je ne sais quoi Croissets zuhause. Mamma in der Hauptrolle. Gee und Mamma tanzten nachher Pavane u. Sarabande.

Paris. 16 Mai 1901. *16.5.1901 Donnerstag*
Die Salons dieses Jahr zeigen den endgültigen Sieg der Farbe als Brennpunkt des Interesses bei der Malerei; was in den drei Salons[1] bedeutend ist, ist es in der Farbe von Rochegrosse und Bail durch Besnard und Zuloaga hindurch bis zu Signac und Vuillard. Selbst der Nachtrab und die breite Mittelmässigkeit im alten Salon[2] malt meistens schon farbige Schatten u. s. w. Nachher im Louvre kleine Enquete über den farbigen Schatten: rückwärts gehend von den Franzosen des 18ten Jh.: Watteau: l'Automne, im Gesicht der Frau die Schattenpartieen vibrierend blau, wie ein Besnard gearbeitet. Auch die Schatten am Körper der Antiope sind allerdings weniger deutlich aber doch noch fühlbar zartblau. Lancret: les acteurs de la comédie italienne: Gesicht des Pierrot blaue Schatten. Ebenso Fragonard in den Baigneuses Schatten an Augenlidern, Hals, Brust der obersten Nymphe. Bei allen drei Malern das Gelb des Sonnenlichts als besondre Farbe verschieden von der der Haut z B. bei Lancrets Pierrot auf der Stirn, dem Nasenbein, am Mund in zarten Pinselstrichen aufgesetzt. Ebenso sind die Schatten farbig bei Chardin z B. im Benedicite im Gesicht der Frau und des Mädchens, auf dem Busentuch der Frau, auf dem weissen Kleid des kleinen Mädchens. Chardin hat am delicaten Aneinanderreihen ausgesuchter Farbentöne ebensolche Freude wie Cézanne. – Velazquez: Infantin blaue Schläfenschatten; auch das Gelb des Sonnenlichts auf der Stirn ganz deutlich geschieden vom Ton der Haut; durch das Zusammenstimmen von Schwefelgelb, Incarnat und der Komplementärfarbe Blau (Schatten und Augen) entsteht das eigentümliche Vibrieren der Farbe. – Dasselbe wahrzunehmen am Portrait der jungen Frau: der Lippenschatten auf dem Kinn deutlich blau. Vgl damit Murillos tote graugelbe Schatten und Tizians schwere braune Schatten, die nur als Folie zum hellen Fleisch dienen, nicht als Farbe in

---

[1] Artistes Français, Indépendants u. Société Nationale des Beaux-Arts

[2] Salon des Artistes Français

einem Farbenakkord mitschwingen. – Rubens modelliert die Körper der Nereiden und des Meergotts auf dem Débarquement de Marie de M. mit Grün; wahrscheinlich dachte er an den Reflex des Wassers; denn sonst nur sehr schwacher Farbenton in seinen Schatten. Gerade diese Nereidenkörper sind mir immer als besonders schön erschienen. – Correggio: Mysthische Ehe der Heil. Catharina. An Kopf und Hals der Catharina grünlich blaue Schatten; sehr feine Akkorde mit dem Incarnat (Komplementärfarbe von Grün) und mit dem Gelb der Haut und des Lichts. Ebenso ist der Körper der Antiope mit grünen Schatten modelliert; dadurch erreicht Correggio die vibrierende helle Wärme des Frauen Fleisches im Kontrast zu dem blos mit grau, braun und rot modellierten Kinderkörper des Amor, der daneben schläft. Denselben Kunstgriff benutzt Tintoretto auf seiner Susannah; Susannahs Körper ist mit Grün modelliert. Giorgione und Tizian malen wohl viel seltener farbige Schatten. Tizian, wie es scheint, am Munde der Laura de Dianti[1], der dadurch so saftig und vibrierend rot wird. – Der Glanz von Tizians Fleisch ist eine Kontrastwirkung; er beruht darauf, dass der Schatten so viel dunkler ist als die hellen Fleischtöne (Intensitätswirkung, Quantitätswirkung); der Glanz von Correggios Antiope ist dagegen eine Farbenwirkung (Qualitätswirkung); er entsteht aus der Wertsteigerung des Incarnats durch das komplementäre Grün. Eine solche Farbenwirkung ist bei Tizian ausgeschlossen, da Braun und Rotbraun, seine Schattenfarben, zum Incarnat nur in einem Quantitätsverhältnis stehen, nicht aber in irgend einem Qualitätsverhältnis. – Die Frage ist natürlich nicht die, ob der Maler mit schwarzgrauen, ganz farblosen Schatten arbeitet; denn das hat wohl Niemand gethan; es würde ein Loch ins Bild reissen; sondern ob er zum schattieren den Localton selbst verdunkelt bezw mit Grau gemischt hat, oder ob er im Gegenteil sein Schattengrau mit der Komplementärfarbe des Localtons gemischt bezw. diese Komplementärfarbe selbst als Schattenfarbe benutzt hat. Mit dem Localton bilden ihren Schatten Raffael (belle Jardinière) und fast immer Giorgione und Tizian (Ausnahme Gesicht von Tizians Laura de Dianti.); mit der Komplementärfarbe dagegen mischen ihr Grau zum mindesten häufig (cf oben) Lionardo (Mona Lisa Schatten deutlich grünlich), Correggio, Tintoretto (wenigstens die Susannah), Velazquez; Correggio benutzt, wo er starke Fleischwirkung sucht (Antiope) die Komplementärfarbe des Incarnatrots Grün fast ganz rein; Watteau, Lancret, Fragonard, Chardin benutzen zum Incarnat die Komplementärfarbe von Orange Blau ganz rein. Auf die so formulierte Frage zu achten aber höchst wichtig, denn ein verdunkelter Lokalton ergiebt nur Intensitätswirkungen, die Komplementärfarbe dagegen und schon die Mischung des Schattengrau mit der Komplementärfarbe qualitative Wirkungen, neue Farbenwirkungen. – Vergleich der Mona Lisa und der Catharina von Correggio, die nebeneinanderhängen. Im Schattenton der Mona Lisa vielleicht (?)

[1] Portrait d'une femme à sa toilette

eine Spur von Grün; er wirkt aber jetzt mehr als Dunkelheit. Wenn man das Auge dann auf den Kopf der Catharina richtet, fühlt man im Gegenteil den Schatten sehr deutlich als grünen Ton, der mit dem Inkarnat zu einem zartschwingenden FarbenAkkord zusammenklingt. Dieses Grün wird unterstützt durch einige tiefgrüne Pinselstriche am Ärmel der Catharina, die sich dort mit einem zartgelblichen Rosa treffen. Der Akkord von Inkarnat und Grün wiederholt sich also aber in umgekehrter Betonung: das Grün sehr stark, der rötliche Ton viel leiser. Das Nackte der übrigen Personen ist nur mit Rot, Braunrot und Grau modelliert. Das schwere Goldgelb des Mantels unterstützt wie das goldblonde Haar, das Correggio liebt, dieses Spiel von Grün und Inkarnat, das dann wieder von irgendeinem starken Blau zusammengeschlossen wird. – Raffaels Schatten in der Belle Jardinière schmutzig graubraun; keine Spur von selbständiger Farbe.

London. 22 Mai 1901. *22.5.1901 Mittwoch*

Correggio. Venus, Mercur u Cupido im tiefen Walde; Schatten der Venus zwischen bläulichem Grau und tiefgrünem Grau. Bei Cupido u Mercur Schatten zum Teil braun z. T. ebenfalls bläulich und grünlich; aber weniger gefärbt als bei der Venus. Ähnliche Beobachtungen an den andren Correggios. – Bei Tizian blaue Schatten Ausnahme (aber z B. beim Christuskind der Heil. Familie.). Bei Veronese dagegen sehr viel häufiger; ebenso bei Tintoretto z.B. beim Heil Georg. Dieses Bild überhaupt ein Wunder der Anordnung von Blau, Rot und Weiss; welcher Rhythmus zwischen den Flächen dieser Farben. Wie hat nur die vorige Generation über den Quattrocentisten die grossen Entdecker der Farbe Correggio, Tintoretto, Veronese übersehen können. Tizian scheint mir als Maler eine Zwischenstellung einzunehmen zwischen den Bellinis und Tintoretto, der als Maler zweifellos viel weiter gekommen ist als Tizian. Man vergleiche seinen Heil Georg und das so raffiniert behandelte und wunderbar leuchtende Blau, Rot und Weiss dieses Bildes mit dem Blau und Rot von Tizians Bacchuszug daneben; wie hart und lichtlos dieses hingestrichen ist. – Jan van Eyck Die Arnolfinis: im Gesicht der Frau am Auge zartblaue Schatten; ebenso an der weissen Haube. Nach Greenwich.

London. 23 Mai 1901. *23.5.1901 Donnerstag*

Spanische Ausstellung in Guildhall. Velazquez. Dass es Etwas so Schönes auf Erden giebt! Velazquez ist für die Farbe was Phidias für die Form; sie schaffen ein Jeder für sein Sinnesgebiet den subtilsten, hinreissendsten Zauber, den es gegeben hat, der Eine für den Augennerven der Andre für die Augenmuskulatur. Phidias und Velazquez, diese Namen bezeichnen die letzten Grenzen, bis zu denen der Mensch in der bildenden Kunst gelangt ist; die sublimste Höhe der dem menschlichen Auge gebotenen Schönheit.[1] – In der National Portrait Gallery das machtvolle Porträt Cromwells[2] und das furchtbare Jakobs I; von dieser entsetzlichen, halbumnachteten und perversen Misgeburt stammen alle Herrscher Europas ab. Ein Gedanke, der Einem kalt über den Rücken läuft.

London. 24 Mai 1901. *24.5.1901 Freitag*

Heute erlebt man hier, wie grosse Männer entstehen. Milner, der aus Afrika eintrifft, wird in allen Zeitungen ausser Daily News u. Westminster als the great statesman, one of England's greatest statesmen u. s. w. begrüsst; das Publikum, das dieses Urteil immer wieder liest, wird es übernehmen, wie viele andre, die es nicht begründen könnte. Den Anstoss zu dieser Erhebung M's in den Heroenstand haben aber seine Gegner gegeben; deren Angriffe haben nach dem Gesetz des Pendels die Kriegsfreunde getrieben, ihn hochzuheben. So wachsen Legenden und grosse Männer. – Wieder in der Velazquez Ausstellung. Ein grosser Teil von seiner hinreissenden Gewalt kommt von der unerhörten, fast japanischen Kühnheit der Linie; dieses sowohl in Composition (schon die beiden tafelnden Jungen aus seinem 17ten Lebensjahr; Degas) wie in Pinselstrich (Haar des Quevedo aus der Wellington Sammlung). Er ist wohl ein ebenso grosser und origineller Linienkünstler wie Maler. Dieses Liniengenie ist auch die wirkliche Quelle seiner „Flecken" Verteilung. Rhythmus der Augenbewegung. Hierzu cf den spanischen Tanz; seine Linie ist ebenso leidenschaftlich und wild wie die Bewegungen der Gitanatänzer; psychophysiologisch wohl auch dieselbe Anlage.

London. 25 Mai 1901. *25.5.1901 Samstag*

National Gallerie. Eine von den Methoden, durch die die Venezianer (Bellini, Tizian, Tintoretto) ihre Farben rein halten, d. h. schmutzige Schatten zu vermeiden wissen, besteht darin, dass sie in der Farbe vom Schattenton ausgehen und diesen in den Lichtpartieen progressive aufhellen, durch Mischung mit Weiss oder durch kleine weisse oder goldgelbe Striche (Bellinis Christus auf Golgatha[3]) oder Netzwerke. So Tizian in seiner Heil. Familie beim Mantel der Madonna, zu dessen tiefste Schatten er fast reines spektrales Blau anwendet; ebenso in seinem Bacchuszug bei den roten, blauen und orangegelben Mantelpartieen. Tintoretto arbeitet so in seinem Heil Georg die Gewänder durchweg, deren erstaunliche Leuchtkraft durch kleine weisse Netzwerke von Lichtern erreicht ist, die ungemischt auf dem Blau stehen. Veronese benutzt diese Methode in der Dariusfamilie bei den blauen und roten Mänteln durchweg; ein gelber Stiefel ist dagegen mit Braun in den Schattenpartieen verdunkelt; das reine Gelb mag ihm zu stark

---

[1] Verweisung: „cf. 16.XI.03."

[2] Walker

[3] Gebet im Garten Gethsemane

geleuchtet haben. Bei Correggio kann ich diese Methode in irgendeinem erheblichen Umfange nicht finden; bei Raffaels Madonna d. Ansidei ebensowenig; dagegen wohl auf seiner ganz frühen Vision des Ritters. Auf dieser Art, zu arbeiten, beruht die tiefe, leuchtende Wirkung der Venezianischen Bilder; die Schattenpartieen sind gerade die am reinsten farbigen; die tiefen Töne leuchten am reinsten und deshalb am stärksten; während sie bei andren Meistern schwarz oder grau sind und als Farbe garnicht mitsprechen. Das Licht wächst bei den Venezianern aus der Farbe heraus, während bei den Andren die Farbe in den Schatten hinein verschwindet.[1] – Interessantes Beispiel komplementärfarbiger Schatten auf Tizians Madonna mit der Heil. Catharina. Das gelbe Kleid der Catharina wirft blaugrüne Schatten (richtig wäre wohl blauviolett gewesen.). – Sehr fällt auf Raffaels kindliche Hülflosigkeit in der Farbe, wenn man von Velazquez und den Venezianern kommt. Er hat als Maler in der That Nichts zu sagen; seine Farbe ist ängstlich und stillos aufgestrichen, matt und ohne Ausdruck im Einzelnen und auch im Ganzen. In dieser letzten Hinsicht leistet er weit weniger als Pinturricchio oder Perugino, die fast immer eine reiche, harmonische und eigene Gesamtwirkung erstreben und erreichen. Kleine Farbengedichte wie sie Van Eyck oder Correggio oder Velazquez in unvermuteten Ecken der Bilder zu ihrem eigenen Vergnügen sich vormalen, braucht man nicht einmal zu verlangen. Aber Raffael malt durchweg wie ohne Ziel und ohne Antrieb; die platteste Langeweile gähnt Einen aus diesem Farbenauftrag an. – Wie man Raffael auch betrachtet, er bleibt immer hinter Andren zurück: als Erfinder sexueller oder sentimentaler Schönheit hinter den Lippis, Botticelli, und Pinturricchio, von Lionardo ganz zu schweigen; als Maler unermesslich weit hinter seinen Zeitgenossen Tizian und Correggio. Ihm verbleibt eine gewisse kühle Lieblichkeit der Linie und das zeichnerische Können, das ihm erlaubte, diesem Liniengefühl in Figurengruppen ziemlich frei zu folgen, ohne sich zu verzeichnen. Es giebt wohl keinen zweiten Künstler, der auf ein so mageres Eigentum hin einen so lauten Ruhm erworben hat.[2]

Worcester. 27 Mai 1901. *27.5.1901 Montag*

Aus London her. Der Dom typisch englisch: reich gegliedert im Inneren und romantisch, aber zu niedrig, fast als ob die Wissenschaft (die Theorie), die den Franzosen und uns Wagemut gab, hier gefehlt hätte; dafür die Lage wunderhübsch auf einem Hügel an der Severn, deren andres Ufer von saftigen Wiesen gebildet wird. – Bei der Religion nicht zu übersehen, von welchem Wert es in gewissen Stimmungen (Müdigkeit, Sorge, Druck etc.) erscheinen kann, wenn regelmässig an jedem Tage eine Zeitlang in den Lauf und die Farbe der Gefühle

[1] Verweisung mit Bleistift: „(cf. 3.VI am Ende)"

[2] Verweisung: „(cf 30.V.01 aber auch)"

(und Gedanken) von aussen eingegriffen wird. In diesem Fall ist es nur der Kontrast, der von Wert ist; nicht die Qualität selbst der Kontrastimmung (oder der Inhalt der Kontrastvorstellungen). Das Überweltliche und die Sehnsucht danach wirken, wenn überhaupt, erst in zweiter Linie; Sie kommen an der Hand von Associationen herauf, wenn erst der Geist sich in sich gesammelt hat, wenn also die Hauptwohlthat bereits gewonnen ist. Dann allerdings können sie noch viel weiter und tiefer führen als blos zur Befriedigung durch einen Kontrast. – Einem Leben ohne Sammlung fehlt der Kontrast. Dieses verletzt wahrscheinlich ein Grundbedürfnis der Seele, ein Grundgesetz der geistigen Gesundheit, und rächt sich deshalb.

Stratford on Avon. 28 Mai 1901. *28.5.1901 Dienstag*
Aus Worcester früh herübergefahren. Stratford liegt in einem weit offenen welligen Land, das fast eine Ebene ist und in der englischen Weise aus Wiesen und reichlichen Hecken und Baumgruppen besteht; Alles saftig Grün aber wie ganz England selbst an einem so klaren sonnigen Tage wie heute ohne Tiefe der Beleuchtung oder Farbe. Nur die Lokalfarbe, das Nächste, die Gräser, Wiesen, Blumen in nächster Nähe, reizen das Auge, und dann der weite, tumultuarische Himmel, der bis hier hinein wild und seegleich ist, mit Seenebeln und Seeungeheuerlichen Wolken. Die Natur weist hier im Gegensatz zur grauen Ferne auf den Reiz des Gartens hin, der farbigen Blumen, die man sich in der Nähe zieht. Nichts von unseren deutschen tiefen Bassfarben, die bis in die letzten Horizontfernen einen tönenden ernsten Hymnus miteinander singen, und auch Nichts von der aethergleichen Farbenseligkeit Griechenlands und selbst noch Frankreichs. Farbenliebliche Gartenausschnitte zwischen blassgrauen Fernen sind unter dem weiten romantisch wilden Seehimmel die Umgebung und der Nährboden Shakspeares. – Vorhanden noch Shakspeares Geburtshaus und die Schule, in der er wahrscheinlich erzogen worden ist; diese mit der alten gothischen Gildenhalle unmittelbar in der Nähe des Hauses, das er in seinen letzten Jahren bewohnt hat und das ein verrückter Pfarrer im vorigen Jahrhundert herunterreissen liess. In der Schule zu ebener Erde ein langer niedriger Saal, in dem zu Shakspeares Jugendzeit Comödianten jährlich gespielt haben sollen. Man kann, ohne allzu sehr zu phantasieren, annehmen, dass sich in diesem Saal Shakspeares Beruf und Schicksal entschieden hat. – Das Grab Shakspeares in der Kirche liegt in einem hellen gothischen Chor friedlich; aber der wohlsoignierten und massvollen Umgebung fehlt Alles, was Einen ergreifen oder erschüttern könnte; ich ziehe fast den Goethesarkophag vor, weil er wenigstens grotesk unpassend steht und deshalb in einer wenn auch unangenehmen Weise das Gefühl erregt; und wie anders und ergreifender sind Pascal, Shelley, Wagner, Nietzsche gebettet! oder in Sta Croce die grossen Italiener!

London. 29 Mai 1901. *29.5.1901 Mittwoch*

Früh wieder Velazquez. Unterschied zwischen Kunst und Virtuosithät: der Virtuose zeigt uns, was er kann; der Künstler, was wir können, fühlen können; der Virtuose epatiert uns; der Künstler hebt uns zu sich empor, indem er uns zwingt, mitzufühlen, was er fühlt; Zweiheit, Einheit. – Auf dem Denkmal Pitts d. Ä. in der Gildenhalle kopiert: „Gott habe durch Pitt advanced the nation to an high pitch of prosperity and glory by commerce for the first time united with and made to flourish by war"; und ferner das Monument sei hier gesetzt: that the citizens may never meet for the transaction of their affairs, without being reminded, that the means by which providence raises a nation to greatness are the virtues infused into great men, and that to withhold from those virtues either of the living or the dead the tribute of esteem and veneration is to deny to themselves the means of happiness and honour (1782 errichtet.).

London 31 Mai 1901. *31.5.1901 Freitag*

Wieder Raffaels Madonna degli Ansidei. Wie wenig Raffael Maler ist, zeigen deutlich die drei Äpfel rechts unten; Raffael malt drei braune Kreise, die er notdürftig zu Kugeln abschattiert; sie sind ihm ebenso langweilig wie uns; der Reiz der Farbe, den das Stilleben erlaubt, entgeht ihm ganz. Er entgieng auch den übrigen Umbrern; zugegeben; aber dann soll man nicht Raffael für einen grossen Maler ausschreien. Wie anders behandeln van Eyck oder der sechzehnjährige (!) Velazquez (der Verwalter[1], die beiden jungen Trinker aus der Wellingtonsammlung) denselben Vorwurf. Auch alle andren Gelegenheiten, zu malen, lässt Raffael sich entgehen; ihm fällt als Maler ebensowenig im Grossen wie im Kleinen Etwas ein. Die bewegte Linie und ein hübsches Mädchengesicht drücken Alles aus, was er fühlt; eine raffinierte, ewig kühle, ewig jugendliche, fast knabenhafte Gefühlsskala. Er ist immer siebenzehn Jahre alt; das ist sein Zauber. Die Leichtigkeit, mit der er zu dieser Stimmung immer neue Linien und Gestalten schafft, ist seine ganze Kunst; sonst kann er Nichts, was Andre nicht besser und eigener können. Sein Ruhm ist der Tribut der Welt an den Moment, da im Knaben keck, schüchtern und frisch der Mann sich zu regen anfängt. Raffael fixiert, was Alle einen Moment lang gesehen haben, und umgiebt es mit dem Gefühl, mit dem sie es gefühlt haben; und weil dieser Moment der intimste und süsseste des Lebens ist, nimmt sein Werk eine Stellung ein und übt eine Wirkung aus, die zu seiner Kunst in keinem Verhältnis steht. Seine Macht liegt nicht in seiner Kunst als Können sondern darin, dass der Punkt, an dem er unsere Seele trifft, unvergleichlich zart und reizbar ist.

---

[1] The Steward

London. 1 Juni 1901. *1.6.1901 Samstag*

Velazquez. Stilleben: auf den frühen Bildern (Hausvorsteher[1] v. 1615 Robinsonslg; The Omelet 1619 u s w) sind Menschen und Gegenstände ganz gleichwertig d. h. beide ziehen das Auge gleich stark an, oder es ist der Zufall des besseren Gelingens, der den Blick am Einen mehr als am Andren fesselt. Dagegen auf dem wunderbaren Philipp IV aus d. Huthslg (1655) und der Königin Mariana de Austria aus der Quilterslg (1658) sind die Stilleben in den zweiten Rang gerückt; und Dieses, ohne irgendetwas von Velazquez' Liebe oder Sorgfalt verloren zu haben; die goldene Stehuhr auf dem Marianaporträt und das Hinterzimmer mit dem Tisch und der Uhr auf dem Huthschen Philipp IV sind vielleicht die zwei schönsten Stilleben, die ich gesehen habe; und doch bemerkt man sie, erst nachdem man die Porträts gesehen hat, und der Blick wird auch immer wieder von ihnen zu den Gesichtern hingeleitet. Velazquez' Mittel hierzu scheint eine raffinierte Modulation der Tonlage[2]; diese Herrschaft über die Tongrade erreicht er erst allmählich. In den genannten frühen Werken scheinen alle Farben blos auf Einen Ton gestimmt, in den späten Bildern jeder einzelne Farbenfleck nach seiner poetischen Bedeutung auf einen verschiedenen, genau dem Grade dieser Bedeutung angemessenen Ton. Aber alle Tonlagen sind noch wirkliche Farbe, und die Sorgfalt und Liebe und geniale Mannichfaltigkeit der Farbenbehandlung innerhalb jeder Tonlage sind gleich gross. Darin unterscheidet Velazquez sich von gewöhnlichen Künstlern, die die Aufmerksamkeit statt durch Tonlagenverschiebungen[3], die ihnen versagt sind, durch progressiv schlechtere und schluddrigere Arbeit beeinflussen (schrecklichstes Beispiel Lenbach.). Velazquez dagegen arbeitet in jeder Tonlage gleich fein, wie ein Musiker. Allerdings entwickelt sich diese Gewalt des Velazquez über die Tonlage, in der er die Dinge vorführt, wie gesagt nur allmählich; diese Wandlung ist eine der auffallendsten in seiner Entwicklung. Die Baltasar Carlos Periode scheint gerade die Mitte des Weges zu bezeichnen; in ihr ist Velazquez hoch über das in dieser Beziehung Unorganische, Zufällige, seiner frühen Bilder hinaus, besitzt aber noch nicht die souveräne Gewalt über jedes Ding, die er in seiner letzten Zeit erreicht. Neben der Modulation der Tonlage mögen zu dieser Gewalt auch gewisse Geheimnisse der Linienführung und der Komposition, also des Rhythmus, beitragen; weniger das Seelische der Gesichter, das schon auf den frühen Bildern sehr stark ist, ohne dort die toten Dinge unterkriegen zu können. – Das englische Leben ist wie die englische Landschaft überall von einem grauen Hintergrund umgeben, der Einem die Schönheit und Farbenfülle des Nahen entweder als ein unentrinnbarer Druck vergällen oder als eine Folie steigern und versüssen kann;

---

1 The Steward

2 nachträgliche Einfügung mit Bleistift: „der Kraft der Töne (des Werts)"

3 nachträgliche Einfügung mit Bleistift: „Kraft"

ob er Dieses oder Jenes thut, ist ausschliesslich Sache des Temperaments. – Man kann England nicht verstehen, solange man beim Nachdenken über englische Dinge noch das Wort „also“ anwendet; d. h. „also“ als Brücke von Erfahrungen zu Abstraktem und vom Abstrakten wieder zu Handlungen; der Engländer denkt immer direkt von der Erfahrung zur Handlung; er eilt auf dem kürzesten Wege von der Wahrnehmung zur That; er benutzt nicht den Umweg über das Abstrakte, Allgemeine und bildet sich deshalb keine Maximen. Aus dieser unmittelbaren Verbindung von Wahrnehmen und Handeln entsteht Alles, was uns im englischen Leben als Widerspruch erscheint, einschliesslich der englischen „Heuchelei“ und des englischen cant. Der Engländer erlaubt Männern, nackt, ohne Badehose, mitten im Hyde Park zu baden; in andren Fällen ist er, was wir prüde nennen; je nach den thatsächlichen Umständen; ein System des Anstandes hat er nicht. Der Schauspieler Shakspere war um 1600 mit Männern aus den höchsten Kreisen befeundet; der Schauspieler Garrick wurde im 18ten Jh. in der Westminster Abtei beigesetzt, zu den gleichen Zeiten, als in Paris Molière Nachts verscharrt und Adrienne Lecouvreurs Leiche in den Rinnstein geworfen wurde. Aber Burke, der grösste Whigredner, konnte nicht Whigminister werden, weil er nicht von Whigadel war. Die Gesellschaft, der Adel, ist in England immer zu gleicher Zeit sehr offen und sehr exklusiv gewesen, offen eben als „Gesellschaft“, geschlossen bis zur Brutalität und Borniertheit als herrschende Kaste; man entschied und entscheidet von Fall zu Fall; kein System. Man kann diese Beispiele beliebig vermehren. Das auch beim free Trade, bei der englischen Politik, beim englischen Humanitarismus und Liberalismus immer im Auge zu behalten; das sind Alles keine Systeme, aus denen irgend Etwas inbezug auf die Zukunft sich folgern lässt, sondern Entscheidungen, oder Kollektivbezeichnungen für Entscheidungsreihen, die jedesmal auf irgend eine bestimmte Lage hin getroffen worden sind. Kindisch ist es aber, dem Engländer aus dieser ihm angeborenen Form des Handelns einen moralischen Vorwurf zu machen. Im Handeln nach Maximen liegt trotz Kant Nichts Moralisches. Man soll den Engländer nur ein für allemal verstehen, um nicht aus falschen Erwartungen zu Schaden zu kommen. – Der Engländer bringt es allenfalls bis zu einer Theorie; er handelt aber nie nach einer Theorie. – Der Engländer handelt, der Franzose redet, der Deutsche denkt (träumt); das sind die Grundtriebe; deshalb ist das Hauptvergnügen des Engländers, körperlich sich zu tummeln (zu spielen), des Franzosen zu schauspielern, des Deutschen, sich einen Rausch (einen Traum) zu trinken. Deshalb aber auch die ganz besondre Stellung, die in England die Moral einnimmt; und die spezifisch englische Art, sie aufzufassen; der Engländer sucht sie nicht als eine Sammlung von abstrakten Maximen, die aus irgendwelchen Verbindungen mit metaphysischen Spekulationen Wert haben und dadurch auch seinem Handeln einen Abglanz ihres Wortes geben (Kant), sondern als eine Erleichterung des Handelns, ein Mittel, jede Entscheidung schneller und leichter zu treffen, also als eine Unterstützung seines Haupttriebes; daher der hohe Wert, den er ihr instinktiv beilegt. Ein unmoralischer Mensch widert den Engländer an, weil er im Handeln schwankt, weil er langsamer, unsicherer, unentschlossener handelt als ein moralischer. Gegen ganz versteinerte und entschlossene Verbrecher hat der Durchschnittsengländer deshalb auch nie wirklich einen Widerwillen empfunden; sie erreichen, was er will und schätzt, auf einem andren Wege. In allen diesen Beziehungen steht der Schotte zwischen dem Engländer und dem Deutschen, (vielleicht daher Kant zum Teil), der Ire zwischen dem Engländer und dem Franzosen. Ich habe merkwürdigerweise eine Mischung von deutschem, irischem und schottischem Blut; ein Halb Deutsch; ein Viertel irisch (Lynch), ein Viertel schottisch (Taylor); in das schottische Viertel schlägt allerdings noch etwas persisch-arisches Blut hinein.

London. 3 Juni 1901. *3.6.1901 Montag*

Velazquez. Schattenbehandlung. In seiner frühsten Periode (Hausvorsteher, Wasserträger, alte Eierfrau) sind die Schatten farblose Dunkelheit; Velazquez geht hier also von der Farbe im Licht aus.[1] Dieses erscheint aber schon im alten Bettler mit der Traumkugel nicht mehr so prononciert; in den meisten Schatten ist eine deutliche Farbe zu erkennen, selbst in den dunkelsten Stücken am rechten Ärmel. In der Baltasar Carlos Periode scheint V. schon von der Farbe des Schattens auszugehen, diese ins Licht hinein progressive aufhellend und verwandelnd wie die Venezianer. Hierhin musste ihn seine Anlage logisch führen, die von seinen ersten Bildern an mit so wunderbarer Feinheit jede Variation der Farbe auf der Oberfläche der Gegenstände verfolgt. Im Innozenz X dann bis auf den gewollt farblosen Hintergrund Alles, Licht und Schatten, Farbe, und zwar ist die Grundfarbe die des Schattens aus dem Schatten ins Licht aufgehellt. (Ausnahme am Auge und am Halse braune bezw. graue Schatten in die Farbe hineingetragen.) Aber drei verschiedene Grund Rote, sozusagen drei verschiedene Systeme, ein sehr helles, reines Rot als Grundton des Gesichts, ein tiefes reiches Kirschrot für die Mütze, und ein geschlagenes, wie welkes Rot für das Gewand; diese drei Systeme zu einander wieder in Verhältnis und Harmonie gebracht. Dieses strenge Verhältnis, in dem die drei Flächen zu einander stehen und durch das das Gesicht dominiert, wesentlich durch die Nüance der Lichttöne, die in das Rot hineinschlagen, mitgeschaffen. Im Gesicht sind die Lichttöne rein Rosa, eine Art von Erdbeeren mit Milch Farbe, die bis zu reinem Weiss steigt, das Kirschrot der Mütze geht im Licht in auch noch reine aber weniger helle (weniger weisse) Wein und Wasserfarben über. Das Gewand schliesslich ist nicht mit reinem Weiss sondern mit Rosa und Weissbraun aufgehellt; das Weissbraun bricht hier überall das hellere, reine Rosa. Velazquez Grundlage, die einzige Feinheit seiner Emp-

---

[1] nachträgliche Einfügung mit Bleistift: „(Caravaggio)“

findung für die Variationen der Farbe auf den Gegenständen, ob diese im Gegenstand selbst oder im auffallenden Licht oder Reflexen oder Kontrasten ihre Ursache hatte, führt ihn aber weit über die Venezianer empor. Sie triumphieren durch ein richtig angewendetes Prinzip, er noch ausserdem durch die individuelle Feinheit seiner Retina, die immer neue Reichtümer an Farben und Farbentönen ihm entdeckt, und durch ein Harmoniegefühl, das aus diesen Reichtümern immer neue Akkorde auszuwählen weiss. Das Werk der Venezianer, selbst das Tintorettos, ist im Vergleich zu dem des Velazquez grob, fast Handwerkerhaft. Tintoretto hat vielleicht eine ähnlich feine Retina gehabt und auch ein ähnlich grosses Harmoniegefühl; der Kopf und Hals der Prinzess auf dem Heil. Georg ist ein Wunder der Beobachtung und Auswahl kleiner, feiner Farbenakkorde; aber diese Vollendung ist bei Tintoretto nur Ausnahme; vielleicht hat er sich dazu gewöhnlich nicht die Zeit gelassen. In dieser habituellen Farbenfeinheit und Harmonieenvollendung hat Velazquez nur einen Rivalen; Correggio (Kopf der Catharina in Paris; aber fast Alles). Velazquez übertrifft aber Correggio wieder durch die ihm mit den Venezianern gemeinsame Art, alle Farbe auch wirklich Farbe sein zu lassen, keine dunklen Löcher hineinzumalen. Er vereinigt also ein Genie, das dem des Correggio gleich ist, mit einer besseren, richtigeren und Schönheitsreicheren Technik. Und hier spreche ich nur von Farbe; während Velazquez auch noch ein einzig gewaltiges Liniengenie war. – Ganz roh aber fast auf einen Blick erkennt man, ob ein Bild venezianisch ist, wenn man sich fragt, ob die Hauptfarben eine Tendenz haben in Weiss überzugehen, oder in Schwarz. Bei Bellini, Vincenzo Catena, Giorgione, Tizian, Veronese Tintoretto, Paris Bordone ist immer fast ohne Ausnahme das Erstere der Fall; die Lokalfarbe, die Grundfarbe, hellt sich in weissere Lichttöne und oft ganz bis zu reinem Weiss auf. Das Gegenteil ist z B. bei Andrea del Sarto der Fall, wo die Farbe als eine Ausnahme und Befreiung aus Braun oder Schwarz aufleuchtet, während sie bei den Venezianern als eine Dämpfung, eine Trübung des hellen, goldenen oder silbrigen Lichts erscheint; zweifellos richtig. Ich schweige von Raffael; der überhaupt mit der Farbe Nichts will. Lehrreich hier die als Pendants rechts und links von der Treppe der Nat. Gall. hängenden Porträts von Richelieu von Philipp de Champaigne und der Cavaliere Tron[1] von Longhi (später Venezianer 18tes Jh); beides Figuren in wallend roten Gewändern, die den Gegensatz zwischen Venezianern und Nichtvenezianern in aller Schärfe zeigen.

London. 4 Juni 1901. *4.6.1901 Dienstag*

Rowton House in Hammersmith. – Einer von den Vorteilen des Parteisystems, wie es in England besteht, dass die leitenden Männer immer wieder Musse bekommen, während der sie Kultur sammeln können. Bei uns ist ein Minister

1 Nazari

gewöhnlich sein Leben lang viel beschäftigter Beamter gewesen und hat seit der Schulbank nie Zeit zum Lesen oder Sehen gehabt. Nur die Diplomaten haben in ihrer Laufbahn Musse, sich kulturell auf der Höhe zu halten. – Zum Lachen die Freude über die Abschaffung der „rotten boroughs" durch die Reformbill von 32. Heute kaufen dieselben Leute Zeitungen, die bis 32 boroughs kauften: die grossen Herren und die Parvenüs; vielleicht kauft sogar derselbe Preis heute mehr politischen Einfluss als vor 32; d. h. vielleicht ist Einfluss auf die Politik seit 32 im Preis gesunken. Die Verfassung Englands ist seit 1688 gleich geblieben, bis auf Ein Rad: heute ist sie eine durch die unsichtbaren Eingriffe der Krone temperierte cäsaristische Oligarchie (die Oligarchie: das jeweilige Kabinett); bis 32 und noch einige Jahrzehnte später war sie eine durch die unsichtbaren Eingriffe der Krone temperierte parlamentarische Oligarchie; d. h. damals stützte sich die Oligarchie auf dieselbe Menschenklasse, durch die und aus der sie ausgewählt wurde; heute wird sie durch eine Klasse, durch den Adel und den popolo grasso (die reicheren Schichten), ausgewählt, stützt sich aber auf Etwas Andres als diese Klasse, nämlich auf die „öffentliche Meinung", d. h. auf die „Demokratie", d. h. auf die Zeitungen; nominell umfasst ausserdem die Demokratie auch das Proletariat; jedenfalls liegt es den Zeitungen jetzt ob, auch das Proletariat zu beeinflussen, hintersichherzuführen. Insofern hat sich also die Dynamik der Verfassung in der That geändert; durch diese Änderung ist aber die Korruption, d. h. der verfassungswidrige Einfluss des Geldes, den die Reformbills in Gestalt der rotten boroughs abschaffen wollten, wieder in das Räderwerk des politischen Lebens eingeführt worden, in Form der Zeitungen. Secundäre Besonderheiten der englischen Oligarchie, dass sie periodisch wechselt, und dass sie sehr wenige Mitglieder zählt. – Wallacesammlung. Rieseners (1739-1806; fast genau = Fragonard) Schreibtisch für Stanislaus Leczinski: Kühnheit der Linien; diese Kühnheit und diesen Schwung der Linie hat das französische Möbel vielleicht von Caffieri (1678-1755), (der Japan kannte z. B. Lacktintenfass von ihm montiert in der Wallaceslg); siehe die beiden grossen Krüge und den mächtigen Kronleuchter von ihm hier. Aber Oeben und Riesener halten die Kraft fest und verfeinern ihren Ausdruck; Nichts ist zarter und eleganter in gedämpfter Kraft als die Möbel von Riesener, in denen er allmählich den neuen gradlinig vertikalen (Louis XVI) Stil schafft, aber noch gebogene Formen an bevorzugten Stellen beibehält. Ich denke bei dieser Künstlerdynastie immer an Fleurettfechten; weniger bezaubernd und komplizierter als das nackte Spiel Griechenlands, mit dem die Formen der griechischen Vasen verwandt sind; aber doch noch kühne und menschliche Linienkunst, d. h. Bewegungs d. h. Muskel- und Willens-Kunst. – Ein Vorteil der Gegenständlichen im Gegensatz zur „abstrakten" (d. h. blos rhythmischen) Dekoration, dass das Auge die Linien sofort zusammenfasst, den Rhythmus deshalb schneller und sicherer fühlt; der „Gegenstand" ist ein dem Auge millionenfach eingeübter Führer; kein Kunstinstinkt ist nötig, um wenigstens richtig abzulesen, die richtigen Linienverbindungen zusammenzufassen. Daher, nicht aus dem „Inhalt", die stärkere Wirkung des Gegenständlichen auf die Meisten.

London. 6. Juni 1901. *6.6.1901 Donnerstag*

In South Kensington. Die neuen Universitätsgebäude gehören wie die New Yorker Skyscrapers und die Berliner Kaufhäuser zu den Versuchen, eine ganz eigene Seite der Gegenwart auszudrücken: das Gigantische im modernen Leben; künstlerische Embryos. Nachmittags nach den Albert Docks, durch Whitechapel, Stepney u. s. w: eine endlose Wüste kleiner, kahler zweistöckiger Häuser, die sich rechts und links von den Hauptverkehrsadern in schmalen grauen Höfen abzweigen; man denkt an ein grenzenlos sich fort und fort ausdehnendes Zellengefängnis. Auf dem Pflaster spielt ein reicher Kindersegen zwischen Frauen in Federhüten; darunter wunderbarerweise Kinder und Knaben mit hübschen, frischen Gesichtern. Die Docks sind ganz enorm; man verliert jeden Masstab, wenn man im Albertdock auf dem Schienengeleise die Meilenlange Wasserstrasse an den Schiffen entlangeilt, schnurgrade an der wie im Traum immer noch länger werdenden ankernden Schiffsreihe. Und der Albertdock ist nur Einer von denen, die den Hafen von London bilden. Hier wird die moderne Welt ganz phantastisch. Ich habe seit den Schlachthäusern in Chicago dieses Märchenhafte unserer Welt, in dem sie der von Tausend und Einer Nacht gleicht, nicht wieder so konkret gefühlt. Und inmitten dieses endlos sich ausdehnenden von einem märchenhaften Mastenwald gesäumten grauen Zellengefängnisses, das London heisst, die Parthenonskulpturen.

London 7 Juni 1901. *7.6.1901 Freitag*

Tristan mit der Ternina, Van Dyck, Van Rooy (Kurwenal) und der Brema. Ich hätte nie geglaubt, dass eine Isolde nach der Sucher noch auf mich Eindruck machen könnte. Aber die Ternina ist in ihrer Weise, die von der der Sucher vollkommen verschieden ist, ebenso gross. Die Sucher wirkt ganz durch die Gebärde; die Ternina durch den Gesichtsausdruck. Die Ternina ist mädchenhafter und zugleich perverser, praeraphaelitisch zart mit innerer, phantasieentzündeter Glut. Die hinreissende Schönheit der Sucherschen Bewegungen im Liebesduett fehlt; aber dafür sind hier und im Liebestod Momente der durch das Gesicht ausgedrückten Vergeistigung, die einzig suggestiv wirken.

London. 9 Juni 1901. Sonntag. *9.6.1901 Sonntag*

In der Publikation The Heart of the Empire höchst interessante Beobachtungen über London; die Feststellung eines neuen städtischen Menschentypus, der in zahlreichen Eigenschaften, qua Stadtmensch, total verschieden ist vom früheren englischen Rassentypus. Ferner, dass die Bestrebungen, die materielle Lage des Fabrikarbeiters zu bessern, die auf Carlyle, Ruskin, Kingsley, Disraeli, Toynbee zurückgehen, Erfolg gehabt, aber zugleich eine ganz neue, entspiritualisierte Lebensauffassung dieser breiten Klasse geschaffen haben, deren Merkmale einerseits eine gewisse animalische Zufriedenheit und cheerfulness sind, aber andrerseits ein vollkommener Verzicht auf jede tiefere Auffassung oder Idealisierung des Lebens sind; Absterben aller Höhen und Tiefen der Seele, Absterben der Religion und jedes auch irdischen Idealismus, dafür eine gewisse nicht niedrige aber auch nicht hohe, d. h. in keiner Weise die Kräfte der individuellen Seele übende oder entfaltende, konventionelle Alltagsmoral. Über diese Moral höchst wertvolle Einzelheiten enthalten im Essay über das Stadt Kind[1]. Solcher Monographieen über thatsächlich wirkende Moralkomplexe kann es nicht genug geben; nur von ihnen kann eine vergleichende Moralwissenschaft später einmal ausgehen. Die Moral in den Moral Systemen studieren, ist, wie wenn man Kunstgeschichte aus Aesthetiken konstruieren wollte. – Gewisse allgemeine Thatsachen des Londoner und des englischen Lebens drängen sich allmählich auf. In London das Fehlen Vieler von den technischen Erleichterungen des Verkehrs, die wir auf dem Kontinent gewohnt sind; keine oder fast keine Strassenbahnen; die unterirdischen, wenig verzweigten und verhältnismässig selten fahrenden Bahnen sind kein Ersatz; der totale Mangel einer Rohrpost; man muss telegraphieren oder einen Messenger schicken; die geringe Zahl der telephonischen Anschlüsse; das Telephon spielt im Leben noch kaum eine Rolle; die Seltenheit der Automobile im Vergleich zu Paris, obgleich die zahllosen Omnibusse eigentlich ein günstiges Feld für die Anwendung der mechanischen Fortbewegung böten. Ferner fallen auf die vielen Eingriffe in die wirtschaftliche Freiheit; trotz der Deklamationen der Engländer gegen paternal government giebt es nirgends ausser vielleicht in Amerika Regulations, die so tief und so häufig Jedem bei der Befriedigung wirtschaftlicher Bedürfnisse fühlbar werden. Alle Geschäfte, oder fast alle, sind Sonnabends um 2 Uhr geschlossen, viele auch Donnerstags; die Restaurants und Cafes an Wochentagen Nachts um 12 ½ an Sonntagen den ganzen Tag bis auf die Zeit von 1 bis 3 und 6 bis 11 ½. Ich möchte wissen, was man dazu bei uns sagen würde. Ausserdem Sonntags kein Theater, über Vergnügungslokale die strengste und, wie man zugeben muss, erfolgreiche und nützliche Censur u. s. w. In den Demokratieen von England und Amerika ist der Durchschnittsmensch wirtschaftlich viel unfreier als in Deutschland, in der französischen Demokratie allerdings freier. Jedenfalls ist die Demokratie der wirtschaftlichen Freiheit zum mindesten weder günstig noch ungünstig, eher aber wie es scheint ungünstig; ebenso der moralischen. Die Regierungsform, die allen Formen der individuellen Freiheit günstig ist, soll übrigens erst noch erfunden werden. Die Demokratie will die politische Freiheit sichern; begünstigt aber weder die moralische noch die wirtschafliche Freiheit. Das Land, in dem der

---

[1] Bray

Einzelne moralisch, wirtschaftlich und religiös am freisten ist, ist die Türkei, ein politisch in der ärgsten Form despotisches Land. Religiöse Intoleranz kann mit absoluter Freiheit in moralischen, künstlerischen, wirtschaflichen Dingen Hand in Hand gehen; eine politische Despotie mit moralischer Anarchie und sozialer Gleichheit. Der alte Begriff der „Freiheit" ist unhaltbar; es scheint fast, als ob eine Form der Freiheit die andren oder gewisse andre ausschlösse. Hierzu die sehr tiefe Bemerkung Pitts über Frankreich vor der Revolution (Rosebery). Man würde dann wählen müssen, welche Formen der Freiheit man erstreben will; die Antworten nach der Weltanschauung natürlich verschieden. – Demokratie heisst Zeitungsherrschaft; wenn das Publikum politisch gleichgültig geworden ist, „Boss" Herrschaft, wie in Amerika. Boss Herrschaft ist Caesarismus im Kleinen; wenn ein wirklicher Mann Boss wird, auch Caesarismus tout court. Nur ist der Caesarismus heute, da die Zeitungen das „Volk" sind, absolute Gewalt begründet auf Leitartikel. Da der reichste Mann die meisten Leitartikel bezahlen kann, sind Demokratie und Caesarismus Verkleidungen der Plutokratie. – Mit Tschudi gegessen. – Die Eigentümer der 30 oder 40 meistgelesenen Zeitungen Englands besitzen, wenn sie nur durchschnittlich geschickt sind, zweifellos mehr wirkliche Macht als die Lords und Commons zusammen; mehr als vor den Reformbills die Aristokratie und Boroughbesitzer. Durch die Reformbills ist die politische Macht also in weniger statt in mehr Hände übergegangen; sie ist jetzt einer kleineren Zahl dienstbar; jeder von den Einzelegoismen, denen sie gehorcht, hat infolge der Demokratisierung einen grösseren Teil zur Nutzniessung.

London. 13 Juni 1901. *13.6.1901 Donnerstag*

Im Britischen Museum Groteske Terrakotten aus Kameiros (Vasen). Die Griechen haben nie die ihnen angedichtete Angst vor dem Hässlichen gehabt; Das, was sie wirklich vermieden, war die Arhythmie, den Mangel eines auf die Bedürfnisse des Gefühls berechneten Verhältnisses zwischen allen Empfindungen, die ein Gegenstand im Auge anregt. Sie spannten ihre Welt in solche Verhältnisse ein; das war ihre Kunst. Dieselbe Aufgabe ist uns geworden. Dass die Griechen sie an Mythen zu lösen hatten, wir an der Wirklichkeit, ändert wenig; ihre Mythen waren zum Teil ebenso grausam und abstossend und dumpf wie unsere Maschinen- und Arbeiterwelt. Dass schon der Stoff der Kunst schön sein müsse, ist das Postulat einer späteren Zeit, die nicht mehr zur Herrschaft durch die Form die Kraft fühlt.

London. 15 Juni 1901. *15.6.1901 Samstag*

Die Aufgabe der Kultur, die der Mensch in ihr löst, immer dieselbe: was ihn umgiebt, in Kraftquellen zu verwandeln, für seinen Körper, für seinen Geist; die Welt sich anpassen, sich der Welt anpassen, dass das Resultat seine höchste Intensität und Mannichfaltigkeit sei, die zahlreichsten und also die fruchtbarsten

Möglichkeiten menschlichen Seins verwirkliche. So hat der Grieche seinen Mythus verwandelt sich zur Nahrung durch Rhythmus und Harmonie; wir haben dieselbe Aufgabe vor der wirklichen Welt, die durch die Wirtschaftsentwicklung furchtbar und Seelengefährlich geworden ist. – Sich von der Welt nähren, will der Mensch, Geist und Körper; sein Mittel ist Kultur. Von ihr heisst Kunst der Teil, der die Welt durch die rhythmische, harmonische, poetische Form, in die sie gebracht wird, kraftspendend macht. Welt hier alle Sinnlichkeit und deren Nachhall, die Phantasie. Die Kraft äussert sich in der Steigerung und Klärung Dessen, wodurch sich der Mensch als Sich empfindet: der Vorstellungs- und Gefühlsprozesse. – Morris meint, dass art the expression of man's pleasure in labour[1] ist und erwartet deshalb eine Wiedergeburt der Kunst vom Sozialismus. Aber die Monotonie der modernen Arbeit kommt von der Arbeitsteilung. Wie könnte also der sozialistische Staat die Freude an der Arbeit und, wie Morris meint, die Kunst wiederbringen, wenn er nicht diese Technik änderte? Inwiefern könnte Dieses aber der sozialistische Staat eher als jede andre Staatsform? Was der Sozialismus ändern will, ist doch nur die Verteilung des Arbeits Produkts nicht die Teilung der Arbeit beim Produzieren. Die Freude auf einen besseren Lohn ist doch nicht dieselbe wie die an einem möglichst vollkommenen Schaffen, das durch die Teilung des Schaffensprozesses zwischen viele Menschen und Maschinen kein Ziel mehr für den Einzelnen sein kann. Eher liesse sich eine Rückkehr zur alten Arbeitsfreude von der Fortentwicklung der Maschine erwarten. Wenn diese so vollkommen und kompliziert-einfach wird, dass immer weniger Menschen immer grössere Arbeitsabschnitte beaufsichtigen, so würde dieses die Arbeitsteilung zwischen Menschen wieder rückgängig machen. Die Maschine nähert sich damit den natürlichen Produktionsmitteln, der Kornähre, dem Obstbaum. Ob der Kunst damit geholfen wäre, ist eine andre Frage.

Salisbury. 17 Juni 1901. *17.6.1901 Montag*

Früh nach Salisbury. Wunderbar und einzig an der englischen Landschaft das Grün der Vordergründe und die stürmische Grösse und Majestät des Himmels. Dagegen fehlt die Mannichfaltigkeit der Farben, die bei uns bis in die letzten Fernen spielen; die Ferne hier ist blassblau oder grau, ausser wenn auf einen Strich ein Sonnenblick herniederbricht; dann leuchtet dort die Farbe eines Feldes, eines Waldstücks mit dramatischer Intensität. – Die Form hat an der Schönheit der englischen Landschaft keinen Teil; es sei denn in den grossartigen aber unbestimmten Wolkengebilden. – Salisbury cathedral hat mich etwas enttäuscht; das Innere ist frostig kalt, ein wahres Paradigma des frühgothischen Stils; und noch dazu reingewaschen wie eine holländische gute Stube. Aber viele schöne Skulpturen und Grabmäler. Bezaubernd ist dagegen das Kapitelhaus; ein Juwel der

[1] The Nature of Gothic. A Chapter of the Stones of Venice

reinsten und zugleich luftigsten und graziösesten Gothik, um 1270 gebaut, also etwas später als der Dom selbst (1220-1258); ich möchte es neben die Ste Chapelle selbst setzen. – Unter dem Hochaltar des Doms ruht Shakspeares Liebling, an den die Sonette gerichtet sind, William Herbert, später Graf Pembroke.

London. 23 Juni 1901. Sonntag. *23.6.1901 Sonntag*

Mein letzter Tag hier. In der Nat. Gallery. Schule Taddeo Gaddis[1] (Triptych.) Man erkennt an vielen Stellen, dass das Komplementärfarben Gesetz befolgt ist. Das gelbe Kleid des Herodias hat immer violette Schatten; dagegen allerdings die gelben Wämser des Henkers u. des Lautenspielers rote. Blau und Rot eine sehr beliebte Kombination, obgleich allerdings nicht genau komplementär (diese Kombination in der Kst aller Zeiten häufig). Zu untersuchen. Ebenso die Rolle der Nichtfarben (Weiss, Grau, Schwarz) und der Mehralsfarben (vor Allem Gold). Geschichte der Farbenpaare (vom Trecento an). Rolle des Goldes als Folie der analog, die später Braun spielt, oder auch Grau (Velazquez); überhaupt Geschichte der Folientöne. Bei den Impressionisten und Neoimpr. ganz verworfen. – Der Grundfehler der demokratischen Anschauung, dass überhaupt politische Freiheit möglich ist, wenn die politische Macht ganz in Einer Hand liegt; ob ganz beim Volk oder ganz beim Volk, kommt ganz auf Eins hinaus, nämlich auf Tyrannei, Korruption, Günstlingswirtschaft. Die Grundbürgschaft für die polit. Freiheit des Einzelnen und der einzelnen Interessenkreise sehe ich im organischen Gegeneinanderwirken verschiedener gut gepaarter Machthaber; ihr Kampf verbürgt die Freiheit. Diese schwindet dann natürlich wieder, sobald die verschiedenen Machthaber ihre Kraft ihrerseits alle aus derselben Quelle schöpfen; diese wird dann zur Gewaltmacht über die ganze Gesellschaft, wie die von der City aufgekaufte Presse Englands es fast schon geworden ist. – Auf irgendwelche Gerechtigkeit lassen sich schlechterdings die Forderungen des Proletariats nicht begründen; auf ein bewusstes und wirkliches Bedürfnis des Prol. nur in beschränktem Maasse; viel eher auf das Interesse der höheren Geister, die eine gesunde, freie, denkfähige Rasse brauchen, damit ihre Schöpfungen am Leben bleiben und nicht blos in Museen und Bibliotheken modern.

London–Ostende 24 Juni 1901 Montag. *24.6.1901 Montag*

Früh aus London fort nach Ostende. Mit Bedauern. F.M.

Brüssel. 25 Juni 1901. *25.6.1901 Dienstag*

Bei Lemmen in Brüssel. Flandern. Das stärkere Licht bewirkt, dass es hier (mathematisch) weniger Farbe giebt als in England, wenn auch die Farbe, die da ist vielleicht stärker ist. Aber die Hälfte der Flächen, die Hälfte der Blätter und

[1] Gerini

Ähren sind blos Licht, Reflex, Glanz, ohne wirkliche Farbe. Die englischen Vordergründe sind viel kompakter in der Farbe. Derselbe Unterschied wie zwischen Gyps und Marmor. Hier flimmert überall Glanz durch die Farbe. Bis in die Fernen bleibt aber die Farbe Farbe; wo die Lokalfarbe zu schwinden anfängt geht sie in die reinen Komplementärfarben des Lichts über, nicht in graue Nebel wie in der englischen Landschaft. Ich bin nicht sicher, ob die Farbe der ___ für die Lokalfarbe empfindlicher macht. Experimentell liesse es sich leicht feststellen, z B. ob die ___ Untersche mit oder ohne Glanz feiner sind. Jedenfalls wird das Auge von den durch Glanz gebrochenen Farben viel angenehmer gereizt als von den kompakten Farben. Das bedeutet wohl, dass das Gefühl bei glanzgebrochenen Farben stärker ist. – In einem sonnenbeleuchteten Augenblick sehr wenig Farbe, fast nur Glanz. Ein beleuchtetes Aehrenfeld ist in der Nähe fast nur Glanz; aber in der Ferne ist es, wenn ein Sonnenblick darauf fällt, prononciert gelb.

Berlin. 9 August 1901. *9.8.1901 Freitag*

Der Vize O.C. Canitz[1] erzählt im Casino bis 1888 hätte es bei Hofe in Berlin nur künstliche Blumen gegeben, aus Papier oder Calico, drei Farben, Rosa, Blau, Gelb; zuletzt schon ganz verschossen. Zum ersten Mal wären bei der Hochzeit des Pr. Heinrich lebende Blumen auf den Tisch gekommen.

Berlin. 13 August 1901. *13.8.1901 Dienstag*

Vielleicht ist Folgendes richtig: Warme Farben (Gelb, Rot, Orange) sind im Licht stärker, werden durch Schatten gedämpft; kalte Farben dagegen im Schatten mehr ausgesprochen.

Bayreuth. 19 August 1901. *19.8.1901 Montag*

Gestern Abend aus Berlin fort. Heute hier den Holländer; Van Rooy. Nach der Vorstellung mit Harrachs, Richters u. Knesebeck gegessen am Festspielhaus.

Bayreuth. 20 August 1901. *20.8.1901 Dienstag*

Parsifal. Van Dyck besonders gut.

Nürnberg – München. 21 August 1901. *21.8.1901 Mittwoch*

Mittags nach Nürnberg. Mir scheint das Sebaldusgrab[2] stark überschätzt zu werden aus einem klassizistischen Vorurteil heraus. Dagegen ist die Grablegung

---

[1] Kanitz

[2] Vischer

von Adam Kraft draussen an der Sebalduskirche ein Werk von kolossalster dramatischer Gewalt und Schönheit, einem Aeschylus oder Wagner ebenbürtig. Abends nach München.

München. 22 August 1901. *22.8.1901 Donnerstag*
Früh in der Ausstellung für Kunst α Handwerk. – Pankok: Stühle mit vorspringender Rückenlehne, um das Kreuz zu fassen; aber hinter dem vorspringenden Stück ist noch ein viereckiges Stück Sitz stehen geblieben! Nimmt man dieses fort, so müssen auch die Beine des Stuhles und damit die ganze Konstruktion geändert werden; man bekommt eine neue Form; erst diese wäre organisch. Dieses hat Pankok in seinem grauen Speisezimmer gethan, aber nicht verstanden die neue Form künstlerisch rhythmisch umzubilden. Alles ist unruhig. Proportionen bei Pankok: in seiner Küche nur bizarre Übertreibung gewisser Formen; nicht einmal der Versuch, rhythmische Proportionen zu schaffen. Pankoks Farben schwer und von unreiner Harmonie; braungraues Holz und weinrote Tapete, schwarzes Ebenholz und schmutzig dunkelblaue Tapete. – Bruno Paul besser. Die Farbe heller. Mahagoni und hellgrün u s w. Auch Sinn für Linie; diese allerdings zu schwer u. ostentativ. Der Sinn für Proportion fehlt; die Proportion scheint dem Zufall überlassen. – Riemerschmied hat Sinn für die Proportion u. Linie; beide zart u. fein, aber noch nicht immer ganz klar. Aber auch bei ihm das Zimmer (die Gesamtheit der Einrichtung) keine Stimmung; nicht die Lebensfreude, die so stark aus Van de Veldes Zimmern atmet; ihm fehlt die ethische Unterlage. Der Zweck, der VandeVeldes Schaffen die Richtung giebt (Lebensfreude), unterscheidet ihn auch künstlerisch ganz selbst von Riemerschmied. Bei diesem ist Alles bestenfalls zart, hübsch, sinnlich reizend, aber Nichts spricht zur Seele. R. hat eine künstlerische keine ethische Individualität. Das ist gerade bei dieser Kunst fürs Leben ein Manko. Vandevelde ist deshalb nur aus seinem ganzen Lebensgang zu verstehen; der ihn zu dieser Kenntnis der ethischen Bedürfnisse geführt hat. Unterschied zwischen Meister- und Kapellmeister-Musik. – Im Museum Rubens studiert. Er schon vereinigt namentlich im Frauenfleisch die venezianische Art die Farbe mit Licht zu modellieren mit Reflexmalerei, namentlich in seinem Frauenfleisch. Dieses Fleisch ist der direkte Vorfahr der Impressionistischen Malerei, namentlich von Renoir. Rubens mischt zwischen das venezianisch (ohne graue Schatten) gemalte Fleisch grüne, blaue und überhaupt alle Arten von Reflextönen (cf den Raub der Leukippostöchter). Auf diesem Bilde die Landschaftsvordergründe dagegen ganz graugrün, ohne Farbeneffekte. Dieses Durcheinander von völlig farbigen und ganz neutralen Stellen im Bilde für Rubens charakteristisch. Dieses unterscheidet ihn von den Impressionisten. Ferner verfolgen die Impr. auch das Spiel aller Lichtelemente viel weiter ins Einzelne hinein. Also Rubens giebt und benutzt die Reflexe blos dekorativ (allgemein, sozusagen abstrakt); die Impress. intim (realistisch, genau im Ton, deshalb man-

nichfaltig, zahlreich). Wo Rubens nur einen breiten Reflex sieht, sehen sie ein ganzes Gewebe von Tönen und Zwischentönen. Da Rubens mit diesem Stil nur den dekorativen Effekt im Auge hat, wendet er ihn an, 1) nur an einzelnen Stellen (z B Frauenfleisch) b) nur ganz allgemein (cf vorher) cf. Trunkenen Silen die säugende Frau u. das am Boden liegende Kind; namentlich Letzteres. Bei diesem der Schatten rosiges Inkarnat, aus dem das Licht mit zarten Theerosenfarbenen Tönen aufsteigt, die bis zu reinem Weiss sich entfärben. Dazwischen Siegellackrote, grünliche und blaue Reflexe. Aber die Farbe dieser Reflexe allgemein gehalten; innerhalb jedes Reflexes keine gewollte Abstufung des Farbentones, ausser durch die Zufälligkeiten des Pinselstrichs. Und genau dieselben Töne kehren für die Reflexe auf andren Bildern wieder. Sozusagen eine klassizistische Farbenabstraktion, wie die Leidenschaften bei Corneille. – Bei Heymel gefrühstückt. Die Einrichtung von Schröder u. Vogeler. Ziemlich weichlicher Gesamteindruck; aber im allgemeinen einfach. Hübsch geschwungenes Tischsilber. Heymel giebt vom 1. X ab die Insel auf.

München. 23 August 1901. *23.8.1901 Freitag*

Renaissanceausstellung der Sezession. Tuchers Gobelins. Tristan im Prinzregententheater. Schlechte Vorstellung (Saenger Bettaque[1]). Am Schluss wurde gezischt. Das Haus überladen mit Gold und Farbe. Harrachs getroffen. Nach der Vorstellung mit der Gräfin Schlippenbach, Max Schillings und Albert Keller in der Bar. Schillings über Bayreuth; die Cosima habe ihm geschrieben, wenn er sich irgendwie am Prinzregententheater beteilige, so beteilige er sich an einem Diebstahl. Schillings meinte, es sei wahrhaft unvernünftig, wie sich die Cosima benehme; sie schlage immerfort mit ihrem Fächer gegen die Mauern des Prinzregententheaters und meine, es müsse davon umfallen.

Weimar. 27 August 1901. *27.8.1901 Dienstag*

Gestern Abend fort aus München; früh hier an. Um 10 ins Archiv, wo auch Van de Velde getroffen. Mit Van de Velde im Goethehause. Dann mit Frau Förster und ihm nach Tiefurt gefahren u. dort gefrühstückt. Abends im Archiv gegessen mit Van de Velde, der Oberhofmeisterin Frau v. Watzdorf, Frau v. Meyendorff (geb. Gortschakoff, einer von Liszts Weimarer „Freundinnen“ und Frau eines früheren russischen Gesandten in Weimar) Frl. v Prott u Frl. v. Thüna. Die Watzdorf sehr amüsant und lebendig. Sie giebt aber ihre Stellung leider auf.

Weimar. 28 August 1901. *28.8.1901 Mittwoch*

Früh liess Frau Förster Van de Velde und mir durch einen von den Horneffers das erste Kapitel von Buch IV der Umwertung vorlesen. Zum ersten Mal tritt bei

---

[1] Senger-Bettaque

Nietzsche der Gedanke auf, dass auch die „Viel zu Vielen" nötig sind, als Fundament, auf dem erst der Übermensch sich erheben kann. Nachmittags mit Van de Velde nach Naumburg. Den Dom besehen. Van de Velde von seiner lebensvollen Einfachheit stark bewegt. Namentlich bewunderte er die Säulenbasen im Inneren mit dem verbindenden Ornament zwischen Basis und Säule (12tes Jh) und den Gegensatz zwischen den Lichtwirkungen an Basis und Kapitäl, an der Basis die „lumière blonde", während am Kapitäl tiefer eingeschnittene Ornamente dunklere Schatten bilden. Dann fesselten ihn die Fenster des West (? Stifter) Chors draussen, ihr Aufriss und ihre diskrete aber so wirksame Ornamentik. Dem müsse man nachstreben. Wir giengen dann zu Fuss über Schulpforta nach Kösen; die Landschaft leuchtete bei Sonne aber halbbewölktem Himmel tief und reich; lauter dunkles Grün mit fast Purpurblauen Schatten. Abends im Archiv gegessen. Nach Tisch las Frau Förster Nietzsches Briefe an sie aus den letzten Jahren vor der Erkrankung vor, tief traurig; wachsende Vereinsamung und Empfindlichkeit dagegen.

Weimar. 29 August 1901. *29.8.1901 Donnerstag*

Vormittags las Horneffer wieder aus der Umwertung vor; das letzte Kapitel, Dionysos. Tiefer Eindruck auf Van de Velde wie auf mich. Van de Velde sagte gleich, das möchte er drucken und verzieren. Nach dem Frühstück fuhren Frau Förster, Van de Velde und ich nach Leipzig; besuchten Baensch und Klinger. Diesen zuerst in seinem Stadtatelier hinter dem Völkermuseum, wo er mit dem Aufführen von Gerüsten u. s. w. beschäftigt war, dann in seinem Atelier an der Carl Heinestrasse. Hier der Beethoven und ein Abguss seines Liszt. Die Figur des Beethoven ist bis auf die einzusetzenden Glasaugen fertig. Der Eindruck jetzt heroisch jugendlich. Van de Velde von Klingers Skulptur sehr bewundernd. Abends mit dem Geh. Rat Heintze und Familie im Café Felsche zusammengetroffen. Spät nach Weimar zurück. Klinger entschuldigte sich, nicht mitzukommen; er sei von dem Gerüstbau so müde wie in seinen ersten Rekrutentagen. „Ich schlafe Ihnen bei Tische ein, Gnädige Frau." Frau Förster hat in diesen Tagen den Vorschlag gemacht, dass Van de Velde sich als Direktor der Kunstschule in Weimar anstellen lasse. Er sagt, er würde gerne die Stelle annehmen, wenn sie ihm angeboten würde. Ich soll deshalb an Werthern schreiben, der durch seine Schwester Palézieux die Sache in die Wege leiten soll.

Eisenach. 30 August 1901. *30.8.1901 Freitag*

Früh im Archiv. In Nietzsches Wohn u Sterbezimmer. Dann mit Van de Velde nach Eisenach. Auf der Wartburg.

Darmstadt. 31 August 1901. *31.8.1901 Samstag*

Früh aus Eisenach nach Frankfurt. Mit Van de Velde im Städelschen Institut. Die Roger van der Weydens und der Van Eyck. Nachmittags nach Darmstadt und Abends in die Ausstellung[1] auch die Parodie, das „Überdokument". Wir waren beide vollkommen dégoutiert, namentlich über diese geschmacklose Selbstverspottung. Van de Velde war von dieser und der Ausstellung selbst zuerst wie betäubt, fasste sich aber dann und sagte mir beim Nachhausegehen „En somme, ce que ces gens là ont fait, c'est exactement le contraire de ce que nous voulons; c'est l'aboutissement de ce que nous avons toujours combattu; c'est contre ça, précisément, que nous sommes partis en guerre. Ils résument tout le mouvement artificiel, contraire à la vie, le placage, le manque de sens organique, le manque de respect envers la matière employée." Er hatte mich in der Ausstellung gleich auf die Curven und Ausbauschungen aufmerksam gemacht, mit denen Olbrich die Verbindung zwischen Fundament und Mauern des Hauses herzustellen sucht. „Si encore c'était en pierre, ça serait très bien; mais en stuc! C'est insensé. Heureusement qu'à la première gelée tout ça tombera." Über die kolossalen Schmetterlingsflügel, die die Balustrade der Restaurant Treppe bilden: „Quelle Niaiserie! Que peut-il bien se passer dans une cervelle, qui conçoit ça? Vraiment, un jour, je voudrais arriver à suivre le travail qui mène à une telle conception: Que tout ça est putassier; de l'architecture de bordel; et encore, de mauvais bordel!" Was etwa an Olbrich dran sei, habe er von Wagner gelernt. Au moins Wagner fait ça avec dignité. Lui, c'est un homme intéressant, auquel on fait beaucoup trop peu attention.

Darmstadt. 1 September 1901. *1.9.1901 Sonntag*

Früh mit Van de Velde im Museum und zu der Holbeinschen Madonna. Die Frauengruppe rechts von höchster Schönheit. Weniger fein der Knabe, der links kniet. – Bei Peter Behrens in seiner Stadtwohnung gefrühstückt. Er nachher mit uns in die Ausstellung und uns durch die Häuser geführt. Derselbe Eindruck wie gestern nur noch stärker. Abends bei Behrens in seinem Ausstellungshaus. Ausser ihm u Frau nur noch Van de Velde u der Musikdirektor de Haan. Der Grossherzog[2] sollte kommen, kam aber nicht. In Behrens' Haus gut sein Arbeitszimmer. Aber unten ein lebensfremder Pomp. Dieselbe Richtung wie Olbrich, wenn auch besser ausgeführt. Romantik im Gegensatz zum Leben; der Sammetrock des romantischen Künstlers hat sich allmählich zu einem ganzen Haus ausge-

---

[1] Ausstellung der Darmstädter Künstlerkolonie auf der Mathildenhöhe

[2] Ernst Ludwig

wachsen. Er ist damit aber nicht besser oder berechtigter oder wichtiger geworden. Behrens konstruiert jedes Zimmer über ein einziges Ornament; den Musiksaal z B. über die Krystallform, das Speisezimmer über eine Ellipse  u.s.w. Damit ist jede organische Ornamentik von vornherein ausgeschlossen, auch jedes Streben nach einer Verfeinerung oder Rhythmisierung der Form selbst der Gegenstände; mit dem Aufkleben des Ornamentalmotivs ist des Künstlers Schaffen in der Theorie erschöpft. Behrens über sein Theater: die Vorführenden sollen keine Schauspieler sein, d. h. nicht schauspielern. Sie sollen nur so agieren, wie sie im gewöhnlichen Leben auch sich bewegen. Das Leben soll sich zu ihnen emporheben. In Wirklichkeit verbannt aber Behrens hiermit nicht die Schauspielerei aus dem Theater, sondern trägt sie nur ins Leben hinein. Danach ist auch sein Haus. Sehr unangenehm, wie er à tort et à travers das Wort Rhythmus anwendet.

Darmstadt–Heidelberg. 2 September 1901. *2.9.1901 Montag*

Früh noch einmal mit Van de Velde in die Ausstellung. Er war wieder sehr aufgebracht. „Non, quel dégout, quel dégout! De deux ans, je ne ferai plus d'ornement. Je suis vraiment content d'avoir vu ça. On voit ce qu'il ne faut plus faire. Je vais encore me simplifier. Je ne rechercherai plus que la forme (d.h. die Vervollkommnung und Rhythmisierung der organischen Form der Gegenstände, ohne Ornament.). Ceci va faire vraiment une nouvelle époque, dans mon développement. Je vais me fortifier, en pensant à la cathédrale de Naumburg. Van de Velde reiste um $^{3}/_{4}$ 2 nach Hagen ab, ich nach Heidelberg. Hier aufs Schloss. Sehr enttäuscht. Barbarenarchitektur. Zahllose Formen hier- und dorther zusammengerafft und ohne innere Beziehung nebeneinandergeklebt. Der Organismus bis zur Unkenntlichkeit verdeckt, ohne dass die Maske selbst irgendeinem erkennbaren Rhythmus dient. Infolge der Kleinheit aller Formen lauter blasse, schmutzige Schatten, eine zittrige Unruhe, kleinlicher Schwulst. Es passt Alles zu den grossen Fässern und den ganz gebratenen Ochsen.

Karlsruhe Heidelberg. 3 September 1901. *3.9.1901 Dienstag*

Früh nach Karlsruhe. Grünewalds Kreuzigung. Die Schande des Kreuzes ganz aus gedacht: Christus eine wirkliche verwesende Leiche, ein Cadaver: die Leichenflake wie lauter kleine blaue Blattern über dem ganzen Körper zwischen geronnenem Blut verteilt; das Gesicht nur noch eine verquollene Masse. Die Arme des Kreuzes biegen sich unter der Last der Leiche. Die Dornenkrone wirkliche, zusammengeraffte grosse Zweige, nicht ein hübsch gebundener Kranz. Grünewald hat den Mut gehabt, den christlichen Gedanken zu Ende zu denken, die Erlösung durch das Niedrigste und Abstossendste, was es auf Erden geben kann, und damit die Rehabilitation Alles menschlich und weltlich Niedrigen oder Widerlichen, weil auch hierin noch ein Göttliches enthalten ist. Also im Grunde ein Ja zu allen Formen des Lebens, das umfassendste Ja, das jemals gesagt worden ist. Allerdings gerade durch seine Weite das absolute Nein berührend. Man kann den Kreuzestod so oder so ausdeuten. – Grünewalds Kreuzigung ist die vollkommenste Verwirklichung der dem heroischen vorfranziskanischen Kruzifix entgegengesetzten Vorstellung. Man versteht, dass Männer, die die Passion mit dieser Intensität anschauten und fühlten wie Grünewald, Kraft, Dürer gegen das leoninische Rom revoltierten. – In der Gallerie noch mehrere sehr schöne Chardins. Um 2 nach Heidelberg zurück.

Heidelberg. 4 September 1901. *4.9.1901 Mittwoch*

Nachmittags Dehmels. Sie wohnen in der Schlosstrasse 18 unter dem Schlossberg. Möblierte „gute Stube". Er und die Frau Isi bereiten sich zur Abreise vor, um sich in London trauen zu lassen. Ich sah ihn zum ersten Mal nach unsrem Bruch. Er und nachher die Frau aber durchaus unbefangen und freundlich. Gleich über seine Zwei Menschen mit ihm gesprochen. Die Stelle mit dem „männlichen Glied". Er meinte: „Mir gefällt der Ausdruck allerdings auch nicht, weil er Etwas Anatomisches, Abstraktes hat, Ich muss Etwas Andres finden. Aber ich brauche die Vorstellung hier. Die ganze Stelle soll zeigen, dass da bei den beiden Menschen Etwas nicht richtig ist, dass ihre Harmonie miteinander sich in eine Art Wahnsinn hineinsteigert. Merkt man denn das überhaupt, dass hier der Dichter nicht mitgeht? dass er hier rein episch referiert? – Der ganze Roman soll überhaupt gerade episch wirken. Einiges daraus ist ja auch für sich, lyrisch, ganz schön. Aber viele von den Stücken könnten lyrisch garnicht bestehen. Das soll aber auch sein. Das Werk soll lediglich episch wirken. Ich bilde mir überhaupt ein, die epische Form wiedergefunden zu haben. Da haben schon Klopstock, Goethe, Alle danach gesucht. Aber die lehnten sich immer an ältere Formen an Homer, Dante. Die moderne Litteratur seit Homer, seit Dante, hat überhaupt keine eigene epische Form gefunden." Wie wenig übrigens in der That die äusseren Vorgänge der Zwei Menschen sich an Erlebtes anlehnen, zeigten zufällig zwei weitere Bemerkungen D's. Er fragte mich, ob bei der Szene im Hochgebirge Alles richtig sei. Er selbst sei nie im Hochgebirge gewesen. Und dann noch, dass die Badeszene am Ende des zweiten Teils nie so stattgefunden habe. Er habe allerdings einmal selber allein in Korfu am Strande gebadet und da sei ein Fremder dazugekommen; ihm sei das als Symbol des Gegensatzes zwischen paradiesischer Natur und Welt erschienen und dadurch diese Szene eingefallen. Ich sagte ihm, dass ich den zweiten Teil weit über den ersten stelle, dass er mir einen grossen Schritt vorwärts zu bedeuten scheine. Er meinte aber: „Nein. Ein Dichter macht überhaupt keine Fortschritte. Ich könnte den ersten Teil jetzt auch nicht besser dichten wie damals. Aber im ersten Teil liegt so viel Unausgeglichenes, Unratiges. Und das soll auch darin liegen. Der zweite ist viel plastischer. (er meint wohl, weil es sich um Vorgänge nur zwischen den zwei Menschen handelt.). Aber merkt man das, wie, nachdem sich die Harmonie zwischen den zwei Menschen hergestellt hat, jetzt am Ende des Teils die Welt ihnen da als Etwas Feindliches hineinschlägt? Merkt man überhaupt die Entwicklung, die die zwei Menschen durchmachen? Und dass zwischen den einzelnen Stücken noch Dinge vorgehen, die nicht erwähnt werden? Im dritten Teil soll nun auch das Verhältnis zwischen ihnen und der Welt sich zur Harmonie entwickeln. Zuerst durch Tiefen hindurch. Schliesslich soll der Mann aber merken, dass er viel mehr thut, wenn er Etwas schafft, z B eine Fabrik in seiner Heimat gründet, als wenn er, wie man sich so, populär, ausdrückt „die Köpfe revolutioniert". Der dritte Teil muss ebenso hoch wie der über den zweiten hinaus wie der zweite über den ersten." – Bei Tisch im Hotel, wo Dehmel und die Frau bei mir assen, kam das Gespräch auf die grossen Dichter der Weltlitteratur. Er sprach über Homer, den er von mir angeregt auf griechisch offenbar jetzt wieder genauer studiert hat. „Ich schätze die Ilias noch höher als die Odyssee. Die Fülle der Gestalten und Gegensätze. Wie da der Achill und die Helena eigentlich garnicht auftreten, im Hintergrunde bleiben, und doch das Ganze beherrschen, wie das erreicht ist, ist eigentlich unbegreiflich. Schon der Anfang, der erste Vers, wie das so einfach einsetzt, μῆνιν ἄειδε[1] ... Er will einfach die μῆνις des Achill besingen, eigentlich nicht einmal den „Zorn", sondern den kindischen Trotz, so, was wir in Norddeutschland mit „tücksch'" ausdrücken; und daraus entwickelt sich dann Alles. Homer ist ja garnicht zu übersetzen. Es liegt so Etwas Derbes in gewissen Ausdrücken, aber ohne unvornehm zu werden. Καὶ κύντερον ἄλλα ποτ' ἔτλας[2].. dieser wunderbare Vers; man müsste da κύντερον eigentlich mit: „noch Hundsgemeineres" übersetzen; aber das wirkt bei uns viel zu grob und ganz anders als bei Homer. – Und was sind da für Gegensätze! Achill und Odysseus, der gleich wieder seine Parodie in Thersites findet u. s. w, u. s. w. Das hat eigentlich nur Shakspeare wieder erreicht. Deshalb ist auch Shakspeare mit Homer, wie Sie ganz richtig bemerken, verwandt. Deshalb stehen Beide auch über Goethe. Goethe hat nur einen grossen Gegensatz geschaffen: Faust und Mephisto. Und den hat er eigentlich schon fertig vorgefunden in den alten Volksbüchern. Da steht mir auch Cervantes doch höher. Das finde ich viel grossartiger, wie der sich da hinsetzt und die zwei Typen des Don Quixote und Sancho Pança ganz neu schafft, die den eigentlichen Grundgegensatz verkörpern, der immer war und immer sein wird, den zwischen Ideal und Wirklichkeit. Er hat ja vielleicht nicht dran gedacht, als er anfieng. Er hat vielleicht einfach eine Parodie auf die alten Ritterromane schreiben wollen. Aber er hat die beiden Typen doch hingestellt." Auch Dante stellt Dehmel sehr hoch und wohl auch über Goethe. Wagners Tristan mag er nicht. „Es ist darin zu viel Unausgegohrenes, Subjektives. Der Dichter steckt noch zu viel darin." Spät fuhr ich mit Dehmels noch nach Hause und gieng mit ihm bis ½ 4 Uhr die Zwei

---

1 „Besinge den Zorn"; Ilias 1, 1

2 „Du hast sonst schon Schlimmeres erduldet"; Odyssee 20, 18 (dort ἄλλο, nicht ἄλλα)

Menschen von Anfang an im Einzelnen durch, namentlich die Interpunktion, bei der ich prinzipielle Änderungen vorgeschlagen habe.

Heidelberg. 5 September 1901. Donnerstag. *5.9.1901 Donnerstag*

Um 3/4 9 mit Dehmels nach Karlsruhe gefahren, um ihnen den Grünewald zu zeigen. Dehmel teilte meinen Eindruck. Im Einzelnen über die Dornenkrone. „Die ist allerdings ein ganz ungeheures Ding; wie ein lebendiges Wesen, ein Tier, das ihn peinigt." Auch über das Bejahende dieser Christusauffassung und des Christentums überhaupt, und dass das Christentum noch eine Zukunft habe, stimmte er mir bei. „Das ist überhaupt das Wunderbare, wie die Jesusgestalt von jeder neuen Kulturstufe immer wieder für sich umgeschmolzen werden kann." Er wolle selber eine Neugestaltung versuchen, in Form eines Evangeliums, einer Art von apokryphem Evangelium über Jesus, an dem er von Zeit zu Zeit schreibe. Es solle in streng biblischer Form sein. „Das ist die einzig mögliche Art, dem Christus Stoff beizukommen. Ich meine, dass mein Buch dann auch in alle Häuser dringen kann. Zuerst wird es allerdings wohl verboten werden. Denn ich will die Gestalt unmerklich verrücken, gerade im bejahenden, germanischen Sinne. Ich meine überhaupt, dass es irgendeine besondre, wirkliche Verwandtschaft zwischen den Juden und besonders Christus und den Germanen geben muss. Die Juden sind offenbar eine Mischrasse, die auch von eingewanderten germanischen Stämmen mitgebildet worden ist. Die Germanen sind mit den Juden viel näher verwandt als mit den Romanen. Warum kann da nicht ein einzelnes geniales Individuum wie Jesus diese germanische Seite ganz besonders verkörpert haben, vielleicht durch eine Art von Rückschlag, Atavismus? Daraus erkläre ich mir die eigentümliche, innige Wirkung der Jesusworte gerade auf das germanische Gemüt. Die wäre garnicht möglich, wenn nicht irgendeine ursprüngliche, physiologische Verwandtschaft bestände. Buddha wird auf uns nie so wirken. Bei denen, die jetzt bei uns den Buddhismus aufzuwärmen suchen, bleibt das immer hier (im Kopf) stecken. Bei den Indern ist das gewiss ganz anders. Bei Jesus merkt man die eigentümliche, germanische Versenkung in die Realität. Bei diesem Mann, der sich offenbar die ganze griechische Philosophie an den Schuhsolen abgelaufen hatte, merkt man in den Parabeln, wie er über das Feld gegangen ist und am Pflug und an allem, was da in der Natur vorgieng, innig Anteil genommen hat. Es wird ihm Alles konkret. Ich stelle mir Christus als einen mit seinem Verstand steinharten Menschen vor, aber mit einer Hypersensibilität gegenüber dem Einzelnen in der Wirklichkeit. Es ist da ein eigentümlicher Zwiespalt in seiner Natur. Ähnlich dem bei Nietzsche. Deshalb lasse ich auch in einem Moment der Kreuzigung den einen Schächer eigentlich grösser, heroischer sein als Jesus. Als Christus am Kreuz seelisch zusammenbricht und zum Vater schreit, da verachtet ihn der böse Schächer, er spuckt höhnend ins Volk. Der Tierische, Gemeine ist hier eigentlich grösser als der durch das Denken Verfeinerte." Auf meine Bemerkung, dass man ein solches Evangelium nur dann schreiben könne und dürfe, wenn man wirklich an das glaube, was man erzähle, wie Grünewald oder Dürer, meinte er „Ich glaube auch wirklich daran. Ich glaube auch an die Wunder Christi, sogar an die Auferstehung. Ich sehe nicht ein, warum er mit seiner enormen seelischen Kraft nicht Kranke geheilt und sogar Tote auferweckt haben sollte. Wir haben ja die Berichte aus Indien von ganz ähnlichen Vorfällen. Und was so ein Fakir kann, warum soll das Christus nicht gekonnt haben?“ – Ich zeigte Dehmel die Chardins. Er goutierte sie nur halb. Ihm macht die Malerei blos als Malerei überhaupt keine sehr starke Freude. „Es kitzelt mir nur die Sinne. Es dringt nicht in mein Inneres ein.“. – Um 12 mit Dehmels nach Heidelberg zurück und bei ihnen auf ihrer „guten Stube“ zu Mittag gegessen. Die Frau hatte eine ausgeschnittene Taille an, die zwischen Pfirsichblütenrot und Schwarz changierte, Perlen um den Hals, und dazu ihr schwarzes, krauses Haar weit über die Ohren weg in ihr braunes Gesicht gewellt. Eine braune, dämonische, auf Augenblicke fast schöne Erscheinung; physisch aber abstossend. Dehmel hat nicht Unrecht, wenn er sie mit Shakspeares „Worser Spirit“ vergleicht und seine Zwei Menschen als die Entwicklung und Vollendung der an die schwarzhaarige Frau gerichteten Sonette Shakspeares ansieht. Dieses sagte er mir gestern. Ausser mir war noch Mombert zu Tisch da. Er ist ein ziemlich rassiger junger Jude mit einer merkwürdig fein geschnittenen Stirn; vergnügt und etwas höhnisch im Wesen. Er sagte Nichts Bedeutendes. Dehmel zeigte mir sein Porträt von Behrens. Die Frau findet es gut. Ich finde es sehr schlecht. Dehmel ganz ins Unbedeutende, Leere, wie Behrens selbst, gezogen. Allerdings ist Dehmel schwer festzuhalten. Er sieht fast in jedem Augenblick anders aus. Es bleibt ihm immer nur Etwas Feingeformtes, Zuckendes in den Zügen, das bald schmerzhaft, bald höhnisch, bald urban nüanciert sein kann. Diese Mobilität und Feinheit der Züge ist das eigentlich Bleibende in seiner Physionomie. Die Linien selbst aber verschieben sich fortwährend, wie ein Kräuseln auf der Wasseroberfläche. Allen Bildern, auch den Photographieen, fehlt deshalb die Hauptsache. Sie sehen gefurcht aus, während bei Dehmel selbst die Formen nie zu dieser Erstarrung kommen. – Dehmel bemerkte bei Gelegenheit: „Sie wissen, dass bei mir der Reimklang keine Bedeutung für sich hat, sondern lediglich den Rhythmus unterstützen soll. Es kostet mich manchmal viel Arbeit, die Worte, auf die es ankommt, an die richtige Stelle im Rhythmus zu bringen. – In der Eisenbahn früh sprachen wir über Bodenhausen, und dass er eigentlich seine Karriere verfehlt habe. „Sie dagegen haben sehr richtig gewählt als Diplomat. Ich meine, Sie werden die Memoiren unserer Zeit schreiben. Das ist gerade richtig für Sie, dass Sie alle Leute, die Etwas bedeuten, in allen Lebenslagen kennen lernen müssen. Ich beneide unsere Enkel darum, dass Sie das lesen können. Sie haben uns ja mit Ihrem Mexico einen Vorgeschmack gegeben.“ Kein übel kombiniertes Kompliment. Abends über Frankfurt nach Berlin zurück.

Berlin. 9 September 1901. *9.9.1901 Montag*

Früh kam unerwartet Meunier. Er ist noch etwas magerer und gebückter, verwachsener, als vor vier Jahren; aber seine klaren, blauen Augen leuchten noch immer so hell und gut wie damals. Ich führte ihn ins Pergamon Museum. Früher im schlechten Licht hatte er die Sachen „un peu vulgaires" gefunden. Jetzt war er ganz ausser sich vor Bewunderung. Quelle vie! Quelle couleur! Non, voyez quelle couleur! rief er ein über das andremal. Comme tout ça vibre, et comme c'est tranquille, tout de même! C'est une vraie leçon pour moi, pour mon monument. Je voudrais faire mon lit ici, dans un coin, pendant huit jours, – hein? – et me réveiller en voyant ça! Il faudrait faire des croquis. C'est beau d'avoir fait ce musée, c'est beau ça. C'est une vraie oeuvre. Ich zeigte ihm die Exedra[1], die schönen Curven der Rückseite: l'art académique copierait ça en faisant une ligne droite, parceque c'est plus facile à faire, avec une règle! C'est ça tout l'art académique. Beim Weggehen meinte er: C'est ça ce qui m'accompagnera dans ce voyage. Il ne faudrait plus rien voir. Il faudrait rentrer maintenant. Nachmittags fuhren wir zu Richters nach Wannsee. Meunier unterwegs über das Bismarckdenkmal[2]: Il y a peut-être aussi mal autre part; mais ce qui est scandaleux, c'est ce manque de conscience. Avez vous vu cette exécution. On dirait que c'est fait en staff, mon cher. C'est vraiment scandaleux. Dann sprach er über sein Arbeitsdenkmal. Er glaubt, dass die belgische Regierung es jetzt wirklich bestellen wird. Er möchte die Reliefs in bretagnischem Granit ausführen lassen. C'est éternel, cette matière là, ça ne bouge pas. L'eau, tout, coule dessus; il n'y a pas de taches. Seulement, il y a l'exécution. Ils prétendent qu'ils peuvent tailler ça dans le granit. Il y a un praticien là bas qui sait faire ça, à ce qu'il dit. Mais il faudra voir. Je lui ai envoyé un morceau, pour essayer. Et puis il y a la distance. Je voudrais surveiller l'exécution, pour y apporter des changements, d'après l'effet au plein air. Il faut appuyer une ligne ou faire rentrer une forme. Le bas relief de devant, les moissonneurs, doit être très blond; dans les autres, j'ai besoin de profondeurs, de noirceurs, même.

Berlin. 10 September 1901. *10.9.1901 Dienstag*

Meunier bei mir gefrühstückt, ganz allein. Wir kamen wieder auf Griechenland. Ich zeigte ihm die Photographieen von Olympia. Er wies auf die Weichen Linie des hockenden Wagenlenkers: Regardez, comme c'est simple et, cependant, comme ça vit. C'est ça qui est difficile! Mais c'est dans la nature; c'est dans la nature! Quand je vois des nus, je vois toujours des nus grecs. C'est eux qui ont approché le plus près de la nature! Et comme tout ça est toujours blond! Il n'y a jamais de trous noirs là dedans. Ich sprach von Rhythmus. Oui, ç'est ça. Mais ça

---

[1] Pergamon, Trajaneum

[2] Begas

aussi est dans la nature. Quand je vois un ouvrier, un homme qui laboure un champ, il y a un rhythme dans son mouvement. Le tout est de fixer le mouvement qui exprime ça, qui les contient tous. Ich sprach von seiner eigenen Bildhauerlaufbahn. J'ai quitté la sculpture par haine des sculpteurs. À cette époque, c'étaient des gens grossiers. Aucune idée supérieure là dedans. J'ai suivi le mouvement, dans la peinture: des Groux[1] etc. Là, il y avait quelquechose. Von seiner ersten späteren Skulptur, dem Marteleur: J'ai fait ça avec une facilité extraordinaire. J'avais fait quelques croquis, puis je me suis dit, tiens, je voudrais essayer d'en faire une sculpture. Une fois que j'ai commencé à le faire, ç'a été fait dans un clin d'oeil. J'ai envoyé ça au Salon, à Paris, sans grand espoir. Chez nous, on trouvait ça de la sculpture de peintre. Puis, Mirbeau a fait son superbe article, très outrancier, comme d'habitude; mais enfin! Von seinen Verriers. J'ai vu ça au moins deux cents fois. C'est très court. Ça dure dix minutes. Mais il y a une telle poussée, et tout ça s'arrangeait, se composait si bien, que je venais faire des croquis, très souvent. J'en ai fait un tableau, d'abord. Ce n'est qu'après, que j'en ai fait un relief. – Vor Tuaillons Amazone meinte Meunier beim Fortgehen aus dem Pergamon Museum. Voyez comme cette surface est morte. Et puis le cheval; il est peut être photographiquement exact; c'est un cheval qu'il a copié quelque part; mais il ne bougera jamais.

Berlin. 15 September 1901. Montag. *15.9.1901 Sonntag*

Liliencron heute bei mir. Noch verlegener als sonst in seinen Manieren, wegen des Überbrettls. Er sagt „Ich habe ja meinen Namen verkauft"; aber er habe sich gefragt, was Bismarck in diesem Falle gemacht hätte. Er bekommt 1000 Mark im Monat und und noch ausserdem 50 M, jedesmal wo er auftritt. Man merkt ihm übrigens die Verlegenheit auch beim Rezitieren an. Ich war Sonnabend da. Er liest mit einer schnarrenden, tonlosen Stimme hinter einem grünen Lesepult her das möglichst weit in den Hintergrund der Bühne gestellt ist. Er sagt, er könnte weiter vorne vor Verlegenheit überhaupt nicht lesen.

Berlin. 20 September 1901. *20.9.1901 Freitag*

Bei Van de Veldes in Grünheide.

Berlin. 25 September 1901. *25.9.1901 Mittwoch*

Nach Potsdam und mir zur Übung meine alte Einjährigen Wohnung, Marienstrasse 4, gemietet. Als ich die Zimmer wieder betrat, drohten alte Gefühle wieder hervorzubrechen. Jahre, Wandlungen, Alles verflogen.

---

[1] De Groux

Dresden. 27 September 1901. Freitag. *27.9.1901 Freitag*
Abends nach Dresden und mich dort mit Van de Velde im Bellevue Hotel getroffen.

Dresden – Kamenz. *28.9.1901 Samstag*
28 September 1901. Sonnabend.
Früh Sitzung des Kunsterziehungstags im Albertinum. Vertreter aller Staaten und Behörden. Gesamteindruck: Alle wollen aber wissen nicht, was sie wollen sollen. Wenn sie es wüssten, würde es bei jedem Etwas Andres sein, und sie würden sich alle in den Haaren liegen. Ob Etwas aus diesem Wollenwollen wird hängt davon ab, ob ein Mann auftritt der diesen aufgeregten Lämmern einen Weg vormacht, den sie für den ihrigen halten. Mit komischer Suffisanz und Eitelkeit erheiterte uns der Dresdener Oberbürgermeister, ein gewisser Beutler oder Beuther glaube ich. Detto detto ein Berliner Oberschulrat Gyzicki[1]. Nachmittags zu Nostitz nach Kamenz, der mir eine wichtige Mitteilung machte. Mit Nostitz Abends nach Dresden zurück.[2]

Dresden. 29 September 1901. *29.9.1901 Sonntag*
Früh Sitzung des K.E.T. im Vereinshaus. Sehr tüchtige und inhaltreiche Rede Lichtwarks über den „Deutschen der Zukunft". Nachher mit Van de Velde und Nostitz in der Ausstellung. Abends mit Van de Velde und Tschudi nach Berlin zurück.

Berlin. 1 Oktober 1901. Dienstag. *1.10.1901 Dienstag*
Mich in Potsdam gemeldet.

Berlin Potsdam. 2 Oktober 1901. *2.10.1901 Mittwoch*
Vormittags bei der 2ten Artillerie in Potsdam Vortrag und Dienst.

Berlin. 6 Oktober 1901. Sonntag. *6.10.1901 Sonntag*
Den ganzen Tag bei Van de Veldes. Mit ihm Format, Druckspiegel u. s. w. des Zarathustra festgesetzt. Wir arbeiteten so dass ich angab, welche Linien und Maasse zu einander in ein „Schönheits" Verhältnis gesetzt werden sollten und dass er dann mit Hülfe des Goldenen Schnitt Zirkels das Verhältnis ausrechnete.

---

[1] Gizycki

[2] Dem Tagebuch liegt ein Programm des Ersten Kunsterziehungstags in Dresden (28. und 29. September 1901) mit handschriftlichen Notizen Kesslers bei.

Berlin. 7 Oktober 1901. Montag. *7.10.1901 Montag*
Nach Spandau und dort die Artilleriewerkstätten besehen.

Berlin. 10 Oktober 1901. Donnerstag. *10.10.1901 Donnerstag*
Liebesmahl bei uns in Potsdam. Wilamowitz überreichte dem Kasino einen Buddha aus dem Kaiserpalast in Peking. Über seine Patrouille mit ihm gesprochen. Er bestätigt die Disziplinlosigkeiten in unseren Truppen drüben. Die beste Disziplin hätten die Russen gehabt; die anständigsten Offiziere, d. h. die, die unseren gesellschaftlichen Ansprüchen am besten entsprachen, die Engländer.

Berlin. 12 Oktober 1901. Sonnabend. *12.10.1901 Samstag*
Wilamowitz mit Diego Bergen und Werthern bei mir gefrühstückt. Bergen über die Belagerungszeit. Er habe darauf gehalten, dass jeden Tag in aller Form diniert wurde; und beim Diner sei es bei Strafe verboten gewesen, über die Chinesen zu sprechen. Das Menü meist nur Cheval à la mode und Kuli Reis, einmal sogar Katzen, aber immer Sekt, wenn auch in abgemessenen Rationen. Auf dem Tisch täglich frische Blumen. Katzen mit Sekt im Frack, die äusseren Formen hätten unendlich viel dazu beigetragen, die Nervenkraft zu erhalten. Auch dass eine Frau, die Frau v Rostharn, dabeigewesen wäre, vor der man sich zusammennehmen musste. – Bergen und Wilamowitz beide über die Ordenssucht unter den Offizieren. So stark, dass die Unterführer im Gefecht nicht mehr gehorcht hätten. In einem Gefecht sei ein Batteriechef (?) dem Befehl, das Feuer zu stopfen, nicht eher nachgekommen, bis der Oberführer an ihn herangeritten sei und gedroht hätte, ihn über den Haufen zu schiessen. Die die Orden erhalten hätten, hätten sich förmlich vor den Andren, leer Ausgegangenen, verstecken müssen. Es hätte immer geheissen: „Was muss der gelogen haben, um einen Orden zu bekommen." Unglaubliche Verleumdungskampagnen; „Küchengerüchte". Die Mannschaften, namentlich die aus Reservisten zusammengesetzten Truppenteile, seien zum Teil eine wahre Zuchthausbande gewesen.

Berlin. 13 Oktober 1901. Sonntag. *13.10.1901 Sonntag*
Mit Van de Velde im Völkermuseum. Formen der Gegenstände betrachtet und verglichen. Ich dränge ihn mit aller Macht nach dieser Seite. Abends bei Van de Veldes draussen.

Berlin. 14 Oktober 1901. *14.10.1901 Montag*
Übung in Potsdam zu Ende. Bodenhausen bei mir. Mit ihm und Mutzenbecher Abends bei Hiller.

Berlin. 15 Oktober 1901. *15.10.1901 Dienstag*
Mit Mutzenbecher im Debüt der Farrar in der Oper; Margarethe[1]; grosses allseitiges Talent.

Weimar. 26 Oktober 1901. *26.10.1901 Samstag*
Früh nach Weimar. Mit Frau Förster allein gefrühstückt. Dann Besuch bei Wertherns, wo Ottobald getroffen; nachher um 4 zu Rothe und ihm meine Vorschläge vorgetragen. Kunsthandwerk fördern für Mittelstaat lohnender als grosse Kunst, weil ein hervorragender Maler oder Bildhauer, den die Kunstschule hier hervorbrächte, wahrscheinlich nicht im Lande bleibe sondern nach Berlin oder München gehe, wo er mehr Aussicht auf Aufträge hat, während tüchtige Kunsthandwerker im Lande bleiben. Ferner sofortiger Vorteil für die Industrieen des Landes, wenn ihnen unentgeltlich a) gute, originale Modelle geschaffen b) tüchtige Kunsthandwerker, Dessinateure etc. ausgebildet werden. In der Schule Gewicht zu legen 1) auf die rhythmische Ausbildung der Form, weniger des Ornaments 2) auf die künstlerische Ausführung, insbes. auf die künstlerisch individuelle Behandlung der Epidermis (der kleinsten, infinitesimalen Formen). Rothe entgegenkommend und höflich. Die Frau, die dabeiblieb während des Vortrags, wärmer. – Abends Diner bei der Frau Förster: Otto Werthern, seine Schwester Palézieux, Wedel und die beiden Thünas. Vandeveldesche Beleuchtungskörper gezeigt. Alle sehr bewundernd.

Weimar. 27 Oktober 1901. Sonntag. *27.10.1901 Sonntag*
Gefrühstückt bei der Frau v Palézieux mit Otto Werthern u einem Kammerh. v Alten. Nachher Medems besucht, wo auch die Gräfin Wedel. Um 5 kam der Minister Rothe mit seiner Frau aufs Archiv. Ihnen wieder sehr eindringlich über Van de Velde und die Beleuchtungskörper gezeigt. Sie sowohl wie die Frau v Palezieux, Medems etc. scheinen für die Berufung gewonnen. Abends Frau Förster mir die ersten 18 Aushängebogen der Umwertung gegeben. Früh mit Peter Gast wegen der Aufführung seines Löwen in Dresden; ihm versprochen an Seebach schreiben zu lassen.

Berlin. 28 Oktober 1901. *28.10.1901 Montag*
Früh aus Weimar fort nach Leipzig. Otto Werthern an der Bahn. In Leipzig mit Baensch konferiert. Um 6 nach Berlin weiter. Im Zuge das erste Buch der Umwertung gelesen.

---

[1] Gounod

Berlin. 1 November 1901. Freitag *1.11.1901 Freitag*

Van de Veldes allein bei mir gegessen. Bei Tisch ein Telegram von Werthern: er habe für mich „wichtige u. erfreuliche Nachrichten". Natürlich über VandeVelde.

Berlin. 2 November 1901. Sonnabend. *2.11.1901 Samstag*

Abends im Cabaret zum Hungrigen Pegasus bei Gazzolo in der Markgrafenstr. Etwa 100 Menschen in einer kleinen Hinterstube dichtgedrängt. Dörmann und eine Frau mit Nom de Guerre „Dolorosa" die besten Vorträge. Ich mit Felix Holländer, Mackay und dem jungen Hamman gesessen. Bohème Atmosphäre untermischt mit nicht allzu viel Geheimräten und Berlin W.

Berlin. 3 November 1901. *3.11.1901 Sonntag*

Dungerns u. Willy Richthofen bei mir gefrühstückt. Otto Werthern an der Bahn abgeholt. Er teilt mir mit, dass ich vollen Erfolg in Weimar gehabt habe. Rothe hat dem GrossHerzog[1] Vortrag gehalten und der GrossH ist ganz auf den Gedanken eingegangen; er will Alles aus der Schatulle bezahlen; ich soll ihm sofort Vortrag halten; ausserdem lässt mir die Erbgrossherzogin[2] sagen, ich solle bei ihr essen; kurz, Alles begeistert. Ich fahre morgen früh nach Weimar. An Palézieux telegraphiert und zu Van de Velde hinaus, um noch einige Einzelheiten mit ihm zu besprechen. Ihn mit Migräne im Bett getroffen. Er willigt ein, der Schule etwa 5% von seinen Bruttoeinnahmen zu geben, gegen Benutzung der Ateliers und Schüler. Werthern hält die Sache für sogut wie sicher. Abends im Kasino gegessen. Bei Josty nachher den alten Menzel gesehen.

Weimar. 4 November 1901. *4.11.1901 Montag*

Früh aus Berlin nach Weimar. Bei Palézieux gefrühstückt, allein mit Rothe, da Frau v. P. krank. Palezieux erste Bemerkung: Glauben Sie nicht, dass VandeVelde die alten Stilarten verachtet? Das ist doch unmöglich, jetzt noch Etwas ganz Neues zu schaffen u. s. w. u. s. w. den Standpunkt der Zeit vor 30 Jahren vertreten; aber mit Verständnis für das wirklich Gute an den alten Meistern, (Linie, Form, coup de ciseau bei Caffieri etc.) Dann über den Geldpunkt: ich schlug als Gehalt 6 bis 8 Tausend M. vor. Palézieux meinte: Na, sagen wir 6000. Das Gehalt V's müsse doch mit den andren Gehältern in irgendeinem Verhältnis stehen. Rothe lenkte von diesem gefährlichen Punkt wieder ins Allgemeine über. Palezieux thaute dann auch allmählich auf je mehr die Anknüpfung von VandeVeldes Thätigkeit an die „Permanente Ausstellung" in den Vordergrund rückte. Mit Rothe nach dem Frühstück nach Hause gegangen und Frau Rothe besucht. Dann bei Frau Förster im Archiv. Abends um 7 Diner beim Grossherzog, das besonders

---

1 Wilhelm Ernst

2 Pauline

für mich arrangiert; ausser den Herren vom Dienst: Palézieux, Schlieffen, Hirschfeld, Egloffstein, nur noch Rothe und Ruland da. Ich sass links vom Grossherzog, der auf der andren Seite Rothe und gegenüber Palézieux hatte, so dass wir ihn ins Kreuzfeuer nehmen konnten. Er schien auch durchaus für Vande Veldes Berufung gewonnen; fragte mich zuerst, ob ich denn wirklich meinte, dass VandeVelde nach Weimar kommen würde; sagte dann im Laufe des Abends drei- oder viermal: Das wäre wunderschön, wenn Herr Van de Velde herkäme. Einen förmlichen Vorschlag machte er aber nicht. Nach Tisch beim Cercle sprach er sehr lange wieder darüber mit mir; erzählte mir vom Zeisschen Volkshaus in Jena, von dem ich noch Nichts wusste, und sagte: wenn V. herkäme könne er ja das gleich einzurichten bekommen. Dabei nahm er mich quer durch das Zimmer zu Rothe hin und sprach auch mit diesem über den Plan. Um 10 entliess er die Gesellschaft. Palézieux kam dann noch zu mir ins Hotel und blieb bis nach Mitternacht; erzählte die Entstehungsgeschichte seines Museums: der „Permanenten Ausstellung"; welche Angriffe es ihm eingebracht hätte; was die einzelnen Gegenstände gekostet hätten; welche Geschäfte und Handel er gemacht habe. Schien stark zu wünschen, dass sein LebensWerk durch Van de Veldes Thätigkeit zu Leben und Anerkennung komme. Dieses ist offenbar bei ihm das Treibende. Bei Rothe mehr das Allgemeinwohl des Landes und der Einfluss seiner Frau, die durch Gleichen zur Kunst erzogen ist. Beim Grossherzog der Versuch, Etwas zu thun, das seine Regierung für das Land in einer glänzenden Weise einleitet. Bei der Hofgesellschaft die Langeweile und dass es sie nach einem Spielzeug juckt; Etwas womit sie sich beschäftigen kann und was sie beschäftigt. So habe ich den Eindruck, dass der Entschluss zur Berufung aus dem Allem zustandekommen wird.

Weimar. 5 November 1901. *5.11.1901 Dienstag*

Mittags um 12 dem Grossherzog nochmals in Anwesenheit von Palezieux Vortrag gehalten; mit Demonstration Vandeveldescher Beleuchtungskörper. Er war verlegen und reserviert mit einem sichtbaren Verlangen, sich für die Sache zu interessieren; er sah aber mehr nach meiner grossen Perle als nach VandeVeldes Arbeiten. Die Perle interessierte ihn spontan. Palézieux blieb nachher zurück und sagte mir auf Befragen, dass er eigentlich glaube, dass die Sache zustandekommen würde; dass der Grossherzog sich aber erst nach der Rückkehr von seiner Reise, Anfang Dezember, entschliessen werde. Dann soll ich mit Van deVelde herkommen. Palézieux legt auf das Gesellschaftliche einen etwas komischen Nachdruck; er wolle VandeVeldes persönlich bei der Hofgesellschaft einführen. Wie es mit der Hoffähigkeit der Frau VandeVelde stehe? Ich solle doch von Greindls einen Brief erwirken über ihre Hoffähigkeit in Belgien. Auch ich solle doch öfter herkommen. Es fehle an jungen Herren!! u. s. w ad infinitum. Ein unaufhaltsames selbstgefälliges Redegeriesel. Polonius. – Abends zur Erholung bei der Frau Förster gegessen. Nachmittags auch bei Ruland. – Was an den gewöhnlichen Vertretern der „christlichen", der „altruistischen" Moral so abstösst, ist dass sie so total zu ignorieren scheinen, welche Tiefen und Grausamkeiten auch ihre Moral birgt. Sie scheinen immer zu glauben, dass bei ihr Alles ohne Sturm und Schwierigkeit für ihren Bekenner verlaufen muss; an der Oberfläche; lauter Hautwunden. Sie projizieren ihre eigene Leichtfertigkeit in ihre Moral hinein. Der Ekel vor dem Pastor wird so zum Ekel vor der von ihm so leichtfertig vertretenen Moral. Man hätte immer Lust den Leuten zuzurufen: „Aber Mann, was Sie da predigen ist furchtbar, grausam, erschütternd, wenn Sie auch zu stumpf und schlecht sind, um es zu merken!" Die liebe Seele aber ist ahnungslos.

Weimar 6 November 1901. *6.11.1901 Mittwoch*
Bei der Erbgrossherzogin in Belvedere zum Frühstück. Schöne Allee hinaus und hübsches Rokokoschlösschen. Dort noch Medems, Hessberg und zwei Gräfinnen, eine alte und eine junge, deren Namen ich nicht verstanden habe. Die Erbgrossherzogin eine gemütliche, dicke, lebhafte Frau; sehr begeistert für VandeVeldes Berufung. Nach dem Frühstück zeigte sie mir Gewebe von ihrer Spinnerei. Ich nahm gleich einige für VandeVelde mit. Abends nach Berlin zurück.

Berlin 12 November 1901. *12.11.1901 Dienstag*
Vande Veldes mit Otto Werthern bei mir gegessen. Nachher alle zusammen in Schall α Rauch.

Berlin. 16 November 1901. Sonnabend. *16.11.1901 Samstag*
Bei Gräfin Schlippenbach gefrühstückt mit Werthern, Arenberg, Peldram und Frau v Spitzemberg. Abends alle Wertherns u Willy Richthofen bei mir zu Tisch. Nachher zusammen in den Hungrigen Pegasus und die Bösen Buben. Die Letzteren recht bös, aber vor Langeweile.

Berlin. 17 November 1901. Sonntag. *17.11.1901 Sonntag*
Bei Frau v Spitzemberg gefrühstückt. Nachher bei VandeVeldes.

Berlin. 19 November 1901. *19.11.1901 Dienstag*
Werthern, Benno Herman, Riepenhausen und ein junger Graf Ledebur bei mir zum Frühstück. Benno H. über Ostafrika, seine Pläne, uns von dorther mit Mais und Baumwolle zu versorgen.

Berlin. 21 November 1901. *21.11.1901 Donnerstag*
Bei Knesebeck gefrühstückt mit Wangenheim und Reinhold Richter. Abends abgereist.

Paris. 22 November 1901. *22.11.1901 Freitag*
Abends hier an.

Madrid. 24 November 1901. *24.11.1901 Sonntag*
Nachmittags um 3 hier angekommen. Abends in eine Zarzuela.

Madrid. 25 November 1901. Montag. *25.11.1901 Montag*
Früh in der Armeria. Nachmittags bei Etzel. Dann zu Radowitz. Er hat über T. Erkundigungen eingezogen und giebt sehr mässige Auskunft. Keine gesellschaftliche Stellung, auch wenn er mehr Geld hätte, würde er sie nicht erlangen können. Sein set Nichts wert. Er selbst ein sehr übler Mann, un homme impossible. Abends bei Etzel in der Peña gegessen mit Unico Groeben, Oberndorff und Oropesa. Oropesa sagt Torre sei parfaitement honorable, aber verhasst wegen seines Geizes u. s. w. Auch von dieser Unterredung den Eindruck, dass T. gesellschaftlich unten durch ist, sich deshalb nirgends zeigt. Nachhause telegraphiert.

Madrid. 26 November 1901. *26.11.1901 Dienstag*
Früh im Museum. Sehr dunkel, der Schnee. Trotzdem von den Borrachos und Meninas[1] tiefen Eindruck. Namentlich die Meninas trotz Allem überraschend. Bei Radowitzs gefrühstückt. Abends Etzel u Oberndorff bei mir im Hotel de Paris gegessen und nachher in die Oper, wo Walküre. Eine spanische Brünhilde, die keinen Ton richtig sang.

Madrid. 27 November 1901. *27.11.1901 Mittwoch*
Früh bei etwas besserem Licht im Museum. Entwicklung des Velazquez besteht darin, dass er die Wertbeziehungen immer weiter und vielfacher knüpft. Auf den frühsten Bildern lauter kleine naturalistische Wertkomplexe, zwischen denen aber die Wertbeziehungen weit weniger naturwahr sind. Immer mehr lösen sich diese kleinen einzelnen Wertkomplexe in einen einzigen, allgemeinen auf, der das ganze Bild umfasst. cf die Stilleben (Bodegones) bei Wellington, auf denen jeder Topf und Apfel einen solchen einzelnen wunderbar naturgetreu wiedergegebenen Wertkomplex darstellt, alle untereinander aber nur konventionell zusammenhängen, und vergl. damit die Meninas. In jener ersten Manier auch auf der Anbetg der Könige hier die einzelnen Köpfe ohne rechte Wertbeziehg untereinander hingemalt. Andrerseits ist die Farbennotierung im Laufe dieser Entwicklung ungenauer und flüchtiger geworden, was sich gerade in den Meninas deutlich zeigt. Die Liebe zum Gesamteffekt hat die zum Einzelnen verdrängt, nicht ergänzt. Der Velazquez der Borrachos ist dem der Meninas in Vielem auch überlegen. – Velazquez hat wohl zu allen Zeiten die Trübung un-

[1] Velázquez

bedenklich als Mittel benutzt, Werte auszudrücken. Das spricht für Justis[1] Ansicht, dass Velazquez an der Farbe als solcher weniger lag als an der Raumschilderung. Ich glaube das aber nur von seinem bewussten Wollen. Sein Genie lag sicher auf dem Gebiet gerade der Farbe. Ein interessantes Beispiel, wo er den Wert nicht durch Trübg ausdrückt auf dem Jugendporträt Ph. IV[2] (1070) die beiden Hände. Die im Schatten ist nur blasser, nicht trüber gemalt als die andre.[3] – Bei Etzel in dem bei ihm eingerichteten Botschaftskasino gefrühstückt mit Oberndorff und Unico Groeben. Groeben eine ganze Reihe guter Anekdoten erzählt, aber namentlich unerschöpflich im Beschimpfen von Schwarzkoppen. Er behauptet S. habe in der Dreyfussache alle Leute belogen, Münster, Bülow u. s. w. Ihm, Groeben, habe er in seiner Angst gleich gestanden, dass er mit Esterhazy Beziehungen gehabt habe. Münster dagegen habe er versichert, er habe nie Etwas mit Esterhazy zu thun gehabt. Münster habe daraufhin diese Versicherung der französischen Regierung in seinem eigenen Namen weitergegeben und, als trotzdem in den Generalstabs Blättern die Behauptung immer wiederkehrte, seine Pässe verlangen wollen. Einen ganzen Tag lang hätten sie alle auf der Botschaft ihn mit der grössten Mühe von diesem Schritt abgehalten. So habe Schwarzkoppens Lüge fast zum Kriege zwischen Deutschland und Frankreich geführt. Aber Schw. sei ganz gewissenlos, ein richtiger „reitender Fähnrich", der seine Carriere durch die Frauen und zum Teil durch erdichtete Beziehungen zu Frauen gemacht habe, und der immer nur an sich denke und daran, ob es noch zu einem Grad mehr in der Carriere reiche. Als es zur Probe gekommen sei, habe er dann auch seine Unfähigkeit gezeigt, indem er sich durch Esterhazy und den Generalstab habe grob düpieren lassen. Und als die Geschichte dann herausgekommen sei, habe er sich ganz unbedenklich auf Kosten des eigenen Landes und auf die Gefahr eines Krieges hin herausgelogen. Groeben war intarissable hierüber. Wir giengen nachher mehrere Stunden lang in Antiquitäten Läden shopping; er kam aber immer wieder darauf zurück. Er sei tief traurig, dass es so einen Offizier in der preuss. Armee geben könne. Ihm haben die Erfahrungen, die er damals machte, alle Illusionen geraubt. Ich muss bekennen, dass ich Groebens Äusserungen mir gegenüber, den er kaum kennt, recht unvorsichtig und wenig „diplomatisch" finde. – Abends bei Radowitzs gegessen mit Oberndorff und dem österr. Botschafter Dubski.

Toledo. 28 November 1901. *28.11.1901 Donnerstag*

Früh nach Toledo. Den ganzen Tag in der Stadt und dem Dom herumgeirrt unter wechselndem Charme. Gesamteindruck von rauschenden Wassern, Kargheit

---

[1] Diego Velazquez und sein Jahrhundert

[2] Philipp IV. stehend

[3] Verweisung: „(cf. 23.V.01 ff. 16 XI 03;)"

und Armut, nackten, fast kleinlich niedrigen Felsen; und zwischen dem Allem eingeschlossen Blüten einer verschwenderischen Pracht und Mystik. Die Kathedrale besitzt Nichts, das von der allerhöchsten Vollendung oder von einziger Originalität wäre; aber im Ganzen solche Farbe und phantastische Pracht um das edle frühgotische Gerüst emporgerankt, dass sie den Schein von Etwas Einzigartigem vortäuscht. – Noch reicher und spanischer der Kreuzgang von San Juan de los Reyes. – Weder Stadt noch Stimmung finster. Enge steile Gassen, aber reine Farben in einer göttlich klaren und scharf kalten Luft. Wie ein Umbrien mit weniger Zartheit und Weichheit. Und die Kinder erinnern mit ihrer schmeichelnden Stimme und leisen Ausgelassenheit an die kleinen Peruginer. – Der vielgeschmähte Churriguereske Stil ist in Wirklichkeit nah verwandt mit der vielbewunderten spanischen Gotik. Bei dem Transparente und den gotischen Schranken der Capilla Mayor sind die Absichten in rein aesthetischer Beziehung fast gleich: Ergötzung von Auge und Phantasie durch gehäufte, überzahlreiche Eindrücke. Der Rhythmus der Eindrücke ist bei der Gotik geometrisch-mathematisch, beim Barock mehr versteckt, auf eine feiner ausgebildete Auffassung berechnet. Die Eindrücke selbst einzeln genommen umgekehrt bei dem Barock für stumpfere Augen und Seelen als die feinen, tiefen gothischen Figuren und Blattdekorationen. Vielleicht weil bei flüchtigerer Betrachtung die Folge der Eindrücke wichtiger wird, als die Eindrücke selbst. Man könnte wahrscheinlich das Anwachsen der rhythmischen Hellhörigkeit und das gleichzeitige Abnehmen der Empfänglichkeit für den einzelnen optischen und psychologischen Eindruck graphisch darstellen, durch zwei entgegengesetzt verlaufende Kurven. Der grossen Gothik fehlt dieses Raffinement: Beweis die ganz grade gotische Säule. Ihr lag nur an dem grossen Wurf auch im Rhythmus. Die griechische Architektur, der Parthenon, hat Beides vereinigt, den grossen Wurf und das äusserste Raffinement in jedem einzelnen Eindruck und Rhythmus. Als die Gotik raffiniert wurde, verlor sie das Interesse am Erhabenen; sie versteckte es unter den raffinierten Eindrücken, statt es durch diese erst recht zur Geltung zu bringen. Sie verlor das Ziel aus dem Auge. Die Griechen dachten energischer und weiter durch den Nebel der Verfeinerung hindurch. – Sich durch das Detail aufhalten lassen, deutsch, vielleicht überhaupt neu europäisch im Gegensatz zu den Griechen. Wir überwinden Dieses bis zu einem gewissen Grade durch die organisierte Arbeit Vieler. Wenn ein Ziel vorschwebt und Viele zugleich und neben einander den Weg dahin bahnen, kann diese Berücksichtigung des Details zu einer Quelle eigener Vorzüge werden; so bei den gotischen Domen und der modernen Wissenschaft. Aber künstlerisch wird doch so nie dasselbe erreicht, wie wenn ein Mann durch das Detail zum Ziel vordringt. Das Detail bleibt Detail. Es verwächst nicht mit der Hauptsache zur Einheit. Ein Organismus kann nur einen Vater haben. – Günstigster Zustand für künstlerische Arbeit: möglichst gründliche Erziehung durch fremde Methoden und möglichst geringe Belastung mit fremden Vorstellungen. Viel Gymnastik und wenig Futter. Bestes Training. Sich seine Methoden borgen und seine Vorstellungen schaffen. Alte Kultur und kosmopolitische Kultur wertvoll durch die vielen Methoden, die zur Verfügung stehen (Erziehung), gefährlich durch die vielen Vorstellungen. An diesen erstickt sie leicht. Die Gefahr für den Gelehrten, dass er gezwungen ist, mit so vielen fremden Vorstellungen zu arbeiten.

Madrid. 29 November 1901. Freitag. *29.11.1901 Freitag*

Vormittags mit dem Botschafter[1] und Nadine Radowitz[2] in der Gallerie; die noch verschlossenen Räume, Ribera, Murillo etc. Hier ein erstaunlicher Jordaens; dieselbe Technik, Absicht und leidenschaftliche Rhythmik des Pinselstrichs wie Van Gogh. Im Botschaftskasino gefrühstückt bei Etzel mit Oberndorff und Unico Groeben, der wieder boshafte Geschichten erzählte. Zum Thee bei Radowitzens. Abends abgereist.

Paris. 1 Dezember 1901. Sonntag. *1.12.1901 Sonntag*

Angekommen. Mama und Gee gesehen.

Paris. 3 Dezember 1901. Dienstag. *3.12.1901 Dienstag*

Im Luxembourg und Saint Sulpice Manets Olympia und Delacroix' Fresken verglichen. Bein des mit Jacob ringenden Engels: lauter unruhige verschiedene Farbentupfen; namentlich im Schatten dunkelrot und Grün zwischen dem Inkarnat. Die Olympia von Manet; nur Inkarnattöne; ein ganz wenig Blau in den Schatten: Delacroix' Akt kommt Renoir oder Seurat viel näher als Manets. Dabei sind beide fast gleichzeitig; Delacroix' um 1861, Manets um 1886. Im Gegensatz zu Beiden Ingres' Odalisque (Louvre) mit Grau modelliert.

Berlin. 6 Dezember 1901 Freitag. *6.12.1901 Freitag*

Dehmels bei mir gegessen mit Edvard Munch. Dehmel über Nietzsche: er verstehe nicht, wie er gegen „Gott" habe polemisieren können; da sei er doch noch zu sehr Philologe gewesen, habe am Wort geklebt. Denn, dass es Etwas Wirkendes, Unbekanntes gebe, ob man es nun Gott oder anders nenne, sei doch sicher. Ferner, ihm scheine, dass Nietzsche zu sehr den Wert und die Kraft des Duldens, des passiven Heldentums, unterschätzt habe. Ein Jesus und ein Achill hätten sich gegenseitig verachten können und beide Recht gehabt. Ja in einer Figur wie Jesus

---

[1] Radowitz

[2] Thüngen

stecke vielleicht mehr Kraft. Dehmel erzählte, wie er den Zarathustra zum ersten Mal gelesen habe, in acht Tagen wie im Fieber. Renoir versteht er nicht zu goutieren. Wie ihm überhaupt die ganz feine Bildung des Auges fehlt. Mir scheint, dass es dieselbe Ursache ist, um derentwillen er auch den Parthenon nicht so empfindet wie ich. Die Frau sitzt bei seinem Sprechen dabei, schweigt viel, sieht zur Decke und macht von Zeit zu Zeit eine meistens gescheidte Bemerkung. Sie trug ein merkwürdig geschnittenes, dunkles, schönes Sammetkleid, das mit ihrem braunen Gesicht und ihrem schwarzen, krausen Haar ein fremdartiges Bild giebt. Dazu Dehmels eigene äusserst bewegliche, dunkle, slavische Physionomie. Die meiste Zeit nimmt er eine Maske an, einen Ausdruck von spöttischer Zartheit, auf die er seine zuckende Nervosität stimmt. Ein wunderbares Paar beisammen.

Berlin. 7 Dezember 1901. Sonnabend. *7.12.1901 Samstag*

Dehmels bei mir gefrühstückt mit Wilhelm Mirbach. Abends mit VandeVelde Sada Yacco und Loie Fuller sehen. VandeVelde sagte sehr richtig von der Loie Fuller: C'est là la réalisation de tout ce que nous avons cherché avec le Néo Impressionisme. Im Zusammenhang mit der kleinen Handlung, die dem einen Tanz zugrunde liegt (Verbrennen der Frau im Sonnenlicht): Je voudrais bien savoir si c'est là la fin ou le commencement d'un Art. En somme, c'est complet, et cependant il me semble qu'il y aurait encore la possibilité de développer ça. Die Sada Yacco spielte die Gesha und Kesa wieder mit aller Zartheit und Übergewalt ihrer Kunst.

Berlin. 8 Dezember 1901 Sonntag *8.12.1901 Sonntag*

Mit Ottobald Werthern gefrühstückt.

Berlin. 9 Dezember 1901 Montag. *9.12.1901 Montag*

Otto Werthern, Vande Velde und die Paul Dubois bei mir gefrühstückt. Abends Winckelmannsfest. Wiegand gesehen. Conze wurde gefeiert und redete. Nachher mich noch mit Mirbach im Palasthotel getroffen.

Berlin. 10 Dezember 1901. *10.12.1901 Dienstag*

Bei Frau Richter zum Frühstück. Dort noch Knesebeck, Seckendorff und VandeVelde. Seckendorff und VandeVelde gerieten in höflicher Weise aneinander, wobei Seckendorff aber sehr entschieden den Kürzeren zog.

Weimar. 11 Dezember 1901. Mittwoch. *11.12.1901 Mittwoch*

Nach Weimar gefahren. Mit Dehmels auf dem Nietzsche Archiv zum Essen. Ausser uns noch Kielmannseggs, Frl v Prott und Peter Gast. Gast spielte nach

Tisch aus seiner Oper[1] auf dem Klavier vor, aber schlecht und ohne genügende Fingerfertigkeit. Dehmel las einige von seinen Gedichten, die Stille Stadt, Venus Regina etc. Über die Wirkung des Fitzebutze: für ihn persönlich sei sie von Wert, weil er die Kinder schon früh an seinen Namen gewöhnen wolle; vor Allem aber meine er, dass seine Rhythmen auch schon seine Weltanschauung mit sich trügen; dass diese sich dadurch unbewusst schon den Kindern mitteile. Als er nach Tisch unter der grossen Photographie Nietzsches stand, auffallend der Kontrast im Grundcharakter beider Köpfe: bei Nietzsche alle Linien langgeführt in sanften, weichgeschwungenen Kurven (Haaransatz an Schläfe), bei Dehmel lauter unruhige, nervös zerrissene kleine Linien, wie die eingegrabenen Schriftzüge vieler verschiedener Leidenschaften, die einander in Gesicht und Stirn kreuzen.

Berlin. 12 Dezember 1901. *12.12.1901 Donnerstag*

Früh bald nach 7 mit Dehmels aus Weimar fortgefahren; zusammen bis Halle. Dehmel sprach über seine Pläne die Vollendung der Zwei Menschen, den Saul. In den Zwei Menschen die Landschaft ihm nötig als Gegensatz und Gegengewicht zu der leidenschaftlichen seelischen Erregtheit, um einen breiten, epischen Cha rakter zu gewinnen. Das sei wohl ein neues Wirkungsmittel seit Kant, diese Auflösung der Landschaft, diese Perspektive, in die sie dadurch gerate, dass wir sie als Ausfluss der Seele ansehen. Gegen Hauptmann. Er Dehmel sehe die Kunst nicht im Breittreten sondern im Gegenteil im Zusammenfassen, in der grössten Konzentration, auch im Drama.

Berlin 13 Dezember 1901 *13.12.1901 Freitag*

Bei Watsch Hermans gefrühstückt mit Richters u. VandeVelde. Frau v Herman über Erziehung u gegen alle Märchen für Kinder; nur Wahres aus der Natur, wunderbar genug.

Berlin 14 Dezember 1901. Sonnabend. *14.12.1901 Samstag*

Jan Wendelstadt bei mir. Abends mit der Gräfin Schlippenbach, Frau Begas und Teichmann im Hungrigen Pegasus, nachdem sie vorher bei mir gegessen. Mittags bei Vom Raths mit der Prinzessin Altenburg u Miss Farrar gefrühstückt.

Berlin. 15 Dezember 1901. Sonntag. *15.12.1901 Sonntag*

Mit Wendelstadts und dem Erbprinz Reuss und Frau im Bristol gegessen. Nachher bei der Frau Begas und mit Wendelstadt im Casino wo Romberg u Eltz angetrunken.

---

[1] vermutl. Der Löwe von Venedig

Berlin. 19 Dezember 1901. *19.12.1901 Donnerstag*

Vormittags Eröffnung des Pergamon Museums. Abends bei VandeVelde, der sehr niedergeschlagen durch Nachricht, dass sein Vater einen Schlaganfall gehabt hat. Ich sagte ihm aber, er müsse mit nach Weimar kommen. Ich nehme es auf mich, für ihn zu entscheiden. In den Zeitungen die naive Rede des Kaisers über Kunst. Wenn er auf allen andren Gebieten so mangelhaft informiert ist und so voller Illusionen steckt, dann mag es nett sein. Der Grundcharakter seines Wesens kommt aber wohl gerade zum Ausdruck, temperamentvolle Unwissenheit; gekrönter Dilettantismus; Friedrich Wilhelm IV mit mehr Maul. Ich muss an eine Geschichte denken, die mir Groeben vom Kaiser und Brin erzählt hat, als der Kaiser ein Panzerschiff im Entwurf so korrigiert hatte, dass es lebensgefährlich geworden war. Brin hat es ihm noch gerade rechtzeitig ausgeredet.

Berlin. 20 Dezember 1901. *20.12.1901 Freitag*

Vande Velde kam zum Frühstück. Sein Vater ist gestern Abend gestorben. Er ist sehr mitgenommen. Abends VandeVelde vor seiner Abreise bei mir gegessen.

Weimar. 21 Dezember 1901. *21.12.1901 Samstag*

Früh nach Weimar gefahren. Dort VandeVelde. Mit ihm Besuche bei Frau Förster, Rothe, Palezieux etc. Rothe schlug vor, der Gr. Herzog[1] solle ihn mit der ganz allgemein gehaltenen Auflage berufen, das Gewerbe und Kunstgewerbe im Lande zu heben und beraten. Gehalt 6000 M. Von einem Darlehen des Gr. H. zum Zweck des Institutsbaues will er Nichts wissen, „um die Sache nicht zu komplizieren". VandeVelde schlug vor, er wolle das Geld selber aufbringen, wenn ihm in Weimar wenigstens ein Terrain unentgeltlich gegeben werde. Alle Profite aus Modellverkäufen, Schübern u s w sollen unter diesen Umständen VandeVelde allein zufliessen, während ich vorgeschlagen hatte, sie, wenn der Gr. Herzog das Institut baute und erhielte, zur Hälfte diesem zuzuwenden. Im Übrigen machte Rothe noch Alles abhängig von der noch nicht erfolgten Entschliessung des Grossherzogs. – Um 7 Diner beim Grossherzog. Diesmal in den Prunkräumen in der Ersten Etage. Dort: Die Erbgrossherzogin[2], die beiden Gräfinnen Bothmer, Palézieux, Rothe, Egloffstein, Schlieffen, Otto Werthern, ein Oberstleutn. Müller aus Südwestafrika, ein Hauptmann Fliessbach aus China und einige Andre. Ich sass zwischen Müller und Egloffstein; rechts neben Müller der Grossherzog. VandeVelde neben der Erbgrossherzogin. Nach Tisch beim Cercle kam die Erbgrossherzogin gleich auf mich zu und sagte mir, ihr Tischnachbar wäre ihr sehr angenehm gewesen, „il cause", er wäre sehr amüsant. Die Erbgrossherzogin zog sich bald zurück und wir gingen hinauf in die Zimmer des

---

[1] Wilhelm Ernst

[2] Pauline

Grossherzogs. Dieser sprach zunächst fast eine Stunde in einer Ecke mit VandeVelde allein. Dann kam er bald zu mir und fragte mich, wie die Sache mit Crefeld (Denekens Pläne) sei. Ich sagte ihm, was ich wusste. Darauf er ganz betroffen: „Ja, was wird dann aus uns in Weimar?" Ich erwiderte: „Das haben K. H. ja ganz in der Hand. VandeVelde hält sich an Weimar vorläufig noch gebunden. K. H. brauchen ihm nur den bestimmten Vorschlag unter den heute beim Minister Rothe besprochenen Bedingungen zu machen, und er wird sofort Ja sagen." Der Grossherzog meinte, das würde er gern thun. Darauf ich: „Soll ich VandeVelde vielleicht dazu heranholen?" „Ja, bitte." Ich gieng darauf auf VandeVelde zu, der im Gespräch mit Jemandem Anders uns gerade den Rücken zukehrte, fasste ihn an und drehte ihn um, dem Grossherzog zu; der Grossherzog streckte ihm unter verlegenen Worten die Hand entgegen; und die Sache war gemacht. Nachher noch bis halb 1 mit Otto Werthern u. VandeVelde im Hotel gesessen.

Weimar. 22 Dezember 1901. *22.12.1901 Sonntag*

Um 10 mit VandeVelde und Medem in der Permanenten Ausstellung. Um 1/2 12 bei der Erbgrossherzogin mit VandeVelde. Die Hohe Frau empfieng uns in einem grossen, mit hübschen Sachen ziemlich unharmonisch ausgestatteten Boudoir; war aber äusserst liebenswürdig und lebhaft, holte eine Sache nach der andren zum Zeigen hervor, sprach über unzählige Fragen, bekundete immer wieder ihre Freude über VandeVeldes Berufung. Erst nach anderthalb Stunden entliess sie uns. Dann einen Augenblick bei der Frau Förster und nachher bei Rothe, der uns eine Punktation vorlas, die er eben aufgesetzt hatte. Um 2 Frühstück bei der Gräfin Werthern, wohin um 1/2 4 auch die Erbgrossherzogin wieder kam. Auch jetzt sprach sie nur über Kunst, und nachdem VandeVelde fort war, über ihn und seine Kunst. Palézieux redete wieder in seiner Weise Alles tot; es ist seine Art, seinen Willen zur Macht zu bekunden. Geradezu grotesk, als er, ehe die Grossherzogin kam, VandeVelde eine endlose Vorlesung über das Wesen und die richtigen Methoden der dekorativen Kunst hielt; was nach seiner Ansicht der dekorative Künstler thun müsse, und was er nicht thun dürfe; natürlich gerade das, was VandeVelde thut. Aber es scheint P's Art zu sein, das Gespräch immer mit Ausfällen anzufangen.

Paris. 29. Dezember 1901. *29.12.1901 Sonntag*

Mit Mamma und Gee in Andromaque[1]. Abends bei Meier Graefes gegessen. Dort noch Schröder, der in seiner albernen Weise über Alles aburteilte: Impressionismus, Neo Impressionismus, Van Gogh, Van de Velde; ein dummer Junge und Neidhammel. Allerdings mit seinem epileptischen Zucken an einem Auge dabei komisch. Das Weibchen Meier Graefe versucht, gegen Van deVelde giftig zu sein,

---

[1] Racine

während M.G. selbst trotz seines Streits sachlich gerecht bleibt. Das ist, was den weiblichen Geist doch entwertet; dass Frauen, selbst die gescheutesten, immer auch mit dem Geschlechtsteil urteilen. Sie können ihre verdammte Dankbarkeit gegen Den, der sie begattet hat, nicht aus ihrem Denken fernhalten. Siehe selbst Cosima Wagner. Eine unausrottbare Sklaverei, in die der weibliche Geist geschlagen ist. Bei den alten Jungfern herrscht die komplementäre, der Hass gegen das Geschlecht, das sie nicht begattet. – In Meier Graefes Laden jetzt fast nur Schund. Dabei ist er aus Kampflust gegen den Schund Händler geworden. Aber das Händlertum hat ihm seine Gesetze aufgezwungen. Um den Laden materiell zu halten, war er gezwungen, zuerst auch Schund und jetzt schon fast nur noch Schund zu verkaufen. Die Mittel sind über den Zweck Herr geworden. Psychologisches Drama.

Paris. 31 Dezember 1901 Dienstag *31.12.1901 Dienstag*

Mit Gee Abends in Louise[1].

Paris. 8 Januar 1902. Mittwoch. *8.1.1902 Mittwoch*

Abends mit Gee bei Mrs. Heywood. In ihrem Salon treffen sich Menschen jeder Weltanschauung, Klerikale, Faubourg St Germain und Anarchisten; nur Gescheutheit ist Bedingung. Ein Anarchist Levezun war heute da. Diese französische Nüance des Anarchismus ist butterweich und christlich, bis auf das Bombenwerfen; Alle führen die „Bonté" unter den Kardinaltugenden und das Glück als Hauptzweck. Die freie und ganze Persönlichkeit tritt zurück; die auf sie gerichtete Ethik, also Nietzsche, ist nicht einmal in Ahnungen hergedrungen; leitend sind die christlichen Moralwerte. Deshalb trennt hier auch eigentlich Nichts den Anarchismus vom Sozialismus. Der Anarchismus erstrebt in Frankreich dasselbe Ziel wie d. Sozialismus, nur mit noch utopischer erdachten Mitteln, als da sind freie Arbeitsvereinigungen (entente libre des travailleurs), Streik der Armee, Bomben und Ähnliches. Die unpraktische und sentimentale Grundfärbung stammt wohl zunächst von Reclus, im letzten Grunde aber aus dem 18ten Jahrhundert. Man wittert als Sauerteig ein Gemisch von Rousseauschen Gefühlsfarben und der unhistorischen, unpraktischen Anschauung der Aufklärung. Dasselbe Gemisch, von dem auch die russische Gährung erweckt worden ist. Ganz anders als in Deutschland.

---

1 Charpentier

Paris. 11 Januar 1902. Sonnabend. *11.1.1902 Samstag*

In die Redaction der anarchistischen Zeitschrift Temps Nouveaux, um einige Lithographien u. Brochüren zu kaufen. Rue Mouffetard 140; ganz oben, noch höher als das oberste Stockwerk über eine unmöglich steile Steintreppe in einer Dachkammer. Die Wände ganz mit Bücherregalen und Brochürenstössen in allen Farben tapessiert; auch aller übrige Raum auf Stühlen, Tischen, Ständern, Schemeln von Bücherstössen eingenommen. Ein grosser kahler Tisch, an dem der Redakteur bei einer Lampe arbeitet, der einzige Gegensatz zu dieser Bücherflut; und dann noch einige Blumentöpfe und Zwergkakteen auf der Brüstung der Dachluke, durch die der dunkle, klare Himmel aus der erleuchteten Kammer zu sehen ist. Der Redakteur ein ergrauender, kräftiger Mann; (vielleicht Jean Grave?). – Wenn man wie Vandevelde die Broncebeschläge der Louis XV und Louis XVI Möbel verwirft, so muss man auch bei Gebäuden Alles verwerfen, was blos Ornament ist. Solches findet sich auch bei der späteren Gothik. Nur der dorische und der frühgothische Stil bleiben bestehen. Im höchsten Sinn hat V. Recht. Das Höchste ist, dass Rhythmus und Nützlichkeit ganz eins werden. Aber man kann doch nicht die Schönheit zweiter Klasse, bei der die Schönheit und die Nützlichkeit aneinandergefügt sind, ganz verwerfen. Man muss doch wenigstens einen Unterschied zwischen dieser und der nackten Hässlichkeit und Sinnenwidrigkeit machen. Unter den Dingen dieser zweiten Klasse aber stehen die Louis XV und Louis XVI Möbel obenan. Nur ist es gut, wenn man sich Rechenschaft giebt, dass Dieses eben nicht die höchste Art von Schönheit ist; ihre Inferiorität liegt darin, dass ein nur unvollständig schönes Ding hinter den schönen Ornamenten sichtbar und aesthetisch wirksam bleibt.

Weimar. 15 Januar 1902. Mittwoch *15.1.1902 Mittwoch*

Früh in Berlin an und gleich nach Weimar weiter, wo der Grossherzog mich gestern Abend auf dem Hofball sprechen wollte; angeblich, um mich an die Spitze der Kunstschule zu berufen. Mit Van de Velde zu Rothe, mit dem der Vertrag noch einmal durchgegangen, in Einzelheiten abgeändert und dann unterschrieben wurde. Währenddem sangen und übten im Nebenzimmer Frau Rothe und ein Damenchor.

Weimar. 16 Januar 1902. Donnerstag. *16.1.1902 Donnerstag*

Mit Van de Velde auf Rothes Anerbieten Terrains für die Versuchs Anstalt hinter dem Blindenheim besehen bei starkem Sturm. Allein mit Van deVelde bei Frau Förster gefrühstückt. Nachher bei der Gräfin Werthern und bei Palézieux. Abends mit Van de Velde nach Berlin zurück. Mit ihm unterwegs das Entrefilet aufgesetzt, das in die Zeitungen lanciert werden soll.

Berlin. 18 Januar 1902. Sonnabend. *18.1.1902 Samstag*
Polenz, sein Bruder und Van de Velde bei mir gegessen. Nachher zusammen zur Loïe Fuller. Polenz schreibt einen Weltanschauungs Roman. Merkwürdig, dass er ein Jahr für diese Arbeit lang findet; er schriebe „schon" ein Jahr daran.

Berlin. 19 Januar 1902. Sonntag. *19.1.1902 Sonntag*
Diner bei Frau Richter. Risler spielte. Im Übrigen der alte Kreis.

Weimar. 24 Januar 1902. *24.1.1902 Freitag*
Hofball in Weimar. Hübscher Empire Saal mit Kerzen erleuchtet. Die Gesellschaft nicht wesentlich uneleganter als in Berlin, wenigstens côté des dames. Aber ein komisch gespanntes Verhältnis zwischen Palézieux und den Infanterie Leutnants. Überhaupt ragt hier schon das Komiss deutlicher in die Gesellschaft herein als in Berlin. Zwischen Hof und Offizieren heute Abend vier oder fünf „ernsthafte" Rempeleien. Resultat: Palezieux beschwert sich, zwei oder drei Leutnants beschweren sich, der Oberst[1] beschwert sich, Egloffstein hat sich mit seinem jüngsten Leutnant gefordert und wieder beigelegt. Charakteristikum der kleinen Stadt und des kleinen Hofs: Alles ist von Intriguen und Aigriertheit untergraben. Grund: Alle Leute haben Nichts zu thun und haben unendlich viel Zeit. Alle Leute fühlen sich zurückgesetzt, schon weil sie an einem kleinen Hof und in einem kleinen Land agieren statt in Berlin. Allen bieten sich die Intrigue und der Klatsch als die am leichtesten zu erreichende Beschäftigung. Daher knistert und knattert es immerfort im Untergrund von springenden Minen, oder richtiger von Lustfeuerwerk, mit dem man sich die Zeit vertreibt. Ein Studium hier lehrt Einen die kleinen Seiten der menschlichen Seele besser kennen als irgendwo anders: Reinkulturen des menschlichen Schimmelpilzes. Besondres Charakteristikum: es kommt immer Nichts darauf an, ob eine Intrigue so oder so verläuft. In der Welt wird weder im einen noch im andren Falle Etwas Anders. Das wissen die Intriganten; daher grössere Gewissenlosigkeit als z B. in Berlin. Künstlerisch interessant, dieses Kleine überall bis ins Grosse zurückzuverfolgen, aus dem es durch eine Art von Metamorphose wird. Willenschemie. Die ernsthafte Frage ist, ob sich diese Kleinheitsprodukte wieder zu Etwas Grossem verschmelzen lassen, und in welcher Retorte? Der Grossherzog mit mir über Malkowskis Angriff auf VandeVelde geringschätzend.

Weimar. 25 Januar 1902. *25.1.1902 Samstag*
Mit Kielmannsegg bei Frau Förster gefrühstückt. K. gehört auch zu den kleinen Hetzern, fischt aus Allem das Unangenehme heraus, um sich und Andren wehzuthun und seine Verbitterung zu rechtfertigen, vor Allem vor sich selber. Dabei

---

[1] vermutl. Schlieffen

gute Anlagen und die Verbitterung insofern gerechtfertigt. Aber er sieht nicht, dass er mit der Begründung, die er ihr sucht, noch mehr seine Zurücksetzung als seine Verbitterung vor Andren rechtfertigt. Von der Hässlichkeit, die man im Andren sieht, fällt immer Etwas auf den Entdecker zurück. – Frau Förster eine Geschichte von Deussens Eitelkeit. Als sie ihn in Kiel besuchte, hatte er allen Bekannten so viel von ihrer intimen Kindheitsfreundschaft erzählt, dass er gezwungen war, sie zu bitten, sich mit ihm vor den Leuten zu duzen, was sie als Kinder nie gethan hatten. Sie ist aus Verlegenheit darauf eingegangen. Nachher bei der Gräfin Werthern, die lange mit mir über meine Berufung zum Direktor der Kunstschule; Bedenken: man möchte einen ausübenden Künstler haben, und zweitens, man hält mich für zu jung.

Berlin. 26. Januar 1902. Sonntag *26.1.1902 Sonntag*

Bei Kékulés gegessen. Dort noch Ludwig von Hofmanns, Richters, Schönes, Raths, Huguenins. Tischkarte Lithographie von Hofmann.

Berlin. 27 Januar 1902. Montag. *27.1.1902 Montag*

Ludwig v. Hofmann besucht, um sein grosses Bild für Zinnows zu sehen. Da ich ziemlich schweigsam war, sagte er beim Weggehen: „Ja, ich weiss schon, was Sie sagen möchten. Die grossen Sachen sind immer nicht so, wie sie sein sollten, Ach!......“ Über seinen Versuch mit pointillistischen Techniken vorigen Sommer: er habe seine Farbe erleichtern wollen; sie sei ihm zu schwer geworden; so habe er Dieses als Mittel benutzt. Jetzt wolle er aber die Bilder zurücknehmen und wieder übermalen. – Nachher zum Thee bei v. Raths mit Cosima Wagner und Eva. Frau Wagner ist bei Schweninger in Lichterfelde im Krankenhaus. Sie hatte gerade die Siegesallee besehen und lachte herzlich und laut, wie es ihr eigen ist.

Berlin. 28 Januar 1902. Dienstag. *28.1.1902 Dienstag*

Ball auf der englischen Botschaft. Viel Glanz und Fürstlichkeiten. Die mechanische Arbeit des Händedrückens, – 150 bis 200 Mal hintereinander – macht ruhig und höflich. Überhaupt starke, psychologische Wirkung des mechanisch Konventionellen in der Gesellschaft, wo sich dieselben Gesten sehr oft und fast rhythmisch wiederholen. – Vor dem Ball Bodenhausen bei mir gegessen. Über den Kronprinzen[1] in Bonn: er sei viel schlimmer als sein Vater; er habe die Sturheit des Vaters und dazu die Borniertheit der Mutter geerbt.

Berlin. 29 Januar 1902. Mittwoch *29.1.1902 Mittwoch*

Auf Musch Richters Atelier. Er hat von Renoir Einiges gelernt. Bei Tschudis gegessen mit Liebermanns, Schönes, Slevogt und zwei Jüdinnen Bernstein,

---

[1] Wilhelm

Manetbesitzerinnen. Frau Bernstein sagte, als ihr Mann vor zwanzig Jahren die ersten Manets nach Berlin gebracht habe, hätten ihn die Berliner Künstler gefragt, ob man für so etwas auch noch Geld gebe. Man hätte seine Liebhaberei aus seiner Kurzsichtigkeit erklärt, die die Flecken verschmelzen lasse. Der einzige Künstler, der sich für die neuen Bilder interessiert habe, sei Klinger gewesen; er sei immer wiedergekommen und habe sie sich angesehen. Vielleicht erzählt es aber die Bernstein auch nur so, um anzudeuten, dass sie mit Klinger intim befreundet waren. – Schöne über des Kaisers Kunsturteil; er glaube, man könne des Kaisers Kenntnis von Kunstwerken nicht niedrig genug einschätzen; er habe nie französische Bilder, nie englische gesehen etc. Wo habe er auch dazu Gelegenheit gehabt? – Liebermann über den Streit in der Sezession; es sei schrecklich, schrecklich, was die Leute da zusammen verleumdeten. Die Wahrheit sei, dass die Andren auch mal essen, auch 'mal an die Krippe heranwollten. Sie vergässen nur, dass zum Fressen auch Talent gehöre. – Slevogt erzählte mir auf dem Nachhausewege, dass die Maler in München von der französischen Malerei garkeine Vorstellung oder Anschauung hätten. Bis vor zwei Jahren habe er selbst nie einen Degas oder einen Monet gesehen. In München sei garkeine Gelegenheit dazu. Daher die kindliche Überhebung der Münchener Maler. Sie hielten die Franzosen für ganz schlecht oder mittelmässig. Das sei hier doch ganz anders durch Cassierer und die Sezession.

Berlin. 30 Januar 1902. Donnerstag. *30.1.1902 Donnerstag*

Bei Harrachs gefrühstückt. Nachmittags Thee bei Frau Richter für Cosima Wagner. Ansorge spielte: Beethovens Sonate „Les Adieux" und Liszsts H moll Sonate, diese mit unerhörter Gewalt und Gestaltungskraft. Frau Wagner rief mehrere Male in das Spiel hinein: Bravo, Bravo, Sehr gut, Sehr gut, ihr Gesicht gieng in seinen grossen, starken Linien mit jeder Nüance des Spiels mit, heroisch wie das Werk selbst von Liszt. Auf dem Stuhl daneben die Gräfin Bülow sehr Dame, sehr „en visite", émue à fleur de peau, ein fast komischer Kontrast. Bei allem sozialem Genie bleibt Cosima doch in jedem Augenblick immer Mensch; vielleicht ihre grösste Klugkeit, weil das stärkste Bändigungsmittel. Sie intimidiert damit, weil sie keine Maske nötig zu haben scheint. Die Andren fühlen sich mit ihren „Formen" vor ihr erbärmlich. Die Berechnung, mit der sie spricht und handelt, giebt ihr dann den leichten Sieg. Den Andren durch grosses Menschentum imponieren und dann ihre Verwirrung strategisch ausnutzen, das Geheimnis ihres Zaubers.

Berlin 1 Februar 1902 *1.2.1902 Samstag*
Cosima Wagner bei vom Raths. Die Farrar und Schrötter sangen. Die Farrar desaströs. Abends mit Bodenhausen u. Mutzenbecher im Bunten Brettl.

Berlin. 2 Februar 1902. *2.2.1902 Sonntag*
Auf Verabredung Mittags zu Knesebeck. Er „vermutet", wie er sagt, dass Holstein meiner Anstellung im A.A opponiert. Bülow sei Personalfragen gegenüber ganz indifferent; Richthofen und Lichnowsky aber hätten Angst, Holstein vor den Kopf zu stossen. – Knesebeck dann über das Zerwürfnis zwischen dem Kaiser und Tschudi. Der Kaiser könne nicht blos künstlerische Absichten bei den Ankäufen für die Nat. G. walten lassen; es müssten auch „patriotische" Zwecke gefördert werden. Ich erwiderte, dass man dann doch eine Art von National Geschichtsgallerie wie Versailles oder die National Portrait Gallerie in London gründen solle. Ausserdem möge der Kaiser, dessen Unwissenheit in Kunstfragen notorisch sei, sich erst einmal ein paar aufklärende Vorträge mit Vorführung von Bildern halten lassen, um bedauerliche Entgleisungen und Eingriffe zu vermeiden. Knesebeck meinte „Wo soll dazu, in der Hetze, die Zeit herkommen?" Ich sagte, dann solle der Kaiser lieber schweigen, wenn er keine Zeit habe, sich zu informieren. Aus Knesebecks Äusserung schien hervorzugehen, dass der Kaiser die Absicht hat, Tschudi zu chikanieren. – Nachmittags Bierbaums besucht. Die Frau entzückend hübsch; der reinste florentinische Typus.

Berlin. 5 Februar 1902. *5.2.1902 Mittwoch*
Grosser Ball bei Lascelles.

Weimar. 6 Februar 1902. *6.2.1902 Donnerstag*
Ball bei der Gfin Werthern mit dem Grossherzog. Mittags bei Frau Förster gegessen mit Geheimrätinnen die Fülle.

Berlin. 7 Februar 1902. *7.2.1902 Freitag*
Früh zurück. Ball bei Harrachs.

Berlin. 8 Februar 1902. Sonnabend. *8.2.1902 Samstag*
Diner bei Richters. Delbrücks, Seckendorff, Arenberg, Varnbülers, Hindenburgs, Kurowskys. Frl. Wietrowetz spielte. Mittags Bierbaum, Dubski und Mutius bei mir zum Frühstück. Bei Bierbaum sieht unter dem Biedermann sehr bald der schlaue Bauer heraus. Ich halte ihn für perfide. Ob gefährlich, hängt von dem Grad seiner Schlauheit und seines Savoir faire ab. Diese schätze ich allerdings nicht sehr hoch ein. – Dubski erzählt von der närrischen Gans, der Pless, eine Geschichte; sie hat Anfang Januar von England aus an die Brockdorff geschrie-

ben, am Datum der Cour könne sie leider nicht in Berlin zurück sein. She was so sorry. Ob man die Cour nicht um einen Tag verschieben könne.

Berlin. 9 Februar 1902. *9.2.1902 Sonntag*
Bei Ihnes gefrühstückt mit dem amerikanischen Botschafter White und seiner Frau. Einfache Leute, typisch „middle class" in ihren Manieren und Anschauungen. À propos von Kriegshelden, Napoleon, Lee, Dewet, sagt die Frau, sie könne sie auch intellektuell nicht ohne Weiteres hochschätzen; ihre Moral sei mangelhaft; und sie sehe moralische Fehler als Fehler der Intelligenz an; anders könne sie sich Unmoralität nicht erklären!

Berlin. 11 Februar 1902. *11.2.1902 Dienstag*
Eine Leidenschaft: eine intime Verbindung eines starken Gefühls mit einer Vorstellung. Die Entstehung solcher Verbindungen lässt sich beobachten. Z. B. ein kleiner Hund wird von seinem Herrn bestraft und geschlagen; nachher bleibt die Vorstellung vom Herren mit einem Furchtgefühl verknüpft. So Urentstehung z. B. des Geschlechtstriebs. – Irrtum, dass der Mensch normalerweise immer verbal denkt, alle Sätze deshalb verbal (Ausdruck eines Geschehens) sein müssen. Man denkt in konkreten Vorstellungen, die man verbal oder auch anders in Worte bringen kann. Beweis: die Art, wie jeder Mensch seine Gedanken für sich notiert. Keineswegs sind alle Vorstellungen bei solchen Notierungen Geschehnisse. Die ausschliesslich verbale Ausdrucksweise ist eine Konvention. Als Stilregel ist sie schon anfechtbar, weil der Stil in der treusten und klarsten Übertragungsform einer Vorstellungsreihe auf Andre besteht. Wert der modernen impressionistischen Dichtung (Hauptmann etc.) für die Fortbildung der Ausdrucks- und Verständigungsweise in einer umfassenderen Form, als es die verbale ist.

Berlin. 11 Februar 1902. *11.2.1902 Dienstag*
Abends Benno Herman, VandeVelde, Kerssenbrock mit mir im PalastHotel gegessen. Nachher nach Paris abgereist.

Paris. 14 Februar 1902. *14.2.1902 Freitag*
Ein grosses Bild[1] von Maurice Denis für 2500 frcs und ein kleines Fruchtstück von Cézanne für 200 frcs bei Vollard gekauft. V. erzählt mir, dass Cézanne seine Bilder oft deshalb nicht fertig macht, weil er die Töne für eine Stelle im Bild nicht findet; es bleibt dann ein weisses „Loch" dort. Er meint Cézanne n'a pas encore fait le tableau dont il s'est senti content. – D. Übergang von der inhaltlichen zur aesthetischen Freude am Kstwerk, zur Freude an der Sinnesempfindung, führt

[1] Les nymphes aux jacinthes

logisch zur Erneuerung des Kunstgewerbes, der Umgebung. Dem 19ten Jh. war jede Feinheit der Sinne verloren gegangen; das innerste Wesen der „modernen" Richtung die Wiederausbildung der sinnlichen Empfindsamkeit. Die falsche (entwicklungswidrige) Richtung im Kunstgewerbe (Darmstadt, Obrist) klebt noch immer am Inhalt und kommt so zur kunstgewerblichen Romantik. (Darmstadt). In der Entwicklungslinie liegt nur die Richtung, die von der „Empfindung", ohne Rücksicht auf den Inhalt des Ornaments, ausgeht.

Paris. 17 Februar 1902. Montag. *17.2.1902 Montag*
Nach Le Vésinet, um Denis' Dekorationen in der Kirche[1] zu sehen. Sie sind sehr blass und zart, im Gegensatz zu der communen Farbe der übrigen Kirche. Auch mit den schablonenhaft rohen Wulsten und Linien dieser Neugothik stehen sie im Widerspruch. Überhaupt Widerspruch zwischen dem raffinierten Individualismus Denis' und einer schablonenhaften Barbarei im Übrigen; das Resultat ein entschieden peinlicher Eindruck. Denis' Kunst ist weggeworfen. Argument für die Erneuerung im Ganzen, auch der Architektur und des Kunstgewerbes durch Beweis, dass grosse Kunst ohne diese unmöglich, denn weggeworfen. – Abends von Mamma und Gee Abschied. Mrs Heywood bei Tisch.

London. 19 Februar 1902. *19.2.1902 Mittwoch*
Abends Ulysses von Phillips gesehen. Bis auf einige schöne Stellen im ersten Akt (Szene zwischen Odysseus und Kalypso) eine grausame Verschusterung der Odyssee. Die dort fertig gebotenen Situationen nicht einmal ausgenutzt; selbst die Verspottung des Odysseus und der Freiermord nicht. Im Übrigen von Interesse, zu konstatieren, dass die Verspottung und der Freiermord, die doch gewiss die gewaltigste dramatisch-poetische Szene der Weltlitteratur darstellen, nicht bühnenmässig sind, und auch nie, durch keinen noch so grossen Bühnendichter, bühnenmässig werden könnten. Der Lärm und die Konfusion, die zum Wesen selbst dieser Szene gehören, würden immer auf der Bühne die Poesie ertränken und auch jedes packende Bild unmöglich machen. Also ist das Poetisch-dramatische nicht identisch mit dem Bühnenmässigen. – Mittags verschiedene Bilderausstellungen in Bondstreet; meistens barbarisches Zeug, noch schlechter als was bei Schulte ist. Im Gegensatz dazu fällt auf die raffinierte Schönheit der Bücher, auch der Marktwaare. Ein Rätsel, wie Menschen, die diese Bücher nötig haben, diese Bilder goûtieren können.

London. 20 Februar 1902. *20.2.1902 Donnerstag*
In Oscar Wildes The Importance of being earnest; eine ergötzliche Narretei; die Parodie einer Posse, aber so, dass das Publikum sie für eine wirkliche Posse hält

---

[1] Wand- u. Deckengemälde in Sainte-Marguerite

und die komischste Figur spielt. Alles aus funkelndem Witz aufgebaut; antimoralisch und paradox jedes Wort. Aber gesehen zu witzig; die Gesichtsmuskeln schmerzen von der nie ununterbrochenen, langen Grimasse des Lächelns. Im Übrigen ein Stück in der grossen englischen Tradition, im Stil von Congreve, Wycherley, Sheridan.

London. 23 Februar 1902. Sonntag. *23.2.1902 Sonntag*

Mit Werthern im Cavalry Club gefrühstückt. Abends im Carlton Hotel. – Kultur besteht immer in einem Schatz von Vorstellungen, die auf das Leben anwendbar sind. Bisher entstand diese Anpassung durch das Ausprobieren von aufeinanderfolgenden Generationen. Daher Voraussetzung, dass das Leben sich nicht zu rasch veränderte. Aber jetzt verändert es sich durch Technik etc. so rapide, dass Formen und Vorstellungen einer früheren Generation immer weniger auf das Leben einer späteren anwendbar sind. Deshalb stehen wir vor einer neuen Aufgabe: Vorstellungen und Formen ganz neu so zu schaffen, dass sie dieselben Eigenschaften haben, die alte und abgeschliffene wertvoll machen: die vollkommene Anpassung zugleich ans Leben und an die psychologischen Bedürfnisse des Menschen. Ein Experiment in dieser Richtung Van de Velde. – Kultur also, noch einmal gesagt: Vorstellungen, Gefühle, Handlungen, die genau adaequat sind den Problemen, Ereignissen und Aufgaben, die das Leben einer Zeit bietet. Was Kultur zerstört: 1) schneller Macht- und Besitzwechsel (unter Menschen, Familien, Völkern), weil dann den Menschen die Zeit fehlt, Formen zu finden; 2) schnelle Veränderung der Lebensnotwendigkeiten, weil dann den Dingen die Zeit fehlt, Formen hervorzurufen. Beide Feinde heute wirksam. Sie bekämpft VandeVelde, indem er die psychologisch adaequate Form forciert; Analogie: das Treibhaus.[1]

London 24 Februar 1902. *24.2.1902 Montag*

Mit Werthern im Marlborough Club gefrühstückt. Einfache, wenig luxuriöse Einrichtung, etwa wie unser Casino. Abends W. bei mir im Carlton gegessen. Über Hatzfeldt: er habe seit 6 Jahren Nichts mehr gethan, sondern immer nur mit nackten Frauenzimmern in Brighton oder mit seiner Gicht im Schlafzimmer gesessen. Er habe nicht einmal mehr die Berichte durchgelesen, die unter seinem Namen nach Berlin abgiengen, sondern weisse Berichtbogen mit seiner Unterschrift auf die Botschaft gegeben; und diese seien dann dort ausgefüllt und als sein Werk abgeschickt worden. Die Politik habe Eckardtstein gemacht, die laufenden Geschäfte die Kanzleibeamten. Oberndorff, der von März bis November vorigen Jahres unter Hatzfeldt hier gewesen ist, will ihn überhaupt nicht gesehen

---

[1] Verweisung mit Bleistift: „(cf 23 März 1902)“

haben, nicht wissen, wie er aussah. So Werthern, cum grano salis kann es wahr sein. Nach Tisch in den St James's Club, wo noch Oberndorff und Schöller[1].

London. 26 Februar 1902. *26.2.1902 Mittwoch*
Wo eine neue „Seele" in einer Menschengruppe, einem Volk, einer Rasse, entsteht, drückt sie sich zuerst lyrisch aus, später erst dramatisch. Sie muss sich erst finden, feste Arten und Formen bilden; dann erst kann es zu Konflikten kommen, eben zwischen ihren verschiedenen Formen. Daher folgen die dramatischen Perioden auf die lyrischen, so die Renaissance auf das 14te und 15te Jahrhundert, die die lyrische Epoche der modernen, der franziskanischen, Seele waren. cf. Orcagna, Spinello Aretino, selbst Dante und Giotto mit Michelangelo, Tintoretto, Shakspeare. Insofern Lamprecht zu eng, wenn er von einer „Weltanschauung" als Vorraussetzung eines Dramas spricht. Die Gefühle sind hierbei sogar wichtiger als der Intellekt. Wahr ist, dass unsere neue Seele sich noch nicht gesetzt hat, noch in ihrer lyrischen Periode ist. Bei Ibsen, Hauptmann etc. ist daher auch der Konflikt immer zwischen alter und neuer Seele, nicht, wie bei den Dramatikern dramatischer Perioden, Shakspeare, Corneille, Racine, zwischen Abarten derselben Seelenform. Jenes ist aber aesthetisch ein Manco, weil es eine Lösung des im Zuschauer entfesselten Konflikts ausschliesst. Die Gefühlsformen, die gegeneinander erregt werden, haben keinen gemeinsamen Nenner, auf den sie reduziert werden könnten.

London 28 Februar 1902. *28.2.1902 Freitag*
Hauptcharakterzug der Times Korrespondenten und Leitartikler sowie der englischen Bourgeoisie überhaupt unerschöpfliche Selbstgefälligkeit, die in Geld verbunden mit politischer Macht wurzelt; sie haben den Rechtssatz „The King can do no wrong" auf sich umgemünzt und sind überzeugt dass „The english business man can do no wrong". Sie folgern weiter, dass also alle Menschen Unrecht thun, die nicht so handeln wie sie selbst. Resulthat: enge Intoleranz, die aber doch nur beschränkt mit Macht begabt ist, und deshalb übelgelaunt und giftig wird. Zugleich grandios und komisch; ein sauer gewordener civis Romanus. Der Cervantes dieses Typus ist leider noch nicht erstanden. Die breiten englischen Volksmassen und die Aristokratie, das, was in England wertvoll und sympathisch ist, sind anders, weil die Selbstgefälligkeit des money making fehlt. – Vandevelde ist ohne die Kombination von Impressionismus und Symbolismus (Sozialismus, Anarchismus) in seiner Person nicht zu erklären. Der Symbolismus giebt seiner Kunst sozusagen den Inhalt. Der Symbolismus spielt für sie eine ähnliche Rolle wie die „Moral" für Ruskins Aesthetik. Er bedeutet die

---

[1] Scheller-Steinwartz

Relation zum Intellekt und zu den aus Urteilen geborenen Gefühlen (ich meine im Gegensatz zu den blos sinnlichen Gefühlen).

London. 1 März 1902. *1.3.1902 Samstag*

Ernest Dowson's Decorations gelesen. Ein sehr talentvoller Dekadent; klassischer, kultivierter als die unsrigen. Man fühlt, dass er in Oxford oder Cambridge gelebt hat und wahrscheinlich reine Wäsche trägt. – Werthern einen Krankenbesuch gemacht. – Mit den Venezianern noch immer nicht ganz im Reinen, d. h. mit der Darstellung. – Werthern von seinem Bruder aus dem Haag eine gute Anekdote. Als der Herzog Johann Albrecht von M. mit Gattin neulich dort ein Museum besuchte, seien eine Anzahl asiatischer Götzen mit der Vorderseite gegen die Wand gedreht gewesen. Der Herzog fragte den Museumsdiener, warum das sei? Die Vorderseite sei wohl unanständig? „Ja", meinte der Beamte, „dem Reinen ist ja Alles rein! Aber da die Frau Herzogin kommen sollte, haben wir die Figuren lieber umgedreht."

London. 2 März 1902. *2.3.1902 Sonntag*

Ich finde in verschiedenen Artikeln das allmähliche Aussterben der Religion in England als allgemein bekannte Thatsache angeführt. Andrerseits scheint auch das aesthetische Epikuraeertum der Pater, Wilde, Morris, Ruskin im Schwinden begriffen, d. h. es ist zum Teil vergessen, zum Teil in die allgemeine englische Kultur aufgegangen; damit hat es aber aufgehört bewusst zu kämpfen und Neues zu produzieren; es schwimmt mit dem Übrigen mit. Den grössten Anhang und die lautesten und begabtesten Stimmen finden jetzt andre Interessen, die Bestrebungen um politische und wirtschaftliche Macht, die circenses jeder Art und der materielle Genuss sans phrase. Die neuen Generationen werden offenbar kräftiger, willensstärker, gefühlsärmer und schamloser als die älteren. Eine Veräusserlichung des Lebens und der Kultur scheint im Gange.

London. 5 März. 1902. Mittwoch. *5.3.1902 Mittwoch*

Wie alltäglich Otto Werthern besucht, der mit Bronchialkatarrh zu Bett liegt. Er ist nicht sehr gescheut, aber ein guter Kerl und weitherzig, weil er an allen Dingen eine Seite findet, die seine Selbstschätzung erhöht: Vor Allem entdeckt er also immer eine Seite, die seiner Familie zur Ehre dient. Denn wegen dieser hauptsächlich schätzt er sich selbst, der gute Kerl. Allerdings wird er eklig und verliert die Balance, wo er ausnahmsweise diese gute Seite nicht entdeckt. – Malerei ist das Aneinanderreihen von Farbentönen um der aesthetischen Wirkung der Farbe willen. Die Gothik hatte hierin Vollkommenheit erreicht. Die Renaissance verlangt vom Bild die wirksame Tiefe, die dritte, plastische, Dimension, um bestimmte andre Reize mit der Malerei verbinden zu können. Dieses Verlangen bricht verheerend in die Malerei ein. Die Geschichte der neueren Malerei ist die Geschichte, wie allmählich gelernt wird, die dritte Dimension durch „Malerei" auszudrücken, in die „Malerei" zu integrieren. Dadurch aber gewinnt schliesslich auch die „Malerei". Denn die Darstellung des Raums fordert neue Töne, die die Gothik noch nicht kannte. Die neuere „Malerei" ist deshalb reicher als die gothische „Malerei". – Man darf aber nie vergessen, dass die dritte Dimension an sich und alle Reize, die daranhängen, mit der „Malerei" Nichts zu thun hat; dass die Malerei als solche durch die Wiedergabe der dritten Dimension nicht besser wird. Die Vereinigung der dritten Dimension mit der Malerei ist ein Problem von zeitlich begrenzter Wichtigkeit; während die Malerei als solche ewig ist, weil sie in der menschlichen Psychologie und deren Bedürfnissen und Freuden wurzelt. Insofern ist die gothische Malerei mehr allgemein-menschlich als die Renaissance Malerei: Die Verfolgung einer genauen Beherrschung der Tiefe ist also immer nur eine Seitenentwicklung in der Geschichte der Malerei, ein side show. Danach z. B. das Verhältnis von Ingres zu Delacroix abzuwerten. Das Streben nach Plastik, Raum, Licht sind von Interesse blos als Einflüsse die die Wiederentdeckung und Weiterentwicklung der „Malerei" hemmen oder fördern. – Neben der Farbe ist auch die Linie ein primärer Reiz. Daher neben der Geschichte der Malerei Geschichte der Linie von der Gothik durch Raffael-Michelangelo (St Peter) zu Velazquez und Seurat-Vandevelde.

London. 6 März 1902. Donnerstag. *6.3.1902 Donnerstag*

Nachmittags wieder bei Otto Werthern und zwei Proben des diplomatischen Geistes gesammelt; sie ergänzen einander. Ich bedauerte, dass die beiden einflussreichsten englisch geschriebenen Zeitungen, die Times und der Herald, beide so rabiat deutschfeindlich sind. Ich begriffe nicht, was Walter und Bennett gegen Deutschland hätten. Da meinte Werthern: „Ja, ich habe schon versucht, den Draht mit Walter wieder anzuknüpfen. Walter hat mich auch zu sich aufs Land eingeladen; aber ich habe leider nicht hinreisen können!" Werthern ist zweiter Sekretär. Man sieht den Eindruck, den seine Huld auf Walter machen muss. Dann kam das Gespräch auf irgendein dummes Gerede, dass Chamberlain zur Krönung ein Peerage annehmen würde. Ich sagte, er würde sich hüten, seine Stellung im Unterhause aufzugeben. Darauf Werthern ganz erstaunt, dass ein Peer, wenn auch Minister, nicht im Unterhause reden kann. Und dabei ist Werthern doch immerhin zweiter Sekretär. – In der Times heute Telegramm[1] ihres Korrespondenten aus Wien, dass „at a cosmopolitan gathering" ein „consensus of opinion" geherrscht habe, dass Chamberlain heute „the most eminent and the

[1] „Mr. Chamberlain"

most interesting public character in Europe“ sei. Dazu bemerkt Abends die gouvernementale St James's Gazette: „We can hardly go so far ourselves, for we have in mind a man at Potsdam.“ Chamberlain und der Kaiser sind Beides flüchtige, oberflächliche, oft in fast kindlicher Weise in ihrem eigenen Fach irrende Männer, der Eine ein Kleon, der Andre nicht viel mehr als ein Schauspieler. Und doch hat die St James's Recht; es sind wirklich die beiden bedeutendsten, zukunftsreichsten Staatsmänner Europas. Es ist eben ein grober Irrtum, dass die Bedeutung eines Menschen auf Begabung, Fleiss, Tüchtigkeit beruht; es kommt nur darauf an, dass er in irgendein Charnier, um das sich sehr viel dreht, gut hineinpasst.

London 7 März 1902. *7.3.1902 Freitag*

Die Daysche Sammlung von Barbizonern. Rousseau, Diaz, Millet, selbst Corot und Daubigny, sind noch keine reinen Maler. Ihr Hauptausdrucksmittel ist nicht die Farbe, sondern neutrales, schmutziges Grau, bei Corot Olivengrau. Sie stehen alle Rembrandt (seine Landschaft in der Academy von Morgan) näher als Rubens. Die Impressionisten übersetzen, was die Barbizoner in Grau gesagt hatten, in wirkliche lebende Farbe; nämlich die Valeurs der Landschaft. Die Feinheit und Exaktheit, mit der die Barbizoner die Werte wenigstens in Grau angeben, machen ihren Hauptwert aus. Aber die gerade haben ihre deutschen Nachahmer wie Hertel etc. nie begriffen oder nie gekonnt. Die Impr. dagegen übernehmen gerade die Valeurs und drücken sie in Farbe aus. – Tate Gallery. Constable ist in der Wiedergabe der Valeurs mit Farbe viel weiter gekommen als je die Barbizoner. Er steht Manet nah; auch darin, dass er die Schatten mit ungetrübter Farbe giebt. Seine Bilder sind fast reine Farbe; wenig Grau. – Die Malerei der Praeraffaeliten ein armes Zeug, ohne Beobachtung und ohne Erfindung bis auf Millais, der in seinen ersten Bildern (Ophelia, Highlander[1]) Anlagen zeigt. Er hatte das Zeug, Constable fortzusetzen, und fiel der P.R.B.[2] in die Hände. Diese begieng dann schleunigst an ihm ein Verbrechen am keimenden Leben. Die übrigen Praeraffaeliten übertreffen als Maler kaum den Durchschnitt der gleichzeitigen Akademiker. Ihre Bedeutung liegt in ihrer Agitation, im wirksamen Hinweis auf ein künstlerisches Leben. Aber sie hatten Nichts, womit sie den erweckten Hunger stillen konnten. Insofern ist ihre Bewegung ein Anlauf geblieben. Denn die alten wiederausgegrabenen mittelalterlichen Dinge, die sie ihren Anhängern vorsetzten, können doch nicht ernst genommen werden. Ihre Malerei zeigt, warum sie hier scheiterten; sie waren selbst zu wenig Künstler. Wo sie scheiterten, setzt nun Van de Velde ein. Er hat das, womit er den Hunger stillen kann, künstlerische Elemente eines neuen, zeitgemässen Lebens. Diese liefert ihm der Im-

---

[1] The Order of Release 1746

[2] The Pre-Raphaelite Brotherhood

pressionismus und der Neo Impr: nämlich neue Farbe, ein lebendiges Lichtgefühl und einen neuen, der modernen Technik angepassten Rhythmus der Linie. – Was Monet etc. von Turner und Constable lernten war offenbar, dass die Valeurs der Landschaft sich auch mit reiner Farbe geben liessen; also nicht blos durch Trübungen wie bei den Barbizonern. Darin der Einfluss von Turner und Velazquez gleich gerichtet. Aber Turner gieng weiter. Und Turner allein hat das Vibrieren der Farbe. Dieses Vibrieren aber ist wesentlich für eine allfarbige Landschaft, weil es jeden Grad von Helligkeit ohne schwarze oder dunkle Folien zu geben erlaubt. Man sehe, wie Turner in diesem Punkt (Folien) über Claude deshalb sich hinauswagt. Turner aus dem englischen Nebel in unser europäisches Licht versetzt ist wie entrückt. Daher dieser dionysische Lichtrausch. Ein fast schmerzhaftes Entzücken. So erkläre ich mir, dass gerade er von allen Malern das Licht des weiten Himmels entdeckt hat. – Die Impressionisten fanden in Turner einen Maler, der in die Rubenssche Technik das getragen hatte, was sie wollten, nämlich genaue Valeurs; aber ohne genaue Naturbeobachtung im Einzelnen in der Farbe. Seine Farbe ist noch konventionell. – Abends in Phillips Paolo α Francesca. Jammervoll schlecht. Die Psychologie vom Danteschen Abenteuer ganz verfehlt; das Buch, das bei Dante Galeotto spielt und an dem die einzige Bedeutung dieser in der Phantasie zuerst bewusst werdenden Liebe hängt, wird bei Phillips wieder einfaches Bühnenrequisit. Toller kann man wohl eine grosse poetische Konzeption nicht verballhornen.

London. 8 März 1902. Sonntag. *8.3.1902 Samstag*

Im British Museum die Parthenonskulpturen. Die Griechen, die Venezianer, die Impressionisten haben gemein die Freude am Licht. Ihre Kunst spielt Variationen auf dem Lichtgefühl. – Gees Stück L'Echelle de Jacob gelesen. Sehr starkes Talent. Sie hat einen wirklich modernen Konflikt gefunden; d. h. einen Konflikt zwischen lauter modernen Seelen, nicht zwischen modern und alt. – Was man in England auf allen Gebieten am stärksten empfindet, ist ein grosser Mangel an Jugend. Nirgends Frühling. Kein Kampf. Lauter längst gefasste Kräfte, die ihren traditionellen Weg gehen. Vielleicht kündigt die Empire Bewegung einen neuen Frühling an. Vorläufig ist sie noch nicht aus dem embryonalen Stadium heraus.

Paris. 9 März 1902. Montag. *9.3.1902 Sonntag*

Nach Paris gefahren.

Paris. 10 März 1902. *10.3.1902 Montag*

Bei Mama, die nicht wohl ist. Gee über ihr Stück lange gesprochen. Ausstellung von Seyssaud.

London 13 März 1902 Donnerstag. *13.3.1902 Donnerstag*

Aus Paris wieder nach London. Abends in ein neues Stück von H. A. Jones: The Princess's Nose. Kunst in der Art von Paul Lindau; d. h. Abguss von Sardou und Dumas ohne deren Geist und Witz. Die Engländer sind im Theater wie in Allem 20 Jahre hinter dem Kontinent zurück. Man merkt: hier weht kein scharfer Wind, weder geistig noch künstlerisch, ebensowenig wie übrigens sozial oder politisch. England ist die geschützte Ecke von Europa. – Stück und Publikum auch ethisch interessant. Die „sympathischen" Charaktere sind „sympathisch", weil sie „moralisch" sind. Dass sie zugleich auch niederträchtig und roh sind, raubt ihnen nicht die Zuneigung des Publikums. Die Berechnung des alten dramatischen Routiniers Jones und das Wiehern des Publikums belegen, dass in England „Moral" eine Entschuldigung für jede ethische Rohheit ist. – Aufklärend über die ethische Stufe, dass in einem Stück hier nie ein Ehebruch vollzogen sein darf; dass aber ruhig fünf Akte lang ein Ehebruch vorbereitet werden darf. Censur, Publikum und Reverends stossen sich blos an der konkreten materiellen Handlung.

London 14 März 1902. Freitag. *14.3.1902 Freitag*

Turner. Wie T. den Raum aufbaut, ist mir klargeworden an der unfertigen Skizze (Wasserfarben) No 659[1]. Er geht der Reihe nach per Farben vor; will sagen, zuerst z B. mit Rot, dann mit Gelb. Er malt zuerst dasselbe Rot, wie es in verschiedenen Entfernungen aussieht, dann ein und dasselbe Gelb in verschiedenen Entfernungen u. s. w. So dass in einem Bild von ihm sozusagen mehrere Raumsysteme ineinandergreifen und einander unterstreichen und unterstützen. Auf Skizze 659 ein rotes Raumsystem und ein gelbes Raumsystem. Wenn dieses richtig ist, dann unterscheidet er sich von den früheren Valeurmalern (Velazquez) darin, dass diese den Raum in Einem System von Grau ausdrücken, während er sich seine Freiheit, farbig zu bleiben, dadurch gewinnt, dass er statt des Einen beliebig Viele einfarbige Systeme durcheinanderwebt. Das Ei des Columbus. In Skizze 659 sind nur das rote und das gelbe System ausgeführt. Das Übrige ist weiss geblieben. Wodurch die Methode klar wird – cf auch 591[2] die blauen und gelben Klexe rechts vorne (in der Ecke), die wohl das Verhältnis zum Gebirge hinten festhalten. Auch 721[3]. – Das Konventionelle (unrealistische) dieser Methode besteht darin, dass solche einfarbigen Systeme in der Natur kaum vorkommen, kaum je verschiedene Gegenstände genau dieselbe Eigenfarbe haben, was doch ein solches System voraussetzt. Die „Farben" müssen also konventionalisiert, oder wenigstens in jedem Bild unifiziert, vereinfacht werden. Annahme: in a und b und f und h

---

1 The Dogana and the Salute

2 The Bridge and Castle of St. Angelo

3 A French diligence

genau dasselbe Rot als Eigenfarbe; und in c und d und g und i genau dasselbe Gelb. Soll bei c und d und g und i das Gelb wie in der Wirklichkeit jedes mal ein verschiedenes sein, so bedarf die Methode einer neuen Modifizierung und Komplizierung. Diese führen die Impressionisten durch. – Turners Methode der des sog. Dreifarbendrucks analog. – Rossetti, Ruskin, Morris gehören eher in die Sittengeschichte als in die Kunstgeschichte. Die englische Kunstgeschichte, soweit sie mehr als lokale Bedeutung hat, schliesst mit Turner ab.

London. 15 März 1902. *15.3.1902 Samstag*

Bei Maple viel alte Chippendale und Sheraton Stücke gesehen. Chippendale noch stark überladen und barock. Die moderne Form krystallisiert sich erst bei Sheraton. Dieser entnimmt dem französischen, gothischen, ostasiatischen Ornament ihre Linien und verwendet diese, um die Linien seiner Konstruktion zu verfeinern. Er appliziert also nicht das fremde Ornament; sondern wählt daraus nur das eine Element, das seinen Kunstwert ausmacht, und nimmt Dieses in seine Konstruktion auf. Er braucht also eigentlich kein Ornament mehr, da das was im Ornament die Kunstwirkung übt, in seine Konstruktion mit hereingenommen ist und schon aus dieser spricht. Wo er doch Ornament verwendet, ist Dieses deshalb ganz konsequent blos geometrisch, ein Kommentar und eine Variation über die in die Konstruktionslinien aufgenommenen Schönheitselemente. Er verwendet dazu feine Linien, Kreise, Kreissegmente, ein reizendes Linienspiel in Intarsie. Als Drittes kommt zur künstlerisch verfeinerten Konstruktionslinie und zum geometrischen Ornament die Verwendung der rhythmischen Proportion hinzu. Das moderne Haus entstand an dem Tage, an dem Sheraton das reizende Spiel konstruktiver Linien an die Stelle der figürlichen Dekoration und den vielfachen Rhythmus der Proportionen an die Stelle der steifen klassischen Symmetrie setzte. – Der moderne englische Wagen ist das worin uns der Sheratonstil am gewohntesten ist und deshalb am natürlichsten scheint. – Die Sheratonschen Grundsätze liegen auch dem modernen englischen Herrenkleiderschnitt zugrunde. Man vergleiche diesen mit den Schleifen und Spitzenjabots eines Louis XV Kostüms. Der eine verhält sich zum andren genau so wie ein modernes Möbel zu einem Louis XV Möbel. Die Grundsätze, die die Verschiedenheit hervorbringen, sind bei den Kostümen und bei den Möbeln dieselben: dort Hinzufügung der Schönheit in der Gestalt von Ornament, hier eingeschaffene Schönheit durch Verfeinerung der Konstruktionslinien und Schöpfung von rhythmischen Proportionen. – Sehr lehrreich die beiden Zeitgenossen Riesener und Sheraton zu vergleichen. Dieselbe Linie, aber dort äusserlich, hier innerlich, dort in der alten Weise, hier modern verwendet. – Wie die Impressionisten auf Turner so geht VandeVelde auf Sheraton zurück. – Turner: Sein erster Gedanke: Alles zu situieren, und zwar durch Einfarbensysteme. Nachher hält er dann auch vereinzelte Farbenflecke in den Maschen dieser Systeme an ihrer richtigen Stelle fest. Sein

Genie ist die fabelhafte Feinheit seiner Perzeption von Sättigungs und Kraftunterschieden. Dazu kam adventizisch, als ein Glücksfall sozusagen, die Erfindung von ineinandergreifenden Farbensystemen statt der grauen Wertskala. – Verwandtschaft mit den Venezianern darin, dass er ebenfalls Raum und Form durch allmähliches Hineinmischen von Weiss in Farbe darstellt. Allerdings dann auch starke Unterschiede in der Anwendung dieser Methode. – Turners Arbeitsweise (659) offenbar, dass er immer erst ein Raumsystem in einer Farbe fertigstellt, ehe er an das nächste geht: also zuerst z B Gelb, dann das rote u. s. w. – Turner malt wie die Venezianer den Schatten farbig, das Helle entfärbt; den Schatten aber oft mit der kalten Gegenfarbe, was die Venezianer selten thun. Claude malt bei den Figuren graue Schatten, farbiges Licht. – Die Farbe ist und bleibt bis zuletzt bei Turner konventionell. Das folgte übrigens a priori aus seiner Methode. – Die Engländer haben zwischen 1750 und 1850 das moderne Haus, die moderne Kleidung, (beau Brummel) die moderne Malerei und ausserdem die moderne Verfassung und die zukünftige weisse Welt geschaffen. Der Einfluss dieses englischen Jahrhunderts, wenn man noch den in der Litteratur, in der Industrie, in der Wissenschaft und in der Philosophie (Locke, Berkeley, Hume) hinzunimmt, hat wohl in der ganzen Weltgeschichte nur zwei oder drei Seitenstücke: Griechenland, Rom, Frankreich im 13ten Jahrhundert. Louis XIV hat lange nicht so tief und so weit hinaus gewirkt; die französische Revolution lärmender, aber nicht so tief. Das macht, England war in dieser Zeit überall auf Seiten des Lebens, wirkte auf allen Gebieten in die Richtung, die die innersten Lebenskräfte der Nationen eingeschlagen hatten. Ich denke dabei an ein sehr tiefes Wort von Gee in ihrer Jakobsleiter; dass es Nichts heisst, ein Genie sein; sondern dass, was allein Rechte verleiht, diese Harmonie zwischen der eigenen Kraft und den Lebenskräften ringsum ist. England war das mit dem Leben harmonische Genie; Frankreich vielleicht der grössere, feinere, höhere Geist, aber überall im Widerspruch mit den wirklichen Kräften; auch in der französischen Revolution. – Ich möchte zwei Bücher über England schreiben: das eine über dieses triumphierende England, Porträts von Sheraton, Turner, Pitt, Hume, Dr Johnson (das englische bürgerliche Milieu), die grossen Kolonialpioniere; das andre über das heutige England: Business, Society, Sport, die heutige Verfassung, die Politik, die Presse, die middle classes, das Proletariat und einige von den Kolonieen.

London. 17 März 1902. *17.3.1902 Montag*

Im römischen Bade Folgendes überhört: Ein alter Herr redet einen jungen an, der eben aus Südafrika zurückgekehrt ist, und beginnt: „What sort of fellows are the Boers? Have they got any principles?" Darauf der junge „Not that I know of. They're splendid fighting material; but I never knew a Boer to have any principles"; folgt sehr viel „abuse". Der alte war dann ganz befriedigt und fühlte sich in seinem Gewissen über den Krieg wieder beruhigt. Den Humor der Sache merkte keiner von Beiden. Über seine eigene Moralität beim Ausrotten eines fremden Volkes macht sich ein Engländer keine Gedanken; die Komik eines solchen Gesichtspunkts, wie ihn der alte kundgab, entgeht ihm ganz. Dass sie zum Lachen pretieren, verstehen sie nicht. – Aus dem Gewirr des Strand unerwartet in Lincoln's Inn eingetreten. Plötzlich tiefe Stille, weite grüne Rasen umgeben von alten gothischen Gebäudeflügeln. Kein Volk hat stärker den Kontrast geliebt, ihm freieren Spielraum gegönnt, als das englische. Auch in der Moral. – Porträts von Cromwell (Walker) und Karl I (Van Dyck). Beide raffiniert elegant: Cromwell in einer schlichten Eisenrüstung, über die nur ein einfacher weisser Hemdkragen hinüberfällt. Die Linie, die Haltung, macht den ganzen Reiz aus. Karl I (Porträt im Louvre) in Jabots und zarten Farben und falbalas. Zwischen Beiden derselbe Unterschied wie zwischen Sheraton und Riesener. Man sieht, wo die Moderne herstammt. Vgl. ähnliche Motive bei Thukydides für den Umschwung in der griechischen Bekleidung. Auch dort die Nötigung zur Einfachheit und deshalb Nachinnenschlagen der Eitelkeit und des Schönheitstriebes; Raffinement.

London. 18 März 1902. *18.3.1902 Dienstag*

Der Engländer behandelt den einzelnen Menschen wie ein Uhrwerk, das man möglichst exakt und tüchtig herstellt und dann frei laufen lässt, ohne nachzuschieben. In der Jugend viel Hygiene und viel Moral; später schaden dann tropische Hitze und Freiheit Nichts. Das ist das englische Sozialsystem; ein protestantisches System, das von Luther herkommt, und deshalb mit dem unsren nah verwandt ist. Nur ist in Deutschland die Folgerung, dass ein gutgedrillter Mensch frei sein darf, nie politisch und sozial gezogen worden; nur für den Geist; und da früher und kühner als in England. Die Anwendung gegen die Moral selbst ist dagegen überall ziemlich neu. Ibsen. Nietzsche. Auch liegt in dieser Anwendung vielleicht die Selbstauflösung des Prinzips. Hegel. – Die neue Katholische Kathedrale in Westminster besucht. Das Innere im Rohbau, Backstein, fertig. Anlehnung an die Constantinsbasilika und dann die Hagia Sophia; aber immerhin gelungen; eine ganz gewaltige Raumwirkung, die bühnenartig in der Apsis ausgenutzt ist. Für grosse Prachtentfaltungen wunderbar aufgebaut. Arm dagegen die Ornamentik. Kraftlose moderne Steinmetzarbeit. Die Unfähigkeit der Steinmetzen ist eine Hauptursache des Hässlichen bei aller modernen Architektur. Die Steinhauer liefern lauter Maschinenarbeit, obgleich gerade dies ein Gebiet ist, bei dem Maschinen eine ganz geringe Rolle spielen. Also sind es nicht die Maschinen, oder nicht blos die Maschinen, die am „Maschinenmässigen" der modernen Arbeit schuld sind. Es muss psychologische Ursachen geben, Dressur, Unverständnis, Verbildung des Auges und des Geschmacks, falsch weiterentwickelte Handwerkzeuge, die Art der Entlohnung, die Wurschtigkeit zeugt (Ruskin). Obgleich dieses Letztere doch weniger der Fall sein muss, da die Handwerker auch heute sehr genau das liefern, was sie für gut halten und was von ihnen verlangt wird. Bei uns sogar noch mehr, als was verlangt wird. Man hat Mühe, sie am überflüssigen Ornamentieren zu hindern. – Im Tingeltangel auf der Gallerie. Ein Publikum von blassen, stumpfen, müden Gesichtern; lauter Reste von Seelen, was nach der täglichen Arbeit noch übrig bleibt. Das ist auch, was die politischen Entscheidungen einer Demokratie sanktioniert. Das ungeschminkte Porträt der demokratischen Kräfte sind diese Gesichter, Versammlungen von Millionen müder, ahnungsloser Restgesichter, die einigen fünf oder sechs Herren und vested interests hypnotisch gehorchend ihre Müdigkeit und Inkompetenz in ewige Dinge und nie zu tilgende Wirklichkeiten ummünzen. – Das, was nach der Arbeit übrig bleibt, ist bei jedem Volk natürlich verschieden; stures Sitzfleisch hier, flatterhafte Aufregung bei den Franzosen, Durst und Neid bei uns. Daraus wird dann das Geschick des Volkes gewoben oder der Strick, mit dem es an den Völkergalgen kommt. – Wenn man das Volk sieht, verzweifelt man an der Demokratie. Aber wenn man den Menschen sieht, verzweifelt man an der Aristokratie. Das Galleriepublikum dort; aber auf der andren Seite Hatzfeldt, Schwartzkoppen, Eulenburg, Werthern; – und alle fünfhundert Jahr eine heilige Schaar, wie die Mayflowerpilger, oder ein Mann, wie Bismarck. Wenn man räsonniert, soll man aber wenigstens nicht so räsonnieren, als ob die Mayflowerpilger die Regel wären und auch nicht so, als ob es nie Etwas Andres geben könnte als Gallerievolk. Nur stelle man das Seltene richtigerweise als selten ein. – Verbote sind starke Lebens Förderer. Denn die stärkste Triebkraft des Lebens ist das, woran man glaubt. Und was man ausprobiert, daran glaubt man nicht lange; aber was verboten ist, bleibt als Wurzel und Stütze des Lebens erhalten. Die Liebe, die in der römischen Kaiserzeit bei voller sexualer Freiheit fast jeden Wert für die Gesellschaft und das Leben verloren hatte, war kaum zu den verbotenen Dingen gesellt, als sie anfieng, wieder Kraft zu werden. Man musste dazu verlernen, sie zu kennen. Exit Ovid, und schon bereitet sich Franz von Assisi vor, der reine Thor, der deshalb an die Liebe glaubt und Brände und Flammen aus ihr entzünden kann. Die Dinge, auf die es für das Leben und die Gesellschaft ankommt, müssen verboten sein, damit sie erhalten bleiben. – Das moderne Theater ist l'Art d'accomoder les restes. Siehe oben. – Frage: Hat der Engländer wirklich mehr Einfluss auf seine Regierung als wir, oder ist er nur leichter zu foolen als unsere Sozialdemokraten? Die Familie Cecil, Chamberlain, Rothschild, „Society“, wie überwindet oder wendet er Diese? Wie überwinden oder wenden Diese ihn? Wie stellt sich das Parallelogramm der Kräfte in diesem Ringen? Welchen Anteil hat der gewöhnliche Mann am Resulthat: ein Vierzigmillionstel, wie es die Demokratie verlangt, oder weniger? Man nehme einen typischen gewöhnlichen Engländer und sehe, wie weit sein Wille bestenfalls reicht; und ebenso einen typischen Deutschen. An welcher Stelle bricht sich bei Beiden der Einfluss? Oder kann der Engländer vielleicht doch schliesslich durch irgend ein Loch in der

Verfassung, der wirklichen, ungelogenen, oben hinaus, um sein Vierzigmillionstel zur Wirkung zu bringen? Der grosse Unterschied ist natürlich, dass in England die souveräne Gewalt bei einem verfassungsmässig umzuwechselnden Willen, dem Parlamentswillen, ruht; während es bei uns kein verfassungsmässiges Mittel giebt, um den souveränen Willen umzustimmen. Aber thatsächlich wird kein Einzelwille gegen eine starke und dauerhafte Volksbewegung einen Entschluss festhalten können. Und andrerseits geht in England die Souveränität immer mehr von dem beeinflussbaren Parlament auf eine im Einzelnen unkontrollierbare Kabinettsregierung über. Hierzu trägt am meisten bei die Veränderung der internationalen Stellung Englands, das aufgehört hat, eine Insel zu sein[1]. Überall sind ihm seit zwanzig Jahren Landgrenzen angewachsen. (Einwanderung und Eisenbahnbau in Nordamerika; letzteres in Asien; Krieg in Südafrika seit Majuba. Genaue Daten geben). Die Hauptaufgabe der Staatsleitung ist dadurch statt des Regierens das Verteidigen geworden, auswärtige statt innere Politik, Aufgaben, von denen der gewöhnliche Mann Nichts versteht, statt Aufgaben, über die er aus eigener Wissenschaft mitreden kann. Dadurch beschränkt sich die politische Freiheit von selbst, wenn der Staat nicht eingehen soll. Die grosse konstitutionelle Umwälzung, die hier im Gange ist, entspricht also einer Verschiebung der grundlegenden strategisch-diplomatischen Thatsachen, nicht direkt einer wirtschaftlichen Veränderung. Die wirtschaftlichen Verhältnisse sind nicht prinzipiell von denen vor dreissig Jahren verschieden. Im Übrigen Folgendes anzumerken: In der Politik rechnen Thatsachen von ihrem Bekanntwerden, nicht von ihrem Eintritt. Es kommt darauf an, nicht, dass sie sind, sondern dass sie bekannt sind. Daher die historische Wichtigkeit von Männern wie Seeley, Dilke, Froude, Kipling, Mahon[2]. Daher auch die Plötzlichkeit, mit der gerade politische Veränderungen eintreten.

London. 20 März 1902. *20.3.1902 Donnerstag*

Deutschland hat heute keinen giftigeren Feind als die grossen City Geldinteressen, die bis zu einem gewissen Maasse auch mit Wallstreet kombiniert sind. Times und Herald sind Führer in diesem Chor der Rache. Je weiter man von der City abkommt, um so geringer wird der Hass gegen Deutschland, z B. in der Saturday Review, die die aristokratischen Kreise vertritt, oder bei den Dissentierenden Middle Class Leuten der Daily News. Die deutschen Karikaturen und Angriffe wegen des Burenkrieges sowie die Monroedoktrin sind für diese Times und Heraldkreise nur ein Vorwand und eine Hülfe in ihrer Kampagne. Ihr Hass hat andre Gründe und offenbar materiell umrissene Ziele. Zu den Gründen wird

---

1 Nachträgliche Einfügung: „(Giffen, in Times 19.III)". Gemeint ist der Artikel „Sir R. Giffen on National Finance".

2 Stanhope

wohl auch der Zolltarif gehören. Aber weiter zurück reicht das wirtschaftliche Emporkommen Deutschlands, mit dem die Engländer nicht in derselben Weise associiert sind wie mit dem Wachstum Amerikas, wo die Eisenbahnen etc. zum grossen Teil für englische Rechnung arbeiten. Gegen Amerika kann England sich deshalb und auch aus politischen Gründen nicht wenden, ohne in sein eigenes Fleisch zu schneiden. Aber gegen den deutschen Konkurrenten hat es die Arme frei. Das Ziel ist, überall gegen Deutschland Verdacht zu streuen, um seinen Handel zu schädigen. Es ist ein ganz gemeiner Geschäftstric, der sich zu grosser Politik ausgewachsen hat. Wenn man in Deutschland sich die Burenbegeisterung verkneift, entzieht man diesen Kreisen deshalb allerdings Agitations Material; ihren Hass entwaffnet man nicht; man berührt ihn damit nicht einmal irgendwie. Die Wegnahme des englischen Handels ist eine ebenso wichtige und aufreizende Thatsache, die sich zwischen England und Deutschland eingeschoben hat, wie die Wegnahme von Elsass Lothringen, die Deutschland und Frankreich entzweit hat. Nach dreissig Jahren werden aber vielleicht auch die Engländer sich allmählich in die neue Lage gefunden haben; wenn sie sonst Profit machen; d. h. die englischen Handelskreise. Der ausgesäete Hass wird dagegen dann möglicherweise bleiben, nachdem der Zweck zu dem er mit vielen Kosten und Kabeldepeschen gesät wird, längst überholt ist; die Weltgeschichte arbeitet nicht exakt. Immerhin scheint dieser Deutschenhass vorläufig noch Privatsache zu sein. Die Regierung wird von ihm, wie ich glaube, nicht beeinflusst.

London. 21 März 1902. *21.3.1902 Freitag*

Hauptsächlich Turner studiert in der Nat. Gall. Zuerst das Liber Studiorum dann die Aquarelle. – Die unendliche Vielheit der Lichtgrade ist Turners Material, aus dem er Kunst schafft. Die Auswahl ist das Geniale, höchst Individuelle; das Material ist Material wie andres auch, aus dem grosse Künstler Kunst schöpfen. Nur sind die Arten solchen Materials, aus dem Kunst sich aufbauen lässt, allerdings begrenzt durch die Gefühls und Empfindungsformen, die dem Auge möglich sind; (auch individuell). Alles, was nicht Diesen dient, ist nicht einmal Material für Kunst. Kein Genie kann daraus Kunst schaffen. Insofern giebt es beständige Kunstgesetze. – Dass Turners Lichtgrade den unendlichen Raum ausdrücken, fügt ihnen eine geistige, poetische Bedeutung bei. Vielleicht war diese für ihn selbst der Ausgangspunkt. Aber den Künstler macht, dass seine Sprache eine Freude für die Sinne ist; was er sagen will drückt er aus in Tönen, die für Andre süss sind. Ein Mensch, dessen Sprache Andren sinnliche Freude bereitet ist Künstler. – Was Turner sagt, – und wie sagt! – ist mit jedem Ton: The Sun is God. Ernst und Exaltation in diesem Glauben. Das Tragische besteht für ihn in der Entziehung des Sonnenlichts. Er hat Mitleid mit dem Schatten. Ihn fesselt der Kampf zwischen dem Licht und der undurchsichtigen Materie wie Shakspeare der zwischen zwei Seelen. Seine moralischen Gefühle haben sich dieser sinnlichen Empfindungsskala zugeknickt. – Er benutzt in seinen Skizzen nur wenige Farbentöne. Die Mannichfaltigkeit der Töne beruht immer auf Unterschieden der Sättigung (und Kontraste). Analyse einer seiner allerreichsten und schönsten Juwelen. No 54. Venedig, Salute von San Giorgio Maggiore aus. Farbentöne: Zwei Rot, nämlich ein ziemlich reines, gelbliches und ein bräunliches (Rose fanée); Zwei Gelb: Cambodge (bräunlich) und Goldgelb. Ein Grün. Drei Blau: ein tiefes, reines Ultramarin, ein Türkis (grün blau) und ein Purpur (Ultramarin mit etwas Rot gemischt.). Ausserdem erreicht er durch Stippling eine optische Mischung von Rot und Gelb. Im Ganzen besteht diese glänzende Skizze also aus nur acht oder wenn man die optische Mischung hinzurechnet, neun Farbentönen, die allerdings durch Sättigungsunterschiede in unzählige Nüancen vermannichfaltigt sind. Weitere Analyse: No 53 (ebenfalls Venedig[1]): Rot: a) ein helles Karmin (Kirschrot); b) Ein bräunliches Rot (Rose fanée). Braun a) Ein Graubraun b) Ein Sepia (reinbraun). Gelb; a u b) Zwei Cambodge (rötlicher und gelblicher) c) Goldgelb. Ein Grün. Blau: a) Türkis b) Purpur. Also 10 Farbentöne. Und von diesen sind vier mit denen von 54 so gut wie identisch; nämlich: 1) Rose fanée; 2) Cambodge 3) Goldgelb; 4) Türkis. Auch scheinen die andren Töne mehr durch Zufall als infolge einer genauen Naturbeobachtung anders geworden zu sein. Ruskin berichtet (Katalog S 28), dass Turner nur die Bleistiftskizze nach der Natur machte und zuhause aus der Erinnerung kolorierte. Diese beiden Skizzen müssen aber allerdings gleich farbig vor der Natur gemacht sein; denn von Bleistift ist auf Beiden kaum eine Spur. Alle Konturen, bis auf eine Domkuppel auf 54, – Alle Konturen, soweit Konturen besonders markiert sind, sind direkt in Farbe mit einem dünnen Pinsel hingesetzt. Turner hat also auch vor der Natur nicht auf die Farbe geachtet, oder nur auf ganz grobe Farbenunterschiede; sondern was er mit der grössten Genauigkeit und mit einer genialen Feinheit der Sinne ins Auge fasst, sind die Valeurs. Diese giebt er dann allerdings nicht in Grau wieder, sondern mit Farben, wenn auch sehr vereinfachten. – Wenn man direkt von Constable und Turner zu den Barbizonern kommt (jetzt bei Obach ausgestellt), fällt auf 1) wie unsicher und „lâché“ ihr Raum im Vergleich mit dem der Engländer aufgebaut ist. Auch sie haben mit Valeurs gearbeitet; aber nicht annähernd mit derselben Exaktheit wie Turner oder Constable. Corots Baumgruppen scheinen flach und unsicher nach der überzeugenden Formenschärfe der beiden Engländer. 2) wie wenig auf der Höhe auch die Farbe der Barbizoner ist. Ihre Bilder bestehen aus fast lauter grauen Tönen, die dem Auge im Einzelnen Nichts sagen. Erst das Ganze hat Rhythmus und Harmonie.[2] Ausserdem ist bei Corot ein elegischer Reiz mit dem zarten Olivengrau verflochten, der Sinn und Gefühl träumerisch fesselt. Nur darf man dann nicht zu genau zusehen. Die

---

[1] Riva degli Schiavone, from channel to the Lido

[2] nachträgliche Einfügung mit Bleistift: „(Helldunkel)“

grossen fundamentalen aesthetischen Vorgänge, die Freude an Farbe, Form, Licht, sind nur sehr oberflächlich gestreift. Mehr Poesie als bildende Kunst. Die Barbizoner haben Stimmungen in der Natur entdeckt, weit mehr als Farben oder Formen. Diese Stimmungen haben sie Allen gezeigt und weitergegeben an die Impressionisten, die dann von ihnen zu neuen Farben und Formen vorgedrungen sind.[1] Das ist der historische Wert der Barbizoner.[2] Ähnlich wie Rossetti und Morris ein Lebensideal für die moderne Lebenskunst entdeckt haben, aber seine Gestaltung Andren hinterlassen mussten. Womit natürlich nicht etwa Corot oder Daubigny auf dieselbe Stufe gestellt werden sollen wie Burne Jones und Rossetti. Die Barbizoner sind doch auch als Künstler ernst zu nehmen. Das bischen Linie der Praeraphaeliten kann darauf nur sehr bedingt Anspruch machen. Und Millet rechne ich nicht einmal zu den Barbizonern. Er ist wirklich ein grosser Gestalter gewesen. Gegensatz seiner starken aus der Natur entnommenen Linie gegen die schwächliche, anempfundene (Botticelli, Raffael, Blake, Flaxman) der Rossetti und Genossen. Ebenso ist es mit ihrem Lebensideal. Sie erstreben lauter anempfundene Stimmungen; während ein gesunder die Stimmungen verwenden müsste, die das moderne Leben von Natur erweckt. (Beides für Vande Velde zu verwenden.).

London. 22 März 1902. *22.3.1902 Samstag*

Bei Agnew Aquarelle. Der interessanteste Künstler W. Hunt, ein jüngerer Zeitgenosse von Constable und Turner. (1790-1864). Er zerlegt stellenweise die Farbe systematisch, wie die Neo Impr. und dichtet dann entzückende kleine Farbenpoeme. Hier Gänserupferin in einer Scheune. Am Holz eines grossen Holzhaufens und einer Leiter orange Tupfen im Licht – blaue im Schatten; dazwischen die Eigenfarben: Braun und Grün (Moos.). Aber diese Methode nur stellenweise. Andres Holz ist in akademischer Weise behandelt. Jedenfalls ist Hunt ein höchst interessanter und beachtenswerter Vorläufer der Neo Impr. – Nachher im South Kensington Museum und dort die Turners und Constables. Was Turner von seiner „Schule“ (Copley Fielding u. s. w.) unterscheidet, ist die ganz wunderbare Exaktheit und Schmiegsamkeit (Mannichfaltigkeit) seiner Wertintervalle und infolgedessen seiner Modellierung. Siehe seine stupenden Baumgruppen (z B. auf 208, 1887[3] South Kens.). Man glaubt die Entfernungen zwischen den Dingen, den kleinsten Ästen, Zweigen, in Metern nachrechnen zu können. Dieselbe Exaktheit, wie sie Ingres bei den Formen der menschlichen Figur erreicht hat, erreicht Turner bei den Formen, die in der Landschaft vorkommen. Eine solche Beherrschung der landschaftlichen Formen bis in ihre subtilsten Feinhei-

[1] nachträgliche Einfügung mit Bleistift: „(?)“

[2] nachträgliche Einfügung mit Bleistift: „(?)“

[3] Venice

ten ist mir noch bei keinem andren Künstler aufgefallen. Ich muss mir daraufhin Monet wieder ansehen. Turners Farben sind als solche monoton und ungenau. Das Wunder ist, wie er sie behandelt, aus ihnen Licht entzündet durch die Wertmannichfaltigkeit und optischen Mischungen (für diese siehe die zauberhafte Skizze von Lyon S.K. 977–1900.). Form und Raum und Farbe sind bei Turner ein Korrelat des Lichts; d. h. er braucht sie, um das Licht überzeugend zu schildern. Die zentrale Thatsache, der er zu Leibe will, ist das Licht. The Sun is God, my dear. Der Lichtsuggestion dienen 1) die Raumwerte; 2) die optischen Mischungen; 3) die farbigen Schatten; sowohl die eigenfarbigen wie die kalten, gegenfarbigen, die die Kraft der Lichtfarbe durch Kontrast steigern. Aber immer folgt Turner der Farbe nur so weit, wie sie der Lichtsuggestion dient. – Bei Constable dagegen die Frische einer vor der Natur studierten Farbe. Die Form und das Licht sind ihm weniger als Turner. Sein stärkstes Gefühl ist für die Bewegung der ganzen Natur, das Wachsen der Gräser, das Recken der Äste, das Zittern der Blätter, das Jagen der Wolken, die beständige Wandlungsmagie der Linien und Farben. Ihnen jagt er im Fieber des Schaffens nach. Durch Sturm und Regen, Dem Wind entgegen; und nie sind ihm Auge und Hand schnell genug, um das flüchtige Wunder der Farbenerscheinung und die vom Weltensturm bewegte Linie festzuhalten. Hier ist er der grosse Erfinder und Entdecker. Mit romantischer Leidenschaft jagt er der Wahrheit nach; den wahren Formen der Äste und Wolken und Wellen; den wahren Farben der Wiesen und Berge und Wasser und Himmel, im Schatten, im Licht, im Sturm, im Frühjahr und Herbst, am frühen Morgen und in der Dämmerung. Mich packt er wie kein andrer Maler ausser Velazquez. Turner und Constable: in Beiden ist Leidenschaft, diese „furia", ohne die kein Künstler gross wird; aber in Turner die Leidenschaft nach Ruhe. Mich ergreift und entrückt aus mir selber mehr die Leidenschaft nach Dem, was werdend lebt, die Constable überträgt.

London. 23 März 1902. Sonntag. *23.3.1902 Sonntag*

Sehr auffallend, wie gemütlich (comfortable) die englische Kultur ist, d. h. wie viel von ihr sich auf alltägliche Lagen und Probleme bezieht. Dagegen unsrer deutschen Gemütlichkeit fehlt die Kultur, und unsrer Kultur die Gemütlichkeit. Dieser unglückliche Zwiespalt hindert am meisten eine Allgemeinkultur in Deutschland und eine wetterbeständige Deutschheit im Ausland. Was wir an deutscher Kultur besitzen, ist nur für Helden und Heldenmomente. Und diese giebt es so wenig und so selten. Deshalb giebt es so wenig und so selten Kultur bei uns. – Kultiviert sein heisst, einer Lebenslage oder einer Frage, die sich bietet, gewachsen sein. Der Deutsche ist immer nur Ausnahmslagen und metaphysischen Fragen gewachsen. Wenn er essen, oder sich anziehen, sich einrichten, Konversation machen soll, findet er keine deutschen Formen. Er muss dann deshalb notgedrungen undeutsch oder unkultiviert sein. – Kultur ist Nichts

Positives, sondern Etwas Relatives; auch Nichts Allgemeines, sondern Etwas, das von Fall zu Fall zutagetritt. Sie bezieht sich immer auf Etwas, auf Lebenslagen oder Probleme, und immer auf eine bestimmte Lebenslage oder Frage. Bei einer Bauernhochzeit bin ich unkultivierter als die Bauern. Nichts gehört an sich zur Kultur. Es giebt blos Eigenschaften wie Wahrhaftigkeit, Mut, Mitgefühl, Geist und feine Sinne, die besonders oft und glücklich Überlegenheit verleihen. Und aus demselben Grunde sind Kenntnisse und Traditionen Beihülfen zur Kultur. Aber ein sehr gelehrter Mann, der seine Kenntnisse nicht anzuwenden weiss, ist unkultiviert. Und Kenntnisse, die nicht verwendbar sind, tragen nicht zur Kultur bei. Kultur ist eine gut bestandene Kraftprobe des Individuums. Deshalb gehört zur Kultur Kraft, die aber durchaus nicht physisch zu sein braucht.[1] – Weitere Frage: Was heisst einer Lage oder einem Problem gewachsen sein? Wenn ich auf einer Bauernhochzeit falsch zutrinke, bin ich der Unkultivierte, weil ich Anstoss errege. Wenn ich in Indien ein Pesthaus desinfiziere, bin ich der Kultivierte, obgleich ich Anstoss errege. Ist Folgendes richtig? Einer Lage gewachsen sein, heisst in ihr das finden, was sozial wertvoll ist, also nützlich, wo Nützlichkeit in Frage kommt, und genehm, wo es sich um utilitarisch gleichgültige Dinge handelt. Ich glaube nicht, weil es zu viel einschliesst und zu viel ausschliesst.

London. 24 März 1902. *24.3.1902 Montag*

Viel zur Eintönigkeit und Konventionalität der Farben werden die Rezepte beigetragen haben, die dem Künstler vor 100 Jahren überliefert wurden z. B. bestimmte Mischungen für Fernenblau, für Baumgrün, Wiesengrün u. s. w. Sie machten eine genaue Beobachtung der natürlichen Farben überflüssig und eine genaue Wiedergabe unmöglich. Turner ist über dieses Stadium eigentlich nicht hinausgekommen. Hat Constable dagegen diese Rezepte verworfen? Ich glaube ja. Die Mannichfaltigkeit seiner Farben, diese unzähligen verschiedenen Töne von Grün, Wolkengrau, Wasserblau durchbrechen die Rezepte. Man überblicke eine Reihe seiner Studien. – Constable hat ferner die Plastik der Bildoberfläche virtuos ausgebildet. Er schafft Unebenheiten, um wirkliches Licht aufzufangen, und stuft diese Glitzerwirkung ebenso exakt und fein ab wie die Valeurs. Z. B. vermeidet er im Schatten jede Rauhheit, streicht die Farbe glatt, damit sie dort kein Licht fange. Umgekehrt steigert er die Unebenheiten mit der Helligkeit. Auf N° 584. 1888 (Haus mit Bäumen)[2] ein coup de soleil an einem Schornstein ausschliesslich durch eine scharf abgegrenzte Rauhigkeit der Oberfläche suggeriert. Die Farbe ist sonst unverändert ganz dieselbe wie daneben. Aber ringsherum ist Alles flachgestrichen. Ähnlich an der Hauswand das Hellerwerden, das Herausholen aus dem Schatten, hauptsächlich durch Rauherwerden des Auftrags er-

[1] Verweisung mit Bleistift: „(cf 23 Februar 1902)"

[2] View of Lower Terrace, Hampstead

reicht. Diese Methode hat gegen die neoimpressionistische den Nachteil, dass die winzigen Lichtreflexe nicht sehr weit wirken. Dagegen hat sie für Tafelbilder gewisse Vorteile vor der neoimpressionistischen, weil die optische Mischung umgekehrt in der Nähe nicht zustandekommt. – Das Leben in der Farbe von Constable, das stürmische Leuchten und Drohen seiner Himmel, entsteht am häufigsten aus diesen Unebenheiten und ferner aus Kontrasten zwischen Farben (nicht also zwischen Farbe und Schwarz oder zwischen Hell und Dunkel). Constables weisse Wolken sind fast sämtlich plastische Lichtspiegel. Ausser in Schatten ist seine Farbe fast überall uneben und ungleich, körnig oder strichig, aufgetragen. Hierdurch entstehen zahllose mikroskopische Lichtspiegel, die die Farbe nicht zur Ruhe, nicht zur Erstarrung, kommen lassen. – Kontraste verwendet er ebenfalls ausgiebig. Fast regelmässig den von Rot gegen Grün. In einer Baumgruppe, einem Wald, bringt er fast immer einen roten Tupfen irgendwie an. – Man sieht aus beiden Mitteln das Bestreben, aus der toten Farbe loszukommen. In diesem Ziel vor Allem ist Constable mit den Neo Impr. eins. Dieses Erwachen der Farbe fängt mit Rubens an. Turner bildet die optische Mischung und ausserdem die Wahrheit der Valeurs, Constable Plastik und Kontrast aus und ausserdem die Wahrheit der Farbe aus. Die Impress. verbinden die Wahrheit der Farbe von Constable mit der der Valeurs von Turner und mit dem optischen Mischungssystem von Rubens. Alle drei sind vorher bei keinem Maler dauernd oder überwiegend beisammen, wenn auch ausnahmsweise bei Constable. – In South Kens. in der Nähe der Constables ein interessanter schon 1872 wieder impressionistisch malender Engländer Ditchfield (Algier etc.); etwa = Leibl und Trübner, und herrliche Zeichnungen von Leech. – Rossettis Borgiafamily (1863.): weisses Kleid der Frau mit roten slashings und blauen und grünen Schleifen; hier wirkliche Farbe (Malerei), wenn auch nicht gerade neu.

London. 25 März 1902. Dienstag. *25.3.1902 Dienstag*

Zur englischen „Moral". Rohheit der moralischen Gefühle hier, weil Alles nach der Handlung beurteilt wird. Umgekehrt findet der Engländer unser Handeln oft verwerflich und unentschuldbar, weil er nicht berücksichtigt, dass wir den Hauptnachdruck auf den inneren Vorgang legen. – Disraelis Herzensschrei: „I hate good people" (Dicey; Egypt) Maass für die Druckkraft der englischen Moraltyrannei auf intellektuellere Naturen. Dizzy soll ihn geäussert haben, als Gordon einen total verrückten Bericht über Ägypten erstattet hatte und Dizzy trotzdem gedrängt wurde, ihn anzustellen, weil er doch ein so guter Mann sei. – Rossettis Wertung lässt sich richtig nicht verstehen, wenn man nicht berücksichtigt, welche Stellung die ethischen Vorstellungen im englischen Denken und Leben haben. Er hat in diesem hellsten Punkt des englischen Weltbildes eine Art von Umwälzung hervorgerufen, parallel mit Ruskin.

London. 26 März 1902. Mittwoch. *26.3.1902 Mittwoch*

Abends der Tod von Rhodes bekanntgeworden. – In dem South Kens. Museum hauptsächlich Turner und Constable. Kein Mensch hat sich je vollständiger gegeben als Constable in diesen Studien. Man erlebt sein Erleben, die Eindrücke, die ihn getroffen haben, die Gefühle, die er dabei empfand, den ganzen Inhalt seiner Seele ohne Umschreibung, ohne Einschränkung durch Worte und Begriffe. Dieses hier war er.[1] Und ohne Pathos, wie unbewusst, sagt er dadurch Erschütterndes: die Flüchtigkeit der Natur, das Nevermore, nevermore, das den Farben und Formen tragische Schönheit verleiht, das „Unwiederbringlich", das die Sinne spornt, diesen unter Allen Momenten der Ewigkeit einzigen Augenblick auszukosten, diese nie wieder, – nie wieder, – sich bietende Schönheit auszuschöpfen. Er greift mit hastiger Hand in die ewig verrauschende Flut und rettet daraus einzelne Töne, einzelne Formen; wie schöne, wie schöne! Und doch dahin! Studie No.[2] ___ (Vgl. mit Dem, was bei Monet herauskommt; total anders; sinnlich.) Wie schön war dieser Nachmittag. Der 12te Sept. 1821. Ein Herbsttag mit stürmischem Himmel und weissen Wolken. Und hier ist, was ein Mensch in seinen Stunden erlebt hat. Alles was er gesehen, gefühlt und genossen hat, Alles, was er gewesen ist: Formen, Farben, aus denen ihm Rhythmen, Harmonieen, Schönheit zusammenklangen, einen Augenblick, um dann in ewiges Nichtsein zu versinken. Sie hält er fest, weil sie er selbst waren, fieberhaft, hastig, entzückt, verzweifelt, einen Augenblick im grossen Weltengeschehen, einen Augenblick in seinem Geschehen, das Licht und Gewitterdunkel, das tiefgrüne Sommerlaub, das erste Gelb, das Rot der letzten Sommerrosen, dieses Rot, das in der dunklen Harmonie des Herbsts so anders wirkt als das der ersten Frühlingsrosen. Deshalb ist er Bildner, Maler, Künstler, weil er das grosse Weltenvergehen in Formen und Farben erlebt. Wie kann Einer kommen und sagen: diese Malerei ist gedankenlos; sie giebt nur Farben und Formen, keine Ideeen? Welche Verkehrung aller Logik und Rechenkunst liegt darin, was weniger ist mehr zu nennen, der Begriff, die Idee, die vom Schauspiel der Welt abgezogen worden ist, über das Schauspiel selbst zu stellen; den Mann, der uns Luthers Erleben in Erfurt ohne Abstrich zeigen und geben könnte, vor die Thür zu weisen, und Kaulbach, der die Idee von diesem Erleben darstellt, gross zu finden; Anton von Werner, der Deutschlands Heldenthaten mit Schuhwichse rekonstruiert für patriotisch und fromm zu halten, und Den, der Deutschland in den Farben Gottes wiedergiebt für gottlos und vaterlandslos anzusehen.

---

[1] Verweisung: „(cf. Vuillard über Monet. 24 XII 02)"

[2] Study of Sky and Trees, with a Red House, at Hampstead

London. 27 März 1902. *27.3.1902 Donnerstag*

In die Aquarellausstellung des Royal Institute. Guterzogene Mittelmässigkeit und gähnende Langeweile; wie auf einem Empfang; die Leute haben Alle Nichts zu sagen oder nur, dass sie gern gekauft sein möchten. Überhaupt jetzt ein englischer Fehler: zu gut erzogen Sein, mit Anstand fremde Moden tragen. Fast alle Engländer, die man trifft, sind reüssierte Snobs. Dieses ist nicht mit Kultur identisch. Ihm fehlt die Produktivität. Ein kultivierter Mensch ist ein produktiver Snob. Ein Mensch, der fruchtbar ist, ohne Snob zu sein, ist ein Genie. – Wieder Turner und Constable in South Kensington. Stippling bei Turner gut zu sehen auf seinem Hornby Castle. Bei den Bäumen in der mittleren Entfernung macht er die Schatten, indem er blaue Striche in die grüne Eigenfarbe hineinsetzt. Beide Farben stehen vollkommen rein nebeneinander und sollen sich offenbar optisch mischen. Bei einer Baumgruppe links ausserdem im Licht ebenso Orangerot verwendet. Diese Baumgruppe gleicht in der Nähe infolgedessen einem wunderbar bunten Vogelgefieder. Auf diesem Aquarell überhaupt eine unglaubliche Feinheit und Vielheit von rosa Lichtern und blauen Schatten, die meistens ganz rein in die Eigenfarbe hineingesetzt sind. Aber immer wieder dasselbe Rosa oder Blau. Das, worauf es Turner ankommt, ist wie immer das Licht. Und zwar hier die Art des Lichts. Er fixiert den Gegensatz zwischen dem warmen, vibrierenden, unruhigen Licht der Allee im Mittelgrund und dem kühlen, ruhigen, gross dahinfliessenden Fernenlicht auf den Bergrücken. Die Unruhe ist es aber, die er durch Stippling erreicht. – Auch Turner benutzt die plastische Textur der Bildoberfläche zu seinen Effekten. Aber natürlich andre Mittel als Constable, da Aquarell: z B. Fingerabdrücke, um die Oberfläche rauh zu machen. – Optische Mischung (Stippling) bei Constable: auf N° 168–1888[1]: bei den in der Ferne blauen Bäumen die grüne Eigenfarbe ganz wenig aber rein zwischen dem Blau. In einer Entfernung von 50 Centimetern verschwimmen beide Farben untereinander zu einem wunderbar duftigen und mannichfaltigen Blaugrün. Diese Mannichfaltigkeit ist zur Modellierung ausgenutzt: die grüneren Teile erscheinen näher, die blaueren ferner. Auf derselben Studie rechts unten Gras aus winzigen grünen, gelben und blauen Strichelchen. Das Blau kommt, wenn man nicht ganz nah und äusserst scharf zusieht, nur in der optischen Mischung zur Geltung.

Constable: Brennpunkt seines Interesses die Bewegung in der Natur.[2]

Mittel, diese sichtbar zu machen:

wahre momentane Farbe und wahre momentane Form und Linie;

plastische Textur des Bildes ausgenutzt, um das lebendige, wirkliche Licht zu fangen.

Kontrast der Farben

---

[1] Study of Sky and Trees at Hampstead

[2] Nachträgliche Einfügung mit Bleistift: „(Hierin cf mit Rubens u. Ribera)"

Stippling
Valeurs (und durch sie die Form, teilweise die Wahrheit der momentanen Form) ausserordentlich sicher, wenn auch weniger raffiniert als Turner. Der Raum interessiert ihn wohl weniger als die Form.
Turner: Brennpunkt des Interesses das Licht in der Natur.[1]
Mittel
Valeurs bis ins Feinste durchgebildet.
Durch sie die Form und den unendlichen Raum.
Kontrast der Farben[2]
Stippling
Plastische Durchbildung der Oberfläche ausserordentlich fein und durchdacht, aber weniger raffiniert als bei Constable.[3] Byrons Zimmer in St James's street 8 besichtigt. Zwei Treppen und sehr dunkle Treppen. Vorne zweifenstriges Wohnzimmer nach der Strasse, hinten Schlafzimmer und Dressingroom. Alles ziemlich klein und keineswegs luxuriös.

London. 28 März 1902 Charfreitag. *28.3.1902 Freitag*
Aus London fort.

Brüssel. 29 März 1902. *29.3.1902 Samstag*
Lemmen bei mir. Type[4] besprochen. Nachher mit ihm gefrühstückt und in der Libre Esthétique[5]. Er zeigt mir auf der Strasse einen jungen Mann mit langen Haaren und einem gewaltigen schwarzen, rotgefütterten Mantel. Das sei ein Künstler von der neusten Art. So seien jetzt alle jungen Künstler; und malten Symbole. – Nachricht, dass Olde zum Direktor der Kunstschule in Weimar ernannt ist.

Berlin. 30 März 1902. Ostersonntag. *30.3.1902 Sonntag*
Früh angekommen. Im Casino gegessen. Der alte General Richthofen erzählt, dass sein Bruder, der Polizeipräsident, immer geglaubt hätte, die Kotze Briefe seien vom Herzog Ernst Günther. Er habe den Herzog bis an den Briefkasten verfolgt, in dem nachher solche Briefe gewesen seien.

---

1 Verweisung: „(cf Seurat, Monet, Corot 4.I.03.)"

2 Verweisung mit Bleistift: „(cf. 4 XII 03.)"

3 Verweisung: „cf. 4.XII.03; 21.III.02. 30VI06."

4 Also sprach Zarathustra. Ein Buch für Alle und Keinen

5 Neunter Salon der Künstlervereinigung „La Libre Esthétique"

Berlin. 2 April 1902. Mittwoch. *2.4.1902 Mittwoch*
Heymel bei mir gegessen. Die Insel soll im Herbst aufhören. – Früh Musch mir mitgeteilt, dass Lichnowsky eine Unterredung mit mir wünscht. Leider haben Richters die Mitteilung um 4 Wochen verbummelt.

Weimar. 3 April 1902. *3.4.1902 Donnerstag*
Nach Weimar, wo Rothe mich, nach einem Brief von Frau Förster, zu sprechen wünscht. Auf der Strasse Vandevelde mit Palézieux getroffen und sie in die Ofenfabrik von Schmidt begleitet. Vandevelde sagt, der Grossherzog habe beim Diner neulich sehr nachdrücklich für die „moderne" Kunst Partei ergriffen. An Olde habe er gesagt: „selbst ein Kaiser" könne die Bewegung nicht aufhalten. Abends Diner bei Frau Förster zu Vandeveldes Geburtstag.

Weimar. 4 April 1902 Freitag. *4.4.1902 Freitag*
Bei der Gräfin Werthern gefrühstückt. Dort noch Vandeveldes, Palézieux, Bojanowski und ein Major v Hagen. Nach dem Frühstück ging Palézieux mit mir eine Strecke, erzählte mir von der Absicht, die Permanente Ausstellung in ein ganz modernes Museum umzuwandeln und fragte mich, ob ich nicht in das Curatorium eintreten wolle. Man wolle mich gern in Weimar haben, das sei dann ein Anfang, an den sich Weiteres schliessen lasse. Ich sagte ihm, dass ich zwar gern in das Curatorium eintreten wollte, aber mit dem A. A. in Unterhandlungen stünde und daher nicht ganz frei sei. – Abends die Unterredung mit Rothe. Er fragte mich, welche Stellung ich in Weimar wünschen würde und bot mir sofort eine Professur in Iena an. Diese lehnte ich ab und skizzierte ihm, was ich mir denke, nämlich eine Art Oberleitung aller Kunstbestrebungen im Grossherzogtum. Die Stelle soll also dafür sorgen, dass die Kunstschule, Vandeveldes Anstalt, der Kunst und Zeichenunterricht auf den Volksschulen, Gymnasien, Handwerkerschulen, die Museeen, die staatlichen und grossherzoglichen Aufträge alle in eine Richtung wirken. Dazu müsste sie den Zeichenunterricht auf den Schulen reformieren, die Elemente der Farbenlehre in den Lehrplan aller Schulen aufnehmen, die Museeen reformieren, indem die Gegenstände immer nach <u>produktiven</u> Gesichtspunkten ausgewählt würden, Ausstellungen von Bildern und Kunstwerken in die Wege leiten, Aufträge erteilen und den Absatz nach aussen fördern. Ferner würde ich für meine Person, sobald das Material genüge, gerne Vorträge über die Geschichte der <u>Malerei</u> halten; (nicht der Maler, und auch nicht der rein chemischen Farben Anrichtung). Die Thätigkeit würde also dreifach sein: organisatorisch (Schulen), administrativ (Museeen), akademisch (Vorträge). Für die Reorganisation des Kunstunterrichts schlug ich ausserdem eine Kommission vor, die aus dem Professor der Physik (Farbenlehre) in Iena, Vandevelde, mir und einem Ministeriums Beamten bestehen sollte. Rothe gieng auf Alles sehr ein. Meinte die Reorganisation des Schulunterrichts würde eine Unterweisung zu-

nächst der Lehrer, eine Redigierung von Lehrbüchern, Anschaffung von Anschauungsmaterial u s w. fordern; was aber Alles möglich sei. Im Anfang böte sich mir die Mitarbeit bei der Umwandlung der Permanenten Ausstellung in ein staatliches Institut. Von da aus würde sich meine Stellung dann weiter ausbauen lassen. Ich sagte ihm dann, dass ich durch meine Schritte beim Auswärtigen Amt gebunden sei, mit Lichnowsky unterhandeln würde, dass aber diese Unterhandlungen mit dem A. A. sehr wesentlich dadurch beeinflusst werden würden, wenn ich auf eine mir zusagende Stellung in Weimar Aussicht hätte. Ich fragte Rothe, ob ich also Dieses bei meinen bevorstehenden Unterhandlungen annehmen dürfe. Er machte keine bestimmte Zusage, da er, wie er sagte, nicht allein darüber zu entscheiden habe; aber er versprach mir doch, dass er meinen Plänen das grösste Interesse zuwenden würde und sagte, ich könne bei meinen Verhandlungen in Berlin Dieses bestimmt in Rechnung stellen. – Abends bei Vandeveldes, wo noch Olde und nachher Frau Förster.

Berlin. 5 April 1902. *5.4.1902 Samstag*

Wieder früh mit Olde gefrühstückt. Er bat mich, ihm Bücher über die Farbenlehre, die ich ihm gestern als notwendigen Zweig des Kunstschul Unterrichts geschildert hatte, anzugeben. Er selbst habe sich zwar sehr viel mit den chemischen Farbenmischungen beschäftigt, nicht aber mit der optischen Farbenlehre. Er wendet dieser Frage offenbar Interesse zu. – Nachher mit Vandevelde durch die Felder hinter dem Blindenheim und bei Frau Förster. – Mittags nach Leipzig. Klinger aufgesucht. Der Beethoven war seit heute fort. Mit ihm über das Nietzschedenkmal. Ausgemacht, dass es 12000 Mark kostet, und eine Herme aus griechischem Marmor sein soll; ein einziger Marmorblock von 2,25 Meter Höhe. Klinger will ihn selbst in Griechenland aussuchen, da er den Händlern dort nicht traut. Meint allerdings, dass es deshalb mit der Büste auch ein oder zwei Jahre länger dauern kann. Er sagt, dass ihn diese Arbeit sehr interessiert. Er erwartet in den nächsten Wochen den Bronceguss einer Nietzschebüste, die er als Vorstudium gemacht hat. Sie entstand daraus, dass er die Nase der Totenmaske[1] grade zu rücken suchte. Die eine Form zog die andre nach sich. Klinger von Weimar erzählt und ihn dorthin eingeladen. Ich sagte ihm, dass der Grossherzog bestimmt für die moderne Kunst Partei ergriffen habe, mit vollem Bewusstsein auch gegen den Kaiser. „Der (der Kaiser) wird auch schon müssen. Das kann nicht so fortgehen. Passen Sie auf" meinte da K.

Berlin 7 April 1902 *7.4.1902 Montag*

Olde Church's Farbenlehre geschickt.

---

[1] Stoeving

Berlin. 9 April 1902. *9.4.1902 Mittwoch*

Abends in den Barbier von Bagdad[1]. – Dass man handelt, ist aus dem Wunsch nach Genuss nicht zu begründen. Gerade Genuss wird durch die That meistens beendigt, nicht geboten. Dahinter kommt bald der dümmste Don Juan. Und doch drängt er auch dann noch zur That, kann nicht anders als zur That drängen. Was ihn treibt, strebt also nicht nach Genuss. Ob er im Affekt vergisst oder weiss, dass die Handlung seinen Genuss beenden wird, ändert Nichts an seinem Verhalten. Das ist eine Gassenwahrheit. Aber sie zeigt, wie gesagt, dass das Motiv sogar in der Brunft nicht Genuss ist. Im Gefühl scheint eine Schwerkraft zu liegen, die ohne Rücksicht auf das Bewusstsein Handeln nach sich zieht. Die That zieht den Gefühlsstrom magnetisch an. Der Genuss ist eine Begleiterscheinung dieser Gefühlsumschaltung. Man lässt sich von der Begleiterscheinung einfangen und handelt dann, weil der Strom über Einen Herr wird. Wer Viel geniessen wollte, müsste im Gegenteil Herr bleiben, selten handeln, selten gerade einen „Genuss" sich gestatten. Ganz abgesehen davon, dass jede That grobe Bande schafft, die andre Thaten, und was für den Reichtum des Geniessens noch schlimmer ist, andre Möglichkeiten, ausschliesst. Diese Wahrheiten werden nie Jemanden bestimmen, auf das Handeln zu verzichten und dadurch ein blos Geniessender, ein Asket, zu werden; es sei denn, dass sein Gefühl schon an sich so schwach ist, dass er dann wieder aus diesem Grunde nie tief geniessen kann. Aber die Kunst bietet diese Möglichkeit, stark zu fühlen, und doch nicht zu handeln, nicht den Genuss gleich fortzuwerfen. Und auch psychologisch sind jene Beobachtungen beachtenswert. Sie stossen nämlich die Psychologie um, die alle Motive aus der Genusssucht, dem „Egoismus", ableitet. – Wenn man Jemandem Opfer bringt, soll man sich fragen, ob man es deshalb thut, weil man von ihm Dankbarkeit haben möchte. Wenn ja, dann lasse man das Opfer. Es ist dann nicht nur eine riskierte Spekulation, sondern auch eine rechtlose Vorverfügung über die Seele eines Andren, Seelenschacher fast unfassbarer, teuflischer Art; Ausnützung der Notlage eines Menschen, um ihm einen Teil seiner Seele, seine künftige Seele, pfandweise abzukaufen. Man muss von jeder Wohlthat für sich selber aus dem natürlichen Lauf der Dinge eine noch grössere Wohlthat erwarten, die Dankbarkeit von diesem Profit abgerechnet. Wohlthaten um Dankbarkeit erweisen, gehört zu den Sünden, die sich nur ein Übermensch, ein Napoleon oder Caesar gestatten darf. Im Übrigen kommt es nur Teufeln oder Idioten zu. – Was mich am Juden abstösst, ist, dass in Alles spezifisch Jüdische irgendwie Feigheit gemischt ist, und eine Feigheit ohne die Grazie des gehetzten Rehs. Jüdische Ironie, Gefühlsweichheit, Pfiffigkeit sind Inkarnationen der Feigheit gegen die Dinge, gegen Sich Selbst, gegen die Menschen. Feigheit und Herrschsucht in wunderbarer Mischung verbunden, das ist der Jude. Er löst in einer immer von Neuem über-

---

[1] Cornelius

raschenden Weise die Frage: wie siege ich trotz meiner Feigheit? Der Ewige Jude ist der ewige kleine David. Und der Goliath unterliegt noch heute. David ist ebenso eclatant der Typus des Juden wie Siegfried bis ans Ende der Tage der des Deutschen. Das ist übrigens auch für den Deutschen nicht durchaus schmeichelhaft.

Berlin. 11 April 1902. Freitag. *11.4.1902 Freitag*

Die Duse in D'Annunzio's Francesca da Rimini. D'Annunzio's Kunst prinzipiell äusserlich. Er bewegt nur durch Klänge und Bilder; nie durch direkte Offenbarung von ergreifenden Gefühls- oder Begriffs-Zusammenhängen. Ich frage mich, ob es möglich ist, blos durch Bilder und Klänge ebenso tiefe Gefühlsströme im Zuschauer auszulösen wie durch die direkt vorgeführten nichtsinnlichen Gefühle und Vorstellungen. D'Annunzio gelingt es nicht. Aber das beweist Nichts. Vielleicht gelingt es einem Andren. – Die Malerei und die Musik stehen doch nicht hinter den andren Künsten hierin zurück. Giebt es zwischen dem Wirken der Dichtung und dem jener Künste einen elementaren Unterschied, der der Dichtung verbietet, was Beethoven oder Tizian möglich ist? – Titel zu einem Artikel: Die Hässlichkeit Berlins. Hierzu auch die Schnoddrigkeit (Vulgarity.)

Berlin. 14 April 1902. *14.4.1902 Montag*

Lichnowsky auf der Königgrätzerstrasse am Garthenthor vom Amt getroffen. Bei Richters angefragt wegen der Unterredung.

Berlin. 15 April 1902. Dienstag. *15.4.1902 Dienstag*

Nachmittags Lichnowsky auf dem Amt besucht. Er begann damit, dass er die Unterredung gewünscht hätte, dass also, falls sich meine Anstellung nicht bewerkstelligen liesse, von einer Abweisung keine Rede sein könne, da von mir ja garkein Antrag vorliege. Das Amt sei sehr überfüllt; sie hätten in der letzten Zeit an die zehn Kandidaten abgewiesen; Mehrere ständen in oder vor dem Examen. Es sei daher unsicher, ob für mich Platz sein werde. Meine Qualification zur Diplomatischen Laufbahn erkenne er voll an; meine sprachlichen, litterarischen, historischen Studien. Aber die Zahl der Stellen ziehe Grenzen. Er müsse deshalb erst mit dem Kanzler[1] und Staatssekretär[2] sprechen! Alles was er sagte, war mit grossem Ernst und Courtoisie gesagt. Er erreichte es dadurch, mit einer unangenehmen Mitteilung einen angenehmen Eindruck zu erregen. Hinter der Form, wie mir schien, auch viel politesse du cœur. Nach dem Präliminargefecht in diesen Allgemeinheiten sagte ich, ich habe an Folgendes gedacht: in London fehle jetzt, wie ich dort selber erfahren hätte, eine Arbeitskraft. Werthern sei krank und

[1] Bülow

[2] Richthofen

werde wohl noch einige Zeit auf Urlaub bleiben; Schöller[1] habe beabsichtigt, nach Ostern auf Urlaub zu gehen. Die Krönung[2] und die Politik würden in nächster Zeit an der Botschaft die Arbeit häufen. Ich sei mit den englischen Verhältnissen, mit Menschen, Zeitungen und Verfassung, von Kind auf vertraut; ausserdem würden mir meine Verwandtschaften ermöglichen, schnell persönliche Beziehungen anzuknüpfen. Ich glaubte also, dass ich mich rasch einarbeiten und nützlich machen könnte, und habe deshalb daran gedacht, ob man mich nicht jetzt gleich der Londoner Botschaft überweisen könnte. Hierauf gieng nun Lichnowsky offenbar mit Interesse ein. „So Sie sind mit den Verhältnissen dort vertraut? Ja, Sie sind Assessor. Dann könnten Sie also sechs bis sieben Monate bei der Mission dort bleiben, im Winter hier Ihr französisches Sekretärsexamen machen und in etwa fünf Vierteljahren Sekretär werden. Ich werde mir die Sache überlegen und mit dem Reichskanzler und Staatssekretär darüber sprechen." Ich fragte dann, ob und wann ich mir die Antwort holen dürfte. In acht bis zehn Tagen meinte L. Worauf die Unterredung zu Ende war. – Von Mama einen Brief, der Gees Verlobung mit Bettex in Aussicht stellt.

Berlin. 16 April 1902. Mittwoch. *16.4.1902 Mittwoch*

D'Annunzio's Cittá morta gesehen. Eine grosse Anhäufung von Gräueln, die fast rein stofflich bleiben; und daneben stellenweise eine berauschend schöne sprachliche Form. Merkwürdig als Beispiel, wie ein starker Stoff und eine starke Form nebeneinanderhergehen können, ohne einander zu durchdringen. – Ein radikaler Unterschied zwischen d'Annunzio und den griechischen Tragikern besteht auch in der verschiedenen Auffassung vom Tragischen, obwohl d'Annunzio dies nicht zu merken scheint. Die Alten nämlich fanden Gräuel auf Gräuel gehäuft vor; und ihre Kunst bestand darin, diesen furchtbaren Stoff zu bändigen und sozusagen erträglich zu machen. Dieses Mildern war für sie das Wesen des Tragischen. D'Annunzio aber sucht gerade umgekehrt das Furchtbare; er geht darauf aus, möglichst viel, nicht möglichst wenig, Entsetzen zu erregen. Die alte Tragödie beruhte eben auf Voraussetzungen, ohne die eine solche Art des Tragischen immer unmöglich bleibt. Und daraus kann man deshalb d'Annunzio kaum einen Vorwurf machen. Aber wohl daraus, dass die Gräuel so wenig wirken. Sie bleiben bis zuletzt nur äusserlich mitangeschaute Anekdoten. Die Duse dichtet allerdings Tiefe hinein. Aber um diese feine Mienenpsychologie hat d'Annunzio kein Verdienst. Von dem Kunstwerk, das so ersteht, liefert er die zauberhaft schöne Sprache; die Poesie aber die Duse. – Der Unterschied zwischen d'Annunzio und den Alten lässt sich auch so formulieren, dass Diese eine Realität packten und bändigten, die blutige Mythenwelt, die in den Griechen lebte;

---

[1] Scheller-Steinwartz

[2] Eduard VII.

während d'Annunzio lauter Luft zusammenwebt. In Nichts streift er oder packt er gar irgendeine Wirklichkeit. Das Problemstück von Ibsen steht darin der alten Tragödie näher. Denn für uns haben die ethischen Kräfte und Konflikte ähnliches Leben wie für die Griechen die Thaten und Helden ihres Mythus. – D'Annunzio trägt das Grauen in die Seelen hinein; die Griechen finden es darin vor und mildern es[1]; das ist die tragische κάϑαρσις[2]. Die Mittel, um so die Furcht ins Tragische zu mildern, sind mannichfach: Rhythmus in Sprache, Gebärde und Aufeinanderfolge der Geschehnisse, Vermenschlichung durch Poesie, Verknüpfung in ein grosses, akzeptiertes Weltgeschehen, moralische Rechtfertigung der Katastrophe. So ergeben sich die Faktoren der alten Tragödie: Vers, Tanz und dramatischer Aufbau, Mitleid, Fatum, tragische Gerechtigkeit. Aber das Material, das sie verarbeiten, ist immer das Grauen des Mythus, die historische Form des alten panischen Naturschrecks. Auch in uns steckt ein fonds, der dieser tragischen Milderung bedürfen würde. Nur liegt er jenseits der Anekdote. Konkrete Geschehnisse haben für uns längst den Schrecken verloren. Wir schaudern vor dem ethischen und physischen Untergrund. Hierhinein muss die Fackel leuchten, um in uns die Wohlthat der tragischen Milde und Reinheit auszugiessen. – Unsere Auffassung von verheerenden Geschehnissen ist heute schon die, die die griechischen Dichter erwecken wollten; sobald natürlich der erste Schreck und Schmerz vorüber ist. Wir können nicht anders als sie natürlich und menschlich finden. Deshalb brauchen wir auch die künstliche Milderung nicht; wir vollziehen sie jedesmal ganz von selbst. Dagegen jenseits des konkreten Geschehens giebt es noch immer unendliche Weiten, aus denen der panische Schreck uns noch wie den Urmenschen überfällt. Hierhin hat die Tragödie aber heute vorzudringen. Gewisse Mittel der alten Tragödie scheinen mir dadurch auszuscheiden, wie der Tanz, das Fatum, die tragische Gerechtigkeit; denn die Handlung braucht nicht mehr gebändigt zu werden, also erübrigt sich der Rhythmus im Handeln, wenigstens als direkter Faktor des Tragischen; und wir wissen, dass Alles causal bestimmt und dass Alles was ist, gerecht ist. Dagegen wird der neue Stoff neue Formen heischen.[3] – Aufsatztitel: Über alte und neue Tragödie.

Berlin. 17 April 1902. *17.4.1902 Donnerstag*

Die Duse nochmal in der Francesca gesehen. Sie wirkt durch rein lyrische Mittel, innere Stimmung. Ins Dramatische packender Handlung und Gebärde steigert sich das Gefühl bei ihr selten. Es bleibt meistens bei der nicht bis zur That kondensierten Andeutung. Auch darin ist sie modern. Das Eigene, was wir Heutigen haben, ist meistens noch nicht reif zur That. Wir sind ein ausgesprochen

---

1 nachträgliche Einfügung mit Bleistift: „ziehen es heraus"

2 Reinigung

3 Verweisung mit Bleistift:„Über Tragödie cf. noch 22.IX.03"

lyrisches, reifendes Zeitalter. Aber dramatisch ist deshalb die Sada Yacco grösser als die Duse. Sie besitzt auch die Gebärden zu ihren Gefühlen. Sie setzt einen ausgedehnteren Seelenverlauf in Wirkungen um. Ihre Kunst ist reicher, länger, mannichfaltiger. Sie zieht die plastische Schönheit mit hinein. Der Duse verflüchtigt sich ihre Stimmung, noch ehe sie ins Bereich der Plastik gelangt. Sie bleibt im Sentimentalen[1] befangen. Diese Entwicklungsstufe unserer Kunst bedingt vielleicht den Hass, den der praktische Mann gegen sie hat. Thatmenschen wie der Kaiser sehen nicht den Nutzen einer solchen Kunst und auch nicht, dass keine andre echte Kunst heute möglich ist; sie glauben noch immer im Mai reife Äpfel befehlen zu können, und sehen nicht, dass wenn sie die Blüten aus Ärger vom Baume schütteln, später keine Frucht reifen wird. – Wir wollen über das Sentimentale hinaus. Wir hassen es deshalb und begrüssen die Form und ihre Könner wie Sada Yacco, Vandevelde, Loie Fuller als besonders modern. Wir sind aber sentimental und misverstehen unsere eigene Geistesverfassung, wenn wir schon heute unsentimental formalistisch zu sein glauben. Denn dann würden wir der Form nicht solche Liebe entgegenbringen. Was man hat, liebt man weniger überschwänglich. Wir brauchen Form; insofern nur ist Form modern.

Berlin. 18 April 1902. *18.4.1902 Freitag*
Graul, den ich Mittags auf der Strasse traf, erzählte mir, dass Klingers Beethoven von Leipzig angekauft sei für 250 000 M.

Berlin. 19 April 1902. *19.4.1902 Samstag*
Nostitz aus Dresden hier und bei mir gegessen.

Berlin. 20 April 1902. *20.4.1902 Sonntag*
Bei Hindenburgs gefrühstückt mit Nostitz. Nachmittags von Lichnowsky direkt und ausserdem von Richters Briefe erhalten, die den Verhandlungen mit dem Amt ein Ende setzen. Sie lehnen ab, mich gegenwärtig in den diplomatischen Dienst aufzunehmen. An Frau Richter schreibt L.: „Leider hat sich aus verschiedenen Gründen die Aufnahme in den diplomatischen Dienst nicht sofort ermöglichen lassen .... Augenblicklich sind zu viele Leute dagegen." Wer? Wahrscheinlich Holstein. Vielleicht Schlözer. Für später stellt L. Aufnahme in Aussicht. Aber wie soll ich darauf warten? Lichnowsky war, wie mir scheint, guten Willens. Aber Intriganten waren stärker. Bestenfalls hat das Amt sich gewissenhaft und lächerlich gezeigt. – Anthropologie. Man kann den ganzen Menschen studieren. Aber was im sozialen Leben den Ausschlag giebt, ist, seit es Gesittung giebt, eine kleine Anzahl immer derselben für die Seele als Einzelwesen ziemlich bedeutungsloser Eigenschaften. Und was das Wichtigste ist, diese Eigenschaften,

[1] nachträgliche Korrektur mit Bleistift: „im Gefühl"

die das Steigen oder Sinken im sozialen Körper bewirken, sind auch für die Gesamtheit meistens ebenso gleichgültig wie für den inneren Wert des Einzelnen. Es sind fast sämtlich blos Fortbewegungsmittel ohne andren Wert oder Nutzen. Das ist die Komik an der liebenswürdigen Verachtung, mit der Die, die diese Extremitäten besitzen, auf andre Menschen herabsehen. – Bei der Kunst kommt es nicht darauf an, dass sie wahr ist, sondern dass sie wahr wird, indem sie eine Form schafft, die fortan wirkt: das Wirkliche ist nämlich wichtiger als die Wahrheit.

Berlin. 22 April 1902. *22.4.1902 Dienstag*

Lichtwark getroffen und von den Vorschlägen aus Weimar gesprochen. Er gab einige gute Ratschläge, die ich notiere: Im Curatorium für das Museum soll nur Einer das Vorschlagsrecht haben; dieses soll ich mir sichern und zur Bedingung machen. Zu sammeln Möbel aus der Zeit von 1800 bis 1830-40; Anfänge des praktisch konstruktiven Stils auf dem Kontinent: gleichzeitig mit der Entstehung unsrer modernen Tracht; auszustöbern daraufhin die Schlösser in Weimar (namentlich auch die Dienerstuben); ausserdem Hamburg, Kopenhagen, die französische Provinz. Als Erziehungsobjekt vorzüglich wichtig der Maurerpolier; die Holzmaserung „bei Todesstrafe" in Weimar verbieten. Ausserdem das Haus der kleinen Städte in Thüringen studieren; unterschieden vom Bauernhaus und anregungsreicher. Eventuell hierüber Publikation. Dann die Töpferei in Bürgel. Billige Töpfe (50Pf bis 1M) für Blumen mit hübschen Formen und Glasuren, beide abgepasst. Für die Glasuren den Chemie Professor in Jena brandschatzen. Topfmärkte ein oder zweimal im Jahr in den grossen Städten einrichten: einen Mann herumschicken, der sie auf offener Strasse irgendwo verkauft (Herbst u Frühjahr). Ausser für Blumen auch Sätze von Schüsseln verschiedenfarbig für verschiedenen Salat: Tomaten, Kartoffeln, grünen Salat etc. Als Autorität für undurchlässige Thonwaaren (ev. Mischung) ein gewisser Herr Job in Magdeburg, Leipzigerstr. 51. – Auch Lichtwark betont die Wichtigkeit des wirtschaftlichen Fundaments: die Fabrikanten, Bürgel, Scheidemantel, müssen bald verdienen. Er meint, dass gute praktische Blumentöpfe oder Möbel über ganz Deutschland hinaus exportiert werden könnten. In Hamburg fehle ihm die Industrie, um Solches zu machen. – Ich schliesse an Einiges, was ich mir selber inbetreff der Sammlung vorgenommen habe: Erneuerung der einzelnen Gruppen der Permanenten Ausstellung (Japan, Louis XV, Gemälde) in sich selber durch Verkauf aus der Gruppe und Wiederanlegen des Erlöses in Gegenständen aus derselben Gruppe. Hierbei System hineinbringen, indem a) zusammenhängende Gruppen gebildet werden, so dass die Gegenstände in einer Gruppe gegenseitig ihre aesthetischen Qualitäten (Farbe, Linie, Form oder Konstruktionstreue) an einander beleuchten; b) solche Glieder jeder Gruppe bevorzugt werden, deren Technik oder aesthetische Qualitäten für die Weimarischen Industrieen oder Kunstschulen einen Lehrwert haben. Daher in der Japangruppe: Holzschnitt und Konstruktion; bei Louis XV Stuhlformen, einfache Tische, Theebretter, Gebrauchsgegenstände. Daneben ein Zimmer Sheraton neu anlegen. Bei der Malerei die Impressionisten. – Ferner prinzipiell nur wenige Gruppen, damit keine Konfusion. Bei ihrer Auswahl Deckung aller aesthetischen Grundqualitäten (Grundempfindungen) durch das Beste oder wenigstens Etwas sehr Gutes das die Kultur für jede einzelne geleistet hat: also Farbe (Japan Holzschnitte, Impressionisten, zu Wechselausstellungen Chéret und Toulouse Lautrec, moderne Töpferei und Glaserei, Orientalische Kacheln und Teppiche); Linie (Louis XV, Sheraton, Vandevelde), Form: Töpferformen; Rhythmisierung der Konstruktion: Gothik, Sheraton, 1800-1840 Vandevelde. Also folgende Gruppen: 1) Gothik, 2) Louis XV; 3) Sheraton und 1800-1840 4.) Orientalische Teppiche und Töpferei 5) Japan 6) Modernes, und zwar hier a) Impressionisten b) Töpferei und Glas c) Möbel (hauptsächlich ausgewählte Vandevelde Modelle.). – Lieber als mehr Gruppen Bereicherung und Verfeinerung (durch Ausscheiden) dieser wenigen Gruppen. Das allein ist erzieherisch. Wir wollen ja keine Historiker bilden. Den historischen Gesichtspunkt ausschliessen, soweit die Geschichte nicht aesthetische Einsicht giebt. Ich würde das Museum: das „Grossherzogliche Museum für Handwerker" nennen. Die Maler sind oder sollten doch ebenfalls hauptsächlich Handwerker sein. Auch sogar begründen, dass dieses Museum die Malerei hauptsächlich nur, so weit sie Handwerk sei, berücksichtige.

Berlin. 23 April 1902. *23.4.1902 Mittwoch*

Diner bei v. Raths zu seinem 70 Geburtstag. Merkwürdige Tafelrunde: Mommsen und Botho Eulenburg, Delbrück, Knesebeck u. s. w. Mommsen hielt die Rede, mit sehr schwacher Stimme.

Berlin. 25 April 1902. *25.4.1902 Freitag*

Bei Knesebeck gefrühstückt mit Carnegies, Graham und Victor Eulenburg. Vandevelde und Heymels Vetter Voigt mit seiner Frau bei mir gegessen. Voigts nachher weg zur Duse. Vandevelde blieb. Ich las ihm die Stelle aus Whistlers Gentle Art vor: A Home of Taste und fragte ihn, ob er um 90 herum Whistlers Ten Oclock gekannt habe und ob er ihm einen Einfluss auf seine Wohnungsauffassung zuschreibe. Er sagte, er habe allerdings den Ten Oclock in Mallarmés Übersetzung damals gekannt; aber einen direkten Einfluss habe er auf das Einrichtungsideal nicht gehabt. Er hätte sie damals nur als Maler interessiert. Von seiner Einrichtung habe man zwar sprechen hören, sie aber für eine Art von Exzentrizität gehalten. Immerhin sei es richtig, dass Whistler schon damals sehr ähnliche Ideeen gehabt habe wie wir jetzt; das artistische Raffinement. Mais ce qui lui a manqué, c'est le sens de la vie. Es sei wahr, dass wie ich bemerkt hatte, Whistler und nicht Morris den modernen Wohnraum zuerst verwirklicht habe. Er sei überhaupt le premier homme moderne unter uns gewesen. – Wenn man den kleinen Leuten das Lügen abgewöhnen könnte, würden sie aufhören, kleine Leute zu sein. Jede Wahrheit, auch die Armut, bedarf nur der Form, nicht der Verleugnung. Man muss sich bestreben, die Wahrheit annehmbar zu machen, nicht sie zu verhüllen. Mir ist Folgendes eingefallen: écrire une biographie, c'est définir une force. Das giebt in der That das Ziel an, das ein Biograph zu verfolgen hat.

London 1 Mai 1902. *1.5.1902 Donnerstag*
Abends hier an.

London. 2 Mai 1902. Freitag. *2.5.1902 Freitag*
Vormittags in der New Gallery. In den meisten Bildern mischen sich alle alten Konventionen zu einer Katzenmusik, die nicht einmal kräftig ist, sondern nur schwächlich-weinerlich. Vor lauter Konvention fehlt ihnen eigentlich Alles, um dessen Willen Konventionen erfunden sind: Farbe, Form, Linie, Raum, wirksame Komposition. Das Artige und das Süssliche prädominieren. Zum Teil kann Einem der Katalog mit seinen süsslichen Titeln und Sprüchen die Bilder verekeln, schon ehe man sie gesehen hat. Im Einzelnen: Zunächst die berühmten Namen: W. Crane: Allegorie der Liebe. Wahrhaft barbarische Farben. Keine Werte. Keine Harmonie. Ein greisenhaft kindisches Gestümper. Watts. Eine grosse Allegorie. Die Liebe führt den Kahn des Lebens. Ob über Wolken oder Wellen, lässt sich nicht erkennen. Überhaupt, kein Gefühl für den Stoff, aus dem die Dinge sind. Eine Laterna Magica Kunst. Alles verflattert, als ob es aus gefärbtem Wasserdampf bestünde. Die Farbe kaum weniger kindlich als bei Crane. Wenn diese immaterielle Behandlung für die Allegorie die einzig richtige ist, dann soll man eben keine Allegorieen malen. Reid PR.S.A. Verwendet eine von Raeburn und zuletzt von Velazquez abgeleitete Konvention wenigstens anständig und mit Kraft. Leider sind die Köpfe ausserhalb dieser Wertkonvention d. h. luftlos gemalt und fallen deshalb heraus. J.J. Shannon: Die kleine Granby. Durchaus konventionell. Eine Velazquezsche Harmonie in Rosa und Schwarz, um das weissblonde Haar herauszubringen. Aber doch wenigstens fein und geschmackvoll. Dafür ein andres Mädchenporträt unausstehlich affektiert. Alles in Allem ein kleines, ganz kleines Talentchen, aus dem durch Fleiss und Anempfinden Viel gemacht ist. Sargent. A. Wertheimers Kinder. Wenig dagegen und Wenig dafür zu sagen. Ich verstehe nicht, wie man es anfängt, an solchen Bildern Vergnügen zu haben. Ich konstatiere immer nur eine sehr grosse Geschicklichkeit in ziemlich abgebrauchten Kunststücken. Nirgends Etwas, das Sargent allein mir sagen

kann. Keine Persönlichkeit, nur ein Handgelenk. Ich vermag für solche Fähigkeiten höchstens ein anthropologisches Interesse aufzubringen. In der Kunst aber kenne ich wenigstens grössere Genüsse; vielleicht die Andren nicht. So scheint es wenigstens, nach Sargents Erfolg zu urteilen. Jeder deutsche Kunstgelehrte, der Geld hat, möchte seine Frau von Sargent malen lassen. Ich habe das konstatiert: Sarre, Wiegand etc. Dem ist Slevogt mit seinem Andrade doch um Unendlich x überlegen. – Junge unbekannte Künstler mit Talent: Lancelot Crane Ein ziemlich gross komponiertes Interieur mit feinen Einzelbeobachtungen in der Farbe. Genre Rothenstein, den ich übrigens neulich auf dem Sezessionsdiner kennen gelernt habe. Alfonso Toft Eine Landschaft, die fein in dunklen Tönen abgestimmt ist. – England. Es spricht für die Verrückung des sozialen Schwergewichts, dass Krämer und Dienstboten heute gern Romane aus der Gesellschaft lesen, dass der Gesellschaft aber die Intriguen von Königen und Heroen höchst gleichgültig sind. Sie will wie die Dienstboten nur noch von der Gesellschaft unterhalten werden. Sie ist auch für sich selbst der Mittelpunkt. – In den Preisen der Krönungsplätze kommen der englische Snobismus und der englische Reichtum zu einem triumphierenden Ausdruck. Man bezahlt 15 Guineen, 320 Mark, für einen Platz, um den alten Ned in die Kirche fahren zu sehen. Bei uns würde man nicht 320 Pfennige bezahlen, um Guillaumes Himmelfahrt beizuwohnen. – Jede Engländerin ist und bleibt ein Snob; wenn sie sich nicht in den Smart Set hineinpoussieren kann, versucht sie, wenigstens doch in den Himmel zu kommen. –

London. 3 Mai 1902. *3.5.1902 Samstag*

In der Benj. Constant Ausstellung. Lauter konventionelle Farben, die nie erneuert werden. Gänzlicher Mangel an Harmonischer Erfindung. Seine Menschen Puppen. Sie haben keine Psychologie, sondern nur mehr oder weniger gute Manieren. Daneben eine Sammlung Bleistiftporträts von der Marchioness von Granby[1]. Dilettantenhaft, indem die Form nicht gekonnt ist. Aber wenigstens Menschen, eine Art von psychologischer Ähnlichkeit und Natürlichkeit, die nach B. C. erfrischt. – Ich finde hier überhaupt jetzt ein Wachsen der Muskeln auf Kosten des Geists, auch im Staatskörper. England kommt beim Begründen seines Grossreichs wieder in die Flegeljahre; wie wir um 1848. – Rat an Die, die Geist zu haben wünschen: Man darf eine Sache nie ganz verstehen; sonst hört man auf, über sie geistreich sein zu können. Geistreiche Bemerkungen beruhen immer auf einem Misverständnis. So diese auf einem Misverständnis über die Natur des Geists; das aber allgemein ist und zu den Quellen der „Litteratur“ gehört.

[1] Lindsay

Paris. 4 Mai 1902. Sonntag. *4.5.1902 Sonntag*

Früh an. Zu Mamma und Gee hinaus. Nachmittags in die Indépendants Ausstellung. Einige sehr bedeutende Werke. Von Signac Brume du Matin (Samois), das ich gleich für 1000 frcs kaufte. Von Cross eine Landschaft mit nackten badenden Frauen von höchster Leuchtkraft. Namentlich bemerkenswert, wie er das nackte, blendende Fleisch mit dem Leuchten der Landschaft in Einklang gesetzt hat. Von Vuillard eine ganz kleine Ansicht von Cannes, die entzückend delikat Weiss, Blau und Rosa gegeneinander abstimmt. Von Denis eine nackte liegende Frau, die einem Amor Trauben reicht. Auch sonst viel Interessantes und Bedeutendes.

Paris. 5 Mai 1902. Montag. *5.5.1902 Montag*

Nachmittags mit Gee in die Indépendants. Dort Tschudi getroffen; dann Signac, Rysselberghe, Cross, Curt Herrmann. Cross bat mich, ihm das Panheft mit Nietzsches Familienporträts[1] zu verschaffen, da er ein monumentales Porträt von Nietzsche malen wolle. Er sprach mit intensiver und fast schmerzlicher Bewunderung von Nietzsche. – Von Signac folgende Bemerkung über Luce, Cross und seine eigene Malerei: Luce reste plus près de la nature. Cross et moi nous cherchons plutôt l'ornement. Abends Les deux Écoles von Capus gesehen.

Paris. 6 Mai 1902. *6.5.1902 Dienstag*

Nachmittags wieder in die Indépendants, die gestern geschlossen hatten und schon fast ausgeräumt waren. Signac getroffen. Er stellte die grosse Altartafelförmige Landschaft von Cross neben einen Cézanne und zeigte, wie gut sie sich miteinander vertrügen. Die Kunst Beider besteht in der Art, wie sie die Farbenflecken aneinanderreihen; nur dass bei Cross die Wirkung bis zum Vibrieren gesteigert wird.

Paris. 8 Mai 1902 Donnerstag. *8.5.1902 Donnerstag*

Mit Tschudi früh zu Rysselberghe, wo noch Cross. Cross den Auftrag gegeben, mir für 1500 frcs eine Landschaft mit nackten tanzenden Figuren[2] zu malen, dionysische Stimmung in Licht, See und Fleisch ausgedrückt. Er sagte, das passe ihm sehr gut; da ihn seine Nietzsche Lektüre gerade zu einem solchen Werk geneigt mache. Nachher zu Signac, von dem Tschudi einige sehr schöne Oel und Aquarell Studien kaufte, das Stück zu 150 frcs. Nachmittags mit Tschudi zuerst zum Töpfer Methey in Asnières gefahren, dann nach St Germain, wo Maurice Denis besucht. Er bewohnt ein Häuschen ganz im Grünen gegen Mareil zu. Er sieht noch sehr jugendlich aus, jünger als er wirklich ist, mit lachenden, knaben-

---

1 Porträts in: Förster-Nietzsche, Einiges von unseren Vorfahren

2 La Plage ombragée

haften Augen. Seine Frau hat das unten breite, runde Gesicht, das er immer wieder auf seinen Bildern malt. Er zeigte seine florentinischen Landschaften, von denen Tschudi zwei kaufte[1]. Er hat sie, wie er sagt, als eine Art von pastiche auf die Quattrocento Landschaften gemalt. Überhaupt habe er in Florenz mehr in der Art (d. h. technisch) der alten Meister gemalt, als dass er nach ihnen, wie er vorher beabsichtigt hatte, direkt Kopieen machte. Bei Denis war ein sehr gut aussehender, höflicher Abbé[2], der dort viel verkehrt, und der uns in seine Erziehungs Anstalt in Vésinet führte, wo Denis hinter dem Altar der Kapelle eine grosse Dekoration[3] gemalt hat. Sie wirkt ungewöhnlich ernst und weihevoll trotz des hellen Akkords von Scharlach, Weisslila und Grün. Der Abbé erzählte, wie Denis zu der Dekoration gekommen ist: er war Zeichenlehrer der Anstalt, und deshalb habe man ihm den Auftrag zu der Dekoration erteilt. Dann habe der Erfolg den curé[4] von Vésinet bewogen, Denis auch die Ausmalung der Kirche[5] anzuvertrauen. Denis scheint sehr katholisch und mit den kirchlichen Kreisen befreundet zu sein. – Abends in Debussy, Pelléas et Mélisande. Ein selten harmonischer Eindruck: Dichtung, Musik, Spiel und Dekorationen eins. Ich bewundere, wie Debussy in der Musik das ewig Unfertige der Maeterlinckschen Menschen ausgedrückt hat. So wie ihre Gedanken und Gefühle sich nie oder fast nie zu Etwas Klarem krystallisieren, ebenso bleibt seine Musik immer diesseits der Melodie. Nur an ganz wenigen Stellen, wo ausnahmsweise ein Bild oder Gefühl klar und abgerundet in den Seelen ans Licht steigt, kommt es plötzlich zur Melodie, so in der Liebesszene im 4ten Akt, oder wo der kleine Yniold von Bogen und Pfeilen spricht. Ich weiss nicht, ob Debussy dieses bewusst thut oder ob es aus seiner intimen Anempfindung der Seelenvorgänge entspringt. Jedenfalls wird seine Musik dadurch ungewöhnlich wahr; sie zerfällt nirgends mit dem Text, der selbst wieder gewisse Seelenvorgänge mit genialer Tiefe und Einfachheit schildert. Die Liebesszene im 4ten Akt ist eine der grossen, wieder einmal ganz neuen Liebesszenen, wenn auch über ihr wie über der ganzen Oper der dritte Akt des Tristan schwebt. Aber die Erfindungsgabe Maeterlincks für neue Situationen, eine der seltensten Dichter Gaben, hat Debussy sich voll für eine ebenso neue musikalische Ausarbeitung zunutze gemacht. Ich kenne kein bedeutenderes nachwagnersches Musikdrama. Debussy hat übrigens im Gegensatz zu den andren Wagnernachfolgern die Seite Wagners fortgeführt, die Nietzsche für die bedeutendste hielt: die Schilderung der gedrückten Zwielichtstimmungen der Seele, des noch Chaotischen, Sehnsuchtsvollen. Die Wagnersche

---

1 „Vue de Cortone“ u. „Vue des environs de Fiesole“

2 Desfossés

3 La glorification de la Croix

4 Bergonier

5 Wand- u. Deckengemälde in Sainte-Marguerite

Instrumentation, die die Andren geblendet hat, lässt er beiseite. Die seine ist kaum lauter, wenn auch raffinierter, als die von Gluck. Überhaupt scheint mir hier vielleicht der Übergang von Wagner, in dem doch oft noch etwas Meyerbeer steckt, zu einer einfacheren, klareren, wieder mehr Gluckschen Gestalt des Musikdramas gefunden. – Durch die Absicht, ohne Rücksicht auf melodische Abrundung immer so wahr wie möglich die Stimmung und Stimmungen auszudrücken ist Debussy verwandt mit Ansorge.

Paris. 9 Mai 1902. *9.5.1902 Freitag*
Gestern, gerade als Tschudi und ich uns nach Signac im Café de Rome bei der Gare St Lazare zum Frühstück setzten (1 Uhr), hat ein VulkanAusbruch die Stadt St Pierre und 30000 Menschen verschüttet. Heute früh mit Tschudi und Herrmann zuerst zu Vuillard. Er bewohnt in der rue Truffaut mit seiner Mutter und Familie eine kleine Dritte Etage. Sein Atelier ein ganz kleines aber helles Hinterzimmer mit weichem, wohnlichem Licht. Er hat hier zahllose kleine Cartons aufgestapelt, von denen ich zwei für zusammen 700 frcs kaufte. Nachher zu Luce hinaus, der jetzt in Auteuil wohnt. Vuillard äusserte, dass das Lithographieren ihm für seine Malerei geholfen hätte, dadurch dass es ihn gezwungen hätte, sich über die Farbentöne genau Rechenschaft zu geben.

Paris. 10 Mai 1902. *10.5.1902 Samstag*
Früh mit Tschudi und vom Raths in der Dreyfus Sammlung. Abends mit Gee und Mrs Heywood in Pelleas et Mélisande.

Paris 11 Mai 1902. Sonntag. *11.5.1902 Sonntag*
Mit Tschudi und Gee zu Rodin nach Meudon hinaus. Er hat sich grosse neue Ateliers und eine mächtige Loggia gebaut. Die Seine und das Seinethal geben überall einen heiteren, wechselnden Hintergrund für seine Werke ab. Er war heute ganz besonders gesprächig. Er wiederholte, dass ihn Michelangelo vom Klassizismus befreit habe. Michelangelo habe ihm gezeigt, dass es Etwas Andres als die Antike gebe, und ihm so die Augen für die Natur geöffnet. Mais maintenant je ne supporte plus que l'Antique. Ich sagte, wohl nur das Griechische im Gegensatz zum Römischen. Non monsieur! Il n'y a pas une telle différence entre le Grec et le Romain. Il y a une différence, certes; mais elle n'est pas si grande. Die Römer hätten Viel von der griechischen Tradition bewahrt. Ich wandte das Licht ein, das die Griechen gehabt hätten und Rodin wiederentdeckt habe, das aber den Römern fehlte. Dieses gab Rodin zu. Ich fragte ihn, wie er zu diesem Erschaffen von Licht gekommen sei; ob er von vornherein direkt darauf losgegangen sei oder es zufällig gefunden habe. Zufällig, meinte er. C'est en suivant la Nature et en l'exagérant, peu à peu. Mais j'ai mis quinze Ans à y arriver. J'ai voulu d'abord suivre la Nature aussi près que possible. Mais je m'apercevais, qu'il fallait

l'exagérer un peu, pour pouvoir placer les détails. Sans cela le morceau paraissait maigre. Un moulage sur Nature paraît maigre. Il faut exagérer la masse, pour pouvoir placer les détails. Je place autant de détails que possible; mais pour ça, j'exagère la masse. Je suis allé de ce côté très lentement, avec beaucoup de précaution. Mais c'est en exagérant la masse et en plaçant autant de détails que possible, que peu à peu ma sculpture est devenue lumineuse. C'est comme ça que je me suis rencontré avec l'Antique, sans le chercher. Un bras dans ma sculpture n'est pas plus long que dans la Nature; mais la masse est plus grande. – Über sein Konzipieren: Er gehe immer von einer Form aus, die ihn dann zum Gegenständlichen (Inhalt) führe. D'abord, quand on regarde la Nature, tout est confus; mais, peu à peu, elle s'éclaircit, elle se groupe par plans. Je compose toujours par plans. Ma sculpture est une espèce d'architecture. Ansichten, die also überraschend mit denen Hildebrands übereinstimmen. Rodin aber fügte hinzu: Je compose par plans; ma sculpture est une espèce d'architecture; mais il ne faut pas que ça se voie; sans cela, ça deviendrait ennuyeux et froid. Er schien aber weder Hildebrands Kunst noch sein Buch zu kennen. Bei seinen Skizzen gab er überall im Gegensatz zu dieser Theorie und zu seiner zweifellos dementsprechenden Arbeitsweise reichlich litterarische Erklärungen. Er scheint eine Art Parvenü Freude gerade an diesem litterarischen Firlefanz zu haben; umgekehrt wie Klinger am Material. Das was du nicht hast, ist das Glück.

Paris. 13 Mai 1902. Dienstag. *13.5.1902 Dienstag*

Ich hatte an Rodin wegen einer Büste von Mama telegraphiert; er antwortete, er könne mich heute Nachmittag nicht sehen, da er nach London reise, werde mich aber heute früh im Hotel aufsuchen. Ihm den Auftrag gegeben, den er für 12000 bis 15000 frcs annahm. Er blieb lange sitzen, obgleich seine bepackte Droschke vor der Thür stand, und erzählte über sich und seine Kunst; freute sich über die Anregungen, die überall von seinem Werk ausgehen. Dabei fehlt dem, was er sagt, jeder Beigeschmack von Eitelkeit. Er spricht darüber wie über irgendeine andre historische Erscheinung. Die absolute Sicherheit schliesst den Eindruck des Eitelseins aus.

Paris. 15 Mai 1902. *15.5.1902 Donnerstag*

Noch einmal in Pelléas et Mélisande.

Paris. 16 Mai 1902. *16.5.1902 Freitag*

Früh Vuillard abgeholt und mit ihm seine Decorationen beim Dr Vaquez besichtigt. Er wurde dabei über seine Kunst gesprächig. Ihre Entstehung: c'est un jour que j'étais devant le massacre de Scio de Delacroix, – qui était alors dans une des salles du haut, au Louvre, où on pouvait l'examiner, – qu'un cachenez, qu'il y a là, m'a frappé. J'ai décomposé ça et je me suis rendu compte de ce qui faisait sa beauté dans l'ensemble, l'échantillonage des tons. C'est ça qui m'a ouvert les yeux. – Ce qui m'amuse, c'est de trouver des juxtapositions de tons. Quand j'ai trouvé ce ton ci et puis, à côté, celui là, (hinzeigend) j'étais content. À cette époque, (als er die Vaquezschen Bilder malte; 96), j'allais beaucoup dans les concerts; j'entendais beaucoup de musique. Alors, je me disais, que ce qui était possible en musique devait l'être en peinture; que le simple rassemblement et la disposition des couleurs devait pouvoir donner du plaisir. Je sais bien que ce n'est pas tout, en peinture; mais c'est bien quelquechose. – Über Anregungen durch Japaner und überhaupt fremde Kunst: J'ai trouvé que dans les crépons et les estampes japonaises les œuvres populaires, je veux dire rudimentaires, m'apprenaient plus que les choses parfaites. Je prenais plus de plaisir aux choses parfaites, bien entendu; mais les choses rudimentaires étaient d'un plus grand enseignement, parceque le procédé y paraissait plus clairement. – Ich drückte ihm mein Bedauern aus, dass seine Dekorationen hier und bei Schopfer[1] in einem so wenig zu ihnen passenden, fabrikmässigen, Louis XVI Salon wären. Que voulez vous! meinte er. Oui, c'est très laid. On ne peut pas faire de vraies décorations à côté de choses comme ça; on ne peut faire que des espèces de tapisseries pour pendre dans un coin, n'importe où!

Paris. 17 Mai 1902. *17.5.1902 Samstag*

Heute wieder den Salon der Avenue d'Antin[2]. Folgende Notizen über Bemerkenswertes bei den verschiedenen Besuchen: Hermann Huklenbrok (Belgier; lebt in La Bouille bei Rouen und 14 rue de Chabrol hier) ein grosses Bild: Visite Automnale, zwei Frauen mit viel Stilleben; ziemlich nah verwandt mit Vuillards decorativen Arbeiten, aber kräftiger und roher. Wie Vuillard eine sprudelnde Phantasie für Farben Kombinationen, die zum Teil sehr fesselnd sind; namentlich bei den Früchten: Orangen, Aubergines, Rote Pfefferschoten, und bei dem Fussboden, in dem delikate Nüancen von Braun und Lila miteinander verbunden sind. Auch der indische Shawl der einen Frau sehr reich. Nur die Art und Richtung des Talents ist dem Vuillards ähnlich; die Erfindung selbst durchaus persönlich. H. scheint mir in dieser Hinsicht interessanter als Bonnard oder Milcendeau oder Guérin, die Alle ähnlich streben; er ist m. E. Vuillard und Denis ebenbürtig an Talent, wenn auch noch nicht in der harmonischen Durchbildung und Durchdringung dieses Talents mit den übrigen Erfordernissen der darstellenden Malerei: z B Luft, Komposition etc., die noch etwas unbeholfen sind. Jedenfalls aber eine sehr interessante und zu verfolgende Persönlichkeit. – Von derselben Gruppe noch Milcendeau und Charles Guérin hier: Guérin: kleine Lünetten in einem Salon von Tony Selmersheim und ein Bild, eine Bathsabe. Die

[1] „Devant la maison" u. „Dans le jardin"

[2] Salon de la Société Nationale des Beaux-Arts

Malerei etwas dick und grob und die Farbenphantasie weniger reich als bei Vuillard, aber die Werkchen doch reizvoll und dekorativ. Von Milcendeau ein Porträt der Polaire. Ihn mag ich am wenigsten. Er verschmiert sich die Farben mit Schwarz und Braun; und die Erfindung scheint auch weniger leicht. In dieser ganzen Richtung gehen Vuillard und Denis, soweit ich jetzt urteilen kann, weit voran; zu einem Talent ersten Ranges kann sich noch Huklenbrok ausbilden. Roussel, Bonnard, Guérin, Milcendeau scheinen mir vorläufig tüchtige Kräfte mit weniger Eigenart. Vallotton hängt nur lose und äusserlich mit dieser Gruppe zusammen; ist aber für sie und ihr Fortkommen wichtig, da er die Schwester der Bernheims zur Frau hat. Die Stammväter der Gruppe sind nach Delacroix Cézanne und Toulouse Lautrec. Von Delacroix und Cézanne kommt die Erfindung von fesselnden kleinen Farbenkombinationen her; von Lautrec die Erkenntnis der poetischen und psychologischen Ausdrucksfähigkeit der Farbe. – Im Salon ferner interessant Coppieters, den schon in der Libre Esthetique und bei den Indépendants gesehen. Ebenfalls Belgier. Er hängt mit der vorigen Gruppe nicht zusammen; geht mehr auf Manet zurück. Von weitem sehen seine Bilder aus, als ob sie aus breiten flach gestrichenen Farbflächen, Plakatmässig, aufgebaut wären. Dabei glänzt und lebt die Farbe. Und wenn man näher zusieht, zeigt sich, dass die grossen Flächen in sich sehr mannichfaltig nüanciert sind. Dadurch wird das Leuchten bewirkt werden; ausserdem durch starke Kontraste. – Von bekannten Namen haben Carrière, Whistler, Besnard grössere Ausstellungen; alle Drei aber offenbaren Nichts Neues von ihrem Talent. – Das Niveau des Salons ist sehr anständig; auch das des grossen Salons[1] weit höher als bei uns. Eigentlich sind beide Salons am interessantesten als Niveaumesser der französischen Kunst; die Entwicklung und die grossen Talente der französischen Malerei muss man anderswo suchen. – An jedem technischen Fortschritt einer Kunst sind zwei Dinge zu unterscheiden: die neuen Möglichkeiten, die er eröffnet, und dann die Verwendung dieser Möglichkeiten durch die Künstler. Heute haben sich hier zahllose Künstler die Mittel der Impressionisten und sogar der NeoImpressionisten angeeignet und sind dabei ebenso mittelmässig wie die akademischen Maler. Die Technik ist das Mittel des Ausdrucks, aber schliesslich doch blos Mittel; den Geist muss Jeder wieder selbst geben; die grösste technische Geschicklichkeit kann ihn nicht ersetzen. Eine Ausnahme machen nur Erfinder neuer Ausdrucksmittel, die deshalb schon als Techniker eine eigene Bedeutung haben, weil sie dem Geist der Andren die Wege ebnen. Aber ein technisches Mittel wird immer erst wertvoll dadurch dass es einer Individualität die Möglichkeit, sich auszudrücken, gegeben hat. Das immer im Auge zu behalten, um die richtige Perspektive und Aufeinanderfolge in die Geschichte der Kunst zu bringen. Korollar No. I: Die Wertung des Malers und des Kunsthistorikers kann

[1] Salon des Artistes Français

deshalb oft nicht dieselbe sein: für den Historiker hat ein technisches Mittel immer erst interessant zu werden, nachdem es einer Individualität gedient hat. Ein Maler kann dagegen immer hoffen, selber diese Persönlichkeit zu sein, dem es dienen wird; er kann die Erfindung daher hochwerten, obgleich sie noch Nichts ermöglicht hat. Korollar No. II. Ein Mittel hört auf wertvoll und interessant zu sein, sobald es nicht mehr wirklichen Individualitäten zum Ausdruck dient; z B. weil die Individualitäten einer neuen Zeit neuer Mittel bedürfen, um ihr Eigenes auszudrücken. Das wollen die Akademiker jedesmal dann nicht einsehen; denn es giebt immer Akademiker. Diese glauben an den Wert der technischen Mittel an sich. Es giebt jetzt schon impressionistische Akademiker, die gut und nichtssagend impressionistisch malen: z B. Montenard.[1] – Bei den Möbeln; Tony Selmersheim, Plumet, Pierre Selmersheim. Alle verwenden die neuen Linien, aber nicht im neuen Geist. Sie machen z B. ganz unnütze Broncebeschläge an Marmorkaminen u s w. – Abends in die Premiere von Maeterlincks Monna Vanna. Ein unangenehmes Stück mit einer Syrupartig süsslichen Moral übergossen. Die Schauspieler übrigens schauderhaft, auch Georgette Leblanc, die die Monna Vanna mit einer affektierten Naivität und Weihe spielte. Die Phrase als Palliativ der Schicksalstücke, das ist Maeterlincks Rezept. Viel reden, um sich gegen den Schmerz zu betäuben, Zahnausziehen bei Musik. Bei Manchen soll es helfen. Der Anblick ist aber mehr komisch als tragisch. Und widerlich, wenn die Phrase wie hier die tieferen Kräfte unterbindet, um aus Menschen blökende Lämmer zu machen.

Paris. 18 Mai 1902. *18.5.1902 Sonntag*

Mit Gee Nachmittags im Salon. Abends mich von Mama und Gee verabschiedet.

London. 19 Mai 1902. *19.5.1902 Montag*

Früh aus Paris hierher.

London. 20 Mai 1902. *20.5.1902 Dienstag*

Academy Ausstellung. Wenn man die Empfindungen formulieren will, die diese Schaustellung erregt, fühlt man irgendeine Schwierigkeit, Etwas, das das Wort hindert. Man entdeckt dann, dass dieses Stocken entsteht, weil die Malerei, die hier vorgeführt wird, sich nur negativ beschreiben lässt, durch das, was sie nicht thut. Positive Eigenschaften besitzt sie nicht. Sie existiert als Malerei nicht. Sie versucht nicht, Irgendetwas von der farbigen Schönheit der Welt festzuhalten. Sie versucht auch nicht, dekorativ Farben zusammenzustellen. Sie entspringt überhaupt keinem Interesse und keiner Freude an der Farbe. Sie nimmt die Farbe als unangenehme Beigabe des Gegenstandes, den sie schildern will, und rächt sich

[1] Verweisung mit Bleistift: „cf. 23.X.03"

an ihr durch Disharmonieen und Schmutzflecken. Die meisten Royal Academicians sind so gesinnt. Typisch dafür ist Wells R. A. Es giebt zu denken, dass dieses so ist, trotzdem in London die schönste Gallerie ist, deren Hauptstücke gerade die grossen Coloristen sind, die Venezianer, Turner und Constable, und trotzdem Ruskin und Whistler als Kritiker beispiellos viel gelesen und studiert worden sind. Wenn Museeen und Aesthetik nützten, hätte hier eine grossartige Koloristenschule entstehen müssen. Statt dessen nicht einmal Barbarei; absolutes Nichts. Rari nantes in gurgite vasto[1] zwei oder drei Ausnahmen, Shannon, Sargent. Von diesem sogar ein Bild, das fast ein Meisterwerk ist: die drei Ladies Acheson in Weiss unter einem Orangenbaum um eine grosse antike Amphora gruppiert. Die Figuren leicht und graziös, namentlich die Eine, die vom Baum eine Orange bricht. Der Akkord: Weiss, Orange, Blau hübsch und vornehm wie die Mädchen. Links in der Ferne ein zweiter Orangenbaum, der ein amüsantes Farbenmosaik abgiebt. Auch sonst recht hübsche kleine Farbenharmonieen an den Schärpen der Kleider, an der Amphora, im Gras. Das Bild ist bei Weitem das Beste, das ich von Sargent kenne. Es wäre ersten Ranges und eines grossen Meisters würdig, wenn nicht doch schliesslich Alles, Stellungen, Farben, Stimmung blos geschickt wiederverwendetes fremdes Gut wäre. Gainsborough hat das Meiste hergegeben. Und irgendeine neue, noch nicht gesehene Farbenharmonie ist im ganzen Bild nicht vorhanden. In der kleinsten Skizze von Vuillard steckt mehr eigenes Farbentalent als in dieser riesigen Leinewand.

London. 21 Mai 1902. *21.5.1902 Mittwoch*

Sargent und Shannon suchen meistens eine fesselnde Farbenharmonie für das Ganze; sie setzen dieses Bestreben aber nicht fort, wenn sie das Einzelne malen. Nachdem sie einen Gesamtakkord gefunden haben, streichen sie die einzelnen Teile dieses Akkords ebenso langweilig und konventionell hin wie irgendein Akademiker. Sie suchen hierbei nur noch Kühnheit im Pinselstrich. Die Bilder vertragen nicht, genau im Einzelnen besehen zu werden. Und auf die Dauer wirken sie auch im Ganzen leer, weil nur Ein Akkord vorhanden ist, dessen Wirkung sich bald erschöpft. Die dauernde Frische der grossen Meisterwerke beruht darauf dass sie so reich an verschiedenen, grossen und kleinen, Farbenharmonieen sind. Shannon und Sargent sind nicht reich; sie segeln mit einem einzigen Batzen in die Zeit hinaus. – Über das Einzelne in ihren Bildern: Beide benutzen im Fleisch dicke braune und graue Schatten; die feineren Farben und Töne versuchen sie nicht zu beobachten. Ihre Malerei ist in sich inkonsequent; denn was sie im Grossen als Zweck anerkennen, die Farbenharmonie, lassen sie im Kleinen beiseite, als ob es nicht in Betracht käme. Eine enttäuschende Stil-

---

1 „Hier und da ein Schwimmen auf dem unendlichen Meer"; Vergil, Aeneis 1, 118

losigkeit, die zeigt, dass ihnen die Harmonie nur äusserlich angelernt ist; denn wo sie unter sich und nicht beobachtet sind, scheeren sie sich den Teufel um sie.[1]

London. 22 Mai 1902. *22.5.1902 Donnerstag*

Aesthetisches Prinzip von höchster Bedeutung: dass auch die Einzelheiten aesthetischen Reiz besitzen müssen. Die moderne Zeit hat dieses Prinzip nur langsam wiedergelernt. Die „moderne" Bewegung besteht zum grossen Teil in diesem Wiederlernen.[2] Die modernen Maler älterer Richtung, Sargent, Böcklin, fehlen gerade an diesem Prinzip. Nur die Franzosen befolgen es: Delacroix, Manet, Monet, Cézanne, Seurat, Cross, Vuillard, und alle alten Meister, selbstverständlich. Ruskin und Morris wollen im Kunstgewerbe im letzten Grunde fast Nichts Andres; die aesthetische Wirkung der Einzelheiten ist das praktische Ziel, wenn sie Ehrlichkeit, Freude am Schaffen, Abschaffung der Maschine fordern. – Arten der Reize des Einzelnen in der Malerei: Harmonieen benachbarter Farben, Abnahme der Farbe bei zunehmendem Weiss und umgekehrt, Rhythmus des Pinselstrichs (Velazquez, Van Gogh), Vibrieren der Farbe (Rubens, Seurat.) – Das andre Ziel der modernen Bewegung ist natürlich die dekorative Wirkung, d. h. der aesthetische Zusammenhang zwischen allen Wirkungen, die ein Sinn erfährt, die aesthetische Einheit aller Reizungen. Sie ist das Gegenstück zur aesthetischen Vollendung des Einzelnen. Wie jeder einzelne Teil der Konzeption einen aesthetischen Reiz ausüben soll, so soll auch wieder die ganze Konzeption sich einem grösseren Gesamtkomplex aesthetischer Wirkungen unterordnen. In Wirklichkeit sind beide Forderungen nur zwei verschiedene Formulierungen einer einzigen, dass nämlich jede Wirkung, die den Sinn in Bewegung setzt, aesthetisch sei, von der kleinsten bis zur grössten; nicht blos gewisse ausgesuchte Reizungen, unter einer Menge von unaesthetischen. Dass es uns scheint, als ob die moderne Bewegung zwei Forderungen umschliesst, beruht auf einem ziemlich willkürlichen Ausscheiden gewisser aesthetischer Komplexe, denen wir die andren unter- oder über-ordnen; wie beim Thermometer irgendein Nullpunkt willkürlich herausgehoben wird.

London. 23 Mai 1902. *23.5.1902 Freitag*

Abends in „Faust" bei Irving; läppische Bearbeitung eines gewissen Wills. Irving giebt Mephistopheles als alten Clown. – Guildhall Ausstellung von französischen und englischen Gemälden des 18ten Jh: besonders bemerkenswert die Grasser Fragonards[3] und vier Largillières, namentlich seine Porträts von Mons. u. Mad. de Noërmont. Eine ziemlich lächerliche Verwechselung liegt der deut-

---

[1] Verweisung: „(cf. 19.I.03.)"

[2] Verweisung: „(cf. unter 29.V.1902.), 19.XII.02.)"

[3] Les Progrès de l'Amour dans le cœur d'une jeune fille

schen Kritik am französischen 18ten Jahrhundert zugrunde. Sie hält die Kunst, die Dichtung, das Sentiment für den Ernst der Franzosen; während dieser Ernst in Wirklichkeit hinter den Koulissen vor sich gieng wie die Morde in der Racineschen Tragödie, und die Kunst, das Reimen, das reizende, lose Liebesleben lauter Masken waren, deren Bedeutung und Wert eben darin bestand, dass sie den immer nackter und ungebundener hervorbrechenden Sturm der Zweifel und Leidenschaften verhüllen, verbergen, vergolden sollen. Es gab hier so Viel zu schonen, so Viel, das des Schonens wert war. Man lese Young, Talleyrand u. s. w. über die Annehmlichkeit des Lebens in allen Gesellschaftsklassen vor der Revolution etc. Das, worauf Rücksicht genommen wurde, ist der Schlüssel zur Situation, und dadurch zur Louis XV Kultur. Sie ist ein Kontrastbild. Diese intime Romantik des Rococo ist was Verlaine anzog, was er gefühlt und ausgedrückt, wenn auch vielleicht nicht verstanden hat. Dieser Kultur, die also ein Produkt gerade des grimmigsten Ernstes ist, eines Vernichtung drohenden Ernstes, werfen die Deutschen nun Mangel an Ernst, an Gefühl, an Tiefe vor! Sie kritisieren sie, als ob sie für sich allein dagewesen wäre. Und doch hätte sie die Revolution und dann die Romantik aufklären sollen, als der dünne Schleier endlich doch zerriss. Der Gesichtspunkt, von dem aus diese Kultur der Kritik offen liegt, ist ein ganz andrer. Was man ihr vorwerfen kann, ist ihre Romantik; dass sie so lange vor das wahre Leben und Fühlen Schleier gedeckt und dadurch die Formung des neuen, wahren Lebens retardiert hat.[1] Sie ist das grandioseste Beispiel einer vollkommen reüssierten Romantik; wie das romantische Treiben der Bourgeoisie im 19ten Jh. ein perfektes Beispiel von mislungener Flucht vor der Wirklichkeit ist. Quod licet Jovi non licet Bovi. Im Übrigen ist die ganze Renaissancekultur von 1400 bis 1800 in diesem Sinne eine Romantik, auf die die mittelalterlich sentimentale „Romantik“ der Bourgeoisie als eine Art von Satyrspiel folgt. Die Möbel im Nürnberger Schloss! – Maxime: Wo sehr eifrig geschauspielert, „affektiert“, wird, ist irgendeine gefährliche Wirklichkeit nah; sonst würde die Mühe nicht ans Verdecken gewendet. Man sperre also dann Augen und Ohren auf. Es lohnt sich. Man ist irgendeiner gefährlichen Wirklichkeit auf der Spur. – Wie süss tächteln die Fragonardschen Pärchen. Und doch hätte diese Geziertheit keinen Sinn, wenn nicht dahinter Etwas zu verbergen wäre, nämlich der nach zwei Jahrtausenden christlich-Platonischer „Liebe“ endlich wieder illusionenfrei gewordene Geschlechtstrieb, das mächtige Leben, dessen der Mensch, der Louis XV Mensch, sich noch als Geilheit schämt. Romantik als Merkmal von Übergangsepochen. Vielleicht liesse sich dieser Gesichtspunkt auf die ganze Zeit von 1400 bis 1850 anwenden. – Rousseau und Werther sind die Aussprache von allgemeinen Zeitgefühlen durch Menschen, die nicht dieselben Gründe (Kulturgründe,) zum Schweigen hatten

[1] Nachträgliche Einfügung mit Bleistift: „(? vielleicht gerade umgekehrt: das neue Leben wurde erst durch diesen Schleier möglich?)“

wie die gleichzeitigen Franzosen. So dient dem Kulturfortschritt der Barbar. Rousseau und der junge Goethe sind die schönsten Beispiele des Barbaren, der in seiner Rolle als Barbar die Kultur fördert. Aber der Paysan du Danube thut dieses nur dann, wenn er das ausspricht, was die Kulturträger längst denken, aber verschweigen. Mit andren Worten, ich glaube, dass das Denken und Fühlen nur von den Alteingesessenen der Kultur eigentlich fortgebildet und erweitert wird. Der ältere und alte Goethe hatte sich inzwischen die gesammte Kultur angeeignet.[1]

London. 24 Mai 1902. *24.5.1902 Samstag*

Zum ersten Mal nach 20 Jahren meine alte Schule in Ascot besucht. Ein neuer Eigentümer und Hauptlehrer, Blair; sonst überrascht, wie genau Alles mit meinen Erinnerungen übereinstimmte. Nicht ein Bild hat sich mir durch meinen Besuch verwischt oder verändert. Die Gemütsbewegung war aber, namentlich in den ersten Augenblicken, sehr stark. Ascot, und Potsdam im Sommer 93 und 94, sind die beiden glücklichsten Erinnerungen meines Lebens. Alles Andre, selbst Bonn und Leipzig, ist dagegen wie fremd und Nichts. Und doch habe ich gerade in Ascot und Potsdam vielleicht die heftigsten und intimsten Schmerzen durchlebt. Aber ich würde alle ungetrübten und selbst seligen Stunden meines Lebens darum hingeben, um noch einmal diese gemischten Schmerzen und Freuden durchzukosten. Und ich wünsche mir, dass in der Todesstunde diese Bilder mir vor die Augen steigen. Durch Virginia Waters dann den alten oftgegangenen Weg nach Windsor gegangen. In Eton beim Anblick der leichtbekleideten flinken Jungen noch einmal Etwas vom selben Gefühl.

London. 25 Mai 1902. Sonntag. *25.5.1902 Sonntag*

Nach Harrow, das ich noch nicht kannte. Byrons Gestalt für mich überall, vom alten Klassenzimmer bis zum Ducker[2] unten. Die Schule selbst verschweigt ihn etwas als ungeratenen Sohn; er war ungentlemanlike. Die Lage, der Blick überall ringsherum von dieser Akropolishöhe auf die weite, Parkartige Ebene, ist bestrickend schön. Sie erinnerte mich an Umbrien, nur dass die Fernen statt der umbrischen Hügel grüne Wiesen und schliesslich blauer, niedriger Horizont sind.

London. 26 Mai 1902. *26.5.1902 Montag*

Auch heute fort. Nach Cambridge. Wieder die beglückendste Mischung von ehrwürdiger Architektur und Wiesen und Parks. Die Studenten spielen zu Hunderten Tennis oder rudern auf der schmalen Cam, die wie ein Lustkanal an den Gärten und Colonnaden der Colleges vorbeifliesst. Flieder und Kastanien blü-

---

[1] Verweisung: „(cf. noch 1.I.03 a.E; 6.XI04; 3.IV.06; 15IV06"

[2] Schwimmbecken

hen. Ein Schlaraffenland. In Trinity College wieder die Erinnerung an wie viele von Byron geschilderte Szenen! In der Bibliothek steht hier wenigstens sein Standbild[1]; zwar scheusslich, aber pietätvoll.

London. 27 Mai. 1902. *27.5.1902 Dienstag*

Nach Oxford. Magdalene College: das Dornröschen Schloss, Hallen Gänge, Türme in einem schattigen, wie vergessenen und verwunschenen Park. Das Gras wächst bis an die Gebäude heran. Rehrudel äsen darauf unter uralten, blühenden Kastanien bis unter die Fenster eines verwitterten Barockgartenflügels. Die weissen, stillen Fenster reichen tief, fast auf den Rasen, herunter. Hier träumen und arbeiten, beim Rauschen der alten Kastanien Theocrit, Homer, die Anrede des Oedipus an den Heiligen Ölbaum[2] lesen! Trinity in Cambridge ist fast ebenso schön und verknüpft mit sich mehr Erinnerungen. Aber dass es zwei solche Orte giebt, und Menschen, die das Glück haben, dies als ihre Umgebung zu besitzen!

London. 28 Mai 1902. *28.5.1902 Mittwoch*

Wieder in dic Guildhall Ausstellung. Den stärksten Eindruck dort machen die Largillières und Fragonards. Fragonards Blumen! Sowohl auf dem kleinen Porträt der Tänzerin Guimard wie auf der Fête de St Cloud und den Grasser Dekorationsstücken. Er extrahiert eine Fülle der zartesten Farbentöne aus allen Beleuchtungen und Entfernungen der Blüten. Bei den Blumen geht er schon ebensoweit, wie später Constable und Monet bei der Landschaft. Die Bäume malt er dagegen ziemlich konventionell blaugrün und graugrün; nur dem Licht wird er auch hier gerecht. Ebenso feinfarbig und impressionistisch wie die Blumen sind die Tauben auf den Amorettenstücken[3]. Ich vergleiche sie im Geist mit Turners documentarisch richtigen und tüchtigen Studien in Farnley, die jetzt bei Lawrie ausgestellt sind; Turner giebt bei diesen Vogelstudien nur Eigenfarbe, wie Menzel; ihm entgeht der flüchtige Farbenzauber des Vogelgefieders. Gerade bei Turner ist das merkwürdig. – Die englischen Maler, die in der Guildhall ausgestellt sind, Reynolds, Gainsborough, Romney, schneiden neben den gleichzeitigen Franzosen schlecht ab. Zu vergleichen ein Bild wie Largillières Mad. de Noërmont (Perle im weissgepuderten Haar) mit Reynolds' Mrs Hardinge aus der Clanricarde[4] Slg. (ebenfalls weissgepudertes Haar mit Perlenkette.); Man sieht bei diesen Vergleichen sofort, dass Reynolds im letzten Grunde kein Maler ist, wenn er auch sehr viel von wirklichen Malern, wie Veronese und Vandyck, gelernt hat. Largillières Entzücken sind die Farben und ihre Wechselwirkung, die reichen Harmonieen

---

[1] Thorvaldsen

[2] Sophokles

[3] Les Progrès de l'Amour dans le cœur d'une jeune fille

[4] De Burgh

von Weiss und Grau, die das flüchtige Inkarnat des Gesichts und das Blau der Augen so entzückend zart und jung machen. Reynolds wischt genau dasselbe flüchtig und gleichgültig hin. Es lohnt sich nicht, genau hinzusehen. Im Grossen und Ganzen und von Weitem sieht es aus wie gute Malerei. C'est un trompe l'œil. Reynolds schafft einen Frauentypus, was ganz Etwas Andres ist als gut oder interessant malen. Er hat die englische Grande Dame, ihre Linien und Bewegungen, ins Licht gesetzt; und da es in Farben sein sollte, eine Art von Vandykescher Farbenstimmung anempfunden, die ihm zur zweiten Natur geworden ist; so wirkt sie denn wie sein Eigentum. In Wirklichkeit aber hat er Vandykes Rezepte weder befruchtet noch weiterentwickelt. Summa: als Maler existiert er nicht, d. h. führt er ein Scheinleben. Er ist aber doch bedeutend und unübergehbar als Schöpfer eines vollendeten Rassen- und Menschheitstypus. Von Gainsborough gilt ungefähr dasselbe. Romney ist noch leerer, und bedeutend süsslicher. Er hat Etwas von der gähnenden Leere und „Schönheit" Thorwaldsens oder Canovas. Er flieht den Chiffon und landet in einer Wüste von breiten, bedeutungslosen, freudelosen Pinselstrichen. Seine Lady Hamilton ist selbst nicht mehr ein Menschheitstypus, geschweige denn ein Porträt oder gar bedeutende Malerei. Sie ist die Vorläuferin der unzähligen „hübschen" Köpfe der Familienblätter und Seifenreklamen. Der einzige Maler in der ganzen Gesellschaft ist Raeburn. Ihm fällt wirklich einmal eine Farbenharmonie, ein kleines Farbenpoem, ein oder auf.

London. 29 Mai 1902. *29.5.1902 Donnerstag*

British Museum. Vasen und Phidias. Ist es wirklich die Sorgfalt im Einzelnen, die die alten Werke auszeichnet, oder nicht vielmehr eine besondre Art von Sorgfalt, nämlich die, fortgesetzt nur in künstlerischen Konzeptionen, d. h. nur immer von Konzeption zu Konzeption, weiterzuarbeiten? (Definition der künstl. Konzeption in „Kunst und Religion".) Die alten Künstler suchen, wie mir scheint, bei jedem einzelnen Fortschritt des Werks ebenso gut wie beim Erdenken des Ganzen immer eine künstlerische Befriedigung. So kommt man auf Umwegen und ziemlich überraschend wieder zu der Definition von Ruskin, dass ein Kunstwerk ein Werk ist, an dem der Schöpfer beim Schaffen Freude hat. Denn sie hat dann der Arbeiter bei einem wirklichen Kunstwerk in der That bei jedem Strich, den er hinzufügt. – Sorgfalt im Einzelnen wenden auch unsre Handwerker an, aber nicht diese Art von Sorgfalt. – Es fragt sich nun also weiter, ob die Maschine diese Art von künstlerischer Abrundung jedes einzelnen Bestandteils erlaubt; ob sich diese einzelnen Teile also im Voraus künstlerisch berechnen lassen? Die Antwort entscheidet, ob künstlerische Maschinenarbeit möglich ist. – Diese Deutung des Ruskinschen Satzes schliesst allerdings jede sozialistisch humanitäre Folgerung aus: denn diese Folgerungen hängen bei Ruskin u. Morris daran, dass die Freude bei der Arbeit in dem vorausgenossenen Besitz des Werks beruht, während ich sie ableite aus dem Genuss des Arbeiters an den künstlerischen Konzeptionen, die er fortgesetzt hervorbringt. Diesen kann ein Sklave oder Frohnarbeiter ebensogut empfinden wie ein Freier, insoweit natürlich nicht andre Sorgen den Genuss verhindern. Solche Sorgen kann aber auch der Freie haben. D. h. also, dass dieser Genuss in keiner Weise direkt mit der materiellen Stellung des Arbeiters zusammenhängt. Die einzige Voraussetzung dieser Freude ist, dass der Arbeiter fähig sei Kunst zu produzieren und zu geniessen, dass er Künstler sei. – Im Einzelnen noch anzumerken: Jeder Teil muss also nicht blos die Gesamtkonzeption verwirklichen helfen, sondern auch für sich allein eine Kunstempfindung auslösen.[1] Jede Vorstellung, die das Werk erregt, muss künstlerisch befriedigen, nicht blos die Gesamtvorstellung des ganzen Werks. Jeder Teil des Werks, der für sich gesondert bewusst werden kann, muss eine Kunstempfindung auslösen. Also: jeder Strich, den der Künstler hinzufügt, muss eine künstlerische Konzeption (nicht etwa die k. K.) schon ganz verwirklichen. Bei jedem Teilfortschritt muss jedesmal eine künstlerische Befriedigung eintreten und zugleich ein neues Kunstproblem auftauchen, bis schliesslich in der verwirklichten Gesamtkonzeption die volle Ruhe und Befriedigung eintritt. In einem exakten Sinne tritt dieses Letzte aber nie ein; sondern jedes „Kunstwerk" setzt wieder seine Umgebung in Frage; und wenn diese ihm „dekorativ" angepasst ist, so ist wieder ein Gesamtkunstwerk entstanden, das wieder ein neues Milieuproblem stellt. Von der kleinsten künstlerischen Konzeption führt so eine ununterbrochene Kette von Bedürfnissen zu dem Gesamtkunstwerk eines bis an sein letztes Ende künstlerisch vollendeten und abgerundeten Lebensverlaufs. – Wirkliche Kunst entsteht also durch einen processus per conceptiones artisticas, auf Küchenlatein, aber kurz, gesagt; durch ein Fortschreiten von künstlerischer Konzeption zu künstlerischer Konzeption, bis das Werk vollkommen dasteht; dieses Fortschreiten beherrscht und geleitet von einer Gesamtkonzeption, die selbst wieder nur ein Teil einer möglichen noch umfassenderen Konzeption und schliesslich einer ganzen Lebensharmonie ist. Aber jeder Fortschritt muss schon irgendeine künstlerische Konzeption zur Vollendung bringen und insofern den Künstler befriedigen; nicht blos in Hinblick auf das Gesamtwerk. – Alles was vom processus per künstl. Konz. abzieht, führt weg von der Kunst. Also auch die Sorgfalt, die auf die genaue Wiedergabe der Wirklichkeit gerichtet ist, wenn sie als Zweck an sich geübt wird. Die genaue Beobachtung der Wirklichkeit nützt nur, wenn sie als Mittel dient, um neue Elemente aufzufinden, die in Konzeptionen eingehen könnten. – Stil haben, heisst Nichts als in lauter künstlerischen Konzeptionen weiter schaffen. Daraus entspringt auch das Individuelle jedes Stils. Denn die Art der künstlerischen Konzeptionen ist bei jedem Einzelnen verschieden. Sobald Jemand von künstlerischer Konzeption zu Konzeption fortarbeitet, muss jeder Einzelne auch persönlich sein. Stillos sind also die Dinge a) deren Teile keine

[1] Verweisung: „(cf. meine Bemerkungen unter 22.V.1902. 19.XII.02)"

künstlerische Konzeptionen sind b) deren Gesamtheit die Teile in keine harmonische Gesamtkonzeption zusammenfasst. Der Akademismus verfällt in beide Fehler. Er konzipiert nicht, er imitiert. Der krasse Realismus auch; er ist blos eine Abart des Akademismus, die dadurch entsteht, dass die Natur statt der alten Kunst imitiert wird. Beiden fehlt die wirkliche Seele des Kunstschaffens: das Konzipieren. (Definition in Kunst α Rel.).

London. 30 Mai 1902. *30.5.1902 Freitag*

Die Turners aus Farnley bei Lawrie. Sie bestätigen mich in meiner Anschauung, dass Turner mit nur sehr wenigen Farben arbeitet: die Hauptsachen giebt er mit Einem Blau, Einem Braun und Einem Grün. Die Wirkung kommt nur von der Nüancierung mit Weiss und von dem Kontrast und dem Vibrieren der kleinen Farbenparzellen. Hierin ist er aber ein wirklicher Maler. In der Farnley Slg. scheint mir Nichts so schön wie Einiges in der Nat. Gallery und South Kensington. Vielleicht sind die Farnley Aquarelle auch etwas verblasst, z B die Rhein Serie (Johannisberg). Die vielen Intérieurs aus Schloss Farnley scheinen mir reizlos und monoton. Die Vogelstudien sind exakt und unglaublich fein durchgeführt, aber ohne individuellen Zauber; etwas wie Menzels Studien. Wo Turner nicht innerhalb der Grenzen seines Genies schafft, hat er überhaupt Etwas Prosaisches.

London. 31 Mai. 1902. *31.5.1902 Samstag*

Abends im London Hippodrom; eine ganz aesthetische und fesselnde Zirkusvorstellung.

London. 1 Juni 1902. Sonntag. *1.6.1902 Sonntag*

Nachmittags nach Hampton Court. Wegen des Regens früh am Abend wieder zurückgefahren. – Der Deutsche hat einen sehr geringen Fonds von Höflichkeit. Er protzt um so mehr mit gewissen Formen. Man erkennt ihn fast immer an einer gewissen Affektation, die meistens sogar ihr Vorbild mit schlechtem Geschmack aussucht. Beim Engländer ist dieses Reich der sichtbaren Affektation viel enger begrenzt; er ist entweder schamlos roh oder wohlerzogen. Ich betone wohlerzogen. Der Deutsche ist, wenn er erzogen ist, nur zu oft schlecht erzogen, Imitation des Nichts als Beamter, des Nichts als Leutnant, Reserveoffizier. Die vor der Front erworbene Eckigkeit als Form, in die Ladenschwengel ihre schlechten Manieren giessen, produziert so viel groteske Hässlichkeit, dass die ganze Volkserscheinung darunter leidet. Der deutsche Michel erscheint zwar nicht mehr mit langen Haaren wie zur Schumannzeit; dafür aber mit einem grossen Schnurrbart als Symbol, der ihn ebenso lächerlich macht. Es giebt zwar überall Affen; sie sind aber nicht Alle so hässlich wie die deutsche martialische Art. – In London Abends sagt mir der Barkeeper des Criterion, dass der Friede unterzeichnet ist.[1] Gegen Dunkelwerden fängt ein mächtiges Leben zwischen Piccadilly und Strand an. Höker mit kleinen Fahnen und patriotisch gestreiften Trompeten und Schnarren stellen sich auf und schreien ihre Waaren aus: Buy a flag cheap! Ein dichtes Gedränge zieht auf und ab. Dazwischen durch beginnen gegen 10 grosse Banden von kleinen Jungens Piccadilly und den Strand hinunterzustürmen, Bengel unter 16, denen Tuten und Laufen mehr Spass machen als hohe Politik. Wolff und Reuter melden dann Enthusiasmus. Eben ein unverhoffter Karneval, selbst ein Kinderkarneval, eine Art von Rosenmontag. Das das Ende eines Krieges, der fast weltgeschichtlich geworden wäre. Die Folgen des Sieges werden Viele einstmals fühlen, Wenige jemals begreifen.

London. 2 Juni 1902. *2.6.1902 Montag*

Wieder in der Guildhall. Bei Nattier finde ich Wenig von der französischen Freude an Harmonieen, ihm fällt in der Farbe Nichts ein; sie wirkt deshalb trocken und langweilig. Dazu kommt, dass er die Schatten grau wie Staub malt. In Allem ein Akademiker und mit Largillière oder selbst mit Boucher nicht zu vergleichen. Boucher besitzt Farbenphantasie und kann malen. Seine Blumenbouquets sind Vorläufer der Fragonardschen; weniger raffiniert, aber schon reich an Luft- und Schattentönen. (Ganaysche, jetzt Morgansche, Decorationsstücke). Ihm fällt nie Etwas ganz geniales ein. Er hätte nie die Hand des Jungen mit der Rose auf Fragonards „Poursuite" (No. 1 aus Grasse) oder Fragonards Tauben malen können. Aber ich finde doch Viel an ihm zu bewundern. Er hat im Sinn des Grösseren geschaffen. Er verhält sich zu Watteau und Fragonard wie Besnard zu Renoir und Seurat. – Die City ist heute in Festestrubel. Sie hat Etwas Südländisches. Sie gleicht mit dem Tuten, den Flaggen, dem ziellosen Gedränge Neapel an einem Heiligenfest. Abends auf Piccadilly und am Strand ein Bacchanal. Wilde Horden von betrunkenen Mädchen und Männern, zum Teil kostümiert, die mit Gewalt durch die Menschenmenge hindurchbrechen; Schnarren, Tuten, Pfeifen, Schreien. Besonders hässlich sind die Mädchen, ein Typus, den man nirgends anders als in England sieht, ausser vielleicht in Sevilla in den Tabakfabriken; Mädchen von sechzehn bis zwanzig, schamlos geil und betrunken, in verregneten Federhüten und mit fruzzligen Löckchen, die ekelhaftesten, niedrigsten Geschöpfe, die man sich noch als Menschen denken kann. Die englischen Jungens sehen meistens alert und gesund und hübsch aus; die Mädchen im Volk sind im Gegenteil wahre Scheusäler. In Deutschland, in Frankreich, und selbst in Neapel

[1] Am 31.5.1902 unterzeichneten Vertreter der Burenarmee und des brit. Militärs einen Friedensvertrag, der den Burenkrieg beendete.

giebt es Nichts so niedrig schmutziges und hässliches. Die Redensarten dieser Geschöpfe entsprechen ihrer Erscheinung. Sie sprechen schlimmer als Huren. Elles feraient rougir un singe. Wahre Mänaden. In den Public Houses und Seitengassen tanzen sie miteinander und mit den jungen Bengeln, die hierbei entschieden das schöne Geschlecht abgeben.

London. 3 Juni 1902. Dienstag. *3.6.1902 Dienstag*
Wir kennen die Bedingungen der physischen und moralischen Volksgesundheit noch viel zu wenig, um schon irgendetwas dekadent nennen zu dürfen, ausser nachträglich nach seinen Folgen. Dieser Begriff, so wie er gebraucht zu werden pflegt, hat die moralische Einseitigkeit früherer Zeiten zur Voraussetzung; er ist abzuschaffen. – Grosse Kunstwerke wirken „reinigend" (Parthenonskulpturen), weil sie unser ganzes Fühlen an sich ziehen, von den bisherigen Zielen abziehen, wie eine Entzündung das Blut. Sie können deshalb aber ebensogut auch sterilisieren, wenn das Ziel, von dem sie das Fühlen und Wollen ablenken, Frucht getragen hätte. – Das Geheimnis eines Kunstwerks ist das seines Zaubers, nicht das seiner Bedeutung; nicht: worauf weist es hin? sondern: wodurch nimmt es gefangen? Dieses ist das wirkliche Mysterium. – Zu bemerken, dass in London die moderne Malerei nirgends zu sehen ist; keine Kunsthandlung zeigt jemals Manet, Monet u. s. w. Für die modernste französische Richtung scheinen noch immer die Barbizoner zu gelten, Corot und Daubigny.

Weimar. 8 Juni 1902. *8.6.1902 Sonntag*
Zur Taufe bei Palézieux.

Berlin – Potsdam. 10 Juni 1902 Dienstag. *10.6.1902 Dienstag*
Zur Einziehung nach Potsdam. Mich gemeldet.

Potsdam. 23 Juni 1902. Sonntag. *23.6.1902 Montag*
Mit Vandevelde u Curt Herrmann bei Liebermann, um die Gründung eines Sezessions Clubs[1] zu besprechen.

Berlin. 26 Juni 1902. *26.6.1902 Donnerstag*
Bei eines Dichters Weltanschauung ist die Frage nicht: was ist sie uns? sondern: was ist sie ihm, nämlich als Mittel, was verdankt seine Dichtung ihr? Kein Grundsatz der Kritik wird öfter verletzt als gerade dieser ganz elementare. Die unsinnigste Weltanschauung kann dichterisch gut, ja für ein bestimmtes Talent die einzig gute sein. Daher hatten Goethe und Schiller Unrecht, als sie die Romantiker wegen der Weltanschauung ablehnten. Dass Goethe α Schiller selber den

---

[1] führte später zur Gründung des Deutschen Künstlerbunds

reinen Pantheismus überwunden hatten, war kein Argument; Hölderlin, Kleist, Novalis bewiesen es; bewiesen es durch ihr Dichten.

Berlin 1 Juli 1902. *1.7.1902 Dienstag*
Dörpfeld in der Arch. Gesellschaft über seine Ithaka Hypothese vorgetragen.

Potsdam. 14 Juli 1902 Montag. *14.7.1902 Montag*
Nach Tisch im Kasino gewettet, dass ich 10 km. in einer Stunde zu Fuss zurücklegen würde. Strecke nach der Karte von Kaserne bis hinter Bassewitz Denkmal und zurück abgemessen. Mitzlaff, Zitzewitz und Lynar zu Rad mitgefahren. Ich kam in 53 Minuten wieder ein.

Potsdam. 17 Juli 1902. *17.7.1902 Donnerstag*
Bei Petersdorffs gegessen mit Richthofens, Dungerns, Heeremanns und Solms. Nachts um 1 auf Distanzritt gegen Jüterbogk (Lindo) zu abgeritten. Etwa 100 km. Mamas Geburtstag.

Potsdam. 18 Juli 1902 Freitag. *18.7.1902 Freitag*
Um 1/2 3 heute wieder eingetroffen. Früh Rast in Treuenbrietzen. Hübsches Städtchen.

Berlin. 19 Juli 1902. *19.7.1902 Samstag*
Bei Vom Raths gegessen. Dort Mommsens, der Prof. Richthofen, Erich Schmidt, Liebreich und Kekulé. Bei Tisch zwischen Mommsen und Frl v Rath gesessen. Mommsen über Taine: er sei eigentlich kein Historiker gewesen; das Detail sei oft mangelhaft; er sei immer nur bis auf die Memoiren zurückgegangen, nicht auf die eigentlichen Quellen. Aber das Ganze sei trotzdem richtig und höchst interessant. Ganz wunderbar sei der letzte, unvollendete Band. Der sei ihm (Mommsen) immer als Taines Bestes erschienen. Über Bismarck, als ich sagte, B. habe Caesars schöngeistige Ader gefehlt: ja, und doch habe er Beziehungen zur schönen Litteratur gehabt; Shakspeare habe er wie kein zweiter gekannt etc. Über die Rolle der Aristokratie in Rom: Rom sei, solange es Etwas getaugt habe, immer von den grossen Familien regiert worden; auch unter den Kaisern. Erst im 3ten Jh. sei das Unteroffizier Regiment eingerissen, Leute, die von der Pike auf gedient hatten. Da sei es aber auch mit Rom aus gewesen. Er bedaure nur, dass bei uns die Aristokratie so mit dem Adels und Titelwesen vermengt sei, dass Einer immer gleich geadelt würde; das verhindere die natürliche Bildung von grossen Familien wie in Amerika.

Trechwitz. 25 Juli 1902. *25.7.1902 Freitag*
Früh aus Potsdam ausgerückt zu den Übungen nach Alten Grabow. Trechwitz mein Quartier. Gutshof von einem Bauern gepachtet. Mit Lynar und Zitzewitz, die in Dahmsdorf liegen, nach Lehnin gegangen und dort gegessen mit den meisten Andren vom Regiment.

Rogäsen. 26 Juli 1902. Sonnabend. *26.7.1902 Samstag*
Übung und ins Quartier zu Wartenslebens. Hübsches Haus in einem Park auf einer Anhöhe die den ganzen Bruch bis Ziesar überblickt.

Rogäsen. 27 Juli 1902 Sonntag *27.7.1902 Sonntag*
Früh im Park Fichtes Bestimmung des Gelehrten gelesen. Ich ziehe sie der „Best. des Menschen" vor; sie bleibt auf festerem Boden. Nachmittags der junge Wartensleben Lynar und mich nach Ziesar gefahren, wo die hübsche spätgothische Burgkapelle besichtigt. Schöne Backsteinornamentik und guterhaltene Ausmalung, hellblau und Backsteinrot.

Alten Grabow. 28 Juli 1902. Montag. *28.7.1902 Montag*
Kurzer Marsch hierher. Baracke 16 Zimmer 19 einquartiert. Schmutzige Bude, aber ziemlich gross und sehr hell und kahl. Kasino gut. Bis auf den Dienst und sichtbaren Schmutz eine Art von Badeleben.

Alten Grabow. 29 Juli 1902. Dienstag. *29.7.1902 Dienstag*
Früh Regiments Exerzieren. Nachher geritten. Nachher Wellenbad mit Dungern.

Alten Grabow. 31 Juli 1902. Donnerstag. *31.7.1902 Donnerstag*
Ruhetag. Tennis: Die Mannschaften der Regimenter keilen sich täglich miteinander. Schwadronsweise daher Revisionen angeordnet.

Alten Grabow. 2 August 1902. *2.8.1902 Samstag*
Brigadeexerzieren unter Natzmer, erster Tag. Marwitz stellte uns nachher anheim, uns schon heute abzumelden, was gethan. Abends Moltke von den 6ten Kürassieren bei mir zu Tisch.

Alten Grabow–Berlin. 3 August 1902. Sonntag *3.8.1902 Sonntag*
Mittags nach Nedlitz gefahren und von dort nach Berlin. Jeder Organismus entsteht aus einer Überwindung von Gegensätzen. Er schafft aber selbst in sich

wieder neue Gegensätze. Die feindlichen Kräfte, die ihn von innen bedrohen, sind also zweier Arten. So in einem Offizierskorps.

Berlin. 4 August 1902. Montag. *4.8.1902 Montag*
Abends Hartlebens Rosenmontag. Überrascht, wie knapp und dichterisch bedeutungsvoll der Dialog ist. Die Situationen packen deshalb mit ganzer Kraft; so die erste Szene zwischen Traute und Rudorff. Auch der Ton im Offizierskorps ist meistens richtig getroffen.

Berlin. 5 August 1902. *5.8.1902 Dienstag*
Mit Victor Wied gefrühstückt. Abends Sudermanns „Es lebe das Leben". Der Ton der geschilderten Gesellschaftsklasse ist im Gegensatz zu Hartleben total verfehlt. Sudermann hat jüdischen Jobbern und Jobberinnen Grafen- und PrinzenTitel verliehen; aber sie riechen doch nach dem Tiergartenviertel, nicht nach der Wilhelmstrasse. Sie reden und handeln wie Levy, der Pleite macht, nicht wie vornehme preussische Herren und Damen. Das würde Nichts schaden, wenn man allgemeinmenschlich ergriffen würde; aber alle Gedanken sind abgedroschen und nicht erneuert, die Gefühle farblos, und Phantasia vacat. Sudermann ist Nicht Andres als eine Art von Clauren. – Die Frage, ob die Natur sich blos causal oder auch nach Zwecken, teleologisch, entwickelt, ist falsch gestellt. Sie setzt voraus, dass nach dem Ding an Sich geforscht wird; während die „Wahrheit" ein Schatz von Vorstellungen ist, nämlich die Vorstellungen und Vorstellungsverbindungen, die der Mensch als Mensch kraft seines Geistesbaus notwendig bildet. Richtig würde also die Frage lauten, ob der Mensch seine Vorstellungen oder irgendwelche unter seinen Vorstellungen notwendig nach Zwecken, und nicht blos causal, aneinanderreiht? Vorläufig ist diese Verknüpfung noch in keinem Fall als allgemeinmenschliche Notwendigkeit nachgewiesen. Und a priori ist sie ebensowenig gegeben. Ein Jeder weiss, dass er in seinem Denken einem Zwecke Zwang nicht unterworfen ist. Er kann die Welt nach Zwecken ordnen, er muss es nicht. Nach Ursachen muss er sie dagegen ordnen. Ohnedem kann er nicht denken, nicht einmal leben. Deshalb gehört die Causalität zur Wahrheit; die Teleologie dagegen zur „Spekulation". – Die Eigenschaften, die in einer Kultur vor Allen zu wünschen sind, sind Frische, Anmut und Würde: Frische, eine besondre Form der Kraft, wenn sie immer bereit und mit sich selber freigiebig ist; Anmut, ein Rhythmus in allen Bewegungen, Allem Bewegten; Würde, eine fast negative Eigenschaft, die Scham, sein Selbst preiszugeben. Auch Dinge haben ein Selbst und diese Eigenschaft. Traditionen tragen viel zu ihr bei, weil Traditionen Sicherheit und infolge dieser Zurückhaltung verleihen; und auch weil sie ermöglichen, Vieles à demi noch zu sagen.

Berlin. 7 August 1902. *7.8.1902 Donnerstag*

Nach Weimar, wo Vandevelde gesehen und über meine Einrichtung gesprochen. Unterwegs Schiller Über naive und sentimentalische Dichtkunst. Inbetreff des Sentimentalen richtig, dass das Objekt zu Irgendetwas Andrem, zu Etwas Subjektivem in Beziehung steht, dass Subjektivitäten des Dichters oder des Lesers in das Kunstwerk mithinein komponiert erscheinen. Was sind aber diese Subjektiven Elemente? Schiller sagt: notwendig Ideen, also Vorstellungen. Ist das richtig? Ist blos das richtig? Nur Vorstellungen? Nicht etwa auch Gefühle? Nicht vielleicht hauptsächlich Gefühle? Eben Sentiments; woher die Benennung sentimentalische Dichtkunst. Dann aber fällt Schillers Theorie; denn sie besagt die Ergänzung der gemeinen Vorstellung, die die verderbte Natur dem Dichter liefert, durch eine andre, eine „ideale" Vorstellung, Korrektur von Vorstellung durch Vorstellung. Wenn das Subjektive in der sentimentalen Poesie nicht notwendig Vorstellung ist, dann fällt damit das „Ideal" fort als notwendiges Element der sentimentalen Poesie; sie kann sich auch ohne dem behelfen. Ihr Wesen fordert nur Etwas Subjektives, das auch ein Gefühl, eine Stimmung, selbst ein sinnliches Gefühl wie Farben- oder Klangharmonie sein kann; das Hässliche durch Etwas Subjektives zur Schönheit ergänzt, das bietet sich als Gegensatz zu der naiven Kunst, in der das Objekt allein für sich schon schön wäre? Es fragt sich nur, ob es eine naive Dichtung dieser Art je gegeben hat oder geben kann. D. h. würde solch' eine Schilderung ohne Subjektives Poesie sein? Nicht blosse Reporterei? Der Unterschied ist in Wirklichkeit vielleicht nur, dass die „naive" Dichtung hauptsächlich an die Sinnesgefühle und Vorstellungen appelliert, die bei allen Menschen ziemlich gleich sind, die sentimentale an ethische oder religiöse Anschauungen und Gefühle, die subjektiv sehr verschieden sind, deren Subjektivität daher stärker ins Auge springt. Das mag Schiller getäuscht haben. Resultat: Alle Dichtung ist im Schillerschen Sinn sentimentalisch, setzt den Gegenstand zu subjektiven Vorstellungen und Gefühlen in Beziehung, durchtränkt die Welt mit subjektiven Elementen, die dem Dichter oder dem Leser entliehen werden. Nur scheidet die Dichtung sich in zwei Arten, je nach dem die subjektiven Elemente, die sie verwendet, solche sind, die bei allen Menschen ziemlich ähnlich vorkommen, oder solche, die gewissen Völkern, Klassen, Individuen eigen sind. Ob diese Unterscheidung aber praktischen Wert hat?[1] – Weiteres Resultat: der Fortfall der intellektualistischen Anschauung bedeutet den Fortfall von Schillers „Ideal"Lehre. Die Dichtung braucht die hässliche Welt nicht durch „Ideale" schön zu machen, denn sie kann sie auch durch Gefühle, sinnliche und ethische, zur Kunst erheben. – Zur Rechtfertigung des Rühr- und Schauer Dramas: Nicht nur ist die „Situation" das Grundelement der dramatischen Kunst, sondern es giebt auch

[1] Nachträgliche Einfügung: „(Hierzu Vandeveldes Ideen im Hamburger Vortrag.)". Gemeint ist der Vortrag, der u. d. T. „Die Belebung des Stoffes als Schönheitsprincip" veröffentlicht wurde.

unter allen denkbaren Situationen nur wenige, die bei 2000 Menschen Herz und Gefühl erregen. Die Kunst ist, in diese wenigen wirksamen Situationen neue Tiefe, Phantasie und sinnliche Schönheit hineinzuerfinden. So Shakspeare. Seine Universalität beruht nicht auf seiner Tiefe oder poetischen Phantasie, sondern darauf, dass er die ihm eigene Tiefe und Poesie mit diesen gegebenen Situationen verschmolzen hat.[1] Bei Schiller fehlt es an beiden Seiten: die Phantasie und Gedankenwelt klingen mehr angelesen als angeboren, und die Situationen sind oft zu speziell, interessieren nur ein gebildetes Publikum, ein Publikum von einer ganz besondren Bildungsrichtung, ein Publikum mit der moralischen und historischen Vorstellungswelt des deutschen Bildungsphilisters. Schiller wird immer nur, wenn die besondren Interessen seiner Zeit, Politik, Pflichtmoral, Geschichte des 16ten und 17ten Jahrhunderts, obenaufkommen, wieder populär werden. – Aus dem Gesichtsausdruck archaisch-griechischer Köpfe wie aus dem der frühgothischen Werke spricht am stärksten ein Gefühl der Abhängigkeit, der Abhängigkeit von Etwas Unermesslichem und Unergründlichem. Die römischen Köpfe und die modernen Porträts sind dagegen die von unabhängigen, scharf umrissenen Einzelwesen; aber wie viel beschränkter α kleiner ist deshalb der Horizont, den sie aufthun. Sie tragen das Herz nicht in ein Märchenland. Und doch ist die Welt für uns noch ebenso unergründlich wie für Heraklit. Es hat sich nur so Vieles dazwischengeschoben, das das Geheimnis verbirgt; wir sind in eine Art von Klarheit eingesponnen und sehen nicht mehr die Dunkelheit, die uns trägt und fortträgt.

Rigi Scheidegg. 20. August 1902. Mittwoch. *20.8.1902 Mittwoch*
Hier angekommen, wo Mama und Gee. Brion kennen gelernt. Er macht den Eindruck eines angenehmen Schwerenöthers; dabei etwas provinzial und etwas Offizier aus einer kleinen Garnison; äusserlich Aufschneider, innerlich, wie mir scheint, grad und ehrlich. – Mit Gee, Mama und ihm spazieren.

Rigi Scheidegg 21 August 1902. *21.8.1902 Donnerstag*
Brion fort.

Rigi Scheidegg. 24 August 1902. Sonntag. *24.8.1902 Sonntag*
Gees Geburtstag. Mit ihr und Mama im First z. Thee.

Basel. 26. August 1902. Dienstag. *26.8.1902 Dienstag*
Mama und Gee nach dem Romiti Felsenthor gebracht und dann nach Basel weiter.

---

[1] Verweisung: „(cf. 16.XII.02. Er zeigt an diesen gegebenen Situationen die Nichtigkeit aller Dinge, zu diesem Zweck und Wirkungsmittel genügt jede Situation)"

Basel. 27 August 1902. *27.8.1902 Mittwoch*

Holbein u. Böcklin. Böcklin ist doch nur Dilettant, wenn auch genial. Die Erfindung ist auch in der Farbe fast immer gross, neu, genial; aber ihm fehlt Alles Weitere; die Ausführung ist unsicher, reizlos, ungeschickt oft bis zur kindlichen Stümperei.

London. 28 August 1902. *28.8.1902 Donnerstag*

In ein Schauerdrama. Die „Situation“ ist der Kern des Dramas. Und noch dazu, giebt es unter allen möglichen Situationen nur wenige, die 2000 Zuhörer packen können. Die grosse Kunst ist, gerade in diese neue Tiefe, Phantasie und sinnlichen Reiz hineinzuerfinden; das macht den grossen Dramatiker. So Shakspeare. Seine Grösse liegt nicht in seiner Tiefe oder poetischen Phantasie; sondern darin, dass er diese mit den uralten, wirksamen Situationen verschmolzen hat. – Die „göttliche Komödie“. Schiller hat Recht. Eigentlich ist nur die Komödie göttlich. Die Tragödie sieht die Dinge spezifisch menschlich, aus gleicher Höhe. Die Komödie dagegen, die die Beziehungen zwischen den Dingen und die Kontraste zur Wirkung bringt, blickt deshalb über die Dinge hinweg mehr als hinein, sieht sie von ferne, und wie von oben, hat zum Sitz Wolken- und Götterthrone. Jede aristokratische Kunst neigt dazu, auch das Ernste „komisch“ zu schildern. So Homer. So dann wieder die Tragiker. Die griechische Tragödie soll die rohe, „tragische“ Gefühlserregung milder machen, abschwächen, indem sie Beziehungen fühlbar macht, die zwischen dem einzelnen Mythus und dem übrigen Welten Sinn und Gang bestehen; sie ist ein Versuch, den Zuschauer auf den Sitz der Götter hinaufzuheben. Die höchste Kunst erweckt in ihrem Zuhörer den Menschen und den Gott zu gleicher Zeit. Sie führt ihn durch sein Mitgefühl in die Dinge hinein und zeigt ihm zugleich ihre Kontraste und Verkettungen so wie vom Standpunkt der Komödie aus. Dieses ist dann das Erhabene: der Blick von oben auf Tragisches, die Einordnung von Etwas, das uns tragisch erregt, in die Perspektive der Komödie. Deshalb ist wirklich vom Erhabenen bis zum Komischen nur ein Schritt; oder, eigentlich, umschliesst jedes Erhabene Etwas Komisches. Der Humor ist eine niedrige Art des Erhabenen, kleine, schwache Gefühle, die nicht bis zur tragischen Grösse gesteigert sind in eine Kontrast Perspektive hineingerückt. Folgende Stufenleiter also: Die blosse komische Wirkung ohne Gefühl; nackte Komik. Der Humor; kleine, schwache Gefühle in einer komischen Perspektive. Das Erhabene; tiefe, starke Gefühle, werden erregt, aber einem äusseren, künstlerisch wirksamen Verhältnis untergeordnet.

Brighton und London. September 1902. *19.9.1902 Montag*

Unsere Väter α Mütter waren unsinnlich, ich meine stumpf und gleichgültig gegen Sinnesfreude; dabei massen sie den Wert des Lebens am Glück; Wir dagegen sind viel sinnlicher, aber werten nicht mehr das Leben nach Freuden und Schmerzen. Widersprechen sich diese Wandlungen oder hängen sie etwa zusammen? – Sinnliches: d. h. Wir geben auf Sinnesfreude im Einzelnen mehr, messen aber nicht mehr den Wert eines Lebens an der Summe seiner Sinnesempfindungen und Gefühle. Ähnlich war es bei den Griechen, dann zur römischen Kaiserzeit und vor der Revolution in Frankreich. Handelt es sich um eine Phrase, die zu solchen Zeiten auftaucht, oder um einen wirklichen psychologischen Zusammenhang? – Zum Wert der ungehinderten Entwicklung für die Person: Die assyrischen Herrscher haben absolute Freiheit gehabt. Ungeheure Länder und Menschenmassen dienten ihnen. Sie haben diese nach dem Zeugnis ihrer Reliefs zur Jagd und zu Jagdähnlichen Feldzügen ausgenutzt. Neues haben sie nicht in die Welt gebracht. Das unbeschränkte Individuum sucht nicht sich auszuleben, seine Seele auszuschöpfen, sondern die Begierden, die zur Zeit gang und gäbe sind für sich in einem grösseren Masstab zu befriedigen. Aber während die Könige jagten, schufen Juden und Kriegsgefangene in sich die Ansätze zu einer neuen, zu der überorientalischen Seele. Die Unterdrückung war also gleichzeitig produktiv. – Inwieweit unbeschränkte Individuen wertvoll sind, hängt also ab davon, in wieweit die ihm von auswärts zuströmenden Gefühle und Vorstellungen fruchtbar sind; diese kann es zur Blüte bringen. – Hebbels Holofernes ist unmöglich. Ein solcher Übermensch wird nicht an einem Sturm von immer neuen Begierden zugrundegehen, sondern an Leberverkalkung oder Rückenmarksschwindsucht, oder, wenn er ein ausserordentliches Subjekt ist am Mislingen von Raubplänen, an einer Schlacht, an einer Verschwörung; vielleicht durch Selbstmord und Überdruss, weil er seinem Wesen nach unerfinderisch ist, weil er Nichts Neues, das ihn reizen könnte, zu erfinden vermag. Daher Xerxes' Seufzer; er passt zu meiner Auffassung, nicht zu Hebbels. – Der freie Mensch, Sanherib, Xerxes, Morgan jr., ist wesentlich konventionell. Er dringt nicht ein in die ihm allein angeborenen Seelenmöglichkeiten, sondern begnügt sich mit denen, die ihm von aussen gezeigt werden. Man muss den Menschen nicht zu frei wollen, wenn man ihn fruchtbar will. So versteht man auch besser, warum die Seele gerade in Zeiten der Unruhe blüht und „Kultur" trägt, oder vorbereitet. Die Schranken und Schmerzen treiben sie dann in neue Richtungen in sich hinein. – Schaden den die deutsche Sprachkunst dadurch erlitten hat, dass viele in der deutschen Kultur klassische Werke Übersetzungen sind: die Bibel, Shakspeare, Vossens Odyssee, seit Kurzem auch noch Ibsen. Von diesen ist nur Eines durchweg Litteratur: Luthers Bibel. – Frage: Lässt sich der Individualismus individualistisch begründen? Für das Individuum, wenn es nur sich selbst ins Auge fasst, ist seine eigene geistige Entfaltung und Vertiefung mindestens gleichgültig. Die

Entfaltung der Persönlichkeit im Gegensatz zu ihrer blossen Erhaltung lässt sich also nur begründen, indem man Ausserindividuelles mit heranzieht. Z. B. setzt die utilitarische Begründung, der Nutzen, den diese Entfaltung bringt, voraus eine Relation zu Etwas Andrem, Ausserindividuellem, aus dem der Nutzen zufliesst, zieht also dieses Ausserindividuelle mit heran. Die „sittliche" Begründung, die Pflicht sich zu entfalten, setzt wieder eine Relation voraus zu Etwas, das verpflichtet, ob man dieses nun Gott oder den Gang der Naturentwicklung nennt. – Was ist unser Ziel? Vollkommenste seelische Vorgänge; also Bedingungen, die solche möglichst vollkommenen Seelenvorgänge in möglichster Vielheit und Vielfaltigkeit immer neu hervorbringen. Aber solche vollkommenen Seelenvorgänge entstehen aus dem glücklichen Zusammenwirken einer Gruppe von Menschen, nicht durch die Alleinarbeit eines wurzellosen Individuums, wenn auch notwendig in einem Individuum. Unser Ziel liegt also jenseits des Individualismus und des Sozialismus. Es bringt von beiden Etwas mit: vom Individualismus, dass es die Dinge misst an der Vollkommenheit von seelischen Vorgängen, die im Einzelnen sind; vom Sozialismus, dass es die Gruppe als Wurzel dieser seelischen Blüten hauptsächlich pflegt. Aber es trennt sich von Beiden, indem es sein letztes Ziel weder im möglichst vollkommenen Individuum noch in der möglichst organischen Gruppe sieht, sondern den Einzelnen und die Gruppe nur als Boden der seelischen Fruchtbarkeit bewertet. Stirner und Marx sind gleich weit hinter uns.

Brighton. 20 September 1902. *20.9.1902 Samstag*

Am Meer. Dass wir so nah verwandt sind mit den Elementen, mit der Erde, der Luft, mit diesem ewig unruhvollen, mächtigen, schäumenden Meer, dass wir ein Teil dieser Kraft sind, und dass wir in sie wieder ganz zurückkehren, – was ist furchtbar daran? Was nicht im Gegenteil stolzer, beruhigender als das Schattensein, die Herrlichkeit ohne Wirken und Kraft, die das Christentum uns in Aussicht stellt?

London. September – October 1902. *11.10.1902 Dienstag*

Nietzsches „Grosser Stil": Worin dokumentiert sich aesthetisch der „starke Wille"? In der Harmonie, im Rhythmus, in diesen Beiden; im Zusammenstimmen alles Gleichzeitigen unter ein Gefühl und im Zusammenstimmen alles Successiven unter ein Gefühl. – Die assyrischen Künstler suchen ebenso wie Signac oder Cross auch die Einzelheiten ihres Werks künstlerisch wirksam zu gestalten; deshalb Umsetzung jeder Einzelheit in ornamentale (rhythmische, harmonische) Formen. Genau so die Griechen (in der vollentwickelten Kunst nur subtiler), die Gothiker, Van Eyck, Tizian, Rubens. Also historisch begründetes Gesetz der Kunst. Nur die Akademiker machen es anders. – Der „grosse Stil" nicht notwendig hart. Darin irrt Nietzsche. Zeuge die göttliche Milde von Phidias, Tizian, Sophokles. Ich weiss nicht, ob nicht im Gegenteil diese hehre Milde gerade zum Wesen des grössten Stils gehört: die Anstrengung ist überwunden, man beherrscht sich und Andre ohne Gewalt. Die Herbheit Michelangelos bedeutet vielleicht, dass er nicht wirklich ganz gereift ist. Man vergleiche ihn daraufhin mit Tizian. – Dabei ist dem noch sichtbaren Kampf eine gewisse tonische Wirkung zuzugeben, die gewissen Seelen erfrischender ist als Harmonie. Aber diese Seelen sind selbst noch unreif oder schlaff. Phidias, Tizian tragen in sich den Samen reicherer, reiferer Stimmungen. – Malen: das Chaos der Farbenempfindungen und der durch sie erweckten Gefühle und Stimmungen, das in mir wogt, in Harmonie und Rhythmus bringen. Folgerungen: 1) Nur die Farbenempfindungen haben im Bilde Platz (Impressionismus)[1] 2) Nur was ich persönlich erlebt habe an Gefühlen und Empfindungen hat Platz. (Wahrhaftigkeit, subjektiver Realismus.) 3) Alles muss in die Harmonie und den Rhythmus aufgehen. – Die Wichtigkeit des Akts für die Kunst wird immer falsch begründet, aus Prüderie. Ihr wirklicher Grund ist die Wollust, die Wollust die der schöne nackte Körper im Beschauer erregt. Wenn die Kunst die Bändigung des Chaos von Empfindungen und Gefühlen ist, dann gehört das mächtigste Gefühl in die Kunst hinein. Daher der nackte menschliche Körper und das schöne menschliche Antlitz das A und Ω grosser Kunst ist. Nichts ist in der modernen Kunst mehr zu bedauern als das Schwinden der grossen Wollust seit der Renaissance, das Aufkommen der reinen Landschaft, der Zote, des blos „Sentimentalen" und des blos „Hübschen". Dann die lächerliche Verwechslung des Kellnerinnen Nachhausenehmens mit wirklicher, warmblütiger Wollust. Die Künstler sollen ihre Wollust in ihren Bildern nicht in den Nachtcafés von sich geben. – Einteilung meiner Vorträge über Malerei: Zuerst aufzuklären, ob und warum Künstler alte oder fremde Kunst überhaupt studieren sollen. Also:

I.a) Moderne Kunst und alte Kunst[2]

b) Heimatskunst und fremde Kunst. Jede Kunst, die wir kennen, verwendet zum grossen Teil Wirkungsmittel aus der Fremde; als Beispiele gerade die nationalsten Kunstkreise auswählen: Griechenland, Spanien (Velazquez, Ribera, Italien), Japan (China) Deutsche Gothik (Frankreich). Heimatskunst von irgendwelchem Wert hat es also nie gegeben. Was bleibt daher übrig von dem neuen Panier, um das wir uns schaaren sollen? Die Forderung, dass der Künstler wahrhaftig sei (Sincerität. Unterschied klarmachen zwischen der Wahrhaftigkeit [subjektiv]

---

[1] Nachträgliche Einfügung mit Bleistift: „(Ich meine jetzt auch hell und dunkel)"

[2] Verweisung: „(Was in den Museeen zu suchen ist: die Probleme, die sich die alten Maler stellten und ihre Lösung. cf. 4.I.03 Unterschied von Malern, die diese Probleme kennen und den „Natur" Malern. Frankreich. cf. 6.XII.03."

und Wahrheit [Realismus; objektiv (?)]): was er giebt, muss er so empfunden und gefühlt haben, wie er es giebt (Constable); er soll Nichts geben, was er nicht so empfunden und gefühlt hat, wie er es giebt; keine Formeln. Der Künstler kann aber um so wahrhaftiger sein, je vielfacher seine Ausdrucksmittel sind, und je genauer er seinen Ausdruck deshalb dem Erlebnis, das er mitteilt, anzupassen vermag. Und andrerseits produzieren neue Ausdrucksmittel auch neue Erlebnisse, sie erschliessen neue Seiten der Seele, sie bringen neues Material aus der Seele hervor; sie verführen die Seele mehr von ihrer Eigenart zu zeigen. Diese Wahrhaftigkeit hat aber dann auch echten Heimatsduft zur Folge. Wenn der Künstler sich genau so giebt wie er ist, muss sich notwendig auch seine nationale Eigenart zeigen. Verlangen nach Nationaleigenart also Nichts als das Verlangen nach Sincerität. Die Sincerität aber fordert möglichst viele Ausdrucksmittel, also Studium alter und fremder Kunst.[1]
II. Kunstwerk und Weltanschauung. (Form und Inhalt.) Für den Kunstwert kommt die Form allein in Betracht. Geschichte der Kunst also Geschichte der Form, Studium der Ausdrucksarten und Ausdrucksmittel. Also:
III. Geschichte der Malerei Geschichte der Art, zu malen.[2]
Die Heimatsschreier fangen a) beim verkehrten Ende an, (bei den Elementen, die vor der Konzeption liegen, beim Rohmaterial statt bei den Resultaten, die nach der Konzeption zustandekommen); und führen b) gerade ab von der Hauptforderung, von der die Heimatskunst nur ein Teil ist, von der Sincerität, der Wahrhaftigkeit; sie züchten geradezu die Formel und die Phrase, die nie empfundene Formel und die bedeutungslose Phrase, die Unwahrhaftigkeit der Künstler gegen sich (Formel) und gegen Andre (Phrase.). Das Heimatliche ist wie das Persönliche eine Eigenschaft der letzten Vollendung. Es ist ebenso fruchtlos das Eine direkt zu suchen wie das Andre. Die Sucht, persönlich zu sein, führt zur kunstlosen traditionslosen Romantik, die Sucht nach Erdgeruch zur kunstlosen Sachlichkeit. Auf beiden Wegen wird man zum Narren. – Nicht zu vergessen, dass die Heimat sich für den modernen Menschen modifiziert hat. Es giebt heute wenige gebildete Deutsche, denen nicht ein Stück Heimat auch in Italien liegt. Heimatskst heisst Nichts als eine Kst, die die besondre Farbe einer irgendwie lokal begrenzten Seele wiedergiebt. Wenn die Orte, die diese Seele bedingen, politisch getrennt sind, was bedeutet das? Was soll daraus folgen? Die beiden nationalsten Künstler des 19ten Jh. Böcklin und Whistler sind zugleich die kosmopolitischesten: Whistler, der die kühne Knappheit und Delikatesse der Japaner, das Farbenraffinement des Spaniers Velazquez und den Pariser esprit benutzt hat, um die Nervosität und den puritanischen Geschmack Nordamerikas in Kunst auszuprägen, und Böcklin, durch den der deutsche Pantheismus aus

[1] Verweisung: „(cf. 6.XII.03. auch Constable bei Leslie S. 333.)"
[2] Verweisung: „(Problemgeschichte. cf. 4.I.03 a.E."

griechischen Heroengestalten und süditalischen Küstenhainen geredet hat. – An Griechenland zu erkennen: Die Folgerichtigkeit (Logik) im Denken und die im künstlerischen Schaffen (die wissenschaftliche und die künstlerische Notwendigkeit) gehen parallel. Die eine besteht in einer menschlich richtigen (d. h. zwingenden) Verknüpfung der Vorstellungen, die andre in einer menschlich richtigen Verknüpfung der Vorstellungen und Gefühle. Daher blühen Beide so häufig zugleich: in Griechenland, zur Renaissancezeit. Im M. A die Scholastik parallel mit der Monumentalkunst. Das Denken war auf ein totes Geleise gefahren. Aber psychologisch wenigstens ist es folgerichtig. –
Herakles gehört zu Dionysos ebenso wie Apollo. So fühlten die Griechen. Man vergleiche die Vasen der Zeit um 500. Die Begeisterung, das Reale an Dionysos, verwandelt Herakles in Thaten wie Apollo sie in Formen füllt. Apollo oder Herakles sind die Möglichkeiten, die Dionysos, das „Chaos, das man ist", vor sich hat. Gerade mit Dionysos zusammen und zu der gleichen Epoche kommt Herakles auf den griechischen Vasen am häufigsten vor. Apollo allein als Gegensatz zu Dionysos ist unvollständig, quietistisch. Die Drei zusammen umfassen das Leben. – Die griechische Weltanschauung ist durchaus aktiv. Das Handeln spielt in ihr die erste Rolle; neben ihm erst die Kunst. Apollo tritt auf den Vasen der dionysischen Zeit durchaus zurück gegen Herakles (Statistik aufstellen: Wie oft unter allen Vasendarstellungen dieser Zeit Dionysos, wie oft mit Dion. Her.; wie oft mit Dion. Ap.?) Das griechische Heldentum besteht im Handeln, nicht im Anschauen, nicht im Aushalten einer furchtbaren Welt, oder Dieses nur nebenbei. Griechische Kunst ist daher tonisch. Sie ist das grösste Beispiel einer durch und durch tonischen Kunst. Dass Kunst stärken soll, ist ihre innerste Überzeugung und im Grunde genommen ihre wichtigste Lehre. Wie sie Dieses unternimmt: der Rhythmus, der ihr mächtigstes Werkzeug ist zum Bändigen und Anfeuern, das selbst ist schon abhängig, d. h. bedingt durch die tonische Absicht. Und diese Absicht trennt die griechische Kunst auch gerade von der orientalischen. – Gehört in diesen Zusammenhang der Kampf von Herakles mit Apollo um den Dreifuss, der in dieser Zeit so häufig abgebildet wird? – Herakles von Athene, der Besonnenheit, geleitet, ein Gegensatz zu den Maenaden, die das Dionysische nur in sinnlosem Toben ausgeben. –
Turner hat die Farbe sehr exakt beobachtet (z B. dass die Farben zu verschiedenen Tageszeiten verschieden sind, dass der Schatten farbig ist); was ihm fehlt, sind die Nüancen, die Unterschiede innerhalb einer Farbe d. h. er sieht innerhalb einer Farbe nur Helligkeitsdifferenzen (Töne), wo es in Wirklichkeit auch Farbendifferenzen (Nüancen) giebt.

Weimar. Oktober 1902. *31.10.1902 Mittwoch*
Aus Berlin nach Weimar. Klinger seine Nietzsche Büste[1] hinübergebracht. Bei Frau Förster gefrühstückt mit Klinger, Vandevelde und Peter Gast. Abends Klinger bei Vandeveldes mit Frau Förster.

Berlin. November 1902. Mittwoch. *19.11.1902 Mittwoch*
Bei Klinger in Keller α Reiners Salon, wo er dabei war, den Beethoven herunterzunehmen und einzupacken. Als ich weggieng kam gerade Menzel. Bei Hermanns mit Vandevelde und Osthaus gefrühstückt. Nachher gegen 4 mit Vandevelde und Osthaus wieder zu Klinger. Er erzählte, der alte Menzel sei erst eben weggegangen.

Berlin. 20 November 1902. Donnerstag. *20.11.1902 Donnerstag*
Bei Frau vom Rath gegessen. Dort Mommsen. Mit ihm über die Verfeindung zwischen England und Deutschland gesprochen. Er sehr pessimistisch. Er habe Alles versucht, durch persönliche Verbindungen, z B. mit Bryce, zu wirken gesucht. Es sei aber Alles umsonst. Wir müssten uns daher um jeden Preis mit Amerika gutstellen.

Paris. 22 November 1902. Sonnabend. *22.11.1902 Samstag*
Aus Berlin hier an. Zu Mamma hinaus. Sie sehr schwach gefunden und mit einem schwerkranken Auge. Recht besorgt. Mit Brion und Gee unten gegessen.

Paris. 3 Dezember 1902. Mittwoch. *3.12.1902 Mittwoch*
Mamma und Gee Abends nach Lausanne abgereist.

Paris. 4 Dezember 1902. *4.12.1902 Donnerstag*
Bei Vollard von Cézanne zwei Bilder[2] und eine Zeichnung gekauft. Vollard über Cézanne. C. habe immer sehr eifrig in den Museen die alten Meister studiert, namentlich Luca Signorelli und Delacroix, zeitweise auch Courbet. C'est un peintre de Musée. Er habe, als er Vollards Porträt malte, jeden Nachmittag im Louvre Studien nach den Bildern gemacht, à ce point, que quand il avait fait une

---

[1] Nietzsche-Herme

[2] vermutl. „Le Viaduc à l'Estaque" u. „Bosquet au Jas de Bouffan"

bonne étude d'après un des tableaux, la séance le lendemain marchait mieux. Ich fragte ihn, was nach seiner Ansicht Cézanne hauptsächlich gewollt habe: Il n'a en somme toujours voulu que rendre aussi exactement que possible ce qu'il voyait, trouver la sensation qui corresponderait aussi exactement que possible à ce qu'il voyait dans la nature.[1] Das Malen werde ihm unglaublich schwer, parcequ'il ne voit jamais l'ensemble, immer nur den einen Punkt.

Paris. 6 Dezember 1902. Sonnabend. *6.12.1902 Samstag*
Van Rysselberghe besucht. Sein grosses Bild für Solvay fast fertig im Atelier.

Paris. 7 Dezember 1902. Sonntag. *7.12.1902 Sonntag*
Bei Van Rysselberghes gefrühstückt. Über Weimar erzählt. Gide dorthin eingeladen durch Rysselberghes Vermittlung. Mit R. über die Palette. Er komme darauf, immer weniger Farben daraufzunehmen. Er sei überzeugt, dass er bald mit nur vier Farben malen werde. Je weniger Farben, um so reicher werde der koloristische Effekt. Er zitierte zum Beweis Greco, von dem er ein SelbstPorträt[2] in Sevilla anführte, das unglaublich reich wirke; auf der Palette seien aber ausser Weiss nur vier Farben. Maurice Denis habe ihm erzählt, er sei kürzlich bei Renoir gewesen und habe diesen auch nur noch mit vier Farben malend gefunden. Rysselberghe erklärt sich die reiche Wirkung bei wenigen Farben daraus, dass der Künstler dann gezwungen ist, alle Wirkungen, die seine wenigen Mittel geben, auszunutzen. Er kann nicht bequem werden. Er muss jeden Ton neu mischen; daher immer aufmerksam sein. Braun verbannt R. ganz. Er schafft es sich durch eine optische Mischung von Rot, Violett und Grün. Es sei fast eine Beleidigung, ihn zu fragen, ob er Braun benutze, meinte die Frau. Er versprach mir eine Palette für Weimar. Ich sagte ihm meine Beobachtungen über Turner, wie wenige Farben dieser benutze, gerade bei den brillantesten Aquarellen aus Venedig. – R. zitierte mir eine Stelle aus einem Brief von Rubens über optische Farbenmischung. Man solle die Farbe nicht auf der Palette sondern auf der Leinwand mischen, dann würden die Töne viel schöner. R. meint auch, dass Rubens der Vater der ganzen modernen Malerei ist. Er habe die Ketten gesprengt. Von einem Porträt der Hélène Fourment in Dulwich sagte er: c'est un pur Renoir. – Von Maurice Denis spricht er mit der grössten Bewunderung. C'est lui qui de nous tous (den Neo Impressionisten und der jüngeren Gruppe) ira le plus loin. Er betont namentlich den Stil seiner Zeichnung und Komposition.

[1] Verweisung: „(cf. aber Vuillard 24.XII.02.)"

[2] Porträt des Jorge Manuel Theotokópoulos

London. 16. Dezember 1902. *16.12.1902 Dienstag*

Robertson in Othello. Das Spiel schwach und kleinlich. Aber das Stück trotzdem überwältigend. Der dritte Akt ist ganz enorm. Dieser Sturm von Leidenschaft und immerfort als Begleitung die furchtbare Ironie, das grimmige Lachen der Götter. Die Grundnote: die Nichtigkeit aller Dinge: denn selbst dieser Schmerz ist Nichts. Das scheint mir überhaupt die Grundnote Shakspeares, namentlich der Komödien. Shakspeare ist nah verwandt mit Cervantes. Alle Menschen Don Quichottes; so sieht Shakspeare sie.[1] Das mag er von Montaigne haben. Er sieht Alles so scharf, dass er durch Alles hindurch schaut. Es löst sich ihm in Nebel auf. Kaum ist zu glauben, wie wenig von diesem Geist Shakspeares in die englische Weltanschauung übergegangen ist.

London. 19 Dezember 1902. *19.12.1902 Freitag*

Hildebrand's Buch und die Parthenonskulpturen wieder analysiert. Resultate bisher z. T. im Gegensatz zu H.:

1. Plastik ein Komplex von Flächen, von verschieden geneigten Flächen (von Flächenrichtungen, plans Rodin)
2. Plastischer Genuss: Genuss an Flächenrichtungsvorstellungen (bestehend aus Netzhautempfindungen [Licht, Farbe] bereichert und belebt durch Muskelempfindungen [Bewegungen und Akkomodation]) und an dem Verhältnis verschiedener Flächenrichtungsvorstellungen zueinander.
3. Das Wirkungsmittel des Plastikers sind also Flächenrichtungsvorstellungen.
4. Er muss daher bestimmte (nicht unbestimmte) Flächenrichtungsvorstellungen erwecken, d. h. feste, für ihn kontrollierbare; also Netzhautempfindungen, die mit bestimmten, sicheren Muskelempfindungen verbunden sind.
5. Die der Plastik eigene, besondre, Schwierigkeit ist also, die Muskelempfindungen (besonders die bei der Akkomodation) genau abzumessen, also die Muskelbewegungen genau zu leiten.
6. Dieses Leiten geschieht durch die Netzhautempfindungen, Licht und Farbe.
7. Licht und Farbe sind daher in der Plastik nicht blos aesthetisch Selbstzweck, sondern sie haben ausserdem noch die Rolle, den Muskeln bestimmte Bewegungen zu suggerieren, damit bestimmte Muskelempfindungen zustandekommen.
8. Infolgedessen muss der Plastiker aus der Natur alle Netzhautempfindungen streichen, die nicht bestimmte (immer wieder gleich entstehende) Muskelbewegungen anregen (weil sonst die Netzhautempfindungen, die keine bestimmten Muskelbewegungen anregen, das Auge verleiten und so Konfusion erregen) und umgekehrt Netzhautempfindungen schaffen, die die Bewegungen und Akkomodation des Auges sicher leiten.
9. Aber trotzdem Netzhautempfindungen und Muskelempfindungen sich zu

---

[1] Verweisung: „(cf. 7.VIII.02.)“

Flächenrichtungsvorstellungen zusammenschliessen, bleiben neben dem Verhältnis dieser Flächenrichtungsvorstellungen zueinander auch die Verhältnisse ihrer Elemente, der Helligkeitsgrade, der Farbentöne u. s. w. zu einander aesthetisch wirksam. (auch der Linien, die ebenfalls nur Elemente der Flächenrichtungsvorstellungen sind: in der Plastik ist die Linie Nichts als die Begrenzung der Fläche. Sie ist unplastisch, wo sie dies nicht ist).
10. Neben dem Verhältnis der Gesamtkomplexe (Flächenrichtungsvorstellungen) zu einander können infolgedessen die Verhältnisse dieser Elemente zu einander zu Quellen von aesthetischer Schönheit werden. Im Parthenonfries sind sie es alle. (Prinzip der grossen Kunst, alle Beziehungen auszunutzen, die das Material hervorbringt. Alles beleben, Alles bändigen. Delacroix.)[1]
11. Gegen Hildebrand: Es handelt sich für den Bildhauer nicht um „ein gegenseitiges in Beziehung Setzen von Bild- und Form Vorstellung" (H. S. 27) sondern um ein Ausgestalten der Gesichtsvorstellung durch Einbeziehen von bestimmten Muskelempfindungen. Hierdurch eben schafft er Flächenrichtungsvorstellungen (cf. meine Anm. S. 27). Diese Thätigkeit gehört zu N° 3 bis 5 und hat Nichts zu thun mit dem Verhältnisseschaffen von N° 9 und 10. Grosse Fülle des Details sowohl am Fries wie an den Giebelfiguren: namentlich am Nackten; nur rhythmisiert, zur Einheit gezwungen. (cf Rodin); dies im Gegensatz zur heute modernen Pseudo Antike (Canova, Thorwaldsen.).[2]

Paris. 21 Dezember 1902. *21.12.1902 Sonntag*
Nachmittags aus London her.

Paris. 23. Dezember 1902. *23.12.1902 Dienstag*
Zu Maurice Denis nach St Germain. In seinem Atelier die Wandbilder für die Sakraments Kapelle in Vésinet. Sie sind von starker, leuchtender Farbe. Er bemerkte: „C'est un préjugé sur lequel on nous a élevés, qu'il ne faut pas de couleurs fortes dans la décoration. Il y a des Rubens à Anvers qui sont plus décoratifs même que des Puvis. Ce qu'il faut, c'est seulement une très grande simplification, des tons, des valeurs, du dessin, de tout." Ich bemerkte, wie wenige Farben er verwendet hätte: Oui, et il y en a même encore trop. – Ich sagte ihm, dass gerade er in Weimar gut gefallen würde. „Je ne pense pas", meinte er, „à cause du dessin. C'est ce qu'on me reproche toujours, mon dessin. Comme couleur, le public aujourdhui accepte tout, même au Salon. C'est entendu, que la Couleur, c'est de la fantaisie. Mais pour le dessin, par contre, on est très sévère. – Et cependant je suis certain, que ce que je fais est bien voulu. C'est même surtout le dessin qui m'intéresse. Je le fais et le refais. Je me donne enormément de mal pour vider mon

1 Verweisung: „cf. oben. 22.V.1902; 29.V.02."

2 Verweisung: „cf noch 2.I.03. 24.V.03. 11.XI.03. 16.XI.03."

dessin, pour le simplifier. Mais c'est ça dont le public ne veut pas. Dans toute décoration, il y a certaines conventions, qui s'imposent, auxquelles on s'accoutume. En ce moment, c'est la convention Puvis de Chavannes. Puvis simplifiait aussi, mais d'une façon différente. Il mettait un gros trait foncé autour de ses figures; et, en effet, si on met un gros trait autour d'une figure, elle parait simplifiée. Mais je ne veux pas faire ça. Ça me forcerait à peindre gris. Et puis, je ne vois pas ça dans la nature." – Über Rysselberghes Bild für Solvay. „Je crois qu'il aura des mécomptes pour son dessin. Il est encore trop peu simplifié, trop près de la nature." Er versprach mir, in Weimar auszustellen und selber mit Rysselberghes und Gide hinzukommen. Er schien sich sehr für die Verhältnisse dort zu interessieren; sagte, er und Gide hätten allerlei Pläne gemacht. Er riet dringend, auch Redon dorthin einzuladen; sprach mit Enthusiasmus von seinen Decorationen bei Chausson, die er mir zeigen will. Auch von Maillol, den ich erwähnte, sprach er als „un grand Artiste". Als ich ihm sagte, dass Maillol und er mir durch Ingres verwandt erschienen, und dass eine Studie, die Denis mir von sich zeigte, diese Verwandtschaft deutlich zeige, sagte er: „J'en serais bien content; car je considère Maillol maintenant comme vraiment un grand Artiste."

Paris. 24 Dezember 1902. *24.12.1902 Mittwoch*

Vormittags bei Vuillard. Ich bemerkte, dass Monet nach Cézanne „moins de franchise" zu haben scheine. Vuillard protestierte. Non; c'est pas ça. Monet, c'est, avec une grande simplification de la palette, quatre, cinq tons, la notation pour ainsi dire reflexe d'un état d'âme. Cézanne, lui, c'est un Italien, un homme du Midi. Il poursuit certaines théories qu'il a sur le Vert, sur le Rouge, sur le Bleu, sur le Violet, sur les rapports de la gamme des couleurs. Vous comprenez bien, qu'un peintre qui prend soixante, cent séances, ne saurait être un naturaliste. La nature change non seulement de séance en séance, mais pendant chaque séance. Pour Cézanne, comme pour Monet, la nature n'est qu'une occasion de s'exprimer, à l'encontre de Manet, qui, lui, vraiment pensait rendre la nature.[1] Mais Monet et Cézanne, c'est la recherche plastique qui les occupe. Pour le reste, Monet et Cézanne sont complètement différents. Il y a des jours où on n'aime que l'un, et d'autres, où on prefère l'autre. Par exemple Cézanne ne pourrait pas noter ça (den grauen Pariser Hinterhaus Ausblick zeigend). Par contre, pour la technique, il y a beaucoup plus à apprendre chez Cézanne. Tenez, nous avons eu là, dernièrement, un monsieur Bernardzyk de Vienne, qui avait réuni sur une même liste les noms les plus étonnants. Il classait ensemble, comme Impressionistes, Degas et Renoir, Degas, qui est le dernier des Académiciens. Mais il n'y a vraiment jamais eu qu'un seul Impressioniste, c'est Monet. Ah, la critique d'art est une chose bien délicate! Tous ces artistes ont été réunis par une certaine communauté de misère,

[1] Verweisung: „(über Manet cf. Vuillard 11.V.03"

par la difficulté de leurs débuts, par l'amitié, la générosité vis à vis les uns des autres, mais ils n'ont aucun rapport artistique entre eux. Ils veulent des choses totalement différentes. Cézanne, qui fait des théories du matin au soir, ce sont les couleurs et leurs rapports qui l'intéressent; Monet, c'est la nuance, c'est le gris, qui du reste contient toutes les couleurs. Monet en est arrivé à peindre Londres, de la fumée dans du brouillard, avec un peu de soleil épars. Tenez, entre nous soit dit, notre groupe, Maurice Denis, Bonnard, Roussel et moi, nous sommes très liés et nous exposons ensemble; mais nous voulons des choses totalement différentes. À part ça, que nous recherchons toujours à nos œuvres un interêt vraiment plastique. (Er meint damit, wie er erklärte, die reine Harmonie und den reinen Rhythmus, ohne Rücksicht auf das Sujet, und begreift darunter sowohl die Musik wie die Gesichtskünste.) – Ich bemerkte, dass man aber doch mit einem gewissen Recht z B. von einer niederländischen Schule im Gegensatz zur italienischen spreche, so verschieden auch z B. Terborch[1] von Rembrandt sei. Oui, certainement. Je crois que chaque race est douée différemment pour l'art plastique (d. h. die reine Kunst). Ce qui les différencie, c'est de rechercher les harmonies et les rhythmes de certaines sensations et de se borner à cela (d. h. ohne Intellekt oder Sentimentales hineinzumischen). C'est l'effervescence artistique, qui se porte plutôt d'un côté que de l'autre. Chez nous, ce sont les sensations de l'Œil. Ich meinte, im 17 Jh. sei das doch anders gewesen. Damals seien gerade hierin Velazquez α Terborch den Franzosen überlegen gewesen. Non, pas Terborch. Il y a chez Poussin une recherche de l'Arabesque des formes et des couleurs, qui aurait été du Chinois pour Terborch. Terborch, c'est tout de même le sujet, une belle étoffe, qui l'intéresse, avec beaucoup de goût évidemment dans les petites recherches. Mais Poussin, c'est tout différent. Er kam nochmal auf die Unterschiede zwischen Degas α Renoir zurück. Exposer Degas et Renoir ensemble, sous une même désignation, c'est comme si on avait réuni Ingres et Delacroix. Ich meinte, ja, gerade im Gegensatz zu Ingres, dem die Farbe gleichgültig gewesen sei, liessen sich die Impressionisten als eine Art von Gruppe fassen. Non, il y a chez Ingres justement aussi une recherche plastique, une recherche de la ligne et de la forme; et celles ci (Linien und Proportionen) tiennent une place énorme dans l'œuvre de Cézanne, de Monet.[2] – Nachmittags bei Odilon Redon, 32 Av. Wagram. Ihn eingeladen, in Weimar auszustellen. Er nahm mit Freuden an; fuhr mit mir zum Haus der Madame Chausson, um mir seine Decorationen dort zu zeigen. Unterwegs: J'aime l'Art du Nord. J'ai toujours eu peur de l'Italie. Ich sagte, wie man seine Entwicklung zur Farbe an seinen Lithographieen verfolgen könne. Oui, c'est vrai, j'ai fini par arriver à l'Épiderme. J'ai commencé par le fond. Je m'en étonne moi même. C'est une espèce de mystère. Tout de même, je suis tout

---

[1] Borch

[2] Verweisung: „(cf. 4.I.03"

entier dans mes lithographies. Car il faut bien en convenir, si je n'avais pas vu les Impressionistes, je n'aurais pas fait de couleur.

Caux sur Territet. 25 Dezember. 1902. *25.12.1902 Donnerstag*
Mittags hier an, wo Mama und Gee im Palace Hotel. Mama, wie es scheint, etwas besser.

Caux. 29 Dezember 1902. *29.12.1902 Montag*
Gees Stück in der Umarbeitung.

Caux. 30 Dezember 1902. *30.12.1902 Dienstag*
Abends abgereist.

Paris. 31 Dezember 1902. *31.12.1902 Mittwoch*
Im Louvre die französischen Bildhauer. Houdon und Barye ragen weit über die Andren hervor. An dritter Stelle kommt dann Carpeaux. Rude erschien mir heute kalt und kahl.

Paris. 1 Januar 1903. Donnerstag. *1.1.1903 Donnerstag*
Notredame. In der französischen Skulptur um 1300 herrscht die Linie vor unter den plastischen Elementen. Die Fläche (Form, „plan") dient nur dem Zweck, Linien zu liefern. Der Genuss entsteht aus einem Rhythmus langer, kühner, Majuskelhafter Linien, nicht aus Formen oder Lichtspielen. (cf. die Madonna am grossen Seitenportal des Nordschiffs und die andren Figuren dieses Portals.). Die Linie dominiert schon um 1200. (Portal des Heil Dionysius.). Zu vergleichen mit den Glasfenstern, in denen auch die Linie neben der Farbe dominiert. Vielleicht kalligraphischer Einfluss. Miniaturen. Dies im Gegensatz zu der entwickelten griechischen Plastik. Bei Phidias haben alle Elemente gleichen Wert (Gleichgewicht aller Elemente d. h. Genussgefühle; hier nur ein Element zum Genuss, zur Schönheit, durchgebildet.) – Seit acht Tagen schleppe ich eine kleine Figur von Maillol mit mir hier und dorthin herum. Merkwürdiger, wachsender Zauber ihrer einfachen Formen, die von überall reine, zarte Profile bieten. Sie fesselt mich mehr und mehr. – Definition der Barbarei: Ein Reichtum, dessen man nicht Herr wird. Nicht Herr werden = Nicht Organisieren können, Nicht Ausnutzen können. (Hierzu cf Fichtes Def. der Kultur.) Die Barbarei kann also auch aus einer wachsenden Fülle des Materials folgen, ebenso wie aus abnehmender Kraft. In der Kunst ist jede Wirkung, die sich nicht rhythmisch oder harmonisch ganz dem Werk einordnet, barbarisch. Diese Definition ist der Kontrastbegriff zu dem der

Kultur als Ordnung, Harmonie, Rhythmus. Er erklärt zugleich, warum Kultur zu wünschen ist. Etwas transponiert lässt dieser Begriff der Barbarei sich auch anwenden auf ein Volk, das seiner grossen Männer, seiner Genies, nicht Herr wird, sie sich und seiner Kultur nicht einzuordnen vermag. Mass für die Kraft einer Kultur, wie stark das Genie in ihr wirken darf, ohne sie auseinanderzusprengen. Aber, wo es Nichts Neues mehr zu ordnen giebt, hört die Kultur ebenfalls auf. Denn sie ist blos Form, die eine Substanz braucht. Sie verduftet dann, hört zu leben auf. Kultiviertsein heisst Herr Werden; Herr Sein ist nur ein Zeugnis von vergangener Kulturkraft und verträgt sich mit der Barbarei: Dieses gegen die Wiederkäuer. Daher falsch, das Neue oder den Übermenschen zu verwerfen; sie sind im Gegenteil das Material, an dem die Kultur sich bewähren soll, für die und durch die sie existiert. Wenn die Kultur sie ungenutzt gehen lässt, so ist sie schuld. Kultur der Seele aber heisst Moral. Eine Moral ist daher gerichtet, wenn ein Mensch entsteht, der ihr zu stark ist, den sie wegen seiner Kraft beschneiden oder verwerfen muss. Das enthüllt dann die Schwäche dieser Ethik. Aber der Mensch ist dadurch mitnichten verurteilt. – Romantische Kultur: Durchbildung von Naturempfindungen, die nicht zum Hauptstrom des Lebens gehören, zu einem Schleier, der diesen Hauptstrom verdeckt. Vollkommen gelungen in Frankreich im 18ten Jh.[1] Sie verhält sich zu der wirklichen Kultur wie die Höflichkeit zur Moral. Aber jede Kultur hilft sich wohl manchmal durch romantische Kunststücke. – Kultur ist also Ordnung, Anordnung im Hinblick auf die menschliche Seelenbeschaffenheit, Ordnung der Erlebnisse im Hinblick auf eine Seelenbeschaffenheit, so dass die Empfindungen, Vorstellungen, Gefühle, die erweckt werden, sich gegenseitig nicht stören, sondern unterstützen und miteinander in Zusammenhang kommen. Sie entspricht den seelischen Hauptbedürfnissen: Kraft, Einheit, Klarheit und im Hinblick auf diese örtlich und zeitlich bedingten Bedürfnissen. Sie hat in diese Zusammenhänge auch die Willensregungen einzuordnen; dies thut die Ethik, die insofern ein Teil der Kultur ist. Auch diese müssen in den Rhythmus und die Harmonie eingehen, damit das ganze Seelenleben an diesen Eigenschaften teilhabe, d. h. zu seiner vollkommensten Entwicklung komme. – Die sog. Romantik des 19ten Jh. umfasst zwei GeistesRichtungen, denen nur die Abkehrgebärde gemein ist: Die Eine, die zu Unrecht romantisch heisst, eilt aus den leeren, konventionellen Formen dem Leben entgegen; mit ihr beginnt eine neue Kultur, eine neue Bezwingung des wirklichen Lebens. Die Andre, echt romantische, versucht noch immer weiter, wie das 18te Jh., das neue, ungebändigte Leben zu verhüllen; nur dass sie jetzt in ihrer Verzweiflung hierhin und dorthin greift nach allerlei Resten toter Kultur. Die gemeinsame Abkehr von der Konvention erscheint Beiden, namentlich am Anfang, so wichtig, dass sie darüber oft ihre Ziele gegenseitig verwechseln. Man findet

---

[1] Verweisung: „(cf. 23.V.02. 28 VII 06)"

deshalb beide Geistesrichtungen bei fast allen Führern der Zeit miteinander vermischt. Aber ich glaube, dass man trotzdem unterscheiden kann, welche vorherrscht bei den verschiedenen Künstlern und Dichtern. Nämlich die erste, nichtromantische, bei Rousseau, Herder, Goethe, Byron, Heine, die in Wirklichkeit Propheten sind; die Andre, echt romantische, bei Schlegel, Fouqué, Morris, den Praeraphaeliten, vielleicht bei Wagner. Heute ist es an der Zeit, den Unterschied klar ins Auge zu fassen. Bei Heine lässt sich die Mischung am leichtesten trennen. Das Sentimentale ist seine Romantik. Seine Liebe zum wirklichen Leben giebt sich als Witz. Deshalb ist sein Witz auch, was geblieben ist und weiterwirkt.[1] – Abends Polaire und Mad France in den Mathurins[2].

Paris. 2 Januar 1902. *2.1.1903 Freitag*

Zu den „malerischen" Mitteln bei Phidias (Licht und Schatten). Er benutzt die „valeurs". Er benutzt sie genau wie ein Maler, um eine Perspektive herzustellen. An den dunklen Figuren (übrigens Rhythmus am Fries[3] zwischen hellen und dunklen Figuren), – an den dunklen Figuren sind die „ferneren" Falten fortschreitend weniger tief eingeschnitten, so dass die Schatten nach „rückwärts" blasser werden; an den Lichtgestalten ist es umgekehrt, sind die „vorderen" Falten ganz flach, so dass das Licht vorne stark wirkt, während dann die „hinteren" Falten tief und dunkel sind. (Fragment im Louvre.)

Paris. 3 Januar 1903. *3.1.1903 Samstag*

Sentimentalität = konventionelle, verlogene Gefühlsnüancen. Sie ist ein Zeichen, dass keine echten Gefühle zur Hand sind. Kunst braucht Gefühl, besteht aus Geist und Gefühl; wenn das zweite Element nicht zur Stelle ist, dann helfen als Surrogat konventionelle Gefühlsnüancen. Sentimentalität also nicht zu verwechseln mit Gefühlsstärke; gerade vom Gegenteil ist sie Symptom. Die franziskanische Bewegung ist nicht sentimental; Rousseau ebensowenig. Dagegen jede romantische Richtung notwendig; z B. der Jesuitenstil, das Louis XV. Zum Illustrieren: Nebeneinanderstellung franziskanischer Gothik und jesuitischer Barockfiguren. Rassen, bei denen der Verstand vorherrscht, sind deshalb sentimental: Juden, Franzosen. Ebenso, gefühlsarme Gesellschaftsklassen: der deutsche Philister. Starklebende, Starkfühlende Menschen und Völker nicht: unsere Junker, die Engländer, die Griechen. In der Entwicklung des europäischen Gefühlslebens sind also die sentimentalen Epochen gerade Stillstandszeiten. Oder wenigstens Minima der Gefühlskraft, deren Höhepunkte in die Zeiten der griechischen Lyrik und der franziskanischen Bewegung fallen; denn ob die Gefühls-

---

[1] Verweisung: „(cf. 3.I.03; 23.V.02; 3.IV.06; 15 IV 06; 12.VII 06"

[2] Théâtre des Mathurins

[3] Parthenon

nüancen sich mehr bei starkem als bei schwachem Fühlen verändern, ist nicht ohne Weiteres sicher, wahrscheinlich aber doch. – Mit Onkel Clement bei Voisin gegessen. Nachher in Donnays l'Autre Danger.[1]

Paris. 4 Januar 1903. *4.1.1903 Sonntag*

Vuillard[2] hat Recht, dass die Impressionisten von einander fundamental verschieden sind; in der Grundrichtung sogar mehr noch als schliesslich in den Resultaten. Monet ist die Lichtkraft. Alles Andre, wie die Farbe, ist der Konzeption einer gewissen Lichtverteilung (analog Rembrandt) untergeordnet. Daher seine „Serien". Innerhalb der Lichtkraft interessiert ihn dann wieder mehr das Vibrieren, die Kraft, die aus dem Licht-Flimmern fliesst, als die aus den Valeurs. (Valeurs: Helldunkelbeziehungen, Vibrieren: Farbenbeziehungen.) Deshalb spielt dann doch die Farbe bei ihm intim mit, da das Vibrieren aus Farbenkontrasten hervorgeht. Daher ist eine Photographie nach einem Monet Wenig. Aber die Farbe ist doch schliesslich nur Mittel. – Renoir interessiert sich vor Allem für die Entstehung der Farbe. Er analysiert die Farbe, entwirrt ihre Elemente immer sicherer, immer feiner. Daher seine Neigung zum Nackten und zum Porträt. Seine Farbe vibriert schliesslich auch wie Monets, weil die vielen, unsichtbar zusammenfliessenden Nüancen notwendig ins Flimmern kommen. Aber dieses Lichtgezitter ist ihm Nebensache, Attribut der Farbe, während bei Monet umgekehrt die Farbe ein Attribut des Lichts ist. – Monet analysiert auch; aber dabei beschäftigt ihn, warum das Licht an dieser Stelle so und so stark vibriert, während Renoir sich fragt, warum an dieser Stelle die und die Farbe erscheint. Das giebt dann ganz andre Konzeptionen (vgl. im Einzelnen Renoirs Moulin de la Galette mit Monets Déjeuner, im Luxembourg). Monets Geistesrichtung führt zu Gesamtkonzeptionen (dekorativ), Renoirs mehr zu lauter Einzelkonzeptionen, die jedesmal aus der Analyse eines Farbenflecks hervorgehen. – Kurz: Monet sieht überall Lichtprobleme, Renoir Farbenprobleme. Monet ist Kolorist per accidens; Renoir (und Cézanne und Delacroix) dem Wesen nach. Man vergleiche die Analyse des Kaffeetopfs auf Monets Déjeuner mit der des kleinen Mädchenkopfs links unten auf Renoirs Moulin de la Galette. – Monet und Renoir kommen Beide dazu, mit wenigen Farben, mit einer sehr einfachen Palette, zu malen; aber Monet, weil ihn die Farbe an sich nicht interessiert, Renoir, weil er mit wenigen Farben durch optische Mischung die ganze Nüancenskala hervorbringen kann. Renoir malt jetzt mit nur 4 oder 5 Farben auf der Palette, wie Denis sagt. Monet bevorzugt Grau, London. – Cézanne interessiert das mosaïkartige Nebeneinander der Farben in der Natur, was wieder Etwas ganz Andres als die Kunst Renoirs ist. – Manets Hauptinteresse ist wie Monets die Kraft der Töne, aber die,

---

[1] Verweisung: „(cf 1 I 03, 3 IV 06 28 VII 06"

[2] Verweisung: „(24.XII.02.)"

die aus den Valeurs hervorgeht; nicht das Flimmern. Daher vertragen seine Konzeptionen ohne Schwierigkeit Grau und Schwarz. Monet hat sich dagegen das Grau erobern müssen. Es ist für ihn ein Virtuosenstück, seine Konzeption in Grau auszudrücken, dass das Flimmern, ihre Seele, trotzdem drinbleibt. Grau drückt sie aber dann reiner aus als Farbe. Renoir ist das Grau dagegen im Wesen entgegengesetzt.[1] – Manet hängt mit Corot zusammen (Valeurs), wie Cézanne mit Delacroix (Farbenmosaik), wie Degas mit Millet (Formenrhythmus). cf. Millets „baigneuses" im Louvre. Monet setzt Manet fort (in einem andren Sinne als die deutschen Kunstschriftsteller meinen). Von Corot durch Manet zu Monet geht es vom toten zum vibrierenden Licht. Manet ist allein vielleicht nicht einmal viel weiter gekommen als Corot. Turner hat diese ganze Entwicklung in seiner Person allein durchlaufen. Corots Versuche in Italien sind mit Turners Schaffen während einer gewissen Periode nah verwandt. – Constable unterscheidet sein fundmentaler Realismus[2] tief von der ganzen französischen Schule. Er ist eine gleichwertige Kontrastfigur. Auch Turner unterscheidet sich in dieser Hinsicht von Corot; nämlich durch die Accuratesse (Richtigkeit) seiner Form, die Corot nur als Anlass seiner Arabeske interessiert und daher weit nachlässiger behandelt wird. – Die einzige wirksame Kunstgeschichte ist die Geschichte der Probleme. Alles Andre (Biographie etc.) ist Nebensache und unterzuordnen. Aber zu betonen, dass die Problemstellung für jeden Maler eine Sache seines Temperaments und Talents ist. Man kann sich nicht nach Belieben zwingen, in der Natur dies oder das zu suchen. Der Geist sucht, wo er will. Sonst wären wir Alle Genies. – Zu dem Zusammenhang zwischen den Valeurmalern (Corot, Manet) und den Lichtmalern (Monet, den Neoimpress.) cf Seurats Schwarzweiss Zeichnungen, in denen hervortritt, wie die Valeurs zum Problem des Lichtvibrierens hinführen. Auch Redons Lithographieen. Dieses zur Ergänzung von Signac. Man darf neben Delacroix nicht Corot vergessen. – Der Franzose ist glücklich bei Schminke; er verlangt nicht nach „Wahrheit". Der Sinnenreiz genügt ihm, in der Kunst wie bei der Frau. Diesen aber verlangt er; er begnügt sich nicht mit „Wahrheit". Beim Deutschen ist das Alles umgekehrt; er ist eben in der Kunst und Liebe, wie sonst, ein toller Schwärmer, der den Schatten immer der handgreiflichen Wirklichkeit vorzieht. Hans Guckindieluft. – Vollard erzählte mir gestern, dass Rodin und Mirbeau eine „campagne acharnée" begonnen hätten, um Maillol den Auftrag zum Zola Denkmal[3] zu verschaffen. Aber sie würden sicher scheitern, wegen der Eifersucht der andren Künstler et parcequ'il y a 50,000 francs à gagner. – Von Rodin zitiert er über Manet das Wort: C'est un bonhomme, qui a passé sa vie à médire du Carrache et à l'imiter. – Dedication eines Buchs über

[1] Verweisung: „(cf. 5.I.03.)"

[2] Verweisung: „(cf. 27.III.02.)"

[3] Meunier u. Charpentier

Malerei: „Den Kritikern (oder den Gelehrten, oder „dem Gelehrten"), die mich ausschreiben werden."[1] Dann Vorrede: Ich hätte dieses Buch gern dem Gelehrten, der mich ausschreiben wird, zugeeignet. Aber das wäre vielleicht persönlich verstanden worden.[2] Und ich will mit der Widmung nur darauf hinweisen, dass dieses Buch das Resultat eigener Arbeit enthält, die ich aus Interesse zur Sache gethan habe, und dass ich deshalb den Kritikern, die meine Gedanken in ihren wahrscheinlich glänzenderen Stil übertragen werden ebenfalls aus Interesse zur Sache dankbar bin. –

Paris. 5 Januar 1903. *5.1.1903 Montag*

Monets beide Bilder aus London (99.) bei Durand R. wiedergesehen. Sie sind nicht mit Grau gemalt, sondern wirken nur wie Grau. Grau selbst kommt in ihnen garnicht vor, sondern nur lauter Farben (wenige): Blau, Violett, Grün, Rosa. Aber die Farben heben einander auf, so dass nur ihr Helligkeitsgrad, die Valeur, das Helldunkel, wirkt; d. h. die wahre Seele von Monets Kunst, die nackte Konzeption.

Berlin 6 Januar 1903. Dienstag. *6.1.1903 Dienstag*

Früh an. Abends Sitzung der Archäologischen Gesellschaft. Wilamowitz sprach gegen Dörpfelds Ithaka Theorie. Was er von sich gab, war hauptsächlich Süffisanz; Inhalt konnte ich nicht heraushören. Aber der feine Kopf und die geistreiche Stimme ersetzen fast ein Argument. Ein Duell zwischen Sophisten. Wenn sie sich einigten, hätte die Wissenschaft aber doch eine neue Thatsache zu verzeichnen, ohne dass die Begründung besser wäre. Dies ein Quell fauler Pakte in unserer Wissenschaft, der aus der Spezialisierung fliesst. Auf jedem kleinen Gebiet sind die Autoritäten rar, und Niemand kann ihnen auf die Finger sehen. Diese Winkelgrössen machen deshalb die „Wissenschaft" unter einander ab. Und nur der Himmel weiss oft, wie die eine Ansicht über die andre zum Rang einer „Thatsache" gekommen ist.

Weimar. 10 Januar. 1903. Sonnabend. *10.1.1903 Samstag*

Es giebt keine Kultur der Bauern oder des Mittelstands mehr. Was noch besteht, ist Rest, Flutland, das unrettbar weggeschwemmt werden wird. Positiv können die unteren Stände Nichts mehr leisten. Auch ihre Geschmacklosigkeit ist nicht positiv, sondern ein Spiegelbild. Sie gucken sie ab von den oberen Ständen. Die einzige Art, sie zu heilen, ist, das Vorbild zu bessern. Jede Kulturreform muss deshalb heute mit den oberen Ständen anfangen. Das folgt aus Thatsachen, die

---

1 Darüber: „„An Die, die mich ausschreiben werden." oder besser: „Denen, die mich ausschreiben werden, zugeeignet.""

2 Über „das wäre" steht „man hat mir gesagt, dass dieses", über „worden": „werden würde.".

Jeder, der will, beobachten kann (Kaufläden, Wohnungen, Manieren des „Volks" von heute). Alles Andre, das Schwärmen von Volkskultur, Volkskunst, Volksdichtung ist blinde Phantasterei. Es widerspricht einer lebendigen Kraft, dem Nachahmungstrieb der Ärmeren. Was wirklich zu wünschen ist, ist dass die Kultur der oberen Stände in Formen bestehe, die auch den breiten Massen dienen können, die also geeignet sind, die gegebenen Wirtschaftsverhältnisse, Klimabedürfnisse und Geistes und GefühlsAnlagen aufzunehmen. Denn diese kann wohl ein Glied der oberen Stände überwinden. Aber die breiten Massen können nicht heraus. Ein Vorbild, in das diese Kräfte nicht hineinpassen, ist daher unnütz, und oft schädlich, weil seine Nachahmung eine künstliche Disharmonie zu der natürlichen des Lebens hinzufügt, eine Disharmonie wie gerade die, unter der wir leiden. Umgekehrt Beispiel Englands und Amerikas, wo die Kultur der oberen Stände wirklich für unten passt.[1] – Vandevelde den Titel zu seinem Vortrag in Hamburg gefunden: Die Erweckung des Stoffs als Schönheitsprinzip.

Berlin. 11 Januar 1903. *11.1.1903 Sonntag*

Wedekinds Erdgeist im Kleinen Theater. Gewisse Szenen wirken unwiderstehlich komisch, trotz Mords und Selbstmords. Ich glaube, es ist, weil die Ereignisse zu gedrängt und nur von aussen gezeigt werden, das Innere der Menschen nicht deutlich wird. Ebenso bei Strindberg. Ebenso schliesslich im Kasperl Theater, wo Kasperles Mordthaten auch zum Lachen reizen, aus demselben Grunde. – Ich empfinde einen tiefen Gegensatz zwischen der deutschen und der französischen Bühnenkunst. In Frankreich überwiegen die Form und das Sentimentale, hier der Inhalt und ein echtes aber Ausdrucksarmes Gefühl. Ein französisches Drama, das verfehlt ist, entgleist ins Rührstück, ein deutsches in die Tragikomödie. Dort wirkt eine flache Handlung falsch rührsam, hier ein tiefer Konflikt falsch komisch. Am andren Pol, bei den Genies, vertieft sich die französische Komödie ins Tragische, während das germanische Drama bis zur Komödie aufsteigt (Tartuffe, Othello.) – In Wedekinds Drama stecken die Möglichkeiten unentwickelt. Es liegt noch 100 Jahre vor Shakspeare zurück. Es ist sozusagen praeraphaelitisch, besitzt latente Kraft wie eine Knospe. Die vollendete dramatische Form hätte Lulus Liebesgeschichten in ihr letztes Abenteuer hineinkomponiert, als Elemente dieses letzten Konflikts vorgeführt, sie nicht hinter einander hergezählt. – Gaultiers Bovarysme. Voraussetzung des Bovarysme, dass man sich sieht, sich, sich selber vorstellt. Dieses häufiger bei Südländern und Franzosen. Aktive Naturen sehen sich selber seltener; daher weniger eitel und weniger geneigt zum Bovarysme. Beim natürlichen Handeln spielt das Ichbild im Bewusstsein nur eine kleine Rolle; man ist Gefühl, Wille und Aussenwelt, ohne, oder fast ohne, Selbstvorstellung. (Ebenso beim Denken, beim Kunstgenuss.)

---

[1] Verweisung: „(cf. über „romantische" Kultur 23.V 02, 1.I.03; 3.I.03)."

Anders beim Schauspielern. Flaubert hat einen Grund tort des Franzosen geschildert, der auch sich gegenüber immer etwas „m'as tu vu" ist. Gaultier überschätzt aber daher die Rolle der Ichvorstellung für die Menschheit im Allgemeinen. Die Ichvorstellung ist nicht dasselbe wie der Ichstandpunkt. Dieser ist von jeder uns denkbaren Bewusstseins Erscheinung untrennbar; Jene dagegen eine mehr oder minder häufige Zusammenfassung gewisser Bewusstseinserscheinungen. Das neugeborene Kind empfindet untrüglich vom Ichstandpunkt; die Ichvorstellung bildet sich erst viel später und mit vielen Schwankungen. So kann sie irren und Dinge in sich aufnehmen, die nicht wirklich aus dem Subjekt kommen. Der Egoismus kommt vom Ichstandpunkt, die Eitelkeit von der Ichvorstellung. Ichstandpunkt und Ichvorstellung können einander sogar bekämpfen. Und dieser Gegensatz ist eine Voraussetzung jeder Ethik. Das „Wie man sich sehen will" treibt oder zügelt das „Wie man ist". Dieser Konflikt zwischen Ichstandpunkt und Ichvorstellung ist recht eigentlich der Bovarysme, wenn die Ichvorstellung falsch gebildet ist. In jedem ethischen Helden steckt daher der Keim zu dieser Art von Lächerlichkeit. – Der Streit um die Realität des Ichs ist müssig. Der Ich Vorstellung entspricht Nichts. Sie ist, was sie ist, eben Vorstellung. Der Ichstandpunkt ist dagegen das Realste, was wir kennen; oder richtiger die Voraussetzung aller Realität, das andre Ende der Beziehung, in der jede Realität besteht. Die Frage nach der Existenz der Seele rührt her von einer Verwechselung von Ichstandpunkt und Ichvorstellung. Die negative Antwort, dass kein Ich besteht, es keine Seele giebt ist Nichts als die Konstatierung, dass die Ichvorstellung ein Résumé aus vielen fortwährend wechselnden Erlebnissen ist. Die positive, dass eine Seele nach dem Vorbild unserer Ichvorstellung existiert, ein Rest von naivem Nominalismus. Beide Antworten lassen den Ichstandpunkt ausser Betracht, der eine Thatsache und ein Bestandteil jeder andren „Thatsache" ist.

Berlin. 14 Januar 1903 *14.1.1903 Mittwoch*

Bei Liebermann um die Sezessions Gründung[1] zu besprechen. Er redete aber auch sonst viel und Vieles: „Ick mag nur naive Kunst. Mir ist Nichts grauenvoller als jede Gedankenkunst. Wissen Se, entweder es hat Einer Talent oder er hat keins. Etwas Andres giebt es nicht. Aber so von überall her Etwas zusammenholen, Pelion auf Ossa türmen und Christus in den Olymp hineinbringen, wissen Se, Bildung habe ich auch, die brauch' ich nicht." (L. übersieht, dass man auf verschiedenen Wegen zu seinem Talent gelangen kann.) – Über die Tänzerin Duncan: „Nee, wissen Sie, die ist mir zu keusch. Ick habe bei ihr Nichts für da (Gebärde). Ick liebe in der Kunst überhaupt so Etwas Sinnliches. Ich meine nicht im Sujet, wissen Se. Es kann auch in der Farbe liegen." Er bat mich, mit Vande-

---

[1] führte später zur Gründung des Deutschen Künstlerbunds

velde eine Liste von Namen aufzustellen für das erste, engere Komité der Sezession aus allen Gebieten der Kunst, Litteratur und Musik. Namentlich solle es nicht einseitig sein, auch „idealistische" Künstler wie Klinger und Hofmann umfassen. Für ihn gebe es nur Menschen, Talente, keine Richtungen. Ob Einer eine Potenz sei, das sei für ihn entscheidend, auch wenn ihm das Talent nicht gefalle. Das Programm der Gründung müsse in den Namen der Gründer enthalten sein.

Weimar. 15 Januar 1903. *15.1.1903 Donnerstag*

Soiree bei Vandeveldes. Etwa 30 Menschen, Rothes, Palézieux, Brands, die Gräfin Bothmer etc; sehr bon ton. Hess sang Schubert, Brahms und Hugo Wolff. – Mit Vandevelde eine Liste aufgestellt.

Berlin. 17 Januar 1903. *17.1.1903 Samstag*

Mit Liebermann über die Liste. Sie lautet jetzt: Liebermann, L. v. Hofmann, Klinger, Trübner, Olde, Hildebrandt, Vandevelde, Bruno Schmitz, Dehmel, Liliencron, Hauptmann, Schäfer, Bode, Lichtwark, Seydlitz, Ego, Strauss, Ansorge, Mommsen, Wilamowitz, Simmel, Mauthner, Kékulé. Ich übernahm, zu Mommsen zu gehen. Abends bei Richters gegessen. Nachher Rout bei Arnholds. Mit Nostitz über die Ausstellung in St Louis[1]. Vandeveldes Vortrag übersetzt.

Berlin. 18 Januar 1903. Sonntag. *18.1.1903 Sonntag*

Festessen zu Ehren von Maeterlinck im Hotel de Rome. Zwischen dem filet de sole cardinal und der selle de veau Printanière erhob sich Sudermann und hielt mit dem Mienenspiel tiefsten Gedankenringens eine Rede, die ähnlich lautete wie: „Meine Herren, der verehrte College aus Flandern u. s. w. die Princesse Maleine, die wir (Sudermann!) seit ihrem ersten Auftreten auf dem Horizont unserer Gedankentiefe nie aus dem Gesicht haben unterdrücken u. s. w. ... wir haben uns zur Lebensbejahung durchgerungen u. s. w. mitten im Leben sind wir vom Tode umfangen (nach diesem Trumpf besonders schmerzliches Ringen mit dem Gedanken) dann: deutsche und französische Weltanschauung u. s. w. u. s. w. da capo." Hierauf folgte der Kalbsrücken, wozu ein Judenjüngling ein langes, seichtes Colleg über Maeterlinck aus einem Heft vorlas. Dann redete Maeterlinck selbst: über die profondeur Allemande, cette patrie de la pensée, la conscience du monde. Sehr schön; aber man lächelte. Die schönen Perioden leuchteten nach dem Voraufgegangenen in rosiger Ironie. Und dann folgte der clou des Abends. Zwischen Eis und Käse bat ein zweiter Judenjüngling, Fritz Engel, der dramatische Kritiker des Berliner Tageblatts, um das Wort und fieng an, ebenfalls aus

[1] Weltausstellung 1904

einem Heft, lange, witzlose Klapphorngedichte auf Monna Vanna vorzulesen. Was die Portiersfrau dazu sagt, was die dicke Dame aus dem Parquett dazu sagt, was die Kronprinzessin von Sachsen und Giron dazu sagen. Die anständigeren Elemente fiengen an, unruhig zu werden. Bei Giron und der Kronprinzessin von Sachsen standen Vandevelde und einige Andre Männer und Frauen plötzlich auf und giengen heraus. Der Judenjüngling hielt mitten in einem Verse an, klappte mit hochrotem Kopf auf seinen Stuhl nieder und blickte stumm ringsum. Allgemeines Gemurmel. Tableau. Maeterlinck mit seinen abwesenden, glanzlosen Augen schien Nichts zu merken. „J'ai cru qu'il s'agissait d'une démonstration politique" sagte er nachher zu Vandevelde und mir. Ein so grotesk komisches Schauspiel wie dieses Festessen der Berliner Litteraten und Intelligenz (so begrüsste Sudermann glaube ich schmalzig die Versammlung) habe ich nie und nirgends erlebt. Kerr schildert heute Morgen im Tag Maeterlinck im Presseklub. Ein Klosethändler klopft ihm auf die Schulter: „Na, Sie kleener Mystiker, Sie!" u. s. w. Die Wirklichkeit war aber noch viel Aristophanesker. Man dachte an Ubu roi[1] und an gewisse Szenen von Flaubert. Ich geniere mich, dabei gewesen zu sein. Ich freue mich aber, dass ich dabei war. Simmel flüsterte mir nach Tisch mit seiner hohen, heiseren Mommsenstimme zu: „Sie sehen, wir leben unter Barbaren." – Aus Hofwohnungen, guten Stuben, Redaktionsbüreaus versammeln sie sich in einem Mietsfestsaal um einen Dichter; wunderbare Erscheinung, reich an Gegensätzen, aus denen die Komik von selbst entspringt. Man muss eigentlich dankbar sein, wenn die Erscheinung so schön hervortritt.

Berlin. 19 Januar 1903. *19.1.1903 Montag*

Vormittags bei Liebermann mit Simmel und Vandevelde; über die Clubgründung[2] verhandelt. Liebermann und Simmel sagten mir jeder für sich fast mit denselben Worten der Zweck müsse sein, dass die paar Kulturmenschen, die unter den Barbaren lebten, sich organisierten. Vor allem gegen die offizielle Kunst, gegen die Siegesallee. Positiv: etwa l'Art pour l'Art. Liebermann schwebt als Vorbild vor das Athenaeum in London. Ehe Simmel und Vandevelde kamen, machte L. die letzten Striche an seinen Polospielern. Dabei sprach er wieder lebhaft: „Malerei, das ist Alles Rhythmus. Deshalb ist es auch Unsinn, wenn Einer sagt, das Bild ist schlecht gezeichnet, aber gut gemalt. Ein Bild kann garnicht schlecht gezeichnet und gut gemalt sein. Das ist Alles Eins, weil Malerei Rhythmus ist, Nichts als Rhythmus. Wenn diese Linie hier anders ist, dann muss auch diese Farbe anders sein." Simmel gegenüber schimpfte er in ziemlich platter und pöbelhafter Weise gegen Wagner. Er sprach ihm Alles ab; selbst die Kunst. Auch Klinger. Diesem gestand er nur zu, dass er Künstler sei. „Wissen Se, es giebt

---

[1] Jarry

[2] späterer Deutscher Künstlerbund

Künstler und es giebt Portiersjungens. Na Klinger ist keen Portiersjunge." Simmel übernahm es, den „l'Art pour l'Art" Standpunkt für die Beitritts Einladung passend zu formulieren. – Liebermann kam heute, wie schon neulich, auf den Gedanken zurück, dass der Rahmen das Bild abschliessen müsse; das Kunstwerk dürfe nicht auf den Rahmen übergreifen. Es müsse, wie Simmel sagt, eine Insel im Leben bleiben. Mir scheint hier ein sehr tief gehender Zwiespalt der Kunstauffassungen zugrundezuliegen. Bei L. und Simmel ein Verzicht darauf, das Leben selbst zu gestalten. Kunst prinzipiell als eine Lebensflucht. Romantik. Aber es lässt sich darüber streiten, d. h. ob das Andre praktisch durchzuführen ist. – Während wir verhandelten, kam der junge Kardorff und blieb. – Abends Wohlthätigkeits Vorstellung im Circus. Neben Harrachs und Richters. – Der Mensch: zwei Triebe, nach Lust, und nach Macht (nach Glück, nach Geltung), versetzt mit „Bovarysme". Die absolute Stärke und die relativen Verhältnisse dieser Elemente sind verschieden; die Elemente selbst sind bei Allen dieselben. Wenn man ihre positive und relative Kraft kennt, kennt man einen Menschen. Also zu fragen: Worin findet Dieser sein Glück? Wie sucht er sich zur Geltung zu bringen? Welches sind seine Selbsttäuschungen? Wie verhalten sich diese Vorgänge in ihm zu einander? Dieses Aperçu nicht „Wahrheit"; aber ein brauchbares Schema, um der menschlichen Natur beizukommen. – Das Schicksal des Menschen hängt nicht an grossen Entschlüssen, sondern liegt in der Substanz seines Lebens beschlossen, in dem Stoff seiner kleinsten Seelenvorgänge. Dieser Stoff ist bei jedem Menschen verschieden gemischt und wiederholt sich in ihm immer wieder unveränderlich (er ist spezifisch und konstant). Die grossen und die kleinen Entschlüsse, kurz die Ethik, können diesen Stoff nur formen, nicht verändern. Ein Mensch z. B., in dessen kleinste Seelenvorgänge nicht der aesthetische Vorgang (was dieser auch immer sein mag) wie ein Schicksal enthalten ist, wird nie Künstler sein oder Kunst geniessen, so aesthetisch und künstlerhaft er sich auch gebärden mag; man merkt ihm sehr bald die Maske an; und er sich selbst auch. Ebenso das Herrschertalent. Der Wille zur Macht muss schon im Seelenatom dominieren; sonst ist es Nichts. Auch in diesem Sinne wahr, dass jeder Mensch sein typisches Erlebnis habe; oder vielmehr, gerade in diesem Sinne. Jeder kleinste Moment der Seele, jedes Seelenatom ist insofern der ganze Mensch. Es ist ein Knoten aus Millionen Kräften. Dieser selbe Knoten wiederholt sich Millionenmal. Das ist ein Menschenleben. Diese Anschauung steht der von Schopenhauer nah, oder eigentlich mehr der von Nietzsche. Denn ich verstehe sie nicht metaphysisch. Sie ist nur die anschaulichste Zurechtmachung der Erfahrungen des Lebens für meinen Intellekt. Auch die Variation der Arten wird dadurch für mich fasslicher. Sobald sich einmal solch ein kleinster Knoten wesentlich ändert, muss er sich als ein physisch und moralisch neues Wesen manifestieren. Es sind nicht die Schenkel, der Huf, der Schädel, die sich in Abhängigkeit von einander ändern, sondern der kürzeste noch organische Lebensvorgang, aus dessen Wiederholung sich das Wesen zusammensetzt, dass dann das Ganze mit einem Male notwendig anders hervortritt. Mir ist das fasslicher.

Berlin. 20. Januar. 1903. *20.1.1903 Dienstag*

Geburtstag der Frau v. Spitzemberg. Nachmittags bei Ludwig v. Hofmann. Er zeigte mir einige hübsche Skizzen und Märchen und zwei kolossale, sehr schlecht gemalte Darstellungen mit Gottvater, Adam α Eva im Paradies. Ich gab ihm zu verstehen, dass ich die Malerei daran nicht bewunderte. Er war reumütig und verzweifelt. Auf meinen Rat, wieder mit Paris Fühlung zu suchen, weil dort die Probleme der Malerei heute am klarsten erfasst würden, meinte er, das möchte er wohl, nur müsse er sich jetzt bald zu irgendeinem festen Standpunkt durchringen. Jetzt würde es Zeit für ihn, wenn er noch zu Etwas kommen wolle. Und im Übrigen: „So lange ich male, hat mich noch nie ein Problem beschäftigt. Sobald bei mir die Arbeit über die Bewusstseins Schwelle tritt, werde ich unsicher. Am besten geht es, wenn ich an Nichts denke." Er ist eine fast tragische Figur. Die reichste und süsseste Erfindungsgabe ohne sichere Ausdrucksmittel. In einer adaequaten Tradition hätte er mit seinem Funken echten Genies das Grösste vollbracht. Ein lebendes Beispiel für die Notwendigkeit einer wirklich künstlerischen Tradition in der Technik, die zu begründen die nächste Aufgabe in Deutschland ist. – Musch sagt mir, dass der Vater Kardorff über die Zurücksetzung der sezessionistischen Kunst interpellieren will.

Berlin. 21 Januar 1903. *21.1.1903 Mittwoch*

An Vandeveldes Vortrag weiterübersetzt. Er führt aus, dass das einzige Schönheitsprinzip in der Kunst die Belebung des Materials sei, und dass der „Inhalt" und die geistigen Dinge diesen Zweck der Kunst nie und in Nichts gefördert hätten. Das erscheint mir in dieser Allgemeinheit teils unrichtig teils willkürlich. Ad. 1. unrichtig, weil, wie er selber beim Naturalismus ausführt, der Gegenstand und eine Veränderung der Gegenstände die Technik doch fördern kann. Ad. 2. willkürlich, weil die Behauptung, dass die Belebung des Materials das einzige echt künstlerische Schönheitsprinzip sei, sich nur auf seinen persönlichen Geschmack stützt; die Allgemeingültigkeit dieser psychologischen Thatsache nicht bewiesen wird. Aber der Vortrag ist doch höchst lehrreich und wertvoll, weil er gerade durch diese Übertreibung der Wichtigkeit der Stoffbelebung für die Kunst sehr eindringlich predigt. Er wäre zu ergänzen durch Untersuchung a) der psychologischen Rolle der Stoffbelebung bei dem aesthetischen Vorgang, wie ich ihn in Kunst α Religion abgrenze. b) der thatsächlichen, bewussten Ziele, bei deren Verfolgung die Stoffbelebung nebenbei erreicht wurde c) der Abschnitte der Kunstgeschichte, in denen die Stoffbelebung als wichtigstes oder wenigstens bewusstes Ziel erstrebt wurde. Der Grundfehler, dass Vandevelde wieder ein nicht psychologisches, ein „objektives" Criterium in die Kunstgeschichte hineinträgt.

Berlin. 22 Januar 1903. *22.1.1903 Donnerstag*
Bei Frau v. Spitzemberg gegessen mit Nostitz, Peldram α Gemmingen.

Berlin. 23 Januar 1903. *23.1.1903 Freitag*
Bei Cassierer Ausstellung Munchs und eines jungen Münchener Impressionisten Klein, der viel von Renoir gelernt hat. Munch α Hofmann. Es giebt doch neben der sinnlichen eine „poetische" Kst, in der der Sinneseindruck nicht als solcher den aesthetischen Zustand schafft, sondern durch das, was er „bedeutet"; z B. bei Munchs Porträts. Wenn kein „Begriff" sich zwischen dem Sinneseindruck und dem aesthetischen Zustand einzuschieben braucht, so wirkt diese „poetische" Kunst genau so wie die sinnliche. Es kommt also darauf an, dass die Linie, z. B. unmittelbar mit einem Gefühl verbunden sei, nicht mittelbar durch irgendeinen Begriff oder Begriffskomplex, den sie auslöst und der dann seinerseits das Gefühl hervorruft. Wenn sie so unmittelbar ein Gefühl mit sich verknüpft, dann lässt sich psychologisch kein haltbarer Unterschied mehr zwischen beiden Wirkungsarten konstatieren. Vielleicht sind sogar die sog. rein sinnlichen aesthetischen Wirkungsarten nur ganz und gar abgeschliffene Wirkungen dieser poetischen Gattung, bei denen die „Bedeutung" sich nicht einmal mehr durch Reflexion wieder ins Bewusstsein rufen lässt. (cf. Aufsatz über Linie in Wundts 70 Jahr. Geb. Gabe[1]). Das ist aber immerhin eine Hypothese. Vorläufig ist festzustellen, dass, wie Vandevelde richtig zugiebt, es zwei Arten der vollkommen legitimen Wirkung in der bildenden Kunst giebt. Munch und Hofmann gehören zu dieser zweiten Gattung. Zu vgl. mit Schiller: Naive α Sentimentale Kst.[2] – Abends gab Mutius ein Diner bei Ewest. Sein Bruder aus Bukarest, Nostitz, der junge Bethmann, Schönberg. Bethmann definierte ganz richtig die Berliner Gesellschaft: zwei Cliquen (1) Pless – Solms – Dohna 2) Harrach – Hindenburg – Spitzemberg.) und ein grosser Menschenstaub, der nirgends so recht hingehört.

Berlin. 25 Januar 1903. Sonntag. *25.1.1903 Sonntag*
Früh bei Simmel, mit dem über den Club[3] und seinen Brief conferiert. Er wohnt als Barbar ohne es zu wissen, in einer düsteren Spiessbürger Einrichtung, die durch einige gute Photographieen und japanische Holzschnitte allerdings etwas, aber nicht wesentlich, gehoben wird. Von seiner Kunstkenntnis gab er mir auch eine ziemlich merkwürdige Probe. Er holte eine Tanagrafigur vor und zeigte sie

---

[1] Festschrift. Wilhelm Wundt zum siebzigsten Geburtstage überreicht von seinen Schülern

[2] Verweisung: „(cf. 26.I;03. 16.V.03."

[3] späterer Deutscher Künstlerbund

mir als ein Werk des 6ten oder 7ten (!) Jahrhunderts. Als ich ihm an der freien, arhythmischen Formengebung, der Stellung u. s. w. zeigte, dass sie frühstens aus der Zeit um 300 sein könnte, war er ziemlich erstaunt. Ich empfinde doch, dass ein solcher Mann, der mit Befriedigung eine solche Umgebung erträgt und für gut hält, und der so wenig von der Kunst kennt, an einem ganz andren Punkt des Weges zu einer neuen Kultur ist als ich. Man muss sich fragen, ob es da möglich ist, zusammenzuwirken, oder ob er Einen nicht nur aufhält. Er erzählte mir, er beabsichtige mit Sombart ein Jahrbuch herauszugeben, das an jede Erscheinung speziell die Frage stellen solle, was sie für eine künftige Kultur bedeuten könne, und bat mich, mitzuarbeiten. – Mit Nostitz gegessen, der mir seine Berichte an den Minister Metzsch über die Ausstellung in St Louis vorlas.

Berlin. 26 Januar 1903. Montag. *26.1.1903 Montag*

Der Unterschied zwischen sinnlicher und poetischer Kst[1] liegt auch dem zwischen griechischer und gothischer zugrunde; auch in der Architektur. Der Gothiker fühlt, was eine Linie bedeutet (ihre Kraft), der Grieche, wie sie auf seine Sinne wirkt. Die Verfallserscheinungen sind bei beiden daher grade entgegengesetzt. Der Verfall der griechischen markiert sich durch die fortschreitende Abnahme der sinnlichen Empfindlichkeit; immer weniger werden neue Formen und Linien erfunden, und die alten werden immer reizloser wiedergegeben. Umgekehrt bei den gothischen, wo der Verfall mit einer immer üppigeren Formen und Linienerfindung parallel geht, diese Formen und Linien aber immer bedeutungsloser, weniger erzählend, werden. Man kann nicht zweifeln, welches von beiden das eigentlich moderne Prinzip ist. Das Streben nach „Wahrheit", das die ganze moderne Entwicklung beherrscht, deutet unverkennbar auf die „poetische" Kst. Die Gothik lässt sich sogar als eine der ersten grossen Erscheinungsformen dieses Kernprinzips der modernen Zeit auffassen; zu bedenken nur, dass dieser Begriff der „Wahrheit" heute vielleicht schon selber in seiner Herrschaft wankt. Was ist Wahrheit? und dann: Wozu Wahrheit? klingen immer deutlicher hervor. – Abends mit Vandevelde bei Kroll die Isadora Duncan gesehen. Die ganze Berliner Gesellschaft dort. Die Gräfin Bülow hatte eine party personally conducted und erschien am Arm von Seckendorff im Parkett. Der arme Seckendorff, den ich im Gedränge begrüsste, sieht recht rot und schlagflussverfallen aus. Die Duncan misfiel Vandevelde und mir gleich stark. Sie ist affektiert, mit einem sentimentalen Augenaufschlag, hat nur Eine Bewegung, die sie bis zur Qual wiederholt, tanzt ohne Takt und ohne Feuer, und hat mit der griechischen Kunst nur das gemein, was der Philister für „antik" hält, d. h. öde Leere und süssliche Schönheit. Ihre Hauptreize sind, dass sie nackt und konventionell ist, eben dieselben Reize wie die der akademischen Kunst. Sie ist die Verwirklichung

---

[1] Verweisung: „(23.I.03)"

des Akademischen in der Tanzkunst. – Nachher mit Vandevelde und Simmel soupiert. Simmel bemerkte, Shakspeares HauptKunstmittel sei, einen Charakter gewaltsam aus der ihm natürlichen Bahn abzudrängen. Man könnte, glaube ich, dafür das Gleichnis des Prismas gebrauchen.

Berlin. 27 Januar 1903. *27.1.1903 Dienstag*

Mit Vandevelde und Herrmanns Gorkis Nachtasyl im Kleinen Theater gesehen. – Vormittags mit Vandevelde bei Ludwig von Hofmann. Er zeigte wieder seine grossen Schinken, Gottvater etc. Vandevelde meinte, warum er denn so grosse Sachen male. Er solle doch bei den kleinen Pastellen bleiben, die Alles was er zu sagen hat restlos geben. Hofmann darauf: „Ja, was sollte ich dann den ganzen Tag machen? Man kann doch nicht den ganzen Tag so kleine Pastelle malen. Dann müsste ich ja eine Nebenbeschäftigung haben. Die grossen Dinger da sind meine Nebenbeschäftigung. Die male ich nur für mich. Leider zwingen mich die Verhältnisse, sie auszustellen." u. s. w. Er scheint aber entschlossen, nach Paris überzusiedeln. – Bei Harrachs gefrühstückt mit dem Prinzen und der Prinzessin Max von Baden, Seckendorff u. Frau Richter.

Berlin. 31 Januar 1903. *31.1.1903 Samstag*

Bei Mommsen draussen, um ihn für unser Club Comité[1] zu gewinnen. Er sprach erst sehr bewegt von seiner Frau; sieht besorgt und noch weisser und schattenhafter als sonst aus. Er belebte sich dann aber am Gespräch. Einen solchen Club habe er schon vor 20 Jahren mit seinem Freund Delbrück zusammen gründen wollen. Berlin sei aber ein schlechter Boden dafür. Die finanziellen Schwierigkeiten seien so gross. Vor Allem müsse man Leute wie die Mendelssohns gewinnen. Schliesslich sagte er doch zu, einer Vorbesprechung bei Liebermann beizuwohnen. „Wenn Sie vor 10 Jahren gekommen wären, dann hätte ich gleich ja gesagt. Jetzt bin ich zu alt. Aber ich will nicht Nein sagen." Abends Soirée bei Richters. Die Vietrovetz[2] spielte, ihre zwei oder drei üblichen klassischen Stücke. Es giebt auch eine „schlechte" gute Musik, die durch den Gebrauch so trivialisiert ist, dass ihre Schönheit nicht mehr stört. Es schmeichelt dann der Gesellschaft, dass ihr „gute" Musik geboten wird, und sie freut sich ausserdem über sich selbst, dass sie diese Klasse doch schliesslich so gut verträgt. Daher sehr geschickt solche Musik: „Er der Herrlichste von Allen"[3] u. s. w. vorzuführen. Geschmackvoll ist in Gesellschaft aber doch schliesslich nur der Walzer. Wie zu Mozarts Zeiten das Menuett. Die Geschmacklosigkeit des 19ten Jh. zeigt sich sehr deutlich darin, dass es „ernste" Musik, ernste Bilder u. s. w. als Salon und Gesellschaftsaufputz in

---

[1] späterer Deutscher Künstlerbund

[2] Wietrowetz

[3] Schumann, Frauenliebe und Leben

Verwendung brachte. Das beweist, dass man von vornherein auf wirklichen Kunstgenuss verzichtete. Denn solche Sachen in einer „Gesellschaft" zu geniessen, ist unmöglich. Man kann nur ein weises Gesicht dazu machen und tiefsinnige „Gedanken" daran anknüpfen. Einen Watteau, einen Fragonard, ein Menuett von Haydn oder Mozart, kann man dagegen auch in einer Gesellschaft wirklich geniessen.

Berlin 1 Februar 1903. Sonntag. *1.2.1903 Sonntag*

Vorlesung von Simmel über Nietzsche. Er führte aus, dass die höhere Kultur sich von der niedrigen hauptsächlich durch die ungeheure Zahl der Mittelglieder unterscheide, die sie gebrauche, um einen Zweck, selbst den einfachsten, wie das tägliche Brot, zu erreichen. Das habe zur Folge, dass die meisten Menschen immer nur mit den Mitteln nie mit Etwas Definitem, den Endzielen der Kultur und des Lebens beschäftigt seien. So werde es zur tiefsten Sehnsucht jeder hohen Kultur, irgendwo einen Endzweck des Daseins zu finden. Da gebe es zwei Lösungen. Entweder man erdichte einen Endzweck ausserhalb des wirklichen Lebens, einen metaphysischen Endzweck wie das christliche Jenseits. Oder man fälsche die Mittel in Zwecke um, preise die Technik, die Arbeit u. s. w. als Etwas an sich Erstrebenswertes. Die Kultur werde dann gewissermassen pervers in ihren Trieben. Die erste Lösung habe das Christentum der hohen Kultur der Antike gebracht und 2000 Jahre lang der Menschheit aufgezwungen. Durch diese scheinbare Befriedigung sei der Trieb nach einem Endzweck nur immer stärker geworden. Und als das Christentum fiel, habe er sich deshalb elementar geltend gemacht. In diesem Moment sei Schopenhauer erschienen. Er habe die Qual geschildert, überall nur Mittel, nur Wollen, nur Streben zu sehen. Sein Pessimismus sei Nichts Andres als die furchtbare Enttäuschung über das plötzliche Verschwinden des bis dahin geglaubten erdichteten Zwecks. Die hohe Kultur sei den Menschen mit einemmale in ihrer wahren Gestalt erschienen. Aber dann sei Darwin gekommen. Zwischen Schopenhauer und Nietzsche stehe Darwin. Er habe gezeigt, dass in diesem fortwährenden Werden doch ein Zweck, wenn auch nie ein Ziel, zu erkennen sei, nämlich die Höher Entwicklung der Menschheit. Damit sei eine ganz neue Lösung des alten Problems möglich geworden. Oder richtiger, zwei verschiedene neue Lösungen. Die eine gebe Nietzsche. Die andre die Sozialdemokratie. Sie unterschieden sich von einander durch den Masstab, den sie verwendeten, um das Höherwerden der Menschheit zu messen. Die Sozialdemokratie fordert die Erhöhung des Durchschnitts aller Lebenswerte, des Wohlseins, der geistigen Kapazität, der moralischen Eigenschaften. Nietzsche dagegen misst die Menschheit an ihren höchsten Einzelexemplaren; nicht etwa, weil ihm dieses Einzelexemplar allein von Wert ist; sondern weil es ihm sozusagen eine Probe ist, die beweist, wie weit die Menschheit als solche es in diesem Moment gebracht hat. (Zitat aus der Götzendämmerung.) Ihm sei eine Wiederholung und Vervielfältigung dieses einen Exemplars ebenso gleichgültig, wie es ihm gleichgültig sein würde, dass Tizians Himmlische und Irdische Liebe nicht blos in Einem sondern in 100 Exemplaren vorhanden sei. Das einzige Gebiet, wo diese Nietzschesche Wertungsweise unbestritten gelte, sei in der That die Kunst. So sei Nietzsches Weltanschauung in ihrem tiefsten Kern aesthetisch oder von der Aesthetik beeinflusst. Entscheiden lasse sich der Gegensatz zwischen Nietzsche und der Sozialdemokratie überhaupt nicht. Hier träten letzte Existenzwerte auf. Wer recht habe, sei deshalb eine gegenstandslose Frage. Aber die enorme Bedeutung Nietzsches läge darin, dass er dieses Dilemma überhaupt möglich gemacht habe; dass es jetzt überhaupt freistünde, die eine oder die andre Ansicht zu haben. – Abends mit Harrachs in Gorkis Nachtasyl. Viele Bekannte dort. Unter Andren Kuno Moltke, Vandevliet, Mutiussens, Nostitz, Bethmann. Nachher noch mit Nostitz und Bethmann im PalastHotel.

Berlin. 2 Februar 1903. Montag. *2.2.1903 Montag*

Mittags Simmel drei Stunden bei mir. Er geht gleich auf gescheute Sprüche los, ohne Umschweife, und erklärte mir gleich zu Anfang, er sei heute müde, ich möchte ihn deshalb entschuldigen, wenn er Nichts Gescheutes sagte. Er kam von Munch und meinte, Jetzt wisse er was er ausdrücke, die Furcht vor dem Leben. Er krystallisiere sozusagen aesthetisch den eigentlich unaesthetischen Standpunkt, die Flucht in sich selbst hinein. Das moderne Leben dringe mit solcher Gewalt auf den Menschen ein und in ihn hinein, dass er seine Subjektivität fast verliere. Alles in ihm werde objektiviert, sozialisiert; er selbst, seine subjektive Individualität könne unter der Last kaum noch atmen. Das sei es eigentlich auch, was Ruskin gemeint habe, als er gegen den Maschinismus eiferte. Der Maschinismus sei eben diese Sozialisierung, diese Objektivierung des Geräts gewesen, das uns umgiebt. Statt von uns aus bestimmt zu werden, dringe es als feindliche, objektive Form in uns hinein. Er, Simmel, meine nun, man könne dies vielleicht dadurch ändern, das man den Prozess auf die Spitze treibe, das Gerät so absolut sozialisiere, dass wir es garnicht mehr merkten, garnicht mehr in uns aufnähmen; dass es gewissermasen für uns unsichtbar wird. Dies scheint der Gesichtspunkt, von dem aus ihm Vandevelde misfällt. Simmel erzählte von sich, er sei bis zu seinem 35. Jahre eigentlich dumm gewesen. Übrigens hätte er sonst an sich verzweifelt. Denn Nichts sei flüchtiger, tragischer als die frühreifen jüdischen Begabungen. Das Talent scheine bei jungen Juden Etwas Äusserliches zu sein, das sich von der Persönlichkeit ganz loslösen könne und meistens sehr bald verschwinde. Wenn er mit seinen jetzigen Erfahrungen früh begabt gewesen wäre, so hätte er sich als Jude, glaube er, eine Kugel vor den Kopf geschossen.

Weimar. 3 Februar 1903. *3.2.1903 Dienstag*

Nach Weimar. Bei Vandeveldes und nachher bei Rothe, mit dem über die Stellung des G. H.[1] zum Sezessionsklub[2]. Ich schlug vor, er solle ihn heiter einladen. Das, meinte Rothe, würde kaum angehen, da er sich dann gewissermassen aufdrängen würde. Eine Lösung scheine ihm, dass er das Protektorat über das Comité übernehme und dieses dann als Protektor nach Weimar einlade. Abends bei Vandeveldes.

Weimar. 4 Februar 1903. *4.2.1903 Mittwoch*

Früh bei Palézieux über die Protektoratsfrage. Wenig weitergekommen, da er zuviel spricht. Nachmittags nochmal Konferenz mit Rothe, Palezieux und Vandevelde. Die Formschwierigkeiten sind sehr gross. Keiner will den ersten Schritt thun und so wird die Gelegenheit verpasst werden. Abends nach Berlin.

Berlin. 5 Februar 1903. Donnerstag. *5.2.1903 Donnerstag*

Früh bei Liebermann Konferenz[3] mit Mommsen und L. v. Hofmann. Mommsen nahm bedingt an, wenn Liszt, Kekule und Wölfflin mitmachten. Er hält allerdings ein Klubleben in Berlin für schwer. „In Berlin wird enorm gearbeitet. Da hat keiner Zeit, Abends in den Klub zu gehen. Haben Sie denn Zeit, meine Herren?" Von neuerer Litteratur kannte er Hauptmann, den er hochschätzt, und Liliencron, den er auch zu mögen scheint, aber weniger als „seinen Freund Storm". Von Dehmel schien er nie gehört zu haben. Abends nach Hamburg.

Hamburg. 6 Februar 1903. *6.2.1903 Freitag*

Früh in die Kunsthalle, wo die Franckes und Runges zum ersten Mal gesehen. Beides ganz undeutsche Erscheinungen, oder wenigstens Erscheinungen, die sonst in der deutschen Kunst keine Analoga haben und auch keinen Nachklang gehabt haben, Francke als breiter, gross dekorativer Colorist, Runge als früher Vorahner des Neoimpressionismus, sowohl in der Linie wie in der Farbe. Seine Lilie ist in ihren Reizen unmittelbar verwandt mit der Loie Fuller. Beide zusammen grenzen, so paradox es klingt, eher an Poë als an irgendetwas Deutsches. Das Übrige, was Lichtwark gesammelt hat, hat doch schliesslich nur provinzialen Wert, im Vergleich zu den gleichzeitigen Engländern und Franzosen, die ganz dasselbe wie die Kaufmann, Oldach u s w, nur viel erfolgreicher, gewollt haben. Lichtwark, der mich führte, war etwas betrübt, als ich ihm dieses sagte. Bei seinem öffentlichen Reden und Schreiben verschweigt er diese unbequemen englischen und französischen Zeitgenossen immer sorgfältig. Verdienstlich ist

---

[1] Wilhelm Ernst

[2] späterer Deutscher Künstlerbund

[3] wegen Gründung des neuen Verbands, des späteren Deutschen Künstlerbunds

diese Rekonstruktion der Hamburger Vergangenheit trotzdem. Es giebt den Leuten den nötigen Ahnenstolz, auf dem die Sicherheit wächst. – Nachmittags bei Dehmels in Blankenese. Sie haben sich ihre Wohnung sehr ruhig und hell eingerichtet, so dass man den schönen, endlos weiten Blick über die Unterelbe ungestört geniesst. Die „gute Stube", in der ich Dehmel noch in Pankow gekannt habe, liegt unberechenbar fern. So weit sind wir also wenigstens schon in Deutschland. Das Symptom eines überraschenden Erfolgs in den wenigen Jahren, seitdem der Umschwung begonnen hat. Dehmel befragte mich über den Eindruck seines Briefs in der „Kultur" auf Frau Förster. Ich verschwieg ihm nicht die Wahrheit. Und die Frau Isi meinte: „Siehst du, das habe ich gleich gesagt." Sie hat diese Äusserung über Nietzsche verhindern wollen. Aber Dehmel scheint sich geärgert zu haben, dass ihm immer Nietzsches Weltanschauung untergeschoben (?) würde. Nietzsche sei vielleicht der feinste und genialste Seelenkenner aller Zeiten. Aber die „Neuen Tafeln" suche er bei ihm vergebens. Im Übrigen müsse doch eine Dichtung nicht immer gleich eine Weltanschauung predigen. Dazu sei er doch nicht da. – Über seine Pläne: Erst wolle er seine Gesamtausgabe machen. Dann habe er eine Saul Tragödie vor. Er wolle eine Shakspearesche Handlung auf einem Untergrund wie den der antiken Tragödie aufbauen. Grosse Volksmassen, die eine ähnliche dramatische Rolle spielen sollten, wie der antike Chor. Ihm schwebe Etwas vor, wie es Kleist im Robert Guiscard versucht habe. Kleist sei der Versuch mislungen, weil sein Stoff schlecht war; dieser habe notwendig von dem Höhepunkt des Dramas an (Guiscards Tod) ins Epische umschlagen müssen. – Über Liliencron: Er habe ihm geraten den Poggfred sozusagen zu teilen. Die Gesänge, die unmittelbar mit Poggfred zusammenhiengen zusammen herauszugeben und die übrigen mehr novellistischen Exkurse als Ausflüge von Poggfred, oder ähnlich, in einem besondren Band. Liliencron scheine ihm als naiver Poet Etwas fast Einziges in der Weltlitteratur. Seit Homer sei Nichts Ähnliches dagewesen. Selbst Goethe müsse in dieser Beziehung gegen ihn zurückstehen. – Abends zu Cassierer, wo Dehmel den dritten Teil von den Zwei Menschen vorlas. Etwa 20 Anwesende. Aber der schöne weisse Empire Saal war doch nicht zu leer. Und die lichten Farben im Halbdunkel als Hintergrund, Dehmel schwarz in schwarzem Rock, seine schöne, volle Stimme und Leidenschaft wirkten wirklich bedeutend als Inszenierung. Der Eindruck einzelner Stellen war auch stark. Aber das Ganze ist zu lang zum Vorlesen. – Abends nach London abgereist.

London. 11. Februar 1903. *11.2.1903 Mittwoch*

Ausstellung der Academy. Cuyp, Wilson, Constable, einige schöne Venezianer (Veroneses Mars und Venus aus der Wimborne Slg.) und ein sehr schöner Vandyck (die Königin Henrietta Maria aus der Radnor Slg.). – Seit der Renaissance in der Malerei ausser dem Raumproblem das Lichtproblem; nämlich:

1. Wie das Licht fassen (halten, wiedergeben.)?
2. Wie durch die Eindrücke, die das Licht wiedergeben, Kunstgenuss wecken?
1. Der Wiedergabe kommt die Malerei in zwei verschiedenen Weisen bei:
a) durch die Relation, den Vergleich (das Nebeneinander) von Hellerem und Dunklerem, die Valeur: Lionardo, Claude, Corot. (auch Cuyp, Wilson etc.)
b) indem sie unmittelbar eine Lichtempfindung im Auge weckt; und zwar dies durch das Vibrieren der Farbe: Tintoretto, Rubens, Constable, Delacroix, die Neo Impressionisten. Beides zusammen versuchen Rembrandt, Turner.
2. Den Kunstgenuss bewirkt die Methode a fast notwendig durch den Rhythmus, da sie auf dem Vergleich und daher auf dem Nacheinander der Eindrücke beruht. Sie führt Lionardo, Claude, Turner dazu, grosse, sehr verwickelte und vielfache Rhythmen von Hell mit Dunkel zu schaffen. Sie verführt dazu, die Farbe zu opfern; braun und grau zu malen. Von Weitem wirken daher viele Bilder von Claude oder Corot, trotzdem sie nur vom Licht erzählen, lichtlos. Sie verlieren ihren Kunstsinn, d. h. ihren rhythmischen Inhalt, sobald man nicht mehr all die feinen, zarten Unterschiede der Helligkeit fassen kann. Der Saal voll Cuyps hier wirkt eher dunkel und jedenfalls ganz undekorativ im Vergleich zu den Venezianern. Ein solches Bild ist im Einzelnen voll Licht, im Ganzen lichtlos. Denn es ist nicht an sich licht, d. h. nicht in seinen Farben als solchen, sondern nur dank einer Konvention, die aufhört zu wirken, sobald das Bild als realer Gegenstand in seiner Umgebung gesehen wird. (cf hierzu Liebermanns und Simmels Ansichten über den Rahmen.). Der Vorgang bei einer solchen blossen Valeur Helligkeit ist der, dass wir uns sagen: Angenommen dieser Fleck hier im Bild ist mittelhell, dann ist dieser Streifen hier sehr hell und dieser noch hellere Kreis blendend; Angenommen, dass jener Fleck mittelhell war, so ist dieser Kreis die Sonne. Aber dieser hellste Kreis kann an sich dunkler als die helle Tapete sein. Er kann an sich positiv ziemlich dunkel sein. Er repraesentiert die Sonne blos innerhalb jener Konvention. Die Andre Methode beruht auf keiner Konvention, sondern auf einer psycho-physiologischen Wirkung. Was hell scheint, ist es wirklich, und daher nicht nur im Rahmen des Bildes, sondern genau gleich viel im Rahmen des ganzen Raums. So hier Veroneses Mars und Venus, weil er überall die physiologische Lichtwirkung sucht, indem er die Farbe in Weiss sozusagen zerstäubt und vibrieren lässt, oder helleres Blau in das dunklere des Venus Mantels hineinmalt. Ebenso Tintoretto (Esther, Musen beide aus Hampton Court.) – Jede Kunst beruht auf einer Konvention. Jede Kunst ist eine höhere Art von Sprache, die mit Zeichen operiert. Der wirkliche, der originale Künstler ist derjenige, welcher eine neue Konvention zu schaffen weiss, die seine Seele genau ausdrückt, neue Zeichen, die verständlich sind oder verständlich werden. (Baudelaire: créer un poncif[1].) Konventionell ist also jede Kunst; akademisch aber nur

---

[1] Journaux intimes

die, welche fremde Zeichen gebraucht, die das nicht ausdrücken, was sie sagen will. Also drei Elemente oder Stadien: 1) Etwas, das des Ausdrucks wert ist; 2) ein Zeichen. 3) Verständlichkeit, Wirkung, Übertragungsfähigkeit des Zeichens. Es giebt uralte Konventionen wie die Linie. Eine „naturalistische" Kunst ist daher ein Widersinn. Das Zeichen kann sich der Natur sehr nähern, mit einem Natureindruck fast zusammenfallen; deshalb bleibt es aber doch ein Zeichen; d. h. es bleibt auch dann immer Ausdrucksmittel, also zugleich mehr und auch weniger als der Natureindruck. Es ist sinnlos zu fragen Sehen Sie denn die Natur so wie dieser Maler? Man darf nur fragen: Giebt Ihnen dieses Bild zu verstehen, wie dieser Maler die Natur gesehen hat? – Was heisst Vandeveldes „faire vivre la matière"? Vielleicht, dass die Empfindung, die der „Stoff" erweckt, nicht passiv bleibt, sondern aktiv weiterentwickelt, indem sie sich z. B. mit andren Empfindungen oder mit Erinnerungen zu neuen Gebilden im Bewusstsein associiert, wenn ich also z B. nicht blos eine Empfindung „Rot" habe, sondern dieses Rot sich mit einer Empfindung „Grün" zu einem psycho-physiologischen Organismus verbindet, der einen selbständigen, abgeschlossenen Verlauf in meinem Bewusstsein nimmt, der also ein eigenes „Leben" in sich hat. Die meisten Empfindungen associieren sich im Gegensatz hierzu nur mechanisch, also nicht organisch, mit andren Empfindungen; es entsteht aus der Association kein neues, nach eigenen, neuen Gesetzen verlaufendes Gebilde. Solange eine Empfindung nicht mit andren im Bewusstsein sich zu einem neuen Gebilde verbunden hat, bleibt sie ganz von ihrer Quelle, dem „Objekt", abhängig, bleibt sie sozusagen „objektiv". Sobald sie aber in ein solches Bewusstseinsgebilde eingegangen ist, hängt ihr Schicksal eng mit dem der übrigen Elemente dieses Gebildes zusammen. Sie löst also ihre Abhängigkeit vom Objekt, oder beschränkt doch wenigstens diese durch eine Abhängigkeit von Elementen, die sie im Bewusstsein, im „Subjekt", vorfindet. Sie wird also subjektiv in mehr oder minderem Maasse je mehr oder weniger sie von diesen subjektiven Elementen verändert und in ihrem Fortbestehen unterstützt wird. Ihre Existenz wird immer selbständiger, sie führt mit den andren Elementen zusammen ein eigenes Leben, das mein Leben ist. Natürlich lässt sich dieses analog auch von Empfindungen und Vorstellungen ausführen, die nicht blos durch das „Material" erweckt werden. Vandeveldes Anschauung ist also zu eng. Aber sonst fällt sie mit meiner Aesthetik in Kunst α Religion zusammen.

London Ostende. 13. Februar 1903. *13.2.1903 Freitag*

Früh aus London fort. Artikel über die Arts α Crafts unterwegs geschrieben. – Merkwürdiger Optimismus der Sozialen Pessimisten. Sie werfen die Schuld für das Leiden, die seelischen Verirrungen, die sozialen Schäden auf soziale Verhältnisse, auf äussere Einwirkungen. Sie finden diese Leiden unnatürlich! In Wirklichkeit sind sie die Folgen der Natur selber. Sie könnten nie entstehen, wenn sie das nicht wären. Es giebt in der Welt keine „äusseren" Ursachen. Nichts wird verursacht; Alles wir nur veranlasst. Und meistens ist die innere Kraft so stark, dass sie einen Anlass schafft, wenn sie ihn nicht antrifft.

Berlin–Weimar. 14 Februar 1903. Sonnabend. *14.2.1903 Samstag*

Früh in Berlin. Bei Liebermann. Liszt α Wölfflin nehmen an; Harnack hat noch nicht geantwortet.[1] Mittags nach Weimar. In Berlin am Bahnhof Vandevelde getroffen, der mitfuhr. Abends Ball bei Palézieux. Der Grossherzog[2] dort.

Weimar 15 Februar. 1903. *15.2.1903 Sonntag*

Abends bei Vandeveldes zu Tisch. Dort noch Euckens, Pötzsch (?) und Egloffstein. Eucken erzählte von seiner Zeit in Basel, wo er mit Nietzsche zusammen war. Sie hätten oft zusammen geprüft, er als Philosoph, Nietzsche als Philologe. Nietzsche sei immer sehr wohlwollend gegen die Kandidaten gewesen und habe es ihnen möglichst leicht gemacht. In Gesellschaft sei Nietzsche zurückhaltend und „mimosenhaft" empfindlich gewesen. Auch hätten ihn die Pressangriffe sehr geschmerzt. Er habe zu ihm, Eucken, darüber geklagt. Eucken sagt, seit 10 Jahren steige das Interesse der jungen Generationen an den grossen philosophischen Fragen auffallend. Nach 70 sei es eine schlimme Zeit gewesen. Aller Mut sei geschwunden, da man die Empfindung hatte, Bismarck mache Alles. Jeder Einzelne sei dadurch bequemer geworden. Nur langsam habe dieser Alb sich gehoben.

Weimar. 17 Februar 1903. *17.2.1903 Dienstag*

Beim Grossherzog zu Tisch. Ausser dem Hofstaat und mir nur noch Vandevelde und Olde dort. Nach Tisch sprach der Grossherzog eine Stunde mit mir allein in einer Ecke. Was an ihm am meisten auffällt, ist seine grosse Bescheidenheit. Er prätendiert nie, Etwas zu können oder zu wissen; sondern sagt einfach, das weiss ich nicht, das habe ich nicht gelesen. Er klagte über seine mangelhafte Erziehung. Das werde er nie wieder einholen. Seine Braut[3] sei auch wenig erzogen, habe aber gute Anlagen, wie er glaube. Ihr Vater habe sich um sie nie gekümmert etc. Nachher sassen wir Alle zusammen um den Tisch im Rauchzimmer. Der Grossherzog sprach sehr ungehalten über Ruhland. Der alte Herr wird wohl Gottseidank bald pensioniert werden. Für die Verzögerung meiner Ernennung entschuldigte sich quasi der Gr. H. bei mir: Er könne wirklich Nichts dafür etc.

---

[1] Beitritte zu dem geplanten neuen Verband, dem späteren Deutschen Künstlerbund

[2] Wilhelm Ernst

[3] Caroline

Weimar 18 Februar 1903. Mittwoch *18.2.1903 Mittwoch*

Früh mit Palézieux in der Permanenten. Payern kennengelernt u gesprochen. Ihm versprochen, ihn wieder anzustellen mit einjähriger Kündigung und ohne Pension, und dass ich mich dafür verwenden wolle, dass er 3600 Gehalt bekomme. Abends Vandevelde abgereist. Bei Palézieux gegessen.

Weimar. 19 Februar 1903. *19.2.1903 Donnerstag*

Nach Tisch bei der Gräfin Werthern, wo Diner. Sie erzählte, wie Holnstein seinen Einfluss auf Ludwig II gewonnen habe. Er habe eine sehr kompromittierende Korrespondenz zwischen dem jungen König und dem jungen Prinzen Taxis in Händen gehabt und habe jedesmal mit dieser gedroht, wenn der König widerstand.

Weimar 20 Februar 1903. Freitag *20.2.1903 Freitag*

Ball bei Wedells.

Berlin. 21 Februar 1903. *21.2.1903 Samstag*

Aus Weimar zurück.

Berlin. 23. Februar 1903. Montag *23.2.1903 Montag*

Früh bei Liebermann, der mir sagte, dass Liszt, Wölfflin und Schmoller angenommen hätten. Mittags zu Mommsen nach Charlottenburg. Ich traf ihn noch sehr bedrückt und niedergeschlagen durch die Krankheit seiner Frau; heiterte ihn aber etwas auf und fragte ihn dann nochmals, ob er mitmache? Zuerst wollte er nicht. Ich erinnerte ihn aber dann an seine Bedingung, die erfüllt sei, und schliesslich sagte er: „Na, meinetwegen, setzen Sie meinen Namen darunter. Aber hinkommen kann ich nicht, solange ich so viel Trauriges im Hause habe." Nachher wieder zu Liebermann und ihm Mommsens Annahme mitgeteilt. Jetzt sagte er aber, Schmoller habe nicht angenommen. Er ist ein übermässig nervöser, aufgeregter Mensch, dadurch Phantast. Machte übrigens einige ganz gute Witze. Über Harnack, der geschrieben hat, er könne nicht mitmachen, weil die Kunst nicht in sein Fach schlage: „Goethe hat jesagt: In der Beschränkung zeigt sich der Meister. Die Beschränkung allein macht aber nicht den Meister." Über Meier Graefes Manet Buch: „Det is so gut, dass ick ihm eijentlich schreiben wollte: Det is so jut, als habe ick selber einzelne Teile jeschrieben." Er hat ein sehr schönes, älteres Blumenstück von Renoir gekauft und meinte: „Wissen Se, Eine Sache bewundere ik immer an den Franzosen; das ist die „Noblesse". Ein Deutscher der malt immer gleich eine Grossmutter mit'm Kind; ein Franzose der malt so'n Blumenstück. Das ist nobel. Denn eine Grossmutter mit dem Kind, was da Alles darinsteckt, dat kann man garnicht malen. Aber so Blumen, was daran schön ist, dat <u>kann</u> man malen. Und je näher der Künstler seinem Ziele kommt, um so nobler ist er." – „Die Hauptsache in der Kunst, dat is dat Einhalten der Grenzen. Deshalb wird auch Lessing's Laokoon, soviel Unsinn drinsteht, immer bleiben. Denn dat is ein Grundgesetz der Kunst, die Trennung der Kunstarten. Det is Talent, wenn Einer sich innerhalb der Grenzen seiner Kunst hält. Det is ewig." – Abends bei vom Raths Soirée. Ihne über seine Bauten und Pläne gesprochen. Er scheint unendlich mit Allem zufrieden.

Berlin. 24. Februar 1903. *24.2.1903 Dienstag*
Bei Tschudi, um ihn zu veranlassen, Arnhold für Vandevelde als Architekten des Dumont Theaters zu gewinnen. Er versprach, morgen mit Arnhold zu sprechen. – Was jeder Nachahmung fehlt ist die Einheit. Das macht, es entstammt nicht einer Konzeption. Nichts ist da, das die Einzelheiten künstlerisch zusammenfasst und belebt. Die Wirkungen fallen deshalb auseinander, befehden sich. Daher das Unerfreuliche, Peinliche aller Afterkunst. Namentlich in Wohnräumen ist sie deshalb unerträglich. Man lebt wie bei der Schwiegermutter unter beständigem Keifen. – Abends Sezessions Ball im Zoologischen Garten. Mit Sascha Schlippenbach und der Gräfin Matuschka dort. Liebermann und Lavery an unsren Tisch herangebracht. Der Saal war sehr hübsch zu einem italienischen Garten mit Sternenhimmel und Lauben umgewandelt; nur die Nacht etwas zu echt und dunkel. Bis $^1/_2$ 4 geblieben.

Berlin. 25 Februar 1903. *25.2.1903 Mittwoch*
Liebermann schreibt, er habe solchen Kater, dass die Besprechung mit Simmel, Hofmann und mir bis morgen verschoben werden muss.

Berlin. 26 Februar 1903. *26.2.1903 Donnerstag*
Besprechung bei Liebermann.

Weimar. 2 März 1903. *2.3.1903 Montag*
Anfang der Übergabe Verhandlungen im Museum. Abends nach Paris abgereist.

Paris. 4 März 1903. Mittwoch. *4.3.1903 Mittwoch*
Mit Mama und Gee über B.[1] Ich riet zur Ruhe; nicht den Kopf verlieren.

---

[1] Brion

Paris 6 März 1903. *6.3.1903 Freitag*

Carrière Ausstellung. Seine Kunst ist seinen Ausdrucksmitteln unendlich überlegen. In der Kunst, der Konzeption, steht er Monet ganz nah. Er verwebt wie dieser die Licht Unterschiede. Die Farbe lässt er mit den Jahren immer mehr. Die Mannichfaltigkeit seiner Helldunkel Konzeptionen ist gross. Aber der Ausdruck ist seinem Zweck entgegengesetzt. Seine Bilder wirken lügüber und schwarz, nicht wie Lichtspiele.

Paris. 8 März 1903. Sonntag. *8.3.1903 Sonntag*

Mit Gee Francks Beatitudes im Concert Colonne.

Paris 11 März 1903. Mittwoch *11.3.1903 Mittwoch*

Brion angekommen und zu Tisch bei uns: In die Ausstellung des lothringischen Kunstgewerbes (Nancy: Gallé, Majorelle, Daum etc) im Pav. Marsan. Der Naturalismus im Kstgewerbe. Mangel an Rhythmus; lauter Einzelheiten, die künstlerisch nicht zusammenhängen. Keine Ruhe. Schlechte Arbeit namentlich der Broncen. Mit Morris gemein, dass Beide Etwas in das moderne Kunstgewerbe hereinholen, was nicht hereingehört: Morris das Mittelalter, Nancy die ungeordnete Natur.

London. 12 März 1903. *12.3.1903 Donnerstag*

Nach London. – Wenn alle Menschen ebenso gesetzmässig gleich fühlten wie sie denken müssen, würde es auch eine Gefühlslogik und somit eine Gefühls„Wahrheit" geben. Umgekehrt verdankt die Denklogik ihre zwingende Kraft nur dem Zufall, dass es Denkgesetze für den Menschen giebt. Aber objektiv, d. h. aussermenschlich, ist deshalb die „Wahrheit" nicht „wahrer" als die Gefühlskomplexe. Dieses Räsonnement ist natürlich „unsinnig", denn es benutzt gerade die Denkgesetze, deren Nichtigkeit es illustriert. Aber es ist nicht unnütz, um sich die Geltungsgrenzen und Vorbedingungen von Wahrheit klarzumachen.

London. 16 März *16.3.1903 Montag*

Bei Powell die Glasbläserei besichtigt. Der Hauptarbeiter, der das Meiste in der Arts α Crafts Ausstellung geblasen hat, ein dicker, behäbiger Vierziger, verdient etwa 3 ½ £ wöchentlich! Dabei liegt Alles im coup d'œil. Die Form wird frei nach dem Augenmaass und notwendig sehr schnell gemacht. – Es giebt zwei Arten Sentimentalität: Menschen, die dem Gefühl folgen, und Menschen, die ein Gefühl vorschützen. Die Ersteren, die nur ihre spontanen Gefühle anerkennen, und deshalb die Konvention in Gefühlssachen ausser Acht lassen, gelten häufig für hartherzig. Gerade sie sind aber die im wahren Sinne des Wortes Sentimentalen. Während garkeine Gefühlskraft dazu gehört, um Andren und sich selber ein starkes Gefühl bei den üblichen Gefühlsanlässen vorzuspielen. Im Gegenteil:

vielleicht ist ein sehr schwaches Gefühlsleben nötig, um auf diese Weise, bei den konventionellen Anlässen, sentimental zu sein. Zum Mindesten beweist es Nichts Siehe den Couleurstudenten, die Pastorstochter, die alsbald ihre mangelnde Gefühlsbegabung durch Strebertum und Hausfrauentugendhaftigkeit dokumentieren.

Weimar. 24. März 1903. *24.3.1903 Dienstag*
Das Museum mir offiziell übergeben von Goeckel und dem Staatsrat Kuhn.

Weimar. 30 März 1903. Montag *30.3.1903 Montag*
Palezieux, Gfin Werthern, Frau Förster, Frau Vandevelde bei mir gefrühstückt.

Berlin. 3 April 1903. *3.4.1903 Freitag*
Bei Tschudis gegessen mit Liebermanns, Hofmanns, Trübner, Pauli.

Berlin. 4 April 1903. Sonnabend. *4.4.1903 Samstag*
Eröffnung der Sezession. Abends Diner. Spät getanzt.

Berlin. 6 April 1903. Montag. *6.4.1903 Montag*
Früh bei Liebermann. Er meinte von Manet: Dreiviertel ist Akademie; ein Viertel blos Genie. Aber die eine Viertelstunde Genie macht es, wissen Se.[1] – Bei Ludwig v. Hofmanns gegessen, mit Piepen Bredow, Alberts, Baum, Schmidt Michelsen.

Berlin. 7 April 1903. *7.4.1903 Dienstag*
Vor Rodins „Hand" in der Sezession. Jeder Moment tiefen Kunstgenusses ist ein absolut ethischer Moment: vollkommene Gebundenheit der Persönlichkeit innerhalb eines akzeptierten Gesetzes vereinigt mit vollkommener Freiheit von jedem äusseren Zwang. Er beweist: die Ethik bedarf keiner Begründung; die Ethik blos die Suggestion einer Persönlichkeit[2], das durch Suggestion auf Andre übertragene Gesetz einer Persönlichkeit, soweit sie nicht das Gesetz des einzelnen Menschen selber ist.[3] Moral hat keinen Grund.[4] Sie <u>ist</u>. Sie ist, weil die Kräfte, die zu dieser oder jener Persönlichkeit zusammenschiessen, sich so oder so ordnen müssen. Sie zerfällt also in eigene Ethik und Suggestions Ethik, (zu der,

[1] Verweisung: „(cf. 1.X 04"

[2] nachträgliche Einfügung mit Bleistift: „einer Form, eines bestimmten inneren Gleichgewichts"

[3] Verweisung: „(cf. 15 IV 04."

[4] nachträgliche Einfügung mit Bleistift: „ist nicht zu „begründen"."

als uneigentlich ethisch die durch den äusseren Druck der Verhältnisse und Vorurteile erzwungene Moral kommt.) Begründet aber ist keine von beiden. Der Verstand kann sie nur erforschen, nicht begründen.[1] Auch die Religion begründet sie nicht, wo sie nicht schon vorhanden ist. Deshalb kann der Tod der Religion ihr Nichts anhaben. Der Versuch, Ethik zu begründen, beruht auf einer Verwechselung der Ethik mit der Sozialen Vorschrift. Diese muss allerdings immer begründet sein; denn sie dient einem Zweck, der sozialen Gesundheit, und muss beweisen können, dass sie diese Rolle wirklich erfüllt. Die Verwechselung zwischen Ethik und Sozialvorschrift kommt daher, dass viele soziale Vorschriften ethische Thatsachen nur formulieren, sozusagen wiederholen, und dass sie in dieser Form dann allerdings eine Begründung nötig haben. Aber es beweist Nichts gegen ein ethisches Gesetz, wenn man nachweist, dass es sozial unnütz oder selbst schädlich ist. Man widerlegt nicht einen Menschen, ebensowenig wie man eine Pflanzenart „widerlegen" kann. Jede Konstellation von Seelenkräften, die produktiv (?) ist[2], ist ethisch; beweist sich dadurch, dass sie wirkt, mag sie sozial nützlich oder schädlich sein. Dieses ist kontingent; jenes ethische Sein aber substanziell. Viele Vorschriften jeder Gesellschaft sind von diesem Gesichtspunkt aus betrachtet radikal widermoralisch. Nichts ist weniger ethisch als die sog. sexuelle „Moral"; sie beruht durchweg blos auf sozialer Konvenienz und widerstreitet dem wahrhaft Ethischen ebenso oft wie sie es fördert. Vielleicht ist die wichtigste psychologische Thatsache unserer Zeit die allmählich immer wachsende und immer deutlicher empfundene Spannung zwischen der Ethik und der Sozialvorschrift. Auf diesem Prokrustesbett wird die moderne Seele so geweitet, so in ihren innersten Fibern auseinandergezerrt und empfindlich gemacht, dass es schwer hält Etwas Ähnliches in der ganzen Geistesgeschichte wiederzufinden: Die drei grossen Chorführer in diesem Drama, Ibsen, Tolstoi, Nietzsche, werden schon deshalb für alle Zeiten zu den merkwürdigsten Erscheinungen gehören. Vielleicht hat auch der Dreyfusprozess nur deshalb alle Leidenschaften so tief aufgewühlt, weil er diese Spannung bis zum offenen Kampf gesteigert sichtbar machte. Er ist übrigens das Einzige was Frankreich zu diesem modernen Problem beigesteuert hat. Die französischen Moralisten, dann Stendhal, Taine, Renan, Guyau, France sind entweder blos Vorbereitungen oder Hors d'œuvre. Erwachsen und gediehen ist das Problem in Deutschland seit Luther, mit Kant, Fichte, u. s. w. bis auf Nietzsche. Hier steckt bei uns die alte Tradition. Die Franzosen naschen blos. – Diese Spannung macht die eigentlich „moderne" Seele. Alles Andre ist blos Folge oder Zufall. Sie aber ist, was unsren Moment der Weltgeschichte im Innersten charakterisiert, wie ein ähnlicher Kon-

---

[1] Nachträgliche Einfügung mit Bleistift: „Fragestellung: Wie ist hier die Verteilung der Kräfte? Wie stellt sich hier das Gleichgewicht, das Parallelogramm der Kräfte, die Krystallisationsform her?"

[2] nachträgliche Einfügung mit Bleistift: „die in sich stabil ist (?)"

flikt, der zwischen Götterglauben und Gerechtigkeitsglauben, die Griechen des 7ten und 6ten Jh; wie der zwischen Verstand und Gefühl die Jahrhunderte nach Franz von Assisi; wie der zwischen Glauben und Wissen das 16te, 17te und 18te Jh.[1] – Zweites Problem: das der Modernität, der Anpassung der enorm gewachsenen Masse des Neuen an die Seele. Das Besondre heute, dass keine andre Zeit eine solche Fülle des Neuen zu bewältigen hatte. Dieses Problem die Substanz des sog Realismus, des Naturalismus, Impressionismus, Modern Style etc. Ein Form Problem. Daher die Leistung der Franzosen.

Berlin. 8 April 1903 Mittwoch. *8.4.1903 Mittwoch*
Bei Richters gegessen mit Frau v Spitzemberg, Nostitz, Watsch Herman. Frau v. Sp. erzählt, sie sei neulich mit wenigen Frauen (4 oder 5) zur Kaiserin[2] befohlen gewesen; die Kaiserin habe sich bei ihnen über das „Nachtasyl"[3], die Duncan etc. informiert, und sich zwar ablehnend, aber nicht eng, gezeigt. Der Kaiser dagegen verlasse sich immer mehr auf Hintertreppen Klatsch. Affäre Speck etc.

London. 10 April 1903. Charfreitag. *10.4.1903 Freitag*
Abends hier an. Mit Michel Königsmarck gereist. – Die fundamentale Thatsache der Proletarier Psychologie ist die Unsicherheit der wirtschaftlichen Existenz, nicht die Armut; dass er von der Hand in den Mund lebt, nicht, dass er Wenig zum Leben hat. Diese Unsicherheit der Existenz giebt seinem Geist die besondre Färbung. – Man hat mit Morris α Ruskin viel zu sehr demokratische Rechtfertigungen der Kunst vorgebracht und ist dadurch mit der Wahrheit in Konflikt geraten. Ihre wahre Rechtfertigung besteht in durchaus „aristokratischen" Thatsachen. Die bis zu einer gewissen Feinheit oder Intensität gesteigerte Empfindungs und Gefühlsbeschaffenheit bedarf der Sättigung und Bindung durch Rhythmus, Harmonie, Poesie also exceptionelle Zustände. Das ist die Wahrheit. Diese Thatsache muss im Mittelpunkt jeder Kunstverteidigung stehen bleiben. Die Rechtfertigung muss so, von der Seele und ihren typischen Entwicklungsformen, ausgehen; sonst ist schliesslich jedes Geschmiere berechtigt, wenn es nur irgendjemandem Befriedigung oder die Einbildung einer Befriedigung gewährt. Was jenes (aristokratische, exceptionelle) Bedürfnis befriedigt ist Kunst. Eine Andre giebt es nicht. – Was rechtfertigt also die Kunst? Triebe, die es in gewissen menschlichen Seelen giebt, die eine natürliche und deshalb immer wiederkehrende Form der allgemein menschlichen Sinnes und Gefühlsbeschaffenheit sind und die die Kunst nötig haben wie Durst Wasser. Das die Genussseite. Die Schaffensseite geht dem genau parallel. Wer nicht zum Kunstschaffen oder

---

[1] Verweisung: „(cf 15 IV 04; 22 VI 06"

[2] Auguste Viktoria

[3] Gorki

Kunstgeniessen geboren ist, hat aber nicht dreinzureden. Warum aber soll sich der Staat um Kunst kümmern wenn sie so das Bedürfnis Weniger ist? der Staat, der die verkörperte Majorität ist? Nachweis einer indirekten Nützlichkeit?

London. 11 April 1903. Sonnabend. *11.4.1903 Samstag*

Früh die Ausstellung des New English Art Club. Von den dort Ausstellenden bedeutend: Brabazon und John, vielleicht noch Muirhead. Interessant Mark Fisher. Tonks macht Effekt, aber etwas billig, durch starke Valeur Kontraste, die weder sehr raffiniert sind noch die Natur sehr genau oder persönlich wiedergeben. Seine Bilder halten nicht, was sie versprechen. – Rothenstein: decidiert langweilig; vor Allem verschwommen, sowohl in Formen und Linien wie in Farben und Werten. Nichts Persönliches. Ein gewisser anempfundener und gebildeter Geschmack; sonst Nichts. Er ist im Grunde genommen rein negativ. Sein Talent besteht in dem, was er nicht thut. – Steer. Valeurs, Lichteffekte, stark, aber ohne Feinheit in der Relation zu einander. – Mark Fisher: hier und dort auf dem Bilde jedesmal interessante kleine Farbenpoeme, die in der Entfernung zu Licht werden wie bei Van Gogh. Ein entschieden interessanter Künstler mit einem eigenen Auge. – Furse: Ich sehe nicht, worin er besser als J J Shannon wäre; im Gegenteil. Ein ziemlich talentloses Gemisch aus Akademie, Sargent und Whistler. – Muirhead: Breite der Komposition. Etwas manieriert grauschwarze Farbe.

London. 13 April 1903. Ostermontag. *13.4.1903 Montag*

Bei Carfax Ausstellung von John. Sie macht einen sehr starken Eindruck. Ein fabelhaftes Können, allerdings zum Teil abgeleitet von Rembrandt, Ingres, Legros, Watteau; aber doch offenbar eine eigene künstlerische Persönlichkeit und ein mächtiges Temperament. In diesen Zeichnungen steckt Leidenschaft, Feuer, das die fremden Elemente mit dem eigenen Talent schliesslich in Eins verschmelzen wird. Er ist erst 25. Die Möglichkeit zu einem Künstler ersten Ranges ist vorhanden. Carfax[1] sagt mir, er sei Welshman, Schüler von Legros[2] in der Slade School of Art. Brabazon soll fast 90 sein und sein ganzes Leben nur als Amateur gegolten haben, bis ihn vor wenigen Jahren Sargent zufällig „entdeckte". Er ist also ein direkter Abkomme von Turner, nicht über die französischen Impressionisten.[3]

---

1 Nachträgliche Einfügung: „(Ross! Carfax Name eines Turms in Oxford, nach dem das Geschäft heisst)"

2 Nachträgliche Einfügung: „(ist nicht richtig, wie John selbst mir sagte. Legros war schon fort, als er Slade Schüler wurde.)"

3 Nachträgliche Einfügung: „(Ross nach Rothenstein Freund Wildes. Nach Wildes Verurteilung wurden ihm solche Miseren gemacht, weil er zu Wilde hielt, dass er der Verzweiflung nah war. Um seine Gedanken abzuleiten und beschäftigt zu sein gründete er mit Rothensteins Hülfe die „Carfax" Gallerie.)"

London. 15 April 1903. *15.4.1903 Mittwoch*

Zu Rothenstein nach Hampstead. Ihm als Liste für die Weimarer Ausstellung[1] vorgeschlagen: Whistler, C. H. Shannon, Ricketts,[2] John, Brabazon, Muirhead, Mark Fisher, Mc Coll, Rothenstein, Muirhead Bone, Tweed, Wills.[3] Er fand die Liste gut, aber drang noch darauf, auch Steer aufzunehmen. Dieser sei vielleicht der bedeutendste lebende englische Maler. Whistler habe den Leuten Geschmack beigebracht; sie gelehrt, eine „Leinewand mit Farbe zu schmücken". Aber das Problem der Form habe er nicht bewältigt. Steer sei der Erste gewesen, der wieder mehr gewollt habe, als blos die Leinewand schmücken; der wirklich die Natur wieder hinein brachte (cf mein Gespräch mit Vuillard). – Über meine starke Anerkennung von John schien Rothenstein sehr erfreut. Dass ich ihn so herausentdeckt hätte, bekräftige ihn in seiner Meinung, da ich ja unparteiisch sei. John sei für ihn ein wirkliches Genie. Wir fuhren dann zusammen zu John hin, wo wir aber nur die Frau zuhause trafen, ein sehr zart aussehendes junges Wesen, die eben ein Bäby bekommen hat. Zeichnungen durchgesehen, die meinen Eindruck befestigten. – Rothenstein erzählte, John führe ein ziemlich unstätes Leben; viel mit Zigeunern und ähnlichem Volk. – Sein Atelier, unter dem Dach in einem ziemlich trostlosen Hause, macht einen sehr ärmlichen Eindruck. Die Frau und er wohnen in einem Zimmerchen daneben. – Rothenstein über den Einfluss der französischen Kunst auf die englische: die frühen Franzosen von Watteau bis zu Delacroix, Ingres und Corot hätten viel Einfluss gehabt, und übten ihn auch heute noch; weit weniger, was nachher gekommen sei, die Impressionisten u .s. w. R. meint es sei, weil der Engländer solchen Wert auf die „beauty of the Material" lege, worunter R. den breiten, flüssigen Pinselstrich versteht. Den habe schon Monet nicht mehr, wegen der Hachures etc. Nur bei Manet findet er ihn. – Whistler's Einfluss sei nicht durchaus günstig gewesen, because he sat upon everybody. Er habe nur sich anerkannt und dadurch allen Andren ihre Individualität ausgetrieben. – Abends eine miserable Vorstellung von Tolstoy's Auferstehung in His Majesty's.

London. 16 April 1903. *16.4.1903 Donnerstag*

Ex Libris Ausstellung. Die besten und eigenartigsten die von Gordon Craig, nach Art der alten Handelsmarken einfache, in der Form sehr kräftige und merkbare Zeichen; für ein Ex Libris sehr richtig. – An Malerei ist bei den Engländern nicht viel zu holen. Wo sie wirklich eigene Art haben und neben den Franzosen an der Spitze stehen, ist in der Zeichnung, im Schwarz-Weiss, und in minderem Masse im Aquarell (Brabazon). Das war schon um 1850 so: C. Keene, der junge Millais,

---

1 „Jung-englische Kunst: Gemälde, Graphik, Glas, Metall", Großherzogliches Museum für Kunst und Kunstgewerbe, 11.5.-15.6.1904

2 nachträgliche Einfügung mit Bleistift: „Conder"

3 nachträgliche Einfügung mit Bleistift: „H. Bishop. (Tanger), Nicholson, Pryde"

Rossetti, Sandys sind grosse Zeichner. Was liegt dagegen heute an der englischen Malerei? In der modernen Kunst ist ihr Bestes das Schwarz Weiss von Beardsley, Ricketts, C. H. Shannon, John und den vielen vorzüglichen Illustratoren. Selbst Whistler steht in seinen Radierungen und Lithographieen höher als in seinen farbigen Sachen.

London. 17 April 1903. *17.4.1903 Freitag*

Was heisst Realismus? Phantasie, die durch die Wirklichkeit bestätigt, und deshalb von Andren mitgeglaubt und mitgefühlt, wird. Die blosse Beobachtung der Natur, selbst à travers un tempérament, ist dagegen Nichts, heisst Nichts, weil in ihr der schöpferische Ursprung des Kunstwerks und die notwendige Übersetzung in eine Konvention nicht enthalten sind. Dieses gerade aber unterscheidet den Künstler. Diese beiden Vorgänge sind die Hauptsache. Erst wenn die Phantasie in konventionellen Zeichen einer Kunst schöpferisch denkt, entsteht Kunst. Die „nature vue à travers un tempérament" ist durchaus nicht notwendig Kunst, geschweige denn realistische Kunst. Es kann sehr flaches Gefasel sein, wie Zola selber zuletzt bewiesen hat. – Was die konventionellen Zeichen dann ausdrücken ist auch nicht etwa la nature vue à travers un tempérament, sondern eher umgekehrt. Amiel kam der Wahrheit auch inbetreff der realistischen Kunst viel näher. Un paysage est un état de l'âme[1]. Das nennt die Hauptsache, den état d'âme, die Konstellation von Seelenelementen, die sich dann aus der Natur Ausdrucksmittel heranholen, angliedern. – Die Frage entsteht dann aber: Wie wenn die Phantasie und die Natur in Konflikt geraten? Wer muss nachgeben? Hier ist vielleicht der Punkt, wo sich Idealismus und Realismus scheiden. D. h. der grosse Künstler denkt sich um; der mittelmässige wird „Idealist" oder „Realist", im schlechten Sinne, opfert die Schönheit oder die Wahrheit. Das ist eben eine Frage des Reichtums und der Energie, ob Einer sich genügend viel umdenken kann. – Eine Serie von Rowlandson gesehen: The Opera box: grösste Zartheit abwechselnd mit roher Kraft. Meisterhafte Handhabung dieses Effekts, der so tief englisch ist. cf. Shakspeare. – Whitechapel Ausstellung.[2] Schöner, sehr fein vibrierender Brabazon: Venice. Die Steers mag ich noch immer nicht. Ich finde die Farbe trotz des unruhigen Auftrags monoton und tot. Keine Ahnung vom Gesetz des simultanen Kontrasts. Ein Damenporträt, Jonquils, ist unsagbar öde und langweilig. Whistler's Reconvalescent sehr „exquisite". Aber die Valeurs sind ganz ausser Acht gelassen. Hinten im Zimmer genau dasselbe Grau wie vorne, wenn es gerade passt. – Ibsens Vikinger in Gordon Craig's Inszenierung gesehen. Ein höchst merkwürdiger Versuch der Bühnenreform. Hauptänderungen: dass er das Rampenlicht ganz abschafft, und die Bühnen<u>dekoration</u> fast ganz; er

---

[1] Fragments d'un journal intime, 31. Oktober 1852

[2] Artists in the British Isles at the beginning of the century

benutzt nur Oberlicht und Requisiten. Die Bühne ist ringsum wie mit Tüchern drapiert, die hinter wechselnden Beleuchtungseffekten und farbigen Lichtschleiern fast unsichtbar bleiben. Man hat den Eindruck, in eine Art von unendlichem Raum hineinzusehen. Die ganze Aufmerksamkeit konzentriert sich aber auf die Handlung, die hell und nach der Stimmung wechselnd beleuchtet inmitten dieser sozusagen sideralen Unendlichkeit vor sich geht. Diese Grundideen scheinen mir sehr wertvoll und der Eindruck ist jedenfalls viel stärker als bei den üblichen Papiermaché Dekorationen; weil die Phantasie freies Feld hat und die Aufmerksamkeit konzentriert wird. Es ist eine Kst nah verwandt mit der der Loie Fuller. Ihre Klippen und Schwächen hier: die fortgesetzte Dunkelheit, die enervierend wirkt; die Unnatürlichkeit der Beleuchtung, die ganz willkürlich und plötzlich wechselt und sich immer in bengalischen Farben, hochrot, krass blau, hellgrün, bewegt. Leider war auch Ellen Terrys Spiel unmöglich.

London. 18 April 1903. *18.4.1903 Samstag*

Wichtiger Brief von Gee. – Abends Boxing match in Whitechapel. In einem Musichall, das ganz ausgeräumt und umgeändert war, so dass das Publikum wie im Circus rings um ein erhöhtes Podium herum sass, auf dem die Boxer fochten. Der grosse Raum mitsamt der Bühne und den Gallerieen und bis auf die offenen Treppen gepackt voll wie ein mächtiges viereckiges Amphitheater. Nur Männer und Jungens, keine Frauen, keine Farbe, lauter Schwarzgrau und bis oben hin das blasse Rosa der Gesichter in einem dünnen, gasbeleuchteten Qualm. Die Boxer fechten nackt, oder doch sogut wie nackt, in Schwimmhosen und festen Schuhen. Einige prachtvoll schlank und rassig gebaute junge Kerle darunter. Nicht ganz Vollblüter wie die Griechen, aber schönes, schlankes Halbblut. Kunst, Kraft, Schnelligkeit und Charakter geben den Sieg. Bemerkenswert der „good temper", mit dem gefochten wird. Keine Aufregung, kühl und geschäftsmässig, wie nackte Kommis. Der Schauspieler fehlt ganz im Temperament; sonst wäre die Vorführung ekelhaft.

London. 19 April 1903. Sonntag. *19.4.1903 Sonntag*

Rothenstein bei mir im Cecil gefrühstückt. Nachher mit ihm zu John, Steer und einem Besitzer von Steers: Butler. – Rothenstein ist eine Fundgrube von Informationen über die persönlichen Beziehungen der Künstler. Von Wilde und Whistler sagt er, dass Wilde die ungleich reichere Natur war: he was always brimming over. Whistler habe nur immer von Zeit zu Zeit einmal einen Witz gemacht. Jedermann habe von Wilde gewusst, wie er sich amüsierte. Kein Mensch habe sich aber vor dem Prozess dadurch anfechten lassen. Dann hätten dieselben Menschen sich plötzlich ganz wild gestellt und es ihm, Rothenstein, übelgenommen, dass er nach der Haftentlassung Wilde besucht habe. – Über Pater: er sei der erste von den „effeminates" gewesen: nicht gerade Sodomiter;

aber er habe sich in Oxford immer gern und ostentativ mit ganz geistlosen aber schönen „Undergraduates" umgeben und diesen dann bei üppigen Gelagen mit schwerem Wein und schweren Speisen „things that were foreign" suggeriert. Er sei ein grund unehrlicher Geist gewesen, der immer mit den Dingen kokettierte, mit der Päderastie wie mit der Kirche, die er trotz seines Unglaubens ostentativ besucht habe. Wilde sei sehr stark von ihm beeinflusst worden. Ebenso Arthur Symons und Horne. – Ricketts sei heute von den Esoterikern hier die stärkste Kraft. Er habe Shannon ganz ausgebildet und Beardsley am stärksten beeinflusst. Er sei ein ungewöhnlich herrschsüchtiger Charakter und ein tief überlegender Künstler. Ricketts und Shannon sässen Abends zusammen und studierten an den Figuren einer griechischen Vase oder eines japanischen Holzschnitts, was sich daraus machen liesse. Sie seien so Etwas wie englische Goncourts. Sie hassten Beide die Frauen. Shannon habe früher dem Ricketts für seine Frauen gesessen. – Ein Ähnliches Verhältnis scheint nach Rothenstein zwischen Swinburne und Watts Dunton zu bestehen, die ebenfalls als Weiberhasser und jetzt mit den Jahren taub geworden noch immer zusammen leben. – John, bei dem wir waren, ist der typische Bohème, mit ungepflegtem rotem Bart, schloddriger Kleidung in seiner Dachstube hausend. – Steer, in einem hübschen Haus in Chelsea, ebenso der typische Club Engländer, gross, schwer, ohne Konversation. – Abends der Strand, Piccadilly. Die grossen elementaren Erscheinungen, die mich tief bewegen: das Meer, der Mob; dann erst Gebirge, Ströme, Ebenen, Himmelstriche. Die Grosse Stadt birgt ein ähnliches Sehnsuchtsgift wie die See. Dieselbe bewegte Melancholie, traumhaft gegenstandslose Melancholie.

London 20 April 1903. *20.4.1903 Montag*

Bei John. Mit ihm über französische Künstler. Er bewundert vor Allen Ingres und Daumier. Toulouse Lautrec findet er manieriert; parti pris, nur das Brutale zu sehen. Daumier gives everything; the violence of life only just where it really comes in u. s. w. Von meiner Anregung, dass er Lithographieen von Ost London machen soll, ist er sehr erfüllt. Shannon α Whistler findet er als Lithographen zu „leicht". Er mag sie nicht.

London. 21. April 1903. *21.4.1903 Dienstag*

Bei John. Er führte mich ins Soane Museum, um die Hogarths[1] zu sehen, die allerdings erstaunlich sind, und das bestätigen, was die Shrimpgirl und die Dienstboten in der National Gallery erwarten lassen. Er ist der bedeutendste „Maler" der englischen Kunst, mit Chardin ebenbürtig.[2] Mit John nachher gefrühstückt. Er interessiert sich sehr tief für Nietzsche, den er nur in der

---

[1] „The Rake's Progress" u. „An Election"

[2] Verweisung: „(cf. 12.IV.06"

französischen Übersetzung kennt. Über Odilon Redon: Er lachte über die Freude und Meisterschaft in seinen Lithographieen. Es atme aus ihnen die helle Freude. Er fing von den Gypsies an. Es habe ihm immer geschienen, dass es eine sehr amüsante Art, durch Europa zu reisen sein würde, mit einer von ihren Karawanen mitzufahren. Sie seien überall zuhause. Er sprach wieder von seinen Lithographieen von Ost London. – Von Klinger meint er, er sei something of a charlatan; von welcher Ansicht ich ihn abzubringen suchte. Hofmann bewundert er, soweit er ihn kennt. – Bemerkenswert, wie hoch John Steer schätzt; er stellt ihn höher als Constable. – Von Gainsborough meinte er: er habe das junge Mädchen, „the young girl" für die Malerei entdeckt. – John sieht für London kompromittierend Bohémienartig aus. Ungebürstet in Schlapphut und Mantel, Christuskopf. Alle Kellner starrten, als ich ihn ins Criterion mitbrachte.

London. 22 April 1903. *22.4.1903 Mittwoch*

Wieder im Soane Museum wegen der Hogarths. Wunderbar die „Morceaux". Weniger das Ganze jedes Bildes. Hier verlässt sich H. auf die „Erzählung". Aber er ist vielleicht der erste bewusste Vertreter der Modernität; die Holländer malten naiv, was sie sahen. || Aber das „Leben" ist bei Hogarth Stoff geblieben. Er beherrscht nicht die Fülle, konzipiert nicht aus der Wirklichkeit Fülle[1]; sondern die Schönheit liegt im Detail. Im Detail allerdings bleibt er einer von den grossen Meistern aller Zeiten, der grösste reine „Maler" englischer Rasse. – Besonders zu bemerken: das Detail ist bei Hogarth durchaus nicht anekdotenhaft, sondern rein malerisch; nur das Ganze ist aussermalerisch poetisch erfunden. – Zwei verschiedene Arten des Realismus in ihm gemischt. Realismus des Tons und der Farbe im Detail, Realismus des Sujets im Ganzen. Für den Ersteren cf die Fleischtöne, wie jedes Gesicht nicht nur durch Formen und Schnitt sondern auch durch die individuelle Farbe charakterisiert ist (cf z B. The Levee[2]: der Rake, der alte Mann, der junge Geck, der Mann mit dem Flörett, und dann Hogarths Frauenköpfe und Frauenfleisch.). Dagegen kann von realistischem Detail im anekdotenhaften Sinne bei diesen Gesichtern nicht die Rede sein. Jeder Pinselstrich ist nur ein Glied in einer Gesamtfarbenkomposition, das nur Sinn hat inbezug auf Form und Farbe des Gesichts als eines Ganzen. – Stippling: viel angewendet. Sehr sichtbar im Gesicht des dummen Kleinbürgers auf dem Bild The Canvassing[3]: lauter wie Haarstriche dünne Farbenfädchen.[4] – Hierzu cf auch die winzigen und zahllosen punktartigen Glanzlichter auf den Bildern der späten Venezianer: Canaletto, Guardi, die die Lebendigkeit des Lichts anstreben. Die breite, monu-

[1] nachträgliche Einfügung mit Bleistift: „(cf als Gegensatz Bonnard)"

[2] aus dem Zyklus „The Rake's Progress"

[3] aus dem Zyklus „An Election"

[4] Verweisung: „(cf. 2.IX 05; 12.IV 06"

mentale Lichtwirkung der früheren Venezianer genügt ihnen nicht. cf auch „Constable's snow". – Licht, Farbe, Linie, Form sind und bleiben die Hauptwirkungsmittel des Malers. Die „Bedeutung" der Linien, Formen etc. kommt auch in Betracht; aber keine Malerei wird jemals dauernd Wert behalten, die sich sehr weit von der höchsterreichbaren Schönheit und Wirkungsintensität von Farbe, Licht, Linie und Form entfernt. Keine noch so wertvolle „Bedeutung" kann mehr als eine sehr geringe Abweichung von jener höchstmöglichen Schönheit der Farbe etc. kompensieren. Die Bedeutung kann zur Linie oder Farbe fast unendlich viel (siehe Rembrandt) hinzufügen, und es ist nicht gut, wenn Künstler dies übersehen; sie kann aber Nichts aus sich allein heraus: sie kann immer nur Begleitung sein. Selbst wo das Werk aus ihr heraus zu entstehen scheint, ist es Kunst nur, wenn die Bedeutung schon von vornherein in der Konzeption nur diese bereichernde nicht die führende Rolle spielt. Anders: die „Bedeutung" kann nie das Rückgrat eines Kunstwerks sein; sie vermag es nicht zusammenzuhalten; das kann nur die Relation unter den Farben, Formen, Linien, Werten. Kein Mensch hat ein Recht, auf „Bedeutungen" hin Künstler zu sein, wenn diese Bedeutungen nicht auch zugleich eine persönliche neue Art Form, Farbe, Licht oder Linie zu sehen zuwegebringen.[1] – Nachts an der Themse bei Westminster: Der tiefe Genuss an der Welt giebt sie Einem; man kommt nicht dazu, sie auch noch anders besitzen zu wollen. Vielleicht darf man nicht zu sehr geniessen können, um herrschen zu wollen, wirken zu wollen.

London. 23 April 1903. *23.4.1903 Donnerstag*

Früh nach Dulwich. Leider Rubens' Porträt fortgeliehen. Aber zwei Watteaus[2] erster Schönheit und eine Serie von Gainsboroughs und Poussins, die die National Gallery Werke dieser Meister in den Schatten stellen. Unausstehlich ein affektierter, brauner Reynolds von der Mrs Siddons.

London. 25 April 1903. Sonnabend. *25.4.1903 Samstag*

Abends wieder zu den Boxing matches nach Whitechapel. Dort John getroffen, mit dem ich mich verabredet hatte. Er kannte das Lokal noch nicht und war enthusiastisch. Einige prachtvolle Kämpfe; und das Publikum viel aufgeregter und stürmischer als neulich. Namentlich als ein schöner, schlanker Kerl von etwa 25 Namens Charley Knock, der klassisch und knapp wie eine griechische Bronze gebaut war, eine Art von schwerem Riesen besinnungslos hinstreckte, „knocked out". It's like pitting a race horse against a cart horse, sagte ein Jockey neben mir. Der schwere Riese stand hin und her torkelnd zwei oder dreimal wieder auf und holte zum Boxen aus; aber der Andre streckte ihn, fast ohne die Beine oder den

---

1 Verweisung: „(cf. 26.IV.03."

2 „Les plaisirs du bal" u. Watteau, Umfeld, „Fête Champêtre"

Leib zu rühren, blos die Faust gradeaus schnellend jedesmal mit einem Schlag krumm hin. Etwas Schöneres habe ich kaum gesehen. Das Publikum, die schwarze, blasse Menge schrie, pfiff, stürmte wie besessen. East End und Griechenland in eins gemischt, und ohne eigentlichen Kontrast. Im Gegenteil. – Auch John bemerkte: That would make a fine group of sculpture. Und ich fragte ihn darauf, ob er mit seinem Formtalent denn nie an Plastik gedacht habe. Yes, often. I want to try, what I can do with painting first. But sculpture is sure afterwards. – Er sagte mir, dass eine Zeichnung von ihm, die ich gekauft habe, ein Porträt des Dichters Lewis sei: Lewis habe noch Nichts veröffentlicht, sei aber wohl das bedeutendste Talent unter den jungen englischen Dichtern. – Mittags mit Mirbach gefrühstückt, der sehr deprimiert und pessimistisch über die Deutsch Englischen Beziehungen. Er giebt zu, dass nicht Alles nach Berlin berichtet wird. Es heisse dann: So Etwas kann man doch nicht berichten. Im Übrigen bedauert er, dass die Bagdad Bahn Angelegenheit mit so viel Unwahrheit umgeben sei; das erschwere enorm die Förderung der Sache. Man habe allzusehr das doch massgebende politische Motiv zu verstecken versucht, und deshalb sogar die Botschaft hier von Berlin aus nicht genügend informiert. So Mirbach. Man kann die Sache natürlich auch anders auffassen.

London. 26 April 1903. Sonntag. *26.4.1903 Sonntag*

Gute Malerei kann durch eine „Bedeutung“, z B. die psychologische Tiefe eines Porträts, unendlich viel an Wert gewinnen; aber schlechte Malerei kann durch den grössten Reichtum an Bedeutung nie gut, nie Kunst werden: Sie bleibt ohne mildernde Umstände schlecht.[1] – Es ist ganz falsch, einen Menschen nach seinen „Werken“ verstehen zu wollen. Die Produktivität kann das Attribut einer einzigen unter unzähligen andren, wiederkehrenden Seelenzuständen sein, und deshalb immer nur diesen einen Zustand spiegeln, der sehr wohl ein sehr kleiner, seltener Ausschnitt aus dem ganzen Menschen und im Übrigen, bis auf dieses Phänomen der Fruchtbarkeit, ganz bedeutungslos sein kann. Man denke sich, man wollte einen Menschen nur nach seiner Seelenverfassung beim Begatten verstehen und ausdeuten. Menschen, die durchweg produktiv sind, gehören selbst unter bedeutenden Künstlern und Dichtern, sicher zu den Ausnahmen. Die Produktivität kann geradezu auf gewisse Stimmungen beschränkt sein, die keinen Ausweg in den grossen Fluss des seelischen Lebens finden und deshalb eruptiv werden. z. B. ein durch und durch heiterer Charakter wird in den seltenen Momenten, wo er sich traurig fühlt, produktiv, seine ganzen Dichtungen sind pessimistisch melancholisch, weil nur diese Momente, die zu seinem übrigen Charakter nicht passen, nach aussen schlagen. Lehre: nie den Menschen mit dem Künstler verwechseln. Aber, sagt man, nur die produktiven Momente haben

[1] Verweisung, zum Teil mit Bleistift: „(cf. 17.IV u 22.IV. 30.IX 03)“

Wert. Ja, aber, wenn man nur sie im Auge behält und aus ihnen den ganzen Menschen konstruiert, erhält man ein falsches Bild von der Entstehung gerade dieser wertvollen Momente. Die ganze Psychologie der Produktion wird dadurch gefälscht.

London. 27 April 1903. Montag. *27.4.1903 Montag*
In der New Gallery. Nichts Bedeutendes.

London. 28 April 1903. *28.4.1903 Dienstag*
Guildhall Ausstellung. Alte α neue Holländer. Mauve, die Maris, die Israels teilen Einem Nichts Wesentliches mit, weder über sich selbst noch über die Natur. Die Farbe existiert für sie nicht. Mauve hat ein hübsches Empfinden für bewegtes Licht an Gegenständen. Aber auch dies, wie blos „hübsch"! (für dieselben Erscheinungen, die einen Rembrandt, Constable, Turner, Monet geschaffen haben.) – Das Detail absolut reizlos, ein langweiliges Getupfe von undifferenziertem Grün und Grau. Weder gegenständlich noch malerisch ist darin Etwas zu holen. Im Ganzen ein ziemlich plattes Naturempfinden in mittelmässiger Malerei. Ihr Verdienst historisch und negativ: Überwindung der Anekdote; und das auch recht beschränkt. Denn welche Rolle hat denn im Ernst die Anekdote je gespielt? Knaus, Vautier, Defregger wären ganz von selbst in ihr ödes Nichts zurückgesunken. Liebermann hat von Mauve gelernt; aber Leidenschaft und eine Art von Grösse hinzugethan. – Rembrandt – Mauve. Dasselbe, aber wie anders. Nicht was man sieht, sondern wie man es sieht, macht die „Tiefe", vielleicht auch der Gedanken. Schliesslich sind die tiefsten philosophischen Gedanken doch „Phantasie"; nur der Geist, in dem sie sind, und sein „Wie" ist wahr und ewig. Nur der Stil ist tief? Vielleicht.

London – Paris. 29 April 1903. *29.4.1903 Mittwoch*
Um 2 aus London nach Paris abgereist.

Paris. 30 April 1903. *30.4.1903 Donnerstag*
Früh draussen bei Mamma und Gee. Abends mit Gee in Beethovens Missa Solemnis. Die beste Aufführung, die ich je gehört habe, unter Cortots Leitung; Chöre, Soli, Orchester alle gleich vollendet. Der Unterschied gegen die Berliner Aufführung vor drei Wochen enorm.

Paris. 1 Mai 1903. *1.5.1903 Freitag*

Die wirklich künstlerische Beobachtung und Wiedergabe irgend Einer Seite der Natur, Form, Farbe, Ton, Linie, führt alle andren Elemente mit sich. Sehr feine Farbe den Ton, die Linie, die Form, und ebenso sehr feine Wiedergabe eines jeden von den andren. Aber die verschiedenen Elemente sind verschieden dekorativ; Farbe und Linie mehr als Ton oder Form. Deshalb ist es künstlerisch nicht gleichgültig, welches gewählt wird, um das Ganze auszudrücken. – Bei der Verallgemeinerung der Kultur werden die Unterschiede zwischen den Völkern immer mehr Unterschiede der Form, nicht des Stoffs; in der Form aber unverwischbar. Also breite stoffliche Übereinstimmung. Die höchste Blüte aber, die feinste Ausprägung, in jedem Lande um so verschiedener. Die „Heimatskunst", Gottsegnesie, will es gerade umgekehrt.

Paris. 2 Mai 1903. Sonnabend. *2.5.1903 Samstag*

Alle Schönheit der Welt besteht in nichtgenossenem Glück. – Zum französischen „Klassizismus". Alle Zeitungen bringen jetzt fast nur Berichte über den Besuch des Königs von England[1]. Dreiviertel der Zeitung ist damit gefüllt. Alles Andre verschwindet. Der Franzose sieht immer nur ein Ding. cf meine Gespräche mit Vuillard und mit John.[2] Vgl. Racine α Shakspeare.

Paris. 4 Mai 1903 Montag. *4.5.1903 Montag*

Nachricht von Lori Harrachs Verlobung. Eheu, Eheu! Es ist mir nahgegangen. – Die moderne Gesittung das Resultat von fünf Rassentemperamenten, die denselben Stoff aus- und um-geprägt haben. Der Stoff selbst ist seit Jahrtausenden international. Italiener, Franzosen, Deutsche, Spanier, Engländer haben immer nur die Form gegeben. Die erstaunliche Spannkraft der europäischen Gesittung ist wahrscheinlich eine Folge dieses Kampfes der Formen bei gleich bleibendem Stoff; wie in Griechenland Korinth, Milet, Athen und alle tausend Städte Griechenlands durch formelle Unterschiede übereinander emporgebaut haben. Substantielle Gegensätze scheinen dagegen blos ein nichtiges Grau hervorzubringen, wie die Mischung feindlicher Farben; während der Kontrast komplementärer Töne den Glanz steigert. – Form ist Stoff + Gefühl.[3]

Paris. 7 Mai 1903. *7.5.1903 Donnerstag*

Mit Gee bei Cross. Nachher mit Brion im Automobil nach St Cloud.

---

[1] Eduard VII.

[2] Verweisung: „(24.XII 02; 20 IV.03.)"

[3] Verweisung: „(cf. 1.I.03."

Paris 8 Mai 1903. *8.5.1903 Freitag*

Früh bei Signac. Bei Rysselberghes gefrühstückt mit Cross. – Salon der Chaussée d'Antin[1]. – Zwei grosse Einflussströme: die Impressionisten und Whistler.

I. Eigenheiten der Whistlerschule:

1.) Wenige Töne (Valeurs): die ganze Komposition bewegt sich innerhalb einer eingeschränkten Skala von Helligkeiten: der hellste und der dunkelste Ton im Bilde sind nur ziemlich wenig auseinander, einerlei ob im Ganzen das Bild hell oder dunkel ist.

2) Wenige Farben. Ein „Arrangement" von einigen wenigen Nüancen.[2]

3.) Wenig Form oder Raum. Form (le volume) und Raum spielen an sich keine künstlerische Rolle, nur insoweit sie Linie und Fleck liefern. Der „Ausschnitt", die Silhouette, nicht die Form interessiert (im Gegensatz zum Cinquecento.)

4.) Vom Licht nicht das Vibrieren, nur die Valeur, und diese nur reduziert (cf. zu 1.). Keine optische Farbenmischung. Breite, gestrichene Farben.

5.) Ruhe die erste Künstlerpflicht.

6) Also bewusster Verzicht auf die Vielheit der Farben, die Vielheit der Töne, auf die Weite des Registers. Wenige Mittel. Einfache Mittel. Aber diese umso wirksamer; also Raffinement: nur die allerseltensten und die allerwirksamsten Farben und Farbenkombinationen, die die Natur liefert, werden gewählt. In dieser Selbstbeherrschung, Selbstbeschneidung liegt das Puritanertum. Die wortkarge Kunst Whistlers; ein echter Yankee. Lauter Epigramme, im Gegensatz zur rhetorischen, oratorischen Fülle der französischen Impressionisten.

7.) Qualitäten:

a) Ruhe (Diskretion)

b) Geschmack

c) Raffinement.[3]

Also Licht, Raum, Form interessieren nur insoweit sie Ton Farbe und Fleck liefern. Und mit Tönen, Farben, Flecken wird wiederum äusserst wählerisch verfahren, um schliesslich als winzigen Rest, als Quintessenz aus der Natur einen diskreten Akkord ein Epigramm aus fünf oder sechs Farben und Tönen in einer pikanten Fleckenverteilung hinzuwerfen.

Künstler dieser Schule: Maurer, Morrice, Albert Herter, Saglio (Franzose), Friesecke, Lavery;

II. Die Impressionisten:

1.) Das Licht als solches wichtig. Vibrieren der Farben. Viele Valeurs und weite

---

[1] Salon de la Société Nationale des Beaux-Arts

[2] Verweisung: „(cf Roussel 25.VIII 04."

[3] Nachträgliche Einfügung mit Bleistift: „d) Silhouette, Rhythmus, „Composition". Hierin mit Degas zu vgl. Fleckenverteilung"

Skala der Valeurs in demselben Bilde. (So weit wie es das Prinzip, nicht ins Schwarze oder Farblose zu gehen, erlaubt.)
2) Die Farbe als solche wichtig. Also Vermeiden alles Farblosen
3) Der Raum als solcher interessant, die Weite als Abgrund und Ort des Lichts. Man vgl. hierzu zwei typische Vertreter der beiden Schulen wie Lebourg und Morrice.
4.) Die Komposition Nebensache.

Paris. 9 Mai 1903. *9.5.1903 Samstag*
Bei Vuillard. Über Whistler: C'est trop peu expansif. Quand un Français dit quelquechose, il appuie plus fort, il en dit plus.[1] – Ich fragte ihn, ob er nicht fürchte, dass gewisse seiner Bilder neben den Neo Impressionisten in Weimar[2] zu dunkel aussehen würden: Non, je ne crains pas cela, parceque c'est mat. Les choses mates, même grises ou noires, ont un certain éclat. Ce n'est pas sale, voilà! J'ai vu cela, quand j'ai porté un de mes tableaux chez les Bernheim, il y a trois ou quatre ans, quand il y avait une exposition de tableaux clairs. J'avais peur qu'il aurait l'air tout noir. Mais non! – Nachmittags bei Bonnard. Aus dem Gespräch: Je ne ferais plus cela maintenant. C'est trop sombre. Un tableau doit contenir de la lumière. On doit partir de la lumière et s'en tenir aussi près que possible.[3]

Paris. 10 Mai 1903. *10.5.1903 Sonntag*
Früh bei Luce und Cross. Cross setzt mir auseinander, wie die Technik der Neo Impr. a évolué. Nous ne voulons plus être esclaves de la technique, mais nous en servir pour les besoins de notre composition. Er erläutert mir das namentlich an der Auswahl der Kontraste: j'en ai accentué certains et atténué d'autres, pour les besoins de la composition. Mir scheint, dass die Beobachtung der Kontraste ein wichtigeres Element der neoimpressionistischen Technik ist als die optische Farbenmischung; ein Element, das wesentlicher und dessen Wert sicherer ist. Es tritt sehr zu Unrecht zurück. Hierzu cf. Seurats Schwarzweiss. Es erfordert ein erstaunlich sicheres Gefühl für die Lichtintensität der Farben, welche heller, welche dunkler wirkt. Dann aber entsteht daraus eine allbelebende Wechselwirkung durch die ganze Natur hindurch. Also:
Elemente der neoimpr. Technik
1) Kontrast der Farben
a) Helldunkel Kontrast (der hellere Ton wird am Rande dunkler und umgekehrt)
b) Farben Kontrast (Die Gegenfarbe wird im Nebenton hervorgerufen)

---

1 Verweisung: „cf 11.V"
2 Ausstellung „Deutsche und französische Impressionisten und Neo-Impressionisten", die im August 1903 im Ghzgl. Museum für Kunst und Kunstgewerbe eröffnet wurde
3 Verweisung: „(cf Vuillard. 14.V.1903.)"

2) Reinheit der Farben (um keine Verdunklung zu bekommen)
3) Daher blos optische Farbenmischung, und, infolgedessen
4) Vibrieren der Farbe.[1]
Aber 3 und 4 sind, wie hier klar wird, nicht notwendige und wesentliche Elemente dieser Technik, sondern nur Folgen, die eintreten, wenn es nötig wird, nicht prismatische Töne vorzuführen. Wesentlich sind nur 1 und 2; also Beobachtung
1) der Kontraste
2) der prismatischen Reinheit der Farben.
Man kann also sehr wohl in breiten gestrichenen Tönen neoimpressionistisch malen. Als No 5 kommt hinzu
5) die Akzentuierung der Linie, vielleicht eine Folge der scharfen Beobachtung der Kontraste (analog wie die optische Farbenmischung eine Folge der prismatischen Reinheit der Farben ist.). Aus dieser folgt dann wieder
6) Dekorative Tendenz, Tendenz zur Komposition.

Paris. 11 Mai 1903. Montag. *11.5.1903 Montag*
Früh bei Charles Guérin. Er sagte mir, er hätte schon durch Gide von mir gehört; er sei mit Gide intim befreundet. – Vuillard mit mir bei Henry gefrühstückt. Er war wie immer voller Aperçus über Maler und Malerei. Cet hiver, j'ai redécouvert Manet. Comment dirai-je? Les autres Impressionistes sont plus scientifiques. Ils s'acheminent vers un but aussi intéressant que celui de Manet, mais ils s'y acheminent par tâtonnements, à petits coups de pinceau; tandisque lui y arrive d'un trait. Les autres reconstituent une teinte, un ton; lui, il entrevoit tout à coup la correspondance entre une matière et un certain aspect de la nature[2], et il le note définitivement. Manet n'a pas de théories; il recommence toujours tout. C'est une dépense continuelle de lui même. Aussi est-il mort ataxique. C'est malsain, certains morceaux de lui sont malsains. C'était un vrai tempérament de révolutionnaire; et comme dans tous les révolutionnaires, il y avait dans lui des côtés malsains. Ses bons morceaux, c'est énorme, c'est un bloc dont il vous assomme. C'est épatant, c'est épatant, voilà le mot. – Et puis il voit la nature sous des formes si saisissantes. Il y a une belle affirmation dans le trait dont il inscrit une forme. – Evidemment sans Courbet Manet n'aurait jamais existé. Courbet a même été plus révolutionnaire que Manet. Courbet, c'est l'homme du peuple, qui apporte vraiment du sang nouveau, tandisque Manet, c'est plutôt le bourgeois, qui profite de la révolution. – Carrière mag Vuillard nicht. Carrière, c'est tout l'esprit faubourien; non, vous n'avez pas d'idée comme c'est ça. Il y a là tout le sentimentalisme faubourien. Auf eine Bemerkung von mir: Oui, il y a de ça aussi dans Rodin.

---

[1] Die Punkte 2 - 4 sind am linken Seitenrand durch eine geschweifte Klammer umfaßt.
[2] Verweisung: „(cf. Roussel über Vuillard 25 VIII 03)"

Seulement Rodin est un grand artiste, voilà! Il crée des formes, ce sont des formes qu'il crée; tandisque Carrière .... Et puis, en peinture, Rodin aime pardessus tout Monet. Il ne se laisse pas attirer par Carrière, par le côté sentimental. – Über Whistler: Il fait de belles choses; mais je ne l'aime pas du tout. Il y a dans lui une espèce de Romantisme. Il fait de l'élégance à bon marché. Comment vous dirai-je? Ce n'est pas du tout français. Ich sagte „Rasta". Oui, c'est ça.[1] – Über den „Geschmack": Ça m'a beaucoup amusé de trouver que la mère de Corot était modiste. En somme, de faire un tableau, c'est la même chose que de faire un chapeau, seulement en plus compliqué. Ich sagte ihm, ich hätte neulich bestritten, dass er in seinen Bildern „Luft" „Atmosphäre" suche: Non, certes, ce n'est pas ça que je cherche; c'est le ton juste. Quand les tons sont justes, l'atmosphère vient pardessus le marché. Mais ça ne me fait rien, qu'un tableau de moi „s'enfonce". – Ich sprach über den Reichtum an Tradition hier und den Mangel in Deutschland. Er meinte: Ce n'est pas ce qu'on peut apprendre à l'Académie des Beaux Arts qui peut faire du bien. Moi, je n'y ai reçu qu'un seul bon conseil. C'était tout au commencement. J'avais une certaine maladresse à me débrouiller avec les couleurs, les pinceaux. Alors mon professeur[2] m'a dit; ce n'est pas la peine d'apprendre ça ici; il faut vous y exercer chez vous, à la maison. Et j'ai fait ça. Et quand on sait ça, on n'a plus besoin de rien apprendre. Mais ce qui est bon, c'est qu'avec notre tradition, il faut réfléchir, il faut démolir Bouguereau. Et après, on sait pourquoi on ne fait pas comme lui. Ça m'a souvent étonné, en voyant des Artistes étrangers débarqués à Paris aller tout de suite à ce qu'il y avait de meilleur, de plus raffiné dans la peinture française et en faire des pastiches réussis. Seulement, ça n'aboutissait à rien. Ils semblaient manquer de fond. Nous, nous discutons tout le temps. Nous examinons tout. Ce qui est triste, c'est que ça aboutisse à si peu de chose, comme j'en fais, moi. – Von Bonnard spricht er mit Enthusiasmus. – Sans Bonnard, je ne sais pas ce que j'aurais fait, moi. Bonnards Stellung zum modernen Leben im Unterschied von Degas: il ne veut pas faire du classique, du monumental avec: il a surtout de l'esprit, je ne veux pas dire anecdotique, bien entendu, mais dans les taches, la couleur. Il voit le côté comique des choses. Von seinen Strassenbildern: Il a créé là quelque chose de tout nouveau. Il a découvert une sorte d'ordonnance dans la foule qui grouille.[3] – Über Fénéon sehr lobend. Er habe einen grossen Einfluss auf ihn ausgeübt. – Abends mit Gee, Mrs Heywood u Brion in Mirbeaus: Les Affaires sont les Affaires.

---

[1] Verweisung: „(cf 9 V 03"

[2] vermutl. Gérôme

[3] nachträgliche Einfügung mit Bleistift: „(cf ihn mit Hogarth)"

Paris. 12 Mai 1903. Dienstag. *12.5.1903 Dienstag*

Nach St Germain, um Maurice Denis zu besuchen. Über Besnard: Il faut le voir dans ses commencements. Il a eu beaucoup de mérite, de la façon dont il est sorti de Puvis de Chavannes. Quand nous étions à l'Ecole des Beaux Arts nous allions admirer ses fresques de l'Ecole de Pharmacie. Nous trouvions ça épatant. – Ich erwähnte Charles Guérin. Oui, c'est un garçon de grande valeur, qui a beaucoup appris, surtout de Flandrin, qui est une espèce de chef de groupe, le groupe des élèves de Gustave Moreau qui ont compris Cézanne, ceux qui font des copies de Poussin au Louvre. – Ils ont compris, ce qui nous a toujours un peu manqué, à nous, le côté „objet" du tableau, la valeur de l'„exécution"; ce qui rend une œuvre d'art définitive. – Il y a chez eux une justesse des valeurs, une appréciation du degré de luminosité de chaque coloration (zum Unterschied von Valeur im Sinne von Schattierungen zwischen Schwarz und Weiss), qui tout de suite donne à leurs œuvres une assise solide. Moreau a dû leur apprendre ça. J'ai vu d'eux des copies de Poussin qui peut-être étaient mal dessinées; mais, dans les valeurs, il n'y avait jamais de faute. Et, de Cézanne, ils ont compris ce que donnait l'homogénéité de la touche, ces petites touches carrées répétées, qui ont la même forme et la même grandeur. Ça ressemble au procédé néo-impressioniste, mais avec infiniment plus de souplesse, je trouve. Et ça donne les mêmes résultats de monumentalité que certains procédés anciens, qui ne sont plus de mise aujourdhui. – Ich erwähnte abfällig den Artikel von Valblanche (Rouart.) im Occident. Oui, mais il fallait dire ça. La réaction contre l'Impressionisme était absolument nécessaire, contre ce côté naturaliste excessif. (le manque de sens décoratif.) Les Artistes de la Société Nationale sont les victimes de l'Impressionisme. Et puis, cette queue de l'Impressionisme, qui expose chez Durand Ruel, D Espagnat etc, c'est épouvantable. Vuillard, Bonnard, c'est différent. Bonnard, c'est de l'Impressionisme décoratif. Tandisque de Monet, les décorations chez Durand Ruel, j'y préfère les décorations de n'importe quel élève d'Ingres. – Er sprach von Beuron, wo er kürzlich acht Tage lang gewesen ist. J'y ai été voir un ami[1], qui est là maintenant, et qui a commencé par exposer avec les Impressionistes. L'art de Beuron, c'est bien curieux, ah, mais vous savez, c'est très curieux. Je crois qu'il en sortira quelque chose, et que ça ne restera pas seulement dans l'Église. Mon ami, celui qui est là maintenant, a travaillé avec Gauguin, quand celui ci commençait la réaction contre l'Impressionisme. Il fait entrer dans l'Art de Beuron des tendances nouvelles; oh, très lentement, bien sûr; mais elles s'infiltrent. Le père Didier[2], le fondateur, est un homme excessivement audacieux. C'est un élève de Cornelius. Mais on lui a montré des Photographies de Bonnard. Eh bien, il apprécie cela.[3] –

[1] Verkade

[2] Lenz

[3] Verweisung: „(Maurice Denis: ___ 26.XI 04; 21;VIII 04"

Der Kunstkritiker kann nicht irgend eine bestimmte Tendenz postulieren oder fördern wollen. Er kann nur zu bewirken suchen, dass die Tendenzen, die zur Zeit die beste Frucht versprechen (die bedeutendsten Künstler tragen) freie Bahn bekommen und dass keine pseudo-künstlerischen Tendenzen aufkommen oder fortbestehen. Man muss sich nur klarmachen, welche Tendenzen innerhalb einer bestimmten Kunst möglich sind, d. h. durch die Ausdrucksmittel dieser Kunst erlaubt werden, z B bei der Malerei auf Farbe oder Ton oder Form oder Linie oder (schon gefährlicher) Ausdruck. Eine echte Tendenz kann auch falsch verfolgt werden z B. durch Makart die Farbe.

Paris. 13 Mai 1903. *13.5.1903 Mittwoch*

Ludwig v Hofmann getroffen. Ihn zu Odilon Redon hinausgebracht. Vorher mit ihm in der Champ de Mars Ausstellung[1]. Die Denis packten ihn sehr. Namentlich, wie mir schien, die Motive.

Paris – London 14 Mai 1903. *14.5.1903 Donnerstag*

Mit Hofmanns und Yvo Hauptmann zu Rysselberghe[2], Vuillard, Bonnard. Bei Vuillard war Hofmann wirklich entzückt. Vuillard sehr guter Stimmung. Er erzählte, dass er früh Morgens profondément découragé gewesen sei; dass ihm dann aber des idées, qui lui semblaient nouvelles, gekommen seien, aus denen bedeutende Werke entstehen könnten, s'il pouvait les réaliser. Mais voilà! – Dann bemerkte er auch, er suche immer heller zu werden. Seine früheren Sachen seien ihm zu dunkel. J'essaie maintenant de partir d'une base de tons clairs comme ceux-ci (ein klares Weinrot), au lieu d'une base foncée.[3] – Bonnard kaufte ich ein kleines Rennbild ab für 300 frcs. Ich bemerkte dabei, seine RennBilder seien so durchaus verschieden von denen von Degas. Oui, moi je vois l'ensemble, la foule; je ne fais pas une étude d'un point spécial. Über Vuillard, als Hofmann seine Liebe zu Grau aussprach: Vuillard a réagi contre les Impressionistes. Le Gris, c'est aussi une couleur. Il n'y a pas que le Rouge, le Jaune, le Bleu, les quelques couleurs de la palette Impressioniste. Hofmanns und Yvo Hauptmann bei uns gefrühstückt. Von Mama und Gee Abschied genommen und nach London. Unterwegs mit Meier Graefe, der auch nach London fuhr.

---

1 Salon de la Société Nationale des Beaux-Arts

2 Einfügung: „Rysselberghe zeigte einige Studien zu seinem grossen Bild der badenden Frauen, wie er nicht Alles nach der Natur male, sondern immer nur: cherche le rapport zwischen zwei Lokalfarben (z B. zwischen Fleisch und einem bestimmten Gewand) in einer bestimmten Beleuchtung; das Übrige, das Detail der Töne, folge dem von selbst."

3 Verweisung: „(cf. Bonnard unter 9.V.1903)"

London. 15 Mai 1903. *15.5.1903 Freitag*

Die Academy. Die üblichen Sargents und Shannons. Nichts von irgendwelcher Bedeutung. – Im Black Frame Club ein ganz talentvoller Maler Paul Paul. Er erinnert etwas an Steer, ohne aber selber impressionistisch zu malen. Ziemlich feine Valeurs und Formen.

London. 16 Mai 1903. *16.5.1903 Samstag*

In der Kunst kommt zu den Elementen: Linie, Form etc. noch hinzu die Intensität, d. h. das Verhältnis der verschiedenen Intensitäten, die ein Werk vereinigt zu einander. (Poussin). Die Valeurs von Hell und Dunkel haben keinen andren künstlerischen Sinn, als Intensitäts Verhältnisse zu liefern. Aber auch zwischen den Farben kommen natürliche Intensitätsverhältnisse in derselben Weise in Betracht. Die Intensitätsverschiedenheiten begleiten die Malerei wie das Forte und Piano die Musik. Sie geben den tonischen Akzent, der Etwas Andres ist als der zeitlich-räumliche. Beide Akzente sind Mittel der Malerei wie des modernen Verses. In Musik und Vers Akzent und Klang, in der Malerei Akzent und Farbe. Das ist selbstverständlich, wenn man bedenkt, dass jede Wirkung ebenso notwendig Quantität hat wie Qualität; und dass eine Kunst jede Wirkung in jeder Beziehung meistern soll. Jede Kunst umfasst deshalb die Aufgabe, Intensitätsunterschiede gegeneinander abzustimmen d. h. aus Intensitätsunterschieden künstlerische Gesamtwirkungen zu erfinden. Diese Aufgabe geht denen völlig parallel Qualitätsunterschiede zu einander in eine künstlerische Beziehung zu setzen. – Vor der Madonna von Cosimo Tura in der Nat. Gall.: Malerei ist eine Farbenarchitektur, in der die einzelnen Flecke ein bestimmtes Gewicht haben; die übrigen Flecke müssen dieses Gewicht tragen, tragen können. Ein Bild, in dem die Farbenflecke einander nicht wirklich tragen, hat keinen grösseren Wert als ein Steinhaufen. – Das „Gewicht" des Flecks resultiert aus Farbe, Helligkeit (Ton), Grösse, Form und Stellung im Ganzen[1]. Die Natur liefert das Material. Der Maler braucht sie wie der Maurer einen Steinbruch; nicht anders. – Die Naturwahrheit hat mit der Güte oder Schlechtigkeit der Malerei Nichts zu thun. Sonst wäre die Güte der Malerei von der Naturwahrheit abhängig; während sie in Wirklichkeit von optischen Gesetzen[2] abhängt. Wenn ohne Natur gemalte Bilder leer, langweilig, blos „kunstgewerblich" sind, so ist das weil sie schlecht gemalt, nicht weil sie schlecht beobachtet sind. – Zu prüfen aber folgende Ansicht: Die „Wahrheit" gehört zu den qualitativen Eigenschaften einer Empfindung. Sie gehört zu den Qualitäten einer Empfindung genau so (?) wie die Eigenschaften, die wir mit „Rot" oder „Rund" bezeichnen. Es ist ein psychologischer Irrtum die „Wahrheit" beiseitezulassen. Es ist ebensowenig gleichgültig, ob ein Ton „wahr" oder

---

[1] nachträgliche Einfügung mit Bleistift: „(vielleicht auch „Bedeutung" cf unten)"

[2] nachträgliche Einfügung mit Bleistift: „(? cf unten)"

„falsch" ist, wie es gleichgültig ist, ob er Rosa oder Scharlach ist. Die „Bedeutung" eines Flecks beeinflusst sein „Gewicht" (siehe oben), kann es wenigstens beeinflussen. Es ist lächerlich das zu läugnen. Aber doch wird aus Bedeutungen allein nie gute „Malerei".[1] – Zwei Dinge kann keine Theorie geben: die Geschicklichkeit der Hand und die Fruchtbarkeit der malerischen Phantasie. Sie werden notwendig von der Theorie vorausgesetzt. Sonst müsste der scharfsinnigste Psychologe immer auch der grösste Maler sein. Welches ist also der Nutzen der Theorie? Zu beantworten. Auch: welches der Unterschied zwischen dem Nutzen der Theorie und dem Nutzen des „Korrigierens"? (Dieses für die „Geschicklichkeit", das auf die Leinwand zu bringen, was man im Kopfe hat.)

London. 17 Mai 1903. Sonntag *17.5.1903 Sonntag*

Früh in der Davies Sammlung (13 Lansdowne road). Bemerkenswert: Gainsborough, Lady Clarges; Whistler: Frau am Clavier und kleines Mädchen, Symphony in White (Rahmen früher decorativ bemalt, jetzt von Whistler übergoldet), Battersea Bridge. Shannon: Marmitons, Selbstporträt, Porträt von Ricketts, M^rs^ McColl. Ribot: Köche. Conder: Bild in Blau und Grün. Mehrere Rodins. Ein Schlafzimmer von Brangwyn. – Whistlers Frau am Klavier, breite, feste Malerei. Man fühlt noch Courbet. Die Symphonie, höchst geschmackvoll, wie im Weiss einige Rosa Töne sitzen; die Körper durch die Kleider hindurchmodelliert. Aber formlos die Gesichter. Die Landschaft von Battersea Bridge: Umformung eines sehr „modernen" Sujets, Fabrikschornsteine etc. in eine Symphonie von zarten blauen und rosa und grauen Tönen. – Shannon fein aber trauerklössig; hypochondrische Kunst. He takes his pleasures sadly. Gerader Gegensatz zu einer Kunst wie die von Denis sein Ensevelissement, die das Traurige mit der Süsse des Lebens durchtränkt. – Brangwyns Schlafzimmer: feiner, blasser Fries, Kinder und Bäume. Die Möbel und Wände bedeutungslos, aber nicht hässlich. – Rothenstein und Meier Graefe bei mir gefrühstückt. Rothenstein meint Shannon habe mehr von Gainsborough als von Whistler. Was Shannon am meisten interessiere, sei wie der einzelne Pinselstrich sitze und gestaltet sei. Gainsborough habe in dieser Beziehung die ganze englische Malerei hypnotisiert und festgebannt[2] – Mit Rothenstein und Meier Graefe nach Dorchester House. Das Stevens Kammin. Ein wirklich grosser Eindruck. Wirksamste Elemente: die Linie, die Proportionen, auch die zwischen den ganzen Figuren und der Architektur. Man fühlt in jeder Form und Linie eine volle persönliche Kraft; Nichts Epigonenhaftes. Auch leben alle Formen, nicht durch das Spiel des Lichts wie Rodins, sondern rein plastisch durch ihre Stellung und Richtung zueinander. Nichts Zaghaftes, Unsicheres, wie bei andren Wiedererweckungen, sondern wie

---

[1] Verweisung: „(cf 23.I.03; 26.I.03. 17.IV.03. 22.IV 03. 26.IV 03.)."

[2] Verweisung: „(cf Rothenstein 13.IV; Maurice Denis über l'exécution 12.V.)"

in der andren Renaissance Alles sicher, gewollt, so gewollt. Nicht die Sprache spricht, sondern ein Mensch spricht. Wahre „grosse Kunst".

London 18 Mai 1903. Montag. *18.5.1903 Montag*

Früh im South Kensington die Zeichnungen (Röthel) von A. Stevens. Eigenheiten:

1 Er sieht den Akt scharf in Flecken zerteilt.

2. Alle Flecken (Umrisse einzelner Körperteile) stehen zu einander in einer geheimnisvollen, mathematisch-künstlerischen, persönlich-Stevensschen Beziehung (cf. 2083. 85). Höchste Magie des Rhythmus (dieser Beziehung; der Proportion).

Diese beiden Eigenheiten (1 u 2) Stevens' Kernpunkt (cf auch 2065): Flecken, die einander zu Leben und Schönheit erwecken.

Hieraus, glaube ich, erklären sich folgende weitere Eigenheiten:

a) er bestrebt sich, die Formen (Umrisse, Körperteile) nah zusammenzuhalten (de ramasser les formes, tasser les formes). Warum? Um den Rhythmus fester zu knüpfen, d. h. dem Auge jede überflüssige Arbeit zu sparen, seine ganze Kraft für die Bewegungen (Empfindungen) aufzusparen, die künstlerisch von Bedeutung sind. Wo eine Form (ein Arm, ein Bein) weit wegstrebt, muss die Wirkung (die künstlerische Bedeutung der Form,) die Mühe lohnen. – Mit diesem Prinzip hängt der Wert der Verkürzung in der Kunst (Michelangelo), namentlich in der Plastik, zusammen. Die höchste Frische des Genusses dadurch gewährleistet. (Verkürzung bei Stevens D 2074.85. siehe auch auf Rückseite dieses Blattes). Da dieses Prinzip so eng mit dem Rhythmus zusammenhängt, wäre zu untersuchen, warum die Griechen es nicht anwenden, sondern erst die Renaissance. Was ersetzte es den Griechen? Was fehlt der Renaissance, dass sie es nötig hatte?[1]

b) die Einfachheit der Zeichnung. Wenige grosse ernst wie Glockenschläge wirkende Formen (Flecken.). Sein procédé: er sucht jedesmal im Akt wenige grosse, durch einander schön werdende Formen; jedesmal andre; jeder Akt ein neuer Rhythmus.

c) er sucht in der Zeichnung nie die Form (plastisch), sondern den Fleck. Es scheint, er will sich Rechenschaft geben, welche Flecken, welchen Fleckenrhythmus eine bestimmte Formenarchitektur (Gliederstellung) von irgendeinem Punkt aus giebt. Die Formen selbst wird er sich plastisch mit Thon gesucht haben. Die Zeichnung setzt die Form voraus (in der Phantasie), sucht sie nicht, giebt sie nicht. (2082). Darin wirklich Bildhauerzeichnungen. Selbst seine Entwürfe und Zeichnungen für die Mosaiken in St Paul's sind so, d. h. wie Zeichnungen nach Plastiken, gemacht. Man könnte sagen: er sieht die Plastik von überall aus zweidimensional. Vielleicht aber richtiger, dass er in den Zeichnungen nur die zwei-

[1] Verweisung: „(cf. 21.V.03. 23.V. 24.V"

dimensionalen Qualitäten festzustellen suchte; was nicht beweist, dass ihn die dreidimensionalen überhaupt nicht interessierten.
Ausser diesen Aktzeichnungen im Magazin des Museums acht Entwürfe für Dekorationen in Deysbrook bei Liverpool; für einen Gala Eisenbahnwagen Friedrichs VII von Dänemark (1848); Kopie nach einer Stanzendecke Raffaels. In Alles bringt er Grösse durch die Kühnheit der Proportionen und Flecken. Die Formen die der Hochrenaissance; aber er füllt sie mit Persönlichkeit und Grösse. Hierin berührt er sich mit Vandevelde. (Rhythmus kann auch statt der Grösse Subtilität haben cf die Chinesen und Japaner in gewissen ihrer Meister z B. Kogeishi[1]. Dies illustriert, was Grösse des Rhythmus bedeutet.)
Nachmittags beim Bildhauer Tweed und dort das grosse und das kleine Modell zum Reiterstandbild von Wellington. Auch hier diese rhythmische Grösse in höchster Potenz: die Beziehung zwischen Pferdeschweif, Mantel und Federhut. Sehr grossartig, selbst in der Kleine des Modells. Tweed selbst schien Stevens nicht sehr hoch zu stellen. Er zeigte den Colleoni[2] und meinte: voilà toute autre chose. Aber er liebt nur die Griechen. Es scheint eigentümlich, dass gerade er das Denkmal ausführen muss. Vom Pferde meinte er, es sei stupidly modelled.
Nachher bei John und dann zu Shannon und Ricketts in Lansdowne road. Sie bewohnen den obersten, sehr schönen und fürstlich eingerichteten Stock in einem Hause, das ihnen Davis gebaut hat. Ricketts empfieng mich, und bald nachher kam Shannon herein, der aber meistens schweigt: ein schöner Medaillenkopf; während Ricketts rotbärtig, feurig wie ein Italiener des Cellini ist und vor Allem das Lachen liebt. Man sagt, er sei machiavellistisch und berechnend wie ein Quattrocento Fürst; eine Art von Warwick, der nur die von ihm selbst gesalbten Kunst Könige anerkennt und jeden Andren, der nicht erst seine Investitur abwartet, zu vernichten trachtet. Er spricht leise, aber gezwungen leise, wie ein Mann, der von Natur laut spricht. Er muss den Ton von Zeit zu Zeit immer wieder dämpfen, zügeln. Und er scheint wetterwendisch und leicht freigiebig; wenigstens schenkte er mir im Lauf des Gesprächs, auf eine Bemerkung hin, die ihm gefiel, gleich für Weimar eine Reihe seiner Bücher die er Manchester zugedacht hatte, aber lieber, wie er sagte, dorthin schenkte, wo echtes Interesse vorhanden sei. Zuerst wurde Thee in schwerem, zisellierten altenglischem Silber serviert; dann verbrachten wir die Hauptzeit damit, die Sammlung und die Zimmer zu besehen. An den Wänden hängen eine feine Quattrocento Madonna zwischen japanischen Holzschnitten in einem zarten, rosaweissen Louis XVI Salon; dann Rossetti, Watteau, Rubens, Delacroix, eine zauberhafte Zeichnung von Claude, den Ricketts hasst, bis auf dieses Blättchen. Und das brachte uns auf die Impressionisten. Von allen modernen Franzosen mag er nur Rodin und

---

1 Gu Kaizhi

2 Verrocchio

Puvis. Gegen Monet ist er scharf. I donot say, that he is not a great artist. But Shannon and I think, that there is too little seriousness in his art, too little concentration. It is like seeing the landscape through the windows of a railway carriage; scores of instantanés. No form. It seems to me like shaking together lots of threads of lovely silk in a basket. Or like some sorts of modern music, where all the instruments have to be playing at once. It is too scientific, not artistic. You will have remarked that all the young english artists are turning their backs on Impressionism. They are trying to get back to a more monochrome base. There is bound to be a reaction against Impressionism. Shannon and I have thought that long ago. We first felt, that impressionist pictures didnot go well with the furniture, not decorative u. s. w. – Die englische Kunst und Kunstliebhaberei führen sie beide ganz auf Reynolds zurück. All the great collections were formed by Reynolds or under his influence. After his death, Romney (?) continued it. But then it died out. All that is good in english art comes out of Reynolds, Constable and all. Gainsborough was not broad enough; a delightful amateur, meinte Shannon. Ricketts kam dann auf Kultur: The book, that seems to me to express the most perfectly, what modern culture should be is Eckermann; what Goethe says about the theatre. Not, that you ought to go and see this play, because the scenery is good, or that that actress is too old, but discussing just the essential things. – Es ist merkwürdig in dieser lebendigen, prickelnden Atmosphäre geistig die tote, weltabgewandte Kunst entstehen zu sehen, die Ricketts und Shannon produzieren; aber in Wirklichkeit leicht erklärlich. Es ist eine rein intellektuelle Kunst. Man fühlt, sie schaffen aus dem Intellekt heraus ohne echten blinden artistischen Instinkt. Sie sind intellektuell und „scientific“ nicht in der Technik sondern in der Konzeption, was viel schlimmer ist. Ihre Bilder sind geflickt nicht gef..... Was sie den Impressionisten vorwerfen, trifft sie selbst in viel tiefere Teile und bis ins Herz selbst ihrer Kunst. Ihre Bilder sind tot und künstlich wie ein Lessingsches Lustspiel.

London. 19 Mai 1903. Dienstag *19.5.1903 Dienstag*

Bei Rothensteins gefrühstückt mit Meier Graefe. Nachher in die griechische Ausstellung im Burlington Club. Vorher bei Roger Fry. Landschaft vom älteren Cozens; Federzeichnung, merkwürdig chinesisch.

London. 20 Mai 1903. *20.5.1903 Mittwoch*

Vormittags im British Museum das neugekaufte Gemälde von Kogeishi (Chinese; 5tes Jh.). Höchstes Raffinement, Beardsleyartig. Subtilste Komposition (Fleckenverteilung) bis in ganz winzige kleine Noten hinein. (Komposition ist Fleckenverteilung: nicht psychologisch.) Grazie der Linien, z B. von lang flatternden Gewändern. Lawrence Binyon zeigte mir dann noch eine Landschaft des Chinesen Chao Ming Fu aus dem 12ten oder 13 Jh. die ausdrücklich „im Styl der

Tang Dynastie 6-9tes Jh." gemalt ist. Beobachtung des Helligkeitskontrastes: die Berge werden gegen den helleren Himmel zu dunkler gegen vorgelagerte andre Gebirge heller. – Aus etwa derselben Zeit Reproduktion nach Ri Rio Min im Kokka. Diesen hält Binyon für den grössten Künstler Chinas. Figuren. Grösse des Faltenwurfs (Linien) wie Parthenon. Morrison kennen gelernt.

London. 21 Mai 1903. *21.5.1903 Donnerstag*

Wieder im British Museum. Shannons Lithographieen. Schöne Linien. Aber ermüdende Gleichheit der Töne. Er weiss mit dem Ton Nichts anzufangen, ebensowenig wie mit der Farbe; denkt rein linear und allenfalls noch in Ausschnitten (Flecken). Das Material bleibt tot. – Sturge Moore kennen gelernt. Eine sympathische, etwas weiche Erscheinung; noch jung, er trägt aber den Vollbart, der spitz und seidig glänzend und fast noch wie ein Milchbart aussieht. Binyon hält Sturge Moore für den weitaus bedeutendsten lebenden Dichter Englands. Viel weiter und tiefer als Yeats. Sein Bestes seien noch unpublizierte Sachen, ein Drama, Mariamne, und eine Amazonen Schlacht. Alles Publizierte sei Jugendarbeit und liege weit zurück. Ricketts habe ihn so lange am Publizieren gehindert, bis er jetzt mit unpublizierten Arbeiten überhäuft sei. – Moore meinte ganz geistvoll halb zerstörte Kunstwerke wirkten oft stärker als andre, weil jedes Kunstwerk notwendig unvollkommen sei; das liege im Wesen der Kunst oder richtiger: an der Vorstellung, die wir uns von der Schönheit machen müssten. Bei guterhaltenen Werken stehe die materielle Vollkommenheit mit der idealen Unvollkommenheit im Widerspruch, das bringe in die Empfindungen eine Disharmonie. Bei halbzerstörten harmoniere dagegen dieser materielle Zustand mit der idealen Unvollkommenheit. – Zur Frage der Verkürzung[1]: Möglich Folgendes: Phidias verkürzt ebenso stark, vielleicht stärker, als Michelangelo. Aber die Renaissance legt den <u>Akzent</u> des Werks auf die Verkürzungen, Griechenland ignoriert sie künstlerisch, sieht nur die Flächenarchitektur ohne Rücksicht auf die Wirklichkeit, d. h. darauf, ob die wirklichen Formen hier oder dort verkürzt wiedergegeben sind. Vielleicht hängt das mit der virtù zusammen, dem Persönlichkeitsstolz der Renaissance, dass der Künstler also zeigen will, was er <u>kann</u>, während der „tour de force" in der guten griechischen Plastik (merkwürdigerweise! und ein Beweis, <u>wie</u> artistisch die Griechen waren, dass an ihrem artistischen Sinn gemessen, ihre immense Eitelkeit wie Nichts erscheint) keine Rolle spielt. Im Gegenteil. Man sucht den Schein der Leichtigkeit, als sei es selbstverständlich, so zu modellieren. – Die Strafe für diese Eitelkeit der Italiener ist das Gefühl der Gewaltsamkeit und des Zwanges, das selbst Donatello und Michelangelo ausatmen im Gegensatz zur Heiterkeit und Freiheit der Phidiasschen Skulptur. cf. den Theseus des Parthenon mit Michelangelos Nacht. Bei dieser

---

[1] Verweisung: „[cf 18 V 1903. a) 23.V.03.]"

weist die Kunst überall auf die Verkürzungen hin, bei jenem denkt man nicht daran. Das ist ein Rest von Barbarei in der Renaissance Kunst, ein Hinweis darauf, dass die Zeiten noch nicht fern waren da man das nicht konnte. – Ich denke an ein Buch Englische Künstler und Dichter. Die Möglichkeiten von Kultur unter modernen Lebens Verhältnissen. Shannon α Ricketts. Yeats. Morris und die Arts α Crafts (Cobden Sanderson). Oxford. (Pater etc.). Das Meer (Matrosen Dichtung). Whistler und das moderne Leben.

London. 22 Mai 1903. *22.5.1903 Freitag*

Früh wieder in der Guildhall. Wenn Malerei in Farbenkomposition besteht, ist Rembrandt schlecht als Maler, oder richtiger garkein Maler. Aber das Licht, der Rhythmus der Valeurs (Rhythmus des Helldunkels), ist ein zweites Gebiet, für das die Malerei ebenfalls Ausdrucksmittel hat. Und hier ist Rembrandt facile princeps, ja hors concours selbst mit Claude, Turner, Monet. Die Erfindungsgabe, das Genie für immer neue, immer packendere Valeurkomplexe ist sein Teil. Die Andren haben die Technik vervollkommnet. Er hatte das, um dessentwillen es sich lohnt, Ausdrucksmittel, Technik weiterzubilden. Sein Ausdrucksmittel ist leider Schmutz, während Monet die Aufgabe gelöst hat, alle Lichtkomplexe blos in Farbe auszudrücken, so dass das ganze andre, das Farben Gebiet der Malerei, durch ihn in die Lichtmalerei hineinströmt. Aber Monets Erfindung, so gross und wunderbar sie ist, ist doch mit der Rembrandts nicht auf eine Stufe zu stellen. Die Erfindung in der Kunst ist überhaupt rein persönlich. Inbezug auf sie giebt es keine Geschichte, keine Entwicklung. Genie ist Genie. Die Geschichte hat es so nur mit der Technik zu thun und mit den technisch-mechanischen Teilen der Erfindung (das was vom Genie als lehrbar übrig bleibt; Masaccio). Die Erfindung selbst, das was aus dem Maler den Künstler macht, kann sie nur konstatieren. Sie hat darüber einen Schein auszustellen, einen Steckbrief zu erlassen und höchstens vorwärts dann Zusammenhänge aufzuweisen; das aus sich selbst rollende Rad weiterzuverfolgen, nicht rückwärts zu erklären. – Das Lichtgebiet der Malerei hat ein allgemeineres Interesse als das Farbengebiet; d. h. durch das Licht hängt die Malerei mit Architektur, Skulptur, ja mit der Musik und vielleicht den tiefsten menschlichen Gefühlen zusammen, nicht durch die Farbe, die gewissermassen „Fach" ist. – Durch Farben Licht auszudrücken vielleicht das höchste Ziel der Malerei; der Punkt, wo sie mit Allem Andren zusammentrifft. Der Vermeer hier ist ebenso gross als Farbenwerk wie die beiden Rembrandts (Landschaft, Titus) als Lichtwerke; und doch wirken die Rembrandts unvergleichlich tiefer, mächtiger, zentraler. Vermeer ist ein unvergleichlich grösserer Farbenkünstler als Rembrandt. Ein wahres Wunder als Maler, wie wenig als Mensch! Das Licht ist wiedergegeben, aber Nichts daraus gemacht. Alle Erfindung steckt in den Farben und Flecken. Ihre Grossartigkeit und Neuheit, die an sich ebenso gross ist wie Rembrandts, erreicht aber nicht annähernd dieselbe Wirkung. Ebenso tritt

Hals (de Ruyter Slg. Spencer) zurück, also die Elemente Form, Ausschnitt (Umriss, Fleck), Pinselstrich. Bei dieser Auffassung sind die zwei wichtigsten Daten in der Geschichte der Malerei Rembrandt, das Genie, und Rubens – Turner – Monet die gewaltigen Techniker, die das Ausdrucksmittel erneuert haben. Die Venezianer haben in ihrer Weise, auf einer früheren oder andren Stufe, schon die Vollkommenheit erreicht, die wir wieder seit Rembrandt suchen.[1] – Dann zu beantworten was wir (unsere Phantasie) mehr wollen als die Venezianer. – Bei Christie's Vaile Slg. Mehrere Rossettis. Veronica Veronensis (Öl), Lilith (grosse Zeichnung) u. s. w. Das Ölbild als solches grässlich: langweilig und disharmonisch (cf den gelben Kanarienvogel), das Fleisch grau und weichlich wie Thon. Artistisch nur die Linien des Haares, des Körpers, ev. die schwüle Sinnlichkeit. – Über Alles schön ein Gainsborough, Brustbild eines jungen Mädchens; das Gesicht fast schattenlos modelliert und von einer Zartheit und einem lebendigen Schmelz der Farbe, die an das Wunderbare grenzen. Trotz einiger zerstörter Stellen der schönste Gainsborough, den ich gesehen habe. An Bode telegraphiert.

London. 23 Mai 1903. Sonnabend *23.5.1903 Samstag*

Zur Frage der Verkürzung[2]: in den assyrischen Reliefs sind die Formen dreidimensional, die Linien (die markierten Linien) aber alle zweidimensional. – Parthenonfries und Giebel: es giebt hier notwendig Flächengrenzen, die nach rückwärts verlaufen; aber sie sind nie als Linien ausgeprägt, im Gegenteil möglichst versteckt, so dass der naive Beschauer sie nicht merkt. Das Linien Motiv ist überall zweidimensional. Also: die Flächen sind dreidimensional; die Linien aber praesentieren sich als ein zweidimensionales Muster. Innerhalb dieses zweidimensionalen Musters wird das Auge durch die dreidimensionalen Flächen hin und her akkomodiert. – Das Linienschema eines Parthenonstücks ist nicht wesentlich verschieden vom Linienschema einer Vase. Man denke sich dagegen im Vergleich zu einer griechischen Vase das Linienschema der Nacht von Michelangelo oder des Moses, des Penseroso etc. – Die Griechen haben hier wieder Recht: Man geniesst Linien durch die Bewegungsmuskeln, Formen durch die Akkomodationsmuskeln. Die Bewegungsmuskeln aber kennen nur zwei Dimensionen, die dritte entsteht durch die Akkomodationsmuskeln, die wieder keine Linie kennen. Eine Linie in die dritte Dimension hinein ist also nicht direkt wahrzunehmen, sondern nur eine Form. Die Griechen haben daher ganz richtig nie den Bewegungsmuskeln das Unmögliche, eine dreidimensionale Wahrnehmung, zugemutet; während sie sehr wohl von der dreidimensionalen Bewegung der Akkomodation für ihre Kunst Gebrauch machten. Sie kennen also nur zweidimensionale Linien. Dagegen aber (was Hildebrandt übersieht) drei-

---

[1] Verweisung: „(über Rembrandt cf. 18 XI.03.“

[2] Verweisung: „(cf. 18 u 21.V. 24.V)“

dimensionale Formen. Die Renaissance, vor Allem Michelangelo, versucht es aber auch mit dreidimensionalen Linien! – Vgl. Douris, den gerade das Problem der Verkürzung ganz besonders interessiert, wie doch schliesslich ein rein zweidimensionaler Rhythmus herauskommt. Und daneben die Quattrocentisten. – In Englands Charakterbild nicht zu vergessen die verbrecherische Prüderie, die die Meisterwerke von Douris und Brygos im Britischen Museum durch Übermalungen zerstört hat. – Zur Versteigerung bei Christie's. Mein Gainsborough gieng um 9000 Guineen an Ch. Wertheimer. Abends Ellen Terry in Much Ado About Nothing. Premiere. Nach der Vorstellung klatschte das Publikum Ellen Terry neun oder zehnmal heraus, bis sie vortrat, als ob sie eine Rede halten wollte, und lachend sagte: Ladies and Gentlemen, The author is not in the house.

London. 24 Mai 1903 Sonntag. *24.5.1903 Sonntag*

Verkürzung[1]: Im South Kensington die Italiener: Die Füsse bei Desiderio, Donatello, häufig infolge der Verkürzung unförmige Klumpen. Man wird in der ganzen antiken Skulptur keinen ähnlichen Klumpfuss finden. Auch die Hände der Engel auf Donatellos Beweinung Christi. Das Merkwürdige ist, dass die Fläche selbst, die diesen Umriss füllt, nicht zurückweicht: die Zehenspitzen liegen in derselben vertikalen Ebene wie das Fussgelenk. Also nur der Umriss giebt die dritte Dimension an, sie ist nicht wirklich plastisch vorhanden; sondern nur rein zeichnerisch wie auf dem Papier. Also 1) Donatello operiert hier nur mit der Linie (Umriss), nicht wie die Griechen (wohl immer (?); zu untersuchen!) auch mit der Form. (Accomodation.)
2) er verlangt, dass das Auge einer Linie in die dritte Dimension folge
3) diese Linien gehören zu den für das künstlerische Linienschema bedeutsamen.
Unterschiede gegenüber der Antike
I a) Der Antike Bildhauer entnimmt der dritten Dimension verkürzte Formen (nicht Linien); Donatello verkürzte Linien (nicht immer zugleich Formen).
b) Der Grieche schafft die dritte Dimension durch das thatsächliche und verkürzte Zurückweichen der Form, Donatello durch eine verkürzte Linie.[2]
II. Als Formgrenzen (Umrisse) wählen die Griechen immer Linien, die in der Reliefebene liegen (blos zweidimensional), die Italiener indiscriminately auch Linien, die in die Tiefe (in die dritte Dimension) verlaufen und daher verkürzt erscheinen (imaginäre Sinnesempfindungen). Jede noch so bewegte Form ist bei den Griechen in der zweiten Dimension (Vertikale) verankert (in einer sinnlichen Realität). Die Italiener haben die Unruhe des unmöglichen dreidimensionalen

---

[1] Verweisung: „(cf. 19.XII.02; 18, 21, 23 V.03"

[2] Die Punkte a) - b) sind am linken Seitenrand durch eine geschweifte Klammer umfaßt.

Umrisses in die Kunst gebracht. Ein Grieche wäre bei Renaissance Reliefs seekrank geworden.[1]
Zu II. Man kann das Linienschema eines griechischen Reliefs durchpausen; bei einem Renaissancerelief wäre das unmöglich, weil viele der Linien in die Tiefe verlaufen. Der griechische Bildhauer konnte das Linienschema seines Reliefs auf den Marmorblock aufzeichnen; Michelangelo nicht, weil sein Linienschema dreidimensional ist.
III. Als Mittel, die dritte Dimension (die Tiefe) auszudrücken (d. h. als Sinnesreize, die sie der dritten Dimension entnehmen) kennen die Griechen:
1) die wirkliche plastische Form (das wirkliche Zurückweichen der Flächen, die Flächenrichtungen)
2) die Verkürzung der Form (die verkürzte Form)
3) die Valeurs (Licht und Schattenunterschiede. Phidias.)
Nie aber
die verkürzte Linie.
Man spricht vom „malerischen" Reliefstil der Renaissance. In Wirklichkeit ist Phidias viel malerischer; er benutzt das Licht, das Spiel des Lichts, die Valeurs. Man sollte sagen, das Renaissancerelief war „zeichnerisch", d. h. es importierte eine Konvention der Linearzeichnung, die „verkürzte" Linie, in die Plastik, wo diese Konvention keinen Sinn hatte und nur Verwirrung stiften konnte.
Um die „malerische" Kunst des Phidias zu erläutern, Photographieen zu verschiedenen Tageszeiten anfertigen lassen (Druet.) Und dann im Gegensatz dazu die geringe Veränderung, die Photographien zu verschiedenen Tageszeiten für Donatello ergeben. Die zusammenhängende (bedeutsame) Veränderung der Valeurs bei Phidias.
IV. Chaos unter den Formen in der Ren. Skulptur. Zwischen den Höhen und Tiefen besteht selbst bei Donatello (Beweinung. S. K.) kein artistisches Verhältnis. Dabei ordnen sie sich auch nicht etwa der linearen Perspektive ein. (cf oben) Sie scheinen fast dem Zufall überlassen. Also: die eigentliche Substanz der Plastik, das Verhältnis der Flächenrichtungen zueinander, der dreidimensionale Rhythmus der Formen, fehlt der Renaissance Plastik. Wahrscheinlich erklärt sich das aus ihrem linearen Charakter. Man glaubte, mit den Mitteln und Konventionen der Linearzeichnung auszukommen. Die Ren. Plastik hat die dritte Dimension nur auszudrücken versucht, nie begriffen, dass aus ihr durch den Rhythmus der Flächenrichtungen eine besondre Art der Schönheit zu ziehen wäre, eine von der zeichnerischen vollkommen verschiedene, spezifisch plastische Schönheit.
V Vermischung von fremden Konventionen mit der Plastik, von Konventionen, die nicht in der Plastik begründet sind: zeichnerische, und dann auch poetische. Lehrreiches Beispiel künstlerischer Grenzüberschreitungen, die immer darin

[1] Verweisung: „cf. 19.XII 02, 9 a.E."

bestehen, dass die Konventionen einer Kunst in eine andre hineingetragen werden (nicht etwa in irgend einer Stoff Verwechselung). Die Reinheit der Künste ihre erste Pflicht. Jeder Stoff steht jeder Kunst frei; nur muss sie ihn aus sich heraus und in eigenbegründeten Konventionen gestalten. – Wie entstehen Konventionen? Die zeichnerische Konvention des verkürzten Umrisses dadurch, dass man von der Form blos den Umriss übernimmt, das Zurückweichen der Fläche aber fortlässt. Konventionen entstehen a) durch Fortlassen von Elementen, die in die betreffende Kunst nicht hineinkönnen (vielleicht aber in eine andre, die dann diese Konvention zu Unrecht übernimmt) b) durch Akzentuieren oder Konzentrieren von Elementen (z. B. des Helligkeits oder Farbenkontrasts zur Linie in der Zeichnung). In der Aesthetik besonders wichtig, die Konventionen jeder Kunst und deren Gründe abzuhandeln.
Man meint oft, die Skulptur der Spätrenaissance und des 18ten Jh. sei „malerischer" als die des Quattrocento. Nichts kann verkehrter sein. Gerade das Quattrocento machte ausgiebigen Gebrauch von einem rein zeichnerisch-malerischen Mittel, der verkürzten Linie; während das Helldunkel, das man in der späteren Skulptur „malerisch" nennt, ein Mittel ist, das ebensowohl der Plastik wie der Malerei zukommt. Die zentrale Thatsache ist, dass die Griechen immer die geneigte Fläche als das Ausdrucksmittel der Plastik erkannt haben, während die Renaissance die plastische, dreidimensionale Form durch die Linie auszudrücken suchte.[1] Die Griechen kamen so ganz natürlich und notwendig zu Licht und Helldunkel, dem Element, durch das wahrscheinlich[2] die bildenden Künste am tiefsten in die menschliche Seele eingreifen. Die Renaissance blieb von ihrem falschen Ausgangspunkt aus im Vorhof stehen; sie war falsch gestartet. Nur Michelangelo ist durch die stupende Macht seines Genies bis in die Lichtregion emporgehoben worden. – Rodins exagération de la forme hängt mit diesem zentralen Ausdrucksmittel der Plastik zusammen. Die exagération ist Nichts als eine Betonung und Sichtbarer Machung der Flächenrichtungen. Die „übertriebene" Form verhält sich zur wirklichen Form wie die Linie zum wirklichen Umriss in der Natur. Jene ist das konventionelle Ausdrucksmittel der Plastik.

London. 25 Mai 1903 Montag *25.5.1903 Montag*

Studie von Hogarth bei Colnaghi: Miss Rich. Privatbesitz. Ein kleines Wunderwerk. Dieselbe unmittelbare Frische der Malerei wie bei Hals oder Manet oder wie bei dem Fürsten dieser ganzen Gattung: Velazquez; d. h. derselbe breite, schnelle, absolut sichere Pinselstrich. Sehr hell, nur wenig und ganz leichter, hellbrauner Schatten, in den das Auge die Lokalfarbe hineinsieht. (warum?). Die Augen wie bei Gainsboroughs Mr Ozier (Vaile) durchaus durch optische Farben-

---

1 Dieser Satz ist durch einen doppelten Tintenstrich am linken Seitenrand markiert.

2 Verweisung: „(cf 22.V.03)"

mischung: für das Weiss Weiss und Blau. Hogarth verhält sich zu Gainsborough wie ein Septembermorgen auf dem Lande zu einer Fête Galante. – In der Nat. Gallery kommt keiner von den Gainsboroughs dem kleinen Porträt von Wertheimer gleich, weder an Komposition noch an zartem Schmelz und wesenlosem Zauber der Malerei. Überhaupt nur ein wirklich guter G. hier: der Sir Henry Bate Dudley, allenfalls der Parish Clerk[1]. Die Mrs Siddons ganz langweilig und mittelmässig. Die Miss Gainsborough besser, aber auch nicht von der allerbesten Sorte wie die Lady Clarges oder das Wertheimersche Bild. – Auf Michelangelos Madonna ist die Modellierung der Körper und Gesichter durch Helldunkel ebenso sorgfältig und fein wie bei einem Lionardo oder Ingres (die Grablegung gröber). Die Maler der Renaissance, Michelangelo, Lionardo, Tizian, sind Meister der Form, aber der durch zweidimensionale Mittel ausgedrückten, d. h. durch Linien und Helldunkel (Valeurs). Das ist Etwas ganz Andres als die dreidimensional, durch das plastische Mittel der Flächenrichtungen ausgedrückte, bei der die Linie als Tiefenausdruck fortfällt und die wirkliche Akkomodation hinzukommt. Beiden, der Malerei und der Plastik, gemeinsam ist nur das Helldunkel, die Valeurs, von der die Renaissance Bildhauer ausser Michelangelo keinen Gebrauch machten. – Raffael und Lionardo sind wie Sonnenuntergang und Sonnenaufgang. Raffaël vollendet das Quattrocento, die Kunst seit Masaccio, ja die Gothik, die ganze Periode, deren Ausdrucksmittel die Linie war; mit Lionardo beginnt eine Kunst der Valeurs, deren Ausdrucksmittel die Intensitätsgrade des Helldunkels und der Farben sind. Jenes Muskelkunst, dieses Netzhautkunst. Raffael hat die Seligkeit der Vollendung; die Leichtigkeit des Erben. Er ist ein Ende. Deshalb konnte er schon so jung so Viel sein. Er trug ein Jahrtausend in seiner Knabenseele. Das ist Raffael, das ist Raffaels Zauber. Aber eben: er ist ein Ende. Alle grossen Namen der Malerei seither gehören zu Lionardos Stamm: Valeurkünstler, Intensitätskünstler. Schon Michelangelo. Dann die Venezianer, Velazquez, Rubens, Rembrandt, Claude, Poussin, Watteau, Turner, die Impressionisten. Sie drücken sich durch das Helldunkel, durch die Relation der Farbenflecken aus, nicht durch die Linie. Die Führung bei diesem Übergang zu einem andren Ausdrucksmittel und Sinnesgebiet scheint das Raumgefühl gehabt zu haben.

---

[1] Hone

Weimar. 2 Juni 1903. Pfingst Dienstag. *2.6.1903 Dienstag*
Einzug des Grossherzogs[1] und der Grossherzogin[2]. Um 2 Cour.

Weimar. 3 Juni 1903. *3.6.1903 Mittwoch*
Hofball. Viel mit Renate Reuss getanzt.

Weimar. 4 Juni 1903. *4.6.1903 Donnerstag*
Oldes Maienfest im Stern. Abends Musik bei der Erbgrossherzogin[3]. Die Grossherzogin sehr hübsch und graziös; à la Cléo de Merode frisiert und das Haar mit Perlen durchzogen.

Weimar. 5 Juni 1903. *5.6.1903 Freitag*
Gala Diner. Nachher Gala Vorstellung im Theater.

Weimar Juni 1903. *6.6.1903 Montag*
Frühstück im Nietzsche Archiv. Klinger, Wedells, Palézieux, Rothes, Vandeveldes. Wedell trank auf Vandevelde.

Berlin. 14 Juni 1903. Sonntag. *14.6.1903 Sonntag*
Bei Richters in Wannsee mit Harrachs u. Knesebeck.

Berlin – Weimar. 17 Juni 1903. Mittwoch. *17.6.1903 Mittwoch*
Aus Berlin fort. Den Anschluss in Halle verpasst. Daher Extrazug von dort nach Weimar genommen, um für das Diner bei der Erbgrossherzogin zur Zeit zu kommen. Beim Diner in Belvedere der Grossherzog, die Erbherzogin, der Grossherzog v. Hessen, die Schwestern[4] der Grossherzogin, Müller, Vandeveldes etc. Nachher Sauterie. Im Carré mit den beiden Grossherzögen, der Grossherzogin, Reussens, u Müller getanzt. Den Grossherzog v. Hessen für die Idee einer Ausstellung aller Sezessionen interessiert.

Weimar. 20 Juni 1903. Sonnabend. *20.6.1903 Samstag*
Klinger an, um mir die Sachen für die Ausstellung zu bringen. Bei mir gefrühstückt und Abends gegessen mit Vandeveldes, Palézieux, Frau Förster, Goebens, Ludwig v. Hofmann.

---

[1] Wilhelm Ernst

[2] Caroline

[3] Pauline

[4] Prinzessinnen Marie, Hermine u. Ida Reuß ä.L. sowie Emma Künigl Gräfin zu Ehrenburg

Weimar 21 Juni 1903. Sonntag *21.6.1903 Sonntag*
Das Frühstück für Klinger bei der Erbgrossherzogin abgesagt, weil sie krank ist. Abends nach Ettersburg zum Diner beim Grossherzog mit Klinger, Vandevelde und Ludwig v Hofmann. Bei Tisch zwischen Lessing und Egloffstein. Nach Tisch lange mit der Grossherzogin gesprochen, Sport, Körperkraft, Kunstgenuss.

Weimar. 22 Juni 1903. *22.6.1903 Montag*
Mit Klinger und Vandevelde die Aufstellung der Ausstellung beendet. Die Asenieff dort. Sie ist eine ziemlich rundliche, hübsche Person mit einer merkwürdig weichen, slavisch-weichen Stimme; der Büste, namentlich Oberlippe und Nase, sehr ähnlich; auch die Augen. Klinger Abends fort.

Weimar. 23 Juni 1903. Dienstag *23.6.1903 Dienstag*
Um 11 der Grossherzog und die Grossherzogin die Klinger Ausstellung eröffnet. Sie eine Stunde lang geführt. Die Grossherzogin naiv und spontan im Kunstgenuss; zuerst immer kleiner Kampf zwischen Etikette und impulsiver Hingabe; diese dann immer siegreich. Grosse Natürlichkeit. Der Grossherzog ist überlegt und kälter, aber aufmerksam und entschlossen, mitzugehen. – Nachmittags hatte ich die Gesellschaft eingeladen zu einer Vorbesichtigung. Alles kam und gut angezogen; eine elegante Versammlung. Grosser Erfolg auch für den neu hergerichteten Saal[1].

Berlin 24 Juni 1903. *24.6.1903 Mittwoch*
Mit Vandevelde nach Berlin.

Berlin. 26 Juni 1903. *26.6.1903 Freitag*
Im Museum: Entwicklungsgang der Malerei: man sieht sie sich von der Begrifflichkeit lösen. Die Primitiven sind beherrscht von abstrakten Vorstellungen: im Walde springt „ein Hirsch"; der Mensch ist „traurig" u s w. Mit der Zeit wird die Kunst immer naïver. Constable ist unendlich viel naïver als Jan van Eyck, d. h. weniger durch Begriffe voreingenommen; in ihm ist fast Nichts Abstraktes mehr, Alles unmittelbar konkret erlebt. Ähnlich in der Poesie das Fortschwinden des Typischen. – Auch die malerischen Ausdrucksmittel sind natürlich Abstraktionen; aber die „Begriffe" (die sprachlichen Abstraktionen) sind zu andren Zwecken gebildete Abstraktionen, d. h. zu andren als malerischen Zwecken gebildete Abstraktionen. Es kommt darauf hinaus, dass die Malerei in den Anfängen sich der Ausdrucksmittel andrer Seelengebiete mitbedient. (cf oben über griechische u. Renaissance Plastik, ähnlicher Unterschied.)

---

[1] van de Velde, Oberlichtsaal im Großherzoglichen Museum für Kunst und Kunstgewerbe

Weimar. 27 Juni 1903. Sonnabend. *27.6.1903 Samstag*
Wedels, Stallwedels, Oldes α Vandeveldes bei mir gegessen.

Weimar London 28 Juni 1903. *28.6.1903 Sonntag*
Früh nach London abgereist. Im Zuge Kleists Leben von Bülow.

London. 1 Juli 1903. Mittwoch. *1.7.1903 Mittwoch*
Abends im Botanischen Garten Miltons Comus und Ben Jonsons „Hue and Cry after Cupid" gesehen. Garkeine Bühne, sondern ein Stück des Parkes selbst, das durch versteckte Scheinwerfer je nach den Bedürfnissen des Stückes erweitert oder verkleinert wird. Manchmal, wie wo im Comus die Wasserfee herangefahren kommt, wird durch die Beleuchtung ganz ferner Baumgruppen und Wasserflächen die Bühne ins Landschaftsmässige erweitert, ein andres Mal, bei der grossen Szene mit der von den Waldgeschöpfen gefangenen Jungfrau ins Spelunkenmässige, Dickichtartige verengert. Die Nacht war wunderbar, mondhell und mild, und die Aufführung wirklich feenhaft; ein artistischer Genuss wie ich ihn so rein und ohne Beimischung noch nie empfunden habe. Sonst muss die Kraft der Dichtung oder der Musik Einen über die platte, riechende Umgebung hinausheben; hier, in Duft und Mondschein, fehlt jede Störung; nicht die Konvention, im Gegenteil; diese tritt in unmittelbaren Gegensatz zur Natur, ohne Zwischenglied (wie die „Bühne", das „Theater"), aber die Künstlichkeit ist trotzdem (oder gerade deshalb?) weit weniger fühlbar, ja man fühlt sie eigentlich garnicht, es gehört keine Anstrengung der Phantasie dazu, um mitzugehen. Dies eine sehr wichtige Beobachtung, die für die ganze Theaterfrage von grosser Bedeutung ist. Vielleicht ist der „Rahmen", die künstliche Ablösung und Distanz Setzung von der Wirklichkeit doch nicht nötig? – Praktische Bemerkungen: Matte Farben mit Abend Laub im Ton. Helles Rot leuchtet als Kontrast zum Laub stark hervor. Sehr schön Grau (Pflaumengrau, Gorge de Pigeon): überhaupt wird man sich an Frucht Farben halten können: Pflaumen, Kirschen, etc. Olivengrün, Fraise écrasée. Reines Grün (Spektral) wirkt Juwelenhaft gegen Laub, namentlich neben Grau. – Goldgelb fällt heraus: charakterlos, kraftlos. Am kostbarsten Rot und Grün, Blaugrün, Pfauenfarbe. – Kleine Stückchen Farbe (Harlekinsmantel) ganz prachtvoll: Leuchtkraft. – Musik von der Seite. Auch die Lichtprojektionen: grünlichblau (Mondlicht.). Lichtquellen: 2 Seitwärts, 2 weitere hinten Seitwärts.

Paris. 2 Juli 1903. Donnerstag *2.7.1903 Donnerstag*
Früh nach Paris. Gee bei mir im Hotel. Abends draussen.

Paris. 4 Juli 1903. Sonnabend *4.7.1903 Samstag*

Gees Ziviltrauung um 2 auf der Mairie des 16ten Arr. Chambrun α Heurtaumont Brions Zeugen, Onkel Clement und Ich Gees. Nachher kirchliche Trauung in der Sakristei des Invalidendoms. Abends kleines Diner bei uns: Brions, Onkel Auffmordt, Gustav, Chambrun, Autichamps, Heurtaumonts, Mrs Heywood.

Paris. 6 Juli 1903. Montag *6.7.1903 Montag*

Öffentliche Trauungszeremonie im Invalidendom vor dem Hochaltar, hinter dem Brions Vorfahr Duroc beigesetzt ist. Während der Kommunion schmetterte die Militärmusik. Unter den alten Fahnen in der grossen hellen Kirche erinnerte es mich an unsere Garnisonkirche in Potsdam. Lucius vertrat Radolin, der krank ist. Nachher bei uns Frühstück; etwa 70 Personen. Berwick hielt die Rede. Mama Alles wunderbar gut überstanden.

Paris. 7 Juli 1903. *7.7.1903 Dienstag*

Brion α Gee getroffen.

Paris. 8 Juli 1903 Mittwoch. *8.7.1903 Mittwoch*

Mit Mama nach Bellevue und Brions besucht.

London. 10 Juli 1903. *10.7.1903 Freitag*

Die germanische Schwere ist den Engländern in den Willen, den Deutschen in den Geist geschlagen. Der Engländer konservativ und zäh, der Deutsche gründlich und grüblerisch. – Die moderne Kultur verfolgt nicht den Genuss sondern die Freude; man misversteht sie ganz, wenn man diese Ziele verwechselt und gleichstellt. Der Genuss: eine Befriedigung der Sinne, die Freude: ein Symptom von der Gesundheit des Willens. Nach Freudigkeit streben Nietzsche sowohl wie Tolstoi, Vandevelde ebenso wie Monet; während die Praeraffaeliten und alle romantische Kunst gerade darin nicht modern sind, dass sie den Genuss als solchen suchen. Dieses moderne Ziel bringt den Arbeiter mit seiner Muskelkraft und Freudigkeit in eine ganz neue Beziehung zur Kultur; denn er erfüllt in sich in einer allerdings beschränkten Weise ein Teil ihres Ideals. Die Modernität ist demokratisch nicht in ihren Tendenzen sondern durch ihre Sympathie für die Muskelkraft der grossen Masse. Aus demselben Grunde rückt der Sport wieder zur Kultur in Beziehung. Antimodern sind vor Allem das Trübe, das Verlogene, das Weibische, oder wenn man will, Unlogik, Widersprüche, Romantik und Sinnlichkeit ohne Zugreifen: man soll sich befriedigen oder bemeistern, gerade was das Weib meistens nicht kann. Wir möchten wieder wie die Joculatores Domini, wie die fraticelli, die Brüderchen des Franz von Assisi, ausziehen und an den Hecken und Kreuzwegen die Freudigkeit, die Helle, die leichte Seele predigen. Ein Frühling geht wieder durch die Welt, oder was fast dasselbe ist, eine Sehnsucht nach Frühling wie im 13ten Jh., als die franziskanische Bewegung das Dornröschen Europa mit Singen und Weltenfreude aus dem Schlaf weckte. – In den letzten 20 Jahren hat sich allmählich unter dem Schutz der sog. modernen Bewegung eine neue Moderne krystallisiert, die jetzt selbständig heraustritt und sich von dem, was bisher „modern" hiess, von Realismus, Naturalismus, Symbolismus, differenziert: die Moderne der Freudigkeit. Man entdeckt jetzt, dass von so vielen verschiedenen Seiten hierhin gestrebt wurde, von Nietzsche, von Tolstoi, von Monet, von Vandevelde; dass dies die Sonne ist, die ihre Bahnen lenkt. Man fängt an zu begreifen, was unter dem Schutz der sog. modernen Bewegung wirklich vor sich gieng: eine Neugeburt der Weltenfreude, die lange vorbereitete Reaktion gegen Pessimismus und Romantik. Alle alten Verkörperungen der Freude steigen empor: das Griechentum, Franz von Assisi, Goethe, Alles Starke, Wahre, Helle. Die Sonne küsst die Gipfel wieder, nach der romantischen Nacht. Die Freudigkeit wird die Grundstimmung der neuen Epoche. Tiefverschieden, ja polar entgegengesetzt der Strausschen Philister Zufriedenheit, die eine Sattheit der Sinne und Phantasie ist, während im Gegenteil der schöne Hunger, d. h. das Streben und das Wollen die Freudigkeit zeugen, die deshalb mit der unerschrockensten Betrachtung des Elends und des Schmerzes sich verträgt; aber nicht etwa, „weil das Gute schliesslich doch siegt", sondern weil auch das tiefste Elend die Bethätigung des Willens nicht hindert und es Nichts wirklich freudloses giebt, als nicht zu wollen. – Faust fällt im Moment wo er befriedigt ist. In dieser Abhängigkeit von der Schaffensfreude ist er der Typus des modernen Menschen. Seine Sinnlichkeit ist der Gegenpol zu der des Philisters; denn sie ist ganz und nur Genuss des Thuns, die philisterhafte wie die weibliche Genuss schlechthin. –[1]

London. 11 Juli 1903. *11.7.1903 Samstag*

Abends Fletchers Faithful Shepherdess im Botanischen Garten. Wie Comus, derselbe Zauber. – Zu behandeln wären einmal im Zusammenhang die Modernen Kyniker. (Rimbaud, Wedekind, Borrow, Corbière, Bloy, Verlaine, Wilde, die Saphiker und Paederasten, Rictus, in gewisser Perspektive Nietzsche.
Ihr Verhältnis:
1) zum Naturalismus (u. Realismus überhaupt)
2) zu Kynikern wie Voltaire (die farcis de prejugés) sind.
3) a) zum Leben
   b) zur Wirklichkeit des sexuellen Verkehrs

[1] Verweisung: „Hierzu cf über das Griechentum Sept. Okt 1902 (gegen Ende.) auch: 12.VII 03. – Gegensatz von Whistler (cf 8.V 03) u. den Impressionisten: W. sucht Genuss als solchen, die Impr. die Freudigkeit. W. aus einer andren Perspektive modern: Selbstbeherrschung. cf auch „Bewegtheit" 19.XI 03."

Die Konventionen die ihnen eigen (vielleicht gemeinsam) sind. Was ist dem modernen Kyniker heilig? (Widergötzen)
Ihr Verhältnis zu Rousseau (Ist er der Vater gerade des modernen Kynismus? Inwiefern? Sexuell? Epater le monde par sa sexualité. Gab es das nicht schon vorher? Ich weiss nicht; aber etwa im Orgiasmus.) Zwei Richtungen des Sexualismus:
1) das Epatieren
2) das Kitzeln (Daphnis α Chloe[1])
Vielleicht ist gerade das Epatieren spezifisch modern. Zum Kitzeln gehört Kunst; nicht zum Epatieren. – Der formlose Kynismus: der des modernen Weibes (Maria Magdalena, Dolorosa). Er erregt das Gegenteil des sexuellen Kitzels: den Ekel, aber epatiert, wie wenn man zum ersten Mal eine rossige Stute sieht. Die Bücher der „modernen Frau" stinken und kleben. Was ist der Wert dieser ganzen Litteratur für die Kultur? Was ist überhaupt der Wert der modernen Zügellosigkeit für das Leben? Am sichersten, dass viele ungesunde Seelen und Rassen schneller zugrunde gehen. Aber darüber hinaus? Denn unsere Zeit ist, was man konstatieren muss, beispiellos kynisch. Petronius u. s. w. haben Nichts ähnlich Schamloses geliefert wie gewisse französische Romane oder deutsche Frauenbücher. Ist das ein Symptom sozialer Gesundheit oder Krankheit?

London. 12 Juli 1903. Sonntag. *12.7.1903 Sonntag*

Optimismus nicht aus irgendwelcher Zuversicht, dass man zu Etwas Gutem, zum höchsten Gut, mitwirkt, sondern weil das Handeln selbst eine Lust ist; wie die Zeugungslust nicht vom Kind abhängt. Formel dieses Optimismus: Die Welt ist gut, weil ich in ihr handeln kann. Was kann dagegen?[2] Etwas Ähnliches empfinde ich als Grundstimmung bei Herakles (Vasen[3]) und Siegfried. Vielleicht überhaupt Dies das spezifisch Heroische, was den Heros macht; nicht die Kraft, auch nicht die Bejahung des Lebens als Schauspiel, sondern die Bejahung des Thuns als Lust. Nietzsche sagt: ich bejahe das Leben trotz des Leidens, weil das Leiden dem Ziel: der Höherentwicklung, nicht entgegen ist. Ich sage: ich bejahe das Leben, weil das Leiden nicht das Handeln, nicht das Wollen, nicht die Freudigkeit anrührt. Auf das Ziel kommt es garnicht an. Nietzsche sieht kontemplativ (wie Schopenhauer) das Leben als Schauspiel, und wiegt es auf durch eine andre Vorstellung: die des Höhenziels. Ich sehe das Leben als Willenserlebnis. Dulden und Geniessen gehören in eine andre Sphäre. – Schopenhauers Pessimismus durchaus kontemplativer Art, aus Vorstellungen. Und zum grossen Teil auch Nietzsches Optimismus (Höherentwicklung, Übermensch.) – Man soll

[1] Longos
[2] Verweisung: „(cf. 10.VII 03.)"
[3] Verweisung: „cf. Sept. Okt. 1902 Olympia Metopen"

sich Heroismus angewöhnen, die Lust am Wirken; dann macht man die Welt gut. – Gegensätze: Vorstellungs-Optimismus – Willens-Optimismus. – Vandeveldes Kunst dient der Freudigkeit durch Willensstärkung, durch ihre ethische Wirkung. Wenn es eine moderne Interieurkunst geben soll, so kann sie nur aus diesem Zweck hervorgehen; ihr Prüfstein muss sein, ob sie Freude weckt, tonisch ist. Diese Grundstimmung ist die Hauptsache, der Fruchtsamen, aus dem sie spriessen muss: nicht das „Angenehme" oder das „Freundliche" sondern das Tonische. Militärmusik, aber mit Mitteln, die die modernen Nerven stärken.

London. 13 Juli 1903. Montag. *13.7.1903 Montag*
Bei Lafayette photographiert worden. –

London. 15 Juli 1903. *15.7.1903 Mittwoch*
Rodin irrt, wenn er meint die Griechen hätten nur die Natur kopiert. Die griechische Kst hat sich aus der grossen orientalischen, ornamental-rhythmischen Tradition herausentwickelt und hat diese nie überbord geworfen. –

London. 17 Juli 1903. Freitag. *17.7.1903 Freitag*
Fast den ganzen Tag krank zubett.

London. 18 Juli 1903. Sonnabend. *18.7.1903 Samstag*
Gestern ist hier Whistler gestorben. – Im British Museum. Der Typus, (eine gewisse Linien- und Formen-Anordnung, Rhythmus) ist die eine Dominante im Kräftespiel, aus dem jedes griechische Werk hervorgeht. Wer das wie Rodin übersieht, versteht die griechische Kunst nicht. Diesen enormen Druck des Typus in jedem Werk muss man empfinden, um das Gegenspiel richtig einzuschätzen und das Ganze zu verstehen. cf. hier den Apollon Stroganoff mit dem Apollkopf aus Kyrene, wo der Typus mit einemmale Leben bekommt. Die Veränderungen sind so gering, dass es schwer ist, sie im Einzelnen festzustellen; und doch ist das Wunder geschehen; das Idol ist Mensch geworden. Rückwärts geht die Linie hier hinauf zu einem Apollo aus ___ ; vorwärts herunter etwa zum Hermes des Praxiteles. – Ein griechisches Werk ist immer Typus x Natur, ein modernes individuelles artistisches Temperament x Natur. Das griechische geht aus einer weit stärkeren Spannung hervor. Ähnlich im Trecento und Quattrocento das Madonnenbild.[1]

Berlin Weimar. 30 Juli 1903. Donnerstag *30.7.1903 Donnerstag*
Spät Abends nach Weimar.

---

[1] Verweisung: „(cf Maillol 6 IX 04)"

Weimar. 31 Juli 1903. Freitag. *31.7.1903 Freitag*
Früh Gide gesehen und kennen gelernt, der schon gestern bei mir eingetroffen war. Abends Gide, Rysselberghes, Vandeveldes bei mir gegessen.

Weimar. 1 August 1903. Sonnabend *1.8.1903 Samstag*
Eröffnung der Neo Impressionisten Ausstellung im Museum am Karlsplatz. Vormittags die Erbgrossherzogin mit der Przssin Isenburg da. Gide vorgestellt. Nachmittags Vorbesichtigung. Ein Erfolg, was mich wunderte.

Weimar. 5 August 1903. Mittwoch. *5.8.1903 Mittwoch*
Abendessen und Vorlesung Gides bei der Erbgrossherzogin in Belvedere. Das Abendessen vorher an kleinen Tischen. Ich am Tisch der Erbgrossherzogin zwischen dem preuss Gesandten Müller und Gide; ausserdem am Tisch noch Frau van Rysselberghe, Vandevelde, Frau v. Wildenbruch und Isenburg. Die Vorlesung im runden Empire Zimmer. Etwa 30 Personen. Ausser uns noch Suphan, Wildenbruch, Frl v. Welck etc. Gide liest sehr langsam mit starker Betonung, so dass ihn Alle wohl verstanden. Er hatte, wie es schien, grossen Erfolg.

Berlin. 17 August Montag. *17.8.1903 Montag*
Seit gestern Gide, Rysselberghes, Drouin und eine Mme Meyritsch[1] hier. Nat. Gallerie.

Berlin. 18 August 1903. Dienstag. *18.8.1903 Dienstag*
Mit Gide etc. ins Alte Museum. Sie bewunderten vor Allem den Bronze Knaben[2] aus Eleusis und den grossen Signorelli. Lange Diskussion vor dem Poussin.

Berlin. 19 August 1903. Mittwoch. *19.8.1903 Mittwoch*
Mit Gide etc. wieder ins Alte Museum. Heute die Italiener. Wieder bei Kons gegessen.

Berlin. 20 August 1903. Donnerstag. *20.8.1903 Donnerstag*
Mit Gide, Rysselberghes etc. nach Potsdam. Zuerst ins Stadtschloss, nach dem Frühstück dann nach Sans Souci. Gegen 4 nach der Nedlitzer Brücke und über die Meierei und Moorlake nach Wannsee, wo im Schwed. Pavillon gegessen. Gide, Rysselberghe, Drouin über Sans Souci und dann über die Potsdamer Landschaft

---

[1] Mayrisch

[2] Bronzestatue eines Jünglings, vielleicht des Apoll

enthusiastisch. So Etwas hätten sie nicht erwartet. Gide fühlt vor Allem die Atmosphäre die Friedr. d Gr. in Sans Souci geschaffen habe.

Berlin. 21 August. 1903. Freitag. *21.8.1903 Freitag*

Mit Gide etc. bei Kons gefrühstückt und gegessen. Nachher ins Nachtasyl[1]. Bei Tisch immer sehr angeregte Gespräche und Diskussionen, aus denen sich aber bei der Fluidität von Gides Geist Nichts recht festhalten lässt. Eine Bemerkung: das eigentlich Französische sei immer quelquechose de sensuel subordonné à l'intelligence. Deshalb sei Poussin der Typus und der höchste Vertreter der französischen Kunst. – Rysselberghe über den Signorelli: die Übergänge zwischen Licht und Schatten seien nicht nur in der Helligkeit sondern auch durch besondre Farbentöne markiert. Auch suche Signorelli überall, selbst unter Verfälschung der Natur, Kontraste von Hell und Dunkel. – Bei dem Giorgione sagte ich, es sei fast ein Wunder, wie der Mund soviel ausdrücke, da er doch so einfach sei. Rysselberghe meinte, die Einfachheit sei nur scheinbar; es sei in den Lippen eine Fülle von „plans“, die nur allmählich, durch Überarbeiten, Verschmelzen, vereinfacht seien. – Von Büchern, die Gide besonders hochschätzt, mir gemerkt: in erster Linie: Claudel, dann den Barrès Mort de Venise, Jules Renard.

Berlin. 22 August 1903. *22.8.1903 Samstag*

Rysselberghe fort. Mit Gide und den Andren bei Kons gegessen und in die Weber.

Berlin. 23 August 1903. Sonntag *23.8.1903 Sonntag*

Mit Gide und Mme van Rysselberghe im Palast Hotel gegessen. Vorher waren sie bei mir gewesen, um den Seurat[2] zu sehen. Gide kam auf Religion zu sprechen. Er meint, dass in dem reinen, nicht Paulinischen Christentum noch eine grosse potentielle Kraft stecke, une énorme puissance d'Anarchie. On ne sait pas du tout ce que ça peut encore donner. Tandisque toutes les autres religions se sont réalisées, celle-ci, après deux mille ans, ne s'est encore jamais réalisée. Er weist hin auf Dostojewski im Gegensatz zu Tolstoi, den er einen grand païen nennt, und meint D. habe namentlich im Idioten die echt Christlichen Anschauungen exponiert. Gide meint, es könnte sehr wohl noch einmal Religions Kriege geben. Ce serait admirable, si ces guerres de Religion n'avaient pas lieu entre le Positivisme Scientifique et le Catholicisme, mais entre le Catholicisme et le Christianisme pur. – Vom Gewissen: Gide meint, er habe nie Gewissenbisse empfunden, für was er gethan habe, aber sehr oft, deshalb, weil er Etwas nicht gethan habe, eine Gelegenheit aus irgendwelchen Erwägungen verpasst habe. – Eine Art von nicht ganz normaler Sinnlichkeit, zu der er nicht den Mut hat, scheint durch sein

---

[1] Gorki

[2] Les Poseuses

ganzes Wesen wie ein Untergrund hindurch. Das giebt ihm Etwas Schwächliches, fast Ängstliches, gepaart mit einem merkwürdig lebendig aufflackernden Interesse, sobald anormale Moralfälle erwähnt werden. Dieser schwächliche Eindruck wird verstärkt, dadurch dass er unendlich empfindlich gegen Kälte und Zug ist, und deshalb nie ohne dicken Mantel und Halstuch geht. Auch seine Nervosität ist an gewissen Tagen sehr gross. Er spricht mit einer hohen Stimme und dehnt die höchsten Diskantworte lang aus, was seinem Sprechen Etwas einschmeichelnd Weiches giebt. Über gute Bemerkungen, schöne Gegenstände, Aussichten, Stimmungen freut er sich laut, und überschwänglich, „wie ein Kind". Andre Male, wenn ihn Nichts reizt, ist er lange stumm und fast mürrisch. In Beidem ist er etwas wie ein verwöhntes, sehr schnell und fein empfindendes Kind.

Berlin. 24 August 1903. Montag. *24.8.1903 Montag*

Gees Geburtstag. – Medardo Rosso bei mir. Er sah meine Sachen (Minne, Vigeland, Meunier, Photographieen aus Olympia) und mag ganz carrément Nichts. „Vous n'aimez pas beaucoup les Grecs, Monsieur?" „Non, ze vous dis la vérité, vous m'êtes sympathique, Non, Monsieur. C'est bon comme comparaison; z'aime ça comme comparaison avec mes œuvres, mais, sans ça, non." Er scheint den griechischen Bildwerken vorzuwerfen, dass sie sich von ihrer Umgebung isolieren. „Si vous êtes là et le sol ici, qui a plous de valeur, vous ou le sol? Ze peux dire vous, ze peux dire le sol. Rien n'est seul. Tout se continoue. C'est touzours la valeur qu'il faut. Beim Vigeland den einen Kopf mit der Hand verdeckend: Voyez si z'enlève ceci, cette tête (der andre) est plous belle, et si z'enlève ça, celle-ci est plous belle. Dans mes œuvres, vous ne pouvez rien enlever. – Bei Minnes kleiner Frau[1]: Voyez, il y a oune effet ici, ici, ici, ici, ici ... Il n'y a pas oune effet, il y a six, sept effets. Dans oune tableau, il ne doit pas y avoir deux tableaux, il doit y avoir oune tableau. – Ze ne suis pas oune sculpteur; ze suis oune peintre. Qu'est ce que ça peut me faire la sculpture, la matière? Quelquefois oune chose, qui vient en avant dans la matière, va en arrière pour l'œil. Ze dois donner ça. Ze veux faire de la peinture, de la couleur. Vous pouvez mettre mes œuvres à côté de Manet, Monet. Z'aime ça. Voyez les les Egyptiens, comme c'est grand, comme ça se continoue (er scheint an das ganz flache, valeurmässige Relief zu denken), comme ça remplit l'espace; plous que les Grecs, quelquefois. – Er ist bis zur Komik selbstbewusst. Von Rodin meint er, er, Rossi, habe ihn jetzt verlassen. Aber: „Qu'il aille se perdre! Qu'est ce que ça peut me faire, à moi?" Dabei war er nervös besorgt, mir eins seiner Werke zu verkaufen. Im Kontinental Hotel, wohin er mich fuhr, hatte er seinen Kranken im Stuhl, eine sehr schöne lachende Wachsmaske und einen Mädchenkopf, zu 5000, 4000, 3000 M. Als ich ihm sagte, ich könnte Nichts kaufen,

[1] vermutl. „Baigneuse I."

war er trotz aller Selbstbeherrschung deutlich verzweifelt. Beim Weggehen, an der Thür des Hotels, wo noch die Droschke wartete, die uns hergebracht hatte, sagte er mit einem Gemisch von gedämpfter Enttäuschung und Entrüstung in der Stimme beim Abschied: Z'ai cependant payé la voiture pour vous ramener!

Weimar. 25 August 1903. Dienstag. *25.8.1903 Dienstag*
Nach Weimar. Abends Nostitz an; später Hofmannsthal.

Weimar. 26 August. 1903. Mittwoch. *26.8.1903 Mittwoch*
Mit Hofmannsthal und Nostitz in die N. I. Ausstellung[1]. Hofmannsthal versteht und mag Signac, Cross, vor Allem Guérin. Vandeveldes und Rysselberghes mit Hofmannsthal bei mir gefrühstückt. Abends mit Hofmannsthal zu einem Diner beim Preuss. Gesandten Müller. Nachher sprach ich mit Hofmannsthal darüber, ob er nicht hier Intendant werden möchte. Er antwortete nicht positiv, schien aber nicht abgeneigt.

Weimar. 27 August 1903. Donnerstag. *27.8.1903 Donnerstag*
Hofmannsthal erst gegen 11 aufgestanden. Er klagt über Rückenschmerzen. „Er habe sich Weimar ganz anders vorgestellt. Bei Müller seien die Leute alle grotesk gewesen; wie Figuren aus einem bösen Traum. Vielleicht hätte er auch seine Misstimmung davon, dass meine Räume so klein seien; bei sich zu Hause sei er grosse, hohe Räume gewohnt. Ob es hier immer so kalt und regnerisch sei? In Wien hätte man in dieser Jahreszeit das schönste Wetter. Ich möchte es ihm nicht übelnehmen, dass er sich so offen gegen mich ausspräche; es sei ein Zeichen seiner Freundschaft; es thäte ihm so wohl." Währenddessen gieng er immer wie nachsinnend im Zimmer auf und ab, die Hände hinter seiner orientalisch breiten Rückseite gefaltet. Er meditiert und nimmt sich selbst unendlich wichtig. Schliesslich liess ich den Arzt holen, der, wie H. mir mitteilte, seinen Zustand von einer Störung der Sexualfunktionen durch die lange Reise herleitete. – Nachmittags fuhr ich ihn nach Belvedere. Wir kamen auf Dehmel und Liliencron. Liliencron habe er nicht einmal in seinem Bücherkasten stehen. Es sei ihm, als ob in seinen Büchern immer wieder plötzlich ein Schmutzfleck dazwischensei. Er könne das Übrige ebensowenig geniessen wie ein Bild, in das hier und da mit einem Licht Löcher hineingebrannt seien. Solch ein Bild hänge man sich nicht hin. Ähnlich sei bei Dehmel das immer wieder plötzlich zwischendrein auftauchende Begriffliche, wie: Erst wenn der Geist von jedem Zweck genesen u. s. w. Deshalb könne er Dehmels Bücher nicht lieben, sie nicht in die Tasche stecken und immer wieder lesen wie einen Band von Keats oder Shelley. Ich gab ihm Recht, dass

[1] „Deutsche und französische Impressionisten und Neo-Impressionisten" im Ghzgl. Museum für Kunst und Kunstgewerbe

solch' ein begrifflicher Hintergrund eines Kunstwerks stillos sei, wie wenn im Theater statt der Kulissen plötzlich hinten der Schnürboden und die Maschinisten sichtbar werden. Aber ..... – In Belvedere besahen wir das Naturtheater. Es misfiel Hofmannsthal. Die Buxkulissen könnten ebensogut aus grünem Tuch sein. Jeder Charme der Natur fehle; namentlich alle Vorzüge, die die Natur vor dem Theater voraus habe, die wirkliche Ferne, das Geheimnisvolle u. s. w. Am Plan in Belvedere Etwas aufzuführen hält er fest; aber im Park irgendwo. Meine Erzählungen von den Comus[1] und Ben Jonson Aufführungen in London haben auf ihn starken Eindruck gemacht. Er lässt sich immer wieder die Einzelheiten der Beleuchtung, der Farben, der Fernwirkungen u. s. w. schildern. Wir tranken in der Wirtschaft bei Belvedere Milch, wozu Hofmannsthal zum dritten oder vierten Mal heute rohen Schinken ass. Er vertilgt davon unwahrscheinliche Quantitäten. Dabei entwölkte sich seine Stimmung und er begann von seiner Elektra zu erzählen, namentlich von der Inszenierung, in einem Hinterhof des Palastes mit einer einzigen, engen Thür ins Freie hinaus, um Elektras in der Enge bei den Sklavinnen verthane Jugend zu suggerieren. Auch von seiner Bearbeitung Otways[2] sprach er. Er möchte sie auch in England ans Theater bringen, um Geld zu verdienen. Er sehne sich nach einem Erfolge, auch einem pekuniären. Seine Verhältnisse seien so eng. Er glaube ein Gelderfolg würde ihm ein mächtiger Sporn zum Produzieren sein. Eventuell wolle er gern darauf verzichten, dass in England auf dem Theaterzettel sein Namen genannt werde. Abends assen bei mir mit Hofmannsthal Frau Förster-Nietzsche, Wedells, Müller, Frau v Meyendoff, Vandeveldes, Rysselberghes. Nach Tisch las H. einen Akt aus seinem Ballett vor.

Weimar. 28 August 1903. Freitag. *28.8.1903 Freitag*

Früh nach Berlin und Nachmittags zurück. Mit Hofmannsthal bei Vandeveldes gegessen.

Weimar. 29 August 1903. *29.8.1903 Samstag*

Hofmannsthal fährt fort, krank zu sein und Schinken zu essen; auch sonst beunruhigend viel zu essen. Aber er ist weniger übel gelaunt. Nachmittags erzählte er mir von seiner Bearbeitung[3] von Brownings The Ring and the Book. Ich sagte, wie Chesterton darauf hingewiesen habe, dass zwischen diesem Thema und Brownings Entführung der Miss Barrett eine enge Verwandtschaft sei. Da überlegte Hofmannsthal einen Augenblick und kam dann damit heraus, dass auch bei ihm das Thema mit merkwürdigen Begebenheiten in seinem Leben zusammenhänge,

[1] Milton

[2] Das gerettete Venedig

[3] Die Gräfin Pompilia

mit dem Ehekonflikt eines Mannes, den ich kennte, und in den er, Hofmannsthal, ohne Schuld hineinverwickelt worden sei. In der wunderbarsten Weise hätten sich gewisse Situationen der Pompilia Tragödie wiederholt. Wenn er den Mann nennte, würde auch mir gleich die Charakter Ähnlichkeit auffallen. Kurz, es sei die Geschichte von Geygers Ehe. Er, Hofm., sei ein Jugendfreund der Frau Geyger[1]. In ihren Schwierigkeiten habe sie ihn kommen lassen. Und nun glaube Geyger fest und bestimmt, Hofmannsthal habe ihn mit der Frau hintergangen. Geyger sei im Übrigen der einzige Mensch, den er je getroffen habe, von dem er fest überzeugt sei, dass er einmal einen Menschen ermorden würde oder dass er selbst eines gewaltsamen Todes sterben werde. Er sei kein „gemeiner" Mensch; das sei nicht der richtige Ausdruck für ihn; er sei wahrhaft teuflisch angelegt. Er meine damit nicht etwa den Klinger Streit; darin gebe die Frau selbst Geyger gegen Klinger recht. Aber seine wahre Natur habe er in seinem Prozess mit seiner Frau offenbart. – Der Mann der Pompilia sei im projektierten Stück eine ähnliche Natur; eine Art von umgekehrtem Michael Kohlhaas, der fest überzeugt von seinem Recht sei. Er glaube, dass Welt und Gott gegen ihn verschworen seien um ihn um sein Recht zu bringen, und so renne er in sein eigenes Unglück. Seine „Unvornehmheit", seine schlechten Manieren spielten auch, wie im wirklichen Leben, eine Rolle. Hofmannsthal kann von diesem Stück nicht ohne Erschütterung sprechen. Es umfasse alle Lebenssphären vom Papst herunter bis zum gemeinsten Volk. Er glaube wirklich, der Liebe Gott habe Browning diesen Stoff nur finden lassen, damit er, Hofmannsthal, ihn bearbeite. Abends Diner bei der Erbgrossherzogin in Belvedere. Ganz klein, nur Hofmannsthal, Vandeveldes, Wedell, die Gräfin Medem, Frl v Welk und Bojanowski. Nach Tisch las Hofmannsthal im grossen Empire Zimmer vor, seine Idylle und einige Gedichte. Er liest klar, einfach, musikalisch, mit einer eigentümlich weichen, angenehmen Stimme, jedes Wort kommt zur Geltung und thut seine ihm bestimmte Wirkung, die Verse scheinen wie neu zu entstehen. Ich glaube nicht, Etwas Gleichwertiges je gehört zu haben. In diesem kleinen Kreise, bei der hellen Akustik des Raumes, war die Wirkung wie die starken Weins. Ich fuhr gestärkt und gehoben mit Vandevelde durch die Sternennacht nachhause.

Weimar. 30 August 1903. Sonntag. *30.8.1903 Sonntag*

Mit Hofmannsthal bei der Frau Förster im Nietzsche Archiv. Da es ihr nicht gut gieng, nur kurz geblieben. Nachher mit Hofmannsthal nach Tiefurt und im Park spazieren. Er dichtete in einem fort in das Park Gelände Szenen seiner Belvedere Pastorale hinein. Er sieht sie aus den Wiesen und Baumgruppen heraus. Abends assen Vandeveldes und Rysselberghes bei mir. Bei Tisch sehr animierte Diskussion über Hugo, Baudelaire, Mallarmé, bei der Vandevelde sich ganz

---

[1] Schalk

verrannte gegen Hugo. Hofmannsthal blieb sachlich und vernünftig und kümmerte sich, was mir gefiel, um die schweigende und etwas verlassene Frau Vandevelde.

Weimar. 31 August 1903. Montag. *31.8.1903 Montag*
Den ganzen Tag in Berlin.

Weimar. 1 September 1903 Dienstag. *1.9.1903 Dienstag*
Die Erbgrossherzogin bei mir gefrühstückt. Im Ganzen 12 Personen. Die E.G.H, Hofmannsthal, Vandeveldes, Rysselberghes, Frau Förster-Nietzsche, Ludwig von Hofmann, Frau v Palézieux, Eichel und Frl v. Welck. Nach dem Frühstück las Hofmannsthal grosse Teile seines Kleinen Welttheaters vor. Frau Förster von der Partie des „Wahnsinnigen" sichtbar ergriffen. Die gute, dicke Erbgrossherzogin hatte sich meines Esszimmers[1] wegen in dunkelblau gesteckt. – Nachdem Alle fortwaren, las mir Hofmannsthal Szenen aus seiner Elektra vor: die beiden zwischen Chrysothemis und Elektra und die mit der Klytaemnestra. Er meint, er habe, was bei Sophokles dialektisch-advokatenhaft sei, in Gefühl umgesetzt. Die Allüre der Hauptpersonen sei geblieben; aber ihre Drapierung sei anders. Eine Falte, die dort im Dunklen bleibe, rücke hier ins Helle, und umgekehrt. Nachher wollte er mir beim Spazierenfahren seinen Gyges[2] erzählen. Aber er kam nicht weiter als bis zum Harun al Raschidhaften, das er im Gegensatz zu Hebbel suchen wolle. Denn gleich nach dem Wegfahren war sein Mantel aus dem Wagen verloren gegangen und damit alle Lust und Stimmung. Sehr mürrisch und in einem fast peinlichen Zusammensein fuhren wir über die Ettersburger Chaussee und durch den Wald herum nachhause. Hofmannsthal meinte, die Kleinigkeiten des Lebens ärgerten ihn so, dass er nie zum Gleichgewicht zwischen Genuss und Ärger komme. Alles sei ihm immer wie beschmutzt u. s. w. Nach Tisch heiterte ich ihn wieder auf, indem ich ihm einen Band von meinen Mille Nuits et Une Nuit schenkte, für deren Einband er eine ganz überschwängliche Bewunderung äussert. Er kam dann in abgeklärterer Stimmung auf seine Stellung zu Stefan George. Dieser sei ihm ein ganz unbeschreiblich wichtiges Erlebnis. Er müsse sich mit mir darüber aussprechen; denn wenn wir hier in Weimar zusammen wirken wollten, dürften wir vor den Leuten keine Uneinigkeit an den Tag treten lassen. Er las dann aus dem Teppich des Lebens das erste und letzte Gedicht vor und eins in der Mitte. Dabei blieb es aber, da ich mich kühl verhielt und ihm sagte, was mich hier

---

[1] van de Velde, Innenausstattung, Cranachstr. 3 bzw. 15

[2] König Kandaules

und dort störte. Er sagte ganz gut gelaunt, wir wollten ein andres Mal wieder darauf zurückkommen. Und dann giengen wir im Mondlicht spät noch fast bis Gelmerode, wobei mir Hofmannsthal, (er unterhält sich gern, über sich,) wohl im Hinblick auf seinen Mantel, von seiner eigentümlichen, fast maniakalischen Liebe zu seinen Sachen, seinem Heim erzählte. Er habe das wohl von seinem bäuerischen Blut. Es sei ihm manchmal eine ganz eigene und unbeschreibliche Freude, an einem seiner Stühle, an einem Tisch in seinem Heim mit der Hand entlangzustreichen und zu fühlen, es sei sein. – Zuhause dann spät verabschiedeten wir uns voneinander, da Hofmannsthal morgen früh um 5 abreist. – Besonders aufgefallen ist mir Hofmannsthals merkwürdige Geld Besorgtheit. Er kommt immer wieder auf seinen Wunsch, Geld zu verdienen, auf seine Sehnsucht, Geld zu haben, und scheint fortwährend daran zu denken. Daneben beschäftigt ihn etwas unverhältnismässig viel der österreichische Hohe Adel. Er nennt à tout propos seine Bekannten Hohenlohe, Thun, Lanckoronski etc., und gesucht familiär. Er spricht wie ein Hohenlohe, und erinnert Einen dadurch immer wieder an seine eigene andersartige Abstammung. Durch diese Geld und Adels Préoccupation gleicht seine Konversation der der Schwabach, Bleichroeder u. C°. Schade. Und merkwürdig, dass ein solches Hirn solche Poesie produziert. – Noch eine Bemerkung, auf die H. öfter zurückkommt: Die Beziehungen zwischen Menschen seien Etwas ebenso Bestehendes, sozusagen Materielles wie die Menschen selber. Es gebe nicht nur einen Menschen Kessler und einen Menschen Raoul Richter, sondern auch eine ganz feste Beziehung Kessler-Richter. Deshalb sei es lächerlich zu sagen, Ich werde mit Dem oder Dem Freundschaft schliessen; die Beziehung sei von vornherein gegeben. – H. erzählte mir, Dehmel habe ihm gesagt, mit den zwei Sonderlingen in der Lebensmesse habe er sich selbst und Hofmannsthal gemeint. Die Waise sei Dehmels erste Frau.

Weimar. 2 September 1903. Mittwoch. *2.9.1903 Mittwoch*
Vandeveldes und Frau van Rysselberghe in Eisenach. Abends deshalb Rysselberghe allein bei mir gegessen. Er frischte nach und nach eine Menge alter Erinnerungen auf. Von Finch: C'est une vie vraiment extraordinaire qu'a eue Finch. Pendant longtemps il a vécu de 100 francs par an. Son père, qui était Anglais comme sa mère, tenait un grand Hôtel à Ostende, qui allait très bien pendant un temps, l'Hotel du Phare, tout à coup, il s'est trouvé ruiné. Alors, les enfants ont fait ce qu'ils ont pu. L'un est allé au Transvaal etc. Finch s'est fait garçon épicier, ensuite télégraphiste. Puis, n'y tenant plus de ne pas faire de peinture, il loua une cabane de pêcheur à Mariekerke pour 40 francs par an et il vivait textuellement de 100 frcs par an. Il était vêtu comme un paysan; mais il avait sauvé de la ruine un complet, un smoking, un frac et du linge, qu'il lavait et repassait lui-même; et quand il sortait pour aller à Ostende en bande avec nous il était toujours impeccablement mis, en jeune Anglais, le col immaculé tranchant

sur sa peau très brune de paysan-laboureur. – À cette époque (81 bis 83) nous avions à dix kilomètres de là, à Knoke, une espèce de maison commune que nous avions louée à cinq, Charlet, Schlobach, Verhaeren, Weyssmann[1] (?) et moi et où chacun venait quand il voulait. On amenait des amis. Le père Meunier était de la bande. Finch venait passer quelques jours. Un peintre Espagnol Dario[2], qui pinçait de la guitare, Khnopff etc. y séjournaient. A cette époque, il n'y avait à Knoke absolument rien que le Phare. Notre maison était toute seule dans les dunes et nous faisions beaucoup de braconnage. Alors, de temps en temps, quand on avait tué beaucoup de lapins, on les mettait au bout d'une canne et on allait les porter comme ça en triomphe à Finch dans sa cabane. Lui en faisait d'immenses pâtés, dont il se nourrissait jusqu'à ce qu'ils tombent en pourriture. – Nous avions aussi à cette époque tous l'idée de devenir très forts et très beaux. Nous faisions des courses tout nus sur le sable, dans les dunes, on luttait, on faisait de la boxe, toujours nus, puis on déclamait des vers dans le vent. La nuit, il y avait d'interminables discussions sur Baudelaire, Hugo, Schopenhauer. Verhaeren était le centre de tout ça, celui par qui nous connaissions la littérature, l'ouvreur de portes. C'était l'époque où il écrivait les Flamandes. Le soir, il nous les déclamait, ou plutôt, il les hurlait. – Pour la peinture, Finch donnait le ton. Manet était notre grand homme, notre Dieu. – Il n'y avait pas de bain dans la maison; mais, dans la cour, il y avait une pompe, et le matin on se mettait tout nu sous la pompe, et l'un pompait l'eau pour arroser l'autre. Un jour, le gouverneur des Flandres, le comte de Faverges, chassait dans le pays, et comme il avait soif, il vient frapper à notre maison, qui était la seule dans ces dunes. Nous étions à ce moment trois dans la cour, tout nus, à nous pomper l'eau les uns sur les autres, quand nous entendons frapper à la porte de la cour. Nous disons d'entrer. Voilà dans la porte un monsieur très bien, en habit de chasseur, tout étonné de voir trois gaillards nus lui faire la révérence, et qui nous dit: Je suis le comte de Faverges. Permettez-vous que j'entre boire un coup? – Mais le fond de tout ça était sérieux. On travaillait et on lisait beaucoup. Jamais d'histoires de femme dans la maison. On allait faire ça ailleurs et pour ainsi dire en cachette. Une seule fois Schlobach essaya d'amener une femme qu'il avait ramassée à Bruxelles. Mais on lui dit, qu'il serait expulsé, s'il ne la ramenait pas tout de suite. Sans ça, ça aurait été la sale Bohème, l'orgie. – De temps en temps, nous allions en bande et avec enthousiasme à Bruges voir les Van Eyck ou à Anvers pour les Rubens, drapés en de grands manteaux, mais dessous le veston très correct et jamais les cheveux longs. Le manteau par dessus était seulement une espèce de protestation. – J'ai connu Seurat en 86 à l'exposition de la Maison Dorée. C'est Verhaeren qui m'avait fait venir. D'abord, je n'aimai pas du tout cette peinture. Mais Verhaeren finit par me convaincre, et en 87 nous

---

1 Wytsman

2 Regoyos

organisâmes une exposition de Seurat et de Signac aux XX à Bruxelles. – Nous ne connûmes Vandevelde qu'aux dernières expositions des XX, vers 89. – Le salon Picard pendant toute cette époque (die ganzen 80er Jahre) était une Oasis, où nous nous retirions entre nous, tandisque le monde tout autour paraissait peuplé d'affreux bourgeois. On ne s'imagine pas les injures dont on nous accablait ni la stagnation de la culture belge dans laquelle tout ce mouvement a éclaté. Depuis 200 ans, depuis Rubens, il n'y avait rien eu.

Weimar. 3 September 1903. Donnerstag *3.9.1903 Donnerstag*
Spaziergang mit Vandevelde über Belvedere. Er spricht von Ensor. Dieser sei der Führer der belgischen jungen Maler gewesen, bis Seurat ihn entthront habe. Diese Zurücksetzung habe ihn dann ganz aus seiner Bahn geworfen. Er habe durch alle Mittel die Aufmerksamkeit wieder auf sich lenken wollen, und sei so zu seinen Exzentrizitäten gekommen. Auch Rysselberghe spricht mit der grössten Bewunderung von Ensors frühen Bildern.

Berlin. 4 September 1903. *4.9.1903 Freitag*
Früh nach Berlin.

Derneburg. 5 September 1903 Sonnabend. *5.9.1903 Samstag*
Zum Besuch von Hindenburgs bei Münsters in Derneburg. Hier noch Alexander Münster und seine Frau, Wladimir Münster mit seiner rumänischen Mutter, der kleine Alvensleben-Erxleben, verkrachter Garde du Corps Leutnant. Nach Tisch bei Mondschein mit Frl. v. Hindenburg[1], der Gräfin Münster-Ghika, Wladimir Münster und Alvensleben auf dem See gerudert.

Derneburg. 6 September 1903 Sonntag. *6.9.1903 Sonntag*
Früh mit Wladimir Münster u. Alvensleben im See geschwommen. Spaziergang mit Frau v. Hindenburg. Nachmittags mit Hindenburgs, Mutter α Tochter, den rumänischen Münsters, Alvensleben und Freddy Münster nach einer Wallfahrtskapelle gefahren und auf Anregung von Freddy Münster (11 Jahr) alle Verstecken gespielt. Abends wieder auf dem See. – Schloss und Park sehr schön und wirklich fürstlich. Etwas peinlich fortwährend das Mitgefühl für den armen Wladimir M., der ein netter Junge ist, und dem diese ganze Herrlichkeit ohne seine Schuld an der Nase vorbeigegangen ist. Er wird statt Fürst Marineleutnant, the poor man's profession, und der gute Onkel schwimmt in Geld.

---

[1] Nostitz

Derneburg – Bremen. 7 September 1903. *7.9.1903 Montag*
Früh wieder mit Alvensleben und Wladimir M. geschwommen. Dann von Hindenburgs u. Münsters verabschiedet und mit Alvensleben nach Hannover. Abends in Bremen.

Auf See. 8 September 1903. *8.9.1903 Dienstag*
Vormittags auf dem Kaiser Wilhelm II nach England abgefahren.

London. 9 September 1903. *9.9.1903 Mittwoch*
Um 10 in Southampton. Nachmittags nach London.

London. 13 September 1903. Sonntag. *13.9.1903 Sonntag*
Das englische Temperament umfasst eine Neigung zum Barocken, „Spleenigen", die sich in jedem Zeitalter befriedigt hat Befriedigungsmittel auferweckt, den Euphuismus, Sternes affektierte Gedankenflucht, die Clownspässe, das Panning, heute den Paradoxismus der Max Beerbohm, Shaw, Mallock, Chesterton etc. Der „verrückte Engländer" ist nur eine Übertreibung. Etwas Verrücktheit ist wirklich im englischen Geist mitenthalten. Sie und die körperliche Schönheit sind der charme des Engländers. – In den letzten Tagen Shaw's Man α Superman, Plays Pleasant und Plays for Puritans gelesen. Shaws Auffassung vom Heldentum stellt Einen wieder vor die Frage: Was ist Wahrheit? Inwiefern sind die Dinge, die Shaws Helden glauben, wahrer als die, die Shaws Romantiker, Shaws Talmigrössen, glauben? Vielleicht sind die „wahren" Dinge nur die, an die Niemand zweifelt, die leeren, hohlen Dinge die, an die schon Viele nicht mehr glauben. Die Komödie wäre der Konflikt zwischen dem allgemein Unbezweifelten und dem schon nur von Wenigen Geglaubten, zwischen der gegenwärtigen und der letztvergangenen Wahrheit. Denn eine „Wahrheit" ist, sobald Viele daran zweifeln, selbst im Kopfe Derer, die dran glauben, nicht mehr ganz Dasselbe wie vorher. „Bovary" ist, wer von überreifen Idealen lebt, wer nach wackeligen Idealen handelt. Er erscheint dadurch wie auf schwankem Boden und ist es auch vielleicht in der That. Inwiefern nun ist das tragisch oder komisch wirksam? Zu untersuchen. Eine ganz andre Frage ist, inwiefern man danach die Heldenhaftigkeit, das Übermenschsein bemessen darf? Dieser von Carlyle erfundene Masstab ist vielleicht nur eine Illusion, die den Glauben an absolute „an sich" existierende Wahrheiten voraussetzt. Wie schwankend die nach ihm gemessenen Werte sind, erscheint z B. daran, dass Morell in Candida Held oder Hohlkopf ist, jenachdem man den christlichen Sozialismus für eine ewige Wahrheit oder nicht hält. – Die Suggestionskraft einer Idee ist das Mass ihrer Wahrheit; man könnte sie unter Umständen wie die Calorien einer Tonne Kohlen berechnen. – Giebt es absolute Wahrheiten? Nein. Aber es giebt Vorstellungen, an die jeder Mensch kraft seines Menschentums glauben muss, mit denen er daher unter Menschen

wie mit Etwas absolut Bestehendem rechnen darf. Sie sind nicht absolut wahr, wohl aber absolut zwingend. Sobald man nachgewiesen hat, dass eine Vorstellung für den Menschen als Menschen nicht zwingend ist, ist sie widerlegt; so heute die Idee von Gott. Man kann nicht mehr darüber streiten, ob die Idee Gott wahr oder unwahr ist; es ist nachgewiesen, dass sie unwahr ist (Kants Nachweis, dass Gott „nicht zu beweisen" ist also nie zwingend werden kann). – Held wäre nach Shaw, wer das zeitweilig Wahre und das menschlich Zwingende zu erkennen weiss und benutzt, im Gegensatz zu den Vielen, die blind sind und mit Träumen bauen. Das gehört in der That zum Heldentum; denn nur so wirkt Einer. Aber es genügt nicht. Was der Held durchsetzt, muss Er Selbst sein; denn nur so wird seine Persönlichkeit für die Zukunft von Wichtigkeit. Und diese Persönlichkeit muss irgendwie als solche für die Menschheit von Wert sein, sich ihr einpflanzen. Sonst vergehen Werk und Heldentum. Kurz zum Helden gehören zwei Dinge: der Realitätensinn und die Persönlichkeit. Der Held offenbart nicht Wahrheiten; er benutzt sie; noch richtiger, er schafft sie durch Suggestion. – Denn am Benutzen der Realität ist an sich Nichts Heldenhaftes; das Schaffen von Realitäten ist allein, was man eigentlich so benennen kann. Der Gegensatz zwischen Romantik und Realismus hat daher mit dem Übermenschen Nichts zu thun, wenigstens Nichts Wesentliches. Das Heldenhafte am Helden besteht nicht darin, dass er Realitäten benutzt, sondern dass er Realitäten schafft; Sonst wäre jeder erfolgreiche Börsenjobber Übermensch. – Wie schafft der Held Realitäten? Subtilität des Vorgangs. Meistenteils absorbiert und koordiniert er wohl in sich irgendwelches Chaos, sodass es menschlich wird. Entweder also er bezwingt Etwas Ungeheures, sodass es durch ihn und sein Beispiel (seine Suggestion) dem Menschen erträglich wird; oder er organisiert in sich irgendwelchen Realitäten Staub, sodass er lebendig und für die Menschheit fruchtbar wird. In der Kraft, dieses zu thun und das Resultat durchzusetzen, besteht das Heldentum. Ist hiernach der Krieger der Urzeit, ist Achill ein Held? Ja; denn er bezwingt die Zerstörungskräfte, die seinen Stamm bedrohen und ohne seine individuelle Existenz und Eigenschaften (Mut, Verschlagenheit) hätte der Stamm sich nicht halten können. Ist Pasteur ein Held? Mir scheint Nein; denn sein Werk ist nicht individuell; es steckt in den Resultaten Nichts von Pasteurs Persönlichkeit. Die Wissenschaft hat keine Helden; denn sie bietet keinen Raum für das Individuelle. Anders steht es mit der Frage, ob nicht die Funktionen, die der Held in den alten Kulturen ausübte, jetzt zum Teil auf die Wissenschaft übergegangen sind? Hier berühren wir uns wieder mit Shaw; d. h. Shaw hat ein richtiges Faktum konstatiert; aber sein Bluntschli[1] ist kein „Held". Dieses ist wichtig; denn wir brauchen noch immer auch „Helden" und es ist daher wichtig, dass der Begriff nicht verfälscht wird; auch im Hinblick auf den „Übermenschen", wenn man nämlich den

[1] Arms and the Man

letzten Zweck aller Kultur und überhaupt alles Strebens in die höchste Menschlichkeit setzt. – Shaws Auffassung im Gegensatz hierzu durch und durch englisch-utilitarisch; (cf. Carlyle.) wie Luthers Rechtfertigung durch den Glauben in England zu einem Freibillett ins Jenseits wurde. – Shaw zeigt blos, wie seine Helden Etwas durchsetzen; nicht was sie durchsetzen, und daher erst recht nicht, wie dieses Was mit ihrem Ich zusammenhängt, individuell und einzig ist. – Wir wissen nie, wie der nächste Held sein wird. Es giebt keinen Knigge für Heldentum. Aber Held ist, wer durch seine Persönlichkeit Menschen formt;[1] der, dessen Ich zur Form für andre Ichs wird,[2] dessen Ich die Kraft hat, sich andren Ichs als Form aufzudrücken; Seelen von solcher Kraft, dass sie über sich hinaus zu der Grundform andrer Seelen werden. Kern des Heldentums ist also die Persönlichkeit, die besondre Kraftverteilung in der Seele; (die dann zur Norm für andre Seelen wird). Der Kriegsheld ist Held, weil sein „Mut" einzig ist. Das ist der Kern der Sache. Dann kommt hinzu, dass dieser Mut sich Andren mitteilt; dass die Kräfte sich in den Stammgenossen in ähnlicher Weise zusammenballen. Ganz dasselbe gilt von allen andren Helden; z. B. Franz von Assisi. – Das Problem des Übermenschen praesentiert sich Shaw als die Frage: Wie gewinnt ein Mensch über den Andren Macht? Vielleicht für die Komödie die einzig mögliche Form. Wenn das die Ursache dieser Fragestellung ist, dann sehr merkwürdig die Brechung die das psychologische Problem durch die gewählte Kunstform sozusagen automatisch erleidet.

London 14 September 1903 *14.9.1903 Montag*

Bovary, wer sich von „Idealen" statt von seiner Natur leiten lässt. Er steht wirklich in einem Gegensatz zum Helden; denn dessen Wesen ist, gerade er selbst zu sein. Statt der Mme Bovary könnte auch jeder beliebige „Held" Schillers mit Ausnahme Wallensteins als Paradigma dienen; nur dass Schiller seine „Helden" nicht durchschaut. – Eigentlich giebt es zwei Arten Helden: die, die die Menschheit schaffen, und die, die sie rechtfertigen. Meistens wohl Beides vereinigt. Aber worauf ist dann das Gewicht zu legen? Die Frage: „Worin besteht Heldentum?" deshalb wichtig weil jede Ethik im Sinne Nietzsches auf ihrer Antwort bauen muss.

London. 15 September 1903. *15.9.1903 Dienstag*

Also[3] zwei Arten von Helden: die, die die Menschheit schaffen, und die, die sie rechtfertigen. Diese zweite Art ist der Übermensch. Insofern in der That eine neue

---

[1] nachträgliche Einfügung mit Bleistift: „(Lavater über Goethe, dass du Viel Leben aus deinem Leben ausbreitest)"

[2] nachträgliche Einfügung mit Bleistift: „zur Form wird, in der andre Ichs ihr wirksamstes Gleichgewicht finden"

[3] Verweisung: „(cf 14.IX)"

Konzeption: der Held nicht als Mittel sondern als Zweck, ein Mensch als reiner Zweck, wie ein Ideal, ein Gott, ohne Hinblick auf irgendwelche Wirkungen, die von ihm ausgehen. Das berührt sich mit dem Despotismus eines Nero, eines Pharao; aber das Verhältnis zwischen dem Einen und den Vielen ist verschieden. Dass sich die Vielen in ihm ausleben, rechtfertigt den Übermenschen; er ist, mögen sie freiwillig oder gezwungen dienen, ihr Organ, nicht sie seine Organe, wie die Sklaven des Despoten. Er vollendet sie. Er verhält sich zu ihnen wie die platonische Idee zu den wirklichen Dingen. Er erlöst sie; d. h. er rechtfertigt ihre Existenz, dadurch dass ihre Seelenform sich in ihm als der Vollkommenheit fähig erweist, wie die platonischen Ideen die Erscheinungen erlösen, dadurch dass sich die Eigenschaften der wirklichen Welt in den Ideen als der Gottheit würdig erweisen. – Aber deshalb scheidet der Übermensch aus aus der Betrachtung des Heldentums. Der Held kann Übermensch, der Übermensch Held sein. Es sind aber zwei verschiedene Funktionen. – Typen: für den Helden Herakles; für den Übermenschen Apollo, der über die dionysische Menge emporsteigt. Man kann so Nietzsches Typik zur Dreiheit ausbauen. – Das Heroische an Herakles liegt nicht im konkreten nützlichen Werk sondern im Typischen, Seelengestaltenden, seiner Persönlichkeit, in der Form menschlichen Seins, die er aufdeckt und suggeriert. Der Nutzen seiner Werke war im 6ten Jh. längst vergangen; und doch blieb er Heros. Die Zeiten gebären aus sich heraus immer wieder neue Helden und mit ihnen Typen. Gegen Lamprecht. Es giebt eine Mode in Menschen wie es eine Mode in Kleidern giebt. Und wenn man nach den Kleidern urteilen darf, so sind die Menschen heute eher weniger als mehr individuell wie im 16ten Jh. – Ein Held: die Persönlichkeit, deren höchstpersönliche Eigenschaften zu einem Typus werden. Daneben Derjenige, welcher seinen Willen, seine Zwecke der Menschheit, oder auch nur einer Menschheit, einem Staat aufprägt (Perikles[1], Bismarck[2]). Er bildet, wie der Übermensch, eine besondre Art, neben dem Helden: die Alten nannten ihn den Gesetzgeber. Besser wäre vielleicht die Bezeichnung Gesellschaftsbildner (der Held ist Menschenbildner.); auch „Staatsmann". – Also drei nah verwandte Arten: der Held, der Gesellschaftsbildner, der Übermensch. – Nachmittags nach Brighton.

Brighton. 16 September 1903. Mittwoch. *16.9.1903 Mittwoch*

Die deutsche Litteratur gleicht dem alten Römischen Reich Deutscher Nation: Niemand weiss recht, wo ihre Grenzen sind; Ibsen? Shakspeare? – Troilus und Cressida gelesen. Thatsächlich zeigt das Stück nur eine Gesellschaft von Rauhbeinern und Abenteurern. Wie diese dazu kommen, für Helden zu gelten, ist nur

---

1 darüber: „Solon"

2 darüber: „Disraëli"

gesagt (Akt III Ulysses), nicht gezeigt. Sh. verlässt sich auf die Namen: Achilles, Ajax u. s. w. Künstlerisch ist das Unternehmen aber nicht zu Ende geführt.

Brighton. 17 September 1903. Donnerstag. *17.9.1903 Donnerstag*

Coriolan. Er scheitert an dem Unterschied zwischen zwei Arten, Macht zu gewinnen: der ritterlich-kriegerischen und der demokratischen. Die eine fordert ganz andre Eigenschaften als die andre. Coriolan hat nur die einen. Also Shakspeare nimmt eine Natur, zeigt, wie sie unter gewissen Umständen zum Herren wird und unter andren Umständen durch dieselben Eigenschaften zugrundegeht. Der Held der einen Welt ist nicht der Held der andren Welt oder Zeit. Eine bizarre Beleuchtung des Heldentums, insoweit es in Macht besteht, des Helden als Machthaber. Coriolan müsste, um Held zu bleiben, noch einen zweiten Charakter haben, ausser Coriolan auch noch Shakspeares Antonius sein. Im Frieden ist er unter den gegebenen Umständen nicht Herrenmensch, Er weiss da nicht, die Macht zu greifen. Eben Das ist sein Verhängnis; nicht das Gegenteil, wie man meistens sagen hört. – Held im komischen Sinne = Machthaber, im tragischen = grosse Seele. Das Eine deckt sich nicht notwendig mit dem Andren. Der Übermensch = dem Helden als Vollender. Der Typus = dem Helden als Erzieher. – Coriolan die Tragödie der Übergangszeit, der Held einer Zeit nicht der Held der andren Zeit; dadurch Vernichtung des absoluten Heldenbegriffs. Es giebt nur Gelegenheitshelden. Speziell die Tragödie des Übergangs von der ritterlichen zur demokratischen Machtgestaltung wie in Shakspeare's England. Vgl. Theognis.

Brighton. 18 September 1903. *18.9.1903 Freitag*

Chamberlain gestern zurückgetreten. – Julius Caesar. Cassius der Realist, Brutus der von Shakspeare keineswegs bewunderte Romantiker (Gobbeur, Jobard, Phrasenschlucker.), Caesar eine taube Nuss mit dem Flittergold des populären Ruhms vergoldet, dressed in voices (Troil α Cress), so nicht nur in des Cassius Augen, sondern auch in Shakspeares eigenen cf. das Hin und Her vor dem Entschluss, in den Senat zu gehen, und nachher, in der Ermordungsszene, die lächerlichen Rodomontaden über Unerschütterlichkeit; auch Casca's Erzählung. Des Brutus Romantik ist das, woran Cassius zugrundegeht. Man bemerke, dass Alles, was Brutus angiebt, von der Phrase eingegeben ist und Unheil wirkt. Aber auch die Realisten bei Shakspeare, Cassius, Thersites, Jago, die die Welt sehen, wie sie ist, keine Helden. Sie zerdenken Alles; so bleibt Nichts, woran sie emporklettern könnten. Sie zerstören sich das Fundament, auf dem sie als Helden stehen müssten, die Fabel, den Aberglauben. Deshalb bleibt ihnen nur der Neid, der Hass, die Zerstörung. Gerade diese Realisten sind Shaws Helden. Wie kommt diese Verwandlung? – Nach Rottingdean gegangen.

Brighton. 20 September 1903 Sonntag. *20.9.1903 Sonntag*
Nachmittags wieder nach Rottingdean. – Carlyle's Heroes α Heroworship; endgültig ein unmögliches Buch, in Ton und Methode. Was steht ausserdem Neues darin, das anderwärts nicht besser formuliert ist? bei Fichte, Goethe, Novalis u. s. w. – Gut ein Aperçu über Skepsis, das nicht ausgesprochen, aber angedeutet wird (S. 161). Was heisst Skeptizismus? Wenn Jemand nur inbetreff von nebensächlichen Dingen (Essen, Trinken, Geld) Überzeugungen, inbetreff der grossen nur Zweifel hat. Jedermann hat Überzeugungen, irgendwelcher Art; aber er ist umsoweniger Skeptiker, je zentraler die Dinge sind, an die er nicht zweifelt. Zu definieren dann, was „zentral" heisst. Etwa, was ___

London. 21 September 1903. Montag. *21.9.1903 Montag*
Nach London.

Brighton. 22 September 1903. *22.9.1903 Dienstag*
Früh zurück. Nach Rottingdean und Ovingdean gegangen. Shakspeare's Richard II. Verwandtschaft von Lyrik und Tragik. Die tragische Weltanschauung ist eigentlich eine lyrische Weltanschauung, ein Betrachten der Welt vom lyrischen Standpunkt aus. Ist aber die Tragödie Nichts als das Zusammentreffen zweier lyrischer Weltbilder, Stimmungen? Den Unterschied macht der Willen, dass die Stimmungen sich zum Wollen verhärten, meistenteils an einander. Die Tragödie wäre Nichts als ein Wechsellied, wenn der Wille nicht hinzukäme, wenn der Gegensatz zweier Stimmungen nicht zum Konflikt zweier Willen würde. Aber die „tragische Weltanschauung", wo bleibt die? Worin unterschiede sich die von der lyrischen? Der Gesichtspunkt ist bei Lyrik und Tragödie eins; nur das Schauspiel ist verschieden, ob sich die Stimmungen zusammenballen oder Gefühle bleiben. Dagegen stellt sich die Komödie anders hin: sie sieht nicht lyrisch, sondern episch von aussen. Die Dinge mitfühlen, die Dinge sehen = lyrisch, episch. Auch die psychologische Analyse nach Art von Ibsen oder Stendhal ist episch-komisch, solange sie nicht den Zuschauer mitreisst, mit in das Netz der Leidenschaften hineinverwebt durch sein Mitgefühl. Lyrisch, episch = dionysisch, apollinisch; zwischen Beiden steht Herakles, das Handeln, das Drama, mehr Komödie oder mehr Tragödie jenachdem die Handlung mehr von innen durch das Gefühl (lyrisch) oder mehr von aussen durch die Beziehungen (episch) erhellt wird.[1] – Ein „tragischer Ausgang", Mord oder Todschlag ist nur deshalb tragisch, weil er gewaltsam den Blick ins Innere lenkt, mit zu fühlen zwingt; er ist der gröbste unter den lyrischen Kunstgriffen. Wie auch Musik daher tragisch wirkt. Das populäre Schauerstück spart sich deshalb Alles Andre:

---

[1] Verweisung, zum Teil mit Bleistift: „(über Tragödie cf noch 16.IV.02; 17.IV.02; 16.XII 02 7.VIII 02; 4.X 03)."

im Melodrama wird gewaltsam durch Musik das Publikum auf einen lyrischen Standpunkt hingedrängt. – Ebenso ist Heirat der klassische Ausgang für eine Komödie, weil sie die Beziehungen festlegt, zum Stehen bringt. Dagegen Tod oder Mord für das Spiel der Beziehungen kein adaequater Abschluss ist, weil sie den Blick von den Beziehungen weg ins Innere lenken, also auf ein andres Gebiet hinüberspielen. Solch ein Schluss ist disharmonisch, wie wenn ein Teil eines farbigen Bildes farblos plastisch wäre.

Brighton. 23 September 1903. Mittwoch. *23.9.1903 Mittwoch*
Letzthin Götz, Egmont, Clavigo gelesen. Nur Götz ist noch lebendig, noch Poesie. Götz u. Weislingen, der Romantiker und der Übergangsmensch (Halbrealist). Götz, obgleich im Einzelnen, Nahen scharfsichtiger Realist, glaubt und baut im Ganzen auf Dinge (Privat-Waffengewalt, Ritterpflicht u. s. w.), die vergangen sind. (cf. Adelheid zu Weislingen Akt II: „Ritterpflicht! Kinderspiel!"). Man kann meinen, Götz habe über seinem Interesse für das Nahe unterlassen, seine Weltanschauung zu revidieren, nicht nur die des idealen sondern auch die des realen Ganzen (Reichs-Machtverhältnisse). Er ist „kurzsichtig". Er ist bei Dem stehen geblieben, was er als Knabe geglaubt hat. Aber er glaubt, und ist deshalb innerlich fest, wenn auch romantisch und von aussen gefährdet („Ich arbeite mich ab und fruchte mir nichts." Akt 4. Anf.). Weislingen, der Paradiesvogel, der bunt schillernde Übergangsmensch, der „moderne Mensch" ist innerlich morsch, eine chemisch labile Verbindung, ein Bruder von Werther, ein Vorfahr von ___, wie Adelheid von Hedda Gabler: Kopf und Geschlecht in unheiliger Verbindung, das „moderne Weib", die erste etwas summarische Skizze des modernen Weibes. Der Weislingen-Werther Typus war schon im Hamlet vollkommen verkörpert worden; aber Adelheid ist neu. Auch Goetz: seine Beschränktheit, sein kleiner Horizont, dass er mehr zäh, selbst schwerfällig, als kühn, mehr treu als klug ist, ist eine kühne Neuerung in der Heldenzeichnung; Und sehr deutsch, wie aus Albrecht Dürer. Alles das konkret-anschaulich dargestellt; keine „Ideen", volle Wirklichkeit, vor jeder Abstraktion, im Einzelnen wie in dem grossartig anschaulichen und knappen Bild des Heiligen Römischen Reichs. – Vgl. mit Götz Coriolan. Auch Coriolan ist in ähnlicher Weise Romantiker, zwischen zwei Weltaltern auf das vergangene bauend. Abstrakt beides gleicher Typen. Die Grösse Shakspeares und Goethes tritt hervor in der Verschiedenheit der konkreten Persönlichkeiten. Der Gegensatz zu Beiden ist der „moderne" Held, Der, der in der neuen Wirklichkeit sein Fundament hat. Thatmenschen neigen leicht zum alten Typus, weil sie über dem Handeln das Denken, das Nachprüfen ihrer allgemeinen Weltanschauung vergessen. – Goetz übersieht über dem Einzelnen das Ganze, der Kaiser über dem Allgemeinen das Einzelne. Beide sind in ihrer Art deshalb Romantiker. Es genügt nicht, blos in der Abstraktion, wenn auch in der neuen, wahrwerdenden, sein Fundament zu haben; auch die einzelnen konkreten Reali-

täten müssen erkannt werden. Erst das giebt den ganzen, wirklichen Realisten. Dessen Verhältnis zum Heldentum, wenn Dieses eine Idiosyncrasie der Seele ist, welches? – Egmont, ein unausstehliches Stück, hohl und phrasenhaft. Selbst das Deutsch ist papieren und blass, so anders wie möglich als im Goetz. Von Egmont, dem Prototypen des Operntenors, ist nicht zu reden; er gehört unter die Schillerschen Helden. – Clavigo ist etwas weniger schlecht; aber nur litterarhistorisch von Interesse, als frühes Beispiel des Melodramas, einer inzwischen auch schon vergangenen Form.

London. 26 September 1903. Sonnabend. *26.9.1903 Samstag*

Vorherrschaft des Sexuellen bei Mischlingen vielleicht weil Alles Andre im Aufruhr gegeneinander und schwach ist, der Geschlechtstrieb allein von allen Rassen her gleich ist (dagegen allerdings die Impotenz der Tierbastarde). – Die Grundthatsache der menschlichen Sexualität ist das Hin und Her zwischen Phantasie und Begattung, durch das die Phantasie fortwährend erweitert wird, während der Sinnengenuss gleich bleibt und deshalb immer mehr hinter der Phantasie zurückbleibt. Ungesättigt wird der sexuelle Hunger (die sexuelle Lust) zur sexuellen Gier, die Phantasie verlangt mehr, als die Sinne ertragen können, sodass das Ende Erschöpfung ist. Hier erfand der Mensch die „Liebe“, die Mischung von Lust, mit ethischen und religiösen Gefühlen für Eine Person statt der Gier eine Leidenschaft. – Die Tiere haben wahrscheinlich keine Phantasie, wenigstens keine des Wachstums fähige. Dass der Mensch so viele Jahrtausende ohne Liebe auskam, und noch heute so die Wilden, ist ein Beweis, wie arm die unzivilisierte Phantasie ist. Die Berührung mit raffinierteren Völkern gefährdet den Naturmenschen wahrscheinlich am meisten durch die plötzliche Erweiterung seiner Phantasie. Branntwein und neue Krankheiten sind für ihn weniger schlimm als dieses intime Gift, wo das Gegengift einer spezifischen Moral und die Abzugswunde der „Liebe“ fehlt. Er wird „lasterhaft“; was heisst das andres? – Jede Steigerung der Liebe in einer Gesellschaft erhöht ihr Lebensquantum (Vitalität), weil weniger verschwendet wird. – Don Juan ist der raffinierte Mensch vor der „Liebe“; der natürliche raffinierte Mensch. Er empfindet für das Objekt seiner Lust keine religiösen oder ethischen Gefühle. Don Juan n'a pas le respect de la femme. Ein noch vollkommenerer Typus Heliogabal; denn es ist nicht natürlich, dass Don Juan bei dem Weibe bleibt. – Besondrer Fall: die bis zur Gier gesteigerte nackte Lust an Einer Person, der Fall Antonius und Cleopatra, Hulot etc.[1] – Problem: Wie hängt die Wachstumsfähigkeit der sexuellen Phantasie mit dem sonstigen Reichtum der Phantasie, also mit dem Grad der Gesittung, zusammen? – Die Thatsache scheint mir evident. – Rolle der Schönheit. (Vermischung der Lust mit aesthetischen Zuständen.) Zwischen Gier und Liebe? – Die

[1] Verweisung: „(cf. 28.IX 03; 30,IX 03.“

Erfindung der Liebe die wichtigste hygienische Massregel, die die Kultur bisher getroffen hat. – Gier = Naturmensch; Schönheit – Altertum; Liebe – Mittelalter.

London. 28 September 1903. Montag. *28.9.1903 Montag*
Bei Rothenstein in Chelsea; dort Shannon getroffen. Er sprach von Gordon Craig. Ich griff gleich zu, ihn kennen zu lernen, für Hofmannsthals Stück[1]. R. meint, er würde gern nach Weimar kommen. – Die „Liebe" ist nicht gleich im ersten Anlauf erfunden worden. Vorher geht z B. der Versuch (im Astartedienst u. s. w.), die sexuelle Lust mit religiösen und ethischen Gefühlen für allgemeine Symbole, Gottheiten u. s. w., nicht für eine bestimmte Person, zu vermischen; das Objekt der Lust und das des religiösen Fühlens blieben getrennt. Das Meisterstück war, sie zu vereinigen. Das wurde aber erst möglich, als der einzelne Mensch, die „einzelne Seele" so im Preise stiegen, wie sie Plato wertete, Jedermann zu einer Art von Gott wurde. Die mystische Wertung des Einzelnen ist Voraussetzung der Liebe (wie der Demokratie). Die Liebe ist sozusagen die natürliche Frucht dieser sehr künstlichen Schätzung. Aber sie war eine Leidenschaft und deshalb ansteckend, ohne dass Jeder wieder die Voraussetzung zu kennen braucht. – „Liebe und Gottesdienst sind eins". Ja; denn Liebe ist Nichts als Geschlechtstrieb + Gottesdienst, oder vielleicht richtiger Geschlechtstrieb x Gottesdienst, – wie sehr gefördert dadurch, dass sich Mann und Frau gegenseitig nicht verstehen und für einander deshalb immer ein „göttliches Rätsel" bleiben; – wenigstens die Frau für den Mann, weil der Mann als solcher von Natur gläubiger, phantasiereicher, künstlerischer, illusionärer ist und ausserdem keine Zeit hat, zu schnüffeln. Die Frau mit ihren Kücheninstinkten durchschaut das Ragout „Liebe" bald; aber sie hütet sich, es zu sagen: dafür ist sie Hausfrau; „Holder Engel" ist eigentlich immer der Mann. – Nie vergessen: der Mensch hat sich seine Leidenschaften selbst geschaffen. Die Natur gab ihm ein paar armselige Triebe und eine unendliche Phantasie. Wenn er die Phantasie auszieht, ist er wieder nackt und arm wie der Höhlenmensch. Das zur Wertung der Kunst.

London. 29 September 1903 Dienstag. *29.9.1903 Dienstag*
Mit Rothenstein und Gordon Craig im Café Royal gegessen. Craig sieht überraschend jung und „boyish" aus. Gross, glattrasiert, mit etwas langem Haar und Kinderaugen, und ganz und gar Bohémien, ausser in seinen Manieren, die die eines gentleman sind. Er sieht das Stück, die „Dichtung", nur als Material an für den Regisseur („play designer"), der der wirkliche Künstler sei. He must be able to hack and hew the piece, genau so wie er den Schauspieler oder Decorationsmaler dirigiert. Nur so kann ein einheitliches Werk, ein wirkliches Kunstwerk, auf die Beine kommen. Deshalb auch gegen die Staractors. Man müsse immer mit

[1] Belvedere-Pastorale

der Decoration anfangen und den Schauspielern ihr Spiel dann in die Decoration hineinkomponieren; nicht umgekehrt, wie heute, die Decoration um das Spiel der Schauspieler herumbauen. Commençons par planter le décor, wie Antoine. Er ist nicht für Spiele im Freien. Es erinnere ihn an den wirklichen Hund auf der Bühne, um dessenwillen Goethe zurückgetreten sei. Er hat deshalb, und weil er ganz frei sein will, sobald die Inszenierung beginnt, Bedenken wegen Weimar; möchte lieber mit Acis und Galathea[1] hinkommen.

London. 30 September 1903. Mittwoch. *30.9.1903 Mittwoch*
Früh wieder in der Nat. Gallery. Raffaël bedeutet durch das Fassungsvermögen und die Fasslichkeit seines Linienspiels ein Maximum der Inbesitznahme des Lebens; „grossen Stil" in Nietzsches Sinn, eine mächtige Hand, die sich auf die unendliche Mannichfaltigkeit des Lebens legt und es in unsere Gewalt bringt, dass wir es fassen, darüberstehen. „Malerei" existiert in seinen Bildern nicht; aber Genie für ein andres Bewältigungsmittel, die Linie. Sie greift und hält bei ihm auch die dritte Dimension, die volle Körperlichkeit (cf den Julius II). Heldentum in dieser Kraft. Man vergleiche daneben hier sogar Signorelli, wie viel weniger stark er ist. Nietzsche hat Recht: die klassische Grösse besteht in der Bewältigung des Dargestellten unter Eine Form. Die germanischen Rassen bewundern die Fülle; die klassischen die Bewältigung der Fülle.[2] – Nachmittags nach Battersea Park gegangen. Die aesthetischen Zustände (die Schönheit) können innerhalb der Geschlechtslust solche Kraft bekommen, dass sie den Trieb aus seiner Bahn andren „nicht natürlichen" Zielen zulenken: Perversion durch die aesthetische Macht irgendeiner bestimmten Vorstellung oder Vorstellungsklasse. Die Perversion ist immer ein Symptom weit fortgeschrittenen Eindringens von Phantasie und Phantasie Gefühlen in die sexuelle Lust. Sie kann übrigens ebensogut auch durch religiöse oder selbst ethische Gefühle bewirkt werden z B. Heil Theresa oder die sexuelle Erregung aus Mitleid u. s. w. Es handelt sich um das Verhältnis von Kräften (Trieben, Vorstellungen, Gefühlen) zu einander, das je nach seinem Fazit die Richtung bestimmt: sexuelle Statik oder Dynamik. Wo da irgendwelcher Wahnsinn, irgendetwas „Krankhaftes" in der aesthetischen Perversion (z B. Paederastie) mehr als in irgendeiner ethischen oder religiösen Perversion (z B. in der Liebe zu einer Schwindsüchtigen) sein soll, verstehe ich nicht; wenn unter Krankheit die Gefährdung und Auflösung des psychophysischen Organismus „Mensch" verstanden wird. Ob unter Umständen eine grosse Ausbreitung sexueller Perversionen, also auch der Liebe zu Kranken, Blassen etc., die Gesellschaft krank machen könnte, ist Etwas Andres, eine andre Frage.[3] – Der rein malerische

---

[1] Händel

[2] Verweisung: „(über Raffael cf. 23, 24 IV 06)"

[3] Verweisung: „(Dieses zu 26.IX 03; 28 IX 03"

Standpunkt (Vandevelde) muss behaupten, dass die Darstellung der menschlichen Persönlichkeit, die Erregung und künstliche Verknüpfung von religiösen, ethischen, sexuellen Gefühlen, plötzlich in der Malerei keinen Kunstwert hat, dass also, wenn sie erregt werden, das künstlerisch wertlos sei, während ganz Dasselbe in der Poesie anerkannt wertvoll ist. Das ist unhaltbar. Ebenso die Begründung, dass wenn nicht wertlos, doch die „Malerei" länger und sicherer wirke als das „poetische" Element. Dann wäre alle Poesie ephemer. Aber mit einer gleich langen Wirkung wie Homer kann sich die Malerei zufrieden geben. Schon ihr Material verbietet ihr de plus longs desseins. Und in Wirklichkeit ist es fraglich, ob die Gefühle für Farbe, Linie etc. stabiler sind als die ethischen, religiösen, sexuellen Empfindungen, auf die die Poesie baut.[1]

Paris. 2 Oktober 1903. *2.10.1903 Freitag*

Um 2 aus London nach Paris; stürmische Überfahrt.

Paris. 3 Oktober 1903. Sonnabend *3.10.1903 Samstag*

Den Tag mit Mamma und Gee.

Paris. 4 Oktober 1903 Sonntag. *4.10.1903 Sonntag*

Auf Titel, Stellung, Beziehungen den Akzent legen: komödienhafte Lebensbetrachtung. Die tragische sieht „den inneren Wert". Der Engländer ist, trotz Shakspeare, eng in jene komische Weltanschauung, „den Snobismus", befangen. Wir Deutschen stehen ihr unendlich fern; wir haben keine Komödie, und statt der Snobs nur Streber, keine halb ästhetische Bewunderung für die Stellung, sondern nur nackte Begehrlichkeit und Berechnung. Kunst und Leben sind geschieden; die Brücke, die komödienhafte Anschauung, fehlt. – Thema: diese versöhnende Rolle der Komödie, als Brücke zwischen Mensch (Ich) und Leben; Produkt einer Zeit, wo der Mensch fortwährend in <u>neue</u> Beziehungen tritt, nicht Zeit hat, sich in Eine, die dann wie ein Teil seiner selbst wird, einzuleben. Der Bauer hat Zeit, seine paar Beziehungen lyrisch umzufühlen. Wie sollte Das der moderne Geschäftsmann? Der Geschäftsmann, der seinen Ausblick auf das Leben künstlerisch durchgestaltet: das ist der Komödiendichter, vom Weinreisenden aufwärts. Die Engländer haben deshalb nur einmal Tragiker aber immer seit dreihundert Jahren grosse Komiker gehabt, bald für die Bühne, bald im Roman, Fielding, Thackeray; auch Pepys und Boswell in diesem Zusammenhang. – Jedermann ist unendlich egoistisch und deshalb unendlich lyrisch, wenn man ihm Zeit lässt.

---

[1] Verweisung: „(cf. 26.IV 03"

Beziehungsarme Menschen werden deshalb lyrisch, tragisch, pessimistisch, kurz „tief", wie Gänse durch Einzelhaft leberkrank und für die Festgenüsse Andrer ergiebig werden.[1] – Der Triumph der Komödie: die „Milieu" Theorie, die auch den ganzen „inneren Menschen" auf Beziehungen reduziert. Das Gegenstück: Schopenhauers Welt als Wille, Alles subjektiv von innen heraus verstanden, die konsequent lyrische Weltanschauung. Beides führt zu grotesken Lügen: dass die Persönlichkeit Nichts ist, einerseits; und andrerseits, dass gewisse Beziehungsformen Etwas Selbständiges und sozusagen Bewusstes, eine Art von Persönlichkeiten, sind, so der Gattungstrieb bei Schopenhauer. – Zusammenhang zwischen dem Interesse an Beziehungen (komödienhafte Weltanschauung) und der Empfindlichkeit gegen die Umgebung, dem Wunsch, eine schöne, reizvolle, künstlerische Umgebung zu haben. Lyrische Menschen und Zeitalter sind „mit Allem zufrieden". Sie sehen nur Sich; was kümmert sie ihre „Einrichtung"? Lyrische Zeitalter sind leicht barbarisch, ohne äussere Kultur; so die Romantik, die Zeit Schuberts und Schopenhauers.

Weimar. 8 Oktober 1903. *8.10.1903 Donnerstag*

Eröffnung der Liebermann, Leibl, Trübner, Olde, Hagen Ausstellung[2]; früh die Erbgrossherzogin[3].

Weimar. 9 Oktober 1903. *9.10.1903 Freitag*

Kunsterziehungstag erste Sitzung. Waetzoldt, Otto Ernst, Goetze-Hamburg. Dieser will, dass die Kinder erst mit 8 oder 9 Jahren Lesen α Schreiben lernen, vorher rein sinnlich unterrichtet werden, Zeichnen, Kneten, Gedichte u Geschichten Anhören und Wiedererzählen. Mir leuchtet das sehr ein.

Weimar. 10 Oktober 1903. *10.10.1903 Samstag*

Zweite Sitzung des K.E.T. Rudolf Lehmann formulierte knapp, wenn auch feindlich, den Gegensatz zwischen dem neuen und dem alten Ziel im Litteratur Unterricht: Erziehung zur Kunst statt Erziehung durch die Kunst. Lange Nachmittags mit Lichtwark. Er sagt, was ihn auf die Kunst Erziehung geworfen habe, sei, dass die älteren, einflussreichen Leute heute kein Kunst Bedürfnis und daher kein Kunst Interesse hätten. Er habe gesehen, dass man sich erst eine Generation erziehen müsse.

---

[1] Verweisung: „(cf. 16.IV 02; 7.VIII 02; 22 IX 03. ___)."

[2] im Ghzgl. Museum für Kunst und Kunstgewerbe

[3] Pauline

Weimar. 11 Oktober 1903. Sonntag. *11.10.1903 Sonntag*

Dritte Sitzung. Lichtwark sprach, sehr schwach. Dann Waetzold glänzend über den Deutschen und seine Muttersprache. Abends Diner bei der Erbgrossherzogin in Belvedere: zwischen Lichtwark und dem Gymnasialdirektor Weniger gesessen. Ausserdem dort Flaischlen, Kerschensteiner und Otto Ernst, der nach Tisch deklamierte. Es war ein Genuss, Otto Ernst „Königliche Hoheit" sagen zu hören. Er sieht immer aus, als ob er eben auf dem Klosett sässe.

Weimar. 14 Oktober 1903. *14.10.1903 Mittwoch*

Mit Van de Velde und Rosenhagen in Erfurt zur Kunstgeschichtlichen Ausstellung[1]. Die Cranachs. Der ältere giebt in jedem Gesicht das psychologisch Charakteristische in der Form eines linearen Ornaments (Rhythmus); dieses Zusammenfallen des Charakteristischen mit dem Ornamentalen macht gewisse seiner Bilder alten chinesischen ähnlich. Der jüngere behält und entwickelt den ornamentalen Ductus, aber sucht durch ihn eher gefällig zu wirken als nachdrücklich zu charakterisieren; er nähert sich mehr Raffael und Ingres; während das Linienspiel beim älteren Cranach Etwas wesentlich Andres ist.

Weimar. 15 Oktober 1903. *15.10.1903 Donnerstag*

Enthüllung von Klingers Nietzsche Büste im Archiv. Ich nahm die Enthüllung vor und sprach dabei ein paar Worte. Nachher redeten noch Riehl, Burckhardt, Lichtenberger und Orestano; Dieser sehr hübsch. Scheidemantel sang. Eine schöne Feier. Rothe, Wedell, Müller, Prozor repraesentierten sozusagen den Hof und die offizielle Welt, was bei einer Nietzsche Feier nicht unpikant war. – Abends Ball bei der Erbgrossherzogin in Belvedere, wo mit Nostitz hin.

Weimar. 16 Oktober 1903. Freitag *16.10.1903 Freitag*

Mit Nostitz und Heymel nach Erfurt zur Ausstellung. – Vormittags der Grossherzog, die Ghgin und d. Erbgrossherzogin bei mir in der Ausstellung. Ihnen die Bedeutung der „Valeurs" erklärt, und wie man in den 70er Jahren das Licht durch die Valeurs darzustellen suchte (Corot, Manet, Liebermanns Bleiche), seit den 80er Jahren aber auch das Flimmern des Lichts durch neue Procédés. Die Ghgin hat einen starken, spontanen, naïven Kunstgeschmack. Sie suchte sich gerade Trübners blassen Postillon aus: „Den möchte ich haben".[2]

Weimar. 17 Oktober 1903. Sonnabend. *17.10.1903 Samstag*

Noch einmal in Erfurt mit Wedells und Frau Vandevelde. – Ist Nietzsche vielleicht nicht Bahnbrecher sondern Vollender, nicht Lionardo sondern Raffaël? Es

---

[1] Kunstgeschichtliche Ausstellung im Dom

[2] Verweisung mit Bleistift: „(cf. 22.X; 3 XI"

ist doch sehr beachtenswert, dass nicht ein einziger von den lebenden bedeutenden Dichtern, Dehmel, Liliencron, Hofmannsthal, Hauptmann, Stefan George, von Nietzsche direkt ausgeht, etwa wie Nietzsche selbst von Goethe oder Goethe von Herder. Das soll nicht heissen, dass Nietzsche nicht original oder neu wäre; auch Raffael war durchaus neu und eigen. Aber Nietzsche hätte dann also Gedanken zu Ende gedacht, nicht neue Möglichkeiten angeregt, er wäre der Vollender der Kulturbewegung, die mit Herder, Lessing, Winckelmann und Kant einsetzte, er hätte ihre letzten Folgerungen gezogen, wie Raffael die des Quattrocento. Sehr beachtenswert ist, dass Nietzsche die Fragestellung Schopenhauers übernimmt. – Dies erklärte sowohl seinen enormen Widerhall wie seine geringe Fruchtbarkeit. Mit ihm gieng wahrscheinlich eine Welt zu Ende.

Weimar. 18 Oktober 1903 Sonntag. *18.10.1903 Sonntag*

Bei der Erbgrossherzogin in Belvedere gefrühstückt. Dort noch der kleine Reuss und Oldes. Abends nach Berlin.

Berlin. 19 Oktober 1903. *19.10.1903 Montag*

Nachmittags bei Liebermann. Dort Tschudi. Liebermann versuchte uns die neuen Pläne der Sezessionisten auseinanderzusetzen; aber so nervös aufgeregt, dass kaum daraus klug zu werden war. Abends mit Nostitz gegessen und ins Theater: Wildes Salome und Wedekinds Kammersänger.

Berlin. 21 Oktober. 1903. *21.10.1903 Mittwoch*

Mit Vandevelde und Muther bei Curt Herrmann.

Berlin. 22 Oktober 1903. Mittwoch. *22.10.1903 Donnerstag*

Bei Liebermann mit Leistikow. Das Kampfprogramm. Endziel: Befreiung vom Gewissenzwang in der Kunst, Freiheit der Kunst, absolute Toleranz des Staats, Freiheit vom künstlerischen Gewissenszwang. Zunächst soll Kardorff interpellieren, und wir begründen eine neue Kunstgenossenschaft[1], die alle bedeutenden Künstler umfasst, um so Macht zu gewinnen und einen Druck auf die Regierung auszuüben. Diese Kunstgenossenschaft soll bei den sich bietenden Anlässen die Veranstaltung der deutschen Kunstausstellungen für sich verlangen oder sonst die Regierung boykottieren; auch spontan in Deutschland Ausstellungen veranstalten. Eventuell später ein Museum und Ateliers begründen. Sie ist Etwas von der Berliner Sezession total Verschiedenes sein. Diese bleibt nach wie vor bestehen. Die Kunstgenossenschaft stellt einen Bund der Sezessionen vor. – Das Wichtigste ist jetzt, München für diesen Plan zu gewinnen. Ich übernahm, hinzufahren und mit Uhde, Habermann und Stuck zu sprechen. – Jeder Mensch ist

[1] Deutscher Künstlerbund

schön, wenn man ihn einzeln und für sich betrachtet; aber die Menge ergiebt die Hässlichkeit. Um eine „schöne" Kultur zu schaffen, kommt es nicht darauf an, den Einzelnen zu kultivieren, sondern die Beziehungen der Einzelnen untereinander harmonisch zu machen, wie man ein Klavier stimmt auf das Verhältnis der Saiten untereinander, nicht auf den schönen Klang der einzelnen Saite; denn von den Beziehungen kommt die Hässlichkeit. Unterschied des protestantischen und katholischen Standpunkts. Deshalb ist die protestantische Kultur hässlich. Wir haben viel eher eine regenerierende Komödie nötig als etwa persönlichen Dilettantismus; uns steckt zu viel Musik im Blute, zu viel Beethoven und Seelenmusik. Der Deutsche operiert bei der Kultur immer mit der falschen Abstraktion: Persönlichkeit. Er schafft sich eine Sammetjacke oder grüne Weste an. Die Beziehung zu den Andren übersieht er ganz. Aber für die Kultur kommt es viel weniger darauf an, wie die Einzelnen sind, als, wie sie sich zu einander verhalten. Die Beziehung ist hier Alles wie bei den Farben in einem Bilde.[1]

Berlin. 22 Oktober 1903. *22.10.1903 Donnerstag*

„L'Art pour l'Art" Formulierung: Es kann nie ein Kunstwerk von Etwas, das nicht Kunst ist, Wert erlangen; und Kunst ist jedesmal nur, was ein Teil dieses bestimmten Kunstwerks ist. Also auch ein fremdes Kunstwerk kann ihm Nichts an Wert hinzufügen, es sei denn dass es zu ihm in einer aesthetischen Beziehung stehe, d. h. also dass sie Beide zusammen ein einziges Kunstwerk bilden; so etwa die Fresken und der Kirchenraum, den sie schmücken. Deshalb schmücken, bereichern auch nur Fresken, die mit dem Raum eins werden. – Es giebt Nichts, das die Kunst nicht in ein Netz von aesthetischen Beziehungen einbeziehen kann; aber Nichts, das ausserhalb des Netzes steht, kann ihm, dem Kunstwerk, einen höheren künstlerischen Wert verleihen. – L'Art pour l'Art heisst aber nicht blos Fingerfertigkeit. Man kann die Persönlichkeit aus dem Begriff des Artisten nicht fortlassen. Nur „Persönliches" wirkt tonisch; das scheint ein sicherer Erfahrungssatz, den zu erklären allerdings schwer hält (cf aber allerdings die Kunst der ethnographischen Sammlungen, die mittelalterlichen Dome etc.).[2] – Schluss meiner Vorlesungen für den Ghg: Nach dem Gang von der kalligraphischen Miniaturmalerei zum Neo Impressionismus, dass die aufsteigende Entwicklung der Kunst ein immer weiteres Ausbeuten und Beherrschen (aesthetisches Beherrschen) der Natur bedeutet. Wie wenig holte der Miniaturmaler mit seiner Linien-Floskel heraus.[3]

---

[1] Verweisung: „(cf. 21.V.04."

[2] Verweisung mit Bleistift: „cf. 17.V.02."

[3] Verweisung mit Bleistift: „(cf 15 X 03; 23 X am Ende) 3 XI 03"

Berlin. 23 Oktober 1903. Freitag. *23.10.1903 Freitag*

Bei Tschudi. Er fragte mich, was er thun solle. In den nächsten Tagen werde die Frage wahrscheinlich an ihn herantreten, ob er das Kupferstichkabinett übernehmen wolle. Wenn er ausschlage, könne es sehr wohl vorkommen, dass er überhaupt gegangen werde. Ausserdem sei für ihn seit der Reorganisation und der Beseitigung Schönes und Müllers jede Hoffnung geschwunden, Etwas Positives zu leisten. Es frage sich, ob es nicht da besser wäre, die Sache öffentlich zum Skandal kommen zu lassen, statt dass die Leute sich damit beruhigten dass er ja noch immer da wäre, und dass sich die Zustände auch einmal bessern könnten. Darauf sei aber nach den Anschauungen des Kaisers keine Hoffnung. Dieser habe Seydel[1] beauftragt, seine kaiserlichen Kunstanschauungen darzulegen, und ihm dazu alle seine Äusserungen etc. zugeschickt. Seydel sage, dass der Kaiser die Kunst nur vom patriotischen Standpunkt aus beurteile, sie nur als Werkzeug des Staats billige; und da sich die modernen Richtungen hierzu nicht eigneten, bekämpfe er sie mit allen Mitteln. – Also wird Bülow wahrscheinlich Kardorff antworten: „Der Staat habe nur insofern an der Kunst ein Interesse, als sie die Zwecke des Staats fördere; für andre Kunst habe er kein Geld übrig. Die möge ohne den Staat auskommen, wenn sie Käufer finde. Von Drangsalierung könne keine Rede sein. Im Gegenteil. Der Staat bekümmere sich garnicht um die andre Kunst." Das wäre ganz geschickt; allerdings lauter Unwahrheiten oder Sophismen. Zunächst wäre diese Auffassung bei der grossen Masse der Bildungsphilister unpopulär. Also diese Unzufriedenheit zu reizen: Schlagworte: der „Banausenstaat", „die Musen in der Mark" etc. Dies agitatorisch. Ausserdem: 1) Der Staat giebt doch Geld für andre Kunst, alte Kunst, Griechen, Römer, Renaissance Werke. 2.) Der Staat kann die eine Art Kunst nicht so ausgiebig und ausschliesslich unterstützen ohne die Andre dadurch an die Wand zu drücken. Er kann also nur entweder garnichts für moderne Kunst ausgeben, oder er muss alle Richtungen gleichmässig berücksichtigen. 3.) Das so, „patriotisch", ausgegebene Geld ist weggeworfen; denn man kann einen Künstler zu bestimmten Inhalten und Formen nicht zwingen, ohne die Kunst zu vernichten; also vereitelt der Staat seinen eigenen Zweck; er kauft für Geld Luft, nie aber Kunst. Ja er handelt widerpatriotisch, indem es im Interesse jedes Volks liegt eine starke, reine, echte Kunst zu haben, und diese Unterstützung einer Afterrichtung das Emporkommen einer echten Kunst behindert. (cf zu 2.). Also schädigt der Staat durch die Unterstützung einer nicht spontanen patriotischen Kunst direkt das Volk, sich selbst. Besser dann das ganze Kunst Budget zu streichen. 5.) Durch das Züchten und Hervorkehren einer künstlerisch ganz ungenügenden „patriotischen" Kunst schädigten wir Deutschland auch materiell, da der Ruf der deutschen Kunst z B in Amerika so gesunken sei, dass wir nur noch $^1/_{10}$ so viel Bilder dort verkaufen

[1] Seidel

wie die Franzosen (Consul Heyer, N. York). Auch Statistiken über Wertsturz deutscher Bilder und Steigerung im Wert der Barbizoner und Impressionisten vorbringen. – Zu Kassners Buch. Sehr fein, kultiviert, auch neu und eigen. Die Schilderung des Verhältnisses zwischen Shelley und Byron ganz ausserordentlich. Aber Alles nur erleuchtend, nicht fördernd. Man fragt sich immer: Was fang ich damit an? Zum Leben selbst im höchsten Sinne führen keine Beziehungen hin. Und wenn ein Denker sich gerade in Etwas Ausserordentlichem, wie diese Shelley Byron Schilderung, tot und unfruchtbar erweist, so erregt Das doch überhaupt Bedenken. Wenn er Etwas so Gutes fertig bringt, und Das doch so beziehungslos herauskommt, was kann man da von ihm erwarten? Trotzdem bleibt Kassner ein tiefer, kostbarer Geist, aber eher ein geschliffener Edelstein als ein Samenkorn. Ein Schmuck unserer Kultur, kein Kulturträger. Von ihm gilt nicht was Lavater von Goethe sagte: Du breitest so viel Leben um Dich aus. – Punkte, auf die ich eingehen muss, in meinen Vorträgen beim Gr.H.: die artistischen Qualitäten (die Valeurs die „Handschrift" etc.); das „Detail" und seine Nichtausführung (nur die Beziehungen haben Wert, Nichts im Bild an sich); Hässliche Gegenstände schöne Kunst; alle grossen Meister Neuerer, zum Teil auch von ihrer Zeit heftig befehdet; wozu Kunst überhaupt da ist (Erhöhung der Lebensfreude, tonische Wirkung.)

Berlin. 24 Oktober 1903 Sonnabend. *24.10.1903 Samstag*
Nachmittags wieder Konferenz bei Liebermann mit Leistikow.

Berlin. 25 Oktober 1903 Sonntag. *25.10.1903 Sonntag*
Früh lange bei Liebermann. Wir kamen auf Orden und Auszeichnungen zu sprechen. Er sagte: „Sehen Sie darüber befinde ick mich im beständigen Konflikt mit meiner Frau. Sie sagt, ich sei masslos eitel. Aber wissen Se, ick bin der Ansicht: wenn mein Kollege Vogel die Goldene Medaille hat, denn muss ick sie auch haben; sonst sagen die Leute: mit dem Liebermann ist doch Nischt los, der hat ja nicht einmal die Goldene Medaille. Ick habe früher einmal das Eiserne Kreuz ausgeschlagen; jetzt denk' ich anders." Über Frankreich: seit den grossen Impressionisten Monet, Renoir etc. habe Frankreich seiner Ansicht keine erstklassigen Meister mehr produziert. Aber er sei schlecht informiert. Er sei zu wenig dagewesen in letzter Zeit. Seit der Dreyfus Affäre gehe er nicht mehr gern hin. Er fühle, dass er mit andren Augen angesehen werde, selbst vom jungen Durand Ruel. Es gebe in Frankreich überhaupt keine Menschen mehr; nur noch Hyänen und Idioten.

Weimar. 28 Oktober 1903. *28.10.1903 Mittwoch*
Diner bei der Erbgrossherzogin. Ausser mir nur noch Müller und die Meyendoff. Mittags Frau Richter, Musch und Reinhold bei mir zum Frühstück.

Weimar. 29 Oktober 1903. *29.10.1903 Donnerstag*

Früh mit Richters ins Museum und durch die Vandeveldeschen Ateliers. Nachmittags nach Berlin. Einen über die Berliner Hässlichkeit verzweifelten Brief von Hofmannsthal aus dem Savoy vorgefunden.

Berlin. 30 Oktober 1903. *30.10.1903 Freitag*

Früh ins Savoy. Dort Hofmannsthal und seinen Vater angetroffen. Der alte ist ein elastischer, frisch und munter aussehender Sechziger oder Fünfziger. Mit ihnen Beiden ins Alte Museum. Die italienischen Bilder und Griechen. Nachmittags Beide zum Thee bei mir. Hofmannsthal brachte mir ein Exemplar seiner Elektra mit. Abends die Premiere im kleinen Theater. Wie mir schien, ein starker Erfolg. Die Eysoldt spielte etwas zu nüancenlos, immer in Einer Wertlage, so dass die Leidenschaft oft fast zur Grimasse zu erstarren schien, aber an einzelnen Stellen, wie während der Morde, ganz vollendet. Das Auf und Abschlürfen vor der Palastthür, hinter der der Mord vollführt wird, war im Geist der Sada Yacco. – Das Stück erinnerte mich in seiner Verbindung von raffinierter Sprachschönheit und gesteigerter Grausigkeit an Marlowe. Es wird ein Wendepunkt in H.'s Entwicklung sein.

Berlin. 31 Oktober 1903. *31.10.1903 Samstag*

Mit Hofmannsthals, Knesebeck und Nostitz bei Frau Richter in Wannsee zum Frühstück. Abends die Premiere von Hauptmanns Rose Bernd. Vorher mit Schröder im Carlton gegessen. Ich hatte ihn seit dem Abend bei Meier Graefe nicht gesehen, d. h. nur gestern Abend einen Augenblick. Das Stück sehr discret, grau in grau gezeichnet. Eine Kunst der leisesten Berührungen; das Aneinanderstossen nicht der Menschen selbst sondern sozusagen der Atmosphären, die sie umgeben. Die feinste, fernste, äusserlichste Emanation zeichnet die Seele. Die Stimmungsnüancen ersetzen den Monolog; deshalb braucht Hauptmann keinen Monolog. Das Gedankliche, Psychotragische ins Sinnlich-Fühlbare übersetzt, dort erhascht, wo es sinnlich fast ohne Worte fühlbar wird. Durch diese Technik seiner Zeichnung schwebt Hauptmann immer zwischen Tragödie und Komödie. Das Helldunkel zwischen zwei Wirkungsweisen ist sein Charme.

Berlin. 1 November 1903. *1.11.1903 Sonntag*

Hofmannsthal Mittags bei mir und mit mir gefrühstückt. Er sagt, dass ihm die Rose Bernd eigentlich gut schiene, dass er aber garkeine richtige Stellung zu ihr und zu H's Kunst überhaupt gewinnen könne. Er verstehe die Motive der Personen nicht; er sehe nicht, was sie vorwärts treibe. Es sei eine so ganz andre Art zu schaffen als seine eigene. Bei Kleist, Hebbel, Ibsen sehe er immer ganz klar, was sie wollten, bei Hebbel sogar etwas zu klar. Aber bei Hauptmann fehle ihm dafür offenbar der Sinn. Er sei wie ein Blinder, der über Farbe urteilen solle. – Über Kultur: die beste Art ihrer Propagierung sei schliesslich doch die natürliche, dass der Commis den Leutnant, und der Leutnant den Grafen nachmache. Vereine zur Begründung einer neuen Kultur endigten regelmässig damit, dass der eine Gründer mit dem Weib des andren Gründers ein Verhältnis hätte. Weiter käme Nichts heraus. – Über sein Stück: Er sei überzeugt, es wirke nicht greller als Sophokles auf antike Zuschauer auch gewirkt habe. Es sei einfach nur ein Versuch, die Sophokleische Elektra sehr genau zu lesen und das herauszubringen, was darin stecke. Als Beispiel, wie grell die Sophokleischen Mittel seien, Elektras schrilles αἰ, αἰ, inmitten des dunklen, düsteren mit schweren Diphthongen gefärbten Chorgesangs. – H. hatte heute wieder einen von seinen schlechten Tagen, klagte fortwährend über seine Nerven, seinen Magen, seinen Kopf, verlangte, sobald er bei mir war, nach heisser Milch, und war ganz nur in sich vertieft. Er erzählt, dass schon seine Mutter ihr ganzes Leben lang äusserst schwache, schonungsbedürftige Nerven gehabt habe; man habe sie immer schon seit ihrem 18ten Jahr vor den harten Wirklichkeiten, auch vor aufregendem Theater oder Romanen behüten müssen. Über meine Aussöhnung mit Schröder war er sehr erfreut. „Jetzt bekommen wir doch vielleicht noch einmal alle netten Leute beisammen." Was er will, ist offenbar eine Art von Partei für sich zusammenbringen. Er ist ein merkwürdiges Gemisch von Geschäftsmann, Snob, Poet und orientalisch einschmeichelndem Freudenjüngling; naïv und bis zur Komik egoistisch. Musch Richter erzählt von ihm eine amüsante Geschichte bei Andrians. Als er nach einem Besuch bei A's auf dem Lande mit dem Sohn Poldi, seinem intimen Freund zur Bahn gieng, sagte er zu ihm zutraulich: „Nit wahr, Poldi, ich bin doch einfach gewesen?" Er sieht immer nur sich überall. Schliesslich absolviert ihn aber sein Talent.

Berlin 3. November 1903 *3.11.1903 Dienstag*

Im Museum: Bemerkenswert wie gern und wie dekorativ die Sienesen, namentlich Pietro Lorenzetti, Schwarz und Grau verwenden, das Grau wunderbar mannichfaltig abgestuft und malerisch. Überhaupt hier eine Feinheit der Valeurs, die das Quattrocento nicht erreicht hat, wenigstens nicht ausserhalb Venedigs. – Für meine Vorträge beim G.H.[1] klarzustellen folgende Entwicklungslinien[2]

[1] Wilhelm Ernst

[2] Verweisung: „(cf. 3.IV 06 u dort"

1. a) Miniaturen – b) Masaccio – Signorelli – Pollaiuolo – Raffael – c) Raffael – Poussin – Ingres – Millet – Daumier – Degas – Seurat. (Die Linie)[1]
2. a) Lionardo – Andrea d. S.[2] – Caravaggio – Ribera – Claude – Rembrandt[3] – Velazquez
b) Velazquez – Goya – Turner (Liber) – Corot – Manet – Monet
3. a) Van Eyck – Bellini – Giorgione – Tizian[4] – Tintoretto – Rubens –
b) Rubens – Watteau – Constable – Turner – Delacroix – Renoir – N.I.[5]
c) Rembrandt[6]
Hierzu anzumerken, dass Reihe 2a den Raum und die Form 3a den Raum (und die Form) und zugleich das Licht, Reihen 2b und 3b und c hauptsächlich das Licht durch Valeur bezw Farbe zu bemeistern (auszudrücken) suchen;[7] dass Reihe 1ᵃ das kalligraphische Ornament, 1ᵇ wie 2a und 3a den Raum und die Form, Reihe 1ᶜ wieder ähnlich wie 1ᵃ das Ornament, aber durch Flächen nicht blos durch die kalligraphische Linie sucht.
Diese Naturerscheinungen: Raum und Licht[8] werden seit 1400 nacheinander der Gegenstand (der Inhalt, das Sujet) der Malerei, im Gegensatz zu den religiösen Vorgängen und Handlungen, die im Mittelalter deren Sujet waren.[9] Man findet bei allen grossen Meistern der letzten 500 Jahre kein andres Sujet, für das sie sich ernsthaft interessiert hätten. Die Malerei seit 500 Jahren ist Nichts Andres wirklich als die Poesie des Raumes, des Lichts und der Bewegtheit der Dinge. Alles Andre ist im Verhältnis zu diesem Vorwand, Staffage.[10] Also Reihe:
4: das Gegenständliche: Übergang vom Raum zum Licht als Gegenstand. Mithin: Ausdrucksmittel (Form) (in denen die materielle, ornamentale dekorative Schönheit der Malerei, die „Form" beruht):
Linie, Valeur, Farbe.
Inhalt (Gegenstände): Raum (auch als sog. Form) und Licht und Bewegtheit. (Der Künstler hat immer a) Etwas, das er darstellen will; b) Mittel, durch die er es

---

[1] Verweisung: „(über Raffael 30.IX 03; 23, 24 IV 06"

[2] Sarto

[3] Verweisung: „(cf 18.XI 03; 17, 18, 19 IX 04"

[4] Verweisung: „(über Tizian cf 25.V 01; 16 XI 03; 19.IX 04; 8 X 04"

[5] Neo-Impressionisten

[6] Die Punkte 2. a) - b) sowie 3. a) - c) sind jeweils durch eine geschweifte Klammer am rechten Seitenrand umfaßt. Neben der ersten Klammer (2. a) - b)) steht rechts als Oberbegriff: „(Valeur)" (dazu als Verweisung: „cf 16 XI 03."), neben der zweiten (3. a) - c)): „(Farbe)" (Verweisung: „cf 16 XI. 03."). Die Punkte 1 („Valeur") und 2 („Farbe") sind ganz rechts am Seitenrand wiederum durch eine geschweifte Klammer umfaßt, neben der als Oberbegriff steht: „Die „malerischen" Qualitäten".

[7] Verweisung: „(hierzu cf. 12.XI 03; 16 XI 03;"

[8] Verweisung: „und Bewegtheit (cf 19.XI 03)"

[9] Verweisung: „(auch die Bewegtheit der Natur cf 19.XI 03"

[10] Verweisung: „(cf. 11.II.03."

darzustellen sucht. Beides vereinigt in der „Konzeption".[1] Dem G.H auch darzustellen die Ursprünge der „modernen" Organisationen: Champ de Mars, Indépendants, Libre Esthétique, New English A. Cl.[2], Sezessionen (Parallele die „modernen" Zeitschriften, les petites Revues, und die „modernen" Theater, les théâtres à côté.) Zu unterscheiden zwischen der „modernen" Kunst und diesen Organisationen. Die moderne Kunst ist viel älter; sie ist also nicht etwa ein künstliches Produkt solcher Sezessionen etc. Auch Hinweis darauf, dass diese Organisationen in allen Ländern, wo die Kunst überhaupt lebendig ist, entstanden sind, dass sie also doch wohl einer inneren Notwendigkeit entsprechen (auch erwähnen, dass die meisten Berl. Sezessionisten schon vorher vom Staat Medaillen z Teil die höchsten Medaillen und Auszeichnungen erhalten hatten.)[3]
Methode beim Vortragen: Immer zuerst die einzelnen Künstler nacheinander zeigen und erklären: Was hat A gewollt? Was hat B gewollt? Dann erst, nachher, am Ende, die Linie zeichnen, die Entwicklung zeigen, wie oben. Das obige Schema also als Schluss der Darstellung. Auch im Einzelnen immer vom Künstler und vom Gegenstand des Werkes ausgehen und dann erst zum Abstrakten (Farbe, Valeur etc.) kommen. Also: Hier dies Bild. Was giebt der Künstler vor, darstellen zu wollen? Ist das wirklich was ihn interessiert, oder ist gerade das flau und konventionell und Etwas Andres das Eigentliche? Was ist also der Gegenstand, der ihn wirklich interessiert hat? Etwa: der Raum, die Körperform und ihre Verkürzung. Welcher Mittel hat er sich bedient, um sie darzustellen? Etwa: der Linie, der Valeurs. So von grossem Meister zu grossem Meister fortschreiten und am Schluss die Linie ziehen. Immer betonen, dass es sich um eine Erziehung zum Genuss, nicht zum Wissen oder Kritisieren, handelt. Es handelt sich nicht um ein „Verstehen" im gewöhnlichen Sinne, an das sich dann sofort das Kritisieren anzuschliessen hätte, sondern um ein Erfassen derjenigen Reizmittel, die der Künstler verwendet hat, um unsere Sinne und unsere Phantasie in Bewegung zu setzen. Ich will auf diese Reizmittel hindeuten, damit Sie schneller und müheloser zum Genuss kommen. Weiter ist das „Erklären" eines Werks Nichts. Es ist wie in einem Zauber Walde, wo rechts und links, nah und fern Vögel singen, Wipfel rauschen, Wasserfälle stürzen, und es sagt Einer: hör auf diesen Ton, statt auf alle andern: dieser hier ist die Nachtigall. Er erklärt nicht den Gesang der Vögel. Der Andre versteht deshalb nicht plötzlich die Nachtigall. Aber er hört sie und geniesst sie. Das ist Alles. Das ist aber auch mehr als Beides Andre, als das Erklären oder Verstehen. – Vergleich von Van Eyck und Giotto – Masaccio. Die nordische Malerei bei Van Eyck strebt gleich nach Totalität, nach der erschöp-

---

1 Verweisung: „cf. aber 15.IX 04. die belle matière, deren Suche für 17tes u 18tes Jh. charakterisierend."

2 New English Art Club

3 Verweisung mit Bleistift: „(cf 15.X; 22.X; 23 X a.E; 26.VI 03"

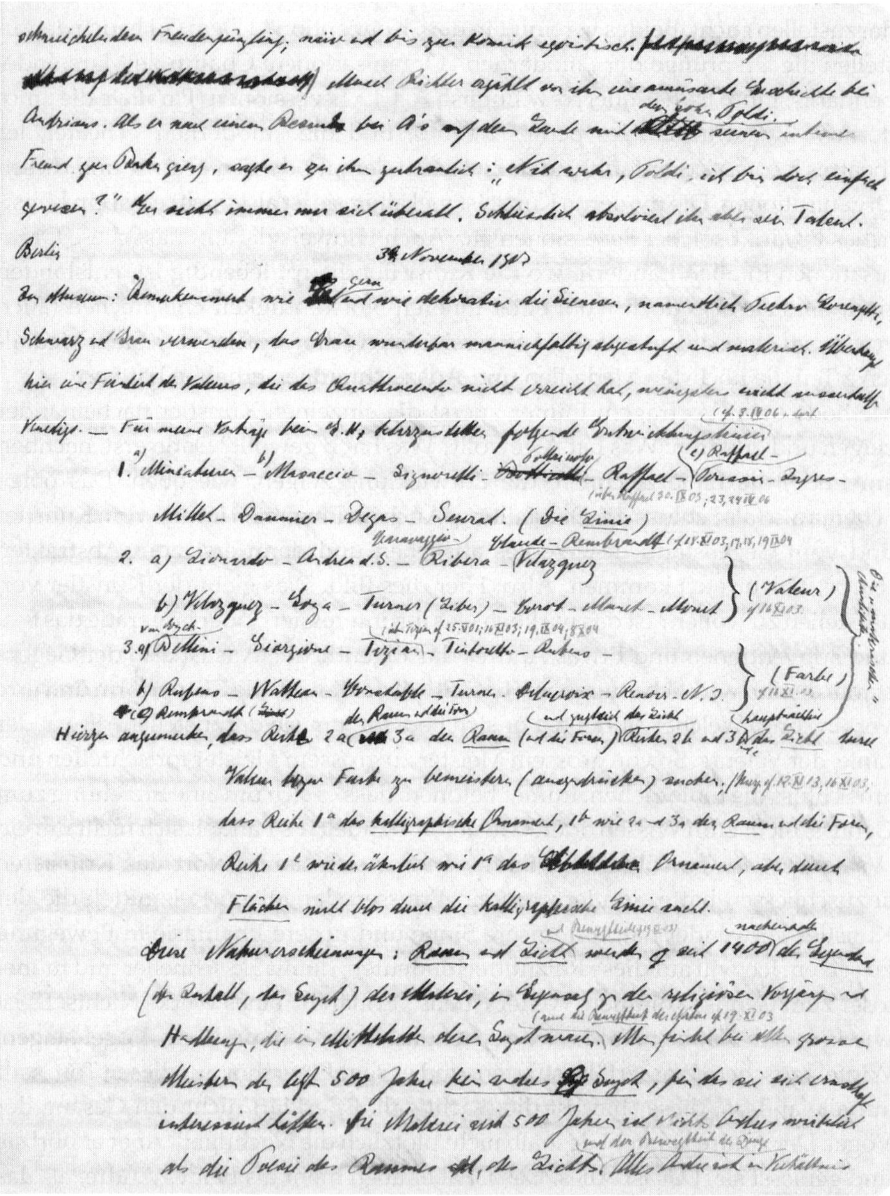

schmeichelnden Frauenjüngling; naiv und bis zur Komik egoistisch. [illegible] Marcel Richter erzählt von ihm eine amüsante Geschichte bei Andrians. Als er nach einem Besuche bei A's auf dem Lande mit dem jungen Poldi, seinem intimen Freund zur Bahn ging, sagte er zu ihm zärtlich: „Nicht wahr, Poldi, ich bin doch einfach gewesen?" Er sieht immer nur sich überall. Schliesslich überwiegt aber sein Talent.

Berlin 3. November 1903

Im Museum: Bemerkenswert wie gern und wie dekorativ die Sienesen, namentlich Duccio Lorenzetti, Schwarz und Braun verwenden, das Braun wunderbar mannichfaltig abgestuft und materiell. Überhaupt hier eine Feinheit der Valeurs, die das Quattrocento nicht erreicht hat, wenigstens nicht ausnahmslos Venetien. — Für meine Vorträge beim D. N. herauszustellen folgende Entwicklungsreihen:

1. a) Miniaturen — b) Masaccio — Signorelli — Pollaiuolo — Raffael — c) Raffael — Poussin — Ingres — Millet — Daumier — Degas — Seurat. (Die Linie)
2. a) Lionardo — Andrea d. S. — Ribera — Caravaggio — Claude — Rembrandt — Velazquez
   b) Velazquez — Goya — Turner (Licht) — Corot — Manet — Monet (Valeur)
3. a) van Eyck — Bellini — Giorgione — Tizian — Tintoretto — Rubens —
   b) Rubens — Watteau — Gainsborough — Turner — Delacroix — Renoir — v. G. (Farbe)

Hierzu anzumerken, dass Reihe 2a und 3a den Raum (und die Form), Reihe 2b und 3b das Licht durch Valeur bezw. Farbe zu bemeistern (auszudrücken) suchen, dass Reihe 1a das kalligraphische Ornament, 1b wie 2a und 3a den Raum und die Form, Reihe 1c wieder ähnlich wie 1a das [illegible] Ornament, aber durch Flächen nicht bloss durch die kalligraphische Linie sucht.

Diese Naturerscheinungen: Raum und Licht (und Bewegtheit) werden seit 1400 nacheinander die Legenden (der Inhalt, das Sujet) der Malerei, im Gegensatz zu den religiösen Vorgängen und Handlungen, die im Mittelalter deren Sujet waren. Man findet bei allen grossen Meistern der letzten 500 Jahre kein anderes Sujet, für das sie sich wirklich interessiert hätten. Die Malerei seit 500 Jahren ist nichts Anderes wirklich als die Poesie des Raumes und des Lichts (und der Bewegtheit der Dinge). Alles Andere ist nur Nebensache [illegible]

Einträge vom 1. und 3. November 1903; Tagebuch Harry Graf Kessler;
Deutsches Literaturarchiv, Marbach am Neckar

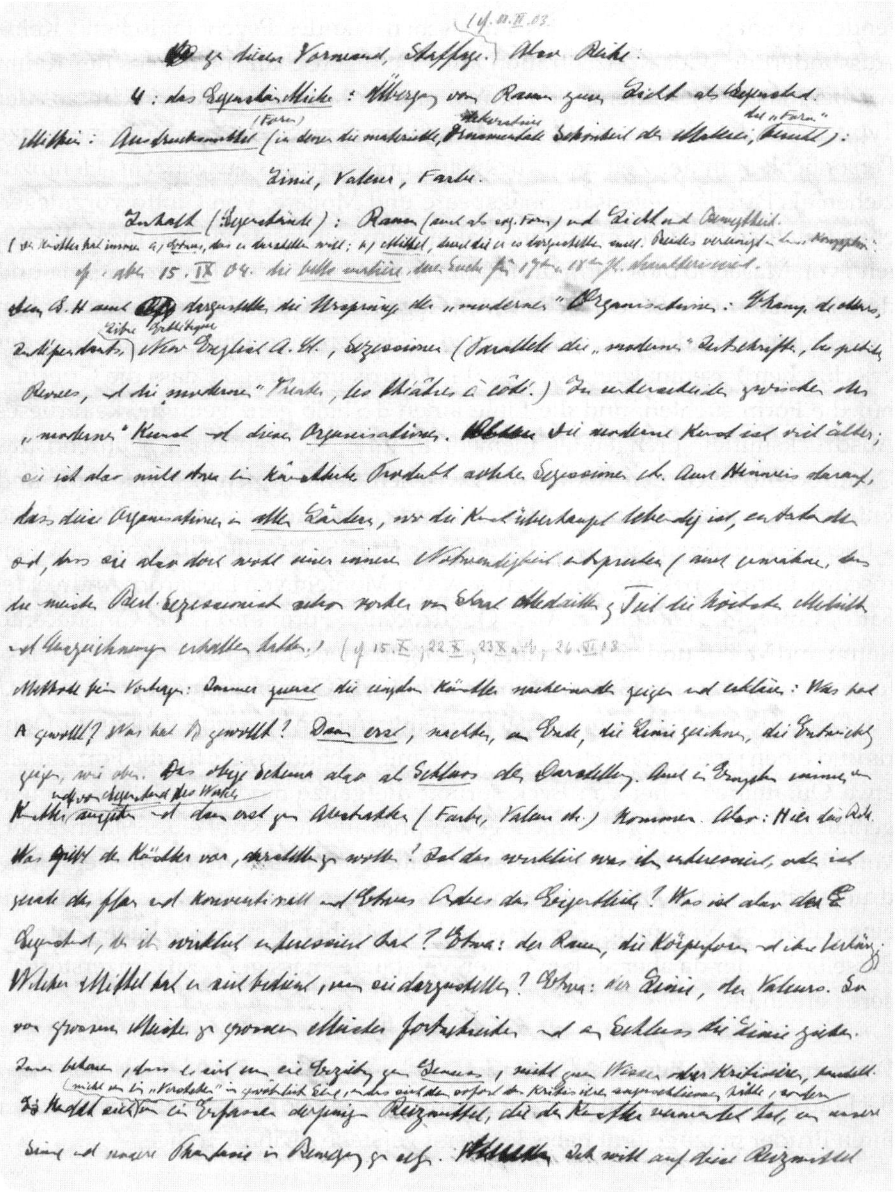

Eintrag vom 3. November 1903; Tagebuch Harry Graf Kessler;
Deutsches Literaturarchiv, Marbach am Neckar

fenden Wiedergabe sowohl des Physischen wie des Psychologischen.[1] Keine Aussonderung oder Konzentration auf eine Eigenschaft, nicht blos der Raum wie bei Masaccio, sondern alle Formen und Farben und Lichter, nicht blos der Typus oder der eine dramatische Moment in einer Seele, sondern eine ganze Persönlichkeit in der Zeit nach rückwärts und vorwärts ausgedacht. Heranzuziehen als Parallel Gegensatz Shakspeare und Molière. Von Giotto vorzulegen etwa Jonathan bei den Hirten[2] und Salome[3] im Gegensatz zu Van Eycks Eremiten[4]; von Masaccio blos Form und Raum in Brancacci oder der Kreuzigung und dem Wöchnerinnen Besuch in Berlin im Gegensatz zu dem Dom Inneren auf Van Eycks kleiner Madonna. – Unterschied zwischen dem Quattrocento und der griechischen Vasenmalerei von ___ bis Douris und Brygos, dass die Griechen nur die Form suchten, und die Linie ihnen deshalb ganz genügte, kein dieses Ausdrucksmittel sprengendes Element in ihren Konzeptionen; während das Quattrocento auch den Raum, die zwischen den Formen liegende Luft und Entfernung wiederzugeben getrieben wurde (wodurch?) und deshalb die Linie schliesslich nicht genügend ausdrucksfähig fand. So kam der Übergang zu Chiaroscuro, Luftperspektive, Valeurs u. s. w. der Moment von Lionardo, Andrea del Sarto, Correggio, Giorgione. Also: Quattrocento: Form und Linie; Cinquecento Raum und Valeur und damit Anfang einer ganz neu- und einzigartigen Entwicklung verschieden von Griechenland sowohl wie China: die moderne Malerei.[5] Für Quattrocento nebeneinanderstellen Blätter nach Masaccio – Pollaiuolo, Douris und einen japanischen Historienmaler, mit Gebäuden etc., für die Form allein etwa Outamaro[6]. – Bei Van Eyck springt die ganze moderne Malerei wie ein genialer Gedanke fertig aber nicht gewappnet aus dem Kopf eines Mannes hervor. Die Romanen haben systematisch eine Naturerscheinung und ein Ausdrucksmittel nach dem andren erobert, bis sie sozusagen Van Eycks Totalität auf einem höheren Niveau des Könnens und der Macht rekonstruiert haben. Jetzt ist dasselbe wieder da aber als bewusster, verstandesmässiger Besitz unzerstörbar, aere perennius.

Weimar 6 November 1903. Freitag

6.11.1903 Freitag

Bei Frau Förster. Sie betont in letzter Zeit oft, wie viel sie in den letzten Jahren über ihren Bruder hinzugelernt habe. Jetzt erst verstehe sie ihn wirklich.

---

[1] Verweisung: „(cf 30.IX 03."

[2] Fresken, Padua, Cappella degli Scrovegni all'Arena

[3] Fresken, Florenz, Santa Croce - Cappella Peruzzi

[4] Genter Altar

[5] Verweisung: „(cf ergänzend 15.IX 04 die belle matière)"

[6] Utamaro

Weimar. 7 November 1903. *7.11.1903 Samstag*
Eröffnung der Vandevelde und Photographieen Ausstellung[1], des Lesezimmers und überhaupt der zweiten, Weimarer Etage im Museum. Vormittags kam die kleine Grossherzogin. Nachmittags grosser Zulauf bei Vernissage. An Bruckmann auf einen Brief von ihm hin geschrieben, und ihm vorgeschlagen Meisterwerke der modernen Malerei[2] herauszugeben.

Weimar. 8 November 1903. Sonntag *8.11.1903 Sonntag*
Eröffnung der Ausstellung für das Publikum. Palézieux geht herum und jammert, dass ich sein Lebenswerk zerstört hätte. Als auch die Gräfin Werthern mir dies mit thränenerstickter Stimme wiederholte, sagte ich ihr sehr derb die Wahrheit. Im Übrigen wäre ich bereit zu gehen und Palézieux sein Museum wieder allein zu überlassen. Sie wurde fast ohnmächtig, musste sich setzen etc. Aber die Wirkung wird wohl erreicht sein. – Nachmittags kam der Grossherzog mit Schlieffen, lobte ausdrücklich die neue Einrichtung der Säle, was mir P. gegenüber einen Rückhalt giebt. Abends nach München abgereist.

München. 9 November 1903. Montag. *9.11.1903 Montag*
Früh an. Mittags bei Habermann mit Stuck und Uhde konferiert. Uhde hatte Bedenken wegen seiner Stellung zur Sezession. Er meinte, er müsse doch den Vorsitz dort niederlegen und austreten, wenn er in die neue Genossenschaft[3] eintrete. Ihn mit dem Beispiel Liebermanns beruhigt. Alle etwas bedenklich, weil sie die Stellung Münchens als Kunststadt nicht gefährden dürften; worauf ich auseinandersetzte, dass die Ausstellungen abwechselnd in verschiedenen Städten stattfinden sollten. Trotzdem blieb ein Bedenken wegen des Lokals, in dem sich in München die Ausstellungen halten liessen, da der Glaspalast der Kunstgenossenschaft gehört. Hier sei kein Geld für ein neues Lokal aufzubringen. Schliesslich sagten aber alle Drei zu, die Einladung zu der Versammlung in Weimar zu unterschreiben. Stuck wollte statt 20 etwa 40 Unterschriften, was ich zugestand. Im Übrigen solle die Genossenschaft sehr klein, viel kleiner als die Sezessionen, sein und durchaus aristokratisch, aber ohne künstlerische Parteifärbung, nur immer die stärksten Individualitäten und als Zweck: die Freiheit des künstlerischen Schaffens sicherzustellen. Sie baten mich, noch zu Marr, Albert Keller und Kaulbach zu gehen. Keller getroffen. Er sagte gleich zu. Stuck ist bei den Verhandlungen immer sachlich, ruhig und treffend, Uhde sehr nervös und unsicher, offenbar noch schwer leidend, Habermann ein lebhafter Welt-

---

1 Kunstgewerbliche Gegenstände und Interieur-Photographien

2 erschien unter dem Titel „Impressionisten: Die Begründer der Modernen Malerei in ihren Hauptwerken"

3 Deutscher Künstlerbund

mann. Die Indignation gegen den Kaiser auch hier sehr stark. Nachmittags bei Ulrich Schwerins. Abends bei den Scharfrichtern; gut, aber Nichts Ausserordentliches.

München. 10 November 1903. *10.11.1903 Dienstag*

Früh bei Bruckmann und mit ihm so gut wie abgeschlossen wegen der Meisterwerke. Die Honorarfrage nicht berührt. Vorläufig nur festgestellt, dass er mir für Reisen 2000 M giebt. Ich soll in Paris gleich von Druet einige schwierigere Bilder, Signac, Renoir, Monet, photographieren lassen, damit B. danach einige Probeplatten macht. Beim Frühstück nachher sagte er mir, er habe ausgerechnet, er müsse 500 Exemplare absetzen, wenn er bei 5 M für die Lieferung von 3 Blatt und 20 Lieferungen im Ganzen auf seine Kosten kommen solle. Von Bruckmann wieder zu Habermann, wo mit Stuck und Uhde weiterverhandelt. Stuck und Habermann betonten wieder, die Genossenschaft müsse durchaus aristokratisch bleiben. Einladen könne sie so Viele sie wolle, bei ihr auszustellen; aber die Gründer müssten die Macht in Händen behalten und nicht viel mehr als 40 sein. Uhde möchte offenbar eine ausgesprochene Parteistellung. Er ist mit München ganz unzufrieden. Hier sei garnichts mehr los. Man fühlt an dem Unterschied der beiden Persönlichkeiten, warum Stuck und nicht er die Jungen in München nach sich gezogen hat. Stuck meint, der ostentative Zweck der Versammlung in Weimar müsse sein gegen die Behandlung der Künstler bei den Vorbereitungen für St Louis[1] Protest zu erheben. Dies sei die erste praktische Gelegenheit, bei der die neue Genossenschaft vor die Öffentlichkeit treten müsse. Voraussetzung sei, dass keines von den Mitgliedern in St Louis ausstelle. Das spätere Veranstalten von Ausstellungen u. s. w. solle man zunächst im Hintergrunde halten. Bei den Ausstellungen besonders eingerichtete Räume für die „dekorativen" Künstler nötig. Stuck meinte, nicht ohne Recht, dass das Zugeständnis der Berliner, die Ausstellungen sollten abwechselnd auch in München stattfinden durch den Lokalmangel in München vereitelt werden würde. Schliesslich würden die Ausstellungen doch immer in Berlin stattfinden müssen. Gegen Weimar als Ausstellungsort wendete er sich ziemlich heftig; man solle nicht noch mehr Ausstellungs Städte schaffen. Wir hätten schon zu Viele. Feste Resultate der Konferenzen: Versammlung in Weimar, Absicht, eine neue, aristokratische, parteilose Genossenschaft gegen die alte Kunstgenossenschaft zu gründen, Weigerung, in St Louis auszustellen. – Mit Uhde in sein Atelier gegangen. Dort zwei oder drei kleine Gartenbilder aus Starnberg. Er sagte, seit drei Jahren habe er nur noch dort arbeiten können. Er leide an Darmbeschwerden und einer Art von Nervenvergiftung infolge der Masern. Nur beim Malen sei er noch er selbst. Sonst habe er namenlose Angstzustände. Als wir unten allein waren,

---

[1] Weltausstellung 1904

drückte er sehr deutlich seine Meinung aus, dass nur in der impressionistischen Malerei noch Etwas liege. „In Allem Andren könnten wir nie hoffen die Alten zu erreichen. Hier sei aber Etwas Besondres, Neues." – Im Bilde ist jeder Strich zugleich Ausdruck (Zeichen) und Sinnes Reiz. Dass er in beiden Eigenschaften genau richtig in den Zusammenhang der Konzeption passt, als Zeichen und als Reiz gleich „notwendig" sei, das ist künstlerischer Realismus; hier die Fahrstrasse zwischen dem rohen unverdauten Realismus (auch als Anekdote) und dem leeren Idealismus. Es genügt nicht dass die einzelnen Striche „richtig", „wahr" seien, sie müssen auch untereinander sowohl eine künstlerisch wirksame Bedeutung wie ein Ornament ausmachen.

München. 11 November 1903. *11.11.1903 Mittwoch*

Bei Hildebrand. Er will vorläufig nicht mitmachen. Die Idee, die Freiheit der Künstler zu schützen, sei ganz gut; aber er sehe nicht, wie der Verein das praktisch erreichen solle. Es sei blos eine „Gesinnung", und dafür sei er nicht zu haben. Wenn später Etwas Praktisches geschaffen würde und er das sehe, würde er gern beitreten. Namentlich die Idee einer Gallerie scheint ihn zu interessieren. Ausstellungen dagegen garnicht. Er habe sich nie für Ausstellungen interessieren können. Später kamen wir auf sein Buch. Ich sagte ihm, dass ich psychologisch Manches darin unrichtig finde, namentlich die Anschauung, dass das Auge jemals Plastik ruhend, ohne Bewegung, geniessen könne. Das habe er auch nicht sagen wollen, meinte er. Nur müsse jede gute Plastik, auch noch, wenn das Auge ruhe, klar verständlich wirken; so im ersten Moment wenn man es erblicke, plakatmässig. Ich solle mich einen Augenblick auf den Standpunkt nicht des Beschauers sondern des Bildhauers stellen. Die Bewegung sei in jedem plastischen Werk schon von selbst drin, dadurch dass es dreidimensional sei. Die brauche der Bildhauer also nicht erst hineinzubringen; sondern er müsse streben, diese Bewegungen zu ordnen und schliesslich in einem einzigen plakatmässigen Eindruck zusammenzufassen. Deshalb, weil er dieses nicht thue, sei Rodin bis auf einige Fragmente, soweit er ihn gesehen habe, Unsinn, direkter Unsinn. Man müsse sich seine Hände, Köpfe, Füsse immer erst zusammensuchen. Man erkenne sie zuerst garnicht heraus. – Es kommt H. immer in erster Linie doch noch auf die Bedeutung, den Gegenstand, an. Bei Rodin ist die künstlerische Absicht immer sofort klar, „plakatmässig" packend wie H. sagt; wenn auch oft nicht die „Bedeutung" der einzelnen Teile. Aber die einzelnen Formen kann man ja ohnehin nur nacheinander, durch Bewegungen und Accomodationen des Auges herauserkennen. Die Bildmässige Wirkung ist bei Rodin aber gleich im ersten Moment packend klar. Also kann H. Tadel nur auf die Erkennbarkeit der Bedeutung, höchstens der Formen gehen; diese kann ein Blick aber überhaupt nicht geben. – „Im Lichte schwimmen" soll heissen: wenn man das Licht als eine Eigenschaft des Werkes selbst empfindet, wie eine Farbe, nicht als Etwas von aussen Herankommendes, Vorbeistreichendes; wenn das Licht wie gesagt, sozusagen eine Farbe wird, wie eine Ausstrahlung des Steins erscheint, an dem Werke hängt wie eine warme Atmosphäre; nicht hell, kalt und fremd daran vorbeistreicht. Das Licht muss sich mit den Formen vermählen, durch den Schatten, durch das Helldunkel. Es genügt nicht, wenn eine Form das Licht fängt; sie muss es halten. Die Formen müssen das Licht trinken. Er arbeite nicht auf die Form, sondern blos auf den Effekt, die Tonwerte. Ich sagte ihm, dass ich die Art, wie die Werke Rodins im Lichte schwimmen im höchsten Masse bewundere. Woher das denn komme? meinte H. Ich setzte ihm Rodins Theorie auseinander, die Masse zu übertreiben, um möglichst viel Raum für viele Formen zu gewinnen; daher glaubte ich komme bei ihm diese Lichtseligkeit. H. sagte, das sei aber durchaus nicht die Art, wie die Griechen die Lichtfülle erreicht hätten. Ihre Lichtwonne sei Etwas ganz Andres als die Rodins. Er erklärt sie folgendermassen. Er geht davon aus, dass der gute Plastiker jede Form in Flächen zerlegt, und zwar in so viele Flächen, wie er Haupt-Ansichten des Werks anstrebt d. h. also er setzt Alles Runde in Polygone um, wie er mir auf einem Blatt Papier bei einem Muskel vorzeichnete. Nach jeder Hauptansicht hin müsse dann jede Form Eine ihrer Flächen senkrecht präsentieren, so dass von jeder Hauptansicht aus alle Formen im Werk ein System parallel zu einander nur verschieden entfernt vom Auge aufsteigender Flächen bildeten. Alle Formen drehten sich dann mit Einer Fläche dem Lichte zu, und nur die von der verschiedenen Entfernung herrührenden verschiedenen Tonwerte des Lichts differenzierten sie. Ich machte den Einwand, dass dann eine Treppe aus der Vogelperspektive diese Lichtseligkeit haben müsste. Hierauf gieng H. aber nicht ein. – Über Rembrandt: Die Form sei bei ihm so klar, nicht blos durch den Ton, sondern auch durch die Zeichnung ausgedrückt, dass man direkt nach ihm modellieren könne. Das fehle ganz den modernen französischen Bildern, die nur durch die Tonwerte den Raum angäben; das genüge nicht um das Auge zu klar zu orientieren. Wenn man ein solches Bild nachzeichne, würde man nicht sehen können, was vorne und was hinten ist. Ungeschickte Überschneidungen, die die Raum und Formverhältnisse nur noch mehr verwirrten. So auf Manets Serre. Die Tonwerte allein genügten nicht, um das Auge zu orientieren. Beispiel, ein Tag am Starnberger See, wo dem Werte nach das gegenüberliegende Ufer ihm näher erschienen sei als sein eigenes. – Ich war schliesslich zwei Stunden bei ihm gewesen. Er führte mich dann in sein Atelier, wo ein grosser Brunnen[1] für ein Haus im Grunewald, ein Prinzregenten Denkmal und ein Pietà Relief[2] für Kronberg in Arbeit waren. – Zur Frage des Lichts und der parallelen Flächen: diese Art führt notwendig zu einem System aus wenig differenzierten Lichtwerten und künstlerisch formlosen Schattenpar-

1 „Brunnen mit Trinkendem" od. „Schalenbrunnen mit Doppelflöte spielendem Putto"

2 Gedenk-Mal für die Kaiserin Viktoria

tieen, da Alles, was von einer Ansicht aus nicht Hauptfläche ist, blos als Hauptfläche für andre Ansichtspunkte, nicht aber mit Rücksicht auf die künstlerisch wirksame Durchbildung des Helldunkels angeordnet ist. Den Schatten ignoriert Hildebrand, er kümmert sich nur um die Anordnung der Lichtflächen, zwischen denen die Schatten als notwendiges Übel figurieren. Alle reizvollen Abstufungen und Übergänge zwischen Licht und Schatten unterbindet er also prinzipiell. Durch dies Hinwenden aller Formen zum Licht erreicht H. doch nur, dass seine Plastik hell ist, nicht dass sie „in Licht schwimmt". Denn dieses „in Licht Schwimmen" beruht nicht auf der Helligkeit schlechthin, sondern auf den Beziehungen und Übergängen zwischen Hell und Dunkel. Und ich sehe wohl, wie durch das Hinwenden aller Formen zum Licht eine Abstufung der Lichtwerte entstehen kann, nicht aber, wie dadurch eine Beziehung zwischen den Licht und den Schattenwerten und eine Abstufung der Schattenwerte gefördert werden können. Also höchstens die Lichtwerte sind untereinander künstlerisch geordnet. Dazwischen ergeben sich Schattenpartieen, die als solche künstlerisch garnicht einmal erwogen sind. Sie fallen so aus, wie sie zufällig werden infolge einer für eine andre Ansicht gewählten Flächengestaltung. Deshalb hängt auch das Licht nicht an dem Werke. Denn erst der Schatten scheint das Licht an die Form zu binden.[1] – Von Hildebrand zu Stuck. Das Rohe, Unraffinierte seiner Kunst. Eigentlich Bauernkunst, ohne irgendwelches Raffinement. Aber an sich gute, kräftige Effekte, nur verdorben durch importierte Wirkungsmittel, wie Tonwerte, Helldunkel, die aus dieser Kunst nicht organisch hervorwachsen, sondern angekleckst sind und aussehen. Es ist geschminkte Bauernkunst; das ist daran abstossend. Er selbst ist sehr sympathisch, etwas melancholisch wie ein verpflanztes Naturkind, immer vorsichtig, nicht zu laut zu sprechen, von seiner Frau offenbar erzogen. – Das Impressionistische besteht nicht in der Flüchtigkeit des Gegenstandes, sondern in dem „Leben" der Ausdrucksmittel (Vandevelde); sonst wäre Grützner Impressionist. Also es besteht im Vibrieren der Farbe, das zu den Valeurs allmählich hinzukommt. Daneben in der französischen Malerei eine Entwicklungsreihe von Ingres bis zu Denis, die das Geheimnis und den Zauber des Konturs zu enträtseln sucht: Ingres, Millet, Daumier, Degas, Puvis, Seurat, Maurice Denis. Ingres sucht den Zauber des Konturs indirekt, durch die Feinheit der Formen, die den Umriss übertönen und gerade so auf ihn, den leisesten, süssesten Ton das Gefühl hinlenken. Puvis umgekehrt durch die Betonung und Unterstreichung des Umrisses selbst, der die Formen innen zurückdrängt und so die Gestalt vereinfacht, flächenhaft erscheinen lässt. Also auch bei Ingres die Form nicht Selbstzweck, sondern aus einer artistischen Absicht so fein durchgeführt, um das geheimnisvoll Zauberhafte der Gestalt in Licht und Luft festzuhalten. Von dieser indirekten, geheimnisvollen Art zu wirken, kommt auch die

---

[1] Verweisung: „(zu Hildebrand cf. 19 XII 02; 24.V.03 16.XI 03)"

starke psychologische Phantasieanregung der Ingresschen Werke. Das Geheimnisvolle ihrer Wirkungsweise übersetzt die Phantasie in eine geheimnisvolle seelische Bedeutung wie bei der Gioconda.[1] Hierzu vgl. die Verlebendigung des Konturs durch die Kontraste bei Seurat, Angrand etc. – Also im 19ten Jh. in Frankreich zwei Hauptlinien: die Richtung zum Impressionismus und die immer wiederholten Versuche, dem Zauber des Umrisses und der luftumflossenen Gestalt beizukommen. – Pinakothek: Rubens, Töchter des Leukipp. Auch Rubens scheint mir zur Belebung des Konturs vielfach bewusst den Kontrast anzuwenden; cf am Profil der knieenden Tochter: das dunklere Gesicht bekommt an Kinn, Oberlippe, Nase gegen den helleren Arm einen strichartigen dunklen Kontur, und zwar je heller der Arm um so dunkler dieser Strich, am Kinn am dunkelsten, an der Stirn, die gegen eine Schattenpartie des Armes steht, kein Konturstrich. Überhaupt sucht Rubens überall Helligkeits- und Farben-Kontraste; z B an den Beinen der emporgehobenen Frau der Kontrast zwischen bläulichen und rötlichen Tönen durch einen raffinierten Beleuchtungseffekt vermannichfaltigt. Es handelt sich hier nicht nur um Beobachtung (Realismus) sondern um bewusstes Arrangement, wie beim Signorelli in Berlin. Dieses Anfachen der Farbenglut ist ein Teil der Jagd nach höchster Lebensäusserung bei Rubens. Wie er am Himmel das Gewitter und im Menschen die Leidenschaft sucht, so sollen auch die Farben Alles hergeben, was an Kraft in ihnen steckt. – Bei Rubens übrigens mehr das Prinzip des Farben Kontrasts als der optischen Farben Mischung (décomposition). – Wie fein Rubens den Kontrast am Kontur beobachtet, cf am trunkenen Silen den hinteren Kontur des Vorderbeines, der vor dem hellerleuchteten Gewand ganz schwarz wird und abwärts, wo er blos vor dem andren Bein steht, in ein schwaches Braun übergeht. – Titel meiner Vorrede ev. Einige Bemerkungen über die Malerei des 19ten Jh. – Alles was echt und artistisch wertvoll in der deutschen Kunst ist, ist noch rudimentär. Alles Raffinierte ist importiert und entpuppt sich meist als wertlos. Gegensatz die französische Kunst. Wo man in der Deutschen Kunst auf Raffiniertes stösst mistrauisch sein: zum mindesten ist es wahrscheinlich nicht original.

München. 12 November 1903. Donnerstag. *12.11.1903 Donnerstag*

Die „Virtuosität" des alten Tizian (Geisselung hier), der Tintoretto, Rubens, Ribera (Kreuzabnahme[2] hier) besteht darin, dass sie versuchen, das Leben selbst festzuhalten. Daher dieser Choc von Licht und Schatten, von Farbe und Gegenfarbe, von Überschneidungen und Verkürzungen. Die gewaltige Genugthuung, die Bewegtheit des Lebens festhalten zu können, charakterisiert diese Epoche.[3]

---

[1] Verweisung: „(zu Ingres 27.VIII 04"

[2] Giordano

[3] Verweisung: „(cf. 27 III 02; 19 XI 03; 22 XI, 2 XII 03"

Nachdem die Cinquecentisten den Raum, die Bühne, fertig gezimmert haben, – Was wird sich jetzt darauf zutragen? Dies. Dramen und die Titanenkämpfe von Licht und Schatten. Der grosse Mensch und die grosse Leidenschaft treten auf, wie bei Shakspeare so bei den Venezianern, bei Rubens, bei Ribera. Die Leidenschaft, die die Figuren Michelangelos noch wie ein göttlicher Wein füllt, wie ein Wunder und Geheimnis, das sie im Herzen zu verbergen suchen, triumphiert und jubiliert laut heraus. Das grosse Herz gebiert die leidenschaftliche Gebärde, Michelangelo Rubens. – Vor Allem aber füllt das Licht die Bühne. Das grösste Lebendige, das allumfassendste Bewegte, das diese Maler zu halten suchen, ist das Licht. Aus einem Darstellungsmittel des Raums wird es zu einem Hauptgegenstand der Darstellung, aus dem Hintergrund tritt es in den Mittelpunkt der Bühne.[1] In Allem Andren unterscheiden sich Tizian, Tintoretto, Rubens, Ribera, Rembrandt, Velazquez, Claude Lorrain; das aber ist ihnen gemeinsam, dass ihr Hauptgegenstand, dem sie nie untreu werden, den sie immer und in jedem ihrer Bilder darstellen, das Licht ist. Wie dem Quattrocento Alles Anlass zur Linienperspektive wurde, so dieser Zeit Alles Anlass zur Darstellung des Lichts. Die Epoche von Tintoretto bis zu Rubens und Ribera ist nur nebenbei artistisch. Was sie sucht, ist wie gesagt vor Allem Leben. Aber also auch das Leben der Farben, der Tonwerte, der Linien und Formen, und so schafft sie in ihrem Streben ein gewaltiges artistisches Kapital, mit dem zwei Jahrhunderte gewirtschaftet haben. (cf vorige Seite oben.) Das Interesse an der Leidenschaft und Bewegtheit des Lebens scheint bei Rembrandt, Velazquez, Claude Lorrain gedämpft; aber das Interesse am Licht bleibt.[2]

Weimar. 13 November 1903. *13.11.1903 Freitag*

Kuratoriumssitzung[3]. Bei Rothe. Auch er erzählt mir von Palezieux' Klatsch gegen mich. Abends nach Berlin.

Berlin. 14 November 1903 Sonnabend. *14.11.1903 Samstag*

Sezessionseröffnung. Liebermann und Leistikow gesprochen. Sie beauftragten mich zum 15.XII in mein Museum einzuladen.[4]

Berlin. 15 November 1903 Sonntag. *15.11.1903 Sonntag*

Früh noch einmal bei Liebermann. Er las mir Teile seines Artikels vor; sprach abfällig über Neumanns Rembrandt Buch. Mittags nach London ab.

---

[1] Verweisung: „(cf. 3.XI 03."

[2] Verweisung: „(cf. 3.IV 06; 18 XI 03"

[3] Ghzgl. Museum für Kunst und Kunstgewerbe

[4] Gründung des Deutschen Künstlerbunds

London. 16 November 1903. Montag. *16.11.1903 Montag*

Hildebrand geantwortet.: „Sie sagen, die Frage sei so zu formulieren: Warum hat dieselbe Form, d. h. derselbe Reichtum an Formen, in einem Fall diese Lichtwirkung (d h Lichtschönheit) im andren Falle nicht? Und Sie antworten: weil im ersten Fall die Formen in Reliefstellung stehen, im zweiten nicht. Diese Erklärung habe ich aber schon in meinem ersten Brief zurückgewiesen. Denn die Reliefstellung verschafft jeder Form Eine helle Fläche, – weiter Nichts. D. h. sie thut Nichts dazu, diese Helligkeit „schön“ zu machen. Und ich behaupte, diese Schönheit resultiert erst, wenn der Bildhauer die Formen nicht nur jede einzeln zur Lichtquelle in Beziehung setzt, sondern ausserdem noch als Ton Träger zu einander. (Ich füge hier hinzu: Dieses thut er, indem er die Formen eben nicht, wie Hildebrand, alle gleichmässig dem Lichte zuwendet, sondern mehr oder weniger, je nach dem Ton, den er an der betreffenden Stelle wünscht. Also die Reliefstellung wird nicht bei allen Formen durchgeführt; sondern der Bildhauer geht nur von den Lichtzugewandten Formen als den hellsten aus, und moduliert das Licht, indem er die Andren mehr oder weniger der Reliefstellung annähert.) Dieses bedeute ich, wenn ich von der „Feinheit“ der Beziehungen zwischen den Tönen spreche. Je mannichfaltiger aber diese Beziehungen innerhalb des gewählten Rhythmus oder „Ornamentes“ sind (eine solche „Einheit“ des Werkes setzen wir ja Beide voraus), um so rätselhafter und zauberischer ist die Lichtwirkung. Diese Mannichfaltigkeit der Beziehungen hängt aber ab von der Vielheit der Töne, und die Vielheit der Töne von der Anzahl der Flächen, da ja jede Fläche in jedem Moment nur Einen Ton hergiebt. Deshalb war auch was ich in meinem vorigen Briefe schrieb, keineswegs, wie Sie meinen, eine blosse Umschreibung des Problems, x = x, sondern eine wirkliche, richtige oder falsche, Erklärung, die, wenn sie richtig ist Ihre Theorie widerlegt. Denn aus ihr folgt, dass es, um lichtschimmernde Plastik zu schaffen, nicht genügt, blos die Reliefstellung aller Formen richtig durchzuführen; und dass es ferner für die Lichtschönheit keineswegs gleichgültig ist, ob der Bildhauer die Formen in wenige oder in viele Flächen umsetzt. Thatsächlich ist ja auch die griechische Plastik nicht „einfach“; selbst die Aegineten[1] nicht. Sie sieht nur so aus, weil die Flächenfülle so wunderbar der „Einheit“ des Werkes eingeordnet ist. Ihren Schimmer aber hat sie von dieser harmonischen Vielheit der Flächen (während allerdings viele und disharmonische Töne einander stören und deshalb keinen Lichtschimmer hervorbringen). Wie aber „einfache“ Plastik neben griechischer aussieht, zeigen anschaulich die Beine des barberinischen Fauns. Ich bin etc. ....“[2] – In der National Gallery. Hauptsächlich Velasquez. Die wunderbaren Blumen auf der „Verlobung“[3]. Die

---

1 Aegina, Tempel der Aphaia

2 Verweisung: „(cf. 19 XII 02; 2 I 03; 24.V 03; 11 XI 03;)“

3 Giordano

Formen in lauter zartklingende Töne umgesetzt. So auch bei Vuillard und Maurice Denis. – Bei Velasquez spielen die Flächenrichtungen (les plans) eine fast ebenso grosse Rolle wie bei Phidias. Auf ihnen beruht die ganze artistische Wirkung. Velasquez' Bilder sind ganz in Flächenrichtungen (plans) gedacht und gemalt; die wunderbaren Tonharmonieen sind Nichts als das Resultat der Flächenrichtungen, wie bei Phidias. Der Philipp IV von Velasquez und der Theseus vom Parthenon gehören zu derselben Kunst, zu derselben Provinz der Phantasie, Logik und Struktur. Eigentlich ist die Farbe Akzessorium, der Ton Alles, wie bei Phidias so bei Velasquez. Zu Velasquez und Phidias gesellt sich als Dritter Rodin. Zuerst bestrickt Einen bei Velasquez wie bei Phidias die wunderbare Fülle und Zartheit der Tonharmonieen. Wenn man dann eindringt und untersucht, was den Zauber schafft, entdeckt man die Flächenbewegung als den Untergrund. Die Schönheit ist bei Velasquez wie bei Phidias eine wunderbare artistische Verdolmetschung der Flächenbewegung. Auch Velazquez löst Alles Runde in lauter Flächen auf und deshalb die Lokalfarbe in lauter Töne, im Gegensatz zu dem Lionardesken und Venezianischen „Schattieren" der Lokalfarbe, das eben nur monochrom möglich ist. Wie mit Lionardo und Giorgione die Konvention des monochromen Helldunkels auf die ältere Konvention der Linie gefolgt war, so folgt mit Velasquez auf die Konvention des Helldunkels die Konvention der kleinen Fläche (le plan). Diese kleinen Flächen geben dem Maler ein Material in die Hand, das fast ebenso abstrakt ist wie der Musikton, einen abstrakten Rohstoff, mit dem er fast ebenso frei schalten kann wie der Musiker mit den Tönen. Erst diese Auflösung aller Form in lauter Flächen eröffnete die Möglichkeit, die rein artistischen Entdeckungen von Rubens, namentlich den Farbenkontrast, mit der Wirklichkeit allgemein in Beziehung zu setzen. Die Entdeckung des Velasquez ergänzt also die von Rubens. Beide zusammen ergeben die moderne Malerei.[1] – Zur Verdeutlichung der Flächenumbildung drei Holzmodelle bei Scheidemantel machen lassen: einen Halbkreis, ein halbes zehnseitiges Polygon gleichen Durchmessers, ein weiteres Polygon gleichen Durchmessers mit so vielen kleinen Seiten, dass es von Weitem wie ein Halbkreis aussieht. – Zur Verdeutlichung des andren Übergangs Pollaiuolo und Sarto durchpausen lassen, nur die Linien. – Rubens ist „arrangiert"; Lichteffekte, Farbenkontraste sind bei ihm durch grobe Erfindungen herbeigeführt. Aber das daraus entstehende Glitzern und stürmische Leben des Lichts und der Farbe ganz modern. Rubens ist im Sujet altmodisch, in den Mitteln Originalgenie. Seine Kunst besteht aus lauter Kunstgriffen. Er und Velasquez sind ebenbürtig als Erfinder von Ausdrucksmitteln. Aber Velasquez ist „wahrer", arrangiert Nichts, sondern scheint die Schönheit zu finden, hat die Harmonie der natürlichen Töne entdeckt (im Gegensatz zu der von besonders, dekorativ, ausgesuchten Farben.) Der fundamentale Unter-

[1] Verweisung: „(über Velasquez u. Phidias cf aber noch 8.IX 04, 19.IX 04."

schied zwischen den Lionardesken und Velasquez: Jene drücken den Wert nur durch Hell und Dunkel aus, ihre Werte sind lauter Helldunkelwerte, Velasquez berücksichtigt die Wechselwirkung der Farben aufeinander, seine Werte sind zugleich Farbenwerte. Darin liegt seine Modernität über Lionardo hinaus.[1] – Die Richtung von Andrea del Sarto – Lionardo erlebt in Caravaggio und Ribera ihren Höhepunkt, wie die von Masaccio in Raffael: die höchste Kraft der Form und Raumgestaltung durch Schwarz und Weiss. Bei Caravaggio die mächtigste Raumgestaltung ohne eigentlich artistische Eigenschaften. Deshalb trotz des stupenden Könnens kein Zauber, kein Genuss. Das Umschlagen dieser Richtung in eine neue bei Velasquez, der von Sarto – Caravaggio – Ribera herstammt, wie Francia oder Sarto von Masaccio – Pollaiuolo – Raffael. – Es scheint, als ob das Ausdrucksmittel, das Helldunkel, von Sarto bis Velasquez allmählich den Raum (das Hohle) an die Stelle der Form (des Vollen) in den Mittelpunkt des Interesses gebracht hätten. – Die Venezianer, die ebenfalls monochrom modellieren, aber mit Licht und Weiss, laufen aus in Rubens, wie die Florentiner: Lionardo, Sarto, in Ribera. Parallele Entwicklungen. Gemeinsam Beiden im Gegensatz zum Quattrocento die Raum- und Formgestaltung durch den Ton statt der Linie. Gemeinsam Beiden im Gegensatz zu Velasquez die monochrome Modellierung blos durch Schatten oder Licht. Unterschied zwischen Beiden: die Florentiner modellieren mit Schatten und Schwarz, die Venezianer mit Licht und Weiss.[2] Also Quattrocento lineare Raumgestaltung, Cinquecento monochrome Raumgestaltung, Velasquez polychrome Raumgestaltung. Michelangelo obwohl Florentiner modelliert auf seinen beiden Bildern[3] hier ganz entschieden mit Licht (ebenfalls monochrom.)[4] – Vermeer steht zu Velasquez etwa wie Watteau zu Rubens. – Tintoretto ist in der Gewalt der Bewegungen und Linien und in den schon häufigen Farbenkontrasten eine Art von Vor Rubens; der Johannes dieses Messias der modernen Malerei. – Zu untersuchen auch der Kontrast: das Komponieren mittelst Kontraste, sei es Farbenkontraste, sei es Licht und Schatten Kontraste. Grosse Kontrastmassen, die in sich wieder kleinere Kontrastornamente bergen z B. bei Michel-Angelo. Grossartigste Steigerung dieser Kompositionsweise bei Rubens und Ribera. – Das Ödeste am Leben sind alle die Mittelmässigkeiten, die ernst genommen sein wollen: mit einer alten Generalswittwe disputieren, als ob sie Geist hätte; die alte Werthern, die alte Strauch, der alte Palézieux. Was die Mittelmässigkeit dem ungewöhnlichen Menschen nie verzeiht, ist dass sie schliesslich

[1] Verweisung: „(Über Rubens cf. 11.XI 03 gegen Ende u. 3.IX.05. Über Velasquez: 23.V 01. 24,V 01. 1.VI 01; 3.VI 01; 27 XI 01; 17 XI; 18.XI; 29 XI 03. 19.IX 04; 27,IX 04; 20 u 24 XI 05; 16 IV 06).“

[2] Verweisung: „(cf 25 V 01; 19,IX 04; 8 X 04; 10 X 04;“

[3] „Grablegung Christi“ u. „Die Manchester Madonna“

[4] Verweisung: „cf. 3.XI 03“

doch merkt, er nimmt sie nicht ernst. Das ist, was Jeden Einzelnen bis ins Herz empört; die Triebfeder aller Edelhetzen.

London. 17 November 1903. *17.11.1903 Dienstag*

Wieder Velasquez. Bei ihm Zusammenhang von Empfindlichkeit für Ton, Raum, Linie, Bewegung, vielleicht Tanz; ein Gitano oder Musketier, wie Phidias aus der Palästra stammt. – Die Polychrome Modellierung bedingt die Zerlegung in Flächen; denn bei ihr bedeutet notwendig jeder Ton eine Fläche (Flächenlage), und zwar jeder Ton nur Eine ganz bestimmt gerichtete Fläche, daher so viel Töne so viel Flächen. Seien die Töne noch so klein gewählt und noch so fein ineinandergeschmolzen: es ist und bleibt doch notwendig Flächenkunst. Die monochrome Modellierung bedingt dagegen keine Formzerlegung. Denn hier kann a) Ein Ton infolge von Schattierungen unendlich viele verschiedene Flächenlagen bedeuten; b) der monochrome Schatten (oder Lichtglanz) kann kontinuierlich zu oder abnehmen, setzt nicht ab, wie notwendig eine Farbe gegen eine andre Farbe; denn Eine Farbe kann kontinuierlich heller oder dunkler werden; zwei Farben können aber nicht kontinuierlich in einander übergehen. – Das Wesentliche an der „monochromen" Modellierung ist, dass die Lokalfarbe mit Einer andren Farbe in verschiedenem Verhältnis durchsetzt wird. Das Wesentliche an der polychromen, dass es eigentlich keine Lokalfarbe mehr giebt, sondern lauter verschiedene Töne. Monochrom in diesem Sinne und ohne Formzerlegung in Flächen sind, wie ich heute konstatiert habe, Lionardo, Correggio, Tizian, Sarto; auch Michelangelo, der ebenfalls die Form nicht in Flächen zerlegt, Caravaggio, Ribera. Ein leiser Anfang von Tonmodellierung bei Tintoretto (Heil Georg). Aber auch bei ihm überwiegt Monochromie. – Das Mittel der Raumgestaltung ist nacheinander die Linie, der Schatten, die Fläche (oder die Flächenlage): Masaccio, Lionardo, Velasquez. – Die fabelhafte Sicherheit, mit der Velasquez immer die Flächenrichtung (gegebenenfalls Bewegung) feststellt! Sie ist dasselbe wie die fabelhafte Sicherheit mit der er die Töne sieht. Das Eine ist genau Dasselbe wie das Andre, enthält das Andre.[1] – Frans Hals im Prinzip ganz ähnlich wie Velasquez. Er modelliert durch Töne und zerlegt deshalb in Flächen; aber roher als V. – Van Eyck scheint ebenso vorgegangen zu sein; nur ist die Arbeit so fein, dass man es nicht mehr recht nachweisen kann. Jedenfalls ist seine Modellierung weder linear noch monochrom. Aber schliesslich giebt es Nichts in der Malerei, das Van Eyck nicht schon gemacht hätte.

London. 18 November 1903. *18.11.1903 Mittwoch*

Wieder Velasquez. Was hält seine Farben zusammen („Komposition")? Nicht die Verwandtschaften von Farbe und Gegenfarbe wie bei allen früheren Malern.

---

[1] Verweisung: „(Velasquez 16 XI 03 u dort)"

Also was? Zunächst bemerkt man, dass in jedem Bild von ihm Eine helle, deutliche Farbe und Eine schwache, duffe dominieren und mit einander einen Akkord zu bilden scheinen. Was verbindet nun diese beiden Farben miteinander zu einer Harmonie? Ich glaube, Velasquez' besondre Art von Werten. Seine Werte sind nämlich nicht blos Unterschiede zwischen Hell und Dunkel oder zwischen Deutlich und Undeutlich innerhalb von einer und derselben Farbe, sondern jeder Wert ist für sich eine andre Farbe; und zwar sind es immer Intervalle der Tonleiter die von der im Bilde dominierenden starken Farbe zu der andren im Bilde dominierenden duffen Farbe führt. Z. B. auf der „Verlobung"[1] ist das Rot des Kleides der kleinen Braut eine ganz andre Farbe als das bräunliche Rosa des Tischtuchs; und zwar steht dieses Tischtuch halbwegs zwischen jenem Rot und dem Braun des Notars. Die andren roten und rosa Töne des Bildes: die Gesichter, Blumen etc. sind lauter Töne auf dieser Skala, die von Rot über Rosa nach Braun führt. Als eine von den Modulationen dieser Skala cf. das hellrote Inkarnat der Frau rechts, das etwas blassere der kleinen Braut und das reine Braun des Notargesichts. Während das Braun der Florentiner und Venezianer, und das Rembrandts, nur ein verstärkter Ausdruck des Schattens ist, also zu der Farbe nur als Gegensatz wirkt, wirkt es hier als zweite Farbe; dort sind Braun und Farbe ein Helldunkelgegensatz, hier ein Farbenpaar. Weshalb die Italiener auch alle noch ausserdem den physikalischen Farbenpaaren nachgehen; bei Velasquez aber diese Farbenpaare ausser wo er unter fremdem, venezianischem, Einfluss steht garnicht vorkommen. Also: bei den Italienern und bei Rubens, Rembrandt stehen die Farbe als solche und Braun oder Grau im Gegensatz zu einander; Velasquez führt die Farbe in rhythmischen (d. h. aesthetisch reizvollen) Intervallen in Braun oder Grau hinüber, so dass Braun oder Schwarz oder Grau als eine zweite Farbe erscheinen. Er macht aus Farbe und Grau ein Farbenpaar, während die Andren aus Farbe und Grau einen ausserhalb der Farbenklänge stehenden Helldunkelkontrast machen. Velasquez entdeckt also einen eigenen Weg den Schatten farbig wirken zu lassen, die Löcher zu vermeiden. Daher die merkwürdige Einheit seiner Bilder, die Nichts mit Naturwahrheit zu thun hat, sondern aus rein artistischen Kunstmitteln hervorgeht[2] – Also: die Andren z B. Tizian oder Rembrandt haben in ihren Bildern auch Rot und Braun, aber Velasquez hat Rot und Braun als Farbenpaar. Er erreicht Dies, indem er die Farbennüancen aufsucht, die von Rot zu Braun hinüberführen, während die Andren nur die Helligkeitsdifferenz zwischen Beiden in Betracht ziehen. Schön wird der Übergang zwischen Beiden bei Velasquez, dadurch dass er ihn in aesthetisch reizvolle Intervalle zerlegt. Deshalb spielen die welken Töne bei Velasquez solch eine Rolle; sie sind der eigentliche Kitt seiner Bilder, die Mittellage seines Orchesters. – Der Gegensatz zwischen

---

[1] Giordano

[2] Verweisung: „(cf. 16.IV 06"

Hell und Dunkel wird durch diese Methode zu einem Farbengegensatz, der Reiz des Lichtspiels zu einem Farbenreiz, zu Variationen eines Farbenakkords, also qualitativ nicht blos dynamisch. – Die Intervalle, in denen sich der Übergang vollzieht, folgen aus den Formen (Flächenlagen). Diese sind das Gerüst, von dessen rhythmisch richtiger Konstruktion der Reiz der Überleitung abhängt. – Grunderkenntnis des Velasquez: dass das Licht, namentlich die verschiedenen Reflexionswinkel des Lichts, die Farben nicht nur heller oder dunkler machen, sondern auch verändern (nicht blos quantitativ sondern auch qualitativ beeinflussen); dass man also durch die Licht- und Formverhältnisse eine Farbe in eine andre überführen kann, und insbesondre eine starke Farbe in eine andre duffe, schwache (nicht notwendig dunkle); dass man also mittelst der Form (Flächenlage) starke Farbe von Farbe zu Farbe in welke Farbe und so in eine der quantitativen Schwäche des Schattens entsprechenden Farbe überführen kann. Daraus ergeben sich dann ganz neue Zusammenhänge zwischen a) Form und Farbe; b) Farbe und Licht (bezw. Schatten.) – Also Reihenfolge: Velasquez entdeckt die Töne und durch sie a) eine neue Art, Raum und Form zu gestalten; b) einen neuen Zusammenhang zwischen Farbe und Schatten, da die Tonintervalle Material zu einer Brücke zwischen Beiden geben, eine Verpaarung, Vermählung Beider möglich machen; infolge von b dann c) eine neue Art von Farbenharmonieen, Farbenakkorden, die neben die von Farbe und Gegenfarbe tritt und weit freier ist.[1] – Diese Folge auch historisch zu belegen. In Velasquez ersten Bildern gleich der geniale Tonreichtum. Darauf folgt dann erst das Übrige.[2] – Bei Rembrandt ist im Gegensatz zu Velasquez die Farbe ein Wunder, eine Anomalie, eine Krankheit des Helldunkels. Sie ist Etwas im Wesen Andres als der Schatten und selbst das Licht. Die Welt ist ein Kampf zwischen Hell und Dunkel. Aber an einzelnen Stellen kommt dazu das geheimnisvolle Wunder der Farbe. Die Farbe ist eine pompöse Bereicherung des Lichts. Im Grunde derselbe Standpunkt wie der der Cinquecentisten, nur umgekehrt: bei ihnen war der Schatten, die Farblosigkeit das Wunder, die Ausnahme. Wenn man Schatten (oder Licht) und Farbe als Wesensverschieden ansieht, dann ist die eine mögliche Lösung die des Cinquecento (monochrome Darstellung des Helldunkels in die Farbe hinein), die andre die Rembrandts (Einbrüche der Farbe in das Helldunkel). – Man kann Rembrandt auch als die artistische Vollendung der Florentiner und ihrer Raumgestaltung ansehen, wie Raffaël die Vollendung der Masaccioschule ist. Wie dem Raffael Lionardo als Herold einer neuen Epoche gegenübersteht, so dem Rembrandt Velasquez. Bei Rembrandt der Kampf zwischen Farbe und Nacht. Bei Velasquez die ruhige Gemeinschaft zwischen allen Tönen von den stärksten bis zu den duffsten: Farbe und Schatten sind bei V. nicht mehr zwei Wesen

[1] Verweisung: „(cf hiergegen Rysselberghe 29.XI 03“

[2] Verweisung: „Über Velasquez cf 16 XI 03 u. dort.)“

sondern Eins. Rembrandt deshalb dramatisch, Velasquez ganz und garnicht. Rembrandt hat das Drama, dessen Konflikt von den Florentinern stammt, auf das Grandioseste ausgestattet und bis ins Mystische vertieft. Er ist deshalb der grösste Dramatiker der Malerei, auch wo er nur Eine Figur malt; denn immer stehen sich zwei Wesen gegenüber, Farbe und Nacht. Wir sind bei Rembrandt immer im fünften Akt eines Dramas. cf auch Tristan: Nacht, Tod, Liebe. Aus seinen Bildern singt zu uns die grosse, übermächtige Leidenschaft, die sich mit gleicher Gewalt nach Tod und Liebe, Farbe und Nacht sehnt. Rembrandt, Beethoven, das ist Dasselbe; und Rembrandts Mittel sind ebenso abstrakt wie die von Beethoven. Bei Caravaggio ist der Schatten nur um des Lichtes willen da; bei Rembrandt sind Farbe und Licht mindestens ebenso sehr um des Schattens willen da. Das ist die grossartige Gerechtigkeit Rembrandts. – Rembrandt hat die gewaltige Leidenschaft seiner Zeit (Rubens, Ribera)[1] in den Kampf von Nacht und Farbe hinübergeleitet, hineingelegt. Bei den Venezianern kämpfen Licht und Farbe miteinander, was eine ganz andre Stimmung giebt. – (Rembrandt an den Schluss des Vortrags über die Monochromisten, der Zeit die von Sarto – Lionardo über die Venezianer eben zu Rembrandt hingeht.)[2] – Man kann einen Rembrandt fast ohne Farbe wiedergeben, aber nicht ganz; die Tragik des Kampfes zwischen Licht und Nacht wird gesteigert dadurch, dass mit dem Licht auch die Farbe auf dem Spiel steht. Die Farbe vertieft die Tragik dieses Kampfes. Wenn auch der Schatten farbig ist, dann verschwindet diese Tragik fast; das muss man zugeben. – Neben diesen durch den Gegenstand (Raum, Licht) bestimmten Entwicklungsreihen Masaccio – Raffael, Lionardo – Rembrandt, Velasquez u. s w, nicht zu vergessen die grosse rein artistisch-dekorativ sich fortbildende grosse Farbentradition: Trecento – Venezianer – Rubens – Watteau – Turner – Delacroix – Monet.

London – Paris. 19 November 1903. Donnerstag. *19.11.1903 Donnerstag*

Früh aus London nach Paris. Dunkelblaues bewegtes Meer. Zu Raum und Licht kommt als Gegenstand der modernen Malerei noch die Bewegung hinzu, d. h. die Bewegtheit aller Erscheinung, von der die menschliche Gebärde nur Ein Fall ist. Problem: die Flüchtigkeit, den Aufruhr der Erscheinungen auszudrücken, das Leben in dem, was sein Wesen ausmacht, festzuhalten, den ewigen Wandel, der das Leben selbst ist, das Heraklitische Fliessen aller Dinge. Bewegung, Leben, kann dann noch ausserdem eine Eigenschaft der Ausdrucksmittel selbst werden wie Farbe oder Licht. Rubens, Goya, Constable.[3]

---

[1] Verweisung: „cf 12 XI 03"

[2] Verweisung: „(cf über Rembrandt 22.V 03; 17.IX, 04 18, IX 04;)"

[3] Verweisung: „(cf. Beziehung zwischen Bewegtheit und Freudigkeit 10.VII.03 auch Vandeveldes Vortrag." Gemeint ist der Vortrag „Die Belebung des Stoffes als Schönheitsprincip".

Paris. 20 November 1903. Freitag. *20.11.1903 Freitag*
Vormittags im Louvre. – Rousseau Meister des Ausschnitts, mit Whistler zu vergleichen; ebenso unfehlbar rhythmisch und nervös. – Corot. Das Geheimnisvolle bei Corot, dass man den Schatten als Farbe empfindet, aber doch nicht erkennen kann, welche Farbe dort ist. Erreicht durch dieselben Mittel, die Velasquez seine ganz andre Schattenwirkung geben, nämlich durch eine Skala von Tönen, die das Grau des Schattens an die dezidierten Farben anknüpfen. Deshalb sorgt Corot, dass immer mindestens ein sehr nachdrücklicher Farbenfleck auf dem Bilde sei (z B. der fast zur Manier gewordene Eine rote Punkt, der als Mütze, Schal, Kleid wie Wouvermans Schimmel immer wiederkehrt.). Davon dass das Auge an Farbe denkt, Farbe sucht, hängt zum grossen Teil der Zauber seiner Bilder ab. Er ist nicht blos Chiaroscurist. Die Farbe, oder richtiger die geheimnisvolle Unbestimmtheit der Farbe, gehört zu seinen wichtigsten Kunstmitteln. In ihm singt die Sehnsucht nach der verlorenen Farbe. Deshalb liebt er auch z B. Häuser in verschiedenen Entfernungen. Bei den nächsten Häusern sieht man die Farbe ganz deutlich, in der Ferne empfindet man nur, dass hier Farbe ist; aber man versucht umsonst, die Farbe wirklich zu fassen: daher Geheimnis, Zauber, Phantasiereiz. Licht und Schatten weben Schleier vor die Farben; deshalb liebt sie Corot. Das ist, was er von ihnen darstellt, eine der geheimnisvollsten Wirkungen von Licht und Nacht. Man fühlt vor seinen Bildern, als ob er Licht und Schatten irgendwie ihr Geheimnis entlockt habe. Aber scharf besehen, ist es Nichts als Dies, wie Licht und Dämmerung die Farben in Schleier hüllen, ohne die Farbenempfindung in Auge und Phantasie auszulöschen. Velasquez machte aus Schatten und Farbe ein deutliches, irdisches Farbenpaar, Corot viel geheimnisvoller ein Paar, in dem die farbige, fassbare Wirklichkeit mit einem unsichtbaren Märchenwesen vermählt ist. Le vague à l'âme malerisch herbeigeführt. Er konzipierte Schumannsche Musik, ein Sehnen ins Unbestimmte hinaus, und brachte es fertig, diese Konzeption durch einen malerischen Kunstgriff auszudrücken. Ein erstaunliches Virtuosenstück, oder richtiger Genie. Suggérer la couleur, sans la définir. „Le gris contient toutes les couleurs." Das Grau ist bei ihm nicht eine Farbe wie bei Velasquez, sondern eine Suggestion vieler Farben; eben: le gris contient toutes les couleurs. – Auf den frühen, römischen Bildern die Übergänge zwischen Farbe und Grau feiner und reicher als später; aber erst wenig das geheimnisvolle Empfindenmachen von Farbe im Grau.[1] Meier Graefes Impressionisten. Blos Stimmungsmacherei; sehr gut, aber doch blos gute Stimmungsmacherei. Die bessere Animiermamsell. Für den Deutschen hört, sobald die Kunst anfängt, der Ernst auf, für den deutschen Künstler, den deutschen Kritiker, den deutschen Kunsthistoriker. Deshalb glaubt er ihr immer noch Etwas hinzufügen zu müssen, um seine Ernsthaftigkeit ausser Frage zu stellen, etwas Philo-

---

[1] Verweisung: „(über Corot cf. 17.VII.1900; 22 XI 03; 23 XI 03 21.III 02"

sophie, oder etwas Tendenz, oder schlimmstenfalls, wenn ihm Nichts Gescheiteres einfällt, etwas Poesie oder Sage. Im Grunde glaubt der Deutsche nicht an Kunst, wenn er auch Künstler oder Professor der Kunstgeschichte ist: der Deutsche hat die Heimatskunst erfunden. Mit der Kunst allein weiss er Nichts anzufangen. Grosse Aufgabe: den Deutschen zum Glauben an die Kunst erziehen. – Millet ist vor Allem auch ein grosser Helldunkel Künstler; d. h. er erreicht seine Wirkungen durch das Verhältnis zwischen der Dunkelheit des silhouettierten Flecks und der Helligkeit des Hintergrundes oder umgekehrt. Die Flecken wirken bei ihm nicht nur durch ihre Form (Umriss), sondern auch durch jenes Verhältnis zwischen ihrem Wert und dem des Hintergrundes. Dies giebt das Tragische, oder Epische, der Milletschen Kunst, den grossen pathetischen Akzent. Hier berührt er sich mit Seurat, im Kontrast als Kunstmittel.

Paris. 21 November 1903. Sonnabend. *21.11.1903 Samstag*
Bei Rysselberghes gefrühstückt. Nachher in die Gauguin Ausstellung bei Vollard. Gauguins Mittel: die klassische Grossartigkeit seiner Linie und die ganz neuen Farbenharmonieen. Er ist sehr ausgesprochen ein Farbenkünstler, im Gegensatz zu der Mehrzahl der Franzosen, die eher Helldunkelkünstler sind. Ich sagte Dies Rysselberghe, der meinte, ja, die jüngere französische Schule und selbst Monet in seinen Vue d'Antibes, sei sehr deutlich gegen die Farbe hin eingeschwenkt. Ich vermute hier Delacroix' Einfluss. Bei dieser Kollektivausstellung sieht man sehr deutlich, wie stark Gauguin Maurice Denis beeinflusst hat. Dieser hat Gauguins Farbenakkorde teilweise nur übernommen. Auch Denis' Linie bekommt an Gauguin Tradition. Denis ist die liebenswürdige Blüte von Gauguins Genie.

Paris. 22 November 1903. *22.11.1903 Sonntag*
Die Bewegtheit der Natur bei Corot. Ein leiser Windhauch scheint immer durch die Landschaft zu streichen und alle Lichter zu bewegen. Mittel: 1) die langen, weithinausgreifenden schrägen Äste seiner Bäume; ihre Linien immer zu zweien oder mehr nach Einer Seite hinbewegt. Dann: 2) le miroitement des feuilles: die Tupfen von vielen nahverwandten Tönen zwischen Grün und Grau, die bei ihm die Blätter darstellen. Er behält vom Blattwerk, dass es lauter kleine verschieden beleuchtete Flächen derselben Farbe sind. Dieses aber macht gerade das Leben der Baumkronen. (Welche Gestalt die Blätter haben, d. h. welcher Art die Bäume sind, ist für seine Zwecke ganz gleichgültig.) Auch hier liegt das Velasquezsche Prinzip zugrunde, dass Licht und Flächenlage nicht nur die Helligkeit sondern auch die Färbung selbst verändern. Hierzu kommt 3), dass er überall den Himmel durch die Blätter scheinen lässt, was die Illusion der Leichtigkeit und Beweglichkeit der Baumkronen noch erhöht. Seine Bäume sind nicht massive dunkle Flecken wie die Rousseaus, sondern leichte, durchsichtige Organismen aus klei-

nen Farbentupfen, durch die die hellere Farbe des Himmels überall hindurchleuchtet. Also nochmals Mittel: 1) die Linienverdoppelung (Rubens.) (cf schon auf dem Colisée) 2) die vielen kleinen Tupfen. 3) das Durchbrochene seiner Baumkronen. – Also insgesamt: 1) Geniale Sicherheit der Helldunkelwerte. Diese geht bis ins Feinste: auf dem Forumbild wird der Himmel am Rande der dunklen Schattenseite des Turms heller wie ein Schein. Corot hat also hier den Helldunkelkontrast intuitiv empfunden. (Seurat.) 2) Diese Werte umgesetzt in Übergänge zwischen Farbe und Etwas, das nicht Farbe ist, aber wie Farbe wirkt[1] 3) Bewegtheit a) durch Linien Verdoppelung; b) durch Durchsichtigkeit und Tupfenmanier der Baumkronen. Diese touche von Corot ist eine Vorstufe des Impressionismus und Neo Impressionismus, auch von ihm gewählt, um das Vibrieren des Lichts auf den Blättern zu fassen (cf. Constable. Constable's „snow"). – Corot ist in seiner so eigentümlich artistisch umgemünzten Sehnsucht nach Farbe und in seiner Bewegtheit ein direkter Vorläufer des Impressionismus, wie in seiner touche. In der historischen Entwicklung personifiziert er die Sehnsucht nach Farbe vom blossen Helldunkel weg und einen der ersten französischen Versuche, die Bewegtheit, namentlich die intime Bewegtheit, der Natur wiederzugeben. – Man muss Delacroix historisch jedenfalls nach den Barbizonern und Corot behandeln. Ans Ende der Barbizoner gehören Corot, Daubigny, Jongkind. – Delacroix Composition ist immer in der Farbe begründet (Farbenharmonieen mit irgendwelcher poetischen Stimmung) die Corots noch durchaus im Helldunkel, so wichtig ihm die Farbe als Gegenstand des Sehnens ist. – Man wird, was Wertgleichgewicht (Farben und Lichtwerte) und Liniengleichgewicht bedeuten, am anschaulichsten an einem Modell des Auges demonstrieren müssen.

Paris. 23 November 1903. *23.11.1903 Montag*

Bei Bernheim. Boudins Wert liegt nur in der Bewegtheit, namentlich seiner weiten Himmel. Die Farbe ist gewöhnlich, das Helldunkel sagt Nichts, Linie und Fleck ohne artistische Wirkung; aber Wind und Leben werden stets suggeriert, namentlich durch die Wolkenformen, die getürmt nach Einer Seite hinschweben; die Suggestion kommt von der Wolkenperspektive, die den Himmel tief und weit und die Wolken schwer und im Raume bewegt macht. Die Bewegtheit liegt bei Boudin also ganz im Gegenstand, nicht in den Ausdrucksmitteln. – Bei Jongkind (zwei Aquarellskizzen) viel artistischer die Bewegtheit durch die hastig repetierte Linie, den kühnen, stürmischen Pinselstrich, das leidenschaftliche Hinzeichnen der Umrisse mit dem Pinsel: darin Vorläufer von Van Gogh. – Ein früher Degas: Bäuerin mit weisser Tüllhaube[2]; man sieht ganz Ingres hindurch: ärmliche graue Farbe, aber gewaltige Zeichnung. Hier der Bindestrich zwischen

---

1 Verweisung: „(cf 20 XI)"

2 vermutl. „La Savoisienne"

Ingres und Gauguin. Nachher mit Rysselberghe zu Viau, um dessen Sammlung zu sehen. Bei einem Sisley bemerkte R. ganz richtig, man sehe, wie sich hier Corot und Jongkind vereinigten: Corot in den quelques valeurs choisies, Jongkind im Hinschreiben der Formen mit dem Pinsel, während Corot das Unterstreichen der Form, d. h. les heurts zwischen den Formen, vermieden habe. R. erzählte auch, dass Pissarro Schüler von Corot gewesen sei. Daher Pissarros Hinneigen zu Grau. Mais Corot partait du gris pour arriver à la couleur; Pissarro part de la couleur pour arriver au gris. Corot colore son gris, en y mettant un petit point de couleur, tandisque Pissarro tricote ses couleurs jusqu'à ce qu'elles donnent un gris. Dieses bestätigt ganz meine Anschauung von Corot[1]. – Bei einem Kunsthändler ein Bordellbild[2] von Van Gogh mit einem Porträt von Gauguin.

Paris. 24 November 1903. *24.11.1903 Dienstag*

Luxembourg. Manet geht in seiner Olympia denselben Weg wie Corot und Velasquez: eine ziemlich reiche Tonreihe zwischen Farbe und Grau. Nämlich: von Rot und Rosa zu Grau, (Rote Ohrringe der Mohrin, rote Blumen im Bouquett, Rosa Blume im Ohr der Olympia, hellrosa Kleid der Mohrin, Inkarnat der Olympia, Körper der Olympia; diese Skala eigentlich doppelt: blaurote Töne Kleid der Mohrin und gelbrote Töne: Inkarnat), von Blau zu Grau (blaue Einfassung der Schuhe der Olympia, blaue Blumen, blaugraue Schatten des weissen Lakens,), von Gelb zu Grau (gelbe Schuhe der Olympia, gelbe Fransen des Shals u s w.), von Grün zu Schwarz (hellgrüne Blätter im Bouquett, dunkel grüne Gardinen im Hintergrund mit schwarz grünen Schatten, bis zur schwarzen Katze), von Hellbraun zu Dunkelbraun oder Schwarz braun (hellbraune Tapetenborte, dunkler braune Tapete, Schwarzbraunes Gesicht der Mohrin.) Das System also ganz deutlich: ich würde sagen réconcilier l'ombre avec la couleur. – Whistlers Mutter[3] ist ebenso konstruiert. Eine Nocturne von ihm, die heute in der Salle Drouot zur Auktion steht, ebenfalls. Hier, wie Corot das Licht durch eine Skala zwischen einem warmen Ton, Rosa, und Grau schildert, so umgekehrt bei Whistler die Nacht durch eine Skala zwischen kaltem Blau und Schwarz, in die er einzelne helle, warme, gelbrosa Lichter hineinsetzt, um durch den Kontrast das Blau und Schwarz noch mehr nach der Nacht hinzudrängen. Zur Einteilung der Skala: wie bei Corot auch bei Whistler wenige, aber sehr raffiniert espacierte Töne; mit andren Worten berechneter Rhythmus. – Für die Impressionisten fällt gegen Mitte der 70er Jahre das Problem fort, zwischen Farbe und Grau zu vermitteln (Pissarro vielleicht ausgenommen), da sie kein Grau (keinen farblosen Schatten) mehr haben. (Vielleicht bei Renoir die Verwandlung, indem die Schatten statt

---

1 Verweisung: „(20.XI)"

2 vermutl. „Le lupanar"

3 Arrangement in Black and Grey No. 1

Grau allmählich Graublau und dann Blau werden.) Das Problem verwandelt sich: es heisst, wie im Schatten wirkliche Farbe haben, und doch den Helldunkelwert festhalten? – Bei Monet sehr stark der Helldunkel Kontrast markiert auf den Meules (Schatten) und dem norwegischen Fjord bei Durand Ruel: dunklerer Rand des Schattens gegen das Licht zu. – In aller Malerei drei miteinander verflochtene Tendenzen: mit Farben dekorieren, die Wirklichkeit wiedergeben, aus der Wirklichkeit für die Dekoration neues Material (neue Farben, neue Farbenharmonieen, neue Linien und Fleckformen) herausziehen (die dekorative Auskundschaftung der Wirklichkeit.). Bald führt die eine Tendenz, bald die andre. – Die Meisten wollen garnicht glauben, dass sich ebenso starke Gefühle an Farben und Linien knüpfen wie an allgemein als gefühlserregend und sentimental angesehene Vorstellungen, wie historische Szenen, Mordthaten, weinende Mütter u. s. w. In Wirklichkeit knüpft sich dort, bei Farben und Linien, das Gefühl an eine Realität, eine vom Künstler geschaffene und souverän beherrschte Realität: diese bestimmte Linien oder Farbenharmonie; hier dagegen, bei der Schilderung eines vaterländischen Sieges, eines wiedererkannten Findelkindes, an Etwas ganz Irreales, nämlich nicht an die direkt erregten Vorstellungen, sondern an irgendwelche damit mehr oder weniger lose verknüpfte Betrachtungen. Jenes Gefühl bei Farben und Linien ist ein ganz spezifisches, einziges, was nur diese Farben und Linienkombination erregen kann, dieses „sentimentale" ein ganz allgemeines, das zwanzig oder tausend andre Vorstellungen genau so erregen. Der Farben oder Linienkünstler schafft also wirklich in der Seele, der sentimentale frischt nur auf, ist selber ebenso unproduktiv wie ein Konversations Lexikon. Nur Jener ist deshalb überhaupt ein Künstler. – Der alte Durand Ruel erzählt mir, dass Monet ein Schüler Boudins gewesen sei, und dieser ein Schüler Corots. Pissarro war direkt ein Schüler Corots.

Paris. 25 November 1903. Mittwoch. *25.11.1903 Mittwoch*

Mit Rysselberghe die Sammlung Henri Rouart besucht. Hauptsächlich Corot (etwa 50 aus der besten Zeit), Degas, Millet (Zeichnungen), Manet (2 schöne: Doppelporträt des Bruders Manet mit Frau[1] etwa aus der Zeit der Olympia und Frau am Strande etwas später.), Gauguin (1 sehr schöner[2]). Von Millet Bild La Fin de la Journée. Rysselberghe bemerkt, dass Millet seine Bilder beim Arbeiten immer dunkler macht. Er fängt hell an und arbeitet mit immer dunkleren Farben hinein. Die letzten Pinselstriche (les petites virgules ajoutées) sind ganz dunkel. Die Spanier, die Millet liebte (Ribera, Greco) hätten es anders gemacht, meint R.: sie hätten gleich von Anfang an ganz klar Hell und Dunkel disponiert. – Aus der Sammlung besonders zu katalogisieren von Corot: Vue de Tivoli, sehr

---

[1] La leçon de musique

[2] Nave nave mahana

komplettes Bild von der 2ten italienischen Reise, Fontaine der Villa Medicis[1], aus derselben Zeit, Tiberinsel[2] ditto, 2 kleine ganz frühe Bilder aus der Umgegend von Grenoble vor der 1sten ital. Reise, die Valeurs schon sehr fein und zart gewählt, aber das Ganze etwas trocken und hart, pas fondu, Skizze zum Orpheus[3] in Toulouse, einige kleine sehr dünne und helle Skizzen ganz impressionistisch. – Von Degas Porträt des alten Rouart mit seiner Tochter (fait en une séance, wie der junge Rouart erzählt); Porträt eines Alten Herren in Zylinder[4]; Porträt einer abwehrenden Frau eines Sénateurs[5], Sängerin[6] (Form der Backen!), zwei Tänzerinnen, die das Bein heben. – Von Monet ein Hafenbild mit Schiffen ganz nach Art von Whistler ausgeschnitten. – Daumier: l'Amateur d'Estampes, und Andre. – Von Millet ausser dem Fin de Journée Holzträgerinnen (Öl) und grosse Gebirgslandschaft (Pastell)[7]. – Schöner kleiner Poussin. – Porträt von Monticelli. – Ein Isabey, der ein ähnliches Herschreiben der Formen mit dem Pinsel zeigt (Schiffe) wie später sein Schüler Jongkind. – Abends wieder bei Viau. Zu katalogisieren: Renoir: Laube[8] mit Porträts von Monet, Sisley u. ihren Frauen (ersten Ranges), Frauenkopf[9] (etwa um 76/77; sehr schön), Frauenakt liegend vom Rücken[10] (sehr schön), Porträtkopf eines Knaben[11] (etwa 76, sehr schön); – Cézanne: Landschaft[12] (Bäume α Häuser 1ten Ranges), Stilleben: Fruchtschale (sehr schön); – Degas: halbnackte Frau die sich in einer Kammer wäscht[13], vom Rücken (wunderbar modelliert); liegende nackte Frau[14] (kleines Pastell, sehr schön); nackte Frau, die sich kämmt, (Pastell, sehr schön). – Daumier: le Théâtre (1ten Ranges); Don Quichotte sehr schön; – Corot, kleine sitzende tief ausgeschnittene Frau (einer der schönsten Corots), – Delacroix, Skizze zu Clémence de Trajan (Bild in Rouen; Skizze sehr schön, auf Renoir vorbereitend). Federzeichnung von einem Reiter zu Pferde (1ten Ranges) – Manet, Frau in Schwarz im Profil[15], Pastell, prachtvolles zartes Inkarnat. – Viau sagt, Renoir erzähle, wie er und Monet dazu gekommen

---

1 La Vasque de l'Académie de France à Rome

2 Rome, île et pont San Bartolomeo

3 L'Etoile du matin

4 Portrait de Léopold Levert

5 Portrait de Madame Dietz-Monnin

6 Au café concert. La chanson du chien

7 vermutl. „Vue du Puy de Dôme"

8 La tonnelle au Moulin de la Galette

9 L'ingénue

10 Nu sur la plage

11 L'enfant au velours

12 vermutl. „Le Clos des Mathurins à Pontoise (L'hermitage)"

13 La Toilette

14 Femme lisant

15 Madame Jules Guillemet en chapeau

seien farbige Schatten (blaue) statt der grauen zu malen: eines Tages in Louveciennes hätten sie draussen auf dem Felde gemalt, und da habe er kein Schwarz mehr gehabt; er habe daher als Ersatz Blau genommen. Abends hätten sich dann gewundert, wie schön das wirkte. Natürlich dramatisch arrangiert. Aber wahr daran wohl, dass Renoir zuerst farbige Schatten (blaue Schatten) gemalt hat. Rysselberghe meint allerdings, schon bei Corot würden gewisse Schatten blau (einer bei Durand Ruel), bei Manet zuerst auf dem Père La Thuille. (bei Pellerin?) Im Übrigen sind bei Renoir noch auf den Köpfen von Mitte der 70er Jahre wie hier bei Viau die Schatten grau, nicht blau. – Vormittags im Salon d'Automne die schönen Gauguins. Stupende eine kauernde Frau[1] aus der Sammlung Saincères noch „grösser" und trotz der Vereinfachung lebensvoller, im Kontur weicher, fleischartiger als die, die ich gekauft habe[2] (bei Vollard für 4000 frcs). – Der arme Onkel Clement heute früh gestorben.

Paris. 26 November 1903. *26.11.1903 Donnerstag*

Mit Rysselberghes nach St Germain, Maurice Denis besuchen. – Maurice Denis über Gauguin: er sei un très grand artiste, qui a fait époque. Aber seine eigenen Theorieen habe er nie angewandt. Je me suis aperçu, plus tard, que c'était Séruzier qui avait ajouté ce que je prenais pour du Gauguin, la tournure théorique, philosophique. Je n'ai vu Gauguin que deux fois. Er habe nie mit ihm in Pont Aven gearbeitet. C'est en somme à Maillol que Gauguin a le plus profité. Il me semble quelquefois, que c'est pour Maillol que Gauguin a été là. Ce qu'il y a d'admirable dans Maillol c'est qu'il n'y pas dans lui cet effort, pour faire de la nature une œuvre d'art. Il croit copier tout bonnement un pied, une jambe, et il fait une œuvre d'art, un objet vraiment beau. Il y a quelquefois du raté; mais l'essentiel y est toujours. Il a un tel sens des volumes, qu'il fait toujours un objet beau. Les résultats peuvent paraître maigres quelquefois à ceux qui ne le connaissent pas; parcequ'il se sert de matériaux impossibles; il va chercher la terre glaise lui même dans la forêt, parcequ'il a un dédain profond pour la civilization et surtout la science. Quand il a loué une maisonette, la première chose qu'il a faite, ç'a été de planter des simples, pour en tirer des teintures pour ses laines. C'est comme ça qu'il abîme la plupart de ses œuvres, avant de les compléter. Mais pour celui qui connaît ses dessins, ses esquisses, c'est un très grand artiste. Gauguins Skulpturen seien, was Maillol beeinflusst hätte, namentlich Gauguins bas reliefs.[3] – Bonnard habe le tic de la déformation, eine Art von boshafter Freude, das Publikum zu reizen. Auch von Cézanne wisse man nicht recht, ob er seine eigenen Bilder schätze oder nicht. Quelquefois il semble qu'il prend lui-même son succès pour

---

1 Otahi seule

2 Manao Tupapau

3 Verweisung: „(über Maillol cf. 21, 23, 25 VIII 04;"

une espèce de mystification. En somme, ce qu'il aime sûrement, ce sont les Anciens, les Primitifs et Delacroix. Renoir n'a jamais pu savoir, si Cézanne aimait sa peinture ou non. Renoir lui demandait: „Aimez-vous ma peinture?" Cézanne répondait „Oh! vous avez bien du talent." Mais il prenait soin d'ajouter quelque temps après „Carolus Duran a bien du talent." En somme il n'y a pas moyen de fixer un être si subtil, si fuyant. Cézanne a toujours eu de quoi vivre, une petite fortune, qui lui rapportait environ 25 000 frcs; c'est pour ça que la vente lui était à peu près indifférente. La plupart de ses tableaux, c'est par la famille que Vollard les a eus. – Renoir habe jetzt kürzlich mit seine schönsten Sachen gemacht, grosse weibliche Akte, relativ farblos, d. h. ohne die blauen Schatten u. s. w. nur gewissermassen schwarz-weiss wunderbar modelliert. – Von Degas erzählt er das böse Wort über Helleu: Ah oui, le Watteau à vapeur; was eine amerikanische Zeitung dahin übersetzte: Helleu sei ein „Steamboat". – Denis zeigte ein grosses Bild, nackte Frauen am Strand, und eine Anzahl mittelgrosser in der Art Poussins. Er will jetzt auf drei Monate nach Italien. – Lampenschirme von ihm mit reizenden Kinderbilderchen. – Rysselb. nennt mir von Cézanne ein grosses Porträt: Portrait d'Empéraire bei Eugène Bock in Monthyon bei Paris. Ferner von Van Gogh Les Vendanges bei Mlle Bock, Rue de l'Abbaye, Brüssel[1] (Cousine von Maus.) – Denis zeigte eine kleine distribution de prix von sich (Skizze): de celle là je suis assez content. Il y a là dedans des choses que je trouve bien établies. (Er meint, wie er erklärt, mit dem Pinsel ausdrucksvoll hingeschrieben.) Car je trouve, que puis qu'on se sert du pinceau, il vaut mieux que la touche tâche de bien exprimer la forme.[2]

Paris. 27 November 1903. *27.11.1903 Freitag*
Beisetzung von Onkel Clement.

Paris. 28 November 1903. Sonnabend. *28.11.1903 Samstag*
Früh mit Rysselberghe nach Giverny, Monet besuchen. Am Bahnhof in Vernon erwartete uns Monets Automobil. Von dort etwa 5 km über die Seine weg nach Giverny. Paysage enchevêtré, ohne dominierende Linien. Bäume und Villen. Monet sieht etwas Rodin ähnlich, kurz, breit, kräftig mit einem grossen fast weissen Bart und franken, dunkelbraunen Augen. Er spricht und gebärdet sich einfach und bestimmt wie ein Landmann aus gutem Hause, und macht insbesondre „keine Umstände". Das schlaue Blinzeln von Rodins Augen ist seinem Gesichts Ausdruck ganz fremd. Auch jede Verbitterung. Er spricht von den Künstlern, die ihm schlecht mitgespielt haben, ohne Affekt und ohne Affektation. Eine schöne, offene Natur, der nie Sonne und Luft gefehlt zu haben scheinen. Er

1 nachträgliche Einfügung: „(in der Libre Esthetique 1904 gesehen)"
2 Verweisung: „(cf Manet. 30.III 04."

hat sein Atelier isoliert im Garten. Das WohnHaus ist wie ein grosses Bauern- oder Pächterhaus: eine lange, ziemlich grosse Holzhalle gleich vom Garten aus zu ebener Erde, in der bis unter die Decke Bilder von ihm hängen, und die sehr gemütlich nach gutem alten Holz duftet; und über eine niedrige Stiege hinauf das Esszimmer, sehr sonnig, hell gelb gestrichen mit vielen ausgesucht schönen japanischen Holzschnitten, von denen mir namentlich ein verblüffend dekorativer und lebendiger Korin, Hirsche, auffiel. Wir waren gegen 10 da und Monet führte uns gleich in sein Atelier, in dem alte und neuere Bilder von ihm die Wände bedecken. Ganz zu oberst an der Eingangswand ein mächtiges Fragment aus einem grossen Déjeuner sur l'herbe. Er erzählte, er habe dieses Bild 1863 (oder 64?) für den Salon gemalt, aber dann schliesslich verdorben. Ma toile était presque terminée; il n'y avait plus que quelques petites choses à ajouter, lorsque, malheureusement, on parle de moi à Courbet, qui exprime le désir de me connaître. Je vais chez lui, il me montre son atelier, je trouve tout épatant, et Courbet me dit qu'il va me rendre ma visite. Il vient, il trouve ma grande toile très bien: „Il faut exposer ça, ce sera un grand coup. Mais mon petit Monet, je changerais ceci, je mettrais une robe verte à cette femme, et puis ceci, et puis cela." Moi, je me mets à refaire ma toile, et puis quand j'ai tout changé, je m'aperçois que je l'ai abîmée. Là dessus Courbet revient, il me dit qu'évidemment je ne peux pas l'exposer comme ça, que ce sera pour l'année prochaine. Et moi, pour avoir quelquechose au Salon, je bâcle dans quatre jours ma grande femme en vert. Ah, pour celle-là, elle a eu du succès. Au Salon, Manet, que je ne connaissais pas alors, arrive près d'un groupe où je me trouve, et dit: il a du succès, Monet, parceque son nom ressemble au mien, Manet, Monet! Puis il fait la pirouette, et s'en va en riant. Alors, quelqu'un lui dit: Mais c'est le jeune Monet là dans ce groupe auquel vous parliez. Manet me regarde, je le regarde et nous avons été des mois comme ça à nous fixer avec de gros yeux, jusqu'à ce que nous fassions connaissance. Tout de suite après la femme en vert, je me suis mis à peindre ce tableau là, qui a été mon premier tableau refusé au Salon: ein grosses, helles Bild, Frauen in einem Garten. Auf dem grün gestreiften weissen Kleid der Frau links lichtblaue Schattenreflexe (also schon 64). Die Frau am Boden unter dem Sonnenschirm auch mit blauen Reflexen am Kleid, die wieder ihr Gesicht, etwas outriert und hart blau beleuchten. Ich fragte ihn, wie er zum Färben der Schatten gekommen sei: Eh bien, c'est en nous excitant les uns les autres, Renoir, Bazille et moi. On se disait: Regarde, comme c'est épatant; il y a ce ton ci, il y a ce ton là. Tu devrais bien peindre ça: ce serait épatant. Manet à qui on racontait ce que nous faisions, disait: Mais c'est fou ça: vous savez, ils peignent en plein air! – J'ai connu Jongkind très jeune. Un jour je dessinais une vache dans un pré en Normandie, elle bougeait tout le temps, et je la suivais avec mon dessin à la main, quand arrive un Anglais avec une petite boîte à aquarelle qui me dit: Attendez, je vais tenir la vache. Il la prend par les cornes, et pendant que je dessine, il me raconte qu'il a rencontré à Dieppe, la veille, un peintre du nom de Jongkind et qu'il l'a invité à diner pour le soir. Il me demande, si c'est un bon peintre. Je lui dis: Mais comment donc! C'est un très bon peintre. Alors l'Anglais me demande, si je veux diner avec lui et Jongkind. Après ça, j'ai beaucoup vu Jongkind. Nous travaillions ensemble dehors. Il me disait toujours: „Mon petit Monet, il ne faut pas copier la Nature, il faut l'interprêter. Les Anciens ne copiaient jamais la Nature." Et quand il dessinait un paysage, il ajoutait ceci, il ajoutait cela. Über Jongkind noch: En somme ça ne fait rien, qu'on copie directement la nature ou non, pourvu que le tableau soit beau. Je me rends bien compte qu'il y a des peintres qui ne peuvent pas copier directement la nature. Par exemple Millet. Ce n'est pas mon peintre. Mais évidemment il ne pouvait pas travailler directement d'après nature. Courbet, quand il venait me voir, les jours de pluie, me disait: Eh bien, quoi, mon petit Monet, tu ne fais donc rien. Je lui répondais: Mais non, puisqu'il n'y a pas de soleil, je ne peux pas travailler. Il disait. Eh bien, moi j'en profite pour finir mes tableaux dans l'atelier. Mais Courbet était un peu fumiste. Je ne sais pas, si c'était sérieux. – Jongkind sei immer etwas détraqué gewesen. – Ich fragte, wie sich die Verbindung mit Durand Ruel ergeben habe. C'était à Londres pendant la guerre. Je faisais des petits paysages dans les parcs. Le soir, nous étions quelques Français qui nous réunissions au Café Royal, et nous ne savions trop que faire pour gagner de l'argent. Un jour, Daubigny me demande ce que je fais. Je lui dis, de petits tableaux dans les parcs. Il vient chez moi et voit ça. Il me dit: Mais c'est très bien. Comment, vous ne vendez pas ça. Je vais vous amener un marchand. Et il va trouver Durand, qui avait établi une maison à Londres pour vendre de la peinture pendant la guerre. C'est depuis ce temps-là que nous avons été en relations. Daubigny a toujours été très bon pour nous. Par contre Corot ne nous aimait pas du tout; jusqu'à nous refuser au Salon, tandisque Daubigny a dit qu'il donnerait sa démission de membre du Comité, si on ne nous recevait pas. Daumier non plus ne nous aimait pas. Il y avait rue ___ un marchand de couleurs, le père ___ qui exposait aussi quelquefois de la peinture. Un jour qu'il avait dans sa devanture un tableau de moi, j'étais assis avec lui dans son arrière boutique, quand tout à coup quelqu'un ouvre la porte et crie au père ___ : Dites donc, père ___ , vous n'allez pas bientôt enlever cette fichue tartouillade de votre devanture? C'était Daumier. Mais bientôt après arrive Diaz qui entre et demande, de qui est la toile dans la devanture: C'est très bien, très bien. – Er holte nacheinander die einzelnen Bilder seiner Londoner Serien hervor. J'ai toujours dit aux peintres Anglais: Comment est-ce possible que vous, qui vivez ici, n'ayez jamais fait ça? Car ils ne font jamais ce qu'il y a vraiment, ce qu'ils voient. Sur les tableaux que les Anglais font de Londres, on voit tout, chaque pierre des bâtiments, dessinée péniblement, mesquinement, d'après les préceptes des Preraffaelites, pas d'unité, pas de vie, de grandes fumées immobiles. Ils font les objets, mais pas leur climat, voilà le malheur. C'est si beau les fumées de Londres! Mais c'est si fugitif. J'avais fait vider toute une chambre au

Savoy et j'avais posé autour des murs. Puis je regardais „quel effet" il faisait ce matin, et, vite, je prenais la toile qui s'en rapprochait le plus, pour la compléter. Mais souvent, j'ai été profondément découragé. Je ne me rendais plus compte si ce que je faisais valait quelquechose. J'aurais voulu donner quelquechose de complet. Mais les effets sont si fugitifs! Regardez: Er zeigte uns eine fabelhafte Ansicht von Westminster mit einem grellen Sonnenblick und einem mächtigen grünen Schatten, der vom Thurm ins Wasser hinunterfegt, lange, leidenschaftliche Pinselstriche. C'était dix secondes; puis il y en avait déjà un autre. Je voudrais la compléter. Mais j'ai peur de l'abîmer. Ich fragte ihn, ob diese Art zu arbeiten ihn nicht sehr ermüdete, eine grosse Ausgabe von Nervenkraft einschlösse: Oui, après avoir travaillé pendant deux ou trois mois, j'ai besoin de ne plus rien faire pendant trois mois, six mois. Et je me remets difficilement au travail. Mais une fois que je suis parti, j'ai besoin de travailler sans m'arrêter, je ne veux voir personne, je suis un crin alors. Laissez moi tranquille. Ou bien je lâche tout, et je ne recommence plus de quelque temps. C'est curieux, comment je suis arrivé à faire ces vues de Londres. J'étais allé voir un de mes fils, qui était en Angleterre pour apprendre l'Anglais. Il me dit d'emporter une boîte de couleurs et de quoi peindre. Je ne voulais pas. Tu sais que je ne fais jamais rien en voyage! A Newhaven rien. Puis nous allons à Londres pour huit jours. Nous nous installons au Savoy. J'avais pris des chambres sur le devant. J'ouvre la fenêtre et je suis émerveillé. Je commence à faire des croquis. Et au lieu de huit jours, je reste un mois, et je suis retourné trois fois. Ich fragte ihn, ob er nie Lust gehabt hätte, die Themse bei Nacht zu malen. Oui, mais on est si fatigué, quand on a peint toute la journée. Et puis ce serait difficile après Whistler, sans tomber dans l'imitation. Mais peut être bien que je le ferai. – Er denkt auch daran, nach Hamburg zu gehen und im Hafen dort zu malen. Wir giengen zum Frühstück hinüber. Mme Monet (die zweite) eine weisshaarige, rüstige Frau, sehr gut angezogen, mehrere erwachsene Söhne und eine Tochter[1]. Bei Tisch sprach Monet vom Sammler Choquet. C'est le seul <u>amateur</u> de peinture que j'aie rencontré. Chez Duret, il y avait un côté plus marchand. Mais Choquet, lui, achetait les tableaux qui lui plaisaient, sans demander, de qui ils étaient. C'était un petit employé du gouvernement, et il a tout acheté sur des économies sur ses appointements. Il n'allait jamais chez les grands marchands, parceque disait-ils, il n'aimait pas qu'on lui „explique" un tableau. Il achetait aus Ventes et chez les brocanteurs. C'est comme ça qu'il ne nous a connus qu'assez tard à une vente que nous avons faite à l'Hotel Drouot. On lui avait déconseillé d'aller à nos Expositions, en lui disant que nous étions des fous. Le lendemain, après la vente il vient me trouver, il me dit: Quel malheur que je n'aie pas été chez les marchands; je vous aurais connu dix ans plus tard, et quels tableaux j'aurais pu avoir de vous aux prix d'alors! Tout chez lui, dans son

---

[1] vermutl. Hoschedé-Monet

appartement, était beau, pas seulement ses tableaux. Et il avait tout acheté à bon marché chez les marchands de bric à brac sur ses économies. Plus tard, il a fait un très gros héritage. Mais dès ce jour là, il n'a plus rien acheté. Il me disait: Non! maintenant je pourrais tout acheter; ça ne me fait plus plaisir. Il m'a dit que ses tableaux ne passeraient jamais en vente. Mais on a dû brûler son testament. Et plus tard sa veuve est tombée dans les mains de la prêtraille. Alors, après sa mort, on a tout à coup appris qu'il y aurait une vente. – Von Cézanne erzählte er, wie Cézanne und Guillaumin, qui étaient très liés, ihre Bilder selber auf einem Schubkarren in den Salon zur Jury gebracht hätten: ils fendaient la foule avec leur voiture à bras, et alors c'étaient des huées de tous les peintres „arrivés" qui criaient Hou, Hou! Mais Cézanne étendait tranquillement sa toile et se mettait à visser le cadre; et puis, il s'en allait en regardant ironiquement à droite et à gauche les peintres qui le huaient. Je lui demandais, pourquoi il s'obstinait à porter des toiles au Salon où elles étaient régulièrement refusées. Il répondait: Parceque mon père me fait une pension, et ça lui ferait tant de plaisir si j'étais accepté. Mais pour lui-même, ça lui était égal. C'est le seul peintre que j'ai connu, qui a toujours fait de la peinture uniquement pour faire de la peinture, parceque ça lui faisait plaisir, sans autre idée. Il ne réclamait pas ses toiles refusées au Salon, de sorte qu'elles ont disparu, perdues Dieu sait où. Il a toujours semé comme ça des toiles partout où il a passé. Il en a laissé ici plusieurs au Cabaret qui y sont restées des années, jusqu'à ce que Vollard les a retirées avec une autorisation du fils Cézanne. Il n'a jamais voulu vendre ses toiles. Je lui ai amené Durand Ruel. Mais il répondait toujours: Zé n'ai rien de bien, monsieur Durand, vous le savez bien, zé n'ai rien. – Nach dem Frühstück besahen wir Monets Japandrucke. Er erzählt, er habe schon mit 16, 17 Jahren angefangen sie zu sammeln. J'ai été élevé au Hâvre. Je les trouvais là chez les marchands de curiosités. On me les donnait pour rien, par dessus le marché, quand j'achetais un pot ou quelquechose. Je ne me rendais même pas compte, si c'étaient des estampes chinoises ou japonaises. Mais je trouvais ça bien. Er hat eine ganze Serie später Drucke, die Europäer der 40er und 50er Jahre darstellen, enorm stark und breit, farbig gesehen, so dass man an seine eigenen frühen Figurenbilder denkt. Er sagt, sie seien Unika; so habe Hayashi ihm gesagt. Ich fragte ihn, welchen Einfluss Japan nach seiner Ansicht auf die Impressionisten gehabt habe. Uniquement la découpure. Je ne vois rien d'autre. Mais dejà quand j'étais tout jeune, à 17 ans, je peignais mon horizon haut dans la toile, n'importe où, comme je le voyais. Jongkind me disait: Mais mon petit Monet, pourquoi fais tu ça! Il ne faut pas faire ça. Mais je répondais que je le voyais comme ça quand j'étais à un certain point de vue, qu'il était différent vu du haut d'une falaise et de la plage basse en Hollande. Mais il y avait des „règles". Et on ne comprenait pas, que je ne m'y soumettais pas. – Dann giengen wir hinauf in die erste Etage, wo er seine kleine Bildersammlung in seinem Schlaf- und Toiletten Zimmer hat, von Cézanne der Neger und ein monumental grossartiges

Stilleben; von Renoir ein wunderbar zartes und rührendes Porträt seiner ersten Frau auf einem Sofa und ein andres von ihr im Garten, von Renoir gleichzeitig um 72 mit Manets Bild gemalt. Das Weiss des Sofas auf dem einen Bild und des Kleides auf dem andren ganz mit zartblauen und rosigen Tönen gemalt, wie es Renoir kaum je später farben und tonreicher gemacht hat. Monet erzählt, während einer Pause habe Manet Renoirs Bild[1] gesehen und ihm, Monet, ins Ohr geflüstert: Mais dites donc à ce pauvre Renoir qu'il ne fasse plus de peinture. C'est infect. Et puis, un homme qui a des oreilles comme ça ne peut pas faire de la bonne peinture. Später habe Manet dann Renoir doch gut gefunden. – Ich fragte Monet, wie es käme, dass Duret Manet von den Impressionisten immer getrennt nenne. Monet sagte, das sei ganz richtig; sie hätten sich wirklich von einander ganz offiziell getrennt. Bei einem Diner hätten die eigentlichen Impressionisten beschlossen, nicht mehr ihre Bilder zum Salon zu schicken. Manet habe gleich protestiert, comme, à son idée, c'était au Salon la lutte, et il trouvait que c'était une défection de notre part de ne plus le soutenir là. Mais en vérité, s'il nous avait suivi, nous aurions triomphé bien plus vite. – Manet ne peignait pas du tout facilement. Seulement, chaque soir, il grattait soigneusement sa toile, pour effacer toutes les inégalités de la facture, et il recommençait donc à peindre le lendemain sur une toile lisse comme un marbre, pour que tout ait l'air d'être fait d'un seul jet. – Whistler posait les touches lentement, une à une, et très peu de touches en une séance. Il peignait avec une palette extraordinaire, une palette: c'est à dire une table de marbre sur laquelle étaient trois pots, un avec du blanc, un avec du noir, et un avec le l'ochre. Et puis, très rarement, il prenait un peu, inifiniment peu de bleu ou d'une autre couleur, juste ce qu'il fallait pour indiquer une petite tache de couleur. J'ai toujours pensé que ce qui avait donné à Whistler, peut être inconsciemment, l'idée de ses beaux fonds noirs comme dans le Sarasate, c'étaient les gares de Londres, les effets de brouillards, je crois qu'il n'aurait jamais trouvé celà, s'il n'avait pas vécu à Londres. Ses fonds me donnent toujours une sensation d'abîme, d'antre. – Il m'a écrit des lettres charmantes, pour m'inviter à exposer avec lui; mais, après, il disait à quelqu'un qui lui parlait de moi: Monet? Monet? Qui est ce que c'est que Monet? Ah oui ce peintre qui fait etc. Au fond, il n'a jamais aimé que lui même. – Über den Neo Impressionismus: Pour les grandes toiles décoratives, le procédé néo impressioniste s'impose, il est même obligatoire. Mais pour des tableaux de chevalet, je n'en vois pas la nécessité. On voudrait toujours que celui qui regarde un tableau, dise: Comment ce diable d'homme a-t-il obtenu cet effet là? Mais les Neo Impressionistes au contraire dévoilent leur procédé. Ça manque trop de mystère. – Turner, meint Monet, liebe er seit seiner letzten Reise nach London etwas weniger. Je me suis aperçu qu'il y a des tons si crus, et puis des noirs qui détonnent. Seine Aquarelle scheint er aber noch zu

---

[1] Madame Claude Monet avec son fils

bewundern. – Er erzählt, es gebe von Degas zwei Brochüren, die unter Durantys Namen erschienen seien: Gegen Fromentins Buch, und „Du geste ....“ – Als ich ihm von Tschudis Schwierigkeiten erzählte, meinte er etwas melancholisch. Oui, l'Impressionisme, ça a rendu les uns fous, les autres malheureux. – Von Pissarro, er habe jeden Tag ganz methodisch seine Arbeit gethan, was auch immer geschehen sein mochte, Todesfälle, Geldschwierigkeiten. Auch die Probleme der Malerei hätten ihn nie aus der Fassung gebracht, im Gegensatz zu ihm, Monet. (cf oben, découragement, stossweises Arbeiten.)[1]

Paris. 29 November 1903. Sonntag. *29.11.1903 Sonntag*

Mit Rysselberghe nach L'Etang la Ville, um Roussel zu besuchen, den wir aber nicht antrafen. – Mit Rysselb. über Velasquez. Er sieht bei ihm avant tout, la préoccupation de la forme. Seine Neuheit le souci de l'atmosphère (der Luft). Avant lui, il n'y avait pas d'air dans les tableaux. Dann die unité de lumière; worunter R. zu verstehen scheint, dass er keine tiefen Schatten oder starken Lichtkontraste hat. Er meint, er habe ein Bild angefangen, en établissant par de larges plans les valeurs en noir et blanc; et là dessus il mettait un frottis couleur.[2] Il ne posait pas une teinte à côté de l'autre, comme les vrais coloristes, Cézanne, Rubens. À preuve, qu'il n'existe pas de lui une seule toile pas entièrement couverte. (cf auch Corot; procéder par grandes masses.). – Il établissait donc tout de suite, en commençant, les valeurs de noir et de blanc par grands plans; et ce n'est qu'après qu'il s'occupait de la couleur, des teintes, qu'il frottait dans le gris ou le gris vert encore liquide. R. will damit meine Ansicht widerlegen, dass das Fundamentale bei Velasquez die Töne (teintes) sind.[3] Im Grunde widerspricht aber seine Ansicht garnicht der meinigen.[4] – Von Rubens: il fait avec un seul rouge quarante rouges différents, par les contrastes de couleurs.

Paris. 30 November 1903. *30.11.1903 Montag*

Vormittags in Durand Ruels Privatsammlung. Garten von Renoir etwa von 72 mit Manets Garten von etwa 76 verglichen. Bei Beiden rote Blumen in einem Garten. Bei Renoir die Valeurs des Rot sehr fein durch hellere und dunklere Töne desselben Rot ausgedrückt, bei Manet durch verschiedene Rots, Rosas und bis zu Braun; also bei Renoir durch verschiedene „tons“, bei Manet durch verschiedene „teintes“. Manet folgt also Velasquez, Renoir nicht. Die tiefen, braunen etwas saucigen Schatten, die Renoir rechts oben in der Laube hat, wirken deshalb wie Schmutzflecken und fallen heraus; Manets ebenfalls braune Schatten nicht.

---

[1] Verweisung: „(über Monet cf: 27, 29 III 04.“

[2] Verweisung: „(ganz richtig cf. die Venus 24 XI 05“

[3] Verweisung: „(cf. 18.XI 03.)“

[4] Verweisung: „(cf 18 XI 03“

Ferner fehlt Renoir Manets kühner Pinselstrich; er flickt nervös an seinen Farben herum. – Monets Antibes. Monet pflegt dieselbe Kombination von „teintes" in einer andren Helligkeitslage (ton) wiederzubringen, z B. an hintereinanderaufsteigenden Vorgebirgen. Das giebt den Rhythmus und die grosse innere Einfachheit seiner Bilder. – Monets Meer und Manets. Manet giebt die Bewegtheit des Wassers, der Wellen, durch den flüssigen Pinselstrich, Monet durch kleine Farbenkontraste und Vibrieren. – Bei Durand Ruel in der rue Laffitte grosse, ganz neue Akte von Renoir. Auf dem Einen am Kinn und an der Achsel braune, saucige Schatten, die nachträglich in das Fleisch hineingemalt sind (nicht durchscheinende Untermalung). Sehr feine, weiche Modellierung. – Der alte Durand bestätigt mir, dass Daubigny ihm 1870 in London Monet zugeführt habe. Manet habe er 1872 durch A. Stevens kennen gelernt. Manet, der Nichts verkaufte und zu dem Niemand hinkam, habe den berühmten und vielbesuchten Stevens gebeten, zwei Bilder von sich in seinem Atelier auszustellen, damit sie wenigstens gesehen würden. Dort habe er, Durand Ruel, sie dann gesehen und für 800 frcs das Stück gekauft. Gleich darauf sei er dann zu Manet in sein Atelier gegangen und habe ihm etwa 25 Bilder für wenig Geld abgekauft. Nichts habe seinem Geschäft mehr geschadet als das Bekanntwerden dieser Transaktion. Man habe ihn, Durand, für verrückt erklärt, ihm allerseits die Credite entzogen, les amateurs desertèrent la maison, parcequ'il n'y avait plus que les saletés. Ich fragte Durand, wie denn die Impressionisten in Frankreich zur Geltung gekommen seien? Er sagte, durch seine Reise nach Amerika, 1886. Bis dahin habe er seine Monets zu 1000 frcs das Stück in Frankreich nur mühsam an den Mann bringen können. In New York habe er des bluffs wegen gleich 1000 $ verlangt und zu diesem Preise nominell eine allerdings nicht sehr grosse Zahl verkauft. In Wirklichkeit habe er wegen des Zolls, der Reklameunkosten und sonstigen Vergünstigungen oft nur 1200 bis 1500 frcs bekommen. Aber in Frankreich habe es geheissen, dass die Monets sich in Amerika zu 1000 $ verkauften, und das habe den französischen Sammlern Mut gemacht. Von dem Augenblick an sei der Umschwung in Frankreich eingetreten. In den 70er Jahren sei Monet so arm gewesen, dass ihn die Hochedés (die Frau die jetzige Frau Monet) mit seiner Frau aus Barmherzigkeit Jahre lang bei sich hätten wohnen lassen. – Mit Rysselberghe zu Fénéon, rue des grandes Carrières 15 in Montmartre. Seurats Baignade und Skizze zur Grande Jatte. In Beiden lyrische Feinheit der Valeurs. Namentlich die Landschaft in der Baignade. Die Zartheit der Töne und die musikalische Feinheit der Beziehungen zwischen ihnen übertrifft wohl Alles, was selbst Corot oder Monet geleistet haben. Daneben scheint jede andre Malerei in diesen Punkten roh. Hinreissend lustige Skizze zu Seurats Cirque. Hübsche kleine Roussels; Poussinartig. Fénéon sehr sympathisch. Er spricht etwas näselnd, gemessen und leise. Ein langer Mensch mit einem feinen, wunderbar blassen und Mienenreichen Yankeegesicht; das Wohlwollen aus sehr klaren Augen dominiert alle andren Ausdrucksnüancen. Hat als Anarchist lange im Gefängnis gesessen.

Paris London. 1 Dezember 1903. *1.12.1903 Dienstag*

Vormittags in der Privatgalerie von Bernheims. Monet Gare 77[1]. Das Leben (die Bewegtheit) des Rauchs, aber im Gegensatz zum Luxembourg Bild[2] sehr grau in grau mit dunklen rotbraunen und olivgrünen Tönen gemalt. Monets artistisches Interesse am Rauch: schon auf einem ganz frühen Argenteuil (um 72) bei Durand Ruel im Esszimmer, ist der mächtige Rauchschweif eines Zuges der artistische Mittelpunkt des Bildes. Dann 77 die Serie: Les Gares. Schliesslich jetzt London 1900 - 1903, wo die Rauchwolken und Rauchschweife der Züge auf den Brücken ein Hauptlebenselement seiner Bilder sind. cf. was er mir sagte: les fumées sont si belles. – Manet Marine. Skizze. Er giebt die Bewegung des Meeres durch die Betonung der durcheinanderwogenden Flächen der Wellen, die er durch die teintes indiziert (jede Fläche eine teinte.); Monet durch das Vibrieren der Farbe selbst (Farbenkontraste). – Von Cézanne mindestens zwei Bilder ersten Ranges: im Esszimmer eine Landschaft mit rotgedeckten Häusern im Hintergrunde; vorne Bäume; Im Salon: Meeresbucht. Ferner Cézannes Porträt von Choquet, mit dem Renoirs zu vgl. – Von Van Gogh Blumenfeld und prachtvolle kleine Landschaft mit einem pflügenden Bauern. Um 4 nach London fort.

London. 2 Dezember 1903. Mittwoch. *2.12.1903 Mittwoch*

Die holländischen Landschafter in der Nat. Gallerie. Sie sind wie Rembrandt Ausläufer des florentinischen Helldunkels (cf ___), was ganz logisch ist, da die Landschaft das natürliche Aboutissement jeder Art von Raumgestaltung ist. Verdienste der holländischen Landschafterschule: dass sie für die blosse Landschaft ohne menschliche Staffage im Helldunkel einen Halt, eine Haltung, d. h. eine artistische Einheit und raison d'être[3], und in der dramatischen Lichtverteilung und Luftbewegung (die sie namentlich durch Wolken und zerzauste Baumformen markieren; cf auch Ruysdaels[4] Wasserfälle) ein Interesse entdeckten und hierauf gestützt wagten, die „heroische" Landschaft über Bord zu werfen und die

wirkliche Landschaft die sie umgab, zu malen. Also originale Qualitäten: dra-

---

[1] La gare Saint-Lazare, le train de Normandie

[2] La gare Saint-Lazare

[3] Verweisung: „(dieses hatten allerdings schon die Venezianer gethan cf. 3.XII.)"

[4] Ruisdael

matische Luftbewegung, Naturalismus in der Wahl der Motive (Anfänge der „Modernität"). Aber sie „arrangieren" noch die Wirklichkeit; ihr Helldunkel ist unwahr und schematisch, deshalb monoton, ebenso die Luft- und Laub-Bewegung (Romantik). Farbe existiert für sie in der Natur eigentlich nicht; deshalb sind ihre Bilder freudlose Dinge; (man vgl. im Gegensatz die Venezianer). Ihre Komposition ist symmetrisch-schematisch und weiss Nichts von der unendlich wechselvollen Rhythmik, die der „Ausschnitt" giebt. Alles in Allem Constable und die modernen Franzosen sind den Holländern überlegen. Es handelt sich um zwei durchaus vergleichbare Erscheinungsreihen. Weder die Persönlichkeiten noch die Mittel der alten Holländer sind irgendwie ein Höhepunkt, Etwas in sich Vollendetes und Unvergleichbares, wie etwa Rembrandt oder Raffael, über die ja auch die Entwicklung fortgeschritten ist, aber ohne ihren eigenen Wert anzutasten. Die Franzosen sehen aus denselben Gegenständen mehr Material für Kunst heraus, mehr Farben, feinere Helldunkeltöne, und wissen ihr Material durch die Farbenkontraste und den „Ausschnitt" besser zu artistischen Einheiten, Kunstwerken, zusammenzufassen. Die Holländer haben mehr „Form". Aber die Form ist in der Malerei nur Mittel zum Zweck, nicht Selbstzweck wie die Farben Harmonie, das Helldunkel, der Flecken Rhythmus. Und den alten Holländern fehlt jede Wahrheit und jede Schönheit der Farbe. Sie opfern Beide dem Helldunkel. Aber auch dieses ist nicht „wahr" und weniger fein und abwechslungsreich als bei den Franzosen. In Puncto Wahrheit der Bewegung vgl. man auch einmal Ruysdael oder selbst Hobbema mit Constable. Sie verhalten sich zu ihm wie etwa Rubens zu Goya. Auch Hobbema sucht sich von überall möglichst Windzerzauste Baumkronen zusammen und wird durch die Häufung von ungewöhnlichen Formen unwahr. Aber daneben erlaubt ihm das Helldunkel wahre Ecken hier und dort einzufügen wie den Rosengarten rechts auf der „Allee". – Die theatralische Bewegtheit Ruysdaels ist desselben Geistes und derselben Zeitstimmung wie die theatralische Leidenschaft der Rubensschen Gebärden.[1] Ruysdael verhält sich hierin zu Constable wie Rubens zu Manet. Ausserdem ist die Bewegtheit der Landschaft vielleicht besonders nordisch; die Nachfolger Ruysdaels hierin sind Constable, Jongkind, Van Gogh.

London. 3 Dezember 1903 Donnerstag. *3.12.1903 Donnerstag*

Das Helldunkel als Rückgrat der Landschaft ist von den Venezianern erfunden worden. Sie entdeckten seinen Wert, dass es die Landschaft eins machte, dass es ihr eine Seele gab. cf. Bellinis Christus auf Gethsemane mit Mantegnas. Bei Mantegna ein ähnliches Gelände, doch keine Landschaft: kein Licht, keine Stimmung. Bellini malt die wunderbare wachsende Glut, das rosig silbrige Helldunkel Venedigs vor Sonnenaufgang. Das ist die erste moderne Landschaft.

---

[1] Verweisung: „(cf. 12.XI 03"

Also: die Helldunkel Komposition = Stimmung in der Landschaft ist venezianisches Gut. Bellini notiert noch relativ oft die Lokalfarbe z B. die Farbe der Hauswände links auf dem Hügel hinter Gethsemane. Bei Tizian hat das Helldunkel die Lokalfarbe schon verschlungen (cf hier Magdalena[1].) Sie ist zur Verdeutlichung des Helldunkels in breite, allgemeine Töne vereinfacht, grosse, braune oder höchstens grüne Massen für den Vordergrund, Blau für die Fernen. Dieses Schema erhält sich mit zunehmendem Übergewicht des Brauns und des Schattens bei den Carracci, Rubens, Rembrandt, allen Holländern. Auch bei Claude, aber mit Übergewicht des Lichts. In eine ganz andre Welt kommt man mit Canaletto. (1697-1768) Dieser geht direkt auf die Lokalfarben los. Er benutzt als Kompositionsgerüst nicht das Helldunkel sondern die Farbe: die grossen Farbendreiecke des grünen Kanals, des blauen Himmels, der graugelben oder rötlichen Paläste, zwischen die wiederholte Flecken von Rot, Weiss, Gelb, Schwarz: Teppiche, Gondeln, Kleider, Mützen, wie ein Muster hingestreut die grösseren Farbenmassen zusammenhalten. Dazu benutzt er statt des florentinisch-holländischen Helldunkels, der Beziehung zwischen Licht und Schatten, wieder das venezianische, die Helligkeitsbeziehungen zwischen verschiedenen direkt beleuchteten Flächen, also zwischen Licht und Licht. Der Schatten ist für ihn wie für die alten Venezianer Farbe, und für ihn speziell auch in der Landschaft Lokalfarbe. Hier also knüpft er erweiternd an Tizian und Bellini an. Also:
1. Die Venezianer: Helldunkel mit Betonung des Lichts (auch Licht zu Licht) ohne Lokalfarbe. Helldunkelkomposition. Ähnlich Claude.
2. Die Holländer: Helldunkel mit Betonung des Schattens, ohne Lokalfarbe. Helldunkelkomposition.
3. Canaletto: Helldunkel mit Betonung der Beziehungen von Licht zu Licht und Lokalfarbe. Farbenkomposition.
Den Zauber der feinen Helligkeitsbeziehungen zwischen verschiedenen direkt beleuchteten Gegenständen (Licht zu Licht) haben die Venezianer von Anfang an empfunden. cf die Häuser auf Bellinis Gethsemane links oben auf dem Hügel, ebenso die zwei direkt beleuchteten Wände auf Tizians Magdalena. Darin steckt schon potential Canaletto. – Bemerkenswert, dass der zweite Landschaftsstil ebenso wie der erste aus Venedig stammt. – Kleines Bild von LeNain: Le Goûter. Kinder und alte Frau; vollkommen blaue Schatten und Reflexe in den Gesichtern. Diese stark und breit durch Töne flächenhaft modelliert.

London. 4 Dezember 1903. *4.12.1903 Freitag*

Von Rousseau bis Monet sind alle grossen französischen Landschafter Helldunk-

---

[1] Noli me tangere

ler,[1] wenn auch die Farbe immer stärker durchbricht. Aber was auch noch Monet durch die Farbe ausdrückt, ist das Helldunkel, eine Helldunkelkonzeption. Cézanne ist der erste, dessen Werke in der Farbe selbst wurzeln. Er ist ein radikaler Neuerer. Wahrscheinlich wird aus ihm die Zukunft kommen. In der Kunstgeschichte ist das Prophezeien eine heikle Sache, weil die Entwicklung an Persönlichkeiten gebunden ist. Aber man kann ziemlich sicher sagen, dass wo neue Möglichkeiten offenstehen, über kurz oder lang auch Persönlichkeiten sich einfinden, sie auszufüllen.[2] – Beziehung zwischen Constable und Cézanne: Constable sucht die Lokalfarbe, aber vertraut für seine Komposition noch auf das Helldunkel; Cézanne sucht und findet ein Kompositionsprinzip in der Farbe selbst. Er vollendet die Entwicklung, die Constable anbahnt, und eröffnet eine neue. Il a accompli la traversée und hat wieder festen Fuss gefasst, auf einem neuen Boden.[3] – Constable kommt von der monochromen Helldunkel Basis los, indem er immer mehr wirkliche Lokalfarben und Nüancen auf sie aufträgt; Turner durch Farbenkontraste. Constable giebt Lokalfarben, Turner die Illusion von Lokalfarben (wie Rubens.)[4] – Also Constable und Turner verfolgen dasselbe revolutionäre Ziel: die Farbe; aber mit verschiedenen Mitteln. Daneben benutzen sie das alte Helldunkel der Eine um seine Konzeption vom Licht der Andre, um seine Konzeption von der Bewegtheit der Natur mit allen virtuosen Mitteln einer alten Kunsttradition auszudrücken. – Man sieht in Constable und Turner Künstler, die virtuos mit einem alten Mittel, dem Helldunkel, arbeiten, und ziemlich ungeschickt, aber genial, mit einem neuen, der Farbe; wie umgekehrt die Trecentisten virtuos mit der Farbe, ihrer Farbe, der byzantinisch orientalischen, hantierten, aber sehr ungeschickt, aber doch bahnbrechend, mit der Linie. Die Malerei, die mit fünf, sechs Farben durch Kontraste und Tonhöhe einen unendlichen Farbenreichtum vorspiegelt, gleicht der Musik mit ihrer unendlichen Fülle von Harmonieen und Rhythmen und Klangfarben auf Grund der sieben Töne der Tonleiter. Die verschiedenen Helligkeiten derselben teintes gleichen den Tonleitern in verschiedenen Höhenlagen. Das Klavier ist eine Palette. Noch ähnlicher der modernen, vereinfachten Palette die Violine. Delacroix bereitete, wie Monet neulich erzählte, auf seiner Palette nicht nur die verschiedenen teintes, sondern von jeder teinte transversal (oder eigentlich radial) auch eine Anzahl verschiedener tons, was ganz dem Klavier mit seinen Oktaven entspricht. Beispiele der vereinfachten Palette Greco, Whistler, Monet, Renoir, Signac.

---

[1] Verweisung: „(cf 21.III 02"

[2] Verweisung: „(Über Cézanne cf. Vuillard 24 XII 02. Denis. 12.V 03.)."

[3] Verweisung: „(cf. 5.XII 03. Whistler"

[4] Verweisung: „(cf. 27.III 02; 20.III 02.)."

London. 5 Dezember 1903. *5.12.1903 Samstag*

Dicker Nebel. Bilder nicht zu sehen. Zu den Whistler Radierungen bei Obach. Whistlers radierte Porträts: die Augen, das Stoffliche: Fleisch, Sammet, Seide, der eindringlich sanfte Rhythmus der Komposition; seine Menschen sind wie Melodieen. Er findet eine Verteilung von Schwarz und Weiss oder von Weiss in Weiss auf der Fläche, deren Rhythmus wie eine Melodie ist, die das Sanfteste und Feinste jeder Seele zusammenfasst. Er setzt Jeden in eine Melodie um. Seine Augen, seine Frauenprofile! – Whistlers Hauptgabe, die Flecken auf einer Fläche rhythmisch zu verteilen, schon auf seinem allerersten topographischen Blatt; wie in der oberen Küstenaufnahme der Abschnitt so gewählt ist, dass der Leuchtturm an einem artistisch notwendigen, wirksamen, Punkt vor der Küste steht. Das ist schon echt Whistlerisch.[1] – Der Ausschnitt (Whistler, auch Millet) bildet den Übergang von der Helldunkelkomposition zur Farbenkomposition[2]. Whistler steht zwischen Monet und Cézanne[3]. Der „Fleck" bekommt seine Bedeutung von seiner Qualität. Diese Qualität kann aber ebensogut eine Farbe (Japaner) wie ein Grad von Hell oder Dunkel sein. Die Grösse, Form und Position (wo der Fleck in der Fläche sitzt) eines Flecks sind fast Nichts ohne seine Qualität, ohne die Beziehung seiner Qualität auf die Qualität der übrigen Fläche und der übrigen Flecken auf der Fläche. – Ein Gesichtspunkt, der wichtige Zusammenhänge aufschliesst, der des Stils: die Suche nach Stil in der Malerei des 19ten Jh. dadurch notwendig, dass der alte, auf dem Helldunkel aufgebaute Stil nicht mehr die neuen artistischen Materialien, (la nouvelle matière artistique), die Farbenfülle, fassen kann. Das 15te Jh. suchte und fand den Stil in der Linie von Masaccio bis zu Raffael, den Fontainebleauern, Cranach (Cranach ist für den artistischen, „klassisch"-modernen Akt durchaus neben Raffael und den Franco-Italienern zu nennen, in der Entwicklungsreihe auf Ingres, Degas zu). Das 16te bis 18te Jh. hatte einen Helldunkelstil. Das 19te sucht noch ziemlich unsicher nach Stil in der Farbe. Hier erscheint Cézanne als grosse Etappe, etwa wie für die Linie im Quattrocento Signorelli: herb, aber knospenhaft, reife Frucht versprechend. Seit Cézanne sind wir sicher, dass es einen neuen Stil, einen Farbenstil, geben wird. In ihm verhält sich Delacroix wie Masaccio zu Signorelli. (Vielleicht Cézanne eher mit Masaccio zu vergleichen, Delacroix mit Masolino.)[4] – Stil ist Einheit, die artistisch bedeutsame Zusammenfassung von Materialien in irgendeines von den rein artistischen Mitteln einer Kunst, Farbe, Linie oder Ähnliches. – Falsch, dass Skizzen weniger Stil haben oder zu haben brauchen als ein fertiges Werk; sie sollten mehr haben, die Niederschrift irgendeiner packenden artistischen Beziehung zwi-

---

[1] Verweisung: „(cf 27.II 04. 24 IX 04"

[2] Verweisung: „(cf. 4 XII 03)"

[3] Verweisung: „(cf aber auch sein Verhältnis zu Courbet. 24.IX 04"

[4] Verweisung: „(cf 4.XII 03; 25 VIII 04 Gespräch mit Roussel."

schen Linien, Farben oder Ähnliches sein (Skizzen von Rembrandt, Raffael u. s. w. zeigen.)[1] Wer in seinem ersten Entwurf keinen Stil hat, wird im fertigen Werk ganz gewiss höchstens Manier, einen anempfundenen Stil, haben. – Von der Skizze zu unterscheiden die Studie, die eine reine Übung der Hand und des Auges ist und Nichts direkt mit Kunst zu thun hat, ebensowenig wie Tonleitern und Fingerübungen mit Musik.[2]

London. 6 Dezember 1903. Sonntag. *6.12.1903 Sonntag*

Leichter Nebel. An der Themse bei Westminster. Artistisch von grösstem Wert in London sind die starken Valeurunterschiede, die schon durch geringe Entfernungen im Nebel entstehen z B. an einer Brücke über den Fluss zwischen dem Ton des Brückengeländers diesseits und jenseits; unzählige ganz fein unterschiedene Farben und Töne führen hinüber, aus denen der Maler wählen kann; ein zauberhaft reiches Material. – Die Malerei nicht blos eine Kunst sondern auch eine Wissenschaft, die Wissenschaft der Ausdrucksmittel; deshalb Studium der Alten und der Fremden (cf. Constable bei Leslie S. 333. Die Wissenschaft der Malerei kennt keine Zeit und keine Landes Grenzen, ebensowenig wie die Wissenschaft der Astronomie oder der Medizin. Nur der Akademiker, der eine fertige Formel unbesehen übernimmt, kann ohne Kenntnis der alten und der fremden Kunst auskommen; der „moderne“ Maler nicht. Jeder, der selbständig seine Kunst sich bilden[3] will, kann nie genug die alten Meister und die grossen Fremden studieren und mit einander vergleichen. Thatsächlich sind nicht blos die grossen Vollender, Raffael, Rembrandt, sondern auch alle grossen Erneuerer der Malerei leidenschaftliche Liebhaber und rastlose Enträtsler alter oder fremder Kunst gewesen: Masaccio, Lionardo, Velasquez, Rubens, Constable, Delacroix, Cézanne.[4] – Rossetti in der Vorlesung als Anhang der Quattrocentisten (Linie) behandeln. Hier ganz nebenbei (weil weniger artistisch) auch Cornelius und Genelli. Beide so, im Gegensatz zu Ingres, der bei den Modernen zu behandeln ist, weil bei ihm die Natur und sein Temperament prädominieren. – Nachmittags bei Rothenstein, wo Steer getroffen.

London. 7 Dezember 1903. Montag. *7.12.1903 Montag*

Bei Gordon Craig. 5 Pembroke walk. Er meint, die Inszenierung eines Stückes würde etwa 1000 bis 1500 £ kosten. Er verlangt für sich für einen Monat 250 £. Ein Theater liesse sich für etwa 400 £ bauen. – Er meint, Leute wie Irving, Tree u. s. w. machten den Fehler, dass sie wirklich kostbare Stoffe kauften und glaubten, dann

---

1 Verweisung: „(cf Vuillard 9.IV 06“

2 Verweisung: „(cf. 18, 22 IV 06“

3 Darüber: „Ausdrucksmittel finden“

4 Verweisung: „cf. Sept - Oct. 1902.“

müssten sie auch kostbar auf der Bühne aussehen. Das sei durchaus nicht immer der Fall. Man könnte ebenso kostbar aussehende Effekte durch die richtige Zusammenstellung billiger Stoffe erreichen. – Er ist sehr gegen das Spielen draussen im Freien. It is not Art, because you can never be sure of your effects.

London. 8 Dezember 1903 Dienstag. *8.12.1903 Dienstag*
Rothenstein und Steer bei mir im Café Royal gegessen. – Nachmittags bei Heinemann.

Weimar. 14 Dezember 1904. *14.12.1903 Montag*
Abends Liebermann, Stuck, Klinger, Leistikow etc. an.

Weimar. 15 Dezember 1903. *15.12.1903 Dienstag*
Erster Beratungstag in meinem Oberlichtsaal[1]. Kalckreuth praesidierte, nachdem ich die Versammlung eröffnet hatte. Abends Diner im Erbprinzen und Fest im Künstlerhaus. Reden von Hagen, Klinger, Liebermann.

Weimar. 16 Dezember 1903 *16.12.1903 Mittwoch*
Zweiter Beratungstag. Der Künstlerbund begründet. Frühstück bei mir im Erbprinzen. In der Nachmittagsberatung scharfe Debatte zwischen Lichtwark und mir, bei der Lichtwark sehr den Kürzeren zog. Er ist unpraktisch und doktrinär, Beides bei Gelegenheiten wie heute bis zur Unfähigkeit. Die Versammlung klatschte und rief bei meinen Erwiderungen und Anträgen immer heftiger Beifall, so dass Lichtwark schliesslich selbst erklärte, er habe Unrecht gehabt. Abends Diner beim Grossherzog. Trübner, Mackensen, u. s. w. wiederholten mir ihre Befriedigung über mein Auftreten gegen Lichtwark.

Paris. 24 Dezember 1903. *24.12.1903 Donnerstag*
Weihnachten bei uns.

London. 31 Dezember 1903. *31.12.1903 Donnerstag*
Seit einigen Tagen hier, wo ich einen Programm Artikel[2] für den Künstlerbund schreibe.

---

[1] Ghzgl. Museum für Kunst und Kunstgewerbe

[2] Der Deutsche Künstlerbund

Berlin – Weimar. Januar 1904. *31.1.1904 Sonntag*

Vorbereitungen zur Reichstagsdebatte über St Louis[1] und den Künstlerbund. Konferenzen mit Kardorff, Oriola-Sattler, Arenberg, Spahn, Müller Meiningen. Presskampagne, Osborn, Stahl.

Berlin. 15 Februar 1904. *15.2.1904 Montag*

Nachdem Spahn mir vor einigen Tagen definitiv die Unterstützung des Zentrums zugesagt hatte, heute Eröffnung der Debatte. Rede von Spahn, die durch ihre Sachlichkeit und die richterliche Würde, mit der sie vorgetragen wurde, einen grossen Eindruck machte. Bei Hindenburgs gefrühstückt. Hindenburgs, die jungen Hochbergs, Gfn Schlippenbach in der Diplomatenloge mit mir.

Berlin. 16 Februar 1904. *16.2.1904 Dienstag*

Zweiter Tag der Reichstagsdebatte. Ein grosser Triumph für uns. Posadowsky verteidigte sich schwach und unsicher und füllte die Zeit aus mit halbanerkennenden Kritiken meiner Schrift, ein offenbarer Verlegenheitskniff; denn sachlich hatten diese Kritiken mit der Debatte Nichts zu thun. Der Konservative Henning hielt eine höchst konfuse und unbedeutende Rede, in der er aber auch schliesslich gegen die Regierung Partei nahm. Am besten sprachen Oriola, Müller Meiningen und Südekum. Nostitz teilt mir mit, dass Bayern schiesslich doch eine Protestnote überreicht hat. Einen Augenblick während Müllers Rede, sah es aus als ob Lerchenfeld dies erklären wollte. Dann konferierte er aber mit Posadowsky und beruhigte sich augenscheinlich wieder. Schliesslich gab Posadowsky, offenbar nach Verabredung mit Lerchenfeld, die Erklärung ab, dass das Reich nicht wieder ohne Einverständnis mit den verbündeten Regierungen in solchen Fragen vorgehen würde. Abends nach München abgereist.

München. 17 Februar 1904. *17.2.1904 Mittwoch*

Konferenz mit Uhde, Stuck, Becker, Flossmann etc. wegen der Ausstellung[2] in München in diesem Jahr. Bei Bruckmanns gefrühstückt. Nachmittags nach London ab.

London. 18 Februar 1904. *18.2.1904 Donnerstag*

Nachmittags hier an.

---

1 Weltausstellung 1904

2 X. Ausstellung der Münchener Sezession: Der Deutsche Künstlerbund

Paris. 20 Februar 1904. Sonnabend. *20.2.1904 Samstag*
Früh hier an. Aufführung von Gees Légende und Irène bei uns.

Paris. 21 Februar 1904. Sonntag. *21.2.1904 Sonntag*
Indépendants. Die gewöhnlich, durchschnittlich minderbegabten Menschen sehen Nichts artistisch Reizvolles im Leben. Wie sollen sie da das Leben wiedererkennen, wenn es ihnen in einer artistischen Form geboten wird? Im Gegenteil. Eine künstlerische Darstellung der Wirklichkeit tritt zum Leben, wie sie es sehen, deshalb notwendig in einen Kontrast und erfüllt so genau die Bedingungen der komischen Wirkung; cf Schopenhauer über das Komische. Daher der unwiderstehliche Lachreiz, den das Publikum ganz berechtigter und naïver Weise vor jeder artistischen Darstellung der Wirklichkeit empfindet, solange bis die neue Anschauungsweise gewöhnlich geworden ist und der Kontrast aufhört.

London. 23 Februar 1904. Dienstag. *23.2.1904 Dienstag*
Abends hier an.

London. 25 Februar 1904. Donnerstag. *25.2.1904 Donnerstag*
Bei Rothensteins gegessen mit Mc Colls und nachher Frys. Mit ihnen Artikel über den Künstlerbund und die Reichstagsdebatte in englischen Zeitschriften besprochen.[1]

London. 26 Februar 1904. Freitag. *26.2.1904 Freitag*
Bei Ricketts und Shannon, die Freitags empfangen. Zwei drei Frauen kamen, während ich da war, brachten Blumen etc. Die Konversation leicht, ernst und geistvoll. Ricketts wirkt unter Menschen wie Kohlensäure auf die Weinsäfte; selbst die schweren und die mittelmässigen werden feurig und moussieren. Die Art, wie er die Konversation führt, ist das Wichtige, mehr als was gesagt wird; der Rhythmus den er der Unterhaltung giebt; Temperament und Savoir Faire wie beim Walzer. Vorher Rothenstein bei mir zum Frühstück.

London. 27 Februar 1904. *27.2.1904 Samstag*
Die International Exhibition. Whistler: Symphony in White III. Die Linie auch im Farbenauftrag, lange, weiche, grandseigneurhaft elegante (desinvolte) Pinselstriche wie Botticellis Linienspiel, wie die schmalen, langen Finger einer aristokratischen Hand. Das etwas zu hübsche und dankbare Sujet täuscht. Die Kunst liegt im Vortrag, in der Art wie der Pinsel geführt ist. Ein wunderbar geschickter Macher, hat Whistler alle seine Nachfolger, die seine Hand nicht haben konnten, fehlgeführt. Wie er Etwas macht, ist weit artistischer als, was er macht. Er ist der

---

[1] Es erschien u.a. „German Art and the German Emperor“.

wunderbare Schauspieler seiner Kunst, der grosse Konzertmaler der Kunstgeschichte; seine Hand das, was am längsten leben wird. Was er auch macht, le geste est toujours beau. Nach ihm erscheinen Constable oder Turner wie ungeschickte Stümper. Seine Malerei hat wie Ricketts' Conversation Etwas vom Tanz. Man denkt an irgendeine Hierodule, die vor ihrem Gott mit langsamen, langevoraus bedachten, unendlich vornehmen Bewegungen das Leben mimt. An die leichten Füsse und langen Gewänder der amerikanischen Tänzerinnen, die seit einigen Jahren herüberkommen.[1] Ja, er ist kokett, selbstbewusst, wie Liebermann sagt, er ist eitel auf seine schöne Hand; aber er darf es sein, wie eine schöne Frau oder ein schöner Hengst auf ihre Glieder.[2] – Das unendlich Oberflächliche der gang und gäben Urteile und Vorurteile über „moderne" Kunst.

Weimar. zweite Hälfte März 1904. *26.3.1904 Samstag*

Munch in Weimar mein Porträt gemalt.

Brüssel. 27 März 1904. *27.3.1904 Sonntag*

In der Libre Esthétique. Impressionisten Ausstellung. Manet: Die ältere Malerei schafft die Helligkeits- und Entfernungsunterschiede, indem sie die Farben (Lokalfarben) mit Grau mischt; die neuere, indem sie die Farben mit Weiss mischt. Während die Vermischung mit Grau immer nur wieder dieselbe Farbe etwas undeutlicher und schmutziger, aber dieselbe Farbe giebt, schafft jede Vermischung mit Weiss eine neue Nüance, eine neue Farbe. Die Vermischung mit Grau lässt die Zahl der Farben also gleich, die Vermischung mit Weiss, die neue Methode, multipliziert sie. Obgleich deshalb die alte Malerei oft von mehr verschiedenen Farben auf der Palette ausgieng hat sie auf dem Bilde viel weniger mannichfaltige, nach dem mathematischen Gesetz der Vermehrung im Quadrat (cf die Verdoppelung etc. des Reiskorns auf dem Schachbrett). Daher die enorme Mannichfaltigkeit der impressionistischen Farben, obgleich sie nur von den sieben Grundfarben ausgehen; der Reichtum dieser Malerei. (La richesse de la couleur obtenue par le fractionnement des tons.) Hier die Brücke zum Colorismus. – Monet empfindet ganz anders das Vibrieren des Lichts und das Leben der Linie als Manet (cf. sein Argenteuil Hiver 1875; Ernest Rouart mit Manet's Jardin ebenda. Das Organische der wachsenden Bäume und Äste bei Monet. Hierfür das wunderbare Antibes von der Centennale, Durand R.) Seurat hat die Helligkeitsunterschiede noch zarter empfunden als Monet, vor Allem die Wechselwir-

---

[1] Verweisung: „(cf. 30.III 04"

[2] Verweisung: „(cf. 5.XII 03.)"

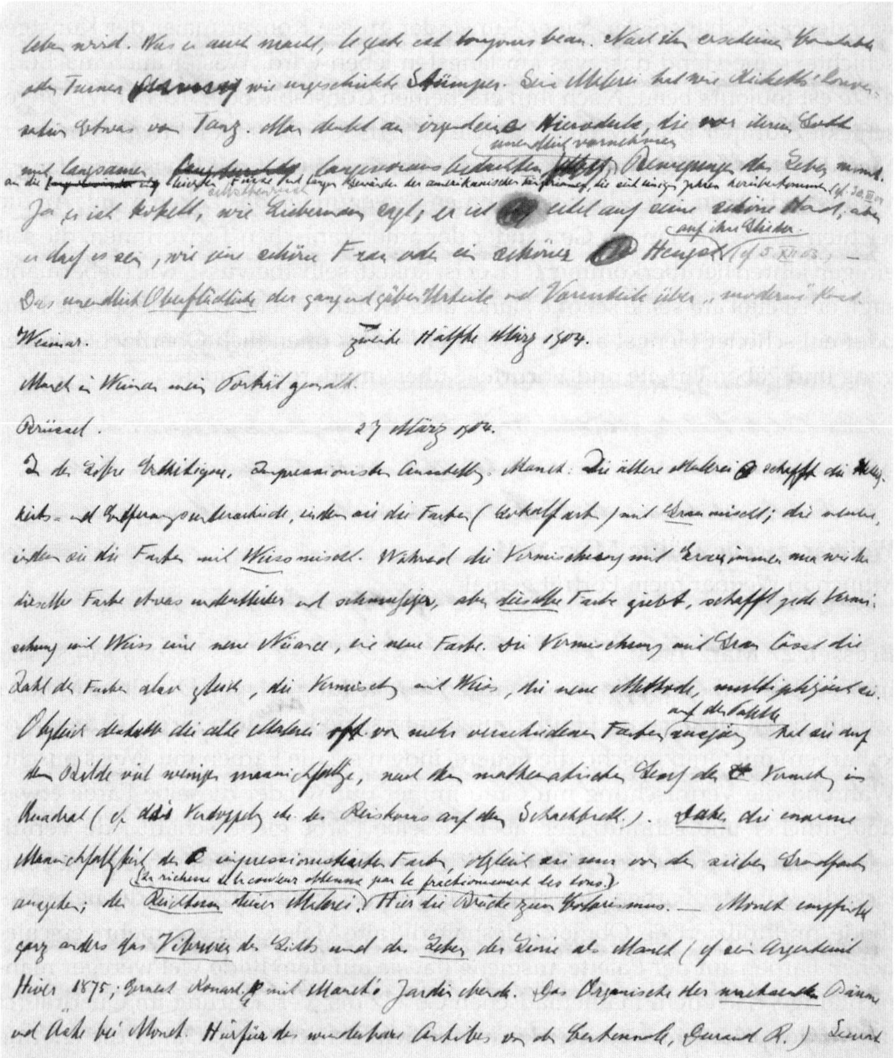

Einträge vom 27. Februar bis 27. März 1904; Tagebuch Harry Graf Kessler;
Deutsches Literaturarchiv, Marbach am Neckar

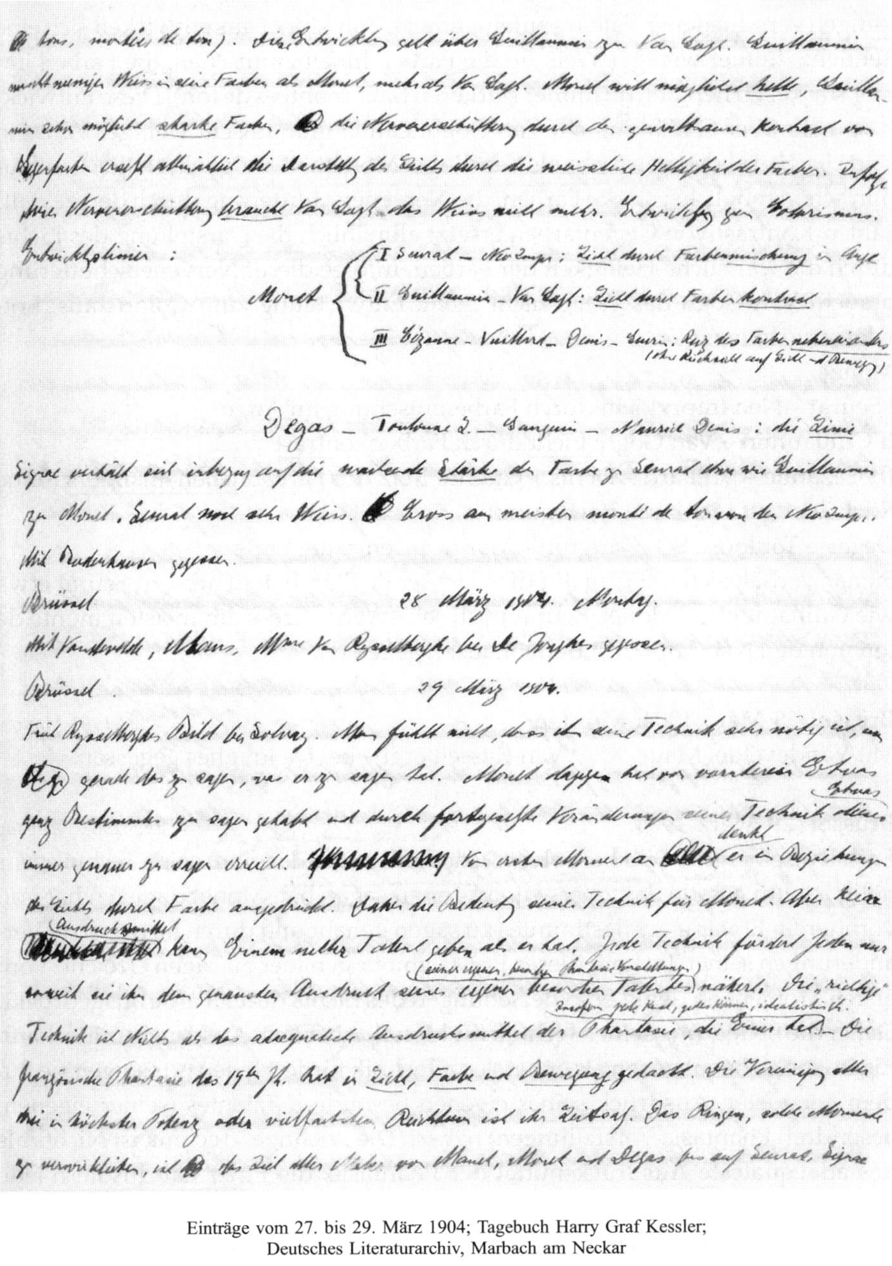

Einträge vom 27. bis 29. März 1904; Tagebuch Harry Graf Kessler; Deutsches Literaturarchiv, Marbach am Neckar

kungen verschiedener Valeurs aufeinander. – Von Monet aus entwickelt sich eine Tendenz, immer weniger Weiss in die Farben hineinzumischen, die Farben immer stärker zu nehmen (in immer stärkeren tons, montées de ton). Diese Entwicklung geht über Guillaumin zu Van Gogh. Guillaumin mischt weniger Weiss in seine Farben als Monet, mehr als Van Gogh. Monet will möglichst helle, Guillaumin schon möglichst starke Farben, die Nervenerschütterung durch den gewaltsamen Kontrast von Gegenfarben ersetzt allmählich die Darstellung des Lichts durch die weissliche Helligkeit der Farben. Infolge dieser Nervenerschütterung braucht Van Gogh das Weiss nicht mehr. Entwicklung zum Colorismus. Entwicklungslinien:
Monet
I Seurat – Neo Impr: Licht durch Farbenmischung im Auge
II Guillaumin – Van Gogh: Licht durch Farbenkontrast
III Cézanne – Vuillard – Denis – Guerin: Reiz des Farbennebeneinanders (ohne Rücksicht auf Licht und Bewegung)[1]
Degas – Toulouse L. – Gauguin – Maurice Denis: die Linie
Signac verhält sich inbezug auf die wachsende Stärke der Farbe zu Seurat etwa wie Guillaumin zu Monet. Seurat noch sehr Weiss. Cross am meisten monté de ton von den Neo Impr. Mit Bodenhausen gegessen.

Brüssel 28 März 1904. Montag. *28.3.1904 Montag*
Mit Vandevelde, Maus, Mme Van Rysselberghe bei De Jonghes gegessen.

Brüssel. 29 März 1904. *29.3.1904 Dienstag*
Früh Rysselberghes Bild bei Solvay. Man fühlt nicht, dass ihm seine Technik sehr nötig ist, um gerade das zu sagen, was er zu sagen hat. Monet dagegen hat von vornherein Etwas ganz Bestimmtes zu sagen gehabt und durch fortgesetzte Veränderungen seiner Technik dieses Etwas immer genauer zu sagen erreicht. Vom ersten Moment an denkt er in Beziehungen des Lichts durch Farbe ausgedrückt. Daher die Bedeutung seiner Technik für Monet. Aber kein Ausdrucksmittel kann Einem mehr Talent geben als er hat. Jede Technik fördert Jeden nur soweit sie ihn dem genausten Ausdruck seines eigenen besondren Talentes (seiner eigenen, besondren Phantasie Vorstellungen) nähert. Die „richtige" Technik ist Nichts als das adaequateste Ausdrucksmittel der Phantasie, die Einer hat. Insofern jede Kunst, jedes Können idealistisch. – Die französische Phantasie des 19ten Jh. hat in Licht, Farbe und Bewegung gedacht. Die Vereinigung aller drei in höchster Potenz oder vielfachstem Reichtum ist ihr Leitsatz. Das Ringen, solche Momente zu verwirklichen, ist das Ziel aller Maler von Manet, Monet und Degas bis auf

[1] Die Punkte I-III sind am linken Seitenrand durch eine geschweifte Klammer umfaßt, neben der links als Oberbegriff „Monet" steht. Die Punkte I und II sind nochmals durch eine geschweifte Klammer verbunden.

Seurat, Signac und Bonnard. Das vereinheitlicht diese Schule, wie die Linie das Quattrocento. (sie ist wie man es ausdrücken kann, portée à concevoir des ensemble de lumière, de couleur et de mouvement.) Zu untersuchen, wann und bei welchen Malern die Phantasie zuerst diese Richtung einschlägt, die die impressionistische Technik nach sich gezogen hat. (Géricault. Constable: cf. sein Tagebuch, Goya: Bewegung; Delacroix, Manet: Farbe; Turner, Monet: Licht. Aber sämtlich auch die andren Ziele.) Das notwendig das erste Kapitel jeder Geschichte des Impressionismus. Auch die Litteratur und Philosophie (Taine, Hegel) nicht ausser Acht lassen. – Für Monet ist Alles Malerische nur eine momentane Erscheinungsform von Bewegung: der Baum seiner Kräfte, wie sie wachsen, die Wolke der atmosphärischen Nebelzüge, wie sie im Fliegen sich verdichten. Selbst Stein und Felsen nur erstarrte Bewegung, mit einer Art von innerer, blos gebundener Kraft, ganz anders als die toten Klumpen andrer Maler. – Was Degas vom Klassizismus übernimmt ist das Gefühl für die aesthetische Bedeutung der Linie. – Gauguin vereinigt die Erbschaft von Degas mit der von Delacroix, die reichste Erfindung in neuen Farbenzusammenstellungen (oppositions de couleurs, aber ohne Lichtabsicht wie Van Gogh und insofern mehr mit Vuillard, Bonnard, Guérin in einer Richtung) mit einer monumentalen Einfachheit der Linie, die die ganze Bewegtheit des Lebens in wenige stark dekorative Striche zu konzentrieren sucht. Beides setzt sich dann in Denis (und auch in Bonnard) fort: cf. wie sich Dieses Beides zu der oben angegebenen Fundamental Richtung des Impressionismus verhält. Aber Beide legen wieder mehr Wert auf die dekorative Monumentalität der Linie als auf ihre Lebendigkeit. Für Gauguin sehr bezeichnend das wunderschöne Bild bei H. Rouart cf den kauernden Mann rechts. – Die Entwicklung geht also schon wieder über diese Grundtendenz des Impressionismus hinaus sowohl in der Linie wie in der Farbe unter Zurücktreten von Licht und Bewegung, d. h. der naturalistischen Elemente; die rein aesthetischen Eigenschaften und Wirkungen der Farben und Linien überwiegen. Richtungsänderung der Phantasie. (Für die Farbe Cézanne, Gauguin, Vuillard, Bonnard, Guérin; für die Linie Puvis, Seurat, Gauguin, Maurice Denis.) Diese Tendenzen schon seit Mitte der 80er Jahre, (also noch ehe die ersten grossen Impressionisten überhaupt anerkannt waren. Gauguin die ersten Tahitis 87, Seurat etwa gleichzeitig. Die Landschaft wird seitdem bei Gauguin wieder „heroisch“: gewollte Linien der Bäume, Gleichgewicht der Farben. Die grossen monumentalen Personen Bilder Gauguins seit Mitte der 90er Jahre (95, 96). – Aber Gauguin steht in der Linie der Natur und Degas noch viel näher als Denis. Denis hat nicht die Kraft so viel Wirklichkeit in die ganz einfachen Linien, die er braucht, zu konzentrieren. Deshalb zeichnet er manchmal blos eine leere Arabeske. Gauguins Linie ist immer ein Extrakt aus der Wirklichkeit, die ganze Kraft der Wirklichkeit ist zu einer Quintessenz konzentriert. Er hat allerdings von Puvis die dicken, dunkel unterstrichenen Konturen, die Denis vermeidet.

Brüssel 30 März 1904. *30.3.1904 Mittwoch*

Farbenauftrag: Manet: breite, lange Pinselstriche, energisch und ohne Whistlers raffinierte Grazie[1], aber mit stürmischer Sicherheit (siehe das blos untermalte grosse Bild der Reichenberg hier.). Dünner Farbenauftrag (cf was mir Monet erzählte). – Van Gogh trägt die Farbe in dicken, breiten, länglichen Vierecken auf, offenbar grossenteils direkt aus der Tube ohne Pinsel, aber mit einem stark rhythmischen Gefühl. Vergleich zwischen Van Gogh α Manet. Bei Van Gogh verbinden sich die Farbenstriche zu rhythmischen Motiven, bei Manet sind sie noch eine blos leidenschaftliche rhetorische Geste. Manets und Van Goghs Farbenauftrag unterscheiden sich wie Tanz und Schauspieler Gebärde: Beide absichtlich ausdrucksvoll, aber Jener auch noch rhythmisch. Auch ist Manets Pinselstrich mehr Ausdrucksgebärde, Van Goghs mehr rhythmische Umdichtung. Manet denkt mehr an die Wirklichkeit (die Richtung der Fläche, die der Pinselstrich wiedergiebt[2]), Van Gogh mehr an das ornamentale Motiv, das er erschaffen will. Mit Beiden zu vergleichen Whistler[3], der vor Allem an seine eigene Gebärde beim Malen denkt. Bei Manet ist der Pinselstrich eine Ausdrucksbewegung, bei Whistler eine Tanzbewegung, bei Van Gogh die Einfügung eines Strichs in ein rhythmisches Ornament. Van Gogh denkt am wenigsten an sich, am meisten an die Kunst, Whistler am meisten an sich, Manet am meisten an die Natur. – Monet trägt dick und unruhig auf ohne Manets Ductus und rhetorischen Schwung: schmale, kreuz und quer gehende Flecken und Striche wie durcheinandergekautes farbiges Papier; die Striche werden immer kleiner, oblatenartiger, je mehr er zur optischen Farbenmischung übergeht. Bei Manet Spuren eines ähnlichen Auftrags in seiner Course de Taureaux hier (Cochin), wo er zum Teil ganz reine Farben nebeneinandersetzt, um die starke Sonne zu erreichen auf den Anzügen der Toreros. – Renoir mehr Pastellartig, haarfeine, lange Striche kreuz und quer, eine richtige Strichelung wie mit einem farbigen Bleistift (cf das Porträt der Samary). – Gauguin in seinen Bildern von 87/88 (Tahiti, Martinique) gestrichelter Pinselstrich, Farbenzerteilung. Bei seinen späteren Monumentalbildern sieht man die Pinselstriche nicht mehr deutlich, sie sind wie verrieben. Aber nicht Couleurs plates, sondern viel „Ton" Abwechselung innerhalb jeder grossen Farbenfläche. An einzelnen Teilen (Schärpen der beiden Frauen in der Mitte des Rouartschen Bildes) auch noch ganz kleine Flecken reiner Farbe nebeneinander. Dieses auch sonst. Dies und den Tonreichtum hat er also vom Impressionismus übernommen. – Seurat's Chenal de Gravelines (Braun) vielleicht das Bild das von allen hier die seltensten Qualitäten hat. Seurats „sérénité" nah verwandt mit Vandeveldes Stimmung, die er in Zimmer und Haus zu schaffen sucht. Horta

---

[1] Verweisung: „(cf 27.II.04)"

[2] Verweisung: „cf. Maurice Denis 26.XI 03 a. E."

[3] Verweisung: „(cf 27 II 04)"

(Solvay) hat das garnicht. – Mit Lemmen gefrühstückt und von ihm ein Bildchen gekauft: kleines unbekleidetes Mädchen auf Sofa 250 frcs. – Bei Maus gegessen, 27 rue du Berger. – Für Henri de Brakeleer Sammlungen von Marlier, 6 Avenue des Arts, hier, und Couteau, Groenendael.

London. 31. März 1904. Donnerstag. *31.3.1904 Donnerstag*
Abends hier an.

London. 3 April 1904. Ostersonntag. *3.4.1904 Sonntag*
Im British Museum. Kräftige und schwache Kunst (Grösse und Dekadenz) unterscheiden sich vielleicht durch Nichts deutlicher als durch die Herrschaft über den Raum und die Feinheit des Raumgefühls (le sens des volumes.). Vgl. hier Phidias mit dem späten korinthischen Kapitäl. In der Spätzeit scheint das Raumgefühl zu schrumpfen auch wo die wirklichen Gesamtdimensionen gleich bleiben. Unterschied von artistischer Masse und wirklicher Masse. Die Pyramiden und das Parthenon. Dehmels wunderlicher Irrtum.[1] – Wie man am besten praktisch weiterkommt: beharrlich und ohne Bitterniss (sans rancune.). So, ich in Weimar, wenn es mir möglich wäre.

London. 9 April 1904. Sonnabend. *9.4.1904 Samstag*
Bei Steer in Cheyne walk gefrühstückt (No 109). Seine Nichte, Miss Hamilton. Er fragte und sprach viel über den Neo Impressionismus, der ihn zu interessieren schien. Gewisse Farben könne er aber doch nicht wiedergeben, indem er auf seine schöne braun und schwarz gesprenkelte Katze zeigte. Immerhin habe er viel darüber disputiert und davon gelernt. Nachher bei Conder, eine ganz andre Art Mensch, nervös, mager, mit langem, glattgescheiteltem Haar, hyperästhetisch, der grade Gegensatz zum schweren, mächtigen Steer.

London. 10 April 1904. Sonntag. *10.4.1904 Sonntag*
Bei Mc Colls in Twickenham. Hübsches kleines altes Haus aus der Zeit von Pope zwischen einem kleinen altmodischen Garten, mit gradgeschnittenen Hecken und einem grossen, schönen Park. – Vormittags bei Gordon Craig, 167 King's Road, Chelsea. Er hat dort eine dramatische Schule. Er sprach Viel über die Notwendigkeit exaktester Disziplin auf dem Theater. Jeder Schauspieler müsse die ihm vom Regisseur vorgeschriebenen Bewegungen genau machen, to a third of an inch. Then it is possible to get a sort of amusing design into the play, all sorts

[1] Verweisung: „(cf. Maillol, namentlich 8.IX 04; ferner 19.IX 04"

of nice lines. But what is the good of designing scenery and trying to get some expression into it, if the actors go moving about in it just as they like? Er möchte gern Schnitzlers Grünen Kakadu inszenieren und von seiner Schule spielen lassen.

London. 11 April 1904. *11.4.1904 Montag*
Bei Muirhead Bone in Hammersmith.

London Paris 15 April 1904 Freitag. *15.4.1904 Freitag*
Nachmittags nach Paris, noch immer mit Influenza. – Jede Rasse hat es in ihrer Macht schön zu werden. Die Schönheit hängt immer von der Stärke des Willens ab, der im Körper und im Gesicht sichtbar ist. Der Grund, das Fundament, aller Schönheit ist Charakter. Das Individuum kommt sogar erst in zweiter Linie; der fonds, den es mitbekommt, ist wichtiger. Alle Schönheit ist in ihrer Wurzel ethisch. Auch reizt nur Wille wirklich das Geschlecht. Denn es giebt thatsächlich zwei Schönheiten, eine blos ornamentale, geschlechtslose, und eine das Geschlecht reizende. Und diese hängt immer für uns mit irgendeiner Willensmanifestation zusammen. Vandevelde gehört trotz seiner Theorieen wirklich mehr zur zweiten. Aller Rhythmus ist Wille. Frage: Kann Willensschönheit (Charakterschönheit) anders als durch das Geschlecht wirken? Es ist vernünftig, hässliche Menschen zu hassen, wenigstens hässliche Familien, Familien ohne sichtbaren Willen, Neu-Berlin. – Grundthatsache: die Hinneigung des Geschlechts zu Allem was Willen manifestiert. Kraft zu Kraft. Gravitationsgesetz. – Alle Sinnenschönheit (Farbe, Linie etc.) ist vielleicht secundär, vielleicht Unterthan dieser Willensschönheit. Im Anfang ist immer der Wille, ein Charakter, der sich offenbart. Insofern ist wirklich die Schönheit ethisch, wie Ruskin sagt. Nur ist sie deshalb keineswegs „moralisch". Diese Ethik hat Nichts zu thun mit Moral; sie bedeutet Nichts als eine Willensharmonie, Eine von den unzähligen möglichen Harmonieen, die die Willensstrebungen bilden können. Sie negiert also geradezu die „Moral", die immer eine einzige Ordnung als musterhaft aufzwingt. Die Kunst ist also in ihrem Wesen notwendig ethisch und zugleich notwendig antimoralisch. – Die beiden Klippen dieser Auffassung das „Moralische" und das „Sentimentale". Daher schärfste Trennung zu markieren. – Die tiefste Schönheit ist immer eine Willensrelation zwischen mir und einem andren Willen.[1]

Paris 16 April 1904. *16.4.1904 Samstag*
In Passy. Mama, Gee.

---

[1] Verweisung: „(cf. 7 IV 03; 22 VI 06"

Paris 17 April 1904. Sonntag. *17.4.1904 Sonntag*
Gee mit mir im Thé de Ceylan Thée. Bei Brions gegessen.

Paris. 18 April 1904. *18.4.1904 Montag*
Bei Rodin. Während wir sprachen machte ein junges männliches Modell noch fortgesetzt Turnbewegungen, hantelte etc. Rodin lässt seine Modelle sich so fortwährend bewegen, um die Muskeln in ihrem Leben zu beobachten. Wieder mit Gee im Thé de Ceylan. Abends bei Brions gegessen mit Mamma. – Gestern und heute in die Pissarro Ausstellung bei Durand Ruel. Er bleibt ein Meister dritten Ranges, weder Genie, noch grosses Talent; eher sogar noch ein Pfadfinder. Aber ihm fehlt die starke, wertgebende Persönlichkeit. Was er sieht und sagt, scheint immer nebensächlich, fast gleichgültig. Nicht dass er Corot, Courbet, Millet, Monet, Seurat abschreibt, aber dass sein Eigenes so wenig packt, setzt ihn herab. Immerhin, dritten Ranges, d. h. ein tüchtiger, feiner, eigener Künstler ist er. – Bilder von 64-70: die beiden grossen Einflüsse Courbet und Corot, Courbets Realismus, Corots Valeurs (Licht, Art, Licht zu geben). Von Courbet auch der dicke, breite Auftrag. Delacroix' Einfluss auf die Impressionisten erst später. Ganz reine Farben stellenweise schon auf L'Ecluse 1869 (Faure). Auf Pontoise (Faure) lauter kleine gehäufte Flecken reiner Farbe. Um 1880 ist Pissarros Technik eigentlich voll entwickelt: kleine, nervöse, gehäufte Pinselstriche, wie zusammengestrickt; lauter reine Farbe, auf dem Pinsel wenigstens. Optische Farbenzusammensetzung. cf. Cueillette des Pois 1880 (Girin). Um 86 grosse Cueillette des Pommes bei der Wittwe Pissarro, vollkommene Zerlegung der Farbe mit Blau im Schatten und Orange im Licht. 88 Auf der Cueillette de Pommes bei Dureau Dasselbe, aber systematisch, also überall auf dem Bilde. Seurats Einfluss und Prinzipien. Pointilliert.

Paris 19 April 1904. *19.4.1904 Dienstag*
Sammlung Binant im Hotel Drouot. Courbets Casseurs de Pierres und Delacroix Assassinat de l'Évêque de Liège. Courbets Bild enthält lauter prachtvolle, starke Stücke, die nackten Arme und Hände der beiden Figuren, das Profil des Jungen u. s. w; das Ganze sagt mir aber Nichts. Ihm fehlt jeder Sinn für die Komposition, ich meine die Mise en Page, die die beiden andren grossen gleichzeitigen Realisten, Daumier und Millet so verblüffend hatten. Die Proportionen sprechen nicht; deshalb erscheint Alles zufällig. Trotzdem bleibt er ein Grundpfeiler der ganzen weiteren Entwicklung, durch seinen Geist und durch die breite, reiche Malerei seiner Bilder. Delacroix Mordszene ist virtuos schön, wie ein Goya. Der Bischof in seinen weissen, edelsteinglitzernden Gewändern sinkt nieder wie ein ermordetes Idol; ringsumher unendliche Soldatesca und Dunkelheit. So klein das Bild ist, unendlich viel Raum und Grösse und noch mehr Reichtum der Farben, trotz der tiefen, breiten Schatten.

Berlin 22 April 1904. *22.4.1904 Freitag*

Kontrollversammlung.[1] Bei Liebermann. Über Justis Brochüre und sein Nichtverstehen moderner Kunst. L. sagte: Wissen Sie, das begreife ich viel besser als Sie, weil ich das an mir selber noch erlebt habe. Als ich zuerst nach Paris kam, 74, da habe ich über Manet mitgelacht. Es hat einige Jahre gedauert bis ich begriffen habe, dass das nicht lächerlich sei. – Über Leibl, dessen neu von Tschudi erworbenes Bild ich bewunderte. Na wissen Sie, – ich würde ja öffentlich so Etwas nicht sagen, aber wahr ist es, – Leibls Kunst ist eigentlich doch nur mit dem Asch gemacht. Sitzfleisch, weiter Nichts, Kunstgewerbe!

Weimar. 28. April 1904. *28.4.1904 Donnerstag*

In Jena einen Vortrag über Kunst α Publikum gehalten. Vandevelde und Frau Förster fuhren mit hinüber.

Berlin. 3 Mai 1904. Dienstag *3.5.1904 Dienstag*

Eröffnung der Sezession. Abends Diner im Palast Hotel. Zwischen Frau Liebermann und Frau Sarre. Marietta Di Rigardo Cake walk getanzt mit Kardorff. Slevogt überreichte ihr den Kuchen. Mit Pachnicke gesprochen wegen der Resolution[2] im Reichstag.

Berlin. 4 Mai 1904. *4.5.1904 Mittwoch*

Heymel hier. Mit ihm bei Kons gegessen. Er machte Anerbieten wegen der Klassiker Ausgabe. „Wilhelm Ernst" Ausgabe; aller Profit zur freien Disposition des Grossherzogs.

Berlin. 5 Mai 1904. Donnerstag. *5.5.1904 Donnerstag*

Bei Frau v Heyking, die mich krank auf dem Sofa empfing. Über Robert Tornow.

Berlin. 6 Mai 1904. Freitag. *6.5.1904 Freitag*

Mit Spahn conferiert wegen Resolution. Er will lieber blos eine sanfte Erinnerung an die Regierung. Abends nochmals mit Spahn, den ich zufällig in der Bahn traf.

---

[1] Deutscher Künstlerbund

[2] Frage der gerechten Berücksichtigung der verschiedenen künstlerischen Richtungen bei der Verteilung des Fonds zur Unterstützung der deutschen Kunst

Weimar. 8 Mai 1904. Sonntag. *8.5.1904 Sonntag*
Meinen Vortrag[1] im Nietzsche Archiv wieder gehalten. Vorher Frühstück. Prozors, Rothes, Münchhausens etc.

Berlin. 10 Mai 1904. Dienstag. *10.5.1904 Dienstag*
Im Reichstag nacheinander mit Spahn, Kardorff, Pachnicke, Oriola, Müller Meiningen konferiert. Die Resolution wurde schliesslich doch eingebracht, dann von Kirsch (Ztr) etwas modifiziert und fast einstimmig angenommen. Törichte Rede von Arendt. In der Diplomatenloge zugehört. Abends Diner bei Liebermann für Bartholomé. Dort noch Tschudis, Bildhauer Lubosch etc. Spät nach London abgereist.

London. 13 Mai 1904. *13.5.1904 Freitag*
Die Academy. Wozu? Schliesslich ist doch jedes Kunstwerk und „die Kunst" überhaupt nach ihrer Relation zu irgendeinem wesentlichen Bedürfnis der Seele oder des Lebens zu prüfen. Nicht nach Moral; sondern man nehme die Seele und das Leben nackt, ohne Vorurteil oder Zwecksetzung. Aber dann steht man doch schliesslich wieder vor der Frage: Wie weit erfüllt dieses Werk, diese Kunst, die Kunst überhaupt ein Bedürfnis des Lebens? Die Antwort wohl wie in meinem Vortrag: Ethik der Sinne und der Phantasie; ordnender Wille (Nietzsche). Aber solche Ausstellungen, und diese gutgekleideten, schwach schlecht riechenden Horden drin! Was wollen die? – Im Einzelnen: Watts: Reiter (Physical Energy): doch Skulptur (plans), wenn auch etwas roh und vor Allem leer. – Clausen: eine Art von bourgeoisem Pissarro. Zerlegte Farben, Milletsche Bäuerinnen, timide, salonmässig, ohne innere Notwendigkeit. – Sargent: Gräfin Lathom. Wie kann Jemand so ein Kleid malen, so langweilig, so „materiell" ohne jeden farbigen Reiz, ein blos breitgestrichener Farbenklecks, den man ebensogut mit dem Fuss wie mit dem Pinsel über die Leinwand ausbreiten könnte (früher schon ebenso auf dem Doppelporträt der Missis Wertheimer).[2] – Poynter: Asterie!!! – Das weiche, ölige, Süsse der englischen Kunst, die Pomaden Atmosphäre.

London. 14 Mai. 1904. *14.5.1904 Samstag*
Burne Jones Ausstellung (Zeichnungen) in der Leicester Gallery, Watts in der New Gallery, Holman Hunts Light of the World in Bond street. – Burne Jones: Die grosse Kunst der Engländer ist Frauentypen zu schaffen: Gainsborough, Burne Jones, Whistler. Im Übrigen ist Burne Jones eine unendlich geschmackvolle Wiederholung Lionardos und des Quattrocento. Die Linienrhythmik ist sogar besser, accurater, wissenschaftlich genauer als beim Quattrocento, wie ein Ma-

---

1 Kunst und Publikum

2 Verweisung: „Aber über Sargent cf noch 16.V.04"

schinengewebe accurater ist als ein Handgewebe. Was fehlt, ist nur l'Imprévu, das Genie. (Die Monotonie seiner Technik) In dieser Beziehung steht Stevens auf einer ganz andren Stufe als Burne Jones. Er hat innerhalb der aufgefrischten Konvention Genie; Burne Jones nur sexuelle Sinnlichkeit. „Desire" ist wie er selbst sagt (cf. Sidney Colvins Katalogvorrede) die Grundnote seiner Kunst. Aber ohne eigene Phantasie. Er ist wie ein Mann, der Nachts von Bildern träumt und von Frauen, die er auf Bildern gesehen hat, nicht von einer Frau von Fleisch und Blut. Aber durch die starke Sinnlichkeit hat sich merkwürdigerweise dieser Traum in Fleisch und Blut umgesetzt. Burne Jones hat der englischen Bourgeoisie, den middle classes, ein Frauenideal geschaffen, wie Gainsborough der englischen Grande Dame. Das ist doch sehr bemerkenswert als Potenz, sei sie künstlerisch oder ausserkünstlerisch. – Zu beachten: bei Degas, Toulouse Lautrec der Vorgang umgekehrt. In England realisiert sich die Kunst im Leben (praktisch) in Frankreich sublimiert sich das Leben in der Kunst (Idealismus, Abstraktionismus). Die eigentlichen Idealisten sind Degas und Lautrec. – Bei Watts (New Gall., Academy) fehlt die weibliche „hantise". Er lebt in grossen Abstraktionen (zu vergleichen mit Degas etc, aber so ganz anders, metaphysisch), deren Verkörperlichung sein ganzes Streben ist, aber seiner Kunst Nichts hinzufügt. Er besteht vor dem Auge bis zu einem gewissen Grade nur durch erhabene Proportionen, in denen ihm aber Stevens unendlich überlegen ist. Die Mythologie, die er erfunden hat, ist für das Auge ohne Kommentar unverständlich, Programmmusik, die ohne Programm kein Mensch zusammenreimen kann. Was hat das mit Kunst zu thun? Monet hat wirklich die Weltanschauung seiner Zeit, den freiheitlichen Pantheismus, unmittelbar sichtbar und fühlbar gemacht. Watts hat im Schweiss seines Angesichts Hieroglyphen aufeinander getürmt, deren Sinn schon heute Niemand versteht und die nur noch einen Arabeskenwert behalten haben. Monet wollte vielleicht blos einen schönen Teppich machen und schuf für alle Zeit eine Verkörperung seiner Weltanschauung; Watts wollte Weltanschauung malen und was übrig bleibt sind blos Fragmente schöner Teppiche. À rebours lassen sich Symbole nicht aufbauen, ebensowenig wie ein Haus. Sie müssen aus dem Publikum aufsteigen. Aber die Praeraffaeliten wollen immer in das Leben einbrechen, von aussen Etwas hineintragen. – Hunts Light of the World ist nicht discutabel.

London. 15 Mai 1904. Sonntag. *15.5.1904 Sonntag*

In der Tate Gallery. Verhältnis des Burne Jonesschen Frauentypus zu Rossettis. B. J. hat Rossettis Frau ins Akademische übersetzt und ihre reale, warme Sinnlichkeit ins Traumhafte verflüchtigt, aber dadurch wie einen feinzerteilten Duft vielleicht noch durchdringender gemacht. Die roten Lippen von Rossettis Jungfrauen sind der Erfüllung immer nah, die Mädchen von Burne Jones leben in einer Welt, in der es keine Erfüllung giebt; ihre Augen sehen sozusagen am Mann vorbei. Dagegen Rossettis Blick, selbst der der Maria auf der Verkündigung;

immer voller Vorstellung! Auch Rossettis Haar, der schwere Reichtum seines Haares, gehört in eine wirkliche, noch wirklichere, sinnlichere Welt als unsere nordische. Rossettis Frau ist eine tropische Blüte; die von Burne Jones ein nordischer Traum; (Helena.) Die Lippen, das Haar, die Augen von Rossetti; und die von Burne Jones! Die Malerei ist bei B. J. akademisch nichtssagend, bei Rossetti dilettantisch, aber mit einem gewissen Talent; nur ist dies unentwickelt, der Ton deshalb meistens monoton und trivial (cf das Weiss auf dem Ecce Ancilla domini, das Fleisch, selbst das Licht, auf das für die Konzeption hier soviel ankommt, ganz reizlos und ohne Feinheit.) Mit Watts vgl. ausser Monet auch Rembrandt. Auch Dieser malt Weltanschauung; aber wie anders! Wie prinzipiell anders! Comment faut-il avoir l'esprit fait, um sich heute wirklich die letzten Dinge und Abstraktionen in dieser materiellen Menschlichkeit vorzustellen wie Watts. Der Ungebildete stellt sie sich garnicht oder ganz anders vor, der Gebildete ganz gewiss nicht in menschlichen Gestalten. Das Grossartige bei Rembrandt und Monet das Licht zum Träger der Weltanschauung machen. In der gestaltlosen Gestalt des Lichts können auch wir uns noch die metaphysischen Dinge vorstellen. Aber man muss total gedankenlos sein oder sich selber betrügen, um Watts seine Männer und Frauen für Symbole hinzunehmen. – Die Praeraffaeliten lassen sich nicht als reine Künstler fassen; man kann sie nur in ihrem Verhältnis zum Leben ihrer Zeit richtig abschätzen. Es sind durchaus relative Erscheinungen d. h. die Relation ist bei ihnen Alles, nicht wie bei andren Künstlern blos ein äusserliches Erklärungsmittel. – Zu bemerken auch die realistische Strömung unter ihnen (Millais, Ford Maddox Brown.), die englische Parallele zu Courbet und Menzel; auch ziemlich gleichzeitig (1850). Aber worin unterscheidet sich Maddox Brown von Courbet und auch von Menzel?

London. 16 Mai 04. Montag. *16.5.1904 Montag*

Wieder in der Academy. Sargent: Mrs Wertheimer, Col. Leonard Wood, Marquess of Londonderry im Krönungsornat mit einem Pagen. Sargent hat von den Impressionisten, namentlich Manet, die breite, flächenhafte Modellierung (Farbenmosaik), nicht die prinzipielle Farbigkeit. Als Maler ist er zweiten Ranges, negligeabel. Aber als Menschendarsteller steht er doch auf einer beträchtlichen Höhe; namentlich als Darsteller von Männern. Ich wüsste eigentlich Niemanden, der ihm heute seinen Marquess of Londonderry, seinen Lord Ribblesdale, seinen Asher Wertheimer nachmachen könnte. Vielleicht Rysselberghe; kaum Slevogt. Der schwache Punkt ist die Farbe: die grossen monotonen Farben Flächen, die ihn und uns langweilen, und der Mangel an Reinlichkeit, die schmutzig braune Küche. Aber er stellt doch öfter einen Mann so hin, dass das Bild packt, noch nach Jahren deutlich in der Erinnerung bleibt. Und er modelliert glänzend: breit, einfach, sicher, psychologisch, siehe hier den General Leonard Wood U.S.A. Summa summarum: garkein Raffinement; aber Frische, Psychologie und Können innerhalb einer von Manet abgeleiteten malerischen Konvention. Und keine psychologische Konvention à la Lenbach; sondern den Menschen gegenüber nur das Auge. (Lenbachs unverzeihlicher Fehler, dass er die malerische Konvention zu einer psychologischen werden liess.) Weit weniger gut als die Männer sind die Frauen, ausser den ältlichen, männlichen. Man fühlt eine Zurückhaltung in Psychologie und Technik, ohne dass der besondre „charme" der Frau herauskommt, wie etwa bei Vandyck, Gainsborough oder Whistler. Er opfert seine Frische und seine Psychologie; aber er hat eigentlich Nichts, dem er das Opfer bringt. Er bringt das Opfer blos aus Höflichkeit und weil es verlangt wird.

Bradford. 18 Mai 1904. *18.5.1904 Mittwoch*
Wieder in der Ausstellung. Die Verknotung zwischen der Constable-Turner Tradition und den Praeraffaeliten: Maddox Brown (Mother α Child am Feuer, Coll. H. Boddington) Holman Hunt (Hireling Shepherd 1851 Manchester Gall.) rücksichtsloser Realismus. Studium der Reflexe (Lichterproblem bei Brown). Bei Hunt auf dem Shepherd blaue Schatten und überhaupt äusserst weit getriebene, gewissenhafte, fast wissenschaftliche Analyse der Schatten und Reflexe mit stecknadelgrossen Tupfen aller Farben, grün, blau, gelb, rot (cf die Hand des Mädchens, die Hemdsärmel des Mannes). Renoir ist nie weiter gegangen. Und doch ist hier damit artistisch Nichts erreicht. Warum? Ich glaube die artistische Gesamt Konzeption fehlt ganz (cf was ich in meinem Artikel über Arts α Crafts sage); er wählt nicht, er komponiert nicht. Solch ein Bild der glänzendste Beweis, dass die artistische Qualität der Impressionisten nicht auf blosser Wiedergabe der Reflexe, der flüchtigen Lichtfarben beruht. Aber Hunt ist jedenfalls die direkte Fortsetzung von Constable und Turner (vielleicht die ad absurdum Führung). Auf dem 1870/79 gemalten Shadow of Death dasselbe Studium der Reflexe, aber viel weniger fleissig und genau, sozusagen aus dem Handgelenk. Ganz mässig und verwaschen auf dem ganz neuen, jetzt in London ausgestellten Light of the World. Bei Hunt hat das Bild, das Licht, die Farbe garkeinen Reiz, ein blosser sehr weit getriebener Vorstoss nach der Farbenphotographie. Ein gewisser Stil nur in der Linie. Was die französischen Impressionisten gemacht hat ihr Geschmack, ihr mitgebrachter artistischer Sinn, der Boden, auf dem der Impressionismus hier wuchs. Auch fehlt Brown ganz die Empfindung für den artistischen Rhythmus des Tons, der Helldunkel-Komposition. – Bei Millais: The Woodman's daughter (1851) (bei Lady Millais) die Reflexe und Lichtanalyse sehr verschieden fein an verschiedenen Teilen des Bildes, als ob er bald der Sache müde geworden wäre; ziemlich oberflächlich oder sogar teilweise garnicht an Kopf und Haar des Jungen, etwas ungeschickt experimentell, aber entschlossen, am Gesicht des Mädchens, sehr genau beim alten Holzhacker (cf die Mischung blauer Schatten und grüner Reflexe auf Hemd und Hose). Auf der Conclusion of Peace 1856 schon fast garkeine Reflexe und Lichtstudium; die braunen Schatten

nehmen überhand, wenn auch noch möglichst „durchsichtig". – In Millais Zeichnungen (Apple Blossom bei McColl, Lady Carew gathering Violets) vereinigt sich die Rossettische Linie mit dem englischen Realismus. Ebenso bei Keene und den Illustratoren. – Bei Rossetti Girlhood of Mary Virgin (1849 Lady Jekyll) keine Spur von Reflexen: die üblichen braunen Schatten, wenn auch leicht (keine Sauce) und das ganze Bild möglichst farbig (mit reinen, nicht getrübten Farben gemalt). Aber hier gleich ein rein artistisches Element (was Hunt, Brown, Millais fehlt); die Linie. cf die Flügel des kleinen Engels, die Lilie, die Gardine mit ihren hohen, langen Falten, die lang herabhängende Stickerei, an der Maria stickt, ähnlich wie auf der Verkündigung in London. Das Tragische des Praeraffaelitismus, dass das artistische Element, das Rossetti hineinbrachte, die Linie, keine Beziehung hatte zu dem Neuen (der farbige Reflex, und das Vibrieren des Lichts), das sich seit Hogarth in der englischen Malerei ausgebildet hatte. Dies ist der point d'avortement der englischen Malerei gewesen, diese Inkongruenz des plötzlich hinein geworfenen artistischen Elements mit dem, was seiner Erlösung zu reifer Kunst harrte. Wenn Rossetti eine ähnlich intensive Konzeption der Farbe wie der Linie mitgebracht hätte, so hätte England wahrscheinlich sofort den artistischen Impressionismus wie Frankreich gehabt. Jetzt erholt sich die englische Malerei langsam von dieser Katastrophe. Wie gewaltsam diese Richtungsänderung war, sieht man hier an den Bildern von Madox Brown: Mother α Child und Here is your son sir (1856) ganz Reflex und Lichtstudium, und dann plötzlich eine Grablegung (1878) auf der Nichts mehr gesucht wird als die Linie, das Rossettische Haar etc.

Paris. 20 Mai. 1904. Freitag. *20.5.1904 Freitag*
Abends über Newhaven hier an.

Paris. 21 Mai 1904. *21.5.1904 Samstag*
Bei Gee draussen, die wohl und etwas stärker im Gesicht aussieht. – Die Kultur, die man wünschen würde: aesthetisch-voluntaristisch-hygienisch: feine, produktive Sinne, ein starker Wille, der vor Allem sich beherrscht, ein durch Frische und Gesundheit schöner Körper der sich schön bewegt.
Elemente dazu heute:
Wille: Offizierkorps (oder Dienstjahr überhaupt), Kant, Fichte, Nietzsche
Sinne: L'Art pour l'Art; Einführung in das Geniessen durch das Auge.
Gesundheit: die Armee (aber bewusst in diesem Sinne nutzbar zu machen)
Spiele (Schule und später: Fussball, Rudern, Tennis, Golf)
Hygienische Gewohnheiten (Essen, Baden etc.)
Aber bei Alle dem die Arbeitsteilung nicht verkennen: es braucht nicht Jeder (Jeder kann nicht) diese sämtlichen Richtungen zu verfolgen. Ihr Vorhandensein in Verschiedenen und ihr Gleichgewicht im Volkskörper genügt, um eine Kultur

mit diesem Inhalt hinzustellen. – Stellung des Staats hierzu; und von dem Standpunkt eines solchen Ziels seine Stellung zur Kunst. – Wo bleibt bei dem Allem aber der Geist, der Intellekt? Ist das nicht auch Alles ohne Intellekt möglich? – Man sieht, glaube ich, hier bei dieser Wunschtabelle, wie der Geist nur der Diener, das Erkennungs- und Verwirklichungsmittel der Kultur ist. Er ist kein Zweck für sich, ausser insofern ohne ihn kein Ziel sich verwirklichen lässt. – Wichtigkeit fremder Kulturen, wo Teile dieses Ziels schon verwirklicht sind: die Kultur des Auges (l'Art pour l'Art) in Frankreich, die körperliche Frische und Schönheit in England und zum Teil (bei den Frauen) in Amerika. Wir selbst besitzen den methodischen, selbstbeherrschenden Willen im Offizierkorps und in unserer Wissenschaft. – Ein Buch, das diese Ziele und Erscheinungen untersuchte. (Kapitel: Der Wille im deutschen Offizierkorps von Friedrich und Kant an. L'Art pour l'Art in Frankreich. Sport und Schule in England. Die Schönheit der amerikanischen Frau (künstliche Züchtung.) Etwa ähnlich wie Okakuras Buch). – Subsidiäres Mittel auch der wirtschaftliche Reichtum. – Die sexuellen Fragen in ihrem Verhältnis zu einer solchen Kultur.[1]

Paris. 22 Mai 1904. *22.5.1904 Sonntag*

Mit Gee an Papas Grab.

Paris. 23 Mai 1904. Montag. *23.5.1904 Montag*

Mein Geburtstag. Nachmittags mit Gee.

Paris. 24 Mai 1904. *24.5.1904 Dienstag*

In Monets Ausstellung (London) bei Durand Ruel. Monet selbst dort getroffen und länger gesprochen. Er sprach über seine Anfänge, Freundschaften mit Renoir, Pissarro etc; lehnte aber energisch die Möglichkeit einer Schule ab. –

Paris. 25 Mai 1904. Mittwoch. *25.5.1904 Mittwoch*

Wieder bei Durand Ruel. Nachher mit Gee bei Maus, wo Georgette Leblanc.

Paris. 26 Mai 1904. *26.5.1904 Donnerstag*

Die Guys Ausstellung bei Barbezanges und die Slg. Barbotteau bei Bing. Guys, Vergleich mit Seisshu[2] und Kano-Tanniu: bei Guys ebenso wie bei diesen durch die Verteilung weniger Flecken und ihre richtige Valeur eine Quintessenz des Ausdrucks oder der Bewegung (du geste). – Guys und Daumier: Guys bleibt der Wirklichkeit viel näher (er transponiert weniger, weniger Karrikatur) als Daumier. – Guys und Keene oder Menzel: Keene und Menzel reconstituieren die

---

[1] Verweisung: „(cf auch 22.X.03; 20 VI 04."

[2] Sesshu

Wirklichkeit durch sehr genaue (analytische) Wiedergabe von vielen Einzelheiten, Guys durch eine synthetische (quintessenzierende) Herausholung einzelner Noten (pars pro toto), darin mit den Japanern verwandt. Das Einzelne, namentlich die Linie, bei Guys oft scheinbar charakterlos und verzeichnet, so seine rundlichen, knochenlosen Handgelenke, die doch so treffend und packend die Bewegung innerhalb des Ganzen (in der synthetischen Relation) geben; wie viel wahrer, tiefer, als ein Menzelsches peinlich genau gezeichnetes Handgelenk. – Das Geheimnisvolle, Unheimliche kommt bei Guys aus dem Helldunkel; aber nicht aus dem Andeuten im Helldunkel, sondern durch das Unerwartete, Bizarre, Groteske gewisser Helldunkel Arabesken (Relationen), die irgendeine ganz alltägliche Figur phantastisch machen. (cf 153 Chanteuse, Coll. Lepère). – Guys Berührung mit Manet und sein Verhältnis zu Gavarni; auch das zu Nadar, dem Photographen. – Was Guys sieht, ist immer eine Schwarzweiss Arabeske in ihrer räumlichen Verteilung, und eigenartigen Intensitätsbeziehungen, also die Relation verschiedener Valeurs zu einander auf einer Fläche. Wie schwer eine solche Abstraktion ist, cf Monets Äusserung zu mir, er habe nie in Schwarz Weiss zeichnen können. – Guys durch seine Art der Naturwiedergabe (eklektisch-synthetisch) zweifellos einer der impressionistischsten Impressionisten. Psychologisch hat Guys zweifellos recht gegen Menzel und Keene. – Rolle des Wählens in der Kunst. Mit viel grösserem Recht als den Impressionisten kann man Zeichnern und Malern wie Menzel oder Denner (Analytikern) vorwerfen, dass sie aufhören, wo die Schwierigkeiten anfangen. Sie gehen nur bis zum Wählen, diesem kapitalen Akt des Kunstschaffens, wagen oder wissen aber nicht die Wahl auszuführen. Tanniu oder Guys sind in Wirklichkeit viel ausgeführter als Menzel oder Keene, wie gekochte Kartoffeln fertiger sind als blos geschälte.

Paris. 29 Mai 1904. *29.5.1904 Sonntag*

Mit Gee in Armenonville Thee getrunken. Mich von ihr zuhause verabschiedet.

München 31 Mai 1904. *31.5.1904 Dienstag*

Früh 8 an. Um 9 Eröffnung der Künstlerbund Ausstellung durch den Prinz-Regenten[1], der im Frack erschien. Vorgestellt. Rundgang durch die Ausstellung. Um 2 zum Diner beim Prinzregenten mit Bodenhausen, Habermann, Kalckreuth, Keller, Lichtwark. Dort noch die Prinzess Therese. Nach Tisch sehr zwanglose Unterhaltung. Der Prinz gieng herum und sprach mehrmals mit Jedem über allerlei. „Gemütlich". Abends Vorstandssitzung im Künstlerhaus.

[1] Luitpold

München 1 Juni 1904. Mittwoch *1.6.1904 Mittwoch*
Heymels Hochzeit in Tutzing. Kühlmanns mir gegenüber sehr empressiert wegen Weimar. Trauung in der Dorfkirche. Bei Tisch zwischen Frau v Redtwitz und Frau v Maffei, Frau v Kühlmann gegenüber. Ein alter Graf Veri da, über 80, der mir einige amüsante Geschichten von Schwind und von Wagners erzählte. Schwind habe zu ihm einmal gesagt: Nirgends ist die Gerechtigkeit so gross wie in der Kunst. Der Kaiser Franz mochte die Künstler nicht leiden. Jetzt steht er da, vor der Burg[1], wie ein Suppenhähndel. Mit Ludwig I, dem er zu modern und realistisch war, stand sich Schwind nicht gut. Er sagte einmal zu Veri vor dem Denkmal[2] in der Ludwigstrasse wo von den Pagen nur die vier Beine neben den vier Beinen des Pferdes von Weitem zu sehen sind: Sehen's das Pferd mit den acht Beinen, das sind die überflüssigen Füss' von den Versen des Königs. – Cosima beschrieb er bei einer etwas bewegten Szene in Wahnfried während einer grossen Gesellschaft, plötzlich sei inmitten des Lärms sie auf der andren Seite des Saals aufgestanden und durch die Menge „wie ein Nebelstreif herangeschwebt."

Weimar 4 Juni 1904. Sonnabend. *4.6.1904 Samstag*
Früh hier an. Vandevelde gesehen. Er klagt über grosse Müdigkeit. Er habe „besoin de se recueillir". Namentlich fühle er sich geistig sehr ermüdet und manchmal zweifelhaft. Er möchte sich einige Wochen ganz in die Einsamkeit zurückziehen, um sich zu überlegen, ob sein Weg der richtige wäre. Was er machte, sei so verschieden von dem was Andre machten und würde so sehr immer verschiedener, dass er manchmal zweifle, ob es wirklich dem Zeitgeist entspreche, modern sei, oder nur sein persönliches, willkürliches Werk. Darüber möchte er einmal ernsthaft nachdenken. Er muss morgen nach Frankfurt wegen des Theaters. Ich begleite ihn.

Frankfurt – Heidelberg. 5 Juni 1904. Sonntag. *5.6.1904 Sonntag*
Mit Vandevelde nach Frankfurt. Im Englischen Hof Unterredung mit dem Architekten vom Endt, den die Aktionäre als Kontrolle für Vandevelde verlangen. Nach zweistündiger ziemlich bewegter Unterredung Verständigung dass sie Beide gegeneinander Einspruch haben sollen, dass aber Von Endt sich verpflichtet, den Auftrag nicht ohne Vandevelde anzunehmen. (d. h. nur wenn auch Vandevelde mit beauftragt wird.) Damit der Auftrag Vandevelde wohl gesichert. Abends nach Heidelberg, wo Bodenhausens an der Bahn.

---

1 Marchesi, Denkmal für Kaiser Franz I.

2 Widnmann

Heidelberg. 6 Juni 1904. Montag. *6.6.1904 Montag*
Bei Bodenhausens gefrühstückt. Nachher sehr hübsche Tour nach Neckarsteinach.

Heidelberg – Weimar. 7 Juni 1904. *7.6.1904 Dienstag*
Früh mit Bodenhausen u Vandevelde ins Archäologische Museum, wo die Vasenscherben. Dann mit Vandevelde nach Weimar zurück. Meier Graefes Buch[1].

Weimar. 8 Juni 1904. *8.6.1904 Mittwoch*
Bei Ludwig v. Hofmanns gegessen mit Frau Förster, Vandeveldes, Münchhausens u. Frl v Scheele.

Weimar. 10 Juni 1904. *10.6.1904 Freitag*
Grossherzogsgeburtstagsdiner. Neben Hofmann. Er erzählt mir, dass er je mehr er Bonnards Daphnis α Chloe studiert, es umsomehr bewundert. Er sehe es viel und oft an.

Weimar. 11 Juni 1904. *11.6.1904 Samstag*
Hofmann mir eine Lithographie gezeigt, die er für den Deutschen Kunstverein macht, sehr im Sinn Bonnards.

Weimar. 12 Juni 1904. Sonntag. *12.6.1904 Sonntag*
Rodin wegen „fatigue" seinen Besuch definitiv abgesagt. – Vormittags Obrist bei mir. Er sah Meier Graefes Buch liegen und sagte, er sei darauf sehr gespannt, da er M. G. ein dickes, systematisches Werk nie zugetraut hätte. Bisher sei er ihm immer blos vorgekommen wie ein „geistreicher Grashüpfer", Jemand, der bald hier bald dorthin sprang und Etwas Gescheutes sagte, und dann gleich wieder ganz wo Anders hinhopste. Abends ab.

Dresden. 13 Juni 1904. Montag *13.6.1904 Montag*
Im Bellevue ein hübsches kleines Zimmer über der Elbe mit einer wunderschönen, fröhlichen Aussicht (No 82). Bei Seidlitz draussen in Blasewitz (Residenzstr. 33); und in der Ausstellung[2]. – Rolle der Tradition in der Kunst: Man muss immer erst Etwas wollen, und dann den Weg zum Ziel mit Hülfe der Traditionen suchen; nicht umgekehrt, wie die Stümper, die sich das Ziel borgen und den Weg dazu selber zusammentasten. Ebenso mit der Natur. Man kann sie erst dann brauchen, wenn man weiss wohin man will. Im Ziel liegt die Eigenheit, d. h. in der Konzeption.

---

[1] Entwickelungsgeschichte der modernen Kunst

[2] „Grosse Kunstausstellung Dresden" mit einer Retrospektive zur Kunst des 19. Jahrhunderts

Dresden. 14 Juni 1904. *14.6.1904 Dienstag*

Bei Uhle, wo die Geschichte mit den 20.000 M. in Ordnung gebracht. Er hat einige sehr schöne Bilder: namentlich einen Daumier, einen Schiebkarren fahrenden Mann[1]. – In der retrospektiven Ausstellung. Monticelli hier zwischen Duprés, Delacroix, Diaz, Corots; der Monticelli scheint aus einer ganz andren Materie gemacht als die andren Werke; nicht aus Ölfarben, sondern aus Etwas ganz Verschiedenem. Aber ich glaube, das Weiss im Assassinat de l'Evêque de Liège von Delacroix[2] ist von ähnlicher Qualität. Man vergleiche damit Böcklin, der Ähnliches gemacht hat! – Ebenso Ingres neben Schwind (die Heil Elisabeth des Prinzen Hans). Beider Mittel die Linie; aber bei Schwind wie gewöhnlich seine Linien, wie ohne Phantasie hier das Mittel: die langweiligsten und abgebrauchtesten Arabesken, dieselben Kringel, Haken, S-Linien bis Erbrechen erfolgt.[3] Bei Ingres dagegen wie bei Cranach d. Ä. jede Figur eine ganz neue Linien Arabeske (cf den Liszt, oder Lord und Lady Cavendish Bentwick bei Bonnat). Hiermit vgl. dann auch Rodins Zeichnungen und Silhouetten, der Dasselbe nur noch weiter ausbildet. Auch Degas, Lautrec etc. Der Deutsche ist eben nicht wählerisch; die Banalität der Mittel, die Kunstlosigkeit im Einzelnen, ist eigentlich was unsre Kunst belastet, gleichwohl ob dieses Mittel Linie, Ton oder Farbe ist. Das Auszeichnende der französischen wie der griechischen Kunst, wie die Phantasie sich dem Mittel zuwendet. Vgl. auch Overbeck mit Rossetti. Aber Overbeck scheint hierin über dem Durchschnitt der Deutschen zu stehen. Seine Linien sind weniger trivial. – Dem Gemeinplatz aus dem Wege zu gehen, das ist, was man die deutschen Künstler lehren muss. In der Sprache meiden wir ihn doch selbstverständlich; aber beim Malen, Formen, Zeichnen, da ahnen deutsche Künstler meistens nicht einmal, dass es ihn giebt. – Es giebt zwar sublime Gemeinplätze: das Nackte vom Parthenon, wie in der Dichtung Homer; aber das dicke Fell soll man schinden, das Gemeinplätze ohne Wahl hinmalt. – Wie viel Delacroix in Rodin steckt! Auch Géricault, dessen Charge d'Artillerie hier ein stupendes Werk ist. – Der Stil unsrer öffentlichen Gebäude der „büreaukratische Stil“: Wissen ohne Sinnlichkeit und Gefühl, der Ausdruck einer ganz bestimmten Zeit und Kaste nicht minder als das Rokoko. Aber man erschrickt über die Frivolität dieser Kunst im Vergleich zum Rokoko. Der Beamte verrät sich darin als grosser Schulbub, der noch immer nicht das Abschreiben, das „Mogeln“, lassen kann. Man müsste diesen büreaukratischen Stil einmal zusammenfassend und analytisch darstellen, ihn unmöglich machen durch Publizierung seiner chemischen Bestandteile wie ein gefälschtes Nahrungsmittel. (Streifen im Aufsatz über Kunst α Staat.) Satz: der Beamte kann nicht Künstler sein, der

---

[1] La brouette

[2] Verweisung: „(cf 19 IV 04. jetzt in Lyon)“

[3] Verweisung: „(cf. 1.VII 06“

Beamte des modernen Staates wenigstens. Warum? Eigenschaften des Beamten, Eigenschaften des Künstlers. Man kann sagen, dass ein Beamter in allen Amtlichen Dingen notwendig frivol ist: Zeitmangel, Gewohnheit, das Schema unbesehen zu verwenden. – Einem Regierungsbaumeister eine künstlerische Architektur abverlangen! Es ist, als ob man einen Assessor beauftragte einen Roman zu schreiben. – In der Elbe, bei Hottewitzsch, gebadet. Trotz der Badehosen sorgt dauernd ein Wächter dafür, dass Niemand sich an „unbedeckten" Stellen der Badeanstalt aufhält. Die Strompolizei kommt sonst dazwischen. Es ist eine der merkwürdigsten Erscheinungen, welche Bedeutung wir dem Nackten wegen der Geschlechtsorgane und dem Genuss durch die Geschlechtsorgane im Vergleich zu dem durch die andren Sinne, Auge, Ohr, Geschmack, beilegen; und zwar nicht nur mit dem Verstand und nach ethischen Massstäben, sondern, wie man anerkennen muss, auch instinktiv: vgl. die kindliche Scham bei gewissen, vielen, Kindern. Aber andrerseits muss man doch im Sinne behalten, dass dies das gewichtigste Hemmnis der Schönheit und durchaus nicht „natürlich" ist. Diese exceptionelle Bedeutung legen dem Geschlechtsgenuss und demzufolge den Geschlechtsteilen weder die Tiere bei, noch viele Völker (Griechen, Polynesier, Japaner), noch sogar bei uns in Wirklichkeit „das Volk"; noch überhaupt der Mann, wo er nicht von der Frau beeinflusst ist; man sehe nur Jungens unter sich, oder Studenten, oder das Offizierkoprs, den Unteroffizier, den „Geschäftsreisenden". Die Frau, die Syphilis und die Kirche haben dieses Werk, die Hypertrophie der Scham, vollbracht. Die Frage ist: Nützt es irgendwie? Etwa der Rasse? Etwa der Phantasie durch Umwandlung physischer Kraft in psychische? – Oder ist es physiologisch gleichgültig und psychologisch verlustbringend, indem bei der Umwandlung aus der einen in die andre Form von Energie Kraft verloren geht? – Die Erniedrigung durch die Duldung sexueller Akte ohne Trieb (Prostitution) liegt doch blos in der Phantasie; sonst wäre es eine Form der Arbeit wie die andren. In der That ist der „psychische Schaden" meistens blos ein sozialer, wo nicht die Erziehung in der Phantasie künstlich einen Krankheitsboden urbar macht. Beweis: es giebt wohl keinen sexuellen Akt, den nicht schon eine Kultur ohne Trieb gefordert hat; und man hört nie, dass die Duldenden an ihrer „Seele" irgendwie gelitten hätten. Vgl. bei uns die „Geldheirat", den Knabenraub in Kreta, die Hierodulen und Buhlpriesterinnen in Babylon etc. – Satz: alle sexuellen Akte sind genau von derselben Wichtigkeit wie alle andren Sinnesakte; oder umgekehrt, alle sinnlichen Akte, des Auges, des Ohrs etc. sind von derselben Wichtigkeit wie sexuelle Akte: man sorge daher auch hier für die richtige Keuschheit, die darin besteht, das Hässliche, Erschöpfende, zu meiden, d. h. Das, wobei die eigenen individuellen Gefühle nicht zur Harmonie gelangen. Das Alles, aber auch nur Das, ist unsittlich. – Die soziale Nützlichkeit und ihr Werkzeug, das Gesetz, ist ein Andres, sorgfältig getrennt zu Haltendes. Es erniedrigt z. B. Keinen gegen sie zu verstossen; dagegen mindert jeder unsittliche Akt, jede Disharmonie des Gefühls, die Persönlichkeit. – Aber immerhin, zwischen den Grenzen des individuell verschiedenen Unsittlichen und des wissenschaftlich genau und möglichst eng einzuschränkenden Unsozialen sollen wir unser Leben führen. Allerdings dann wird das Sexuelle, und manches Andre auch, ein recht neues Bild abgeben.

Dresden. 15 Juni 1904. *15.6.1904 Mittwoch*

Géricaults Charge d'Artillerie und Böcklins Cimbernschlacht hängen hier im selben Saal. Trotzdem Böcklin im Einzelnen die Pferde die gewaltsamsten, rasendsten Bewegungen machen lässt, der Gesamteindruck seines Bildes im Vergleich zu Géricault äusserst friedlich. Géricault, der die moderne Wirklichkeit malt, – nicht Böcklin mit seinen Cimbern, – wirkt wie eine Vision, wie ein Epos. Böcklins akademisch schlecht und recht (eher schlecht!) gezeichneten Formen und Körper können eben die Bewegung nicht ausdrücken. Er sieht die Formen des Körpers so, wie man sie sieht, wenn man ruhig im Atelier sitzt, nicht mit dem Auge der Leidenschaft. Wenn man die Frau die mit dem Neger ringt ausschnitte, könnte man ebensogut glauben, dass sie auf dem Sofa liegt. Man vgl. damit auch Delacroix' Formen auf seinem Jesus auf dem See Tiberias. Schon Géricault modelliert vollkommen par plans (cf. Silvestre S. 148); siehe den fabelhaft plastisch modellierten Schimmel auf der „Charge", der aus lauter scharf gegeneinander stossenden Tönen (= Flächen) aufgebaut ist. – Auch die fabelhafte Rapidität des Pinselstrichs, wie bei Constable, die breiten, kühnen Pinselstriche selbst der Landschaft wirken in die Attacke hinein, links hinter dem Geschütz. Vgl. hiermit Böcklins matte Pinselführung auf dem Cimbernbild. Ich stehe nicht an, Géricaults Charge d'Artillerie neben Raffets Revue Nocturne für die gewaltigste Synthese der Napoleonischen Kriege zu erklären. – Klimt: Seine Gemälde übersteigen nicht die Bedeutung von gewöhnlichen anständigen Vorsatzpapieren: grosse, kleine, mittlere Flecken gesprenkelten Goldes von einfachster, handwerksmässiger, Erfindung; Flecken Arrangements von ganz trivialer Art. Auch hier der Mangel an wirklich raffinierter Phantasie. Man vergleiche Klimt mit Monticelli oder Vuillard. – Diaz zeigt schon Monticelli an. cf. hier die Türkischen Kinder, die kleinen grünen und blauen Farbentupfen, aus denen wie aus winzigen Edelsteinen der kleine Vogel besteht, ein wahrer Paradiesvogel. Auch die eigentümlich pastose, körnige Oberfläche, in der sich das Licht fängt und glitzert; selbst die Sujets hat schon Diaz. Aber Monticelli ist in Allem viel weitergegangen und viel raffinierter und artistischer gewesen, so dass er Diaz eigentlich auslöscht. Es bleibt von Diaz Nichts übrig, das bei Monticelli nicht viel vollkommener und reiner wäre. Ein tragisches Misgeschick. Diaz, und als dritte Generation Monticelli sind die reine, unvermischte Nachkommenschaft von Delacroix. In Monticelli endigt dieser Zweig seiner Familie in der rassigsten Verfeinerung. Monticelli ist die Reinkultur von Delacroix; man möchte sagen wie Beardsley die Reinkultur von Rossetti, wenn nicht Beardsley trotz so vielen künstlich zugeführten neuen Bluts überzüchtet wäre. Beardsley nahm aber nur das auf, was sein überzüchtetes Linien und Proportionsgefühl noch mehr verfeinern konnte; insofern war es keine eigentliche Blutmischung. In Renoir, und auch Monet, setzt Delacroix wieder und zwar mit Trieben, die „gesünder" sind infolge einer Blutmischung mit Corot, Courbet, Manet. „Die Genealogie der Farbe". – Auch Overbeck (cf gestern) hat doch nur die Raphael-Peruginesken Linien Schemata angewendet, ohne Etwas hinzuzuthun, wie Ingres und selbst Rossetti. Ebenso Schnorr. – Für Deutschland ist es sehr bezeichnend, dass es kein solches „fin de race" Talent im 19ten Jahrhundert, und seit Cranach überhaupt, gezeitigt hat. Hofmann kommt dem noch am nächsten (von Schwind und Schnorr her). Behmer hat zu Deutschland überhaupt keine Beziehung; er spiegelt blos die Beardsleysche Verfeinerung. – Wegen der Trivialität der Ausdrucksmittel ist die deutsche Kunst im 19ten Jh., wie man zugeben muss, überall, wo sie überhaupt in Betracht kommt, – mit Overbeck, Feuerbach, Böcklin, Leibl, – kaum über Anläufe hinausgekommen. Man vergleiche, um das einzusehen, Overbeck mit Ingres, Feuerbach mit Puvis de Chavannes, Böcklin mit Delacroix, Leibl mit Manet; lauter zweite Garnituren. Die Frage ist, ob es heute mit Liebermann, Slevogt, Klinger, Ludwig von Hofmann anders ist? Wie steht es mit der Eigenheit ihrer Ausdrucksmittel? – Zolas Formel ist zu präzisieren dahin: ein Stück Natur wiedergegeben in persönlichen Ausdrucksformen, in Ausdrucksformen, die nur dieser Künstler je gehabt hat. Das „Temperament" (cf Zola) zeigt sich im Ausdruck, in den Ausdrucksmitteln; nicht in der „Auffassung" oder „Stimmung" wie wir Deutschen meistens verstehen. Wer die Natur noch so „wahr", noch so „eigen" aufgefasst mit trivialen Mätzchen niedermalt ist kein Maler, gleichgültig woher die Mätzchen stammen, ob von Manet, Raffael oder Delacroix. Wenn erst einmal dieses Grün und dieses Rot nebeneinandergestanden haben, dann ist diese Kombination für alle Zeit dem Maler versagt, mag sie noch so viel andre Auffassungen ausdrücken können. – Man muss sich nicht täuschen lassen durch die Möglichkeit, die besteht, die Ausdrucksweisen zu klassifizieren als „Helldunkel", „Linie", „Farbe" etc. In Wirklichkeit erfindet jeder Künstler ein ganz neues Ausdrucksmittel; darin liegt seine Künstlerschaft. Die Klassifizierung ist nur ein grobes Mittel, Ordnung zu schaffen. Die Beschreibung eines Künstlers ist die Beschreibung seiner Ausdrucksweise; Alles Andre ist dem künstlerisch subsidiär. Die Geschichte der Kunst ist also eine Geschichte der individuellen Ausdrucksweisen und ihrer Zusammenhänge untereinander. Die Realität sind aber immer nur die individuellen Ausdrucksweisen, nicht die Abstraktionen: „Helldunkel", „Farbe" etc. – Von diesem Gesichtspunkt aus muss man sagen, dass die deutsche Phantasie im 19ten Jh. für die Malerei unfruchtbar geblieben ist. Ludwig Richter, Schwind, Böcklin, Thoma hätten vielleicht neue Dinge auszudrücken gehabt; aber neue Ausdrucksmittel haben sie nicht gefunden. Ebensowenig der deutsche Realismus, vielleicht auch der deutsche Impressionismus.[1]

Berlin 16 Juni 1904. *16.6.1904 Donnerstag*
Klingers Heure Bleue bei Cassierer. 1890; ganz rohe Kontraste von Orange und Blau ohne jede Differenzierung, und doch wieder nicht monumental in der Farbe. Ich hatte das Bild besser in Erinnerung.

Berlin – Weimar. 17 Juni 1904. Freitag. *17.6.1904 Freitag*
Mit dem Reichstags Abg. Müller-Meiningen bis Weimar gefahren. Er sagte unter Andrem, dass seine Partei wohl in nächster Zeit ihre Stellung zur Kolonial Politik grundsätzlich ändern würde. Man müsse die Kolonieen entweder aufgeben, oder, wenn das des Prestiges wegen nicht gienge, dann in sie Etwas hineinstecken, damit sie sich entwickeln könnten. – Abends bei mir Diner: Palézieux, der Preussische Gesandte Müller, Vandeveldes, Frau Förster, Frl v Alvensleben.

Weimar – Hamburg. 19 Juni 1904. Sonntag. *19.6.1904 Sonntag*
Über Berlin nach Hamburg. Unsympathischer, unelegant-aufgetakelter Eindruck am Jungfernstieg heute Abend.

Lübeck 20 Juni 1904. Montag. *20.6.1904 Montag*
Nach Lübeck, um Linde wegen der Rodins zu sehen. Munchs weisses Porträt Lindes, ein Werk sehr hohen Ranges; eine packende Farbenharmonie, Weiss, Schweflig Rot, Hell Blau, Schwarz und dabei psychologisch tief und wahr. Liebermanns Porträt daneben sieht commun und farblos und dazu auch psychologisch oberflächlich aus. Heller Eindruck der Stadt und der Kirchen hier. Namentlich die weiten, reinen hellen Kirchen und die grossen, breiten Fenster der alten Häuser im Geist durchaus dem analog, was wir wollen. – Analog wie ein Mosaik von Valeurs (Corot) ist ein Mosaik von Farben (Cézanne). Aber Valeurs haben eine ganz einfache und augenfällige Beziehung zu einander, da sie auf Einer einzigen Skala nebeneinanderstehen; dagegen die Farben viel geheimnisvoller aneinander zu messen sind. Corot, indem er die grossen Landschafts Valeurs „wie ein Mosaik" (Silvestre S. 267.) nebeneinandersetzte, Delacroix, indem er Licht und Schatten als verschiedene Farben (nicht Intensitäten cf. Silvestre S. 92.) zu geben strebte und so durch die Farbe statt durch Einschmutzen modellierte, schufen das System der farbig-dekorativen Malerei, in die der Impressionismus die Reflexe und prismatischen Bestandteile der Farbenwelt einbrachte. Diese Beobachtung der Reflexe etc. fand in dem von Corot und Delacroix geschaffenen System sozusagen ein gemachtes Bett. – Ich möchte Jemanden

[1] Verweisung: „(cf. 30 VI, 1 VII 06"

sehen, der sich irgendwo hinsetzte und als seine Lebensaufgabe lediglich die Verschönerung der Körper (der Rasse) betriebe durch Spiele, Hygiene, Nahrungszuschüsse für Ärmere bis zu 16 Jahren, sei es sogar Heiratsvermittlung. Man müsste für einen Solchen eine wissenschaftliche Grundlage möglichst exakt vorbereiten. Die Schwierigkeit ist, dass der schöne Mensch als solcher wirtschaftlich nicht zu werten ist. Man müsste einen wirtschaftlichen Wert für ihn erfinden. Denn Axiom: der schöne Mensch ist immer das Produkt irgendeiner Nützlichkeit: sei sie Götter Wohlgefallen, oder die menschliche Sinnlichkeit; aber immer ist er ein Produkt, das man viel und weithin wollen muss (cf. das amerikanische Mädchen). Hier in Lübeck eine wunderschöne Rassen Grundlage, die nur auszubilden wäre.[1] – Meier Graefe[2] fehlt der Sinn für das Organische der Erscheinungen, der Respekt vor den natürlichen Verknüpfungen der Wirklichkeit. Er stutzt die Dinge nach Erlebnissen zurecht. Memoirenwirtschaft.

Berlin. 21 Juni 1904. *21.6.1904 Dienstag*

Nachmittags bei Liebermann. Mit ihm über Munch und bei Gelegenheit eines „Welt am Montag" Artikels[3] über Lesser Ury. L. als Fanatiker Seiner Selbst, immer begrenzt dadurch, dass er Weltmann ist; d. h. seine fanatische Verehrung für sich selbst äussert sich nicht tölpelhaft, in Bohèmeformen, wie bei Ury selber; aber andrerseits ist L. auch nicht Fanatiker für eine Idee oder Richtung, sondern lediglich für sich selbst, was sich äussert, indem er auf seine Schriftstellerei mindestens ebenso eitel ist wie auf sein Malen. Zwischen diesen beiden Grenzen, dem bohèmehaften Aufschneiden und dem sublimierten Kampf für eine Idee liegt Liebermanns Persönlichkeit: er reicht zum Einen nicht hinunter und zum Andren nicht hinauf. Über Bode meinte er, er berichte dem Kaiser gegen die moderne Kunst. Ihm, Liebermann, habe er gesagt, die moderne Kunst als solche sei scheusslich; es gebe nur einzelne gute moderne Künstler. Liebermann meinte dazu: „Wissen Sie, ich bin überzeugt, vor dem Kaiser, da schimpft er auch über meine Kunst. Ganz gewiss: da „verleugnet er den Herrn"." Ich hatte L. gesagt, ich fände sein Porträt von Linde nicht ähnlich. Er habe ihn als jovialen jungen Mann gemalt, während Linde in Wirklichkeit eine auffallend zaghafte, der Fröhlichkeit abholde, nervöse Persönlichkeit sei. Das fuhr Liebermann doch gewaltig in den Magen; namentlich da ich Munchs Porträt nach Gebühr lobte. Er war ziemlich verblüfft, dass ich ihm auf seine Frage so offen antwortete; und darauf folgte dann die Entfesselung seiner fanatischen Selbst Verehrung, während mehr als zwei Stunden. Schliesslich setzte ich es aber doch durch, dass er Munch für den Künstlerbund benannte. – Liebermanns Stellung in der Kunst: er ist eigentlich die

---

1 Verweisung: „(cf 22.X 03.)"

2 Entwickelungsgeschichte der modernen Kunst

3 Brieger-Wasservogel, Max Liebermann und die Sezession. Eine Gefahr für das deutsche Kunstleben

Vollendung der modernen holländischen Schule (Maris, Mauve, Israels), der bedeutendste von den holländischen Malern, der ihrem Grau in Grau durch den grossen Fleck Stil gegeben hat (vgl. die Mädchenschule vom Jahr 76 bei Linde.). In diesem Sinn, für den Stil des Flecks, berührt er sich mit den Franzosen (Degas, Manet). Aber doch steht er deutlich jenseits der Linie, die den französischen Impressionismus von dem holländischen scheidet, indem für ihn das Grau, das farblose schmutzige Grau, ein ebenbürtiges Ausdrucks-Mittel ist, während die ganze moderne französische Schule, auch Degas, nach der Farbe ringt, die Licht-valeur (das Grau in der Natur) dekorativ durch Farbe wiederzugeben sucht.

Weimar. 22 Juni 1904. Mittwoch. *22.6.1904 Mittwoch*
Sitzung unter Rothes Vorsitz wegen des Museums. Nachher mit Palézieux und Rothe wegen der Beteiligung des Grossherzogs an der Rodin Sammlung. Palézieux ängstlich-energisch dagegen aus Furcht vor Berlin. Er wiederholte immerfort: Wenn Etwas passiert, dann kriege ich sofort den Abschied. Ich riskiere meine ganze Stellung etc." Sehr deutlich, wie gebunden der Grossherzog dadurch ist, dass er einen Militär zum Oberhofmarschall hat. Berlin hat auch ihn dadurch ganz in der Tasche, ohne dass er es merkt; da er nie einen Rat zu hören bekommt, der in Berlin ernstlich verstimmen könnte. Dafür bürgt der Blaue Brief, der über dem Hofmarschall schwebt. Unbegreiflich, dass der Grossherzog sich das nicht selber sagt.

Berlin. 27 Juni 1904. Montag. *27.6.1904 Montag*
Bei Paul Cassierer. Über die Angriffe gegen ihn u. Liebermann in der Welt am Montag und den „Internationalen Händlerring" zugunsten der Impressionisten. Gewiss gebe es, in einem bestimmten Sinne, einen solchen Ring. Aber nicht aus Überzeugung, sondern nur weil die Impressionisten die Einzigen seien, mit denen ein grosser internationaler Kunsthandel sich treiben lasse. Der Einzige, der an die Sache wirklich glaube, sei der alte Durand Ruel. Dagegen die Bernheims hätten ihm, Cassierer, schon mehrmals vorgeschlagen, sie wollten die Preise der Impressionisten stürzen. Bernheims selbst hätten garkeine Impressionisten mehr (? die Privatsammlung!). Aber es gebe keine Maler, die an ihre Stelle treten könnten. – In der Schwind Ausstellung. Die Schwindschen Linien, die Kringel und Haken, geben Einem nach zehn Minuten eine Art Verfolgungswahnsinn. Man sucht „weisse Mäuse". Die Affektation und widerwärtige Monotonie dieser Naturanschauung, die die ganze Natur in drei, vier armselige Schnörkel presst. Man sehe namentlich Schwinds Lockenhaar und Baumschlag. Es ist zum Speien. Ebenso seine „Muskulatur" im Nackten. Weiter kann die Nullität der formalen Erfindung nicht getrieben werden. Bei diesem Schwind wird Einem schwindlig.

Berlin. 28 Juni 1904. *28.6.1904 Dienstag*

Wieder bei Schwind. Schwinds Wald und Rousseaus Wald. Rousseaus Bäume wachsen; Schwinds sind poetisch, sind Kulissen für irgendwelche Gefühle und Gedanken. Das Charakteristische bei den deutsch-romantischen Landschaftern (Schwind, Böcklin), dass ihre Mittel nicht hinreichen, die Stimmung und Schönheit der Landschaft direkt wiederzugeben, sie brauchen Eselsbrücken, um zum Ziel zu kommen: poetische Staffage; Siegfried muss sein Horn blasen, Meeresungeheuer müssen erfunden werden, weil Böcklin sonst die wilde Grösse der See nicht zu packen weiss. Man vgl. Böcklins Meer mit dem Meer von Constable oder Monet. Derselbe Gegensatz wie zwischen Schwinds Wald und Rousseaus Wald. Man denke sich den Knaben weg auf Schwinds „Knaben Wunderhorn"; was bleibt dann noch vom „Wald" übrig: ein kindliches Gewirr von „Baumschlag" und der Versuch dahinter eine gewisse grenzenlose grüne Tiefe anzudeuten. Die hat Schwind empfunden (auch in der Spinnerin im Baum (bei Demmer); aber das Gefühl trägt ihm Nichts, wird nicht sinnlich. Es bleibt bei einer Art von Stottern. – Nachmittags lange bei Liebermann. Nachher bei Bruno Cassierer und Heilbuth. Mit Heilbuth in Munchs Atelier, wo mein Porträt und das eines jungen Mannes mit rötlichem Spitzbart in ganzer Figur unter Lebensgrösse: ein Meisterwerk.

Weimar. 29 Juni 1904. *29.6.1904 Mittwoch*

Bei Euckens in Jena gegessen. Nachher Vortrag im Kunstverein über Physiologische Farbenwirkungen von Rüttermann. Mit Frau Förster und Hofmanns zurück.

Weimar. 30 Juni 1904. *30.6.1904 Donnerstag*

Van Gogh: energetische Naturanschauung. Zur Verdeutlichung, Vergleich zwischen einem Bauer von Van Gogh und einem Bauern von Pissarro. Bei Van Gogh alle Linien, Farben, Flecken, Ausdrucksmittel einer Bewegung, in der, d. h. in deren Rhythmus, das Kunstwerk (die Erfindung, Konzeption) besteht. Der Gegensatz ist die Schönheit durch das Verhältnis von Flecken, Farben, Linien als solcher zu einander. Die energetische Naturanschauung der Punkt, wo die poetische Naturanschauung der germanischen Völker in Kunst einmündet. (Hierzu Géricaults sentimentale Seite, die ja sehr prononciert ist.) – Die energetische Naturanschauung ist ebenso wie die Malerei „par plans" ein Weg zur Skulptur. Die moderne Malerei nähert sich auf zwei Wegen wieder der Plastik.[1]

[1] Verweisung: „(Beleg Géricault als Bildhauer. cf 30.VIII 04)"

Weimar. 3 Juli 1904. Sonntag. *3.7.1904 Sonntag*
Vorlesung von Liliencron bei Frau Förster; sehr mässig. Abends Gordon Craig an mit seinem Begleiter Hildesheim. Mit Beiden in den Erbprinzen, wo Vandeveldes, Hofmanns und Münchhausens.

Weimar 4 Juli. 1904. Montag. *4.7.1904 Montag*
Mit Craig nach Belvedere, wo ihm das Naturtheater gezeigt etc. Abends Vandeveldes mit Craig bei mir gegessen.

Weimar. 5 Juli 1904 Dienstag. *5.7.1904 Dienstag*
Craig fort. Heymels an.

Weimar. 6 Juli 1904. Mittwoch. *6.7.1904 Mittwoch*
Liliencron, Frau Förster, Vandeveldes, Hofmanns bei mir gefrühstückt. Liliencron las nachher Etwas. Abends Diner in Ettersburg. Dort Liliencron, Olde, Vandevelde. Liliencron las nachher besser wie gewöhnlich. (das komische Diner!!)

Weimar. 7 Juli 1904. *7.7.1904 Donnerstag*
Liliencron bei mir gefrühstückt. Er ist über Ettersburg, das Diner, das Silber etc. halb aus dem Häuschen. Er springt jeden Moment auf und macht das Entrée des Grossherzogs und der Grossherzogin nach: „Es war märchenhaft! Nicht wahr, ich übertreibe nicht, Herr Graf, märchenhaft!" Er ist ganz der kleine pensionierte Infanterieoffizier aus der Provinz, aber mit einem Stich ins Possierliche und Deklassierte. – Dehmels an, die an der Bahn abgeholt. Abends Diner bei mir: Liliencron, Heymels, Palézieux, Goebens, Müller. Nach Tisch Rothes, Dehmels, Frau Förster. Liliencron las, wie gewöhnlich.

Weimar. 8 Juli 1904. *8.7.1904 Freitag*
Dehmel las bei Frau Förster. Viel Hofgesellschaft. Frl. Vibreal[1] sang Chopins Gesang auf Polen mit Dehmels schönem neuem Text[2]. Abends bei Vandeveldes gegessen: Dehmels, Liliencron, Ansorges, Craig, der wieder zurück ist, Heymels, Palézieux, Frau Förster und Hofmanns. Spät las Dehmel sehr schön und leidenschaftlich seine Lebensmesse. Dehmel bestätigte mir, dass die beiden Sonderlinge in seiner Lebensmesse er selbst und Hofmannsthal seien.

---

[1] Wibiral

[2] vermutl. „Evas Klage"

Weimar 9 Juli 1904. *9.7.1904 Samstag*

Ansorge spielte bei mir. Etwa 40 Personen: Palézieux, Reitzenstein, Müller, Taubes, Dehmels, Frau Förster, Liliencron, Vandeveldes, Hofmanns, Frau v. Meyendorff, Heymels, Gordon Craig mit Hildesheim. Unangenehme Szene, weil Dehmel beleidigt, dass Hildesheim seine Frau zum Souper führte. Ein Pelopidenfest.

Weimar. 10 Juli 1904. *10.7.1904 Sonntag*

Mit Dehmel bei Paul Ernst wegen seiner Pikage verhandelt. Ich sagte ihm, er sei schlimmer als eine Hofschranze, da seine Frau auf der andren Seite neben einem Gesandten, Reitzenstein, und noch dazu an meinem Tisch gesessen habe. Er war nachher halb beruhigt. Aber die Sache hat auf mich einen unvergesslich plebejischen und geschmacklosen Eindruck gemacht. Ihren letzten Grund hat sie wohl darin, dass Dehmel in der Gesellschaft der Einzige im Überrock, statt im Frack, war und sich den ganzen Abend schon geniert hatte. Man muss ihn eben nehmen, wie er ist: kleiner Mittelstand mit Genie. – Abends Meier Graefe an.

Weimar. 11 Juli 1904. *11.7.1904 Montag*

Meier Graefe über seine Centennale[1] Pläne.

Rigi First. 17 Juli 1904. Sonntag. *17.7.1904 Sonntag*

Abends an zu Mamas Geburtstag.

Rigi First. 18 Juli 1904. *18.7.1904 Montag*

Mit Mama spazieren nach Wölfertschen.

Rigi First. 20 Juli 1904. Mittwoch *20.7.1904 Mittwoch*

Abends ab nach Paris.

Paris. 21 Juli 1904. *21.7.1904 Donnerstag*

Früh an. Nachmittags bei Gee draussen.

London. 23 Juli 1904. Sonnabend. *23.7.1904 Samstag*

Abends hier an.

London. 25 Juli 1904. Montag. *25.7.1904 Montag*

McColl bei mir.

---

[1] Jahrhundertausstellung Deutscher Kunst (1775-1875)

London. 28 Juli 1904. Donnerstag *28.7.1904 Donnerstag*

Bei Ricketts. Er sagt er habe zu viel zu thun, um den Einband[1] zu zeichnen, und er glaube auch, er sei auf diesem Gebiet erschöpft. – Über Architektur: der beste Architekt, den sie hätten, sei Lethaby. Muthesius sei ganz tüchtig in seinem Werk, er habe aber erst ganz zuletzt eingesehen, dass es ein Vorteil, kein Nachteil, der englischen Architekten sei, dass „there was so much building and so little „architecture" about it." Auch der Einband sei: a sort of architecture.

London. 29 Juli 1904. Freitag. *29.7.1904 Freitag*

Vor der Untersuchungskommission des House of Lords wegen des Chantrey Trust erschienen. Crewe präsidierte. Die beiden Hauptfrager Lytton, der seinem Grossvater[2] sprechend ähnlich sieht, und ein Irländer, Killanin; auch der alte Lord Carlisle. Ich widerlegte Tadema[3] Stück für Stück und sagte meine Ansicht von der Sammlung. Nach dem Frühstück als letzter Zeuge Poynter, der eine Auseinandersetzung mit Lytton heraufbeschwor, in der Lytton mit seiner trockenen, ernsten Ironie den alten übelgelaunten, aufgeregten Poynter glänzend abführte. – Nachher mit Emery Walker abgeschlossen, dass er den Druck der Wilhelm Ernst Ausgabe überwacht für 100 £. Er sagt, für 50 £ fee und etwa 100 bis 150 £ sonstige Kosten könnte er eine ganz neue Type liefern.

London. 2 August 1904. Dienstag *2.8.1904 Dienstag*

Bei Mc Coll in Twickenham gefrühstückt.

London. 3 August 1904. Mittwoch. *3.8.1904 Mittwoch*

Nach Ewell, Surrey, zu Douglas Cockerell wegen des Einbandes. Er spricht ganz wie Vandevelde immer davon, dass in erster Linie die Dinge „reasonable" sein müssten, dann würden sie von selbst künstlerisch. Er meint, im Kunstgewerbe brächten es eigentlich nur studierte Männer zu Etwas. Das sei einfach eine Erfahrungsthatsache. Alle die in England Etwas geleistet hätten, seien Oxford oder Cambridge men gewesen, die sich nachher dem Kunstgewerbe gewidmet hätten. Wenn wir ihm Jemanden herschickten, um das Buchbinden zu lernen, so sollten wir ja nur einen jungen studierten Menschen schicken, keinen Buchbinder oder Arbeiter. Seine Taxe ist 110 £ year. Ausserdem würde der betreffende noch etwa 100 £ brauchen.

---

1 vermutl. für die „Großherzog Wilhelm Ernst Ausgabe Deutscher Klassiker"

2 Bulwer-Lytton

3 Alma-Tadema

London. 4 August 1904. *4.8.1904 Donnerstag*

Interview von mir in der Daily Mail. Aber Alles was ich über den Mangel an agressiver Tendenz in Deutschland gegen England gesagt hatte sorgfältig ausgestrichen. Das zeigt, wie der Wind hier weht.

London. 5 August 1904. Freitag *5.8.1904 Freitag*

Wieder bei Walker und Cockerell. Mit Walker zu Johnstone (4 Grey's Inn) und ihm den Auftrag gegeben, den Halbtitel zur Ausgabe zu zeichnen.

London. 6 August 1904. *6.8.1904 Samstag*

Im British Museum die Zeichnungen der Norwich Schule. John Sell Cotman: pattern (der Ausschnitt, Whistler, Degas.). Er hat deshalb zuerst die Schönheit von Menschen gegen den Himmel empfunden (später dann Whistler). Ob nicht Einfluss des älteren Cozens? – Abends in Whitechapel zum Boxing. Wirkung des Blutes auf die Menge. Sobald Blut fliesst, sofort Unruhe und Aufregung, die ganz wild wird, wenn viel Blut herumspritzt. Wenn kein Blut vollkommene Ruhe.

London. 7 August 1904 Sonntag. *7.8.1904 Sonntag*

Bei Emery Walker in Hammersmith (Hammersmith Terrace N°. 7). Der Garten vor dem Hause stösst unmittelbar an den Fluss. Von den Fenstern sieht man über den Fluss weg grüne Wiesen und Parks. Die Einrichtung sehr einfach und hell, weisse Wände, blaue Morrisstoffe. Walker erzählt mir seine Verbindung mit Morris. Er habe ihn durch die Politik kennen gelernt; und zuerst sei ihre Bekanntschaft auch rein politisch gewesen. Als Morris Sozialdemokrat wurde, sei er, Walker, in eine seiner Volksversammlungen gegangen, weil er sich über Morris' Ansichtswechsel wunderte und hören wollte, was er zu sagen habe. Aber er sei dort bekehrt worden und im Zuge, auf der Rückfahrt, habe er Morris getroffen und es ihm gesagt. Morris habe ihn dann besucht; und da sie Nachbarn waren, so hätten sie sich allmählich immer näher befreundet. Aber zunächst nur wegen ihrer politischen Ansichtsgemeinschaft. Morris habe dann bei Gelegenheit einmal mit ihm, Walker, über die Unmöglichkeit gesprochen, gute Typen und guten Druck zu bekommen. Walker, der sich schon immer für diese Fragen interessiert habe, habe ihm aber gesagt, es würde garnicht unmöglich sein, wieder guten Druck zu bekommen; man müsse nur eine Type schneiden lassen u. s. w. Morris habe die Sache mit Feuer aufgegriffen und so sei es zur Gründung der Kelmscott Press gekommen. Aber er, Walker, sei nie offizieller Teilhaber oder Associé gewesen. Er sei nur allerdings jeden Tag hingegangen und habe inoffiziell Rat erteilt. Als Morris im Sterben lag, habe er ihm, Walker, und Cobden Sanderson die Kelmscott Press zur Fortführung angeboten. Sie hätten sich zusammen beraten und dann aber Morris gesagt, es sei für den Ruf der Presse etc. besser, wenn sie aufhörte. Nachher hätten dann Cobden Sanderson und er zusammen die

Dove's Press gegründet. Sie hätten vor der Gründung beraten, in welcher Weise sie ihre Bücher ausstatten sollten, und seien zum Schluss gekommen, dass es lächerlich sein würde, den Kelmscott Büchern durch Ornamente Konkurrenz machen zu wollen. Sie hätten also beschlossen, die Bücher nur so gut wie möglich ohne Ornamente zu drucken. – Er erklärt, wie sie zu ihrem feinen „spacing" kommen: sie nehmen als Einheitszwischenraum zwischen den Worten bei ihrer Typengrösse $^1/_5$ m und vermehren oder vermindern diese $^1/_5$ Zwischenräume je nach Bedarf. Auch ist das Undzeichen (α) von grösster Wichtigkeit, da man dadurch, wenn man zwischen „und" und „α" frei wechseln kann, sehr viel leichter den Satz und die Länge der Linien beherrscht. – Seine Type ist die Jenson Type, with everything that looks archaic left out. Er sagt, das grösste Kompliment, das ihnen je gemacht sei, sei gewesen als Irgendjemand gefragt habe: „Well, but what's the difference between this and ordinary type?" – Bei Walker auch Morris's Tochter und Morris's Associé, Wardle, der der Chemiker der Firma war. Wardle klagt, dass das Wesentliche von Morris' Lehre so wenig in England verstanden worden sei, nämlich dass man nur der natürlichen Technik jedes Gewerbes ihren Lauf lassen solle und dass dann die Sachen schon von selbst gut und schön würden. Es sei deshalb lächerlich, von einem Morris „Stil" zu sprechen. Wer davon rede, habe Morris nie verstanden. Ähnlich nachher Morris' Tochter. Diese rühmte ebenfalls wieder aufs höchste Lethaby und gab mir den Namen der Orkney Insel, wo sein Hauptwerk steht: Melsetter; Besitzer Mr Thomas Middlemore. Schliesslich lud sie mich ein, sie zu besuchen. – Walker erzählte mir noch, dass Cobden Sanderson ein Schwiegersohn von Richard Cobden sei; ursprünglich Advokat, parliamentary barrister. Er habe das Buchbinden nur als hobby angefangen. – Mit Walker noch: Erwähnt, dass Morris mir sagte, er halte Autotypieen für gleichgut wie Holzschnitte. Walker sagte, Morris müsse Electrotypieen nach Holzschnitten gemeint haben. Er selbst habe dieses Morris nachgewiesen, indem er Abdrücke von einem Holzschnitt und einer Electrotypie nach diesem selben Holzschnitt auf dasselbe Blatt Papier drucken liess und Morris zeigte, dass so gut wie garkein Unterschied wahrzunehmen sei. Dagegen sei zwischen Holzschnitt und Autotypie wohl ein Unterschied. Der Holzschnitt habe im Umriss „a certain sweetness", den die Autotypie nie habe; die Handarbeit im Holzschnitt gebe diese sweetness. Die bleibe aber, wenn eine Elektrotypie nach dem Holzschnitt gemacht werde. (Ich bin nicht dieser Ansicht). Nach dieser Demonstration (mit dem Druck Beider auf demselben Blatt) habe Morris sich dafür entschieden, seine Bordüren und Versalien im Chaucer electrotypieren zu lassen. – Ich sagte W., ich fände die neuen Typen von Ricketts, Cockerell, etc. so schwer. W. meinte, das läge daran, sie hätten die alten venezianischen etc. Typen so nachgeschnitten wie sie in den alten Drucken erschienen. Diese alten Drucke seien aber mangelhaft; die Typen seien meistens verschmiert weil die alten Pressen nicht stark genug waren, rein zu drucken, auch wegen feuchten Papiers etc. Die Typen selbst seien viel dünner und feiner als die Drucke sie zeigten. Man müsse nach den Typen selbst, wie man sie durchs Vergrösserungsglas etc. erkenne, nicht nach den verschmierten Abdrücken, schneiden. – Mrs Walker erzählte, ihr Mann habe sich von Kind auf für den Druck interessiert; er sei als Drucker geboren. Isn't it curious?, da in seiner ganzen Familie Niemand solche Interessen gehabt habe. – Einheit meines Lebens: vielleicht, allen Formen der mir erreichbaren Sinnlichkeit nachgehen; insofern auch den Schmeicheleien der Eitelkeit und sonstiger Unmoral. – Walker zeigte mir Manuskripte von Morris, Horaz, etc.

London. 8 August 1904. Montag. *8.8.1904 Montag*
Abends bei Sidney Cockerell in Richmond mit Johnstone und Treglowan, Beides Schreiber. Cockerells Sammlung alter Bücher. Treglowan meint, für 150 £ könnten wir von ihm einen Schreib Lehrer für Vandeveldes Seminar bekommen.

London. 9 August 1904. Dienstag. *9.8.1904 Dienstag*
Bei Miss Morris in Hammersmith. Sie wohnt neben Walkers auch an der Themse. Photographieen ihrer Mutter, die Rossetti hat machen lassen; Rossettis Prototyp aber etwas männlicher, mannweiblicher als Rossettis Typus. Miss Morris selbst hat einen leichten Anflug von Schnurrbart. Sie stickt und macht Schmuck; bot guten Tee und vorzügliche persische Cigaretten an, die sie selbst mitraucht, überhaupt, wie es scheint, ein guter Kamerad. Sie hatte Lethaby mit aufgefordert zu kommen; aber er erschien nicht. Sie spricht von ihm mit demselben Enthusiasmus wie Alle hier.

London – Paris. 10 August 1904. *10.8.1904 Mittwoch*
Spät nach Paris.

Paris. 11 August 1904. *11.8.1904 Donnerstag*
Bei Mama und Gee draussen. Auch bei Druet.

Paris. 12 August 1904. Freitag *12.8.1904 Freitag*
Abgereist.

Berlin. 13 August 1904. *13.8.1904 Samstag*
Früh an. Abends bei Colster Vorstands Sitzung des Künstlerbunds.

Berlin. 14 August 1904. Sonntag. *14.8.1904 Sonntag*
Vormittags bei Cassirer Sitzung der Jury für das Ausstellungshaus. Dort Kalckreuth, Leistikow, Tuaillon, Ludw. v Hofmann, Baurat Hoffman, Klimsch,

Corinth, Cassirer und ich. Sehr schwere Kämpfe, bis schliesslich Vandevelde[1] mit 5 von 9 Stimmen als Sieger hervorgieng; in zweiter Linie mit 4 Stimmen Jautsch, Hoffmans Protégé. Nachher Diner Alle zusammen mit Guthmann im Palast Hotel.

Berlin. 15 August 1904. Montag. *15.8.1904 Montag*
Frühstück bei Leistikow mit Kalckreuth. Der Aufsichtsrat hat Jautsch gewählt. Anwesend waren nur Kalckreuth, Leistikow, Guthmann und Rosenberg. Kalckreuth und Leistikow stimmten für Vandevelde, die Beiden Andren für Jautsch, und da Rosenberg als Präsident bei Stimmengleichheit die Entscheidung gab, so hatte Jautsch gesiegt.

Weimar. 16 August 1904. *16.8.1904 Dienstag*
Nach Weimar. Dort Werth vorgefunden. Auch Pöschel, Pollnitz[2] und Mutzenbecher zum Frühstück und Abends noch Frau Vandevelde. Mit Pöschel und Pollnitz die Begründung unserer Privatpresse[3] besprochen. Pöschel sehr sympathisch.

Frankfurt 17 August 1904. Mittwoch *17.8.1904 Mittwoch*
Mit Mutzenbecher früh aus Weimar fort. Abends aus Frankfurt weiter nach Paris.

Paris 18 August 1904. Donnerstag. *18.8.1904 Donnerstag*
Früh an. Nachmittags bei Mama und Gee.

Paris. 21 August 1904. Sonntag. *21.8.1904 Sonntag*
Früh mit Mutzenbecher und Sigi Winterfeldt nach St Germain, um Maurice Denis zu sehen, der extra von Gides Landsitz Cuverville hereingekommen war. Ich verhandelte mit ihm über Mutzenbechers Auftrag[4]. Er zeigte uns, was er in Italien gemacht hat, ein Porträt von drei Mönchen, ein Madonnenbild[5] mit Vincent d'Indy's Tochter, vor Allem eine sehr schöne Studie zu Steintragenden Frauen. Denis legt Wert darauf, in die Decorationen für M. Motive aus der Umgegend von Wiesbaden hineinzubringen; wie analog auf der d'Indyschen Madonna.[6] Im Pavillon Henri IV gefrühstückt und nachher zu Maillol nach Marly gefahren (rue Thibaut). Er wohnt in einem ganz kleinen Häuschen sehr

---

[1] Entwürfe für das Ausstellungshaus der Berliner Secession

[2] Poellnitz

[3] die spätere Cranach-Presse

[4] L'Eternel Eté

[5] Portrait de Madame de La Laurencie et de ses enfants

[6] Verweisung: „(Maurice Denis ___ 12.V 03; 26 XI 04;"

primitiv und ländlich mitten in grossen offenen Obstgärten. Als wir an die Thüre klopften (eine Klingel giebt es nicht,) erschien die Frau auf dem kleinen Balkon und rief in die Gärten hinaus: Aristide, Aristide! worauf ein Bauer in der blauen Bluse, einen breitkrempigen Arbeiter Strohhut auf dem Kopf herankam und uns in sehr breitem Patois bäuerlich bieder begrüsste. Er stellte sich nicht weiter vor, und kümmerte sich auch nicht viel um unsere Namen, sondern war eben Maillol: etwa 40 Jahre alt aussehend, langer unbeschnittener, schwarzer Vollbart, sehr ausdrucksvolle, leuchtende blaue Augen, hager und mit langer Adlernase von prononciert spanischem Typus. Er führte uns gleich ins Atelier, das ein kleiner Bau im Garten ist, und zeigte uns seine Arbeiten und Zeichnungen, die Büste von Mme Maurice Denis, eine kleine hockende weibliche Figur, die er lebensgross ausführen wollte und von der ich sofort das kleine Modell kaufte (800 frcs). Ich fand unter seinen Zeichnungen eine Skizze von einer zusammengekauerten weiblichen Figur[1], die mir durch die wunderbare Arabeske der Linien und deren knappe Zusammenfassung so auffiel, dass ich Maillol, der von beabsichtigten Steinskulpturen gesprochen hatte, vorschlug, sie für mich in Stein auszuführen. Maillol plaidierte für Lebensgrösse; und wir einigten uns hierauf, wenn der Preis es erlaubte. Sehr bieder in seiner bäuerlichen Art machte es sich, wie Maillol uns an den kleinen Figuren zeigte, wie die Schenkel und Beine so gut seien, weil diese bei seiner Frau, die ihm Modell sässe, so schön seien; dagegen haben ihre Brüste und ihr Bauch unter dem Kinderkriegen gelitten. Er sagt dieses ganz naïv und ohne, dass es verletzend wirkt. Sein grösster Schatz sind eine Anzahl von Holzschnitten von Gauguin.[2]

Paris. 23 August 1904. *23.8.1904 Dienstag*

Maillol bei Mutzenbecher und mir im Chatham gefrühstückt. Er zeichnete mit dem Nagel auf das Tischtuch meine Figur auf, und so gut, dass er sich Pauspapier kommen liess, um die Skizze nicht zu verlieren. Ich sagte ihm, dass ich in ihm eine Art von Synthese von Ingres und Rodin zu entdecken glaubte. Von Ingres gab er Elemente zu; mais avec Rodin je ne vois pas bien le rapport. Rodin suche das Licht als solches, er, Maillol, plutôt la forme; wenn seine Werke das Licht fesselten, so sei das mehr Zufall. Er zeigte an der Skizze wie Rodin das Loch zwischen Kopf und Knie ausfüllen würde, pourqu'il n'y ait pas de trou, rien de sombre, während er es ruhig lässt. Er sprach mit Enthusiasmus von seiner Heimat, dem letzten Dorf[3] am Meer vor der spanischen Grenze. Am Strande im Meeres-Licht müsste Skulptur wunderbar wirken und leben. Er wolle auch dort einmal später Statuen machen und aufstellen, ganz umsonst, rein aus Freude am Licht. Er habe schon

---

[1] La Méditerranée

[2] Verweisung: „(über Maillol cf Maurice Denis 26.XI 03.)“

[3] Banyuls

einmal vor einigen Jahren eine überlebensgrosse Gruppe von ringenden Frauen angefangen, um sie dort aufzustellen; aber eine plötzliche monatelange Blindheit habe die Arbeit unterbrochen, und selbst die Modelle seien während der Zeit untergegangen. Er habe sich zuerst am meisten an die Ägypter halten wollen; aber sich dann, ohne es direkt zu suchen, immer mehr den Griechen zugewendet, namentlich den Skulpturen von Olympia; diese schienen ihm für die Einzelskulptur mehr Belehrung zu bieten als der Parthenon. Er kenne Beide aus den Abgüssen in der Ecole des Beaux Arts. Über seinen Lebensgang: er sei Schüler von Cabanel auf der Ecole des Beaux Arts gewesen. Er spricht von C. mit einer gewissen Verehrung: il ne m'a jamais donné un mauvais conseil. Aber er habe sich doch in dieser Schule gewisse Manieriertheiten (habiletés) der malerischen Technik angewöhnt, die er nicht wieder loswerden konnte, so dass ihn seine Malerei nie befriedigt habe; je ne m'y reconnaissais pas. Deshalb habe er sich der Stickerei zugewendet, parceque là je me disais que je serais bien obligé de mettre un ton à côté de l'autre, sans cette trop grande habileté. Dann habe er aber wieder entdeckt, dass die mechanische Arbeit bei der Stickerei zu gross sei; er musste zu viel Andren überlassen, si je ne voulais pas être écrasé de travail, und so sei er zur Skulptur gekommen.

Paris. 24 August 1904. *24.8.1904 Mittwoch*

Gees Geburtstag. – Mit Mutzenbecher bei Vollard Bilder gekauft.

Paris. 25 August 1904. Donnerstag. *25.8.1904 Donnerstag*

Wieder zu Maillol nach Marly hinausgefahren. Unterwegs in Meudon kam Maillol selbst ins Coupee gesprungen. Er kam von Rodin, bei dem er gefrühstückt hatte, und hatte mich am Coupeefenster sitzen sehen. Er erzählte von seinem Besuch. Rodin habe ihm einige Fragmente von antiken Statuen gezeigt und sei mit der Hand darüber hingefahren, um ihm die strenge flächenmässige (kubische) Behandlung zu zeigen. Voyez, on touche tout, d. h. alle äussersten Punkte einer Seite liegen in einer Ebene (cf Hildebrandt[1]). Wir kamen auf Illustrationen zu sprechen und ich schlug Maillol vor für meine projektierte Presse Vergils Eclogen zu illustrieren. Er nahm mit Begeisterung an: Je lis tout le temps Virgile. In Marly giengen wir zu ihm. Ich fragte M. ob er auch wie Rodin „par plans" modelliere? „Non, plutôt par ronds; mais ça revient au même." Im Garten an der Seitenwand des Ateliers zeigte er mir in einem kleinen Graben die Thonerde für das Modell zur grossen Figur: J'ai été la chercher hier moi-même dans la forêt. Er betastete sie, ob sie noch feucht genug wäre und bedeckte sie dann wieder sorgfältig mit einer alten Holzthür, um die Sonne abzuhalten. Er zeigte mir dann wieder eine Menge Zeichnungen und Abdrücke von Zeichnungen auf

[1] Verweisung: „u. 3 IX 04"

feuchter Erde, zur Erläuterung dessen was er sich etwa als Illustrationen zu Virgil denke; auch seine Entwürfe für Villon (bei Vollard) und für ein Buch von Pierre Louys, und gab mir Photographieen von den zerstörten Modellen seiner überlebensgrossen Figuren. Dann holte er mit grossem Stolz die Hefte seines kleinen Sohnes vor, in denen dieser mit 5 bis 6 Jahren mit Wasserfarben merkwürdig geschmackvoll und lebendig gekritzelt hat. Der Kleine selbst, ein auffallend munterer Junge von sieben Jahren, spielte währenddem sehr unbefangen mit einem Kätzchen herum. Im Atelier stand ein kleiner Kopf von Bourdelle. Maillol meinte c'est très bien; il cherche la couleur lui, comme Rodin; moi je ferais ça plus plat et plus simple. Wir giengen dann über Land nach Villeneuve l'Étang zu Roussel. Unterwegs fragte ich Maillol, warum er immer nur Frauen mache, nie männliche Figuren. Eh, parceque je n'ai pas de modèle. Rodin, lui, peut se payer autant de modèles qu'il veut; mais nous autres artistes nous devons ordinairement nous servir de nos femmes. J'ai toujours l'intention de faire un homme; je trouve le corps de l'homme beaucoup plus beau que celui de la femme; mais ça devient toujours une femme. – Roussel kam sehr bald auf theoretische Betrachtungen, wie auch immer Denis und Vuillard. Er zeigte eine grosse angefangene Verdüre, in der ein wie schwarz aussehender Ton eine grosse Rolle spielt. Ich bemerkte, er scheine also wieder „Schwarz" zu verwenden. Mais ce n'est pas du noir; c'est de la laque et quelques autres tons. Il n'y a que des tons très purs là dedans. Mais je trouve qu'on ne doit pas se priver des tons forts. Je trouve ça faux de traduire le noir par du bleu; le bleu ne donne pas du tout le même effet que le noir. Il faut employer toute la gamme; il faut établir sa gamme en utilisant tous les tons entre le noir et le blanc, pour sortir de ce parti pris de gris de la peinture impressionniste. Ça fait des œuvres bien plus solides. Car ce n'est pas solide un Monet, ça n'est pas une surface, ça fait des trous dans les murs. L'important c'est d'établir une certaine gamme de couleurs dès le commencement et de n'en pas sortir.[1] C'est là le côté vraiment important et intéressant de Signac, d'avoir formulé ça. Que ces couleurs soient des tons purs ou non, c'est secondaire. Mais en donnant la formule générale Signac a vraiment fait une œuvre. Signac par là est un classique. Avant lui on tâtonnait. Voyez Cézanne. Il a cherché toute sa vie à concilier la copie exacte des tons de la nature avec son besoin de style; mais c'était de l'empirisme; c'est là le drame de sa vie. Maintenant je ne crois plus que personne cherche encore à copier les tons exacts de la nature. Signac a donné la formule une fois pour toutes. Il n'y a plus lieu de chercher de ce côté. En partant, je sais toujours exactement sur quels tons je vais établir mon tableau, et je ne joue que de ces tons, en les mélangeant seulement de blanc. Tenez ce tableau est établi sur une pourpre, un vert et un jaune (die Verdüre) etc.[2] Im Grunde kommt diese

---

1 Verweisung: „(cf 8.V 03 Whistler"

2 Verweisung: „(cf. 5 XII 03."

Doktrin darauf hinaus den Realismus der Farbe, ja die Farbe selbst, sozusagen aufzugeben zugunsten des Helldunkels, das allein noch mit der Natur intim in Fühlung bleibt: Vereinigung der Helldunkelmalerei mit einer theoretischen, sozusagen musikalischen, Farbenlehre, die die Farbe nur noch als Dekorationsmittel, nicht als Ausdruck der Natur, betrachtet: Halborientalismus. – Roussels eigene Werke sind bis auf diese theoretische Grundlage eine Art Erneuerung von Diaz, noch subtiler und pariserischer, lokaler, als Diaz selbst. – Zwei Bilder von Vuillard, Intérieurs aus Roussels Haus, standen im Salon. Aus der ganz banalen Tapete hat Vuillard Wunder von Farbenkombinationen herausgesehen. Roussel meinte: c'est un peu de l'atavisme cette qualité qui fait le fond de l'art de Vuillard, cette imagination de rapports de tons; son grandpère était fabricant de papiers peints. Ich sagte, Signac entwickle auch immer mehr diese Qualität. Oui, mais Vuillard a en plus cette imagination de la forme, de voir les objets sous des silhouettes amusantes,[1] tandisque chez Signac la forme est toujours maigre, géométrique. Maillol kam wieder auf kleine Tierfiguren, die Bonnard bei ihm modelliert habe, qui sont des merveilles, un chat, un chien, un cygne: des merveilles, des merveilles. – Ich erzählte Roussel, welche Rolle Manet in Deutschland spielt. Er schien ziemlich erstaunt. Chez nous, Manet c'est presque un peintre reconnu par l'Académie. Mais, c'est vrai, Manet, en somme, n'a pas été un peintre français. On ne voit pas un jeune chez nous s'inspirant de Manet. Il y aurait beaucoup plus à tirer de Courbet. Courbet avait des sujets, lui; Manet n'a jamais eu de sujet.

Paris 27 August 1904. *27.8.1904 Samstag*

Im Louvre: David legt die Axt an die Wurzel der alten Malerei 1) durch Zurückweisung des Helldunkels d. h. der Kontraste von Hell und Dunkel und auch der Farbenkontraste, an deren Stelle er als Stilprinzip die Form setzt und zwar die objektive, abstrakte, ausserhalb und abgesehen vom Bilde bestehende Form des dargestellten Gegenstandes; und deshalb 2) durch Zurückweisung der bewegten leidenschaftlichen Linie, wie sie seit Rubens (Barock) geherrscht hatte, statt deren er die klassische ruhende Linie wählt (hiergegen schon Ingres in Aufruhr durch die wahre Linie, die immer schon Etwas Bewegung enthält). Das Helldunkel und die Rubens Linie sind Davids points d'attaque. Seine Revolution das Ende des Barock. – Folgen: 1) Erkalten und Erstarren der Farbe, d. h. hellere Farben aber ohne weiche Wertunterschiede; und kein Schimmern oder „Vibrieren" der Farbe mehr wie bei Watteau, Rubens, den Venezianern. – David selbst blieb ein grosser Maler; cf blos sein Weiss z. B. auf der Mme Récamier, der Mme Seriziat, den Sabinerinnen und überhaupt. Ein weisses Kleid malt er mit breiten, lebendigen Pinselstrichen wie Manet. Aber er legt keinen Wert auf die Malerei und so geht sie

[1] Verweisung: „(cf Vuillard über Manet 11 V 03"

bei seiner Schule Guérin, Girodet etc. verloren. 2) Ausdruckslosigkeit der Linie. Also Folgen insgesamt: Erstarrung der Bewegung und der Farbe: der kalte, marmorne Tod. Die Auflehnung geht zunächst gegen diese beiden Folgen (gegen die Peripherie). Sie geht aus 1) von der Notwendigkeit wahrer und lebendiger Bewegung: Gros, Bataille de Nazareth 2) vom Reiz der Farbenkontraste und der vibrierenden Farbe (Orient, ebenfalls Gros, Pestiférés de Jaffa.). Géricault setzt 1 fort linear und durch den nervös bewegten ausdrucksvollen Pinselstrich; Delacroix 2 (Farbenkontraste, Farbenvibrieren). Das Helldunkel hütet währenddem Prudhon (und zwar namentlich auch die Kontraste von Hell mit Dunkel und die Komposition „par masses" von Helldunkel und Licht); d. h. er zerlegt die Bildfläche in ein Schachbrett von lichten und dunklen Flecken und benutzt den Kontrast dieser Flecken miteinander zu einem feinen zarten Lichtspiel in den Übergängen. cf das Porträt der Mme Jarre. Prudhon vererbt sich auf Corot und über diesen auf Manet. – Ingres behält von David eigentlich Alles bei, nur dass er statt der konventionellen (nach dem klassischen Schema umgebildeten) Form die wahre darzustellen sucht, die immer schon Etwas Bewegung enthält, und bei der Linie an das Bild denkt, nicht an deren objektive Schönheit, und sie also in die Richtung der Arabeske fortentwickelt: also Bewegung (d. h. Ausdruck) und Arabeske statt marmorner Konvention und objektiver (ausserbildmässiger) Schönheit. In Ingres ist durch die Arabeske so prinzipiell schon Lautrec enthalten; Ingres ist so der Vater sowohl des Realismus wie der modernen Linienkunst, denn er erfindet Linien und zwar nur mit Rücksicht darauf, wie sie im Bilde wirken und gleichzeitig, ob die Form aus der sie entnommen sind objektiv ausserhalb des Bildes schön ist. (Hierzu die Odalisque couchée mit ihrem zu langen Rücken.)[1] – Zwischen David und Ingres liegt eine ganze Weltanschauung; zwischen Ingres und Lautrec eigentlich Nichts als eine schrittweise Fortentwicklung.[2] – Zu Davids Entwicklung cf hier der Bélisaire vom Jahre 1784 noch sehr Poussinhaft, aber schon dadurch in einem klassizistischen Gegensatz zu den Zeitgenossen (Boucher, Fragonard.), und dann aber sein Paris und Helena (1788), das nicht mehr von Poussin sondern direkt von der Antike abhängen will. Man vgl dieses Bild mit Lagrenées Raub der Dejanira gleich daneben. Bei Lagrenée überall Barockformen und Barocklinien, die auf Bewegung und bildmässig dekorativer Wirkung gehen, ohne Rücksicht auf die objektive Schönheit der dargestellten Körper; bei David die Körper objektiv, d. h. ausserhalb und abgesehen vom Bilde schön, während auf die Arabeske im Bilde weniger Wert gelegt wird. Davids Revolution geht so in erster Linie mit gegen das Prinzip l'Art pour l'Art; für ihn ist das Wesentliche nicht das Bild als Bild sondern das Bild als Darstellung (imitation, cf Kératry). Man kann sagen, dass mit Davids Paris und

[1] Verweisung: „(zu David cf 6 XI 04; 28,VIII 04"

[2] Verweisung: „(zu Ingres cf. 11.XI 03."

Helena die moderne Kunst beginnt, der Stein ins Rollen kommt, die Schwankungen im Gleichgewicht beginnen, aus denen bis heute die Entwicklung der Kunst besteht. Der erste Gegenstoss Gros' Nazareth.

Paris. 28 August 1904. *28.8.1904 Sonntag*
Wieder David im Louvre. Zum Aufgeben der Kontraste (Farben- und Helldunkel-K.): David malt die Lokalfarben als Farbe und Grau (nur im Fleisch Paris u. Helena noch Etwas Blau), Boucher, Lagrenée etc. nehmen Kontrastfarben in die Lokalfarbe hinein, um sie zu beleben (Rubens). In Lagrenées Dejanira ist D's Mantel Rosa aber ganz von blauen Reflexen durchwirkt, in ihr weisses Hemd mischen sich ebenfalls Blau und Rosa. – Ebenso opfert David den Helldunkelkontrast d. h. das Hineinmalen von weissen oder hellen Tönen in eine Draperie, um dunkle und helle Stellen wirkungsvoll abwechseln zu lassen. Selbst sein schönes Weiss ist blos Weiss und Grau (vielleicht auch Etwas Braun, wenn dieses nicht Firniss ist) und nur durch die meisterhafte Breite des Pinselstrichs und der „Plans“ reich. Ebenso bei Prudhon das Weiss blos Weiss und Grau; aber die Helldunkelkontraste bei ihm geblieben. – David ist das Eindringen der Litteratur in die Malerei, die Loslösung des Sujets aus dem Bilde, wie die Revolution das Eindringen der Litteratur in die Politik.[1] – Für mein Werk[2] Titel: Realisten und Impressionisten des 19ten Jh. Das schliesst bequem Rossetti, Böcklin, Stuck etc. aus.

Paris. 30 August 1904. Dienstag *30.8.1904 Dienstag*
Géricault. Géricault und Constable zusammenstellen. Beider Seele die Bewegung, sogar die übertriebene, ins Dramatische gesteigerte Bewegung. Beide lieben leidenschaftlich Einen Gegenstand, Constable seine Heimatslandschaft, Géricault das Pferd, und diese Liebe ist es, die sie treibt, das Leben dieses Gegenstandes bis ins Letzte festzuhalten. Vergleich auch mit Goya (Bewegung). – Géricaults Radeau de la Méduse. Was man wohl sagen kann: dass nie vorher ein solches Meer gemalt worden war (ausser von Constable, den G. damals noch nicht kannte) und ein solcher Meereshimmel, die unendliche Weite und Schwermut des Meeres und des Meereslichts. In den Gruppen eine Anzahl „Académies“. Ein Kritiker nannte das Bild sogar „une collection d'académies sans unité“. Er fühlte eben nicht die neue Einheit nicht der Gruppierung, sondern des Lichts und der Stimmung. – Delacroix' Naufrage de Don Juan damit verglichen: das Akademische, die Académie, ganz verschwunden; statt des Helldunkels Farbe (Farbenkontraste). Die Wirkung und Einheit durch das Licht (Stimmung) hat er übernommen; aber das Ganze mehr innerlich (poetisch) als äusserlich bewegt;

[1] Verweisung: „(David cf 27,VIII, 6 XI 04.“

[2] Impressionisten: Die Begründer der Modernen Malerei in ihren Hauptwerken

fast quietistisch, fast ein Blumenstück, im Vergleich zum Radeau. – In der Barque de Don Juan[1] (1822) noch Streben nach Michelangelesken Akten; aber schon der Colorismus, Vergils Weiss, das Blau des Fährmanns, das Rot Dantes, Géricault ganz fremd. – Géricaults und Carle Vernets Pferde (Jagd Carl X): bei Géricault Haar und Form im Licht lebendig (pastose Behandlung und lauter kleine Helldunkelkontraste, mit denen vgl. die gesuchten Helldunkelkontraste im Radeau); bei Vernet das Pferd kahl und rund wie aus Holz. (Es wäre lehrreich am Gegensatz Vernet (Carle) – Géricault den Unterschied zwischen einem Realisten (Künstler, d. h. der die wahre Natur in künstlerische Wirkungsmittel zu übersetzen versucht) und dem blossen Naturkopisten, Naturalisten, Photographen (Werner) zu zeigen.) – Colorismus: das Wirken durch Farbenkontraste; Helldunkel: das Wirken durch Schwarzweisskontraste. – Der eigentliche Erbe von Constable war Bonington, der vielleicht Constables Tradition mit dem venezianisch-rubensschen Colorismus zu einem 70 Jahre früheren Impressionismus vereinigt hätte. Bonington war der grösste Verlust der englischen Malerei. Der Thronerbe starb mit ihm. – Disposition für Anfang meines Buchs: Crome, Turner, Goya, Constable, Géricault, Bonington, Delacroix. – Auf der Linie Constable – Géricault weiterhin Jongkind, Van Gogh.[2]

Paris – London. 2 September 1904. *2.9.1904 Freitag*

Früh dreiviertel zehn mit Maillol nach London abgereist. Er beobachtet und skizziert beständig; z B. den auffallend breiten, griechischen Halsansatz einer jungen Engländerin: ça m'aide dans ma sculpture. Er sagt, er mache seine Skulpturen fast nur auf Grund von Zeichnungen; weit weniger Modellieren nach der Natur. Wieder von Rodin. Rodin fait un beau morceau, une jambe, une main; mais l'ensemble, les grandes lignes, ça lui est bien égal. En montrant des choses antiques – il a de bien beaux fragments chez lui – il dit quelquefois: „C'est décoratif", et il passe, ça ne l'intéresse pas: c'est décoratif! Moi, c'est tout le contraire, c'est de là que je pars, de la grande ligne décorative. Quand on voit un Rodin de loin, c'est petit, tout petit. Mais la sculpture fait part de l'air, de tout autour. – Rodin a chez lui un Buddha, qu'il a du reste bien placé, dans son jardin, devant un cercle de petits arbustes. Eh bien, c'est grand comme ça – (ganz klein zeigend), et c'est grand comme le ciel, c'est immense, ça remplit tout. – In Calais überschlugen wir einen Zug, damit Maillol Rodins Bourgeois sehe. Maillol brach in grosse Bewunderung aus. C'est bien, c'est très bien. Qui donc m'avait dit que ça

---

[1] Dante et Virgile

[2] Verweisung: „(cf 30 VI 04 die energetische Naturanschauung)"

faisait mal? C'est mal placé, mais c'est très beau. Évidemment, ça reste pour soi, il faut le voir de près, ce n'est pas décoratif. Mais, comme Rodin a bien exprimé ce qu'il voulait dire, le côté lamentable, désordonné, troupeau. Zufällig bildete sich vor dem Monument eine kleine Menschenansammlung, und das Monument schien eine blosse Steigerung der Menge unten, es wuchs förmlich aus ihr heraus. Maillol und ich fühlten es gleich zusammen. Es ist ein grosser Verlust, dass das Denkmal nicht auf einem niedrigen Sockel auf dem Marktplatz dicht vor dem alten Museumsgebäude steht. Vor dem dünnen Stadtgärtchen verliert es dreiviertel seiner Wirkung. – Nachher erzählte Maillol, wie er zur Antike gekommen sei. J'ai voulu voir, comment les Anciens s'arrangeaient avec la réalité. Je regardais une tête de femme dehors, dans la rue, puis j'entrais au Louvre et je regardais un Antique; et je voyais comment ils s'étaient arrangés pour tirer de la beauté de la vie. Quand je regarde un Antique, ça me parait toujours tout facile de faire de la sculpture; mais quand je regarde de la sculpture moderne, alors ça me parait compliqué, difficile ....! – Auf dem Schiff erzählt er mir von seinem Grossvater, einem alten Seemann und Schmuggler, der als solcher an der ganzen Küste wegen seiner Körperkraft und Furchtlosigkeit verehrt wurde. Il faisait la contrebande ouvertement, sans faire de mal aux douaniers, en essayant seulement d'être plus malin qu'eux. – Il avait des doigts gros comme mon poignet. On raconte qu'un jour il voulait donner une gifle à un matelot, qui était debout devant la poupe d'un navire; mais l'autre se baissa et le coup défonça la poupe. – Quand il fut vieux, il devint aveugle. Il me conduisait à l'école; nous y allions ensemble, je l'asseyais sur un banc près de la mer, et après l'école je le prenais par la main et nous nous en retournions à la maison ensemble. J'avais cinq ans quand il est mort. – In London Maillol nach Tisch am Embankment entlang geführt und auf der Terrasse bei St Thomas's hospital bis über die Hängebrücke bei Lambeth. Auf der Brücke blieb er lange stehen und beobachtete das schwarze Wasser mit den tausendfarbigen Lichtern und das dunkle Parlamentsgebäude am Ufer. On dirait un palais sorti de l'eau; une ville des mille et une nuits. Je n'ai jamais eu si fort la sensation des mille et une nuits, d'une ville mystérieuse qui a paru soudain on ne sait d'où. Der Himmel war mit leichtem, hellem Nebel bedeckt: Voyez, c'est tout rouge ce ciel. Moi je prendrais pour peindre ça les tons les plus montés du rouge, de la pourpre. Ça donne envie de peindre. Aber Monets Auffassung lehnt er ab. Je ne vois pas ça du tout comme Monet. Je vois un ton à côté de l'autre; pas tout brouillé.

London. 3 September 1904. (während der Schlacht bei Liao Yang.) Sonnabend. *3.9.1904 Samstag*

Früh mit Maillol ins British Museum. Gleich beim Eingang in die Skulpturen Sammlg hielt ihn der Kopf[1] von Osorkon II fest. C'est beau! Comme c'est beau! C'est tranquille, et ça vit plus que les choses qui représentent un mouvement. C'est pour ça que j'aime tant les poses tranquilles; je trouve ça tellement plus vivant. Ça remue, tandisque les choses en mouvement, on s'attend toujours à ce que ça s'arrête. – Vor den Parthenon Skulpturen. Er sprach hauptsächlich von ihren „volumes" und von ihrer Flächenmässigkeit. On mettrait une règle dessus, et tout touche; tout est sur le même plan. Regardez, ce cheval qui est tout derrière, vient tout devant; il touche la règle. À l'Ecole des Beaux Arts, on le ferait vraiment derrière l'autre. Il n'y a pas moyen de faire comprendre ça à un artiste de l'École des Beaux Arts. Et cependant c'est simple comme bonjour. Mais ils ne comprennent pas. Er zeigte mir Dasselbe am Ilissos. On dirait un bas relief. (cf. Hildebrandt.)[2] Dann von den „volumes", namentlich vor dem Torso des ___ C'est rongé, abimé; mais ça ne fait rien. Ça devient toujours plus beau, parceque les volumes y sont. Vous grattez un Falguière, il n'y a plus rien, parceque tout est dans les détails, à fleur de peau. Mais ici, tout est dans les volumes. Ça reste beau, même quand il n'y a plus rien. Tenez, j'ai dit un jour à un artiste de l'École, un idiot: Mais coupez lui donc les couilles et pendez-les lui à l'oreille, ça sera toujours aussi beau. Il n'a pas compris. Ils en sont toujours à „l'exactitude" du dessin, que ça donne „exactement" le modèle.[3] Wir sahen einen Kopisten, der die Karyatide des Erechthaion in Wachs kopierte. Comme c'est maigre; il ne copie que la surface, les proportions; les volumes n'y sont pas. Moi je ferais avec les mêmes volumes une chose tout à fait différente, et qui ressemblerait tout de même. Von dieser Karyatide war Maillol sehr bewegt: C'est une jeune fille amoureuse. Comme c'est plein de vie. La vie, la joie, il n'y a que ça, c'est ça que je cherche. – Les Egyptiens ont bien fait quelquechose de semblable aux Grecs pour les volumes; mais c'est sevère, c'est religieux; les Grecs y ont mis la volupté en plus. Odilon Redon a dit une fois un mot de mes ouvrages qui m'a fait bien du plaisir; il a dit: „C'est sévère et voluptueux." Ça m'a fait bien du plaisir, parceque c'est bien ça que je cherche: „sévère et voluptueux". C'est comme ça qu'est l'Art Grec. – Er meint, die beiden Giebel seien von verschiedener Hand. Er zeigte namentlich auf die Kekrops Gruppe und meinte, diese könne unmöglich vom Selben sein, der die Parzen und die Demeter und Kore gemacht habe. Die Gewandung und das Bein des Mädchens in der Kekrops Gruppe sei „maigre" etc. – Er meinte von den Parthenon Skulpturen noch: ça attrappe la lumière partout. Und von den Schat-

---

1 Kopf von Amenemhet III

2 Verweisung: „cf Rodin 25 VIII 04"

3 Verweisung: „(über die „volumes" cf 30.IX 04; 8.IX 04; 1.XI 04;"

ten: chaque ombre est calculée; pas une n'est trop noire. Il n'y a pas de trous. – Ziemlich zu meiner Überraschung gefiel ihm auch der Phigalia Fries[1] sehr. Er sah sich namentlich die Gruppen von Kämpfern, die Amazonen am Haar zerren, lange an. – Nach dem Frühstück in der National Gallery. Ihm gefielen besonders der Lorenzetti, Piero de la Francescas, Tizian, Hogarth und der grosse Canaletto. Viel weniger Poussin und Turner. Bei Tisch erzählte er von seiner alten Tante in Banyuls die ihn erzogen hat. Er müsse zu ihr zurück, „parcequ'elle attend pour manger que je vienne. Quand je ne suis pas là, elle se prive de tout." Dann von seiner Zeit auf der École des Beaux Arts, wo er Schüler von Cabanel war. Die Regierung habe damals einmal plötzlich ein Examen angeordnet und dabei sämtliche älteren Schüler durchfallen lassen und aus der Schule entfernt. Die Andren hätten sich das auch Alles ruhig gefallen lassen. Aber er, Maillol, habe sich trotzdem täglich wieder eingeschlichen, sous un prétexte ou un autre, indem er den Portier, der die Namen notierte, durch irgendeine List täuschte. Wenn er in die Klasse kam, hätten die Schüler alle immer applaudiert und der alte Cabanel ihm sein Kompliment gemacht und ihn gefragt: Mais comment avez-vous encore fait? – Von dieser Zeit und seiner frühen Jugend erzählt er noch: er habe von seiner frühesten Kindheit für Nichts Andres Interesse gehabt als Zeichnen. Seine Verwandten, die meinten: qu'il fallait tout de même faire quelquechose hätten ihn zu einem Vetter gesteckt, qui était chef de gare, pour lui tenir ses écritures. Aber er habe die écritures so jämmerlich gehalten, dass der Vetter die Arbeit immer wieder neu machen musste. Schliesslich habe er von seiner Stadt ein Stipendium von 200 francs (!) jährlich bekommen und sei damit nach Paris auf die École gegangen. Wenn er zu sehr in die Klemme kam, hätte er seinen Bruder etwas angepumpt. – Von einer späteren Zeit: C'est Vuillard auquel je dois tout. J'étais dans une telle misère que je serais retourné planter des choux chez nous, si Vuillard ne m'avait pas amené le Prince Bibesco dans mon atelier. Je ne vendais rien. Mais eux deux partirent avec les poches bourrées de tout ce que j'avais fait, et puis après, la Princesse Bibesco mère m'a acheté des tapisseries[2]. C'est comme ça que j'ai pu continuer. C'est Vuillard qui m'a fait. – Abends mit Maillol zum Boxen in Whitechapel. Er war hingerissen. Je n'aurais jamais cru que ça me passionnerait comme ça. C'est comme ça qu'il faudrait voir le nu; pas avec un malheureux modèle qui fait des gestes convenus. Er skizzierte mit unglaublicher Geschwindigkeit die Kämpfer, Skizzen, die den schönsten Delacroix gleichkommen. Namentlich der grosse, stolze Halsansatz und die Schultern interessierten ihn. Auf diese konzentrierte er sozusagen seine Beobachtg. Er sagte mir nachher: J'ai beaucoup travaillé ce soir, et beaucoup appris. Je ferai un groupe de lutteurs comme ça. Mais avant la lutte, quand ils sont vis à vis l'un de l'autre; c'est

---

[1] Bassai, Tempel des Apollon

[2] „Concert des Femmes" u. „Musique pour une princesse qui s'ennuie"

comme ça qu'il faut les faire, au repos. Je suis bien content d'avoir vu cela; ça m'a donné l'idée, comment on pourrait faire des hommes nus. Sans ça, de notre temps, on ne voit pas à quoi un homme nu s'accorde.

London. 4 September 1904. Sonntag. *4.9.1904 Sonntag*
Mit Maillol wieder kurz in die National Gallery. Die Wilsons interessierten ihn sehr, ebenso wie gestern die Hogarths, und weit mehr als die Turners. Regardez-moi ça, comme ça reste dans un plan. Il y a la perspective; elle y est; mais on sent bien que la tapisserie passe derrière. Ça ne fait pas de trou dans le mur. Un Turner c'est très savant, très intéressant; mais ceci j'aimerais à l'avoir chez moi. C'est autrement établi qu'un Turner. – Beim Frühstück im Savoy kam Maillol auf die Boxer zurück. Ça me restera. Je n'oublierai jamais ça. C'était pas comme à Paris des maquereaux de barrière; on sentait qu'ils y étaient, que ça les passionnait vraiment, une race jeune qui se battait pour s'exercer comme les Grecs d'Homère. C'étaient pas des hommes, c'étaient des dieux! Ils avaient l'expression, ces cous si fiers, si beaux, et puis ces bouches, ces bouches terribles, ouvertes, qui paraissaient rendre des flammes! – Un jour que j'étais chez Odilon Redon, il me montra un cheval de Géricault et un cheval Grec. Je lui dis: Le cheval de Géricault, c'est un cheval; mais le cheval Grec, c'est un Dieu. Eh bien, c'était ça hier soir. Je ferai ça, je ferai sûrement ça. Et je ne vois pas qu'on l'ait jamais fait. C'est bien différent des choses grecques tout de même. – Nachmittags fuhren wir nach Harrow hinaus, über Hampstead. Die Landschaft machte auf ihn einen starken Eindruck. Comme c'est grave, et monotone. Il y a partout le même petit arbre rond. Il n'y a pas de feuilles, dans ce paysage, il n'y a que des masses. Mais tout est vert, des infinités de tons verts. – In Harrow interessierte ihn hauptsächlich das alte Schulgebäude wegen Byron, und dann die Aussicht. On parle toujours de la Terrasse de St Germain. Mais c'est plus beau ça; c'est plus grand. – Bei Tisch kamen wir wieder auf seine Kunst. Wir sprachen über hässliche und schöne Modelle; z B. für den Fuss, der heute meistens durch den Stiefel verkrüppelt ist. Ça ne fait rien. On peut copier une chose bien laide et donner la sensation d'une chose très belle. L'émotion, c'est tout. Je donne ce que j'ai senti; et la sensation donne l'expression. Dans les choses indiennes, de Java, il y a souvent un pied fait comme une fourchette, et, cependant, ça donne bien la sensation d'un pied, parceque c'est senti. Rodin, avez-vous jamais vu des pieds plus laids? On dirait qu'il cherche ce qu'il y a de plus laid, de plus estropié dans la nature. Et cependant, jamais ça ne vous donnera l'impression d'un pied estropié. Moi j'ai beaucoup vu les jeunes filles de mon pays, quand elles marchent dans des sandales. Il n'y a rien de plus beau qu'un pied dans une sandale. Le haut est rond etc. Quand je fais un pied, je pense à ça; je cherche à donner ce que j'ai senti alors. – Auf dem Rückwege sahen wir viele StrassenAndachten von der Heilsarmee etc. J'ai été très religieux, meinte Maillol, j'ai même fait de la sculpture religieuse. Il a fallu une grande recousse

pour me tirer de là. C'est le contact avec la nature, l'étude de la nature, qui m'a fait voir que tout ça était faux. Il faut vivre, il faut la joie, c'est le principal. Je me suis fait une espèce de philosophie avec ça. C'est ça, ce que je voudrais exprimer par mon art. Car je ne vois pas qu'on puisse faire une œuvre comme un joujou, et puis que ça soit fini; comme ces sculpteurs qui, quand ils font une femme nue, mettent une auréole et appellent ça Ste Madeleine. Il faut que l'œuvre exprime vraiment ce que l'artiste a senti: C'est comme ça qu'on fait des œuvres qui vous prennent. Moi, sans l'art, j'irais me fiché à l'Eau. Si je ne pouvais plus faire d'art, je mourrais dans six mois. Ce qui m'a manqué jusqu'ici, c'est de pouvoir étudier. Maintenant, je vais pouvoir étudier des modèles, surtout les volumes. Je vais faire bien mieux. Je veux que quand on gratte, tout reste. C'est merveilleux quelquefois une statue antique abimée. Il y a au Louvre un nu de femme de Carthage qui a été roulé, abimé, et cependant aucune statue ne me donne une telle sensation du nu; c'est étonnant, comme ça donne la sensation. Je peux dire que c'est cette statue qui m'a fait. Je l'ai beaucoup étudiée. Ich sagte ihm, wie tief mich seine Werke packten, obgleich sie so einfach sind. C'est pour ça, parceque c'est tranquille. Rodin a dit: ça attire l'œil, parceque ça ne s'affiche pas. Ça m'encourage énormément, que différentes personnes m'ont dit la même chose que vous. J'ai attendu la commande d'une statue grandeur nature comme un Messie. Mais je ferai maintenant surtout des hommes. Les femmes c'est un peu rond et flou. L'homme c'est plus beau. Mais ce qui me manquait, c'était la façon de les employer. Chez une femme, un geste, c'est tout de suite une statue. Chez un homme, un geste est ridicule. Mais maintenant, j'ai vu, hier, les lutteurs, c'est un sujet. Et puis, il y en a un autre, un jeune berger qui regarde ses cuisses et se trouve beau. – Über die englischen Frauen: Elles sont très belles, beaucoup plus belles que les Parisiennes, plus près des Grecs et de ce que je cherche. Namentlich ihre Haartracht, der um den Kopf gelegte Haarwulst, hat ihn sehr interessiert. C'est ce que je cherchais toujours, sans jamais arriver à le trouver. Et puis, elles ont la figure pleine et tout de même allongée; le cou puissant. Après ce voyage, je vais bien modifier mon type. Wir sprachen über die Stärke der Empfindungen, die die Aussenwelt in uns erweckt. Ich sagte meine Empfindungen würden, mit jedem Jahr stärker und feiner. Maillol meinte, Eh bien, moi pas. Quand j'étais jeune, je sentais la nature comme jamais je ne l'ai sentie depuis. Un petit voyage, dans quelques villages en Espagne, m'a fait écrire des tas et des tas de lettres à mes amis. À dix ou onze ans, on désire une femme, comme maintenant jamais plus je la désire. En revenant de Perpignan dans mon village, je sentais la nuit comme quelquechose d'extraordinaire. Je me rappelle qu'il y a eu une fois une illumination sur la mer dans mon village, des barques qui allaient sur la mer avec des lanternes vénitiennes; à un moment, la voile de notre navire s'est détachée, il y a eu une voile blanche, qui battait l'air, et une femme est venue se blottir contre moi .... – je n'avais encore jamais touché une femme. J'avais seize ans c'est une sensation que jamais je n'oublierai. Je la sens encore, quand j'y pense. Aujourdhui je n'ai plus de ces impressions; malheureusement. Par l'art, oui; mais c'est autre chose. Peut être que je gagne d'un côté, ce que je perds de l'autre.

London. 5 September 1904. *5.9.1904 Montag*
Früh mit Maillol wieder ins British Museum, um die Tanagra Figuren zu sehen, die ihn besonders interessieren. Auf der Treppe die indischen Skulpturen aus Amaravati. Ich bemerkte zu ihm, wie viel Gauguin aus dieser Kunst hat. Er bestätigte es und war mehr und mehr gefesselt. Comme c'est bien fait, comme c'est savant. Ici aussi, tout est sur le même plan. Et puis, pas de trou; partout la même couleur (er meint die Mischung von Licht und Schatten) et la même tache. C'est fait comme de la dentelle; la personne qui fait de la dentelle, sait la tache, qu'elle va faire, et c'est la même chose ici. – Bei einem griechischen Terracotta Köpfchen nannte ich Clodion. Eh bien non, Clodion n'a pas fait si bien que ça. Il a le côté polisson de la peau et le côté décoratif; er zeichnete mit dem Finger in der Luft eine Silhouette, mais il n'étudie pas la nature, les masses n'y sont pas. Si vous grattez, il ne reste rien. J'ai beaucoup réfléchi sur Clodion dernièrement. J'en ai vu deux ou trois qui sont beaux; mais le reste est ordinaire. Il n'y a pas cette recherche de la nature, comme chez les Grecs. – Bei einem kleinen Terracottarelief, das blos eine Schale darstellt, und doch packt: C'est parceque le bonhomme qui a fait cela a eu du plaisir à le faire. C'est cette joie qu'on retrouve et qui vous arrête. L'émotion, la joie en faisant quelquechose, voilà ce qui crée la beauté. – Poeschel zum Frühstück. Nachher bei Walker. Maillol wiederholte wie neulich im British Museum von den Morris Drucken: J'aime bien l'impression; mais le dessin, c'est lourd, c'est pas vivant, c'est la mort! – Nachher mit ihm im South Kensington Museum. Michelangelos ___ Delacroix avait bien raison, quand il disait, que Michelange était plus peintre que sculpteur. C'est un contour qu'il a rempli. C'est fait par contours, pas par masses. Er mag die Quattrocento Skulptur nicht; aus demselben Grunde. – Constables Studien bewunderte er sehr; namentlich die zwei von Salisbury Cathedral und überall die Himmel. Ça ressemble un peu à Wilson. C'est une <u>belle matière</u>. Que voulez vous de plus que ça? Est-ce joli, est-ce joli? In den grossen Bildern findet er nur de beaux morceaux.

London 6 September 1904. Dienstag. *6.9.1904 Dienstag*
Früh mit Maillol in der Wallace Slg. Reynolds mag er garnicht: c'est maladroit, c'est mal peint. Les femmes sont en carton. La peau ne vit pas. Ganz das Gegenteil von Gainsborough. – Nachher wieder im British Museum. Vor dem archaischen Apollo Stroganoff: C'est de <u>l'art pur</u>. L'artiste n'a voulu faire que de l'art. L'ordonnance, c'est tout pour lui. Celle-ci (ein noch etwas älterer Apollo) est encore plus

géométrique. Après, on a peu à peu fait entrer la nature dans ces lignes. Voilà l'art grec.[1] – Er wiederholte, dass er es für unmöglich halte, dass die zwei Giebel des Parthenon von Einer Hand seien. Der Ilissos habe Stilverwandtschaft mit dem Theseus; aber im Übrigen seien sie ganz verschieden. Namentlich die Draperieen an der Kekrops Gruppe seien „barbares". – Nachmittags mit M. nach Dulwich. Unterwegs fragte ich ihn, in welcher Reihenfolge er konzipiere? C'est par les masses que j'invente. Une statue, c'est pour moi d'abord un arrangement de masses. Évidemment, elles peuvent s'arranger mieux d'un côté que de l'autre. C'est pour ça qu'il faut toujours tourner autour. Il faut chercher qu'elles s'arrangent le mieux possible de tous les côtés. Le peintre voit toujours le côté le plus avantageux; tandisque la sculpture agit par volumes. Le modelé d'une jambe, d'une oreille ne m'intéresse pas; je ferai toujours ça après, c'est facile. C'est les masses qui m'intéressent d'abord. – In Dulwich interessierten ihn vor Allem der Watteau[2] und Gainsboroughs Mrs Sheridan and Mrs Tickell[3]. Poussin, c'est très savant; mais qu'est ce que ça peut me faire. Er habe Alles zusammengetragen, was seine Vorgänger gemacht hätten; aber Nichts Eigenes hinzugethan. Die Landschaft sei an ihm das Beste. Nebenbei gesagt, mag er auch nicht Géricault: ça manque de proportions, noch Barye, je n'ai jamais rien pu voir là dedans. – Auf dem Rückwege erzählt er mir von seinen Färbversuchen. Er habe alle alten Färbmittel wiedergefunden, namentlich ein besondres Rot, das von einer petite bête qui vit sur des arbustes de mon pays geliefert werde. Aber das Tierchen sei jetzt so selten, dass er nur drei oder vier davon gefunden habe.

London. 7 September 1904. *7.9.1904 Mittwoch*

Mit Poeschel draussen in der Dove's Press bei Cobden Sanderson. Er ist ein kleines schwächliches Männchen, der viel, aber nicht ohne etwas Ironie von seinen sozialistischen Idealen spricht. Er zeigte mir seine ersten Einbände: At that time, we all thought we ought to live over our shop and work with our own hands. That's how I took to bookbinding. Er zeigte ein Exemplar einer billigen französischen Übersetzung von Marx, Morris' Exemplar, das er äusserst kostbar gebunden hat; das sei sein erster Einband gewesen; er habe ihn noch bei seinem Lehrer Roger de Coverley gemacht. – Nachmittags mit Walker, Maillol und Poeschel im British Museum wegen der Type. Maillol meinte von den Zeichnungen in den Morris Büchern wieder: On étouffe là dedans, il n'y a pas d'air. Il faut de l'air dans un livre, et de la lumière. Dans celui que nous avons vu (Jenson), il y a de l'air partout, les lettres y sont comme des fleurs dans un champ.

---

1 Verweisung: „ (cf 15 u 18 VII 03"

2 „Les plaisirs du bal" od. Watteau, Umfeld, „Fête Champêtre"

3 The Linley Sisters

London. 8 September 1904. Donnerstag. *8.9.1904 Donnerstag*

Vormittags zu Maillol ins British Museum, wo er ganz früh hingegangen war. Er kam mir ganz in Enthusiasmus über die Amaravati Skulpturen entgegen. Er hat eine ganze Anzahl gezeichnet: die Lebendigkeit und Wahrheit der Bewegungen und der Stil (Arabeske, Flächenmässigkeit, gute Lichtverteilung) sind was er bewundert. Der Unterschied gegen Phidias sei, dass die Inder fertig waren, wenn sie die allgemeine Silhouette und Bewegg notiert hatten, während die Griechen in den Einzelheiten viel weiter giengen: mais les Indiens sont plus près de la nature. Über Phidias noch: C'est très simple: il voit d'abord des masses, très simple; et puis, là dessus, il peut mettre du détail à l'infini, il est sûr de ne jamais se tromper. Tandisqu'aujourdhui, on commence par le petit détail.[1] Moi, je n'irai jamais aussi loin que Phidias dans le détail; ce n'est pas nécessaire. Am Pferdekopf der Nacht zeigte er, wie die oberen, gegen das Licht gekehrten Teile, sehr detailliert sind, während die Seiten (die Ganaschen), die im Schatten standen breit, par grands plans behandelt sind, um das Auge nicht zu beunruhigen. – Später am Tage sagte er mir: Ce voyage à Londres aura été comme une éclaircie pour moi. J'ai mieux compris la sculpture et l'Art en général. À Paris, les Phidias m'avaient toujours un peu étonné; mais ici, je les ai compris. Dasselbe hat er gestern Druet gesagt, wie Dieser mir erzählte. – Nachher mit M. nach Oxford. Unterwegs viel über den Virgil. Er möchte gern ein ziemlich kleines, kompaktes Buch, sans grandes marges; die Seite müsse licht und fest wie ein basrelief grec wirken; mais on ne noie pas un bas relief dans de grandes marges. Auch dürfe das Buch nicht zu dünn sein, damit es nicht nach Nichts aussehe; daher die Georgika mit hineinnehmen. – In Oxford New College, Magdalene and Christchurch. Ihm gefiel besonders New. Die Burne Jones Fenster in Christchurch mag er etwas besser als seine Bilder; aber doch wenig. On regarde ça un jour, et puis on ne peut plus le voir. Cette mélancolie fausse, c'est pas la vie ça, c'est pas la nature! Et puis c'est pleurard!

London. 9. September 1904. Freitag *9.9.1904 Freitag*

Maillol früh abgereist. – Wieder mit Walker und Poeschel im British Museum. Walker sagt Sanderson möchte nicht, dass er uns die Jenson Type nachschneiden liesse; wenigstens nicht in gleicher Grösse. Beschlossen, einen Versuch mit einer Verkleinerung zu machen. – Weitere Besprechungen mit Poeschel wegen der Ausgabe[2]. Auch mit Gill bei Walker.

---

[1] Verweisung: „(cf. 3,IX; 30,IX 04"

[2] Großherzog Wilhelm Ernst Ausgabe Deutscher Klassiker

London. 10 September 1904. *10.9.1904 Samstag*
Mit Poeschel zu Cockerell nach Ewell. Dort gefrühstückt. Besprechungen wegen des Einbandes der W. E. Ausgabe.

London. 11 September 1904. *11.9.1904 Sonntag*
Nachmittags Gill bei mir im Hotel mit Entwurf zu Titelblatt des Goethe. Ihm einige Änderungen vorgeschlagen.

London – Paris. 12 September 1904. Montag. *12.9.1904 Montag*
Früh Telegramm von Mama, dass Gee heute Niederkunft erwartet. Um zwei abgereist. In Boulogne Nachricht, dass Junge geboren.

Paris. 13 September 1904. Dienstag. *13.9.1904 Dienstag*
Früh draussen. Gee verhältnismässig wohl gefunden, auch den Jungen.

Paris. 14 September 1904 *14.9.1904 Mittwoch*
Früh mit Mama und Christian auf dem Standesamt, um den Jungen anzumelden; Namen: Jacques Christian Gérauld Harry. – Nachmittags Fahrt mit Mamma im Automobil nach Enghien und Montmorency.

Paris London. 15 September 1904. Donnerstag. *15.9.1904 Donnerstag*
Nach London zurück. – Man kommt mit Linie (Quattrocento) und Helldunkel (Cinquec. und 17tes Jh) nicht aus bis 1800. Um 1700 kommt ein dritter Leitzweck, die belle matière (Watteau, Chardin, Wilson, Guardi) aufgebaut auf Rubens' Farbenkontraste und Farbenzerlegung, der schöne malerische Stoff, das Farbengewebe als abstrakter Stoff, das edle Material. Bei Rembrandt und Velasquez, namentlich den ganz frühen Velasquez, findet die belle matière sich spontan ein, als Produkt des Ringens mit dem Helldunkel, ebenso vorher noch etwas weniger prononciert bei den Venezianern (vor Allem Tintoretto); aber das Helldunkel hat die Führung. Seit 1700 wird im Gegenteil die Kostbarkeit des Materials das Hauptfeld der Erfindung; die Phantasie wird in diesem Punkte glühend. – Bei der belle matière Rolle der Epidermis (empâtements, Lasuren, Pinselstrich), Intimität der Wirkungen bis zum Betasten. Und daneben des Lichts, sei es in Gestalt des physiologischen Vibrierens bei Farbenkontrasten, namentlich ganz kleinen, und bei der optischen Farbenmischung (auch und namentlich der von ganz kleinen Tüpfelchen fast derselben Farbe, die zusammenschwingen, oder von Farbe und Weiss, wie bei den Venezianern), sei es durch Auffangen des wirklichen Lichts an Unebenheiten der Oberfläche wie bei Brokat oder ziseliertem Gold. Beides bei Fresko unmöglich, also Frucht der Ölmalerei, des Staffeleibildes. – Verbindung dieser Kostbarkeitswirkung mit der Empfindung des Flächenmässigen, la tapisserie passe derrière la toile wie Maillol sagt. Insofern doch

wieder Berührung mit der Farbe, d. h. der Punkt, wo das Staffeleibild wieder den Anschluss findet an das Dekorative, Konventionelle. – Worin besteht die Kostbarkeit des Materials, die belle matière? Provisorische Antwort: zum Teil jedenfalls in der Verwebung von Licht mit Farbe und zwar meistens durch die Textur des Materials selbst und namentlich seiner Oberfläche, die das wirkliche Licht auf irgendeine Weise fängt (reflektiert oder durchleuchtend, translucide, Lasur) wie Brokat, Emaille, Edelsteine, Mosaiken.[1]

London. 17 September 1904. Sonnabend. *17.9.1904 Samstag*

In der Wallace Slg. – Kostbarkeit des Materials in Rembrandts grossem Bild vom ungerechten Knecht[2]: der rote Turban des Herren, sein rotes Kleid etc.[3] – Watteau hat vielleicht mehr von Rembrandt als von Rubens, gerade hierin.[4] – Das 18te Jh das der belle matière in dem Sinne, dass die Phantasie und Erfindung sich hauptsächlich hier bethätigen. Helldunkelerfindung und neue Helldunkel Effekte noch im Laub, im Geheimnisvollen des Parkes und der lichtdurchtränkten Schatten, in dem Fontänen springen. (Man vgl. übrigens Watteaus Sonnenlicht unter Bäumen mit Liebermanns, oder Renoirs.) Aber beim Fleisch ganz bestimmt der Reiz nicht im Helldunkel; denn man vergleiche Correggios Helldunkelfleisch mit dem Fleisch bei Watteau, z B. auf der Robe enlevée, oder gar bei Boucher und Fragonard. Bei Correggio keine Spur von dieser Kostbarkeit des Materials, in dem das Fleisch ausgedrückt ist, sondern der warme Reiz des wirklichen Fleisches, in einer wunderbar sinnlich erfundenen Beleuchtung. Correggio hat nicht am Material erfunden, in das er den Glanz des Inkarnats übersetzen könnte, sondern an der Beleuchtung, an dem Helldunkel, das wirkliches Fleisch am sinnlichsten und reizendsten zur Geltung bringen könnte. Der Punkt, wo die schöpferische Phantasie arbeitet, einsetzt, ist bei Watteau und Correggio verschieden. – Einfluss der Materialveränderung vom Fresco zum Öl auf diese Entwicklung; auch das Öl will dekorativ werden; und wird es so, auf seine Weise. – Davids Revolution in erster Linie eine Auflehnung gegen das Material (abstrakte Ideale). Das Fresco verträgt breite ungebrochene Flächen, weil es duff ist, das Öl mit seinem toten Glanz verträgt sie nicht (cf. Vuillards Bemerkung über die verschiedene Wirkung duffer Flächen und die Vorliebe für das Malen auf resorbierende Pappe bei der jungen französischen Schule). Von den Venezianern zu Rembrandt – Rubens – Velasquez und bis zu Watteau – Fragonard eine allmähliche Anpassung der Malerei an ihr Material, das Öl. – Vormittags im

---

1 Verweisung: „(cf. 3.XI 03; 17 u. 18 IX 04; 19.IX 04 10,X 04; 1 XI 04;"

2 Drost

3 Verweisung: „(cf 18.IX 04;"

4 Verweisung: „(cf 18.IX 04)"

South Kensington Museum beim Direktor[1] wegen des Photographierens, um die Erlaubnis zu bekommen, das Glas abzunehmen. Er erzählte mir, das Museum verdanke sein Fortbestehen hauptsächlich der Kaiserin Friedrich. Die Regierung habe geplant, es an die Provinzstädte zu verteilen, worüber noch Briefe der städtischen Behörden vorlägen. Aber man habe zufällig hiervon Wind bekommen und die Kaiserin Friedrich gebeten einzuschreiten. Diese habe an die Königin, den Prinzen von Wales[2] und Lord Salisbury persönlich geschrieben und es dank ihres energischen Eintretens dazu gebracht, dass der Plan zunichte wurde und die Königin die Regierung zwang, sich die Gelder für den Neubau des Museums bewilligen zu lassen. Der alte Herr hat übrigens köstliche Ansichten über die Impressionisten. Er sagte mir, er male selbst, und er könne mir versichern, dass seine Bilder immer in einem bestimmten Stadium genau wie Whistlers seien, nur male er sie dann fertig. Die Impressionisten könnten zum grossen Teil garnicht zeichnen. Es sei Alles ganz unrichtig etc. – Die letzte Wurzel des ganzen Streits zwischen der „modernen" Kunst und der andren ist die Meinungsverschiedenheit, ob der Zweck der Kunst eine Wiedergabe (Nachahmung, imitation) der Natur oder eine physiologisch-artistische Zusammenstellung von Nerven und Seeleneindrücken ist. Nur hier an der Wurzel lässt sich der Streit erklären und vielleicht schlichten, durch physio-psychologische Argumente. Es ist ein Streit von dem Primat zwischen Ornament und Naturalismus. – Abends wieder zum Boxen. Georgie Moore.

London. 18 September 1904. *18.9.1904 Sonntag*

Dass aller Schönheit das Sexuelle zugrundeliegt. Aber das Licht? – Parallele: schönes Material in der Malerei und der Koloraturgesang. Wieder im 19ten Jh.: dasselbe Publikum für Diaz und die Grisi. Rechtfertigung. – Sehr merkwürdig, dass Dehmel, wie er mir (übrigens bei verschiedenen Gelegenheiten) sagte den Parthenon und London klein findet, über die Kleinheit, Unbedeutendheit Beider Überraschung empfunden hat. Eigentümliche Vordergrunds Optik, Kurzsichtigkeit, Mangel an Phantasie und Resonanz bei einem Dichter; wie er grelle Kravatten liebt. – Nietzsches Ideal und Gegensatz zur „christlichen" (?) Auffassung vom bedeutenden Menschen: sich durch die Schönheit, nicht die Nützlichkeit, seines Lebens rechtfertigen, sich als Kunstwerk statt als Möbel rechtfertigen, die Metaphysik des Dekorativen, Maria statt Martha; Unterschied zwischen Stuhl und Bild. Aber giebt es artistische und zugleich auch populäre Bilder? Kann diese Art von Rechtfertigung je auf Anerkennung rechnen, wovon doch zuguterletzt die Existenzmöglichkeit ihrer Heroen abhängt? Problem. Aber vielleicht, wahrscheinlich sogar, Ja. Kohlkopf und Rose, die Köchin oder, wenn

---

1 Clarke

2 Georg

man will, die Barmherzige Schwester und die schöne junge Frau. Der Mensch als Schmuck, eine neue Art von Mythologem und Heros. Vielleicht baut Nietzsche hier auf einen wirklichen und tiefen Instinkt; nur darf dieser nicht mit der nacktesten Not, dem Hunger, der Angst um Weib und Kind, in Konflikt geraten. Das verhindern; dann vielleicht möglich: Rechtfertigung des Sozialismus, d. h. einer Art von Sozialismus, vom Nietzscheschen Standpunkt aus. – Es genügt durchaus nicht, zu sagen, im Quattro- oder Cinquecento hat die Frömmigkeit aufgehört, deshalb ist damals die Kunst so und so geworden. Das ist eine rein negative Feststellung, die nie Etwas Positives, dass es nämlich trotzdem noch weiter eine Kunst gegeben hat, erklären kann. Das Gewicht liegt auf dem Positiven, welche Antriebe Kunst doch weiter hervorbrachten? – Die Trecentisten erreichten die Kostbarkeit ihrer Altarstücke durch Gold (Hintergründe, Heiligenscheine, Ornamente auf den Kleidern), die Maler des 17ten und 18ten Jh. fanden die Kostbarkeit wieder, aber im Material selbst, nicht hergeliehen aus der Goldschmiedekunst. Abgesehen vom Gold ist das Kleid eines Heiligen von Orcagna und selbst die Zusammenstellung der Farbenflecken durchaus nicht kostbar oder rar. Alles kommt aus der Goldschmiedekunst. (Allerdings das Fleisch und die gemusterten Kleider bei den Trecentisten! das Haus bei Van Eyck[1]: Frankfurt.) – Watteau ein Rembrandt ironique; man vgl Rembrandts Landschaft in der Nat Gall (Tobias u. d. Engel[2]) mit den Watteaus in der Wallace Collection (namentlich „La fontaine"). Nur die Weltanschauung ist anders; die Kunstanschauung fast dieselbe, nur die Kostbarkeit der Farbe noch gesteigert, im Einzelnen raffinierter, durch Rubens bereichert und belehrt. Watteau weiss deshalb mehr Farbe festzuhalten als Rembrandt, ohne das Wunder preiszugeben: die Fragwürdigkeit aller Farbe, ihr Mysterium, ihre Kostbarkeit. Selbst wo er sich fast ganz in Farben ausdrückt, wie im Départ pour Cythère, wird es ihm nie selbstverständlich, dass die Dinge farbig sind, wie den gemeinen Malern, sondern es bleibt eine Gnade, die er Einen mitzufühlen zwingt, wie Rembrandt. Man sehe neben Rembrandt oder Watteau die unverschämte Familiarität, die gefühllose Blasiertheit eines Gerard Dou gegen das Wunder der Farbe, die für ihn Nichts Kostbares sondern die platte Alltäglichkeit ist. Für Watteau wie für Rembrandt bleibt sie eine Art Gralswunder.[3] – Von Giotto bis Fragonard entwickelt sich die Malerei so ziemlich ohne Bruch. Die grosse Thatsache, die das Abreissen dieser langen Tradition herbeiführt, die grosse Thatsache des 18ten Jh ist das Auftreten des Kunstkritikers, Diderot, Winckelmann. Dieses schildern.

---

[1] Madonna von Lucca

[2] Lievens

[3] Verweisung: „(cf über Rembrandt 18.XI 03; 17 IX 04; 19;IX 04 über Watteau 17 IX 04. ___)"

London. 19 September 1904. Montag. *19.9.1904 Montag*

Kostbarkeit bei Rembrandt und Watteau durch a) Granulieren der Oberfläche (rauhe Textur); b) Häufen von kleinen und kleinsten Kontrasten der Helligkeit und der Farbe (für Letztere, cf Rembr.'s Landschaft[1] in der Nat Gall.). – Eine andre Art von Kostbarkeit die, wo die ganze Farbe mit Licht durchtränkt erscheint, wenn sich überall in die Farbe Licht mischt, wie bei Tizian und überhaupt den Venez., auch bei gewissen Lancretschen und Turnerschen Himmeln. In diese Kostbarkeit spielt die Phantasie hinein; die andre ist physiologischer, materieller, sie resultiert oft aus der starken Häufung der Lichteffekte an einem Punkt, z B. bei Tizian im roten flatternden Mantel des Bacchus auf d. Bacchuszug. Aber im Ganzen ist diese physiologische Kostbarkeit bei Tizian noch selten; schon häufiger und absichtlicher bei Tintoretto (Heil Georg, Kleid – Mantel der Frau), auch Veronese. Bei Tintoretto hauptsächlich als Häufung kleiner Kontraste wie Triller zwischen Farbe und Weiss (oder Goldgelb). – Was Tizian vor den andren Venezianern voraushat, das vollendete Raumgefühl (sens des volumes). Die Massen (Volumina) stehen bei ihm zueinander immer in irgendeinem sehnsüchtig schönen, olympischen Verhältnis wie bei Phidias. Daraus resultiert die Breite seines Lichts, weil er vor Allem diesen Rhythmus nicht stören will. Veronese, Tintoretto sind ausschliesslich Maler, beschränkter und daher weitergehend, als Maler, nicht im Ganzen ihrer Kunst.[2] – Man vgl. auch, in dieser Hinsicht, Michelangelo und Tizian. Michelangelo will immer zum Kubischen, Tizian kommt immer aus dem Kubischen her. Daher Michelangelos Spannung, und Tizians leichter Flug. Michelangelo ist ein Titan, Tizian ein Gott, der mühelos sein Ziel erreicht. – Tizian konzipierte Volumina in Licht und Farbe ausgedrückt, Tintoretto, Veronese prächtige Lichtdurchwebte Farbenteppiche; die Volumina sind ihnen nur Ausdrucksmittel, nicht Wirkungsmittel, Kunstmittel. – Tizian ist in seiner Konzeptionsweise der einzige grosse Plastiker der Renaissance. – Rembrandt hat ähnlich wie Tizian diesen Massenrhythmus. Seine Erhabenheit kommt daher. Velasquez' Raumkunst[3] ist epidermaler als die von Tizian[4] und Rembrandt[5]. Er zieht seine Rhythmen aus dem allerdings auch dreidimensionalen Verhältnis der Flächen zueinander, nicht der Volumina; aus den Tönen der dritten Dimension, nicht ihren Massen. Auch er ist deshalb ausschliesslicher Maler, genauer innerhalb der Grenzen seiner Kunst, während Rembrandt und Tizian in ihren Fundamenten über die Malerei hinaus und hinunterragen. Deshalb empfindet man immer irgendwie Velasquez als magerer, als weniger tief, obgleich er dem Rembrandt

---

1 Lievens

2 Verweisung: „(über die Masse cf 3, 8, 30 IX 04, 1 XI 04"

3 Verweisung: „(cf 16.XI 03)"

4 Verweisung: „cf. 3. IV 04"

5 Verweisung: „(auch von Phidias cf. 8.IX 04 Maillol)"

als rein malerisches Farbengenie unvergleichlich überlegen ist.[1] Man fühlt bei Tizian und bei Rembrandt irgendeinen geheimnisvollen Untergrund, irgendeine unbegreifliche, grossartige Vereinfachung, die wie ein Unterton Alles hebt und hält; und die Nichts ist als eben diese Proportion der Massen. Beide sind deshalb wie ein griechischer Torso unzerstörbar; es bleibt immer noch Etwas übrig, selbst in der schlechtesten Reproduktion; eben Dieses, der letzte Untergrund ihrer Zauberei. Deshalb auch enthält die geringste Zeichnung von Rembrandt schon das Wesentlichste seiner Kunst; fünf Striche stellen die Volumina hin und den Rhythmus der Volumina, ihren Gesang. Alles Übrige ist dann eigentlich nur noch Zugabe.[2] – Rembrandt zu erklären in der Sequenz a) Massenrhythmus; b) Kampf von Nacht und Farbe; c) Kostbarkeit, – oder umgekehrt, allmählich von aussen in das Innerste seiner Kunst dringend. – Rembrandt steht den Griechen näher als Raffael.[3] Daumier hat im 19ten Jh den Massenrhythmus, aber alle Intervalle ins Groteske verschoben.

London. 21 September 1904. Mittwoch *21.9.1904 Mittwoch*

Liebermann: Monumentalität (von Millet her, Fleck und Helldunkel) verbunden mit Nervosität (eigen; Lichtzittern, Knabenakte). – Claude und Wilson: bei Claude die Baummasse im Vordergrunde wie undurchsichtiges Blech; kein Licht dringt hinein oder durch. Wilson lässt überall noch Etwas Licht hinein und giebt so den Eindruck der Einheit des Lichts und der Atmosphäre; während die Claudes in zwei Stücke auseinanderfallen, Vordergrund und Hintergrund, jeder wie in einem verschiedenen Element: der Vordergrund ist Kulisse vor einer lichtseligen Wirklichkeit (Guckkastensystem). Bei Wilson fliesst dieselbe lichte, goldene Luft um Vordergrund und Hintergründe; es geht kein Schnitt durch das Bild. Er erreicht dies durch zahlreiche meistens punktförmige goldgelbe Lichter im Laub und durch starke weisse Glanzlichter an den Figuren im Vordergrunde. Die Einheit seiner Bilder im Licht ist seine grosse Qualität; plein air statt Theater. Dann die belle matière, die saftige, pompöse Konsistenz der ganzen Oberfläche (Einheit des Materials), Nichts dünn, trocken, stillos leicht oder spitz. Er der weit originellere Landschafter als Gainsborough, der wenig mehr that, als die holländischen und Rubensschen Rezepte auf englische Sujets anwenden, aber aus der englischen Landschaft fast Nichts Neues herauszog. Er giebt Nichts, das nicht auch schon Hobbema gegeben hatte. Wilson erfand dagegen ganz neue Ausdrucksmittel und ein neues Kompositionsprinzip, die Einheit des Lichts in der

---

[1] Verweisung mit Bleistift: „(aber bei Velasquez der Raum als Wirkungsmittel in einem ähnlichen Sinn wie bei Tizian u. Remb. die Volumina) cf. die Meninas cf. 27 IX 04"

[2] Verweisung: „(cf. 15 IV 06"

[3] Verweisung: „(über Rembrandt cf 18.XI 03 gegen Ende, 17, 18 IX 04. ___ ; über die Venezianer u Tizian 25.V 01; 16.XI 03. zum Raumgefühl: 3.IV 04; Maillol 8.IX 04."

Landschaft (zu vgl mit Cuyp, Velasquez etc.). Constable hat wahrscheinlich von ihm seinen „Snow".

London. 22 September 1904. *22.9.1904 Donnerstag*

Douglas Cockerell bei mir gefrühstückt. Er brachte sein Modell zum Einband mit. Ich bat ihn, das Bischen Ornament noch fortzulassen; nur Schrift. Nachher bei Walker, der ganz von selbst Dasselbe sagte. Gills Titelblatt von ihm gutgeheissen; nur meinte er solle man bei der Verleger Angabe nicht pedantisch an die mathematisch selbe Grösse der Buchstaben festhalten, sondern sie so machen, dass sie dem Auge gleich gross wie die obere Schrift erschienen. –

London. 23 September 1904. *23.9.1904 Freitag*

Gill Nachmittags bei mir. Mit ihm nochmals die Titel und Überschriften besprochen. –

London. 24 September 1904. Sonnabend. *24.9.1904 Samstag*

Vormittags in S. Kensington, wo Druet für mich arbeitet. – Die Engländer in ihren Himmeln Meister der Kunst der Hintergründe, viel mehr als die Franzosen (Constable – Rousseau). Daher Whistler, in dessen Kunst der Hintergrund eine solche Rolle spielt, das Hervorwachsen des Festen aus dem Duftigen (la naissance des volumes). Sein grösster Zauber liegt hierin. – Nachmittags bei Mrs Graham Robertson den Whistler sehen. Valparaiso 1865. Etwas dünn, etwas Wenig. Aber man thut ihm Unrecht, wenn man nicht gleichzeitig an Whistlers vollere Bilder denkt, wie die Klavierstunde oder Battersea Bridge. Dieses eine Quintessenz. Und zugleich auch die Zeit zu bedenken, 1865, vor dem ganzen französischen Impressionismus, die letzte Vollendung der Courbetschen Landschaft. Er hat den artistischen Sinn der Courbetschen Kunst rein herausgeschält, purifiziert, den Fleck, die Valeur, die Wirkung der belle pâte auf das Leichteste sublimiert, Courbets Realismus als Mittel zur Bereicherung der artistischen Wirkungsmittel. Am persönlichsten ist vielleicht seine Stellung zur Form, sein Geschmack für die forme naissante, analog wie der Corots für das Werden der Farbe aus dem Grau. Der Eine hat ebenso wenig Farbe, wie der Andre Form, aber gerade darin einer der subtilsten Reize der Farbe wie der Form aufgedeckt.[1] – Der Reiz von Whistlers „Fleck" liegt in seiner Beziehung zur Form, in seiner sehr eigentümlichen (cf oben) Beziehung zur Form. Er versucht den unendlichen Raum zur abtastbaren, nahen Form in Beziehung zu setzen. Bei Turner ist zwischen seinen grossen Himmeln und den akkurat wiedergegebenen Formen vorne, kein Band. Diese Vordergrundsgegenstände erscheinen deshalb mager, hart, wie Kulissen unwahr aus einem ganz andren Grunde als Claudes Vordergründe,

---

[1] Verweisung: „(Whistler: 5 XII 03, 27,II 04, 30 III 04; 26.IX 04; 28 IX 04; 1.X 04; 2 X 04."

bei denen der Zwiespalt in der Beleuchtung liegt[1]; bei Turner liegt er darin, dass er die Raumbildung und die Formbildung nicht unter einen Hut bringt. Whistler fasst das Problem anders, indem er die Form aus dem Raum herauszuzaubern sucht. Vielleicht: (?) bei Turner die Perspektive vorne linear, hinten auf Valeurs gebaut. Der nötige Schritt, die Valeur Modellierung auch auf den Vordergrund zu übertragen: das bedeutet, die Form aus dem Raum herausholen. Velasquez formt meistens so. Auch sein geheimnisvoller Reiz liegt darin. – Abends zum Boxen. Für Maillol mir notiert Tom Denver, Fred Wilson, Young Moore, George Lewis (8. st.)

London. 25 September 1904. Sonntag. *25.9.1904 Sonntag*

Abends bei Rothensteins. Er meinte, Whistler werde vor lauter affektierter Vornehmheit manchmal geradezu „vulgar"; im Gegensatz z B. zu Renoir, den er enthusiastisch bewundern gelernt hat.

London 26 September 1904. *26.9.1904 Montag*

Vormittags mit Druet zu Graham Robertsons (23 Rutland gate) Whistlers Valparaiso photographieren. Datum 66. Farben: Blau, Braun, Grau, – graubraun, graugelb, graurosa, zwei ganz kleine Rosa Töne, die Wimpel zweier Schiffe: Velasquez' System der Übergangstöne zwischen Grau und Farbe, namentlich in den graurosa Tönen in den Wolken. – Was Whistler bis zur Manier sucht: Vornehmheit, und als deren Hauptmerkmale, Ruhe, Grazie, Einfachheit in den Mitteln: Modellieren durch blos drei oder vier verschiedene Strichlagen, wenige Töne, wenige Farben, Alles Dinge, die die Ruhe und „aisance" der Gebärde suggerieren. Er geht von einer Manier aus. Aber er kommt durch sie[2] zu einer neuen Auffassung der Natur, zum Offenbaren einer Seite der Natur, die ebenso „wahr" und „neu" ist wie Constables Leidenschaft: Ruhe ohne Tod, Ruhe, die doch lebt, Ruhe, unter der das Leben ebenso intensiv und unerbittlich ist wie im Sturm, wie im Gewitter. Diese Seite hat Niemand vor Whistler so gegeben. Das ist das Geheimnis seines Zaubers, dass er eine neue Anschauung der Natur suggeriert: wie die Dinge aus dem unendlichen Raum lautlos auftauchen und unbemerkt da sind. Man vgl. hierzu Constables Waterloo Bridge mit Whistlers Valparaiso. Heute Morgen lagen die Schiffe auf der Themse geradeso wie bei Whistler graugolden in einem leichten Nebel intensiv lebendig ohne Bewegung. Schon in Courbets Kunst liegt der Keim: Courbet sieht die Dinge schwer, massiv, monumental, bedrückend gegenwärtig; Whistler sieht sie leicht, vergänglich, halb ironisch, aber monumental in ihrem Da Sein, und diese Majestät ihrer Gegenwart, die er von Courbet behalten hat, übertönt bei ihm den tausendstim-

---

1 Verweisung: „(cf 21 IX 04)"

2 Verweisung: „(? cf 28.IX 04)"

migen Gesang ihres Werdens und Vergehens. Er nahm Courbet das Pathetische, das in der Emphase steckte, aber behielt sein Auge für die Wichtigkeit des Seins im Gegensatz zum Werden. Auch hierin ist Whistler tief „modern", antiromantisch, ohne Glauben an ein Jenseits selbst in dieser Welt; was war, was wird, was sein wird ist nur ein Grundton; denn was ist, ist das Ergreifende. Die Ruhe dessen was ist, – was lebt, – ist Whistlers frisson nouveau; ohne ihn wäre das Spiegelbild des Lebens in der Kunst des 19ten Jh. unvollkommen; er füllt eine Lücke aus an dem andren Ende gegenüber Constable.[1] Zu Whistlers Modellieren durch den Pinselstrich: der Himmel: lange, fast kokett graziöse horizontale Striche, das Meer: halbschräge nach oben, nach dem Horizonte zu, die Segel: vertikale. Sehr elegant, aber etwas monoton. – Abends Boxen. Charley Knock (für Maillol, ein Grieche, schlank wie eine Olympische Siegerstatue) gegen den Neger Young Peter Jackson. Knock besiegt. Für Maillol noch Darkey Haley und Jack When.

London. 27. September 1904. Dienstag. *27.9.1904 Dienstag*

Bei Velasquez regiert die Fläche die Konzeption, bei Rembrandt die Masse (dreidimensional); Velasquez konzipiert in Flächen und Flecken, Rembrandt in Massen. Velasquez in seiner ersten Zeit (hier Christus bei Martha und Maria) sieht noch viel runder; wie vor ihm Ribera (man vgl. die Rolle der Masse hier bei Riberas Christus mit der bei dem Christus des Velasquez); aber schon in diesen ersten Bildern die an das Wunder grenzende Empfindlichkeit für die Töne, die die Übersetzung des Runden in die Fläche (Flecken) möglich machte. – Zwei Probleme bei Velasquez: 1) die Übersetzung des Runden in lauter Flächen (woher die Flecken und der Fleckenrhythmus); 2) die Versöhnung des Grau mit der Farbe (daher die Zwischentöne). Die Masse hat bei ihm als solche keine Bedeutung, d. h. keinen Anteil an der Konzeption. Dagegen allerdings der Raum, die unbegrenzte[2] dritte Dimension. Das Gefühl des Raums ist bei ihm ein wesentlicher Teil seiner Wirkung. Es ist sozusagen die Folie zum Kunststück, die Massen in lauter Fläche umzusetzen.[3]

London. 28 September 1904. *28.9.1904 Mittwoch*

Druet bei Davis photogr. – Die Entwicklung von Whistlers Pinselführung. Das Klavierbild ziemlich dick en pleine pâte gemalt nach Courbets Art: die Kraft des Tones durch dickes Auftragen gesucht; cf die weisse Halskrause bei der Frau. Der Pinselstrich ungeordnet. Noch kein Versuch, ihn als solchen schön zu machen. Im Kleid des kleinen Mädchens, namentlich im oberen Teil, dicke, kurze, gehäufte Striche; ebenso am Klavier. Im schwarzen Kleid der Frau und im Rock des kleinen

---

1 Verweisung: „(Whistler cf 24.IX 04 und sonst)"

2 nachträgliche Einfügung mit Bleistift: „hohle"

3 Verweisung: „(Velasquez 16.XI 03 u. dort andre Stellen)"

Mädchens schon breite, lange, sichere Striche, die Anfänge der späteren Meisterschaft. – Battersea Bridge (1863) schon viel dünner gemalt, mehr prima, auch die Pinselstriche degagierter, länger, geordneter, als solche bedeutungsvoller. – Die nächste Stufe Gr. Robertsons' Valparaiso (1865), wo der Pinselstrich durchaus wichtig genommen und rhythmisch geordnet wird (cf ___), aber noch etwas monoton. – Die höchste Kunst und Degagiertheit (auch schon Etwas Affektation) bei der Symphony in White No. III (1867). Hier auch das Lasieren viel und fabelhaft zart und sicher angewendet; z. B. um die Töne des durchscheinenden Fleisches unter dem weissen Kleid zu geben bei dem Mädchen auf dem Sofa und bei den Blumen rechts. – Beim Klavierbild die Dicke der Farbe no objection. Dagegen später in der Symphony in White immer das Bestreben, möglichst dünn zu bleiben und durch Lasieren durchsichtige Töne, die vibrieren, zu erreichen. – Whistlers Anschauung der Natur, die Ruhe, unter der intensives Leben ist, schon im Klavierbild. Nur die Ausdrucksmittel haben sich ihr noch nicht angepasst, sind noch Courbetsch. Er gewinnt erst allmählich den ruhigen, rhythmischen Pinselstrich, der zu dieser Anschauung passt, wie die Leidenschaft von Constables Pinselführung zu der seinen, oder die massive, wie gemauerte Malweise zu Courbets Erdenschwere Kunst. – Zu bemerken auch, wie hell Whistler in allen diesen Bildern aus den 60er Jahren malt, als Manet, Monet etc. noch mit Schwarz und Braun operierten; weiss in weiss, hellgrau in hellgrau. Aber obgleich hell, nicht farbiger als seine Zeitgenossen. Wo Farben sind, sind sie allerdings ziemlich rein, da das helle Grau oder Weiss in dem sie stehen, sie nicht beschmutzt. – Whistler scheint instinktiv fast sofort die palette romantique verworfen zu haben.[1]

London. 30 September 1904. *30.9.1904 Freitag*

Im British Museum. Parthenon. Bei der „Masse“ (volume) kommt zu den Formgefühlen (Auge) das Gefühl der Schwere (des Gewichts) hinzu. Die artistische Wirkung durch das Verhältnis der verschiedenen Massengewichte zu einander (Massen Rhythmus). Die Phantasie spielt hierbei eine noch grössere Rolle als die Sinne.[2]

London. 1 October 1904. Sonnabend. *1.10.1904 Samstag*

Bei Alexanders in Aubrey House die „Miss Alexander“ von Whistler photographieren lassen. Töne: Grau, graugrün, graugelb, graublau, Rosa (Inkarnat), und

---

[1] Verweisung: „(Whistler cf 24.IX 04 u. dort andre Stellen)“

[2] Verweisung: „(Volumes cf 3.IX; 8,IX; 19,IX;“

Etwas Gelb (Haar, cendré, gelbgrau Blumen, am Mantel links Quasten); dann Schwarz und Weiss. Das Schwarz hält das Bild wie Klammern zusammen. Die Dominante aber Grau. Eine ganz klare Farbe kaum vorhanden, lauter Übergangstöne zwischen Grau und Farbe. Der Überwurf auf dem Kleid modelliert mit gelbgrau und blaugrau (Verhältnis dieses blaugrauen Tones zu den blauen Augen; wie des rosa Inkarnats zu den roten Lippen). Sehr viel lasiert (das durchscheinende Inkarnat unter dem weissen Ärmel; der Überwurf etc.). Der Pinselstrich spielt eine geringere Rolle als bei der Symphony in White III, weil zum grössten Teil verrieben; Whistler sucht, das Geheimnis seiner Mache zu verdecken. Wenn ich nicht irre, auch bei der „Mutter"[1] in Paris. Im Ganzen das Bild weniger spontan, weniger „ému", als die Davisschen und das „Valparaiso" Bild; man fühlt etwas die bestellte Arbeit; mehr Kopf und Absicht als Gefühl. Auch wird die Anlehnung an Velasquez und an Japan hier zu Etwas fast Akademischen; Whistlers Persönlichkeit dominiert sie nicht mehr ganz. Die entlehnten Formen nicht mehr blos Ausdrucksmittel, sondern selber Zweck, die eigentliche Quintessenz des Akademischen. Whistler ist davon nicht immer ganz frei.[2] Abends Boxen.

London. 2 October 1904. Sonntag. *2.10.1904 Sonntag*

Bei Conders gefrühstückt. Sie sind seit meinem letzten Besuch aus Wellington Square umgezogen, nach Cheyne Walk 91, einem schönen alten Haus, von Adams gebaut; früher wohnte hier Seymour Haden. Conder sagt, er glaube Whistlers Klavierbild (Davis) sei in diesem Hause gemalt. Ausser mir noch McColls zum Frühstück. – Conder ein sympathischer, etwas nebelhafter, undeutlicher Mensch, dessen Ausdrucksweise blos die Farbe ist. Im Gespräch mimosenhaft und von Geld fast affektiert viel redend; mercenary, weil er ausserhalb der zivilisierten, geldgegründeten Verhältnisse steht. – Nachher mit McColl bei A. Studd nebenan von Whistler die „Little White Girl", „Cremorne Feuerwerk"[3] (das Ruskin Bild) und eine Themse Landschaft[4]. Die White Girl etwa aus derselben Periode wie Davis' Symphony in White, dieselbe Schönheit und Art des Pinselstrichs; dieser noch sichtbar (nicht verrieben). Durchsichtige Lasuren wie bei der Symphony, namentlich des Fleisches unter dem Weiss. Das Weiss des Kleides überhaupt von erstaunlicher Schönheit; Ein Ton, fast nur durch den Pinselstrich variiert. Bei dem Themsebild ebenso das ganze Wasser ein einziges zartes helles Blau als Lasur über einer dunkleren, wahrscheinlich braunen Untermalung die nur indem sie mehr oder weniger durchscheint das wunderbare Blau

---

1 Arrangement in Black and Grey No. 1

2 Verweisung: „(cf. 24 IX 04; 8 X 04; auch Liebermann über das Akademische in einem andren Sinne, als blosses Ausdrucksmittel, bei Manet. 6 IV 03.)"

3 Nocturne in Black and Gold: The Falling Rocket

4 Nocturne: Blue and Silver - Cremorne Lights

belebt. Der Himmel vom selben Blau, aber viel dünner und leichter gemalt, so dass der Untergrund stärker durchscheint und einen ganz andren Effekt als beim Wasser hervorruft. Ausser diesem Einen blauen Ton nur noch Etwas Grau (das Ufer, die Schornsteine und Gebäude am Ufer) und einige rosa Lichter. Der Pinselstrich schon fast ganz verrieben.[1]

London. 7 October 1904. *7.10.1904 Freitag*

Abends in der Art Workers' Guild in Clifford's Inn. Vortrag über Stühle. Dort Walker, als Vorsitzender (master) und Douglas Cockerell.

London. 8 October 1904. *8.10.1904 Samstag*

Bei Johnstone, der den Halbtitel fertig hat. Mit ihm ins British Museum. Er äusserte sich über die Dove's Press, er finde die Bücher „just a trifle dead", im Gegensatz zu Jenson. Das liege daran, dass der „punch cutter" kein Künstler gewesen sei, sondern mechanisch und möglichst accurat, aber ohne Gefühl, die Typen geschnitten habe. Dann auch am Druck. Er stimme mir ganz zu in meinem Abweichen von Walkers, Pollards und Morris's Ansicht, dass Jenson schlecht gedruckt habe. Gerade die Unebenheiten und das etwas Graue seines Drucks trügen viel bei zum Reiz seiner Bücher. Die heutigen Drucker, Walker, Sanderson, trieben das Streben nach „finish" zu weit. Jede, auch die geringste Unebenheit, werde ausgemerzt. Sanderson bringe Stunden damit zu, Fehler auf einzelnen Seiten zu suchen und auszumerzen. Das sei eine „extravagance of time", die im Gegensatz stehe zur richtigen künstlerischen „economy". Auch sei die Manier, Initialen nach einer Zeichnung mechanisch zu reproduzieren, bei einem Luxuswerk nicht zulässig. I believe in the workman; I donot believe in the designer. Das Richtige wäre, wenn ein „scribe" selber das Holzschnittverfahren lerne und die Buchstaben gleich ins Holz schneide; dann würden die Formen zum Verfahren genau passen. Ebenso müsste es der „punch cutter" (Matrizen Schneider) für eine neue Type machen. Er, Johnstone, beabsichtige, wenigstens den Holzschnitt zu lernen, um Titel schneiden zu können. Das Matrizen Schneiden sei für ihn zu lang zu lernen (2 Jahre); sonst hätte er das gern gethan. Er freute sich, als ich ihm vorschlug für den Virgil[2] die Titel in Holz zu schneiden. – Über die W. E. Ausgabe: er sei sehr froh, dass sie ganz ohne Ornamente, und namentlich ohne Art Nouveau, geplant sei: Gegen das Art nouveau hat er, dass seine Künstler glaubten, bestimmte Linien hätten eine absolute Schönheit. Das scheine ihm „altogether false and ridiculous". (? Aber in der That ein Berührungspunkt zwischen Aka-

---

[1] Verweisung: „(cf 24 IX 04.)"

[2] Die Eclogen Vergils

demismus und Art Nouveau, Ingres und Seurat-Vande Velde.[1]). – Als Ausdrucks- und Wirkungsmittel klar zu unterscheiden
I Linie
II Masse
1) als Fleck;
2) als Form;
3) als Volumen (Gewicht.)
Den Florentinern war das Fundamentale die Linie; sie bauten auf der Linie auf und kamen bis zur Masse als Form (Michelangelo, Lionardo, Andrea del Sarto). Den Venezianern war das Fundamentale der farbige Fleck; sie bauten auf dem Fleck auf und kamen bis zur Masse als Volumen (Tizian.) Daher das Widerstreben der Venezianer gegen das trübende Helldunkel, schmutzige Schatten, weil diese in die Form des Farbenflecks hineinfressen, ihr Kompositionsfundament gefährdeten. Das venezianische, lichte Helldunkel kommt direkt von der Art ihres fundamentalen Ausdrucksmittels, des Farbenflecks. Ein venezianisches Bild ist vor allen Dingen ein System von Farbenflecken, ein Florentinisches ein System von Linien. Das Helldunkel ergänzt bei den Florentinern die Linie, bei den Venezianern den Farbenfleck als Raumgestaltungsmittel. Die Grundthatsache, dass die Einen in Linien, die Andren in Farbenflecken denken. Nun wollen sie den Raum gestalten. Die Florentiner benutzen dazu die Linie, die Venezianer ganz naïv den Farbenfleck (Mantegnas Einfluss abgerechnet). Das Helldunkel, das der Raumgestaltung nachhilft, kann bei den Einen ohne Schaden braun oder schwarz sein; bei den Andren muss es hell, weiss oder golden, sein, weil nur so die Grundpfeiler der Konzeption und der Raumgestaltung, die Farbenflecken, stehen bleiben. Ganz ähnlich bei den Impressionisten (Manets Entwicklung).[2] – Die Venezianische Malerei ist ein Farben Mosaïk, die Florentinische ein Linienspiel. – Bedeutung der Fleckenmässigen Konzeption für die Landschaft. Die Venezianer haben die moderne Landschaft geschaffen. Lionardos Äusserung sehr bezeichnend. Er leugnete als Florentiner den Wert des Flecks. – Unterschied zwischen nordischer und italienischer Kunst: den Italienern ist das Ausdrucksmittel (Linie, Fleck) mehr als das Ausgedrückte; Ironie gegenüber dem Leben, ausser in der kurzen Zeit nach der franziskanischen Erschütterung. Dies die grösste Lektion der Renaissancekunst, die noch heute wertvoll bleibt: wie man die Dinge auf ein Ausdrucksmittel, auf ein einziges oder mehrere klar erfasste Ausdrucksmittel, reduziert, mit ihm fasst. Die Klarheit über das Ausdrucksmittel. –

[1] Verweisung: „cf 1.X 04"

[2] Verweisung: „(cf 16 XI 03)"

London. 9 Oktober 1904. Sonntag. *9.10.1904 Sonntag*
Conders und McColls bei mir im Savoy gegessen. – Conder meint, er möge bei Vuillard, Bonnard etc nicht, the want of mystery. Man sehe zu genau, worauf sie hinauswollten und wie sie es machten. A little mystery sei für jedes Kunstwerk nötig. – Er mag sonderbarerweise Blanche und Anquetin am Besten von den Franzosen.

London. 10 Oktober 1904. *10.10.1904 Montag*
Die „Masse" in der italienischen Malerei: Bei Perugino und den Umbrern ist der Reiz auch der Landschaft hauptsächlich linear: die überschlanke, dünne Vertikale der Bäume im Kontrast zu den langgestreckten sanften Berglinien. Darin ein klares Licht, das nur Valeurs, keine Farbe oder Wärme giebt. Wie ausschliesslich diese Landschaft auf Linien steht, zeigt Raffaels kleine Zeichnung zur Vision des Ritters, lauter perspektivische Linien. – Bei Mantegna, den Florentinern und Umbrern (hier Mantegnas Jungfrau mit Johannes d. T. etc.) die Gewandung und ihre Farbe ganz abstrakt, blos als Färbung der Form. Der Marco Marziale (Venezianer) neben dem Mantegna zeigt dagegen die Freude am Stoff selbst, an der schön gefärbten und sogar gemusterten Fläche, an schönen Farbenflecken und ihrer Zusammenstellung; ebenso Crivelli, dessen Goldverschwendung daher kommt. Anfänge der belle matière. Bei den Florentinern und Umbrern des Quattrocento fehlt diese Freude am kostbaren Material, an der belle matière des Farbenflecks, fast ganz, bis auf einige wenige orientalische Schärpen etc. bei Signorelli, Pollaiuolo. Der zweite Schritt ist dann bei den Venezianern die Veredelung der Farbe blos durch das Licht, durch die Art der Durchwirkung mit Weiss und Helligkeitsvaleurs. – Den Venezianern zuerst ist der Sinn für den Reichtum des Farbenflecks aufgegangen. Sie suchen lauter reiche Farbenflecken (la rime riche). Man sehe Bellinis Hintergrundfiguren, Hirten, Hirtinnen, Holzhacker auf dem Petrus Martyr, der Madonna. Am schlagendsten bei der Behandlung der Wand in ihren Landschaften, der Gewandstoffe und des Fleisches. ad 1 in der Landschaft ihre Vorliebe für Landhäuser mit breiten, sonnenbeschienenen Wänden, die wunderbar abgestufte Flecken eines goldig-rosigen Weiss geben; hier auf Bellinis Gethsemane, Petrus Martyr, Madonna; auf Tizians Magdalena[1]; auf Catenas Anbetung des Ritters; auf der Giorgionesken Landschaft mit Venus und Adonis[2]. Bei den Umbrern, Florentinern, Raffael findet man Nichts Ähnliches. Häuser fehlen natürlich nicht in der Landschaft; aber sie sind rein thatsächlich (matter of fact) behandelt: perspektivisch-linear und als Form, ohne die leiseste Gemütsbewegung vor ihrer farbigen und tonigen Schönheit, lauter

[1] Noli me tangere

[2] Tizian, Nachfolger, „Mythological Scene"

graue, öde Wände, selbst in Botticellis Ansicht von Florenz auf der Himmelfahrt Mariä[1] hier. Man vgl. diese mit der Landschaft auf Bellinis Gethsemane; man erstaunt über den Unterschied der „Anschauung". Botticelli hat nur die Linien und Formen beachtet, Bellini den Fleck mit seinen individuellen Eigenschaften. Wie bei der Wand beim Gebirge. Die Venezianer erkennen und entwickeln die Attribute des Farbenflecks, Reichtum, Gewicht (Volumen und Valeur), die Beziehungen des Flecks als Fleck zu andren Flecken. Für die andren Italiener ist der Fleck Nichts als der Raum zwischen mehreren perspektivischen Linien; für die Venezianer hat er einen Eigenwert, einen Selbstzweck. Am Krassesten: man vgl. Venezianisches Fleisch mit florentinischem bei dem die Haut fast Nichts bedeutet, nur die Formen und die Linien (selbst bei Botticelli hier auf seinem „Mars und Venus"; ebenso bei Bronzinos Venus daneben.) – Um sich von dem Vorhergehenden zu überzeugen vergleiche man die Wand eines Hauses in einer venezianischen Landschaft mit einer ähnlichen Wand irgendwo in einem Florentinischen Hintergrund; den Stoff einer Draperie bei Marziale oder Crivelli mit dem eines Gewandes bei Perugino, das Fleisch einer Frau von Giorgione oder seiner Schule mit einer Venus von Botticelli. – Das Venezianische Ideal: ein Arrangement aus kostbaren Farbenflecken; jeder Farbenfleck auch für sich betrachtet schön und reich. – In der Komposition nach Farbenflecken das Gewicht der Flecken von grosser Wichtigkeit; dazu gehört das Volumen, das wirkliche Gewicht.[2]

London. 11 Oktober 1904. Dienstag *11.10.1904 Dienstag*

Abends in der Central School of Arts α Crafts, Lethaby's Schule, 316 Regent's street. Ein Mr Christie führte mich. Es werden hier an die 1000 Schüler Abends unterrichtet, ausschliesslich junge Leute, Männer und Mädchen, who are working in a Trade. Das London County Council unterhält die Schule. Jeder Schüler bezahlt nur 2/6 monatlich. Gearbeitet wird ausschliesslich nach alten Vorlagen, old furniture, alte Manuscripte etc. Ausserdem eine nature Klasse, wo auch Akt gemalt wird. Aber kunstgewerblich nur nach alten Vorlagen; keine freie Erfindung. Ein altes Alphabet z. B. wird so lange kopiert till the pupil knows it by heart. Ebenso bei Möbeln. Christie erklärt, what we want to do by that, is to give pupil the old artisan's method; innerhalb dieser Methode (aber nur innerhalb) könne er dann erfinden; d. h. also etwas variieren. Ich fragte, ob sie die Schüler denn garnicht dazu anleiteten, auch selbständig, ohne Anlehnung an alte Vorlagen, zu erfinden. Nein, durchaus nicht; denn: we think that leads to that New Art business, and we are dead against that here. – Man sieht hier à nu die gewaltige Maschine, die das englische Kunstgewerbe wie ich es in meinem Auf-

---

1 Botticini

2 Verweisung: „(cf Venezianer 16 XI 03; 8.X 04; 12 X 04; 13 X 04; 14, 15, 17 X 04; belle matière 15 IX 04; 17, 18, 19, 21 IX 04."

satz geschildert habe, produziert. Dies ist die praktische Gestalt, die Morris' Geist durch seinen Fortsetzer Lethaby gewonnen hat. Im Grunde genommen Nichts Andres als die Methode unserer Kunstgewerbeschulen. Nur ist diese Methode in England vielleicht weniger gefährlich und sogar zum Teil erfolgreich, weil der Engländer weniger sklavisch kopiert (immer seine Individualität behält) und weil ein gewisser aesthetischer Geschmack schon vorher verbreitet worden war. Die Schule ist 9 Jahre alt.

London. 12 Oktober 1904. *12.10.1904 Mittwoch*
Der Grundunterschied zwischen Venezianern und Florentinern besser so (als S ___): Die Venezianer gehen aus von der Flecken Qualität (das, woraus der Fleck besteht, Farbe, Helligkeit, Temperatur (Wärme, Kälte) Stoff und die alle diese Qualitäten beeinflussenden Beziehungen zu andren Flecken, also Valeur); die Florentiner kommen von der Linie auch zum Fleck, zu dem, was zwischen den Linien enthalten ist, aber also zur Flecken Gestalt (Umriss, Silhouette.) Man sehe hier Michelangelos Untermalung auf der Madonna, die beiden Engel links; die Valeurs sind so gut wie garnicht angegeben (der hintere Engel nur vielleicht etwas blasser), nur der ausgefüllte Umriss. Ebenso bei den unvollendeten Teilen der Grablegung. In den Umriss arbeitet er dann die Formen hinein, die den Umriss verständlich machen, die der Umriss voraussetzt (wie bei seinen Statuen.). Die Formen sind ein Komplement zur Fleck Gestalt (Umriss), wie die Fleck Gestalt die Addition der Linien. – Zu den Qualitäten eines Flecks gehört das Volumen (Gewicht), das er repraesentiert, zu seiner Gestalt dagegen die Formen, die den Umriss zur Folge haben. – Die Florentiner (z B Michelangelo) sehen eine Komposition als ein Arrangement von Flecken von bestimmter Gestalt, die Venezianer als ein Arrangement von Flecken von bestimmter Qualität (Farbe, Helligkeit, Stoff, Gewicht-Volumen). Die florentinische Anschauung ist auf der Linie aufgebaut in der Aufeinanderfolge:
Linie;
Umriss (Gestalt) (Summe der Linien: das von den Linien Eingeschlossene);
Form (die Rechtfertigung und Detailausführung des Umrisses. Druet sagte mir neulich Rodins Umrisszeichnungen täuschten ihm geradezu die eingeschlossenen Formen vor. Zu beachten auch, dass die Formen der Florentiner nur zeichnerisch gesehen sind, d. h. als Komplement zum Umriss, nicht plastisch, als autonomer Aufbau aus verschieden gerichteten Flächen.)
Die Venezianische Anschauung ebenso auf den Fleck, nämlich
Fleck;
Qualitäten des Flecks (Farbe, Helligkeit, Stoff z. B. Kostbarkeit)
Volumen (eine Art von Deduktion aus dem Stoff).
Daher auch Unterschied in den Absichten des Helldunkels: Die Florentiner schildern mit ihrem Helldunkel Formen, die Venezianer mit dem ihren Erscheinungs-

formen der Fleckenqualität (der Farbe, der Helligkeit, des Stoffs, aus dem der Fleck besteht): ihre Absicht also gewissermassen impressionistisch. – Die Florentiner suchen eine Beziehung (Rhythmus) zwischen Fleckgestalten, die Venezianer zwischen Fleckqualitäten. – Die Rolle der Farbe in der venezianischen Kunst kommt daher (ist nur ein Teil davon), dass die Venezianer hauptsächlich auf die Qualitäten des Flecks achten, mehr als auf seine Gestalt. – Zur Qualität des Flecks gehört auch die Modifikation seiner Erscheinung durch die Qualitäten andrer Flecken (Kontrast etc.): also die Valeur. Die Venezianer haben die Valeurs erfunden. Die Venezianer suchen den Farbenfleck entweder kostbar an sich zu machen, oder kostbar durch seine Beziehungen zu andren Flecken. Man beachte das Venezianische Weiss; z B. die weissen Halskrausen auf Porträts (Tizians Ariost[1], Bassanos Männerporträt[2]). Das Weiss ist hier an sich lebendig, tonreich; tausendmal kostbarer aber als Valeur. So auch das Weiss des Priestergewandes auf Veroneses Priesterweihe des Heil Nicolaus. Die Venezianer haben die Valeur im artistischen Sinn entdeckt, als die Kostbarkeit des Farbenflecks durch seine Beziehungen. Davon keine Spur bei Raffael; man vgl. das weisse Priestergewand auf seinem Julius II mit dem bei Veronese; das Weiss ist weder an sich kostbar noch durch seine Beziehungen. 1) an sich: bei Veronese wie lichtdurchleuchtet, bei Raffael grau und tot; bei Raffael arm aus zwei, drei Tönen, bei Veronese reich wie aus tausend Tönen. 2) als Valeur: bei Raffael erhält es Nichts von der Beziehung zum roten Papstornat, bei Veronese wird sein Reiz erst ganz stark durch den rosaroten Kragen oben. – Ein wunderbares Beispiel von Valeur (Wert der Farbe, Kostbarkeit durch Beziehungen) auf Bellinis Gethsemane die Stadt links oben auf dem Berge. Ihr zarter rosiger Farbenzauber erwächst zum grossen Teil aus dem Kontrast zum schweren erdigen Grün des Berges. (Wohl nie ist der Zauber der biblischen Wendung von der „Stadt auf einem Hügel" vollkommen in Farben ausgedrückt worden). – Elemente des Flecken Werts 1) Farbenkontrast (Gegenfarben). Als besondre Abart: Farbenkontrast Ketten: aufgelöste Akkorde, mehrere Farben in einer physiologischen Beziehung mannichfaltigerer und subtilerer Art. 2) Helligkeitskontrast. 3) Farben- und Helligkeits Steigerungen und Abstufungen; z. B. bei den Venezianern die Vorliebe für einen rosigen Frauenkörper der aus einem roten Gewand hervorkommt (Tizians Venus u Adonis[3], ebenso das Giorgioneske Venus α Adonisbild, die Landschaft mit Nymphen[4]); oder ähnlich Frauenfleisch u Weiss zusammenzubringen (Veroneses ___). 4) Texturverschiedenheit z B. zwischen Fleisch und Gewandung. (Tizians Venus u Adonis). – Vor einem Florentiner oder Umbrer werden die Augen unwider-

[1] Porträt eines Mannes

[2] Venezianische Schule

[3] Tizian, Umkreis

[4] Giorgione, Nachahmer

stehlich auf die Linien eingestellt, vor einem Venezianer auf die Schönheit der „Farben", d. h. der Fleckenqualitäten. – Unter den venezianischen Quattrocentisten hat Gian Bellini am deutlichsten und regelmässigsten die Qualitäten, die ich speziell für venezianisch halte und die Giorgione, Tizian, Tintoretto, Veronese dann zur Reife führten.[1]

London. 13 Oktober 1904. *13.10.1904 Donnerstag*

Tizians und Michelangelos Formbildung: Vergleich zwischen M's Madonna und Grablegung und Tizians Bacchanal und Venus und Adonis. Michelangelo sucht, jede Form der Oberfläche möglichst fein und detailliert wiederzugeben; bei Tizian ist in der Nähe gesehen fast Nichts da, aber auf drei Schritt gestalten die Glieder rund, in mächtiger Körperlichkeit, wie mühelos und selbstverständlich. Michelangelos Figuren scheinen daneben papierdünn, ohne Rückseite. – Ich sage: „Tizian suggeriert das Volumen, das Wesentliche der Körperlichkeit." Ja, aber wodurch? Jedenfalls nicht durch genauere oder detailliertere Oberflächenformen als Michelangelo; im Gegenteil: M. geht hierin unvergleichlich weiter. Tizian giebt viel <u>weniger</u> Formen (Formendetail). Auch weniger Umriss. Seine Umrisslinien sind viel unbestimmter als die von M., und verlieren sich sogar teilweise ins Dunkle (Michelangelos wie aus Draht). Aber <u>gerade hierdurch</u> suggeriert Tizian die Rückseite; er lockt das Auge ins Helldunkel und dahinter. Ausserdem betont Tizian den Stoff, aus dem die Dinge sind, das Fleisch als Fleisch; Michelangelo nur in sehr bescheidenem Masse, soweit es unbedingt notwendig ist, um Fleisch und Gewand zu unterscheiden. Also Tizians Methode 1) immer den <u>ganzen</u> Körper voll und rund mit seiner Rückseite (also als Block, als Volumen) suggerieren. 2) <u>nur so viel</u> Oberflächenform wie nötig ist, um den Block des Körpers oder Gliedes (also wieder das Volumen) festzulegen 3) der Stoff betont, was wieder zur Empfindung des Volumens beiträgt, da das Gewicht dadurch fühlbar wird. Im Mittelpunkt von Tizians Formenanschauung steht also <u>thatsächlich</u> das Volumen, d. h. der Block mit seinem Gewicht, nicht die Oberflächenform die er beiseitelässt, nicht die Linie, die er opfert. – Zu beachten Mantegnas Rolle bei der Entwicklung des Venezianischen Formgefühls. Mantegna selbst geht durchaus den florentinischen Weg. Aber man vgl. sein Gethsemane mit Gian Bellinis hier. Mantegna treibt das Detail der Formen z B an den Figuren, den verkürzten Köpfen, so weit, wie technisch irgend möglich, bis zu Formen von fast mikroskopischer Feinheit. Bellini erscheint daneben fast roh. Er giebt nur viel allgemeinere Formen. Aber er wirkt doch nicht weniger körperlich. Es genügt ihm, den Block des Kopfes mit seinen Facetten zu umschreiben, ohne

---

[1] Verweisung: „(Venezianer cf 10 X 04 u dort)"

auf die Formen einzugehen, die für den Block als solchen Nichts bedeuten. So auch bei seinen Porträts.[1]

London. 14 Oktober 1904. Freitag *14.10.1904 Freitag*

Bei Conders gegessen mit Max Beerbohm und einem jungen Irländer Lane, der in Dublin eine moderne Gallerie gründet. Conder sprach von Rossetti. Er mag ihn nicht. Er habe nicht einmal das gemacht, was er selber gemocht hätte. He was a man who aimed at perfection. But what he did, was just to shew people his ideas. He gave them a sketch and said: This is about what I should like to do; but I cannot do it. – Wir sprachen von Decorationen. Ich sagte, man sollte eigentlich nur Dekorationen haben, keine Staffeleibilder. Conder meinte Nein. There is something so precious about certain pictures, you can never get in decorative work (Walker, Monticelli etc.). – Über Oscar Wilde: er sei zu ihm „very kind" gewesen „when I was a boy and I saw a good deal of him after he came out of prison. I said to him: Why donot you take a flat in Paris. Everybody would be happy to come and see you. You would have all the littérateurs and artists. But Wilde said: My dear fellow, that is just it: I donot care about littérateurs. The only people I like, are the Great. I want Duchesses." Daran sei er zugrundegegangen. – Die venezianische Formengebung (le modelé vénitien) und die florentinische[2]: Bellinis Doge Loredano oder Heil Dominicus[3] verglichen z B mit Verrocchios (?) Madonna[4] hier. Der Florentiner giebt wie Michelangelo die zartesten Bewegungen der Oberfläche; die bekannten Verrocchioschen Bäby Beine ein gutes Beispiel. Sein Mittel ist die äusserste Feinheit des Schattierens mit einem leichten, durchsichtigen Braun (Anfänge des florentinischen Helldunkels; dieses Register ins Dunklere vertieft Andrea del Sarto.), unter dem die Farbe wie eine Untermalung durchscheint (z B das Rot der Wangen.). Bellini sucht garnicht diese Feinheit der Oberflächenformen. Man sieht bei ihm ziemlich breite, klarhervortretende Flächen, die verhältnismässig scharf aneinanderstossen (Dominicus), nicht die kontinuierlichen unglaublich feinen Überführungen der Florentiner und auch Raffaels (Julius II). Es genügt Gian Bellini den Block zu umschreiben, ihm Tiefe zu geben. So bei allen andren Venezianern. Folgt diese Art die Form zu geben aus der Anschauung der Welt als ein Agglomerat von Flecken? Dann hier schon das System des Velasquez, nur dass die Verschiedenheit der Flecken nicht in der Farbe sondern in ihrer Helldunkelqualität gesucht wird: Beimischung mit Weiss oder Braun (cf aber Paris Bordone, der in seinem Fleisch schon ganz mit Farbe modelliert). Bei den Florentinern entstehen keine Flecken sondern lauter

[1] Verweisung: „(cf 10 X 04"

[2] Verweisung: „(cf 13.X)"

[3] Giovanni Bellini, Werkstatt

[4] Verrocchio, Werkstatt

kontinuierliche Übergänge. – Die florentinische kontinuierlich-epidermale (zeichnerische) Modellierung noch bei den florentinischen Porträts auch des Cinquecento: Bronzino, Allori (gest 1621). Man vergleiche diese mit den gleichzeitigen venezianischen Porträts, Moretto, Lotto (Protonotar Juliano[1]), Paris Bordone, wie das „Runde", Kontinuierliche ganz fehlt und statt dessen breite, flächenmässige Modellierung vorherrscht, selbst bei Frauen, ohne dass die Weichheit leidet: im Gegenteil (Bordones Frauenporträt, Daphnis u. Chloe); das Venezianische Fleisch ist natürlich bei Weitem weicher, üppiger als das florentinische, wie z B in der Venus von Bronzino. Die Qualität der Farbenflecken hat den Venezianern ein ganz neues Mittel in die Hand gegeben, um die Form zu packen.[2]

London. 15 Oktober 1904. *15.10.1904 Samstag*

Zeichenkunst, die Kunst des Stifts; Malerei, die Kunst des Pinsels. Darauf beruht der Unterschied von Florentinern und Venezianern. Das florentinische Schattieren aus der feinen Spitze des Silberstifts hervorgegangen, das Venezianische „mit Flecken Modellieren" aus dem breiten Strich des Pinsels. Das natürliche Produkt des Stifts ist die Linie, das des Pinsels ebenso der Fleck (eine Fläche). Die Florentiner versuchen mit dem Pinsel dem Silberstift nachzueifern; die Venezianer passen ihre Formgebung dem Pinsel an. – Bei Pinselarbeit spielt die Qualität von vornherein eine grössere Rolle als bei Griffelkunst, eben weil sie Flächen produziert. – Die Florentiner inclusive Raffael, Lionardo, Michelangelo haben nie eigentlich weder Malerei noch eine Plastik gehabt. Ihre Kunst ist eine bis zur höchsten Vollendung getriebene Zeichenkunst mit Ausläufern in die Malerei und Plastik. – Der Unterschied zwischen Griffel und Pinsel ist das eigentlich fundamentale; es kommt noch vor der Unterscheidung zwischen Flecken Qualität und Linie, weil diese erst durch jene bedingt ist. Denn daher einmal die Qualitätsbeachtung und zweitens die Formgebung der Venezianer; und andrerseits bei den Florentinern die Zurückführung der Form auf lauter Linie. – In den Florentinern inclusive Michelangelo steckt noch Viel von der alten Kalligraphie. Die kalligraphische Tradition ist bei ihnen eigentlich nie abgebrochen, immer nur erweitert worden. – Zur Griffelkunst: Margaritone (Madonna etc.) rein linear; z B. die Augen der Madonna aus geschwungenen schwarzen und roten Linien wie ein Bandornament. Auch bei Giotto (die schönen zwei Apostelköpfe[3]) der ganze tiefe Ausdruck durch Linien. Der Pinsel griffelartig benutzt, um Linien zu zeichnen. Die Modellierung durch Schraffieren mit Weiss. Diese Schraffiermethode, die ein rein griffelmässiges Hilfsmittel ist, im Trecento allgemein (Orcagnas

---

[1] Norditalienische Schule

[2] Verweisung: „(cf 10 X 04; 15, 17 X 04"

[3] Spinello Aretino

grosse Krönung Maria[1]; die kleinere Krönung[2] School of Giotto u. s. w.). Ebenso bei den Sienesen: Duccio. Die Methode ist folgende: mit Linien einen Fleck umschreiben, eine einfarbige Untermalung (oft grün), die den Fleck füllt; darauf dann mit Schraffier Linien die Formen hineinmodelliert; also genau mit dem Pinsel was der Griffel thun muss. Noch Michelangelo operiert so (Madonna). Die florentinische Malerei hat es nie über eine Art Pastell hinausgebracht. Dieses Schraffieren bleibt im Quattrocento im Grunde genau so, nur sind zum Teil die Striche verrieben (Filippo Lippi, Botticelli, Filippino). Bei Lionardo, Andrea del Sarto, Bronzino, wo die Methode schwerer zu konstatieren ist (ganz verrieben, oder von vornherein wie verrieben gemalt) dauert sie fort im Stil der Formen; Feinheit, Rundheit, Kontinuierlichkeit.[3]

London. 16 Oktober 1904. *16.10.1904 Sonntag*

Früh Rothenstein mich besucht. Er erzählt von Conder, mit dem er verzankt war, er habe ein sehr unglückliches Verlainehaftes Leben hinter sich, sei von seinem Vater, der Ingenieur in Indien ist, mit sechzehn Jahren als Taugenichts nach Australien geschickt worden, wo er Jahrelang Not gelitten habe. Zeitweise sei er dort als Astronom thätig gewesen. Dann sei er irgendwie nach Paris gelangt, habe dort ein schreckliches Bohème Dasein geführt, sei Trinker geworden u. s. w.

London. 17 Oktober 1904. *17.10.1904 Montag*

Bei dem florentinischen Schraffieren giebt überall (Giotto, Orcagna, Lippi etc) die Richtung des Strichs den Kontur der Form an, d. h. die Form entsteht aus zahllosen eng aneinander gedrängten, ineinander verschwimmenden Konturlinien, aus lauter Konturen. Der Lokalfarbe entsprechend werden diese Konturen an verschiedenen Stellen mit verschiedenen Farben gezeichnet. Und dazu kommen dann noch Schatten und Licht, denen die Färbung der Konturstriche ebenfalls Rechnung trägt. Farbe und Licht werden also wiedergegeben, aber nur als Modus des Konturs, als Das, worin sich der Kontur ausdrückt; Dieser bleibt das Fundament. – Daraus entsteht die Hauptstileigentümlichkeit dieser Formenwiedergabe. Nämlich das Kontur ist seinem Wesen nach kontinuierlich und ein Ausdruck der äussersten Oberfläche. Die Formen werden daher kontinuierlich und mit aller Zufälligkeit der Oberfläche wiedergegeben, Farbe und Licht sind akzessorisch. – Aber der Umriss ist eine durchaus willkürliche Abstraktion aus der Form, ein Produkt des Stifts, Nichts weiter, während in der Wirklichkeit die Formen für das Auge viel eher durch Flächen und deren Qualitäten (Farbe und Helligkeit) als durch Linien umgrenzt erscheinen. Dieses ist der schwache Punkt

---

[1] Jacopo di Cione

[2] Gaddi

[3] Verweisung: „cf 10 X, 13, 14, 17 X 04“

der „klassischen" florentinisch römischen Kunst, wo sie immer wieder mit der Natur und dem Auge in Konflikt gerät. – Das Alles ergiebt eine Formauffassung, die bleibt selbst nachdem die Wiedergabe durch lauter kleine Linien (Schraffierungen) geschwunden ist: d. h. die Form wird auch weiter angesehen als ein Gewebe aus Konturen, deshalb kontinuierlich, oberflächenmässig; die Farbe und das Helldunkel, selbst bei Sarto noch, repräsentieren (resümieren) nur den Sammeleffekt von Konturlinien (cf die Augenbildung), d. h. sie kommen nie über die Effekte hinaus und von den Effekten los, die auch durch gehäufte Konturstriche zu erreichen wären. Farbe und Licht werden nie frei, bleiben immer akzessorisch, ein Ausfluss und eine Darstellung von Konturen. Alles hat immer Bezug auf irgendein System von Konturen. Hier erscheint das Willkürliche, das Instrumentbedingte dieser Formauffassung. Denn in unserer natürlichen Anschauung führen wir nicht Alles auf Konturen zurück. Die lineare Anschauung, zu der das Kontur gehört, ist nur ein Teil unseres gesamten Sehens, der Teil, der durch die Bewegungsmuskeln des Auges vermittelt wird. Und zwar sehen wir die Form in Konturen nur aus der unmittelbarsten Nähe. Die Retina, die Qualitäten sieht, hat eine vom Kontur ganz unabhängige Formanschauung, in der Farbe und Licht primär sind; und diese herrscht schon auf wenige Meter weit fast allein. Der Unterschied zwischen Florentinern und Venezianern lässt sich so aussprechen, dass die Florentiner immer Farbe und Licht auf Kontur zurückführen, in ein Kontur umdenken, während die Venezianer Farbe und Licht primär hinnehmen, ohne sich darum zu kümmern, wie in welche Konturen sie sich auflösen liessen. In dieser Beziehung mit der Unmittelbarste, Paris Bordone, dessen Fleisch und Frauenbrüste als Farbe eine deutliche Stufe über Tizian hinaus auf Veronese zu sind. Auch Bissolos wunderbares kleines Frauenporträt[1] (offenbar noch Quattrocento) lauter Ton und Farbe, kaum eine „Linie". Kurz, die Venezianer sehen die Natur viel direkter als die Florentiner. Wie viel näher die Venezianer dem natürlichen Sehen sind, heute Abend beim Boxen beobachtet. Ich sehe die nackten Körper der Boxer auf fünf Schritt in lauter Farbe und Ton, nirgends die florentinische aus Konturen bestehende Form. Nur das Gesicht meiner unmittelbaren Nachbarn auch florentinisch, wenn ich will. Bei den Boxern auf fünf Schritt ist diese Anschauung aber schon unmöglich, man kann die Muskeln, wenn sie noch so stark und rund sind, nicht florentinisch sehen. Dagegen empfindet man durch Farbe und Licht durchaus klar die Formen und Massen. – Ganz unsinnig wird die florentinische Formgebung deshalb bei grösseren Gruppen und gar erst bei der Landschaft. – Also dic florentinische Formgebung widerspricht 1) dem Instrument des Malers, dem Pinsel; 2) dem natürlichen Sehen, ausser bei Gegenständen, die in unmittelbarer Nähe sind. – Die venezianische Malerei scheint im Vergleich zur florentinischen an einzelnen Stellen flach, wenn man diese Stellen

---

[1] Venezianische Schule

für sich allein betrachtet und nicht in der Gesamtheit des Bildes, wo umgekehrt die venezianischen Figuren viel plastischer, tiefer, wahrer sind als die florentinischen, die im Ganzen gesehen dünn scheinen. Die Venezianer geben Einem nicht an jeder Stelle das Kontur der Form, aber im Ganzen immer die ganze Form.[1]

London. 19 Oktober 1904. Mittwoch. *19.10.1904 Mittwoch*

Entwicklung des Helldunkels: Trecento und Quattrocento füllen das Linien- (und Flecken-) Schema mit Lokalfarbe aus, Lionardo und Andrea del Sarto mit abstrakten (d. h. von der Lokalfarbe absehenden) Licht- und Schattenangaben, regelmässig in Braun. (Aber nicht Dieses ist das Zeichnerische an der florentinischen Malerei, sondern das Konturieren. An sich kann auch reine Grisaille Malerei sein, d. h. „Qualitäten" Angabe und Pinselkunst, nicht Griffelkunst.) – Im Einzelnen:

I Trecento: flache Untermalung (U. en couleurs plates), wohl meistens Grün (z. B. sichtbar bei der Krönung Mariae aus Giottos Schule; am deutlichsten natürlich bei den Sienesen, Duccio etc); darauf Formgebung durch Stricheln mit Lokalfarbe, Weiss und bei dem Fleisch (Gesichtern etc) Braun. Die Schatten der Gewandung werden dagegen nicht mit Braun gestrichelt, sondern entweder 1) (und zwar meistens) mit einem dunkleren Ton der Lokalfarbe (so auch bei Giotto selbst; cf die zwei Apostel ferner Spinello Aretinos Kreuzigung[2] hier); oder 2) mit der Komplementärfarbe zur Lokalfarbe, z B mit Violett bei Gelb (auf der Salome aus Taddeo Gaddis Schule[3] und bei einer der Frauen auf der Geburt Johannis daneben. cf auch auf einem weissen Priestergewand gelbe Lichter und komplementäre violette Schatten auf dem zur selben Predelle gehörenden Zacharias im Tempel); hierher auch die grünen Schatten im Fleisch, denen die grüne Untermalung dient, namentlich bei den Sienesen, z B. hier Duccio; oder 3) mit einer im Spektrum benachbarten Farbe (z. B. rote Schatten am gelben Gewand des Violinspielers auf der Gaddischen Salome; blaue Schatten an einem helllila Engelsgewande auf Orcagnas Krönung Mariae. – Zu diesen drei Schattenarten kommen die Lichter: 1) Weisse; 2) auch farbige, z.B. gelbe am grünen Gewand Pauli auf der grossen Taufe Christi aus Gaddis Schule und beim citierten Priester auf der Predelle dieses Bildes. 3) goldene bei Maria auf Duccios Verkündigung, Christus auf Duccios Verklärung. – Bei den Sienesen sind braune Schatten selbst im Fleisch selten, weil meistens die grüne freigelassene Untermalung den Schatten darstellt; Braun nur bei ganz tiefen, schweren Schatten am Mund und in der Augenhöhle: Duccio Christus die Blinden heilend; (Verkündigung). Bei den Gewändern der

---

1 Verweisung: „(cf 10,X; 13, 14, 15 X 04"

2 Jacopo di Cione

3 Gerini, „Taufe Jesu und Szenen aus dem Leben Johannes des Täufers"

Sienesen wie bei den Florentinern Schatten in der dunkleren Lokalfarbe. Ebenso bei den Gebäuden Spiel zwischen hellerer und dunklerer Lokalfarbe.
Das Braun der Fleischschatten soll offenbar auch nur ein dunklerer Ton der Lokalfarbe, der Hautfarbe, sein. Denn z B. viel mehr und tieferes Braun bei alten Heiligen als bei jungen oder Engeln cf. Orcagnas Krönung Mariae, ferner die grossen Heiligen aus Gaddis Schule[1].
II Quattrocento. Filippo Lippi, Verkündigung. Das System der Fleisch und Gesichtsmodellierung ist dasselbe. Auf einer flachen, wahrscheinlich grünen Untermalung Strichelung nach Konturen mit Rot, Weiss, Braun, Gelb (in den durchleuchteten Schatten.). Aber die kleinen Striche schon stark verrieben, nicht so deutlich wie im Trecento. Bei der Gewandung hellere und dunklere Lokalfarbe. Wald dunkleres und bis zu Schwarz-Grün, kein Braun. Gebäude hellere und dunklere Lokalfarbe. Auf Johannes d. T. mit sechs Heiligen an einzelnen Heiligen in den Gesichtern und an den Hälsen ziemlich tiefe schwere braune Schatten. Strichelung stark verrieben, aber doch noch fast überall als solche sichtbar und als solche „durchsichtig". (Was man später durch Lasuren suchte, erreichen Trecento und Quattrocento durch die Strichelmanier, das Durchscheinen eines Untergrundes durch die Oberflächenfarbe.) Stellenweise, am Halse Johannis d T., fast massive braune Töne. – Botticelli Madonna ebenso, d. h. gestricheltes Braun, Weiss, Rot in Konturlinien – Auch die „Verrocchiosche" Madonna ebenso; nur ist das Spiel des Lichts und der Lichtreflexe im Schatten feiner und reicher, ebenso die Form. Man fühlt schon die Nähe Lionardos und rückwärts die grössere Vollkommenheit Filippo Lippis im Vergleich zu Botticelli. Lippis Register ist ebenso rein, aber dieses „Verrocchiosche" viel reicher, weiter, mehr Töne. Das Helldunkel ist für sich allein schon viel ausdrucksvoller, eigenmächtiger, wenn auch immerhin noch nur ein Spiel über Linie und Lokalfarbe hin. Diese Beiden bleiben noch das Fundament und werden durch das Schattenspiel noch kaum verdunkelt. Ebenso bei Michelangelos Madonna, nur dass hier das Helldunkel noch ausdrucksfähiger, noch feiner und reicher ist. Bei Andrea del Sarto hat dagegen schon das Helldunkel die Übergewalt über die Farbe. Das Linien und Fleckenschema wird nicht mehr mit Lokalfarbe und deren helleren und dunkleren Tönen ausgefüllt, sondern mit einer abstrakten Schatten und Licht Untermalung, auf die erst die Lokalfarbe eingetragen wird, oder zum Teil auch nicht (z B die Hand der Heil Anna[2]). Der braune Schatten ist nicht mehr Lokalfarbe, sondern abstrakt geworden.
Zu untersuchen und festzustellen also das Abstraktwerden des braunen Schattens während des Quattrocento (das Loskommen von der Lokalfarbe des Fleisches.). Im Trecento ist das Schattenbraun ein Ton der Lokalfarbe, bei „Ver-

[1] Lorenzo Monaco, „Die Krönung der Jungfrau mit Heiligen"

[2] The Madonna and Child with Saint Elizabeth and Saint John the Baptist

rocchio" ganz deutlich Etwas von der Lokalfarbe des Gesichts und des Fleisches Unabhängiges, darüber Hinspielendes. Vorstufe und Voraussetzung zur gänzlichen Loslösung und zur Rolle als allgemeiner, abstrakter Ausdruck von Licht und Schatten in der Untermalung. – Ein Merkmal: im Trecento ist die Qualität des Braun abhängig von der allgemeinen Farbe des Gesichts (cf oben); bei „Verrocchio" auf allen Gesichtern dasselbe Braun, nur nach Licht- und Schattenstärke verschieden, nicht nach der Gesichtsfarbe. Man vergleiche auf Orcagnas Krönung Mariae das helle rötliche Braun der Engel mit dem schweren Schwarzbraun im Gesicht des Heil. Franz. Bei Verrocchio ist das Braun blos ein Korrelat des Lichts, bei Orcagna ein Korrelat der Gesichtsfarbe. Bei Orcagna Braun zugleich Gesichtsfarbe und Schattenfarbe (wie alle andren lokalen Schattentöne), bei Verrocchio blos Schattenfarbe (im Unterschied von den lokalfarbigen Schatten an den Gewändern). Verrocchios Fleischschatten ist also von der Fleischfarbe unabhängig, Lokalfarbe und Schattenfarbe haben sich getrennt. Bei Filippo Lippi (Johannes d T. mit sechs Heiligen) ist das Braun in den Gesichtern noch durchaus auch Lokalfarbe und bei jedem Heiligen verschieden; er hat keinen gemeinsamen (abstrakten) Masstab. – Das Abstraktwerden des braunen Schattens (Fleischschatten) schafft natürlich ein neues Band, einen neuen gemeinsamen Nenner, durch das ganze Bild hindurch, wie es bis dahin nur Linie und Umriss waren. Und zwar eine Qualitätsgemeinsamkeit, während Linie und Umriss nur eine Form (Augenmuskeln) gemeinsamkeit waren, und die verschiedenen Lokalfarben und Lokalfarbigen Schatten des Trecento keinen deutlichen gemeinsamen Nenner hatten. Darin liegt die enorme kompositionelle Bedeutung dieses Abstraktwerdens, dieses Quattrocentovorgangs, der Geburt des Tones, als erster der modernen Kunst Artistisch kompositionell verwendeten Qualität. Das abstrakte Braun unterscheidet sich nur noch nach Hell und Dunkel, das Orcagnasche Farbenmässig (auch wenn nur die Suggestion einer Farbenverschiedenheit vorläge und in Wirklichkeit ganz dasselbe Braun überall aus dem Farbentopf gekommen wäre). Seitdem ist fast ununterbrochen versucht worden, von dieser Abstraktion und Unwahrheit loszukommen, ohne den durch sie gewonnenen Vorteil einer gemeinsamen Basis auch in der Qualität wieder preiszugeben. – Also die zwei grossen Produkte der florentinisch-umbrischen Entwicklung 1) die florentinische Form (zeichnerisch, in Konturen) 2) das abstrakte Helldunkel (als erste Eroberung der Qualität des Gesichtseindrucks für die Malerei). – Was uns die alten Niederländer (15tes Jh) und Deutschen (Dürer, Holbein) zeigen, ist die Phantasie des Nordens (die Richtung der nordischen Phantasie). Technisch haben sie für die moderne Malerei keine Bedeutung; (aber das Öl! die Ölmalerei!!) ihre Tradition ist vollkommen durch die italienische ersetzt. Keine Brücke führt mehr zu uns herüber. Aber sie entfalten das ganze Panorama der Dinge und Anschauungsweisen, die unser nordisches Gefühl anlocken und bewegen, von der Landschaft bis zur psychologischen Analyse. – Vergleich von

Gainsboroughs Porträts auf Landschaftshintergründen mit alten Niederländischen Porträts ähnlicher Art. – Im Buch: Einleitung: „Die europäische Phantasie". Das Erwachen der modernen (und namentlich der nordischen) Phantasie: Hier die alten Niederländer und Deutschen. Also: a) Franz v. Ass. b) Italien: Giotto. c) Norden. Dann: Kap. I Florenz. Form und Helldunkel. Übergang der Phantasie vom Inhalt zur Form in Italien. Dahinter, treibend, die Leidenschaft nach Schönheit, l'émotion von dem schönen menschlichen Körper. Kap. II Venedig. – Die europäische Phantasie, Besonderheit: die neue Leidenschaft: die Liebe, Mischung aus Religion und Sexuellen Gefühlen (Plato, Franz v. Ass, Petrarca, die „Minne" und die Minnesänger.). Das europäische Frauenideal, Frucht der „Liebe" (die Madonna, Beatrice, die Naumburger Stifterinnen, Gainsborough). Seine letzte Gestaltung in England. Die „deutsche Frau" eine ältere Form. – Die Gefühlsphantasie, die Fähigkeit, nicht blos Bilder sondern auch Gefühle in der Phantasie zu reproduzieren und neu zu kombinieren. Die Elemente der Phantasie: Gefühle und Bilder, Phantasie: Erfinden an der Hand von Bildern, Erfinden an der Hand von Gefühlen.

London. 20 Oktober 1904. *20.10.1904 Donnerstag*

Die Loslösung des Helldunkels von den Lokalfarben zeigt sich schon in den farbigen (komplementär-farbigen) Schatten der Gewandung auf Trecentobildern z B. in den Predellen hier aus der Gaddischen Schule[1] und in den grünen Fleischschatten Duccios, sowie in den farbigen Lichtern. Dieses eine Art von Vorbereitung und Erziehung zum abstrakten Helldunkel: Auge und Geist gewöhnen sich daran, zwischen Lokalfarbe und Schattenfarbe zu unterscheiden. – Der Nachteil, die „limitation" hier, dass diese Schattenfarben von der Lokalfarbe abhängig, also nicht frei, nicht abstrakt sind und deshalb keinen allgemeingültigen Nenner für die Komposition abgaben. Deshalb hielten sie nicht Stand vor dem braunen Fleischschatten, als dieser abstrakt wurde. – Die farbigen (z. Teil komplementärfarbigen, z. B im Fleisch grünen) Schatten in feinster Ausbildung bei Piero della Francesca. Auf seiner Taufe Christi alles Fleisch so, durchsichtige rosa Strichelung auf einer grünen Untermalung, die im Schatten freiliegt; so das ganze Fleisch äusserst zart und lebendig, ein Kontrastspiel zwischen Rosa und Grün (ganz ähnlich auf Signorellis Pan und Nymphen in Berlin; hier auf seiner Krönung Mariae beim Heil Sebastian und den nackten Engeln). Nur bei ganz tiefen Schatten scheint über dieses Grünrosaspiel ganz dünn etwas Braun lasiert (z B. an der Vorderseite des Mannes, der rechts sein Hemd über den Kopf zieht: darunter ist die ganze Modellierung in Rosa und Grün sichtbar, das Braun nur wie darüber gelegtes Glas ohne Formangabe). Auf Pieros Anbetung des Christkindes im Stall farbige Lichter und Schatten auf den Gewändern der Engel, d. h.

[1] Gerini

farbige Untermalung, die als Schatten oder Licht freibleibt zwischen den in der Lokalfarbe angegebenen Falten. Der Engel am weitesten rechts hat ein hellblaues Kleid mit weinroter Untermalung als Schatten, der Engel daneben ein lila Kleid, durch das eine hellrote Untermalung als Licht durchscheint, während die Schatten in einem dunkleren Ton der Lokalfarbe dunkellila sind. Daneben ein Engel in weissem Kleide auf gelber Untermalung als Licht, während die Schatten bläulich sind. Im Fleisch hier die Schatten nicht grün, sondern durchsichtig braun und grau. – Fleisch aus Rosa und Weiss auf grüner Untermalung als Schatten in äusserster Feinheit bei Fra Angelico. Dieser malt nach dieser Methode namentlich Frauen, Engel und ganz junge Heilige; z B. die Heil. Helena auf seiner Predelle hier. Die Mönche und Wüstenheiligen dagegen braun. Auch farbige Schatten und Lichter bei ihm im reichsten Maasse. – Bei Fra Bartolommeos Madonna ebenfalls das Fleisch auf grünem Untergrunde, der im Schatten am Halse der Madonna durchscheint. So auch beim kleinen Mariotto Albertinello[1]. – Dieses Helldunkelsystem, das sowohl braune wie grüne Fleischschatten verwendet, befolgt auch Correggio, der ebenfalls Fleisch auf einem im Schatten oft durchscheinenden grünen Grunde malt, daneben aber auch ausgiebig dicke, undurchsichtige bräunlich rötliche Schatten verwendet. – Ein deutliches Merkmal der Abstraktheit des Helldunkels das Trüben der Lokalfarbe (vom Verdunkeln ohne Trüben zu unterscheiden). Eine solche Trübungsabsicht wohl schon bei Piero della Francescas braunen durchsichtigen Lasuren über dem Grün und Rosa der Lokalfarbe bezw. Komplementäre des Fleisches. Die Möglichkeiten sind beim Helldunkel

1) verdunkelte und erhellte reine Lokalfarbe

2) Licht oder Schatten durch eine andre ungetrübte Farbe (Komplementäre u. Ä.)

3) getrübte (nicht blos verdunkelte) Lokalfarbe bezw. komplementärfarbiges Helldunkelsystem (Piero)

4) Abstraktes Braun (abstrakte „Schattenfarbe“) ohne Angabe der Lokalfarbe.

Oder Augenfälliger

1) verdunkelte und erhellte reine Lokalfarbe.

2) komplementäre (u. Ä.) Licht oder Schattenfarbe

3) getrübte Lokalfarbe als Schatten.

4) abstrakte „Schattenfarbe“ (braun, grau) ohne Andeutung der Lokalfarbe. (vielleicht entstanden durch Undurchsichtigwerden der Trübungslasur.)

Für den Übergang vom lokalfarbigen zum abstrakten Helldunkel Piero della Francescas Verfahren sehr lehrreich. Zuerst lasiert man durchsichtiges Braun über das lokalfarbige Helldunkel, wie Piero. Dann wird allmählich das Braun undurchsichtig, die Lokal- und Komplementär Farben verschwinden, und die abstrakte Schattenfarbe ist da. Jetzt geht man noch einen Schritt weiter und

---

[1] Sogliani, „The Madonna and Child“

fängt das Bild mit dieser Schattenfarbe an. Man legt die Komposition in der abstrakten Schattenfarbe an und malt die Lokalfarben darüber. Das Verfahren ist damit genau umgekehrt wie bei Piero.

London. 21 Oktober 1904. *21.10.1904 Freitag*

Die Sienesen des Trecento (namentlich Duccio und die Lorenzettis) haben ein eigenes Helldunkel in der Feinheit der Beziehungen zwischen den helleren und dunkleren Tönen (den Valeurs) der Lokalfärbungen. Oder richtiger nur sie haben im eigentlichen Sinn ein Helldunkel im Trecento. Denn man hat zu unterscheiden zwischen:

a) der Darstellung von Licht und Schatten als blosse Aufzeichnung von Thatsachen oder zur blossen Verdeutlichung der Form, und

b) dem Helldunkel, d. h. einer artistischen Verknüpfung der verschiedenen Lichtgrade, einem Ornament, einer Komposition aus Hell und Dunkel. Die blosse Schilderung von Schatten und Licht ist noch kein Helldunkel (Photographie.) In diesem Sinn kennt das florentinische Trecento überhaupt nicht das Helldunkel, während an sich jede der vier möglichen Schattenarten Helldunkel im artistischen Sinn erlaubt. Die Besonderheit des Sienesischen Helldunkels ist, dass die Töne alle ungetrübt farbig sind, wie bei den Impressionisten, im Gegensatz zum späteren florentinischen Helldunkel. Man sehe hier auf Duccios Verkündigung die Feinheit der Lichtbeziehungen zwischen dem Blumentopf mit Lilien und der rosigen Wand dahinter; oder auf der kleinen Legende von Pietro Lorenzetti die weissen und hellroten Priestergewänder, oder Ambrogio Lorenzettis mächtiges und zartes Freskofragment[1]. Sie drücken das Licht durch Farbenbeziehungen aus und verknüpfen diese Beziehungen, die Valeurs, zu einer artistischen Wirkung. Bei Orcagna[2] (Christi Auferstehung, Frauen am Grabe etc) hiervon keine Spur. Selbst bei Filippo Lippi steckt das „Helldunkel" noch in Einzelheiten; ein einzelner Kopf, ein Gewand ist ein Helldunkelspiel, nicht wie bei den Sienesen das ganze Bild als solches. Das Helldunkel beruht auf der Qualität; daher vielleicht durch das schon im Trecento überwiegend formale, lineare Interesse in Florenz unterdrückt. Der erste Florentiner, bei dem Helldunkel im Ganzen zu konstatieren ist, Filippino (die zwei späteren Anbetungen der Heil Drei Könige[3] hier und die grosse Madonna mit Hieronymus und Dominicus), wenn man nicht gleich Lionardo an die Spitze stellen will, der an Jahren sogar etwas älter ist als Filippino (Lionardo geb. 1452, Filippino 1457). Jedenfalls ist auch Filippino ein direkter Vorläufer Andrea del Sartos in dem Streben nach einer das ganze Bild umfassenden Helldunkelkomposition. Der „Verrocchio" hier bleibt bei wunder-

[1] A Group of Poor Clares

[2] Jacopo di Cione, „Krönung Mariae, mit Heiligen"

[3] „Anbetung der Hlg. drei Könige" u. Botticelli, „Anbetung der Könige"

bar feinen Helldunkel Fragmenten (Köpfe, Hände, Beine), ebenso und noch rudimentärer Filippo Lippi. Botticelli steht etwa auf der Stufe Filippos; nur sind seine Helldunkelfragmente weniger fein beobachtet und weniger artistisch durchgearbeitet. Als Gleichaltriger mit Filippino und Lionardo auch Francia (geb. 1450), dessen Pietà[1] hier ihren Effekt im Kopf Christi in einer Helldunkelkombination sucht, die das ganze Bild umfasst. In den Gewändern hier auch schon Trübungen der Farbe im Schatten durch schmutziges Grau. Dieses Trüben (éteindre les couleurs) auch auf Francias grosser Madonna Selbdritt[2] und auf seiner kleinen Madonna. Die Formen bei Francia florentinisch, in Konturen gesehen und gegeben. – Das Trüben der Farben in der Gewandung nicht bei Filippino, der nur mit helleren und dunkleren Tönen seiner Lokalfarbe operiert. Im Fleisch allerdings ist das Braun der Schatten bei ihm wie schon bei Filippo nicht mehr Lokalfarbe (Hautfarbe), sondern eine möglichst durchsichtige Trübung. – Stufen in der Entwicklung von Licht und Schatten Schilderung zum Helldunkel:
1) blosse Angabe von Licht und Schatten ohne artistische Absicht.
2) kleine Helldunkelstücke mit artistischer Absicht im Bilde verstreut (Helldunkel Fragmente: Filippo, „Verrocchio".)
3) Helldunkelkomposition durch das ganze Bild. (Lionardo, Filippino, Francia; durch Giorgione nach Venedig. – Mit andren Ausdrucksmitteln (Farbe) bei den Sienesen des Trecento.)
Das florentinische Helldunkel, das sich schliesslich entwickelt bei Lionardo, Filippino, Andrea del Sarto, ist im Ausdrucksmittel total anders als das Sienesische. Das Sienesische beruht auf Farbenwerten (Beweis, das Grün und Rosa des Fleisches), das florentinische entfaltet sich unter Zurückdrängung der Farbe und beruht schliesslich auf reinen Helligkeitswerten (abstraktes Braun oder Grau und Weiss). – Zwischen Florenz und Siena steht auch der florentinische Realismus. Anfang: der psychologische Realismus bei Cimabue und Giotto in Gebärden und Gesichtsausdruck. Dieser zieht sozusagen den übrigen Realismus nach sich, den der Form, den des Orts und Raums. Die florentinische Kunst keine artistische Reinkultur, daher unendlich viel komplizierter als die Sienesische. Die Sienesischen Mittel (blos Farbe und Farbenwerte) reichten offenbar damals noch nicht aus, die Wirklichkeit zu fassen. – Eine der Hauptwirkungen der franziskanischen Bewegung, dass sie der Kunst den Realismus einimpfte. Die Phantasie stellt sich die Gefühle namentlich der Passion so deutlich und genau vor, dass sie in der Kunst deren exakte Wiedergabe fordert, die wahren, dem Gefühl entsprechenden Gebärden. – Die grosse Originalität der Venezianer, dass sie mit den farbigen Schatten des Quattrocento wirkliches Helldunkel (nicht blos Schatten und Licht-

[1] The Virgin and Child with Saint Anne and other Saints

[2] The Virgin and Child with Saint Anne and other Saints

schilderung) kombiniert haben. Vergleich mit den Sienesen. Auf florentinischen Quattrocentobildern weicht überall, wo ein Helldunkelfragment auftritt, vor ihm die Farbe. Farbig sind nur die Teile des Bildes, die kein Helldunkel, im artistischen Sinn, enthalten.

London. 23 Oktober 1904. Sonntag *23.10.1904 Sonntag*

Rothensteins bei mir gefrühstückt im Savoy. – Abends während ich am Tape stand gegen halb zehn kam die Nachricht darauf gedruckt, dass die Russische Flotte Englische Fischerboote bei Hull in den Grund gebohrt hat.

London. 24 Oktober 1904. *24.10.1904 Montag*

Auf Pesellinos Trinitá spielt das Helldunkel am Christuskopf eine solche Rolle für die Stimmung dass es kompositionell wirkt, d. h. obgleich blos ein Helldunkel „Fragment" das ganze Bild beherrscht. Da Pesellino 1457 gestorben ist, im Geburtsjahr Filippinos, so ist dies eins der frühsten Beispiele wo in Florenz das Helldunkel für eine Komposition eine wesentliche Rolle spielt. – Man kann Dieses Hervortreten eines Helldunkel Fragments als eine Stufe auf dem Wege zur Helldunkelkomposition ansehen; d. h. wenn ein Helldunkelfragment durch seine poetische Bedeutung oder seine Schönheit das ganze Bild beherrscht, ohne dass dieses geradezu auf eine Helldunkelkomposition angelegt ist. – Schon auf Filippo Lippis (Pesellinos Lehrer) Verkündigung hier ist, viel schwächer, Etwas Ähnliches. Der Reiz des lichten Helldunkelspiels auf dem Gesicht der Jungfrau hat auch eine allgemeine Bedeutung für die poetische Stimmung des ganzen Bildes und wird gehoben durch den tiefgrünen dunklen Garten, der vor der Kammer offenliegt. Hier fast wie unbewusst Helldunkel als Hülfsmittel für die Stimmung (ähnlich bei Filippos kleinem Johannes in Berlin). Diese Gefühle und Stimmungen, denen Helldunkelfragmente dienen, die Anfänge und Inkunabeln der Helldunkelkomposition. Helldunkel avant la lettre, ehe die Fähigkeit geschaffen war, eine Helldunkelkomposition durch das ganze Bild durchzuführen. Man sieht bei diesen Versuchen, wo die Entwicklung hinauswill; aber das Ziel ist nicht fern und kaum bewusst. Filippo Lippis Liebe zum Wald als Hintergrund hat darin wohl ihre Ursache. Wie ganz fehlt das bei Orcagna! (die kleinen Kompositionen[1] hier über Lippis Verkündigung). – Pesellinos Trinità bleibt der mächtigste Ausdruck dieser Stufe des florentinischen Helldunkels. – Bei Verrocchios Madonna liegt Etwas Analoges in der Frische und morgendlichen Klarheit, die das Helldunkelspiel an Gesichtern und Händen über die Linien und Formen ausgiesst, und die Linien und Formen für sich allein nicht ausdrücken können. – Man sieht in alledem das Erwachen einer Empfindung für die besondren Möglichkeiten des Helldunkels, für seine Fähigkeit, Stimmungen und Ge-

---

[1] Jacopo di Cione, „Krönung Mariä, mit Heiligen"

fühle auszudrücken. Lionardo, die Gioconda, sind nicht fern. – Interessant der Vergleich von Pesellinos Christuskopf mit dem auf Michelangelos Pietá[1] daneben, und mit dem auf Francias Pietá im Nebenraum; wie stark die Linie noch bei Pesellino unterstrichen ist; bei Francia schon ganz wenig, bei Michelangelo garnicht, obwohl Michelangelo und Francia ebenso fest die Linie zugrundelegen wie Pesellino, nur wissen sie die linear gesehenen Formkonturen in Helldunkel auszudrücken.

London. 25 Oktober 1904. *25.10.1904 Dienstag*

Trübungen, d. h. getrübte Lokalfarbe (also noch erkennbare Lokalfarbe, aber nicht blos verdunkelt)
a) im Fleisch offenbar zuerst. Aber sehr schwer, den Punkt festzustellen, wo die dunkle Hautfarbe im Schatten anfängt zugleich als getrübte Farbe aufgefasst zu werden. Man bleibt vor vielen Tönen zweifelhaft bei Giotto, Orcagna, Filippo Lippi. Andrerseits absolut deutlich bei Piero della Francesca der „Schatten“ als besondre Trübung unterschieden von den durch Licht und Dunkel hervorgerufenen Tönen der Lokalfarbe; er liegt „über“ diesen helleren und dunkleren Tönen als durchsichtige und trübende Lasur: cf auf der Taufe Christi die Beine des Täufers, den Mann, der sein Hemd auszieht, die linke Seite Christi, wo überall die rosa und grünen Töne unter einer bräunlichen Lasur wie unter Glas sichtbar sind. Möglich dass Piero Dieses von seinem Meister Domenico Veneziano hat, dessen Madonna und zwei Heiligenköpfe hier Spuren eines solchen Verfahrens zeigen, vielleicht (??) – Auf Pieros Erzengel Michael viel tiefere Schatten, aber ebenfalls durchsichtig über der helleren zarten Hautfarbe (diese aber ohne Grün.). Das Schwärzliche Grau der tiefsten Schatten hat mit dem zarten rosigen Weiss gerade dieser Haut sicher keine Lokalfarbenverwandtschaft; es ist offenbare Trübung. – Diese Trübung durch Lasieren über der Lokalfarbe ist also eine sehr deutliche greifbare Thatsache, vielleicht mit dem Öl zusammenhängend, obwohl Lasur in Tempera wohl möglich cf auf Filippo Lippis Johannes mit Heiligen das rötlich unter dem weissen Gewand durchscheinende rechte Bein Johannes. – Aber auch die leicht schwarz grauen Schatten Pesellinos erscheinen mir deutlich als Trübungen gedacht und ebenso die braunen durchsichtigen Schatten „Verrocchios“ und das massivere Braun Botticellis und Filippinos. Ich finde bei diesen die Farbenqualität des Schattens in keinem erkennbaren Zusammenhang mit der der Haut, sie folgt nicht den Verschiedenheiten der Hautfarbe bei verschiedenen Personen; sie erscheint als eine die Lokalfarbe verändernde und trübende andre Farbe. Und auf Filippinos kleiner Madonna tritt zum zarten Spiel zwischen Rosa und Grün im Fleisch dieses Braun als Etwas Drittes daneben, wenn auch nicht darüber als Lasur wie bei Piero.

---

[1] Grablegung Christi

b) in der Gewandung; Auf den Gewändern Pieros in Taufe, Geburt Christi und Porträt keine Spur von Trübung. Dagegen die Schatten der sehr feinen und schönen Modellierung am blauen Wams des Erzengels Michael nicht dunkle Lokalfarbe sondern trübende Lasur. – Bei Perugino (nach Vasari Schüler Pieros) an seinem Erzengel Michael im Triptychon hier am Stahlblauen Kürass braune Schatten, die ebenfalls Nichts als Trübungen sein können. So auch in den Gewandungen der Schatten als braune Lasur über der Lokalfarbe (Erzengel Raffael, selbes Triptychon). – Bei Francia Trübungen in den Gewandungen auf der Pietà, Engel rechts in Scharlach. (hier eine gewollte Trübung, nicht Zufall wie sonst oft bei Scharlach. cf unten.)

London. 26 Oktober 1904. *26.10.1904 Mittwoch*

Trübungen in der Gewandung oder Lokalfarbige Schatten:
1) Orcagna: Dunklere Lokalf. Bei Scharlach entsteht im Schatten der Anschein einer Trübung, der aber wie mir scheint, nur dadurch verursacht wird, dass die dunklere Farbe nicht genau richtig (nicht genau Scharlach) ist und deshalb über dem untermalten Scharlach wo sie dünn und durchsichtig ist eine Trübung ergiebt. Wo sie dick ist, sieht man ein reines, wenn auch hier falsches, Rot (cf den Scharlach Engel auf der Krönung Mariae). Man bemerkt diese trüben Gewandschatten bei Orcagna auch nur im Scharlach. – Etwas Ähnliches, wenn auch weniger, in der Krönung aus Giottos Schule bei dem Grün der Engel; das dunklere Grün ist stärker Braun geworden als das hellere. Aber man findet auf diesen Trecento Bildern nirgends die Spur einer absichtlichen Trübung der Schatten in den Gewändern.
2) Paolo Uccello: trübe Schatten auch nur gerade bei Scharlach.
3) Filippo Lippi: Verkündigung T. Dunklere Lokalf. Johannes mit Heil. T. Dunklere Lokalf. Bei keinem von beiden Bildern Spuren von Trübung in den Gewandschatten, obgleich Lasieren geübt (cf oben.)
4) Pesellino: Trinità. T. Blaugraues Gewand Gottvaters in der Farbe vermutlich stark verändert, graugeworden, aber im Ganzen, die Schatten scheinen mir nicht grauer, trüber als die hellen Teile, sondern blos dunklere Lokalf.
5) „Verrocchio“ Madonna T. Dunklere Lokalf. Ich finde nirgends Trübungen in den Gewändern[1]
6) Pollaiuolo. H Sebastian. Öl. 1475 gemalt. Lokalf. Schatten. Einzelne bräunliche Stellen im Schatten bei den beiden Männern links können durch Heraustreten des Öls entstanden sein. Jedenfalls haben gerade diese Stellen gelitten.
7) Fra Angelico Predelle T. Lokalf. Schatten mit der merkwürdigen Erscheinung in Scharlach und in Grün.

[1] Verweisung: „(im Gegensatz zum Fleisch cf 25.X)“

8) Botticelli Madonna Tondo. T. Lokalf. Gewand Schatten. Keine Trübungen. – Himmelfahrt Mariae[1]: keine Trübungen ausser der Erscheinung in Scharlach. – Mars und Venus. Lokalf. Schatten. Der jetzt braune Schatten im Rot hinter Mars scheint aus einer Zersetzung von dunklerem Karmin entstanden.
9) Filippino: Anbetung der Könige No 1124. Lokalf Sch. Keine Trübungen. – Anbetung der Hirten 592 (länglich) T. Lokalf. Sch. Keine deutlich und sicher zu konstatierende Trübung. Franz v. Assisi[2]. T. datiert 1492 Lokalf Sch. Keine Trübungen. Grosse runde Anbetung der Könige[3]. Einige Schatten im Scharlach und im Rot sind Braun, aber ich glaube durch Zersetzung. Kleine Madonna: Lokalf Sch. Keine Trübungen. – Grosse Madonna Lokalf Sch. Keine sicheren Trübungen.
10) Lorenzo da Credi Lokalf Sch. Keine Trübungen ausser wieder den zweifelhaften im Scharlach.
11) Mantegna. Madonna T. Zu etwa gleichen Teilen Schatten aus dunklerer Lokalf. und komplementär (bei Joh. d. Täufer weinrote Untermalung als Schatten zu Blau, bei Magdalena rosa Untermalung als Licht bei Blau; ferner bei derselben rote Untermalung als Schatten bei Grün. Madonna selbst im blauen Mantel mit dunkelblauen Schatten). Nirgends Trübungen – Gethsemane T. Die Lokalf als Schatten mit hellerem Licht darin, der dunkelgrüne Mantel Christi mit goldenem Licht modelliert. Auch in der Landschaft und der Stadt im Hintergrunde Licht und Modellierung nach diesem System; Licht in die Lokalfarbe hinein. – Dieses auch bei seinen Grisaillen Triumph Scipios, Modellierung überwiegend mit Weiss auf dem grauen Untergrunde. So auch bei Samson u. Dalila. Bei den Figuren der „Jahreszeiten“[4] mit Gold. Trübungen nirgends.
12) Gian Bellini. Gethsemane. Lokalf. Gewandschatten, in die mit Licht hineinmodelliert ist, bei Christus in dem blauen Mantel mit Gold. Ganz ähnliches Procédé wie bei Mantegna. – Das „Blut des Erlösers“: der kleine Engel hellblaues Gewand über rosa Untermalung, die als Licht durchscheint. Schatten sehr tiefes Blau ohne konstatierbare Trübung. Kleine Mantegnesk modellierte Reliefs, Gold in Braun, rechts und links hinten.[5]

London 27 Oktober 1904. *27.10.1904 Donnerstag*

Kunstgeschichte: Analyse und Geschichte der Stilbildung, des Stils, dessen Elemente; Entstehung, Geschichte, Bedingtheit (Konventionalität).[6] – Auf Bellinis

---

[1] Botticini

[2] Botticelli, Nachfolger

[3] Botticelli

[4] „The Vestal Virgin Tuccia with a Sieve“ u. „A Woman Drinking“

[5] Verweisung: „(cf noch über Bellini 29 X“

[6] Verweisung: „(cf. 30.X“

Blut Christi das Fleisch anscheinend auf einer rötlichen Untermalung (wie bei Piero d. F.'s Natività hier) mit Weissgelb, und im Schatten mit Blaugrau. An den Beinen vielleicht über den Schattenteilen eine durchsichtige Lasur von Braun. – Das Fleisch Modelé, gelb auf einer dunkleren, rötlichen Untermalung entspricht wohl dem Mantegnesken System mit der Lichtfarbe zu modellieren, wie übrigens auch das Modellieren mit Rosa auf grüner Untermalung, da Grün dort ebenfalls die Schattenfarbe ist, in die hineinmodelliert wird (umgekehrt wie beim späteren florentinischen Chiaroscuro). – Das ganze System des Hineinmodellierens in eine flache Untermalung, sei es mit Licht, sei es mit Schatten, natürlich zeichnerisch, namentlich wenn strichelartig und nach Konturen hineinmodelliert wird. Die Lasuren sind der Übergang zu den Möglichkeiten, die der Pinsel bietet (im Gegensatz zum Griffel). Das eigentlich dem Pinsel und Öl Entsprechende das direkte Aneinandersetzen von Flächen verschiedener Qualität (sei es verschieden hell, oder verschieden farbig). Die lasierten Schatten bei Piero della Francesca etc. sind solche Flächen verschiedener Qualität, wenn auch darunter noch die gestrichelte Form nach Griffelart fortbesteht. Dieses Aneinandersetzen von Flächen in der Lasur bereitet das Modellieren durch Qualitäten, statt durch lineare Konturen, vor. – Die Venezianer haben dieses Hineinmodellieren in eine flache Untermalung nie aufgegeben (cf noch Veronese); nur malen sie Flächen und Qualitäten, nicht Linien und Konturen, hinein. – Tizians Braun ist die mächtigste Blüte des lokalfarbigen braunen Hautschattens des Trecento. Es ist nicht abstrakt wie das Braun Andreas oder Lionardos, sondern der Hautfarbe des Individuums entsprechend. Auf diese werden dann alle übrigen Farben im Bild bezogen. – Man muss nie vergessen, es handelt sich im Cinquecento nicht um den Gegensatz reine (Regenbogen) Farben und schmutzige, gemischte Farben, wie bei den Impressionisten, sondern um den Lokalfarbe gegen abstrakte „Schattenfarbe". Was die Venezianer auszeichnet, dass sie so wenig abstrakte Schattenfarbe (und daher trübende Schatten) benutzen; nicht dass sie nie Braun oder andre gemischte, unreine Töne benutzen.

London. 28 Oktober 1904. Freitag *28.10.1904 Freitag*

Balfours Rede in Southampton, die das Ende der Krisis anzeigt. Die Kriegserwartung hieng seit Sonntag wie ein schwüler Nebel über London. – Andrea del Sarto. Trübungen der Lokalfarbe:

a) Fleisch. Heilige Familie: Bei dem Christkind, dem kleinen Johannes, der Madonna grüne Untermalung. Darüber gelbe und sehr zarte rote oder rosa Töne, in die mit einer braunen und bis zu undurchsichtigem Schwarzbraun gehenden Lasuren die Form hineinmodelliert ist. Man sieht hier, wie deutlich auch in der Technik Schatten und Lokalfarbe auseinandergehalten werden (dissociiert werden). Die ganze Form scheint nur mit diesen braunen, abstrakten Lasuren hineingemalt, allerdings noch immer linear konturierend angeschaut. Die Lasuren

sind wie ein immer dichter werdender Schleier, der seit Filippo Lippi und Piero die Lokalfarbe verhüllt. – Dass die Lokalfarbe selbständig unter der Lasur sitzt, sieht man, wo kleine Defekte der Lasur entstanden sind, z. B. am Penis des kleinen Johannes, wo das ganz klare Rosagelb des Inkarnats offenliegt.
b) Gewandung: Lasur über farbigem Untergrund bis zu fast undurchsichtigem Schatten.
Lionardos Madonna nach demselben System: grüner Untergrund (cf das Christkind am oberen fetten Teil der Brust, am Oberschenkel etc), darüber helle Fleischtöne (lokalfarbig, d. h. Hautgelb), und wieder darüber das Helldunkel und die Form als braune Lasuren. Die Lasur bedeckt hier Alles, so dass sogar in den beleuchteten Teilen nicht die natürliche Fleischfarbe freiliegt, sondern wie unter einem schwarzen Schleier durchscheint. Die reine Lokalfarbe hätte in diesem Helldunkelganzen detoniert. Man sieht hier, wie fern die Farbe ist; sie passt garnicht mehr in die Konzeption hinein.
Bronzino: Knabenporträt[1]: Beim Fleisch dasselbe System der drei Schichten, grüne Untermalung (cf die Hände), rosa und gelbe Fleischtöne, darüber braune Lasuren als Schatten.
Michelangelo. Madonna: Fleisch natürlich ebenso. In den Gewändern aber keine braune Lasuren, sondern Hineinmalen der Lokalfarbe als Schatten in einen weissen Untergrund. Bei einem der Engel ist in das Weiss der hellen Teile (in das Licht) auch noch mit einem grünlichen Gelb hineingemalt, vielleicht als Komplementäre zu dem Scharlach des Gewandes.
Zu unterscheiden zwischen der Helldunkel Phantasie (Pesellino, Filippo Lippi, Verrocchio) und der Verwirklichung des Helldunkels (Lionardo.)
Benozzo Gozzoli: Helena[2]. T.: a) Fleisch auf grünem Untergrund mit Rosa, Rot und Weiss strichelnd. Zweifelhaft, ob irgendwo Gelb oder Braun verwendet. Keine Trübung. b) Gewänder: Lokalf. Schatten und auch komplementäre (bei Gelbrosa Purpurlila Schatten) und weisses Licht.

London. 29 Oktober 1904. Sonnabend *29.10.1904 Samstag*

Ich sehe jetzt, dass auch bei Filippo Lippis Madonna (Tempera!) der Schatten am Gesicht etc eine ganz dünne sehr durchsichtige braune Lasur ist (cf die sonstigen zweifellosen Lasuren, den durchsichtigen weissen Schleier der Jungfrau, durch den das goldgelbe Haar scheint). Dann ist das scheinbar gelbe gestrichelte Licht im Schatten nur die durch die Lasur hindurchscheinende grüne Untermalung, auf die zunächst mit Rot gestrichelt die Form modelliert ist, während die Lasur nur ganz im Allgemeinen der Form folgt (am Kinnansatz beim Halse im tiefsten Schatten vielleicht etwas dunkler, vielleicht ist auch nur die rote Strichelung

---

1 Florentinische Schule

2 Fra Angelico, Nachfolger

darunter hier dichter und dunkler). Die Lasur also hier nur sehr Nebenhülfsmittel für die Form. – Anders schon bei Verrocchio, auf dem mir jetzt auch das Helldunkel als Lasur über dem in Rot auf Grün modellierten Fleisch deutlich ist. Hier schafft die Lasur schon ebensoviel von der Form wie das Rot und Grün und Weiss darunter, obwohl Dieses noch immer an gewissen Stellen die Führung hat (z B beim Engel rechts die linke Gesichtshälfte, die vollkommen unter der Lasur modelliert ist; aber am Christuskind an Kinn, Armen und Beinen geben die ziemlich dunklen Lasuren die Formen an. Das Stricheln liegt ganz im Rot auf dem grünen Untergrund. Die Lasur dagegen ist wie es scheint breit und Pinselmässig aufgetragen. Sie repräsentiert die Malerei gegenüber der darunter liegenden Griffelkunst. Dieses Pinselmässige des Helldunkels, der Lasur, gab ihm für seine Eroberungen noch eine besondre Kraft. Ein sehr merkwürdiger Moment in der Geschichte der Malerei, wo sich allmählich die natürliche Ausdrucksweise des Pinsels vor die traditionelle Griffelkunst vorschiebt, darüber legt. Die Lasur repraesentiert das malerische Element das so in den Dienst einer abstrakten, widermalerischen Farbe trat. – Bei Botticelli (Madonna, Tondo) die Hauptmodellierung wie bei Filippo im Untergrund, nicht in der Lasur, die nur nachhilft. – Bei Filippino (kleine Madonna) dagegen dasselbe Verhältnis wie bei Verrocchio, gleich und gleich; z B. die wunderbar feine Modellierung der Hände der Jungfrau wohl ebensoviel durch die Nüancierung der Lasur wie durch das Rot auf Grün darunter, obgleich auch Dieses hier noch viele Formen schafft. Lasur und Lokalfarbe sind wie Bass und Diskant in der Musik; nur hier der Bass gleichberechtigt und allmählich herrschend, was in der Malerei ebenso widernatürlich ist wie in der Musik. – Bei Filippinos grosser runder Anbetung sieht man eine andre Möglichkeit der Lasur: die verschiedene Beleuchtung verschiedener Gruppen (oder Plans) durch verschieden dicke Lasuren. Man vgl. hinten die Gruppe links und die Gruppe rechts. Das ist Etwas was Orcagna bei seinen Heiligenchören[1] oder Spinello auf seiner Kreuzigung fehlt. Bei ihnen kehren dieselben Farben in derselben Helligkeit vorne und hinten und bei ganz verschiedenen Gruppen wieder. Daher keine Tiefe. Filippino unifiziert jede Gruppe durch eine über sie hinweggehende breite gemeinschaftliche Lasur und schafft so „Plans“. (Auch auf seiner grossen länglichen Anbetung, nicht dagegen auf der kleinen.) – Man kann die Lasur geradezu als den Keim der malerischen Form- und Raum-Bildung (im Gegensatz zur linearen, zeichnerischen) ansehen, zur Formbildung und Raumbildung par plans et par masses. Bei den Florentinern bleibt eine Art von Zwiespalt zwischen der mehr oder weniger strichelnden, zeichnerischen Formbildung unter der Lasur und der breiten, pinselmässigen, malerischen Formbildung durch die Lasuren darüber; die eine schafft die Form zeichnerisch, durch Linien und Konturen, die andre malerisch, durch Flächen und Plans. An diesem

[1] Jacopo di Cione, „Krönung Mariae, mit Heiligen“

Zwiespalt ist die florentinische Malerei allmählich unfruchtbar geworden. – Bei Bissolo bemerkt man keinen solchen Widerspruch, Farbe und Lasur bilden die Form beide durch Flächen; die Lasur unterstreicht nur gewisse durch die Farbe angedeuteten Flächen. Bei Gian Bellini im „Erlöserblut" der florentinische Zwiespalt cf. namentlich die Beine Christi, wo die Lasur geradezu roh in ihrem abrupten Gegensatz zum Licht ist, während darunter die Formen in der strichelnden konturierenden Manier stehen. So auch auf dem Gethsemane die Füsse Christi. In beiden Fällen bemerkenswert die abrupte Decidiertheit und Flächenmässigkeit des Gegensatzes zwischen Licht und Schatten. Ich finde bei Verrocchio, Pesellino, Filippino keine ähnlich abrupten und flächenmässigen Schatten und Lasuren; auch bei Mantegna nicht, dem diese beiden Bilder von Bellini sonst so ganz nah stehen. Mir scheint hier der Keim des echt und individuell Bellinischen und der Bellinischule sichtbar zu sein. Man sehe vor Allem die Füsse Christi auf dem „Gethsemane", wie klar und scharf sie in drei „plans", drei Flächen, zerlegt sind, und auch die Hände der Apostel, immer durch die decidiert umgrenzte Lasur, die eine Fläche markiert; darunter die traditionell florentinisch-mantegneske Formbildung, wenn auch nicht sehr fein, da sie in Wirklichkeit überflüssig ist. Diese decidierten flächenmässigen Bellinischen Lasuren sind der Anfang der venezianischen Malerei und der venezianischen Formbildung. Von Mantegna hat er Das nicht. Dessen Lasuren sind nirgends so scharf und flächenmässig begrenzt. Das ist, was diese beiden sonst so Mantegnesken Werke am schärfsten von Mantegna scheidet. Und man sieht hier, wie stark dem Venezianer sofort die Qualität in die Augen sticht. – Mit diesen Füssen Christi und Apostelhänden vgl. man das Nackte auf Bellinis Petrus Martyr, das den Übergang zu Tizian giebt. Hier ist die harte Mantegneske zeichnerische Unterlage unter der Lasur fortgefallen. Man sieht unter der Lasur keine Modellierung, nur Fläche, eine flache gelbe Untermalung, in die erst die Lasur Form bringt, diese Lasur ihrem Wesen gemäss in breiten aber hier nicht hart abgegrenzten sondern ineinander übergehenden Flächen. So entsteht die venezianische Form, le modelé Venitien. Dieses Nackte ist mit dem auf Tizians Bacchuszug gegenüber nahverwandt in Ton und Behandlung. Die Lasur wirkt hier wie Lokalfarbe, nicht wie ein Schleier aus fremder abstrakter Farbe über der Lokalfarbe, sondern bedingt durch den Ton darunter, mit ihm eins (cf oben über Bissolo). – Auf Tizians Bacchuszug ganz deutlich bei Ariadne, Bacchus und der Bacchantin vorne eine grüne Untermalung, die stellenweise durchscheint. Darüber ein flacher gelber Ton, der an Füssen, Händen, Wangen etc in ein helles Rot übergeht, und darüber Lasuren, die die Hauptflächen der Form angeben. Beim Silen scheint die Untermalung rot statt grün. Andrea del Sartos Lasuren sollen vor Allem die konturmässig angeschaute Form ausdrücken, Tizians den Ton (Helligkeit und Farbe) des Fleisches näherbestimmen, detaillieren. Er sieht den Fleck des Körpers als Gesamtton und führt ihn aus durch Angabe der Einzeltöne, die zu ihm zusammenschiessen (Analyse des Gesamttons); diese Einzeltöne entsprechen natürlich hauptsächlich den verschiedenen Flächen der Form. Bei Andrea stehen Gesamtton und Einzelton ganz zurück hinter der Form; die Absicht ist bei jedem Strich, zu modellieren. Deshalb erreicht Tizian einen grossen Fleck in einem ihm für seine Gesamtkomposition vorschwebenden Ton; bei Andrea dagegen fallen die einzelnen Töne (Qualitäten) des Fleisches schliesslich leicht auseinander zugunsten der Form, er hat eine Formkonzeption, keine Tonkonzeption. – Warum leuchtet Tizian mehr? Weil er bei jedem Ton an das Leuchten denkt. Dieses Fleisch soll im Verhältnis zu den andren Tönen des Bildes in einer bestimmten Weise leuchten, eine bestimmte Qualität haben; darauf ist Alles abgelegt (Direktive der Phantasie). Andrea und Bronzino denken an ganz Etwas Andres, an die Form. Bellini sieht gleich diese Fläche des Beins in einem bestimmten Tonverhältnis zu jener andren, Tizian dieses Bein und diesen Körper in einem bestimmten Tonverhältnis zu der ganzen Umgebung; das ist Dasselbe, nur erweitert (dieselbe Richtung der Phantasie). Daraus folgt Tizians Detail sowohl wie seine Gesamtkonzeption (seine Ausführungsmittel, Behandlung des Materials und des Werkzeugs). Es ist der Angelpunkt, um den sich seine ganze Phantasie und Arbeit dreht. Die Leuchtkraft des Tizianschen Fleisches liegt a) in dem bestimmten Helligkeitsverhältnis, in dem es zu allen andren Tönen des Bildes gehalten wird; b) in der Art seiner Lasuren, die aus dem Festhalten an diesem Verhältnis entspringt. Denn er entfernt sich deshalb mit seinen Lasuren nie sehr weit von der einmal angenommenen Fleischfarbe (Lokalfarbe) um den Ton des Flecks (dessen Qualität) nicht zu stören. Die Lasur ist mit wenigen Ausnahmen immer nur ein tieferer Ton der Untermalung; das von dieser reflektierte Licht geht deshalb ungestört durch (cf. ___). – Alles Ausführen ist bei den Venezianern nur ein Analysieren, Detaillieren, genauer Bestimmen der Qualität des Flecks. Das ist von der Wendung bei Bellini an fundamental. Die Formgebung per volumina, statt florentinisch durch Konture, folgt daraus. Ebenso, sowohl Tizians Fleisch, das hauptsächlich Helligkeits-Qualitäten giebt, wie Paris Bordones oder Veroneses, das mehr aus Farbenqualitäten aufgebaut ist. Tizian detailliert das Fleisch (wie Bellini) inbezug auf seine Helligkeitsdetails (Valeurs), Paris Bordone und Veronese analysieren seine Farbendetails. – Für die Gewandung folgt ebenfalls hieraus die Seltenheit trübender Lasuren, das Beibehalten der lokalfarbigen Schatten und die Mischung mit Licht, (d. h. mit Weiss, das die Farbenqualität nicht verändert). – Nie die Qualität opfern, venezianisch; nie die Formkontur opfern, florentinisch. Die florentinische Lasur verändert fortgesetzt rücksichtslos die zuerst angenommene Farbenqualität der Flecken; die Tizianische Lasur selbst im Fleisch fast nie; seine Lasuren bewegen sich immer möglichst auf der Linie der angenommenen Fleischfarbe. Auch im Fleisch sind daher die Trübungen bei Tizian äusserst selten; denn er übermalt sein Hautgelb nicht mit einer dieses trübenden Farbe, sondern mit einem in derselben Farbenlinie liegenden Braun, d. h. mit einem tieferen Ton derselben Farbe. (Venezianer cf ___

London. 30 Oktober 1904. Sonntag. *30.10.1904 Sonntag*

Malerei: die Kunst, flüssige Farbe mit einem Pinsel aufzutragen. – Im Quattrocento Eindringen des Formelements in die Lasur; die Lasur wird zu einem Ausdrucksmittel von Formen: das der Anfang der malerischen Formbildung[1]. – Auseinanderzuhalten hierbei die Lasur als Ausdruck des Schattens und die Lasur als Ausdruck der Luftperspektive (Filippino welches?). – Form, Farbe, Kraft eines Dinges ausdrücken, oder exakter Konturen, Qualitäten, Bewegungen: zeichnerische, malerische, energetische Naturauffassung, Florenz, Venedig, Nordeuropa (Rubens, Goya, England, Géricault, Jongkind, Van Gogh cf ___). Wo die Anfänge der energetischen Formwiedergabe, Formbildung? Keine Spur bei Tizian im Bacchuszug. Vielleicht bei Tintoretto zuerst (cf die Hand des Toten auf dem Heil Georg) oder in den sogenannten Verrenkungen und langen Hälsen Michelangelos. Sie ist die Weiterentwicklung von linearen, also zeichnerischen, Mitteln, da durch die Muskeln des Auges wahrgenommen. Aber trotzdem nicht in Florenz, wenn man nicht Michelangelo und vor ihm vielleicht noch Donatello nehmen will. – Zwei Dinge bestimmen die Ausdrucksformen in der Kunst: das Sinnesorgan und das Werkzeug. Alle Kunst entsteht aus ihnen wie aus Vater und Mutter. Darüber thront die Phantasie. Das Werkzeug, das Sinnesorgan, hinter und über diesen die Phantasie: darauf ist Alles zurückzuführen. Die Phantasie der Knotenpunkt von Empfindung und Gefühl, der Punkt, wo die Empfindungen sich gemäss den Gefühlsanlagen des Individuums ordnen, zusammenschiessen, zu Vorstellungen und Vorstellungskomplexen werden, der Punkt, wo Welt und Ich sich berühren und miteinander fruchtbar werden. Die Gesetze und Bahnen der Phantasie, wie sie im Individuum oder der Rasse sind, bestimmen die Anläufe und Ziele des Werkzeugs und des Sinnesorgans. Artistisches Genie ist die Begabung, neue, individuelle Verknüpfungen zwischen Werkzeug und Organ zu finden. Jede „Erklärung“ von Kunst muss immer hinauslaufen auf eine Wahrnehmungsweise des Sinnesorgans (des Auges) oder auf eine Besonderheit des Werkzeugs (Griffel, Pinsel, Meissel) im Dienst einer individuell schöpferischen (genialen) Phantasie. Aber der direkte Appell an die Phantasie unter Umgehung von Organ und Werkzeug ist keine Kunst. – Kunst ist die Arbeit eines Werkzeugs im Dienst der Phantasie, Kunstgenuss die Bethätigung eines Sinnesorgans nach den Gesetzen einer fremden Phantasie, Stil eine eigenartige Verknüpfung von Werkzeug und Sinnesorgan durch die Phantasie, Kunstgeschichte die Darlegung von Beziehungen zwischen Werkzeug, Sinnesorgan und Phanta-

[1] Verweisung: „(cf 29 X)“

sie (Stilanalyse, Stilgeschichte)[1]. – Phantasie: das Ordnen von Empfindungen durch das Gefühl.[2] – Stufen der Venezianischen Kunst:
1) Bellini: Formbildung nach Flächen und Qualitäten mit Trübung (graue Schatten im Fleisch nicht selten).
2) Giorgione – Tizian: Modellieren nach Flächen durch Helligkeitsqualitäten unter Vermeiden der Trübung, dadurch dass die Lasuren gleichfarbig (nur dunkler) wie die Untermalung des Fleisches sind.
3) Bordone – Veronese: Modellieren nach Flächen durch Farbenqualitäten des Fleisches. Im Übrigen wie Tizian. – Auf diese Stufe fusst Velasquez.
Alle drei Stufen unterscheiden sich von Florenz durch das Modellieren mit Flächen, nicht Konturen, Qualitäten, nicht Linien. Vergleich von Bellinis Dogen Loredan mit Tizians Ariost: Bellini viel zeichnerischer, linearer, so flächenmässig er auch in Vergleich zu florentinischen Meistern und Porträts erscheint. Bei Tizian ist Alles schon auf Flächen ganz allein reduziert, auch die Untermalung. Man sieht den Gang; Mantegna, Bellini, Tizian, die allmähliche Zurückdrängung der zeichnerischen durch die malerische Form. Die nächste Stufe ist dann Bordone – Veronese, die Wiedergabe der Flächen durch Farben statt durch Helligkeitsunterschiede wie bei Tizian. Hier fährt Velasquez fort. – Die gleichfarbige Lasur der Venezianer giebt das Licht, das aus der Untermalung reflektiert wird, weiter; die trübende Lasur hält es zum Teil auf, intercepte la lumière; daher dort das Leuchten selbst der Schatten. Experiment mit Gläsern vorführen: gelber Grund; auf dem einen Stück dunkelgelbes (braunes) Glas, auf dem andren blaues oder grünes von gleicher Helligkeit wie das braune; trotzdem reflektiert das mit grünem Glas gedeckte weniger Licht, weil dort das Licht glatt durchgeht, hier zum Teil zerstört wird. Die Venezianische Wirkung Emaille Wirkung. – Artistische Verwendung der trübenden Lasur durch Rembrandt, als Mittel des Geheimnisvollen; Kampf ums Dasein der Farbe; Tragik. – In der Kunst heisst „belebt“ soviel wie „ein Gefühl an sich kettend“, (also vorerst erregend). Aber was für mich nach meiner Gefühlsanlage lebt, kann für einen Andren tot sein.

London – Paris. 30 Oktober 1904. Montag. *31.10.1904 Sonntag*
Nachmittags nach Paris gefahren.

[1] Verweisung: „(cf 27.X)“

[2] Verweisung: „(cf. 4.XI 04“

Paris. 1 November 1904. *1.11.1904 Dienstag*

Zu untersuchen die Geschichte des „empâtement“, des pastos Malens. Auch wohl von den Venezianern angefangen. Eine neue Pigmentschicht, die sich über die drei älteren, über die Helldunkel-Lasuren, legt. Mit der „belle matière“ eng verbunden.[1] – Volumina: grosse Formen; Oberflächenmodellierung: kleine Formen. Was ist der aesthetische Unterschied (Wirkungsunterschied) zwischen Beiden? Grosse sind vom Gefühl der Schwere und des Raums unzertrennbar. Von grossen Formen ausgehen, und diese immer mehr präcisieren, feiner abrunden: griechisch; alles Detail nur immer Unterstreichen grosser Formen. Lauter kleine Formen zusammenstellen, in der Absicht, eine grosse Form daraus zu machen, florentinisch; die Grösse soll der Umriss geben.[2] Lauter kleine Formen zusammenstellen ohne Absicht auf die grosse Form, niederdeutsch; ein Notizbuch, Menzel. Deduktion, Induktion. Deduktive Kunst die griechisch-dekorative; induktive Kunst, die nordisch-naturalistische, Menzel, Hauptmann. Der grosse Fehler, sich einzubilden, dass man Kunst durch Addition machen kann. – Procéder par volumes heisst von grossen Formen ausgehen, die Raum und Schwere haben. – Die Unzulänglichkeit des Umrisses, grosse Formen zu schaffen, dass er nur zweidimensional wirkt,während die Form dreidimensional ist. Der Umriss findet nicht in die Tiefe hinein zusammen.[3]

Paris. 3 November 1904. *3.11.1904 Donnerstag*

Bei Maillol in Marly, wo meine Statue in Thon, noch ohne Arme. Grösse und Ruhe der Massen, offenbar vom Parthenon beeinflusst. Er sagt mir, seine kleinen Statuetten[4] hätten im Salon d'Automne bei der Jury unangenehmes Aufsehen gemacht, parce qu'il n'y avait pas les muscles. Das sei ihm aber ganz gleichgültig; ce qui m'inquiète, ce sont les proportions, de trouver, si ce point (das Knie) doit venir ici ou là. – Zur „Europäischen Phantasie“ (cf ___). Die Antike als Element der europäischen Phantasie, d. h. nicht das objektive, historische Altertum, sondern eben „die Antike“, wie sie sich das Mittelalter und dann die Renaissance und dann das Barock vorstellt. Dieses neben der „Liebe“ und der „Frau“ eines der eigenartigsten und wirksamsten Elemente der europäischen Phantasie. – Coordiniert von der gleichen Art die christliche Legende, d. h. das Leben Christi, der Apostel und der Heiligen als Legende. – Der Zweck meines Buches quelques plans justes zu praesentieren. Nicht Alles und nicht das Detail. Die Geschichte der Kunst modellieren wie Tizian ein Bein modelliert.

---

[1] Verweisung: „(cf 15.IX 04 u dort).“

[2] Verweisung: „(cf 19.IX 04“

[3] Verweisung: „(Volumes 3, 8, 19,IX 30 IX 04.“

[4] „Tête jeune fille“, „Tête vieille femme“, „Statuette“ u. „Statuette“

Paris. 4 November 1904. Freitag. *4.11.1904 Freitag*

Die Phantasie ist ein Teil des Sinnesorgans, ihre gewohnten Verbindungen von Gefühl und Vorstellung sind ein Teil der Sinnlichkeit sowohl des Künstlers wie des Publikums.[1] Im Salon d'Automne heute Monet getroffen und gesprochen. – Lautrec: wie er Ton neben Ton setzt und die Sicherheit, mit der jeder Ton eine Fläche, und diese einen Teil der grossen Form, repraesentiert, die Sicherheit der Modellierung. Vergleich mit Cézanne. Cézanne trägt die Farbe viel reicher, dicker, mehr Emailleartig auf, er setzt einen kleinen Ton neben den andren in der Absicht, eine Form so zu schaffen, durch Addition, wie die Florentiner (cf. ___), wenn sie kleine Form an kleine Form reihen. Das ist Cézanne's Schwäche, sein „Verzeichnen" kommt daher. Bei Lautrec dominiert immer die grosse Form, wenn auch aus lauter kleinen „touches" zusammengesetzt. Er muss fabelhaft schnell und sicher gearbeitet und im Kopf bei jedem Pinselstrich das Ganze klar vor Augen gehabt haben. Aber er bindet sich keineswegs daran, Alles durch die Form auszudrücken; er bedient sich auch reiner Linien oder blosser Farbe ohne klare Flächen oder Formbedeutung. Denn seine Dominante ist le caractère der Dinge von der raffiniertesten Eleganz bis zur verkommensten Vulgarität; le caractère inclusive Linie, Form, Farbe, oder richtiger: Linie, Form, Farbe, wie sie die verschiedenen caractères hervorbringen, die Produktivität des Psychologischen an Linie, Form, Farbe. Er erntet aus jeder Eigentümlichkeit oder Misbildung der Seele Linien, Formen, Farben. Er hat das Menschliche Allzumenschliche als Quelle künstlerischer Elemente entdeckt, wie Monet das Licht. Andre haben vor ihm „die Seele" schildern wollen und dazu Linie oder Form benutzt; ihm sind umgekehrt Linie, Farbe, Form Zweck, „die Seele" nur Mittel zu diesem Zweck, der Boden, auf dem, was er sucht, wächst. Deshalb wählt er auch jedesmal das Element oder die Elemente, die ihm am reichlichsten und eigenartigsten geboten werden, bald Linien, bald Formen, bald Farben. Deshalb wechselt seine Kunst zwischen Linie, Form und Farbe hin und her: bald ist die Form absolut klar wiedergegeben, bald nur eine merkwürdige Farbenzusammenstellung fast ganz ohne Form, bald eine blosse Linienarabeske; Alles nebeneinander auf demselben Bilde. Das Bedeutungslose lässt er resolut überall beiseite. Ein rein lineares Profil steht neben einem plastisch modellierten Kopf oder einem blossen Arrangement von Farbenflecken (cf No 1 des Katalogs Moulin Rouge La Goulue. Bernheim.). Da ist nicht stillos; sondern bewusster Stil, Ausdruck eines klar bewussten Willens zu Kunst und Nichts als Kunst. – Zu beachten wie Vuillard an Lautrecs Charakterarrangements von Farben (Tons) anknüpft. Cf. was er mir selbst gesagt hat.

---

1 Verweisung: „(cf 30.X 04)"

Paris. 5 November 1904. *5.11.1904 Samstag*

Maillol bei mir gefrühstückt. Mit ihm, Mama und Gee nachher im Automobil nach Marly. Er hat seit Donnerstag den rechten Arm meiner Statue angesetzt. Er nennt sie jetzt: Statue pour un parc tranquille. Er sprach mit Enthusiasmus von Cézanne. Rien ne tient à côté de lui! etc. – Nachher bei Vollard, wo Forain und André getroffen. – Vormittags im Salon. Cézanne ist essentiell ein Helldunkel Künstler, siehe seine Zeichnungen, sein frühes Stilleben bei Vollard (signiert 1865) (Brot und weisse Serviette auf schwarzem Grund) und die Photographieen nach seinen Bildern, die oft verständlicher sind als das Bild selbst. Was er zunächst feststellt, ist der genaue Helldunkelwert jedes Tons in der Komposition; oder richtiger, er sieht aus der Natur ein Arrangement von Helldunkel Werten oder Gewichten heraus; das ist seine Konzeption. Allmählich kommt er dazu, diese schwarzweissen Helldunkeltöne in Farben überzuführen; daher sein Interesse am verschiedenen Gewicht und Wert der Farben (Wert immer = Intensität, Intensität ihrer Wirkung auf das komplette Sinnesorgan inklusive Phantasie.); die Farbe soll ihm nicht sein Helldunkelkonzept stören, soll im Gegenteil eine genaue Übersetzung sein. In jedem Ton von Grau oder Schwarz in der Konzeption einen aequivalenten, genau gleich intensiven, aber nicht intensiveren, Farbenton finden, sein Bestreben. Das Gewicht, die Intensität der Töne, zunächst in einer monochromen (etwa schwarzweissen) Konzeption, das ist Cézanne. Der Ausdruck in seinen Gesichtern beruht wesentlich auf dem Helldunkelgewicht der Augen etc. Linie und zeichnerische Form (Form aus Konturen) haben für ihn keine Bedeutung, keinen artistischen Sinn; selbst die malerische Form aus Tönen nicht viel.[1] Die Valeurs sind ihm Alles, d. h. ihre Beziehungen untereinander an Kraft und im Raum, ihr Stärkeverhältnis und ihre räumliche Verteilung auf der Leinwand untereinander. Sie sind das ganze Material seiner Kunst, unter Ausschluss von Linie und Form, aber unter Beachtung der belle matière, der Emailleartig kostbar oder leicht und durchsichtig aufgetragenen Farbe. Sein modus procedendi wie es scheint, die Valeurs, die Intensitäten und ihre Beziehungen zuerst in Schwarz Weiss zu ordnen und dann für jede einen Farbenton zu suchen, der möglichst genau die Beziehung einhält. Er weiss dann noch die Intensität jedes Farbentons durch den Auftrag selbst zu variieren, indem er ihn entweder pastos schwer und reich und leuchtend malt, oder platt und wie bescheiden oder luftig leicht und durchsichtig. Sein Problem: Wie übersetze ich diesen Helldunkelrhythmus möglichst genau in Farbentöne? Darunter liegt das Finden zunächst des Schwarz-Weiss Rhythmus und darin Cézannes persönlichste Eigenart, sein Genie. In seiner Kunst daher zwei Punkte, diese beiden, zu beleuchten: 1) die angeborene Eigenart der Erfindung im monochromen Helldunkel (Schwarzweiss), das eigentümliche Gleichgewicht seines Helldunkels 2) das be-

[1] Verweisung: „(cf 4.XI 04.)“

wusste Ringen (die Zähigkeit des Ringens) um die möglichst genaue Übersetzung dieses Schwarzweissrhythmus in Farben; wobei in der Zähigkeit Viel vom Autodidakten liegt. – Aus diesem Übersetzen aus dem Monochromen entsteht die charakteristische Aneinanderreihung einer Masse verschiedener Helligkeitswerte Einer Farbe, z B. von Grün; man sehe einen Cézanneschen Rasen oder Baum. Die Farbe ist hier Nichts als eine andre Monochromie statt Schwarzweiss. Keine „Oppositions“ und Gegenfarben. Nichts, was nicht ebensogut monochrom sein könnte. Neben ein solches Stück grünen Monochroms wird dann ein ganz ähnliches Stück roten oder rosagelben oder blauen Monochroms gesetzt. Dadurch erst werden die Farben und ihre Affinitäten in die Konzeption hereingebracht, indem die zwei oder drei verschiedenfarbigen Monochromieen aneinander scharf werden und farbig zu leben beginnen. Daneben dann auch Stücke, wo das Helldunkel in sich mit Farbe und Gegenfarbe ausgedrückt ist, z B. seine Orange und Blauen Berge, sein Rosa und Blaues Fleisch. Schliesslich Übersetzungen in die Lokalfarben, namentlich auf seinen Stilleben, das Gelb und Grün und Rot der Äpfel, oder bei seinem Fleisch, das Rosa und Gelb und Blau des Inkarnats. Welche Rolle spielt also bei ihm die Farbe? Das Ganze hält immer durch das Intensitätsverhältnis der Töne zueinander zusammen. Auf diese Intensität hat die Helligkeit wie mir scheint, mehr Einfluss als die Farbe. Aber Cézanne hat das Problem des Intensitätswerts der Farben an sich, abgesehen von ihrer jeweiligen Sättigung, (von ihrem jeweiligen Helligkeitsgrad) zuerst erfasst. Darin besteht seine enorme Bedeutung als Colorist. Die alten Helldunkelkoloristen setzten für einen dunklen Ton ihres Helldunkels einen dunklen Ton irgendwelcher Farbe; Cézanne sucht die Farbe und den Farbenton, der genau diese Helldunkelintensität neben den andren Farben der Komposition ausgiebt. Die alten Helldunkelkoloristen machten sozusagen zuerst eine Farbenkomposition und tönten dann die verschiedenen Farben darin nach einem getrennten Helldunkelschema ab; Cézanne entwickelt die Farbenkomposition aus dem Helldunkelschema, so dass beide eins sind. Die vollkommene Fusion von Farbe und Helldunkel, das Aufgehen des Helldunkels in die Farbe ist sein Ziel. Bei den alten Helldunkelkoloristen herrscht immer mehr oder weniger die Idee, dass es gleichgültig ist, welche Farbe diesen oder jenen Helldunkelton ausdrückt, wenn sie nur dunkel genug genommen wird; dagegen Cézanne. – Cézannes Beschäftigung ist nicht wie die Delacroix' mit den oppositions de couleurs, ihrer physiologischen Verwandtschaft, sondern mit der nackten Intensität der einzelnen Farben an sich und untereinander. Er ergänzt somit Delacroix; er erobert der bewussten Farbenkomposition ein ganz neues Gebiet. Triebfeder, offenbar ein ganz wunderbar fein entwickeltes Helldunkelintensitätsgefühl und Helldunkelschöpfergenie, das sich auch in Farben ohne à peu près ausdrücken will. So ergiebt sich das Band zwischen seinem Genie und seinem Experimentieren. – Delacroix beschäftigt sich mit der Harmonie der Farben, Cézanne mit ihrer Dynamik. (Vergleich mit der Musik.)

Paris. 6 November 1904. Sonntag. *6.11.1904 Sonntag*

Mit Mamma und Gee in eine Matinee. – Rosenthal's Louis David. Er bemerkt ganz richtig, dass David avait rompu avec un art lié étroitement à une société aristocratique. Darin liegt D's Modernität, wenn man die Modernität als die Anpassung an die Bedingungen der modernen Gesellschaft fasst, eine Definition, die Viel für sich hätte. Davids Realismus und sein traditionsloser Geschichtskultus (Archäologie) sind beide in diesem Sinn modern.[1] – Die „moderne Malerei" ist die Malerei unter bestimmten gesellschaftlichen Bedingungen, die sich gegen das Ende des 18ten Jh. gebildet haben, die Malerei unter modernen Lebensbedingungen. Sie ist eine Parallelerscheinung zur modernen Männerkleidung, Hose und Cylinder, die gleichzeitig an den Tag getreten ist. „La peinture bourgeoise" wäre die zutreffendere Bezeichnung. (cf was ich über Winckelmann, Herder, Rousseau, Johnson gesagt habe, wie sie Alle aus der Peripherie, aus dem Limbo der Civilisation hervorkommen, um die alte Kultur zu stürzen. ___). – Die drei reinsten Rassenideale der europäischen Frau, die Herrinnen in Naumburg, die Nymphen von Jean Goujon an der fontaine des Innocents und Gainsboroughs Mädchen. Die italienische Madonna ist für uns schon „klassisch" und deshalb abstrakt geworden.

Paris. 7 November 1904. *7.11.1904 Montag*

Cézannes „monochrome"[2] Helldunkelpartieen sind nicht wirklich monochrom. Er mischt z. B. ein reines Grün mit Gelb, mit Blau, mit Braun, um die verschiedenen Helldunkelwerte zu erhalten, ein Orange mit Siegellackrot, mit Gelb etc. Das Blau seiner Schatten im Weiss wechselt zwischen reinem Blau, Grünblau, Blasslila (cf z B. den weissen Pierrot auf Durand R's Mardi Gras.). Er giebt in Wirklichkeit die verschiedenen Intensitäten durch verschiedene Farben (Farbentöne, nicht blos Helligkeitsgrade); aber mit einem solchen Wissen um die Wirkung, dass das Auge den Eindruck einer monochromen Lokalfarbe empfängt. Auch wie er in seiner vollentwickelten Periode fast nie unrein mischt, also die Farbe nur mit Farben, die im Spektrum benachbart sind. Wahr bleibt, dass er innerhalb einer solchen Partie keine „oppositions de couleurs" benutzt, sondern das Stück blos durch die Intensitäts Beziehungen zusammenhält und lebendig macht. Man kann diesen Colorismus daher quasi-monochrom nennen. Er sieht die Intensitäten und übersetzt diese in Farbentöne. Das Helldunkel möglichst exakt in Farbe zu übersetzen scheint ihm offenbar nur möglich, indem er die

---

[1] Verweisung: „(David cf. 27, 28 VIII 04; 23.V 02; 3.IV 06"

[2] Verweisung: „(cf 5.XI)"

Lokalfarbe nicht blos zwischen hell und dunkel mit Weiss abwandelt, sondern auch nach rechts und links im Spektrum hin und herschiebt durch Mischung mit andren Farben. Der „Stil" seiner Bilder liegt im Helldunkel, die koloristische Bedeutung in dem Anpassen der Farbentöne an die Intensitäten. Dieses ist hinzugelernt. Er ist erst allmählich dazu gekommen. Auf Vollards frühem Stillleben[1] blos Helligkeitsvariationen als Ausdruck des Helldunkels, keine Farbenveränderung. Ebenso in dem etwas späteren Christ au Tombeau[2] (etwa Mitte der sechziger Jahre nach Vollard); blos Helldunkel in sehr viel Schwarz und einigen äusserst starken, fast brutalen Farben. Diese starken Farben der Unterschied gegen das Stillleben (vielleicht Einfluss von Delacroix.). Ähnlich auch der wieder etwas spätere Barmherzige Samariter (?) bei Vollard; nur dass auf diesem schon Annäherung an die touche carrée, während das Stilleben, der Christ und ein frühes Porträt bei Vollard in sehr breiten, rundgeführten, äusserst flüssigen und pastosen Pinselstrichen gemalt sind. – Also Cézanne konzipiert Intensitäts Arrangements und übersetzt diese nicht blos in Hell und Dunkel sondern in Farbentöne. Seine Farbentöne und Farbenarrangements sind hauptsächlich der Ausdruck von Intensitäten Arrangements. Seine grosse Originalität, dass er die Farbe durch ihre Intensitäten zusammenhält, nicht blos durch ihre oppositions (Gegenfarbigkeit.): ein Intensitäten Arrangement erfinden und zeigen, dass dieses richtig übersetzt die Farben ebensogut wie ein Gegenfarben Arrangement zusammenhält. Also Cézanne ist Colorist, ohne dass die Oppositions de couleurs bei ihm die Hauptrolle spielen. Der Colorismus von Delacroix, Rubens, Veronese hängt immer irgendwie mit den Farbenpaaren und ihren Abwandlungen zusammen; der von Cézanne beruht zum grösseren und wirksamen Teil auf den Intensitäten der Farbentöne. – Vollard sagt mir übrigens, dass er Landschaften nie vorher zeichnet, auch Nichts auf die Leinwand aufzeichnet, sondern auf die blanke Leinwand par petites touches losmalt. Il va de l'Analyse à la Synthèse, pas comme les autres peintres de la Synthèse à l'Analyse[3]. – Abends bei Druet Signac, der über Venedig. Er bewundert Tintoretto noch mehr als Veronese. Tintoretto hätte viel reichere „oppositions de clair et de sombre". Während Veronese nur die Farbenflecken l'une à côté de l'autre hinstelle, sähe man bei Tintoretto immer wieder „un ton sombre entouré d'une couronne de lumière, et puis, derrière, de nouveau un ton sombre, et ainsi de suite".

---

[1] Le Pain et les œufs

[2] La Toilette funéraire

[3] Verweisung: „(cf hierüber was ich 4 XI sage, zu Cézanne cf Delacroix bei Silvestre S. 92. ___)"

Paris. 8 November 1904. Dienstag *8.11.1904 Dienstag*

Früh bei Signac in Passy. Seine Aquarelle und Bilder von Venedig. Er zeigte mir seinen grossen Cézanne[1]. Was Cézanne interessiere seien „les passages d'un ton à l'autre, le dégradé." Er stimmte bei, dass C. sehr wenig die oppositions de couleurs verwende. – Nachmittags bei Rysselberghes. – Im Salon. Der Kunst von Cézanne liegt die Thatsache oder Idee zugrunde, dass jeder Intensität nur Ein Farbenton ganz genau entspricht, nicht verschiedene gleich helle oder dunkle Töne verschiedener Farben. Diese Eine Intensität (Kraft, Eindruckskraft auf die Retina) hat nur dieser Eine ganz bestimmte Ton von Grün, nicht irgendein Blau in gleicher Lage. Also: Verschiedene Farben haben bei gleicher Helligkeit (Sättigung) nicht dieselbe Intensität. Kein Ton der einen Farbe entspricht an Intensität ganz genau einem Ton einer andren Farbe. So ergiebt sich denn eine notwendige und sogar wissenschaftlich feststellbare Verbindung, oder sogar Identität, zwischen jeder genau bestimmten Intensität und einem einzigen Farbenton, der ganz allein gerade diese Intensität besitzt; also auch zwischen jeder Intensitäts (Helldunkel) Beziehung und einer einzigen Farbenverbindung, und damit zwischen jeder Helldunkelkonzeption und einem einzigen Farben-Arrangement. Nur ein einziges Farbenarrangement entspricht genau jeder Helldunkelkonzeption; ja solch eine einem bestimmten Farbenarrangement entsprechende Helldunkelkonzeption ist von diesen Farbentönen garnicht trennbar, also auch nicht monochrom genau wiederzugeben; d. h. die Farbe ist das einzige Ausdrucksmitel für solch' eine Intensitäts- oder Helldunkel-Arabeske. Denn auch jeder Ton einer monochromen Komposition und jede Beziehung zwischen den Tönen eines monochromen Arrangements entspricht einer einzigen genau bestimmten Intensität oder Intensitätenbeziehung, die deshalb nicht mit den Intensitäten und Intensitätsbeziehungen irgendeiner Farbenskala übereinstimmen kann. Cézanne übersetzt also auch nicht in Wirklichkeit ein monochromes (schwarzweisses) Helldunkel in Farben, sondern die Bleistiftskizze ist nur eine Annäherung an das Helldunkelornament, das er konzipiert hat. Erst die Farben und das Bild verwirklichen sein Helldunkel, während das der Florentiner in der Helldunkelskizze schon ganz fertig ist und sich nur über die Farben legt, von diesen also getrennt und unabhängig gedacht ist. Cézanne übersetzt nicht einmal eigentlich das Helldunkel in Farben, sondern findet zu einem Identitätenarrangement die Farbentöne, in denen es seine einzige mögliche Erscheinungsform finden kann. – In dieser Beziehung ist Odilon Redon mit Cézanne nah verwandt. Der Unterschied zwischen Beiden liegt in ihrer Persönlichkeit; die Art, wie sie zur Farbe kommen, ist dieselbe. Bei Beiden ist die Farbe eine Inkarnation von Helldunkelkonzeptionen (Intensitätsbeziehungen), die ganz andren Farben Redons folgen aus der andren Helldunkelkonzeption, und auch sein andrer Auftrag,

---

[1] La Vallée de l'Oise

seine Vorliebe für Pastell oder pastellartig behandeltes Oel, das duff und tief wie Sammet ist, statt des Glanzes von Cézannes pastosen, Schicht auf Schicht aufgetragenen Lasuren, die die schiere Kostbarkeit von Emaille haben. Innerhalb jeder einzelnen Farbe begnügt sich Redon wirklich mit Monochromie, d. h. mit Variationen der Sättigung eines und desselben Farbentons; die Identität von Farbenbeziehungen mit Helldunkelbeziehungen nur im Ganzen der Komposition, nicht in den Tönen innerhalb einer Lokalfarbe wie bei Cézanne. Aber im Ganzen wiederum geht Redon viel weiter als Cézanne, der keine sehr reiche Farbenphantasie hat, oder dessen Intensitätskonzeptionen mit reichen Farbengegensätzen Nichts zu thun haben, daher sich meistens auf Beziehungen zwischen Grün, Rot, Blau, Orange beschränken, während Redon die überraschendsten Farbenverbindungen ausschüttet. So ergänzen sich Redon und Cézanne sozusagen. Beide gründen ihren Kolorismus auf Intensitätsbeziehungen (oppositions d'intensité), nicht auf Farbenbeziehungen (oppositions de couleurs). – Auf Cézannes „Maison blanche"[1] lauter Grün, Braun und Gelb, verschwindend Wenig Rot, und kaum mehr Blau. Jedenfalls spielen die harmonischen Beziehungen (Gegenfarben) nur die allerbescheidenste Rolle, und doch hält das Bild farbig zusammen.

Paris. 9 November 1904. Mittwoch. *9.11.1904 Mittwoch*

Früh bei Rodin. Er jammerte Viel über die Düsseldorfer Ausstellung[2]. Deshalb sei er krank gewesen. Man wisse garnicht, was ihn solch' eine Ausstellung koste. Er mache für Jede neue Gipse. Er verwende gerade auf Gipsabgüsse die grösste Sorgfalt. Sie gäben Dinge, die nicht einmal Bronze geben könne, les ombres si légéres u. s. w. Aber seien sie einmal staubig, so sei es vorbei, dann würden neue gemacht. In Düsseldorf habe ihn deshalb die Ausstellung viel Geld gekostet; er habe schon viel verloren. „Je dois recommencer comme un jeune homme". 15,000 francs habe er ausgegeben, und nur 6000 eingenommen; also 9000 verloren! Er sprach von diesem Verlust ganz ernsthaft wie von einer wahren Katastrophe. Dabei bewegte sich vor Aufregung und Zorn fortwährend seine Kopfhaut mit dem hochgebürsteten grauen Haar auf und ab, während er sonst ganz „immobile", die Hände auf den Knieen, viereckig dasass; halb ein geprellter Bauer, und halb Michelangelo oder Gott. Im Atelier waren zwei ziemlich weit gediehene Büsten in Thon, die Mrs Hunter und eine Amerikanerin[3], und die Steinskulpturen für den Baron Vitta. – Im Salon d'Automne. Vuillard: die Flecken, ihre Farbe, Form und Beziehungen zueinander. Raum und objektive Form nicht immer dabei zu ihrem Recht gebracht. Warum? – Unterschied zwischen dem „caractère" eines unserer deutschen Künstler wie Meyerheim und dem von Toulouse

---

[1] vermutl. „Paysage provençal au toit rouge"

[2] Internationale Kunstausstellung

[3] vermutl. Mrs. Potter-Palmer

Lautrec. Meyerheim stellt sich eine Stimmung (wenn nicht gar einen Witz) vor und sucht dazu Farben, Formen, Linien. T. L. sieht irgendwo im Leben eine Arabeske von Formen oder Farben, die ihn packt, und hält sie fest; mit ihr dann die „Stimmung", den Charakter. Darin verfährt Lautrec genau wie Renoir oder Monet. Aber warum (wodurch) packt Lautrec ein Farbenakkord? Aus irgendwelchen aus der Gegenfarbigkeit ableitbaren Gründen wie Renoir? Oder sind die Farbenakkorde von T. L. nicht aus der Harmonielehre allein erklärbar? – Der Impressionismus lässt sich definieren als das Ausgehen von einer optischen, sei es farbigen, sei es linearen oder plastischen Vorstellung, die meistens ein Eindruck, Etwas von aussen Kommendes, sein wird, im Unterschied von der innen, aus der Erinnerung von der Phantasie erzeugten optischen Konzeption. Wenn man will, kann man auch das Wort Impressionismus auf diese durch Eindrücke erzeugten optischen Konzeptionen einschränken, und hat dann daneben einen klaren, psychologisch begründeten Inhalt für das Wort Idealismus: nämlich die Konzeption auf Grund von optischen Vorstellungen aus dem Inneren, aus der Erinnerung und Phantasie. Idealismus und Impressionismus sind dann aber durchaus nicht Gegensätze, sondern fundamental gleich in ihrem Ausgehen vom Optischen und Beide im stärksten Gegensatz zu aller Kunst, die von Begriffen, Anekdoten, Witzen, u. s. w. d. h. von einer nicht optischen Vorstellung, ausgeht. Auf dieser Konzeption aus dem Optischen, und zwar aus einem Eindruck, beruht die enge Verwandtschaft des Realismus, der der wirklichen Erscheinung der Dinge nachgeht, mit dem Impressionismus. Nur will der Realismus alle verschiedenen Eindrücke, die das Ding hervorruft, möglichst erschöpfend wiedergeben, weil er vermeint, dadurch dem Ding selbst auf den Leib zu rücken. Er opfert also den rein künstlerischen Zweck zum Teil wieder einem Begriff, dem dieses darzustellenden Dinges, zuliebe. Er ist weniger rein künstlerisch als Impressionismus und Idealismus, und bildet sozusagen die psychologische Brücke zur Begrifflichen Kunst. Jenachdem was vorausgeht kann er daher ein Fortschritt oder auch ein Rückschritt sein. Redon und Cézanne stehen sich innerhalb derselben Konzeptionsweise als Idealist und Impressionist gegenüber. – Hieran knüpft sich die Frage: Sind die Quellen zur optischen Konzeption (sei sie impressionistisch oder idealistisch) immer rein physiologisch, d. h. aus den Gegenfarbenwirkungen ableitbar? Ist was der Konzeption vorausgeht und bewusst oder unbewusst den Künstler zu ihr hinleitet, immer rein physiologisch? Und zweitens: ist die Konzeption selbst immer rein physiologisch? Oder spielt auch hier noch le „caractère" etc. manchmal eine wesentliche Rolle? Genügt diese Rolle, um die besondre Kategorie: le caractère, aufzustellen?

Paris. 10 November 1904. Donnerstag. *10.11.1904 Donnerstag*

Salon d. A.[1] Puvis de Chavannes. Auf seinen frühen Bildern sehr tiefe Schatten, wie bei den Romantikern (trotz Delacroix' Mahnung) überhaupt, d. h. grosse Unterschiede der Helligkeit (cf. die Personnages Romains von 1848, die Pietá von 60, la Pêche von 66, alle drei bei Durand Ruel; Les Vendanges von 65 bei Gallimard.). Aber schon in diesen beiden letzten Bildern, und namentlich in den Vendanges, die Helligkeitsunterschiede viel geringer als in den beiden älteren. Später dann nur noch kleine Intervalle, das ganze Bild immer von sehr egaler Helligkeit und hierdurch dekorativ ruhig (So l'Enfant Prodigue von Durand R. 1879, l'Enfant Prodigue von Roll[2]). Wie die Helligkeitsdifferenzen so auch die Farbenintervalle immer mehr verringert, die Farbengegensätze (Gegenfarben) immer mehr vermieden. Auf den beiden ersten Bildern noch die romantische Palette etwa wie bei Chassériau, dunkle schwere Töne mit einigen eklatanten Farbengegensätzen. (Auf den Personnages Romains das rote Futter des dunkelgrünen Mantels von Bramante; auf der Pietá das blaue Kleid von Magdalena und das gelblich rote Tuch Jesu, beide aber schon mit Weiss stark vermischt.) Diese Tendenz ins Helle, Weisse noch prononcierter bei den Vendanges und der Pêche. Die ganz schweren, dunklen Töne fallen weg. Aber noch gewollte Farben Kontraste z B. auf der Pêche hellrote Töne (Blumen) gegen Grün; auf den Vendanges das rosigrote Kleid der einen Frau rechts neben dem hellgelben der andren. Auf den späteren Bildern fehlen oppositions de couleurs (Gegenfarben) zum Teil ganz. Das kleine Bild le Poète von 96 (Durand R.) nur in Blau, Grün, Lila, Grau, mit einem halb Dutzend ganz schwachen und kleinen gelblich grünen Tönen. (Blumen); keine einzige Gegenfarbe. Schon auf dem Enfant Prodigue von 79 (bei D. R.) lauter Graubraun und etwas Magentabraunrot (Mantel des Sohnes) und Graublau; also auch keine Oppositions. Keine Oppositions auf dem Rollschen Enfant Prodigue. Auf der Madeleine von 97 der hellblaue Himmel, dann Lila, Grau, ein Gelbgrau für das Fleisch und etwas mehr gelbe Blumen als auf der Pêche. Bei der Skizze für Bostonla Poésie dramatique, Blau, Lila, Graugrün, Grau, das graugelbe Fleisch und einige ganz schwach angedeutete gelbe Blümchen. – Also: wenige Farben, wenige Töne, und zwischen den Farben und Tönen möglichst geringe Intervalle, und fast keine Gegensätze, wobei grosse Subtilität dieser Beziehungen nötig und erreicht ist. Aber das Hauptwirkungsmittel die Verteilung dieser wenigen wiederkehrenden Töne auf die Fläche, das „pattern", der Rhythmus. Hier kommt diese Malweise mit Puvis' Begabung für die Linie zusammen. Die Linien leiten das Auge von Ton zu Ton, sichern den richtigen Takt. Und doch erscheint die dekorative Ruhe und Sicherheit von Puvis zufällig und oberflächlich neben Cézanne. Bei Puvis ist dieses monumental gestaltete

---

[1] Salon d'Automne

[2] Lerolle

Helldunkel hinzugelernt, aus dem romantischen herausentwickelt; Cézanne hat es von Anfang, gerade das ist sein Genie. Puvis hat auch nie um die Relation zwischen Intensität und Farbe gekämpft; er hat sich begnügt, die Farbengegensätze auszuschalten. Sein Helldunkel ist nur monochrom, seine Farbe eine möglichst stimmungsgerechte Kolorierung. – Toulouse-Lautrec. Auf Ollers Bal (1890) erst wenige charaktervolle Farbenakkorde, mehr Linie und Fleck; höchstens die ziegelroten Strümpfe der tanzenden Frau, das absinthfarbene, graublaue, Gesicht hinter ihr unter den Zuschauern, das merkwürdige Rosa und Gelb der Gaslampen. Aber das sind erst zerstreute Töne und Notizen; Linie und Fleck dominieren. Auf Bernheims beiden Moulins de la Galette spielt die Farbe eine ganz andre Rolle. Die krassen, gemeinen Töne der Frauenblousen, das harte Blond der gefärbten Perücken von Freudenmädchen und alter Gecken, das Puffmässige Rosa der Gasglocken, der gemeine blässlich grüne Anstrich des Fussbodens und der Wände kommen zusammen, bilden miteinander jetzt Akkorde, oder richtiger Dissonanzen werden zu einer ganzen Atmosphäre. Man sieht, wie T. L. zu dieser neuen Farbenskala gekommen ist. Zuerst einzelne Farbentöne, die ihm als neu, amüsant, charakteristisch (canaille) oder künstlerisch auffallen, die er festhält, später dann erst die Beziehungen zwischen mehreren solchen Tönen. Was ihn zuerst packt, ist der einzelne Ton, nicht eine Farbenbeziehung, eine Kombination (Gegenfarben). Dies wirft auf die Psychologie seiner Konzeptionsweise zunächst inbezug auf die Farbe ein erhellendes Licht.[1] Immerhin, das Resultat eine ganz andre Farbenskala als die, die Renoir sein sentimentales „kleines Mädel" suggeriert. Il y a du Béranger dans Renoir. In Lautrec nur Bruant. Lautrecs prinzipielle Entdeckung ist vielleicht die Dissonanz (in Farben, Linien, Formen). (Vor ihm Degas und Daumier.) – Seine Schwarzweisszeichnung von 88 bei Mlle Dieterle (Etude, Café) erinnert von Weitem an Forain; nur sind zwei drei Frauengesichter sicherer, grösser, plastischer in der Form. Die Linie noch ziemlich banal, blos referierend, ohne eigenartigen oder eigenen Ausdruck oder Charakter. Auch auf der frühen Ölskizze (Frauenakt) bei Guitry die breite, flächenmässig behandelte Form am meisten Lautrecsch; dann auch vielleicht die Linie des Bauchs. – Bei Vollard Cézannes. Er hat noch eine vierte Periode nach der touche carrée, eine touche plus fondue, plus vivante, nicht so viereckig, mehr wie sein früherer, allererster Auftrag, aber mit den monumentalen Vorteilen der touche carrée. – Nachmittags bei Gallimard und Mlle Dieterle.

Paris 11. November 1904. Freitag. *11.11.1904 Freitag*

Im Salon d'A. bei den Toulouse Lautrecs Rysselberghe getroffen. Er sagt jeder Kopf sei ein Porträt, ein fabelhaft ähnliches Porträt. Lautrec habe ein glühendes Interesse für jedes merkwürdige Gesicht gehabt, sei Menschen auf der Strasse in

---

[1] Verweisung: „(cf 9.XI 04)."

Droschken nachgefahren, um sie zu skizzieren, habe sie zu sich eingeladen u. s. w. Sein Atelier sei oft wie eine Menagerie gewesen, voll von extremen Typen und Gegensätzen. „Le détail essentiel" sei jedesmal herausgeholt z. B. bei Oscar Wilde auf der grossen Reklameleinwand für die Goulue[1] (1895; bei Viau). – Cézannes passages d'un ton à l'autre zu vergleichen mit Velasquez' Übergängen zwischen reiner und trüber Farbe. – Bei Durand Ruel ein Frauenporträt (Suzanne Roels?) von Ketel (?) datiert 1600 von einer Grösse und Breite und Einfachheit der Formen wie ein Hals, aber ohne Halsens Pinselstrich, man möchte sagen eine Zwischenstufe zwischen Holbein und Hals. Die Holbeinsche Akkuratesse des Auftrags und der Modellierung, aber in breiten Flächen (Farbe und stellenweise Schattengrau und -braun), nicht „konturierende", florentinische Formgebung, sondern malerische, flächenmässige. Die Schatten leicht und durchsichtig. – Ein Knabenbildnis (Willem Roels) ebenfalls von Cornelis Ketel (?) datiert 1599 etwas schmutzig im Firnis und nicht so stark, aber auch breit und gross und offenbar von derselben Hand wie die Frau und sogar ein Pendant zum Frauenbild (dieselben Töne, Grau, Rot, Schwarz etc.), wenn auch etwas kleiner. – Von Courbet Häuser auf einem grünen Hügel neben und unter Bäumen[2], von einem Reichtum der Pasta wie etwa Wilson. Auch die reichste Mannichfaltigkeit im Grün, die Schatten dunkleres Grün (nicht schmutzig), die Häuser sehr pastos mit gelben und rosa Türen (wie Corot, Cézanne, M. Denis). Manets Gartenecke im Nebenzimmer ein direkter Ausfluss dieser Malerei ins Lebendigere (Pinselstrich) und Hellere; auch Pissarro. Wo Courbet kostbar triturierte Pasta bietet, in der der einzelne Pinselstrich hinter dem schweren Material zurücktritt, giebt Manet kleine, stürmische Pinselstriche (aber nicht so klein wie Monets). Das Grün ist bei Manet reiner, Smaragdartiger; aber das Prinzip, verschiedene Töne im Grün nebeneinanderzusetzen bei Courbet wie Manet, wobei Courbet gern einen Ton über den anderen malt und laviert und von einer braunen Untermalung ausgeht. Der grösste Unterschied zwischen Courbet und Manet in der Wirkung kommt wohl von dieser Untermalung; denn die Schatten wirken bei Courbet schliesslich aus einiger Entfernung doch schwer und farblos, obwohl mit Farbe gemalt, während bei Manet noch in der grössten Form auch der Schatten wie Smaragd leuchtet, das Ganze viel egaler in der Farbe ist, ohne solche Unterschiede in der Helligkeit zwischen Schatten und Farbe.[3] Derselbe Unterschied zwischen Courbet und Pissarro. Courbet hat noch romantische Schatten. Aber er hat gelehrt, Ton neben Ton zu setzen. Bei Corot (Chemin de Condron?) die Kontraste zwischen Grün und Grau, nicht zwischen Grün und Grün; darin ist Courbet also der Neuerer. Courbet malt mit immer reineren Tönen übereinander in eine unreine,

1 La danse mauresque ou les almées

2 vermutl. „Les maisons du château d'Ornans"

3 Verweisung: „(cf bei Puvis de C. 10.XI)"

fast farblose Untermalung hinein; aber er kommt dazu, die Untermalung fast ganz mit diesen reinen Tönen zu verdecken (Constables Methode auf seinen Bildern.); vgl die Bäume an den Häusern. Auf Pissarros früher Landschaft bei Vollard (1864) ebenfalls noch die schmutzige Untermalung, und darauf Grün neben Grün, aber mit einer Tendenz ins Graue, Corotsche und mit viel weniger reicher Pasta als die Courbets, obwohl auch noch reich.

Paris. 12 November 1904. Sonnabend. *12.11.1904 Samstag*
Aus Paris nach Leipzig abgereist.

Leipzig. 13 November 1904. Sonntag *13.11.1904 Sonntag*
In Leipzig im Kunstverein Vormittags einen Vortrag[1] gehalten. Grosse Menschenfülle. Nachher bei Wachs gefrühstückt. Abends bei Raoul Richters.

Leipzig – Berlin 14 November 1904. Montag *14.11.1904 Montag*
Bei Pöllnitz wegen der Ausgabe. Nachher bei ihm gefrühstückt. Abends nach Berlin Frau Asenieff besucht.

Berlin. 15 November 1904. Dienstag. *15.11.1904 Dienstag*
Bei Gordon Craig in seinem Atelier in Siegmundshof. Er klagt in seiner halb scherzenden burschikosen Weise, dass Brahm ihn nicht beschäftige. Fragte mich, ob er seine Entwürfe an Hofmannsthal schicken solle. Er habe meine Rückkehr abgewartet, um dieses zu thun, da er nicht gewusst habe, welche Sorte Mensch Hofm. sei. Abends ass er mit mir bei Kons. Sein Entsetzen über Tristan; etwas naïv und knabenhaft. Dann sprach er von einer neuen Art von Bühnen Himmel, den er erdacht habe und probieren möchte. Ich schlug ihm vor das Experiment in Weimar zu machen. Er möchte auch seinen „Hunger" hier bei Reinhart anbringen. Ich solle ihn übersetzen.

Berlin. 16 November 1904. *16.11.1904 Mittwoch*
Im neuen Kaiser Friedrich Museum. Die Mschattafassade. Bei Richters.

Weimar. 18 November 1904. Freitag. *18.11.1904 Freitag*
Früh aus Berlin zurück. Vandevelde aufgesucht. Abends bei Vandeveldes, wo Frau Förster, Hofmanns, Frl. v. Scheel, Kielmannseggs, Kékulé.

Weimar. 18 November 1904. Sonnabend. *19.11.1904 Samstag*
Hofmanns, Kékulé und Frau Vandevelde bei mir gefrühstückt. Craig Abends an und bei mir abgestiegen.

---

[1] Kunst und Publikum

Weimar. 20 November 1904. Sonntag. *20.11.1904 Sonntag*
Abends Frau Förster, Vandeveldes, Kielmannseggs, Frl. v. Scheel, Hofmanns, Kékulé und Craig bei mir zum Essen.

Weimar. 21 November 1904. Montag. *21.11.1904 Montag*
Nachmittags mit Craig im Nietzsche Archiv zum Thee. Nachher mit Vandevelde die Museumspläne. Auch mit Vandevelde und Craig Vormittags die Proben und Konstruktion des Himmels. Bei Bosse blaue Wollquasten ausgesucht. Schlechte Nachrichten aus Paris.

Frankfurt. 22 November 1904. *22.11.1904 Dienstag*
Aus Weimar nach Paris. In Frankfurt übernachtet. Unterwegs die Vorrede[1] für Craig angefangen.

Paris. 24 November 1904 Donnerstag. *24.11.1904 Donnerstag*
Bei Mama und Gee draussen. Besser als ich gefürchtet hatte. Abends in Alceste von Gluck. Wunderbare Tänze; wirklich fast griechisch.

Paris. 25 November 1904. Freitag. *25.11.1904 Freitag*
Vandevelde, der heute Morgen angekommen ist, bei mir. Mit ihm zu Golubews und zusammen in die Maurice Denis Ausstellung bei Druet. Dort Mme Denis. Obgleich die Ausstellung erst seit drei Tagen eröffnet ist, sind schon fast alle importanteren Bilder verkauft. Golubews fanden nur schwer noch Etwas zu kaufen.

Paris. 26 November 1904. Sonnabend. *26.11.1904 Samstag*
Mich mit Maurice Denis in seiner Ausstellung getroffen. Dort auch Moreau Nélaton. Denis erklärte uns, er mache seine Landschaften d'après le procédé Cazin, d. h. vor der Natur nur eine Skizze als Gedächtnisstütze, die Ausführung zuhause. Sein Gedächtnis sei dadurch allmählich immer stärker geworden. Auch Vuillard mache seine Interieurs so; seine Skizzen im Raum selbst seien absolument informes. – Wieder in Alceste.

Paris. 28 November 1904. Montag. *28.11.1904 Montag*
Bei Rysselberghes gefrühstückt. Dort Vandevelde, Maurice Denis, Vuillard, Signac, Roussel. Nachher kam noch Gide. Roussel meinte, Gauguin sei hauptsächlich un merveilleux <u>adaptateur</u> gewesen; er habe Cézanne popularisiert, auch sogar von petit Bernard wohl Einiges gelernt. Er sei nicht annähernd ein so tiefer, origineller Geist wie Cézanne gewesen. Persönlich habe er gute Manieren

---

1 Edward Gordon Craig's Entwürfe für Theater-Dekorationen und Kostüme

gehabt, als früherer Boursier durchaus nicht bohème, aber Alles verdorben durch seine rücksichtslose Herrschsucht. Il s'établissait tout de suite en maître, und da man sich das nicht gefallen liess, sei er weggegangen par orgueil. – Nachher mit Vuillard, Signac, Denis, Vandevelde zu Sérusier, der zwei Wandbilder für eine Kirche[1] in der Bretagne zeigen wollte; ein Moses[2] und eine Verkündigung. Denis und er redeten viel zusammen von Beuron, Goldenem Schnitt, les canons Grecs etc. Denis zog ihn fortwährend auf; mais tu fais du bleu, was Sérusier immer wieder gutmütig störrisch abzuleugnen suchte: Oui, mais pas du bleu d'outremer etc. Auch hänselte ihn Denis damit, dass er „faisait de la perspective". Das gab Sérusier zu, „mais c'est bien la dernière fois, je n'en ferai plus." Er zeigte, wie schön Veroneser Grün auf einer schwarzen Untermalung wirke. Andres Grün viel weniger. Ich fragte Denis, ob er von den Beuronern mehr erwarte als Etwas wie den englischen Praeraffaelitismus. Er meinte, das könne man natürlich noch nicht wissen. Aber bei den Beuronern sei der Archaismus nicht in Sentimentalität umgeschlagen wie bei den Praeraffaeliten, sondern in Etwas rein Artistisches, Architektonik. Jetzt komme es darauf an, ob sich wirklich artistische Persönlichkeiten nach Beuron hinfänden. Vercade, der Freund Gauguins, habe dort schon Viel gethan. Bei Sérusier hieng im Atelier gerade ein sehr schönes Stilleben von Vercade, das er mit 18 Jahren gemalt hat, eine Frucht auf einem satten blauen Grunde. – Etwas drollig ist Denis' Vorliebe für den merkwürdig hässlichen, breitbackigen Typus seiner Frau. Er war ganz unglücklich, dass ich Maillol gesagt hatte, dieser type joufflu sei mir nicht gerade besonders sympathisch, weshalb Maillol den Typus seiner grossen Statue verändert habe. Je lui ai dit de remettre les pommettes; de refaire Mme Maillol, comme il l'a toujours fait. Allerdings ist Mme Maillol auch ähnlich wie Mme Denis von dieser kalmückenartigen Rasse, wenn auch nicht ganz so untersetzt und puppenhaft rund wie Mme Denis. Man fühlt, dass Denis alle seine Bilder als eine Art Glorifikation oder Liebeslyrik für seine Frau konzipiert. In den „danses d'Alceste", in seinen Nymphen und Madonnen und selbst in seinen Kopieen nach alten Bildern, Credi's Venus, ist es immer sie. Und dahinter steckt System. Er meint offenbar (wie Rothenstein,) man könne nur aus dem Nächststehenden die „émotion" schöpfen, die zum artistischen Schaffen nötig ist. So fragte er bei Mutzenbecher's Auftrag[3], ob nicht le paysage de Wiesbaden sich eigne, in die Dekorationen hineinzukommen. Mme d'Indy hat er mit dem Blick aus ihrem Fenster gemalt. Heimatskunst, wie sie der Occident predigt. Meine Vorrede an Craig geschickt.

---

[1] Châteauneuf-du-Faou, Saint Julien

[2] Le Buisson ardent

[3] L'Eternel Eté

Paris. 29 November 1904. *29.11.1904 Dienstag*

Abends bei Rysselberghes. Mme Flé und Austin sangen Pelléas[1]. Dort noch Gide, Vandevelde, Maus, Golubews. Rysselberghe zeigte mir zwei ältere Aktstudien von sich, die er herausgesucht hatte, weil sie le procédé de Cézanne zeigten, C'est à dire très peu d'éléments qui reviennent sans cesse: dieselben Töne bilden hier das Nackte dort den landschaftlichen Hintergrund. Tandisque la plupart de peintres peignent avec beaucoup de pinceaux, c'est fait avec trois quatre pinceaux.

Paris. 30 November 1904. Mittwoch. *30.11.1904 Mittwoch*

Mit Vandevelde, Rysselberghe und Golubews nach Marly zu Maillol. Dort noch Roussel, den auch besucht. Roussels Paletten, auffallend verschieden von denen der Neoimpressionisten, ganz bedeckt mit einem scheinbar unentwirrbaren Gemisch von schmutzig grauen, grünlichen und gelblichen Tönen. Aber er setzte Rysselberghe und mir auseinander, jeder Ton sei genau berechnet, z. B. auf dieser Palette il y a quatre tons principaux, pour ainsi dire des tons locaux, et puis le ton d'ombre de chaque ton local, le ton de lumière et le ton de reflet. Et puis encore les dégradés entre les tons. Es sei unmöglich, die Töne der Natur genau wiederzugeben, deshalb il fallait en prendre son parti und resolut transponieren; nur die rapports möglichst richtig, und zwar die rapports innerhalb des Ganzen. Cézanne z. B. mache den Fehler, jeden Ton einzeln anzusehen; er sehe ihn deshalb nur wie er in Verbindung mit seinen unmittelbar benachbarten Tönen erscheine; aber innerhalb eines grösseren Ensembles erscheine derselbe Ton ganz anders, deshalb sei der so im kleineren Zusammenhang notierte Ton nachher im Ganzen falsch. Cézanne komme, da er das bemerke, dann auf diesen zuerst notierten Ton zurück und übermale ihn wieder, um ihn zum Ganzen zu stimmen. Dadurch entstehe die pastose Malerei Cézannes, weil er immer wieder den Ton im Verhältnis zum Ganzen zu korrigieren gezwungen sei. Er, Roussel, stelle dagegen alle seine Töne im Voraus fest, wie sie im Verhältnis zum Ganzen zu erscheinen hätten und könne deshalb flott darauf los malen, prima, ohne Übermalung. Die Hauptsache sei überhaupt, im voraus de bien établir Alles, um dann flott malen zu können. (Diese Feststellung der Töne im Voraus, ist was er mit Signac gemein hat. cf. ___)

London. 2 Dezember 1904. *2.12.1904 Freitag*

Abends hier an.

---

[1] Debussy

London. 3 Dezember 1904. Sonnabend. *3.12.1904 Samstag*

Die Exhibition of Portrait Painters in der New Gallery. Zwei kleine Bleistiftzeichnungen von Watts: Lady Lytton and Lady Loch und Mrs Edward Villiers; sehr zart und Ingreshaft in ganz feinen langen Strichen, die erfunden, nicht wie bei Schwind etc. konventionell sind. Mit den Praeraffaeliten d. h. den Realisten, Brown etc. geistes verwandt. Whistler: Rose et Or: La Napolitaine (bei Miss R B. Philip.): sehr dünn gemalt ohne sichtbaren Pinselstrich über einen durchschimmernden braunen Untergrund, der im Gesicht als Schatten verwendet ist. Von Watts noch Leslie Stephen und Lady Granby. Das Arrangement und der Charakter immer packend; aber die Malerei, die Art wie die Farbe aufgetragen ist, und selbst die Form, von der „Farbe" nicht zu reden, dilettantenhaft oder archaïsierend. Burne Jones' kleiner Comyns Carr unausstehlich sentimental (wishful.). Von Lebenden Shannons Selbstporträt mit Ricketts. Shannons Eigenart liegt blos in seinen guten Manieren. Was und ob überhaupt Etwas dahintersteckt, sieht man nicht. Immerhin wirkt dieses Bild wohlthuend im Vergleich zu dem von Blanche mit denselben beiden Köpfen, das roh und gemein hingepinselt aussieht. Auch Lenbach, von dem Viel hier, steht neben Whistler und selbst Shannon gerichtet da. In den Intensitäten der Farbe (Valeurs) garkein Zusammenhang. Seine Malerei ist wie die Sprache eines Mannes, der seine Stimme nicht in der Gewalt hat, kreischend und widerwärtig. – Im New English Art Club. Man sieht in den Aquarellen (Tonks, Steer) und Zeichnungen (John, Muirhead Bone) wie sehr die Bewegung der Hand, die Handschrift, das echte Hauptelement der englischen Kunst ist. Alles Andre scheint immer hinzugelernt. Sie malen wie sie Cricket spielen mit den Muskeln. Deshalb ist das Aquarell so günstig; es setzt der Bewegung viel weniger Widerstand entgegen als das zähe Öl. Von John einige Ölporträts, in denen die Rundung bis zur Roheit, bis zu trompe l'œil, betont ist. Unerfreulich und fast jenseits der Kunst.

London. 4 Dezember 1904. *4.12.1904 Sonntag*

Im Savoy gefrühstückt. – Zur Europäischen Phantasie: Ihre Stellung zum Sinnlichen in der Kunst und überhaupt zu sinnlichen Empfindungen. Die Orientalische Phantasie spielt von Natur mit Farben, Linien, Formen ohne Rücksicht auf ihre „Bedeutung"; die Europäische hat immer erst das Interesse an abstrakten Farben, Formen u. s. w. zu erkämpfen und behält immer doch noch ein geheimes Verlangen nach Bedeutung, „Poesie", Symbolik. Als Gegensatz zu dieser europäischen Art cf in Mille Nuits et Une Nuit die Beschreibungen von Süssigkeiten, Früchten, Torten, Edelsteinhaufen; auch die ganze Form der Tausend und Eine Nacht Geschichten, wie die Situation als Arabeske wirkt und diese Arabeske im Geschehnis sich selbst genügt, keine Psychologie, Wahrheit oder Wahrscheinlichkeit als Stütze verlangt. – Auch die Kategorieen ethische Phantasie, Gefühlsphantasie, religiöse Phantasie, historisch-mythische Phantasie, sexuelle Phantasie zu betrachten und als Schluss- und Hauptstück die Besonderheiten der europäischen artistischen Phantasie mit ihren Unterarten: rhythmische Phantasie, Farben-, Linien-, Formen-, Massen-Phantasie. Auch die Stratification dieser verschiedenen Arten untereinander, ihr Machtverhältnis zu verschiedenen Zeiten. Aus dieser Struktur folgt ebensoviel wie aus Art und Inhalt der einzelnen Teile. Geologische Perioden der Phantasie. In der Struktur zeigt sich die historische Aufeinanderfolge in der Herrschaft der verschiedenen Arten. Hiervon zu unterscheiden die objektiv psychologische Gruppierung der verschiedenen Phantasiemöglichkeiten. Auch dieses zu untersuchen, d. h. man muss die verschiedenen Arten der Phantasie auf ihre Elemente zurückführen und psychologisch (nicht historisch) gruppieren. Die historische und psychologische Struktur brauchen Nichts miteinander gemein zu haben. – Phantasie für äussere oder für innere Begebenheiten (für action, Handlung, oder für Psychologie, für die Seele). Wo die eine an die andre grenzt Shakespeare (aber nicht notwendig das Drama. Oder doch?). – Auch zu unterscheiden, wie sich die Frau vor sich selber ausmalt, und wie sie der Mann sich mit seiner Phantasie schafft. Die zwei Ideale; immer ganz verschiedene und zum Teil entgegengesetzte Phantasieschöpfungen, die aber beim Künstler, Dichter, Volk durcheinanderzuwirken pflegen. Dies beim Madonnenideal aufzeigen. Für die weibliche Phantasievorstellung von sich selbst denken an die Bedeutung der Toilette, des Schmucks; die ganze äussere Erscheinung der Frau, die die Mode beherrscht und die in einem subtilen und geheimnisvollen Verhältnis zum männlichen Ideal von der Frau steht, aber von diesem doch ganz verschieden ist. – Wert und Einfluss der Verbalphantasie (Rhetorik) auf die französische Geschichte (Revolution.).

Anfang Februar 1905. *6.2.1905 Montag*

Seit zwei Monaten infolge sehr bewegten Lebens nichts notiert.
Um den 5 - 8 Dezember Zusammensein mit Hofmannsthal, Vandevelde, Bodenhausens, Mutzenbechers in Wiesbaden zur Einweihung von Mutzenbechers neuer Wohnung[1]. Duse spielte, Monna Vanna[2], Cameliendame[3], diese ganz wie einen griechischen Tanz. Besprechungen über Craigs Inszenierung für Elektra und Gerettetes Venedig[4], das gelesen. Plan zu einer Reise nach Griechenland mit Hofmannsthals, Vandeveldes, Maillol.

---

[1] van de Velde

[2] Maeterlinck

[3] Dumas

[4] Hofmannsthal

Einen Sonntag im Dezember den ganzen Tag mit Gerhart Hauptmann in Berlin gefrühstückt bei Hiller. Tief sympathischen Eindruck von Hauptmann.
Ende Dezember London.
Weihnachten Paris.
Anfang Januar London.
17 Januar Dienstag. In Berlin Nachricht vom Tod der armen kleinen Grossherzogin[1].
21 Januar Sonnabend Beisetzung der Grossherzogin in Weimar. Tief erschüttert. Druet u Bruckmann in Weimar.
22 Januar. Sonntag nach Berlin. Hofmannsthal gesehen. Abends das Gerettete Venedig. Craigs Dekorationen (2ter Akt und 3ter) stachen hervor.
24 Januar. Dienstag: Cour in Berlin. Die Kaiserin überraschend gealtert. Nach der Cour mit Hofmannsthal und Heymels bei Kons. Dann mit Hofmannsthals zu ___ wo die Eysold, Reinhart und Holländer und bis spät gesessen.
1 Februar auf Nachricht von grosser Schwäche Mamas nach Paris.

Paris. 7 Februar 1905. *7.2.1905 Dienstag*

Die moderne französische Malerei: Courbets Manier allmählich modifiziert durch Corot und Delacroix (Turner); der „fond" durchaus Courbet. – Wo kommt Courbet her? Rätsel. Alles lässt sich in der Geschichte der französischen Malerei des XIX Jh. erklären, selbst Delacroix und Corot; Courbet ist das aus der Geschichte der Malerei heraus unerklärliche Ereignis, das Unvorhersehbare, das Wunder. Man kann ihn nur zu analysieren suchen.

Paris. 8 Februar 1905. *8.2.1905 Mittwoch*

Bei Rodin. Über Porträtbüsten bei Gelegenheit eines Vorschlags, den ich machte, er solle einen Nietzsche Kopf modellieren. Er betonte die grosse Schwierigkeit, Jemanden zu machen, den er nie lebend gesehen habe. Ich sagte ihm, es gäbe eine Maske[2]. Ah, c'est bien. L'ossature, c'est déjà beaucoup, c'est le fondement de tout ce que nous faisons. Mais, là-dessus, il y a le mouvement des plans qu'il faut observer, la direction principale du mouvement des muscles sur l'ossature, qu'on ne peut observer que sur le modèle. (cf den jungen Kerl, den er sich das letzte Mal nackt bewegen liess.) Quand on a ce mouvement, on a tout. Mais pour les gens que je ne peux pas voir je suis dans le même cas que mes collègues, je ne leur suis pas supérieur, parceque le mouvement, la vie, est le fond de tout ce que je fais. – Bei Vollard frühes Bild von Renoir: Sisley (klein) im Jagdanzug in einem Holz[3]; ganz Courbet: wie das Grün des Laubes auf eine braune Untermalung pastos

---

[1] Caroline

[2] Stoeving

[3] vermutl. „Le peintre Le Cœur dans la forêt de Fontainebleau"

aufgetragen ist, wie die Bäume „gepflanzt" sind etc. Nach Vollard etwa 64 gemalt. Späteres Bild von Renoir sehr Corot, fast wie ein Pasticcio, graubraunes Laub im Helldunkel auf einem helleren Himmel.

Paris. 9 Februar 1905. *9.2.1905 Donnerstag*

Ganz klar, dass die moderne Malerei von drei dominierenden Persönlichkeiten ausgeht, Courbet, Corot, Delacroix, zu denen höchstens noch subsidiär Ingres hinzukommt. Alles Andre ist nebenbei. Weder Millet noch Manet haben irgendeinen wirklichen Einfluss gehabt, man mag ihre Kunst noch so hoch schätzen. Von Monet bis heute geht Alles auf die Drei, höchstens Vier, zurück. – Mit Courbets Manier (Pasta) vgl. Davids Weiss. (Mme Recamier, Mme Seriziat) – Das ganz Neue bei Courbet die Einheit und Ruhe der Komposition. Selbst Corot und Delacroix daneben Scharfkantig, zerhackt und Ausgeschnitten.

Paris. 12 Februar 1905. *12.2.1905 Sonntag*

Das Nackte bei Delacroix und bei Manet: Delacroix sucht den Glanz des Fleisches, Manet den Ton. Delacroix kommt so zu den „hachures" (schon 1822 auf Dante, der Tote links), und zu den blauen Tönen im Inkarnat (Scio, namentlich dann aber die Copie nach der Toten mit dem Säugling bei Chéramy und dann der nackte Frauentorso auf Constantinople. Nicht dagegen auf den Femmes d'Algers.). Für Manet, der auf seiner Olympia oder in seinem Dejeuner den wahren Ton innerhalb einer bestimmten, einheitlich beleuchteten Atmosphäre (Luft) sucht, haben die Hachures keine Bedeutung. Jeder hat einen Teil der Wahrheit. Renoir vereinigt sie. – Le dessin par masses vor Courbet: dass sie (Delacroix, Rousseau, Millet, Corot) mit Tönen (Valeurs) doch schliesslich wieder einzelne Formen aufbauen und nebeneinandersetzen. Dagegen Courbet geht mit seinen Tönen (Valeurs) nur immer auf das Ganze des Bildes los. Daher die Ruhe, das Bildmässige, das Gobelinhafte, das alle Späteren von ihm gelernt haben. Courbet hierin wirklich l'Art pour l'Art. Courbet verallgemeinert, erweitert die Methode des dessin par masses; das ganze Bild wird Eine ruhige, abgestufte Masse, ohne schroffe Gegensätze und Kontraste, während die Romantiker vom Kontrast in Farben und Valeurs leben. Courbet erfand eine neue, malerische, Einheit durch subtile Abstimmung sämtlicher Valeurs, Einen Effekt, nicht mehrere, in jedem Bild. (Vgl Rosso's Kritik il n'y a pas oune effet, il y a vingt effets) Eine einzige Valeurskala, die zu einem pattern wird. Whistler. – Der Kontrast als Urelement der Romantik wie bei Hugo (Wortpaare) so bei Delacroix (Farbenpaare). Courbet im Gegenteil die Einheit, das Jenseits von Gut und Böse des wirklichen Lebens; grau in grau, grün in grün wie die Wirklichkeit. Fehlen des Kontrasts in den Farben und Valeurs. Hier hat auch Puvis von Courbet gelernt. cf

Puvis Bild von 66 bei Durand R. (Salon d'Automne). – Courbet in Montpellier besonders gut vertreten.[1]

Paris. 16 Februar 1905. *16.2.1905 Donnerstag*
Bei Rouart. Degas. Perioden. Nach den fast italienisch modellierten Porträts die frühsten Danseuses (hier die zwei danseuses à la barre), sehr exakt im Einzelnen (précises) jede Form einzeln, wenn auch gross und ins Ganze gesehen. Dann die Modistes (Rouart[2], Berlin[3]); die Grösse der Form erstrebt und dabei recherche du rhythme, de la forme qui revient (Roussel), dann die zweiten danseuses, die Form im Ganzen qui fait bloc. – Roussel: er (Roussel) suche immer „de bien posséder ses éléments (die Farben und Töne seines Bildes) avant de commencer."

Paris. 17 Februar 1905. *17.2.1905 Freitag*
Bei Fayet, Gauguin. Mit ihm zu Fabre und nachher zu de Monfreit. Über eine Ausgabe von Noa Noa und der nachgelassenen Schriften. Ich erbot mich, sie zu drucken.

Paris. 18 Februar 1905 Sonnabend. *18.2.1905 Samstag*
Mit Duret zu Mlle Courbet, Courbets Schwester. Werke Courbets aus allen Zeiten, namentlich interessant die Demoiselles de la Seine (etwa 66) und die ganz frühen Bildchen, aus Courbets Kindheit, als er 15 bis 17 war. In den Demoiselles obgleich später als Manets und Monets Déjeuner kein Plein Air, keine farbigen Schatten auf den Kleidern (vielleicht Etwas Blau im Gesicht der Einen), Atelierbeleuchtung. In den ganz frühen Bildern erstaunlicherweise schon Courbets eigener, ganz neuer Farbenauftrag, das, womit er die moderne Malerei begründet hat. So auf zwei Bildchen[4] als er kaum mehr als 15 Jahre alt gewesen sein kann, Beides Selbstporträts mit seiner kleinen Geliebten Ottilie, wie sie Mlle Courbet nennt. Auf beiden erscheint er noch ganz als Knabe. Auf dem einen trägt er die Kleine durch einen Bach, rechts ist eine erdige Anhöhe, die vollkommen in seiner späteren Art gemalt ist mit breiten, übereinander gepflasterten Pinselstrichen, die eine schwere, reiche, Emailleartige Masse bilden. Auf dem andren Bild liegt er mit Ottilie unter einem Baum, dessen Stamm wieder in dieser Manier gemalt ist, und ebenso der Himmel. Dann ein etwas späteres Selbstporträt, als etwa 17jähriger Junge, nackt im Atelier; schliesslich ein Selbstporträt ungefähr aus dem Jahr 1844[5] an einem Felsen, der wieder in der eigenen, erdigen, reichen Manier gemalt

[1] Verweisung: „(cf 8.IV 06; 9.IV 06"
[2] Chez la modiste
[3] La Conversation chez la modiste
[4] „Le passage du gué" u. „Le gros chêne"
[5] vermutl. „Portrait de l'artiste dit Courbet au chien noir"

ist. Also Courbet hat diese revolutionäre Malweise nur von sich. Seine Schwester bestätigt, dass er in Ornans keinen Unterricht in der Malerei gehabt hat. Alles war geniale Intuition. Damit ist ein Hauptproblem der modernen Malerei[1] aufgeklärt. – Bei Erwähnung Manets flammt die Schwester auf; ob ich denn auch das scheussliche Zeug wie die Olympia gut fände. Ihr Bruder habe nie begreifen können, was die Leute daran fänden. Duret bestätigt mir Dieses nachher. In der grossen Manet Ausstellung habe er nur immer gesagt: „Que d'Espagnols, que d'Espagnols." Er erzählt von Courbets gewollten Bohême Manieren. Vor einer von Français' geleckten Landschaften habe er zu einem Kreis von etwa 10 bis 15 Akademikern, die in Bewunderung erstorben waren, gesagt: „Oui, c'est très beau; mais il n'y a pas d'endroit où on peut chier." Français habe ihm das nie verziehen. – Beim Fortgehen Duret sonst noch Viel aus dem Impressionisten Kreis. Das böse Wort von Degas über Renoir, als sie in den 70er Jahren einmal zusammen ausgestellt hatten, vor den Renoirschen Bildern: C'est pas mal pour de la gelée de groseilles. – Die Armut und Misère des Kreises, Sisley um 5 francs bettelnd, Monet nach Hochedés[2] Ruin mit der ganzen Familie Hochedé auf dem Hals; dann Monet Wechsel unter Manets Bürgschaft ausstellend die protestiert wurden; und Degas' böses Wort darüber, Quand on n'a pas d'argent, on ne fait pas de billets. Über Einiges Duret merkwürdig uninformiert, z B. wusste er Nichts von Monets grossem Déjeuner sur l'Herbe und war erstaunt, als ich ihm die Geschichte erzählte. – Vom Verhältnis zwischen Manet und Courbet erzählt Duret noch: Courbet habe bei seinem Besuch der Manet Ausstellung Nichts gesagt als: „Que d'Espagnols, que d'Espagnols!" Manet habe das sehr übelgenommen und nur noch von Courbet „et ses boules" gesprochen.

Paris. 20 Februar 1905. *20.2.1905 Montag*

Mit Louis Rouart (9 rue de Chanaleilles) zu Mme Desfossés (6 rue Galilée), um Courbets „Atelier" (1855) zu sehen, das dort als Theatervorhang dient. Die Komposition äusserst unruhig, aber das Ganze doch nach Courbets Art „eins"[3]. Am schönsten ganz rechts die Frau mit dem gemusterten Châle, und der Akt neben Courbet. Das Licht als Solches, die Innenraumbeleuchtung, spielt keine Rolle (wie z B in den Meninas[4]); aber das Ganze ist doch eins und ruhig in einem ganz andren Sinn als Delacroix. Wodurch? Problem. „Luft" ist nur ein Wort. – Das Licht dagegen souverän, was die Helligkeiten (nicht die Farbentöne) anbetrifft bei Desfossés' grossem Corot: eine unbekleidete Frau im Freien, deren Haar von einer andren Frau gekämmt wird.

---

1 Verweisung: „(cf. 7.II 05)"

2 Hoschedé

3 Verweisung: „(cf 12.II)"

4 Velázquez

Paris – London. 21 Februar 1905 *21.2.1905 Dienstag*
Von Paris nach London.

London. 22 Februar 1905. Mittwoch. *22.2.1905 Mittwoch*
In die Impressionisten Ausstellung in den Grafton Galleries. – Monet No 131. Environs d'Argenteuil 1873 Vorfrühling, sehr lehrreich für das Herauswachsen aus Corot. Corots Feinheit der Valeurs, des Lichts, aber Alles in Farbe umgesetzt, blaue Schatten, rötliche Bäume im Licht, rosige, goldige Häuser. Die „touche" verhältnismässig wenig sichtbar und noch breit hingestrichen (wie Courbet, aber viel dünner aufgetragen). – Vom selben Jahr (73) Monets Garten in Argenteuil; Hochsommer, blühende Poeonien etc. Pastoser, der Auftrag sichtbarer, plus tourmenté, mehr leidenschaftlich: breite, kurze, sichelförmige Pinselstriche, wie hingesäbelt, und eine Lust an der Farbe (les tons) in dem Blumengewühl. Die Bäume aus leichten, runden Tupfen, die dicht die feinen langen Striche der Äste bekleiden. Ganz Corots Baum in Licht und Wind zitternd, nur farbig statt grau und golden. Hier also her, von Corot, kommt diese „touche", die in Farben umgesetzt den Pointillismus giebt. Corot erfand sie monochrom, um das Zittern des Laubes wiederzugeben, und dazu das eigentümlich nervöse, feine Netzwerk der Äste dazwischen. – 126. Seine bei Argenteuil 1875. Hier die impressionistische „touche" namentlich im Laub ganz entwickelt. Der Tumult der Natur durch leidenschaftlich kreuz und quer wogende Farbenblitze wiedergegeben. Die Wolkenzüge mit breiten ziemlich pastosen Pinselstrichen wie bei Boudin. – Auf Renoirs Grenouillère (1868) die touche schon ganz ähnlich, aber grün in grün, von Courbet her; nur sehr wenig Gelbgrün und Gelb, wie es mit Rotbraun zusammen bei Monet 75 durch Kontraste das Leichte, Prickelnde, Lebendige des Laubes giebt. – Also die Entwicklung ist, dass in Corots Baum (Tupfen mit leichten, verbindenden Ästchen, Licht durch Valeurs) zuerst Farbe, grün in grün (Grenouillère) hineinzubringen[1] von Courbet her, dann später Farbenkontraste Grün zu Rotbraun, Gelb zu Blau oder Violett von Delacroix und Turner geleitet. So wird der Baum ein fouillis von Grün, Gelb, Rot und Blau. – Sehr bemerkenswertes Beispiel der Kontraste bei Renoir (254) Junge Frau im Freien 1872. Die Frau steht in einem Feld von Butterblumen, und über das ganze Feld hin sind lauter leichte, dünne, breite violette Lasuren hingestreut, die Nichts vorstellen, auch nicht Schatten, da das Ganze schattenlos hell beleuchtet ist, sondern nur als Kontrast, Gegenfarbe (vielleicht Nachtfarbe) zum Gelb der Blumen. Zuerst und namentlich von Weitem bemerkt man das Violett kaum; aber das ganze Feld mit seinen Gräsern scheint in der Sonne zu zittern und zu wogen. – Die Etappen des impressionistischen Stils so ganz klar:
1) zuerst die Einheit und Pasta (pâte) von Courbet.

[1] darüber: „introduire"

2) dann Leichtigkeit, Licht und touche von Corot. (schon um 68. Grenouillère)
3) dann Farbe und Farbenkontraste von Delacroix (schon 72 Renoirs junge Frau im Freien)
Renoir hat „la note émue", eine leichte, intime Sentimentalität, wie in seinen Farben zartes Rosa und Himmelblau immer wieder durchklingen; aber Stimmung und Farbe geläutert durch das freie, unerbittliche Licht. Dieser Tropfen Göttlichkeit macht Alles rein, fegt wie ein frischer Wind Alles Süssliche hinweg. – Monet ist in seinem Wesen (Helldunkel) näher bei Corot geblieben. Renoir (Farbenkontraste und optische Mischung, Farbenlyrik) näher bei Delacroix. Das Singen der Farben bei Renoir dank ganz zarten Farbenkontrasten. Renoir lyrisch, Monet mit seinen breiten, starken Lichtmassen eher episch; das Licht selbst ist sein Held; aber auch ein Baum, auch das Meer. Monet fühlt die Natur wie einen Helden, Renoir wie eine Geliebte[1], und sie hinwieder scheint vor ihm immer in süsser Bewegung. Renoir der ewig bewegte Liebhaber der Natur, die Pansflöte. In Allem, was er gemalt hat, singt die Liebe. Er ist ein grand amoureux. Wenn Renoir der Lyriker, Monet der Epiker, so Degas der Moralist, der Larochefoucauld des Balletts. – Renoir ein echt französischer Lyriker, mit Etwas von einer weichen, warmen Tenorstimme, nicht Verlaine sondern Jammes. – Millet, Daumier versuchen noch, klassische Formen aus der Wirklichkeit herauszusehen. Courbet auch darin bahnbrechend, dass er von der Wirklichkeit Nichts verlangt, keine Reminiszenzen; er wagte sie so zu geben, wie er sie sah, ganz direkt. Auch dies hat Manet von ihm wie die Einheit (für diese cf hier die Tuilerieen, das Stiergefecht etc). Manet sah dann eigene, neue Formen aus der Wirklichkeit heraus, packende geometrische Ornamente (hierin Einfluss Goyas und Velasquez'). – Bei Whistler wird die Courbetsche Einheit bewegt, fängt an zu reden; W. hat sie zu einem Ausdrucksmittel erhoben. – Abends Barries Peter Pan gesehen, Etwas, das mich so bewegt, bezaubert und entzückt hat, wie wenige Dinge auf der Bühne; das zarteste Gewebe von Phantasie und Humor, Shakespeares Humor oder Hauptmanns im Hannele, aber ohne den düsteren Untergrund, wenn auch nicht ohne fühlbare Tiefen. Einzelne Worte und Wendungen der Kinder sind wirklich von einem grossen Dichter. Und der Humor klingt überall wie unbeabsichtigt, wie nackt. Hierin etwa mit Keller verwandt, und Anatole France (in Livre de mon Ami etc.) so weit überlegen wie vollkommene Kunst, die von Natur nicht zu unterscheiden ist, der noch merkbaren Absicht überlegen ist.

London. 23 Februar 1905. *23.2.1905 Donnerstag*

In die Whistler Ausstellung. – Whistler hat Courbets Realismus zur Modernität weiterentwickelt. (Vor ihm schon Guys.) – Die beiden Pole von W's Kunst die bewegte Ruhe des Hervorkommens aus dem Hintergrund (Courbet, aber für die

---

[1] darüber: „une maîtresse"

Feinheit der Valeurs auch Corot, und schliesslich Velasquez) und die Modernität als ein aus dem Leben geschöpftes neues Schönheitsgesetz, vor Allem bei ihm neuer Linienrhythmus, neue Architektur der geometrischen Verteilung (hierin mit Manet zu vergleichen; Courbet hatte aus der Wirklichkeit seine Einheit und seine Pâte geschöpft; sie fanden in ihr dazu einen neuen Rhythmus. Aus dem Leben ein fast abstraktes Ornament destillieren (daher auch W's wenige Farben), eine Art Arabeske, ein Tapetenmuster. Hier Anregung Beider durch Velasquez und die Japaner. W's Vorliebe für Weiss auf Weiss, Schwarz auf Schwarz aus dem Hintergrundproblem, die Figur scheint aus den Tönen des Hintergrunds zusammenzufliessen, aus dem ungreifbaren, unkörperlichen Stoff der Ferne materialisiert zu sein. Man sieht bei Whistler den Hintergrund immer zuerst. – Big white girl 1862[1]: das Schönste die linke Hand mit der Manschette und weissen Blume, die feinsten Valeurs im Verhältnis dieser Hand zum weissen Kleid dahinter, so dass die Hand, die Manschette, die weisse Blume unglaublich zart vor dem weissen Kleid stehen, wie später Whistlers ganze Figuren vor ihrem Hintergrund. Hierin steckt auch Corot. Ähnliche Qualitäten im Gesicht, so namentlich die Valeurs der graublauen Augen. Und dann wieder im Verhältnis zwischen Figur und Hintergrund, wie sie sich weiss auf weiss dort ganz loslöst, und wie, mit welcher Zartheit loslöst, hervorwächst, körperlich wird. (Vgl. Courbets Grün auf Grün) Das Ganze hat die Courbetsche Einheit und Ruhe. – Auch schon sehr Whistlerisch (cf aber weiter unten) der grossartig graziöse Linienfluss, der Kontrast der langgeschweiften Linie des Kleides mit den steilen Falten der Draperie dahinter. Auch das eigen gesehene perspektivisch verschobene Oval des Gesichts, das mit dem langhinfliessenden schweren rötlichen Haar einen geheimnisvollen Rhythmus schliesst. Der Auftrag (la touche) sehr breit, ruhig und pastos nach Courbets Art. Die Modellierung überall (z B. der Hand) summarisch und im Einzelnen nicht absolut klar; man empfindet eine Unsicherheit. Aber das Bild lebt, die Seele ist in den Linien und Valeurs gefangen. Zu bedenken, dass die wunderbaren radierten Porträts vorhergegangen sind: Finette (la robe de velours noir) 1859, Annie Haden 1860 etc; und diese haben dieselben Qualitäten: die Ruhe, die Einheit, das geheimnisvolle Hervorwachsen aus dem Hintergrund, die Schönheit des Linienspiels. Whistler hat dies Alles nur in Öl und Farbe, in Courbets Pasta, umgesetzt. – Zu Degas in der Grafton Gallery. Whistler sucht noch weit mehr als Degas, im modernen Leben traditionell schöne Linien und Rhythmen wiederzufinden, praeraffaelitisch lange Linien Arabesken in seinen Figuren, japanische Flecken und Stuck Arrangements in seinen modernen Architekturen. Hier gleicht Whistlers Stellung noch etwas der Daumiers und Millets. Degas und Manet sind schon kühner, freier. – Der frühste ganz deutliche Einfluss auf Whistler der Praeraffaelismus, der Rossettis; gleich im Linien-Arrangement und Li-

[1] Symphony in White, No. 1: The White Girl

nienfluss seiner ersten radierten Porträts, auch seiner Holzschnitte. Dies gleichzeitig mit Courbet und Méryon und das, was ihn gleich von den Franzosen unterscheidet. Dieses praeraffaelitische Gefühl für zarte Rhythmen ergreift dann auch gleich seine Behandlung der Valeurs, des Verhältnisses zwischen Vordergrund und Hintergrund, wie später (Symphony in White No 3) seinen Pinselstrich und Farben Auftrag. Auch die Helligkeit seiner Farbe, sein Weiss, sein reines Blau beim Meer (1861/62) kommt von Rossetti her. Die White Girl wäre ohne Rossettis Ecce Ancilla Domini nicht denkbar. Whistlers Kunst in diesem Stadium die subtilste Form des Italianismus, des Botticellismus. Die helle, schlanke Grazie des Quattrocento dringt in Courbet ein, wie seit Manet Temperament und Feuer, Pariserischer Geist und Blague. Whistler unterscheidet sich von den Praeraffaeliten hauptsächlich dadurch, dass er von Courbet und Corot malen gelernt hat. Die gute Malerei integriert sich mit Nietzsche zu reden, bei ihm dem Praeraffaelitismus.

London. 24 Februar 1905. *24.2.1905 Freitag*

Whistlers Situation in der Bewegung nach Modernität: etwas später als Guys, gleichaltrig mit Degas und Manet, Bekannter Baudelaires (Fantins Bild[1].). – Die Beimischung englischer Einflüsse durch seinen Aufenthalt in London: seine Thamesserie schon 1859. Man beachte W's mimosenhafte Empfindlichkeit gegen Einflüsse und Anregungen. – Was Whistlers kompositer Persönlichkeit von Anfang an eigen ist: die Grazie, das Tempo, ein eigener Rhythmus, den er Allem, was er annimmt, mitteilt, dem Helldunkel Rembrandts und Corots, der Pasta und Flächenhaftigkeit Courbets, der Linie Rossettis, der Fleckenverteilung Kôrins; Alles nimmt diese Whistlersche Geste an, das feingraduierte Tempo seines Fühlens. – Zur Frage der ersten Beeinflussungen: Frühe Radierungen (Delattre): der Einfluss Rembrandts springt in die Augen. Alles auf möglichst starke Kontraste von Hell und Dunkel angelegt. In die Rue à Saverne scheint dazu Corots Einfluss hineinzuspielen in der Zartheit der Valeurs, den breiten Lichtflächen an den Häusern und ihren feinen, wie musikalischen Helligkeitsunterschieden. In den Kinderbildern (Little Arthur, Annie Haden) die englische Atmosphäre mit Rossettischem Parfüm. In Annie seated schon ein sehr studiertes Linien und Proportionen Arrangement, aber ohne direkte Anlehnung an Rossetti. – Man sieht an dieser Serie, wie Whistler als Radierer ausgebildet von Westpoint herkommt und sich so gleich zuerst auf den grössten Radierer, Rembrandt, stürzt, von Rembrandts Helldunkel auf das empfindsame, zartere Licht Corots geführt wird und dann allmählich auch unter englischen Einfluss kommt, dessen stärkster Bestandteil damals natürlich der Praeraffaelitismus war und dessen Studium von Linien und Verhältnissen. Die erste Synthese aller dieser Einflüsse in ganz

[1] Hommage à Delacroix

Whistlerscher Eigenart die Radierung Reading by Lamplight. Zu beachten das zarte noch über Corot hinausgehende Lichtgefühl und die ganz praeraffaelitisch steile Linie der Tischlampe. Ganz parallel mit denselben Eigentümlichkeiten das Davissche Piano Bild (1859), das Licht und die graden Linien der Rahmen, die nach praeraffaelitischer Art zu den breiten ruhigen Kurven des Frauenkleides einen Kontrast bilden. Beide Werke sind Largi in Whistlers Tempo auf Corots Lichtskala. Dies ist also W's „Erste Periode", der erste ganz Whistlersche Stil, und die Bestandteile liegen klar zutage: Rembrandt, Corot, Rossetti und Courbet (für die Pasta und Einheit im Ölbild). Die grosse Ruhe dieser ersten ganz persönlichen Werke, der Radierungen Saverne, Little Arthur und Annie Fumette, Reading by Lamplight, scheint zu zeigen, was ihn zu Courbet hinzog, als er zu malen begann, Courbets Einheit, Courbets ruhige Fläche, und als Voraussetzung dieser Courbets Pasta. – Courbet gewinnt dann auch Einfluss auf die Radierungen. Seine früheste englische Landschaftsradierung Greenwich Park (W. 33) ist eine reine Courbet Landschaft in ihrer Komposition sowohl wie in ihrer breiten und schweren „matière", die direkt an Courbets Pasta erinnert; cf auch wie die Bäume hier „gepflanzt" sind. Dann kommt Méryons Einfluss gleich im ersten Thamesbild: Thames warehouses from Thames Tunnel Pier 1859 (W. 35) in der Behandlung der Häuser, ihres Materials und ihrer Konstruktion. In der früheren Serie sind die Häuser blosse Lichtträger wie bei Corot, fast abstrakt; hier plötzlich wie Meryon die genauste Bezeichnung des Materials, das zu allerlei Schwarzweiss Mustern wird. Hier auch gleich (Warehouses W. 35. Limehouse W. 37 u s w.) das Interesse für die intensiv moderne Geometrie der Masten, Schornsteine und Krähne (also schon 1859) das Heraussehen einer eigenen ganz neuen Art von Mustern, die mit Nichts Klassischem verwandt sind. Hierin nicht die geringste Anlehnung an irgendetwas Früheres, höchstens eine Anregung aus Méryons Architekturstudien. Aber diese enthalten Nichts direkt Ähnliches, schon weil sie ganz andre Sujets, alte Häuser, Kirchen etc. behandeln. Whistler hat hier den modernen Rhythmus ganz original geschaffen. Man vgl. die artistische Impotenz früherer Hafenansichten etc. Whistler dagegen schafft in jedem dieser Blätter einen Rhythmus aus Kähnen, Masten, Krahnen, man fühlt den Takt sofort und wird gepackt. Diese Werke von Whistler muss man mit Degas und Manet vergleichen. Whistler hat aus den Masten, Schornsteinen und Krähnen einen nicht weniger neuen und revolutionären Rhythmus heraus gesehen als Manet aus seinen Spaniern und Pariserinnen oder Degas aus seinen Tänzerinnen und Jockeys; und zwar Whistler zuerst, vor Manet und zwanzig Jahre früher als Degas. Dieses moderne Linien-, Proportionen- und Flecken-Schema also neben seinem Lichttempo (Valeurtempo) auf „Reading by Lamplight" und Piano Whistlers zweite, noch originellere Schöpfung. Das Lichttempo wird auf der Big White Girl definitiv zum eigenartigen Whistlerschen Raumgefühl (belebtes Verhältnis zwischen Vordergrund und Hintergrund), wie hier die Masten etc. zu einem ganz neuen, modernen Rhythmus geworden sind. Also die beiden Grundeigenschaften der Whistlerschen Kunst lassen sich hier in ihren Anfängen und ersten Erscheinungsformen nachweisen. – Der Rhythmus: welches seine Geheimnisse? a) Wiederholung bestimmter Formen (z B. Kähne) b) Wiederholung bestimmter Formen Verbindungen (z B. gewisse Stellungen von Masten zu einander (W. 45 Billingsgate), oder die zwei ganz ähnlich sich überschneidenden Leiternpaare auf W. 44[1]). – Neben diesen beiden Eigenschaften jetzt (Piano, Finette, Becquet, Annie Haden) die undefinierbare geniale Gabe des Porträtisten, vielleicht des Künstlers schlechthin, die Eigenheiten der Menschen, auch der Dinge, zu sehen und als Rhythmen wiedergeben zu können, d. h. als künstlerisch packende Arrangements von Linien, Flächen, Farben, Massen. Die Elemente dieser Rhythmen sind bei W. zum Teil neu, zum Teil entlehnt; der Rhythmus selbst ist immer neu. – Die Fusion beider Grundeigenschaften (moderne Linienrhythmen und neues Raumgefühl) in den Nocturnes. – Welches also in summa der Einfluss des Praeraffaelitismus? Die Beschäftigung mit Linien und Proportionen als künstlerische Wirkungsmittel gegen Ende dieser ersten Periode sehr stark entwickelt; weniger in der ersten Serie von Radierungen. Sehr deutlich schon in „Annie Haden seated", dann immer wichtiger, in der Londoner Serie Hauptmittel. Das im engeren Sinne Praeraffaelitische sehe ich in der gesuchten herbsüssen Schlankheit und Grazie der Linien-Züge und Proportionen, im Schlankmachen der einen Form auf Kosten einer andren, und in dem so charakteristisch praeraffaelitischen Kontrast zwischen gebogenen und graden Linien. Solche Mittel auf Reading by Lamplight der hohe schlanke Stil der Lampe bei Fumette standing (W. 50) datiert 59 die durch die Perspektive absichtlich ins Schlanke, Lange übertriebene Proportion des Unterkörpers im Verhältnis zum Oberkörper (was später Du Maurier und jetzt Gibson zur Manier erhoben haben); bei der Finette (W. 54 das schwarze Sammetkleid) und namentlich der grossen stehenden Annie Haden (W. 60) in Weiss auf Weiss der Kontrast der graden fallenden Linie des Vorhangs im Hintergrunde mit den Linien des Kleids vorne, ähnlich wie bei der White Girl; an The Major's daughter, Holzschnitt für Once a Week 1862: Kontrast gebogen (Kleid) und grade (Takelage des Schiffs); The Morning before the Massacre of St Bartholomew 1862 Once a Week Kontrast gebogen und grade. Ganz schlagend und triumphierend der Einfluss Rossettis in „Weary" datiert 1863 (W. 83) im Linienarrangement und selbst in der Haarbehandlung. In summa: Whistlers Beschäftigung mit der Linie geht dem Praeraffaelitismus voraus und vor Allem über den Praer. hinaus in seinen modernen Linienarabesken der Londoner Serie; aber die praer. Linieneigentümlichkeiten und Schönheitsnormen gewinnen allmählich zwischen 59 und 63 immer mehr Macht auf ihn, schliesslich sogar (67/68) auf seinen Pinselstrich: Symphony

[1] The Lime-Burner

No. 3 (68); bei dieser letzten auch praer. der Kontrast zwischen der horizontalen Graden des Sofas und den langen, graziösen Kurven der Mädchenkörper: wie gewollt! – Aber kommt nicht diese ganze Beschäftigung mit Linien und Proportionen, die so verschieden ist von den Tendenzen des Courbetschen Naturalismus, aus England und von den Praeraffaeliten her? Denn in England geht der Linien und Proportionskultus durchaus von Rossetti, Blake etc. aus, in starkem Gegensatz zur Turner-Constableschen Tradition. Allenfalls noch von Méryon, der aber selbst unter englischem Einfluss stand. Man muss eben diese Frage des Einflusses von Rossetti weiter fassen als blos imitativ, den Geist prüfen. Bilanz dieser ersten Periode also: von Rembrandt und Frankreich (Corot, Courbet) her Zartheit der Valeurs und einheitlicher Raum. Von England Linie und Proportion als Mittel zur Bändigung des Ungeheuers der Modernität. In Beide Whistlers ganz eigenes Tempo hineingetragen. Markanteste Werke: Radierungen: Annie Haden seated, Fumette, Reading by Lamplight (ausserdem schon ein Nocturne), die Londoner Serie, Finette, Annie Haden stehend Weiss auf Weiss. Unter den Bildern: Piano, Big White Girl, Battersea Bridge (Davis), Abbruch von Old Westminster Bridge. – Der japanische Einfluss: Jedenfalls schon in Little Wapping von 61 im hohen Horizont, ebenso in Little Pool von 61, in Old Hungerford Bridge von derselben Serie, vielleicht schon in der 59er Serie in The Pool (W. 41). Whistler öffnet sich diesem Einfluss offenbar dank seiner englischen Neigungen, seinem Interesse an Linie und Proportion. – Es scheint, dass dann aber zunächst das Interesse an der Linie hinter dem an Ton und Raum zurücktritt. Nach 61 hat W. sich auf dem Gebiet der Linie etc. zunächst mit der erreichten Art zufriedengegeben. Il a trouvé sa formule und nimmt, was er gefunden hat, zunächst einfach weiter mit. Dagegen strebt er jetzt auf dem Gebiet der Valeurs und des Raumes weiter, den Nocturnes zu. Seine Radierungen werden immer toniger, im Detail wieder verwischter, von Meryon weg. Battersea Dawn (W. 125) die erste Nocturne. – Aber hier tritt allmählich das Linien etc. Problem in einer neuen Form auf, als das Problem der Dekorierung und Belebung der Fläche. Beginn mit dem japanischen Einfluss in Little Wapping (W. 71). In den früheren Werken Proportion und Linie in einer ganz anderen Bedeutung. Am deutlichsten entwickelt sich dieses Streben in den Strassenbildern. Am frühesten St James's Street (W. 140) und vorher der unvollendete Versuch Temple Bar (W. 133) Le papillotement de la rue. Entwicklung durch die venezianische Serie zu den Brüsseler Radierungen.

London. 25 Februar 1905. *25.2.1905 Samstag*

Zwei Absätze in Whistlers Kompositionsweise: 1) linear (Praeraff. Einfluss; Proportionen und Richtungen der Linie); 2) Fleckenrhythmus (japanisch-orientalischer Einfluss; neben Japan auch die orientalischen Vasen und Majoliken; Thomsons Slg u Whistlers Zeichnungen zum Katalog). – Der Fleckenrhythmus spielt weder in den ganz frühen Radierungen noch in der ersten Londoner Serie (1859) eine bemerkenswerte Rolle. Kompositionsprinzip in beiden Valeur (enveloppe, Luft) und Linie. Selbst die Kähne auf The Pool (W 41) linear herausgestrichen, nicht als Fleckenrhythmus, sondern als Komplex von Kurven und Linienrichtungen; was an ihnen von Bedeutung ist, ist die Arabeske ihrer Bordkurven. – Zum ersten Mal wirkliche Fleckenrhythmen auf den Radierungen Little Wapping und Little Pool (1861) die Schiffe in der Ferne, die Verteilung der Schiffsrümpfe und ihrer dunklen Massen auf dem Fluss. Daneben vorne wieder Arabeske aus Bordkurven wie auf The Pool. Die übrigen Radierungen dieser zweiten Londoner Serie noch ganz linear. Die Verhältnisse der Valeurs zueinander (quantitativ), nicht ihre räumliche Verteilung auf der Fläche (zeitlich) die Basis des Tonrhythmus. Über das Räumliche herrscht die Linie nicht der Fleck. Also zwei getrennte Kompositionsprinzipien, weil Linie und Valeurs Nichts gemein haben; dagegen die Flecken Komposition die Valeurs und Arabeske in eins verschmilzt. Daher die Überlegenheit der Fleckenkomposition namentlich in Malerei und Tonradierung. – Noch in Tollhuis (1863 datiert) wieder nur Linienkomp, nicht Fleckenrhythmus. – Dagegen ganz entwickelt und mit der Linienkomp. gleichbedeutend der Fleckenrhythmus auf den venezianischen Radierungen und Pastellen (Ende 70er Jahre). Dazwischen also die Entwicklung. Man sehe Blätter wie die Piazzetta W. 155. Nocturne W. 150; The Little Lagoon W. 152; The River W. 157. u s w. und vergleiche sie mit Londoner Blättern wie Billingsgate (W. 45) oder Rotherhithe (W. 60). Man sieht dann wie total das Kompositionsprinzip sich geändert oder richtiger: bereichert, durch das Hinzukommen des Fleckenrhythmus kompliziert hat. Die äusserste Konsequenz des Fleckenrhythmus dann Whistlers Lithographieen. – Welches die Etappen dieser Entwicklung? Etappe I oben. Forts: Auf Davis' Battersea Bridge die grosse Barke als Fleck an ihrem Platz. Valparaiso Grah. Rob.[1] (1865 datiert) hauptsächlich linear; aber ein fühlbarer Rhythmus auch in der räumlichen Verteilung der Valeurs, nicht blos in ihren qualitativen Unterschieden. Auf dem McCullochschen Valparaiso die Menschen Ansammlung vorne auf der Landungsbrücke und die Lichter hinten fleckenrhythmisch. Auf diesem Bilde in der Perspektive und dem hohen Horizont auch sonst starker japanischer Einfluss. – Auf der Symphony in White No 3 (Davis) die Farbenflecke der Blumen und ihre Verteilung fleckenrhythmisch (wie auf japanischem Porzellan). Dies auch zu vergleichen mit Corots Art, kleine Flecke reiner Farbe (als Hauben, kleine Staffagen) in eine monochrome, (graue) Komposition hineinzustreuen; aber bei Corot ganz ohne Absicht auf einen räumlichen Rhythmus des Farbenflecks. – Bei Miss Alexander Flecken Rhythmus der Blumen und Schmetterlinge, auch des Teppichs. Auf der andren Miss Alexander (Agnes Mary) der ganze Kopf (Augen, Mund etc), Hut, Blumen links unten

---

1 Robertson

fleckenrhythmisch. Von überwiegender Bedeutung ganz wie auf orientalischem Porzellan dann der Fleckenrhythmus in der Peacock Dekoration (73) und in den Nocturnes der 70er Jahre. Cremorne No 1 (bei Argenti) fast reine Fleckenkomposition; die Linie spielt eine ganz geringe Rolle. In diese Zeit fallen auch Whistlers Zeichnungen für den Porzellan Katalog Thomsons. Cremorne 2 (Way) und 3 (Conder) ebenfalls überwiegend fleckenrhythmisch. Auch zu beachten, dass W. seit Anfang der 70er Jahre sein Schmetterlings Monogramm benutzt, das eine reine Flecken Arabeske ist. – Whistler hat durch seine Behandlung des Fleckenrhythmus die Nervosität des modernen Lebens so krystallisiert wie nach ihm erst wieder Bonnard auf seinen Strassen und Rennplätzen. – Im Vergleich zu den Impressionisten in der Grafton Gall: Bei Monet und Renoir reine Qualitäten Rhythmen, ganz unräumlich, reine Abstufungen von Valeurs und Farben; Farbenkontraste etc, keine räumliche Rhythmisierung dieser so abgestuften Töne. Wohl dagegen bei Manet. Schon im Aufbau seiner Formen, in der Disposition der Flächen (plans), aus denen er die Formen bildet, in seinen Pinselstrichen ist ein Fleckenrhythmus. Manet entdeckt in der Geometrie jeder Form einen Rhythmus. Das ist, was bei ihm so packt. – Degas benutzt natürlich den Fleckenrhythmus in der ausgiebigsten Weise, ebenfalls schon im Aufbau der Formen, auch des Nackten, namentlich in den späteren Pastellen. cf die Chanteuse No 69 hier und seine beiden grossen Tänzerinnengruppen (1900). Aber Degas strebt nach einer immer dichteren Komposition, Whistler nach der grössten noch mit einem Rhythmus vereinbaren Zerstreutheit, Leichtigkeit der Flecken. Man vergl. die frühen noch zerstreuten Degas (Leçon de danse au foyer) mit der Geschlossenheit der grossen letzten Pastelle. Whistler folgt in der Ausbildung des Fleckenrhythmus einem ihm ganz eigenen Gefühl. – Auch Odilon Redons Flecken Dekoration zu vergleichen. – Aufgabe der „Modernität" im Unterschied vom allgemeineren „Realismus" dem, was nicht ewig oder allgemeinmenschlich ist rasch, ehe es vorüber ist, seine Schönheit abzunehmen; die Frucht zu pflücken, die nie wiederkehrt; den Ton zu halten, der verklingen wird. Das „Moderne" hat den Zauber aller Dinge, die früh sterben müssen. – Einfluss Baudelaires Bewunderung der Modernität auf Whistler. Whistler hat Courbets Realismus theoretisch nur in dieser Form angenommen. – Die eigentümliche Kombination von Linien- und Flecken-Rhythmus, die Whistler in seiner zweiten Periode entwickelt die Grundlage auch von Beardsleys Stil. cf auch Pryde, Craig etc. von Nicholson, Lavery, den Schotten nicht zu reden. Il a créé un poncif. – Bei Manet und Degas Fleckenrhythmus aneinandergrenzender, ineinanderge ___, wie in einem Schachbrett; bei Whistler Rhythmus verstreuter Flecken. – Aber Whistlers Linien- und Flecken-Rhythmus auch die Grundlage für die Entwicklung dreier so bedeutender Künstler wie Beardsley, Craig und Conder. Er hat den Orientalismus für sie verdaut. Das als Gegengewicht gegen die Misgeburt der „Schotten". – Stilentwicklung: W. ein bedeutendes Beispiel für die Art, wie ein Stil entsteht. Verschmelzung von

Corot, Courbet und Rossetti zu Etwas vollkommen Eigenem, das dann die Grundlage, den Stil, für Beardsley, Craig und Conder bildet.

London. 26 Februar 1905 Sonntag. *26.2.1905 Sonntag*

Im Savoy. Bei Whistler:
1) Problem der Stilentwicklung (wie ein Stil entsteht). Entwicklung des Linien- und Fleckenrhythmus zum Begriff des „pattern". (Gefahr: Schema)
2) Problem der Modernität
3) Problem der Affektiertheit (Geziertheit).
Ich halte Affektiertheit für ein sehr schlechtes Beispiel (Einfluss), weil sie wie jede Widermoral nur dem Genie bekommt, während die Andren daran zugrundegehen. Aber wo sie zu den Eigenschaften eines wirklich originalen Künstlers gehört, halte ich sie an sich für keinen Einwand. Man muss auch im Kunstgenuss jenseits von Gut und Böse stehen. Wenn ein Genie sich ziert oder unmoralisch lebt, so hat das für das Genie selbst Nichts zu sagen; aber es erhöht allerdings seine Kosten für die Allgemeinheit, weil meistens dann nachher an ihm einige hundert oder tausend Existenzen zugrundegehen. Man ist daher berechtigt, dem Genie dieses nachträgliche Minus anzurechnen, d. h. als Debet gegen seine Fruchtbarkeit anzuschreiben und nachzuzählen, ob dann noch ein Plus herauskommt. Überhaupt: Ein Jeder Mensch hat auf genau so viel Unmoral ein Recht, wie er an Früchten für die Allgemeinheit wieder einbringt. Die Bilanzen müssen auch im sozialen Leben stimmen. Wer zerstört, muss noch mehr produzieren. Erst im andren Fall ist er wirklich schlecht (bankrott). Im gewöhnlichen Leben sind solche Abwicklungen allerdings meistens recht langwierig. Und selbst auch in der Kunst. Die Bilanz der Renaissance z B. mit ihrer Sterilisierung ungezählter nordischer Kraftquellen ist noch lange nicht abgeschlossen. Aber in der Kunst kann mit einem Schein von Recht behauptet werden, dass jedes wahre Kunstwerk, so lange seine Schönheit andauert, = Unendlich ist und daher nie wieder durch irgendwelche Verwüstungen, die es in der Kunst späterer Zeiten anrichtet, verurteilt werden kann. cf den Fall Michelangelo, oder, näher, Wagner. – Das englische Music Hall moralisiert nach dem Prinzip, dass Verdummung keine Sünde ist.

März – April 1905. *27.4.1905 Donnerstag*

Durch viel Hin und Her am Notieren verhindert. Meinen Whistler Artikel geschrieben. Abend mit Klinger und Gerhard Hauptmann in Leipzig. Duse – Hofmannsthal – Craig Imbroglio.

Weimar. 28 April 1905.
Ansorge bei mir gespielt. Hofmannsthals zum Besuch.

Weimar. 29 April 1905.
Hofmannsthal in der Shakspeare Gesellschaft geredet.

Paris. 15 Mai 1905. *15.5.1905 Montag*
Morgens hier an. Zu Hofmannsthal im Chatham.

Paris. 19 Mai 1905. *19.5.1905 Freitag*
Mit Hofmannsthals im Automobil nach St Germain. Im Pavillon Henri IV gefrühstückt, Hofmannsthal behauptet vergiftet. Nachher durch den Wald versucht zu Bonnard zu gelangen, aber im tiefen Waldboden stecken geblieben. Pferde requiriert, um uns wieder herauszuziehen. Spät unverrichteter Sache wieder in Paris. Hofmannsthal mir einen Band Jugendarbeiten[1] für meine Presse[2] versprochen.

Paris. 21 Mai 1905. Sonntag. *21.5.1905 Sonntag*
Hofmannsthals, Gide und Gee bei mir im Armenonville gefrühstückt. Nachher in die Blumenausstellung und zu Frau von Golubew, mit der bei Gagé.

Paris. 22 Mai 1905. *22.5.1905 Montag*
Papas zehnter Todestag. Mit Gee in Père Lachaise.

Paris. 23 Mai 1905. Dienstag *23.5.1905 Dienstag*
Hofmannsthals und Gide bei Gee boul. Montmorency Thee getrunken. Abends Hofmannsthals und Schlesinger bei mir im Ritz gegessen, dann mit Gide und Gee die nachkamen, nach Marigny und spät zu Maxim's.

Paris. 24 Mai 1905 *24.5.1905 Mittwoch*
Mit Schlesinger und Vuillard gegessen. Vuillard gegen das prinzipielle Hellmalen. Es käme nicht so sehr auf die Feinheit der Skala wie auf die Feinheit der Intervalle innerhalb der Skala an. Es sei ebenso verkehrt und lächerlich, prinzipiell hell wie prinzipiell dunkel oder schmutzig zu malen. Er selbst kehre jetzt zu

---

[1] geplante Luxusausgabe der frühesten Schriften

[2] die spätere Cranach-Presse

Sachen, „plus montées de ton" zurück. – Verwandtschaft zwischen Chardin und Corot.

Paris. 26 Mai 1905. Freitag. *26.5.1905 Freitag*
Bei Bonnard in seinem Atelier gefrühstückt. Er wirft Whistler vor, dass er „kein Verhältnis zum Leben" habe. Ich wandte ein, ob denn ein Maler eine Weltanschauung haben müsse, ob es nicht genug sei, wenn er gut male? Bonnard zuckte mit den Schultern und meinte: allerdings, das sei ja fraglich. Dann sei Whistler gewiss ein grosser Maler, wenn Malerei nichts weiter wäre.

Paris. 28 Mai 1905. Sonntag. *28.5.1905 Sonntag*
Bei Rodin in Meudon gefrühstückt. Er kam in einem weissen Sommeranzug an die Bahn und holte mich in einer Mietskutsche ab. Unterwegs klagte er über die Gegnerschaft des Instituts gegen ihn. Er könne Nichts bekommen, keine offiziellen Aufträge, u. s. w. Er übertreibt dabei offenbar sehr. Es ist eine Art Cliché bei ihm diese Klage. Er sprach dann von dem vielen Unausgeführten, den vielen Fragmenten, die bei ihm herumliegen. Das sei Alles einmal ganz gewesen, denn man könne einen menschlichen Körper immer nur im Ganzen machen, nicht ein Bein, einen Rumpf, einen Arm. Aber er schneide sehr oft in der Arbeit ein Stück ab, um das Übrige durchzubilden, er nehme dieselbe Sache immer wieder und wieder vor, um immer mehr Leben hineinzubringen, und jedesmal müsse er dann die Massen vergrössern (amplifier les masses), damit das Detail nicht überhäuft und trocken wirke. – Von seiner Entwicklung: À l'époque de ma Porte, à l'époque, où je cherchais la vie par le mouvement. Je croyais, qu'en mettant beaucoup de mouvement je ferais une chose vivante. Plus tard je me suis aperçu, que la vie est toute entière dans le modelé. C'est par là que je rejoins l'Antique. – Par modelé j'entends la masse, le cube, la qualité du cube. – Quand vous êtes là, planté là, il n'y a pas une ligne, il y a des lignes partout, tout autour, et c'est vivant partout. Quand une chose est vivante, il n'y a pas Un mouvement dedans, il y en a cent. Wir giengen dann aus dem Garten in sein „Musée", den grossen, lichten Saal mit allen seinen Werken und er zeigte, was er zuletzt gemacht hat: Je laisse un peu de côté les grands monuments, les choses qu'on m'a commandées, parceque je poursuis mon but, qui m'intéresse plus. Le but que je poursuis c'est la vie par le modelé. Er zeigte dann seine Fragmente. Er könne sie wohl ergänzen: mais ce ne sera jamais aussi beau que le morceau original. Je peux bien refaire une tête, un bras; mais l'unité n'y est pas, la circulation du sang est interrompue. – Wir sprachen von Renaissance und Antike. Zur Zeit, als er in der Ecole des Beaux Arts studierte, habe er die Renaissance vorgezogen, weil er die Antike nicht verstanden habe, nur das von ihr gesehen habe, was die offizielle Kunst in ihr zu zeigen wusste, die Anzahl Kopflängen in einem Körper und Ähnliches. Aber jetzt sei er ganz andrer Ansicht. Die Quattrocento Bildhauer „font des lignes, des

silhouettes; mais ils ne les remplissent pas. C'est cerné; auch die Maler. Et cependant il y a le Pérugin. Ah! la belle lumière qui semble sortir du corps chez le Pérugin! Ce St Sébastien du Louvre! Que c'est beau, que c'est lumineux! Quelquefois les Primitifs ont la couleur de l'Antique; non pas la compréhension des masses, mais la couleur. Ainsi Jean Goujon. Je veux dire par couleur les oppositions de clairs et d'ombres, les chairs blanches de femmes et les vêtements plus sombres. – Dann gingen wir in seine Antiken Sammlung. Er zeigte mir griechische, römische, aegyptische Stücke. Die Aegypter seien gross gewesen; aber die Griechen hätten die grâce erfunden. Er stimmte bei, dass sie in die Kunst die volupté hineingetragen hätten. Die Masse sei das Wesentliche in der antiken Kunst, et l'equilibre des masses, qui fait la grâce. Das Frühstück war ganz ländlich bourgeois. Madame Rodin, eine frische, grauhaarige gute Hausfrau half dem Diener beim Servieren mit. Auf dem Tisch standen Iris und ein kleiner antiker Torso. Ausser Rodin und seiner Frau assen mit eine kleine Pflegetochter, ein junger siebenzehnjähriger Sekretär[1] und ein Monsieur so und so, der die Broncen patiniert. Der Sekretär und die Pflegetochter halfen auch mit beim Servieren. Rodin wird nach mir zuerst, vor seiner Frau, serviert. Er spricht von einem Satz von Mallarmé, der in der letzten Nummer von Les Arts et la Vie abgedruckt ist. Er lässt die Nummer bei Tisch durch den Sekretär holen. Ça exprime tout ce qu'il y a à dire sur l'Art. Er spricht von Menzel, dessen Illustrationen zu Kugler er sehr hoch stellt. Nach Tisch gehen wir in ein kleines Haus unten im Dorf hinunter, um Zeichnungen für Weimar auszusuchen. Da ich sie für mich nicht annehme, schenkt er sie dem Museum. Er will dort auch eine Salle Rodin stiften mit Gipsentwürfen etc. Er findet, dass Gips seine Intentionen am vollkommensten wiedergiebt, besser als Marmor oder selbst Bronce. Ich schlage ihm vor ein Résumé aller seiner Kunstansichten zu machen, indem er Gespräche stenographieren lässt und dann exzerpiert und zusammenfasst. Er ist sehr damit einverstanden, schlägt vor, dieses in Athen im Winter zu machen; Dezember, Januar. –

Paris. 29 Mai 1905. Montag. *29.5.1905 Montag*

Mit Frau von Golubew im Automobil nach St Germain und Maurice Denis besucht. Dort Sérusier. Er ist gerade aus Spanien zurück mit einigen schönen Studien. Seine Skizzen für Mutzenbecher. – Nachher mit der Golubew in Paris zu Rodin, um ihn zu bitten, ihre Büste zu machen. Er behielt uns über eine Stunde bei sich. Ich fragte ihn, ob er die Gruppe Nymphe und Satyr[2], die ich bei ihm bestellt habe nicht vielleicht in „terre cuite" statt in Bronce ausführen lassen wollte, um der hellen Farbe des Gipses näher zu bleiben. Er meinte Nein. Terre Cuite sei noch schlimmer als Bronce, verändere die Formen noch ärger. C'était très bien pour le

---

1 vermutl. Chéruy

2 vermutl. „Le Minotaure"

18ème Siècle parceque ce qu'on faisait était surtout décoratif, pas près de la nature. Mais pour des choses poussées d'après nature, ça altère trop. Mes choses sont bien aussi décoratives, mais elles sont en outre aussi près que possible de la nature. Er zeigte uns sein Grabmonument[1] für Rollinat. Rollinat sei ein grosser Musiker gewesen, namentlich in seinen Liedern nach Baudelaire; aber man habe ihn nicht ernst genommen, das habe ihn zur Verzweiflung getrieben. Und dann sei Baudelaire selbst auch ungesund. Il observait trop la vie. Er, Rodin, sei früher stark unter Baudelaires Einfluss gewesen. Jetzt nicht mehr, weil er gefunden habe, dass er ihn zu pessimistisch mache. Man müsse in der Kunst „la joie" suchen. – Von einem Gespräch mit Rodin, als ich neulich mit Hofmannsthal und Bonnard bei ihm war, notiert seine Äusserungen über die Komposition antiker Statuen. Früher habe er sich über die Löcher zwischen den Beinen u. s. w. gewundert; aber seit er sie in Neapel im Freien und am Meer gesehen habe, verstehe er: der Himmel und das Meer füllten die Löcher; es komme im Gegenteil durch diese weite Komposition mehr Licht und Leben hinein, als wenn sie eng zusammengedrängt wären. – Über seine Praticiens: sie seien von den andren Bildhauern her gewohnt „de cerner les formes". Dadurch stocke das Leben. Er suche im Gegenteil die Kontinuität des Lichtspiels (cf Courbet); das mache die Formen gross, leur donne cette enveloppe de lumière, cette atmosphère etc.

Paris. 31 Mai 1905. Mittwoch *31.5.1905 Mittwoch*

Früh um acht weckte mich Maillol mit starken Schlägen gegen die Thür, indem er immerzu ausrief „C'est moi Maillol, ouvrez, c'est moi Maillol." Er ist gestern um Mitternacht zurückgekehrt. Wir sprachen eine halbe Stunde lang zwischen Thür und Angel, und um 12 kam er mit Frau und Kind frühstücken. Mit ihm zu Mirbeau hinaus wegen des Blanqui Denkmals[2], dann ins Hotel zurück und mit Wilma zusammengetroffen. Maillol erzählte, wie er zum Bildhauern gekommen sei. Dans les derniers temps, quand je faisais de la peinture, les bras me tombaient. Je me demandais, pourquoi est ce que je fais de la peinture, dans quel but? Pourquoi pas autre chose? Je ne voyais plus, ce que ma peinture avait à faire avec la vie. À la fin, j'ai complètement cessé. J'ai fait de la tapisserie, parceque au moins là je voyais le but décoratif. Et puis, un jour, j'ai essayé a faire de la sculpture. J'ai tout de suite vu que ça allait. Et j'ai continué. Mit Maillol bei Odilon Redon.

---

[1] Dernière vision

[2] Action enchaînée

Paris. 1 Juni 1905. Donnerstag. *1.6.1905 Donnerstag*

Bei Maillol in Marly. Er zeigte mir eine kleine Figur in Thon. Die gebrannte Thon Figur für Bernheims riet er mir ab zu kaufen. Oui, c'est joli, c'est élégant; mais Clodion a fait des choses comme ça, c'est pas fait d'après nature, c'est seulement décoratif. Tandisque celle ci (die noch ungebrannte), Clodion n'a jamais rien fait comme ça; c'est tout fait aussi près que possible de la nature.[1] Voyez comme ça emplit la chambre. Une figure doit emplir toute la chambre, elle doit être grande comme trois glaces, tout en étant toute petite. – Er zeigte mir eine weitere Photographie seiner neuen lebensgrossen Frauenfigur[2], die ich der für mich entworfenen[3] vorziehe, weil sie kleiner und leichter unterzubringen ist.

London. 2 Juni 1905. Freitag. *2.6.1905 Freitag*

Früh bei Bénédite wegen Whistler. – Nachmittags nach London.

London. 4 Juni 1905. Sonntag. *4.6.1905 Sonntag*

Im Savoy gefrühstückt. Moral des Falles Wilde, des Falles Dowson, des Falles Schlegel – Lucinde: man soll nicht sinnlich sein wollen. Die Sinnlichkeit muss von innen kommen, natürlich sein. Was nicht in Widerspruch steht mit dem Bestreben, sie hervorzurufen; aber im kleinen Kinde, zugleich mit dem Bewusstsein, mit der Seele selbst, ehe diese konstituiert ist als fremde, sinnenlose Macht. Syllogismus: Man muss sinnlich sein, um Mensch zu sein. Man kann nur als Kind sinnlich werden. Folglich muss die Sinnlichkeit durch alle Mittel im Kinde gefördert werden. Und unter Kind verstehe ich das Kind vom zweiten bis zum siebenten Jahr. – Maxime: Es giebt keine hässliche Sinnlichkeit. Alles, was wirklich sinnlich ist, ist schön. Keine sinnliche Gefühlsform oder Handlung ist hässlich oder beschämend. Die Hässlichkeit fängt erst da an, wo die Sinne durch den Exzess umwölkt, getrübt, gemindert werden. Der Satyr ist nicht, weil er sinnlich ist, hässlich, sondern weil er seine Sinnlichkeit nicht auskostet, nicht die Resonanz hat, sie auszukosten. Die stärkste Sinnlichkeit fällt überall mit der höchsten Menschlichkeit zusammen. Die Grösse des Menschen als Individuum äussert sich in der Weite und Tiefe seiner Sinnlichkeit. Affektierte Sinnlichkeit ist ebenso widerwärtig wie affektierte Jugendlichkeit. Aber die Jugend und Sinnlichkeit sind deshalb doch der eigentliche Sinn des Menschen, und zwar die Jugend wegen ihrer Sinnlichkeit. Ob ich den gespannten Rücken eines Vollblüters zwischen den Schenkeln fühle oder mit der Seele Unsre Liebe Frau im Rosenhag geniesse, ist nur durch die Tiefe und den Umfang der Sinnlichkeit verschieden. Der grösste religiöse Geist des Abendlandes, Franz von Assisi, ist zugleich der

---

[1] Verweisung: „(cf Rodin 29.V 05"

[2] vermutl. „La Nuit"

[3] La Méditerranée

grösste aller Sinnlichkeitswecker gewesen. Ein schöner Knabenkörper und die grosse Liebe, die Plato der Welt zur Axe gab, sind wie Ursache und Wirkung eins. Nur sollte man vielleicht seine Sinnlichkeit nicht auskosten, sie der neuen Blüten wegen reifen lassen, die Frucht der Blüte wegen heilig halten. Das war Platos Instinkt, das das Neuste, noch heute Unverstandene in seiner neuen Moral: nicht die Blüte der Frucht wegen schonen, sondern die Frucht reifen lassen um der neuen Blüten willen, die ihr entkeimen werden. – Die materiellen und politischen Bedingungen vorausgesetzt, Jeden in der Richtung seiner natürlichen Sinnlichkeit möglichst weit und fein entwickeln, das höchste Ideal. Denn Nichts Gutes kommt andersher als von den Sinnen; das die richtige Nutzanwendung von Locke. Enthaltsamkeit als potenteste Sinnenstärkung. Immer mit der Welt verlobt sein. Die sexuelle Sinnlichkeit ist die Axe und der Pol aller übrigen, vielleicht sogar ihre raison d'être; daher ihre Bedeutung. Daher widersinnig der Versuch, gerade der sexuellen Sinnlichkeit ein Gesetz, eine allgemeingültige Wahrheit vorschreiben zu wollen.

London. 7 Juni 1905. *7.6.1905 Mittwoch*

Im Savoy gefrühstückt. Die Form des modernen Luxus das Hotel. Das Hotel entspricht demokratisch der Funktion des Palastes früherer Zeiten; grosse festliche Räume von immer steigendem Raffinement, die beste Küche, ein Überfluss an Dienerschaft und Comfort, aber statt für Einen für Hunderte, anonyme Hunderte. Es überflügelt allmählich den Palast selbst amerikanischer Millionäre. Hotels wie Savoy, Carlton, Ritz bieten mehr als wohl je der grösste Luxus eines Crassus oder Soubise[1]. Sie gehören zu den greifbarsten Zeichen einer neuen, demokratischen, d. h. auf unübersehbar viele grosse Vermögen aufgebauten Kultur. – Aristokratie: wenige, benennbare grosse Vermögen. Demokratie: zahlreiche, anonyme grosse Vermögen. Der Reichtum bleibt die Axe, aber weniger greifbar. Demgegenüber giebt es nur Monarchie oder Büreaukratie, die auf Polizei und Waffen fundierte Macht. Demokratie verhält sich zu Aristokratie etwa wie Büreaukratie zu Monarchie. Alles Andre ist Firlefanz. Es giebt in der Gesellschaft nur diese vier Möglichkeiten. Die Sozialdemokratie ist ein büreaukratisches Ideal. – Anders ausgedrückt: es giebt nur zwei wirkliche soziale Mächte, den Besitz und das Schwert; und jede kann in zwei Formen sich äussern: durch Einzelne, greifbare Persönlichkeiten, oder durch viele, anonyme. Die Einzelnen, Greifbaren sind bei Waffengewalt der König, bei Besitzgewalt die Aristokratie, die Vielen, Anonymen bei Waffengewalt die Büreaukratie, bei Besitzgewalt die Demokratie. Die Büreaukratie ist das Kleingeld eines Königs, wie die Demokratie das Kleingeld einer Aristokratie. Natürlich giebt es Zwischenformen, Kombinationen aller Art; aber nur diese vier Elemente, aus denen sie bestehen können. Der

---

[1] Rohan

Geist, die Ideen, die Kunst sind nur ein Aufputz, ein farbiger Schleier um diese Formen; oder Mittel, die Eine in die Andre umzuwandeln. Sie können Nichts Fundamentales ändern. Wer sie für schöpferische soziale Kräfte hält oder ausgiebt, betrügt sich oder die Andren. Die grösste Konfusion ruft die Mischung hervor, wo Büreaukratie und Aristokratie zusammen kommen, d. h. eine auf Wenige verteilte Besitzmacht mit einer auf Viele (die Verwandten dieser Wenigen) verteilten Polizeimacht. Aber trotzdem ist Dieses nur eine chemische Kombination, kein besondres Urelement der Gesellschaft. Das Durchlavieren des Geschlechts, der sexuellen Urmacht, durch diese Gesellschaftsformen, ist die ewige Tragödie, wie die Wandlungen der Gesellschaftsformen unter sich die ewige Komödie. Man sieht in dieser Gegenüberstellung die Weltkräfte nackt, die Maschinerie der Weltgeschichte in ihren innersten und einzigen wirklichen Triebfedern. Unter Allem giebt es nur diese Drei, Geschlecht, Gewalt, Besitz, die schöne Frau, den starken Held, den reichen Protz, jede um sich herum mehr und immer mehr Organe ausstrahlend, ein mit der wachsenden Kultur immer dichteres Gewirr von Werkzeugen materieller und psychologischer Art, bis zu Banken, Kanonen, Staat, idealer „Liebe“ hinauf; wobei der reiche Protz im freien Spiel der Kräfte sich schliesslich immer die beiden Andren unterwirft, nicht weil er mächtiger, sondern weil er klüger ist; denn seine Existenz ist schon notwendig ein Resultat von Klugheit. Man sollte in jeder Epoche diesen drei Grundtypen nachgehen. Sie sind die Dominanten die Alles Andre nach ihrem Ebenbilde umschaffen. Wobei die schöne Frau zum mindesten in Einem sehr bedeutungsvollen Fall, im griechischen Altertum, der schöne Knabe gewesen ist. – Die Macht der Ideen und der Kunst einschränken, heisst übrigens in Nichts ihren Wert vermindern. Denn man braucht nicht Alles nach der Macht zu werten. Mir ist ein Reiter von Phidias deshalb noch immer wichtiger als eine Schlacht von Alexander; wie mir persönlich eine Rose im Knopfloch mehr wert ist als eine Wurzel im Garten.[1]

London. 8 Juni 1905. *8.6.1905 Donnerstag*

Die Staats Forbes Sammlung in den Grafton Galleries. Miserabler Gesamteindruck, langweilige Maler oder Werke letzten Ranges der guten Maler, Corot, Courbet u. s. w. Nur Monticelli gut vertreten. – Man kann Kunst und Ideen[2] auch als Ausstrahlungen des Geschlechts, der unsozialen Macht, in der grossen Weltmaschinerie betrachten. Dies ist sogar wahrscheinlich richtiger. Sie gehören zur tragischen Seite des Lebens und reichen nur durch den Kontakt in die Komödie hinein. Die Feindlichkeit oder Gleichgültigkeit der eigentlich sozialen Mächte gegen Beide dadurch zum Teil gerechtfertigt. – Die kontinentale Periode der

---

1 Verweisung: „(cf. 8.VI 05.“

2 Verweisung: „(cf 7.VI)“

Weltgeschichte hat aufgehört. Die Weltlage heute hat am meisten Ähnlichkeit mit der der Diadochenzeit; lauter durch das Meer getrennte Weltmächte. Nur Deutschland hat den merkwürdigen Vorteil, auf zwei dieser Weltmächte zu Lande drücken zu können. Die Ungunst seiner Lage zwischen zwei offenen Grenzen wird, wenn es stark genug, d. h. nach beiden Seiten übermächtig, zu einem einzigen Vorteil. Der Anfang der neuen Weltperiode vielleicht die erste Schlacht am Yalu 1894, fast genau 400 Jahre nach der Entdeckung Amerikas. Ihre Konsolidation die Schlacht bei Tsushima. – Besnard oder Carrière aus meinem Werk auszuschliessen kein Grund, wenn man das Gute als Solches bringen will. Ganz anders, wenn man fragt: Was hat die Malerei des XIX Jh. grundsätzlich Neues gebracht? unter dem Gesichtspunkt, dass nur die Ausnahme, nur das Wunder in der Kunst festen, dauernden Wert hat.

Weimar. 7 Juli 1905. *7.7.1905 Freitag*

Vandevelde, Ludwig v. Hofmann, Sascha Schneider bei mir gegessen. S. S. zum ersten Mal. Er ist in Geist und Manieren die vollkommenste Verkörperung dessen, was der Franzose „une brute" nennt; eine Art Caliban. Von dem, was er heute sagte, bleibt mir im Gedächtnis der Ausspruch: „Beim Akt ist die Hauptsache der Ausdruck der Augen." Über dieses Thema eine Stunde lang diskutiert. Er versteht nicht einmal die Einwände. Maillols kleine Terracotta findet er „plump und unfähig."

London. 7 August 1905. Montag. *7.8.1905 Montag*

Bei Harry Lynch in Wardington wegen der Bagdad Bahn. Er ist geneigt, ein Übereinkommen mit Deutschland und der Deutschen Bk. zu befürworten, wenn in Mesopotamien von Aintab an das Englische Kapital in der Majorität ist; dagegen solle England Kleinasien ganz wirtschaftlich und politisch Deutschland überlassen. Wenn Deutschland ohne englisches Kapital die Bahn durch Mesopotamien baue, dann komme es unfehlbar zum Kriege, selbst wenn das Foreign Office dem zunächst zustimme. Denn hier seien vitale Interessen Englands im Spiel, die sich früher oder später durch Waffengewalt Geltung verschaffen müssten.[1]

---

[1] Verweisung: „(cf 9 XII.05."

London. 10 August 05. *10.8.1905 Donnerstag*
Mit Walker und Rothenstein im Savoy die zwei Briefe[1] englischer und deutscher Künstler und Gelehrter beraten.

London 11 August 1905. Freitag. *11.8.1905 Freitag*
Mit Vandeveldes nach Oxford.

London. 12 August 1905. Sonnabend. *12.8.1905 Samstag*
Mit Vandeveldes und Rysselberghe in der National Gall. Rysselberghe bezweifelt, dass Tizian das Fleisch durch Helldunkel Lasuren modelliert habe. Die Fleischfarbe sei im Gegenteil in eine Untermalung hinein gemalt. – Hogarth: Rysselberghe findet in Einzelnem viele Schönheiten; aber die Bilder des Rake's Progress seien nicht einheitlich konzipiert; es seien lauter aufgereihte Einzelheiten. Il n'y a pas de sacrifices. Abends mit Vandevelde und Rysselberghe zum Boxen in Whitechapel.

London. 20 August 1905. Sonntag. *20.8.1905 Sonntag*
Naïv: Was seine eigenen Zustände und Umstände für die natürlichen hält und deshalb auf Andre überträgt. Naïvität: die Annahme, dass die Kräfte und Raisonnements des eigenen kleinen Kreises (oder auch grossen Kreises) auf ganz andre, fremde Umstände passen. Menschen und Nationen, die abgesondert leben, neigen daher besonders zur Naivität, Engländer, Amerikaner und andre Hinterwäldler. Die Griechen waren ganz naïv ihren Göttern gegenüber, weil sie sich keine andre Existenz als die eigene denken konnten. Das Milieu, das als Masstab dient, bestimmt, ob die Naivität empörend, komisch, reizvoll oder erhaben wirkt. Der grobe Bauer ist komisch; Goethe Eckermann oder Kanzler Müller gegenüber erhaben naïv. Die Rolle der Naïvität in der Gesellschaft und Politik noch unterschätzt. – Amüsant ein „kleines Lexikon", das Ausdrücke wie Naïvität etc. aphoristisch beleuchtete. – Naïv, nicht das objektiv Natürliche, sondern was sich für natürlich hält. Naïve Kultur, naïve Kunst, die Kultur, die Kunst, die sich für die einzig möglichen oder die einzig wahren halten. So auch naïve Religion. Die Naïve, das süsse Kind, das in jeden Menschen eine Backfisch Seele hieinempfindet. Beiläufig gesagt giebt es Nichts prätentiöseres als Naivität; Schiller Wallenstein oder Philipp gegenüber. Psychologischer Vandalismus.

London. 20 August 1905. Sonntag. *20.8.1905 Sonntag*
Einen kleinen Seekadetten Maurice Rossion[2] und seinen Freund Strymans kennen gelernt, Beides Belgier, Jungen von 17 Jahren. Der Eine geht übermorgen auf

---

[1] Kessler, Anglo-German Relations

[2] Darüber: „(Verskagen)"

einem Segelschiff nach East London ab, drei Monate ohne Land zu sehen, der Andre in vierzehn Tagen nach Sydney. Ich fragte sie, was ich ihnen auf die Reise schenken könnte; Beide sagten gleich, ohne sich zu besinnen, Balzac, und überhaupt Bücher. Food for the imagination. Seeromane interessieren sie nicht. Rossion ist direkt von Jules Verne, der ihn zur See bekehrt hat, auf Balzac übergegangen. Er erinnert mich in einer eigentümlichen Weise an Otto Dungern vor zehn Jahren, obgleich Dungern damals etwas älter war. Blond, schlank, mit denselben kindlichen, etwas Sphinxartig undurchsichtigen Augen, derselben Naivität und Hübschigkeit in Manieren und Gesichtsausdruck und, wie Dungern damals, mehr Willenskraft als Muskeln. Dieser Mut in einem etwas zarten Körper, diese Keckheit des inneren Geistes über die Muskeln bei harter körperlicher Arbeit, ist die menschlichste aller Schönheitsformen. Sie umschwebt gewisse Knaben und ganz junge schwangere Frauen wie der süsseste, geheimnisvollste aller Düfte.

London. 23. August 1905. Mittwoch. *23.8.1905 Mittwoch*

Maurice Rossion auf seinem Schiff, der Calluna, besucht, während es von einem Schleppdampfer durch die West India Docks hinausbugsiert wurde. Viel verstecktes Scheideweh, eine unbewusste Härte gegen sich, die das Innere umhüllt, nicht unterdrückt. Das die Seemannsseele in Embryo; die männlichste Seele, der Typus der harten, reichen, edlen Form. Das giebt Leichtsinn und Ausschweifung und Rohheit des Seemannslebens den grossen Hintergrund, eine Art von Zufluss aus dem Ewigen, mehr als den meisten konsequent wohlanständigen Berufen. – Die so sonderbar in das harte, materielle Leben überall hineingewobenen roten Strähnen des Gefühls. Das ist die eigentliche Wirklichkeit des Lebens, das Schema, das Skelett, das unter allen Formen wiederkehrt. Das Drama so essentiell, weil in seinen beiden Arten, der Tragödie und Komödie, ein ganz analoges Schema das Kunstmittel ist. – Hebbel und Courbet die beiden Fundamente der „Moderne". Das moderne Drama steht auf Hebbel wie die moderne Malerei auf Courbet. Ibsen verhält sich zu Hebbel wie Manet zu Courbet. Man könnte die Analogie sogar noch weiter auf Wagner und Delacroix ausdehnen. Man kann ohne Weiteres Hebbel und Courbet als die beiden stärksten Antriebe der „Moderne" bezeichnen. Selbst Baudelaire steht hinter diesen Beiden zurück, hat Weniger Positives geleistet.

London. 26 August 1905. Sonntag. *26.8.1905 Samstag*

Den jungen Strymans zum Frühstück bei mir, damit er mir Etwas vorspiele. Er ist leidenschaftlich musikalisch, hat als Wunderkind mit 7 Jahren in Konzerten gespielt. Er sagt mir: Quelquefois, à bord, j'ai besoin d'entendre de la musique de la même façon que j'aurais besoin d'une femme. Alors, n'importe quoi, un air sur une harmonica me satisfait; während er sonst nur Beethoven, Bach, Schumann liebt. Der Durst nach Kunst: Problem.

Paris. 30 August 1905. Mittwoch *30.8.1905 Mittwoch*

Von London nach Paris. Conrads „Nigger of the Narcissus" gelesen. Ein klassisches, grosses Buch, mit den „Erinnerungen eines Arbeiters"[1] zu vergleichen, aber künstlerisch bewusster. – Wenn man als „Material" in der Kunst nur den sinnlichen Eindruck gelten läst, dann führt der Satz, dass alle Kunst nur Bildung und Verfeinerung des Materials ist, zur absurden Folgerung, dass ein schöner chinesischer Vers ebenso schön für einen Deutschen ist, der kein Wort chinesisch versteht, wie für den Chinesen selbst. Wozu dann Übersetzungen? Der Sinn ist ja ganz gleichgültig, wenigstens künstlerisch gleichgültig. Man muss also entweder den l'Art pour l'Art Grundsatz aufgeben, oder den Begriff des „Materials" weiter, tiefer, seelischer fassen. Ich bleibe dabei, dass alle Kunst Nichts ist als Bildung eines Materials durch Werkzeuge mannichfaltiger Art, zu denen auch der sog. „Inhalt" gehört: es giebt in der Kunst Nichts als Material und Werkzeug, nicht „Form" und „Inhalt"; aber das Material erstreckt sich vom rohen sinnlichen Eindruck bis zu den feinsten und letzten Schwingungen jeglicher Art, die ein sinnlicher Eindruck in der Seele hervorrufen kann. Alles das bildet und formt das Werkzeug sei dieses die blosse Hand oder eine künstliche und wunderbare Fabel. – Gestern der Friede[2] in Portsmouth unterzeichnet, heute Sonnenfinsternis.

Paris. 1 Sept. 1905. Freitag. *1.9.1905 Freitag*

Dem kleinen Rossion Bücher geschickt; mehr Balzac, ferner Baudelaire (Fleurs du Mal, und Übersetzungen von Poe), Stendhals Chartreuse de Parme, und Corbière. Man kann nie durch die Theorie zum Leben, durch Antiquarisches zur Kunst kommen; nur durch das Band, das das Leben zwischen uns und die lebendige Kunst flicht, auf diesem Wege dann nachher auch zu älterer und alter Kunst und Litteratur. Daher müssen wir die Kultur und das Leben unserer Zeit in all' ihrer Komplexität und nationaler Mischung akzeptieren. „Heimatskunst" ist in Wirklichkeit eine Entwurzelung, ein Versuch, Kunst in einer unnatürlichen Abgeschlossenheit, in einem Treibhaus zu züchten. Unsere Heimat ist die Gegenwart, mag sie noch so national gemischt sein. Wiederausgegrabene, hypotheti-

---

[1] Fischer

[2] Die vier Wochen andauernden Friedensverhandlungen, die den Russisch-Japanischen Krieg beendeten, führten am 29. August zu einem Durchbruch u. fanden ihren Höhepunkt in der Unterzeichnung eines Friedensvertrages am 5.9.1905.

sche Vergangenheiten sind Nichts als eine besondre Art des Exotischen. Das ist der Irrtum von Lichtwark, Barrès u. s. w. Sie sind ganz blind gegen Thatsachen, wenn sie glauben, dem modernen Hamburger, Münchener, Berliner, Metzer, stehe die Vergangenheit der Stadt, in der er wohnt, näher als die Gegenwart, in der er lebt, und die ihn in jedem Augenblick mit tausend Eindrücken an sich kettet. Wie schattenhaft ist dagegen jene historische Vergangenheit, die ihm bestenfalls nur von Zeit zu Zeit in Büchern und Leitartikeln heimatskünstlerischer Blätter begegnet. – Das schwerste Gebrechen der deutschen Kultur ist ihre Zerrissenheit, geographisch und sozial, das Fehlen eines Mittelpunkts, einer Allgemeinheit, in die sich Alles ergiesst und durch die Alles hindurchgehen muss. Daher haben die deutschen Dichter sich künstlich eine Allgemeinheit, das Griechentum, konstruiert, um wenigstens dort das „Allgemeinmenschliche“ zu finden, das innerhalb des deutschen Kulturrahmens bisher fehlte. Aber heute haben wir und bekommen immer mehr ein allgemein-deutsches materielles Leben. Unsere Aufgabe ist jetzt dieses allgemein deutsche Leben zu einer Kultur zu verfeinern; nicht künstlich diese Gemeinsamkeit wieder zu zerklüften und auseinanderzureissen. Früher, bei langsamer Kommunikation musste sich die Kultur einer Nation, um diese Allgemeinheit, den Austausch und die Wechselwirkung aller ihrer Elemente zu erreichen, einem Ort unterwerfen; daher Paris. Vielleicht ist heute ein andrer Typus möglich.

Paris. 2 September 1905. Sonnabend. *2.9.1905 Samstag*

Disposition:
I Buch:
Einl: Winckelmann, Diderot. (David, Greuze)
Cap. 1) Ingres (Linie. Stil)
2) Delacroix (Farbe, Bewegung)[1]
3) Das neue Naturgefühl (Rousseau [Michel, Constable])
4) Millet (Masse, mehr bewegte Linie, Helldunkel)
5) Corot (Ton, Licht)[2]
II Buch:
Courbet[3]
III Buch
1. Manet.[4] Whistler
2 Monet[5]

---

[1] Verweisung: „cf. 11.IV 06 a.E. 3.IX.05“

[2] Verweisung am linken Seitenrand neben den Stichworten zum „I Buch“: „hierzu: 26.II.06; 2.IV 06; 3.IV 06“

[3] Verweisung: „(cf 12.II 05, 8 IV 06“

[4] Verweisung: „(30.III 06, 12 II 05“

[5] Verweisung: „(30.III 06“

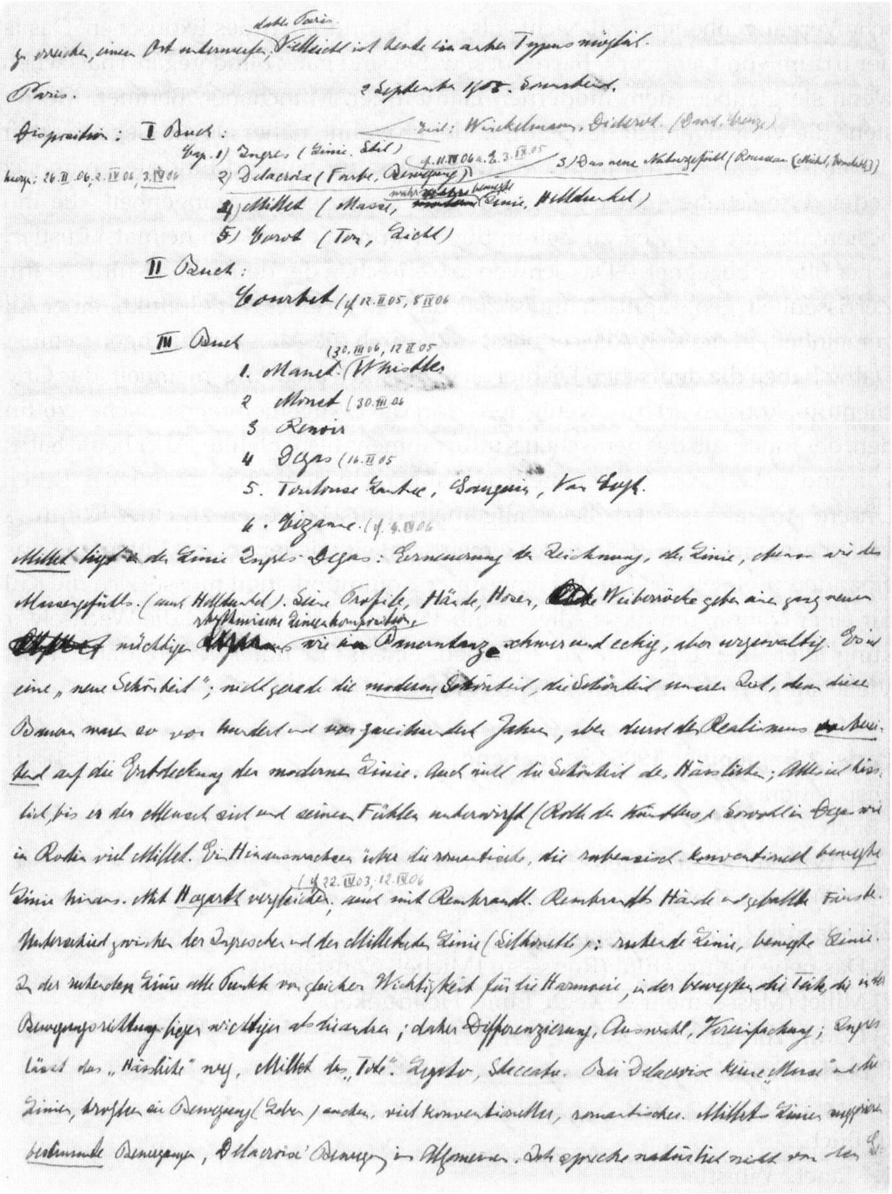

Einträge vom 1. und 2. September 1905; Tagebuch Harry Graf Kessler; Deutsches Literaturarchiv, Marbach am Neckar

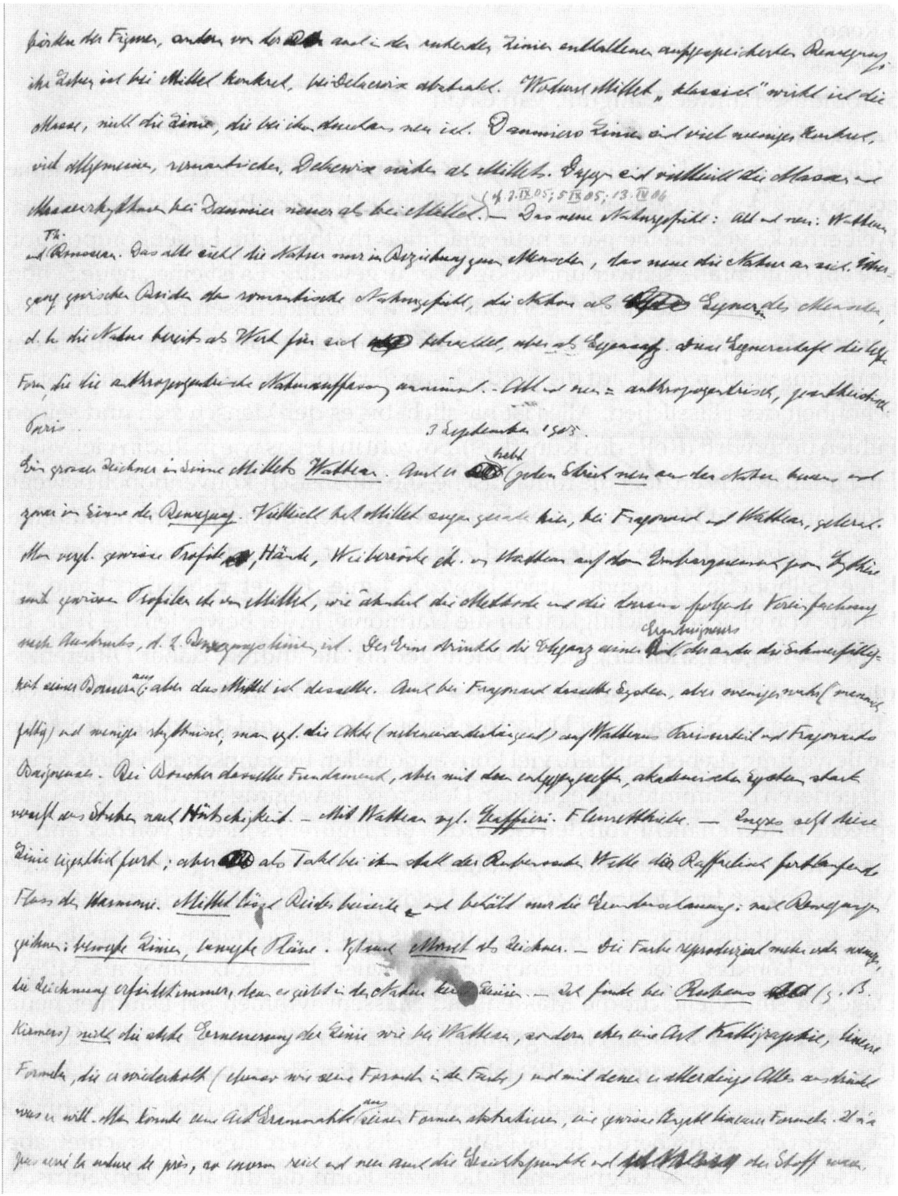

Einträge vom 2. und 3. September 1905; Tagebuch Harry Graf Kessler;
Deutsches Literaturarchiv, Marbach am Neckar

3 Renoir
4 Degas[1]
5. Toulouse-Lautrec, Gauguin, Van Gogh.
6. Cézanne.[2]
Millet liegt in der Linie Ingres – Degas: Erneuerung der Zeichnung, der Linie, ebenso wie des Massengefühls (auch Helldunkel). Seine Profile, Hände, Hosen, Weiberröcke geben eine ganz neue mächtige rhythmische Linienkomposition, wie ein Bauerntanz schwer und eckig, aber urgewaltig. Es ist eine „neue Schönheit"; nicht gerade die moderne Schönheit, die Schönheit unserer Zeit, denn diese Bauern waren so vor hundert und vor zweihundert Jahren, aber durch den Realismus vorbereitend auf die Entdeckung der modernen Linie. Auch nicht die Schönheit des Hässlichen; Alles ist hässlich, bis es der Mensch sich und seinem Fühlen unterwirft (Rolle des Künstlers). Sowohl in Degas wie in Rodin viel Millet. Ein Hinauswachsen über die romantische, die rubensisch-konventionell bewegte Linie hinaus. Mit Hogarth vergleichen[3]; auch mit Rembrandt). Rembrandts Hände und geballte Fäuste. Unterschied zwischen der Ingreschen und Milletschen Linie (Silhouette): ruhende Linie, bewegte Linie. In der ruhenden Linie alle Punkte von gleicher Wichtigkeit für die Harmonie, in der bewegten die Teile, die in der Bewegungsrichtung liegen wichtiger als die andren; daher Differenzierung, Auswahl, Vereinfachung; Ingres lässt das „Hässliche" weg, Millet das „Tote". Legato. Staccato. Bei Delacroix keine „Masse" und die Linien, trotzdem sie Bewegung (Leben) suchen, viel konventioneller, romantischer. Millets Linien suggerieren bestimmte Bewegungen, Delacroix' Bewegung im Allgemeinen. Ich spreche natürlich nicht von den Gebärden der Figuren, sondern von der auch in den ruhenden Linien enthaltenen aufgespeicherten Bewegung; ihr Leben ist bei Millet konkret, bei Delacroix abstrakt. Wodurch Millet „klassisch" wirkt ist die Masse, nicht die Linie, die bei ihm durchaus neu ist. Daumiers Linien sind viel weniger konkret, viel allgemeiner, romantischer, Delacroix näher als Millets. Dagegen sind vielleicht die Massen und Massenrhythmen bei Daumier neuer als bei Millet.[4] – Das neue Naturgefühl: Alt und neu: Watteau und Th. Rousseau. Das alte sieht die Natur nur in Beziehung zum Menschen, das neue die Natur an sich. Übergang zwischen Beiden das romantische Naturgefühl, die Natur als Gegnerin des Menschen, d. h. die Natur bereits als Wert für sich betrachtet, aber als Gegensatz. Diese Gegnerschaft die letzte Form die die anthropozentrische Naturauffassung annimmt. Alt und neu = anthropozentrisch, pantheistisch.

---

1 Verweisung: „(16.II 05"

2 Verweisung: „(cf. 4.IV 06"

3 Verweisung: „(cf 22.IV 03; 12.IV 06"

4 Verweisung: „(cf. 3.IX 05; 5 IX 05; 13.IV 06"

Paris. 3 September 1905. *3.9.1905 Sonntag*

Ein grosser Zeichner im Sinne Millets Watteau. Auch er hebt jeden Strich neu aus der Natur heraus und zwar im Sinne der Bewegung. Vielleicht hat Millet sogar gerade hier, bei Fragonard und Watteau, gelernt. Man vergl. gewisse Profile, Hände, Weiberröcke etc. von Watteau auf dem Embarquement pour Cythère mit gewissen Profilen etc von Millet, wie ähnlich die Methode und die daraus folgende Vereinfachung nach Ausdrucks, d. h. Bewegungslinien, ist. Der Eine drückte die Eleganz seiner Grandseigneurs, der andre die Schwerfälligkeit seiner Bauern aus; aber das Mittel ist dasselbe. Auch bei Fragonard dasselbe System, aber weniger wahr (mannichfaltig) und weniger rhythmisch; man vgl. die Akte (nebeneinanderhängend) auf Watteaus Parisurteil und Fragonards Baigneuses. Bei Boucher dasselbe Fundament, aber mit dem entgegengesetzten, akademischen System stark versetzt aus Streben nach Hübschigkeit. – Mit Watteau vgl. Caffieri. Fleuretthiebe. – Ingres setzt diese Linie eigentlich fort; aber als Takt bei ihm statt der Rubensschen Welle der Raffaelisch fortlaufende Fluss der Harmonie. Millet lässt Beides beiseite und behält nur die Grundanschauung: nach Bewegungen zeichnen: bewegte Linien, bewegte Pläne. Vgl auch Monet als Zeichner. – Die Farbe reproduziert mehr oder weniger, die Zeichnung erfindet immer, denn es giebt in der Natur keine Linien. – Ich finde bei Rubens (z. B. Kirmess) nicht die stete Erneuerung der Linie wie bei Watteau, sondern eher eine Art Kalligraphie, lineare Formeln, die er wiederholt (ebenso wie seine Formeln in der Farbe) und mit denen er allerdings Alles ausdrückt was er will. Man könnte eine Art Grammatik aus seinen Formen abstrahieren, eine gewisse Anzahl linearer Formeln. Il n'a pas serré la nature de près, so enorm reich und neu auch die Gesichtspunkte und der Stoff waren, die er entdeckte. Was nicht verdunkeln darf, dass er doch ebenso der Ausgangspunkt der modernen Zeichnung wie der modernen Farbe ist. Er setzte beiden neue Ziele; oder eigentlich immer allen Ausdrucksmitteln dasselbe Ziel: zu leben. Jedesmal ganz im Allgemeinen: die Bewegung, die vibrierende Farbe, das strahlende Licht in der Landschaft. Nach ihm wurde das Alles ins konkrete ausgeschöpft. Man vergleiche recht genau die Kirmess mit dem Embarquement pour Cythère, namentlich die Zeichnung: auch wie das Modellieren durch Bewegungspläne hier und dort geübt wird, aber bei Watteau wie viel spezieller, unmittelbarer, unkonventioneller. Rubens Grösse ist der Wille, Farbe, Linie, Licht lebendig zu machen. Zu diesem Zweck fasst er die ganze vorherige Malerei zusammen, nimmt in ihr Alles, was dem Leben des Materials dienen kann und erreicht auch sein Ziel im Grossen. Aber dann erreichen es andre nach ihm und von ihm angeregt im Einzelnen viel genauer: Watteau in der Zeichnung; Delacroix in der Farbe. Delacroix ist in der Farbe unzweifelhaft reicher, rarer, erfinderischer als Rubens; aber Rubens hat ihm den Weg gezeigt. In meinem Buch Vergleich zwischen Delacroix und Rubens.[1] – Das Malerische bei Ingres: das Übertönen des Konturs durch die Musik der Pläne und Formen. Er sucht das Leben des Materials nicht in der Bewegung sondern im Reichtum der Form.[2]

Paris. 4 September 1905. *4.9.1905 Montag*

Die Perspektive ins Unendliche geht bei den Deutschen immer gleich ins Abstrakte, selbst bei Goethe. Wie anders bei Shakespeare, bei den Völkern, die das Meer kennen! –

Paris. 5 Sept. 1905. *5.9.1905 Dienstag*

David achtet bei der Zeichnung in erster Linie auf den Rhythmus, das Ornament, nicht auf die Naturwahrheit; das ist das Richtige in seinem System. Aber er glaubte diesen Rhythmus ein für allemal erfunden von den Alten; es gebe nur diese Eine Ornamentale Form des menschlichen Körpers: die Antike; während wir gerade dieses Ornamentale für das Haupterfindungsgebiet jedes neuen Künstlers halten, ihn insoweit als grossen Zeichner ansehen wie er neue rhythmische Linienverbindungen aus der Natur herauszieht. (Analog in der Litteratur das Versemachen nach Schema oder nach frei erfundenen Rhythmen: Hackbrett oder Versmusik.) – Also im Prinzip hat David recht. Seine Bedeutung ist, dass er die ganze französische Malerei des XIX Jh. auf eine künstlerische Basis gestellt hat, von der sie nie heruntergegangen ist (l'Art pour l'Art); dass er sie vor der Stillosigkeit, dem rohen Photographismus in der Zeichnung bewahrte. Er sah nur die antiken, und sogar nur die römischen Linienspiele im menschlichen Körper; aber durch sie lehrte er was Stil in der Zeichnung, was überhaupt Zeichnung ist, d. h. nicht Naturwahrheit, sondern rhythmische Wahrheit, Taktfestigkeit. Er knüpft hier an Poussin an, der aber ein Erfinder, nicht wie David blos ein Wiederholer in der Zeichnung ist; namentlich in der Verteilung der Linienspiele auf die Fläche (cf. Saphira, oder Narziss). Bei Poussin sind die Farben und selbst die Valeurs, die er so subtil und geheimnisvoll handhabt, nichts als Hülfstruppen; sie unterstützen blos diese Verteilung der Linienspiele (Motive) über die Fläche wie das Forte und Piano oder die Tonfarbe bei den Motiven einer Symphonie. Sie ordnen nur noch subtiler als die blosse räumliche Verteilung die Beziehungen der Linienspiele zueinander. – David glaubte (im Unterschied von Poussin), es genüge, bewährte Linienspiele wie die antiken Aktschemata nebeneinander zu stellen um wieder ornamentale Kompositionen zu erhalten. Er erfand daher weder das einzelne Aktschema noch die Beziehungen zwischen den verschiedenen Akten. Hier liess er der „Bedeutung", dem Historischen, Anekdotenhaften,

---

[1] Verweisung: „(und Chardin cf. 11.IV 06 a. E. 16.XI 03."

[2] Verweisung: „(cf Rodin 28.V 05.)"

Sentimentalen, die Hauptrolle. Das sein zweiter und sein dritter Irrtum. Daher das künstlerisch Zerrissene, Abgehackte seiner Historienbilder. (cf etwas modifizierend weiter unten.) – Ingres ist dem Stil näher und der Natur näher. Er wagt neue Arabesken und daher ganze Arabesken, ornamentale Beziehungen, über das ganze Bild hin; nicht blos zusammengestellte Einzelschemata. Die Verbindung durch das Bild hin ist bei ihm linear, nicht historisch-anekdotenhaft (Triomphe d. H.). Das, diese Freiheit der Erfindung im Ornamentalen und diese künstlerische Einheit des Bildes die beiden Eigenschaften, wodurch Ingres zur modernen Malerei gehört, im Gegensatz zu David und zu den Akademikern des XIX Jh. Er that für die Linie, was Courbet später für den Ton (denn Courbet suchte auch nicht blos den realistisch wahren Ton, sondern noch mehr und wichtiger den einheitlichen Ton durch das ganze Bild). – Die historische Einheit die Davids, die künstlerische die von Ingres. Wenigstens ist das das Fazit, wenn David auch prinzipiell wahrscheinlich ebenfalls die künstlerische Einheit des ganzen Bildes durch die Linie suchte. Aber diese Absicht wird überall durchkreuzt von der noch stärkeren, lauter klassische Körper und Glieder zu geben. D. h. überall, wo zwischen der künstlerischen Einheit des Ganzen und der klassischen Regelmässigkeit des Einzelnen zu wählen ist, opfert David immer das Ganze und entscheidet zu gunsten der klassisch durchgeführten Einzelheit. So geht die Komposition im Ganzen schliesslich verloren. Es waren zwei unvereinbare Prinzipien. Dagegen Ingres, der im Einzelnen an Nichts sich band, als Taktrichtigkeit im Sinne des Ganzen, diesen Konflikt nicht kannte, weil er den klassischen Kanon aufgegeben und sich die Freiheit der Erfindung, also die Freiheit der Erfindung im Sinne der ganzen Komposition, behalten hatte (vgl. den „zu langen" Rücken auf der Odalisque couchée). Prinzipiell wollte David gewiss auch eine künstlerisch einheitliche Komposition, er scheiterte aber in der Ausführung, weil sein andres Prinzip ihn behinderte. Das Architektonische der Linienführung, so dass das ganze Bild wie eine Säulenhalle oder ein Dom eins ist, jede Linie tragend oder von andren getragen, das ist was Ingres durchführt, was David nicht erreicht, weil er immer mehr an die Einzelheiten als an das Ganze denkt. Ingres' Odaliske mit dem langen Rücken (Kératry[1]) widerlegt ein für allemal den Einwand, dass Etwas „verzeichnet" ist, weil es nicht mit der photographisch wiedergegebenen Natur übereinstimmt. Nichts ist je verzeichnet als was gegen die Architektonik des Bildes verstösst. Es giebt Bilder, auf denen jeder Strich ganz genau mit der Natur übereinstimmt, und die doch nicht einmal in den Bereich der künstlerischen Zeichnung hineinreichen. Sie sind nicht einmal verzeichnet; sie sind überhaupt nicht. Auf Andren kann ein der Natur richtig abgesehener Strich, der photographisch zu belegen wäre, eine Verzeichnung sein, die

[1] vgl. „Annuaire de l'école française de peinture ou Lettres sur le salon de 1819" sowie seine mündliche, von Amaury-Duval überlieferte, Äußerung „Son odalisque a trois vertèbres de trop", in: L'Atelier d'Ingres, S. 282

das ganze Werk verschimpfiert. – Wie Ingres, so auch Courbet auf Linie, bzw Ton, als Bestandteil des Kunstwerks, nicht in ihrer Beziehung zur Natur, bedacht. Damit fussen Beide auf einem von den ewigen Prinzipien der Kunst. Für die Kunst existiert Alles nur im Kunstwerk. (z. B. ebenso die einzelne Figur im Drama). – Delacroix und vor Allem Millet brachten dann in die Zeichnung die Idee der bewegten Linie hinein. Also: Ingres: wahre Linie; Delacroix: bewegte Linie (nach Rubens); Millet: wahr bewegte Linie. Millet vereinigt so Ingres und Delacroix.[1]

Pugny – Aix les Bains. 6 Sept. 1905. *6.9.1905 Mittwoch*

Früh an. Zu Mama nach Pugny. – Bei Ingres die Linienkomposition ein Netz, das das ganze Bild umspannt und zusammenhält, bei David eine Reihe von stilvollen Flicken aneinandergenäht. – David hat wie die franz. Revolution Viel zertrümmert, Alles vorbereitet. Ingres rechtfertigt ihn, giebt seinen Themen Sinn. – „Klassische Kunst“: Jede Kunst ist insoweit klassisch wie sie dauernden psychophysiologischen Sinnes und Gefühlsgesetzen entspricht. Man darf dabei aber nicht übersehen, dass neue Gefühle oder Sinnesempfindungen, die es früher nicht gab, dauernd werden können. Alle höheren, feineren Gefühle und Sinnesempfindungen sind wahrscheinlich seit verhältnismässig kurzer Zeit, seit einigen Jahrtausenden erst geworden. Die ganze kompliziertere Sexualität, die sogenannte „Liebe“ ist fast vor unsren Augen seit zweihundert Jahren emporgewachsen und fest geworden. – Vor Ingres und Delacroix die einzige grosse, wirkungsreiche Thatsache die Zerstörung der Tradition: die Klassizisten, Winckelmann, David etc, eine von Deutschland und Deutschen ausgehende Bewegung, die durch David nach Frankreich übergreift, wo sie wirklich Etwas zu zerstören fand. Winckelmanns Feindschaft gegen die französische Malerei. Briefstelle. Mengs, Pompeo Battoni. Als erstes Kapitel: der Untergang der malerischen Tradition; denn diese Thatsache ist bis heute wirksam geblieben. Man könnte dieses Kapitel vielleicht sogar einfach Winckelmann nennen; denn es kommt viel mehr auf die Negation Winckelmanns als auf das Positive von David an. Seine Negation ist die radikale Thatsache, die Wurzel. David ist von Winckelmann angesteckt, krank. Der Klassizismus Etwas Fremdes, das in David einen Kampf kämpft gegen die starke angeborene, anerzogene Tradition guter Malerei, in der sein ganzes grosses positives Können und Talent wurzelt. Daher ist Winckelmann die Hauptperson, nicht David. Dieser Zwiespalt sogar, was in David zu zeigen ist, Davids eigentliches Signum. – Neben den Klassizisten als Zerstörer die Moralisten und Sentimentalisten: Diderot; die Verführung zur Anekdote. Greuze hier was David dort.

---

[1] Verweisung: „(cf. 2.IX 05; 13.IV 06“

Weimar. 8 Sept. 1905. Freitag *8.9.1905 Freitag*

Vormittags an. Mit Vandevelde bei Hunnius wegen Dresden[1]. Der G. H.[2] giebt, wie zu erwarten steht, 20 000 M.

Weimar. 10 Sept. 1905. Sonntag. *10.9.1905 Sonntag*

Frühstück bei Frau Förster. Euckens, Graef, Frau Mittelstaedt etc.

Leipzig. 11 Sept. 1905. *11.9.1905 Montag*

Mit Vandevelde nach Leipzig. Bei Klinger, mit dem über Villa Romana[3], Craig, englische Adresse[4]. Nachher mit Klinger bei Starcke gegessen. Über die Heimatskünstler bei Anlass von Meier Graefe Klinger: die Heimatskünstler seien ihm immer schon unsympathisch gewesen; aber wenn sie ausser dem deutschen Sujet auch noch nur deutsche Künstler verlangten, so seien es blos „zwee Dummheiten statt eener". Im Übrigen stark gegen M. G. Klinger gieng extra in eine Buchhandlung, um mir die „Kritik der Kritik" mit M G's Aufsatz „die Kiste" zu schenken. Abends mit Vandevelde nach Dresden. Mit Vandevelde nach Tisch über meinen Whistler Aufsatz. Er unterschreibe jedes Wort; nur finde er deshalb nicht W. einen grossen Künstler. Was ich über Modernität sage, sei „très beau". Er selbst suche gerade jetzt festzustellen, was das eigentlich Moderne in der Linie sei. Bisher sehe er nur drei Stile in der Weltgeschichte: den griechischen, den gothischen, den modernen. Ich machte ihn darauf aufmerksam, dass auch die Renaissance ein eigener Stil sei, wenigstens wenn man jedesmal einen neuen Rhythmus, nach dem sich Alles ordnet als das Merkmal eines neuen Stils ansehe: denn in der Architektur und den Grundrissen der Renaissance sei der Rhythmus zum ersten Mal ein Widerspiel von Kurven und Graden mit dem Hauptakzent auf den Kurven; im griechischen Stil seien die Graden, die tragenden Säulen und getragenen Balken das Hauptmotiv, in der Gothik die Spitzbogen, das blosse Aufstreben; im Rhythmus der Renaissance vereinige sich Beides zu Etwas ganz Neuem. Und gerade hieran schliesse sich der „moderne" Rhythmus. Ich zeigte ihm die betreffende Stelle im Whistleraufsatz (Praeraffaeliten und Whistler), die er übersehen hatte.

Dresden – Weimar 12 Sept. 1905 *12.9.1905 Dienstag*

Früh bei Bondi mit Vandev.; nachher bei Schuhmacher und mit diesem in die Ausstellung, um die Lokalitäten Vandev. zu zeigen. Bei Bondi gefrühstückt. Mit Bondi über Craig. Abends mit Vandev. nach Weimar zurück.

---

1 Vorbereitung der „Dritten Deutschen Kunstgewerbe-Ausstellung 1906"

2 Wilhelm Ernst

3 Florenz

4 Kessler, Anglo-German Relations

Hamburg. 13 Sept. 1905. *13.9.1905 Mittwoch*
Mittags aus Weimar nach Hamburg.

Hamburg. 14 Sept. 1905. Donnerstag. *14.9.1905 Donnerstag*
Mittags Trübner getroffen. Mit ihm sein Porträt des Bürgerm. Mönckeberg besehen, das noch nicht ganz fertig. Nachher Liebermann, Lichtwark, Kalckreuth. Mit Kalckreuth wegen seines Rücktritts vom Präsidium des K. B. gesprochen. Ihm dieses ausgeredet. Er meint und fürchtet, die Plebs in München würde Stuck etc. verbieten, fürderhin beim K B. auszustellen. Das Meier Graefesche Buch[1] und der Spektakel darüber hätten in München zu böses Blut gemacht. Die Gegensätze zwischen Berlin und München seien unüberbrückbar. – Nachher mit K., Liebermann und Trübner gegessen. Liebermann über Böcklin losgezogen. Es kennzeichne B. dass er das Porträtieren für eine minderwertige Kunst gehalten habe: Was sei denn Landschaften oder überhaupt jede Art von Malerei Andres als Porträtieren? Auch dass er die Leuchtkraft der Farbe so hoch geschätzt habe beweise, dass er keine blasse Ahnung von Malerei gehabt habe. Das erinnere ihn immer an einen Schüler von Steffeck, der Alles immer unheimlich blau gesehen habe, und als ihm Steffeck sagte: Lieber .... wo haben Sie denn blos das Blau her? antwortete: Herr Professor, ich kann noch viel blauer. Menzel sei ein ganz enormer Künstler gewesen. Wenn der nach Paris gekommen wäre, hätte er Degas mitsamt Allen Andren in die Tasche gesteckt. Das beweise sein „Théâtre Gymnase", das Degas sogar aus dem Kopf kopiert habe. Es sei ein ganz unglaublich schönes Bild. – Von Slevogt, er habe wie alle Münchener, keinen Respekt vor der Natur. Sie meinten immer, sie könnten es noch besser. Der Vortrag sei ihnen Alles; und darin erreichten sie deshalb auch vorzügliches. – Von Vogel und seinen Rathausbildern, als erzählt wurde, er berechne sie nach dem Quadratmeter und habe so 300.000 M herausgeschlagen: Ja, und jetzt malt der Kerl nur noch lauter Luft! – Spät noch zuletzt mit Trübner im Nachtkaffe. Er war bis dahin wie immer sehr schweigsam. Liess sich dann aber über Liebermann kurz los: Er sitze bei Porträts auf. Er bleibe an der Oberfläche haften; dringe nicht ein. Slevogts Oswald sei besser als Liebermanns Petersen. Trübner fischt übrigens nach Fürstenporträts, pfiffig und bieder; malt sie für Nichts und einen Orden. So will er unsren G. H. porträtieren. Merkwürdig.[2]

Hamburg. 15 Sept. 1905. *15.9.1905 Freitag*
Vormittags Rundfahrt durch den Hafen. So verändert, dass für mich wie eine ganz neue Gegend. Im Vergleich zu London viel rapideres Leben, fast lauter Dampfschiffchen und Motorboote statt der langsamen Londoner Kähne: schnei-

---

[1] Der Fall Böcklin und die Lehre von den Einheiten

[2] Verweisung: „(cf noch unter 16.IX)"

dige, blitzblanke und schnelle Modernität, auch die viel grössere und noch dazu künstliche Wasserfläche; aber nicht der Zauber der Beleuchtung und die königliche, geheimnisvolle Unendlichkeit, in die Alles in London überzugehen scheint. Der Hamburger Hafen ist gross, der Londoner unermesslich. – Nachmittags nach Berlin und Craig gesprochen.

Berlin – Dresden. 16 Sept. 1905. Sonnabend. *16.9.1905 Samstag*
Mit Craig nach Dresden; Magnus mitgenommen. In Dresden bei Bondi Sitzung mit Lossow, Schuhmacher, Koetzschau. Theaterplan[1] vorgelegt. Festgestellt, dass besondre Garantie oder Gesellschaft nötig, die Lossow zu beschaffen hofft. Nachmittags mit Craig und Magnus nach Berlin zurück. Craig erzählt von seiner Mutter Ellen Terry einen guten Ausspruch über Wilde: „The truth is, Wilde never grew up." – Eine andre amüsante Wilde Geschichte: Wilde habe ihn und den jungen Irving gebeten, ihn doch nicht Mr Wilde, sondern Oscar zu nennen. Darauf habe der alte Henry Irving, als ihn Wilde bei einem Diner „Mr Irving" nannte, ziemlich höhnisch über den Tisch weg zu ihm gesagt: „Now, come, come, why donot you call me Henry?"[2] – Mir fällt von Liebermann neulich noch ein seine sinnlose Wut gegen Thode und daher gegen Franz von Assisi: Er ist wie ein Weib unfähig, von seinen Abneigungen und „Sentiments" abzusehen. Er streicht, Thodes wegen, Franz von Assisi aus der Weltgeschichte. In dieser Schwächlichkeit seiner Temperamentshemmungen ist er durch und durch Jude. – Von Slevogt meinte er noch, er gehe auf sein Bild los, wie sein Vater der Artilleriehauptmann auf eine feindliche Batterie, ohne Besinnung, tollkühn. S's Vater wäre 70, wenn er nicht gefallen wäre, vor ein Kriegsgericht gestellt worden, weil er bei einem solchen Angriff seine ganze Kompagnie geopfert habe; so sei auch der Sohn. Wenn es glücke, glücke es; aber sonst sei es schlimm. – Diderots Salons u. Essai sur la Peinture und Goethes Kritik: Goethe vertritt eigentlich den französischen Standpunkt, Diderot den Deutschen. Jeder Franzose ist im Grunde Akademiker, Artist. Gerade deshalb war Diderots gewaltiger Gegenstoss zugunsten der Natur so enorm fruchtbar, weil er dem französischen Temperament das Fehlende hinzufügte. In Deutschland ist das kunstlose, voraussetzungslose Abschreiben der Natur von selbst zuhause cf. Runge, Morgenstern, Gensler etc. Goethe und Diderot ergänzen ein jeder seine Nation durch ihr Gegenteil.

Berlin. 17 Sept. 05. Sonntag. *17.9.1905 Sonntag*
In der Künstlerbund Ausstellung. Der stärkste Eindruck Hodler, der Stil seiner Zeichnung, neue Linien und Linienknäuel aus der Natur heraussehend, die zugleich jedesmal wie Glockenschläge rhythmisch sind. Der Farben Vortrag der

---

1 Übermarionette-Theater

2 Die folgende Passage wird mit „(zu 14.IX)" eingeleitet.

eines Südsee Insulaners, auch fehlt der Humor; aber die Zeichnung und der Farben und Formen Rhythmus triumphieren doch. – Klimt sucht Stil gerade am entgegengesetzten Ende, durch den Ton; das Gerippe aber ist darunter schwach und ohne Neuheit, namentlich die Zeichnung, selbst wo er offenbar an Hodler denkt (alte Frau auf den Lebensaltern). Das Beste ein gewisses Gefühl für das Porträt, die Ähnlichkeit, auch für den Duft des Fleisches, aber ganz schablonenhaft; man denke an Renoir.

Weimar. 18 Sept. 1905. *18.9.1905 Montag*

Früh Ludwig von Hofmann bei mir wegen der Dekorationen[1] für Dresden. – Nachmittags bei Rothe wegen des Künstlerbundes. R. machte mir eine groteske Szene wegen der K. B. Ausstellung: er wolle nicht das Karnickel, der Sündenbock sein, wenn die Sache scheitre etc. schlug dabei mit den Händen um sich, schrie, schluchzte, weinte. Dann meinte er von Vandevelde: er möge sich mit dem Dresdner Saal[2] jetzt Mühe geben „einmal dem Grossherzog eine rechte Freude zu machen"; wie ein Tertianer, der Etwas Schönes von den Eltern zu Weihnachten bekommen will. Diese kleinen Spiessbürger hier fangen an, sich wirklich wichtig zu nehmen, seitdem man ihnen so viele berühmte Leute zuführt. – Abends bei Ludwig v Hofmanns gegessen. Dort noch Kékulés und Vandevelde. Den Saal besprochen. Hofmann erzählte er sei beim Boxen in Whitechapel fast ohnmächtig geworden; nach dem zweiten Paar habe er herausgemusst. Er habe es nicht mitansehen können, wie sich die armen Jungen gegenseitig auf die Köpfe droschen. Und Einer sei sogar hingefallen.

München. 19 Sept. 1905 Dienstag. *19.9.1905 Dienstag*

Mittags nach München.

München. 20 Sept. 1905. Mittwoch *20.9.1905 Mittwoch*

Früh bei Uhde und nachher bei Stuck wegen des K. B. Uhde wie immer voller Schmerzen und Klagen; aber mehr pathologisch. Er leidet wohl wirklich sehr. Nach einigem Herumreden platzte er damit heraus, dass was ihn am meisten gekränkt habe, der Artikel über die K. B. Ausstellung[3] in Kunst α Künstler gewesen sei, in dem Liebermann als der Einzige hingestellt wird und Alle Andren nur so als Beiwerk erscheinen. Namentlich er, Uhde, habe gerade in Berlin Besseres erwartet. Es sei sicher von Liebermann bestellte Arbeit, um sich hochzuheben. Es komme ihm so vor, als sei der ganze K. B. nur noch eine Art von Alliance Israëlite zur Förderung der Juden Liebermann, Hübner etc. Ich sagte

---

[1] Museumshalle für die Dritte Deutsche Kunstgewerbeausstellung in Dresden

[2] Museumshalle für die Dritte Deutsche Kunstgewerbeausstellung in Dresden

[3] Heilbut

ihm, erstens sei Liebermann mit Heilbuth längst überworfen, und ausserdem sei er viel zu gescheut, um sich solche Lobeshymnen zu bestellen, die ihm weit mehr schadeten als nützten. Allmählich heiterte sich U. im Lauf des Gesprächs auf, namentlich als ich ihm über sein grosses Bild einige Komplimente sagte. Schliesslich war er ganz lustig, sprach die Absicht aus, einmal nach Weimar zu kommen, um sich dem Grossherzog in seiner Karabiner Uniform vorzustellen (der Grossh. ist Chef des Regts). Im Grunde hat er ein heiteres Temperament; aber ganz verdüstert durch Krankheit und Einsamkeit. Er meinte, das Einzige, was ihn je im Leben gefördert habe, seien seine Ausstellungen in Paris gewesen; dort habe man ihn verstanden und anerkannt; hier in München habe man ihn immer als einen Nachläufer der Franzosen behandelt. Er wolle von jetzt an nur noch in Paris ausstellen. – Stuck war vollkommen heiter und ruhig. Kalckreuth habe ihn misverstanden. Er habe nie gesagt, die K. B. Ausstellungen sollten aufhören; sondern er habe nur Kalckreuth als Präsidenten halten wollen, indem er ihm sagte, wenn die Ausstellungen ihm, Kalckreuth, zu viel Arbeit machten, sei es noch besser die Ausstellungen aufzugeben, als Kalckreuth als Präsidenten zu verlieren. Das Zeitungs Gekläff sei garnicht der Beachtung wert. Solange die wertvollen Künstler zusammenhielten, könnten die Andren Nichts thun. – Stuck ist eine wunderbar sichere, ruhige Natur; dadurch so sympathisch. Uhde und Stuck unterschrieben Beide den englischen Brief[1].

München. 21 Sept. 1905. *21.9.1905 Donnerstag*

Vormittags bei Hildebrand wegen des Briefes. Nachmittags bei Furtwängler in Schwabing.

München. 23 Sept 05. *23.9.1905 Samstag*

Schackgalerie. Böcklin formlos. Unmöglich, in einem Gesicht, einer Hand, einem Bein die Pläne zu unterscheiden. Alles ganz flach und verworren, ohne malerische Architektur (cf Mörder α Furien). Dem Pinselstrich fehlt jede Kraft und jeder Ausdruck: rien n'est établi. – Ebenso verwaschen charakterlos und bestenfalls konventionell die Zeichnung: man sehe sein Gras, seine Äste, seine Felsen: Alles wie nach mittelmässigen Theaterrequisiten. Er verachtete ja auch das Zeichnen nach der Natur, das Porträt. Und nun erst seine Menschen, seine Akte! – Was Böcklin fehlt, ist das Gefühl für den Akzent von Linien, Formen; es geht bei ihm immer so im Thran weiter. Man merkt, dass ihm Linie und Form als solche nur ein langweiliges Muss waren. – Armseligkeit seines Materials als Ölfarbe, Mangel an Kostbarkeit; nur schmutzige Leinwand. Man sehe seine Früchte, seine Blumen z. B. auf der Klage des Hirten[2]: wie von einer Schülerin ganz mechanisch nach-

---

[1] Kessler, Anglo-German Relations

[2] Daphnis und Amaryllis

gemalt, und das noch ungenau. – Wie hat man nur sein Meer loben können? Dies, das kostbare, gleissende, lebende, ewig neue Tiefen des Lichts und der Finsternis an die Oberfläche Spielende, dies der fliessende reine Edelstein, Veneris?! Man sehe es, man sehe es nur einmal auf der „Villa am Meer" N° 15; povrer, toter, lehmiger, guttaperchaartiger hat wohl nie ein Material auf der Leinwand ausgesehen. Und auf dem Triton mit der Nereide ist es kaum besser. Man sehe oben rechts: eine schlechtgelungene, d. h. charakterlose kolorierte Photographie. Weder Natur, noch Kunst. Das ist über alle Begriffe schlecht, schlecht als Malerei, schlecht als Beobachtung, schlecht als Empfindung, schlecht als Phantasie. – Und nun noch das Schlimmste: überall dicht wie Brombeeren die falschen Valeurs, falsch beobachtet und falsch gemalt: Töne, die in der Natur nie so an dieser Stelle sein könnten und die zugleich im Bild nie so an dieser Stelle sein dürften, Farben, die ganz falsche Raumangaben machen, und dieselben Farben noch dazu aus dem Bild als Bild herausspringend, falsch als Natur und falsch als Kunst. In der „altrömischen Weinschenke" scheinen die roten und gelben Kleckse, die die Blumen und Orangen vorstellen sollen, vor dem Bild, zwischen Auge und Bild, zu schweben; man hat die grösste Mühe, sie ins Bild hineinzusehen, so falsch sind ihre Werte, so fehlen alle Übergänge. Und dann der rote Mantel hier links. Wo kommt dieses Rot her? Was hat es in diesem Raumausschnitt und in diesem Bildmuster zu suchen? Alles fällt auseinander: die Natur und das Bild. – Böcklins Blumen sind nicht nur hier, sondern überall formlose und raumlose Kleckse. Sie sehen immer aus wie an die Wand gespuckt. – Die vielgerühmten neuen Farbenklänge, neuen Farbenzusammenstellungen, suche ich noch. Wo sind sie? Wo sollen sie sein? In jedem Quadratzentimeter von Delacroix steckt mehr neue Farbe als im ganzen Böcklin. Wo man hinsieht, – von Allem, was Malerei macht, ist Nichts vorhanden. Was übrigbleibt, ist eine mit ganz und gar dilettantischen Mitteln nach Gestaltung ringende Phantasie: aegri somnia[1], ein sublimes Wichsen. Und sogar, wenn man ganz und gar von Malerei absieht, blos die Erfindung prüft, – diese Sentimentalität, diese Stammtisch Fidelitas, diese süssliche Melancholie und diese Armut an Erfindung in der Gebärde, so dass alle Figuren nur „gestellt" sind, im Einzelnen aber jeder Ausdruck fehlt. Man vergleiche blos Feuerbach vis-à-vis, wie auf der Pietá jede Linie lebt, zum Ausdruck beiträgt, Christi Arm und Schulter, das Profil der zweiten Frau u. s. w. Es bleibt die „neue Welt", die Böcklin uns erschlossen hat. Aber die berechtigt ihn höchstens zum Rivalen von Stangens Reisebüreau nicht zum Mitstreiter von Rubens und Tizian.[2]

[1] Traumvisionen eines Kranken

[2] Verweisung: „(cf 24 IX 05; 15 VI 04;"

München. 24 Sept. 05. Sonntag. *24.9.1905 Sonntag*

Böcklins „Spiel der Wellen“ doch wesentlich besser als die Schack Bilder: eine gewisse Proportion zwischen den Flecken, und ein Rhythmus in ihrer Verteilung: wenigstens künstlerische Eigenschaften; und sie sind stark genug, um als solche all den Schund ringsherum totzuschlagen. Herzlich schlecht gezeichnet, ohne Linienausdruck oder bestimmte Raumpläne, und gleichgültig gemalt ist auch dieses noch. Aber es hat Etwas, eine Art von innerem Leben durch die Proportionen. Man könnte da Nichts verrücken oder ändern. Und Etwas Ähnliches, nur viel schwächer, finde ich auch in Pan im Schilf (die Anordnung der Schilfstämme). Die Wirrheit der Raum- und Form-Verhältnisse (Mangel an Plänen und Valeurs) lässt die Flecken nie zur Masse werden; aber sie sind eine Art von Rudiment zu rhythmischen Massen. Böcklins Schwäche ist, dass er das Fundament nicht auszubauen weiss, wozu Malen und Zeichnen gehört hätten. Er verschüttet es daher wieder durch Alles, was er nach der allerersten Anlage noch hinzufügt. Das Erste sind aber Ansätze zu Etwas Analogem, wie was im höchsten Raffinement bei Whistler und den Japanern wirkt. – Meier Graefes Buch nochmal. Sein Verdienst ist sein Mut; aber er ist und bleibt ein Halbgebildeter, d. h. Jemand, der das Gebiet, über das er belehren will, nur halb beherrscht. Daher die wunderlichsten Sprünge. Auf S. 198 negiert er, so nebenbei, um ein geistreiches Aperçü anzubringen, das Prinzip, auf dem sein Buch gebaut steht. „Das Material existiert an sich in keiner Kunst“ orakelt er. Aber was er Böcklin vorwirft, ist gerade, dass er „sich nicht der Ölmalerei angepasst habe (cf S. 64.), seine Wirkungen nicht in seinem Material nicht in Öl gedacht habe, sondern unbestimmt ob in Mosaïk, oder Fresken oder Bühnen Requisiten. Wie kann man solch einen Hans Guck in die Luft ernst nehmen, auch wenn er auch zufällig einmal das Richtige trifft? Das ist genau so stark, wie dass er in seiner Geschichte der Malerei im XIX Jh.[1] Courbet vergessen hat! Er gehört durchaus zum Typus Schwarmgeist. Immerhin, mit allen seinen Fehlern ist sein Fall Böcklin ein Ereignis, ein historisches Buch. Es hat die Böcklin Frage mit einem Schlage zur Reife gebracht. Wir Alle giengen drum herum, weil wir glaubten, dass eine Erörterung noch verfrüht sei. M. G. hat gezeigt, dass man sehr wohl einen Masstab anlegen kann; und kein Mensch, der Böcklin einschätzen will, wird fortan um sein Buch herumkönnen. Da er im Wesentlichen Recht hat und nicht zu widerlegen ist, ist dieser ganze Strang der Aftermalerei in Deutschland damit zum Absterben verurteilt; über kurz oder lang ganz sicher. Das Buch hat ihm den Lebensfaden durchschnitten.

[1] Entwickelungsgeschichte der modernen Kunst

Paris. 6 Oktober 1905. *6.10.1905 Freitag*
An meinem Vortrag[1].

Berlin. 13 Oktober 1905. Freitag *13.10.1905 Freitag*
Früh aus Paris hier an. Vortrag über Kunst und Patriotismus im Verein für Kunst gehalten. Liebermann, Meier Graefe etc. dort. Nachher mit M. G. Richters, Willich, Dora Hitz, Vandevelde im Palast Hotel.

Berlin. 17 Oktober 1905. Dienstag *17.10.1905 Dienstag*
Aus Weimar hier an. Bei vom Raths gegessen mit Cosima Wagner, Siegfried Wagner, Wildenbruchs, Tschudi, dem kleinen Reuss. Nach Tisch sehr lange mit Cosima Wagner, die ich um ihre Unterschrift für den englischen Brief gebeten hatte, über die Rolle der Frau. Sie meint, die Frau dürfe nie öffentlich hervortreten; gegen sie selbst seien ja die Menschen immer sehr „wohlwollend" (sie wiederholt immerfort dieses Wort „wohlwollend"), aber nur deshalb, weil sie sich nie vordränge, weil sie sich vollkommen mit der Sache identifiziere. – Nachher mit Siegfried Wagner und Tschudi noch bis sehr spät bei Josti. Siegfried über das „Unpoetische" der Liebermannschen Richtung; kein Sinn für Poesie, Metaphysik u. s. w. „Ewig dieses Formale". Als bei Gelegenheit der Angriffe auf seinen Vater von den ähnlichen Erfahrungen Manets die Rede war, meinte er: „Ja, aber Manet ist doch eine Kuriosität; während mein Vater ....." Die deutsche Presse und die Juden seien an Allem schuld gewesen. Er operiert überhaupt immerfort mit solchen altfränkischen Entitäten: „die Presse", „die Juden", „Poesie" im Sinne von Sentimentalität u. s. w. Alles ganz ohne Nüancen oder Differenzierungen. Seine Konversation wie ein Stück Mittelalter, Deutsches Mittelalter, mit Butzenscheiben, aus den 70er Jahren.

Berlin. 18 Oktober 1905. *18.10.1905 Mittwoch*
Zur Vorbesichtigung des von Reinhardt renovierten Deutschen Theaters. Mutius, Musch Richter und Herman mitgenommen. Dort noch Osborne, Stahl, Bie, Holländer. Nachher mit Reinhardt, Holländer, Mutius, Musch Richter, Siegfried Wagner u Herman im Carlton soupiert, bis gegen Drei Uhr. Reinhardt über die Schauspielschule. Ich sagte ihm, die Hauptsache, neben der Diktion, scheine mir, dass der Körper wieder mitspiele, mitzucke, wie heute nur bei Kainz und allenfalls bei Moissi. Dazu wäre das sicherste Mittel, Kinder zu nehmen und sie daran zu gewöhnen, ganz nackt zu spielen, zu tanzen und zu turnen. Da das bei unserer Prüderie Skandal geben würde, jedenfalls so wenig wie möglich bekleidet. Reinhardt stimmt bei. Er meint noch, bei uns komme jetzt die Gebärde immer erst nach dem Wort, während sie im gewöhnlichen Leben und bei guten

---

[1] Kunst und Patriotismus

Schauspielern dem Wort vorangehe; das Wort eigentlich immer nur die Gebärde erkläre. – Siegfried Wagner äusserte mir gegenüber gelegentlich die Ansicht Berlioz sei 1861 bestochen gewesen gegen seinen Vater zu schreiben. Er habe die Beweise in Händen. – Von Reinhardt für Craig den Auftrag erlangt Shaws Cleopatra zu inszenieren, eventuell auch Hofmannsthals Oedipus und die Orestie, die er jetzt von Vollmöller übersetzen lässt.

Berlin. 19 Oktober 1905. *19.10.1905 Donnerstag*

Vormittags Siegfried Wagner abgeholt und zu Craig hinausgefahren. Auf dem Weg zu Siegfried Dehmels in der Vossstrasse getroffen. Ich hatte sie seit den dummen Vorgängen im vorigen Jahr nicht gesehen. Aber sie drehten gleich um, ich liess die Droschke halten, sprang heraus, und gleich schien ohne ein Wort das alte Verhältnis wieder hergestellt. Uns zu heute Abend nach der Premiere ins Bristol verabredet. Abends Eröffnungsvorstellung im Deutschen Theater. Käthchen von Heilbronn. Ein guter Achtungserfolg. In der Pause mit Siegfried Wagner zu Gerhart Hauptmann in die Loge. Nachher ins Bristol zu Dehmels. Dehmel den englischen Brief zur Unterschrift vorgelegt. Zu dem Satz dass wir die Form der Angriffe auf England bedauerten, bemerkte er, „dass er eigentlich gerade umgekehrt empfinde. In der Form sei Alles berechtigt. Was ihm an der Deutschen Haltung misfalle sei das Thatsächliche, die läppische Gefühlsduselei für die Buren. Überhaupt sei der Ton des Briefes ihm zu milde: man hätte den Engländern wenigstens in einem Satz ordentlich die Wahrheit über ihre Presse sagen müssen u. s. w." Dehmel empfindet im Leben überhaupt nie die Beziehung zwischen Dingen, und wie diese zu behandeln ist; das Diplomatische; immer nur die Einzelerscheinung in ihrer Nacktheit. Er ist durch und durch im Leben Anarchist und begreift überhaupt Nichts Andres. So stellte er auch als Bedingung für seine Unterschrift, dass Sudermann nicht mit unterschreibe. Talentvoll sei S. ja; aber was er aus seinem Talent mache, sei so unwürdig. Hier also die bis zur Konzession getriebene Diplomatie der Kern der Verachtung. In der Kunst natürlich berechtigt. Aber Dehmel überträgt diese Anschauung auf das Leben, die Gesellschaft. Daher das Brüske, Rauhe, Taktlose in seinen Äusserungen. Er überträgt, was in der Kunst berechtigt ist, dorthin, wo es widersinnig und stillos ist. Er ist eine ausschliesslich lyrisch-tragische Natur; die Komödie der Gesellschaft existiert für ihn nicht. – Später noch zu Borchhardt, wo Reinhardt und seine Leute feierten. Mit der Eysoldt.

Berlin. 20 Oktober 1905. Freitag. *20.10.1905 Freitag*

Zu Gerhard Hauptmann wegen des Briefes. Er prüfte sehr lange und genau, ob wir uns dadurch nicht etwa gegen England Etwas vergäben, bat mich das Wort „deeply" im Satz: we regret deeply etc. zu streichen, u. s. w. Nachher bei Hauptmanns gefrühstückt. Hauptmann über die gestrige Käthchen Aufführung ausser sich. Er sei jetzt ein geschworener Gegner dieser ganzen Regie. Das sei Meiningerei ohne das Talent der Meininger etc. Die Dichtung verflattere ganz in dieser riesigen Maschine, bei der er immer auf den Pfiff der Fabrik gewartet habe. Craigs Ideen seien im Gegensatz dazu unzweifelhaft die richtigen, wenn er nur nicht durch sein Nicht Deutschsein mit solchen Schwierigkeiten zu kämpfen hätte. Vereinfachung, Konzentration in der Ausstattung. – Von Wedekind erzählte H. sie seien vor zwanzig Jahren in Zürich zusammengewesen. W. habe damals die Berichte über einen durchreisenden Zirkus für die Zeitungen geschrieben und sei dadurch mit dem ganzen Zirkustreiben bekannt geworden. Das habe einen grossen Einfluss auf seine Entwicklung gehabt. – Der Moment, wo er in Oxford bei der Verleihung des Doctortitels ins Theater trat, sei der einzige in seinem Leben gewesen, wo er sich der Situation nicht gewachsen fühlte. Es sei Etwas Schreckliches, still dazusitzen und sich loben zu hören.

Berlin. 21 Oktober 1905. *21.10.1905 Samstag*
Mit Craig und Reinhardt bei Borchhardt zusammen und dort Verabredungen über Shaws Caesar α Cleopatra getroffen. Craig sehr ungern, weil er das Stück commun findet. – Abends im Palast Hotel gegessen mit Dehmels, Meier Graefes, der Tilla Durieux. Vandevelde (der heute einen sehr amüsanten, geistreichen Vortrag zur Eröffnung der Fächerausstellung hielt). Frau Dehmel mir über D's dramatisierten Fitzebutze gesprochen. Ihr versprochen, zu versuchen ihn bei Craig in Dresden anzubringen. „Dann wolle sie mir ein Denkmal setzen, wenn mir das gelänge" etc. D's sind jetzt wieder ganz wie früher. Die lächerliche Pikiertheit vom vorigen Sommer scheint ganz vergessen, von ihnen. Wozu diese tragische Pose dann, damals? – Ein kleiner Zug an Dehmel, der sehr amüsant ist, wenn man seine früheren Gepflogenheiten kennt. Er kam heute im Reiseanzug und war dann ausser sich, als er die Andern im Frack sah. Warum man ihm das nicht gesagt habe? Er wäre dann auch im Frack gekommen etc. etc.

Berlin. 22 Oktober 1905. Sonntag. *22.10.1905 Sonntag*
Mit Mutius bei Meier Graefes. Abends in einem Vortragsabend von Liliencron u. Wedekind. Liliencron nachher wegen des Briefes.

Berlin. 23 Oktober 1905. *23.10.1905 Montag*
Bei Richard Strauss (Joachimsthaler 17) wegen des Briefes. Auch er hat Angst „sich Etwas zu vergeben", „bedientenhaft" zu sein etc. Überall dieses selbe Gefühl, dem der Deutsche Mittelstand seine schlechten Manieren, sein „Pikiertsein", seine Gespreiztheit, den Frack Mittags um Zwölfe u. s. w. verdankt. Sie merken nicht, dass gerade das bedientenhaft ist, ein Rest der alten Sklavenketten, den sie am Bein mitschleppen. Losgelassen höflich sein kann nur der geborene Aristokrat und Patriot. Das Deutsche „Selbstbewusstsein" gleicht aber meistens

noch zu sehr dem Selbstbewusstsein des Hauslehrers im Salon. Schliesslich unterschrieb er aber doch.

Weimar. 28 Oktober 1905. Sonnabend. *28.10.1905 Samstag*
Bei Vandevelde und Ludwig von Hofmann die Skizzen und Entwürfe für den Dresdener Saal. Hofmann hat in seinem Atelier ein Fragment der Dekoration[1] von Maurice Denis für mein Esszimmer als Stimmgabel stehen.

Weimar. 29 Oktober 1905. *29.10.1905 Sonntag*
Bei Vandeveldes gefrühstückt mit Munch, Esches, aus Chemnitz, und Münchhausens.

Weimar. 30 Oktober 1905. Montag *30.10.1905 Montag*
Munch, Vandeveldes, Frau Förster bei mir gefrühstückt.

Weimar. 1 November 1905. *1.11.1905 Mittwoch*
Der Grossherzog Vandeveldes u. Hofmanns Skizzen[2] in Hofmanns Atelier besichtigt. Er war wie ein Stock, stumm, steif und feuerrot bis hinter die Ohren; sein nervöses Zucken in den Ohren verliess ihn nicht. Er drückte heraus, ob die Beleuchtungskörper nicht zu nah bei den Bildern wären und an Hofmann, „Was stellt das vor?" Sonst kein Wort der Anerkennung oder auch des leisesten Gefallens. Ein armes Geschöpf, manierenlos aus Minderwertigkeit.

Weimar. 2 November 1905. Donnerstag. *2.11.1905 Donnerstag*
Früh kam die Genehmigung vom Grossherzog für den Saal[3]. – Nachmittgs bei Ruhland, um ihm aus Höflichkeit mitzuteilen, dass ich um Überlassung seines Museums[4] für die Künstlerbund Ausstellung gebeten habe. Er geriet in eine wilde Wut, schlug um sich und auf den Tisch, schrie mich an, was ich glaubte, dass er sein Museum Jemandem überlassen werde, der „einer anständigen Deutschen Stadt Gauguin, solchen Dreck" gezeigt habe und einer Vereinigung wie dem Künstlerbund nach der scheusslichen Ausstellung in Berlin .... Ich stand auf und sagte ihm, ich wäre nicht zu ihm gekommen, um mich beleidigen zu lassen, sondern um einen Höflichkeits Schritt zu thun und praktische Fragen zu bespre-

[1] L'Amour et la Vie d'une Femme

[2] Museumshalle für die Dritte Deutsche Kunstgewerbeausstellung in Dresden

[3] van de Velde u. Hofmann, Museumshalle für die Dritte Deutsche Kunstgewerbeausstellung in Dresden

[4] Großherzogliches Museum

chen. Wenn er nicht so alt wäre, so wüsste ich, was zu thun; unter diesen Umständen bleibe mir aber nur übrig, ihn zu verlassen. Er stürzte hinter mir her, ergriff meine Hand mit seinen beiden Händen, bat um Verzeihung, dass er sich habe so hinreissen lassen, ich möchte mich doch wieder setzen, er habe ja nie die Absicht gehabt, mich zu beleidigen etc. Nach diesen Erklärungen sagte ich, ich hielte es seiner begreiflichen Aufregung zugute und wir wollten also die praktischen Fragen durchsprechen. Er erklärte mir schliesslich bestimmt, er werde gehen, wenn er gezwungen werde, das Museum herzugeben, „wenn er, wie er sich noch weiter ausdrückte, durch einen gewaltsamen Eingriff verhindert werde die ihm vom hochseligen Grossherzog anvertrauten Schätze zu schützen." Also geht es zwischen uns auf Tod und Leben. Einer von uns muss in diesem tragikomischen Froschmäusekrieg ins Gras beissen.

Weimar 10 November 1905. Freitag. *10.11.1905 Freitag*

Beim Grossherzog gegessen. Jagddiner. Dort noch Isenburg, Tiele Winckler, Below (der Preuss. Gesandte), zwei Offiziere und der Herzog Ernst Günther, der nach Tisch ankam. Der Gr. Herzog wie gewöhnlich griesgrämig und unbeholfen. Mir sagte er als besondere Liebenswürdigkeiten: der Neo Impressionismus sei ja nun tot und er hoffe, der Künstlerbund werde auch bald aufhören. Ich fasste die Sache als Scherz auf und lachte, was ihn ganz aus der Fassung brachte, er wurde rot, stotterte und gieng dann wieder weiter.

Weimar. 11 November 1905. *11.11.1905 Samstag*

Mit Vandevelde und Hofmann im Park spazieren. Hofmann geht auf die Idee des Haines ein.[1] Aber er hat Angst vor Pferden. Sie so gross zu malen, dazu fehlten ihm die Kenntnisse. – Abends bei Vandeveldes gegessen mit Kielmannseggs. Nachher Frau Förster. Sehr lustiger Abend. Viel gelacht.

Weimar. 12 November 1905. Sonntag. *12.11.1905 Sonntag*

Kielmannseggs bei mir gegessen mit Vandeveldes α Frl v Scheele. Nachher Frau Förster. Vandevelde Walkers Entwürfe für meine Schrift gezeigt. Er findet sie schön, meint aber, die eigentliche Aufgabe wäre jetzt, herauszubringen, was eigentlich le caractère moderne der Handschrift sei. Man sollte erst vielleicht mit Hülfe der Photographie feststellen, was dieser caractère moderne sei und dann danach eine Schrift schaffen.

Berlin. 15 November 1905. *15.11.1905 Mittwoch*

Mir überlegt, welche Wirkungsmittel ich in Deutschland habe: d. Deutschen Künstlerbund, meine Stellung in Weimar inclusive d. Prestige trotz des gross-

---

1 vermutl. „Museumshalle für die Dritte Deutsche Kunstgewerbeausstellung in Dresden"

herzoglichen Schwachsinns, die Verbindung mit der Reinhardtschen Bühne, meine intimen Beziehungen zum Nietzsche Archiv, zu Hofmannsthal, zu Vandevelde, meine nahen Verbindungen mit Dehmel, Liliencron, Klinger, Liebermann, Ansorge, Gerhard Hauptmann, ausserdem mit den beiden einflussreichsten Zeitschriften Zukunft und Neue Rundschau, und ganz nach der andren Seite zur Berliner Gesellschaft, Harrachs, Richters, Sascha Schlippenbach, dem Regiment, und schliesslich mein persönliches Prestige. Die Bilanz ist ziemlich überraschend, und wohl einzig. Niemand anders in Deutschland hat eine so starke, nach so vielen Seiten reichende Stellung. Diese ausnutzen im Dienste einer Erneuerung Deutscher Kultur: mirage oder Möglichkeit? Sicherlich könnte Einer mit solchen Mitteln Princeps Juventutis sein. Lohnt es der Mühe? – Abends in den „Kaufmann von Venedig“ im Deutschen Theater. In der Loge bei Reinhardt. Nachher bis nach Vier mit Reinhardt, Holländer, Kardorff etc. zusammen. Die Aufführung interessant. Prinzipiell fehlt in der Ausstattung überall 1) der Akzent in den Farben und Linien; 2) das Zusammengehen von Vordergrund und Hintergrund (der Kostüme mit den Dekorationen).

Berlin. 16 November 1905. *16.11.1905 Donnerstag*

Nachmittags mit Liebermann. Er klagte über das ewige Mistrauen Uhdes. Alles solle immer er in die Presse lanciert haben. Dabei sei er doch längst mit Heilbuth überworfen. Abends nach London.

London. 17 November 1905. *17.11.1905 Freitag*

Abends hier an.

London. 18 November 1905. Sonnabend. *18.11.1905 Samstag*

Zum „Boxing“ nach Whitechapel.

London. 20 November 1905. Montag. *20.11.1905 Montag*

Die Venus des Velasquez bei Agnew.[1] – Abends „Merchant of Venice“ im Garrick bei Bourchier zum Vergleich mit Reinhardt. Vorsündflutlicher Eindruck. Ein Carl Beckersches Venedig, kein Reiz des Aufbaus (der plantation), sondern Alles ganz konventionell. Auch die Vanbrugh als Portia nach der Sorma unerträglich; eine blasierte, ältliche Gesellschaftsdame, der man den Unfug mit der Gerichtsszene garnicht zutraut. Bourchier als Shylock ganz konventionell. Ich habe nach dieser Aufführung hier in einem der ersten Theater eine sehr viel höhere Meinung von Reinhardt. – Mit Walker wegen des Briefes[2].

---

[1] Verweisung: „(cf 24 XI“

[2] Kessler, Anglo-German Relations

London. 21 November 1905. *21.11.1905 Dienstag*
Bei Rothensteins in Hampstead. Über den Brief.

London. 23 November 1905. *23.11.1905 Donnerstag*
Lord Avebury annonciert in den Zeitungen ein „meeting" zur Förderung der Deutsch-Englischen Freundschaft. An ihn geschrieben, um ihm unsren Plan mitzuteilen und Zusammenarbeiten vorzuschlagen. – Abends Bernard Shaw's Man and Superman im Court Theatre (Vedrenne – Barker). Sehr mässig gespielt, namentlich Tanner (Barker), der einen Kanzelredner Sing Sang beliebte. Aber das Stück so voller Leben, namentlich der Erste und der Zweite Akt, dass das Publikum fast ununterbrochen laut lachte; eine höchst amüsante „audience".

London. 24 November 1905. *24.11.1905 Freitag*
Nochmals die Venus von Velasquez. Vielleicht als Zeichnung (modelé) am erstaunlichsten: der gänzlich unbefangene, unakademische Blick für die Arabeske des nackten Körpers, wie bei Manet oder Toulouse L.: die Schultern, die Hüfte. Dann als Malerei das braune Haar mit den goldenen Reflexen. Ist je vor- oder nachher Haar wieder so gemalt worden? Die rote Gardine steht hart, fällt fast heraus aus dem Bild; aber das Fleisch ist als Colorit fast ebenso neu und unkonventionell wie als Zeichnung: der helle, zarte Oberkörper, namentlich die wunderbaren, perlenartigen Schultern, die dunklere, rotere, grobkörnige Kruppe und Beine. Selbst Gainsboro's „bloom" (Mrs Fitzherbert) wirkt daneben konventionell und salonhaft (poudré). Der Velasquez ist nicht ganz in Courbets Sinn eins: die rote Gardine ist eine Sache für sich, die Figur liegt vor einem Hintergrunde. – Die Modellierung des Fleisches im Rücken durch Lasieren der Fleischfarbe im Schatten über einem dunkleren Untergrund. Kruppe und Beine sind viel dicker, pastoser aufgetragen als der Rücken, der dadurch das Feine, Zarte bekommt. Das Ganze unglaublich flott und schnell gemalt, mit breitem, flüssigem Pinsel. Die Farbe (cf oben) nur im Ganzen jedes Gegenstandes (le bloc), alle Einzelheiten (Pläne) durch Ton. Im Körper nur Ober- und Unterkörper farbig diffenziert. – Später: Die Neuheit der Silhouette (Linie) scheint aus dem Modellieren par plans zu folgen: d. h. die Linien und Umrisse ergeben sich aus den Plänen; gerade umgekehrt wie bei Akademikern, wo die Pläne und Formen aus gehäuften Umrissen bestehen. Diese grossartige Kraft und Breite der Modellierung par plans trägt Alles, erzeugt aus sich Alles: Linien, Töne, Farbennüancen. Nichts von dem Allem ist Selbstzweck, sondern nur Folge, Produkt dieser fundamentalen Einheit. Die Logik des Velasquez.[1]

---

[1] Verweisung: „(über Velasquez cf. 16 XI 03 u namentlich 18 XI 03"

London–Paris. 26 November 1905. Sonntag. *26.11.1905 Sonntag*
Früh aus London. Sturm im Kanal. Bei Mama und Gee in Passy.

Paris. 27 November 1905. *27.11.1905 Montag*
Nochmals früh bei Mama. Mittags mit dem Nordexpress abgereist.

Weimar. 28 November 1905. Dienstag. *28.11.1905 Dienstag*
Mittags über Berlin hier an. Abends den Rosenvortrag[1] in Jena gehalten. Guter Erfolg. Nachher bei Graef zu Abend gegessen mit Hadeln, Werckmeister, v. Müller.

Weimar 30 November 1905. Donnerstag. *30.11.1905 Donnerstag*
Mittags Hofmannsthal an. Nach Tisch bis nach Belvedere spazieren. Er fragte mich sehr bestimmt nach der Lage hier, ob ich glaube, dass die Sache weitergehen könne u. s. w. Ich schenkte ihm ganz reinen Wein ein, verhehlte ihm nicht, dass der Grossherzog als unter dem Durchschnitt begabter Mensch und bösartiger Charakter endgültig aufgegeben werden müsse, sagte ihm aber, dass selbst wenn ich meine Beziehungen zum Hofe und zur Regierung abbräche, ich doch hier bleiben würde; der KulturKreis, wie er uns von Anfang an vorgeschwebt habe, sei auch dann noch ebenso möglich. Wir müssten nur zusammenhalten, unsere Beziehungen nach allen Seiten befestigen und wo neue Kräfte auftauchten, erweitern, mit unserer ganzen Kraft jedesmal für Jeden eintreten und unser Zentrum immer mehr in Weimar sehen, das sich seiner Vergangenheit und seines Namens wegen besser als irgendein andrer Ort in Deutschland zum Mittelpunkt eigne, wobei der Hof im Grunde ganz gleichgültig sei. Hofmannsthal stimmte bei und versprach immer häufiger und immer länger herzukommen, eventuell auch sich eine kleine Wohnung hier zu nehmen. Wichtig sei es, auch Gerhard Hauptmann in derselben Weise mit Weimar und uns zu verbinden. – Nachher über das Verhältnis zu England und den englischen Brief mit Hofmannsthal. Er stimmte ganz und gar bei. Vom Brief meinte er, es sei das Bestgeschriebene, was er von mir kenne, besser als irgendetwas Deutsches von mir. Nach Tisch Abends las er mir den ersten Akt des Oedipus vor.

Weimar. 1 Dezember 1905. *1.12.1905 Freitag*
Wieder den ganzen Tag still mit Hofmannsthal bis auf Besuche bei Ludwig v. Hofmann im Atelier und zu Frau Vandevelde zum Thee. Abends las er die

---

[1] Kunst und Patriotismus

erste Szene des Zweiten Akts und nachher die erste Hälfte der zweiten Szene des II Akts vor. Viel gekürzt mit ihm.

Weimar Leipzig. 2 Dezember 1905. Sonnabend. *2.12.1905 Samstag*
Zur Sitzung des engeren Vorstandes des Künstlerbundes nach Leipzig. Bei Hirzel im Hause. Über die Weimarer Ausstellung, Lotterie u. s. w., dann über Geschäftsordnung und Einteilung. Dort Liebermann, Klinger, Kalckreuth, Hagen. Liebermann vorher bei Felsche getroffen. Er sagte mir, er sei seit 40 Jahren zum ersten Mal wieder da. Ich teilte ihm Hofmannsthals Wunsch, ihn kennen zu lernen mit. Er meinte, ob Hofmannsthal nicht etwas schwach sei. Das Einzige in der Kunst sei doch die Kraft; meinetwegen roh, aber stark muss jeder Künstler sein. In der Bahn die zweite Hälfte von Akt II Szene II des Oedipus: die Szene zwischen Kreon und Jokaste. Hofmannsthal Abends zuhause vorgeschlagen, diese Szene ganz zu streichen. Sie ist ein Stück Exposition (Zuständliches) in die Handlung hineinverschlagen und ausserdem schliessen sich die beiden durch sie getrennten Szenen zwischen Antiope und Jokaste zu einer grossartigen Steigerung zusammen. Hofmannsthal gieng nach kurzem Nachdenken darauf ein und sagte, er werde die Szene Kreon Jokaste selbst in der Dichtung streichen. Es müsse ihm unbewusst schon immer so Etwas vorgeschwebt haben, da es ihm jetzt sofort so klar einleuchte. Noch bis gegen Eins geschwätzt. H. mich um Walt Whitman's Werke aus meiner Bibliothek zum Zubettgehen gebeten.

Weimar. 3 Dezember 1905. Sonntag. *3.12.1905 Sonntag*
Frau Vandevelde zum Frühstück, da ich Reinhardt erwartete, der sich antelegraphiert hatte aber nicht kam. Zum Thee bei Frau Vandevelde. Abends Essen bei mir; ausser Hofmannsthal, Ivo Hauptmann, Ludwig v. Hofmanns, Frau Förster Nietzsche, Frau Vandevelde, Frl v Scheel. Nach Tisch Gespräch über Schicksal zwischen Hofmannsthal, Hofmann, Frau Förster, Frau Vandevelde und mir. Wir meinten, Hofmann entgegen, dass gerade wer an Schicksal glaube, sich dem Schicksal entgegenstelle. Denn gerade er sehe, dass er selber dann auch ein Stück Schicksal sei; Wer aber nicht an die notwendig und unbeirrt wirkenden Weltkräfte glaube oder sie nicht fühle, wer die Dinge als Zufall empfinde, der habe keinen so starken Antrieb sich ihnen entgegenzustemmen, da er auf einen „glücklichen Zufall" hoffen könne und auch nicht an die sichere Wirkung seiner eigenen Anstrengungen glauben dürfe. Hofmannsthal meinte, gerade dieses sei das Thema seines Oedipus. – Hofmannsthal mit grösster Bewunderung von Wedekind, dessen Kammersänger er hier gelesen hat. Sein Stil, die Pointiertheit und Rundung, sei vollendet. Er gehöre zu den Autoren, die er direkt des Stils wegen studiere.

Weimar. 4 Dezember 1905 *4.12.1905 Montag*

Vormittags mit Hofmannsthal die III Szene von Akt II. Ihm einige Zusätze in den Worten des „Volks“ empfohlen, damit es noch klarer werde, dass das Volk Etwas Andres als Antiope und als Kreon von Teiresias verlangt. Die drei verschiedenen Verlangen müssen wie drei verschiedene Valeurs abgestuft sein. Daher empfohlen, gleich die ersten Worte beim Erscheinen des Teiresias ein stürmisches Verlangen des Volks nach Bezeichnung eines Retters sein zu lassen, und dann nachher einmal die drei Bitten streng symmetrisch unmittelbar nacheinander aussprechen zu lassen. – Abends kam Reinhardt. Oedipus mit ihm besprochen, auch die Interessierung der Berliner Gesellschaft für ihn und sein Theater, um endlich einmal in die Vorherrschaft der haute finance in der Kunst Bresche zu legen.

Weimar. 5 Dezember 1905. *5.12.1905 Dienstag*

Hofmannsthal Mittags abgereist, nachdem wir mit Reinhardt zusammen Vandeveldes Atelier besucht und Reinhardt dort Vandeveldes Theatermodell gezeigt hatten. Reinhardt sehr stark angesprochen vom Theater. Diese Lösung sei das Ei des Columbus. Die Wirkung von Bayreuth, oder sogar noch eine Steigerung, und dabei keine Platzverschwendung. Die drei Amphitheater übereinander wirkten geradezu pathetisch. Nachmittags mit Reinhardt im Nietzsche Archiv, das er auch sehr bewunderte. Er sei jetzt vollkommen von Vandevelde überzeugt. – Abends noch Fritsch und Erhard Wedell zu Tisch. Nach Tisch kam das Gespräch auf den Grossherzog. Ich sagte Fritsch ziemlich unverblümt meine Meinung. Er meinte, ich irrte mich, ich solle doch nicht ungeduldig werden, er wolle sich jetzt wirklich mehr den Künstlern nähern. Was er denn überhaupt thun solle. Ich sagte, seine ganze Diplomatie und Liebenswürdigkeit aufwenden, noch einige bedeutende Menschen herzuziehen, z B. Klinger, Hofmannsthal, Hauptmann. Fritsch nahm mich schliesslich im Arbeitszimmer beiseite und sagte mir: Sie wissen ja, dass Sie beim Grossherzog einen Antipoden haben, Palézieux. Ich habe ihm aber gesagt, er solle doch nicht Alles glauben, was Palézieux sage, er wisse doch, dass da persönliche Abneigungen mitsprächen u. s. w. Der Grossherzog habe das auch eingesehen und wünsche sich mir zu nähern, z. B. würde er sich sehr freuen, wenn ich ihn einmal so im kleinen Kreise, wie heute Abend, zu mir einlade. Schliesslich fragte Fritsch bestimmt, ob Sonnabend mir passen würde? Ich sagte ja und schlug vor, noch Olde, Hofmann, Klinger und Hauptmann dazu einzuladen, sonst Niemanden. Fritsch meinte dann, ich möchte ihn, Fritsch, doch etwas in mein Vertrauen ziehen, ihn unterrichten, damit er den Grossherzog immer vorbereiten könne, überhaupt sei es gut, wenn wir etwas zusammenhielten.

Weimar. 6 Dezember 1905. *6.12.1905 Mittwoch*

Mit Reinhardt im Goethe Haus. Ihn gesprochen wegen Übertragung des Umbaus von Emberg an Vandevelde. Er sagte, er hätte dafür bisher nie an Vandevelde gedacht, weil er nicht geglaubt habe, dass diese kleine Aufgabe Vandevelde reizen könne. Aber er wolle gern mit Vandevelde nach dessen Rückkehr darüber sprechen. Um 12 fuhr Reinhardt nach Oberhof ab. Nachmittags bei Frau Förster-Nietzsche.

Weimar – Berlin 8 Dezember 1905. *8.12.1905 Freitag*

Nach Berlin. Bei Gerhart Hauptmann zum Thee. Butzi. – Abends im Ansorge Konzert Stefan George getroffen, der in einer Morgenjoppe und mit grossen Mengen gelben Atlas um den Hals gewickelt neben einer eleganten Frau in einer Loge sass. Ihn wegen des englischen Briefes angesprochen, den Hofmannsthal ihm zur Unterschrift geschickt hat. Er sagte gleich bestimmt, er unterschreibe nicht. Denn erstens meine er, es sei ganz gleichgültig und von keiner Wirkung, was ein paar Litteraten und Gelehrte schrieben. Es seien von beiden Seiten in der Politik seit zwanzig Jahren so schwere Fehler begangen, dass sie nicht wieder gut zu machen seien. Und dann seien seine Ansichten denen im Briefe ausgesprochenen grade entgegengesetzt. Er habe den Brief sehr genau durchgelesen, was sonst nicht seine Gewohnheit sei –, er müsse ja Hofmannsthal antworten, – und seine Ansicht sei bei jedem einzelnen Satz das grade Gegenteil. Es sei garkein so grosses Unglück, wenn Krieg käme und Deutschland eine Schlappe erlitte; dann würden die Leute bei uns vielleicht weniger gross sein und einmal wieder Etwas Kunst und Kultur produzieren. Er spricht so nachdrücklich und monumental und mit einem so Dantesken Aufrecken des Kopfes, dass man fast nicht das Alberne merkt; fast nicht.

Berlin. 9 Dezember 1905. *9.12.1905 Samstag*

Bei vom Raths und Frau v. Rath wegen der Reinhardt Premieren, ihn, nachdem Arenberg abgelehnt hat, wegen Bildung eines Komités von Geschäftsleuten und Grands Seigneurs, ohne Politiker, gesprochen. Er verhielt sich zustimmend und schlug vor, gleich mit mir zu Gwinner zu gehen. Gwinner war nicht dafür. Er habe kürzlich mit dem Reichskanzler gesprochen, und Dieser wünsche nicht, dass man den Engländern gleich zu sehr entgegenkomme (was ja auch aus Arenbergs Brief hervorgeht, also Bülows Ansicht richtig wiedergiebt.). Ein besondres Komité scheine ihm auch deshalb nicht am Platz, weil Aveburys Komité in der englischen Presse nicht gut aufgenommen worden und aus ziemlich einflusslosen Leuten bestehe. Viel besser und eindrucksvoller scheine ihm mein Briefplan (von dem ich nebenbei gesprochen hatte). Diesen sollte ich doch erweitern, Geschäftsleute und Grands Seigneurs dort mit unterschreiben lassen. Da wolle er mitmachen. Auf diesen Vorschlag nach einer kurzen Diskussion eingegangen. Gwinner und v. Rath werden die Leute (etwa 10 Geschäftsleute und 4 bis 5 Grands Seigneurs wie Henckel, Ujest[1], Hatzfeldt auffordern.). Im Lauf des Gesprächs kam Gwinner auf die Verhandlungen mit Harry Lynch, ohne zu wissen, dass ich sie geführt habe. „Lynch habe sich der Deutschen Bank genähert; aber er sei verrückt, verrückt! Da sage er, es gäbe Krieg, wenn die Deutschen die Bahn in Mesopotamien bauten, selbst wenn die englische Regierung zustimme! Mit solchen Leuten könne man doch nicht unterhandeln. Er habe deshalb auch angeordnet, dass dem keine weitere Folge zu geben sei." Dabei geriet Gwinner in die grösste Aufregung, schrie, raufte sich die Haare u. s. w. Ich sagte ihm darauf, Harry sei mein Vetter, die Verhandlungen seien durch meine Hand gegangen und die Bemerkung über den Krieg sei doch etwas anders gemeint. Harry habe nur sagen wollen, er befürchte dass es dann zum Kriege kommen werde, weil die Macht der Verhältnisse stärker sei als die der Regierungen und hier Verhältnisse geschaffen würden (Deutschland auf Indiens Flanke), die mit Englands Existenz als Weltreich unvereinbar seien. Im Übrigen sei es meine Ansicht, dass Harry sich mit seinem eigenen Vorschlag sogar zum Nachteil Englands täusche; denn wenn die Bahn einmal gebaut sei, sässen wir so wie so auf der Flanke Indiens, da wir auf einem ununterbrochen von uns und freundlichen Mächten beherrschten Schienenstrang Truppen bis an den Persischen Golf befördern könnten, und daran die Verteilung des Aktienbesitzes Nichts ändere, da ja kein Mensch bei Ausbruch eines Krieges fragen würde, wer hier oder dort die Majorität der Aktien habe, und England hier nicht wie beim Suez Kanal mit seiner Flotte hinter seinen Aktionären stehe sondern wir mit unsren Pickelhauben. Meine Ansicht sei ganz im Allgemeinen, dass unser Verhältnis zu England wirklich dauernd nur durch Erhöhung unserer Macht gegenüber England verbessert werden könne; dazu gehöre in erster Linie die Vergrösserung der Flotte, in zweiter die Erlangung einer Flankenstellung gegen Indien. Bis dahin müssten wir durch Palliativmittel wie die Briefe einen Krieg verhindern; nachher werde es schon von selbst nicht dazu kommen. – Hierauf meinte Gwinner, darin sei viel Richtiges; aber dann stünden wir jetzt schon mit unserer Bahn auf der Flanke Aegyptens, denn vom Endpunkt seien es nur zwei oder drei Marschtage nach Aegypten. Aber selbst wenn er es wollte, würden die Türken nie dazu zu bringen sein, die Engländer nach Mesopotamien hereinzulassen. Er verstehe die Lynch vollkommen. Sie seien seit 70 Jahren da und wehrten sich ihrer Haut; aber sie seien von ihrer Regierung verlassen gewesen, und jetzt seien wir nach harter Arbeit in der Vorhand. Am Meer selbst könnten seinetwegen die Engländer die Bahn haben, aber nicht bis nach Bassorah, und Lynch verlange sie sogar bis Bagdad. Mit Lansdowne sei er, Gwinner, absolut einig gewesen. Sie hätten nicht einmal irgendwelche Differenzpunkte gehabt, dass Lansdowne etwa Dies und er Etwas Andres gewollt habe,

[1] Hohenlohe-Oehringen

sondern sie seien absolut einig gewesen. Da sei der Sturm in der Presse losgegangen. Vom Rath erzählte mir beim Nachhausegehen, man habe vielfach gemeint, beim Presssturm sei auch russisches Geld im Spiel gewesen.[1] – Abends auf dem Winckelmannsfest Wilamowitz wegen seiner Unterschrift und überhaupt wegen der Berliner Gelehrten. Er rief Diels heran, und dieser übernahm die Sache hier zu machen: Harnack, Nernst, Koch, Fischer etc zur Unterschrift zu bestimmen.

Weimar. 10 Dezember. 1905. *10.12.1905 Sonntag*

Früh nach Weimar zurück. Um 2 Gerhard Hauptmann hier an und bei mir gewohnt, Nachmittags Klinger ebenfalls. Abends bei mir Diner mit dem Grossherzog, Hauptmann, Klinger, Ludwig von Hofmann, Olde und Fritsch.

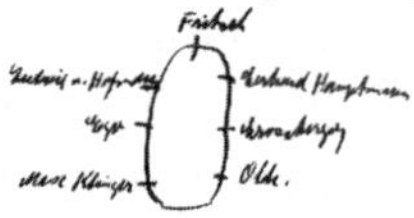

Nach einigen grincements setzte sich die Maschinerie des Gesprächs sehr glatt und flott in Bewegung, von Jugend und Sport bis zu Neoimpressionismus rangierend. Klinger betonte dem Grossherzog gegenüber die Bedeutung der NeoImpressionisten. Ich sagte ihm, ich werde fortfahren, sie auszustellen, da nach meiner Ansicht, Weimar eine Freistatt sein müsse für jede Kunstäusserung, die ernsthaft und interessant sei. Gerade das, meinte der Grossherzog, wolle auch er, man dürfe nicht eine Richtung bevorzugen. Der Grossherzog blieb bis um Eins und schien sich gut unterhalten zu haben, was mir wegen seines weiteren Verhaltens wichtig ist. Mit Hauptmann, Klinger, Hofmann, Olde dann noch bis nach Zwei zusammen.

Weimar 11 Dezember 1905. Montag. *11.12.1905 Montag*

Hauptmann las bei mir sein neues Drama: „Pippa tanzt". Ich hatte noch ausser Klinger, der bei mir wohnt, Hofmanns, Frau Förster, Frau Vandevelde und Ivo Hauptmann aufgefordert. Hauptmann las über zwei Stunden ohne merkbare Ermüdung und mit der grössten Leidenschaft und Mannichfaltigkeit. Er meinte nachher, der Tag überhaupt habe Etwas Symbolisches. Jeder Mensch habe seinen eigenen Rhythmus. Jemand fragte, wo er das Wort: Jumalei herhabe; er sagte aus einem Traum, einem Traum, den seine Schwägerin gehabt habe. Sehr viel Wert legte er auf den Gedanken, dass wir in unsere Sinne eingeschlossen seien. Nichts ausserhalb wahrnehmen könnten. Das sei ihm immer besonders wunderbar vorgekommen. – Abends Hauptmann an die Bahn gebracht. Über die Droste Hülshoff mit leidenschaftlicher Bewunderung. Es sei unglaublich, dass sie so wenig bekannt sei. Von Dehmel sprach er sehr warm; nur seine Kinderlieder möge er nicht. Es sei ganz falsch, in Kinderliedern die Aussprache der Kinder nachmachen zu wollen, die Kinder nähmen das geradezu übel. Ich hätte wohl auch schon manchmal eine Eigenschaft von Dehmel bemerkt, die ihm leider

---

[1] Verweisung: „(cf 7.VIII 05.)"

anhafte; dass er nicht immer einen ganz sichern Geschmack habe. Diese Kindersprache gehöre in dieses Kapitel mit hinein.

Berlin. 13 Dezember 1905. Mittwoch. *13.12.1905 Mittwoch*
Mittags hier an. Gleich mit Reinhardt im Deutschen Theater wegen Craig verhandelt. Edmund Reinhardt, Kahane, Holländer dabei. Sie erklären, 2000 M sei ihr Äusserstes. Nachher bei Craig mit einem kurzen schriftlichen Auszug unserer Verhandlungen. Craig sehr unzufrieden, verlangte Stellung und Titel eines Regisseurs, und erklärte schliesslich die Sache nur unter dieser Bedingung annehmen zu wollen. Wieder zu Reinhardt und mit ihm bis elf Uhr in seinem Büreau verhandelt, zuerst allein, nachher noch mit Kahane. Reinhard erklärte nach kurzer Überlegung, Craig zum Regisseur machen könne er nicht, weil Craig die Sprache nicht beherrsche; es würde daher immer Jemand nötig sein, der das Sprachliche mit den Schauspielern durchnehme. Zwei Regisseure auf der Bühne seien aber unmöglich; Einer müsse Herr sein, sonst gehe Alles drunter und drüber wie früher bei Brahm, wenn Lessing und Hauptmann zugleich die Regie zu führen suchten. Aber er schlage Folgendes vor: Craig solle dem Regisseur genau jede Bewegung zuerst auf dem Papier vorzeichnen und dann noch vormachen; in der Probe solle er im Parkett sitzen und nachher dem Regisseur seine Ausstellungen machen. Der Regisseur würde dann diese den Schauspielern als von ihm kommend weitergeben, bis alle Bewegungen etc. genau den Wünschen Craigs entsprächen. Nur so könne er die Sache für möglich ansehen.

Hamburg. 14 Dezember 1905. *14.12.1905 Donnerstag*
Früh nach Hamburg und gleich nach Blankenese weiter, wo bei Dehmels gefrühstückt. Dehmel über Shakspeare; der unglaubliche Reichtum seiner Kunst. Dagegen sei selbst Goethe bettelarm. So oft er ein Stück von Shakspeare lese, entdecke er immer wieder neue Sachen, die er vorher nicht gesehen habe. Jedesmal glaube er, jetzt sei es erschöpft, und jedesmal erlebe er neue Überraschungen. Ich sprach von Shakspeares Nihilismus. Dehmel meinte: eher Zynismus. Und doch wirke er optimistisch; man fühle sich nach einem Shakspeareschen Stück erschüttert, aber nicht bedrückt. Es komme ihm immer so vor als wolle Shakspeare die Kraft der grossen Ideale darthun, indem er zeige, wie selbst die jämmerlichsten Menschen ihre Träger würden; sogar noch in Troilus und Cressida. Auf meinen Einwand, das sei Alles ein Effekt der Kunst, des kunstvollen Ausgleichs aller Erregungen, meinte Dehmel: Ja, gewiss; aber doch könne man es nicht nachmachen. – Über Richard Strauss und Fried. Wo Strauss gefühlvoll sein wolle, werde er regelmässig banal. Seine Stärke sei das Geistvolle, Feine. Frau Dehmel meinte, daher sei Fried ihm überlegen, weil dieser die warme Leidenschaft von Natur an der Hand habe. Dehmel widersprach lebhaft; da wirke vielleicht die Rasse mit, dass Frau Dehmel sich zu Fried hingezogen fühle,

bei ihm, Dehmel, spräche in der ganz andren Wirkung wohl die Verschiedenheit der Rasse von der seiner Frau mit. Im Übrigen müsse man sagen: Gottseidank dass mit Strauss eine kühle Kunst emporkomme. Wir hätten viel zu viel Leidenschaft gehabt, viel zu viel auf den Nerven herumgespielt. Nachher empfahl mir Dehmel verschiedene Bücher, namentlich Dauthendeys Balzer auf der Balz und Liebesgedichte. Dauthendey sei heute vielleicht der Einzige, der noch wirklich ein Liebesgedicht machen könne. Ausserdem ein entzückender Mensch, ein naïves Kind, der jedem sinnlichen Genuss vollkommen naïv nachlaufe, heute einer Frau, morgen einem Knaben u. s. w., ohne sich je die geringsten Gedanken zu machen. Um so merkwürdiger sei der Gegensatz, dass er als Dichter durchaus bewusst sei, auf die Form eine unendliche Überlegung und Mühe verwende. – Von sich erzählte Dehmel, er sei jetzt ganz mit der Gesamtausgabe seiner Werke beschäftigt. Auf eine Einwendung von mir: „Das sei keine verlorene Zeit, denn es sei Vieles ganz unreif, nur angelegt gewesen, was er jetzt erst vollendet habe. So sei aus den Verwandlungen der Venus ein ganzes Buch geworden. Nachher hoffe er sich dem Drama zuzuwenden. Er fühle, dass er mit der Lyrik fertig sei. Das sei in ihm ausgebrannt. Zum Drama dagegen fühle er sich hingezogen. Über den Mitmenschen und Reinhardt. – Schliesslich las er eine kurze halb dramatische Dichtung vor, ein Zwiegespräch zwischen einem Herrscher und dem Geist seiner verstorbenen Gemahlin, das ihm, wie er sagt, durch den Tod der kleinen Grossherzogin eingegeben worden ist. Über Rudolf Alexander Schröder: Seine Dichterei sei der höhere Dilettantismus: er dichte Alles noch 'mal, was schon früher gedichtet worden sei. – Abends in der Kunstgesellschaft geredet.[1] Dehmel sagte mir nachher sehr freundlich und mit seinem gewohnten Temperamentsüberschwang „Mensch, das machen Sie ja grossartig. So Etwas hätte ich Ihnen nie zugetraut, dass Sie so reden könnten etc." Bis spät mit Dehmels, Spiero, Frau v. Liliencron etc. zusammen.

Hamburg – Bremen 15 Dezember 1905. Freitag. *15.12.1905 Freitag*

Bei Kempffs gefrühstückt. Martha eine wirklich nette Frau. Nachher nach Bremen, wo bei Heymels. Abends bei ihnen Diner, wozu noch Paulis und Plettenberg.

Bremen – Berlin. 16 Dezember 1905. *16.12.1905 Samstag*

Vormittags mit Heymel die Wohnung von Kuhlenkamp Post, die von Vogeler eingerichtet ist. Biedermaierstil ins Affektierte gesteigert. Unausstehlich. Stühle, die sich zieren wie alte Backfische so dass man kaum wagt, sich draufzusetzen; geblümte Teppiche, die nach Bewunderern ausschauen, als ob sie die ganze Konversation im Zimmer an sich reissen wollten, Glockenzüge, die die Impor-

[1] Vortrag über Max Klingers Beethoven

tanz eines Gemäldes beanspruchen. Nach fünf Minuten wird Einem schlecht wie unter zu stark parfümierten Menschen. Nachher zu Woldes, die Schröder eingerichtet hat. Überall Rosen und Impotenz, aber ein gewisses Maass, so dass der Eindruck weniger übel ist, als bei Vogeler. Manches erklärt sich durch Schröders unglücklichen Zwiespalt, dass er einerseits, wie mir Heymel sagt, nur Knaben liebt, andrerseits doch noch so an die hergebrachten Anschauungen der biederen Bremer Patrizier festhält, dass er beständig in Angst lebt, geklappt zu werden. Daher die Unfreiheit, das Scheue, die bewusste oder selbst suggerierte Impotenz seiner Natur. Nachmittags nach Berlin weiter, Sezessionsball, wo mit im Komitee. Walser hat unser Gebäude innen ganz umgestaltet, in Bosketts und Grotten verwandelt; und die Frauen kamen zum grossen Teil in Kostümen der 60er Jahre, Crinoline und Ringellöckchen. Sehr hübsch. Den Meisten steht es viel besser als die heutige Mode. Am hübschesten vielleicht die kleine Heims in Weiss mit Rosen und schwarzen Samtbändern. Arenberg gesprochen. Er sagt mir, jetzt würde mein Wunsch erfüllt, da er und eine Anzahl andrer Parlamentarier morgen auf die Versammlung in der Börse giengen. Auch Radowitz einige Zeit über Madrid u. s. w. Ganz verunglückt Reinhardts Aufführung von Courtelines Kommissär; Nichts zu hören vor Lärm im Saal.

Berlin 17 Dezember 1905. Sonntag. *17.12.1905 Sonntag*

Vormittags Gerhard Hauptmann bei mir mit Ivo, um wegen einer Unterstützung Stehrs zu sprechen. Nachmittags bei Sascha Schlippenbach wo Radowitz und Tattenbachs. Gefrühstückt mit Reinhardt, Mutius und Craig im Palast. Reinhardt und Craig sich über ihre Gegensätze ausgesprochen. Reinhardt meint, bei noch so hoher Schätzung der Regie möge er doch nicht auf die Glücksfälle verzichten, die das Temperament des einzelnen Schauspielers biete, wie die Lehmann als sie im letzten Akt des Fuhrmann Henschel während des Weinens plötzlich gähnte. Craig will die absolute Einheit und Unterordnung. Nachher Craig und Reinhardt abgeschlossen. Craig soll entweder den Shaw oder einen Shakspeare machen. Reinhardt möchte ihm den Sturm geben. Craig würde Macbeth vorziehen. Aber über diesen hat Reinhardt schon mit Beer Hofmann gesprochen. Abends in den Marquis von Keith mit Wedekind als Keith. Sehr viel Witz, sehr viel Dumas und Eine glänzende Komödienszene: die zwischen der Wildenfels und Scholz am Ende des IV Akts. Das meiste bleibt intellektuell, noch mehr als bei Shaw, dessen Charaktere, namentlich die Frauen, mehr Blut haben. Nachher mit Mutius und Kardorff im Kasino.

Dresden 18 Dezember 1905. Montag. *18.12.1905 Montag*
Mit Craig nach Dresden. Versammlung in dem Victoriahaus für Craigs Projekt[1]. Der Sänger von Bary praesidierte. Dort noch Haehnel, Bondi, Nostitzens (nicht Alfred), Bondi etc. Eine kurze Ansprache gehalten über Craigs Prinzipien, dann zwei Stunden lang auf Fragen geantwortet. Die Schwierigkeit wieder die Sprache. Schliesslich wurde gefragt, ob Craig nicht eventuell auch ganz reine Pantomime zu spielen einwilligen würde. Er meinte ja, er wolle ihnen dasselbe Stück mit und ohne Worte vorspielen, und sie könnten dann selber wählen. Die Sache dann dahin geklärt, dass was er wolle eigentlich Pantomime sei mit nur hier und da ein Wort in den höchsten Momenten, zur Zusammenfassung oder Erläuterung. In dieser Weise schlägt Craig vor, eine Geschichte aus 1001 Nacht, ein griechisches Märchen (Amor α Psyche[2]) und Flaubert's Tentation de St. Antoine vorzuführen; auch vielleicht Everyman[3]. Schliesslich konstituierte sich die Versammlung als weiteres Komitee zu Propaganda und ernannte Bary, Haehnel u Bondi als engeres Komitee zur Aufstellung eines Finanzplanes. Gesamteindruck nicht sehr günstig.

Berlin. 19 Dezember 1905. *19.12.1905 Dienstag*
Aus Dresden zurück. Nachmittags bei Diels, der mir die Namen der unterzeichnenden Professoren gab. Auch beim alten Harrach. Spät im Kasino, wo Bismarck, der alte Dohna, Richthofen etc. aber keine Jugend. – Nachmittags auch bei Liebermann wegen der von Rothenstein vorgeschlagenen Ausstellung[4] deutscher Künstler in London. Liebermann ziemlich schwer zu bewegen, weil seine Bilder schwer zu bekommen seien aus Privatbesitz und dann: „Herr Graf, wir sind doch unter uns, Sie sagen es nicht weiter; aber aufrichtig, was sollen wir da nach den Riesen Monet, Renoir, Manet etc. Das sind Leute, die kommen in zwei Jahrhunderten nicht wieder, was sollen wir kleinen Leute daneben etc .....“

Berlin. 20 Dezember 1905. Mittwoch. *20.12.1905 Mittwoch*
Wegen des Briefs bei Robert Koch. Ein kleiner, energischer Fünfziger mit einem Diplomaten Vollbart und grauen Augen hinter goldenen Brillen. Man fühlt eine nervöse Festigkeit in Allem, was er sagt. Er unterschrieb, aber sehr widerwillen. Er wolle sich nicht ausschliessen. Aber nützen thue so Etwas Nichts. Die Engländer hassten uns nun einmal wegen unserer kommerziellen Fortschritte, eine ebenbürtige Flotte könnten wir auch nie bekommen, ich solle später einmal an seine Worte denken. Die ganze Masse des englischen Volks sei gegen uns ver-

---

1 Übermarionette-Theater

2 Apuleius

3 The Somonynge of Everyman

4 „Exhibition of Modern German Art“ in der Prince's Gallery in London, Mai-Juni 1906

giftet. So 'was könne höchstens ein Palliativmittel auf kurze Zeit sein; dann gehe es wieder los. Die Engländer suchten geradezu nach Vorwänden, uns zu hassen. Über die Tropen meinte er, sie seien gesünder als Europa. Er könne es hier nicht mehr aushalten, dort habe man doch wenigstens alle Tage blauen Himmel. Im nächsten Frühjahr gehe er wieder hin.

München. 21 Dezember. 1905. Donnerstag. *21.12.1905 Donnerstag*
Früh nach München. Unterwegs Stehrs Begrabenen Gott. Das durch einander Wachsen und aneinander sich Entzünden der Charaktere grandios. Aber auch dann das einsame über alle Menschlichkeit Emporwachsen wie bei Shakspeare. An Shakspeare reicht auch hinan die Vernehmung der Marie durch den Staatsanwalt (S. 338 ff). An Shakspeare, und dann denkt man wieder an Tolstoi, an Meister Ekhard, und schiesslich ist es doch Etwas ganz Eigenes. Stehr hat gewiss das Zeug zu einem Dichter ersten Ranges.

München. 23 Dezember 1905. *23.12.1905 Samstag*
Bei Furtwängler. Die Geschichte mit dem Ausschreiben zur Ergänzung des Venus Torso.

München. 24 Dezember 1905 *24.12.1905 Sonntag*
Vormittags bei Hildebrand. Über das Abbé Denkmal[1]. Er: es sei unmöglich ein Denkmal in Hosen zu machen; wohl eine Porträtstatue nach dem Leben aus der Nähe anzuschauen, aber kein Denkmal, das auf einem Platz von Weitem wirken solle. Nachher mit Stuck. – Abends nach Paris. Hardens dummer Artikel.

Paris. 25 Dezember 1905. Montag. *25.12.1905 Montag*
Früh an. In Passy. Mama sehr schwach und herunter vorgefunden. Abends Weihnachtsessen bei Brions, Mama, Gee, Christian. Gee sagt mir, sie höre von den verschiedensten Seiten, es gäbe Krieg. Grosse Unruhe hier.

Paris. 26 Dezember 1905. Dienstag. *26.12.1905 Dienstag*
Nach Marly zu Maillol. Meine Statue[2]. Eindruck erhabener Grösse und Ruhe. Ihn auf die Knöchel und Gelenke aufmerksam gemacht, deren Massigkeit mich stört, namentlich bei der aufgestützten Hand. Er sagte, Nichts habe er sorgfältiger durchgearbeitet, mehr nach allen Seiten hin durchdacht. Wenn er ein natürliches Gelenk mache, so erscheine es „si petit, si petit, et la ligne si cassée", auch stehe diese „Masse", die den ganzen Körper stütze, dann in keinem Verhältnis mehr zu den andren Massen des Körpers. Er zeigte mir das durch die Silhouette aus-

---

1 van de Velde

2 La Méditerranée

gefüllte Viereck: Voyez, c'est plein, il n'y a pas de trous, c'est ça que j'ai voulu. Nachher Enthusiasmus über Olympia. Reise 1907 dorthin zusammen verabredet.

Paris. 27 Dezember 1905. *27.12.1905 Mittwoch*
Die Kunst eine Unterart der Wollust. Dass die Wollust in jeder Form nicht nur berechtigt und erlaubt, sondern auch lebensfördernd ist: ob das richtig (wissenschaftlich nachweisbar)? Dass man dabei vom Individuum absehen muss, ist selbstverständlich; die Einführung dieses Begriffes, durch Sokrates u. das Christentum (die „unendlich wertvolle Seele") hat ja gerade die Wollust in Verruf gebracht. Individualismus und Kultus der Wollust, – vielleicht des Lebens, – unvereinbare Dinge. Aber vielleicht Kultus des Lebens und Kultus der Wollust sans phrases vereinbar. Die Wollust die Lockspeise für das Individuum sich den überindividuellen Zielen des Lebens zu opfern. Überall, wo das Individuum sich dem Leben opfern soll, findet man eine Wollust, selbst im Tode auf dem Schlachtfeld.

Paris. 28 Dezember 1905. *28.12.1905 Donnerstag*
Vorlesung von Gauguins Leben[1] bei Fayet: erste Hälfte.

Paris. 29 Dezember 1905. *29.12.1905 Freitag*
Maillol bei mir gefrühstückt. Die Geschichten, die über ihn erzählt werden, Blanqui Comité Sitzung etc. Er protestierte lebhaft. Wir verabredeten Genaueres über unsere Reise 1907 nach Griechenland. Sein Verhältnis zu Rodin. Mit Maillol u. Gee zu Bonnard. Bonnard eine kleine Skizze von nackten Frauen im Walde abgekauft. Er meinte: C'est un rien. Ce que j'ai cherché, c'est seulement ce rapport de la femme couchée avec l'herbe éclairée autour. J'avais vu ces deux tons et j'ai voulu les noter. – Sein grosses Bild von faunischen Wesen im Walde, das er schon zehnmal neugemalt und umgearbeitet habe: J'ai voulu placer ces deux verts (ein dunkles, schattiges Grün des Waldbodens und ein helles leuchtendes einer fernen sonnenhellen Landschaft); ils sont assez rapprochés, et cependant, il y a quelquechose dans leur rapport etc. Er zieht nächstens um von 65 rue de Douai gegenüber ins verlassene Kloster. Je serai excommunié. J'en ai parlé à Maurice Denis. Mais il pourra tout de même continuer à me voir etc. – Vor einem Bild von Familienmitgliedern bei Tisch (grau u rosa mit einem Orange Fleck): J'ai fait ça cet été en Dauphiné, chez nous. J'avais là un petit neveu de douze ans qui faisait des choses vraiment extraordinaires. Il rendait la nature avec une simplification, une synthèse vraiment étonnantes. J'ai été très influencé par lui. Si on pouvait arriver à une telle simplicité, comme en ont quelquefois les gens tout à fait

---

[1] Rotonchamp

naïfs! Mais voilà, on est toujours repris par ce naturalisme idiot. Je me dis: il faut tout de même mettre ce rapport ci, et ce rapport là; et à la fin ça redevient petit, il y a trop de détails.

Paris 30 Dezember 1905. *30.12.1905 Samstag*

Brouillon[1] (Givry en Argonne, Marne) sein Leben Gauguins zu Ende gelesen bei Fayet.

[1] Rotonchamp

Zu dieser Ausgabe

Die Veröffentlichung des Tagebuches von Harry Graf Kessler erfolgt in Form einer Hybrid-Edition als neuem Typus einer wissenschaftlichen Quellen-Edition. Neben neun gedruckten Bänden erscheint zu Beginn und zum Abschluß der Edition jeweils eine CD-ROM. Subskribenten der gesamten Ausgabe erhalten mit Band III eine CD-ROM mit der Vorausgabe des transkribierten Textes, der eine vorläufige Arbeitsfassung darstellt und daher nicht zitierfähig ist, aber dem Benutzer eine erste Recherche über den gesamten Text ermöglicht. Mit Erscheinen des letzten Bandes wird die vorläufige CD-ROM I durch eine endgültige Fassung ersetzt. Faksimiles exemplarischer und singulärer Tagebuchseiten sowie der zahlreichen Beilagen (Fotos, Zeitungsartikel usw.), die den spezifischen Charakter von Kesslers Tagebuch sichtbar machen, erscheinen auf der CD-ROM II in größerer Auswahl als in der gedruckten Fassung.

Text

Es handelt sich bei der Edition des Tagebuchs von Harry Graf Kessler nicht um eine historisch-kritische Ausgabe, in der die Textgenese dokumentiert und Überarbeitungsspuren im einzelnen vermerkt würden. Die Handschrift zeichnet sich durchgehend, wenn auch in unterschiedlichem Ausmaß, durch Streichungen, Einfügungen und Korrekturen aus, die größtenteils bereits unmittelbar während der Niederschrift der Tageseinträge vorgenommen wurden. Wiedergegeben wird jeweils der innerhalb dieser ersten Schreibphase als „endgültig" anzusehende Text, d.h. von Kessler gestrichene bzw. durch alternative Formulierungen ersetzte Passagen werden in der Regel nicht wiedergegeben. Davon zu unterscheiden sind offensichtlich nachträglich erfolgte Überarbeitungen (mit anderer Tinte oder Bleistift), die Kessler bei der späteren Lektüre des Tagebuches – oft im Rahmen von aktuellen Publikationen oder Publikationsvorhaben – vorgenommen hat: Streichungen, Ergänzungen, inhaltliche oder stilistische Korrekturen sowie die gedankliche Fortführung von früher Geschriebenem oder Verweisungen auf andere Tageseinträge zum gleichen Thema. Auf diese nachträglichen Überarbeitungen wird in den Fußnoten hingewiesen, soweit sie inhaltlich von Bedeutung sind.

Ohne Eingriffe bleiben:
- Absätze von Kessler sowie Gliederungen (z.B. bei Aufzählungen, Listen). Sie werden wiedergegeben, aber nicht abgebildet.
- Fehler im Datum. Die Richtigstellung erfolgt durch das jedem Tageseintrag hinzugefügte „Normdatum".
- Falsch geschriebene Namen. Die Richtigstellung erfolgt über das Register bzw. gegebenenfalls durch eine Fußnote.
- Orthographische Eigenwilligkeiten und grammatische Fehler Kesslers.
- Von Kessler gelassene Lücken. Sie werden als langer Unterstrich wiedergegeben.

Stillschweigende Eingriffe:
- Ergänzung von Schlußpunkten, fehlenden Klammern sowie An- und Ausführungszeichen. Satzanfänge werden grundsätzlich groß begonnen.
- Mehrfache Unterstreichungen werden in der Druckfassung als einfache Unterstreichungen wiedergegeben.
- Doppelte Bindestriche werden wie heute üblich einfach wiedergegeben.
- Trennstriche werden nicht abgebildet.
- Offensichtliche Flüchtigkeitsfehler (z.B. fühbar statt fühlbar) werden verbessert.
- Zeichen, die Kessler zur Markierung von umzustellendem Text verwendet, werden nicht wiedergegeben. Die durch sie beabsichtigten Umstellungen werden ausgeführt.
- Verschleifungen werden ausgeschrieben.

Kommentare und Fußnoten

Es handelt sich bei dieser Edition nicht um eine kommentierte Ausgabe. Die Funktion von Stellenkommentaren wird weitgehend durch das erläuternde Register übernommen. Inhaltliche Erläuterungen in Fußnoten werden nur in Ausnahmefällen gegeben, wenn sie für das unmittelbare Leseverständnis unerläßlich sind. Grundsätzlich sind die Fußnoten auf ein Mindestmaß reduziert; sie finden sich als:

- Herausgeberbemerkung zu auffallenden Besonderheiten der Handschrift, zu nachträglichen Überarbeitungen, soweit sie inhaltlich von Belang sind, sowie zu Beilagen (Fotos, Zeitungsartikel usw.) etc.
- Übersetzung fremdsprachiger, vor allem griechischer und lateinischer Passagen und Zitate. Nicht übersetzt werden englische und französische Passagen.

- Auflösung verdeckter oder falsch geschriebener Namen, um diese im Register auffindbar zu machen. Zum Auffinden von Werken im Register werden ggf. Autor und/oder Titel in einer Fußnote angegeben:
  der amerikanische Gesandte in Brüssel → Terrell
  Pearson → Pierson
  Klein Eyolf → Ibsen
  Constables Seestück → Storm Clouds over the Sea at Brighton

Von Kessler – teilweise nachträglich – angelegte Verweisungen auf andere Tageseinträge werden grundsätzlich als Fußnoten wiedergegeben.

Register

Das Register dient nicht nur der Auffindbarkeit im Tagebuch erwähnter Personen, Werke, Orte, „Plätze", Körperschaften und Periodika. Besonders in den Erläuterungen zu den Personen werden im Register zusätzlich auch Informationen gegeben, die sich auf erläuterungsbedürftige Sachverhalte in einzelnen Textpassagen beziehen.

Band III enthält drei Register:

- ein umfassendes Namensregister. Es enthält die in diesem Band erwähnten Personen, Werke, „Plätze" (etwa Bauwerke) und archäologischen Orte (Ausgrabungsstätten); es enthält ferner eine Auswahl in diesem Band erwähnter besonders wichtiger Körperschaften (vor allem Museen und Theater) und Periodika. Innerhalb dieses Registers werden Werke unter ihrem Verfasser, „Plätze" und Körperschaften unter ihrem Ort (Stadt) aufgenommen. Personen, Orte, Periodika und anonyme Werke sind alphabetisch in dieses Register einsortiert.
- ein Register der in diesem Band erwähnten Werke und Projekte Kesslers.
- ein Register der in diesem Band angegebenen Schreiborte. Als Schreiborte gelten die jeweils in der Datumszeile der Tageseinträge genannten Orte.

Die CD-ROM II enthält geeignete Recherchewerkzeuge, welche die Indexfunktion ersetzen.

Personen

Personen werden bandübergreifend und vornehmlich im Hinblick auf das Tagebuch sowie ihre Beziehung zu Kessler erläutert, wobei für die Erläuterungstiefe vier Kategorien unterschieden werden: „Bildungsgut", „Komparsen", „Akteure" und „Dramatis personae".

- Bei Personen, die als „Bildungsgut“ gelten können (Goethe, Beethoven usw.), werden in der Regel nur die Lebensdaten angegeben, es sei denn, sie hatten für Kesslers Leben eine herausragende Bedeutung (z.B. Max Klinger, Hugo von Hofmannsthal).
- „Komparsen“ werden durch ihren Namen sowie möglichst durch Angabe ihrer Lebensdaten, ihrer Nationalität (sofern nicht deutsch und sofern ermittelbar) sowie ihres Berufs bzw. ihrer Funktion identifiziert und erläutert. „Komparsen“ sind Personen, die im Tagebuch keine zentrale Rolle spielen.
- „Akteure“ werden durch ihren Namen sowie möglichst durch Angabe ihrer Lebensdaten, ihrer Nationalität (sofern nicht deutsch und sofern ermittelbar), ihres Berufs bzw. ihrer Funktion sowie durch stichwortartige Sachinformationen identifiziert und erläutert. „Akteure“ sind zentrale Personen im Tagebuch. Sie treiben die „Handlung“ aktiv voran oder bestimmen einen längeren Abschnitt des Tagebuches.
- „Dramatis personae“ sind in einem Band besonders dominante „Akteure“, die deshalb zusätzlich in der Einleitung vorgestellt werden.

Aufgenommen werden alle namentlich genannten Personen, außer mythologischen und biblischen (sofern nicht historisch). In Werken genannte biblische Personen (auch wenn sie historisch nachweisbar sind) und in Werktiteln genannte Personen werden in der Regel nicht berücksichtigt.

Nicht namentlich genannte Personen werden – soweit möglich und sinnvoll – identifiziert und ins Register aufgenommen. Bei Pluralnennungen (Familien) werden in der Regel nur die Ehepartner, nicht aber die Kinder ins Register aufgenommen:

Bei Nostitzens → Helene und Alfred von Nostitz

Adjektivierte Namen werden ins Register aufgenommen.

Die Namen werden unter der für eine deutsche Publikation gebräuchlichen Form (z.B. Ludwig XIV., nicht Louis XIV) angesetzt.

Frauen werden in der Regel unter ihrem letzten, ggf. unter dem bekannteren Namen angesetzt.

Bei Personen mit militärischen oder Verwaltungsberufen wird in der Regel der höchste erreichte Dienstgrad angegeben. Die Angabe des Regiments (z.B. 3. Garde-Ulanen Rgt.) bezieht sich in der Regel auf die Zeit des Auftretens der Person im Tagebuch.

Werke

Werke werden unter ihrem Verfasser, Komponisten, Künstler usw. aufgenommen. Anonyme Werke und Werke, deren Verfasser nicht ermittelt sind, werden

unter ihrem Titel in das Register eingeordnet. Zusätzlich besteht im Register die Kategorie „Anonyme antike Kunstwerke". Briefe sowie Reden, Interviews u.ä. werden aufgenommen, sofern sie gedruckt vorliegen.
Titel von Werken in einer in der Edition vorausgesetzten Sprache (Deutsch, Englisch und Französisch) werden in der Regel in der Originalsprache, sonst nach Gebräuchlichkeit im deutschen Sprachraum aufgenommen.
Bezieht sich Kessler explizit auf eine Übersetzung, wird sie unter dem übersetzten Titel angegeben; bei Bearbeitungen wird analog verfahren. Bei Übersetzungen und Bearbeitungen wird der Übersetzer/Bearbeiter als Zusatzverfasser in das Register aufgenommen.
Bei schriftlichen Werken, die vor dem Berichtszeitraum (1880-1937) entstanden bzw. veröffentlicht worden sind, beschränkt sich die Erläuterung in der Regel auf die Angabe einer Jahreszahl (meist des Jahres der Erstausgabe) zur zeitlichen Einordnung des Werkes. Schriftliche Werke, die innerhalb des Berichtszeitraums entstanden sind, werden ausführlicher erläutert: Angegeben werden in der Regel das Erscheinungsjahr der Erstausgabe, bei Dramen zusätzlich Ort und Datum der Uraufführung, bei Werken, die nicht deutsch-, englisch- oder französischsprachig sind, zusätzlich das Erscheinungsjahr der deutschen Erstausgabe sowie ggf. Ort und Datum der deutschen Erstaufführung.
Jahreszahlen ohne einleitende Wendung bezeichnen bei literarischen Werken und Sachliteratur immer das Jahr der Erstausgabe, bei musikalischen das Jahr der Entstehung.
Bei Opern, die innerhalb des Berichtszeitraums entstanden sind, wird der Librettist angegeben.
Kunstwerke, insbesondere Gemälde und Skulpturen, werden unter dem Künstler bzw. einer Schule oder Werkstatt aufgenommen. Sofern möglich werden Kunstwerke über den Titel, ggf. die Technik (Radierung, Aquarell, Pastell etc.), die Datierung sowie den letzten ermittelbaren Standort identifiziert. Nur in Ausnahmefällen werden darüber hinausgehende Angaben gemacht.
Bei größeren Werkzusammenhängen, z.B. Fresken, Altären, Radierzyklen, wird in der Regel das gesamte Werk ins Register aufgenommen, auch wenn sich Kessler nur auf einzelne Teile davon (z.B. Figuren, Blätter) bezieht. Auch Vorstufen zu Werken wie Modelle, Studien und ähnliches werden, soweit möglich und sinnvoll, unter einem Registerbegriff zusammengefaßt.
Nicht über das Projektstadium hinausgekommene bzw. nachweislich nicht realisierte Kunstwerke erhalten in der Regel keinen Registereintrag.
Benennt Kessler Werke nur unspezifisch metonymisch durch die Angabe ihres Verfassers, wird in der Regel nur der Name des Künstlers ins Register aufgenommen:
Früh in die Kunsthalle, wo die Franckes und Runges.
Sind anonyme Werke Teil einer Kirche oder eines anderen Gebäudes, z.B. Reliefs,

Mosaiken, Portale, Fassaden, Taufbrunnen, Metopen, wird in der Regel nur das Gebäude als „Platz" aufgenommen.
Bei Filmen werden Produktionsort (Land) und -jahr angegeben.

Orte

Orte fungieren nicht als eigenständige Registerbegriffe, sondern dienen nur der Auffindbarkeit der unter ihnen aufgenommenen „Plätze" und Körperschaften. In das Register aufgenommen werden hingegen die im Band erwähnten archäologischen Orte (Ausgrabungsstätten, z.B. Olympia, Eleusis). Ortsnamen werden alphabetisch in das Register eingeordnet.

„Plätze"

„Plätze" werden unter dem Ort angesetzt:
Notre-Dame → Paris
Es werden alle im Tagebuch bedeutungstragenden „Plätze" aufgenommen, auf jeden Fall Kunst- und archäologische Plätze (z.B. Kirchen, Schlösser und Tempel), sowie Wohnungen Kesslers.

Körperschaften

Körperschaften (vor allem Museen und Theater) werden unter dem Ort angesetzt. Bei Museen erfolgt in der Regel keine weitere Aufteilung nach Abteilungen. Restaurants werden nur aufgenommen, wenn eine Verwechslungsgefahr mit Personennamen besteht.

Periodika

Für den Kontext des Tagebuchs besonders wichtige Periodika werden in das Register aufgenommen und alphabetisch einsortiert.

Register der Schreiborte

Alle Ortsnamen (auch „Auf See", „Im Zuge" o.ä.), die im Tagebuch in der Datumszeile genannt sind, werden in das Schreiborteregister aufgenommen. Wird ein Schiffsname in der Datumszeile genannt, wird im Register vereinfachend „Auf See" als Schreibort aufgenommen. Die Angaben „Auf See" oder „Im Zug" werden im Register durch Ausgangs- und Zielort der Reise in Klammern ergänzt:
Auf See (Veracruz – Yucatán)

Register der Werke Kesslers

Im Tagebuch erwähnte Werke, Vorträge und Reden Kesslers werden in einem eigenen Register nachgewiesen.

Abkürzungsliste

Es gelten jeweils die Wortstämme.

AA	Auswärtiges Amt
Abb.	Abbildung
Abg.	Abgeordneter
Abh.	Abhandlung
Abk.	Abkürzung
Abt.	Abteilung
ägypt.	ägyptisch
ä.L.	ältere Linie
akad.	akademisch
allg.	allgemein
amerik.	amerikanisch
anschl.	anschließend
ao.	außerordentlich
Apr.	April
a.u.d.T.	auch unter dem Titel
Auff.	Aufführung
aufgr.	aufgrund
Aufl.	Auflage
Aug.	August
Ausg.	Ausgabe
ausgef.	ausgeführt
ausgest.	ausgestellt
ausgew.	ausgewählt
ausl.	ausländisch
ausschl.	ausschließlich
Ausst.	Ausstellung
Ausw. Dienst	Auswärtiger Dienst
autoris.	autorisiert
bayr.	bayrisch
Bd./Bde.	Band/Bände
Bearb.	Bearbeiter
beg.	begonnen
Begr.	Begründer
belg.	belgisch

bes.	besonders/besonderer
Bevollm./bevollm.	Bevollmächtigter/bevollmächtigt
Bibl.	Bibliothek
Bibliogr.	Bibliographie
brasil.	brasilianisch
brit.	britisch
Canitzer	burschenschaftsähnliche studentische Vereinigung in Leipzig
chin.	chinesisch
Choreogr.	Choreograph/-ie
d.Ä.	der Ältere
dän.	dänisch
Darst.	Darstellung
DDP	Deutsche Demokratische Partei
Dép.	Départemental
Dez.	Dezember
Dir.	Direktor
d.J.	der Jüngere
dt.	deutsch
DVP	Deutsche Volkspartei
Dyn.	Dynastie
EA	Erstausgabe
EAuff.	Erstaufführung
ehem.	ehemals
eingest.	eingestellt
Einj.-Freiw.	Einjährig-Freiwilliger
Einl.	Einleitung
einschl.	einschließlich
einstw.	einstweilig
engl.	englisch
Entst./entst.	Entstehung/entstanden
erb.	erbaut
erbl.	erblich
erg.	ergänzt
Erg.Bd./Erg.Bde.	Ergänzungsband/Ergänzungsbände
eröff.	eröffnet
Ersch./ersch.	Erscheinen/erschienen
Erstdr.	Erstdruck
erw.	erweitert
Erz.	Erzählung
europ.	europäisch

EV	Erstveröffentlichung
ev.	evangelisch
evtl.	eventuell
Ex.	Exemplar
F.	Folge
Fam.	Familie
Fass.	Fassung
Feb.	Februar
finn.	finnisch
fläm.	flämisch
Frfr.	Freifrau
Frhr.	Freiherr
frz.	französisch
GbR	Gesellschaft bürgerlichen Rechts
geb.	geboren
gedr.	gedruckt
gegr.	gegründet
geh.	gehalten
Geh.	Geheimer
gem.	gemischt
gen.	genannt
Ges.	Gesellschaft
gesch.	geschieden
gest.	gestorben
Ghzgt./ghzgl.	Großherzogtum/großherzoglich
griech.	griechisch
H.	Heft
Hg.	Herausgeber
Hlg./hlg.	Heiliger/heilig
Hzgt./hzgl.	Herzogtum/herzoglich
i.d.R.	in der Regel
Ill.	Illustrator
Impress.	Impressionismus
ind.	indisch
Inh.	Inhaber
innerh.	innerhalb
intern.	international
Interv.	Interview/Interviewer
ir.	irisch
ital.	italienisch
Jan.	Januar

jap.	japanisch
Jb.	Jahrbuch
Jg.	Jahrgang
Jh.	Jahrhundert
j.L.	jüngere Linie
Jt.	Jahrtausend
kais.	kaiserlich
kanad.	kanadisch
Kap.	Kapitel
Kat.	Katalog
kath.	katholisch
kgl.	königlich
Khr.	Kammerherr
komment.	kommentiert
Komp.	Komponist
kroat.	kroatisch
k.u.k.	kaiserlich und königlich
kult.	kulturell
Landw./landw.	Landwirt/landwirtschaftlich
lat.	lateinisch
Leg.-Rat	Legationsrat
Leg.-Sekr.	Legationssekretär
li.	links
Libr.	Libretto/Librettist
Lit.	Literatur
ltd.	leitend
Ltg.	Leitung
Ltn.	Leutnant
luth.	lutherisch
M.	Mark
MdR	Mitglied des Reichstags
MdWNV	Mitglied der Weimarer Nationalversammlung
mexik.	mexikanisch
Mgl.	Mitglied
Mitarb.	Mitarbeit/Mitarbeiter
Mitw.	Mitwirkung
mhd.	mittelhochdeutsch
n. Chr.	nach Christus
Nachw.	Nachwort
neo-impress.	neo-impressionistisch
niederl.	niederländisch

norweg.	norwegisch
Nov.	November
o.	ordentlich
od.	oder
österr.	österreichisch
OHL	Oberste Heeresleitung
Okt.	Oktober
oldenbg.	oldenburgisch
op.	Opus
Orch.	Orchester
Orig.	Original
OT	Originaltitel
pers.	persisch
poln.	polnisch
portug.	portugiesisch
Präs.	Präsident
preuß.	preußisch
priv.	privat
prot.	protestantisch
re.	rechts
ref.	reformiert
Reg.	Regierung
Rep.	Republik
Res.	Reserve
Rgt.	Regiment
röm.	römisch
RT	Reichstag
Ruhest.	Ruhestand
rumän.	rumänisch
russ.	russisch
S.	Seite
s/w	schwarz-weiß
sächs.	sächsisch
schwed.	schwedisch
schweiz.	schweizerisch
Sekr.	Sekretär
Sep.	September
Slg.	Sammlung
sog.	sogenannt
span.	spanisch
Spr.	Sprache

St.	Sankt
Stellv./stellv.	Stellvertreter/stellvertretend
Str.	Straße
stud.	studieren (studierte etc.)
syst.	systematisch
teilw.	teilweise
türk.	türkisch
u.	und
u.a.	und andere/unter anderem
UA	Uraufführung
u.d.T.	unter dem Titel
Überarb./überarb.	Überarbeiter/überarbeitet
Übers.	Übersetzer
ungar.	ungarisch
Univ.	Universität
urspr.	ursprünglich
v.	von
v.a.	vor allem
v. Chr.	vor Christus
VB	Völkerbund
verb.	verbessert
verh.	verheiratet
Verl.	Verlag
Veröff./veröff.	Veröffentlichung/veröffentlicht
Vers.	Versetzung
versch.	verschieden
Verstg.	Versteigerung
verw.	verwitwet
Verz.	Verzeichnis
Vf.	Verfasser
viell.	vielleicht
vollst.	vollständig
Vors.	Vorsitzender
Vortr. Rat	Vortragender Rat
Vorw.	Vorwort
wg.	wegen
Wiss./wiss.	Wissenschaftler/wissenschaftlich
WK	Weltkrieg
württ.	württembergisch
z.T.	zum Teil
zahlr.	zahlreich

Zeitschr.	Zeitschrift
zeitw.	zeitweise
zus.	zusammen
Zus.arbeit	Zusammenarbeit
zust.	zuständig
zw.	zwischen

Register

Namensregister

Courbet, Juliette, 1832-1915
Schwester v. Gustave Courbet
18.2.1905
Courier, Paul-Louis → Bonnard, Pierre: Les Pastorales de Longus ou Daphnis et Chloé
Courteline, Georges, 1858-1929, frz. Schriftsteller
16.12.1905
Le Commissaire est bon enfant. Comédie en un acte, in: L'Illustration (Paris). Nr. 2972, 10.2.1900. Supplément; UA Paris 16.12.1899; zus. m. Jules Lévy
16.12.1905
Coûteaux, Madame
verh. m. dem belg. Kunsthändler Gustave Coûteaux (gest. 1873)
30.3.1904
Covarrubias, Miguel, 1856-1924, mexik. Diplomat
um 1898/99 Leg.-Sekr. u. Geschäftsträger in Berlin
19.5.1898
Coverly, Roger de, geb. 1831, engl. Buchbinder
7.9.1904
Cozens, Alexander, 1717-1786, engl. Maler u. Zeichner
19.5.1903; 6.8.1904
Landschaft, Sammlung Roger Fry
19.5.1903
Craig, Edward Gordon, 1872-1966, engl. Schauspieler, Bühnenbildner, Regisseur, Theatertheoretiker u. Graphiker
unehel. Sohn der Schauspielerin Ellen Terry u. des Architekten u. Regisseurs Edward William Godwin (1833-86); maßgebl. Theaterreformer des 20. Jh., der eine radikal neue abstrakte, auf Licht u. Raum basierende Bühnenästhetik entwickelte; da er seine Ideen zu Lebzeiten kaum umsetzen konnte, blieb seine Wirkung weitgehend auf theoret. Schriften, Skizzen u. Bühnenmodelle begrenzt; 1889-97 Schauspieler u.a. am Lyceum Theatre in London unter Henry Irving; erlernte seit 1893 bei Nicholson, Pryde u. Rothenstein die Technik des Holzschnitts; in der Folge entst. u.a. zahlr. Exlibris u. Buch-Ill.; Begr. der literar. u. künstler. Zeitschr. *The Page* (1898-1901); zu seinen ersten Inszenierungen gehörten 1900 Purcells *Dido and Aeneas* u. 1902 Händels *Acis and Galathea* für die 1899 v. ihm mitbegr. Purcell Operatic Society, 1903 Ibsens *Nordische Heerfahrt* im Imperial Theatre, London; Kessler war seit 1903 Craigs Förderer u. stellte zahlr. internat. Kontakte her; siedelte im Aug. 1904 nach Berlin um, nachdem ihn Brahm mit der Ausstattung v. Hofmannsthals Trauerspiel *Das gerettete Venedig* beauftragt hatte; die v. Kessler nach Craigs Bruch mit Brahm vermittelte Zus.arbeit mit Reinhardt bei der Inszenierung v. Shaws *Caesar and Cleopatra, King Lear,*

in Weimar; Kessler u. andere Mäzene erwarben zu seinem 50. Geburtstag das seit 1912 v. ihm bewohnte neu gebaute Haus in Hamburg-Blankenese; meldete sich im Aug. 1914 als Kriegsfreiwilliger; diente als 'ältester dt. Rekrut' (Ida Dehmel) zunächst an der frz. Front, wurde im Sep. 1916 als Zensor ins Buchprüfungsamt nach Kowno (Kaunas) u. im Nov. 1916 zu seinem Ersatzbataillon nach Altona verlegt, wo er die Frontberichte sichtete; noch kurz vor Kriegsende beantragte er vergeblich seine erneute Versetzung an die Front u. verfaßte einen Aufruf zur Fortsetzung des Krieges, vertrat zugleich aber sozialist. Positionen; veröff. nach Kriegsende einen 'Warnruf' an die Siegermächte, zu dessen Unterzeichnung er zahlr. Schriftstellerkollegen aufforderte
S. 13; 16.7.1897; 27.12.1897; 25.6.1898; 7.7.1898; 3.11.1898; 14.11.1898; 22.11.1898; 5.12.1898; 6.12.1898; 12.12.1898; 19.12.1898; 28.2.1899; 12.3.1899; 18.3.1899; 28.3.1899; 27.7.1899; 30.11.1899; 14.12.1899; 1.5.1900; 11.10.1900; 2.3.1901; 4.9.1901; 5.9.1901; 6.12.1901; 7.12.1901; 11.12.1901; 12.12.1901; 17.1.1903; 5.2.1903; 6.2.1903; 27.8.1903; 1.9.1903; 17.10.1903; 3.4.1904; 7.7.1904-10.7.1904; 18.9.1904; 19.10.1905; 21.10.1905; 15.11.1905; 10.12.1905; 14.12.1905
Befreit, in: Gesammelte Werke in zehn Bänden. Bd. 3. Weib und Welt. Ein Buch Gedichte, 1907, S. 38 f.
14.12.1899
Erst wenn der Geist von jedem Zweck genesen..., als Sinnspruch dem Gedichtband *Weib und Welt* (1896) vorangestellt; wieder in: Zwei Menschen (1903), II, 25
27.8.1903
Evas Klage, in: Gesammelte Werke in zehn Bänden. Bd. 3. Weib und Welt. Ein Buch Gedichte, 1907, S. 145-147
8.7.1904
Gesammelte Werke in zehn Bänden, 1906-09
6.2.1903; 14.12.1905
Eine Lebensmesse. Dichtung für Musik, in: PAN, Jg. 3 (1897/98), H. 2, S. 89-94
1.9.1903; 8.7.1904
Lucifer. Ein Tanz- und Glanzspiel, 1899; Bild 1/2 ersch. vorab in: PAN, Jg. 4 (1898/99), H. 2, S. 92-100
25.6.1898
Der Mitmensch. Drama, 1895; UA Berlin 11.9.1909
14.12.1905
Offener Brief von Richard Dehmel an den Herausgeber der „Kultur", in: Die Kultur. Halbmonatsschrift für Wissenschaft, Literatur und Kunst (Köln). Bd. 1 (1902), Juli-Dez., S. 54-66
6.2.1903

Kessler, Alice Harriet Gräfin von, geb. Blosse-Lynch, 1844-1919

Mutter v. Harry Graf Kessler; entstammte einem ir. Adelsgeschlecht; wurde in Bombay als Tochter eines anglo-ind. Marineoffiziers geb. u. wuchs in Frankreich auf; das häufig fälschlich als Geburtsdatum angegebene Jahr 1852 wurde vermutl. von ihr selbst in die Welt gesetzt; 10.8.1867 Heirat mit Adolf Wilhelm Kessler in Paris; Sommeraufenthalte in Bad Ems u. Bad Gastein führten zu engen Kontakten mit der Hofges., 1870 kam es in Bad Ems zur ersten Begegnung mit Wilhelm I.; die Verbindung gab den Zeitgenossen Stoff zu Gerüchten bis hin zur Spekulation, Harry sei ein uneheliches Kind des Königs; führte in Paris um die 1880er Jahre einen Salon, in dem sie jeden Montagnachmittag Empfänge gab sowie Bälle u. musikal. Soiréen veranstaltete, die zu den Höhepunkten des gesellschaftl. Lebens zählten; dort verkehrte der Pariser 'haut monde', Diplomaten, Adlige, Journalisten u. Künstler; die Zeitungen berichteten kontinuierlich über Toilette, Gesundheitszustand u. Porträts der für ihre Schönheit berühmten Salonnière; sie wirkte ferner als Sopranistin, Pianistin u. Schauspielerin, veröff. unter Pseudonym Dramen u. Romane, ließ im Garten ihres Hauses ein Theater errichten u. führte bis nach der Jahrhundertwende ein Liebhabertheater, in dem sie meist als Hauptdarstellerin zus. m. adligen Freunden in Pantomimen u. Dramen frz. Autoren u. moderner ausländ. Schriftsteller wie Ibsen auftrat; erkrankte 1904 u. war die letzten Jahre ihres Lebens, gelähmt u. erblindet, an den Rollstuhl gebunden; lebte in Paris u. auf dem v. ihr gepachteten Landsitz Sainte-Honorine bei Caen in der Normandie; während des 1. WK nahm sie wieder die brit. Staatsbürgerschaft an u. lebte in England; starb am 19.9.1919 in der Normandie; Teile ihrer 1908-09 verfaßten fragmentar. Lebenserinnerungen fügte Kessler in das erste Kap. ('Mémé') v. *Gesichter und Zeiten* ein; das Verhältnis war jedoch nicht immer so harmonisch wie in der Autobiographie dargestellt; Kessler beklagt sich in der Korrespondenz mit seiner Schwester zeitw. darüber, die Mutter respektiere trotz ihrer finanziellen Großzügigkeit nicht seine Laufbahn u. zeige sich desinteressiert etwa gegenüber seinen publizist. Erfolgen

S. 20, 31; 14.6.1897; 13.10.1897; 14.10.1897; 23.10.1897; 25.12.1897; 2.6.1898; 19.8.1898; 20.8.1898; 25.8.1898; 27.4.1899; 9.5.1899; 13.5.1899; 21.6.1899; 1.10.1899; 5.1.1900; 30.6.1900; 7.7.1900; 17.7.1900; 21.7.1900; 22.7.1900; 9.5.1901; 12.5.1901; 1.12.1901; 29.12.1901; 17.2.1902; 10.3.1902; 15.4.1902; 4.5.1902; 13.5.1902; 18.5.1902; 17.7.1902; 20.8.1902; 24.8.1902; 26.8.1902; 22.11.1902; 3.12.1902; 25.12.1902; 4.3.1903; 30.4.1903; 14.5.1903; 6.7.1903; 8.7.1903; 3.10.1903; 16.4.1904; 18.4.1904; 17.7.1904; 18.7.1904; 11.8.1904; 18.8.1904; 12.9.1904; 14.9.1904; 5.11.1904; 6.11.1904; 24.11.1904; 1.2.1905-6.2.1905; 6.9.1905; 26.11.1905; 27.11.1905; 25.12.1905

Register der Werke und Projekte Kesslers

Register der Schreiborte

19.11.1897-22.11.1897; 24.11.1897-28.11.1897; 30.11.1897; 1.12.1897; 3.12.1897-15.12.1897; 22.12.1897; 9.1.1898; 10.1.1898; 12.1.1898-17.1.1898; 19.1.1898-23.1.1898; 25.1.1898-1.2.1898; 3.2.1898-17.2.1898; 19.2.1898-26.2.1898; 1.3.1898-3.3.1898; 5.3.1898; 9.3.1898-21.3.1898; 1.4.1898; 10.4.1898; 11.4.1898; 15.4.1898; 18.4.1898; 20.4.1898-24.4.1898; 28.4.1898-30.4.1898; 3.5.1898-5.5.1898; 7.5.1898; 8.5.1898; 10.5.1898-12.5.1898; 14.5.1898-16.5.1898; 19.5.1898; 7.6.1898; 12.6.1898-14.6.1898; 16.6.1898; 18.6.1898-21.6.1898; 23.6.1898-25.6.1898; 30.6.1898; 7.7.1898; 21.7.1898; 23.7.1898; 5.9.1898; 10.9.1898; 12.9.1898; 29.9.1898; 4.10.1898-11.10.1898; 13.10.1898-16.10.1898; 18.10.1898; 20.10.1898; 23.10.1898; 24.10.1898; 26.10.1898; 28.10.1898-31.10.1898; 3.11.1898; 5.11.1898-10.11.1898; 13.11.1898-15.11.1898; 20.11.1898-25.11.1898; 29.11.1898; 30.11.1898; 2.12.1898-6.12.1898; 8.12.1898; 10.12.1898; 12.12.1898-15.12.1898; 17.12.1898-20.12.1898; 22.12.1898; 22.1.1899; 24.1.1899; 27.1.1899; 2.2.1899; 13.2.1899; 17.2.1899; 18.2.1899; 23.2.1899; 28.2.1899; 1.3.1899; 6.3.1899; 10.3.1899-13.3.1899; 18.3.1899; 22.3.1899-25.3.1899; 27.3.1899-30.3.1899; 1.4.1899; 3.4.1899; 9.4.1899; 27.4.1899; 3.5.1899; 5.5.1899; 7.5.1899; 30.6.1899; 9.7.1899; 17.7.1899; 2.8.1899-4.8.1899; 4.11.1899; 7.11.1899; 9.11.1899; 10.11.1899; 24.11.1899; 26.11.1899; 29.11.1899; 30.11.1899; 11.12.1899; 14.12.1899; 11.1.1900; 14.1.1900; 15.1.1900; 29.1.1900; 9.2.1900; 17.2.1900; 22.2.1900; 9.3.1900-11.3.1900; 13.3.1900-17.3.1900; 19.3.1900; 21.3.1900-24.3.1900; 26.3.1900-1.4.1900; 5.4.1900; 6.4.1900; 12.4.1900; 13.4.1900; 15.4.1900; 19.4.1900; 23.4.1900; 26.4.1900; 29.4.1900-1.5.1900; 3.5.1900-7.5.1900; 9.5.1900; 17.5.1900; 1.6.1900; 7.6.1900; 10.6.1900; 13.6.1900; 16.6.1900-18.6.1900; 30.7.1900; 5.8.1900; 9.8.1900; 10.8.1900; 12.8.1900-17.8.1900; 19.8.1900; 20.8.1900; 24.8.1900; 25.8.1900; 31.8.1900; 2.9.1900; 6.9.1900; 10.9.1900; 12.9.1900-14.9.1900; 16.9.1900; 10.10.1900; 11.10.1900; 15.10.1900; 19.10.1900; 23.10.1900; 24.10.1900; 27.1.1901; 29.1.1901; 31.1.1901; 2.2.1901-5.2.1901; 7.2.1901-19.2.1901; 21.2.1901-25.2.1901; 28.2.1901-9.3.1901; 9.8.1901; 13.8.1901; 9.9.1901; 10.9.1901; 15.9.1901; 20.9.1901; 25.9.1901; 1.10.1901; 2.10.1901; 6.10.1901; 7.10.1901; 10.10.1901; 12.10.1901-15.10.1901; 28.10.1901; 1.11.1901-3.11.1901; 12.11.1901; 16.11.1901; 17.11.1901; 19.11.1901; 21.11.1901; 6.12.1901-10.12.1901; 12.12.1901-15.12.1901; 19.12.1901; 20.12.1901; 18.1.1902; 19.1.1902; 26.1.1902-30.1.1902; 1.2.1902; 2.2.1902; 5.2.1902; 2.2.1902; 5.2.1902; 7.2.1902-9.2.1902; 11.2.1902b; 30.3.1902; 2.4.1902; 5.4.1902; 7.4.1902; 9.4.1902; 11.4.1902; 14.4.1902-20.4.1902; 22.4.1902; 23.4.1902; 25.4.1902; 10.6.1902; 26.6.1902; 1.7.1902; 19.7.1902; 3.8.1902-5.8.1902; 7.8.1902; 19.11.1902; 20.11.1902; 6.1.1903; 11.1.1903; 14.1.1903; 17.1.1903-23.1.1903; 25.1.1903-27.1.1903; 31.1.1903-2.2.1903; 5.2.1903; 14.2.1903; 21.2.1903; 23.2.1903-26.2.1903; 3.4.1903; 4.4.1903; 6.4.1903-8.4.1903; 14.6.1903; 24.6.1903; 26.6.1903; 30.7.1903; 17.8.1903-

Orvieto
24.6.1899
Ostende
24.6.1901; 13.2.1903
Padua
28.7.1898; 29.7.1898
Paris
4.4.1897-8.4.1897; 3.6.1897; 4.6.1897; 6.6.1897; 7.6.1897; 10.6.1897-12.6.1897; 14.6.1897; 13.10.1897-18.10.1897; 20.10.1897-22.10.1897; 24.12.1897-3.1.1898; 25.3.1898-31.3.1898; 31.5.1898-5.6.1898; 26.8.1898-29.8.1898; 24.12.1898; 31.12.1898; 9.5.1899; 10.5.1899; 13.5.1899; 16.5.1899; 17.5.1899; 31.12.1899-2.1.1900; 4.1.1900; 5.1.1900; 6.3.1900; 8.3.1900; 30.6.1900; 5.7.1900; 7.7.1900; 8.7.1900; 14.7.1900; 16.7.1900-19.7.1900; 21.7.1900; 22.7.1900; 27.7.1900; 19.3.1901; 28.3.1901; 7.5.1901; 9.5.1901; 12.5.1901; 16.5.1901; 22.11.1901; 1.12.1901; 3.12.1901; 29.12.1901; 31.12.1901; 8.1.1902; 11.1.1902; 14.2.1902; 17.2.1902; 9.3.1902; 10.3.1902; 4.5.1902-6.5.1902; 8.5.1902-11.5.1902; 13.5.1902; 15.5.1902-18.5.1902; 22.11.1902; 3.12.1902; 4.12.1902; 6.12.1902; 7.12.1902; 21.12.1902; 23.12.1902; 24.12.1902; 31.12.1902-5.1.1903; 4.3.1903; 6.3.1903; 8.3.1903; 11.3.1903; 29.4.1903-2.5.1903; 4.5.1903; 7.5.1903-14.5.1903; 2.7.1903; 4.7.1903; 6.7.1903-8.7.1903; 2.10.1903-4.10.1903; 19.11.1903-1.12.1903; 24.12.1903; 20.2.1904; 21.2.1904; 15.4.1904-19.4.1904; 20.5.1904-26.5.1904; 29.5.1904; 21.7.1904; 10.8.1904-12.8.1904; 18.8.1904; 21.8.1904; 23.8.1904-25.8.1904; 27.8.1904; 28.8.1904; 30.8.1904; 2.9.1904; 13.9.1904-15.9.1904; 31.10.1904; 1.11.1904; 3.11.1904-12.11.1904; 24.11.1904-26.11.1904; 28.11.1904-30.11.1904; 7.2.1905-9.2.1905; 12.2.1905; 16.2.1905-18.2.1905; 20.2.1905; 21.2.1905; 15.5.1905; 19.5.1905; 21.5.1905-24.5.1905; 26.5.1905; 28.5.1905; 29.5.1905; 31.5.1905; 1.6.1905; 30.8.1905; 1.9.1905-5.9.1905; 6.10.1905; 26.11.1905; 27.11.1905; 25.12.1905-30.12.1905
Pergamon
20.12.1900; 21.12.1900
Pieve Santo Stefano
13.8.1898
Pisa
17.8.1898; 18.8.1898; 25.5.1899
Port' Ercole
12.6.1899; 13.6.1899
Potsdam
25.7.1897; 26.7.1897; 4.8.1897; 10.8.1897; 16.8.1897; 17.8.1897; 20.8.1897; 29.8.1897; 2.10.1901; 10.6.1902; 23.6.1902; 14.7.1902; 17.7.1902; 18.7.1902
Priene
11.12.1900; 12.12.1900

Am Band haben mitgewirkt:
Janna Brechmacher, Christoph Hilse, Roland S. Kamzelak,
Heinz Werner Kramski, Angelika Lochmann, Günter Riederer,
Heike Schillo und Jörg Schuster

Cotta
www.klett-cotta.de

Printed in Germany
Einband: Philippa Walz, Stuttgart
unter Verwendung eines Porträts von Harry Graf Kessler/
Deutsches Literaturarchiv, Marbach am Neckar
Gesetzt von media office gmbh Lihs & Hahn, Kornwestheim
Gedruckt und gebunden von Friedrich Pustet GmbH & Co. KG, Regensburg
ISBN 3-7681-9813-8

Zweite Auflage, 2019

Bibliographische Information Der Deutschen Bibliothek
Die Deutsche Bibliothek verzeichnet diese Publikation in der
Deutschen Nationalbibliographie; detaillierte bibliographische
Daten sind im Internet über <http://dnb.ddb.de> abrufbar.